KB030441

Handbook of Youth Prevention Science

청소년 문제
예방 및 중재 핸드북

학교폭력과 집단 괴롭힘 예방 중심

Beth Doll · William Pfohl · Jina Yoon 편저

최수미 · 김지영 · 라영안 · 신은영 · 이윤희 · 임기원 공역

학지사

역자 서문

학교 내 청소년 문제의 다양성과 심각성은 우리에게 매우 잘 알려져 있다. 이와 관련하여 교사, 상담 전문가, 신경정신과 의사 등 여러 분야의 전문가들이 다양한 개입과 해결 방안들을 고민해 왔다. 역자는 약 20년 동안 아동 · 청소년 상담현장에서 어려움을 겪는 청소년들을 만나고 또 이들을 돕기 위한 다양한 연구를 진행해 오면서 청소년 문제를 해결하기 위한 '예방'과 '통합적 접근'이라는 두 가지 키워드의 중요성에 대해 늘 생각해 왔다.

그러던 중에 역자는 『Handbook of Youth Prevention Science』를 발견하였다. 이 책은 청소년 문제의 예방 이론과 실제에 대해서 설명하는데, 청소년을 둘러싼 생태 체계적 · 통합적 접근에 기반을 둔, 청소년 문제 예방을 위한 포괄적이고 증거기반적인 개입과 이에 대한 구체적인 실행 지침들을 배울 수 있는 기회를 제공하였다. 이러한 측면에서 이 책은 학교, 지역사회 등 다양한 현장에서 청소년들이 건강하게 성장하고 최적의 웰니스 상태를 이룰 수 있도록 돕는 교사와 청소년상담 전문가, 전문 상담교사 등에게 청소년 문제 예방의 이론적인 측면과 예방적 중재를 위한 실제적인 방법론 등의 내용을 포함하고 있어 현장 적용에 많은 도움을 줄 것으로 기대된다.

역자들은 원문을 가능한 한 충실하게 번역하기 위해 노력하였으나 때로는 독자의 이해를 돕기 위해 의역을 하였다. 이를 위해 이 책은 상담심리를 전공한 내용 전문가 세 명과 영문학을 전공한 번역 전문가 세 명으로 모두 여섯 명의 역자가 힘을 모았다. 역자별로 서너 장씩 나눠 번역한 다음, 내용 전문가와 번역 전문가를 짝지어 번역본을 맞바꾸며 내용을 검토하고 문장을 다듬는 과정을 거쳤다. 이러한 과정을 거치다 보니 번역하는 기간이 길어졌고 예상보다 책이 다소 늦게 나오게 되었다.

책이 발간되기까지 한결같은 모습으로 지원해 주신 학지사 김진환 사장님과 꼼꼼하고 깔끔하게 편집해 주시고 책이 발간되기까지 수고를 아끼지 않았던 유가현 대리님에게 역자들을 대표하여 깊이 감사드린다.

2019년 3월
역자 대표 최수미

이 책에 대하여

『청소년 문제 예방 및 중재 핸드북(Handbook of Youth Prevention Science)』은 청소년을 대상으로 한 정신건강의 예방적인 중재에 대한 최근의 지침과 조사에 대해 서술한다. 전통적인 예방 조사는 물질중독이나 품행장애 또는 범죄와 같은 특정한 장애에 집중했다. 이는 예방 프로그램들이 각각의 중복된 목적이나 전략 그리고 영향에 대해 인식하지 않고 그저 개인의 장애를 예방하기 위한 지식 '더미'를 생산했기 때문이다. 이 책은 모든 장애와 지역사회 내의 모든 기관에 대한 조사의 통합적인 체계에서 사용하는 예방학을 조직하는 것으로 현재의 조사와 지침들을 반영한다. 이 책의 예방적인 중재는 치료상의 중재를 대체하는 것이 아니라 효과적인 정신 프로그램들의 상호 보완적인 요소들을 보여 준다.

이 책의 주요 특징

- **포괄적**: 이 책은 현재 행해지고 있는 모든 정신장애에 대한 통합적인 예방 프로그램과 실행 지침에 대한 중요한 연구들을 최초로 통합했다.
- **증거기반적**: 이 책은 예방학과 그것이 이론과 실제에 영향을 미치는지에 대해서 그리고 청소년을 대상으로 한 예방 중재와 관련한 방법론에 중점을 두었다.
- **사건 지향적**: 예방학에 대한 연구와 실제 현장 간의 간격에 대한 당대의 논의는 신중하게 검토되었다. 그리고 정확히 실시된 사건과 보급된 프로그램, 일정하게 실시한 프로그램

과 효과적인 예방학이 필요한 사회 기관의 요구도 포함했다.

- **정신건강의 정의**: 청소년 문제 예방 프로그램의 결과는 정신적 안녕에 대한 홍보뿐만 아니라 청소년 부적응을 예방하는 것으로 서술한다.
- **전문 지식**: 주 편집자(Beth Doll)는 학교에 기반을 둔 예방, 특히 학교 교육 환경을 강화시키는 중재에 대한 연구자로 잘 알려져 있으며, 미국 전국학교심리학자협회(National Association of School Psychologist: NASP) 예방대책위원회의 위원장을 맡았다.

이 책은 아동 · 청소년 정신건강을 전공하는 연구자, 강사, 대학원생에게 적합하다. 또한 학교심리학, 학교 상담, 특수교육, 학교 사회사업, 아동 임상심리학 및 이들을 서비스하는 도서관에도 적합하다.

차례

그림과 표 차례

[그림]

[표]

Chapter **1**

최신 청소년 문제 예방학

Beth Doll(네브래스카-링컨 대학교)
Jina Yoon(웨인 주립대학교)

청소년 문제 예방학은 아동과 청소년의 심리사회적 장애를 예방하고 웰니스(wellness)를 향상시키는 실천방안(practices)을 경험적으로 엄격하게 연구하는 학문이다. 예방학에는 정책과 예방적 중재(intervention)의 결과에 관한 주의 깊은 검토와 청소년의 심리적 장애나 기능에 관련된 요소(상관변인, 조절변인, 매개변인)에 관한 발달적 연구가 포함되며, 이러한 연구는 예방적 중재의 개념적·이론적 기초를 제공한다. 초기에는 청소년의 심리사회적 부적응에 관한 중재를 '정신위생' 운동이란 용어로 사용하였다. 이러한 용어는 청소년의 정신건강을 강화시키는 활동과 지역사회의 쓰레기와 하수 정화를 통한 신체건강을 증진시키는 지역사회의 활동을 같은 선상에 놓았음을 시사한다. 그러나 여러 예방학자는 1986년 국가정신건강협회(National Mental Health Association: NMHA)가 청소년 예방 활동을 강화하도록 강조하는 위원회 보고서를 발표하기 전까지 청소년 문제 예방학은 크게 부각되지 않았다고 지적한다(Commission on the Prevention of Mental/Emotional Disabilities, 1987).

Albee(1996)는 청소년 문제 예방학이 최소 10년 전에 시작되었다고 본다. 예방학에 대한 그의 헌신은 그가 1960년 정신 질환 및 건강에 관한 합동위원회에서 일하면서부터 시작되었다. 이 위원회는 미국의 정신건강의 요구와 자원을 평가하고 국가적인 정신건강 프로그램을 만드는 역할을 수행하였다. 그는 "치료에 대한 연구가 아무리 많고 심지어 그 결과가 성공적이라 해도, 이러한 연구 자체가 새로운 사건의 발생 비율을 낮추지는 못한다."라는 것을 깨달았다(Albee, 2005, p. 313). 그는 현대 예방학의 시작을 1960년대와 1970년대로 보는데, 이 시기가 미국 사회에 존재하는 가난, 편견 그리고 다른 사회적 저해 요소에 대응하려는 국가 차원의 사회 프로그램이 시작되었기 때문이다. 이러한 사회적 프로그램의 대표적인 고전적 예는 1960년 대 미국에서 시작된 취학 전 아동에 대한 조기 중재 프로그램이다(Gettinger, Ball, Mulford, & Hoffman, 이 책; Odom, Butera, Horn, Palmer, Diamond, & Lieber, 이 책). 이로 인해 지미 카터 대통령의 집권기였던 1977년, 정신건강에 관한 대통령위원회의 보고서는 사회적 장애를 예방하고 정신건강을 증진시키는 중요한 전략으로 교육과 사회사업을 지정하였다. 이러한 청소년 문제 예방학에 대한 사회경제적 관점은 국가정신건강협회와 그 뜻을 같이하게 되었다. 국가정신건강협회는 구체적으로 종합적인 여러 기관이 함께 참여하는(multi-agency) 지역사회 프로그램을 권장하였다. 이러한 프로그램을 통해 모든 아기가 건강하고 원하는 임신의 결과이며, 10대 임신이 예방되고, 심리사회적 기능을 촉진하는 활동이 학교 프로그램으로 통합될 뿐만 아니라 아동과 성인이 역경에 효과적으로 대처할 수 있게 된다고 보았다(Commission on the Prevention of Mental/Emotional Disabilities, 1987).

예방학의 정의

청소년 문제 예방학을 논의할 때 일관적이지 않은 용어의 사용은 혼란을 초래한다. 이러한 혼란이 발생하는 것은 청소년 문제 예방이라는 사회심리적 현상을 설명하는 데 의학적 용어를 일부 사용하기 때문이다(U.S. Department of Health and Human Services, 1999). 예를 들어, 일차적 중재, 이차적 중재 그리고 삼차적 중재라는 용어는 만성질환위원회(Commission on Chronic Illness, 1957)에서 유래한 용어이다. '일차적 중재'는 질병 발생 이전에 예방하는 것을 말하고, '이차적 중재'는 질병의 악화나 재발을 막기 위한 중재를 말한다. 그리고 '삼차적 중재'는 질병의 발생 이후 기능상의 손상을 감소시키는 것을 말한다. 정신건강 전문가들 역시 청소년 문제 예방 프로그램을 기술할 때 이러한 용어를 광범위하게 받아들여 사용하고 있는데, 일례로 일차적 정신건강 프로젝트(Primary Mental Health Project)(Cowan, 1994)라는 명칭을 보면 이를 알 수 있다. 그러나 이러한 용어에 '질병(disease)'을 예방한다는 가정이 내포되어 있기 때문에 예방학의 연구자와 실천가는 용어 사용에 어려움을 겪었다. 의학적 모델을 기반으로 한 이러한 용어는 사회적·정서적·교육적 예방 활동을 적절하게 설명하지 못하기 때문에 여러 측면에서 비판을 받는다. 이러한 논란의 주된 네 가지 측면은 다음과 같다.

첫째, 질병 예방에 집중하는 것은 건강한 상태란 질병이 없는 상태라는 점을 암시한다. 이러한 의학적 모델에 대한 비판에 의하면, 사회적·심리적 건강에 대한 정확한 정의에는 병리에 대한 진단뿐 아니라 '웰니스(wellness)'[1]와 '유능함(competence)'의 특징에 대한 기술도 포함되어야 한다. 일부 연구자는 '조기 중재'라는 용어를 질병 예방뿐만 아니라 건강 증진 중재라는 광범위한 용어로 사용했다. 그러나 다른 연구자는 이러한 용어를 사용하는 것은 질병을 강조함으로써 그 뜻을 변질시킬 수 있다고 주장한다.

둘째, 질병 예방에 초점을 맞추는 것은 서비스의 목적이 장애(disorder)를 치료하거나 제거함으로써 청소년을 '질병 없는 상태'로 살게 하는 것이라는 점을 시사한다. 이를 비판하는 사람들은 장애의 병리적 증상의 감소나 제거와 관계없이 청소년이 일상생활에서 잘 기능할 수 있도록 강화하는 것이 예방적 중재의 목적이 되어야 한다고 제안한다. 청소년 문제의 예방 활동의 더 광범위한 목적은 단지『정신장애 진단 및 통계 편람(Diagnostic and Statistical Manual of Mental Disorders, 4th Edition, Text Revision)』(American Psychiatric Association, 2000)의 '정신장애'를 예방하는 것이 아니라 청소년의 성공적인 일상생활에 영향을 줄 수 있는 '문제'를 예방하는 것이다.

셋째, 질병 예방에 초점을 두는 것은 장애 여부에 대한 판단의 신뢰성 문제를 야기한다. 진단의 신뢰도는 신체의학에서도 어려운 문제이지만 정신장애에서는 더 규정하기 어려운 문제이다(Kaplan, 2000). 많은 경우, DSM으로 진단하기 위해서는 개인과 가족의 정확한 기술을 근거로 증상의 강도에 대한 주관적 판단이 필요하다. 그리고 진단이 항상 효과적인 치료로 연결되지 않고 항상 정확하지도 않다. 또한 정신장애 자체보다는 위험 행동이나 위험한 환경이 문제가 될 수 있는데, 이 경우 진단이 필수는 아니다.

넷째, 장애의 발생 여부를 연구하는 것만으로 예방학이 발전할 수는 없다. 그 대신 효과적인 예방 전략을 수립하기 위해서는 부정적 생활 결과의 근본적인 원인과 그 기제(mechanism)를 밝혀야 한다. 이를 통해 부정적인 기제를 바꿀 수 있고, 긍정적인 결과가 생길 가능성이 증가할 수 있다(U.S. Department of Health and Human Services, 1999).

이러한 비판에 직면한 의학연구소(Institute of Medicine)는 정신장애예방위원회를 소집하였고, 이 위원회에서 정신건강 예방 연구의 현황을 검토하도록 지시하였다(Mrazek & Haggerty, 1994). 이 위원회의 보고서에 의하면 '예방(prevention)'이라는 용어는 정신장애 발생 전에 제공되는 서비스를 지칭한다. 또한 위원회는 Goldon(1983)의 초기 연구에 의거하여 몇 가지 수

---

1) 역자 주: wellness는 건강을 만들어 가는 총체적 과정을 의미한다. 이는 단순히 신체적으로 건강한 상태(well-being)만을 의미하는 것이 아니라 사회적·정서적·정신적·지적·신체적으로 최상의 상태를 만들어 가는 능동적인 과정을 의미한다.

정안을 제시하였는데, '보편적(universal), 선택적(selective), 지시된(indicated) (병의 징후에 따라 특정 처치의 사용이 지시된) 중재'라는 용어를 대안적으로 사용할 것을 권하였다. 정신건강에 대한 이러한 관점에 의하면, 보편적 중재란 지역사회나 집단 내의 모든 사람에게 제공되는 서비스를 의미하고, 선택적 중재란 정신장애의 위험성이 평균 이상인 집단에게 제공되는 서비스를 의미한다. 그리고 지시된 중재란 정신장애 고위험군 및 정신장애 진단 기준을 완전히 충족하지는 않지만 이미 정신장애의 증상이 나타난 사람을 대상으로 하는 서비스를 의미한다. [최근 연구자들은 '지시된(indicated)' 대신 '표적 대상인(targeted)'이란 용어를 사용하고 있다.] 위원회가 예방학의 연구 및 실천을 위해 공통적인 용어를 제시하려고 했지만, 이러한 제안 사항이 여전히 예방에 관한 의학적 모델에 기초한 정의를 사용하고 있고, '웰니스(wellness) 촉진'의 중요성을 포함하지 못했기 때문에 계속 비판을 받았다(Albee, 2004; Kaplan, 2000; Weissberg, Kumpfer, & Seligman, 2003). 미국심리학협회(American Psychiatric Association: APA)의 '예방'대책위원회는 앞서 언급한 두 가지를 어우르는 더 광범위한 정의를 제안하였다. Weisz, Sandler, Durlak과 Anton(2005)은 건강 촉진과 정신건강의 질병 예방 모델이 조화되도록 촉진과 보편적 중재, 선택적 중재, 직접적 중재, 치료적 중재를 통합하는 정신건강 중재의 틀을 제안하였다.

청소년 문제 예방학에서 '예방'의 정의에 대한 격렬한 논쟁이 있는 동안, 학교는 예방의 3단계 대상기반 모델(population based model)을 급속히 받아들였다. 예방의 3단계 대상기반 모델에서 1단계는 보편적 서비스, 2단계는 정서 및 행동 문제의 초기 징후를 보이는 청소년을 대상으로 한 선택적 서비스, 3단계는 심각한 정서 및 행동 문제를 보이는 청소년을 대상으로 한 직접적 서비스를 말한다(Dwyer & Van Buren, 이 책; Osher et al., 이 책; Walker et al., 이 책). 이러한 중재의 단계는 종종 중재반응 모델(Response-to-Intervention model)로 표현되는데, 이 모델은 강도가 약한 중재 방안에 대한 청소년의 반응을 기초로 이러한 중재가 부적절한 경우 중재 방안의 강도를 점차 높여 가는 것을 말한다(Cooney, Kratochwill, & Small, 이 책). 이러한 자료는 부적응에 대한 부정적 지표일 수도 있고, 학생 능력에 대한 긍정적 지표일 수도 있다. 따라서 교육적 3단계 접근법은 장애를 예방하는 것이나 발달적 역량을 촉진하는 것으로 구성될 수 있다. 이러한 3단계 접근법은 미국의 「장애인교육법(Individuals with Disabilities Education Act)」에서 교육적 방해 요소를 예방하고 특별한 교육적 요구가 있는 학생을 조기에 식별하는 전략으로 사용되고 있다.

예방의 개념적 논쟁은 단지 소수의 학자만의 문제가 아니다. 청소년 문제 예방학의 실천 및 연구에서 사회-환경적 관점이 강조되어야 한다는 사회적 합의가 이루어졌지만 적어도 미국에서는 청소년 문제 예방의 의료적 모델이 금전적 지원 체계와 관련되어 있었고, 이것이 예방의 개념에 대한 논란에서 현실적인 문제(딜레마)로 나타났다(Albee, 2004). 개인의 기능을 향상시키는 것과 환경적 저해 요소의 영향을 감소시키는 것에 대한 국립정신건강연구소(National Institute of Mental Health: NIMH)의 위원회와 정신병리의 발현에 대한 예방적 중재의 영향력을 체계적으로 검증하는 잘 설계된 연구의 관점이 달랐다(Mrazek & Haggerty, 1994). 국립정신건강연구소는 심리사회적 건강을 촉진하는 프로그램을 분명하게 배제하였고, 인과관계가 분명한 생물학적 모델, 특히 특정 정신장애의 원인을 밝히는 신경생물학적 모델을 집중적으로 지원하였다. 그리고 미국에서 정신건강에 배당되는 지원금의 순위를 살펴보더라도 예방 프로그램보다는 정신병리에 대한 치료 프로그램이 우선시된다(Cooney et al., 이 책). 동시에 사회-환경적 관점은 모든 청소년의 성공을 촉진하려는 공공교육의 목표와 그 뜻을 같이한다고 볼 수 있다. 결과적으로 청소년 문제 예방학의 두 가지 상반되는 관점이 존재하게 되었다. 한 가지는 공립학교나 다른 저명한 건강 서비스 기관 등에서 이루어지는 대상기반 접근이다. 이 책의 Dwyer과 Van Buren은 연구자들이 두 가지 관점, 즉 웰니스에 대한 환경적 지원과 정신병리에 대한 생물학적 접근이 실제로 상반되는 것은 아님을 이해해야 한다고 지적하면서 향후 청소년 문제 예방학을 낙관적으로 보았다.

청소년 문제 예방의 개념적 기초

1980년부터 발달 연구는 아동과 청소년의 정신건강 및 그들의 발달적 역량에 관한 복잡한 현상들을 점차적으로 밝혀 왔다(Bumbarger, Perkins, & Greenberg, 이 책). 특히 발달정신병리와 역학 연구에 따른 지식이 누적되면서 청소년 문제 예방학의 개념적 기초도 마련되었다. 미국의 경우 발달정신병리에 대한 역학 연구를 통해 청소년의 정신장애가 보편화되고 있다는 것에 대한 경각심을 갖게 되었다. 1980년대 초반 아동기 정신질환에 대한 통계치를 보면 학령기 아동의 5~7%가 DSM-IV(American Psychiatric Association, 1996)에 제시된 정신장애 중 한 가지 이상의 기준에 부합하는 것으로 나타났다. 국립정신건강연구소가 지원한 역학 연구에 의하면 지역사회 표본의 18~22%가 정신병리의 기준에 부합하는 것으로 나타났다(Doll, 1996; U.S. Department of Health and Human Services, 1999). 정신장애가 아동의 성공적인 발달에 미치는 기능적 영향은 충분히 연구되지 않았고 오히려 정신건강이 이후 성인기 적응에 미치는 영향이 더 많이 연구되었다.

청소년기 정신장애의 유병률이 증가하는 것은 특히 심각한 문제이다. 초기 부적응의 징후는 이후 청소년기와 성인기의 교육적 · 사회적 그리고 직업적 역할 수행의 어려움으로 이어질 수 있다. 이러한 역학 연구의 결과는 정신건강을 촉진하고 장기적인 장애를 예방하는 조기 중재의 중요성을 강조하였다. 예방 연구를 통해 아동을 실패의 위험에 빠지게 하는 위험 신호를 조기에 발견하고 이를 조기에 예방할 수 있도록 중재하면 정신장애를 진단받은 아동을 치료하는 것보다 더욱 효율적이며 비용도 적게 소요될 것이다. 그리고 청소년 문제 행동의 발병률, 유병률, 심각성에 대한 역학적 증거는 "지역사회가 비용 측면에서 아동 및 청소년 문제를 우선순위에 놓고 이를 예방할 때 더 큰 이익을 얻을 것"이라는 것을 강력히 시사한다(Biglan, Mrazek, Carnine, & Flay, 2003, p. 433). 이러한 역학 연구는 예방적 시도의 효과성을 평가하는 데 유용하고, 예방적 접근이 근거(증거)를 기반으로 한 것이라는 점을 입증해 준다.

발달정신병리 연구의 두 번째 기여는 발달적 부적응의 다양한 형태와 심각성에 영향을 주는 여러 가지 개인적 특성과 환경적 변인을 연구하였다는 것이다(Mash & Dozois, 2003). 발달정신병리 연구의 한 가지 중요한 발견은 아동의 삶의 사회생태학적 특징이 아동 개인의 특성만큼 아동의 건강한 발달이나 정신병리의 발병 및 그 심각성에 중요한 영향을 미친다는 것이다(Coie et al., 1993; Doll & Lyon, 1998; Werner, 2006). 예를 들어, 가난, 가정폭력, 부모의 정신병리, 지역사회의 폭력에 노출된 아동은 정신질환에 취약해지는 반면, 돌보아 주는 성인이 있고 질 높은 양육을 받으며 지역사회의 지지적 서비스를 받는 아동의 경우 정신병리로부터 보호받게 된다. 이러한 결과는 증거기반의 사회적 정신건강 서비스에서 개인에 대한 치료와 함께 강력하고 효과적인 돌봄 체계(가족, 학교, 지역사회 등)가 반드시 강조되어야 함을 시사한다. 그리고 가족, 학교, 지역사회에서 이루어지는 예방적 중재를 '조정(coordinated)'할 때 개별적으로 프로그램을 시행하는 것보다 더 큰 효과를 낳게 될 것이다(Greenberg et al., 2003; Kumpfer, Alvarado, Tait, & Turner, 2002; Wandersman & Florin, 2003).

발달정신병리 연구의 세 번째 기여는 청소년의 정신병리와 관련하여 다양한 요소 간의 지속적이며 상호적인 영향을 밝혔다는 것이다. 연구는 이형연속성[2], 다중결과론[3], 동일결과론[4]과

---

2) 역자 주: 이형연속성(heterotypic continuity)은 초기에 나타나는 어떤 종류의 문제가 나중에 나타나는 다른 종류의 문제와 관련 있을 수 있다는 것이다. 가령 남자의 초기 품행 문제는 이후의 우울증과 관련이 있다.

3) 역자 주: 다중결과론(multifinality)은 한 가지 원인에 의한 결과는 여러 가지라는 것이다(똑같이 부모에게 학대를 받더라도 어떤 아동은 반항장애, 어떤 아동은 우울을 보일 수 있다).

4) 역자 주: 동일결과론(equifinality)은 원인이 여러 가지여도 결과는 한 가지라는 것이다(똑같이 적대적 반항장애로 진단받더라도 원인은 여러 가지일 수 있다).

같은 개념은 발달적 부적응이 매개 및 중재 요인에 영향을 받는 다요인적 · 장기적 특성임을 보여 준다. 정신병리의 특정 형태와 관련된 위험 요인 및 보호 요인에 대해 많이 알게 될수록, 지역사회의 예방 전략과 접근 방법은 더 구체적이고 정교해질 것이다. 각 장애의 가능한 모든 발생 경로와 어떠한 요인이 발달 경로를 결정하는지 명확하게 알아내는 것은 어렵지만, 초기 증상과 징후의 궤적을 통해 일관된 발달 경로를 기술하게 되면 이를 통해 적절한 중재 및 예방 전략을 개발할 수 있다. 예를 들어, 아동 중기에 적대적 반항장애(ODD)인 경우 아동 후기 및 청소년기에 품행장애(CD)로 발전할 가능성이 높다(Lahey, Loeber, Quay, Frick, & Grimm, 1992; Loeber & Farrington, 2000). 품행장애 청소년의 대부분은 품행장애로 진단받기 전에 적대적 반항장애의 특징을 보인다. 따라서 적대적 반항장애가 품행장애로 발전하는 것을 막기 위해 표적 변인에 대한 구체적인 목표를 가지고 예방적 중재를 할 수 있다. 예방적 중재를 통해 청소년의 사회 · 정서적 장애의 발달 궤적을 중단시킬 수 있고, 위험 상황을 개선하며, 그들이 사회적 · 심리적으로 건강한 발달 경로에 진입할 수 있도록 방향을 재조정해 줄 수 있을 것이다.

청소년 문제 예방 프로그램 및 실천

청소년의 부적응 문제를 다루는 것이 중요함을 강조하고 정신건강을 촉진시키는 지역사회 실천 활동의 특징을 기술하는 연구는 많이 이루어졌다. 이와 함께 청소년을 위한 효과적인 예방 중재 전략에 대한 요구도 증가하고 있다. 이러한 전략에는 ① 청소년 문제의 발생률과 유병률에 대한 지속적인 사정(assessment), ② 서로 다른 맥락에 대한 조정을 바탕으로 한 가족, 학교, 지역사회의 강력하고 지지적인 관계 구축, ③ 발달적 문제와 변화에 대한 수년간의 특별한 관심과 노력, ④ 위험 요소의 감소 및 사회 · 정서적 역량 개발의 중요성이 포함된다. 청소년 예방에 관한 이러한 관점은 많은 성공적인 예방 프로그램에 반영되어 있다(예: Conduct Problems Prevention Research Group, 1999; Cook, Murphy, & Hunt, 2000; Greenberg & Kusché, 1998; Nation et al., 2003; Solomon, Battistich, Watson, Schaps, & Lewis, 2000). Nation 등(2003)은 지금까지의 예방 연구를 종합하여, 효과적인 중재 프로그램의 특징을 다음과 같이 밝혔다. 효과적인 프로그램은 종합적이고, 다양한 교수 방법을 사용하며, 탄탄한 이론적 관점을 기반으로 하고, 발달 시기에 알맞으며, 지역사회의 규범 및 문화와 일치하고, 적절하게 훈련된 실천가에 의해서 제공되는 프로그램이다. 이 책에서는 열 가지 예방 프로그램을 다루고 있는데, 보편적 · 선택적 · 직접적 전략을 모두 포괄하고 지지적 관계, 역량 개발, 지속적인 사정 및 평가의 특징을 보여 주는 실례를 포함하고 있다.

청소년 생태계에서 지지적 관계

청소년 문제 예방을 실천하기 위해 중요한 요소는 대인관계이다. 이러한 관계적 네트워크에 교사, 가족, 또래 그리고 다른 중요한 지역사회 구성원이 포함되어 있기 때문에 이 네트워크는 복잡하며 상호 관련되어 있다(Demaray et al., 이 책; Hughes & Barrois, 이 책). 청소년 문제 예방 중재에는 이러한 관계를 강화하고, 청소년의 안녕감(well-being)을 증진하는 정서적 · 사회적 지지를 증가시키며, 청소년의 기능에 부정적인 영향을 주는 스트레스와 역경의 영향을 제한하는 것이 포함된다. 사회적 관계에 대한 연구 결과 중 한 가지 주목할 만한 점은 어린 시기의 아동이 형성한 초기 관계가 청소년 및 성인기의 개인적 적응 및 안녕감에 중요한 영향을 준다는 것이다(Bumbarger et al., 이 책). 이 책의 Demaray 등은 청소년 예방 중재의 예상되는 결과를 얻기 위해 사회적 지지를 목표로 둔다. 또한 이 책의 Hughes와 Barrois는 교실의 사회적 맥락을 학생의 학교 적응 성공에 기반이 되는 다양한 위험 요인과 보호 요인과 관련시켰다. 이 책에 제시된 중재 방안에는 집단 괴롭힘을 저지하는 교사의 지지적 행동을 강화하는 사회적 관계 요소(Newman et al.), 학교에서 중도 탈락 위기에 있는 학생과 멘토의 신뢰관계 형성(Christenson & Reschly), 또래관계에 대한 아동의 가치관 형성을 자극하고 또래 상호작용에 대한 책임감을 증진시키는 또래 사회적 관계 강화 프로그램(Vliek & Orobio de Castro)이 포함된다. 이 책의 Cowie와 Smith는 스트레스 상황에 있는 또래를 정서적 · 사회적으로 지지하도록 촉진하는 전략을 제시하였는데, 이러한 전략을 통해 협력적인 공동체가 형성되고 이것은 지지를 받는 학생뿐만 아니라 지지를 하는 학생에게도 유익한 것으로 나타났다. 다른 장에서는 협력적인 공동체를 묘사하는 다른 용어를 사용하는데, 일례로 '또래 생태계(peer ecology)'(Song & Sogo) '교실 풍토(classroom climate)'(Hughes & Barrois) '교실의 사회적 맥락(classroom social context)'(Salmivalli et al.), '공동체의 안녕감(community well-being)'(Hatzichristou, Lykitsakou, Lampropoulu, & Dimitropoulou)이 있다. 이 책의 Demaray 등은 교육적 상황에서 또래 생태계가 학생의 성공적인 학교 적응과 학생 개인의 학교 참여에 독특한 영향을 미친다고 보고한다. 일례로, 대처 능력(Coping Power) 프로그램의 학급 차원의 구성 요소를 살펴보면, 교실 내의 모든 학생에게 사회 인지적 기술과 정서 조절 기술을 가르치고, 학급 내의 공격적인 학생에게는 개별적인 대처 능력 프로그램을 제공함으로써 그 효과가 배가될 수 있다(Lochman, Powell, Boxmeyer, & Badr, 이 책).

집단 괴롭힘 예방 프로그램

이 책의 여러 가지 예방 중재 방안은 집단 괴롭힘(bullying)을 다루고 있다. 특히 힘이 더 센 아동이 약한 아동을 반복적으로 괴롭히는 또래 공격성의 파괴적 형태를 다루고 있다. 집단 괴롭힘은 또래관계를 파괴하고 청소년의 사회적 유능감을 저해할 가능성이 높다. 학교에서 또래 간의 상호작용을 감독하는 경우가 적기 때문에 학교는 종종 집단 괴롭힘의 발생 장소가 된다. 이러한 중재 방안의 주된 목표 중 하나는 집단 괴롭힘 예방 프로그램의 결과를 증가시키는 것이다. 이 책의 Salmivalli, Kärnä와 Poskiparta는 이를 '기대했던 것 이상'이 되게 하는 것이라고 표현했다. 이 책의 Newman 등은 학생과 교사의 관계 내에서 발생하는 집단 괴롭힘을 기술하면서 집단 괴롭힘을 중단시키기 위한 교사의 중재 결정에 영향을 주는 요소들을 설명하였다. 그들의 설명은 집단 괴롭힘 예방 프로그램(the Steps to Respect) 2단계의 이론적 근거가 되었다. 이 책의 세 장(Salmivalli et al., Cowie & Smith, Song & Sogo)에서는 집단 괴롭힘 상황에서 방관자의 역할을 전환하는 방법을 다루고 있다. Salmivalli 등은 집단 괴롭힘 상황에 직면했을 때 대처할 수 있는 학생의 지식, 기술, 동기를 강화시키는 방법으로 혁신적인 게임 기술의 사용을 제시하고 있다. Cowie와 Smith의 중재 방안은 또래에게 사회적 지지를 제공하는 것을 촉진하는 전략을 기반으로 하고 있다. Song과 Sogo는 또래 생태계의 중재가 학교기반 프로그램에서 더 많은 학생을 가용 자원으로 만들어 주기 때문에 실용적인 이점이 있다고 지적한다.

가족과의 연결성

종합적인 예방 중재의 구성 요소에는 부모나 다른 주 양육자에게 특정한 기술을 훈련시키는 것과 가족과 예방 프로그램 간의 의사소통을 유지하는 것이 포함된다. 가족은 청소년의 주요한 돌봄 제공자이다. 따라서 가족이 예방 프로그램에 참여하는 것은 청소년의 웰니스를 촉진하는 활동을 청소년의 일상생활로 통합하는 가장 좋은 방법 중 하나이다. 예를 들어, 대처능력 프로그램(Lochman et al., 이 책)에는 부모 훈련이 포함되는데, 이를 통해 부모는 공격적인 아동을 다루는 기술을 향상시키게 된다. 네덜란드의 TIGER 프로그램은 상담 센터 내에 부모교육 집단을 운영하는 것과 지역 학교에서 부모 모임을 제공하는 것을 병행한다(Vliek & Orobio de Castro, 이 책). 학교 성공을 위한 파트너 되기(Partnering to Achieve School Success: PASS) 프로그램(Power, Lavin, Mautone, & Blum, 이 책)에서는 주의력 문제가 있는 아동의 부모와 소아과 기관이 강력한 파트너 관계를 구축하고 가족의 필요나 요구에 따라 추가적인 가족 중재나 가족-학교 자문을 마련하기도 한다. 점검 및 연결하기(Check and Connect) 프로그램 (Christenson & Reschly, 이 책)은 중도 탈락 위기 학생의 가족과 정기적으로 연락을 취하고 학교와 가족이 양립할 수 있도록 강화하는 작업을 한다. KiVa 프로그램에는 부모 지도가 포함되고(Salmicalli et al., 이 책), 이 책의 Gettinger 등이 제시하는 조기 문해교육 중재에는 부모에게 문해교육 촉진 활동을 지도하고 자료를 제공하는 가족 문해교육 센터가 포함되어 있다.

역량 증진

예방학에서 기술 개발과 역량 증진(competence promotion)은 매우 중요하다(Bumbarger et al., 이 책; Catalano, Berglund, Ryan, Lonczak, & Hawkins 2004; Collaborative for Academic, Social and Emotional Learning, 2003; Weissberg et al., 2003). 예방 프로그램은 발달 이론과 연구를 종합적인 개념 틀로 삼고 있다. 즉, 역량 개발 및 증진을 위한 발달 이론과 연구를 역량을 증진하는 실천 활동으로 바꾸는 것이다. 역량 증진의 한 가지 유명한 개념 틀은 사회·정서적 학습(Social Emotional Learning: SEL)과 이 책의 Tren과 Merrell이 제시한, 교사가 학생에게 사회·정서적 지도를 하는 종합적인 학교기반 프로그램이다. 다른 예로, 이 책의 Gettinger 등은 초기 아동기의 역량 증진에 근간이 되는 이론을 종합적으로 제시하였다. 또한 이 책의 Prince-Embury는 역경에도 불구하고 성공적으로 기능하는 청소년의 개인적 특성을 밝힘으로써 청소년의 탄력성에 대한 개념 틀을 제시한다. 이 책의 Song과 Sogo는 학령기 아동이 또래 공격성에서 서로를 보호하도록 준비시키는 것이 매우 강력한 효과를 낳는다는 점을 설명한다. 이 책의 Hatzichristou 등은 심리적 웰니스와 학교 공동체의 안녕감을 증진시키는 학교 단위의 중재 방안을 제시하였고, 이 책의 Vliek와 Orobio de Castro는 네덜란드에서 시행된 친사회적 행동을 증진시키기 위한 개인적 책임감과 가치를 사용한 이론에 대해 설명하였다.

사정 및 프로그램 평가

보편적·선택적 프로그램을 성공적으로 실행하고 예방 프로그램의 목표와 우선순위를 결정하기 위해 사정(assessment) 및 프로그램 대상의 선별(screening)이 필수적이다(Demaray et al., 이 책). 사용 가능하며 기술적으로 타당하고 혁신적인 보편적 선별 평가 도구가 많아지면서 청소년 문제 예방학 역시 엄청난 발전을 하고 있다. 그리고 이를 통해 정확성과 신뢰도를 유지하면서 많은 청소년의 성공과 위기에 대한 정보를 수집할 수 있게 되었다. 이 책의 Walker 등과 Dowdy 등은 보편적인 선별 도구에서 요구되는 특성에 대해 종합적으로 설명한다. 그리고 Dowdy 등은 한 가지 이상의 정신장애가 있는 아동 및 청소년을 전문적으로 선별하는 데 적절한 세 가지 보편적 선별 도구와 지역사회 학교에서 보편적 선별을 계획하고 실행할 수 있는 전략들을 제시한다. 이 선별 도구 중 하나는 행동장애의 체계적 선별(Systemetic Screening for Behavior Disorders)로 Walker 등이 더 자세히 설명한다. Walker 등은 행동장애의 감소를 위해 보편적 선별 도구와 3단계 예방 모델을 사용한 제퍼슨 패리시 공립학교의 시스템(Jefferson Parish Public School System: JPPSS)을 보여 준다. 그리고 이 책에서 Prince-Embury는 어떻게 통계적 분석에서 평가 도구의 기술적 적합성을 조작적으로 개념화할 수 있는지 그리고 강점 기반의 아동 및 청소년용 탄력성 척도(Resiliency Scales for Children and Adolescent)가 어떻게 보편적 선별 도구의 기준을 충족하는지를 설명한다. 이 책의 Osher와 Kendziora는 지속적인 평가와 점검(monitoring)을 촉진하는 학습의 사회 · 정서적 조건에 관한 AIR 조사(AIR Survey of the Social and Emotional Conditions for Learning)를 사용하면, 교직원이 지속적인 향상 및 조기 중재에 참여하게 되고 평가와 중재의 경계가 모호해진다는 점을 제시한다.

청소년 문제 예방 및 학교

학교는 청소년 문제 예방이 필연적으로 이루어지는 장소이다(Adelman & Taylor, 이 책; Dwyer & Van Buren, 이 책; Lochman et al., 이 책; Power et al., 이 책; Tran & Merrell, 이 책). 모든 지역사회 기관 중에서도 학교는 아동 및 청소년을 매일 접촉할 수 있는 곳이다. 이로 인해 지역사회의 청소년 집단을 대상으로 한 광범위한 예방 프로그램을 학교 현장에서 제공할 때 비용 대비 효율성이 가장 높아진다. 지역사회의 여러 학교는 청소년에 관한 공통적인 염려와 위험 요소를 갖고 있다. 이로 인해 예방 프로그램을 계획하고 제공하기 위해 자원을 공동으로 사용할 수 있다. 그리고 학교는 빈곤하거나 상대적으로 소외된 집단에 속하는 취약한 청소년에 대한 예방적 중재를 하기 용이한 곳이다. 학교는 낯선 장소에서 서비스를 제공받을 때 생길 수 있는 낙인의 문제, 중재가 이루어지는 장소로 이동하는 교통편의 문제, 또는 가족의 일을 조정해야 하는 일정관리의 문제가 없기 때문에 여러 가지 중재의 장애물이 제거된 장소이다. 청소년의 건강을 증진하려는 공통의 목표를 가지고, 학교와 인근 지역사회의 자원을 함께 조합한다면 학교와 지역사회의 목표를 효율적으로 달성할 수 있을 것이다. 따라서 이 책에서는 학교에서 이루어지고 있는 많은 예방 프로그램을 논의할 것이다.

그러나 현재로서는 학교기반 예방 프로그램이 사회 공공기반 시설이라고 보기는 어렵다. 필요에 비해 학교기반 예방 프로그램의 수가 매우 적고, 이러한 프로그램은 단일 문제에 제한적으로 초점을 맞추고 있다(Adelman & Taylor, 이 책). 특히 대부분의 학교에서 시행되는 보편적 예방 프로그램은 약물이나 담배, 알코올 사용에 초점을 맞추고 있다(Foster et al., 2005). 청소년의 정신건강과 정신병리의 예방에 초점을 맞추는 것이 아직까지 학교가 맡아야 할 업무로 인정되지는 않는다(Dwyer & Van Buren, 이 책; Walker et al., 이 책). 예를 들이, 개념적으로 더 정교하고 타당도가 높은 대상 기반의 평가 도구가 증가하면서 이를 더 많이 이용할 수 있음에도, 학교와 다른 청소년 관련 기관은 익숙한 보편적 평가 절차를 선호하고 새로운 혁신적 도구를 사용하지 않는다(Walker et al., 이 책). 대신 학교나 기관은 서비스 대상자 선정에서 전통적인 의뢰 기반의 선별 방법을 사용하는데, 이로 인해 문제 학생의 식별이 지연될 수 있고 가장 비용 효율적인 예방 중재를 하기에 너무 늦어 버리는 문제가 생길 수 있다(Walker et al., 이 책). 대부분의 학교에서 청소년 문제 예방 프로그램은 학교를 향상시키려는 전체적인 교육적 노력에서 매우 작은 부분을 차지하고 홀대받는다. 학교와 지역사회의 협력관계는 지역사회 기관에서 교육을 분리하려고 했던 역사적 과정으로 인해 어려움에 봉착했다(Dwyer & Van Buren, 이 책). 학교가 다른 지역사회 기관보다 대상기반의 청소년 문제 예방 프로그램을 제공하지만, 이러한 노력에 대한 연구는 많이 이루어지지 않았다(Dwyer & Van Buren, 이 책; Walker et al., 이 책). 예방적 중재가 특히 필요한 청소년은 잘 식별되지 않았고 오히려 중재의 효과성이 떨어지고 비용과 노력이 더 많이 요구되는 연령에서야 식별되는 경우가 많았다.

청소년 문제 예방학에서 방법론적 문제

청소년 문제 예방학의 연구자와 실천가 모두 대상, 조건, 비용별로 예방적 접근의 효과를 보여 주는 질 높은 연구를 수행하기 위해 지난 20년간 연구의 기준을 논의하고 개정하며 강화해 왔다. 이러한 연구의 기준은 1990년대부터 모든 심리사회적 중재에서 구체화되고 있다(Chambless et al., 1996; Hayes, Barlow, & Nelson-Gray, 1999; Lonigan, Elbert, & Bennett-Johnson, 1998; U.S. Department of Health and Human Services, 1999). 근거기반 심리치료적 중재에서는 잘 설계된 두 집단 연구나 잘 수행된 연속적인 단일 대상 연구, 독립적인 연구팀에 의해 수행된 연구, 참여자를 무선적으로 치료 집단과 통제 집단에 배정하는 연구, 치료 중재를 통해 치료가 효과가 있었다는 것을 필연적으로 증명하는 연구 등이 이루어지고 있다.

그러나 이러한 포괄적 연구 기준과 청소년 문제 예방 연구에서 나타나는 독특한 상황을 조화시키는 것은 어렵다. 예방적 중재를 평가할 때, 종종 자료는 장애 증상의 존재보다는 부재에 초점을 맞추게 된다. 이는 심리사회적 장애를 예방하는 중재가 증상이 명백하게 나타나기 전이나 장애의 징후가 나타나더라도 진단 기준을 충족하지 않는 상태에서 이루어지기 때문이다. 중재의 성공은 나타난 문제가 개선되었는지보다는 문제가 없는 상태가 지속되는지를 통해서 측정된다. 문제가 없는 상태가 지속된다는 것은 대상 집단의 장애 발생률이나 유병률에 관한 자료를 통해서 뒷받침될 수 있다. 이러한 자료는 역학 연구의 설계를 바탕으로 한 대상 집단 기반의 평가를 통해서 얻을 수 있는데, 많은 기관이나 전문가가 대부분 이러한 평가에서 사용하는 설계 방법이나 도구, 절차에 익숙하지 않다.

많은 경우, 예방적 중재의 결과의 초점은 시간과 세대를 지나면서 변화하고 있다(Cooney et al., 이 책). 예를 들어, Kellam, Rebok, Ialongo와 Mayer(1994)는 1학년 교사들이 수행한 행동 관리 강화 프로그램으로 인해 6년간 행동 문제가 유의하게 적었다는 점을 보고하였다. Newman 등(이 책)은 'the Steps to Respect'의 프로그램의 결과가 18개월까지는 나타나는 것으로 보고했다. 종단적 연구의 설계에서의 문제는 참여자의 감소이다(Hughes & Barrois, 이 책). 이동이 잦은 지역은 최종 결과를 추적하는 것이 특히 어려울 수 있다. 왜냐하면 이런 지역에서는 거주지를 변경하거나 인구가 분산되는 경우 초기에 학교나 지역사회 중재 프로그램에 참여한 청소년을 식별하거나 추적하는 것이 복잡해지기 때문이다(Wandersman & Florin, 2003).

이러한 문제에 직면하는 경우 10년 주기로 수집되는 건강, 고용, 사회적 또는 교육적 성공에 대한 지역사회의 자료를 사용하여 예방 프로그램의 성공 여부를 알 수 있다. 예를 들어, 이 책의 Walker 등은 시간이 지나면서 학교의 공문서 기록이 자연스럽게 축적되기 때문에 이것이 학생의 성공을 추적할 수 있는 간단한 방법이라고 지적한다. 그들은 이러한 기록을 체계적이고 객관적으로 정리하는(mining) 여러 가지 전략을 제시한다. 그러나 실제로 이런 기관의 자료가 연구를 수행할 만큼 충분하지 않은 경우가 많다.

일례로, 미국에서 실시된 고등학교 졸업생과 중도 탈락생 비율에 대한 50년간의 종단 연구에서는 현존하는 지역사회의 기록 자료물의 제한점이 잘 드러난다(Barclay & Doll, 2001). 2001년의 「아동낙오방지법(No Child Left Behind Act)」으로 인해 각 주에서 고등학교 졸업생 비율을 보고하는 기준이 강화되었다. 각 주에서 이러한 비율을 계산하는 최소 세 가지 주요한 방법이 있다. 첫 번째는 종단적 조사를 통해 9학년 코호트가 4년 후에 졸업한 수를 보고하는 것, 두 번째는 학교를 떠난 학생(school-leaver) 중 졸업장이 있는 비율, 세 번째는 함께 입학한 학생 코호트에서 졸업한 학생의 수를 보고하는 것이다(Swanson, 2003). 이 세 가지 방법은 주의하여 사용해야 하는데, 그렇지 않으면 단순히 다른 지역으로 전학 간 학생 때문에 학교가 문제에 대한 책임을 지게 될 수 있기 때문이다. 그러나 거주지 이전으로 기록이 부정확해지면, 새로운 지역에서 학생의 고등학교 중도 탈락 여부나 전학 후 고등학교 졸업 여부를 알기 어렵다. 일부 학생은 기록을 가지고 전학을 가도 새 학교에 기록을 보여 주지 않고, 어떤 학생은 새로운 학교에 등록을 하고도 이전 학교에 기록 이송을 요청하지 않는다. 또 어떤 학생은 새로운 학교로 전학을 간 후에 졸업을 하지 않고 학교를 떠나기도 한다. 어떤 경우, 졸업하지 않고 학교를 떠난 학생 중 일부는 이후에 학교로 다시 돌아와 졸업을 하기도 한다. 더 정확한 기록을 얻기 위해서 일부 정책 입안자는 지역사회에서 고등학교를 졸업한 지역 주민의 수를 파악하도록 제안한다. 하지만 이러한 방법으로는 지역사회의 고등학교가 학생을 졸업시키는 데 성공했는지를 온전히 알기 어렵다. 고등학교를 졸업한 사람의 수는 이민 온 사람이 많은 경우 쉽게 왜곡될 수 있기 때문이다. 미국의 여러 지역은 이민 온 사람들이 많이 거주하는데, 이들의 학력은 매우 제한적이다. 그리고 고등학교 졸업과 같은 기능적 지표는 지역사회의 위험 요소(가난, 실업, 지역사회 지원 서비스의 접근 여부 등)와 관련되어 있고, 예방 프로그램이 실행되더라도 이러한 위험 행동과 관련된 집단의 경향성이 달라질 수 있다. 즉, 지역사회 내의 어려움이 증가하면 예방 프로그램의 효과가 뚜렷하게 나타나지 않게 되고, 반대로 지역사회 내의 어려움이 감소하면 예방 프로그램의 효과가 더 과장될 수 있다((Pentz, 2004).

　예방 연구자는 장애와 역기능을 강조하는 전통적인 심리치료적 중재에 불만을 가진다. 단순히 결함이 없는 것이 미래의 청소년의 기능과 역량을 보여 주는 최고의 지표는 아니다. 대신 다른 유용한 평가 자료가 청소년의 사회·정서적·행동적 건강을 보여 주는 또 다른 지표가 될 수 있다. 예를 들어, '고등학교 중도 탈락 비율 감소'는 예방 프로그램의 목표로 부적절하다. 왜냐하면 단순히 고등학교를 졸업하는 것 자체가 성공적인 삶과 성인기 역량으로 이어지는 삶의 궤적을 반영하지는 않기 때문이다. 더 적절한 목표는 '성공적인 학교 졸업의 비율 증가'이다. 즉, 학교를 졸업하는 것과 동시에 생산적인 가정, 직업, 지역사회의 삶이 준비되어 있어야 한다 (Christenson & Reschly, 이 책). 그러나 불행히도 정신건강의 긍정적 지표를 추적하는 절차는 정신병리나 장애를 평가하는 것만큼 많이 개발되어 있지 않다. 그럼에도 Dowdy와 동료들(이 책)은 문제 혹은 병리적 증상들에 대한 부정적인 척도뿐 아니라 삶의 만족이나 학교와의 유대감과 같은 긍정적인 척도를 포함하는 것이 보편적 선별 전략의 민감도와 예측력을 높일 수 있다는 것을 설명하기 위해 매우 최근의 연구들을 개관하였다.

　궁극적으로 청소년 문제 예방 연구의 목적은 지역사회 프로그램과 활동을 변화시켜서 청소년이 성공적이고 유능한 성인이 될 수 있도록 하는 것이다. 이것은 장애를 치료하는 것보다 더 광범위한 목적이다. 그리고 이러한 목적을 달성하기 위해서는 잘 통제된 연구 방법을 사용해야 한다. 이를 통해 프로그램이 청소년에게 의미 있고 유의한 영향을 미치는지[프로그램 효능(efficacy)5)], 프로그램이 실제 지역사회 내에서 이루어질 때 청소년에게 유의한 영향을 미치는지[프로그램 유효성(effectiveness)6)], 시간이 지나도 프로그램의 효과가 지속되는지(프로그램 지속성), 처음 개발된 이후 프로그램이 다양한 지역사회에 광범위하게 적용될 수 있는지(프로그램 확장성), 지역사회의 정책, 실천, 자원의 일부로 통합되는지(체계적 프로그램 지원)를 알 수 있다 (Kellam & Langevin, 2003).

질 높은 예방 연구에 대한 이러한 독특한 요구 사항을 고려하여 예방연구협회(Society for Prevention Research; Flay et al., 2005)는 예방 프로그램 효능의 증거에 관한 다섯 가지 기준을 수립하였고, 프로그램의 유효성을 입증하는 추가적인 네 가지 기준과 프로그램이 더 널리 보급될 수 있는지(프로그램 확장성)에 관한 추가 기준을 제시하였다.

이러한 기준에 의하면, 프로그램의 효능은 적어도 2회 이상의 엄격한 절차를 통해 검증되어야 한다. 이러한 절차에는 ① 규정된 모집단에서 추출한 규정된 표본 사용, ② 타당한 심리측정 척도 사용 및 자료 수집 절차, ③ 엄격한 통계 절차에 따른 분석, ④ 일관된 정적 효과[심각한 의원성 효과(iatrogenic effect)7) 없음], ⑤ 추후에 최소한 하나 이상의 장기 효과가 보고되는 것이 포함된다. 이러한 기준에 따른 효과적인 중재는 효능에 대한 기준만 만족하는 것이 아니라 중재를 실행할 제3자를 위한 매뉴얼, 적절한 훈련 그리고 기술적 지원이 마련되어 있고, 실제 상황에서 이루어진 평가에는 실행 수준에 대한 타당한 측정 및 표적 집단의 참여가 포함되며(중재 및 통제 집단 모두), 중재 결과의 실용적 중요도가 나타나고, 중재 결과를 일반화할 수 있는 대상이 누구인지 명확히 밝혀야 한다. 이러한 조건에 따라 더 널리 보급될 수 있는 중재는 효능과 유효성에 대한 기준을 모두 충족하고, 프로그램이 더 확장될 수 있다는 증거가 있고, 비용에 대한 정보가 명확히 포함되며, 프로그램을 적용하는 기관이 그들의 현장에서 중재가 잘 이루어지고 있는지 지속적으로 검토하고 평가할 수 있

---

5) 역자 주: efficacy는 어떤 방법이 목표 증상 및 문제점에 대해 목표했던 성과를 거둔 것을 지칭한다. 즉, 프로그램의 효과를 측정하기 위해 사전-사후 검사의 결과를 비교하였을 때 유의한 향상이 있는 경우 efficacy가 있다고 한다. efficacy는 이하 '효능'으로 번역한다.
6) 역자 주: 효능이 있다는 것이 곧 실제로 대상자에게 사용되어 도움을 줄 수 있는 effectiveness로 연결되지는 않을 수 있다. 즉, effectiveness는 실제로 그 방법이 사용될 수 있는 여건 등을 다 고려하여 사용 가능성 및 일반화가 용이한가 하는 것을 포함하여 지칭하는 용어이다. effectiveness는 이하 '유효성'으로 번역한다(채정호, 김원, 유태열, 2003)
7) 역자 주: 의사의 부주의로 생기는 병이나 효과

는 도구를 제공할 수 있어야 한다(p. 151).

여러 연구자는 청소년 문제 예방 프로그램 연구에 대해 추가적인 사항을 덧붙였다. 프로그램의 지속성을 검토할 때 실제 프로그램이 시행된 상황에서 그 효과성이 나타나야 하고, 예방 프로그램이 확장되기 위해 필요한 기본 시설에 대한 경험적 조사도 이루어져야 한다(Adelman & Taylor, 이 책; Bumbarger et al., 이 책; Kellam & Langevin, 2003).

이 책의 Hughes와 Barrois는 다섯 가지 효능의 조건을 8개의 예방 프로그램에 적용해 보았다. 그 결과, 공통적으로 나타난 목표는 교실에서 긍정적인 사회적 상호작용을 증가시키는 것이었고, 단 2개의 프로그램만이 효능의 모든 조건을 충족시킨 것으로 나타났다. 8개 중 3개의 프로그램은 적어도 잘 통제된 연구 방법을 사용해 프로그램의 효능을 검증하였는데, 이를 위해 프로그램 참여자가 무선으로 배정되고 많은 수의 참여자를 모집한 것으로 나타났다. 8개 중 4개의 프로그램은 프로그램의 효과가 적어도 중재 종료 후 6개월 동안 지속된 것으로 나타났다. 프로그램의 효과 연구에서 Flay 등의 기준을 충족시키는 데 방해가 되는 장애 요소들에 관해서는 이 책의 여러 장에서 기술하고 있다. 예를 들어, Vliek와 Orobio de Castro(이 책)는 무선 배정한 지연된 처치 설계(delayed treatment design) 방법을 사용하여 TIGER 프로그램을 평가하였다. 그러나 28개의 교실을 대상으로 하였기 때문에 일부 프로그램의 효과를 알아내기에 역부족이었고, 통제 집단의 경우 처치가 얼마나 오래 지속되는지 알아내는 데 실용적 · 윤리적 한계가 있었다. Hughes와 Barrois의 연구는 실제 현장에서 좋은 결과를 산출할 수 있는 좋은 프로그램을 지역사회가 찾아낼 수 있도록 청소년 문제 예방학이 필요한 증거를 제시해야 한다는 점을 보여 주었다.

또 다른 현실적 어려움은 프로그램의 효과성을 실제 지역사회 활동으로 전환하는 것이다. 많은 예방 프로그램이 통제된 연구 방법을 사용해 그 효능을 증명하였다(중재의 효능에 대한 증거는 있음). 그러나 이러한 프로그램이 실제 지역사회, 학교, 혹은 정신건강센터에서 사용되기는 어렵다(중재의 유효성에 대한 증거는 없음). 지역사회에서 효과가 있는 프로그램을 적용하더라도 그것이 통합되어 실행되는 경우는 드물고, 결과는 초기 연구에서 나타난 것처럼 극적이지도 않다. 예를 들어, 지역사회 장면에서 시행되는 프로그램에 따라 중재의 양이나 프로그램 실행의 질, 핵심적인 구성 요소를 실행하는 정도, 아동, 청소년, 가족의 참여 수준이 다르다. 이 책의 Song과 Sogo는 이러한 차이는 특히 도심의 센터나 시골 벽지 등 자원이 부족한 지역사회에서 더 두드러진다고 지적한다.

예방적 중재를 실제로 제공하는 모든 사람이 정신건강 전문가로 훈련받은 것은 아니다. 그러나 교사, 어린이집 종사자, 그 외의 사람들이 이러한 예방적 중재를 시행할 수 있다. 이러한 사람들이 프로그램과 관련해 훈련을 받더라도, 프로그램을 계획대로 실행하기는 어려울 수 있다. 프로그램을 확대하기 위해 예방적 중재의 실행 방안을 매뉴얼로 만들더라도 다양한 현장에서 똑같은 형태로 프로그램을 실행하기는 어려울 것이다(Gettinger et al., 이 책). 그리고 프로그램 실행의 충실도는 시간이 흐르면서 달라질 수 있다(초기보다 후기의 수행이 좋지 않을 수 있음). 이 경우 여러 가지 이유가 있을 것이다. 지역사회 현장에서 효과가 나타날 만큼 충분히 프로그램을 실행하는 것이 어려울 수 있다(Wandersman & Florin, 2003). 지역사회에서 제공되는 중재의 경우 지역사회와의 협력이 지속적으로 이루어져야 하는데 이것이 어려울 수 있다. 종종 후원금이 중단되는 경우 프로그램도 중단된다. 결과적으로 청소년을 위한 예방적 중재는 홀대받고 학업적 성취를 강조하는 학교 향상 목표들만이 관심을 받는다(Adelman & Taylor, 이 책). Weisz 등(2005)은 연구와 실제 현장이 계속 분리되고 각각에서 나타나는 결과에 차이가 있기 때문에 대부분의 아동 및 청소년은 효과적인 예방 프로그램에 접근하기 어렵다고 결론지었다.

프로그램의 효능과 유효성의 차이로 인해 질 높은 청소년 문제 예방 프로그램에 필요한 충분한 자원이 지역사회에서 확보되지 않았고, 복잡한 지역사회 상황을 반영한 체계적이고 적절한 프로그램을 개발하는 데 실패했다는 점이 지속적으로 논의되었다. 일부 연구자는 정확하게 프로그램을 반복하여 시행하는 것과 관련해 지역사회 기관에 한계가 있음을 지적하였다(Elliott & Mihalic, 2004). 즉, 현장이 프로그램을 준비하고 시행하기에 부적절하고(Bumbarger et al., 이 책), 훈련받은 직원이 프로그램을 시행하는 데 어려움이 있으며, 특히 필요한 훈련을 받으려면 결근을 하거나 순환근무를 해야 하고, 기관에 필요한 기술적 지원도 부족하다. 이러한 기술적 지원은 기관 예산에 포함되어 있지 않기 때문에 문제가 발생하더라도 즉각 대응할 수 없다. 그리고 지역사회 청소년에게 기대하는 프로그램의 효과와 투입할 프로그램에 대해서 잘못 판단할 수도 있다. 이러한 제한점이 일부 지역사회에서 학교기반 예방 프로그램이 통합되지 못하고 실패하는 이유라고 볼 수 있다(Botvin, 2004). 학교는 프로그램을 실행할 만큼 교직원을 훈련하고 지원하기 어렵다. 자원도 제한되어 있는데, 학급당 학생 수가 너무 많고 기본적인 프로그램 자료를 구비하기에 예산도 부족하다. 학교 교사는 여러 가지 압력에 직면하는데, 학습 부진아를 지도해야 하고 교사의 사기가 저하되고 소진되는 것을 경험하기도 하며 기초적인 학업 지도가 과도하게 강조되는 상황을 겪기도 한다. Nation 등(2003)은 프로그램 실천가와 현장은 연구 기반의 프로그램을 실행할 만한 자원이 없다고 지적한다. 일부 지역사회의 예방 활동이 작은 단위에서 시작해 시간이 지나며 점점 확대되고 있지만, 사실 많은 예방 프로그램은 단편적으로라도 실행하기 어렵다. 왜냐하면 예방적 중재는 적절한 중재 대상을 선택하기 위해 보편적 선별 전략을 바탕으로 하는데 중재 대상으로 선별되었을 때 즉시 청소년에게 적합한 프로그램을 제공하기 어렵기 때문이다. 결론적으로 Bigland 등(2003)은 예방적 활동을 보급하기 위한 첫 단계로 학교와 다른 기관의 활동에 재정 문제가 미치는 영향을 연구할 필요가 있다고 지적하였다.

중재 방안의 매뉴얼을 제작하는 것이 모든 지역사회와 집단에 적합하지는 않을 수 있다. Castro, Berrera와 Martinez(2004)는 중재의 충실도[8] 문제를 위해 다양한 지역사회의 문화에 알맞게 중재 방안의 매뉴얼을 제작해야 한다고 제안하였다. 연구를 위해 개발된 청소년 문제 예방 프로그램을 언어나 인종, 사회경제적 지위, 문화적 가치관과 신념이 다른 지역사회에 바로 적용할 수는 없다. 다른 연구자들 역시 문화적·언어적으로 유사한 집단이거나, 요구 조사 결과 프로그램의 필요성이 나타난 지역이거나, 프로그램 참여자가 프로그램의 목적 및 방법에 대해서 알고 있는 경우에 청소년 문제 예방 프로그램이 정확히 똑같이 반복 시행될 수 있다고 지적한다(Ringwalt, Vincus, Ennett, Johnson, & Rohrback, 2004).

다양한 문화와 요구를 수용하여 어떻게 매뉴얼화된 중재 방안에 적용할 수 있는지가 최근 예방학의 주요 초점이다. 예를 들어, 이 책의 Powel 등은 주의력 문제가 있는 저소득층 아동을 대상으로 모듈화[9]된 직접적인 예방 중재를 실행하였다. 제공될 프로그램의 모듈은 가족과 실천가가 팀을 이루어 결정하였는데, 이를 통해 각 가족의 독특한 요구를 프로그램 안으로 수용할 수 있었다. 이 책의 Lochman 등의 대처능력 프로그램은 '융통성 있는 정확성'의 좋은 예라고 할 수 있다. 이 프로그램은 질 높은 프로그램을 제공하기 위해 필요한 핵심 요소는 그대로 두고 나머지 부분은 아동이나 가족의 필요에 맞게 보완 및 수정하였다. 이 책의 Christenoson과 Reschly는 어떻게 특정 학교나 학생의 요구에 맞게 점검 및 연결하기 프로그램을 개별화하였는지 설명한다. 여러 연구자는 예방적 중재의 매뉴얼에 해당 지역사회의 요구에 맞게 프로그램을 조정하는 절차가 포함되어야 한다고 제안한다. 여기에는 중재 효과를 낮출 수 있는 '수정해야 하는 변인들'을 확인하는 방법, '수정해야 하는 변인들'을 평가하는 전략 그리고 평가한 결과를 바탕으로 체계적으로 중재 방안을 수정하는 지침이 포함되어야 할 것이다(Collins, Murphy, & Bierman, 2004).

---

8) 역자 주: 충실도, 정확도(fidelity)는 프로그램을 개발된 내용 그대로 시행하는 것을 지칭하는 것으로 보임.
9) 역자 주: 모듈(module)은 프로그램을 내부적으로 하나의 종합된 동작을 하도록 작은 부분으로 분할한 것. 이 책에서는 프로그램의 각 단계, 일부분을 모듈로 표현한 것으로 보이고, 모듈화되었다는 것은 기본적인 틀이 있고 틀 안의 자세한 내용은 추후 문화적·상황적 필요에 맞게 조정하여 투입하였다는 의미로 보임.

현대의 예방 연구자들은 현장에서 예방 프로그램을 실행할 실천가의 역량을 향상시키는 것이 중요하다고 강조한다(Bumbarger et al., 이 책; Gettinger et al., 이 책; Kaftarian et al., 2004; Lochman et al, 이 책; Odom et al., 이 책). 지속적인 전문가의 자문 없이 프로그램 초기에 중재에 관한 훈련을 실시하는 것은 효과적이지 않다고 보고되었다. 한 예로, 이 책의 Salmivalli 등은 집단 괴롭힘 예방 프로그램을 실시할 때 학교에 '예외적으로 엄청난 규모의 지원'을 하였는데, 여기에는 사용자 친화적이고 매력적인 학습 자료, 학교에서 선택한 핵심 인사가 포함된 훈련 프로그램, 프로그램 웹사이트를 통한 가상 훈련, 프로그램의 효과를 점검하는 도구 그리고 연구 결과를 발표하고 경험을 공유하는 연 2회의 콘퍼런스 데이(연간 회의)가 포함되었다. 이 책의 Newman 등은 프로그램의 중요 요소가 'the Steps to Resepct' 프로그램을 실시할 교사에 대한 코칭이라고 보았다. EMERGE 유치원 문해교육 프로그램의 경우, 문해교육 코치가 정기적으로 프로그램 점검 자료를 검토하고 자료에 근거해서 교사가 지도 계획을 할 수 있도록 도와주는 방식으로 교사 훈련을 제공한다. 이 책의 Tran과 Merrell의 연구에서 학생의 탄력성을 증진시키는 프로그램의 경우 예산도 적고 시간도 제한되어 있는 프로그램이므로 교사의 지도 역량을 증진시키는 것을 대안 전략으로 삼았다. Tran과 Merrell은 그들이 집필한 장에서 프로그램의 충실도를 높이는 절차적 전략과 장기적이고 집중적인 프로그램이 채택될 가능성이 적기는 하지만 더 강력한 효과를 낳는다는 점을 지적하였다.

시간이 흐르면서 예방학의 방법도 점점 발전하고 있고, 연구자는 더 정교한 설계 및 측정방법을 사용하고 있다. 많은 예방적 중재의 효능은 초기에 나타난다. 이러한 결과는 단지 예비결과이다. 프로그램 효과를 파악하기 위해 장기적인 종단 연구를 실시하고, 프로그램의 효과가 개별적으로 반복되고 있는지 보고하며, 통계적 검증을 하기에 충분한 표본 집단을 가지고, 프로그램 효과 크기에 대해 충분한 정보를 제공하는 프로그램 연구는 매우 적다.

실행과학

충실도(fidelity)와 적응(adaptation)의 문제는 최근 예방학의 중요한 주제 중 하나이다. 이러한 현상은 혁신적인 연구 방법을 통해서 해결될 수 있다. 혁신적인 연구 방법을 통해 실제 현장에서의 프로그램 유효성, 효과가 가장 높은 상황, 지역사회 기관의 프로그램 선택에 영향을 주는 요인들을 연구해야 한다((Biglan et al., 2003; Kaftarian et al., 2004). 이 책의 Odom 등과 Bumbarger 등은 이것을 '실행과학(implementation science)'이라고 지칭했다. 구체적으로 청소년 문제 예방학의 연구는 프로그램 실행 수준과 프로그램의 결과로 청소년에게 나타난 변화의 관련성을 검증해야 한다. 그리고 프로그램의 효과성을 가장 높이는 핵심 요소는 무엇이고, 프로그램의 충실도에 영향을 주는 요소는 무엇인지 밝힐 필요가 있다.

특히 프로그램 실행 연구에서 필요한 요소는 프로그램 실행 수준을 측정한 기술적으로 타당한 평가 도구이다. 일반적으로 사용되는 방법은 관찰, 자기보고, 인터뷰 그리고 공문서 기록을 사용하여 프로그램 실행 수준을 측정하는 것이다(Odom et al., 이 책). 관찰과 같은 직접적인 측정 방법은 번거롭기는 하지만 자기보고나 인터뷰에서 나타나는 편향이 적은 장점이 있다. 그러나 관찰의 번거로움으로 프로그램 실행의 충실도에 문제가 생길 수 있고, 결과를 연구 상황 밖에서 실행되는 프로그램으로 일반화하는 데 한계가 있을 수 있다. 따라서 프로그램 실행과 관련해 다양한 측정 방법을 사용해야 하고, 다양한 방법이 프로그램 실행에 미치는 영향도 고려해야 한다. 프로그램이 실행된 비율과 프로그램 참여자에게 미친 영향의 관련성 또한 검증되어야 한다.

실행 연구는 예방 프로그램이 주는 잠재적 영향과 그것의 수용 가능성을 스스로 충분히 표현할 수 있는 연령의 아동의 관점도 포함한 모든 참여자의 관점에 대해 철저한 조사가 필요하다는 것은 분명하다(Cowie & Smith, 이 책). 최소한 초기에는 프로그램 실행에 관련된 요소를 알아내고, 프로그램 결과에 대해 충분히 기술하기 위해 여러 방법을 사용하여 양적·질적 자료를 수집해야 한다. Pentz(2004)는 지역사회에서 이루어진 예방적 중재 실행에 대한 연구는 일반적으로 세 가지 비교 집단을 가져야 한다고 제안한다. 첫째, 훈련된 전문가에 의해 정확하게 실행된 프로그램에 참여한 집단이고, 둘째, 훈련을 받기는 했지만 프로그램을 정확하게 실행하지 않은 프로그램에 참여한 집단이다. 그리고 마지막은 훈련을 받지 않은 사람에 의해 실행된 프로그램에 참여한 집단이다.

이러한 중재의 특징 자체가 프로그램 실행에 중요한 영향을 줄 수 있다. 중재확산이론(Dusenbury & Hansen, 2004)에 의하면, 현존하는 지역사회의 가치나 필요와 일치하고, 상대적으로 사용하기 쉽고, 다른 프로그램보다 더 분명한 이점이 있으며, 그 지역에서 시행되고 평가받은 적이 있고, 좋은 평판이 있는 경우에 중재 방안의 확산 가능성이 높아진다.

실행과 관련하여 청소년 문제 예방학의 경험적 연구에 청소년 정책 그리고 프로그램 실천과 재정 지원에 관한 지역, 주(州), 국가의 정책이 반영된 수준은 과소평가된 영역이다. 이 책의 Cooney 등이 지적한 바와 같이, 질 높은 연구 자체는 지역사회의 행동 과정을 설명하는 단지 한 가지 요인에 불과하다. 특히 예방 연구의 흐름을 보면, 연구자들은 주로 동료 평가에 의존하고, 학술적 담론을 선호하며, 장기적인 결과에만 초점을 맞추었다. 이로 인해 직접적이고 단기적이며 지역사회에 적합한 결과, 단순하게 기술된 권고 사항을 선호하는 공공정책 입안자와 연구자들의 의견이 서로 엇갈리게 되었다. Cooney 등은 정책 입안자들이 직접 예방학에 대한 관심을 가지고 영향력을 발휘하도록 촉진하는 실용적인 단계를 설명하였다.

이 책의 Adelman과 Taylor는 체계적인 실행 연구가 없이 지역사회가 근거 기반의 예방 프로그램만을 사용하도록 요구하는 것은 시기상조일 수 있다고 주장한다. 대신, 그들은 이러한 요구가 프로그램의 유효성에 대한 적절한 가정 없이 고도로 통제된 실험 상황에서 개발된 실행 방안을 너무 성급하게 광범위한 실천 방안으로 바꾸는 것이라고 주장한다. 그리고 지역사회가 '인정받은 목록'에서 프로그램을 선택하는 것을 기대하면, 예방 프로그램이 한 번에 한 가지 문제만 다루는 파편적인 서비스로 고착될 수 있다고 지적한다. 학교는 특히 교사가 학생과의 일상적인 상호작용에서 프로그램 예방 원칙을 적용하는 수준이 매뉴얼화된 교육과정을 학생에게 제공하는 것만큼 중요하다(Hughes & Barrois, 이 책). 실행 연구가 진행되는 동안 지역사회 프로그램의 수행에 지역(현지) 프로그램 평가를 도입하는 것은 증거기반 프로그램에 대한 가능한 대안이 될 것이다(Adelman & Taylor, 이 책).

요약

이 장에서 설명한 바와 같이, 지금은 청소년 문제 예방학에서 보기 드물게 중요한 시점이다. 지난 몇 십 년간 인간의 기능과 병리의 발달 경로에 관한 경험적 연구가 이루어져 왔고 이를 바탕으로 혁신적인 청소년 문제 예방 실천 방안이 만들어졌다. 효과성이 높은 예방 프로그램이 급증하고 있는데, 이러한 프로그램은 질 높은 사회적 관계, 가족과의 연결성, 역량 증진, 보편적 선별, 편리한 현장(종종 학교에 위치한 현장)을 강조한다. 그리고 이러한 프로그램은 앞으로 유망한 프로그램이다. 중재 연구에 관한 엄격한 기준과 일치하게 예방 프로그램을 연구해야 한다. 그리고 이러한 내용이 지역사회의 정책과 활동으로 이어져야 한다. 건강 증진 모델과 질병 예방 모델의 조화, 정신건강의 심리생물학적 결정 요인과 사회생태학적 관련 요인의 핵심적인 역할, 질 높은 예방 연구를 수행하기 위한 기준 마련, 지역사회의 영향력에서 균형을 잡는 것, 문화적으로 적절한 실천 방안에 대한 지역사회의 요구와 프로그램의 충실도 사이에서 균형을 잡는 문제에 대한 논쟁이 계속되고 있다. 위험 요인, 탄력성, 예방에 관련된 현상이 매우 복잡하고 다면적이라는 점, 엄격한 예방 연구와 지역사회 예방 활동 사이에 중요한 격차가 있다는 점 그리고 많은 지역에서 실행된 예방 프로그램의 효과에 대해서는 명백한 합의가 이루어졌다. 예방학을 사려 깊고 효과적인 정책으로 전환시키는 전략이 새롭게 강조되고 있다. 현재 예방학을 근거 기반의 예방 실천 방안으로 바꾸는 것은 힘들지만 흥미로운 일이고, 청소년의 정신건강과 안녕감에 장기적인 영향을 미칠 매력적인 기회가 될 것이다.

참고문헌

Albee, G. W. (1996). Revolutions and counterrevolutions in prevention. *American Psychologist, 51,* 1130-1133.

Albee, G. W. (2004). Prevention of mental disorders. In W. E. Pickren, Jr., & S. F. Schneider (Eds.), *Psychology and the National Institute of mental health: A historical analysis of science, practice, and policy* (pp. 295-315). Washington, DC: American Psychologial Association.

Albee, G. W. (2005). Prevention of mental disorders. In W. E. Pickson & S. F. Schneider (Eds.), Psychology and the National Institute of mental health: A historical analysis of science, practice, and policy. Washington, DC: American Psychological Association.

American Psychiatric Association. (2000). *The diagnostic and statistical manual of mental disorders-fourth edition, text revised.* Washington, DC: Author.

Barclay, J. R., & Doll, B. (2001). Early prospective studies of the high school drop out. *School Psychology Quarterly, 16,* 357-369.

Biglan, A. (2004). Contextualism and the development of effective prevention practices. *Prevention Science, 5,* 15-21.

Biglan, A., Mrazek, P. J. Carnine, D., & Flay, B. R. (2003). The integration of research and practice in the prevention of youth problem behaviors. *American Psychologist, 58,* 433-440.

Botvin, G. J. (2004). Advancing prevention science and practice: Challenges, critical issues, and future directions. *Prevention Science, 5,* 69-72.

Castro, F. G., Barrera, M., & Martinez, C. R. (2004). The cultural adaptation of prevention interventions: Resolving tensions between fidelity and fit. *Prevention Science, 5,* 41-45.

Catalano, R. F., Berglund, M. L., Ryan, J. A. M., Lonczak, H. S., & Hawkins, J. D. (2004). Positive youth development in the United States: Research findings on evaluations of positive youth development programs. *Annals of the American Academy of Political and Social Science. Special Issue: Positive Developmnet: Realizing the Potential of Youth, 591,* 98-124.

Chambless, D. L., Sanderson, W. C., Shoham, V., Johnson, S. B., Pope, K. S., Critis-Crisoph, P., Baker, M., Johnson, B., Woody, S. R., Sue, S., Beutler, L., Williams, D. A., & McCurry, S. (1996).

An update on empirically validated therapies. *Clinical Psychologist, 49,* 5-14.

Coie, J. D., Watt, N. F., West, S. G., Hawkins, J. D., Asarnow, J. R., Markan, H. J., Ramey, S. L., Shure, M., & Long, B. (1993). The science of prevention: A conceptual framework and some directions for a national research program. *American Psychologist, 48,* 1013-1022.

Collaborative for Academic, Social and Emotional Learning. (2003). *Safe and sound: An deucational leader's guide to evidence-based social and emoional learning programs.* Retrieved March 13, 2008, from http://www.casel.org/pub/safeandsond.php

Collins, L. M., Murphy, S. A., & Bierman, K. L. (2004). A conceptual framework for adaptive preventive interventions. *Prevention Science, 5,* 185-196.

Commission on Chronic Illness. (1957). *Chronic illness in the United States* (Vol. 1). Cambridge, MA: Harvard University Press.

Commisssion on the Prevention of Mental/Emotional Disabilities. (1987). The Commission on the Prevention of Mental/Emotional Disabilities. *Journal of preimary prevention, 7,* 175-241.

Conduct Problems Prevention Research Group. (1999). Initial impact of the Fast Track prevention trial for conduct problems: II. Classroom effects. *Journal of Consulting and Clinical Psychology, 67,* 648-657.

Cook, T. D., Murphy, R. F., & Hunt, H. D. (2000). Comer's School Development Program in Chicago: A theory-based evaluation. *American Educational Research Journal, 37,* 535-597.

Cowen, E. (1994). The enhancement of competence: Challenges and opportunities. *American Journal of Community Psychology, 22,* 149-179.

Doll, B. (1996). Prevalence of psychiatric disorders in children and youth: An agenda for advocacy by school psychology. *School Psychology Quarterly, 11,* 20-46.

Doll, B., & Lyon, M. (1998). Risk and resilience: Implications for the practice of school psychology. *School Psychology Review, 27,* 348-363.

Dusenbury, L., & Hansen, W. B. (2004). Pursuing the course from research to practice. *Prevention Science, 5,* 55-59.

Elliott, D. S., & Mihalic, S. (2004). Issues in disseminationg and replicating effective prevention programs. *Prevention Science, 5,* 47-53.

Flay, B. R., Biglan, A., Boruch, R. F., Castro, F. G., Gottfredson, D., Kellam, S., Moscicki, E. K., Schinke, S., Valenine, J. C., & Ji, P. (2005). Standards of evidence: Criteria for efficacy, effectiveness, and dissemination. *Prevention Science, 6,* 151-175.

Foster, S., Rollefson, M., Doksum, T., Noonan, D., Robinson, G., & Teich, J. (2005). School mental health services in the United States 2002-2003. DHHS Pub. No. (SMA) 05-4068. Rockville, MD: Center for Mental Health Servies, Substance Abuse and Mental Health Servies Administraition.

Gordon, R. S. (1983). An operational classification of disease prevention. *Public Health Reports, 98,*

107-109.

Greenberg, M. T., & Kusché, C. A. (1998). *Blueprints for violence prevention: The PATHS Project* (Vol. 10). Boulder, CO: Institute of Behavioral Science, Regents of The University of Colorado.

Greenberg, M. T., Weissberg, R. P., O'Brien, M. U., Zins, J. E., Fredericks, L., Resnik, H., & Elias, M. J. (2003). Enhancing school-based prevention and youth development through coordinated social, emotional, and academic learning. *American Psychologist, 58,* 466-474.

Hayes, S. C., Barlow, D. H., & Nelson-Gray, R. O. (1999). *The scientist practitioners: Research and accountability in the age of managed care* (2nd ed.). Boston: Allyn & Bacon.

Hosman, C., Jane-Liopis, E., & Saxena, S. (Eds). (2005). *Prevention of mental disorders: Effective interventions and policy options.* Oxford: Oxford University Press.

Kaftarian, S., Robinson, E., Compton, W., Davis Watts, B., & Volkow, N. (2004). Blending prevention research and practice in schools: Critical issues and suggestions. *Prevention Science, 5,* 1-3.

Kaplan, R. M. (2000). Two pathways to prevention. *American Psychologist, 55,* 382-396.

Kellam, S. G., & Langevin, D. J. (2003). A framwork for understanding "evidence" in prevention research and programs. *Prevention Science, 4,* 137-153.

Kellam, S. G., Rebok, G. W., Ialongo, N., & Mayer, L. S. (1994). The course and malleability of aggressive behavior from early first grade into middle school: Results of a developmental epidemiologically-based prevention trial. *Journal of Child Psychology & Psychiatry & Allied Disciplines, 35,* 259-281.

Kumpfer, K. L., Alvarado, R., Tait, C., & Turner, C. (2002). Effectiveness of school-based family and children's skills training for substance abuse prevention among 6-8 year old rural children. *Psychology of Addictive Behaviors, 16,* 565-571.

Lahey, B. B., Loeber, R., Quay, H. C., Frick, P. J., & Grimm, S. (1992). Oppositional defiant and conduct disorders: Issues to be resolved for DSM-IV. *Journal of the American Academy of Child and Adolescent Psychiatry, 31,* 539-546.

Loeber, R., & Farrington, D. P. (2000). Young children who commit crime: Epidemiology, developmental origins, risk factors, early interventions, and policy implications. *Development and psychopathology, 12,* 737-762.

Lonigan, C. J. Elbert, J. C., & Bennett-Johnson, S. (1998). Empirically supported psychosocial interventions for children: An overview. *Journal of Clinical Child Psychology, 27,* 138-145.

Mash, E. J. & Dozois, D. J. A. (2003). Child psychopathology: A developmental-systems perspective. In E. J., Mash, & R. A. Barkley (Eds.), *Child psychopathology* (2nd ed., pp. 3-71). New York, NY: Guilford Press.

Mrazek, P. J., & Haggerty, R. J. (Eds.). (1994). *Reducing risks for mental disorders: Frontiers for preventive intervention research.* Washington, DC: National Academy press.

Nation, M., Crusto, C., Wanderman, A., Kumpfer, K. L., & Seybolt, D., Morrissey-Kane, E., &

Davino, K. (2003). What works in prevention: Principles of effective prevention programs. *American Psychologist, 58,* 449-456.

Pentz, M. A. (2004). Form follows function: Designs for prevention effectiveness and diffusion research. *Prevention Science, 5,* 23-29.

Ringwalt, C. L., Vincus, A., Ennett, S., Johnson, R., & Rohrbach, L. A. (2004). Reasons for teachers' adaptation of substance use prevention curricula in schools with non-white student populations. *Prevention Science, 5,* 61-67.

Soloman, D., Battistich, V, Watson, M., & Schaps, E., & Lewis, C. (2000). A six-district study of educational change: Direct and mediated effects of the Child Development Project. *Social Pschology of Education, 4,* 3-51.

Swanson, C. B. (2003). NCLB implementation report: State approaches for calculating high school graduation rates. Washington, DC: The Urban Institute.

U.S. Department of Health and Human Services. (1999). *Mental health: A report of the Surgen General.* Rockville, MD: U.S. Department of Health and Human Servies, Substance Abuse and Mental Health Services Administration, Center for Mental Health Services, National Institutes of Health, National Institute of Mental Health, 1999.

Wandersman, A., & Florin, P. (2003). Community interventions and effective prevention. *American Psychologist, 58,* 441-448.

Weissberg, R. P., Kumpfer, K. L., & Seligman, M. E. P. (2003). Prevention that works for children and youth: An introduction. *American Psychologist, 58,* 425-432.

Weisz, J. R., Sandler, I. N., Durlak, J. A., & Anton, B. S. (2005). Promoting and protecting youth mental health through evidence-based prevention and treatment. *American Psychologist, 60,* 628-648.

Werner, E. E. (2006). What can we learn about resilience from large-scale longitudinal studies? In S. Coldstein & R. B. Brooks (Eds.), *Handbook of resilience in children* (pp. 91-105). New York, NY: Springer.

Chapter **2**
학교 개선의 맥락 속에서 예방

Howard S. Adelman, Linda Taylor
(로스엔젤레스 캘리포니아 대학교)

교육적 · 심리사회적 · 신체적 · 정신적 건강 문제를 예방하려는 노력에 반대하거나 대규모로 예방하려는 바람직한 현상에 대해서 반대하는 사람은 거의 없다. 그러나 이 논쟁은 비용, 유효성, (다른 주요 체계 사이에서의) 학교의 역할에서 비롯된다.

특수하고 편협하게 정의된 공중보건의 관심사 외에, 예방은 공공정책과 집행에서 최우선 순위가 아니다. 예방 조치를 지나쳐, 아동과 청소년을 위한 예방 계획은 주로 특정 위험 행동을 줄이는 데 초점을 맞추어 왔다(Center for Mental Health in Schools, 2007a). 이것은 관찰된 문제들과 분리된 실체로서 그 문제들에 접근하는 것에 대한 지나친 강조로 이어졌다. 그리고 근본적인 원인의 분석과 추적에는 소홀했다. 또한 그 자체로서 귀중한 건강 증진을 경시하는 경향에 기여했다(예: Cowen, 1997).

학교에서의 예방 프로그램은 상대적으로 그 수가 적고 보통 개별 프로젝트로서, 종종 후원금('soft' money[1])으로 자금을 충당한다(예: see the lists described in CASEL, 2003; Center for Mental Health in Schools, 2005a; Cochrane Library, 2007; Cowen, Hightower, Pedro-Carroll, Work, Wyman, & Haffey, 1996; Durlak, 1995; Durlak & Wells, 1997; Greenberg, Weissberg, O'Brien, Zins, Fredericks, Resnik et al., 2003; SAMHSA, 2007; Scattergood, Dash, Epstein, & Adler, 1998; Weisz, Sandler, Durlak, & Anton, 2005). 더욱이 현행 프로그램들은 너무 분열되어 있어 불필요한 중복과 비생산적인 경쟁을 야기하며, 매일매일 장기간에 걸쳐 이루어지는 프로

---

1) 역자 주: 미국의 정치 기부금 가운데 기업이나 단체가 정당에 제공하는 후원금.

그램의 상호 연계에 필수적인 **시스템적 협력**에 불리하게 작용한다. 이 모든 것은 비용을 증가시키고, 유효성을 감소시키며, 예방적 시도들의 만연화된 소외를 계속 유지시켰다.

만족스럽지 못한 정책, 연구, 시행, 훈련에서 악순환이 만연하고 있다. 그 악순환은 예방이 편협하게 비춰지는 한 계속될 가능성이 높다. 이 분야가 전진하기 위해서는 예방의 개념이 종합적인 맥락에서 만들어져야 한다. 나아가 학교와 지역사회는 새로운 방식으로 함께 작업해야 하고, 그 작업은 학교 개선 정책, 계획, 실행, 책임과 완전히 융화되어야 한다.

이 장에서는 중재 연속체의 한 끝에 위치한 건강 발달의 증진으로서 초기 예방을 다루고, 통합된 체계로 여겨지는 연속체의 각 단계를 다룬다. 그 (중재) 연속체는 학교 개선의 맥락 속에 놓이고, 모든 청소년이 학교에서 성공하기 위해 동등한 기회를 갖는 것을 보장하도록 설계된 종합적이고 다면적인 구성 요소의 측면에서 분석된다. 이 장에서는 체계 변화를 위한 포괄적인 결과를 포함하여, 정책, 연구, 시행, 훈련의 관점에서의 함의를 논의한다.

넓은 맥락에서의 예방

예방 계획은 다양한 측면을 가질 수 있다. 예를 들면, 학교에서는 모든 학생을 겨냥하여 학교 전반에 걸쳐 접근하거나, 학급에만 국한시키거나, 특수한 문제를 가진 특정 집단을 겨냥할 수도 있다.

다양한 전략이 건강 발달의 증진에 사용되거나 긍정적으로 기능하는 것을 방해하는 요소를 해결하는 데 사용될 수 있을 것이다. 〈표 2-1〉은 학교 지향적(school-oriented) 예방 시도들 사이에서 차별화될 수 있는 몇 가지 중요한 범주를 나타낸 개요이다.

이 개요는 예방이 별개의 전략뿐만 아니라 광범위한 접근을 포함한다는 것을 반영한다. 정책 지향적(policy-oriented) 주장은 발달, 학습 및 교수를 촉진하거나 저해하는 사회 · 경제 · 정치 · 문화적 요인을 설명하는 다면적인 접근법이 중요하다는 것을 점점 더 인정하고 있다 (Adelman & Taylor, 1997, 2006a; Center for Mental Health in Schools, 1997, 2005b; Dryfoos, 1998; Schorr, 1997).

그러한 정책들은 또한 많은 문제가 분리된 것이 아니라는 기본 가정을 반영한다. 때문에 근본 원인을 다루는 중재는 관찰되는 개별 문제를 위해 분리된 프로그램을 개발하는 경향을 최소화시킬 수 있다. 결국, 이것은 조정(coordination)이 강화되는 것과 비용 효율적인 증진을 가져올 수 있는 자원과 영향을 통합할 수 있게 한다.

〈표 2-1〉 학교 지향적 예방 시도의 주요 국면 분석을 위한 개요

I. 계획의 형태	3. 긍정적 행동을 위한 기회와 기대 강화
A. 정책(연방, 주, 지방)	4. 상담/치료
B. 실행	5. 신체건강 프로그램과 서비스
C. 역량 강화	6. 사회적 지지
D. 체계의 변화	7. 사회 서비스
II. 실행을 위한 맥락	8. 학생 간 지지와 사회화
A. 지역사회	9. 학교-가정-지역사회 협력
B. 학교	10. 안전 강화와 정책 준수
C. 교실에서의 정규 프로그램의 일부	11. 많은 전략
D. 정규 수업 안팎에서의 '추가' 프로그램	12. 종합적인, 학교 전체의 접근
E. '임상' 프로그램의 일부	V. 학교교육/학생 발달의 수준
III. 예방의 단계	A. 초등/중등/고등학교
A. 초기	B. 특정 학년, 연령, 발달 단계
B. 2차(조기 중재)	VI. 다른 중재와의 통합 정도
C. 3차(개선 서비스/상태 악화를 막는, 2차 유발 요인의 영향을 최소화하는 방법에서 만성적인 문제)	A. 독립적인
	B. 다른 것들과의 조화
	C. 체계적으로 통합된
IV. 초점	VII. 중재 개발의 단계
A. 중재의 초점	A. 형성
1. 환경	B. 완전히 개발, 그러나 미평가
2. 사람	C. 경험적으로 지지됨
3. 둘 다	VIII. 수행의 범위
B. 영향의 계획 범위	A. 한정된 프로젝트
1. 광대역 개입	1. 한 장소에서
2. 하나 또는 더 많은 특정 대상을 위한	2. 여러 장소에서
C. 접근의 폭	B. 체계의 변화 계획
1. 통제된 범위 내의 문제	1. 시험 단계에서 견본으로
2. 광범위한	2. 단계적으로-소수 방면에서
D. 관심의 일반적 영역	3. 단계적으로-다방면에서
1. 발달, 학습, 긍정적 기능의 장애에 대처	4. 모든 방면 포함
2. 건강한 발달 촉진	IX. 평가를 위한 접근
E. 영역	A. 책임 요구에만 초점
1. 지식	B. 프로그램 형성평가
2. 기능	C. 총체적 프로그램 평가
3. 태도	1. 유효성
F. 전략	2. 효율성
1. 교육*	3. 비용 효율적 분석
2. 행동 수정	D. 평가 연구로서 설계

* 교육과정 접근의 내용 초점

심리사회적 문제들(폭력, 물질 남용, 비행, 임신, 섭식장애, 학습 문제 등)을 예방하고 건강한 사회성 및 정서 발달과 효과적 기능을 증진시키기 위해 교육과정을 강조할 때 다음의 내용에 집중할 수 있다.

- 자원 구축(학업 강화하기, 보호 요인 발달시키기, 유능감과 자기훈련 영역 확장하기를 포함)
- 인격 형성(예: 가치관)
- 신체 발달(예: 식습관/영양, 운동/여가)
- 능력 촉진(예: 한가지 혹은 그 이상의 다중지능 강화)

- 사회정서 발달(예: 자신과 타인을 이해하기, 자신과 타인에 대한 긍정적인 감정을 강화하기, 인지적 및 대인관계 문제해결, 사회적 기술, 정서지능)
- 희망 촉진(예: 미래에 대한 긍정적 기대, 자기결정에 관한 지각)
- 저항교육
- 스트레스 감소
- 증상 감소

(발달, 학습 및 교수를 촉진하거나 저해하는) 사회 · 경제 · 정치 · 문화적 요인들을 해결하기 위한 주요 정책과 시행은 최근 동향에 대한 분석과 추천을 위해 5개 영역으로 나누어진다. 그것은 ① 불평등/제한된 기회를 줄이는 방법, ② 근본적인 예방과 조기 중재, ③ 되도록 빨리 시행할 수 있는 학습 · 행동 · 정서 · 건강 문제의 확인과 개선, ④ 경미하거나 중간 정도의 학습, 행동, 정서, 건강 문제의 지속적인 개선, ⑤ 만성적/심각한/만연한 문제에 대한 지속적인 치료와 지원이다.

중재의 범위는 연속체상에서 더 잘 이해될 수 있다. [그림 2-1]에서 연속체의 범위는 (안녕감 혹은 능력 강화에 대한 초점을 포함한) 초기 예방부터 조기 중재 접근, 심각하고 만성적인 문제에 초점을 둔 좁은 의미의 치료까지 확장된다. 공교육과 공중보건 관점에서, 연속체는 학문적 · 사회적 · 정서적 · 신체적 발달을 가능하게 하고, 학교에서의 행동 · 학습 · 정서적 문제를 해결하려는 시도를 아우르고 확대한다. 그러한 연속체는 지역사회의 상황과 (지리상의 구역과 통학 범위 내에 제공되는) 학교 프로그램들이 얼마나 종합적이고 다면적인지 그리고 통합되어 있는지를 평가하기 위한 하나의 모델을 제공한다.

[그림 2-1]에 언급된 프로그램들은 필수적으로 서로 연관된다. 그러므로 각각의 프로그램을 통합된 체계의 총체로 조직하는 것은 그 영향을 기하급수적으로 증가시킬 것이다. 이것은 상호 연결된 중재의 3단계로 구상될 수 있다. ① 건강한 발달을 도모하고 문제를 예방하는 체계, ② 문제에 조기 중재할 수 있는 실현 가능한 체계, ③ 치료 체계의 세 단계이다. [그림 2-2]에서 볼 수 있듯이, 상위 단계에서 효과가 있으면 더 낮은 단계에서 중재를 요구하는 개인이 적어질 것이라는 가정을 한다. 특히 주목할 점은, 연속체가 예방 접근을 표적 대상에 따라 유목화한 의학연구소(Institute of Medicine)의 치료 연속체 분류인 세 층위의 범주(보편적, 선택적, 지시적)뿐만 아니라 1차, 2차 및 3차 예방까지 포함하고 있다는 것이다(Mrazek & Haggerty, 1994).

중재 연속체	중재의 유형 및 초점의 예

(개인적 요구와 체계 변화에 목표를 둔 프로그램과 서비스)

초기 예방

1. 기회, 긍정적 발달, 건강을 위한 공중 보건의 보호, 촉진, 유지
   - 빈곤 속에 살아가는 이들의 경제적 강화(예: 일자리/복지 프로그램)
   - 안전(예: 지시, 규제, lead abatement 프로그램)
   - 신체적·정신적 건강(healthy start 계획, 조치, 치과 치료, 물질 남용 예방, 폭력 예방, 정신건강 교육, 성교육 및 가족 계획, 레크리에이션, 기본적인 생활 지원 접근을 위한 사회 서비스 등 포함)

2. 건강과 심리적 발달 강화를 위한 학령기 전 지지와 지원
   - 다학제적인 활동, 상담, 직원 발달을 통한 체계 강화
   - 미취학 아동의 부모를 위한 교육과 사회적 지원
   - 주간 보호의 질
   - 조기교육의 질
   - 신체적·정신적 건강과 심리사회적 문제의 적절한 선별과 개선

발생 직후 개입

3. 초기 학교교육에 중점을 둔 개입
   - 학생과 그들의 가족(특히 이민자)을 위한 학교 및 지역사회에서의 오리엔테이션, 환영과 전환 지원
   - 학교 적응 문제 개선을 위한 지원과 안내
   - 특정 학습 문제에 대처하기 위한 추가 지원
   - 문제해결에의 부모 참여
   - 종합적이고 접근 가능한 심리사회적 그리고 신체적·정신적 건강 프로그램(지역사회와 가정폭력, 지역사회 요구 평가를 통해 확인된 다른 문제들 포함)

4. 지속적이고 정기적인 지원의 증진과 확대
   - 다학제적 활동, 상담, 직원 발달을 통한 체계 강화
   - 학교와 생활 전환을 위한 준비와 지원
   - 교사를 위한 지원과 개선의 '기본'(이용 가능한 인적 자원, 또래와 봉사자 지원 포함)
   - 문제해결에의 부모 참여
   - parents-in-need의 자원 지원(구직, 법률 도움, ESL 및 시민교실 등 포함)
   - 교육적 안내와 도움(개입을 위한 반응을 포함)
   - 긴급 및 위기 예방과 반응 기제

5. 집중적이고 지속적인 표적적인 치료를 위한 의뢰에 앞서 다른 개입
   - 다학제적 활동, 상담, 직원 발달을 통한 체계 강화
   - 단기적인 특수화된 개입(교사 지도와 부모 동원; 자살 방지, 미성년 임산부, 약물중독자, 폭력 조직 멤버, 다른 잠재적인 중퇴자를 위한 프로그램 포함)

심각한/만성적인 문제를 위한 치료

6. 집중 치료
   - 의뢰, 분류, 배치 안내와 지원, 사례 관리, 자원 조정
   - 가족 보호 프로그램과 서비스
   - 특수교육 및 사회 복귀(갱생)
   - 중퇴 회복 및 후속 지원
   - 심각한-만성적 심리사회적/정신적/정신건강 문제를 위한 서비스

[그림 2-1] 초기 예방부터 심각한 문제의 치료까지: 학습의 장벽에 대처하고 건강 발달을 강화하기 위한 지역사회-학교 프로그램의 연속체

* 출처: Adelman & Taylor(1993)에서 발췌.

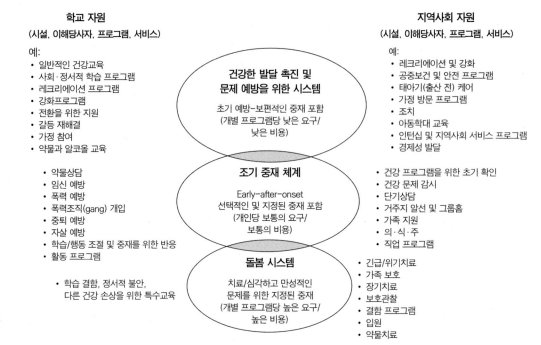

학교 자원

(시설, 이해당사자, 프로그램, 서비스)

예:
- 일반적인 건강교육
- 사회·정서적 학습 프로그램
- 레크리에이션 프로그램
- 강화프로그램
- 전환을 위한 지원
- 갈등 재해결
- 가정 참여
- 약물과 알코올 교육

- 약물상담
- 임신 예방
- 폭력 예방
- 폭력조직(gang) 개입
- 중퇴 예방
- 자살 예방
- 학습/행동 조절 및 중재를 위한 반응
- 활동 프로그램

- 학습 결함, 정서적 불안, 다른 건강 손상을 위한 특수교육

건강한 발달 촉진 및 문제 예방을 위한 시스템

초기 예방-보편적인 중재 포함
(개별 프로그램당 낮은 요구/
낮은 비용)

조기 중재 체계

Early-after-onset
선택적인 및 지정된 중재 포함
(개인당 보통의 요구/
보통의 비용)

돌봄 시스템

치료/심각하고 만성적인
문제를 위한 지정된 중재
(개별 프로그램당 높은 요구/
높은 비용)

지역사회 자원

(시설, 이해당사자, 프로그램, 서비스)

예:
- 레크리에이션 및 강화
- 공중보건 및 안전 프로그램
- 태아기(출산 전) 케어
- 가정 방문 프로그램
- 조치
- 아동학대 교육
- 인턴십 및 지역사회 서비스 프로그램
- 경제성 발달

- 건강 프로그램을 위한 초기 확인
- 건강 문제 감시
- 단기상담
- 거주지 알선 및 그룹홈
- 가족 지원
- 의·식·주
- 직업 프로그램

- 긴급/위기치료
- 가족 보호
- 장기치료
- 보호관찰
- 결함 프로그램
- 입원
- 약물치료

* 체계적인 협력은 일상에 기초한 프로그램 간 긴밀한 관계를 맺고 시간이 지남에 따라 예방 체계, 조기 개입 체계, 보호 체계 내 및 사이의 원활한 개입을 보장하는 데 필수적이다.
그러한 협력은 프로그램과 서비스의 수평적이고 수직적인 조정을 포함한다.

① 관할 구역, 학군 그리고 지역사회 기관 내(예: 부서, 국, 단위, 학교, 학교군)
② 관할 구역, 학교와 지역사회 기관, 공공 및 민간 부문 간; 학교들; 지역사회 기관들 간

* 다양한 장소, 개념과 계획이 중재 체계의 연속체에 퍼져 있다(예: 어린이집과 유치원과 같은 장소들, 사회·정서적 학습과 발달과 같은 개념들, 긍정적 행동 지원, 중재에 대한 반응 그리고 조직화된 학교건강과 같은 계획들). 또한 상당히 다양한 구성원이 포함된다.

[그림 2-2] 모든 학생의 요구를 위한 상호 연결된 체계의 연속체

중재를 한 체계의 연속체로 통합하는 것의 중요성을 강조하는 한편, [그림 2-2]에 나타난 체계는 개별적인 중재에 대한 초점을 넘어 예방의 논쟁으로 이동한다. 구체적으로 말해, ① 관할 구역, 학군 그리고 지역사회 기관 내에서, ② 관할 구역, 학군 그리고 지역사회 기관, 공공 부문과 민간 부문 사이, 학교들 간, 지역사회 기관들 간의 프로그램과 서비스의 수평적이고 수직적인 개혁의 중요성을 강조한다.

마지막으로, 연속체는 건강한 발달을 향상시키기 위한 체계를 포함하며, 개인, 가정 그리고 그들이 살고, 일하고, 여가 시간을 보내는 맥락을 포함하는 전체적이고 발달적인 강조를 포괄

하려는 의도를 가진다. 또한 그것에는 문제를 제대로 다루고 있으며 다양성을 수용하기 위해 필요한 중재에는 제약이 없고 이를 방해하지 않아야 한다는 원칙이 내재되어 있다.

대부분의 학교는 전체적인 연속체에 들어맞는 몇 가지 프로그램과 서비스가 있다. 그러나 주안점이 대부분 개별적인 서비스에 있고, 중재가 통합된 체계로 연합되지 않는다. 더욱이 대부분 가장 심각한 문제에 초점을 두는 경향이 중재 과정을 편향되게 만들었기 때문에 예방과 문제의 조기 중재는 거의 이루어지지 않고 있다. 그 결과, 공교육은 '실패를 기다리는' 체계로 특징지어져 왔다.

학교 개선 정책 강화하기

예방을 해야 한다는 주장과 학교 개선안의 일환으로 학교가 종합적 예방을 추구해야 한다는 주장은 별개의 것이다. 이러한 주장은 학교의 임무라는 맥락 속에서 틀을 잡아야 한다. 물론, 그 임무는 아이들을 교육하는 것이다. 이 임무를 추구하기 위해, 학교는 개선 계획에 지속적으로 참여한다. 그렇게 하는 것의 필요성은 「아동낙오방지법(No Children Left Behind Act)」에서 기인한 책임 요구에 의해 강조되어 왔다. 많이 사용되고 있는 편협한 학교책임도구들은 학업 지도를 제외한 모든 것들을 대수롭지 않게 취급하고, 학습과 교수를 방해하는 요인들을 지나치게 단순하게 다루는 학교개선 안내 서류들을 양산해 왔다.

예를 들어, 연방 교육법하에 미국 교육부(U.S. Department of Education, 2006)는 '실적을 못 내는' 학교에서의 학교 개선 추진을 위해 비규제 지도 방안을 구상해 왔다. 그들이 강조하는 학교 개선 과정과 일정은 개혁에 대한 절박함을 불러일으키도록 그리고 빠르고 효율적으로 향상된 결과물을 확인하는 데 초점을 두도록 설계되어야 한다. 이러한 진술은 연방정부의 그리고 대부분의 조직의 학교 개선 지도 방안이 학습과 교수를 방해하는 특정 요인을 해결하기 위한 빠르고 직접적인 방법을 찾는 것, 즉 현실성을 강조한다(Annenberg Institute, 2006; NCREL, 연도 미상). 결과적으로, 그러한 경향이 학교 개선 계획에서 다른 많은 방해 요인을 간과하도록 만든다(Center for Mental Health in Schools, 2005b). 이것은 내부적으로도 외부적으로 학습의 장애가 되기도 한다.

다행스럽게도, 상대적으로 적은 학생들이 학습·행동·정서 문제를 야기하는 내부적 역기능 혹은 장애를 가지고 있다. 그러나 많은 아동과 청소년의 다양한 외부 요인은 학교가 그들의 임무인 교육을 수행하는 것을 방해하고 있다. 그리고 연구에서 제시하고 있듯, 많은 청소년의 학습 · 행동 · 정서 문제의 주 원인은 이웃, 가족, 학교, 또래와 관련된 외부 요인에 있다. 청소년과 함께 일하는 사람이라면 학습 · 발달 · 교수의 장애물에 대한 장황한 설명을 너무나 잘 꿰고 있다. 이를테면 최근의 이민자와 저소득층 가정에게 닥친 많은 요인 그리고 모든 학생에게 적용되는 폭력, 약물, 잦은 전학 등이 이에 해당한다(Adelman & Taylor, 2006a; Catalano & Hawkins, 1995). 이러한 장애물은 학업 성취도의 차이 및 학생(그리고 교사) 중퇴와 강력하게 연결되어 있다. 너무나 많은 장애물의 영향으로 학교와 지역사회를 위한 더 다양한 예방 프로그램 방법을 제시하는 논의를 하게 된다. 그러나 이를 위해서는 학교 개선의 안건이 반드시 재고되어야 한다.

학교 개선 정책은 예방과 장애물 해결을 위한 다른 모든 시도를 사회적으로 소외시킨다

정책 수립자들은 학습, 행동 문제, 약물 남용, 폭력, 중퇴, 10대 임신 등을 예방하고 개선하기 위한 학생 지원에 관한 제한된 효과(efficacy)[2]에 대해 우려를 제기해 왔다(Adelman & Taylor, 2006a; Catalano & Hawkins, 1995). 이에 답해 몇몇 개혁가들은 불만족스러운 결과를 프로그램과 서비스의 선별적이고 분열적인 운영 탓으로 돌렸다.

많은 중재가 단편적으로 시행되고 그 시행에 보상이 따르지 않는 한, 제한된 효과는 피할 수 없어 보인다. 이에 학교기반(school-based) 조정과 통합의 향상 그리고 연합된 중재를 통해 분열을 줄이는 것에 주목해 왔다. 특히, "통합된 서비스" 정책은 많은 단편적이고 맹목적으로 후원하는 접근의 결과로 야기되는 과잉, 낭비, 비효율성을 감소시키도록 수행해 왔다. 통합된 중재를 위한 계획은 학교와 지역사회의 연계를 확대하기 위한 그리고 청소년을 위한 인프라 강화를 위한 움직임과 함께 맞물렸다(Adelman & Taylor, 2007a; Adler & Gardner, 1994; Blank, Berg, & Melaville, 2006; Burt, 1998; Cahill, 1994, 1998; Catalano, Berglund, Ryan, Lonczak, & Hawkins, 2002; Catalano & Hawkins, 1995; Dryfoos, 1998; Dryfoos & Maguire, 2002; Pittman, 2002; Rothman, 2007; Schorr, 1997).

그러나 조정과 통합에 주요한 초점을 맞춤으로 인해 정책 수립자들은 가장 중요한 문제를 다루는 데 실패했다. 즉, 그로 인해 학교 개선 정책과 시행에서 전체적인 대규모 기획이 소외

---

2) 역자 주: 잘 통제된 조사 연구에서 청소년에게 의미 있는 영향을 주는 프로그램 효과.

되었다. 이러한 현실은 분열을 줄이기 위한 노력을 심각하게 방해할 뿐만 아니라 학교가 학급 지도에서 학습, 발달 그리고 학생의 교육과 재참여에 방해가 되는 요인들을 효율적으로 대처하는 것을 막는다.

사회적 소외를 없애는 방향: 학교 개선을 위한 체제 확장

예방이 아동과 그 가족의 삶에서 중요한 역할을 하기 위해서는 방해 요인을 다루는 학교 개선 정책과 시행은 변화를 겪어야 한다. 장애들을 해결하는 정책이 사회적으로 너무 소외되어 있기 때문에, 학교와 지역사회는 사실상 집중적이지도 않고, 대규모 예방과 문제 개선을 위한 종합적·다면적 접근으로 이끌 주요 구성안도 없는 채로 계속 프로그램을 운영하고 있다. 학교 개선 계획과 프로그램 질을 재검토할 때, 주어진 문제들에 대한 주의가 부족한 것은 명백해 보인다(Center for Mental Health in Schools, 2005b). 또한 행정관, 교사 그리고 교육청, 군청, 다른 교육·관할구, 학교 종사자들이 받는 양성교육, 평생교육에서 장애를 해결하는 법을 다루는 형태는 형식적인 것에 불과하다.

우리는 학습·행동·정서적 문제와의 싸움에서 이길 수 있는 중요한 돌파구는 학교 개선 정책과 계획, 시행 그리고 책임이 학습을 방해하는 요인 모두를 해결할 때에만 찾을 수 있다고 제안한다. 이 중요 돌파구는 특정 예방 프로그램, 조기 중재 프로그램, 지역사회 자원과 연계된 봉사활동, 학교 소유(school-owned) 서비스 조정(coordinating), 가족 자원 센터와 풀서비스 학교 및 지역사회 학교를 만드는 것 이상을 요구한다. 기존의 이러한 것들 중엔 종합적이고, 다면적이고, 결합된 접근이 없다. 그리고 학생·가족·학교·이웃이 직면한 복잡한 문제를 잘 처리하기 위해 종합적인 접근이 필수적이라는 여론은 증가하고 있다(예: Adelman, 1993; Adelman & Taylor, 1997, 2006a, 2008; Catalano & Hawkins, 1995; Comer, 1997; Dryfoos & Maguire, 2002; Greenwald, Hedges, & Laine, 1996; Schorr, 1997).

[그림 2-1]과 [그림 2-2]에 나타난 틀은 중재의 넓은 맥락에서 예방이 인식되도록 할 뿐만 아니라 학교가 학교 개선 계획에서 가져야 할 종합적인 접근을 강조한다. 그러나 학교 개선을 위한 정책 체제가 확장되지 않는다면 학교 개선은 일어날 가능성이 적다.

우리의 관점에서 고위 정책(high-level policy)이 종합적이고 광범위한 연속체를 발전시키도록 하고, 또 분리된 활동을 통합할 뿐만 아니라 모든 이용 가능한 자원을 동원하는 (상호 연결된) 체계의 총체로 진행되도록 해야 한다. 이러한 방향으로 가는 기초 단계로, 정책 수립자들은

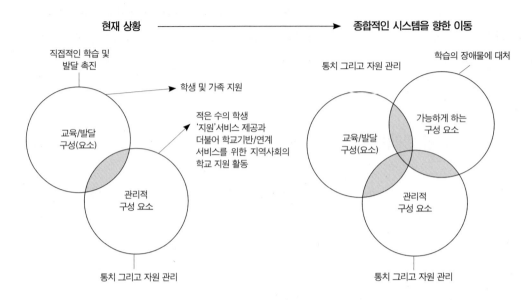

현재 상황 ─────────────────────→ 종합적인 시스템을 향한 이동

* 가능하게 하는 구성(enabling component)는 학습, 발달, 교육을 방해하고 학생이 교실 교육에 재참여하는 것을 막는 요인들을 다룸으로써 배우는 것을 가능하게 하도록 설계되었다. 그것은 우선적이고 필수적인 정책과 실행 내에서 설정되고 학교와 지역사회 자원들을 함께 엮음으로써 통합적 접근으로 발전된다. 통합적 접근이 적용된 몇몇 곳은 학습 지원 요소로 세 번째 구성 요소를 언급한다.

**[그림 2-3] 학습의 장애물에 대처하기 위한 종합적인 체계:
학교를 위한 2-구성 요소 체제에서 3-구성 요소 체제로의 이동**

이원 요소 정책 체제에서 삼원 요소 정책 체제로 바꿀 것을 제안한다.

[그림 2-3]에서 강조되었듯, 제안된 세 번째 구성 요소는 장벽에 대처하여 학습을 종합적으로 가능하게 하는 정책임을 아우른다. 이 세 번째 요소의 렌즈를 통해 정책이 시행되고 검토될 때, 모든 학생의 학습과 발달을 가능하게 하기 위한 현재의 시도에서 놓친 것이 무엇인지 분명해진다. 이 '가능하게 하는(enabling)'[3] 구성 요소의 확립은 고위 정책의 측면에서 문제를 개선하고 예방하려는, 학교 개선의 기초 발판으로 작업들을 통합하려는 시도들을 평가한다. 장벽 해결이 학교의 교육 의무와 분리된 안건이 아니라는 것은 매우 중요하다. 3-구성 요소 체제는 가능하게 하는 요소, 교육적 요소, 관리적 요소를 서로 통합하려는 의도가 있다([그림 2-3] 참조).

세 번째 구성 요소는 사회적 소외와 맞서기 위한 기반을 제공하고, 또 정책과 시행에서 종합

---

3) 역자 주: 모든 학생의 학습과 발전을 가능하게 하는.

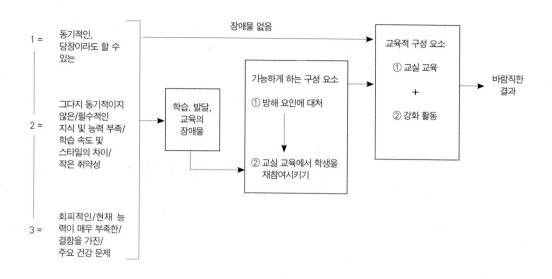

* 몇몇 곳에서 가능하게 하는 요소를 학습 지원 요소로 부른다. 그것이 무엇으로 불리든지, 그 요소는 학교에서 학습 지원에 관한 통합적 체계로 발전된다.

[그림 2-4] 장애물에 대처하고, 교실 교육에 학생을 재참여시키고,
학교 측면에서 건강 발달을 강화하기 위한 가능하게 하는 구성 요소

적인 체제 발전을 위한 중심점을 제공한다. 그것은 또한 심리적 문제를 예방 및 개선하고 건강을 증진시키기 위한 개별적 접근법들을 함께 엮어 분열을 막을 수도 있다. 광대한 통합점으로서 가능하게 하는 요소라는 개념은 주(state) 및 지역 교육기관의 관심 증가로 그 유용성이 증명되었다 (이는 종종 '학습 지원 요소' 혹은 '학생 지원의 포괄적 체계'로 불리기도 한다). 어떤 견해는 학교 정신건강센터(Center for Mental Health in Schools)의 보고에서 조명받는다.

[그림 2-4]는 학습·발달·교수의 장애물을 해결하고, 학생을 교실로 돌아오게 하기 위한 첫 단계로 포괄적인 가능하게 하는 요소를 나타내고 있다. 학교에서 그러한 구성 요소는 [그림 2-2]에 서술된 중재 체계의 3단계 연속체를 다룬다. 그리고 모든 지원 프로그램, 서비스, 활동을 하나의 잘 구획화된 **내용 영역**(content arenas)의 총체로 조직한다. [그림 2-5]는 중재를 여섯 가지 내용으로 조직하도록 설계된 예시이다.

• 학습을 가능하게 하는 정기적 학급 단위 전략(예: 학교의 학습으로부터 유리된 학생을 위한/경미하거나 중간 정도의 학습·행동 문제를 가진 학생을 위한 지도 개선; 예방, 조기 중재, 중재에 대한 반응과 같은 전략 사용)

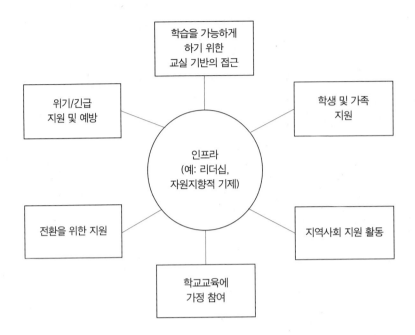

* 주: 향상된 학교분위기(문화/공동체의식)는 잘 설계되고 수행된 학습 지원 요소를 만드는 새로운 특징이다.

[그림 2-5] 중재 내용 영역

출처: Adelman, H. S., & Taylor, L. (1994). *On understanding intervention in psychology and education*. Westport, CT: Praeger에서 인용.

- 학교 전환 지원(즉, 학교, 학년 변화, 다른 많은 전환으로 넘어가는 학생과 가족을 지원)
- 가정과 학교의 연계 증가
- 실현 가능한 곳에서 위기에 대응하고 예방하기
- 지역사회 참여와 지원 증가(보다 광대한 지역사회의 관여와 후원, 자원봉사자 참여 강화를 개발하기 위한 지원 활동)
- 학생과 가족들이 효과적인 서비스와 욕구에 따른 특수한 도움에 접근하는 것을 용이하게 함

이들 각각에 대해서는 부록에서 간단하게 설명한다.

[그림 2-2]의 3단계와 [그림 2-5]의 6영역은 학교 개선 계획이 가능하게 하는 요소를 잘 포함시켜 계획을 만드는 도구가 될 수 있는 매트릭스로 조직될 수 있다. 그 계획은 문제 예방 및

개선과 관련해 무엇이 제대로 이루어지고 있고, 무엇을 놓쳤는지 분석하기 위한 데이터를 제공한다(Adelman & Taylor, 2006c). 이러한 분석은 계획 수립과 우선순위 결정에 기초를 제공해 준다.

학교에서 응집력 있는 '가능하게 하는 요소'를 개발하기 위해서는 상당한 조직 변화가 필요하다(Adelman & Taylor, 2006c). 초기의 주안점은 학교가 이미 시행하고 있는 것(예: 학생 서비스, 특수교육, 보충교육, 다른 개별 프로그램)을 한데 묶는 것이다. 그런 다음, 그 주안점을 통합된 총체를 강화하는 것, 학교를 가정 및 지역사회 자원과 연계하는 것으로 확장시킨다(예: 학교 프로그램을 가정·사업체·종교단체의 자산 그리고 지역사회의 대자본, 오락, 서비스 자원과 공식적으로 연계하는 것). 이 모든 것을 해내는 것은 조직적이고 준비된 인프라[4]를 재설계해야 하는 중재 재구조화를 필연적으로 수반한다. 뿐만 아니라 학교와 중앙 부처 직원들의 기능과 역할을 재고한다.

이러한 세 가지 주요한 필수 구성 요소의 관점에서 학교 개선을 추구하는 쪽으로 움직이고 있는 많은 주와 지역에서 '가능하게 하는 요소'를 다른 명칭들로 지칭한다. 예를 들어, 캘리포니아와 아이오와의 공교육 단체와 많은 관할구는 **학습 지원**이라는 명칭을 채택했다. 하와이 교육청은 이를 **포괄적인 학생 학습 지원 체계**로, 버클리 학군연합(Berkeley Unified School District)은 **일반 학생 지원 체계**로 부른다. 선구적인 계획들의 예에 대해서는 학교 정신건강센터와 학생·학습 지원 재구축을 위한 센터의 도구모음(toolkit)을 참조하라(http://smhp.psych.ucla.edu/pdfdocs/studentsupport/toolkt/aida.pdf).

조직과 운영의 인프라에 대한 재고

학군 전체를 아울러 추진되는 예방을 강화하기 위한 그다음 관심사는 조직과 운영의 인프라를 재설계하는 것이다. 예방이 학습과 교육의 장애물을 해결하기 위한 포괄적인 구성 요소로 완전히 통합된다는 것을 고려하면, 재설계의 초점은 예방이 아닌 전체 구성 요소 그 자체여야 한다. 그리고 장애물을 해결하기 위한 구성 요소가 완전히 학교 개선에 통합되어야만 하는 것을 고려하면, 관할 구역 전체 단계에서의 인프라 변화는 현실성이 필요하다.

인프라 재고와 재설계에서, 기본 원칙은 **선 구조 후 기능**(structure follows function)이다. 인

---

4) 역자 주: 사회(공공) 기반 시설.

프라를 잘 구축하기 위한 열쇠는 학교의 '큰 그림'인 관념적인 목표와 일치하는 방법으로 기능의 윤곽선을 그리는 것이다. 그런 다음, 비용 효율적이고 능률적으로 주요 기능을 수행하게 하는 하나의 통합된 운영 기제를 세우는 데 초점을 둔다.

학군에서 아동 낙오 방지 비전은 모든 학생에게 학교에서 성공할 수 있는 동등한 기회를 보장하길 바란다. [그림 2-3]에서 강조된 세 가지 구성 요소와 일치하며, 그러한 비전을 달성하는 것에는 ① 학습과 발달을 촉진하고, ② 학습과 교수의 장애물을 해결하며, ③ 관할 구역 운영/관리의 세 가지 기본 기능을 효율적으로 추구하는 것이 필요하다. 이러한 기본 기능들과 관련 업무와 과정을 수행하기 위해 상호 연결된 조직·운영 기제가 반드시 세워져야만 한다. 그 운영 기제는 정기적으로 업무를 실행하고 안내한다. 이러한 인프라 운영 기제는 리더들이 함께 운영하며, 리더들이 직원들에게 권한을 부여하고 생산적으로 일하게 한다. 업무의 유형은 설계하고 관리하는 활동, 특수한 조직과 프로그램 대상을 계획하고 실행하는 것, 명료한 내용과 결과를 가지고 자원을 할당하고 모니터링하는 것, 응집력 있는 실행을 보장하는 조정과 통합을 촉진하는 것, 의사소통 및 정보를 관리하는 것, 역량 강화와 질 개선을 위한 자원을 제공하는 것, 책임을 보장하는 것, 자기재생(self-renewal)을 유도하는 것을 포함한다.

현재의 인프라

우리 연구에서는 현행 구역 라인-권한 위계표(line-authority hierarchy charts), 조직 단위에 대한 설명, 이용 가능한 곳, 인프라 기제에 대한 세부 설명을 검토해 왔다. 각각의 초점은 학습과 교수의 장애를 해결하기 위한 중재를 제공하기 위해 어떻게 관할구를 조직하는지에 맞춰져 있었다.

일반적으로, 관할구는 다음과 같이 조직된다.

① 교육과정의 수준(예: 초등, 중등, 조기 교육)
② 활동, 학과 과정 제휴, 자금 흐름, 분류화된 프로그램의 전통적인 영역[예: 교육과정과 교육; 평가; 상담과 생활지도, 출석, 심리적·사회적 서비스, 건강을 포함한 학생 지원; 상담자, 심리학자, 사회복지사, 간호사와 같은 특수 인적 자원; 직업 발달; 특수교육; 특수한 형태의 보충수업(타이틀 I, 영어 학습자); 재능 개발; 마약 없는 안전한 학교, 운동, 청년 발달, 방과 후 프로그램; 무주택자 교육; 대안학교; 중퇴 예방; 성인교육]

③ 운영상의 관심사[예: 재정과 예산, 급여와 업무 서비스, 시설, 인적 자원, 노동관계, 입학 서비스, 기술(technology) 정보, 보안, 교육, 음식, 응급 상황에 대한 준비와 대응법, 보조금과 특수 프로그램, 법적 고려사항]

우리가 선별한 모든 학군에 행정관, 운영자 그리고 해당 학군의 문제 예방과 개선을 위한 다양한 시도와 관련된 역할을 하는 직원들이 있다. 그러나 프로그램, 서비스, 중재들은 종종 여러 명의 공동 운영자 혹은 보조 관리자, 중간관리자(예: 특정 프로그램을 위한 감독 또는 조정자) 그리고 수많은 분야의 직원들로 나뉜다.

그 결과, 교수와 학습의 장애를 해결하는 기능과 관련된 활동들을 여러 부서에 걸쳐 분산시키는 역효과를 낳는다. 그런 활동들은 '학생 서비스' '교수와 학습' '타이틀 I' '부모/지역사회 파트너십' '보조금과 특별 프로젝트' '청년 발달' 등으로 불리는 분산된 단위 활동이다. 특수교육은 '학생 지원' '교수와 학습'에 포함되기도 하고 분리되기도 한다.

그런 단위에도 불구하고, 시행 중인 업무는 주로 자원을 할당하고 모니터링하는 것, 승인과 책임을 보장하는 것, 학교 개선을 위한 자원을 제공하는 것, 지속적인 직원 개발을 이루는 것, 학생을 위해 구역 전체적으로 비교적 여러 개의 프로그램과 서비스를 제공하는 것, 지역공동체에 가벼운 봉사활동을 하는 것에 중점을 두는 것과 같은 경향을 보인다. 일반적으로, 관할구들은 장애를 해결하는 종합적 체계로 가는 것을 강조하는 방향으로 조직화되지 않는다. 그 문제는 너무 대수롭지 않게 여겨져 다음 사항들에 주목하지 않는다.

① 학교 임무에서 가장 필수적인 요소로 설정된 광범위하고 통합된 상위 개념하에, 장애를 해결하기 위한 모든 시도를 포함하는 방향으로 학교 개선 정책 체제를 강화하는 것
② 광범위하고 통합된 개념과 일치하는 방법으로 중재를 재구성하는 것
③ 학교의 공급 패턴을 위해, 관할구 수준에서 학교에 조직적이고 준비된 인프라를 재고하는 것
④ 잘 확립된 교육 문화를 가진 학교·학군 조직이 되도록 중요하고 유의미한 제도상의 변화를 가능하게 하는 것

인프라 재설계

많은 학군은 조직적이고 준비된 인프라를 재고하는 것이 이득을 줄 것이다. 그리고 학습·교수와 관련한 문제 예방과 개선의 측면에서 잘 설계된, 적합한, 상호 연결된 인프라는 필수적이다.

학교와 관할구 둘 다 현재의 학교-지역사회 자원을 함께 엮고 중재의 연속체를 개발하는 데 중요한 역할을 한다. 더욱이 내용 중심적, 자원 중심적인 인프라 체제를 구축하는 것은 프로그램과 서비스가 더 응집력 있고 비용 효율적이고 합리적으로 기능하도록 한다(Adelman & Taylor, 2006b, 2007a; Center for Mental Health in Schools, 2005d, 2005e, 2008). 우리가 분석한 인프라 재설계는 다른 책에서 더 자세하게 다룬다. 여기에서는 몇 가지 중요한 포인트만 다루겠다.

학교에서 외부로

학생과의 매일의 접촉은 학교에서 일어나기 때문에 한 관할 구역의 인프라는 학교에서부터 외부를 향해 설계되어야 한다. 개념상으로, 가장 첫 번째 고려할 점은 학교를 위한 효과적 인프라의 윤곽을 그리는 것이다. 새로운 인프라는 학습·교수의 장애를 해결하기 위한 종합적이고 응집력 있는 체계의 발전을 지원하는 리더십과 직원 기제를 가져야 한다. 그리고 이런 기제는 학교 개선의 시도로 완전히 통합되어야 한다.

같은 지리적 혹은 통학 구역 내의 학교는 공통된 많은 걱정거리를 가진다. 그러므로 제한된 자원의 이용을 최대화하고 가치를 높이기 위해 학교군(a family of schools)을 다 함께 연합하는 것이 중요하다. 그것은 낭비를 최소화하고 규모의 경제성(economies of scale)[5]을 높여 이룰 수 있다. 제대로 개정된 학교의 인프라는 주변의 지역사회 자원과 협력하는 것뿐만 아니라, 학교군이나 복합체(예: 공급 패턴)를 연결하는, 잘 설계된 기제가 발전할 수 있도록 한다. 준비된 조직적인 인프라를 갖춘 학교, 공급 패턴, 관할 부처를 위해 재설계된 인프라의 원 모델은 이 절의 바로 위에 인용된 문헌을 참조한다.

마지막으로, 중심 구역 단위는 학교와 학교 복합체의 업무를 최선으로 지원하는 방향으로

---

5) 역자 주: 대량 생산에 의한 경비 절감.

재고할 필요가 있다. 특히 이러한 중앙 단위들의 핵심 역할은 모든 학교에서 효과적인 인프라를 구축하고 유지하며, 인접해 있는 학교군과의 연결을 위해 리더십을 제공하고 역량을 개발하는 것이다.

이상은 모두 직원의 업무 재구성과 권력의 재분배를 포함한다. 모든 단계에서 적절한 인센티브, 보호조치(safeguard), 충분한 자원을 가지는 것은 필수이다. 또 체제상의 변화를 위해 필요한 지원도 필수적이다. 몇 개의 세부 사항이 그러한 변화의 특성과 범위를 명료화하는 것을 도울 것이다.

학교 수준에서

행정상의 리더십은 행동 · 학습 · 정서 문제에 대처하기 위한 시도를 사회적으로 소외시키는 문제를 풀기 위한 열쇠가 된다. 흔히 학교장과 학교 리더십팀의 누구라도, 대개 지도와 관리/통치를 향상시키는 데 얽매인다. 그래서 그 팀에서 아무도 문제 예방과 개선을 위한 종합적이고 체계적인(systemic) 구성 요소를 발전시키는 데 주안점을 두지 않을 것이다. 이러한 것을 변화시키기 위한 한 가지 방법은 리더십팀의 누군가에게 역할을 부여하고, 효율적으로 시행하기 위한 교육을 제공하는 것이다. 대안적인 방법으로, 학교에서 학생 지원에 포함되는 누군가(예: 학생 서비스 전문가, 타이틀 I 조정자, 특수교육 지원 전문가)가 리더십팀에 초대되어 문제를 예방하고 개선하기 위한 책임과 의무를 나눌 수도 있다. 그리고 업무를 위한 추가 훈련을 받을 수도 있다.

행동 · 학습 · 정서 문제에 대처하기 위한 시도를 사회적으로 소외시키는 것을 막기 위한 행정상의 리더십의 또 다른 역할은 '어떻게 **자원**이 문제 예방과 개선을 위해 이용되는지'에 초점을 둔 기제(예: 팀)를 확립하는 것이다. 몇 안 되는 학교가 적절한 자원 이용을 위해 자원 중심적 기제를 가진다. 그러한 기제는 조정되고 더욱 통합된 방법으로 계획 · 시행 · 평가하는 것을 보장해 비용 효율성에 기여한다. 현존하는 학교와 지역사회의 자원을 함께 엮기 위해 그리고 응집력 있는 중재를 위해, 그러한 기제를 조성하는 것은 필수적이다. 이러한 목적을 위해 만들어진 팀은 '자원조정팀' '자원관리팀' '학습자원팀' 등 다양한 이름으로 불려 왔다. 자원 중심적 기제는 특정 학생에게 초점을 두지 않고 어떻게 그 체제의 자원들이 가장 효율적으로 이용되는가에 초점을 둔다는 것에 주목하라(Adelman, 1993; Adelman & Taylor, 1998, 2008; Center for Mental Health in Schools, 2005d; Lim & Adelman, 1997; Rosenblum, DiCecco, Taylor, & Adelman, 1995).

학교기반적 및 자원 중심적 기제를 착수하는 가장 중요하고 필수적인 업무 중 하나는 학교와 지역사회의 자원(예: 프로그램, 서비스, 인력, 시설)을 계획하고 분석하는 것이다. 미충족 욕구와 바람직한 결과의 맥락에서 분석된 이 자원에 의해 종합적인 '차이(gap)' 평가가 이루어진다. 무엇이 이용 가능하고 효율적이고 부족한지에 대한 분석은 ① 우선순위 정하기, ② 자원 재개발, ③ 타 학교, 관할구, 지역사회의 추가 자원을 연계하기 위한 전략을 발전시키는 것에 대한 확고한 근거를 제공한다.

자원중심팀이 구축되면 모든 관련된 프로그램과 서비스의 대표자들이 힘을 모은다. 예를 들면, 학교 상담사, 심리학자, 간호사, 사회복지사, 건강교육자, 특수교육 직원, 방과 후 프로그램 직원, 이중언어 프로그램 그리고 타이틀 I 프로그램 조정자, 안전과 약물남용 교육 직원, 노조 대변인을 포함할 수도 있다. 또한 그 팀은 담당 지역사회 단체의 대표를 포함해야 한다. 그리고 이러한 이해 당사자를 넘어, 담임교사, 비정규 직원, 부모, 상급생의 에너지와 전문지식을 더하는 것이 바람직하다.

'또 다른 팀'을 만드는 것이 부담인 곳에서는 학생 혹은 교사 지원팀, 학교 위기팀과 같은 현존하는 팀들이 지원 중심적인 일을 수행하는 능력을 보여 왔다. 그러나 다른 팀에도 자원 중심적 업무를 더 보태어, 안건(agenda)을 조직하는 데 더 세심한 주의를 기울여야 하고, 그 추가적인 업무에 전념할 충분한 시간이 필요할 것이다. 작은 학교에서는 대개 규모가 큰 팀이 실현 불가능하므로, 2인 팀이 합리적으로 책임감 있게 업무를 수행할 수 있다.

학교 수준에서 제대로 구성된 자원중심팀은 새롭고 향상된 중재를 통합·강화·자극하는 방법으로 프로그램과 체계를 관리하고 강화하기 위해서 무엇이 빠진 고리인지를 제공한다. 또한 자원중심팀은 장애를 해결하기 위해, 학생을 재참여시키기 위해 학교의 비전·우선순위·실행을 발전시키는 것에 대해 교직원과 이해 당사자를 지도하면서 리더십을 발휘할 수 있다.

학교군 연계하기

앞서 언급한 바와 같이, 같은 지리적 혹은 통학 구역 내의 학교는 많은 공통된 걱정거리를 가진다. 다중 현장(multi-site)의 기제는 공급 패턴에서 학교와 학교, 학교와 관할구 및 지역사회를 연결할 수 있다. 그러한 기제는 응집력 있고 공평한 자원의 배치를 보장한다. 그리고 낭비 최소화, 자원 통합 강화, 규모의 경제성 추구로 비용을 절감할 수 있다. 리더십과 의사소통의 역할을 가정한다면 ① 다양한 학교에 제공하는 프로그램을 조정·통합, ② 직원 개발과 지도를 위한 공동의 욕구 확인 및 충족, ③ 여러 현장의 질 개선 보장, ④ 지역사회 기관과 학교들 사이의 협동과 연계 구축과 같은 것들이 가능하다. 마지막 측면에서 볼 때, 공식적인 관계를 만드는 것과 모든 참여 학교가 자원들에 접근하는 것을 보장하는 것은 지역사회 구제 활동에서 잠재적 역할을 할 수 있다.

학교군(예: 고등학교, 중등학교, 초등학교)의 자원 팀에서 1명 혹은 2명의 대표가 참석하는 **자원 위원회**의 미팅을 매월 개최한다. 위원회의 본래의 출발 지점은 요구, 자원 지도, 분석 그리고 평가와 재구축을 위한 권고 사항을 공유하는 것이다.

특정 지역의 초기의 초점은 보통 폭력에 대처하는 것, 예방 프로그램을 개발하는 것, 학교의 안전 및 지역 계획을 개발하는 것과 같은 지역적인 최우선 관심사에 맞춰진다.

지역사회 자원과 학교를 연계하려는 시도에서, 여러 학교가 참여하는 위원회는 각각의 모든 학교와 독립적인 협약을 만들기 위한 시간과 직원이 없는 지역사회 기관들에게 특히 매력적이다. 이런 점에서 자원 위원회의 대표는 지역 계획 단체(예: 서비스 계획 지역협의회, 지역 관리위원회)의 매우 귀중한 구성원일 수 있다. 그들은 특정 학교, 학교군, 지역 이웃들에 관한 정보를 가져와서 학교와 지역사회의 협력의 중요성을 반영하는 방향으로 진행될 수 있게 한다.

관할구 수준에서

관할구가 모든 학교에 문제 예방과 개선을 위한 종합적인 체계의 발전을 효율적으로 지원하기 위해서, 그들은 강력한 관리자의 리더십과 역량 강화를 위한 지원을 확실히 해야 한다. 또한 중요한 계획과 의사결정 시 관리자가 적극적인 참여자라는 것을 확인시켜 줄 정도로 충분히 높은 수준의 리더십이 수립되는 것은 중요하다(예: 부교육감과 같은 행정상의 각료급[6] 지도자).

관할구의 인프라 개정에서, 행정관은 문제 예방과 개선을 강화하는 방법으로 장애를 해결하는 것과 관련된 모든 자원을 결합하기 위한 책임과 의무가 있다. 자원은 일반적인 자금, 보충교육, 특수교육, 다른 절대적 후원의 흐름과 특수 프로젝트에서 온다. 이것은 보조금, 특별 계획, 연구 보조금, 방과 후 프로그램, 건강, 중퇴 예방, 출석, 약물 남용 예방, 폭력 예방, 임신 예방, 부모·가족·건강 센터, 봉사 지원, 지역사회 자원과 학교 연계 프로그램 등을 포함한다. 관련 직원들이 학교 심리학자, 상담사, 사회복지사, 간호사 그리고 폭넓은 특수교육과 보상교육 직원과 같은 학생 지원 직원에 포함된다.

---

6) 역자 주: 〈정치〉 한 나라의 내각을 구성하는 각 장관.

임명된 행정관은 단위별 업무 달성을 위한 기제를 제정해야 할 것이다. 제정된 기제의 내용 및 과정은 교육상의 요소와 유사해야 한다. [그림 2-5]와 이 장의 부록에서 설명하듯이, 우리는 주요 콘텐츠를 위한 리더를 구성할 때 자문 위원회 같은 구조로 구성하는 것을 제안한다. 이러한 방법으로 조직하는 것은 전통적인 프로그램과 특수교육의 관점에서 조직할 때 생겼던 소외, 분열, 불필요한 낭비, 비생산적 경쟁에서 멀어질 수 있다. 이런 조직 방법의 의도는 인사가 해당 영역의 발전을 위해 그리고 모든 영역을 통합하는 방향으로 통합시키기 위한 것이다.

관할구의 학교 개선 계획 및 의사결정의 완전한 통합을 보장하기 위해서는 공식적인 인프라 연결이 필요하다. 이것은 리더(그리고 주요 직원)가 관련 학교 개선 계획과 의사결정의 자리에 반드시 포함되어야 한다는 것을 의미한다.

모든 수준에서의 인사 재교육

앞서 설명했던 체계상의 변화는 새로운 역할과 기능이 필요하다(Adelman & Taylor, 1997, 2006b, 2007b). 그런 변화는 많은 학교 전문가에게 특정 학생에게만 드러나는 문제를 해결하는 것을 넘어서는 도전과 기회를 제공한다. 그렇게 된다면, 학교 전문가들은 학습·발달·교수를 방해하는 요인을 예방 및 개선하는 데 매우 중요한 역할을 할 수 있다.

새로운 역할과 기능을 위한 재교육을 고려함과 동시에, 교육지원 전문가들 사이의 공통 기술을 찾는 것에 대한 관심이 증가하고 있다. 그래서 그들은 중재 활동의 중복 영역을 다루고, 교육 지원을 일상적인 학교 개선 시도의 기본 구조로 완전히 통합시킬 수 있다. 이것은 전문가 지향적 활동과 교육이 일반 직원들의 관점과 **균형을 이뤄야 한다**는 시각과 일치한다(예: Henggeler, 1995). 제안과 프로그램들은 확대된 역할과 기능을 맡은 학교전문가가 더 능숙해지기 위해 여러 학문 분야에 걸친(cross-disciplinary) 교육과 관련 전문 지식(inter-professional) 교육에 초점을 맞추어 왔다((Brandon & Meuter, 1995; Lawson, 1998; Lawson & Hooper-Briar, 1994; Research Copyright Material – Provided by Taylor & Francis Hakjisa Publisher, 5F Mind World Bldg. 352-29 Seogyo-dong Mapo-gu, Seoul 121-837 Korea 34 Howard S. Adelman and Linda Taylor and Training Center on Family Support and Children's Mental Health, 1996; Ysseldyke, Burns, Dawson, Kelley, Morrison, Ortiz, Rosenfield, & Telzrow, 2008). 많은 학생의 문제와 그것을 개선하고 예방하는 일반 직원의 역할 간의 근본적인 공통점에 대한 인식이 증가하고 있다(Carnegie Council on Adolescent Development, 1995). 이 모든 것은 덜 중요

한 점(중재의 소유권)과 더 주목해야 할 점(직원들의 유연한 역할과 기능을 통해 원하는 결과를 달성하는 것)을 만드는 것이다(Adelman & Taylor, 1994; Lawson & Hooper-Briar, 1994; Lipsky & Gartner, 1992).

최근의 작업 또한 사회 변혁의 주도자로서 학생 서비스 핵심인력을 재배치하고 교육하는 것에 대한 가치를 증명한다. 그 주도자는 학교를 학습의 장애물을 해결하기 위한 더 나은 접근으로 이끈다(Adelman, 1993; Adelman & Taylor, 1994; Center for Mental Health in Schools, 2005e 2005f; Lim & Adelman, 1997). **조직의 조력자**를 지정하여, 몇몇 전문가는 관련 기초 지식, 기술과 함께 업무를 재편성한다. 추가 교육은 종합적이고 통합된 접근을 확립하고 유지하는 데 필요한 기제를 조직의 조력자가 이해하게 한다. 그리고 조직적인 변화에서 오는 문제와 처리 절차를 다루기 위한 그들의 역량을 강화시킨다.

예방, 증거기반 실제, 책임의 딜레마

그 접근법의 적용을 뒷받침할 만한 자료가 있는가? 그것이 계속할 가치가 있음을 증명할 수 있는가? 학교 개선의 맥락에서 이러한 질문들은 학교기반적 예방 프로그램을 강화하고 유지하기 위한 시도를 좌우한다. 매우 많은 프로그램의 약속 수행 실패와 제한된 자원 때문에 만족시킬 수 없는 요구들을 고려한다면 이해할 수도 있지만, 그렇더라도 너무 이른 자료 요구는 딜레마를 낳는다.

예방 연구자와 실천가들은 과학기반(science-base)의 중요성을 인정하고 실행 결과에 대해 책임져야 하는 것을 이해한다. 동시에 그들 대부분은 주요 문제를 예방하고 개선하기 위한 중재를 개발, 평가하는 것과 연관된 복잡성을 무시한 자료 요구로 인해 딜레마를 경험해 왔다.

학교 개선 과정에서 몇몇 리더는 결정을 알리기 위해 최적 가용 자료(best available data)를 사용하는 것에 원칙적으로 반대한다. 그러나 다수는 프로그램 결정에 대해 뒤처진 과학기반에 의존하는 것과 책임을 증명하기 위해 협소한 척도에 의존하는 것에 관심이 있다. 분석가들은 학교 개선 프로그램에서 시행과 정책이 진보할 수 있게 하는 자료가 무엇보다 필요하다는 것을 강조해 왔다(예: General Accounting Office, 1989). 제한된 연구 주제와 책임을 확실하게 하기 위한 성취 평가를 지나치게 강조하는 것은 만족스럽지 못한 현재 상황을 더 구체화할 것이라는 위험이 있다.

현존하는 증거기반에 관한 우려와 논쟁

증거기반 실제를 향한 움직임은 공공정책을 개정하고 있는데, 그것은 수많은 경고(caution)를 낳아 왔다(예: Education Week, 2006; Flay, Biglan, Boruch, Castro, Gottfredson, Kellam, Moscicki, Schinke, Valentine, & Ji, 2005; Gorman, 2002, 2003; Government Accountability Office, 2007; Weiss, Murphy-Graham, Petrosino, & Gandhi, 2008). 주된 우려는 극히 통제된 실험실 조건에서 발전된 실행들이 확인되지 않은 가정에 기초하여 적용되는 것이다. 증거기반이 단기 연구일 때 그리고 그 실행을 사용할 주요 하위 집단이 연구 표본에 포함되지 않을 때, 이런 우려는 더욱 두드러진다.

일반적으로, 학교에서 실행될 수 있는 중재를 위한 경험적인 근거를 대는 것은 중요한 방법론적 문제에 대한 논의를 회피하도록 하는 경향을 증폭시켰다. 그 방법론적 문제는 많은 중재에서 과학기반에 대해 주장하는 것을 제한한다. 그러한 경향은 전문 지식을 과용(overstating)하게 하는데, 그것은 일반적인 공공정책과 많은 시행의 속임수에 기여한다. 그중에 학교기반 실제의 개선에 도움이 되는 것은 없다. 참으로, 증거기반을 과용하는 것은 대개 반발을 초래한다(예: Gorman, 2003). 예방학의 진행에 방해되는 모든 요인과 함께, 그러한 반발은 학교가 채택하기를 요구받던 과학기반 예방 시행에 대한 불만으로 이미 드러났다.

연구자가 그 모델이 '현실' 조건에서 효과적이라는 것을 증명할 때까지, 그것은 입증된 시행이 아닌 '기대되는 것'이라 할지라도, 그 모델이 최선의 시행인지 아닌지는 결정되어야 한다. **최선**의 의미를 고려함과 동시에, 그 시행이 현재 이용 가능한 그 어떠한 것들보다 더 좋다는 것을 가장 심플하게 나타내는 것을 기억해 두는 것이 좋겠다. 얼마나 **좋은가**는 비용, 이익과 관련된 복잡한 분석에 달려 있다.

분명한 제한점에도 불구하고, 특정 중재는 점점 공식적으로 규정되고, 다른 중재들은 정책수립자들과 투자자들에 의해 규정된다(Gorman, 2002). 이것은 특히 학교기반 예방 프로그램 쪽에서 일어나는 상황이다. 공식적인 목록이 생성됨으로써 커져 가는 우려는 그 목록에서 선택된 실천가들만 보상을 받는다는 것이다. 그리고 목록에 올라 있는 것만 선택하는 동향은 학교가 종합적・다면적이고 응집력 있는 체계를 발전시키고 평가하는 것보다 개별 프로그램을 채택하는 경향을 확실하게 악화시킬 것이다. 이것은 현재의 분열, 불필요한 낭비, 비생산적 경쟁, 사회적 소외를 영속시킬 수 있다.

현재의 책임 권한 또한 딜레마를 낳는다

책임(accountability)은 적절한 기준을 가진 조직과 사람들이 적절한 기준을 충족시키도록 북돋을 수 있는 장치이지만 이슈와 문제를 낳기도 한다. 학교 개선과 관련된 현재의 요구는 다음과 같은 문제를 보인다.

첫째, 학교 책임 정책에서 우리는 두 가지 사실무근의 가정에 주목해야 한다. 현재 학교 책임정책의 핵심은 다음과 같다. ① 널리 사용되는 어떠한 접근법도 비교적 발전의 진화된 단계에 있어야 하고, 따라서 총괄평가에 따르는 비용을 보증한다. ② 프로그램 효능(efficacy), 유효성(effectiveness) 평가와 관련된 주요 개념적 · 방법론적 문제들이 해소된다. 물론 현실에서는 매일 학교에서 배우는 것에 근거하여 일부 학교 프로그램이 충분히 개발되기 전에 그 프로그램들을 진화시킬 목적으로 소개되어야 한다. 총괄평가와 관련된 가장 근본적인 문제가 해결되지 않고 있다는 것을 평가 방법론자는 분명히 인정한다. 이것은 특히 대규모 프로그램의 응답에서 두드러진다(Adelman & Taylor, 1997, 2007b; Durlak & Wells, 1997; Replication and Program Services, 1993; Sarason, 1990; Weisz, Donenberg, Han & Weiss, 1995).

둘째, 학교 책임 정책에서의 주된 초점이 ① 결과의 한정된 증거(대개 손쉽게 측정된 즉각적인 이득의 측면에서), ② 비용 억제에 맞춰져 있다. 이것은 성취도 평가의 평균 점수를 빠르게 향상시키기 위해 학교와 관할 구역을 압박하는 정책을 초래했다. 우리가 이 장에서 주장한 바와 같이, 많은 학교에 비현실적인 요구를 하는 하나의 주된 원인은 문제 예방과 개선을 위한 종합적 · 다면적 구성 요소의 부재이다. 학교의 자원들이 너무나도 편협하게 구성된 학교 개선 정책에 대한 책임을 지는 일에 묶여 있다. 그렇기 때문에 그러한 종합적 · 다면적 구성 요소를 발전시키기 위해 시간, 재능 그리고 다른 필요한 자원을 충당할 수 없다는 것은 참 아이러니하다.

결과적으로, 학교는 중요한 딜레마에 빠진다. 학업적 기준과 기대를 높이는 것은 사회적 문제를 제거하고 성취 차이를 줄이고 중퇴를 줄이는 것을 포함한다. 그런데 이 모든 것을 효율적으로 하기 위해, 학교는 하나의 종합적인 학습 지원 체계를 개발해야 한다. 불행하게도, 학교 개선을 위한 학교들의 현재 접근법은 문제를 예방하고 개선하기 위한 그리고 학생들을 재참여시키기 위한 종합적인 체계 구축에 집중하는 것을 불가능하게 한다. 그 딜레마는 적절한 증거기반을 가졌다고 판단되는 개별 프로그램의 목록에서 선택해야 하는 압력에 의해 더 악화된다.

의도한 결과가 성취된다는 것을 증명하는 것은 분명한 이득을 가져온다. 그러나 만약 하나라도 조심스럽게 이루어지지 않는다면 책임 편향과 압력은 연구와 시행을 재조성할 수도 있다(Adelman, 1986; Adelman & Taylor, 1994; Burchard & Schaefer, 1992; Cuban, 1990; Tyack & Cuban, 1995).

대부분의 조직에서는 측정되는 것은 이목을 끌고 측정되지 않는 것은 소외된다. 학교 책임을 위한 성취도 평가가 딱 들어맞는 사례이다. 정책 수립자는 상대적으로 작은 학업적 목표(예: 읽기, 산수)에서만 데이터를 수집하기로 했다. 학교 책임이 단지 학업 성취도 점수 획득만을 강조하기 때문에, 학습 지원, 사회·정서적 학습과 같은 책임 자료가 모이지 않는 문제는 대수롭지 않게 여겨지고 있다. 실로, 자료 요구를 충족시키기 위해 더욱더 많은 자원이 사용됨에 따라, 오랫동안 지속된 복잡한 문제들을 해결하고 건강한 발달을 촉진하기 위한 방법을 개선하는 데에는 더 적은 자원만이 이용 가능하다.

지난 몇십 년간, 증거기반 실제와 즉각적인 책임을 사용하도록 강요했던 사회적·정치적·경제적 힘이 점점 더 학교기반의 형태 쪽으로 재조성되어 왔다. 어떤 것이 학교기반 예방과 조기 중재 프로그램의 발전에 꾸준히 고군분투하게 한다면, 그것은 예방학의 영향에 부정적인 것임을 증명하는 것이다.

딜레마에 대처하기

Sararson(2003)은 "중재는 다수의 문제와 직면한다. 그 문제는 현재의 지식과 연구가 불충분하고, 불완전하고, 심지어 오해의 소지가 있다는 것이다."(p. 209)라고 경고한다. 현재 과학기반은 사회와 시민의 욕구를 충족시키기 위한 학교 의무의 전반적인 범위를 설명하는 것에 실패했다. 때문에 그는 학교가 시행에 관한 의사결정에서 '결합된 정신과학적 입장'을 적용할 필요가 있다는 것을 강조한다.

예방학에 대한 구체적인 참조와 함께, 자료의 딜레마에 대처하기 위한 직접적인 방법은 **평가적 연구 의제**의 맥락 내에서 자료 수집을 보장하는 것이다. 비록 평가적 연구와 관련된 많은 미해결 문제가 있지만, 평가적 연구 관련 학문의 성과는 교육과 심리학에서 그리고 있던 활동 방법들을 발전시켜 왔다. 그러므로 풍성한 방법론적 지침들이 있다((Adelman, 1986; Adelman & Taylor, 1994; Chen & Rossi, 1992; Hollister & Hill, 1995; Knapp, 1995; Pogrow, 1998; Scriven, 1993; Sechrest & Figueredo, 1993; Weiss, 1995).

다른 무엇보다도, 방법론은 **형성평가**(formative evaluation)를 필요로 한다. 형성평가는 연구와 개발 의제의 발전에 도움이 되는 자료와 분석을 모으는 것이다. 동시에 그러한 형성평가는 효능과 유효성의 총괄평가 관점에서 즉각적인 책임 요구와 비용 편익 분석을 존중하여 설계될 수 있고, 또 그래야만 한다.

결론

향후 10년은 학교와 지역사회가 아동과 청소년 문제에 대처하는 방법에 대한 전환점이 되어야 한다. 특히 「낙오학생방지법」과 「장애인교육법(Individuals with Disabilities Education 2004)」의 권한이 달성된다면, 학교는 예방에 더욱더 초점을 둘 수 있을 것이고, 또 그럴 필요가 있다.

그러나 현재, 학교에서는 예방이 최우선 순위가 아니다. 이것이 변화하기 위해서는 학교기반 예방은 분리된 의제로 추진될 수 없다. 이것은 학습·행동·정서적 문제에 맞서는 시도와 개인적이고 사회적인 성장을 촉진하는 시도를 완전히 통합하여야 한다. 그다음에 이러한 시도들은 학교 개선의 과정으로 완전히 통합되어야 한다. 전국의 학교가 수많은 학생의 낙오를 야기하는 요인을 예방하고 개선하기 위해 매진할 문제가 아직도 명백하게 많이 있다.

미주

이 아티클은 UCLA의 학교 정신건강센터의 저작과 함께 준비되었다. UCLA의 이 저작은 미국 보건후생부와 공공위생국, 보건자원 및 서비스국, 모자(母子)보건부 그리고 청소년건강부서에서 일부 지원을 받았다.

1. 연속체에 대한 언급이 많지만, 학교와 직접 관련이 있는 측면에서는 다음과 출처에서 자료를 얻을 수 있다. Adelman & Talyor(2006a, 2006b), Albee & Gullotta(1997), Borders & Drury(1992), Carnegie Council on Adolescent Development(1988), CASEL(2007), Center for Mental Health in Schools(2004, 2005a), Cochrane Library(2007), Dryfoos(1990, 1994, 1998), Durlak(1995), Duttweiler(1995), Gottfredson & Gottfredson(2001), Gottfredson & Wilson(2003); Henggeler(1995), Hoagwood & Erwin(1997), Hoagwood, Olin, Keler, Kratochwill, Crowe & Saka(2007), Jimerson & Furlong(2006), Karoly, Greenwood, Everingham, et al. (1998, 1997), Slavin, Karweit, & Wasik(1994), Smink &

Schargel(2004), Thomas & Grimes(2008). 또한 다른 관련된 인용들을 참고했다.

2. 연구 및 평가의 비슷한 점과 차이점을 논의하기 위해 Adelman(1986)의 자료를 참고하였다.

참고문헌

Adelman, H. S. (1986). Intervention theory and evaluating efficacy. *Evaluation Review, 10,* 65-83.

Adelman, H. S. (1993). School-linked mental health interventions: Toward mechanisms for service coordination and integration. *Journal of Community Psychology, 21,* 309-319.

Adelman, H. S., & Taylor, L. (1994). *On understanding intervention in psychology and education.* Westport, CT: Praeger.

Adelman, H. S., & Taylor, L. (1997). Addressing barriers to learning: Beyond school-linked services and full service schools. *American Journal of Orthopsychiatry, 67,* 408-421.

Adelman, H. S., & Taylor, L. (1998). Involving teachers in collaborative efforts to better address barriers to student learning. *Preventing School Failure, 42*(2), 55-60.

Adelman, H. S., & Taylor, L. (2006a). *The implementation guide to student learning supports in the classroom and schoolwide: New directions for addressing barriers to learning.* Thousand Oaks, CA: Corwin press.

Adelman, H. S., & Taylor, L. (2006b). *The school leader's guide to student learning supports: New directions for addressing barriers to learning.* Thousand Oaks, CA: Corwin Press.

Adelman, H. S., & Taylor, L. (2006c). Mapping a school's resources to improve their use in preventing and ameliorating problems. In C. Franklin, M. B. Harris, & P. Allen-Mears (Eds.), *School social work and mental health workers training and resource manual.* New York: Oxford University Press.

Adelman, H. S., & Taylor, L. (2007a). *Fostering school, family, and community involvement. guidebook in series, safe and secure: Guides to creating safer schools* (Guide 7, Rev.). Portland, OR: Northwest Regional Educational Laboratory.

Adelman, H. S., & Taylor, L. (2007b). Systemic change for school improvement. *Journal of Educational and Psychological Consultation, 17,* 55-77.

Adelman, H. S., & Taylor, L. (2008). Best practices in the use of resource teams to enhance learning supports. In A. Thomas & J. Grimes (Eds), *Best practices in school psychology B V.* Bethesda, MD: National Association of School Psychologists.

Adler, L., & Gardner, S. (Eds.). (1994). *The politics of linking schools and social servies.* Washington, DC: Falmer Press.

Albee, G. W., & Gullotta, T. P. (Eds.). (1997). *Primary prevention works.* Thousand Oaks, CA: Sage.

Annenburg Institute. (2006). *Tools for school-improvement planning.* Retrieved on July 1, 2007 from http://www.annenberginstitute.org/tools/index.php

Blank, M., Berg, A., & Melaville, A. (2006). *Community-based learning.* Washington, DC: Coalition for Community Schools.

Bond, L., & Compas, B. (Eds.). (1989). *Primary prevention in the schools.* Newbury Park: Sage.

Borders, L. D., & Drury, S. M. (1992). Comprehensive school counseling programs: A review for policymakers and practitioners. *Journal of Counseling & Development, 70,* 487–498.

Brandon, R. N. & Meuter, L. (1995). *Proceedings: National Conference on Interprofessional Education and Training.* Settle: Human Services Policy Center, University of Washington.

Burchard, J. D., & Schaefer, M. (1992). Improviong accountability in a service delivery system in children's mental health. *Clinical Psychology Review, 12,* 867–882.

Burt, M. R. (1998). Reasons to invest in adolescents. Paper prepared for th "Health Futures of Youth II: Pathways to Adolescent Health." Washington, DC: Maternal and Child Health Bureau, DHHS.

Cahill, M. (1994). *Schools and communities: A contituum of relationships.* New York: The Youth Development Institute, The Fund for the City of New York.

Cahill, M. (1998). Development of a core set of principles for community strategies to enhance youth health and development. Paper prepared for "Health Futures of Youth II: Pathways to Adolescent Health." Washington, DC: Maternal and Child Health Bureau, DHHS.

Carnegie Council on Adolescent Development. (1988). *Review of school-based health services.* New York: Carnegie Foundation.

Carnegie Council on Adolescent Development. (1995). *Great transitions: Preparing adolescents for a new century.* New York: Carnegie Corporation.

CASEL. (2003). *Safe and Sound: An Educational Leader's Guide to Evidence-Based Social and Emotional Learning (SEL) Programs.* Chicago: Author.

Catalano, R. F., M, Berglund, M. L., Ryan, J., Lonczak, H., & Hawkins, J. D. (2002). Positive youth development in the United States: Research findings on evaluations of positive youth development programs. *Prevention and Treatment, 5*(15). Retrieved on July 1, 2007 from http://journals.apa.org/prevention/volum5/pre0050015a.html

Catalano, R. F., &, Hawkins, J. D. (1995). *Risk-focused prevention: Using the social development strategy.* seattle, WA: Developmental Research and Programs, Inc.

Center for the Mental Health in Schools. (1997). *Addressing barriers to learning: Closing gaps in school-community policy and practice.* Los Angeles: Author. Retrieved on July 1, 2007 from http://smhp.psych.ucla.edu/pdfdocs/barriers/closinggaps.pdf

Center for the Mental Health in Schools. (2004). *Adressing Barriers to Student Learning & Promoting Healthy Development: A Usable Research-Base.* Los Angeles: Author. Retrieved on July 1, 2007 from http://smhp.psych.ucla.edu/pdfd ocs/briefs/BarriersBrief.pdf

Center for Mental Health in Schools. (2005a). *Annotated "lists" of empirically supported/evidence based interventions for school-aged children and adolescents.* Los Angeles: Author at UCLA. Retrieved on July 1, 2007 from http://smhp.psych.ucla.edu/pdfdocs/aboutmh/annotatedlist. pdf

Center for Mental Health in Schools. (2005b). *School improvement planning: What's missing?* Los Angeles: Author at UCLA. Retrieved on July 1, 2007 from http://smhp.psych.ucla.edu/whatsmissing.htm

Center for Mental Health in Schools. (2005c). *Where's it happening? Examples of new directions for student support & lessons learned.* Los Angeles: Author at UCLA. Retrieved on July 1, 2007 from http://smhp.psych.ucla.edu/summit2002/wheresithappening.htm

Center for Mental Health in Schools. (2005d). *About infrastructure mechanisms for a comprehensive learning support component.* Los Angeles, CA: Author at UCLA. Retrieved on July 1, 2007 from http://www.smhp.psych.ucla.edu/pdfdocs/infrastructure/infra_mechanisms.pdf

Center for Mental Health in Schools. (2005e). *Developing resource-oriented mechanisms to enhance learning supports* (continuing education modules). Los Angeles, CA: Author at UCLA. Retrieved on July 1, 2007 from http://smhp.psych.ucla.edu/pdfdocs/cotedu/developing_resouce_oriented-mechanisms.pdf

Center for Mental Health in Schools. (2005f). *Systemic change for school improvement: designing, implementing, and sustaining prototypes and going to scale.* Los Angeles: Author at UCLA. Retrieved on July 1, 2007 from http://smhp.psych.ucla.edu/pdfdocs/contedu/developing_resource_oriented-mechanism.pdf

Center for Mental Health in Schools. (2007a). *Youth risk taking behavior: The role of schools.* Los Angeles: Author at ULCA. Retrieved on July 1, 2007 from http://smhp.psych.ucla.edu/pdfdocs/policyissues/risktaking.pdf

Center for Mental Health in Schools. (2007b). New directions for student support: Current state of the art. Retrieved on June 24, 2008 from http://smhp.psych.ucla.edu/pdfdocs/policyissues/Current%20State%20of%20the%20Art.pdf

Center for Mental Health in Schools. (2008). *Frameworks for Systemic Transformation of Student and Learning Supports.* Retrieved on June 24, 2008 from http://smhp.psych.ucla.edu/pdfdocs/systemic/frameworksforsystemictransfor mation.pdf

Chen, H., & Rossi, P. (Eds.). (1992). *Theory-driven evaluations in analyzing policies and programs.*

Westport, CT: Greenwood Press.

Cochrane Library. (2007). *School-based prevention program reviews*. Retrieved July 1, 2007 from http://www.mrw.interscience.wiley.com/cochrane/cochrane_clsysrev_articles_fs.html

Comer, J. P. (1997). *Waiting for a miracle*. New York: Dutton.

Cowen, E. L. (1997). On the semantics and operations of primary prevention and wellness enhancement(or will the real primary prevention please stand up?). *American Journal of Community Psychology, 25*, 245-257.

Cowen, E. L., Hightower, A. D., Pedro-Carroll, J. L., Work, W. C., Wyman, P. A., & Haffey, W. G. (1996). School-based prevention for children at risk: The primary mental health project. Washington, DC: American Psychological Association.

Cuban, L. (1990). Reforming agin, again, and again. *Educational Researcher, 19*, 3-13.

Dryfoos, J. G. (1990). *Adolescents at risk: Prevalence and prevention*. London: Oxford University Press.

Dryfoos, J. G. (1994). *Full-service schools: A revolution in health and social services for children, youth and families*. San Fransisco, CA: Jossey-Bass.

Dryfoos, J. G. (1998). *Safe passage: Making it through adolescence in a risky society*. New York: Oxford University Press.

Dryfoos, J. G., & Maguire, S. (2002). *Inside full service community schools*. Thousand Oaks, CA: Corwin Press.

Durlak, J. A. (1995). *School-based prevention programs for children and adolescents*. Thousand Oaks, CA: Sage.

Durlak, J. A., & Wells, A. M. (1997). Primary prevention programs for children and adolescents: A meta-analytic review. *American Journal of Community Psychology, 25*, 115-152.

Duttweiler, P. C. (1995). *Effective strategies for educating students in at risk situations*. Clemson, SC: National Dropout Prevention Center.

Education Week (2006, Feb 15). *White House suggest model used in reading to elevate math skills*. Retrieved July 1, 2007 from www.edweek.org

Elias, M. J. (1997). Reinterpreting dissemination of prevention programs as widespread implementation with effectiveness and fidelity. In R. P. Weissberg, T. P. Gullotta, R. L. Hamptom, B. A. Ryan, & G. R. Adams (Eds), *Establishing preventive services* (pp. 253-289). Thousand Oaks, CA: Sage.

Flay, B. R., Biglan, A., Boruch, R. F., Castro, F. G., Gottfredson, D., Kellam, S., Moscicki, E. R., Schinke, S., Valentine, J. C., & Ji, P. (2005). Standards of evidence: Criteria for efficacy, effectiveness and dissemination. *Prevention Science, 6*, 151-175.

General Accounting Office. (1989). *Prospective evaluation methods: The prospective evaluation synthesis*. GAO/PEMD-10.1.10. Washington, DC: Author. Retrieved July 1, 2007 from http://

www.gao.gov/special.pubs/10_1_10.PDF

Gorman, D. M. (2002). Defining and operationalizing a research-based prevention: A critique (with case examples) of the US Department of Education's Safe, Disciplined and Drug-Free Examplary Programs. *Evaluation and Program Planning, 25,* 295-302.

Gorman, D. M. (2003). Alcohol & drug abuse: The best of practices, the worst of practices: The making of science-based primary prevention programs. *Psychiatric Services, 54,* 1087-1089.

Gottfredson, D. C., & Gottfredson, D. C. (2001). What schools do to prevent problem behavior and promote safe environment. *Journal of Educational & Psychological Consultation, 12,* 313-344.

Gottfredson, D. C., & Wilson, D. B. (2003). Characteristics of effective school-based substance abuse prevention. *Prevention Science, 4,* 27-38.

Government Accountability Office. (2007). *Reading First: States report improvements in reading instruction, but additional procedures would clarify education's role in ensuring proper implementation by states.* Washington, DC: Author. Retrieved July 1, 2007 from http://www.gao.gov/new.items/d07161.pdf

Greenberg, M. T., Weissberg, R. P., O'Brien, M. E., Zins, J. E., Fredericks, L., Resnik, H., et al. (2003). Enhancing school-based prevention and youth development through coordinated social, emotional, and academic learning. *American Psychologist, 58,* 466-474.

Greenwald, R., Hedges, L. V., & Laine, R. D. (1996). The effect of school resources on student achievement. *Review of Educational Research, 66,* 361-396.

Henggeler, S. W. (1995). A consensus: Conclusions of the APA Task Force report on innovative models or mental health services for children, adolescents, and their families. *Journal of Clinical Child Pshychology, 23,* 3-6.

Hoagwood, K., & Erwin, H. (1997). Effectiveness of school-based mental health services for children: A 10-year research review. *Journal of Child and Family Studies, 6,* 435-451.

Hoagwood, K. E., Olin, S. S., Kerker, B. D., Kratochwill, T. R., Crowe, M., & Saka, N. (2007). Empirically based school interventions targeted at academic and mental health functioning. *Journal of Emotional and Behavioral Disorders, 15,* 66-92.

Hollister, G., & Hill, J. (1995). *Problems in the evaluation of community-wide initiatives.* A paper prepared for the Roundtable on Comprehensive Community Initiatives. Russell Sage Foundation.

Jimerso, S. R., & Furlong, M. J. (Eds.). (2006). *Handbook of school violence and school safety: From research to practice.* Englewood Cliffs, NJ: Lawrence Erlbaum.

Karoly, L. A., Greenwood, P. W., Everingham, S. S., Hoube, J., Kilburn, M. R., Rydell, C. P., Sanders, M., & Chiesa, J. (1998). *Investing in our children: What we know and don't know about the costs and benefits of early childhood interventions.* Santa Monica, CA: RAND. Avaliable online at http://www.rand.org/pubs/monograph_reports/MR898

Kazdin, A. E. (1993). Adolescent mental health: Prevention and treatment programs. *American Psychologist, 48,* 127-141.

Knapp, M. (1995). How shall we study comprehensive, collaborative services for children an families? *Educational Researcher, 24,* 5-16.

Larson, J. (1994). Violence prevention in the schools: A review of selected programs and procedures. *School Psychology Review, 23,* 151-154.

Lawson, H. A. (1998). Academically based community scholarship, consultation as collaborative problem-solving, and a collective responsibility model for the helping fields. *Journal of Educational and Psychological Consultation, 9,* 171-194.

Lawson, H., & Hooper-Briar, K. (1994). *Expanding partnerships: Involving colleges and universities in interprofessional collaboration and service integration.* Oxford, OH: The Danforth Foundation and the Institute for Educational Renewal at Miami University.

Lim, C., & Adelman, H. S. (1997). Establishing school-based collaborative teams to coordinate resources: A case study. *Social Work in Education, 19,* 266-277.

Lipsky, D. K., & Gartner, A. (1992). Achieving full inclusion: Placing the student at the center of educational reform. In W. Stainback & S. Stainback (Eds.), *Controversial issues confronting special education: Divergent perspectives.* Boston: Allyn & Bacon.

Mrazek, P. J., & Haggerty, R. J. (Eds.). (1994). *Reducing risks for mental disorders: Frontiers for preventive intervention research.* Washington, DC: National Academy Press.

NCREL. (no date). Pathways to school improvement. Retrieved on July 1, 2007 from http://www.ncrel.org/sdrs/

Pittman, K. (2000). Balancing the equation: Communities supporting youth, youth supporting communities. *Community Youth Development Journal, 1.* Retrieved on June 24, 2008 from http://www.cydjournal.org/2000Winter/pittman.html

Pogrow, S. (1998). What is an exemplary program, and why should anyone care? A reaction to Slavin and Klein. *Educational Researcher, 27,* 22-29.

Replication and Program Services, Inc. (1993). *Building from strength: Replication as a strategy for expanding social programs that work.* Philadelphia: Author.

Research and Training Center on Family Support and Children's Mental Health. (1996). *Interprofessional education for family-centered services: A survey of interprofessional/ interdisciplinary training programs.* Portland, OR: Portland State University. (Ph. 503/725-4175).

Rosenblum, L., DiCecco, M. B., Taylor, L., & Adelman, H. S. (1995). Upgrading school support programs through collaboration: Resource coordinating teams. *Social Work in Education, 17,* 117-124.

Rothman, R. (Ed.). (2007). *City schools: How districts and communities can create smart education systems*. Cambridge, MA: Harvard Education Press.

SAMHSA. (2007). *National Registry of Evidence-based Programs and Practices* (NREPP). Retrieved July 1, 2007 from http://www.nrepp.samhsa.gov/

Sarason, S. B. (1990). *The predictable failure of educational reform: Can we change course before its too late?* San Francisco: Jossey-Bass.

Sarason, S. B. (2003). The obligations of the moral-scientific stance. *American Journal of Community Psychology, 31,* 209-211.

Scattergood, P., Dash, K., Epstein, J., & Adler, M. (1998). *Applying effective strategies to prevent or reduce substance abuse, violence, and disruptive behavior among youth*. Newton, MA: Educational Development Center, Inc.

Schorr, L. B. (1988). *Within our reach: Breaking the cycle of disadvantage*. New York: Doubleday.

Schorr, L. B. (1997). *Common purpose: Strengthening families and neighborhoods to rebuild America*. New York: Anchor Books.

Scriven, M. (1993). *Hard-won lessons in program evaluation*. San Francisco: Jossey-Bass.

Sechrest, L., & Figueredo, A. J. (1993). Program evaluation. *Annual Review of Psychology, 44,* 645-674.

Slavin, R., Karweit, N., & Wasik, B. (1994). *Preventing early school failure: Research on effective strategies*. Boston: Allyn & Bacon.

Smink, J., & Schargel, F. P. (Eds.). (2004). *Helping students graduate: A strategic approach to dropout prevention*. Larchmont, NY: Eye on Education.

Spring, B. (2007). Evidence-based practices in clinical psychology: what it is, why it matters, what you need to know. *Journal of Clinical Psychology, 64,* 611-631.

Thomas, A., & Grimes, J. (Eds.). (2008). *Best practices in school psychology—V*. Bethesda, MD: National Association for School Psychologists.

Tyack, D., & Cuban, L. (1995). *Tinkering toward Utopia: A century of public school reform*. Cambridge, MA: Harvard University Press.

U.S. Department of Education. (2006). *Designing schoolwide programs: Non-regulatory guidance*. Retrieved on July 1, 2007 from http://www.ed.gov/policy/elsec/guid/designingswpguid.doc

Weiss, C. H. (1995). Nothing as practical as a good theory: Exploring theory-based evaluation for comprehensive community initiatives for children and families(pp. 1-16). In J. B. Connell, A. C. Kubisch, L., & C. H. Weiss (Eds.), *New approaches to evaluation community initiatives: Concepts, methods, and concepts*. Washington, DC: Aspen Institute.

Weiss, C. H., Murphy-Graham, E., Petrosino, A., & Gandhi, A. G. (2008). The fairy godmother—and her warts: Making the dream of evidencebased policy come true. *American Journal of Evaluation, 29,* 29-47.

Weissberg, R. P., Gullotta, T. P., Hamptom, R. L., & Ryan, B. A., & Adams, G. R. (Eds.). (1997). *Establishing preventive services.* Thosand Oaks, CA: Sage.

Weisz, J. R., Donenberg, G. R., Han, S. S., & Weiss, B. (1995). Bridging the gap between laboratory and clinic in child and adolescent psychotherapy. *Journal of Consulting and Clinical Psychology, 63,* 699-701.

Weisz, J., Sandler, I., Durlak, J., & Anton, B. (2005). Promoting and protecting youth mental health through evidence-based prevention and treatment. *American Psychologist, 60,* 628-648.

Ysseldyke, J., Burns, M., Dawson, P., Kelly, B., Morrison, D., Ortiz, S., Rosenfield, S., & Telzrow, C. (2008). School psychology: Blueprint for training and practice Ⅲ (pp. 37-70). In A. Thomas & J. Grimes (Eds.), *Best practices in school psychology V.* Bethesda, MD: National Association of School Psychology.

부록

학습의 장애물을 해결하기 위한 내용 영역

① 교실기반 접근은 다음을 포함한다.

- 사용 가능한 지원(예: 도움이 필요한 학생과의 작업을 보조할 수 있도록 훈련을 받은 동료 교사, 자원봉사자; 교실에서 자원 교사와 학생 지원 보조자의 작업은 교육팀의 일부분이다)과 함께 교실의 문을 연다.
- 다시 설계된 교실은 문제를 예방하고 조절하며 교실 밖으로 의뢰할 필요성을 줄이는 교사의 능력을 향상시킨다(예: 개개인에 맞춘 설명; 필요에 따른 특별한 지원; 소집단을 개발하여 각각 독립적으로 학습하는 조건; 부정적인 상호작용과 사회의 조절에 지나치게 의존하는 것을 줄이는 것; 커리큘럼의 범위와 교육용 옵션 및 선택을 넓히는 것; 사전 의뢰의 체계적인 사용).
- 개별화되며 전문적인 개발의 강화(예: 교사를 위한 학습 공동체 생성; 협력 교수, 팀 학습 그리고 멘토링을 통한 학습 기회의 보장; 본질적인 내재적 동기 개념과 학교교육에서의 그것의 적용에 대한 가르침)
- 커리큘럼 강화와 부가 프로그램(예: 강화 계획과 관련 있는 다양한 강화 활동; 지역사회의 학자를 방문하는 것)
- 교실과 학교 전체가 돌보고 지원하는 분위기를 만들고 유지하는 데 접근하는 것

언제나 강조하는 것은 능숙함과 자기결정감 그리고 다른 학교와의 관련성을 강조하는 것이며 이러한 느낌을 위협하는 것을 줄이는 것이다.

② 위기 원조와 예방은 다음을 포함한다.

- 위급 상황에서 즉시 원조하여 학생들이 다시 학습할 수 있도록 한다.
- 필요한 지원을 제공한다(예: 단기 혹은 장기 관찰).
- 대응 계획을 세우고 예방 프로그램을 발전시킬 수 있는 주도권을 가진 학교 집중위기팀을 형성한다.
- 보살펴 주고 안전하게 학습할 환경을 조성한다(예: 건강하게 발전하도록 촉진하며 문제를 예방할 시스템을 개발; 괴롭힘을 줄일 프로그램).

- 대응하고 예방하기 위한 통합 계획을 위해 이웃 학교 및 지역사회와 작업한다.
- 위기에 대응하고 이를 예방하는 것을 강화할 능력을 배양한다(예: 직원과 이해 당사자 개발, 보살펴 주고 안전한 학습 환경 강화).

③ 전환에 대한 지원은 다음을 포함한다.
- 새로 온 사람을 위한 환영과 사회 지원 프로그램(예: 환영의 상징, 내용 그리고 초기의 연회; 학생, 가족, 직원, 봉사자를 위한 또래 친구 프로그램)
- 일상적인 전환 프로그램(예: 수업 전, 쉬는 시간, 점심시간, 방과 후)
- 표현 프로그램[예: 학년에서 학년(새로운 교실, 새로운 교사); 초등학교에서 중학교; 중학교에서 고등학교; 특별 교육 프로그램의 안과 밖]
- 여름 프로그램이나 학기 간 프로그램(예: 따라잡기, 레크리에이션, 강화 프로그램)
- 경력/고등교육의 학교(예: 상담, 진로, 멘토 프로그램; 전환 계획에서 이해 당사자의 관여; 학생, 직원, 가정, 경찰서, 신뢰 집단, 레크리에이션, 경영, 고등교육)
- 전환을 위한 계획에서 이해 당사자의 관여(예: 학생, 직원, 가정, 경찰서, 신뢰 집단, 레크리에이션, 경영, 고등교육)
- 강화된 전환 프로그램과 활동에서의 능력 향상

④ 가정과 연관된 학교 교육은 다음을 포함한다.
- 가정에서 필요한 특정한 지원과 학습을 언급하는 것(예: 가정에서 아동을 돕기 위한 기본적인 생필품을 보조하는 지원 서비스; 독해 능력을 향상시키기 위한, 직업 기술을 가르치는, 제2언어로 영어를 배우기 위한 그리고 시민권을 준비하기 위한 성인교육 수업)
- 학교와 가정을 연결하고 상호작용하는 구조를 개선하기(예: 가족 네트워크와 상호 지원, 학습, 레크리에이션, 강화를 위한, 가족 구성원이 특별한 기회를 받기 위한 그리고 자원봉사자가 도움을 받기 위한 학교에서의 기회; 좋은 뉴스를 전하는 교사나 다른 직원의 전화나 이메일; 가능하다면 학생들이 주도하는 균형 잡히고 빈도 있는 회의; 학업 중단 학생들을 포함해 접근하기 어려운 가족들에게 매력적인 봉사활동)
- 학습과 발달을 위한 가정 지원 강화하기(예: 가족의 문해 능력; 가족의 숙제 프로젝트; 가족의 야외 여행)
- 학교와 지역사회를 강화하기 위한 가족 모집하기(예: 새로운 가족을 환영하고 지원하는 것, 다양한 능력을 가진 자원봉사자; 학교 행정에 참여하기 위해 준비된 가족)

- 가정 참여를 위한 능력 향상

⑤ 참여와 지원을 위한 지역사회의 봉사는 다음을 포함한다.
- 광범위한 지역사회의 자원들을 모집하기 위한 봉사 계획을 세우고 시행하는 것(예: 공공 및 개인 단체; 대학; 지역 거주자; 예술가와 문화 기관, 사업 및 전문 조직; 서비스, 자원봉사자 그리고 믿음 기반 조직; 공공사회의 정책과 정책 결정자)
- 지역사회 자원을 모집하고 준비하고 유지하는 시스템(예: 적응하고 환영하기 위한 구조, 자원봉사자 풀을 강화하는 것, 현재 관련된 것들을 유지하는 것, 공동체 의식을 강화하는 것)
- 아동과 청소년 발달과 공동체 의식을 촉진하는 데 노력하는 학교와 지역사회의 연결
- 지역사회 관련 지원 강화 능력 함양(예: 학교 – 지역사회 연결을 강화하고 유지시키는 정책과 구조, 지역사회의 가치와 관련된 직원/이해 당사자의 개발, '소셜 마케팅')

⑥ 가정과 학교의 지원은 다음을 포함한다.
- 필요가 인식되는 대로 추가 지원을 제공하여 어떠한 지장도 끼치게 하지 않는다(예: 교실에 중재를 의뢰하기 전에; 부모와 함께 문제를 해결하는 회의; 학교, 관할구, 지역사회 지원 프로그램에 자유롭게 접근할 수 있게 하는 것)
- 문제가 있는 학생과 가족을 위한 추가 지원으로 시기적절하게 중재를 의뢰하는 것(예: 증명 및 관찰 과정, 평가, 의뢰 그리고 학교기반/연계 후속 조치)
- 건강, 정신건강, 경제적 지원을 위한 직접 중재에 대한 접근 강화(예: 학교기반/연계 지원, 지역사회 기반 프로그램과 서비스)
- 개인의 중재를 위해 조정한 관리, 관찰, 운영, 정보 공유 그리고 후속 조치 평가 및 의뢰와 서비스가 적절했으며 효과적이었는지에 대한 확인
- 자원의 조직화와 중복을 피하기 위한 통합, 격차를 메우고 규모의 경제를 모으며, 효과성을 강화하는 구조(예: 학교기반의 혹은 개입자, 공급자, 학교의 가족, 지역사회 기반의 프로그램과 연결하여 조직화한 자원; 격차를 메우기 위해 지역사회가 제공한 것과 연결된 것)
- 프로그램과 서비스에 대한 이해 당사자의 인식 강화
- 학생 및 가족 지원 시스템, 프로그램, 서비스의 강화 능력 함양

Chapter 3

학교 정신건강: 모든 수준의 예방

Kevin Dwyer(미국연구기관)
Erika Van Buren(컬럼비아지구 정신건강부)

　11세인 제레미는 대도시 학군의 6학년 아동으로 읽기와 수학에서 점점 뒤처지고 있다. 제레미의 행동은 문제가 있다. 때때로 그는 선생님에게 욕을 하거나 동급생들에게 위협을 하고 때리기도 하였다. 그의 출석률은 요구 출석률의 80% 미만이었고, 학급에서 친구도 없다고 보고되었다. 제레미는 자주 정학을 받았지만, 적어도 아이를 학교 건물에 머물게 하기 위해서 '교내정학'을 주었다. 상담가이자 학교 사회복지사는 아동의 양육자와 할머니와 종종 연락을 취했고 그들의 요구를 들어주기는 했지만, 제레미의 가정 밖 활동을 모니터링하기는 어려웠다. 제레미의 어머니는 약물 재활 센터를 드나들었고, 아버지는 살해되었다고 했다. 제레미의 할머니는 아이가 종종 울다가 잠들곤 한다고 일러 주었고, 제레미가 '학교를 싫어한다.'고도 했다. 학교에서는 많은 중재를 제공하였다. 제레미를 특수교육에 추천하여 적격 판정을 받았고, 제레미를 대기자 명단에서 '우선순위'에 올려놓은 시립 정신건강 클리닉에 추천하는 것을 포함하여 읽기와 행동을 위해 자원들이 할당되었다. 학교팀들은 교사에게 주도된 자문과 제레미가 수업을 방해할 때 '필요에 따라' 상담을 제공하였다. 일련의 중재를 시행하고 몇 달 후, 제레미의 방해 행동을 변화시킨다거나 출석 및 학업을 개선하고자 하는 중재의 측정 결과는 미미한 것으로 나타났다.

　이것은 보기 드문 시나리오는 아니다. 400명 이상의 극빈 학생들에게 서비스를 제공하는 대다수의 학교는 적어도 60명 정도는 유사한 수준으로 복잡하고 집중적인 요구를 가진 것으로 보인다. 이 학교들 가운데 대다수가 매해 입학하는 아동 가운데 20% 이상이 정신건강과 행동적인 문제와 같은 다양한 위험 요소를 가졌다고 연구자들은 보고하고 있다. 저학년의 이러한 문제들은 해가 갈수록 증가하여, 해당 아동 및 또래의 학업 학습에 매우 부정적인 영향을 끼친다(Walker & Sprague, 1999). 복잡한 행동과 학업 문제를 가진 학생들의 증가 문제를 다루기 위한 노력에서, 학교 당국과 책임자들은 압도되곤 한다. 더욱이 학교의 중재는 종종 너무 적거나 너무 늦다. 결과적으로, 대다수 학교와 지역사회는 이러한 아동의 사회·정서적 요구를 적절히 해결하지 못하고 있다.

학습 및 행동 문제의 '도미노 효과'

제레미가 경험한 것과 같은 학습 및 행동 문제는 학교 적응에 어려움을 가진 학생들에게 자주 발생하고, 이로 인해 점차 학교생활에서 멀어지고 학업 실패와 학교 중퇴가 일어날 수밖에 없다. 또 다른 연구에서는 읽기와 수학을 어려워하거나 행동에 있어 나쁜 점수를 받는 6학년 아이들이 또래와 졸업할 기회는 10%이고 한 해 늦게 졸업할 확률은 20%라고 보여 주고 있다(Balfanz & Herzog, 2006). 또한 10대 가운데 무려 80%가 범죄 성향을 가지고 있거나 정신건강 장애로 진단할 수 있는 잠재된 성향을 가지고 있다고 밝히고 있다(Cocozza & Skowyra, 2000). 또 다른 연구에서는 정신질환을 가지고 있는 학생의 50% 이상이 고등학교를 중퇴한다고 밝히고 있다(U.S. Department of Education, 2006). 제레미는 이러한 피해자 가운데 하나가 될 가능성이 매우 높다.

많은 학교에서 이러한 10대는 다량의 학교 자원을 소비하고 많은 주목을 받고 있다. 그들은 지속적으로 교실 수업을 방해하고, 교육자나 전문가 등의 시간과 자원을 소비한다. 절망한 교직원들은 이내 마지못해 선택의 여지가 없는 '대안'을 추천하게 된다. 이러한 학생들은 청소년 범죄의 위험에 노출된다.

불행히도, 학교 정신건강 서비스의 유효성에 대한 믿음은 이러한 시나리오와 마찬가지로 이차적인 피해를 입는다. 학교가 '정신건강 서비스를 제공'(사회복지 관련, 가족 접촉 그리고/또는 클리닉 의뢰)하고도 아동이 나아지지 않았다면 그것은 학교 정신건강 서비스가 효율적이지 않았다는 것이다. 관심을 가진 직원과 좋은 의도를 가진 특수교육 그리고 관련 서비스 중재는 다중적인 문제를 보이는 학생의 요구에 부응하기에 불충분하다. 이들은 트라우마와 상실, 우울증이나 외상후 스트레스 장애가 다루어져야 하는 아동들이다. 연속적이지 않고 마구잡이식으로 실시된 서비스는 실패할 것이다. 질병 관리를 제공받지 못하고 집중적이고 개별화된 학습 및 행동 중재 조정이 부재하는 프로그램(학습과 행동 중재를 동시에 묶어서 제공하는 것)은 너무나 흔하다.

제레미는 상처받기 쉽고, 그 상처를 행동으로 내보이며, 상실과 사회적 고립 그리고 학습 지체와 연관된 좌절감을 헤쳐 나가고 있다. 그의 다양한 요구를 충족하기 위해선 집중적이고 잘 계획된 그리고 체계적인 서비스의 종합적 체계가 필요하다. 즉, 행동, 정서, 학업 및 사회적 요구를 다중 체계 요소로 다루려는 서비스가 있어야 한다. 또한 제레미나 유사한 문제를 가진 또래들에게 강력한 돌봄 지원이 요구된다. 학교들은 이러한 프로그램의 장이 되어야 한다. 더욱이 집중적인 중재는 매우 중요하지만, 결코 충분조건은 아니다. 학교 분위기가 정신적으로 건강해야 한다. 건강한 교내 풍토가 정신건강을 유지하고 지지해 주어야 한다. 즉, 모든 학생과 교우 및 대인 관계를 다지고 유지하게 하여야 하며, 문제 예방을 촉진하는 분위기를 조성하고, 문제 위기에 처한 학생들을 조기에 식별하고, 학생을 회복시키는 긍정적인 행동 및 학업 발달을 지원해야 한다.

개요

이 장에서는 예방을 기초로 하는 학교의 사례를 다룰 것이고, 미국의 10대와 아동에게 어떤 정신건강 서비스가 제공되는지에 대해서 논의하며, 아동기 정신건강을 위협하는 일과 효과적인 학교 정신건강 서비스에 대해 서술하고, 추가로 효과적인 예방과 정신건강 홍보에 초점을 맞출 것이다. 또한 현재 우리의 자원이 활용되는 방법에서 오는 고민을 해결하기 위해 탐구할 것이고, 학생들의 성공을 극대화하는 것에 관하여 탐구할 것이다.

학교와 지역사회 정신건강 종사자들이 다른 사람들과 파트너가 될 수 있고, 정신적으로 건강한 학교를 조성하는 진보적인 리더가 될 수 있으며, 서비스가 필요한 학생들이 긍정적인 결과들을 야기하는 효과적이고 통합적이고 입증된 중재들을 받는다는 것을 확신할 수 있도록, 독자들은 여러 가지 아이디어와 해결책들을 제공받을 것이다. 더욱이 이러한 도전과 해결책은 모든 단계에서 학생들의 긍정적인 안녕감을 촉진하는 가족과 학교, 거시체계 생태학의 중요성을 입증할 광범위한 정책과 학교 공동체의 문화적 맥락 사이에서 논의될 것이다.

학교의 진정한 잠재력을 수용하기

　　학교 정신건강 서비스는 학교의 학문적인 임무에 매우 중요하다. 연구 문헌과 현장에서 드러난 증거들에 따르면 사회 · 정서적 기술과 안녕감은 학습에 결정적으로 중요하다. 또한 안전하게 아동을 돌보는 분위기의 학교와 학급은 학문적 성공을 고양시키며, 긍정적인 행동을 강화하는 것은 수업 시간을 늘리고, 지원적이면서도 도전을 제공하는 교육은 학문적 학습을 증가시킨다(Osher, Dwyer, & Jimerson, 2006 참조). 긍정적인 학생 발달과 안전하고 아동을 돌보는 분위기의 학습 환경이 시너지 효과를 만들어 낸다는 것은 비밀이 아니다. 이로써 아동들은 서로서로를 격려하게 된다. 학문적으로 성공적인 학생들은 선생님이 자신에게 관심을 가져 주는 것으로 보게 되고, 징계 문제를 가질 확률이 적어진다(Durak, 1998). 반대로, 학습 수행과 행동에 문제가 발견된 학생들은 교직원과 불미스러운 일로 만난 경험을 하거나, 학급 내에서 체벌을 받을 가능성이 더 높다. 이는 학교에 반감을 가지고 학교 중퇴자가 될 가능성을 증가시킨다(National Center for Education, Disability and Juvenile Justice, 연도 미상). 아이들을 위한 효과적인 정신건강과 교육 서비스를 통합하고 제휴하는 것은 아동 학습과 평생의 사회 · 정서적 기술 발달에 결정적으로 중요하다. 이러한 통합은 많은 이해 관계자에게 점차 한층 분명해졌고 주도적인 연방, 주립, 지역 정책 입안자 및 전문 조직과 기관에게 인정되어 왔다(Weist & Paternite, 2006).

　　학교는 광범위한 정신건강 증진과 예방 프로그램을 구현하여 양질의 서비스의 유용성을 향상시키는 완전한 사회적 환경을 제공한다(Mills et al., 2006). 정신건강 증진이라는 개념은 정신건강 병력 및 위험과 상관없이 모든 개인의 긍정적 정신건강과 안녕감을 최적화하려는 목적을 가진 과정을 지칭한다(Canadian Mental Health Association, 1999; World Health Organization, 2002). 정신건강 증진은 정신건강이 긍정적으로 기능하는 것을 돕는 정책, 절차 및 환경을 개발하기 위한 노력과 개인과 지역사회로 하여금 정신건강 문제의 위험을 증가시킬 수 있는 역경에 대한 회복탄력성을 발달시킬 뿐 아니라, 그들 자신의 정신건강 욕구들을 옹호하는 데 필요한 기술과 자원을 개발하는 것을 돕는 시도를 포함할 수 있다. 학교라는 맥락 내에서 몇 가지 예를 들자면, 이러한 것들은 사회 · 정서적 기술 발달을 목표로 하는 교육과정, 건설적인 학교 풍토를 기르기 위한 학교의 광범위하고 중요한 기획, 소속감을 촉진할 수 있는 학교와 지역사회의 파트너십 발달, 시민 참여와 의무를 포함할 수 있다.

　　정신건강 증진의 목표는 정신병의 증상을 치료하기보다는 포함할 모든 사람을 위해 긍정적인 정신건강의 성과(즉, 효능감의 증가, 개인적 통제, 투지 그리고 다른 방어적인 요소들)를 유지하기 위한 것이라는 점에서 전통적인 '정신건강 치료'와는 구분된다는 것을 짚고 넘어가는 것이 매우 중요하다. 더욱이 그러한 새로운 기획 임무의 중심은 가족과 지역사회 내에 이미 존재하는 자연스러운 지지 네트워크를 활용하고, 혜택을 받는 대상자의 요구를 반영하여 문화적으로나 언어적으로 민감한 다양한 전략을 사용하며, "……정신건강 요구의 확인, 우선순위 선정, 통제 및 해결책 구현 그리고 목표에 대한 과정을 평가하는 것"을 통합하는 것이다(Canadian Mental Health Association, 1999).

정신건강 예방이란 정신건강과 학습에 관련된 잘 알려진 위험 요소를 감소시키는 한편 그러한 위험 요소의 영향에 대한 예방적 요소를 보강하기 위하여 고안된 많은 중재와 전략을 의미한다. 학교기반 예방학은 시종일관 실용적인 공공사업과 예방의 공중위생 모델의 효과성을 문서화해 왔다. 학교 공동체 내에서 학생과 가족 간의 다양한 수준의 요구를 이해하고 다루기 위한 '3단계' 접근을 포함하는 모델이 그것이다. 이러한 예방의 3단계를 명명하기 위한 용어는 다양하지만, 이 접근은 통상적으로 다음과 같은 단계를 포함한다.

- **보편적 예방**: 학교를 기반으로 하는 보편적 예방은 정신건강 행동의 촉진을 구체화한다. 이러한 체계와 프로그램, 전략은 사회의 건강 증진 기술과 자산을 개발하기 위해 전체 학교 공동체를 구현할 수 있고, 학생들의 정서적 · 학업적 기능을 심리사회적 어려움으로부터 보호할 수 있는 그리고 적극적으로 10대의 발달을 촉진하고 유지하는 환경을 배우고 창조하는 기능을 구현할 수 있다(National Center For Education, Disability and Juvenile Justice, 연도 미상; JJ/SE Share Agenda, 2007).

- **조기 중재**: 학교기반 조기 중재 전략은 정신적 건강 및 학습 문제에서 오는 특정 개인과 환경적인 위험 요소를 가지고 있는 그리고/또는 보편적인 예방 전략이 작동하지 않는 학생들과 문제의 초기 징후를 보이는 학생들에게 전용한다. 예를 들어, 최근 트라우마 또는 개인적 손실을 경험한 학생, 학교 결석이 유독 증가한 학생, 또는 다섯 번의 징계를 받은 학생보다는 처음 징계를 받은 학생에게 지원을 제공하는 것이 포함될 수 있다(National Center For Education, Disability and Juvenile Justice, 연도 미상; JJ/SE Share Agenda, 2007). 조기 중재는 불필요한 특수교육 배치를 방지하는 수단으로서 심리사회적 적응 문제와 학교 적응 문제의 발생에 중재하는 수단으로 보인다(Foster et al., 2005).

- **집중적인 중재**: 이 중재의 형태는 학생 인구의 1~3%에 필요한 것이다(National Center For Education, Disability and Juvenile Justice, 연도 미상; JJ/SE Share Agenda, 2007). 그

뒤얽힌 과정들은 이러한 서비스를 구조화하고 전달하기 위한 효과적인 접근법으로 극 찬받아 왔다. 이것은 가정과 지역사회 그리고 학교는 최소한의 제한적인 배치를 바탕으 로 사례 관리와 서비스 제공과 모니터링을 할 뿐만 아니라 학생과 가족의 다양한 생태학 적 환경을 해결하기 위해 여러 체계를 거쳐 서비스의 조직 및 계획을 하는 것을 포함한 다. 집중적인 가족 참여는 이러한 과정의 중심을 이룬다(National Center For Education, Disability and Juvenile Justice, 연도 미상; JJ/SE Share Agenda, 2007).

빈곤의 악영향으로 위험에 처한 학생들을 돌보는 학교에서는 이러한 비율 분포가 현저하게 다르다. 즉, 훨씬 더 많은 중재 자원이 필요하다. 연구에서는 가난이 문제가 되는 지역사회 내 에 학생 인구 가운데 최소 18%가 정신적 · 행동 문제를 가지고 있기에 집중 중재가 필요하고, 40%의 학생은 심하지 않은 행동 문제와 학업 문제를 가진 위험 때문에 조기 중재 계획이 필요 하며, 오직 42%의 학생만이 보편적인 학교 차원에서의 중재와 교육에 대응할 수 있는 기초를 가지고 있다는 것을 보여 준다(Baker, Kamphaus, Horne, & Winson, 2006).

포괄적인 학교기반 정신건강의 설계 및 구현을 위해 공중보건 모델 사용을 지원하는 증거 가 늘어나고 있다. 연구에서는 보편적인, 조기 중재와 집중적인 중재를 채택하도록 제안하고 있고 상당 비율의 청소년을 위해 중퇴 혹은 졸업을 위한 그들의 잠재력에 변화를 만들 수 있다 (*School Psychology Review*, 제32권 3호, 2003: "Emerging models for promoting children's mental health: Linking system for prevention and intervention"; Eggert, Thompson, Herting, Nicholas, & Dickers, 1994; Felner, Brand, Adan, Mulhall, Flowers, Satrain, & DuBois, 1993; Hahn, Leavitt, & Aaron, 1994; Reyes & Jason, 1991 참조). 생애기술 훈련(Lifeskills Training; Botvin, Eng, & Williams, 1980), 프로젝트 ACHIEVE(Knoff & Batsche, 1995), RiPP(Responding in Peaceful and Positive Ways) 등과 같은 보편적 예방 교육과정의 시행은 약물 사용, 폭력 행동, 징계 연 계, 보류, 특수교육 의뢰와 배치, 학년 유급의 실질적 감소를 포함한 다수의 긍정적인 학생 성 과로 이어진다(Botvin, Greffin, & Nichol, 2006; Spoth, Clair, Shin, & Redmond, 2006).

학교 정신건강 및 예방과 이와 관련한 서비스의 장점으로는 정신건강 서비스와 지원을 받 는 데까지 나타나는 전통적인 장애물을 없앰으로써 취약하고 소외된 인구를 위한 서비스에 대 한 접근 가능성을 향상시키는 잠재력을 들고 있다. 그러한 서비스는 종종 학생들의 자연적인 환경에서 서비스를 제공해 종종 도움을 구하는 행동을 제외하는 정신건강 문제와 치료와 관련 된 오명을 줄일 수 있다(Mills et al., 2006). 학교를 기반으로 한 서비스는 학생들의 뚜렷한 발달 과 안녕감을 육성하는 과정에서 부모와 가족에게 특별한 참여의 기회를 제공하여 접근을 향상시킬 수 있다(Mills et al., 2006). 간단한 한 예로, 학교 내 공통된 접점에서 좀 더 자주 비공식적으로 상호작용하기 위해 학생의 요구와 진전에 대한 의견과 지속적인 피드백을 제공하는 것, 부모와 정신건강 서비스 제공자를 위한 기회(예: 성적표를 받는 날, 부모와 교사의 회의)를 늘리는 것을 포함한다. 이는 기존의 다른 정신건강 분야나 심리학에서 종종 사용되는 치료 구조인 '50분 회기'를 일주일에 한 번 시행해야 하는 것과는 대비된다(Weist & Paternite, 2006; Weist, Evans, & Lever, 2003).

선험적 및 실천 기반적 증거는 우리가 모든 학생의 전체적인 요구에 보다 잘 부응하기 위해 우리 학교의 자원을 배치하고 구조화할 때 어떻게 해야 하고 어떤 것을 하지 말아야 하는지를 알려 준다. 그러한 잠재력은 아직 대다수는 아니지만 많은 학교 공동체에서 실현 가능한 것처럼 보인다. 유감스럽게도, 현실은 현저히 다르다. 학교 정신건강 서비스는 종종 과소평가되거나 학교 수업에서 전혀 다른 평행선상에서 운영된다(Adelman & Taylor, 1997). 학교는 이제 학교 스스로를 사회·정서적, 행동 및 정신건강 기술 개발과 안녕감의 주체로 인식해야 한다. 지역사회, 주 및 연방의 지도자들은 학교가 학업 기준에 집중할 것을 요구하는데, 이 기준으로 학교의 질이 비교되고 평가된다. '돌보는 것' 또는 '대인관계 문제를 해결하는 방법을 배우는 것' 그리고 갈등 해결을 위해 학생들을 돕기 위한 능력으로 학교를 평가하는 일은 드물다. 학교에 대한 존경과 학생들의 자기존중감이 기대되고 요구되나, 이에 대한 보상은 적고 또 이런 것에 대한 명시적인 교육도 거의 없다.

학교가 학업과 사회·정서적 기술에 중요한 연결고리가 있다고 이야기하는 것에서 실제로 효율적이고 통합적인 실행으로 나아가기 위해서는 이해 당사자들, 특히 교직원과 리더십의 행동에 극단적인 변화가 필요하다. 이전에 배운 방법을 대체할 새로운 방법을 배워야 할 필요가 있다. 규칙, 규정, 절차와 자원 배치는 검토와 변화를 요구할 것이다. 새로운 행동을 배우는 것(즉, 과제에 임하는 시간을 강화하는 것), 오래된 행동을 대체하는 것(일하지 않는 것에 대한 학생 수정)을 위해서 적극적으로 재초점화하는 것이 필요하다. 즉, 교사가 어떻게 대응할 것인가 그리고 어떤 행동에 대해 대응하고 어떤 행동을 강화할 것인가에 대한 주목이 필요하다(Doll, 2006).

아동 및 학교 정신건강에 대한 현황 보고

역사적으로 무시되어 왔으나, 지난 반세기에 걸쳐 아동의 정신건강과 정신질환에 대한 인식의 중요성이 상당히 성장해 왔다. 『정신건강: 일반 외과의의 보고서(Mental Health: A Report of the Surgeon General)』(1999)에는 아이들에 대해 언급한 총 97쪽 분량의 장이 있다. 이 연구 보고서의 결과에는 "미국 9~17세 아동·청소년의 21%가 적어도 최소의 장애를 가진 정신적 또는 중독 장애로 진단될 수 있다……"(p. 123). 그리고 "11%는 상당히 기능적인 손상을, 5%는 치명적인 손상을 입었다."라고 보고한다. 이는 아동·청소년의 정신이상이 상당히 대중적인 건강 문제임을 보여 주는 것이다. 이러한 높은 비율만큼이나 중요한 것은 모든 아동에게 가장 흔하게 진단될 수 있는 장애가 행동장애가 아닌 불안장애와 기분장애(예: 우울과 양극성장애)라는 점이다. 학교는 종종 정신건강 문제를 행동장애와 동일시하거나 행동장애와 관련시키려고 하는데, 문제가 되는 것은 오히려 정신장애이다.

미 보건부 보고서에서는 정신질환을 다음과 같이 정의하고 있다.

> ……진단할 수 있는 모든 정신장애를 총괄할 수 있는 용어이다. 정신장애는 정신적 고통 그리고/또는 기능 손상과 연관된 생각, 기분, 또는 행동(또는 이들의 조합)에서의 변화로 특징지어지는 건강 상황으로…… 생각, 기분, 또는 행동의 변화는 많은 문제의 원인이 된다. 즉, 환자의 고통, 기능 손상, 또는 사망 위험 증가, 통증, 장애, 자유의 손실 등이다(p. 5).

강도 및 지속 시간에 따라서 '정신건강 이상'과 정신건강장애를 구별하고 있다. 즉, 보고서에서 사용하고 있는 '정신건강 이상'이라는 용어는 강도가 덜하거나 짧은 기간에 국한되어 나타나는 것을 의미한다. 반면에, 동일 연구에서 정신건강은 다음과 같이 정의되고 있다.

> ……정신 기능의 성공적 수행 상태, 이는 생산적 활동, 만족스러운 타인과의 관계, 변화에 적응하고 역경에 대처하는 능력을 가져온다. 정신건강은 개인의 안녕감, 가족 및 타인과의 관계 그리고 지역사회 또는 사회에의 기여와 필수불가결하다. …… 정신건강은 사고, 대화 기술, 학습, 정서적 성장, 탄력성 그리고 자기존중감의 발판이다(p. 4).

학교 정신건강은 정신적 건강함과 예방, 아동과 가족, 학교 직원들의 일체감과 정신장애의 치료를 아우르는 국가 협력 집단에 의해 폭넓게 정의되었다. 2001년 학교에서의 정신건강을 위한 정책 리더십 핵심 그룹(Policy Leadership Cadre for Mental Health in Schools)은 학교 정신건강을 포함해야 한다고 정의했다. "……긍정적인 학교 정신건강(예: 사회·정서적 발달을 위한 활동)과 학생들과 그들의 가족, 학교 직원들의 정신건강 문제(심리사회적인 관심사와 정신장애) 사이에서 관련된 학교 규칙을 고려하는 것을 포함하는 것"으로 정의했다(2001, pp. 5-6).

여기서 의문은 학교 정신건강의 분야가 그 정의에 맞게 그 가치를 하는가이다. 또한 어려움에 처한 학생과 가정이 일련의 정신건강 서비스와 지원을 받는 데 있어 접근과 가용성을 개선할 가능성이 보이는가이다. 검증된 문헌에 따르면 학교를 통해 정신건강 서비스에 접근하는 것이 우리가 생각하는 것보다 훨씬 더 많이 보편적이라고 한다. 모든 공립학교에 걸쳐, 학교 정신건강 서비스는 학생과 그 가족이 학교에서 지원을 찾는 경우가 90%에 가깝다. 하지만 서비스에 대한 접근이 직접적이고, 개별적이며, 적합하고, 집중적이며, 지속 가능한 중재와 동의어는 아니라는 것을 인식하는 것이 중요하다.

가장 광범위하고 폭넓은 정신건강 서비스의 연구는 약물남용 및 정신건강 서비스 기관(Substance Abuse and Mental Health Service Adiministration: SAMHSA) 지원으로 이루어진 연구로, 공립 초등학교, 중학교, 고등학교 8만 3,000곳의 표본을 대상으로 한다. 연구 결과, 87%의 학교에서 그 학교를 다니는 학생들은 모두가 "정신건강 서비스를 받을 수 있었다."라고 보고되었다(Foster et al., 2005). 표본 학교들은 평가, 자문, 개인상담, 치료, 가족지원 서비스를 포함한 집중 정신건강 서비스를 상당 부분 사용한 것으로 보고하고 있다(〈표 3-1〉 참조). 보편적 예방은 대부분의 학교에서 실행된 것으로 나타나는 반면, 연구에서 주목한 프로그램의 대다수(78%)는 약물, 담배, 알코올 사용의 예방에 주로 집중하였다. 학생의 사회·정서적 기술을 육성하기 위해 개발된 보편적 예방 교육과정은 59%의 학교에서 실행되었고, 초기 예방 전략은 연구 대상 중 63%의 학교에 제공되었다. 연구 결과는 다른 종합 예방 대책 실행에 대한 국가보고와 동일하였다(Carlson & Knesting, 2007). 요컨대, 저자들은 "아동이 어떠한 정신건강 서비스를 받든지, 학교는 주요 서비스 공급자라는 것이 현재 문서로 잘 기록되어 있다."라고 결론짓고 있다(제1장, p. 1).

앞서 언급한 수치를 보면 학교 정신건강 서비스와 이 서비스에 대한 접근 간의 거리를 좁히기 위해 학교가 큰 진보를 이루고 있는 것처럼 보이는 것이 보이기도 한다. 그럼에도 불구하고, 많은 학생과 가족의 요구는 여전히 상당 수준 충족되지 못하고 남아 있다. 대부분 정신건강 서비스가 학교에서 제공되지만, 이러한 서비스가 필요한 17명의 아동 중 1명꼴보다 적은 아동이 이러한 서비스를 제공받는다. 서비스를 제공받는 아동들도 필요한 수준에 못 미치는 정도를 제공받는다. 개별화 교육 프로그램(Individualized Education Program: IEP) 계획에서 관련된 서비스로 '심리 서비스'를 받는 아동조차도 서비스에 대한 적절한 평가를 받도록 규정된 서비스를 받는 경우는 드물다.

이민 학생을 포함한 다양한 민족적·문화적 배경을 가진 학생들은 계속해서 학교기반 서비

〈표 3-1〉 학교 수준별 정신건강 서비스 제공 학교 비율(2002~2003년)

정신건강 서비스	초등학교(%)	중학교(%)	고등학교(%)
평가	90	87	86
행동관리 자문	89	86	82
위기 중재	87	86	82
특수 프로그램 의뢰	85	83	81
개인상담/치료	75	79	72
사례 관리	74	70	68
집단상담/치료	70	67	61
가족지원 서비스	59	56	58
약물남용 상담	34	53	56
약물치료/약물 관리	33	35	33

출처: Foster, S., Rollefson, M., Doksum, T., Noonan, D., Robinson, G., & Teich, J. (2005). School mental health services in the United States 2002–2003. DHHS Pub. No. (SMA) 05-4068. Rockville, MD: Center for Mental Health Services, Substance Abuse and Mental Health Services Administration. Retrieved December 9, 2007, from http://download.ncadi.samhsa.gov/ken/pdf/SMA05-4068/SMA05-4068.pdf

스에 접근하는 데 불평등을 경험하고 있다. 문헌에서도 유색인종 학생이 유독 학업 및 최종 학교에서의 실패와 같은 위험에 노출되어 있는 것으로 보인다. 소수민족이라는 배경을 가진 남학생의 비졸업 비율은 최악이다. 일부 학교에서 이들의 비졸업 비율은 75%를 넘어선다. 접근성과 가용성에 있어 인종 격차는 양질의 교육과 정신건강 서비스를 제공하는 충분한 학교기반 자원의 부족을 포함한 많은 위험 요소 때문에 발생한다(EDDJP). 이런 불편한 현실은 유색인종 학생 비율이 높은 나라의 학교 전반에 걸쳐 적합한 정신건강 서비스가 덜 지원된 것과 특수교육이 필요한 학생들에게 적합한 서비스가 제공되지 못하게 제한되는 것들과 관련이 있다는 SAMHSA 연구에서 확인되고 있다(Foster et al., 2005). 특정 민족 및 문화 인구를 위한 접근성과 유효성은 문화적인 편견과 고정관념에 의해 악화될 수 있다. 즉, 이러한 편견과 고정관념은 추천, 평가, 진단, 중재 과정 전반에 걸쳐 나타날 수 있고, 가족 간 불신, 저항, 치료를 중단할 경향성을 증가시킬 수 있다(Coustinho & Oswald, 2004; Hosp & Reschly, 2003; 2004; Skiba et al., 2008).

모든 수준에서 학교기반 예방 서비스의 지속에 대한 지원 증가에도 불구하고, 예방과 조기 중재 전략이 덜 보편화된 반면, 학교 역시 심하고 전반적인 문제를 가진 학생에게만 서비스를 제공하는 것에 대한 편견을 보이는 경향이 있다(Foster et al., 2005; Weist & Christodulu, 2000). 중요한 정서적 문제를 가진 학생에게 집중적인 중재를 제공하는 학교는 학생을 위해 이들을 돕는 몇 가지 긍정적인 결과를 얻을 수 있다. 그럼에도 가장 심각한 문제만을 위한 집중 서비스를 제공하는 것은 학교를 변화시킬 수 없다고 보는 것이 일반적이다.

　문제 학생들의 문제를 '해결하는 것'은 실질적인 변화라는 점에서 표면적으로 타당하다. 그러나 학교가 정신적으로 건강하고 안전하며 지원적인 학교를 위해 요구되는 다양한 수준의 중재를 다루지 않고 요구 수준이 가장 높은 아동의 문제만을 다룬다면, 학교 그 자체는 '중퇴자 공장'처럼 더 많은 문제를 계속 만들어 내는 유해 환경으로 남아 있을 것이다. 구체적으로 말해 만약 교실이 비조직적이고 행동적으로 문제가 되는 새로운 문제가 남아 있다면, 새로운 문제가 집중 서비스 제공자에게 부상할 것이다. 즉, 아이들은 문제 행동을 보이도록 배울 수 있고, 학교는 정신적으로 건강하지 못한 환경으로 남을 것이다. 심각한 문제에 지나치게 사로잡힌다면 조직적이며 학교 전반적인 변화에 적극적으로 참여하고 자원을 어떻게 분배해야 하는지에 대해 재구성하려는 지도자와 교직원의 준비성이 감소될 것이다. 교사는 정신과 행동 병리를 다루는 책임이 임상의에게 있다고 보게 될 것이고, 교직원은 다른 문제를 가진 아동과 가정을 파악하고 이들을 임상의에게 회부하는 것을 주로 조력하는 것이 자신의 책임이라고 보게 될 것이다. 이렇게 되면, 이미 혹사된 학교 정신건강 제공기관에게 부담이 되며, 그들의 일을 '쌓아 놓게 되며(siloing)' 그들의 역할을 문제해결이나 각 학교의 급한 불을 끄는 '원스톱 숍(one-stop shop)'으로 변질시키게 된다(Weist, 1997). 공중 정신건강 예방과 조기 중재는 환경과 사회 · 정서적 안녕감 간의 상호작용에 대한 인식 증가와 함께 시작하여, 이제 막 등장하기 시작했다(*Neurons to Neighborhood: The Science of Early Childhood Developments*, 2000, Institute of Medicine, Washington, DC: National Academy Press 참조).

　요약하면, 아동기 정신건강에 대한 대중의 인식과 아동 정신질환의 대중의 인정 모두는 공중보건의 관심사로서 국가적인 관심을 받고 있다. 학교를 기반으로 한 정신건강 서비스와 지원은 정신건강 지원이 필요한 다양한 수준의 학생과 가족을 위한 접근성의 개선과 유효성의 발전을 시작하는 중이다. 정신건강 서비스를 받는 70~80% 이상의 아이들은 학교에서 그러한 서비스를 받는 것으로 나타났다(Foster et al., 2005). 그럼에도 학교를 기반으로 하는 서비스는 여전히 학교 지역사회 내 요구에 맞는 활동들을 하기 위해 고군분투하고 있다. 특히 이제 막 문제 행동이 나타나는 학생들과 정식 진단을 받지 못한 학생, 유색인종을 포함한 학생과 가족 집단은 더욱더 접근이 제한되며, 궁극적으로 조직 균열이라는 실패로 끝날 수 있다. 서비스 필요성을 지지하는 증거를 축적하고 효과적으로 중재를 실행할 도구와 기술력을 보유하였음에도, 일부 연구자는 통합된 아동 정신건강 정책안의 부족으로 아직 우리가 그것을 필요로 하는 대부분의 인구에 도달할 수 없는 상황이 되었다고 암시하고 있다(Lourie & Hernandez, 2003 참조). 학교 정신건강 분야 내에서 교육 및 정신건강 정책, 절차, 목표를 조정하고 통합하는 능력은 우리 능력의 가장 중요한 결정자 중 하나일 것이다. 학교정신건강의 영역과 교육 및 정신건강 정책을 조정하고 통합하기 위한 우리의 능력 안에서, 절차와 목표들은 학교 내 정신건강과 예방서비스 수행을 촉진시키는 데 필요한 여론을 불러일으키고, 궁극적으로는 아동, 청소년과 가족들의 서비스 접근을 향상시키기 위한 우리의 능력에 대한 가장 중요한 단일 결정요인 중 하나가 될 수 있다.

교육과 정신건강의 시스템적인 큰 차이점

실무자들은 아마 다음과 같이 물을 것이다. "왜 우리 학교의 체계는 그것을 받아들이지 못하는가? 왜 그 체계는 대부분의 교육학자와 정신건강 학자들에게 보증받은 아동 중심의 통합된 발달 접근법을 사용하지 않는 것인가?" 학교라는 것이 아동에게 정신건강 서비스를 제공하는 국가의 가장 기본적인 기관이지만, 학교의 지도부, 지역 정책 입안자, 이해 당사자들은 계속해서 이것을 공교육이라기보다 공중보건의 역할로 감지한다. 사실, 학교들은 아동의 발달과 정신건강의 중요한 역할을 책임지는 것에 종종 저항적이라고 주장되어 왔다(Adelman & Taylor, 2000). 공교육의 기본 임무는 전통적으로 국민과 노동자를 위해 문해력(읽고 쓸 줄 아는 능력)을 책임지는 데 있다. 이러한 장벽의 기본적인 원인은 굳건히 자리 잡은 전통적인 믿음, 결과물로 생긴 자원의 제약, 모순된 요구, 전체 학생의 발달과 건강을 목적으로 중재를 시행하는 일과 그에 관련된 숙련된 전문가들의 유용성에 대한 불충분한 지식에 근거한다.

이전에 언급했듯이, 전통과 정부 구조는 통지와 교육의 전달과 정신건강을 양극화시켜 왔다. 학교는 거의 항상 건강과 안전, 교통 그리고 다른 서비스에 책임을 지고 있는 일반적인 지역 혹은 주 정부와 분리된 상태로 관리되어 왔고 분리된 상태에서의 재정을 지원받아 왔다. 두 번째로, 많은 공동 조직의 장들은 정신건강을 교육과 분명히 분리시켜 수많은 사적·공적 임상가들과 의료기관들에게 제공받는 치료로 간주한다. 교육은 공공 정신건강(public mental health)의 관리 과정과 관리 방침 그리고 필수적 자원 흐름(necessary resource stream)과 현저하게 다르다. 유치원부터 고등학교까지 무료로 공교육을 받을 수 있는 것은 수입과 관계없이 하나의 권리로 비춰진다. 반면, 공공의 재정으로 운영되는 정신건강 서비스는 복잡한 적격성 요구로 인해 제한이 많다. 공교육은 청소년의 취업과 시민성 함양을 위해 계획된 반면 공공정신건강은 가장 심각한 질병을 앓고 있으며 경제적 약자인 아동과 성인을 치료하기 위해 계획되어 왔다. 이러한 서로 다른 전통적 역할과 믿음 그리고 현재 이 체계들을 이끄는 조직적인 지지 사이의 분열(구분)이 학교의 정신건강 예방과 중재 서비스라는 큰 틀을 보장하기 위하여 넘어야 할 가장 큰 장벽이다.

학생 서비스는 아동과 젊은이들의 교육과 정신건강을 향상시키며 그들의 목표를 달성해 가고 있다. 그럼에도 동시에 학생 서비스 종사자들은 아동의 정신건강과 아동의 학업 성취를 동시에 고심하는 데 있어 그 가치를 잃고 있다(Adelman & Taylor, 1997). 몇몇 교육 지도자는 계속해서 학생 서비스를 적격 심사자나 IEP 관리자들로 구성된 특수교육의 한 종류로 간주하고 있다. 국정 자료에 따르면 이러한 지각이 자원의 할당(시간의 사용을 포함하여)에서 비롯되었고, 그러한 진보적 이상과 역할은 드물다는 것을 제시한다.

공공 정신건강 예방과 조기 중재는 환경과 사회 · 정서적 복지 혹은 '신경세포에서 이웃생활까지'(개인적 삶에서 이웃과의 공동체적 삶까지)라는 상호작용을 더 확실히 지각하면서 이제 막 대두되기 시작했다(National Research Council & Institute of Medicine, 2000). 게다가 선거로 선출된 정부 관료에서부터 지역의 시장 또는 시의원까지 이러한 서비스를 정책적으로 조정하고 확대하고 종합할 필요가 있다고 보기 시작했다. 다른 여러 사람 또한 이러한 장벽을 성공적으로 넘기 위하여 노력하기 시작했다. 공공정책 또한 정신건강과 교육을 포함하여 지원한다. 국가의 교장과 관리자 연합은 정신적으로 건강한 발달을 위한 요구가 있음을 시인했고 그것이 학업 성취와 연결된다는 것을 인식했다. 그러나 지역구를 기반으로 하는 자금 제공자, 가족, 실무자는 학교가 그러한 요구 조건인 사회적 · 정신적 건강 기술이나 정신건강 중재를 제공하는 것에 책임이 있다는 사실을 보지 못한다. 그 기술들은 종종 가정에 책임이 있다고 받아들여지거나, 도덕성이나 치료는 임상기관에 책임이 있다고 받아들여진다.

아동을 보호하는 분위기와 긍정적 규율과 조항이라는 정신건강 지지의 틀을 포함하기 위해 학문 · 사회 · 정서적 학습의 공동체(Collaborative for Academic, Social, and Emotional Learning: CASEL)에서 정의한(Greenberg et al., 2003) 학교의 사회적 기술에 대한 가르침의 비율은 느린 속도로 증가하고 있으나 아직 국가적으로 재정을 지원받는 수준까지 인식되거나 채택되지 않았다. Weist와 Paternite(2006)은 정신건강 정책과 관습에 대한 지역과 주(state) 수준의 결정 자치권은 제공되는 서비스의 종류와 질을 매우 다양하게 만들어 낸다고 제안했다. 그리고 그 제공되는 서비스는 결과적으로 학교를 포함하여 아동을 위해 봉사하는 체제 안에서 개혁이 진행되는 것을 비활성화시키는 데 기여한다. 이러한 안건을 추진하는 진척 속도는 국가와 주의 지도부들이 이 우선 사항에 대해 인식하고 협력하는 것에 쉽게 의존한다. 이와 유사하게, 이러한 인식은 예방 연구자들이 그러한 예방제도와 학교에서의 정신건강 종합 서비스의 효율성을 증명하는 방식과 주요한 이해 당사자들에게 이러한 지식을 더 효과적이고 효율적으로 전파하는 방식을 사용함으로써 연구와 제도 사이에 다리를 놓는 그들의 능력에 밀접하게 의존한다.

학교 정신건강 서비스의 역사적 및 현재의 발달: 정책을 실천으로

1975년 이후로 학교 사회복지사와 학교 심리학자들의 수가 극적으로 증가한 것이 연방정부의 특수교육과 관련된 서비스법과 조항의 결과라고 단정적으로 결론 내리긴 어렵지만, 공법(Public Law) 94-142와 그 조항이 이러한 긍정적 결과에 미미하나마 영향을 미쳤다는 것을 부정할 수는 없다. 이 법은 모든 학교가 특수교육을 위한 적격성을 결정하기 위해 개인에게 적격성 검증 서비스와 다른 유아 관련 서비스로의 접근성을 가져야만 한다고 지시한다. 많은 대학의 프로그램이 이 법의 훈련 지원으로 설립되었다(Ysseldyke, 1984). 또한 학교심리학 분야에서는 첫 번째 '훈련과 연습을 위한 청사진(Blueprint for Training and Practice)'이 특수교육 재정에서 지원을 받았다. 진행된 연구는 특수교육과 관련법에 의해 재정적으로 지원받는 실습이 학교의 정신건강 실천에 지대한 진전을 가져왔다고 밝혔다. 이러한 정신건강 실습은 보조금을 통하여 교육과정 기반의 측정과 평가, '중재에 대한 반응'의 선구자, 교육방법, 교실 행동 관리와 학교 단위의 예방적 규율 훈련, 문화적 능숙함, 기능적ㆍ행동적 평가, 대안학교, 문제풀이와 협력 서비스를 훈련하도록 하는 것도 포함한다(Knoff & Batsche, 1995).

모든 학생을 위한 학교의 정신건강 서비스는 미국 교육부의 틀 밖에서 한참 후에 나타났고, SAMHSA의 보조금 '입증' 과정과 건강과 건강 및 휴먼서비스부의 모자건강기관(Child and Maternal Health Administration)'을 통한 입법적 사업에 의해 증가되었다. 그럼에도 불구하고 특수교육법은 아이들, 가족 그리고 교육자들이 학교가 제공하는 직간접적 정신건강 서비스에 대한 접근을 부여받는 데 가장 큰 역할을 하는 것으로 남아 있다. 이것은 앞서 언급한 『정신건강: 일반 외과의의 보고서』(2000)에서 확인되는데, 여기서 아동의 정신건강 서비스로의 접근은 극히 제한되었지만 학교의 심리학자, 상담사, 양호교사 그리고 다른 학생 서비스 제공자들에 의해 학교를 통하여 이루어진다고 언급된다.

상담에 투자하기 위해 메디케이드[1]에서의 학교의 사회적 활동과 심리적인 서비스는 아이들과 그들의 가족들이 학교의 정신건강 서비스에 준비하는 것에 대한 또 다른 지지이다. 1996년 「사회안전법(Social Security Act)」타이틀 19에 대한 이 수정 조항은 메디케이드를 해당 아이들을 위한 심리적인 서비스들을 포함한 몇몇 관련 서비스의 제공자로 만들었다. 대부분의 주에서는 메디케이드가 건강보험 프로그램에 적격인 아동에게 학교에서 공급해 주는 관련 서비스들을 제공하도록 허용하고 있다.

안전한 학교, 건강한 학생의 연방정부 보조금과 학교정신건강의 기술지원센터(Adelman et al., 1999)의 설립은 학교들이 정신건강 서비스들의 연속성 안에서 할 수 있는 중대한 역할들을 계속 지지해 왔다. 최근 들어서, 정신건강에 대한 대통령 위원회(New Freedom Commission)는 효과적인 정신건강 체계 개혁을 위한 추천으로서 포괄적인 학교 정신건강 프로그램들의 향상과 확장을 명백하게 언급했다.

전국학교심리학자협회 및 다른 전문가 및 정신건강 옹호자들은 지속적으로 효과적인 학교 정신건강 서비스들에 대한 접근을 가능하게 한 지지 법률 및 규정 제정을 주장하고 있다. 주의 증명 기준은 교육과 정신건강의 동의된 기준들에 합의한 많은 주가 향상시키고 채택하고 있다. 국가적인 증명 요건들은 잘 고려되어 대학 훈련 프로그램들의 기준이 되었다.

수많은 혜택은 사회 · 정서적 발달과 아동 · 청소년의 요구들을 지원하기 위한 학교의 능력을 만드는 것에서 발생한다. 효과적인 행동 관리 전략들과 비효과적인 정학과 퇴학의 사용에서 긍정적인 훈련들로의 전환을 위한 학교 전체의 노력을 포함하여, 많은 학교 전체의 긍정적인 변화는 학교 상담자, 심리학자, 사회복지사들을 포함한 학생들을 지지하는 이들의 노력과 연결된다. 그리고 그 근거로 이 서비스들이 학술적인 지식을 바탕으로 한 가장 좋은 사례들을 지지하는 데 중요하다는 사실을 모으기 시작했다(Collaborative for Academic, Social, and Emotional Learning, 2008; Eber, Sugai, Smith, & Scott, 2002; Elias, 2006; Kutash, Duchnowski, & Lynn, 2006; Lewis, Hudson, Richter, & Johnson, 2004). 그러나 불행하게도 학교들이 인식한 '가장 좋은 사례' 서비스의 조건을 기록하고 학생의 정신건강과 학업적인 성취 결과를 맞춰 보는 경우는 거의 없다.

교육자들이 데이터로 끌어낸 문제해결 방법을 사용하고 결정 과정을 통해 행동과 학술적인 지식 사이의 반응을 관찰하는 것을 돕는 것은 일부 학교를 긍정적으로 변화시켜 왔다. 교육과정에 기반하고 입증된 교수방법들에 충실한 측정이 학생 서비스 제공자들의 지속된 요구이지만, 사회정서학습과 학업성취의 측정이 관련이 있고 학업을 향상시키기 위해 작용하는 것들에

---

1) 역자 주: 미국 정부의 저소득층 의료보험

관하여 학교에 정보를 제공한다는 것이 분명해졌다. 측정은 「아동낙오방지법」과 연방 내 특수교육 절차들 안에서의 '중재에 대한 반응' 언어를 통해 규정되어 왔다. 그들의 발달 과정을 측정하고 즉시 수정하기 위한 데이터들을 모으고 모니터하기 위해, 지역에서의 양질의 리뷰와 성적 책임 위임자들에 의해 가장 잘 보이기 때문에 주나 연방, 학교 향상과 문제해결 팀들은 변화(예: 학생 참석률) 목표로 학교 분위기나 정신건강의 측정 가능한 지표들을 규정하기 시작했다. 정신건강 전문가들, 특히 학교 심리학자들은 '가장 좋은 사례'를 위한 실무자 응원단장으로서 그리고 실제 속에서 데이터를 모으고 학습, 행동, 정신건강 연구를 설명하기 위한 촉진자로서 보조해 왔다.

과거 그 어떤 때보다 더, '가장 좋은 사례'의 다양한 예로 중재는 대부분의 공공학교에서 기능적으로 사용되고 확인되어 왔다. 우리는 또한 입증되지 않고 가망 없는 일이라는 것을 알고 있다. 예를 들어 약물남용 방지교육(Drug Abuse Resistance Education: DARE) 같은 수입된 교육이 학생의 약물 남용을 줄이는 데 측정될 만한 효과를 전혀 보이지 못한 것과 달리(Ennett, Tobler, Ringwalt, & Flewlling, 1994), 학교 단위로 진행된 교사가 배우는 형식의 교육은 행동과 출석을 향상시켰다(What Works Clearinghouse, http://ies.ed.gov/ncee/wwc/ 참조). 비효율적인 중재는 매우 쓸모없고, 학교의 정신건강 훈련에 대한 냉소만 증가시켜 실제로 해로울 뿐이며, 귀중한 국가 재정의 인적·물적 자원의 낭비만 가져올 뿐이다. 더욱이 올바르지 않게 적용된 중재는 동등하게 해를 끼친다는 것도 밝혀졌다. 크고 작은 학군에서 입증되지 않은 수행들(자원봉사자들이 즉흥적으로 준비한 읽기 자료를 제공하는 것)을 사용하는 것이 관찰되거나, 입증된 수행들을 비효율적으로 익혀 왔다(모니터링되지 않은 긍정적 행동 지원). 이러한 학군들은 종종 기대했던 행동과 학업 결과가 나오지 않아 실망하고 당황하게 되고, 결과적으로 교사들과 실무자들은 혁신적인 아이디어를 내는 데 소극적이고 희망을 잃어버린다. 그러나 주의 깊게 계획되고, 자원이 제공되며, 모니터링된 프로그램과 중재들은 분명히 성공적이다. 프로그램의 출력(당신이 하고 있는 것)과 귀추(결과) 그리고 중재 두 가지를 모두 모니터링하는 것은 '증거'만 제공하는 것뿐만 아니라 프로그램에 대한 당신의 신뢰도 또한 알려 준다(Walcott & Riley-Tillman, 2007).

교육과 정신건강 중재를 향한 지도자의 연구를 기반으로 한 헌신이 아주 중요한 요소인 것으로 밝혀졌다. 몇 번이고 계속해서 교육자, 실무자 그리고 연구자들의 연대기에서 인용되어 왔듯이, 프로그램의 실행과 평가에 대한 학교장의 뚜렷하고 상황을 앞서는 헌신이 그것의 성공에 결정적이다. 수년간 읽기 능력이 인종적으로 뚜렷하게 다르게 나타났던 한 학교에서 종합적인 연구기반 읽기 사업이 지도부의 감독하에 실시되었다. 각 초등학교의 모든 초등학년 교사들에게 전문적 읽기 전문가/코치들이 제공되었고 현장 훈련도 제공되었다. 학교장들은 문해력을 길러 주는 교육 지도자로서 평가되었다. 모든 아동의 학습 진척도를 자주 모니터링하고 뒤처진 아이들에게 개인적인 처방을 내리기 위하여 기술들이 도입되었다(DIBELS). 아동들은 교실과 학교 단위로, 인종별·성별로 그룹을 나누어 학습 진척도를 모두 모니터링하고, 교실 단위 혹은 학교 단위로 진척도가 처지게 되면 처방이 제공되었다. 히스패닉과 아프리카계 미국인으로 밝혀진 아동들을 포함하여 모든 학생에게서 3학년 수준의 읽기 능력이 나타났다는 점에서 이 프로그램의 성공은 매우 극적이라 할 수 있었다.

학교 정신건강의 예방 및 중재 결과 측정

3단계 예방-중재 설계가 학교에서 성공하는 것을 증명하려면 상당한 양의 계획과 관리가 요구된다. 너무나 자주 '프로그램'들이 기본 데이터의 측정에 대한 노력이나 입력 값의 실제 측정 없이 시작된다. 비록 어려운 과정이지만, 심지어 중재 전 측정(pre-intervention measures)에 대한 데이터를 수집하기 전에 중재를 시작하였을 때에도 성공을 가져온 많은 사례에 대한 몇 가지 조언이 있다. 예를 들어, 지난 3~5년간 많은 사람이 일반적 학교 단위의 공공 데이터를 사용해 왔는데 이것은 직원, 프로그램 그리고 인구의 현저한 변화를 설명해 준다. 각각의 교실과 학생들을 살펴봤을 때, 몇몇 데이터는 중재가 제공되었으며 시간에 따라 특정한 경향을 보인다. 학생은 1년에 두 번씩 개별화된 자기보고, 교사와 부모 보고, 훈육 그리고 보고 카드 데이터를 통하여 수년간 모니터링되었다. 미국연구기관(American Institutes for Research)은 뉴욕 시의 통합적 방법의 안전한 학교(United Way's Safe Schools), 사우스브롱크스의 6개 중학교에서 시행되는 성공적 학생 사업(Successful Students Initiative)의 일부로 이와 같은 모델을 사용하고 있다(Osher, Dwyer, & Jackson, 2004). 이 프로그램은 학교 분위기, 학생과 학교에서 보고된 심리사회적 기능, 가족의 관여 그리고 직원의 만족도를 평가하기 위하여 관찰과 인터뷰를 통하여 프로그램 실행과 결과를 다각도의 정량적 측정과 정성적 측정으로 분석한다. 학교 수준의 기능에 대한 기준선을 잡기 위하여, 이 평가는 학교 수준의 분위기와 문화에 대해 매년 지역구를 통하여 보고할 의무에 따라 보고된 기록지에 대한 비교 분석을 실시했다.

많은 3단계 사업의 실행에서 어려운 점으로 나타나는 것은 입력에 대한 측정의 부족과 그것이 학교 단위여야 한다는 것 그리고 목표가 정해져 있거나 집중적이라는 것이다. 예를 들어, 많은 학교가 두 번째 단계를(Frey, Hirschstein, & Guzzo, 2000) '사용 중'이라고 밝히거나 긍정적 행동 중재와 지원(Positive Behavioral Interventions and Supports: PBIS)을 사용 중이라고 밝혔지만, 그 질은 모니터링되지 않았거나 '단지 지면상의' 프로그램에서 현저한 신뢰도를 가진 프로그램까지 다양한 변화로 나타났다. 이 장의 첫 번째 저자는 한 교사를 알고 있었는데, 그 교사는 두 번째 단계에서 교사 회의를 가졌는데 그들 모두 교실에서 최소한의 노출만 하며 아무도 무엇을 하는지 확인하고 있지 않았다고 했다. 그는 학생들에게 긍정적 행동의 기대를 상기시키는 공개된 형태의 지표 없이 PBIS를 사용한다고 보고한 학교를 단계별로 차근차근 보여 주었다. 그렇다면 효과 크기가 측정되고 중재의 질이 알려지지 않았을 때 우리는 그날 끝에 무엇을 알 수 있는가? 입력은 우리가 신뢰도를 측정할 때 읽기를 위한 교육적 방법에 맞춰 측정하는 것만큼 질/신뢰도의 규모에서 측정되고 순위가 매겨져야 한다. 이러한 어려움에 대한 처방은 잘 훈련된, 경쟁력 있는 현장 중심의 전문가를 파견하여 훈련의 필요성을 입증하고, 훈련하고, 실행의 신뢰도를 평가하고, 측정한 효과를 보증하는 것이다. 학교장 또한 슈퍼비전 스테프로 이러한 교육적 지도 책임에 반드시 관여해야 한다. 현장 중심의 코치와 교장의 모니터링 모두 기록 가능한 입력이 된다. 리커트(Likert) 척도가 팀 기능과 과정을 평가하기 위하여 사용될 수 있다.

학교 단위의 사업과 더불어, 집중적 중재 또한 그 과정이 치료 목적에 도달하고 있는지를 모니터링하고 필요한 곳에서 중간 수정을 진행하기 위해 반드시 평가해야 한다. 그렇다면 다시 실제 입력이란 무엇인가? 학생 문제의 복잡성을 극복하기 위해 중재가 충분히 '깊이 있는가?' 개별 학생의 자기보고 측정은 증상 규모를 넘어 다른 위험 요소들과 사회적 기술의 발달, 학교에의 소속감 그리고 학문적 자기효능감을 포함한 예방적 요인 또한 살펴보아야 한다.

효과적인 학교기반 정신건강의 실천적 구성 요소들

학교 심리학자들이 관여하는 학교 정신건강 프로그램에 대한 어느 대규모 논문은 제공되고 있는 서비스의 종류를 분석하고 분류했다(Nastasi, Pluymert, Varjas, & Moore, 2002). 이 보고서에 인용된 프로그램은 스스로 추천한 것이지만, 패널에 의해 여러 기준으로 검토되었다. 프로그램은 4수준의 예방-중재 서비스 모델 사용에 대해 검토하였는데, 이는 예방, 위험의 감소, 조기 중재 그리고 치료 서비스를 포함한다. 검토의 결과는 대부분의 서비스가 하나 이상의 서비스 수준을 전달하지만, 이 네 가지 수준(예방, 위험의 감소, 조기 중재 그리고 치료 서비스)의 서비스를 모두 전달하는 것은 거의 없다는 것을 암시한다.

이 보고서는 프로그램들 간의 많은 공통 요인을 밝혀냈다. 거의 모든 프로그램이 중재의 개발과 실행에서 팀 방식의 문제해결 접근법을 사용했다. 게다가 학교 직원을 넘어 이해 당사자들을 포함시킨 것은 이러한 팀의 설계와 실행에서 결정적으로 주목된다. 거의 모든 프로그램이 1명 이상의 학교 정신건강 전문가를 채용했고 대부분이 지역사회의 정신건강 센터와 다른 아이들 대상의 기관 같은 중개기관의 직원 채용 모델을 포함시켰다. 대부분의 프로그램은 소리 이론(sound theory)에 기반을 두고 가장 좋은 사례를 문서화했다. 반드시 필요한 결과에 대한 측정이 제시되었고, 거의 모든 결과에서 정성적 관찰을 포함하여 다각적 측정을 사용하였다. 프로그램 실행에 대한 신뢰도는 장기적 결과의 공식적 측정에서 행해진 보고들보다는 덜 정규적으로 보고되었다.

앞서 언급한 과정과 전략은 모든 학교 단위의 정신건강 사업의 기본적인 부분이지만, 그 문제에 대해서 하룻밤 혹은 몇 주 또는 몇 달 만에 마치 마법처럼 해결책을 풀어내지 않는다. 학교 단위의 의지를 수립하는 것, 사업에 대한 조직적인 지도부의 지지를 조성하는 것, 상호 이익이 되는 파트너십을 구축하고 정신건강 문제와 중재에 대한 태도를 변화시키는 것이 현재 진행 중인 발전 과정의 일부이다. 이러한 발전 과정이 적절히 실행되기 위해서는 학교 개혁과 중재 계획의 일선에서 다각적인 전략이 요구된다고 설명된다. 좀 더 구체적으로 효율적이고 종합적으로 학교기반의 예방을 살펴보면 이러한 학교들은 특정한 '활성적 요소' 혹은 성공 전략이 있다. 이 성공 전략들은 증거를 기반으로 하며, 성공적이고 지속 가능한 학교기반의 예방과 중재를 근본으로 삼았던 학교들에서 일관되게 나타난다.

성공적인 계획은 현장 중심의 '코치/촉진자/실행자'에 의해 촉진된다

이용할 수 있는 연구가 부족한 상황이지만, 학교/기관을 기반으로 한 코치나 촉진자들이 사업이 신뢰도 있게 실행되고 데이터 요건들이 충족되는 것을 확실히 하는 데 가장 효율적인 것으로 관찰되었다. 우리는 훈련된 직원들이 모델화된 기술을 사용할 기회를 가질지, 그들의 일과 관련되어 직접적인 피드백을 제공하는 신뢰할 수 있는 코치의 지지를 받을지에 대비하여 직원들을 훈련시키는 것이 가장 효율적인 방법인지는 아직 잘 모른다(Garet et al., 2001). 이 장의 저자들은 여러 보조금에서 사용된 코칭 모델들을 관찰해 왔다. 그리고 그 과정에서 조사된 데이터는 직원들이 코칭을 빈번하게 받을 때 더 자신감 있게 새로운 기술을 사용함을 보여 준다. 몇몇 체계에서는 조직 내 코치를 사용했고 다른 체계에서는 하나의 반복적 지원 모델을 사용하였다(코치당 두세 학교에 적용). 초기에는 그 대가를 치렀지만, 조직 내 모델이 신뢰도를 보증하는 데에는 가장 효율적인 방법인 것으로 보인다. 직원이나 행정 실무자들이 존재하여 그에게 모니터링과 지원을 받은 다른 모델 또한 효율적인 것으로 나타났다.

코치들은 그들이 훈련하고 지원하는 중재에서 반드시 고도로 훈련되어 있어야 한다. 그들은 또한 반드시 효율적인 대인관계 기술도 보유하고 있어야 하며 성인의 학습 방식에도 능숙해야 한다. 교사들과 직원들은 이러한 코치를 신뢰해야 하며 제시간에 코치를 지원할 수 있는 접근성을 가지고 있어야 한다. 성인은 나이 든 학생과 같이 매우 자주 도움이 필요할 때 도움을 요청하는 것을 꺼린다. 특히 그들이 생각하기에 '알아야 할 것으로 기대되는' 기술에 대해서는 더욱 그러하다. 따라서 코치들이 정기적으로 직원들을 모니터링하고 지원하는 것은 매우 중요하다. 많은 코치가 일반적인 능숙함에 집중한 후 '유지하기 훨씬 어려운 기술들'에 집중하기 위하여 그리고 동료들로부터의 제안과 지원을 추구하며 학년 수준의 모니터링을 사용해 왔다.

코치들은 또한 문화적 교섭이나 지도자와 지역 단체 파트너들 사이의 중개인 그리고 예방 사업을 위한 주인 학교의 잠재적 역할을 한다. 학생과 가족 공동체에 대한 지식, 학교의 복잡한 문화와 경쟁적 요구 그리고 중재 모델에 대한 숙달 또한 공동 작업을 촉진하고, 계층 간의 다양한 은어, 가치와 규범을 전달하고, 다양한 이해 당사자가 한곳에 모였을 때 발생할 수 있는 조직 간의 역학관계의 차이를 관리하는 데 매우 귀중한 것이다.

성공적인 계획은 그들이 원하는 중재를 실행할 수 있다고 믿는 이해 당사자에 의해 지지된다

체계가 변화할 것을 요구받고, 구성원들은 새로운 기술을 배우고, 그들의 과제에 대한 접근 방식을 재조명할 것을 요구받을 때, 80%의 실행자가 프로그램에 필요한 기술, 책임 그리고 비전을 '사들여야' 할 필요가 있다는 일반적인 규칙이 있다. 만일 학급 교사, 상담사 그리고 임상 사회복지사가 필요한 변화가 그들을 더욱 성공적으로 만들 것이라고(그리고 스트레스를 줄여 줄 것이라고) 믿지 않는다면, 코치가 있고 교장 또는 기관의 지지를 얻는 것만으로는 충분하지 않다. 흔히 '참여'의 첫 단계는 새로운 기술을 배우는 것이 에너지와 귀중한 교육의 시간을 소모하는 학급에서의 방해를 포함하는 좌절을 줄여 준다는 것을 입증하는 것이다. 예를 들어, 프로젝트 ACHIEVE(Knoff & Batsche, 1995)의 연구 직원들은 학급을 관찰하며 수업 방해로 소모되는 시간의 양을 기록했다. 직원이 학생들에게 사회적 기술과 반성적 사고를 훈련함으로써 관여된 교육 시간이 증가할 수 있다는 것을 보았을 때 그들의 '참여'가 지속되었다. 게다가 체계적인 의사결정 입력과 직원에게 요구 평가의 기회를 제공하는 것이 자동적으로 참여와 사업에 대한 지원을 촉진할 수 있다. 예를 들어, 사전 계획 과정의 일부로서 중재 계획 전에 최소한 직원의 80%로부터 서면 지원을 받는 것이 PBIS 모델을 진행할 수 있는 전제 조건이었다. 학업 성공을 지원하는 것으로 밝혀진 '학습 행동'(McDermott, 1999)에 초점을 맞춤으로써 교사의 참여가 향상될 수 있었다. Schaefer(2004)와 다른 연구자들은 교사가 학생들의 초석이 되는(그 후에 그들이 가르치고 강화할 수 있는) 행동을 밝혀내는 데 아주 훌륭하다는 것을 입증했다. 마찬가지로, 교사들은 능력을 배우는 행동이 학급에서 상대적으로 흔하고 따라서 학급 그리고 학교 단위 중재를 전도한다는 사실을 인식한다. '사회적 기술'보다 학업 행동에 초점을 맞추고 훈육하는 것이 예방 프로그램에 대한 교사와 행정가들의 지지를 얻는 데 도움이 될 것이다.

성공적인 계획은 필수적인 이해 당사자와 확인된 결과의 측정을 포함한다

직원의 지원을 늘리는 한 가지 방법은 학생들과 직접 상호작용하는 일선 근무자들에게 의미가 있는 합의된 측정 가능한 결과를 수립하는 것이다. 학교 수준에서 소개/의뢰하는 것의 감소를 측정하는 것이 의뢰된 학생이 했던 방해를 일시적으로 완화시킨 교사들에게는 거의 의미가 없을 수 있다. 일시적인 스트레스 감소는 강력한 강화인이다. 누적되는 학생 수 감소를 보면서, 학급과 교사는 시간이 갈수록 팀이 그런 교사들에게 좀 더 의미 있는 결과를 규정하는 것을 지원할 것이다.

기본으로서 기존의 학교 측정(보고 카드, 출석률, 형성평가와 총괄평가)을 사용하면서 결과의 측정을 밝히는 직원을 보유하는 것은 자료 수집의 준수를 증가시키는 것으로 입증되었다. 다루기 힘든 새로운 측정은 지원받거나 사용되기 쉽지 않다. 교육 시간과 개별 학생들의 정시 과제와 같은 측정은 관찰과 추가적인 학교 자원을 모두 요구할 것이다. 개별화된 행동과 학습 측정은 시간 집약적이고 따라서 덜 일관적으로 적용된다. 직접적인 전문 보조원 또는 인센티브를 통해 이러한 저항을 극복하는 것은 중재에 대한 학생의 반응을 결정하는 중요한 자료를 확보하는 데 아주 중요할 수 있다.

학교 분위기와 직원(학생과 부모) 만족도 조사 문항은 대개 측정을 허용한다. 파트너, 학교 정신건강 및 임상 제공자들은 가장 흔하게 그들의 서비스와 측정 가능한 결과 사이를 연계하도록 기대된다. IEP에서는 그런 서비스를 포함하는 학생을 위해 학교의 진전을 요구한다.

성공적인 계획은 분명하게 밝혀지고 요구된, 되풀이될 수 있는 중재와 결과를 생산한다

학교에서 수집된 조치 중 더 심각한 문제 중 하나는 긍정적인 결과를 생산해 내기 위해 유지되는 실제 직원과 리더십 행동이다. 산출(output)은 우리가 성취하고자 하는 결과를 얻기 위해 우리가 행하는 것들이다. 적시에 효과적인 아이디어를 제공하는 교사지원팀(Teacher Support Teams: TST)을 운영하고, 이와 대조적으로 직접성, 후속 조치, 필요시 평가에 대응하고 필요시 지원을 수정하는 팀을 운영하는 것이 다른 산출의 예이다. 비록 표면적으로 이 둘 다 정기적으로 적절한 TST 미팅을 위해 상근하고 있어 동일한 것처럼 보이지만 말이다. 흔히 중재의 강도와 실제 묘사는 중요하다. 이것은 행동적 교육과 관리에서보다는 학업적 구조에서 더 흔하다. 예를 들어, 매뉴얼화된 인지행동치료는 산출과 결과의 연결에 대한 증거를 문서화하는 것에 효과적이다. IEP는 중재를 학업적 그리고 행동적 목표와 연관 짓기 위해 설계되었다. 그러나 이 프로그램은 지속적인 진전을 위해 요구되는 산출이 무엇인지를 정확히 아는 새로운 교사나 다른 직원에게 도움을 받는 것보다는 유익하지 않다.

뿐만 아니라 예방 프로그램이 지속시켜야 하는 요인으로서 산출을 우리에게 정보를 주는 용도로 사용하는 것은 아주 중요하다. 학과 단위 사회적 기술 프로그램을 배우고 유지하기 위해 요구되는 것을 측정하는 것은 학교 체계 내의 범위에서 그것이 복제되는 데 매우 중요하다. 학업·사회·정서적 학습 공동체(CASEL)는 그러한 학과 단위 프로그램의 실행을 위한 기준을 명확히 한 기관이라고 할 수 있다(Elias, Zins, Graczyk, & Weisberg, 2003).

성공적인 계획은 구조화된 팀 기반 문제해결 과정을 활용한다

구조적인 팀 문제해결은 학교와 기관이 합의한 목표와 비전을 적절하게 표현하게 하는, 의미 있는 중재 계획과 자원 배분을 보장하는 효과적인 도구로 알려져 왔다(Osherm, Dwyer, & Jackson, 2004; Dwyer & Osher, 2000). 사실, 3단계 예방-중재 설계는 팀 문제해결을 요구하고 어떤 프로그램의 실행에서도 가장 중요한 요소가 될 수 있다. 그러나 문제해결팀을 수립하는 데에는 수많은 필수 요인과 주의사항이 있다. 이 분야의 교훈은 우리에게 이러한 과정을 수립하고 실행하는 데 수많은 명백히 옳고 그른 방법이 있다고 말해 주는데, 이 과정은 이 사업, 궁극적으로는 이 프로그램의 성공을 위한 직원들의 참여와 지원에 분명한 영향을 미친다.

팀 문제해결이 교사들에게는 시간 낭비이고 비효율적인 방법으로 여겨져 왔다는 것에 주목하는 것은 중요하다. 왜냐하면 추천을 효과적이게 하는 데 필수적인 직원의 지원이 가능하지 않고, 또한 제안은 흔히 훈련으로는 보완되지 않기 때문이다. 직원이 팀 문제해결을 훈련하지 않았을 때, 이 과정은 질문의 깊이, 효율성 생산, 충실도를 위해 모니터링되고, 결과를 위해 측정되는 목표 중재가 부족한 상태로 기계적이고 의미 없어진다. 훈련이 없이, 팀이 만든 '조기 중재' 전략은 대개 항상 피상적이고 거의 효과가 없다. 팀은 도태되고 '반응적'이게 되며, 위기가 주도한 쓰레기 처리장이 되기 시작한다. 이것은 학생들을 특수 또는 대안 프로그램으로 이끌 뿐이다. 문제해결 훈련에 많은 주의를 기울이고 훈련을 평가하는 학교에서는 그 결과가 상당할 수 있다.

교사들, 학생 지원 직원 그리고 행정가들은 흔히 무수히 많은 학교팀에 참여할 것을 요구받는다. 문제해결팀을 만들기로 결정하는 것이나 또는 효과적인 문제해결 과정을 통합하는 것 그리고 기존의 팀 구조에서 훈련하는 것은 더 포괄적인 자원 매핑 과정(resource mapping process)에 의해 이상적으로 제공되어야 한다(Adelman & Taylor, 2006). 이 과정은 쓸모없거나 중복되는 효과를 밝히고 줄이는 것 그리고 시간과 인력을 재분배하거나 더 효율적으로 분배하는 것에 도움이 된다. 여타의 학교기반 집단 및 팀과의 협력 역시 과제 완수를 촉진시키고, 분열을 감소시키고, 공유된 책임에 대한 인식을 일깨우고, 학교 단위 전략의 실행을 위해 지원하는 것에 도움이 될 수 있다. 학교 리더십은 그러한 팀의 비전과 미션을 형성하고 필요에 따라 지속적으로 지도와 지원을 제공하도록 하는 데 대단히 중요하다.

성공적인 계획은 학교, 지역사회 기관, 민간의 서비스, 학생과 가족에 의해 조정된다

기관과 학교는 중재가 설계한 대로 수행되는지 그리고 모든 제공자가 지원하고 있는지를 확실히 하기 위해 가족 친화적 중재를 조직할 때 더욱 성공적이다. 자원과 공동훈련 직원(co-train staff)을 섞고, 서비스를 조정하고, 적극적으로 가족을 중재하는 학교와 기관은 단지 같은 건물에 머물며 아주 유사하거나 중복적인 봉사를 실행하는 서비스보다 더 효과적인 것으로 보인다. 모범적인 정신건강 프로그램은 학교와 체계가 서비스 전달의 효율과 유효성을 최대화하기 위해 정신건강, 건강, 사회복지 그리고 교육 프로그램을 통합하거나 조정하도록 지원하는 가운데 만들어진다. 그들은 또한 아동의 정신건강과 안전을 보호하는 정부 부처 간 그리고 지역사회 프로그램을 지원한다.

성공적인 계획은 서비스를 제공받는 학생 또는 가족의 문화적 · 언어적 가치, 개념 그리고 선호에 반응한다

우리는 잘 지원된 정신건강 예방과 중재 프로그램과 전략들이 단순히 그들이 실행하는 바를 지역사회에 제대로 전달하지 못했기 때문에 실패했다는 이야기를 매우 자주 듣는다. 예방과 중재 프로그램과 전략을 위한 선택 기준은, 그것을 제공받는 인구의 문화적 · 언어적 사용에 대한 성공적인 실적을 포함해야만 한다. 근거 기반의 중재가 실행되었고, 집중하고 있는 문화적 · 사회경제적 인구 내에서 의미 있는 비율의 학생과 가족이 사용하여 실험 과정이 표준화되었는가? 가족의 가치, 전통, 개념 그리고 요구 사항을 통합하는 실험 과정을 채택하는 기제가 있는가? 그리고 그만큼 중요하게, 가족 구성원이 지속적인 피드백을 제공하고 전체적인 실행 과정에서의 입력을 확실히 하기 위한 피드백 고리가 제대로 갖추어져 있는가?

문화적 · 언어적으로 반응적인 정신건강 서비스를 개발하는 것은 프로그램 개발과 실행의 모든 측면에 스며들어야 하는 발달 과정이다(Gross, Bazron, Dennis, & Isaacks, 1989). 연방정부 기금으로 운영되는 지역사회 보호 체계(Eber, 1998; Stroul, 1996)와 같은 성공적인 프로그램 모델은 청소년을 안내하고, 가족이 주도하는 그리고 문화적 · 언어적으로 역량 있는 서비스의 설계와 제공에의 접근을 포함하는 일련의 안내 규칙을 기반으로 하고 있다. 학교기반 지역사회 보호 체계는 전국적으로 빈도가 점차 증가하고 있고, 대표자들을 채용하고 잡아 두는 혁신적인 전략을 개발해 왔으며, 지역사회에 기반을 둔 직원들이 그들이 서비스를 제공하는 학생과 가족이 선호하는 문화적인 틀 안에서 그들이 선호하는 언어를 제공하도록 하고 있다. 그러한 서비스는 문화적 · 언어적으로 적절한 실제를 지원하고 지속 가능하게 하는 조직적 사회기반 발전을 촉진하고, 의미 있고 정중한 방식으로 청년, 가족 그리고 지역사회 구성원과 의미 있고 정중한 협력을 하는 것을 우선해야 한다. 예를 들어, 하나의 학교기반 지역사회 보호 체계는 지역 내의 라티노 지역사회로의 현장 방문과 참여에 상당한 진전을 만들어 왔는데, 그것은 특히 라티노 가족과 서비스 제공자들에 의해 이루어진 것이다. 청소년과 가족들은 그들의 직원들 사이에서 대표되는 주요한 의사 결정체이다. 이러한 보호 체계는 지속적으로 대화하고 가족들에게 권한을 이양하고 리더십을 불어넣어 주면서 스스로가 서비스 전달의 개발과 실행에 참여하는 것을 일차 목표로 하는 가족 집단에게 집중한다.

성공적인 계획은 훈련과 코칭의 효과를 측정한다

대부분의 훈련은 실제 사용이나 유용성을 지속적으로 조사하기보다는 참가자가 바라는 결과를 사용하여 제시된 직후에 평가된다. 훈련 연구는 대부분의 교훈적인 훈련이 참가자의 행동 변화에 최소한의 효과만을 보인 반면, 필요에 따른 훈련, 즉 교육 후 모델링, 코칭, 관찰과 평가가 이어진 훈련이 더 효과적이라는 점을 제안한다. 교훈적인 워크숍은 교육 또는 학급 행동을 개선하기 위해 그리고 더 많은 것을 알아내는 것에 대한 흥미를 증가시키기 위해 무엇이 시도되거나 수정되는가에 대한 참가자의 인식을 향상시키는 데 효과적이지만, 새롭고 효과적인 기술을 개발하고 보여 주며 사용하는 것을 의미하는 전문적인 개발은 아니다.

양질의 전문적인 개발은 적절한 훈련 시간, 적극적인 참여, 새로운 지식의 성취 그리고 연구 집단의 지원, 같은 학교 동료들의 지원 그리고 멘토링이 기술 개발과 실행을 증가시킨다는 점을 보여 주며 평가되어 온 과학이다(Garet, Porter, Desimone, Birman, & Suk Yoon, 2001).

성공적인 계획은 학업적, 사회·정서적 영역과 안전 그리고 다른 중요한 영역에서 가장 좋은 수행을 조정한다

어떤 학교에서는 의미를 향상시키고 강화하기 위해 수학과 과학 어휘를 기본적인 읽기 프로그램에 사용한다. 어떤 고등학교는 문학과 역사, 수학과 화학을 연결한다. 거의 모든 학교가 읽기와 수학의 기초 그리고 문어를 가르치기 위해 기준이 되는 순차적인 교육과정을 사용한다. 사회적 기술의 언어 역시 읽기와 쓰기 언어의 일부분이 될 수 있다. 어떤 중학교는 집단 괴롭힘을 주제로 하여 이 이슈를 연극으로 각색하면서 창의적인 글쓰기 기술을 개발했다. 학생들이 존중과 사회적 책임을 떠올리도록 하기 위해 학생 식당의 직원들이 사용하는 어휘는 교실과 복도에서 사용되는 어휘와 동일하다. 충동 절제 전략으로 학생을 돕고 있는 치료사는 사회적 기술 교육과정의 구조를 사용하면 더 효과적으로 치료를 도울 수 있다. '멈추고 생각하기(Stop-and-Think)' 프로그램을 사용하는 학교의 보안 요원과 홀 감시원은 그들이 이 모델에 따라 행동에 대한 접근을 강화하는지를 확인하기 위해 훈련을 받아야 한다. 잘못 행동한 학생들에게 (더 크고 더 길게 그리고 더 자주) 소리를 지르는 직원은 긍정적인 행동 지원 효과를 최대화하기 위해 행동 언어를 배우고 대체하면서 도움을 받아야 한다.

학교 단위 사회적 언어 기술 증진의 관리자로서, 교육적 지도자(즉, 교장)는 이런 종류의 적용된 학습 기회를 지지하는 수준에서의 학업, 사회적 기술, 안전 그리고 정신건강의 중재의 조정을 계획해야 한다. 여러 영역을 포괄하는 조정뿐만 아니라 서비스 강도 사이의 조정은 학급 치료 그리고 치료적 교육을 가능하게 할 수 있다. 가족 서비스 제공자들은 그들도 도구가 주어진다면 이러한 과정에 참여할 수 있고, 학습의 파트너로서의 기능을 지원할 수 있다고 보고한다.

성공적인 계획은 결과를 보여 주기 위해 계획되고 시간과 자원이 주어진다

변화에는 시간이 걸린다. 측정 가능한 결과를 초래하는 변화는 기관이 기대한 것보다 더 많은 시간이 걸린다. 비록 이러한 구조가 정책 입안자, 지도자 그리고 이해 당사자들에 의해 잘 알려져 있지만, 그 계획을 위해 구체적으로 주목받고 고려되는 일은 거의 없다. '무례하고 무책임한 아이들'에게 인내는 거의 없다. 학교는 배울 준비가 되어 있는 학생들을 원하거나 또는 가르치는 것을 어렵게 만드는 문제들을 재빨리 개선할 수 있는 행위자로 바꾸고자 한다. 대부분의 교사는 적절한 학급 행동을 배우기 위해 애쓰는 학생보다 소리 내면서 새로운 단어를 독해하려고 애쓰는 학생에게 더 참을성이 있다. 학생이 상스러운 말을 하거나 권위자의 명령에 저항하고 거부할 때 인내심은 거의 항상 사라진다. 학급 통제가 깨지고, 교육은 방해를 받고, 초조, 분노, 심지어 무기력, 위협과 같은 원치 않았던 감정이 표현되고, 너무 자주 학생의 부정적인 행동이 증가한다.

적절한 행동이 관찰되었을 때 긍정적인 언급을 요구하는 잘 구성되고 고도로 개별화된 중재 계획은 (폭발을 예상하고, 교수·학습의 대체 행동을 자극하는 것을 돕기 위해 경고 신호를 수정하거나 인지하고, 뿐만 아니라 심각한 위반에 대해서 확고한 일관된 결과를 유지하면서) 부적절한 행동을 즉시 끝내게 하지는 못하지만 그 빈도는 줄일 수 있다. 새로운 기술을 가르치는 데에는 시간이 걸리고, 이전에 배웠거나 강화된 부적절한 행동을 없애는 데에는 종종 더 오랜 시간이 걸린다. 마찬가지로, 학교 단위 예방과 정신건강 증진 사업 및 계획은 실행하고 또 측정 가능한 결과를 얻을 때까지 시간이 걸릴 것이다. 사실 대부분의 학교 단위 중재는 중요한 측정 가능한 결과를 입증하기까지 3년 이상이 소요된다.

성공적인 계획은 비용 대비 효율적이고, 다양한 자금 출처를 활용한다

앞서 강조한 대로, 공립학교와 정신건강 기관은 공통적으로 다른 정부 체계하에 관리되고 자금을 얻는다. 심지어 연방정부 수준에서 자금의 흐름은 다양한 법에 의해 규제된 다른 기관을 통해 흘러온다. 안전한 학교 건강한 학생(Safe Schools Healthy Students) 보조금과 같은 몇 가지 법안은 자원 배분 조정을 더 확실히 할 수 있게 하는 중간 정부기관의 통제가 필요하다. 안전한 학교 건강한 학생 보조금은 학교 체계를 수혜자로 만들지만 중간 정부기관의 협력을 요구하고 교육부, 법무부, 미국 보건복지부에 의해 연방정부 차원에서 관리된다.

지역사회 수준에서의 자금 모금은 문제의 예방을 지원할 뿐만 아니라 복잡한 학습 장벽을 다루기 위해 자금의 혼합과 엮음(blending and braiding)을 가능하게 할 때 가장 잘 관리된다. 자금의 혼합은 학교 체계와 기관들이 특정한 합의된 중재 또는 서비스를 위해 자금을 모을 것을 요구한다. 엮인 기금과 달리, 각 기관의 자금에 대한 추적은 없다. 엮음은 기금 모금이 특정한 서비스 요소에 뒤따르는 것을 가능하게 하고 흔히 단순한 혼합보다 선호된다.

학교와 기관에서 온 대표자를 포함하고, 지역, 주 그리고 연방 기금뿐만 아니라 비정부 조직의 자선 기금을 사용하는 지역 관리위원회(아동과 가족 협동 시의회와 같은)가 점점 더 흔해지고 있다. 연방정부 수준에서의 다음 단계는 입증 보조금들, 예를 들어, SAMHSA로부터 아이들의 심각한 정신질환에 대해 전달되는 보조금과 미국 교육부의 「아동낙오방지법」과 의료보장제도[2]를 통해 사회경제적 교육을 지원하는 보조금 등을 통합하기 위한 인센티브(또는 의무)를 제공하는 법안의 제정이 될 것이다.

성공적인 계획들은 몇몇 '위기' 요소들을 재빨리 제거하는 것을 보여 준다

학교를 위한 포괄적인 정신건강 증진, 예방, 조기 및 집중 중재의 접근을 설계하기 위한 최신 모델은 전체 모델의 훈련 및 실행과 동시에 계획되어 왔다. 이 구조는 서비스가 다른 수준의 강도에서 상호 지원하고, 모든 직원을 합의된 목적에 연결하도록 참여시키고, 중재가 연계되어 있다는 것을 확실히 하고, 또한 10대를 위해 쉬운 통합과 전환을 향상시키는 것을 가능하게 한다.

안전한 학교 건강한 학생 연방 보조금의 많은 수혜자는 다년간의 실행 노력을 달성하기 위해 연방 기금에 의존하며 이 설계를 따른다. 몇몇 위기 요소를 완화시키기 위한 다른 접근법도 있다. 예를 들어, 상당한 자원을 사용하고 분열을 전염시키는 행동 문제가 있는 몇몇 10대를 확인한 학교는 아주 심각한 문제를 안고 있는 10대와 그 가족에게 순환(wraparound) 서비스를 제공하여 변화를 위한 첫 단계가 '분노'를 강조하는 것이라는 것을 깨닫게 된다. 이 경우,

2) 역자 주: 단 1명의 아동도 뒤처지지 않게 하기 위한 저소득층 의료보장 제도

그럼에도 학교와 가정을 기반으로 기관에서 주도하는 효과적인 정신건강 프로그램은 학교가 그 에너지를 이 모델의 예방과 조기 중재 요소를 설계하는 데 헌신할 수 있게 하는 **첫 단계**일 것이다. 개의치 않거나 심지어 집중적인 중재의 요소는 장기간 홀로 독립되어 있을 수 없다. 10대가 그들의 복잡한 사회경제적·행동적 요구에 대해 고심할 때, 학교가 그들의 지원을 거울로 삼는다면, 학교 환경은 최선으로 향상될 수 있다. 따라서 성공적인 치료는 위기를 감소시키고 학교가 다른 청소년들이 전철을 밟지 않도록 예방하는 지원적인 전략을 개발하게 한다. 게다가 학습을 촉진하고 문제를 예방하는 요소들은 심각하고 복잡한 문제를 가진 청소년을 포함하여 모든 청소년을 지원할 수 있게 만들 수 있다. 어디서부터 시작해야 할지를 결정하는 것은 학교가 스스로 판단하는 위기 수준에 의해 주도될 수 있다. 집중 서비스를 시작하는 데에는 주의해야 할 위험이 있고, 그것은 특수교육과 같은 서비스가 학교의 모든 정신건강 자원을 소비하는 별개의 독립체가 되도록 한다. 따라서 효과적인 예방과 초기 개입 서비스는 결코 자원이 들거나 실행되지 않는다.

종합해 보면, 시작점이 어디인가와 상관없이 모든 학교가 스스로의 포괄적인 예방, 중재 학교 정신건강 프로그램 사업을 수립하고 전체 프로그램이 실행될 것이라는 확신을 제공하는 것이 중요하다. 처음 위기를 강조하는 것은 학교가 정신적으로 건강한 분위기와 예방과 중재 체계를 구축하는 것을 시작할 수 있게 한다.

성공적인 계획은 통합적 예방영역, 즉 조기 및 집중적 중재와 서비스 영역을 결합시킨다

학교기반 사업의 성공적인 요소에 대한 우리의 인식은, 예방의 완전한 연속체의 실행을 지지하는 증거 그리고 그러한 서비스의 성공적인 특성에 대한 논의 없이는 완전하지 않다. 이 장의 앞에서 제시된 논의에서는 집중 서비스의 제공 그리고 이 패턴과 연관된 부정적인 영향에 의존하는 미국 학교의 일반적인 성향을 전달했다. 가장 효과적인 프로그램은 일반적으로 탁월한 보편적 지도 방법을 제공하는 것으로 보인다. 모든 학생이 교육과정과 교육에 대한 그들의 반응 내에서 주의 깊게 모니터링되었을 때, 뒤처진 아이들이 신속히 발견되고 입증된 치료법이 신속하게 적용될 수 있다. 그러한 중재에 반응하지 않는 아이들에게는 팀이 그 이유를 설명하고 다시 결과를 모니터링하고 학생의 읽기를 향상시키는 효율적인 중재를 수정하거나 유지하면서 적절하고 집중적인 중재를 처방한다. 모든 것이 일반 교육과정과 교육적 측정과 연결되어 있고, 본질적으로 교육은 정렬된다. 사회·정서적 발달을 위해서도 이것은 필수적이다.

행동치료는 반드시 학급의 언어 그리고 교사, 직원 그리고 또래의 강화와 연관되어야 한다. 예를 들어, 한 학교에서는 정부기관에서 지정받은 임상 사회복지사가 초기 단계에서 사용되는 사회적 기술 언어를 배웠고 그것을 '치료의 언어'로 통합했다. 그럼으로써 치료사와 부모가 함께 대체 행동을 형성하고 교사와 직원이 그것을 자연스럽게 지지하고 강화하게 된다.

결론 및 요약

정신적으로 건강하고 문제해결 기술을 따를 것으로 입증되고 이러한 기술이 학교 안에서 촉진되는 아동들은 더 잘 배우고 성취하기 훨씬 쉽다. 그럼에도 불구하고 이러한 중요한 삶의 기술을 발전시키는 학교 정신건강 증진과 예방 프로그램은 홀로 설 수 없고, 집중 중재 서비스는 아동들이 교내에서, 침몰하는 학급 분위기에서 그들의 배움을 최대화할 수 있게 한다. 이 장에서는 참가자들과 입안자들이 예방과 중재 피라미드를 잘 정착시키도록 돕기 위해 연구와 현장에서의 경험을 통한 집단적 지식을 요약했다. 만일 학교가 출석률과 성취도, 졸업률을 향상시키고, 정학과 퇴학뿐만 아니라 불균형적인 특수교육의 현장 실습도 감소시킬 수 있다면, 학교의 사업도 대부분의 이해 당사자에 의한 승리로 나타날 것이다. 정신건강 증진과 예방-중재 패러다임은 학교가 지역사회가 찾는 그들의 긍정적인 교육적 결과를 확실히 하기 위해 실행할 수 있는 가장 효과적이고 효율적인 모델이라고 알려져 있다.

학교에서 '무엇이 효율적인가(what works)'에 대해 어떻게 결론지을 수 있을까? 우리는 이미 알고 있는 것들을 사용하여 상대적으로 분명한 그림을 그릴 수 있다. 첫째, 효과적인 프로그램은 변화를 위한 연구의 지원을 받는 기제에 대한 분명한 이해를 포함하는 소리이론에 의해 지지될 수 있다(Fullen, 1991). 우리는 효과적인 중재는 자원이 주어지고, 지속되고, 저명한 지도자들뿐만 아니라 교사, 학생 그리고 가족들에게 기려진다는 점을 알고 있다. 그들은 학교의 학업적 미션과 이 계획에 대한 원칙적 동의와 지원을 지속시키는 '상호 이익'의 주춧돌을 제공하는 리더십을 연결했다. 그들은 학업에서와 동일한 열의와 자원을 적소에 배치해 왔다. 그러한 실용적인 노력과 관련된 리더십, 정책 그리고 과정은 전 조직에 영향을 미치고 지속되어야 하며, 개인적 계획이나 자유재량에 의한 '보조금(soft money)'과는 관계가 없어야 한다. 성공한 프로그램은 잘 조정되어 있고 직원, 학생, 지역사회에 잘 이해된다. 학업과 마찬가지로 그들은 개인, 학급, 학교 그리고 조직 전체에 미치는 영향으로 평가된다. 확인된 최적의 실제는 충실도와 함께 사용되고, 학생 식당 직원, 보안 요원, 멘토, 또는 다른 지역사회 파트너들과 같은 보조적인 직원을 포함해 모든 직원이 잘 훈련되어 있다. 교육적 지도자로서의 학교 교장의 역할은 정신건강 '교육'을 포함한다. 상담사, 학교 심리학자와 사회복지사와 같은 학생 서비스 인력의 수는 요구되는 인력 수에 상응하며, 증진, 예방 그리고 중재 서비스를 확실히 하기 위해 그러한 인력 지원 또는 개인 지도, 상담, 모니터링 그리고 개별화된 서비스를 제공한다. 그들은 효과적인 계획과 문제해결 기술을 사용하며, 항상 가족과 파트너가 되어 학제 간 그리고 중간 중재기관 팀에서 유효성과 효율을 최대화하기 위해 일한다. 학교는 지속적인 노력을 고수하고 측정된 산출이 결과를 만들어 낼 것이라고 이해하면서 점진적인 성공을 기대한다.

학교가 어떻게 기능해야 하는가에 대한 우리의 이해의 폭과 깊이가 계속 확장되고 있기는 하지만, 교육 체계는 이 비전을 채택하려고 애쓴다. 그럼에도 성공적인 주와 사업은 전형적으로 교육과 학교 지배의 개선을 안건으로 포함하는 '2요소 정책 체제(two-component policy framework)'로부터 배움의 장애물을 강조하고 '가능하게 하는 요소, 학습 지원 요소 그리고 포괄적인 학생 지원 체계'로서 언어를 사용하는 3요소 정책 체제(three-component policy framework)로의 변화로 대표되는 통합을 시작했다(Adelman & Taylor, 2005; 이 책). 이 세 번째 요소는 학교 정신건강 서비스의 사회적 소외와 싸우며, 변화를 위한 헌신을 지원한다. 비록 변화가 불편하기는 하지만, 비효율적인 교육 체계와 중재를 유지하는 것이 더 위험할 수 있다. 학교는 더 이상 풍요로움과 '전인적 아동(whole child)'의 잠재력을 수용하는 교수 · 학습의 패러다임을 무시할 수 없다. 풍요로움은 모든 아동이 가지고 있는 것으로, 그들이 살고 배우며 노는 사회적 세상 안에서만 배양되고 길러질 필요가 있다. 진정한 교육은 풍요로움을 이끌어 내는 것이고, 궁극적으로 아동 · 청소년의 정신적으로 건강한 긍정적인 발달을 촉진하는 것이다. 그리고 이것이 그들의 교육에 걸쳐 그리고 그 이후까지 그들을 지속시키기 위해 제공되어야 할 것이다.

참고문헌

Adelman, H. S., & Taylor, L. (1997). Addressing barriers to learning: Beyond school-linked services and full service schools. *American Journal of Orthopsychiatry, 67,* 408-421.

Adelman, H. S., & Taylor, L. (2000). Promoting mental health in schools in the midst of school reform. *Journal of School Health, 70,* 171-178.

Adelman, H. S., & Taylor, L. (2005). *The school leader's guide to student learning supports: New directions for addressing barriers to learning.* Thousand Oaks, CA: Corwin Press.

Adelman, H. & Taylor, L. (2006). Mapping a school's resources to improve their use in preventing and ameliorating problems in *The school services sourcebook: A guide for social workers, counselors, and mental healthprofessionals.* New York: Oxford University Press.

Adelman, H. S., Taylor, L., Weist, M. D., Adelsheim, S., Freeman, B., Kapp, L., Lahti, M., & Mawn, D. (1999). Mental health in schools: A federal initiative. *Children Services: Social Policy, Research, and Practice, 2,* 99-119.

Baker, J. A., Kamphaus, R. W., Horne, A. M., & Winsor, A. P. (2006). Evidence for population-based perspectives on children's behavioral adjustment and needs for service delivery in schools. *School Psychology Review, 35,* 31-46.

Balfanz, R. & Herzog, L. (2006, May). Keeping middle grades students on track to graduation: Initial analysis and implications. PowerPoint presentation. Philadelphia, PA: Philadelphia Education Fund and Johns Hopkins University with support from the William Penn Foundation.

Botvin, G. J., Eng, A., & Williams, C. L. (1980). Preventing the onset of cigarette smoking through life skills training. *Preventive Medicine, 9,* 135-143.

Botvin, G. J., Griffin, K. W., & Nichols, T. R. (2006). Preventing youth violence and delinquency through a universal school-based prevention approach. *Prevention Science, 7,* 403-408.

Canadian Mental Health Association. (1999). Mental Health Promotion Toolkit. Accessed December 16, 2007 at http://www.cmha.ca/mh_toolkit/intro/intro_1.htm

Carlson, N. & Knesting, K. (2007, March). *Mental health services in schools: Practices and perspectives.* A paper presented at the annual convention of the National Association of School Psychologists, New York, NY.

Cocozza, J., & Skowyra, K. (2000). Youth with mental health disorders: Issues and emerging responses. *Journal of the Office of Juvenile Justice and Violence Prevention, 7,* 3-13.

Collaborative for Academic, Social, and Emotional Learning. (2008). Social and emotional learning and student benefits: Implications for the Safe School/Healthy Students core elements. Washington, DC: National Center for Mental Health Promotion and Youth Violence Prevention, Education Development Center.

Coutinho, M. J., & Osward, D. P. (October, 2004). Disproportionate representation of culturally and linguistically diverse students in special education: Measuring the problem. Retrieved December 2007 from http://www.nccrest.org/Briefs/students_in_SPED_Brief.pdf

Cross, T., Bazron, B., Dennis, K., & Isaacs, M. (1989). *Towards a culturally competent system of care,* Volume 1. Washington, DC: CASSP Technical Assistance Center, Center for Child Health and Mental Health Policy, Georgetown University Child Development Center.

Doll, B., Zucker, S., & Brehm, K. (2004). *Resilient classroom: Creating healthy environments for learning*. New York, NY: Guilford Press.

Durlak, J. A. (1998). Common risk and protective factors in successful prevention programs. *American Journal of Orthopsychiatry, 68,* 512-521.

Dwyer, K. P., & Osher, D. (2000). Safeguarding our children: An action guide. Washington, DC: U.S. Departments of Education & Justice. American Institutes for Research.

Eber, L. (1998). What's happening in the schools? Education's experience with systems of care. A Technical Assistance Brief from the National Resource Network. Washington Business Group on Health. Washington, DC.

Eber, L., Sugai, G., Smith, C. R., & Scott, T. M. (2002). Wraparound and positive behavioral interventions and supports in schools. *Journal of Emotional and Behavioral Disorders, 10*(3), 171-180.

Eggert, L. L., Thompson, E. A., Herting, J. R., Nicholas, L. J., & Dickers, B. G. (1994). Preventing adolescent drug abuse and high school dropout through an intensive social network development program. *American Journal of Health Promotion, 8,* 202-215.

Elias, M. J. (2006). The connection between academic and social-emotional learning. In M. J. Elias & H. Arnold (Eds.), *The educator's guide to emotional intelligence and academic achievement: Social-emotional learning in the classroom* (pp. 4-14). Thousand Oaks, CA: Corwin Press.

Elias, M. J., Zins, J. E., Graczyk, P. A., & Weisberg, R. P. (2003). Implementation, sustainability, and scaling up of social emotional and academic innovations in public schools. *School Psychology Review, 12,* 303-319.

Ennett, S. T., Tobler, N. S., Ringwalt, C. L., & Flewelling, R. L. (1994). How effective is drug abuse resistance education? A meta-analysis of Project DARE outcome evaluations. *American Journal of Public Health, 84,* 1394-1401.

Felner, R. D., Brand, S., Adan, A. M., Mulhall, P. F., Flowers, N., Satrain, B., & DuBois, D. L. (1993). Restructuring the ecology of the school as an approach to prevention during school transitions: Longitudinal follow-ups and extension of the School Transitional Environment Project (STEP). In L. A. Jason, K. E. Danner, & Kurasaki, K. S. (Eds.), *Prevention and school transitions* (pp. 103-136). New York: The Haworth Press.

Foster, S., Rollefson, M., Doksum, T., Noonan, D., Robinson, G., & Teich, J. (2005). School mental health services in the United States 2002-2003. DHHS Pub. No. (SMA) 05-4068. Rockville, MD: Center for Mental Health Services, Substance Abuse and Mental Health Services Administration. Retrieved December 9, 2007 from http://download.ncadi.samhsa.gov/ken/pdf/SMA05-4068/SMA05-4068.pdf

Frey, K. S., Hirschstein, M. K., & Guzzo, B. A. (2000). Second step: Preventing aggression by promoting social competence. *Journal of Emotional and Behavioral Disorders, 8,* 102-112.

Fullen, M. (with Stiegelbauer, S.). (1991). *The new meaning of educational change.* New York: Teachers College Press.

Garet, M. S., Porter, A. C., Desimone, L., Birman, B. F., & Suk Yoon, K. (2001). What makes professional development effective? Results from a national sample of teachers. *American Education Research Journal, 38,* 915-946.

Greenberg, M. T., Weissberg, R. P., Utne O'Brien, M., Zins, J. E,. Fredericks, L., Resnick, H., & Elias, M. J. (2003). Enhancing school-based prevention and youth development though coordinated social, emotional, and academic learning. *American Psychologist, 58,* 466-474.

Hahn, A., Leavitt, T. & Aaron, P. (1994). *Evaluation of the Quantum Opportunities Program: Did the program work?* Waltham, MA: Brandeis University, Heller Graduate School.

Hosp, J. L., & Reschly, D. J. (2003). Referral rates for intervention or assessment: A meta-analysis of racial differences. *The Journal of Special Education, 37,* 67-80.

Hosp, J. L., & Reschly, D. J. (2004). Disproportionate representation of minority students in special education: Academic, economic, and demographic predictors. *Exceptional Children, 70,* 185-200.

JJ/SE Shared Agenda. (2007, January). *Tools for promoting educational success and reducing delinquency,* NASDSE & NDRN, Washington, DC. Retrieved on January 27, 2008, from http://www.edjj.org/focus/prevention/JJ-SE.htm

Knoff, H. M., & Batsche, G. M. (1995). Project ACHIEVE: analyzing a school reform process for at-risk and underachieving students. *School Psychology Review, 24,* 579-603.

Kutash, K., Duchnowski, A., & Lynn, N. (2006). School-based mental health: An empirical guild for decision-makers. The Research and Training Center for Children's Mental Health, Florida Mental Health Institute, University of South Florida.

Lewis, T., Hudson, S., Richter, M., & Johnson, N. (2004). Scientifically supported practices in EBS: A proposed approach and brief review of current practices. *Behavior Disorders, 29,* 247-259.

Lourie, I., & Hernandez, M. (2003). A historical perspective on national child mental health policy. *Journal of Emotional and Behavioral Disorders, 11*(1), 5-10.

McDermott, P. A. (1999). National scale of differential learning styles among American children and adolescents. *Journal of School Psychology, 33,* 75-91.

Mills, C., Stephan, S., Moore, S., Weist, M. D., Daly, B. P., & Edwards, M. (2006). The President's New Freedom Commission: Capitalizing on opportunities to advance school-based mental health services. *Clinical Child and Family Psychology Review, 9,* 149-161.

Nastasi, B. K., Pluymert, K., Varjas, K., & Moore, R. B. (2002). *Exemplary mental health programs: School psychologists as mental health service providers.* Bethesda, MD: National Association of School Psychologists.

National Center for Education, Disability and Juvenile Justice. (n.d.). Prevention and early intervention. Retrieved on December 20, 2007, from http://www.edjj.org/focus/prevention/phcsc.html

National Research Council & Institute of Medicine. (2000). *From neurons to neighborhoods: The source of early childhood development.* Committee On Integrating the Science of Early Childhood Development. Shonkoff, J. P. & Phillips, D. A., Eds. Washington, DC: National Academy Press.

Osher, D., Dwyer, K., & Jackson, S. (2004). *Safe, supportive and successful schools: Step by step.* Longmont, CO: Sopris West.

Osher, D., Dwyer, K., & Jimerson, S. (2006). Safe, supportive, and effective schools: Promoting school success to reduce school violence. In S. Jimerson & M. Furlong (Eds.), *Handbook of school violence and school safety: From research to practice* (pp. 51-71). Mahwah, NJ: Lawrence Erlbaum Associates, Inc.

Policy Leadership Cadre for Mental Health in Schools. (2001). *Mental health in schools: Guidelines, models, resources & policy considerations.* Los Angeles: Center for Mental Health in Schools at UCLA. http://smhp.psych.ucla.edu/pdfdocs/policymakers/cadreguidelines.pdf

Reyes, O., & Jason, L. A. (1991). An evaluation of a high school dropout prevention program. *Journal of Community Psychology, 19,* 221-230.

Schaefer, B. A. (2004). A demographic survey of learning behaviors among American students. *School Psychology Review, 33*(4), 481-497.

Shader, M. (2001). *Risk factors for delinquency: An overview.* Washington, DC: Office of Juvenile Justice and Delinquency Prevention.

Skiba, R. J., Simmons, A. D., Ritter, S., Gibb, A., Rausch, M. K., Cuadrado, J., & Chung, C. G. (2008). Achieving equity in special education: History, status, and current challenges. *Exceptional Children, 74,* 264-288.

Spoth, R. L., Clair, S., Shin, C., & Redmond, C. (2006). Long-term effects of universal preventative interventions on methamphetamine use among adolescents. *Archives of Pediatric & Adolescent Medicine, 160,* 876-882.

Stroul, B. A. (Ed.). (1996). *Children's mental health: Creating systems of care in a changing society.* Baltimore: Paul H. Brookes Publishing Company.

U.S. Department of Education. (2006). *Twenty third annual report to Congress on the implementation of the Individuals with Disabilities Act.* Washington, DC.

U.S. Department of Health and Human Services. (1999). *Mental health: A report of the Surgeon General.* Rockville, MD: U.S. Department of Health and Human Services, Substance Abuse and Mental Health Services Administration, Center for Mental Health Services, National Institutes of Health, National Institute of Mental Health.

Walcott, C. M., & Riley-Tillman, T. C. (2007). Evidence-based interventions from research to practice. *Communiqué, 35*(6), 16-20.

Walker, H., & Sprague, J. (1999). The path to school failure, delinquency, and violence: Causal factors and some potential solutions. *Intervention in School and Clinic, 35,* 67-73.

Weist, M. D. (1997). Expanded school mental health services: A national movement in progress. In T. Ollendick & R. J. Prinz (Eds.), *Advances in clinical child psychology, volume 19* (pp. 319-352). New York: Plenum.

Weist, M. D. & Christodulu, K. V. (2000). Expanded school mental health programs: Advancing reform and closing the gap between research and practice. *Journal of School Health, 70,* 195-200.

Weist, M. D., Evans, S. W., & Lever, N. (2003). Advancing mental health practice and research in schools. In M. Weist, S. Evans, & N. Lever (Eds.), *Handbook of school mental health: Advancing practice and research* (pp. 1-8). New York: Kluwer Academic/Plenum Publishers.

Weist, M. D., & Paternite, C. E. (2006). Building an interconnected policy-training-practice-research agenda to advance school mental health. *Education and Treatment of Children, 29,* 173-196.

World Health Organization(2002). *Prevention and promotion in mental health. Mental health: evidence and research.* Geneva, Department of Mental Health and Substance Dependence.

Ysseldyke, J. E., Reynolds, M., & Weinberg, R. A. (1984). *School psychology: A blueprint for training and practice.* Minneapolis: University of Minnesota National School Psychology Inservice Training Network.

Chapter 4

정신건강과 안녕감 선별:
현행 학교기반 실행 및 발견 가능성

Erin Dowdy, Michael Furlong, Katie Eklund,
Elina Saeki, and Kristin Ritchey
(산타바바라 캘리포니아 대학교)

20세기는 질병을 치료하는 세기였다. 21세기는 예방하는 세기이다.

– William Castell 경, GE 헬스케어 전 최고경영자

    많은 연구가 정서·행동장애를 앓고 있는 아동의 저조한 학업과 관련된 결과에 대해 조사해 왔다(Atkins, Graczyk, Fraiser, & Abdul-Adil, 2002, 2003; Franca, Kerr, Reitz, & Lambert, 1990; Rones & Hoagwood, 2000; Wagner Kutash, Duchnowski, & Epstein, 2005). 정서·행동장애가 있는 아동은 전반적으로 학업 성취도가 낮다. 구체적으로 설명하자면(어느 메타분석에서 백분위로 25번째에 위치하는 것으로 추정된다; Reid, Gonzalez, Nordness, Trout, & Epstein, 2004), 학교에서 정학 또는 퇴학을 당하는 비율이 높고(일반 학생들 중의 22%와 비교할 때 중학생의 73%가 정학되거나 퇴학된 기록이 있다; Wagner et al., 2005), 무단 결석률이 높으며(Lane, Carter, Pierson, & Glaeser, 2006), 다른 장애나 정상적인 학생들과 비교해 사법 개념 틀과 연루된 사건의 발생 빈도가 높았고 졸업률이 저조한 것으로 확인됐다(Wagner et al., 2005). 정서·행동장애를 앓고 있는 학생들은 성인기로 이동하면서 심리사회적 성과가 지속적으로 저하되는 위험에 처하며(Greenbaum et al., 1996), 이들 대다수는 졸업 후에 실업자이거나 무직자로 확인됐다(Zigmond, 2006). 그러나 정서·행동장애가 있는 학생들은 전체 학령 인구의 1%에 못 미쳤으며(Wagner et al., 2005), 그들의 약 65%는 12세 혹은 그 이상이다(U.S. Department of Education, 2001). 이러한 결과를 종합해 보면, 정서·행동장애가 확인되지 않았을 가능성이 높고 진단을 받을 시에는 이미 조기 중재를 받을 기회를 놓쳐서 교육 진로의 적정 시기를 놓친 것이다. ·

정서 · 행동장애와 관련된 합병증에 취약한 청소년을 조기에 진단하는 것은 너무도 중요하다. 사실, 대통령의 정신보건위원회[1]의 목표 4.3은 '정신적 및 물질사용 장애가 동시에 일어나며 통합 치료 계획과 연결되는' 선별을 지원한다(Hogan, 2003). 예방과 조기 진단 서비스를 제공하는 것은 인도적이기 때문이며, 다시 말하면 증상이 덜 복잡하거나 완전히 진행되는 것을 예방할 때 조기 중재로 고통을 경감할 수 있기 때문에 목표 4.3을 실행하는 것이 중요하다(Desrochers, 2006). 그러나 전체적인 정신건강 선별을 조기에 실시하는 것이 논리적으로 필요해 보였음에도 조기 중재가 필요한 학생들을 적극적으로 발견하는 노력이 미진했으며(Duncan, Forness, & Hartsough, 1995; Walker, Nishioka, Zeller, Severson, & Fell, 2000), 전체 학교의 2%만이 정신건강 서비스에 대한 체계적이고 보편적인 선별을 실시하는 것으로 나타났다(Romer & McIntosh, 2005).

다행스러운 점은 학교 정신건강 제공자들이 모든 학생, 특히 정서 · 행동장애가 있는 학생들의 건강, 사교 및 정신건강과 생애 기술의 발달을 향상시키는 문제해결 전략을 이용하도록 교육받았다는 것이다. 그들은 아동과 정신건강상의 어려움이 있는 아동을 위한 통합 서비스를 찾고 제공하는 학교팀의 노력의 일환으로 지도 역할을 담당한다(Adelman & Taylor, 2003). 또한 그들은 긍정적인 행동적 · 정서적 건강이 학업 성취도와 관련된다는 점을 인지하며 지도 역할을 담당한다(Atkins, Frazier, Adil, & Talbott, 2003; Catalano, Heggerty, Osterle, Fleming, & Hawkins, 2004). 정서 · 행동장애가 있는 아동이 갑작스러운 정신건강상의 증상을 치료하는 데 도움이 되는 전략들은 정신건강 상태를 개선시키는 장기적인 노력과 결부되며, 결과적으로 학교 출석률, 참여도 및 학업 이수율이 상승한다(Hazell, 2007).

첫 검진이 정신건강상의 증상을 겪고 있는 학생들을 식별하기 위해 전체 선별 절차를 이용하는 것이 용이한 듯 보였으나, 틴 스크린(Teen Screen, www.teenscreen.org)과 같은 프로그램은 청소년에게 향정신성 약물 사용을 촉진하기 위한 의도에서 제약 회사의 후원을 받는다고 주장하는 사회 및 법적 반박으로 문제에 봉착했다[예로 연방법원을 통해 진행 중인 PsychSearch(www.psychsearch.net/teenscreen.html) 및 로즈 대 펜-해리스-매디슨 학교법인 소송(www.rutherford.org/articles_db/press_release.asp?article_id=723) 참조]. 게다가 정신건강 검사 절차에 사용되는 도구와 절차의 기술적 적절성을 입증하기 위해 진행해야 할 연구가 상당히 많다. 이러한 정보를 인지한 상태에서 이 장에서는 조기 중재를 위한 선별과 조기 발견, 선별의 절차와 윤리적 고려 사항, 선별 도구의 전반적인 평가 및 정신건강 선별의 긍정적 심리 평

---

1) 역자 주: 2002년 4월에 설립

가를 아우르는 제안된 포괄적인 접근법에 대한 설명과 이유를 제시할 것이다.

사전 고려 사항

선별과 통합된 학생 지원

학교 정신건강 상담자가 포괄적인 정신건강 선별을 설계하고 실행할 경우 고려해야 할 중요한 사항이 많다. 첫째, 선별은 학교 상담자 개인이 단독적으로 도맡아 시행할 수 있는 일이 아니다. 이는 통합된 학생 서비스 프로그램이어야 한다(Adelman & Taylor, 2006 참조). 체계가 제대로 설립되지 않았거나 이용 가능한 서비스 선택 사항들이 정리되지 않았다면 정신건강 선별을 통해 받을 수 있는 혜택이 제한될 수 있다.

둘째, 상당수의 연구 결과는 어떤 증상은 다른 증상에 비해 식별하기 더 어렵다는 점으로 의뢰 과정이 복잡해진다는 사실을 지적한다(Anchenbach, McConaughy, & Howell, 1987; Bradshaw et al., 2008). 내재적 행동과 외재적 행동은 평가에서 균등하게 중요하다. 그러나 내재적 증상은 의뢰하는 교사들에게 선명하게 보이지 않을 수 있다. 교사, 학부모 그리고 다른 교직원이 의뢰에 의존하는 것은 내재적 증상이 심각한 학생들을 간과할 수 있다. 최근의 진행된 연구 결과를 보면 내재적 증상을 보이는 학생보다 교육적 혹은 행동적 문제들 같은 외재적 증상을 보이는 학생이 서비스 수혜도가 더 높은 것으로 밝혀졌다(Bradshaw et al., 2008). 이러한 결과는 남학생이 다양한 특수교육 범주에서 왜 압도적으로 많은지를 뒷받침하는 자료가 된다(Oswald, Best, Coutinho, & Nagle, 2003). 초등학생 저학년 때의 학업상의 어려움 외에 내재적 및 외재적 문제를 발견하는 것은 차후의 정신건강과 교육 문제를 효과적으로 예방하는 데 중요하며(Bradshaw, Buckley, & Ialongo, 2008), 체계적인 선별 과정은 의뢰 과정에서의 선입견 일부를 해소할 것이다(Kamphaus & Reynolds, 2007).

선별 목표 설정

고려해야 할 첫 번째 문제 가운데 하나는 정신건강 선별의 중요한 목적을 세우는 것이다. 프로그램 계획을 위해 모든 학생(모집단 상태)을 검사하는 것이 목적인가, 아니면 집중적인 후속 조치를 위해 특정 고위험군에 속한 학생들을 발견하는 절차를 개시하기 위한 것이 목적인가?

엄격한 임상학적 관점에서 선별의 주요 목적은 추가 평가와 가능한 해결로 혜택을 받을 수 있는 정서적 문제의 증상이 충분한 특정 학생을 식별하기 위해 의뢰 혹은 평가 규모와 학생들이 작성한 보고서를 통해 정보를 수집하는 것에 있다. 이 일반적인 전략은 공중보건 모델을 준수한다(Doll& Cummings, 2008; Kleiver& Cash, 2005; Nastasi, 2004; Short, 2003). 아동과 청소년 중에서 정신건강의 필요성을 선별한다는 점에서, 초기 혹은 일반적인 수준은 소위 말하는 일반적인 정신질환에 대한 '선별'이다(Levitt, Saka, Romanelli, & Hoagwood, 2007). 즉, 선별은 전체 모집단(예: 학교, 지역, 교실)이 후속 임상학적 평가와 서비스를 평가를 받는 전략을 사용하는 것이다.

특정 위험군에 속한 학생을 식별하기 위해 보편적인 정신건강 검진의 이유가 투명하더라도 정신병리학적 증상을 조사하는 것과 익명 처리된 정보를 수집하는 것에 토대를 둔다. 이러한 사항을 바탕으로 특정 위험군에 속한 청소년을 진단하는 것이 아니라, 청소년의 자기보고를 통해 많은 학생의 정신건강의 필요성을 검사하기 위한 목적에서 검진할 수 있다. 실제로 전국적으로 실시된 청소년 위험행동 감시조사(Youth Risk Behavior Surveillance Survey: YRBS)에서 중학생들에게 자살 생각, 슬픔/우울증과 연관된 선별적인 정신건강과 경험에 대해 조사했다. 〈표 4-1〉에 제시된 바와 같이, YRBS에서 얻은 자료는 매년 중학교에 입학하는 각각의 연속적 동년배 집단에 대한 정신건강 지표를 확인하기 위해 국가, 주 혹은 지역 학교 수준에서 사용될 수 있다. 만일 예방과 치료한 노력이 결실을 거두었다면, 각각의 연속적 집단은 정신건강상의 증상을 나타내는 비율이 떨어져야 한다. 실제 자료에서 나타나듯, 상당수의 고등학생은 작년에 최소 한 번의 특정 시기에 우울증과 같은 증상을 겪었다고 보고한다. 보고한 학생들이 익명이더라도, 이러한 결과는 예방상의 정신건강 서비스와 시간 경과에 따른 진행을 평가하는 방법을 이용할 수 있다는 증거와 근거가 된다. 이 접근법으로 치료가 필요한 특정 학생을 발견하지 않지만, 학생들에게 필요한 서비스에 대한 정보를 얻을 수 있다. 이러한 방법은 매년 모든 학생이 참여하는 것을 목표로 실시되어야 한다. 그러나 YRBS 문항들이 개인차를 평가하는 데 신뢰도와 민감도가 없다는 점을 주의해야 한다(Benner et al., 2002 참조). 선별의 핵심 목적이 학생들 중에서 위험 상태를 식별하는 것이지만, 선별 자료는 모집단을 중심으로 한 필요성 평가 정보를 제공하기 위해 교실, 학교 그리고 지역에 걸쳐(삭제된 정보를 확인하여) 수집된다. 이런 방식으로 학생들이 원하는 평가와 개별 확인이 진행될 수 있다.

〈표 4-1〉 1999~2007년의 청소년 위험 행동 확인 조사(YRBS) 12개월 전 동안에 학생들이 일상활동을 중단한 2주 이상 거의 매일 슬프거나 우울증을 앓았던 조사 집단 연도와 학년에 따른 학생 비율

조사 연도	9학년	10학년	11학년	12학년
1999	27.4	–	29.3(C)	–
2001	29.4	28.7(B)	27.2	27.0(D)
2003	28.0	28.9	29.7	27.4
2005	29.0	28.8	28.9	26.4
2007	28.2	27.1	28.9	29.4

주: 조사 결과는 1999년(Kann et al., 2000, 표 12), 2001년(Grunbaum et al., 2001, 표 12). 2003년(Grunbaum et al., 2003, 표 16), 2005년(Eaton et al., 2006, 표 16) 및 2007년(Brener et al., 2007, 표 16)에서 얻은 YRBS의 요약본에서 얻은 것이다. A문항은 슬프다고 응답한 1999년도 9학년 학생의 비율이며, B문항은 슬프다고 응답한 2년 후 11학년이 된 같은 집단에 있던 학생의 비율이다. C 및 D 문항은 2001년에 YRBS가 실시되었을 때 12학년이 된 1999년의 10학년 학생들의 집단과 같은 정보를 보여 준다. 우울한 증상을 예방하기 위한 노력은 슬프다고 응답한 각 조사 연도에서 슬프다고 응답한 9학년의 낮은 비율을 반영한다. 각 집단이 학교 체계를 따라 이동하기 때문에 성공적인 치료 노력은 각 집단이 학교 체계를 통해 이동하기 때문에 낮은 비율로(대각선으로) 나타난다. 실제 YRBS 자료를 보면 1999년의 정신건강과 관련된 문항을 추적한 이후로 상당 시간에 걸쳐 학생들의 우울증이 실질적으로 개선된 사례가 없다. 또한 2년마다 실시되는 확인 선별의 한계를 보여 주는데, 그 이유는 고등학생 9학년 집단을 2년에 한 차례만 평가할 수 있기 때문이다.

선별 프로그램 실시

핵심 문제를 설명한 후에도, 정신건강 제공자들은 정신건강 선별을 실시할 때 많은 난관에 직면한다. 조기 중재에 관심이 있는 학교나 지역은 무엇을 선별하는가에 대한 핵심 문제를 언급하고(Steop et al., 2005) 선별의 실용성을 고려해야 한다. 이 장에서는 독자에게 선별 프로그램을 실시할 때 고려해야 할 일련의 문제를 소개한다.

선별의 목적은 무엇인가

정신건강 선별에 관해 Mills 등(2006)은 '선별의 목적은 무엇인가?'라는 문제를 제기한다. 정신건강 문제에는 우울증, 자살, 불안 혹은 행동장애가 포함되어야 하는가? 많은 선별 프로그램은 다른 증상을 제외하고 한 가지 정신장애에 대해 집중한다. 예를 들어, 우울증과 자살 위험 증상(예: 청소년 검진)만을 살펴보는 선별 프로그램은 집중력과 과잉행동에 어려움을 겪는 학생들을 간과할 수도 있다. 그러나 청소년 자살의 파급력 때문이라도 학교가 이러한 방법을

취해야 한다는 점을 인정한다.

다른 접근법은 내재적 혹은 과잉통제된 증상과 외재적 혹은 통제가 부족한 증상과 같은 폭넓은 차원의 두 가지 정신건강 문제를 확인한 연구 결과를 도출한다(Reynolds, 1992). 정신병리학을 위해 선별할 때 주장이 성립되고 나면, 내재적 및 외재적 증상을 확인하는 데 초점이 맞춰질 수 있다. 그러나 Najman 등(2007)의 연구 결과에 따르면 아동행동 체크리스트(Child Behavior Checklist: CBCL; Achenbach & Edelbrock, 1991)에서 도출한 것과 같은 전체 문제 점수는 내재적 하위척도보다 뒤따르는 근심과 우울증을 더욱 잘 예측한다. Leon 등(1999)의 한 관련 연구의 결과에서는 질환 혹은 질환 등급에만 초점을 맞추는 것보다 일반적인 부적응에 대한 선별이 잠재적으로 중요하다는 추가 증거를 제시했으며, 선별 시 다른 질환에서의 동반 질환을 고려해야 한다는 점을 강조한다. 연구진은 우울증을 선별하여 검진 과정에서 거짓 양성 진단을 받은 환자의 상당수가 다른 정신질환의 진단 기준을 충족했다는 흥미로운 사실을 밝혔다(Leon et al., 1999). 즉, 중복되는 종합적 증상이 일반적인 부적응과 종합적 증상 선별에 중점을 두는 것보다 특정 질환의 선별을 어렵게 할 수 있다. 따라서 현재 지식을 토대로 최적의 선별 도구는 증상이 내재적이든 외재적이든 간에 잠재적인 정서·행동장애에 대해 '적기(위험 신호)'로 여겨질 일반적 부적응의 척도(또는 기준)를 제시할 수 있다.

선별의 실용성

많은 연구 근거는 학교가 아동과 청소년을 위한 실제적 정신건강 체계 역할을 한다고 확증한다(Burns, Costello, Angold, Tweed et al., 1995; Rones & Hoagwood, 2000). 그 이유는 접근성 때문이기도 하지만, 인지된 수용성, 다시 말하면 아이들이 알고 있으며 신뢰를 형성했던 어른들에게서 학교기반의 정신건강 서비스를 받을 수 있을 때 도움을 더 요청할 것이다(Slade, 2002). 최근에 실시된 조사를 보면 대다수의 학교가 일정 수준의 정신건강 혹은 사회 서비스 지원을 제공하고 있으며, 학생의 약 20%가 학교에서 지원하는 정신건강 서비스를 받는 것으로 밝혀졌다(Kutash, Duchnowski, & Lynn, 2006).

■ 선별 정보의 출처
만약 학교가 아동과 청소년을 위한 정신건강 서비스를 제공하는 중요한 환경이라면, 중점적으로 고려할 사항은 누가 선별 정보를 수집하느냐는 것이다. 학교 환경 내에서 교사들은 학생들의 사회 및 정서 기능에 대한 정보의 핵심 출처로 평가받는다. 실제로 연구 결과에서는 교사들이 행동장애 위험이 있는 학생을 진단할 수 있다고 정확하게 지적했다(Taylor et al., 2000). 유치원, 아동 및 청소년 수준에서, 아이들의 행동에 대한 구조화된 교사 평가는 같은 아동에 대한 부모와 다른 교사들의 유사한 평가보다 신뢰도가 높다고 밝혀졌다(Reynolds & Kamphaus, 1992). 교사들은 사회 및 정신병리학적 결과와 관련된 핵심 기질 변수인 주의력 문제를 평가하는 데 특히 숙련됐다(Molina & Pelham, 2003).

교사 평가는 정신건강 선별의 일부분이다. 그러나 청소년의 역할에 관한 포괄적인 조망을 제시하고자 학부모(실행이 가능한 경우)와 학생(타당한 반응을 보여 주기에 충분한 연령대)을 포함한 다양한 정보 제공자에게서 평가 결과를 수집할 것을 주장했다(Kamphaus & Frick, 2002). 심지어 다양한 출처를 통해 정보를 수집했더라도, 평가자들 간 일관성이 부족한 경우가 왕왕 있는데(Achenbach et al., 1987), 이는 평가자들이 다르겠지만 여전히 타당한 정보를 제공한다는 것을 의미한다. 그러나 다양한 정보 제공자를 포함한 선별 과정은 비용과 시간이 많이 소요될 수 있다. 게다가 일부 연구 결과는 두 번째 정보 제공자에게서 정보를 수집하는 것은 첫 번째 정보 제공자가 설명했던 것 이상의 변량을 증가시키지 못한다는 것을 밝혀냈다(Biederman, Keenan, & Faraone, 1990; Jones et al., 2002; Lochman and the Conduct Problems Prevention Research Group, 1995). 일반적으로, 정보 제공자 수(다중 단계 검증 과정에서)와 검증 과정에 포함되어야 할 정보 제공자의 유형(학부모, 교사, 아동)에 대해서는 현재로서 어떠한 합의도 없다. 특히 '평가 과정의 다양한 단계에서의 다양한 정보 제공자의 가치'를 평가하는 연구가 필요하다(Johnston & Murray, 2003). 학교 환경에서, 실용주의는 교사 평가를 받는 것의 용이함 때문에 어린 학생들의 사용을 지지하며, 중학생들은 자신의 심리적 경험에 대한 인식이 있기 때문에 자기보고 자료를 활용해야 한다고 제안한다.

■ 후속 관리 계획

누가 선별 정보를 계획하는지 결정하는 것 말고도, 정서 · 행동장애에 양성 반응이 나타난 학생들을 위한 후속 평가와 치료 서비스를 제공하는 과정이 필요하다. 적시적소의 후속 조치가 없다면 선별은 비윤리적이며, 선별 프로그램을 실시하기 전에 충분한 자원을 이용할 수 있는지를 꼼꼼하게 점검해야 한다. 선별 과정을 통해 확인된 학생들의 필요에 잘 반응하는 역량이 사전에 결정되어야 하며, 선정된 프로그램에 직접적인 영향을 행사해야 한다. 그러나 미래와 지속적인 정신건강을 위해 필요한 역량을 수립하는 동시적인 작업이 이루어져야 한다. 일부 학교는 누가 학교기반의 정신건강센터 내에서 학교기반의 정신건강 전문가들을 통해 후속 서비스를 제공할 것인가에 대한 질문에 적절한 답변을 제시했다. 반면, 다른 학교는 지역 파트너들과 연합하는 방식을 선택했다(Nagle & Gagnon, 2008).

당초 후속 평가는 양성 반응이 나타난 모든 학생을 대상으로 실시되어야 할 것이다. 만일 전체적인 수준에서 선별이 사용될 예정이라면(모든 학생 선별), 그 도구는 부정 오류 개수를 최소화해야 한다. 그렇지 않으면 이 학생들이 개선된 서비스를 받을 기회를 얻지 못할 것이기 때문이다. 그러나 부정 오류 개수를 줄일 수 있을 때 반대로 긍정 오류 개수를 늘리기 때문에, 절단점을 설정하는 것은 실용적인 문제이다. 보편적 혹은 첫 번째 관문 평가를 제공한 후에 학생들이 불필요한 서비스를 받지 않게 하기 위해 긍정 오류 개수를 줄이는 데 추가적인 평가가 진행되어야 한다. 두 번째 관문 평가 계획을 미리 결정해야 하며 긍정 오류와 부정 오류를 모두 고려해야 한다.

■ **선별 시기**

심지어 선별에 대한 보편적 접근법 내에서도 중요한 문제는 언제 검진을 실시해야 하느냐는 것이다. 가장 강력한 선택 사항은 그해 1년 동안 여러 시기에 걸쳐 모든 학생에 대한 선별 정보를 수집하는 것이다. 우선, 학생은 새로 입학하거나 새 학년에 들어갈 때 선별을 받게 된다. 만일 교사나 다른 성인들이 선별 정보를 완성하면, 수집된 정보는 교사들이 학생과 그 학생의 정서·행동적 상태를 파악하는 데 충분한 시간(최소 한 달)을 보장해야 한다. 학생이 양성 판정을 받고 추가 정보로 평가자가 심각한 문제가 없다고 확신한다면 그 학생의 증상을 확인하기 위해 1년간 재선별을 실시해야 한다. 다음 학년으로 올라갈 준비가 되었음을 확인하고자 학생은 해당 연도에 학업을 이수하기 전에 재선별을 받아야 한다.

보다 합리적인 대안은 중요한 시기에 선별을 실시하는 것이다. 예를 들어, Stoep 등(2005)은 초등학생부터 중학생까지 중요한 제도 및 발달 전환 시기에 있는 학생들을 대상으로 발달경로 선별 프로그램(Developmental Pathways Screening Program: DPSP)을 시행했다. 연구자들은 선별 프로그램이 정서적 고통 위험도가 높지만 진단 역치 이하이며, 반대 결과를 예방하기에 시간이 충분한 시기에 있는 학생들을 발견했다고 언급했다(Stoep et al., 2005). 학교 입학과 같은 다른 중요한 시기(Spielberger, Haywood, Schuerman, & Richman, 2004)와 졸업하기 전 중요한 시기에 대해서도 언급했다. 그렇지만 다른 선별 프로그램은 2~5학년 학생들의 정보를 수집했고(Catron & Weiss, 1994), 청소년기까지 불안과 우울 증상을 내재화하는 것에 대한 정보를 수집하는 것이 유용하지 않을 것이라는 주장이 제기되었다(Najman et al., 2007).

정서·행동장애를 검진하는 다른 접근법은 다른 문제가 발생할 때 문제를 선별하는 것이다. 이를테면 의뢰 사유와 관계없이 학업/성공/지원팀(Study/Success/Support Team: SST)에 의뢰된 학생들이 선별을 받는 프로그램을 실시할 수 있다. 이로써 정서·행동장애 때문에 학교와 관련된 문제가 있다면 차별화된 진단을 하는 데 도움이 된다. 의뢰받은 학생은 독해 수업에서 실시할 수 있는 능력에 영향을 주는 주의력 결핍이나 불안 증상을 경험하고 있을 수 있다.

그러나 학생이 정서·행동장애의 중요한 징후를 나타낸다면 선별 도구가 추가적이고 보다 포괄적인 정보 수집을 보장하지 못할 수 있다. 학생이 학업/성공/지원팀에 의뢰되어 결석이 잦거나 교무실로 자주 불려갈 때(교실 내에서 발생한 문제를 의미) 단축형의 시간 효율적인 선별 도구를 완성하는 것은 적절하고 개별화된 개입을 형성하는 데 팀이 사용할 수 있는 추가 정보를 제공할 수 있다.

결정적인 행동이 발생할 때 실시하는 선별은 보편적인 접근법만큼이나 포괄적이지 않고, 추가적인 치료가 필요하지 않은 일부 학생에게 오진을 할 우려가 있다. 그러나 이 체계적인 과정은 전통적인 평가 도구를 사용해서는 확인되지 않은 일부 학생을 발견하고 치료할 수 있을 것이다. 또한 비밀보장이 되지만 완전히 익명인 것은 아니며 신속한 후속 조치가 마련된다. 선택된 검진 접근법은 목표 모집단 그리고 관심 목표와 일치해야 한다(Stoep, 2005). 따라서 검진될 모집단의 환경 및 특성에 관한 정보는 더욱 유용할 접근법을 실시하는 데 도움이 된다.

정신건강 선별 도구

다른 실행 결정에 큰 영향을 미칠 초기 결정은 사용할 도구를 결정하는 일일 것이다. 이 절에서는 굳건한 연구 지지를 바탕으로 하는 여러 도구를 검토하기 전에 평가 도구의 기준을 설명할 것이다. 선별 도구는 실질적 유익을 주지만(Reise, Waller, & Comrey, 2000; Smith, McCarthy, & Anderson, 2000), 문제는 광범위한 행동 및 정서 결과를 예측할 수 있고 수용할 수 있는 정신측정학적 특성을 지닌 측정 도구를 사용하는 것이다. Glover와 Albers(2007)는 사용 전 반드시 평가해야 하는 선별 도구의 세 가지 성격을 상술했다. 우선, 선별 도구는 발달 및 환경 변수와 서비스 전달 모델을 지원하고 보완하는 도구의 기능에 적합해야 한다. 둘째, 선별 도구는 수용 가능한 수준의 민감성[선별 도구에서 장애 위험군으로 확인된 학생들 중에서 위험군에 속하는 것으로 정확하게 (양성 반응이) 확인된 학생의 비율]을 포함한 기술적 적절성과 특이성[장애가 없는 것으로 정확히 (음성 반응이) 확인된 학생의 비율]을 증명해야 한다. 선별 도구의 양성 예측값(선별 도구에서 장애 위험군으로 확인된 학생 중에서 위험군에 속하는 것으로 정확하게 확인된 학생의 비율)과 음성 예측값(장애가 없는 것으로 정확히 확인된 학생의 비율)을 다시 점검해야 한다. 셋째, 선별 도구의 유용성과 실용성을 반드시 평가해야 한다. 여기에는 비용, 관리 시간과 점수, 해석과 자료 관리의 요건 그리고 학교 자원을 효율적으로 사용했는가와 같은 요인에 대한 평가가 있다(Caldarella et al., 2008; Glover & Albers, 2007).

독자는 선별 도구가 자주 바뀌고 선별 도구 선정이 선별 목적(포괄적인 검토는 Levitt, Saka,

〈표 4-2〉 청소년 정신건강 선별 도구의 내용과 심리측정학적 특성

도구	연령 범위	문항 수와 내용	신뢰도와 타당도, 민감도와 특이도	연구
강점 및 난점 설문지(SDQ)				
아동	11~17세	25문항 • 과잉행동: 부주의 • 정서적 증상 • 행동 문제 • 교우 문제 • 친사회적 행동 • 전반적 어려움	신뢰도 • 전반적 어려움(.83) • 교우 문제(.46) • 나머지 네 가지 하위척도(.63~.77) 타당도: 부모 보고 서비스 연락 또는 아동의 정서/행동 문제를 위한 특수교육이 SDQ에 의해 확인된 아동과 SDQ에 의해 확인되지 않은 아동 사이에 차이를 보였다(p=.0001). 민감도: .77 특이도: .85	Bourdon et al. (2005) Goodman (2001) Goodman & Scott (1999) Hysing et al. (2007) Shochet et al. (2006)
부모	3~4, 4~10, 11~17세			
교사	3~4, 4~10, 11~17세			
BASC-2 행동 및 정서 검진 체계(BESS)				
학생	3~12학년	30문항	반분신뢰도: .90-.96 검사-재검사 신뢰도: .71-.83 민감도: .44-.82 특이도: .90-.97	Kamphaus & Reynolds (2007) Kamphaus et al. (2007) DiStefano & Kamphaus (2007)
부모	미취학: 3~5세, 아동청소년: 유치원~12학년	두 가지 버전 다 30문항		
교사	미취학: 3~5세, 아동 청소년: 유치원~12학년	미취학 27문항		
소아과 증상 체크리스트(PSC)				
아동	11세 이상	35문항	검사-재검사 신뢰도, 4개월: .77 내적 일치도: .89-.91 민감도: .94 특이도: .88	Jellinet et al. (1999) Murphy et al. (1989) Pagano et al. (2000) Simonian & Tarnowski (2001) Stoppelbeing et al. (2005)
부모	4~16세	35문항		

Romanelli, & Hoagwood, 2007 참조)을 포함한 다양한 요인에 따라 좌우될 때 선별 도구를 평가하는 방법에 대한 추가 연구를 하는 데 도움이 될 것이다. 우리 저자들의 생각은 정신건강 선별 도구가 시간을 단축하며, 포괄적이지 않아서 임상학이나 진단 평가에 보다 적합하며, 보편적이고 충분히 연구되고 검증되어 사용될 수 있으며, 잠재적 문제점이나 장점을 확인할 수 있다는 것이다. 이를 인식하고 학교기반적 정신건강 선별에 잠재적으로 유용한 도구—강점 및 난점 절문지(SDQ), BASC-2 정서 및 행동 선별체계(BESS), 소아과 증상 체크리스트(PSC), 행동장애에 대한 체계적인 선별(SSBD)—를 확인했다. 다음에서는 각각의 선별 도구에 대한 정보를 제시한다. 〈표 4-2〉에는 추가 정보가 제시되어 있다.

강점 및 난점 설문지(SDQ)

■ 개요

강점 및 난점 설문지(Strengths and Difficulties Questionnaire: SDQ; Goodmam, 1997, 1999, 2001)는 5분 안에 끝낼 수 있는 25개 문항으로 이루어진 4~16세 아동 · 청소년을 위한 간단한 행동 선별 도구다(더 많은 정보는 www.sdqinfo.com에서 참조). 청소년의 자기보고, 부모, 교사 버전 SDQ는 청소년에 대한 긍정적 · 부정적인 특성에 대한 문항을 제시한다. 세 가지 수준의 부모와 교사 버전(3~4세, 4~10세, 11~17세)이 있다. 청소년 자기 보고는 11~17세를 위한 것이다.

문항과 하위척도는 『정신장애 진단 및 통계 편람』(제4판, DSM-IV; American Psychiatric Association, 1994)에 토대를 두고 요인 분석 절차를 사용하여 선정된 것이다(Goodman, 2001). 하위척도 5개는 정서적 증상, 행동 문제, 과잉행동: 부주의, 교우 문제 그리고 친사회적 행동을 포함한다. 하위척도에는 5문항씩 들어 있다. 응답자들은 0(전혀 없음)에서 2(매우 많음, 항상)까지의 3점 척도를 사용한 문항에 평점을 매긴다. 전체 난점 점수는 친사회적 행동 하위척도를 제외한 모든 하위척도 문항을 합산하여 산출된다. 0~40에 이르는 전체 난점 점수는 SDQ의 표준점수 영역대를 토대로 정상, 경계선 그리고 이상으로 분류된다. 예를 들어, 부모용 SDQ의 전체 장애 점수는 정상(0~13), 경계선(14~16) 그리고 이상(17~40)이다.

■ 심리측정학적 특성

2001년 국가건강면담조사(National Health Interview Survey)에 참여한 4~17세 아동 1만 367명의 부모에게서 얻은 표준 자료가 수집되었다(Bourdon, Goodman, Rae, Simpson,

& Kortez, 2005). Cronbach 알파 계수는 전체적인 장애(0.83), 장애 점수(0.80) 그리고 그것의 4개 하위척도(0.63-0.77)에 대해서는 높았으나, 교우 문제 하위척도는 낮았다(0.46). SDQ의 타당도를 알아보고자 서비스 접촉이나 정신건강상의 이유로 사용하는 것을 기준으로 사용했다. Bourdon 등(2005)은 SDQ로 확인되지 않은 청소년과 비교해 서비스 접촉 또는 사용한 SDQ로 확인된 청소년 간의 상당한 차이를 확인했다(p＜.0001).

Goodman과 Scott(1999)는 4~7세의 어린아이 132명의 어머니가 완성한 SDQ와 아동행동체크리스트(CBCL; Achenbach & Edelbrock, 1983) 간의 점수 상관관계를 확인했다. 표본의 절반은 정신의학적 위험도가 낮은 모집단으로 치과에서 얻었다. 나머지 절반은 정신의학 위험도가 높은 모집단으로 어린이 정신건강에서 얻었다. 실험 결과를 보면 SDQ 점수와 CBCL 간에는 상관관계가 높았으며(0.59-0.87), 고위험군에서 선정된 아동과 저위험군에서 선정된 아동 간의 적절한 결과를 구분할 수 있었는데, 그 이유는 SDQ가 CBCL보다 문항이 100개 이상 많았기 때문이다.

Hysing, Elgen, Gillberg, Lie와 Lundervold(2007)는 노르웨이에 사는 만성질환 아동 중에 정서·행동장애를 발견하는 데 SDQ의 민감도와 특이도를 평가했다. 노르웨이 베르겐의 모든 공립, 사립 학교와 특수학교에 재학 중인 2~4학년(7~9세) 학생 7,007명의 부모와 교사는 SDQ와 만성질환에 대한 질문지의 답변을 작성했다. 민감도와 특이도를 계산하기 위해, '비정상적' 사례는 양성으로 집계되고, SDQ에서 '경계선'과 '정상'의 경우는 음성으로 집계되었다. 만성질환이 있는 아동의 표본에서 나타난 민감도는 77.3%였고, 특이도는 85.1%였다.

Mellor(2004)는 SDQ의 자기보고 버전에 대한 어린아이들의 응답에 대한 신뢰도를 조사했다. 실험에 참여한 아이들 중에서 359명이 7~11세였고(어린아이들), 558명은 11~17세였다(나이가 더 많은 아이들). 그들의 부모와 교사들도 SDQ를 완성했다. 결과는 어린아이들의 응답과 비교했을 때, 나이가 더 많은 아이들의 응답이 부모의 응답과 상당 부분 일치하는 것으로 나타났다. 나이가 더 많은 아이들에 비해 어린아이들 집단의 신뢰도가 낮기 때문에 많은 선별 도구에는 어린아이들의 자기보고는 포함하지 않을 수 있다. 또한 부모가 어린아이들 대비 나이가 더 많은 아이들의 행동에 대해 응답할 때 정확도가 다양할 수 있다(Meller, 2004).

BASC-2 행동 및 정서 선별체계(BESS)

■ 소개

행동 및 정서 선별체계(Behavioral and Emotional Screening System: BESS)는 유치원생부터

고등학생까지의 행동 및 정서상의 강점과 난점을 발견하는 데 사용되는 도구다(Kamphaus & Reynolds, 2007). 이를 사용해 내재적 및 외재적 문제, 학업 문제 그리고 적응 기술과 같은 행동적 문제와 강점을 광범위하게 평가한다.

〈표 4-2〉에는 각각 다른 수준으로 나뉜 세 가지 병렬 형식이 있다. 문항 수는 25~30개이며, 각 설문지는 5분 내외로 완성할 수 있다. 대부분의 BESS 문항은 아동행동평가 체계-2(Behavior Assessment System for Children-2: BASC-2; Reynolds & Kamphaus, 2004) 교사 평정척도(Teacher Rating Scales: TRS), 부모 평정척도(Parent Rating Scales: PRS), 성격 자기보고(Self-Report of Personality: SRP)를 개발하는 과정에서 만들어진 문항에서 발췌된 것이다. 새로운 1문항은 학생용, 새로운 3문항은 교사(유치원)용, 새로운 3문항은 교사(아동/청소년)용, 새로운 8문항은 부모(유치원)용 그리고 새로운 4문항은 부모(아동/청소년)용이다.

응답자들에겐 네 가지 평가 선택지—전혀 아니다, 때때로 그렇다, 종종 그렇다, 거의 항상 그렇다—가 주어졌다. BESS는 수기 또는 컴퓨터로 채점된다. 결과 보고서에는 원점수, 최근에 실시된 미국 인구 조사 특징과 일치하는 표준 집단을 중심으로 집계한 T점수와 백분위도 포함한다. 총점은 더 많은 문제점을 나타내는 전체 T점수가 높은 것으로 나타났다(Kamphaus & Reynolds, 2007). 정서·행동장애에 대한 채점 기준표나 위험도는 ① 20~60점: '보통' 수준의 위험도, ② 61~70점: '높은' 수준의 위험도, ③ 71점 이상: '심각하게 높은' 수준의 위험도로 분류된다.

■ 심리측정학적 특성

BESS는 40개 주의 233개 도시에서 수집한 1만 2,350명의 교사, 부모 그리고 학생용의 표본 집단을 통해 개발되었다(Kamphaus & Reynolds, 2007). 반분신뢰도 추정값은 용도와 연령에 걸쳐 0.90부터 0.96까지 이른다. 검사-재검사 신뢰도 추정값은 0.80에서 0.91에 이르며, 모든 용도와 수준에서 높은 편이었다. 평정자 간 신뢰도 추정값은 0.71에서 0.83에 이른다. BESS의 공인 타당도는 다른 사회·정서적 측정 도구—Achenbach 경험기반 평가체계(Achenbach System of Empirically Based Assessment: ASEBA, 0.71-0.77), Conners 평정척도(Conners' Rating Scales: CRS, 0.51-0.78), Vineland 적응행동척도(Vineland Adaptive Behavior Scales: Vineland, 0.32-0.69), 아동 우울증검사(Children's Depression Inventory: CDI, 0.51), 개정판 아동 표출불안척도(Revised Children's Manifest Anxiety Scale: RCMAS, 0.55)—로 이뤄진 문항들과 동시에 적용하는 방식으로 검증을 받았다.

위험 수준 분류 절단점은 민감도와 특이도를 최대화하기 위해 개발된 것이다. 결과를 살펴보면 민감도, 특이도, PPV 그리고 NPV가 높은 것으로 확인됐다. 민감도와 PPV는 0.30-0.82이며, 행동 증상 지표를 예측하기 위해 전체 점수를 활용할 때 가장 높았다. 민감도와 PPV 값은 특히 부모용과 교사용에서, 내재적 문제를 예측하는 데 있어서는 가장 낮았다. 그러나 학생용의 경우 민감도와 PPV 값은 내재적 문제를 예측하는 데 높은 것으로 나타났다(각각 0.55와 0.66). 이는 학생용이 특히 청소년 중에 내재적 문제를 확인하는 데 특별히 유용했음을 보여 준다.

소아과 증상 체크리스트(PSC)

■ 소개

소아과 증상 체크리스트(Pediatric Symptom Checklist: PSC; Jellinek et al., 1999; Little, Murphy, Jellinek, Bishop, & Arnett, 1994)는 아동의 인지, 행동 및 정서 장애를 진단하는 데 사용하는 선별 도구다(Georgetown University, 2002). PSC는 두 가지 버전—부모 완성 버전(PSC)과 청소년 자기보고용 버전(Y-PSC)—이 있다. 청소년 자기보고용은 11세 이상인 청소년이 시행할 수 있다. 두 가지 버전 모두 3점 빈도 척도(전혀 없다, 때때로 그렇다, 자주 그렇다)에 대해 점수를 매기는 35개 문항으로 구성되어 있다. 각 문항 점수를 합산해서 총점을 매긴다. 4세와 5세 아동의 경우 Y-PSC에서 총점이 24점 이상이면 심리적 장애의 가능성이 있다고 진단받는다. 6~16세 아동이 28점 이상을 받으면 심리적 장애의 가능성이 있음을 의미한다. Y-PSC의 절단점 총점은 30점 이상이다.

■ 심리측정학적 특성

Pagano, Cassidy, Little, Murphy와 Jellinek(2000)은 3~8학년 학생과 학부모 173명을 대상으로 PSC와 Y-PSC의 공인 타당도를 조사했다. 주의력과 행동장애에 대한 교사의 평가와 비교하면, Y-PSC는 민감도 94%와 특이도 88%를 나타냈다. Y-PSC 점수와 아동 우울증검사(CDI) 점수는 Y-PSC에서 양성 점수가 나온 아동은 Y-PSC에서 음성 점수가 나온 아동에 비해 CDI에서 임상학적 범위 점수가 나올 확률이 다섯 배 높다는 사실을 밝혀냈다. 또한 Y-PSC는 아동의 장애에 대한 교사와 부모의 측정과 연관성이 높았다. Simonian과 Tarnowsi(2001)가 진행한 다른 연구의 결과를 살펴보면 PSC와 아동행동 체크리스트(CBCL) 점수 간의 상호 연관성을 살펴보았다. 6~12세 아동 187명의 엄마들은 PSC와 CBCL의 부모 버전을 완성했다. PSC 총점은 CBCL의 행동장애의 T점수 총점과 외재적 그리고 내재적 T점수와 높은 상관관계를 보였다(각각 r=0.78, r=0.76, r=0.71). 다른 타당도 연구에서는 근교의 공립 중학교에 재학 중인 7학년생과 8학년생 166명의 표본을 조사했다(Murphy, Jellinek, & Milinsky, 1989). 중학생들은 Y-PSC를 완성했고 166명의 부모 중 140명은 PSC를 완성했다. 부모 버전 PSC와 Y-PSC 사이의 일치도는 84%였다. Y-PSC에서 양성 반응을 보였던 학생들의 절반 이상이 부모 버전 PSC에서도 동일하게 양성 반응을 보였다. 또한 부모 버전 PSC에서 양성 반응을 보인 학생들이 부모 버전 PSC에서 음성 반응을 보인 학생들보다 적어도 한 과목에서 낙제할 확률이 높았다.

만성질환이 있는 아동 모집단을 대상으로 PSC의 신뢰도와 타당도를 조사했다(Stoppelbein et al., 2005). 인슐린 의존성형 당뇨병과 겸상 적혈구병으로 진단받은 6~17세의 아동 404명의 부모는 PSC를 완성했다. PSC의 내적 일관도는 높았으며(r=0.89), 4개월에 걸친 검사-재검사 신뢰도는 당뇨병 환자 표본으로 인정될 만한 것으로 확인됐다(r=0.77).

부모 버전 PSC에서 발견한 심리사회적 질환 발병률은 다른 표본에 걸쳐서 일관되게 확인됐다(Jellinek et al., 1999). 전국을 대표하여 4~15세 아동의 부모 2만 1,065명의 표본에서 학령기와 미취학 아동(각각 13%와 10%)의 심리사회적 장애는 사실상 이전에 더 작은 크기의 표본에서 밝혀진 장애의 비율과 동일했다(12~14% 학령기 아동 및 미취학 아동의 7~14%). 전반적으로 PSC는 시행하기에 간편하고, 기능이 광범위하며, 민감도, 특이도 및 예측 타당도를 지켜 유용한 선별 도구로서의 기준을 충족한다.

행동장애에 대한 체계적인 선별(SSBD)

■ 소개

SDQ, BESS 그리고 PSC가 선별 도구라면, 행동장애에 대한 체계적인 선별(Systematic Screening for Behavior Disorders: SSBD)은 일반적인 선별 과정이다. 이는 외재적 및 내재적 행동 장애를 발달시킬 위험이 있는 저학년(K-6) 학생들을 진단한다(U.S. Department of Education, 1995). SSBD는 도움이 필요한 청소년을 진단하기 위한 보다 정밀하고 구체적인 선별 도구를 이용한 다양한 검사 절차를 사용한다. SSBD의 검사 절차는 교사 지명, 평가, 관찰의 세 단계를 사용한다.

우선, 일반교육 교사는 외재적 행동과 내재적 행동을 기준으로 교실에서 학생들을 서열화한다. 교사들은 그들 교실에 있는 모든 학생을 고려하고, 개별 항목에 10명의 학생을 지명하고, 외재적 행동과 내재적 행동의 특성을 보이는 범위에 따라 서열을 매긴다. 각 항목에서 상위 세 번째에 든 학생들은 두 번째 선별 과정에 포함된다. 두 번째 단계에서, 교사들은 첫 번째 단계에서 상위 세 번째에 속한 학생들에 대한 중요 사건 지표(33문항)와 결합 빈도 지표(적응 행동 문항 11개, 부적응 행동 문항 12개)를 작성한다. 중요 사건 지표의 문항으로는 동물을 잔인하게 대하거나 타인에게 신체적 공격을 하는 것이 있다. 결합 빈도 지표는 규칙 준수와 같은 적응 행동에 대한 문항을 제시하고, '자기 식대로 다른 아동 및/또는 상황을 조종한다.'와 같은 부적응 행동에 관한 문항을 제시한다.

세 번째 단계에서, 중요 사건 지표와 결합 빈도 지표에서 표준 분리지점을 초과한 학생들은 학교에서 체계적으로 감독을 받는다. 세 번째 단계에서 사용된 관찰 도구는 교실에서 기록된 학업 참여 시간과 운동장에서 기록된 긍정적 사회 행동이다. 학업에 참여한 시간은 20분간 두 번 진행된 교실 관찰을 하는 동안 관찰 시간의 백분율로 표기된다. 이와 비슷하게, 긍정적 사회 행동 측정값은 20분간 두 번 운동장 관찰을 통해 백분율로 표기된다. 긍정적인 사회 행동은 목표 행동이 제시되는 것과 사회적 행동을 나타내는 긍정적 및 부정적 사회 행동의 전체 비율 간의 간격이 백분율로 표기된다. 세 번째 관찰 단계에서의 표준 절단점은 다음 단계를 결정하는 데 사용된다(예: 학교의 학생 연구팀에 의뢰, 가능한 장애 분류).

이 절차의 시간적 효율성에 관해서 학생을 지명 및 서열화하는 단계는 약 45분이 소요된다. 두 번째 단계로 교사들이 상위 세 번째에 속하는 내재적 행동을 하는 학생과 외재적 행동을 하는 학생에 대한 조사를 완수할 때도 약 45분이 소요된다. 1시간 반가량 진행된 SSBD 결과는 전체 학교에서 각 교실에 있는 학생 6명에게 추가 평가와 치료가 반드시 필요하다고 지목한 것이다. 그러나 세 번째 단계에서 학생 관찰은 전체 80분이 소요되어 시간이 오래 걸린다.

■ 심리측정학적 특성

두 측정(즉, 중요 사건 지표와 결합된 빈도 지표)에서 4,500사례에 대한 전국 표준 집단은 SSBD의 심리측정학적 특성을 발전시키는 데 사용되었다(Severson, Walker, Hope-Doolittle, Kratochwill & Gresham, 2007). 외재적 행동을 하는 학생들에 대한 진단의 평정자 간 신뢰도 계수는 0.89-0.94였고, 내재적 행동을 하는 학생들 진단의 평정자 간의 신뢰도 계수는 0.73-0.88였다. 밀접한 상관관계는 주의력이 요구되는 아동을 식별하는 객관적인 방법으로 SSBD를 지원한다.

Walker와 Serverson(1994)은 시험 검사 기간에 학생들의 90%가 정확히 내재적, 외재적, 또는 모두 아닌 것으로 정확하게 진단받았다. 나머지 10% 가운데, 1%만이 실제 외재적 행동 장애가 있음에도 내재적 행동장애를 갖고 있다는 진단을 받았고, 5%는 장애가 있음에도 없는 것으로 진단받았으며(부정 오류), 4%는 장애가 없으나 있다고 오진을 받았다(긍정 오류). 정확도는 다른 임상학적 도구와 비등하다. 예를 들어, Achenbach 교사 보고형식(Achenbach Teacher's Report Form; Achenbach& Rescorla, 2001)은 정신건강 서비스 의뢰를 신청한 청소년의 85%를 제대로 진단했지만, 7%는 부정 오류, 8%는 긍정 오류로 진단했다. 중학교에서 실시하는 SSBD에 대한 독립 평가는 SSBD 평가의 신뢰도와 타당도에 대해 추가적인 증거를 제시했다(Calderella et al., 2008).

정신건강 선별의 최신 경향

선별의 전통적인 접근법이 정신병리학과 정신질환 병소를 따랐지만, 궁극적인 목적이 정신건강을 증진하는 정보를 수집하는 것이라는 점에는 모두가 동의한다. 예를 들어, Kazdin(1993)은 정신건강을 두 가지 넓은 영역, 즉 ① 심리적 · 정서적 · 행동적 · 사회적 면에서의 역기능 부재, ② 심리적 · 사회적 영역에서의 최적 기능으로 개념화했다. 이는 '정신병리학의 부재가 궁극적인 목표인가?'라는 질문을 제기한다. 선별 프로그램 실행을 고려할 때, 건강을 위해 검진을 하는 것이 의미가 있을까? 우선 병리적 요인을 찾고 나서 성대하고 최적의 발달을 측정하는 선별 자원에 집중하는 것이 가능한가? 이 질문은 예방 중재가 많은 위험을 고려해야 하고, 보호적이어야 하고, 정신건강상의 증상을 경험하는 아동에 대한 부정적인 결과를 단념시키는 다른 환경적 요인들을 고려해야 한다는 사실을 상기하는 연구를 생각해 볼 때 중요하다(Tomb & Hunter, 2004).

정신'건강' 선별을 위한 가능한 체제로서의 긍정심리학

"긍정심리학은 출생부터 죽음과 그 사이의 모든 멈춤에 이르기까지 인생에서 올바르게 가는 것에 대한 과학적 연구이면서 삶을 가치 있게 만드는 요소를 진지하게 생각하는 학문이다."(Peterson, 2006, p. 4) 긍정심리학의 세 기둥은 긍정적인 감정에 대한 연구, 긍정적인 특성에 대한 연구, 개인의 특별한 강점과 가치 그리고 긍정적인 제도와 공동체에 대한 연구이다(Seligman, 2002). 이러한 사전적 정의는 환경적 지원과 연결되어 어떻게 개인의 감정과 성격을 결정하는 것이 개인의 역할을 향상시킬 수 있는가에 대한 명확한 이해를 가능하게 한다.

이 접근법을 지지하는 학자들은 긍정심리학 구조의 초점이 예방하는 노력을 통합할 뿐 아니라 모든 청소년이 열망하는 발달의 결과물인 주관적 안녕감(Diener, Suh, Lucas, & Smith,

1999), 탄력성(Glantz & Johnson, 1999), 발달 자산(Scales & Leffert, 1999)과 안녕감(Cowen, 1991)과 같은 개념을 증진하는 데있어 개인의 강점들을 구축한다고 주장한다. 청소년의 역할 이해를 도모하기 위한 강점기반의 접근법을 확장하면 심리적 안녕감에 대해 포괄적으로 이해할 수 있다. 개인의 강점을 극대화하고 긍정적인 태도를 형성하는 것(감사와 긍정)은 심리적 질환 발전에 따른 부정적 결과에 대한 완충제 역할을 할 것이다(Masten, 2001; Seligman, 1995). 청소년 역할에 대한 평가는 ① 정신건강 분야에서 현 수준의 의료 모델이 배태한 한계, ② 긍정적 결과에 대한 1차 초점, ③ 장기적으로 긍정적 결과를 구축하는 것이 심리적 장애를 줄이는 가장 효율적인 방법이라는 믿음을 나타낸다(Cowen & Kilmer, 2002).

강점기반의 평가

심리학에서 전통적인 평가 실제는 주로 정신병리학의 존재 여부에 중점을 두었다. 우울증, 불안 그리고 과잉행동과 같은 장애의 원인이 되는 장애 수준을 결정하여 환자에게 적합한 진단을 내려 준다. 정신질환에 대한 명확한 정의와 측정은 현재의 모델에서 제공되며, 정신질환으로 인한 후유증 발생률을 줄이는 데 도움이 된다. 그러나 이 접근법에는 정신건강 또는 정신적 안녕감에 대한 이해와 개인의 역할 수준을 평가할 때의 강점이 없다. 다양하지만 보완적인 접근법은 모두 통합하고 자라나는 심리적 안녕감을 감독하고 지원하여 정신질환을 예방하기 위해 초점을 약간 이동한다.

이 모델은 강점기반의 접근법을 평가에 통합한다. 현재 진행되고 있는 연구에서 인간의 강점들이 정신건강의 완충제로 작용한다고 밝혔듯이(Keyes & Lopez, 2002), 개인의 자원을 확인하는 것은 탄력성의 핵심 요인이다. 그 결과, 유망한 연구는 전통적인 평가 측정과 강점기반의 접근법을 합쳐 이중요인 모델(dual-factor model)의 통합을 지원한다. 이 실제는 정신적 안녕감과 정신질환을 전부 평가하면서 아동에 대한 보완적인 관점을 제시한다. 철저한 평가를 하려면 장애 예방과 치료 외에 긍정적인 적응적 기능을 촉진해야 한다(Kazdin, 1993).

결점기반의 서비스 전달에서 벗어나 아이들의 강점을 활용하는 보다 긍정적이고 생태학적인 모델로의 전환에 대한 지원이 증가한다. 심리학자들은 어느 하나의 접근법만을 골라야 할 필요는 없지만, 안녕감과 인간 기능의 전 범위를 보다 정확하게 반영하는 정신병리학적 기능을 통합하는 통합형 심리학을 발전시키고자 긍정심리학을 현재의 정신병리학과 치료 모델(Lampropoulous, 2001)로 점차 융합하도록 장려받는다(Huebner, 2004; Joseph & Linley, 2006; Seligman & Csikszentmilhalyi, 2000). 강점기반의 평가와 긍정적 기능의 측정을 전통적인 정신병리학 평가 모델에 통합하는 것은 개인 기능에 대한 이중요인 모델을 촉진한다. 이것은 학교에서 정신건강 선별을 실시할 때 잠재적으로 유익한 틀을 제공한다. 학생들이 위험 행동에 대한 선별을 받을 뿐 아니라, 강점이 정신질환 영역에 있는 잠재적 중재 요인으로 확인된다.

주관적 안녕감과 삶의 질에 대한 평가가 성인을 대상으로 시작되었지만, 아동과 청소년 중에서 이들 구인에 대한 평가는 최근에 일궈 낸 진전이다. 성인의 주관적 안녕감의 측정은 청소년에서 그것의 차원이 최근에 진행된 연구가 밝혀낸 것보다 훨씬 복잡할 수 있다는 점을 지적한다(Keyes, 출판 중). 아동을 대상으로 한 평가의 초점은 증상 패턴을 병치시킨 긍정적인 주관적 안녕감과 적응 기능의 최저 수준에서 확인한 것에 있다. 이 연구는 초기 단계에 있지만, 학교심리학 분야 내에서조차 정서장애가 있는 아동에 대한 평가는 아동과 아동의 사회적 배경의 강점을 존중하는 평가여야 한다(Doll & Cummings, 2008).

정신건강 이중요인 모델에 대한 고려

선별된 연구는 정신질환과 더불어 정신적 안녕감에 대해 평가하는 이중요인 모델의 개념화 작업에 착수했다. 예를 들어, Suldo와 Shaffer(2008)의 연구에서는 안녕감의 긍정적 요인 평가와 질환의 부정적 요인 평가를 짝지은 정신건강의 이중요인 모델을 검토했다. 그들은 주관적 안녕감과 더불어 낮은 수준과 높은 수준의 정신병리를 비교하고 평가했다(주관적 안녕감, [그림 4-1] 참조). 학생들은 '취약한(두 요인 모두 수준이 낮은), 증상을 보이나 양호한(두 요인 모두 수준이 높은), 심각한(주관적 안녕감 수준은 낮고 정신병리 수준은 높은) 그리고 완전히 정신적으로 건강한(주관적 안녕감 수준은 높고 정신병리 수준은 낮은)'의 네 범주로 나뉘었다. 이러한 개념은 정신건강의 긍정적 및 부정적 지표들이 같은 연속체의 양극단이 아니라, 긍정적 및 부정적 지표들에 대한 평가가 개인의 기능과 분리되거나 개인 기능에 대한 보완적 관점이라는 것을 말한다. 정신병리학 평가만이 삶의 중요한 분야에서 학생의 기능을 과대평가하거나 과소평가할 수 있다(Suldo & Shaffer, 2008).

선별법에서 이러한 유형의 전략을 활용하여 개인의 기능에 대한 포괄적인 조망을 제시하고 선별 과정에서 양성과 음성을 오진할 잠재적 가능성을 낮춘다. 긍정심리학 구성개념(예: 희망, 감사 그리고 기개)과 심리적 적응 문제의 임상학적 측정(예: BASC-2, Achenbach 척도 등) 간의 관계에 대해 진행 중인 조사로 개인 기능에 대해 균형 있는 평가를 할 수 있다. 이러한 맥락에서, 긍정심리학 측정과 전통적인 평가 실제를 통합하는 한 모델은 삶의 질과 전통적인 건강 평가의 통합이다. Frisch(2006)는 안녕감, 삶의 질 또는 삶 만족도에 대한 전반적인 긍정심리학

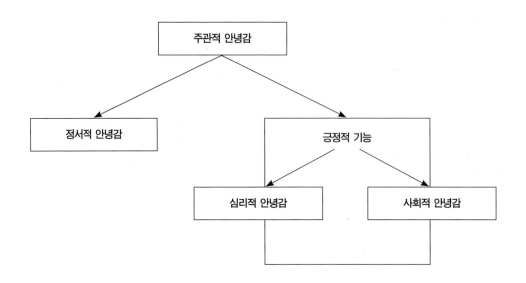

[그림 4-1] 주관적 안녕감의 구조

지표와 결합한 장애나 질환의 증상을 평가하는 모델을 추천한다.

　주관적 안녕감은 긍정심리학 평가의 중요한 요인과 비슷한 것이다. 주관적 안녕감은 삶에 대한 개인의 정서적·인지적 평가이다(Diener, 2000). 주관적 안녕감은 아동의 지각된 삶의 질에 대한 이해를 통해 측정된다. 지각된 삶의 질은 "가장 중요한 필요, 목표 그리고 소망이 충족된 정도와 같은 개인의 주관적 평가"를 말한다(Frisch, 2000, p. 220). 지각된 삶의 질을 사용하는 데 있어서 긍정적인 칭찬 방식(지구적인 지각된 삶의 질)은 정신병리적 특성과 관련된 부정적 경험과 정서 그리고 행동의 완충제 역할을 한다(Huebner, Suldo, Smith, & McKnight, 2004). 따라서 지각된 삶의 질은 긍정적 적응 기능을 촉진하면서 정신병리적 상태를 예방하고 개선하는 강점을 발견하고 촉진한다. 현재의 연구는 높은 삶의 만족도는 긍정심리학의 기능과 관련된다는 사실을 가리킨다(Suldo & Huebner, 2004).

선별에 대한 보완적이고 포괄적인 접근법

　아동과 청소년에게 실시한 삶의 만족도 평가에 대한 연구는 초기 단계에 있지만, 그 문헌은 아동에게서 삶의 만족도를 평가하는 것이 정신질환과 정신적 안녕감에 관한 예측 정보를 제공할 수 있다는 유망한 증거를 제시한다(Huebner, 2004). 연구에서 특별히 강조한 점은 삶의 만족도의 감소가 정신병리의 발병률보다 앞선다는 것이다(Lewinsohn, Render, & Seeley, 1991). 삶의 만족도는 정신병리의 징조보다 다양한 구인을 측정한다(Huebner, 2004). Huebner가 개발한 삶의 만족도 척도(Life Satisfaction Scale)와 아동행동 체크리스트(CBCL; Achenbach & Edlebrock, 1991)의 청소년 자기보고(약식)를 결합한 요인은 내재적 질환, 외재적 질환과 지구적 삶의 만족도에 대한 세 가지 다른 개별적 구인을 발견했다(McKnight, Huebner, & Suldo, 2002). 선별 평가는 두 영역의 측정 도구를 사용할 때 개선된다는 사실을 밝혀냈다. 추가적으로 개인이 정신병리 증상이 없는 삶에 불만족할 수 있으며, 반대로 정신병리 증상이 삶의 만족도가 중간에서 높은 수준일 때도 발생할 수 있다고 밝혀냈다(Greenspoon & Saklofski, 2001; Suldo & Shaffer, 2008). 이는 삶의 만족도와 임상학적 진단 사이의 관계가 일치하지 않는다는 것을 의미한다(Huebner, 2004). 이 연구에서는 정신질환과 정신적 안녕감의 측정과 같은 개인의 기능에 대한 균형적인 평가의 중요성을 강조한다. 안녕감은 손상의 부재가 아니라 최적 기능을 증진하는 개인적이고 상호적인 강점이 있음을 의미한다(Kazdin, 1993).

심층적으로 살펴보자면, 최근 연구는 청소년에서 외부의 사회 자원과 낮은 수준의 정신병리 및 정신건강 문제 사이에 강력한 연결고리가 있다고 주장했다(Arthur, Hawkins, Pollard, Catalano, & Baglioni, Jr., 2002; Robert, Hoge, Andrews, & Leschied, 2006). 학교 유대감은 사회 자원 중에서 특히 중요한 것으로 꼽혔다(McNeely, Nonnemaker, & Blum, 2002). Resnick 등(1997)의 영향력 있는 연구를 시작으로 국가 청소년 건강 종단적 연구(National Longitudinal Study of Adolescent Health)를 사용하는 일련의 연구에서 청소년의 긍정적인 정신건강을 위한 학교 유대감의 중요성이 강조되었다. 이 연구에서 학교와의 긍정적인 사회 유대감 수준이 높다고 보고한 학생들은 정신병리 증상이 적었고, 약물중독이나 공격 행동과 같은 고위험 행동과도 연관성이 적었다는 사실을 밝혀냈다. 그 후에, 다른 많은 연구가 이 연관성을 반복해서 증명하고 확장했다(예: Anderman, 2002; Bonny, Britto, Klostermann, Hornung, & Slap, 2000; Klem & Connell, 2004).

그러나 대부분의 연구는 대부분은 횡적이거나 상관적이었다. 호주에서 학교기반의 정신건강 프로그램을 검토하는 연구에서, Shocet, Dadds, Ham과 Montague(2006)는 12~14세 학생 2,000명 이상을 대상으로 강점 및 난점 설문지(SDQ)에 따른 학교 유대감과 우울증과 불안에 대한 임상학적 척도의 측정법인 학교 구성원 척도의 심리적 감각(PSSM; Goodenow, 1993)을 적용했다. 12개월 주기로 두 번 조사가 실시됐기 때문에, 전통적인 증상기반의 선별 도구(SDQ)와 강점기반의 선별 도구(PSSM)의 상대적인 예측력을 평가할 수 있는 흔치 않은 기회를 선사한다.

Shochet 등(2006)의 연구에서는 강점기반의 선별 도구가 단지 증상기반의 선별 도구만이 아니라, 향후 정신건강 기능을 진단하는 데에도 잠재력이 있다는 증거를 제시한다. 시간 1 정신건강 증상의 심각도와 학교 수준의 영향을 통제하는 위계적 선형 모델을 이용하여 그들은 몇 가지 놀라운 관계를 밝혀냈다. 예를 들어, PSSM과 아동 우울증검사(CDI, -0.62) 및 SDQ (-0.60)의 상관관계는 대단히 중요했다. 심지어 횡단 연구 결과를 보면 PSSM 점수가 알려진 우울증 증상과 강력한 부적 상관관계가 있다는 사실을 보여 준다. 심지어 시간 2의 CDI와 SDQ 점수의 상관관계도 높았다. 실제로 시간 1의 PSSM과 시간 2의 CDI와 SDQ(모두 -0.49) 간의 상관관계는 시간 1-시간 2의 CDI(0.53)와 SDQ(0.52)의 상관관계와 거의 동일했다. 흥미로운 사실은 시간 1-시간 2의 PSSM과 CDI의 상관관계(-0.49)가 SDQ와 CDI의 상관관계 (0.42)보다 컸다는 점이다. 다시 말하면, 청소년 표본에 대해 PSSM 학교 유대감 측정은 SDQ만이 아니라 1년 후의 정신건강상 증상도 예측했다는 것이다. Texas, Loukas, Suzuki와 Horton (2006)은 10~14세의 학생들을 표본으로 한 유사한 연구에서 건강 추가 학교 유대감 척도(Add Health School Connectedness Scale)와 우울증 측정(-0.29) 및 행동 문제(-0.33) 간의 작지만 중요한 1년간의 상관관계를 보고했다.

Shochet 등(2006)의 연구는 정신건강 선별 도구에 안녕감 내용을 통합하려는 시도를 지지했으나, 어떤 측면의 안녕감과 보호 요인이 중요하게 포함되어야 할지를 진단하는 추가 연구가 진행되어야 한다. 이를테면, Bond 등(2007)은 다른 종단적 연구에서 8학년 학생들이 생각하는 학교와 사회에 대한 유대감을 측정했고, 이 학생들이 10학년이 되었을 때의 정신건강 적응을 예측했는가를 조사했다. 이 연구는 10학년에 우울증 척도에서 낮은 점수를 보인 8학년이 가진 긍정적인 학교 유대감의 중요성을 반복해서 증명했다. 그러나 흥미로운 점은 긍정적인 학교 유대감과 긍정적인 사회적 유대감의 조합이 학교 유대감, 사회적 유대감, 혹은 둘 다 낮은 것과 같은 낮은 수준의 정신건강 상태와 연관된 긍정적인 정신건강 상태의 최고의 예측변수였다는 것이다.

이 놀라운 연구 결과는 반복해서 연구되고 추가 연구될 가치가 있다. 실험 결과는 청소년의 정신건강과 안녕감을 검진하는 가장 효과적인 전략에 대한 아이디어를 촉진한다. 학교와 지역사회에 우울증과 다른 정신질환을 선별하도록 장려하는 것이 간단치 않지만, 학교 유대감과 안녕감 중심의 구인에 대해 설문하도록 설득하는 것이 더 쉬울 것이다. 정신질환과 관련된 부적절한 오명을 줄일 뿐 아니라, 학교들이 더 잘 해결하도록 자극받을 수 있는 문제에 중점을 둔다. 학교에서 정신건강상의 증상에 대해 선별을 실시할 때, 그것이 주로 정신건강 의뢰와 서비스로 이어진다는 인식을 자극할 수도 있다. 만약 학교가 학생들이 학교에 대해 애착심과 유대감에 대해 문의한다면, 도움이 필요한 학생들에게 응답할 책임은 학교와 지역사회에 있다. 이를테면, Shochet 등(2006)은 시간 1의 PSSM 척도의 한 지점에서 나타나는 남녀 차이는 시간 2의 CDI 점수에 대해 두 지점과 연관됐다고 밝혔다. 학교는 이러한 결과를 안 상태에서 PSSM 점수가 낮은 학생들을 선별할 수 있고 학교 유대감을 촉진하는 전략을 실시할 수 있다. 적정 수준에서 유대감을 증진시키는 시도는 1년 후의 우울증을 줄일 수 있다. 이 연구들이 초기 단계에 있지만, 학교가 보다 대응할 수 있는 안녕감 측정으로 미래의 정신건강 선별을 향상시킬 수 있는 범례가 될 것이다.

학생의 기능에 대한 포괄적인 관점을 제시하는 것 외에도, 강점기반의 관점에서 정보를 수집하는 것은 선별 과정에 참여하는 아동, 교사 그리고 부모가 원하는 것으로 보인다. 예를 들어, 동의하기를 주저하는 부모들이 '행복, 희망 그리고 안녕감을 선별하는 것'과 반대로 '정신건강 문제의 선별'에 어떻게 반응할까를 생각해 보자. '적응적 기능에 대한 정보를 포함해 강점기반의 관점에서 정보를 수집하는 잠재적 중요성'은 조기 진단을 위한 선별과 조기 중재에서 유용하다. 조기 중재에 대한 조기 진단의 동일한 목표가 강점기반의 접근법을 활용하면서도 오로지 주관적 안녕감의 긍정적 지표의 존재 여부에 집중하여 달성될 수 있을까? 이 질문은 의문이 남지만 명확히 새겨야 할 내용이다.

논의 및 결론

직관적 이해로 정신건강 문제를 진단하여 조기에 치료할 수 있지만, 조기 진단이 가능한지 여부를 생각해야 한다. 학교의 정신건강 제공자들은 정신건강 선별의 최선의 방법을 알려 주는 최근의 연구 결과를 면밀히 살펴볼 필요가 있다. 그 이유는 과거의 연구들이 선별 절차의 정확성에 대해 입장이 갈렸기 때문이다.

일부 연구는 학교기반의 정신건강 선별의 효율성을 지지한다. 예를 들면, Jones 등(2002)은 463명의 유치원생을 대상으로 간단한 행동 장애 선별 도구를 사용했다. 그 결과 6년이 흐른 후에 어떤 아동이 정서·행동장애와 정신질환, 특수교육 혹은 소년법원 서비스에 연루되어 있는지 확실하게 예견할 수 있었다. Kamphaus 등(2007) 종단적 연구에서 206명의 아동을 모집단으로 하는 유치원 교사 평정척도용 행동평가체계-아동용(Behavior Assessment System for Children Teacher Rating Scale—Child Version: BASC TRS-C; Reynolds & Kamphaus, 1992)을 사용했다. 이 실험에서 BASC TRS-C(BESS와 유사하게)의 선별 도구용이 행동 문제, 사회적 기술 문제, 우울증 및 학업 성취도 점수를 포함하여 1년 후의 상당한 범위의 결과를 예측했다.

DiStefano와 Kamphaus(2007)가 실시한 유사한 종단적 연구에서는 유아 버전인 BASC TRS-P(Reynolds & Kamphaus, 1992)에 대한 공인 타당도와 예언 타당도의 증거를 밝혀냈다. 특히 BASC TRS-P 축약형은 기타 정서 및 행동 지표 말고도 학교 환경, 규율 위반, 학업 문제 그리고 상담 의뢰에 대한 사회적 준비도를 예측했다.

Lane 등(2007)은 학생 528명을 대상으로 학생 위험도 선별척도(Student Risk Screening Scale: SRSS; Drummond, 1994) 결과를 바탕으로 저위험, 중위험, 고위험 집단으로 분류하는 추가적인 선별 증거를 확보했다. 연구 결과를 보면 지도 의뢰와 정학이 많은 고위험 집단일수록 생활지도부 훈련 의뢰와 교내 정학과 같은 행동상의 결과로 구분될 수 있다. Briggs-Gowan과 Carter(2008)는 추가 연구를 진행하여 CBDL과 교사 보고용(Achenbach & Rescorla, 2001)으로 측정한 표준화된 도구로 유년기(12~36개월) 경험에 대한 선별로 초등학생(유치원과 1학년) 시기에 심각한 정서·행동장애를 보이는 아동을 발견했다고 보고했다. 정리하자면, 이 연구 결과는 추가 연구가 필요하지만 조기 중재가 가능하다는 증거를 제시한다.

학교기반의 선별에 예언 타당도가 없다고 주장하는 다른 연구에서는 추가 연구가 필요함을 역설한다. 예를 들어, 국립정신건강연구소 아동 진단면담 스케줄-4(National Institute of Mental Health Diagnostic Interview Schedule for Children-IV: NIMH-DISC-4)에 의해 확인된 것처럼 정신건강 진단을 예측하기 위해 정신건강 선별 도구인 아동 예측척도 진단 면담 스케줄-8(Diagnostic Interview Schedule for Children Predictive Scales 8: DPS-8)의 능력을 조사한 연구 결과는 선별 도구가 진단을 정확하게 예측하지 못함을 지적했다(Robert, Stuart, & Lam, 2008). 캐나다 고등학생 153명을 모집단으로 하여 DPS-8은 정신의학적 진단을 받은 고등학생의 53.1%만 정확하게 발견했다. 게다가 Najman 등(2007)은 우울과 불안의 이후 증상의 위험도를 선별했고, 심각한 정신건강 문제가 나타난 이후의 사례 중 단지 일부만 확인할 수 있었다. 사례가 되는 것은 청소년이 심각한 증상이 나타날지도 모르는 단기간의 삶의 난관에 대처하는 것이다. 그러나 시간이 경과하면서 이러한 증상이 약화되고 그리고/또는 내적 자산과 외부의 사회적 자원 덕분에 청소년은 난관을 해결할 수 있다. 실제로 연구자들은 "유년 시절에 걸린 정신질환의 증상을 보이는 이들을 발견하고 치료하는 현재의 움직임"에 도전한 것이다(Najman et al., 2007, p. 694).

이쯤에서 논의를 마무리하려고 한다. 우리가 아동에 대한 인도적인 치료를 제공하는 것에 대한 관심은 정서적 고통의 징후에 대해서도 꼼꼼히 살펴보는 노력이 필요하다고 느끼기 때문이다. 이 장에서 논의한 선별 접근법이 무엇이든 간에 학교가 실시하고, 학교의 정신건강 제공자들이 학부모와 학생의 권리를 존중하기 위해 정보가 적절하게 해설되도록 하기 위해 최신

〈표 4-3〉 정신건강 선별 실행 시 고려 사항

1. 계획과 실행 팀 수립
 • 발전과 의사결정에 도움을 주는 핵심 이해 당사자들(직원, 지역사회 건강 전문가, 학부모, 학생)을 파악한다. 기존 팀(예: 학교 안전팀)과의 연합을 고려한다.
 • 팀의 각 구성원에게 역할을 배분한다.
2. 선별의 근거와 목표 설정
 • 선별의 목적은 무엇인가? 기대되는 결과는 무엇인가?
 • 그것을 수행하는 데 있어 학교와 지역사회가 편안해하는 수준은 어디까지인가?
 • 수집한 정보로 무엇을 할 수 있는가? 문제를 해결하기 위해 어떤 서비스가 필요한가?
 • 인구기반의 수요 조사 및 청소년 선별에 초점을 맞추고 있는가?
 • 정신건강 문제의 평가에 초점을 맞추고 있는가, 안녕감을 평가하는 것에 초점을 맞추고 있는가, 아니면 둘 다에 초점을 맞추고 있는가?
 • 어떤 방법으로 수혜 학생, 직원, 학교 그리고/또는 지역사회를 선별할까?
3. 자원 이해
 • 학교와 지역사회 내에서 현재 이용 가능한 자료, 자원, 서비스를 파악한다.
 • 미래의 필요에 대한 역량을 세우기 위해 작업하는 한편, 현재 역량에 적합한 선별 프로그램을 설계한다.
 • 선별에 대한 예산안을 개발한다.
 • 의도된 사용, 기술적 적합성 그리고 유용성에 근거하여 선별 도구를 평가하고 결정한다.
4. 실행 계획 세우기
 • 다음을 고려하면서, 선별 일정을 계획한다. 데이터 수집에 누가 참여하게 될 것인가(교사용, 부모용, 학생용)? 매년 얼마나 자주 그리고 언제 선별을 시행할 것인가? 각 학생들을 진단할 때 어떻게 부모 동의를 얻을 것인가? 실용적 시간과 실제 데이터 수집을 위한 공간적인 고려 사항은 무엇일까? 선별 실행에 앞서 학생, 직원, 학부모 그리고 지역사회를 어떻게 교육할 것인가?
5. 후속 조치
 • 데이터를 어떻게 분석하고 어떻게 활발한 의사소통이 격려되는 방식으로 요약할 것인가?
 • 어떻게 학생, 가족, 직원 그리고 지역사회와 정보를 공유할지 결정한다.
 • 선별 결과를 서비스와 중재에 연결시킨다.
 • 선별 절차를 비판적으로 평가하고 제공된 서비스의 효과성을 지켜본다.

연구 자료가 선별의 실행을 변경하는 데 이용될 수 있도록 보조 역할을 할 수 있다.

〈표 4-3〉은 학교 정신건강 제공자들이 학교기반의 선별에 중요한 상담과 리더십을 발휘하는 것의 필요성을 인식하면서 학교가 정신건강과 안녕감에 관한 검진 프로그램을 실시함과 동시에 사전에 고려해야 할 필수 사항과 절차 목록을 제시하고 있다. 최근 조기 중재 기술의 향상으로 조기 중재 분야가 발전한 반면(Levitt et al., 2007), 아직 최적화된 선별 절차 및/또는 사용하는 선별 도구에 대한 합의는 없는 실정이다. 따라서 선별 도구에 대한 추가 연구와 개발이 필요하며, 종단적 연구는 최근 BESS(United States Department of Education, Institute for Education Sciences, Grant #R32B060033B, Kamphaus와 DiStefano에게 수여)와 같은 선별 도구

의 신뢰도와 타당도에 관한 추가 증거를 제시하고 있는 상황이다. 더 많은 질문이 제기되고 답변될 것이고 이후에 일부 선별 절차에 대한 실증적 검증 작업이 진행되어야겠지만, 사전에 모순되는 결과와 밝혀지지 않은 답변 때문에 선별을 중단하는 것은 이르다.

조기 발견과 조기 중재에 대해서 체계가 정교하게 구축되기 전까지 조치를 취하지 않고 기다리는 것을 권장하지 않는다는 것은 널리 알려진 사실이다. 학교 정신건강 제공자들은 학교와 지역사회에 사용하기 적합한 선별 프로그램의 실행 과정을 시작하는 데 주도적인 역할을 하는 특별한 위치에 있다. 학교는 이미 데이터를 사용하기 시작할 수 있고(예: 소아과 청소년 위험행동 확인조사의 결과) 그리고/또는 그 학생들의 정신건강 상태를 관찰하기 위한 추가 선별 자료를 수집한다. 정신건강 필요가 충족되지 않은 학생들을 도울 역량을 구축하는 한편 이 데이터를 이용하여 서비스 전달과 중재 방법을 알려 주기 시작할 수 있다. 서비스 체계는 가족과 아동의 요구에 반응하는 조직화된 치료 체계를 제공하기 위해 협력적으로 작동할 수 있다. 도움이 필요한 것으로 진단받은 아동에게 기록된 증거로 조기 발견과 예방책이 지속적으로 실시될 수 있다. 앞으로 할 일이 훨씬 많겠지만, 여기서 논의한 개념과 지침이 어떻게 정신건강과 안녕감에 대해 원활한 선별을 실시할지에 대해서 학교 정신건강 제공자, 운영자, 교사 및 학부모 간의 대화를 활발하게 나누기를 기대한다. 또한 대화 이후에 아동과 청소년의 충족되지 않은 정신건강 요구에 의도적으로 반응하고 관찰하는 중요한 일이 시작되기를 기대한다.

참고문헌

Achenbach, T. M., & Edelbrock, C. (1983). *Manual for the Child Behavior Checklist and revised child behavior profile*. Burlington, VT: Queen City Printers.

Achenbach, T. M., & Edelbrock, C. (1991). *Manual for the youth self-report and profile*. Burlington, VT: University of Vermont Department of Psychiatry.

Achenbach, T. M., McConaughy, S. H., & Howell, C. T. (1987). Child/adobehavioral and emotional problems: Implications of cross-informant correlations for situational specificity. *Psychological Bulletin, 101*, 213-232.

Achenbach, T. M., & Rescorla, L. A. (2001). *Manual for ASEBA school-age forms & profiles*. Burlington, VT: University of Vermont Department of Psychiatry.

Adelman, H. S., & Taylor, L. (2006). *The school leader's guide to student learning supports: New directions for addressing barriers to learning.* Thousand Oaks, CA: Corwin Press.

American Psychiatric Association. (1994). *Diagnostic and statistical manual of mental disorders* (4th ed.). Washington, DC: Author.

Anderman, E. (2002). School effects on psychological outcomes in adolescence. *Journal of Educational Psychology, 94,* 795-809.

Arthur, M. W., Hawkins, J. D., Pollard, J. A., Catalano, R. F., & Baglioni, A. J. Jr. (2002). Measuring risk and protective factors for substance use, delinquency, and other adolescent problem behaviors: The Communities that Care Survey. *Evaluation Review, 26,* 575-601.

Atkins, M. S., Frazier, S. L., Adil, J. A., & Talbott, E. (2003). School-based mental health services in urban communities. In M. D. Weist, S. W. Evans, & N. A. Lever (Eds.), *Handbook of school mental health: Advancing practice and research. Issues in clinical child psychology* (pp. 165-178). New York: Kluwer Academic/Plenum.

Atkins, M. S., Graczyk, P. A., Frasier, S. L., & Abdul-Adil, J. (2003). Toward a new model for promoting urban children's mental health: Accessible, effective and sustainable school-based mental health services. *School Psychology Review, 32,* 503-514.

Benner, N. D., Kann, L., Garcia, D., MacDonald, G., Ramsey, F., Honeycutt, S., Hawkins, J., Kinchen, S. A., & Harris, W. A. (2007). Youth Risk Behavioral Surveillance—United States, 2005. *Morbidity and Mortality Weekly Report, 56,* SS-2.

Benner, N. D., Kann, L., McManus, T., Kinchen, S. A., Sundberg, C., & Ross, J. G. (2002). Reliability of the 1999 Youth Risk Behavior Survey Questionnaire. *Journal of Adolescent Health, 31,* 336-342.

Biederman, J., Keenan, K., & Faraone, S. V. (1990). Parent-based diagnosis of attention deficit hyperactivity disorder prdicts a diagnosis based on teacher report. *Journal of the American Academy of Child and Adolescent Psychiatry, 29,* 698-701.

Bond, L., Butler, H., Thomas, T., Carlin, J., Glover, S., Bowes, G., & Patton, G. (2007). Social and school connectedness in early secondary school as predictors of late teenage substance use, mental health, and academic outcomes. *Journal of Adolescent Health, 40,* 357e9-357e18.

Bonny, A. E., Britto, M. T., Klostermann, B. K., Hornung, R. W., & Slap, G. B. (2000). School disconnectedness: Identifying adolescents at risk. *Pediatrics, 106,* 1017-1021.

Bourdon, K. H., Goodman, R., Rae, D. S., Simpson, G., & Koretz, D. S. (2005). The strengths and difficulties questionnaire: U.S. normative data and psychometric properties. *Journal of the American Academy of Child & Adolescent Psychiatry, 44,* 557-564.

Bradshaw, C. P., Buckley, J. A., & Ialongo, N. S. (2008). School-based service utilization among urban children with early onset educational and mental health problems: The squeaky wheel phenomenon. *School Psychology Quarterly, 23,* 169-186.

Briggs-Gowan, M. J., & Carter, A. S. (2008). Social-emotional screening status in early childhood predicts elementary school outcomes. *Pediatrics, 121,* 957-962.

Burns, B. J., Costello, E. J., Angold, A., Tweed, D., Stangl, D., Farmer, E. M. Z., et al. (1995). Children's mental health service use across service sectors. *Health Affairs, 14,* 149-159.

Caldarella, P., Young, E. L., Richardson, M. J., Young, B. J., & Young, K. R. (2008). Validation of the Systematic Screening for Behavior Disorders in middle and junior high school. *Journal of Emotional and Behavioral Disorders, 16,* 105-117.

Catalano, R. F., Haggerty, K. P., Oesterle, S., Fleming, C. B., & Hawkins, J. D. (2004). The importance of bonding to school for healthy development: Findings from the Social Development Research Group. *Journal of School Health, 74,* 252-261.

Catron, T., & Weiss, B. (1994). The Vanderbilt school-based counseling program: An interagency, primary-care model of mental health services. *Journal of Emotional and Behavioral Disorders. Special Series: Center for Mental Health Services Research Projects, 2,* 247-253.

Cowen, E. L. (1991). In pursuit of wellness. *American Psychologist, 46,* 404-408.

Cowen, E. L., & Kilmer, R. P. (2002). Positive psychology: Some plusses and some open issues. *Journal of Community Psychology, 30,* 449-460.

Desrochers. (2006). Prevention in practice: Resources for school psychologists. *Communique, 35,* 1-4.

Diener, E. (2000). Subjective well-being: The science of happiness and a proposal for a national index. *American Psychologist, 55,* 34-43.

Diener, E., Suh, E. M., Lucas, R. E., & Smith, H. L. (1999). Subjective well-being: Three decades of progress. *Psychological Bulletin, 125,* 276-302.

DiStefano, C. A., & Kamphaus, R. W. (2007). Development and validation of a behavioral screener for preschool-age children. *Journal of Emotional and Behavioral Disorders, 15,* 93-102.

Doll, B., & Cummings, J. (2008). Best practices in population-based school mental health services. In A. Thomas & J. Grimes (Eds.), *Best practices in school psychology V* (pp. 1333-1347). Bethesda, MD: National Association of School Psychologists.

Duncan, B., Forness, S. R., & Hartsough, C. (1995). Students identified as seriously emotionally disturbed in day treatment: Cognitive, psychiatric, and special education characteristics. *Behavioral Disorders, 20,* 238-252.

Eaton, D. K., Kann, L., Kinchen, S. A., Ross, J. G., Hawkins, J., Harris, W. A., Lowrey, R., McManus, T., Chyen, D., Shanklin, S., Lim, C., & Gruenbarum, J. (2006). Youth Risk Behavioral Surveillance—United States, 2005. *Morbidity and Mortality Weekly Report, 55,* SS-5.

Franca, V. M., Kerr, M. M., Reitz, A. L., & Lambert, D. (1990). Peer tutoring among behaviorally disordered students: Academic and social benefits to tutor and tutee. *Education and Treatment of Children, 13,* 109-128.

Frisch, M. B. (2000). Improving mental and physical health care through quality of life therapy and assessment. In E. Diener & D. R. Rahtz (Eds.), *Advance in quality of life theory and research* (pp. 207-241). Dordrecht, Netherlands: Kluwer Academic.

Frisch, M. B. (2006). *Quality of life therapy: Applying a life satisfaction approach to positive psychology and cognitive therapy*. New York: John Wiley.

Georgetown University. (2002). *Bright futures: Tools for professionals*. Retrieved September 8, 2008, from www.brightfutures.org/mentalhealth/pdf/professionals/ped_sympton_chklist.pdf

Glantz, M. D., & Johnson, J. L. (Eds.). (1999). *Resilience and development: Positive life adaptations*. New York: Kluwer Academic Press/Plenum.

Glover, T. A., & Albers, C. A. (2007). Considerations for evaluating universal screening assessments. *Journal of School Psychology, 45,* 117-135.

Goodenow, C. (1993). The psychological sense of school membership among adolescents: Scale development and educational correlates. *Psychology in the Schools, 30,* 99-113.

Goodman, R. (1997). The Strengths and Difficulties Questionnaire: A research note. *Journal of Child Psychology, Psychiatry, and Allied Disciplines, 38,* 581-586.

Goodman, R. (1999). The extended version of the Strengths and Difficulties Questionnaire as a guide to child psychiatric caseness and consequent burden. *Journal of Child Psychology, Psychiatry, and Allied Disciplines, 40,* 791-799.

Goodman, R. (2001). Psychometric properties of the Strengths and Difficulties Questionnaire. *Journal of the American Academy of Child and Adolescent Psychiatry, 40,* 1337-1345.

Goodman, R., & Scott, S. (1999). Comparing the Strengths and Difficulties Questionnaire and the Child Behavior Checklist: Is small beautiful? *Journal of Abnormal Child Psychology, 27,* 17-24.

Greenbaum, P. E., Dedrick, R. F., Friedman, R., Kutash, K., Brown, E., Larderi, S., & Pugh, A. (1996). National adolescent and child treatment study (NACTS): Outcomes for individuals with serious emotional and behavioral disturbance. *Journal of Emotional and Behavioral Disorders, 4,* 130-146.

Greenspoon, P. J., & Saklofski, D. H. (2001). Toward an integration of subjective well-being and psychopathology. *Social Indicators Research, 54,* 81-108.

Gruenbaum, J., Kann, L., Kincjen, S. A., Williams, B., Ross, J. G., Lowrey, R., & Kolbe, L. (2002). Youth Risk Behavioral Surveillance—United States, 2001. *Morbidity and Mortality Weekly Report, 51,* SS-4.

Gruenbaum, J., Kann, L., Kincjen, S. A., Williams, B., Ross, J. G., Hawkins, J., Lowrey, R., Harris, W. A., McManus, T., Chyen, D., & Collins, J. (2004). Youth Risk Behavior Surveillance—United States, 2003. *Morbidity and Mortality Weekly Report, 53,* SS-2.

Hazell, P. (2007). Does the treatment of mental disorders in childhood lead to a healthier adulthood? *Child and Adolescent Psychiatry, 20,* 315-318.

Hogan, M. F. (2003). *The President's New Freedom Commission on Mental Health*. Retrieved September 5, 2008, from www.mentalhealthcommission.gov/reports/FinalReport/downloads/downloads.html

Huebner, E. S. (1991). Initial development of the Students' Life Satisfaction Scale. *School Psychology International, 12,* 231-240.

Huebner, E. S. (2004). Research on assessment of life satisfaction of children and adolescents. *Social Indicators Research, 66*(1-2), 3-33.

Huebner, E. S., Suldo, S. M., Smith, L. C., & McKnight, C. G. (2004). Life satisfaction in children and youth: Empirical foundations and implications for school psychologists. *Psychology in the Schools, 41,* 81-93.

Hysing, M., Elgen, I., Gillberg, C., Lie, S. A., & Lundervold, A. J. (2007). Chronic physical illness and mental health in children. Results from a large-scale population study. *Journal of Child Psychology and Psychiatry, 48,* 785-792.

Jellinek, M. S., Murphy, J. M., Little, M., Pagano, M. E., Comer, D. M., & Kelleher, K. J. (1999). Use of the Pediatric Symptom Checklist (PSC) to screen for psychosocial problems in pediatric primary care: A national feasibility study. *Archives of Pediatric and Adolescent Medicine, 153,* 254-260.

Johnston, C., & Murray, C. (2003). Incremental validity in the psychological assessment of children and adolescents. *Psychological Assessment, 15,* 496-507.

Jones, D., Dodge, K. A., Foster, E. M., & Nix, R. (2002). Early identification of children at risk for costly mental health service use. *Prevention Science, 3,* 247-256.

Joseph, S., & Linley, P. A. (2006). *Positive therapy: A meta-theory for positive psychological practice*. New York: Routledge.

Kamphaus, R. W., & Reynolds, C. R. (2007). *BASC-2 Behavioral and Emotional Screening System Manual*. Circle Pines, MN: Pearson.

Kamphaus, R. W., Thorpe, J., Winsor, A. P., Kroncke, A., Dowdy, E. T., & VanDeventer, M. (2007). Development and predictive validity of a teacher screener for child behavioral and emotional problems at school. *Educational and Psychological Measurement, 67,* 342-356.

Kazdin, A. E. (1993). Adolescent mental health: Prevention and treatment programs. *American Psychologist, 48,* 127-141.

Keyes, C. L. M. (2009). The nature and importance of positive mental health in America's adolescents. In R. Gilman, E. S. Huebner, & M. J. Furlong (Eds.), *Handbook of positive psychology in the schools* (pp. 9-24). New York: Taylor & Francis.

Keyes, C. L. M., & Lopez, S. J. (2002). Toward a science of mental health: Positive directions in diagnosis and intervention. In C. R. Snyder & S. J. Lopez (Eds.), *Handbook of positive psychology* (pp. 45-59). New York: Oxford University Press.

Kleiver, A., & Cash, R. E. (2005). Characteristics of a public health model of a mental health service delivery. *Communiqué, 34,* 19.

Klem, A. M., & Connell, J. P. (2004). Relationships matter: Linking teacher support to student engagement and achievement. *Journal of School Health, 74,* 262-273.

Kutash, K., Duchnowski, A. J., & Lynn, N. (2006). *School-based mental health: An empirical guide for decision-makers.* Tampa: University of South Florida, Louis de la Parte Florida Mental Health Institute, Dept. of Child and Family Studies, Research and Training Center for Children's Mental Health.

Lampropoulos, G. K. (2001). Integrating psychopathology, positive psychology, and psychotherapy. *American Psychologist, 56,* 87-88.

Lane, K. L., Carter, E. W., Pierson, M. R., & Glaeser, B. C. (2006). Academic, social, and behavioral characteristics of high school students with emotional disturbances or learning disabilities. *Journal of Emotional and Behavioral Disorders, 14,* 108-117.

Lane, K. L., Parks, R. J., Kalberg, J. R., & Carter, E. W. (2007). Systematic screening at the middle school level: Score reliability and validity of the Student Risk Screening Scale. *Journal of Emotional and Behavioral Disorders, 15,* 209-222.

Leon, A. C., Kathol, R., Portera, L., Farber, L., Olfson, M., Lowell, K. N., & Sheehan, D. V. (1999). Diagnostic errors of primary care screens for depression and panic disorder. *International Journal of Psychiatry in Medicine, 29,* 1-11.

Levitt, J. M., Saka, N., Romanelli, L. H., & Hoagwood, K. (2007). Early identification of mental health problem in schools: The status of instrumentation. *Journal of School Psychology, 45,* 163-191.

Lewinsohn, P. M., Redner, J. E., & Seeley, J. R. (1991). The relationship between life satisfaction and psychosocial variables: New perspectives. In F. Stack, M. Argyle, & N. Schwarz (Eds.), *Subjective well-being: An interdisciplinary perspective international series in experimental social psychology* (Vol. 21, pp. 141-169). Elmsford, NY: Pergamon.

Little, M., Murphy, J. M., Jellinek, M. S., Bishop, S. J., & Arnett, H. L. (1994). Screening 4- and 5-year-old children for psychosocial dysfunction: A preliminary study with the Pediatric Symptom Checklist. *Journal of Developmental and Behavioral Pediatrics, 15,* 191-197.

Lochman, J. E., & Conduct Problems Prevention Research Group. (1995). Screening of child behavior problems for prevention programs at school entry. *Journal of Consulting and Clinical Psychology, 63,* 549-559.

Loukas, A., Suzuki, R., & Horton, K. D. (2006). Examining school connectedness as a mediator of school climate effects. *Journal of Research on Adolescence, 16,* 491-502.

Masten, A. S. (2001). Ordinary magic: Resilience processes in development. *American Psychologist, 56,* 227-238.

McKnight, C., Huebner, E. S., & Suldo, S. (2001). Relationships among stressful life events, temperament, problem behavior, and global life satisfaction in adolescents. *Psychology in the Schools, 39,* 677-687.

McNeely, C. A., Nonnemaker, M., & Blum, W. (2002). Promoting school connectedness: Evidence from the National Longitudinal Study of Adolescent Health. *Journal of School Health, 72,* 138-146.

Mellor, D. (2004). Furthering the use of the Strengths and Difficulties Questionnaire: Reliability with younger child respondents. *Psychological Assessment, 16,* 396-401.

Mills, C., Stephan, S. H., Moore, E., Weist, M. D., Daly, B. P., & Edwards, M. (2006). The President's New Freedom Commission: Capitalizing on opportunities to advance school-based mental health services. *Clinical Child and Family Psychology Review, 9,* 149-161.

Molina, B. S. G., & Pelham, W. E. (2003). Childhood predictors of adolescent substance use in a longitudinal study of children with ADHD. *Journal of Abnormal Psychology, 112,* 497-507.

Murphy, J. M., Jellinek, M., & Milinsky, S. (1989). The Pediatric Symptom Checklist: Validation in the real world of middle school. *Journal of Pediatric Psychology, 14,* 629-639.

Nagle, R. J., & Gagnon, S. G. (2008). Best practices in planning and conducting needs assessment. In A. Thomas & J. Grimes (Eds.), *Best practices in school psychology—V* (pp. 2207-2224). Bethesda, MD: National Association of School Psychologists.

Najman, J. M., Heron, M. A., Hayatbakhsh, M. R., Dingle, K., Jamrozik, K., Bor, W., et al. (2007). Screening in early childhood for risk of later mental health problems: A longitudinal study. *Journal of Psychiatric Research, 42,* 694-700.

Nastasi, B. K. (2004). Promotion of mental health. In R. T. Brown (Ed.), *Handbook of pediatric psychology in school settings* (pp. 99-114). Mahwah, NJ: Lawrence Erlbaum.

Oswald, D. P., Best, A. M., Coutinho, M. J., & Nagle, H. A. (2003). Trends in the special education identification rates of boys and girls: A call for research and change. *Exceptionality, 11,* 223-237.

Pagano, M. E., Cassidy, L. J., Little, M., Murphy, J. M., & Jellinek, M. S. (2000). Identifying psychosocial dysfunction in school-age children: The Pediatric Symptom Checklist as a self-report measure. *Psychology in the Schools, 37,* 91-106.

Pediatric Symptom Checklist. (n.d.). Retrieved June 9, 2008, from www.brightfutures.org/mental-health/pdf/professionals/ped_sympton_chklst.pdf

Peterso, C. (2006). *A primer in positive psychology.* Oxford, England: Oxford University Press.

Reid, R., Gonzalez, J. E., Nordness, P. D., Trout, A., & Epstein, M. H. (2004). A meta-analysis of the academic status of students with emotional/behavioral disturbance. *The Journal of Special Education, 38,* 130-143.

Reise, S. P., Waller, N. G., & Comrey, A. L. (2000). Factor analysis and scale revision. *Psychological*

Assessment, 12, 287-297.

Resnick, W. M., Bearman, P. S., Blum, R. W., Bauman, K. E., Harris, K. M., Jones, T. J., Beuhring, T., Sieving, R. E., Shew, M., Ireland, M., Bearinger, L. H., & Udry, J. R. (1997). Protecting adolescents from harm: Findings from the National Longitudinal Study on Adolescent Health. *Journal of the American Medical Association, 278,* 823-832.

Reynolds, C. R., & Kamphaus, R. W. (1992). *Behavior Assessment System for Children.* Circle Pines, MN: American Guidance Service.

Reynolds, C. R., & Kamphaus, R. W. (2004). *Behavior Assessment System for Children II.* Circle Pines, MN: American Guidance Service.

Reynolds, W. M. (1992). Depression in children and adolescents. In W. M. Reynolds (Ed.), *Internalizing disorders in children and adolescents* (pp. 149-253). New York: Wiley.

Robert, D., Hoge, R. D., Andrews, D. A., & Leschied, A. W. (2006). An investigation of risk and protective factors in a sample of youthful offenders. *Journal of Child Psychology and Psychiatry, 37,* 419-424.

Roberts, N., Stuart, H., & Lam, M. (2008). High school mental health survey: Assessment of a mental health screen. *Canadian Journal of Psychiatry, 53,* 314-322.

Romer, D., & McIntosh, M. (2005). The roles and perspectives of school mental health professionals in promoting adolescent mental health. In D. L. Evans, E. B. Foa, R. E. Gur, H. Hendin, C. P. O'Brien, M. E. P. Seligman, & B. T. Walsh (Eds.), *Treating and preventing adolescent mental health disorders: What we know and what we don't know* (pp. 598-615). New York: Oxford University Press.

Rones, M., & Hoagwood, K. (2000). School-based mental health services: A research review. *Clinical Child and Family Psychology Review, 3,* 223-241.

Scales, P. C., & Leffert, N. (1999). *Developmental assets: A synthesis of the scientific research on adolescent development.* Minneapolis, MN: The Search Institute.

SDQ Scoring Online Homepage. (n.d.). Retrieved May 27, 2008, from www.sdqscore.net

Seligman, M. E. P. (1995). *The optimistic child.* New York: Harper Collins.

Seligman, M. E. P. (2002). *Authentic happiness.* New York: Free Press.

Seligman, M. E. P., & Csikszentmihalyi, M. (2000). Positive psychology: An introduction. *American Psychologist, 55,* 5-14.

Severson, H. H., Walker, H. M., Hope-Doolittle, J., Kratochwill, T. R., & Gresham, F. M. (2007). Proactive, early screening to detect behaviorally at-risk students: Issues, approaches, emerging innovations, and professional practices. *Journal of School Psychology, 45,* 193-223.

Shochet, I. M., Dadds, M. R., Ham, D., & Montague, R. (2006). School connectedness is an underemphasized parameter in adolescent mental health: Results of a community prediction study. *Journal of Clinical Child and Adolescent Psychology, 35,* 170-179.

Short, R. J. (2003). Commentary: School psychology, context and population-based practice. *School Psychology Review, 32,* 181-184.

Simonian, S. J., & Tarnowski, K. J. (2001). Utility of the Pediatric Symptom Checklist for behavioral screening of disadvantaged children. *Child Psychiatry and Human Development, 31,* 269-278.

Slade, E. P. (2002). Effects of school based mental health programs on mental health service use by adolescents at school and in the community. *Mental Health Service Research, 4,* 151-166.

Smith, G. T., McCarthy, D. M., & Anderson, K. G. (2000). On the sins of short-form development. *Psychological Assessment, 12,* 102-111.

Spielberger, J., Haywood, T., Schuerman, J., & Richman, H. (2004). *Third-year implementation and second-year outcome study of the Children's Behavioral Health Initiative, Palm Beach County, Florida.* University of Chicago, Chapin Hall Center for Children.

Stoep, A. V., McCauley, E., Thompson, K. A., Herting, J. R., Kuo, E. S., Stewart, D. G., Anderson, C. A., & Kushen, S. (2005). Universal emotional health screening at the middle school transition. *Journal of Emotional and Behavioral Disorders, 13,* 213-223.

Stoppelbein, L., Greening, L., Jordan, S. S., Elkin, T. D., Moll, G., & Pullen, J. (2005). Factor analysis of the pediatric symptom checklist with a chronically ill pediatric population. *Journal of Developmental and Behavioral Pediatrics, 26,* 349-355.

Suldo, S. M., & Huebner, E. S. (2004). Does life satisfaction moderate the effects of stressful life events on psychopathological behavior during adolescence? *School Psychology Quarterly, 19,* 93-105.

Suldo, S. M., & Shaffer, E. J. (2008). Looking beyond psychopathology: The dual-factor model of mental health in youth. *School Psychology Review, 37,* 52-68.

Systematic Screening for Behavior Disorders. (n.d.). Retrieved May 27, 2008, from www.ed.gov/pubs/EPTW/eptw12/eptw12h.html

Taylor, B. J., Graham, J. W., Cumsille, P., & Hansen, W. B. (2000). Modeling prevention program effects on growth in substance abuse: Analysis of five years of data from the Adolescent Alcohol Prevention Trial. *Prevention Science, 1,* 183-197.

Taylor, E., Chadwick, O., Heptinstall, E., & Danckaerts, M. (1996). Hyperactivity and conduct problems as risk factors for adolescent development. *Journal of the American Academy of Child & Adolescent Psychiatry, 35,* 1213-1226.

Tomb, M., & Hunter, L. (2004). Prevention of anxiety in children and adolescents in a school setting: The role of school-based practitioners. *Children & Schools, 26,* 87-101.

United States Department of Education. (1995). Educational programs that work. Retrieved September 5, 2008, from www.ed.gov/pubs/EPTW/eptw12/eptw12h.html

United States Department of Education. (2001). *Twenty-third annual report to Congress on the implementation of the Individuals with Disabilities Education Act.* Washington, DC: Author.

Wagner, M., Kutash, K., Duchnowski, A. J., & Epstein, M. H. (2005). The special education elementary longitudinal study and the national longitudinal transition study: Study designs and implications for children and youth with emotional disturbance. *Journal of Emotional & Behavioral Disorders, 13,* 25-41.

Walker, H. M., Nishioka, V. M., Zeller, R., Severson, H. H., & Fell, E. G. (2000). Causal factors and potential solutions for the persistent under identification of students having emotional or behavioral disorders in the context of schooling. *Assessment for Effective Intervention, 26,* 29-39.

Walker, H. M., & Severson, H. H. (1992). Systematic screening for behavior disorders (SSBD) (2nd ed.). Longmont, CO: Sopris West.

Walker, H. M., & Severson, H. H. (1994). Replication of the Systematic Screening for Behavior Disorders (SSBD) procedure for the identification of at-risk children. *Journal of Emotional & Behavioral Disorders, 2,* 66-77.

Zigmond, N. (2006). Twenty-four months after high school: Paths taken by youth diagnosed with severe emotional and behavioral disorders. *Journal of Emotional and Behavioral Disorders, 14,* 99-107.

Hill M. Walker and Herbert H. Severson(오리건 대학교 연구소)
Gale Naquin, Cynthia D'Atrio(뉴올리언스 대학교)
Edward G. Feil(오리건 대학교 연구소)
Leanne Hawken, Christian Sabey(유타 대학교)

Chapter **5**

중재 반응 – 긍정적 행동 지원 환경 내에서의 보편적 선별 체계 실행

학교심리학, 아동 정신건강 그리고 특수교육 분야의 전문가들은 조기 선별, 중재 및 예방책이 위험군 아동과 청소년에게 이후에 나타날 파괴적 행동장애를 성공적으로 줄이는 긍정적인 영향에 대해 알고 있다(Dodge, 2008; Weissberg, 2005). 전국학교심리학자협회에서 보편적인 토대에서 아동과 청소년의 예방 치료를 활성화하고자 하는 노력이 중요한 입학 시기와 모든 아동이 원만하게 학교생활을 시작할 수 있도록 보장하는 필요성을 가리키는 증거로 인해 탄력을 받고 있다(NASP Position Statement on Early Childhood Care and Education, 2002).

성공적인 학교생활은 학교 유대감, 참여 그리고 애착을 촉진할 수 있으며, 결과적으로 차후의 파괴적 결과에 반해 보호하는 강력한 영향력을 행사한다. 다시 말하면, 백신이나 예방 접종과 같이 장기적으로 작용할 잠재성을 갖는 것이다(Embry, 2002). 아동의 성공적인 첫 학교생활을 보장해 주는 것에 맞춰진 학부모, 친구 그리고 교사들이 참여하는 포괄적인 조기 중재 접근법은 이러한 보호 영향력을 발달시키는 검증된 방법이다(Hawkins, Catalano, Kosterman, Abbott, & Hill, 1999).

체계적인 종단적 연구에서는 청소년기 비행의 상당수가 유년기에 뿌리를 두고 있다고 보고한다(Kazdin, 1987; Loeber & Farrington, 1998; Patterson, Reid, & Dishion, 1992; Eddy, Reid, & Curry, 2002 참조). 이 연구에서 밝히는 종단적 증거는 취약한 아동의 이후의 삶에 긍정적으로 작용하는 경험적 정책 지원을 제시하는데, 아동의 초기 발달에 미치는 위험 요인과 연관된 행동 문제를 해결하고, 일련의 학업 성공과 사회적 유효성에 상당히 기여하는 학업 및 사회적 준비 기술을 발달시키는 방식을 채택했다(Dodge, 2008; Durlak, 1997; Diperma, Volpe, & Elliott,

2002; Gresham, 2004; Hunter, Hoagwood, Evans, Weist, Smith, Paternite, Horner, Osher, Jensen, & School Mental Health Alliance, 2005). 초기 발달 시기는 폭력, 약물중독, 낙제, 청소년 비행 그리고 성인 범죄 연루와 같은 이후의 잠재적 문제를 예방하기 위해 중재하는 핵심 창구 역할을 할 것으로 보인다. 공동으로 조기 중재 접근법을 지원하는 연방 및 주 정책은 집, 학교 그리고 지역사회 맥락으로 가면서 만성 및 난치성 질환이 되기 전에 파괴적인 행동 패턴을 예방하고 재교정하는 것이 최고의 소망 가운데 하나일 것이다(Zigler, Taussig, & Black, 1992). 청소년 폭력 행위를 해결하는 중대한 정책 부분에서, Dodge(2008)는 중요한 사회적 목표를 달성하는 유망한 방법으로서 사회적 기술과 능력의 보편적인 지도에 대해 설득력 있게 주장했다.

중재반응 개념 틀은 아동의 부정적인 발달 경로 내부만이 아니라, 나이와 관계없이 아동의 학교생활에 조기 중재의 중요한 환경을 마련한다. 3단계 중재반응(Response to Intervention: RtI) 모델의 주요 목표는 학습장애, 낮은 학업 성취도 그리고 이후의 학교 중퇴 위험군 학생들을 조기에 발견하는 것과 지속적인 경과 모니터링을 토대로 적정한 수준의 중재를 제공하는 것이다(Batsche, Elliott, Graden, Grimes, Kovaleski, & Prasse, 2005; Shinn, 2007 참조). 3단계 중재 반응 논리가 학업 문제만이 아니라 행동장애의 예방 및 조기 중재에 적용되는 것처럼 보일 수 있지만, 학업 지원과 학습장애 맥락에서 많이 언급된다(Glover, Diperna, & Vaughn, 2007 참조). 긍정적 행동 지원(Positive Behavior Support: PBS) 분야의 전문가들은 주로 학교 환경에서 목격되는 행동 문제 전체를 예방하고 중재하기 위해 유사한 긍정적 행동 지원 3단계 모델을 채택할 것을 추천했다(Frey, Lingo, & Nelson, 출판 중; Sugai & Horner, 2002; Walekr et al., 1996).

조기 중재 프로그램과 지원을 통해 학생의 파괴적인 결과를 예방하려는 압력이 등장함에 따라 초기 학교생활에서 고위험군 학생들을 식별하고 많은 학생이 있는 경로를 차단하기 위한 보편적 선별 체계의 필요성을 요구하는 목소리가 예전부터 있었다(Albers, Glover, & Kratochwill, 2007 참조). 게다가 RtI 체제와 학교 현장에서 근무하고 있는 다수의 학교 전문가는 진전 모니터링 결과에 따라 2단계 및 3단계 중재 접근법이 필요한 1단계 목표 학생들에게 맞춘 노력을 촉진하기 위해 실시되는 보편적 선별 체계 접근에 관심을 보였다. 다방면의 행동장애에 대한 체계적인 선별(Systematic Screening for Behavior Disorders: SSBD) 절차(Walker & Severson, 1990)는 최근에 부쩍 높아진 관심의 중심에 있다. 10년 이상에 걸쳐 상용화되었음에도, 중재 반응-긍정적 행동 지원(RtI-PBS) 환경 내에서 보편적 선별 체계를 어떻게 효과적으로 활용할 수 있는지에 대한 설명은 상대적으로 적은 편이다.

이 장의 목적은 두 가지로 나뉜다. 첫째, 행동장애에 대한 체계적인 선별(SSBD)과 그와 유사한 전체 선별 체계를 RtI-PBS 학교 환경 내에서 효과적으로 사용할 수 있는 방법을 설명하는 것, 둘째, 법원 명령과 뉴올리언스 지역 학교 내에서 주도권을 찾는 아동들에게 적용되는 SSBD를 대규모로 실시하는 사례 연구 적용(즉, 제퍼슨 패리시 공립학교) 사례를 설명하는 것이다. 이제부터 등장하는 주제들은 다음과 같다. 학교에서 행동장애에 대한 전체 선별 활용 현황, 학교에서 행동 장애에 대한 전체 선별의 표본 사례, SSBD의 전체 선별 체계의 주요 특징, 연구 환경에서 SSBD에 대한 최근 적용 사례, RtI-PBS 유형 맥락에서의 전체 선별 체계 활용, 정서·행동장애를 앓고 있는 학생들에 대한 서비스와 지원을 확대하기 위한 법원 명령 주도권 내에서의 SSBD에 관한 다년간의 사례 연구 적용에 대한 설명이다. 이 장은 전체 선별과 예방책에 대한 후속 연구와 적용 및 정책에 필요한 방향에 대한 예측으로 결론을 맺는다.

학교 내 행동 문제에 대한 보편적 선별의 적용 현황

정신건강 문제를 해결해야 할 학생들을 진단하는 학교기반의 방법이 최근에 실패하고 있다고 주장할 수 있다. 어느 해에든, 공립학교를 다니는 학생의 단 1%만이 확인되고, 의뢰되고, 실제 정서·행동장애로 진단받았다(Kauffman& Landrum, 2008). 그러나 감독이 필요한 심각한 수준의 정신건강 질환을 겪고 있는 아동과 청소년 추정 인원은 유치원부터 고등학교까지 전체 학생의 20%를 웃돈다(Burns & Hoagwood, 2002; Levitt, Saka, Romanelli, & Hoagwood, 2007 참조). 지난 10년 동안 이 비율에서 가시적인 움직임을 보인 증거가 거의 없다(Walker, Nishioka, Zeller, Severson, & Feil, 2000; Walker, Severson, & Seeley, 출판 중).

최근 활용에 관하여 상용화된 증거를 보면 학교기반의 적극적인 사전 확인 절차와 의사결정 과정에서의 나타나는 지속되는 불일치는 진단받고 치료받는 정서·행동장애 학생들이 적은 것으로 확인되는 주된 원인이다. 게다가 현재까지 교육 책임자(교사)가 주도한 조기 발견 사업에 대한 투자가 지지부진한 것도 효과적인 예방 노력을 강구하려는 역량을 감소시키는 원인이다. 결과적으로 정서·행동장애 아동은 중재 시기가 너무 늦어져 중재 노력이 성공할 확률이 적고 많은 비용이 든다. 이러한 방식의 주된 결과는 '너무 적고 너무 늦다.'는 것이다(Albers, Glover, & Kratochwill, 2007).

Kauffman(1999, 2005)은 학교 환경에서의 행동을 볼 때 위험군 학생을 식별하는 전체 선별 체계의 강화를 방해하는 요인에 대해 면밀히 조사했다. 그가 확인한 장애물은 다음과 같다. ① 서비스를 받을 수 있는 자격을 주고자 정서·행동장애 학생으로 분류되고 행동적으로 위험군에 속한다고 구별되는 낙인, ② 정서·행동장애로 의뢰하고 인증받는 비용을 피하는 데 서의 비용 절감, ③ 사용할 수 있거나 제공되는 서비스에 불만족하는 사람들의 소송 가능성, ④ 정서·행동장애 인증과 연관된 「장애인교육법(IDEA)」의 관료주의적 요건을 준수하는 골 치 아픈 부담이다. 정서·행동장애가 있는 학생의 조기 확인에 대한 다른 가능성 있는 제한 은 행동 고위험군으로 분류되는 학생을 맡기는 것에 대해 상당수 교사가 거부하는 것과 관련 이 있다. 이러한 의뢰는 부실한 수업 관리 방법의 지표로 해석될 것이다. 교사 의뢰 실행에 대 한 연구는 조기에 학업 의뢰를 하려는 반면, 교사들이 학업과 행동 의뢰 모두에 대해 책임자라 는 것을 의미하며, 교사들이 행동 의뢰를 초등학교 고학년과 중학교로 넘기려는 경향이 있다 (Walker, Nishioka et al., 2000 참조). 더욱이 일반교육 교사들은 보통 **외재화**(externalizing) **성향** 의 학생들을 충분하게 의뢰하지 않고, **내재화**(internalizing) 성향의 학생들을 의뢰하는 경우는 드물다(Lloyd, Kauffman, Landrum, & Roe, 1991; Walker et al., 2000). 실제로 "효율적으로 하기 보다 예방을 예방한다."라는 Kauffman의 주장을 입증하기 위해 이러한 경향과 실행을 결합한 다(Kauffman, 1999).

학교 내 행동 문제에 대한 보편적 선별 접근의 표본 전형

Albers 등(2007)이 후속 연구에서는 실행성, 효율성, 비용 그리고 전체 선별에 대한 소비자 의 수용에 관한 연구가 진행되어야 한다고 언급하지만, 1990년대 중반 이후로 많은 연구와 개 발 작업이 전체 선별 접근법을 연구하고 투자했다. 그간의 노력으로 높은 수준의 혁신이 있는 건 분명한 사실이지만, 교육계에서는 이러한 많은 진보된 잠재적인 성과를 충분히 활용하지 않 고 있다. 전체 선별 방법의 몇 가지 예는 하단에 간략히 기술했다. 이러한 방법은 교사라는 정보 제공자, 학교 문헌 기록, 실제 행동 관찰을 포함한 다양한 정보 원천에 토대를 둔다.

교사 지명 및 리커트 평정 척도 이용

리커트 척도를 토대로 한 학생들의 행동에 대한 교사 평가는 사회·정서적 및 행동 문제로 의뢰된 학생을 평가하는 데 있어 상대적으로 보편적인 접근법이다(Merrell, 1999, 2001 참조). 리커트 척도는 주로 평가자에게 학생의 행동을 문제 빈도나 심각도에 따라 3, 5 또는 7점으 로 평정할 것을 요구한다. 수백 개의 이러한 척도가 사용되며, 그중 다수에 대한 평가는 매년 새로 개발된 척도들을 평가하는 Buros 정신측정연감(Mental Measurements Yearbook)을 통해 이루어진다(Geisinger, Spies, Carlson, & Plake, 2007). 아동행동 체크리스트(Child Behavior Checklist: CBCL; Achenbach, 1991)는 아동과 청소년의 정신병리를 측정하는 최고의 평정 척도이며 지금까지 널리 활용되는 검사 도구이다. Merrell(1999)은 사회, 정서 및 행동 영역에 사용되는 평가 도구들에 대한 포괄적 분석에 기여했다.

비교적 체계적으로 사용하지 않는다는 비판 외에도, 교사 평가 도구에 대해 비판하는 사람들은 지구적이고 자연적인 특성을 지적한다(예: "잠시도 가만히 못 있는 사람이 거의 얼마나 되는가?"). 다른 사람들은 실제 행동 관찰과 같은 보다 직접적인 측정과 비교할 때 교사 평가의 민감도가 낮다고 지적한다. 이러한 비판에도 불구하고, 교사 평가는 지속적으로 사용되고 있으며, 아동 선별, 진단 및 평가 과정에서 중요한 정보 자료이다. 교사 평가는 학생의 지각된 적응 문제의 행동 내용을 정의하고 정확히 지적하는 장점이 있으며, 교사들이 학생들 간의 사회적 비교를 하는 많은 시간에 토대를 두고, 표준 연령과 성별 점수를 참조하여 타당도를 비교할 수 있도록 표준화된다. Merrell(2001)은 리커트 행동 척도가 많은 장점을 갖고 있다고 지적했다. 이를테면 이 척도는 상대적으로 저렴하고, 발생 빈도가 낮은 행동 사건에 관한 중요한 정보를 제공하며, 상대적으로 객관적이며 신뢰할 수준이고, 자기보고를 할 수 없는 개인을 평가할 수 있으며, 오랜 기간에 걸쳐 자연적 환경 내에서 사회적 원동력으로 형성된 아동의 행동을 관찰하고 평가하며, 학생 행동의 특징을 아는 전문가라는 사회 정보 제공자(예: 부모, 교사, 학교 친구)의 식견을 반영한다는 것이다.

학교기반의 실행 과정에서 일반교육 교사들은 주로 행동 위험군 학생들을 지명할 것을 요구받는다(지명에 대한 구체적인 기준도 없이). 그리고 나서 Achenbach 행동 체크리스트(Achenbach Behavior Checklist)나 사회기술 평정체계(Social Skills Rating System)와 같은 척도에서 지명된 학생에 대한 리커트 평정 척도를 따르도록 요구받는다(Gresham & Elliott, 1990). 만약 사용된 리커트 척도의 임상학적 범위 내에 학생들의 신상정보가 있다면, 그 사람은 후속 평가와 가능한 검증 및 또는 서비스와 지원 대상으로 고려된다.

Drummond(1993)는 반사회적 행동 패턴과 관련해 위험 상태에 있는 학생들이 있는 전체 교실을 선별하도록 설계된 리커트 교사 평정에 근거하여 아주 흥미로운 매트릭스 체계를 개발했다. 전체 선별을 활용하여 교실에 있는 모든 학생을 일련의 반사회적 행동에 관한 7개의 지표로 평가한다. Drummond가 개발한 학생 위험 선별척도(Student Risk Screening Scale: SRSS)는 비용 효율적이고, 교실 전체를 신속하게 선별하는 데 많이 쓰인다. 일곱 가지 지표가 평가지 상단에 표기되어 있고, 학생 이름이 왼쪽 하단에 표기된 매트릭스 양식을 사용한다. 행동 설명 요인과 왼쪽 아래에 학생 이름을 포함한 매트릭스 양식이 사용된다(〈표 5–1〉 참조). 학급 교사는 모든 학생에게 SRSS의 7문항에 대해 각각 0(전혀 없다)부터 3(빈번하게)까지, SRSS의 일곱 가지 항목, 즉 ① 절도, ② 거짓말, 부정행위, 은폐, ③ 행동 문제, ④ 학생 간 집단 괴롭힘, ⑤ 낮은 학업 성취도, ⑥ 부정적 태도, ⑦ 공격적 행동으로 배치한다. 교사들은 각 문항을 평가할 때 학생을 학급에 소속된 다른 학생들과 비교한다. SRSS는 간단하며 연구기반으로 쉽게 이해되는 신뢰성 있고 타당하며 비용이 적게 드는 선별 도구이다. 최근에 Lane, Kalberg, Parks와 Carter(2008)는 고등학생 674명을 대상으로 SRSS를 실시했고 받아들일 수 있는 수준의 심리측정학적 특성을 발견했다.

    SRSS의 장점은 다음과 같다. 모든 학생이 체계적으로 선별받고 평가받으며, 전체 선별을 실시하고, 교사들에게 사례별로 연속적인 문항들을 바탕으로 학생을 개별 평가하기보다는 동시에 각 문항에 대해 모든 학생을 평가할 것을 요구함으로써 규준적인 사회적 비교를 편리하게 한다. 따라서 SRSS는 모든 학생을 7개 문항에 관해 평가받을 수 있는 기회를 균등하게 준다. 이러한 매트릭스 체계는 학급 단위 평가와 일련의 사회적 기술에서 모든 학생의 교육 전후 유형의 평가에 적합하다. SRSS의 보다 구체적인 설명과 잠재적인 적용에 대해서는 Walker, Colvin, Ramsey(1995), Sprague와 Walker(출판 중)의 논문을 참조하면 된다.

〈표 5–1〉 표본 학생 위험 선별척도(SRSS) 전 학급 선별 양식

이름	문항							총합	
	절도	거짓말, 부정행위, 은닉	행동 문제	집단 괴롭힘	낮은 학업 성취도	부정적 태도	공격적 행동		
수전	0	0	1	1	1	0	0	3	낮음
제이미	3	0	1	2	0	1	1	8	적정
프레드	1	1	3	3	2	3	3	16	높음

* 위험 수준: 고위험=9~21, 적정 위험=4~8, 저위험=0~3
  척도: 0=전혀 없다부터 3=자주 있다

중요한 행동 사건

    중요한 행동 사건은 높은 강도, 중요성과 사회적 영향력을 가진 일화를 말한다. 이는 폭행, 위험 상황, 자기상해, 스스로를 유해한 환경에 노출시키는 것, 절도, 부정행위, 약자를 괴롭히는 것을 포함하나, 이것만이 아니다(Todis, Severson, & Walker, 1990). 주류와 사회 통합에 대한 Walker 등의 연구에서는 행동 사건들은 교사가 수용하기에 극도로 어려우며, 위와 같은 행동을 하는 학생을 교실에서 영구 제명하도록 교사의 노력을 촉구할 수 있고, 행동 적응 문제의 심각성 면에서 위험군에 속한 학생들을 구분한다는 것을 보여 준다(Walker, 1986). 이러한 중요한 행동 사건들이 학교 생태 환경에 파괴적인 영향을 주기 때문에 '행동 지진'으로 특징지어졌다. 중요한 사건들의 중요성은 개인과 다른 사회적 행위자들에 대한 심각성과 잠재적 파괴성에서 연유한다. 중요한 사건의 영향은 발생 빈도보다는 항상 발생한다는 사실에 좌우된다. 그것은 모든 경우 발생한다는 사실로 결정된다. 일반적으로 성장 중인 아동과 청소년의 행동 레퍼토리에서 발생하는 경우는 거의 드물지만, 일부 행동 위험군 사람들의 삶에서도 흔히 나타난다.

Gresham, MacMillan과 Bocian(1996)은 위험군 학생들의 사회 및 정서 상태에 관한 대규모 연구에서 SSBD 절차를 사용하여 **중요한 사건 지표**(Critical Events Index: CEI)에 관한 연구를 시행했다. 집단의 중요한 사건 총계에 근거하여 초등학교 연령대 학생의 표본에서 세 집단 —고위험군(30명), 적정 위험군(55명), 저위험군(30명)—의 학생을 진단하기 위해 CEI를 사용했다. 세 집단은 이후에 인지/성취, 사회적 역량, 외재적 행동과 각 학생들에 대한 학교 기록 문서를 검토하며 나온 학교 역사 변인과 대조를 보였다. 다변량 분석과 일변량 분석 절차를 통해 위험군으로 분류되는 세 집단이 주로 사회적 역량과 외재적 행동 측정에서 구별된다는 사실을 발견하였다. 그러나 고위험군과 저위험군만 있을 때와는 다르게 일련의 상호 타당한, 단계식 판별함수 분석과 사회적 역량, 외재화와 내재화 그리고 학교 역사 변인은 고위험군의 85% 이상과 저위험군의 78% 이상을 정확하게 진단했다. Gresham 등(1996)은 위험 행동 상태에 대한 다중 방법 내에서 중요한 사건 측정을 포함시킬 것을 권장하고, 이러한 사건이 아동 정신병리의 '생생한 징후'를 나타내는 것으로 평가한다.

Blechman과 Hile(출판 중)은 중요한 사건에 대해 다음 사항을 관찰했다.

- 학생이 연루된 중요한 사건은 일반적인 또는 보편적인 학생 모집단에서 위험군에 속하는 학생들을 발견하기 위한 편견 없는 선별을 제공한다.
- 모든 중요한 사건에 대한 체계화된 문서는 위험군 학생들을 선별하는 가장 효과적이고 비용이 적게 드는 방법을 제공한다.

연구자들은 선별을 하면서 학교 기록물에서 쉽게 이용할 수 있는 정보의 의존성이 비용을 줄이고, 실행 가능성을 높이며, 학생들에 대한 놀랄 만큼 다양한 결과를 피하게 한다고 기술한다. Blechman과 Hile(출판 중)은 학교와 형사 범죄, 폭력이나 자살의 위협, 자살 시도 그리고 행동 관리를 보조해 달라는 양육자의 요청과 같은 연구에서의 중요한 사건을 규정한다. 이러한 사건들이 미래와 더 심각한 중요한 사건들에 대해 유용하고 비용이 저렴한 예측변인을 제공한다고 말한다. 그들의 업적은 유용한 정보 제공자로 평가받거나, 존재하는 기록된 공문서에서 도태되면서, 선별 실시에서 중요한 행동 사건을 이용하는 것의 증가 추세를 반영한다.

학교 기록물

만약 행동 문제를 취학 전에 조기 발견하는 게 불가능하다면, 학생들이 초급에서 중급 학년으로 옮겨 갈 때 학교 기록이 정보를 선별하는 데 가치 있는 추가 자료가 될 수 있다. 교육과정에서 자연스럽게 축적된 학교 기록물은 다양한 학교 적응 문제에 관해 풍부하고 저렴한 정보를 제공한다. 이는 또한 학교들이 그러한 문제들을 다루기 위해 한 노력에 대한 기록도 동시에 제공한다. 이러한 기록은 학교 교육과정에서 일상적인 부분으로 자연스럽게 축적되기 때문에, 전형적으로 기록된 평가(예: 교사 평가, 실제 행동 관찰, 사회관계적 측정)보다 두드러지지 않고 덜 반응적이다. 경험에 비추어 보면, 기록물은 초등학교 고학년을 거쳐 중학교 현장에 갈 때 더 복잡해진다.

Walker 등은 부호화, 분석 그리고 학교 기록물의 종합을 처리하기 위해 학교 기록물 조사(School Archival Records Search: SARS) 절차를 개발했다(Walker, Block-Pedego, Todis, & Severson, 1991 참조). SARS는 개별적으로 분석될 수 있거나 학교 적응의 세 영역—지장, 필요 지원, 낮은 성취도—에 따라 학생 상태에 대한 신상 정보를 제공하는 영역 점수로 종합될 수 있는 11개의 기록물 변수에 대한 체계적인 부호를 제공한다. 부호화된 개별적 SARS 변수들은 참여한 학교 수, 결석 일수, 낮은 학업 성취도, 획득한 성적, 학업 및 행동 의뢰, 현 수준의 개별화 교육 프로그램(IEP), 비정기적 교실 배치, 타이틀 I, 학교 외부 의뢰, 부정적인 발언 그리고 학교 징계 의뢰로 나뉘어 부호화된다. 학교 환경에서 학교 기록물은 경찰 접촉과 비행 예방 프로그램을 평가하는 데 사용되거나, 비행을 예측하려는 목적으로 사용되는 도구를 검증하기 위한 청소년 기록을 가진 긴밀한 매개체이다.

학교 기록물이 반영된 것으로 학교 본부에 징계 의뢰를 하는 것은 전반적인 학교 풍토를 평가하고 행동 지원과 중재가 필요한 학생 집단과 개인을 진단하는 데 아주 유용한 도구로 평가받았다(Irvin, Tobin, Sprague, Sugai, & Vincent, 2004; Tobin & Sugai, 1999; Walker, Stieber,

Ramsey, & O'Neill, 1993 참조). Sugai와 Horner 등은 지난 5년간 이 주제에 관한 광범위한 연구를 실시했다. Sugai 등(2000)은 초등학생 11명과 중·고등학생 9명을 대상으로 징계 의뢰에 대한 표준 자료 프로파일을 발표했다. 매년 초등학교 징계 의뢰 평균은 학생당 0.5였다. 그러나 중·고등학생들이 교칙 위반 때문에 교장실로 불려 가는 경우는 매우 흔하다. Sugai 등이 발표한 결과에 따르면, 초등학교에 입학한 566명의 학생으로 평균을 냈는데, 한 학년 동안 징계 의뢰 평균 건수는 283건으로 집계되었다. 반대로 징계가 의뢰된 중·고등학생은 평균 635명이며, 한 학년 동안 징계 의뢰 건수는 평균 1,535건이었다.

이들 연구자는 징계 의뢰가 잦은 학교에 나타나는 몇 가지 경향을 분석했다. 그들의 분석을 토대로, 그러한 패턴이 학교 현장에 있는 만성적 행동장애를 해결하기 위한 중재 접근법의 방향과 집중을 유도할 수 있다고 주장한다(즉, 모든 학교, 소집단 및/또는 학생 개개인을 목표로 하여). 예를 들어, Sugai, Sprague, Horner와 Walker(2000)는 학교에서 가장 많이 징계 의뢰를 받는 학생들의 상위 5%가 교내 전체 징계 의뢰의 59%를 차지한다는 사실을 발견했다. 이러한 결과는 청소년의 6~8%가 주로 모든 비행의 60~65%를 차지하는 청소년 범죄에서의 결과와 아주 유사했다(Loeber & Farrington, 1998). Sugai 등에 따르면, 한 학년 동안 5번 이상 징계 의뢰를 받은 초등학교 학생들은 행동 위험군에 속한다고 평가받는다. 10번 이상 불려간 학생들은 교내외에서 상해를 입히는 결과를 일으킬 심각한 위험 상태에 이르는 만성적 징계 문제가 있는 것으로 평가받는다.

위험군 학생들을 진단하고, 중재 적용을 지도하는 징계 의뢰를 기록 및 활용하는 작업을 하려면 학교 기록을 전산화해야 한다. Horner 등은 교내에서 이루어진 징계 의뢰를 입력, 조직 및 보고하는 웹기반의 컴퓨터 애플리케이션인 학교단위정보체계(School Wide Information System: SWIS) 절차를 개발했다(May, Ard, Todd, Horner, Glasgow, & Sugai, 2001). SWIS는 교사와 학교 행정가들이 징계 의뢰를 전산화하고 징계 관련 정보를 수집하고 분석하는 데 사용할 수 있는 가치 있는 도구이다. SWIS 절차의 장점은 징계 의뢰를 문서로 만들고, 기록하고, 보고하는 과정을 체계화하고 표준화한 것이다.

〈표 5-2〉는 교사들이 교무실에 보내려고 만든, 각 의뢰 건을 작성하는 SWIS 교무실 의뢰 양식을 나타낸 것이다. 이 의뢰 양식은 교사들이 주도하는 학교 본부 의뢰의 각 징계 일화를 문서로 만들기 위한 것이다. SWIS 의뢰 양식에는 위치, 특정 문제 행동과 그에 대한 가능한 동기, 그 결과로 발생하는 행정적 결정 그리고 그 사건에 연루되었던 다른 사람들을 기입한다. 학부모는 사건, 의뢰 및 조치에 대해 알고 있다는 것을 입증하기 위해 의뢰 양식에 서명하고 날짜를 기재하도록 요청받는다.

〈표 5-2〉 학교단위정보체계(SWIS) 교무실 징계 의뢰 양식

SWIS™ 교무실 징계 의뢰 양식			
학생(들) _____ 의뢰 직원 _____ 등급 수준 _____ 날짜 _____ 시간 _____			

장소

□ 교실	□ 교내 식당	□ 버스 승강장	□ 기타 _____
□ 운동장	□ 화장실/휴게실	□ 주차장	
□ 공용 장소	□ 체육관	□ 버스에서	
□ 복도/옥외 통로	□ 도서관	□ 특별한 사건/집회/견학	

문제 행동(가장 방해되는 것에 체크하시오)

□ 소수	□ 다수	□ 결석/무단결석	□ 공공기물 파손
□ 부적절한 언어	□ 폭력적인/부적절한 언어	□ 위조죄/절도죄	□ 재산 피해
□ 반항/무례/불이행	□ 싸움/무례/불복종/비순응적	□ 복장 규정	□ 폭파 위협
□ 괴롭힘/놀림/ 조롱	□ 거짓말/부정행위	□ 방화	
□ 방해	□ 담배	□ 무기	□ 자산 오용
□ 시설물 오용	□ 술/마약	□ 기타 _____	
□ 기타 _____	□ 지각	□ 발화성물질	

가능한 동기

□ 또래의 관심 획득	□ 과제/활동 회피	□ 모름
□ 어른의 관심 획득	□ 친구(들) 회피	□ 기타 _____
□ 물품/활동 획득	□ 어른(들) 회피	

기타 관계자

□ 없음	□ 또래	□ 교직원	□ 교사
□ 대리인	□ 알려지지 않은 사람	□ 기타 _____	

관리 결정

□ 교무실에서의 시간	□ 방과 후 남김	□ 토요일 등교	□ 학교 내 정학
□ 특혜 상실	□ 학부모 동의	□ 개별 지도	□ 학교 외 정학
□ 학생들과의 회의	□ 기타 _____		

의견:

추가 의견:

SWIS는 각 학교가 징계 실행과 발생 결과에 관련해 그들 스스로 작성하는 학교 기록물의 전산화에 중요한 진전을 이끌었다. 이는 또한 학교 개혁 노력의 특정 측면에 대한 측정, 학교 풍토에 대한 측정, 학교 단위 중재에 대한 전후 측정과 소집단과 개인들에게 중재 자원의 분배를 지도하고 목표로 하는 체계로도 이용될 수 있다. 또한 심각한 수준에서부터 만성적인 수준의 학교 적응 문제를 겪고 있는 학생들을 진단하는 학교 단위 행동 선별 도구로 권장된다.

행동 관찰

자연적 환경(예: 가정, 교실, 운동장, 복도)에서 기록된 행동 관찰은 학생들의 행동 문제를 평가하는 대부분의 행동 분석가들이 선호하는 평가 방법이다. 전형적인 학교 용도에 있어서 교사 의뢰 절차는 학교 상담자 또는 다른 관련 서비스 전문가가 문제 행동이 발생한 현장이나 상황(즉, 의뢰 현장)에서 학생 당사자를 직접 관찰하는 것이 필요하다. 이를 위해 광범위한 부호 체계와 기록 절차를 사용한다. 그러나 대다수의 방법은 이용을 뒷받침할 기술 자료나 정보에 부적합하다. 게다가 대부분의 부호가 학생들 사이에 사회적 비교를 하는 데 적절한 지역, 주, 또는 국제적 표준을 충족하지 못한다(최근 개관은 Leff & Lakin, 2005 참조).

행동 관찰은 노동 집약적이고 비용이 많이 들기 때문에 전체 선별 목적으로는 잘 사용되지 않는다는 점을 주의해야 한다. 행동 관찰은 대상 학생들에 대한 더 완성된 그림을 만들어 내고, 학생에 대한 교사의 인상이나 평정을 입증하고, 의뢰된 행동 문제의 본질, 측정된 빈도 그리고 높낮이를 기록하기 위한 교사 지명과 평정과 더불어 훨씬 더 전형적으로 이용되는 방법이다.

교사 의뢰는 대부분의 관찰이 실시되는 시간과 특정 시기의 좁은 구역 내에서 간과된 높은 강도와 현저성(예: 불복종과 교사 저항)이 두드러진 행동 사건에 토대를 둔다. 자연적 행동 관찰은 또한 그 사례에 대한 관찰자의 사전 지식으로 초래될 수 있는 관찰자 편견과 기대 효과에 취약하다. 더욱이 직접 관찰은 대개 효과적으로 시행되려면 상당한 계획과 주의 깊은 관리가 필요하다는 점에서 많은 시간이 소요되고 노동 집약적이다(Merrell, 1999).

이러한 부정적인 면이 있다 해도, 자연적 행동 관찰은 학교 전문가들 사이에서 여전히 유명하고 만약 다른 저렴한 측정 방법(예: 교사 지명, 순위 매기기, 평정, 기록물 조사 등)을 포함하는 포괄적인 평가 과정에 통합된다면 선별 진단 과정에서 중요한 역할을 한다. 우리는 이를 단독으로 사용하는 건 권장하지 않는다. 대신 선별-진단 과정을 위한 다중 대리물, 다중 방법과 다중 환경 평가 접근법의 중요한 요소를 구성할 것을 권장한다(Merrell, 1999).

앞서 기술한 모든 접근법은 RtI-PBS 환경 내에서 다른 것들보다 전체 선별에 어느 정도 적용할 수 있다. 행동 관찰과 리커트 교사 평가는 학생이 보다 강력한 수준의 중재와 치료로 이동하는 것과 관련해 진행되고 있는 관리와 의사결정에 가장 적절하다. 빈도수는 낮지만 높게 부각되기 때문에, 학교 기록물과 중요한 행동 사건 그리고 교무실 징계 의뢰는 주로 보편적인 중재에 덜 반응적일 가능성이 있는 학생들을 진단하는 데 민감도가 낮으면서도 훨씬 유용하다. RtI-PBS 환경 내의 전체 선별 절차의 사용에 대한 몇 가지 지침과 권고 사항은 다음 절에서 논의하도록 한다.

SSBD 전체 선별 체계의 주요 특징

　　Walker와 Severson(1990)은 아동의 행동 문제의 특징이 '외재적' 차원(예: 공격적인, 과잉행동적인, 반항적인, 반사회적인 등)과 '내재적' 차원(예: 수줍어하는, 공포증이 있는, 우울해하는, 불안한, 또래에게 집단 괴롭힘 받는 등)으로 확실히 분류될 수 있다고 기록하면서, 개념적 모델과 그에 상응하는 실증적 연구 결과에 근거를 두고 초등학생 나이대의 아동에게 사용할 절차를 선별하는 행동장애에 대한 체계적 선별 도구를(SSBD) 개발했다(Achenbach, 1991; Ross, 1980 참조). SSBD는 사회적 고립 위험에 놓인 유치원생을 선별하기 위해 Greenwood, Walker, Todd와 Hops(1979)가 개발하고 검증한 선별 모델과 Loeber, Dishion과 Patterson(1984)이 이후에 비행 위험에 있는 청소년을 선별하기 위해 만든 선별 모델을 바탕으로 제작되었다. SSBD는 각 학생들을 외재적 또는 내재적 행동장애로 선별하고 진단할 균등한 기회를 제공하는 예방적인 전체 선별 절차이다. SSBD 절차는 각 관문을 거쳐 이동할 때 다음 단계에 대해 고려할 것을 요구하는 3개의 상호 연결된 선별 단계나 관문으로 구성되어 있다. 대부분의 학생은 SSBD의 초기 단계(즉, 1단계 또는 2단계) 내에서 선별되는데, 이는 다음 단계의 선별로 진행하는 데 필요한 행동 기준을 충족하지 못하기 때문이다. Walker와 Severson은 1980년대 중기에 처음으로 SSBD를 시험 실행했고 1990년 출간 전에 선별 체계에 대한 광범위한 연구를 실시했다(Walker, Severson, Stiller, Williams, Haring, Shinn, & Todis, 1988; Walker, Severson, Todis, Blok-Pedego, Williams, Haring, & Barckley, 1990).

　　[그림 5-1]은 SSBD의 세 가지 선별 단계를 나타낸 것이다. 1단계에서, 교사들에게 교실 내의 모든 학생에 대해 생각해 보고 특징적인 행동 패턴이 제시된 외재적 또는 내재적 행동 정의에 가장 근접하게 일치하는 학생들을 지목하도록 요구한다. 그러고 나서 세 번째로 높은 순위에 든 외재적 행동을 보이는 학생들과 내재적 행동을 보이는 학생들은 33문항으로 구성된 CEI와 발생 빈도를 추정해야 하는 부적응(12문항)만이 아닌 적응(11문항) 리커트 평정 척도로 그들의 행동을 교사가 더 구체적으로 평가하는 2단계로 이동하게 된다.

　　이러한 측정에서 전국적이고 표준적인 준거 점수를 넘은 학생들은 교실과 운동장에서 볼 수 있는 선택적 선별인 3단계로 이동한다. 직접적인 관찰 절차를 이용하여 학교 전문가(학교 심리학자, 상담가 또는 행동 전문가)는 일반교실에서 각 아동의 행동을 20분씩 두 번 관찰하고 부호화

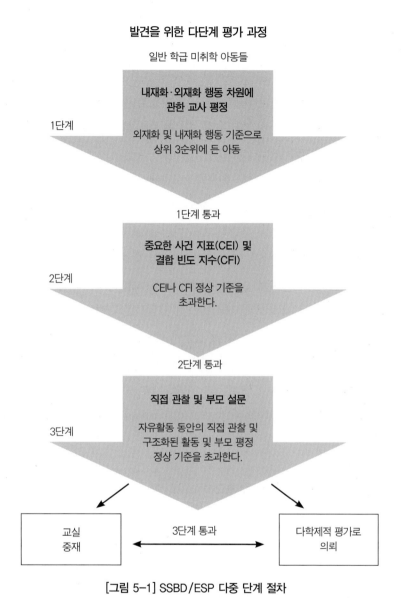

발견을 위한 다단계 평가 과정

일반 학급 미취학 아동들

1단계

내재화·외재화 행동 차원에 관한 교사 평정

외재화 및 내재화 행동 기준으로 상위 3순위에 든 아동

1단계 통과

2단계

중요한 사건 지표(CEI) 및 결합 빈도 지수(CFI)

CEI나 CFI 정상 기준을 초과한다.

2단계 통과

3단계

직접 관찰 및 부모 설문

자유활동 동안의 직접 관찰 및 구조화된 활동 및 부모 평정 정상 기준을 초과한다.

교실 중재 ← 3단계 통과 → 다학제적 평가로 의뢰

[그림 5-1] SSBD/ESP 다중 단계 절차

출처: Adapted from: Feil, E., Severson, H. and Walker, H. (1994). Eary screening project: Identifying preschool children with adjustment problems. *The Oregon Conference Monograph*, *Vol. 6*.

한다. 그리고 수업 참여 시간(Academic Engaged Time: AET)을 스톱워치로 측정한다. 쉬는 시간에 20분 동안 관찰을 할 때 대상 학생의 또래 관련 및 사회적 행동의 수준과 질 그리고 분포를 기록하기 위해 또래 사회적 행동(Peer Social Behavior: PSB) 코드를 사용한다.

SSBD의 2단계 검사 도구의 표준 자료는 4개의 미국 인구 조사 지역을 대표하는 4,000개 이상의 사례로 구성되어 있다. SSBD 사용자의 핸드북은 각 코드에 대한 1,300개 이상의 사례를 포함한 AET와 PSB 코드에 대한 표준 관찰 자료를 제공한다. 또한 인구 조사 지역 네 곳에 걸쳐 자료가 수집된다.

AET와 PSB 코드에서 전국적이고 표준적인 준거 점수를 초과한 학생들은 심각한 문제를 갖고 있다고 간주되고, 보통 전문화된, 학교기반의 서비스로 추가 평가를 받도록 의뢰된다. 일반적으로 선별-진단 과정의 결과를 더 검증하고 의사결정을 위한 추가 자료를 제공하기 위해 이 시점에서 기록물 조사가 이루어진다.

SSBD의 처음 두 선별 단계는 담임교사가 약 1시간에서 1시간 30분 정도로 시행할 수 있다. 2단계 선별을 완수하여 각 교실에서 외재적 행동을 보이는 학생 1명과 두세 곳의 각 교실에서 내재적 행동을 보이는 학생 1명을 진단한다. 누군가가 선별 단계를 이동할 때 SSBD 평가를 시행하는 데 소요되는 시간은 늘어난다. 그러나 평가 대상 학생 수는 1단계에서 3단계로 이동하면서 현저히 감소한다. 전체 SSBD는 중재 지원과 서비스가 필요한 학생들을 진단하고, 한 학년 동안 가을에 초기 행동 문제에 대한 교직원들의 민감도를 극대화하고 한 학년 내에서 이후에 행동장애가 발생하는 것을 발견하기 위해 가을에 한 번 그리고 봄에 한 번(예: 10월과 2월에), 1년에 두 번 시행하는 것이 좋다. SSBD에 대해서 이미 광범위하게 연구되었고, 뛰어난 심리측정 도구도 많다(Severson, Walker, Hope-Doolittle, Kratochwill, & Gresham, 2007; Walker & Severson, 1990; Walker, Severson, Nicholson, Kehle, Jenson, & Clark, 1994 참조).

연구 맥락에서 SSBD의 최신 적용

SSBD는 과거 수십 년간 미국 특수교육 프로그램 사무실의 지원을 받아 두 곳의 다중 현장 연방 사업에서 초기 행동 선별로 이용되었다. 이 사업은 다음과 같다. 전국독서행동센터 프로그램(National Reading and Behavior Centers Program) 그리고 전국행동연구센터 프로그램(National Behavior Research Centers Program)이다. 위스콘신 대학교(Elliott & Kratochwill)와 SRI(Wagner, Woodbridge, & Sumi)는 이 두 가지 사업에 대해 각각 중재와 기술을 지원한다. 이러한 적용에서, SSBD는 RtI-PBS 중재에 포함시키는 것에 대한 적절한 후보자들을 진단하기 위해 주로 전체 선별 도구와 경우에 따라서 전후 결과의 측정 도구를 사용했다. 이 같은 연구 프로그램들로 구성되어 있는 다양한 실행-데이터 수집 현장들에 걸쳐 표준화된 방식으로 SSBD를 사용하는 것은 비등한 표본 모집단을 진단하고 실증적 연구 결과의 외부 일반화 가능성을 높이는 데 장점이 된다.

행동 및/또는 학업 위험 학생 집단을 포함하는 연구의 개인적 프로그램과 개발에 참여한 연구자들이 최근에 SSBD 연구를 발표했다. Walker, Cheney, Stage, Blum과 Horner(2005)는 학생들(1,540명)의 중재 표본을 진단하기 위해 SSBD를 주요 수단으로 사용했다. 이들은 SSBD 절차를 이용하여 학교 징계 의뢰를 관리하고 학업 실패 위험에 있는 학생들을 가장 잘 진단한 다고 결론을 내렸다. Kathleen Lane 등은 동일한 위험에 있는 학생 모집단에게 SSBD를 검사 도구로 사용하는 일련의 대규모 연구를 실시하고, 그것이 모집단에서 중재 지원과 서비스가 필요한 학생들을 진단하기 위한 효과적인 검사도구라고 밝혔다(예: Lane, 2007; Lane, Parks, Kalberg, & Carter, 2008 참조). 현재까지 Lane 등은 초등학교와 중학교 수준에 있는 대략 7,000개 사례의 SSBD 데이터베이스를 구축했다.

Caldarella, Young, Richardson, Young과 Young(2008)은 최근에 중·고등학생(123명)을 대상으로 SSBD 절차를 평가했던 연구의 결과를 발표했다. 또한 연구가 행동 위험에 있는 초기 청소년 학생에 대한 SSBD 교사 평정의 신뢰도와 타당도에 대한 근거를 제시했다고 발표했다.

정리하면, 이러한 연구는 다양한 참여 환경에 걸쳐 행동 특성들을 공유하는 학생 모집단을 진단하는 데 있어 SSBD가 연구 도구로 타당하다는 점에서 권장한다. 또한 SSBD 적용의 효과적인 범위를 청소년 모집단으로 확대하도록 보조하고 기타 선별 도구들을 평가하는 기준으로 사용하는 것을 정당화한다(Lane et al., 2008 참조).

RtI-PBS 유형 환경 내 전체 선별 체계 적용

1996년에 Walker 등은 학교 내에서 행동 중재에 대해 통합 전달 체계를 조정하기 위한 발판으로 예방 결과를 관리하는 미국 공중보건 분류 체계를 채택했다(Walker, Horner, Sugai, Bullis, Sprague, Bricker, & Kaufman, 1996). 그 목적은 다양한 중재 접근법(즉, 1차, 2차, 3차)의 조정과 통합을 가능케 하는 것과 어느 학교나 유치원 내에서도 발견되는 세 집단의 학생의 필요와 문제에 반응하기에 필요한 자료를 최대한 많이 확보하는 것이다. 즉, ① 위험 상태에 있지 않은 학생들과 정상적으로 진전을 보이고 있는 학생들, ② 적정한 위험 상태로 증상이 가벼운 학생들, ③ 심각한 위험 상태에 있는 학생들이다. 이러한 분류 도식은 학교에 ① 이 세 학생 집단을 대상으로 조정된 방식으로 세 가지 유형의 모든 예방 목표와 결과(1차, 2차, 3차)를 해결하는 것, ② 비용 절감적 방식으로 긍정적인 행동 지원과 서비스를 필요한 모든 사람에게 전달하는 것, ③ 학생 품행을 통제하는 학교의 기대를 가르치고 강화하기 위한 지원 환경을 조성하는 긍정적인 학교 풍토와 사회적 환경을 조성하고 지속시키는 것(예: 안전하라, 존경심을 보이라, 책임감을 보이라)이다. [그림 5-2]는 각각의 예방 결과를 이뤄 내기 위해 사용되는 일부 전체적이고 선별적이며 지정된 중재안에 의거하여 분류 도식을 설명한다.

서비스 전달 모델에서는 예방을 하나의 접근법보다는 중재의 목표나 결과로 정의한다(Walker, Ramsey, & Gresham, 2004). 구체적인 예방 목표와 결과를 달성하기 위해 상이한 중재 유형을 사용한다. 예를 들어, 1차 중재는 문제가 생기지 않게 방지하는 것이 목표인 결과를 달성하는 것을 지향한다. 2차 중재는 이미 행동 위험군으로 분류된 학생에게서 나타나는 문제를 줄이거나 제거하는 데 중점을 둔 목표와 결과를 달성하는 데 이용된다. 마지막으로, 3차 중재는 심각한 위험 상태에 있는 학생 모집단에 집중한 결과를 산출한다. 이 전달 모델은 이용 가능하고 학교기반의 자원들을 저렴하게 활용할 수 있도록 한다. Fox, Dunlap, Hemmeter, Joseph와 Strain(2003)은 [그림 5-2]에 제시된 것과 같은 지도 피라미드로 불리는 도식과 발견적 교수법을 매우 어린 유치원생을 위한 중재를 조정하는 데 사용했다.

SSBD 체계는 RtI 모델에 구축된 점차 집약적인 중재 접근법의 삼단 모델과 균일하게 평행을 이룬다. 예를 들어, 순차적인 SSBD 단계를 통과할 때, 선별 집단에 남아 있는 학생들(선별받지 않은)은 PBS의 2차 및 3차 수준 중재와 지원을 받을 후보자가 될 가능성이 더 높다(Walker, Severon, & Seeley, 출판 중). 특히, 선별 2단계에서 중요한 사건 지표에 양성 반응 정보를 가진

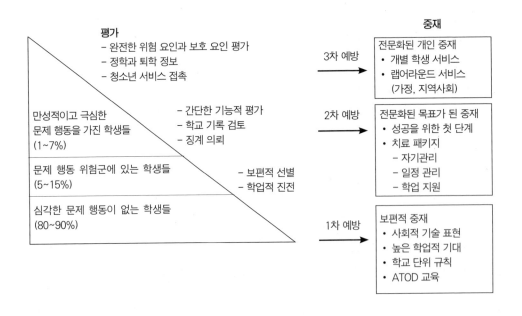

[그림 5-2] 학교 내 폭력 및 파괴 행동 예방

학생들은 3단계에서 위험군에 있고 강력하면서 지시된 중재를 원할 것이다. 더욱이 세 가지 SSBD 단계의 선별 도구와 절차는 RtI 모델 내에서 삼단 배열된 각 단계에서 필요한 평가와도 평행을 이룬다.

RtI-PBS 환경 내에서 SSBD와 같은 전체 선별 체계에는 최소 다섯 가지 잠재적인 적용 방법이 있다. 여기에는 2차 및 3차 중재로 이동할 필요가 있을 후보자들을 진단하기 위한 전체 선별, 학생이 다른 단계의 중재와 지원으로 이동해야 하는지 여부를 결정하기 위해 긍정적인 행동 지원 단계 내에서의 이동을 관리하는 평가, 집단과 개인 수준 혹은 모두에서 중재를 설계하기 위한 정보 출처, 행동 결함에 대한 교사 평가의 분석과 위험군에 속하는 학생에 대한 2단계 선별 과정에서 수집된 초과된 정보를 바탕으로 직원 개발 훈련과 기술 지원을 계획하는 도구, 학교 내 단일 학급 또는 다수 학급에서 교사가 지명한 학생들의 SSBD 행동 신상 정보의 심각성에 토대를 두고 학교의 전체 중재가 얼마나 잘 작동하고 있는지에 대한 하나의 지표로서 포함된다. 다시 말하면, 만약 학교 단위 행동 중재가 효과적으로 운영되고 있다면, 선별 2단계를 통과한 학생들은 전국 표준과 비교할 때, 그 수가 거의 없고 문제가 되는 행동 신상 정보가 적어야 한다.

다음에 제시된 사례 연구는 RtI-PBS 환경 내에서 사용되는 SSBD의 한 예로, 이러한 유형의 SSBD 적용에 대해 설명한다. 뉴올리언스 대학교의 Naquin과 D'Atrio는 행동 위험군에 속한 학생들과 교사들의 요구와 난관을 해결하는 과정에서 어떻게 그들이 SSBD 체계를 그들의 PAM의 영향에 대해 복합적인 정보 원천을 제공하는 대용량 평가 배터리와 통합했는지 설명한다.

정서·행동장애 학생을 위한 서비스와 지원 개선을 위한 법원 명령 계획 내에서 SSBD를 다년간 실시한 사례 연구 적용에 관한 설명

이 자료는 법원 명령을 받은 아동을 찾는 과정에서의 명령에 대응하기 위한 목적으로 RtI-PBS 환경 내에서 SSBD 절차를 실제로 적용한 사례를 설명한다. 특히 법원 명령 계획은 일반적인 교육 현장에서 정서·행동장애의 위험이 있는 학생을 적절히 선별, 진단, 배치하고 돕는 루이지애나 학군(제퍼슨 패리시 공립학교들)의 계속되는 실패 때문에 실행되었다. SSBD는 여러 해 동안 실시되는 과정에서 많은 목적, 즉 ① 아동 찾기-선별 과정을 돕고, ② 학교에 참여하는 교직원을 위한 최적의 계획을 개발하는 양식을 제공하고, ③ 결과 평가를 달성했다. 이 계획의 세부 사항은 다음과 같다.

제퍼슨 패리시 공립학교에 관한 설명

제퍼슨 패리시 공립학교 체계(Jefferson Parish Public School System: JPPSS)는 뉴올리언스 지역의 현지 교육 단체로 루이지애나에서 가장 큰 권역을 이룬다. 미국 통계국(U.S. Census Bureau)에 따르면, 2007년 7월 1일, 뉴올리언스의 최대 인구는 70만 4,010명이었다. 당시 2000년 인구 조사에서 발표한 인구의 약 98%에 기초해, 제퍼슨 패리시의 인구는 42만 3,520명으로 집계되었다. JPPSS는 루이지애나에서 가장 큰 권역일 뿐 아니라, 주에서도 가장 큰 학군으로 평가된다.

JPPSS는 제퍼슨 패리시 내 미시시피 강 동쪽과 서쪽 둑에 위치한 88개 학교로 구성되어 있다. 2007~2008학년도의 학생 재적 인원은 유치원부터 12학년까지 총 4만 4,019명이었다. 현재 JPPSS 학생 재적 인원은 백인 33%와 무상 혹은 공제된 점심 식사 프로그램에 등록된 학생 61.9%를 포함해 67%의 학생으로 구성되어 있다. JPPSS는 서비스를 받을 수 있는 2,500명이 넘는 학생들을 포함해 루이지애나에서 영어에 능통한 가장 큰 규모의 제한된 학생 인구를 가지고 있다고 생각된다. 이 학생들은 52가지 언어를 구사하는 68개국 이상의 나라를 대표한다. 이 지역사회에는 지역사회에서 추가로 1만 8,883명의 학생에게 교육 서비스를 제공하는 36개의 사립학교가 있다.

시정 조치 계획 실시 배경

뉴올리언스 대학교 학생 지원 모델(Pupil Assistance Model: PAM)팀의 Naquin과 D'Atrio는 2000년에 JPPSS가 적용되는 초등학교에서 교직원 개발과 자문 서비스를 제공하기 시작했다. 2003년까지 PAM팀은 RtI 모델 실행에 대한 자문 서비스에 집중하기 시작했다. 당시에 읽기와 수학 영역에서 중재가 필요한 학생들의 진단에 초점을 맞춰 확인된 10개의 '선두' 학교에 지원 서비스를 제공했다.

■ 2005년 JPPSS 시정 조치 계획

최근 JPPSS 내의 PAM, RtI-PBS 모델 실행은 2005년 동안 루이지애나 주 교육부가 지역구를 관리하면서 시정 조치 계획(Corrective Action Plan: CAP)이 배포되어 용이하게 됐다. CAP 행정관들은 다음과 같이 치료 교육이 필요한 9개 영역을 진단했다.

첫 번째 목표는 JPPSS의 교사들과 행정관들에게 CAP의 모든 조건을 따를 것을 촉구하도록 규정했고, 교구에 속한 인원 개인에게 각 목표의 규정들에 대해 교육한다. 두 번째 그리고 중재안의 핵심 결과의 중심은 JPPSS는 '모든 학생을 대상으로 효과적인 긍정적 행동 중재와 지원 프로그램을 개발, 고안 및 시행한다.'는 것이었다. 이러한 프로그램을 실행하는 공식 의도는 정서 · 행동장애 학생의 일반교육 현장 접근성을 간접적으로 높일 것이다. 따라서 두 번째 목표의 요구 조건에 대한 반응으로, JPPSS는 전체 학군과 루이지애나 주 교육부가 권고한 연합 교육 계획을 위한 PBS 모델을 채택했다.

세 번째 목표는 특수교육 사전 의뢰 과정의 개혁과 관련된다. 루이지애나주가 모든 학교에 (법으로 강제하여) 학교구축단계위원회(School Building Level Committee: SBLC)를 설립했던 반면에, 그들이 의도했던 문제해결 중심에 있는 기능들은 전혀 시행되지 않았다. 역사적으로, SBLC 체계는 단순히 특수교육으로 학생들을 배치하는 것을 용이하게 했던 '검사와 배치' 과정으로 끝났다. CAP가 처음 착수된 당시에 존재했던 SBLC의 많은 의뢰는 특수교육 환경으로의 진단과 배치가 이루어졌다. Algozzine, Ysseldyke 등이 시행한 연구에 따르면 SBLC의 모든 의뢰 중 약 97%가 결국 특수교육 환경으로 진단 및 배치되었다(Algozzine, Ysseldyke, & Christenson, 1983; Ysseldyke, Vanderwood, & Shriner, 1997). 더욱이 걱정스러운 것은 JPPSS가 평균(4.5%)을 나타내면서 정서 · 행동장애가 있는 학생들(12.8%)이 2.5배 많았다는 결과를 얻었다는 것이다(Louisiana Department of Education, 2005).

CAP의 세 번째 목표도 현존하는 SBLC 과정이 경험기반의 중재를 사용했던 참된 문제해결 모델로 재정의되고 재조직화되는 것을 요구한다. 이에 대해 JPPSS의 SBLC는 적어도 3명의 정규교육 교사들과 2명의 특수교육 전문가[학생평가단위(Pupil Appraisal Unit)의 구성원들을 포함할 수 있는]와 학교 행정가를 필요로 하는 학교 수준 참여를 동반하는 학업 및 행동 중재팀 (Academic and Behavior Intervention Teams: ABITs)으로 이름이 바뀌었다.

CAP는 특수교육보다는 일반교육 맥락에서 운영되는 서비스 전달 체계의 RtI 모델 실시가 필요하다. 이런 변화의 목적은 참여한 각 학교 현장 내에서 단계마다 학생의 요구에 대한 평가와 중재를 관리하고 감독하기 위해 효과적이면서 비용 효율적이고, 반응적인 과정을 만드는 것에 있었다. 뉴올리언스 대학교의 PAM팀은 이 목표를 달성하고자 JPPSS에 가장 직접적으로 관여해 왔다.

네 번째 목표에 명시된 CAP의 네 번째 규정은 JPPSS 학생들의 정서 · 행동장애와 관련되었다. 이 목표는 정서 · 행동장애가 있는 학생들의 행동 및 훈육 문제를 다루기 위한 대안과 학생의 문제 행동을 관리하기 위해 학교 정학과 퇴학을 시키는 것 외에 다른 행동 관리 방법을 개발하는 것이 필요했다. 이 목표는 또한 학생 개별화교육계획(Individual Education Plans: IEPs)

을 제공할 때 어떻게 개발되고 시행됐는지에 대해서도 중점을 두었다.

남은 다섯 가지 목표는 정서 · 행동장애가 있다고 진단된 학생들에게 서비스를 제공하는 것과 관련이 있었다. 목표 중에는 공인된 서비스 제공자들이 전달한 관련 서비스의 품질을 높이는 것, 정서 · 행동장애 학생 대상의 서비스를 추적하는 전반적인 의무 측정 개선과 교직원 및 학생들과 직접적으로 일하는 사람들의 지식기반을 향상시키는 것이 포함되었다. 다른 목표는 정서 · 행동장애 학생에게 양질의 그리고 체계적인 전환 서비스를 제공하는 것이다. 결국, CAP는 정서 · 행동장애 학생의 일반교육 환경 접근성을 검토하고 이 학생들이 최소 제한적 환경(Least Restrictive Environment: LRE)에서 받는 특수교육 프로그램을 보장하기 위해 JPPSS를 의무적으로 실시했다.

CAP가 제안했던 중재 삼단 모델의 초기 실행 견본은 3단계 중재가 달성됐던 3단계까지 학교기반의 문제해결팀에 의뢰하는 일을 연기했다. PAM팀은 세 번째 단계만이 아니라 모든 단계에서 중재가 필요한 학생들에 대한 관리를 포함하도록 하는 내용의 규칙을 개정했다. RtI-PBS 모델의 PAM 버전에서 ABIT의 참여는 적절한 중재가 서비스 전달 체계의 아주 매끄럽게 진행되는 연속체를 통해 전달되도록 하기 위해 필수적이었다.

PAM팀의 다른 중요한 요소는 각 학교 내에서 학교기반의 문제해결팀의 핵심 역할에 두었던 강조점이었다. ABIT는 부서 간의 의사소통이 강화되고 모든 학생이 팀 의사결정 과정에서 고려되도록 강화되었다. 각 학교에 있는 ABIT는 학교 행정의 구성원들, 일반교육 직원, 학생 평가단 그리고 「재활법(Rehabilitation Act)」 제504조 및 특수교육과 같은 다른 보충 프로그램의 대표들로 구성되어 있다.

지역 수준에서 통합 위원회는 일반교육, 특수교육, 긍정적 행동 지원(PBS), 「재활법」 제504조, 기술, 의무, 안전하고 마약 없는 학교, 뉴올리언스 대학교의 자문 위원들을 포함하여 필수적이고 보충적인 지역구 프로그램들의 대표들로 구성됐다. 지역 수준과 각 학교에서 통합된 위원단을 구성하는 목적은 서비스 전달이 전체 학교의 체계 그리고 궁극적으로 지역사회와 함께하는 부서, 서비스 구역 그리고 교육 주체 간에 아주 매끄럽게 진행되는 모델의 개발을 육성하는 데 있었다.

이 장을 집필하던 당시 JPPSS는 그의 53개의 초등학교에서 PAM-RtI-PBS 모델을 실행한 지 3년차였고, 그 모델을 2008~2009학년도 중 · 고등학교에도 확장하고 있었다. PAM 내에서 실시된 전체 선별 절차에 대해서는 다음에서 설명할 것이다.

정서·행동장애 학생의 진단을 위한 SSBD 사용

■ 2006~2007 SSBD 선별

2006~2007학년도 SSBD는 JPPSS 내 모든 초등학교의 53개 1~5학년 일반교육 학생들을 개별적으로 선별하는 데 사용되었다. 선별에 참여한 학생 중 49.3%는 아프리카계 미국인, 33.7%는 백인 그리고 17.0%는 다른 범주로 분류되었다. JPPSS에서 SSBD를 사용해 선별한 첫 해에 PAM팀은 53개의 초등학교에 전부 선별을 시행했다. PAM팀은 교육 분석가 또는 학교 심리학자로서의 주요 배경이나 자격증을 가진 석사 또는 박사 수준의 직원들로 구성되었다. 모든 검진원은 평가와 진단 방법에서 최소 30시간의 석사과정을 이수했다.

2007년 1월, ABIT는 53개의 초등학교에 SSBD를 사용하는 것을 넘어 그 활용과 철학, SSBD 관리 그리고 데이터 채점과 해석에 관한 훈련을 시행했다. 2006~2007학년도의 두 번째 학기 동안, 각 학교에서 교직원 회의(주로 1시간~1시간 반) 또는 학년 수준 회의(즉, 교원 계획 시기 동안)에서 SSBD를 실행했다. 학교 체계를 보조하기 위해, 오리건 대학교 직원들은 1단계와 2단계 프로토콜을 수집했다. SSBD 2단계 프로토콜을 채점해서 마이크로소프트 엑셀 스프레드시트에 자료를 기입했다. 각 학교 엑셀 스프레드시트에는 그 학교의 모든 SSBD 자료의 요약 페이지와 이름, 교사, 학년 그리고 CEI 점수에 따라 위험군에 속한 학생들에 대한 요약 내용이 기입되었다. 마지막으로, 각 스프레드시트에는 행동적으로 '위험군'이라고 지명되거나 고려되었던 모든 학생의 학년별 명단이 기입되었다. 오리건 대학교 PAM팀 직원들은 학교에 스프레드시트들을 전달했고 ABIT의 학교 행정가들과 회원들은 결과에 대해 논의했다.

교사들은 2단계 SSBD 측정 도구를 사용하는 추가 선별에 대해 2007년 봄에 선별받은 2만 2,101명의 학생 중 총 3,488명의 학생(선별받은 학생들 중 약 15.8%)을 지명했다. 지명된 학생들 중에 SSBD 기준과 기준 점수에 따라 1,533명의 학생을 위험군인 것으로 결정했다. 위험군으로 분류된 학생들의 비율은 선별받은 학생들의 1.3%~14.6%에 달했다. 이는 전체 학생 인구의 6.9%였다. 위험군으로 진단된 1,533명의 학생 중에 71.7%가 남자이고 28.3%가 여자였다. 위험군 학생의 66.6%가 외재적 증상을 보인다고 진단되었고, 33.4%는 내재적 증상을 보인다고 진단되었다. 이 통계들은 Walker와 Severson(1990)이 SSBD 표준화 데이터를 발표한 연구 결과와 일치한다(Walker & Severson, 1990).

■ **2007~2008 SSBD 선별**

2007년 가을, 교육 분석가, 학교 상담자와 사회복지사들로 구성된 JPPSS 학생 평가단 회원들은 SSBD 관리, 채점 및 자료 해석 절차에 대한 교육을 받았다. 행동 선별 두 번째 해에, 학생 평가단은 53개 초등학교의 SSBD를 관리하는 오리건 대학교 PAM팀을 보조했다. 행정 절차들을 학교 지역구와 비슷하게 만들 가능성을 높이기 위해, 학생 평가단의 각 회원에게 SSBD의 단계별 실행을 서술한 코치 카드(오리건 대학교 개발)를 나누어 주었다. 2007~2008학년도 SSBD는 10월 중반에 시작해서 11월 말에 대부분 학교의 데이터를 수집했다. 오리건 대학교 직원은 1단계과 2단계 프로토콜을 수집했고 지금까지 했던 것처럼 2006~2007학년도 스프레드시트에 자료를 입력했다.

선별 두 번째 해 동안 수집된 SSBD 자료에 대한 스프레드시트가 확장되고 개선되었다. 특히 학교 요약 페이지에 서술적인 인구 통계 자료를 많이 입력했고 각 파일에 2장을 추가했다. 오리건 대학교 직원은 성별과 학년에 따라 SSBD의 CEI의 각 문항에 대한 빈도 계산값을 산출한 SSBD 문항 분석 절차를 개발했다. 교사가 33개의 CEI의 문항 중 하나를 점검할 때마다 문항 분석 기록지에 작성되었다. 각 기록은 학생의 학년, 그 행동을 남학생이 했는지 또는 여학생이 했는지 그리고 그 학생이 외재화 성향의 사람이었는지 내재화 성향의 사람이었는지를 명시한 상자에 넣었다. 학생이 단순히 지명되기만 했든 또는 위험군이 있든 상관없이 학교로부터 받은 모든 프로토콜이 이 과정에 이어 진행되었다.

문항들은 비슷한 형식의 적응적 및 부적응행동 척도에 대한 점수를 분석하는 데 사용되었다. SSBD의 적응행동 척도는 사회적으로 바람직하고 교실에서 적절하다고 여겨지는 행동의 빈도수를 평가한다. 12문항에는 발생 빈도수에 따라 1부터 5까지 점수를 매긴다. 1점은 학생이 문항의 행동을 '전혀' 보이지 않는다는 것을 나타내고, 5점은 학생이 그 행동을 '자주' 보인다는 것을 나타낸다. 학생들은 그들에게 자주 기대되는 교실 행동에 대해 사회적으로 바람직하거나 적절한 모습을 나타낸다는 것을 가리키는 높은 점수를 받으면 적응행동척도의 최대 60점을 받는다.

문항 분석 절차에서 학생이 그 바람직한 행동을 전혀 또는 거의 보이지 않는다는 것을 나타내는, 1점 또는 2점을 받은 적응행동 척도의 문항도 기록했다. 학생의 학년, 성별 그리고 외재화 성향의 사람으로 진단받았는지 또는 내재화 성향의 사람으로 진단받았는지 명시한 상자들에 입력했다. 부적응행동 척도에서 학생들이 바람직하지 않은 행동을 보이는 빈도수에 따라 11문항을 평가했다. 학생 평정 범위는 1부터 5에 이르며, 1점은 '전혀 없다', 5점은 '자주 있다'를 나타낸다. 학생들은 부적절하거나 사회적으로 바람직하지 않은 행동을 자주 보이는 학생을 가리키는 높은 점수를 받으면, 부적응 척도에서 최대 55점을 받는다. 문항 분석에서 만약 한 학생이 3보다 높은 점수를 받으면 부적응행동 척도 문항에 대해 기록했다. 학생의 학년, 성별 그리고 외재화 성향의 사람으로 진단받았는지 또는 내재화 성향의 사람으로 진단받았는지 명시한 상자들에 각각 입력했다.

이상에서 언급한 대로, 오리건 대학교 PAM팀은 각 학교 내에서 진단된 관심 영역의 범주화를 돕고자 문항 분석 절차를 개발했다. PBS팀은 각 참여 학교를 위해 학교 단위 훈련 계획을 더 정확하게 발전시킨 문항 분석에서 자료를 활용할 수 있었다. 적응 및 부적응행동 척도 문항 분석에서 얻은 정보는 더 많은 주의를 필요로 하는 영역에서 사회적 기술 훈련을 지도하는 데에도 사용되었다. 문항 분석을 사용하여 ABIT와 PBS팀 행정가와 직원들은 집중적인 중재가 필요한 학생들의 하위 집단만이 아니라 구체적인 행동 및/또는 각 학교들이 속한 지역에 대한 정보(교사 평가 보고)도 얻을 수 있었다. CEI의 문항 분석 결과, 교사들이 심각하게 문제되는 것으로 가장 자주 평가했던 행동에 대한 정보(예: "교사의 경고를 무시한다.")를 얻었다. 문항 분석을 추가 검토하여 중재가 특정 학년(예: 4학년), 성별, 또는 위험군 하위 집단(예: 외재화 성향의 사람 또는 내재화 성향의 사람)을 향해 진행해야 하는 정보도 얻었다.

2007~2008년도 SSBD 실행과 관련한 부가적 요소들은 CEI의 세 문항에서 얻은 정보를 다루었다. 오리건 대학교 직원과 JPPSS 시행자들이 논의한 결과 교사가 대조 표시를 했다면 학교 행정과 오리건 대학교 직원이 평가한 18, 22 그리고 24번 문항을 의무화시켜야 한다고 결정했다. 이 문항들은 자살(혹은 죽음)에 관한 사고의 존재나 증거 그리고 신체적 또는 성적 학대 경험이 있다는 것을 함의한다. 해당 지역구는 세 문항 중 어느 것이라도 체크한 프로토콜이 발견되면, 즉각 학교 교장에게 보고하기로 결정했다.

2007~2008학년도 SSBD는 JPPSS의 1~5학년 학생 1만 6,634명을 선별하는 데 사용되었다. 6학년 5개 반도 포함되었다. 선별받은 전체 학생 중에 일반교육 교사들은 3,521명(선별받은 모집단 중 약 21%)을 2단계 대상자로 지명했다. 53개 학교에 걸쳐 지명된 학생의 비율은 5.1~33.8%에 달했고, 각 학교에서 위험군으로 진단받은 학생 비율은 2.0~21.7%였다. 전반적으로, 이전 학년에서 모든 학생의 6.9%와 비교했을 때, 선별받은 모든 학생 중 7.8%가 위험군으로 분류되었다. 위험군으로 진단된 남녀 비율은 선별 첫해 동안 진단된 비율과 동일했다(남학생 71.7%, 여학생 28.3%). 외재화 성향의 학생과 내재화 성향의 학생의 분포도 매우 유사했다(66.6%가 외재화 성향의 학생, 33.4%가 내재화 성향의 학생).

1, 2, 3단계에서 학생 지원 모델(PAM)의 세부 지침 운영

PAM은 광범위한 중재 반응(RtI)과 긍정적 행동 지원(PBS) 개념 틀을 연구기반 평가 도구와 증거기반 중재를 학생들에게 긍정적 결과를 산출하는 체계적인 접근법에 통합하는 목표를 적용했다. PAM은 평가와 중재 절차 모두 각각의 성공적인 단계에서 강도와 측정 정확도를 높이는 여러 단계의 학문적이고 행동 초점적인 모델이다.

PAM은 다음 요소들을 포함한다.

- 1단계: 일반교육 – 전체 선별, 학교 및/또는 학교 단위 중재
- 2단계: 표준 프로토콜 – 소집단과 목표 대상이 있는 중재
- 3단계: 문제해결 – 개별적이고 집중적인 서비스

PAM은 필요해진 변화를 만들기 위해 진전 과정을 지켜보면서 학생의 필요에 신중하게 맞춘 최적의 실제와 중재를 제공하는 것과 학생의 반응 자료를 중요한 교육 사안을 결정하는 데 활용하는 최적의 실제에 바탕을 둔다. PAM은 학업에 대한 전체 선별과 빈번한 진전 관리를 위해 교육과정기반 측정(Curriculum-Based Measurement: CBM) 사용을 촉진한다. 모델의 행동 구성 요소는 효과적인 행동 중재가 필요한 학생을 위한 측정 도구로 교실 징계 의뢰(Office Discipline Referral: ODR)의 자료와 행동 장애에 관한 체계적인 선별 절차를 사용하는 것을 포함한다. 통합형 PAM은 JPPSS 학생의 학업 및 행동 결과를 개선했다. 또한 PBS의 문화를 발전시킬 때 안전한 학교 평가와 자원 은행(Safe School Assessment and Resource Bank: SSARB)과 같은 측정 도구를 중요한 평가 도구로 사용하여 학교 풍토를 평가하는 방법을 장려한다. 다음에는 1, 2, 3단계에서 PAM 과정에 대한 간단한 설명이 제시되어 있다. PAM을 정확하게 실행하는 데 핵심은 단계 모델의 각 단계에 대한 평가와 중재를 감독하고 지도하는 역할을 담당하는 학교기반의 문제해결팀을 만드는 것이다.

■ 1단계: 일반교육-전체 선별, 학교 및/또는 학급 단위 중재

1단계에서는 모든 학생을 대상으로 읽기, 수학, 특정한 학업 영역에서 적정 수준의 역량을 가지고 있는 학생이 누구인지를 선별하고 적절한 행동에 대한 기대 수준을 설명한다. 이 정보는 교사와 행정가들에게 학교에서의 실패를 방지하기 위한 교육과정, 설계 지침 그리고 실행 행동 전략을 선정하는 데 제공된다. 읽기와 수학을 선별한 후에 평가 점수를 매기고, 그래프로

산출하고 학년, 학급, 학생별 자료를 분석한다. 만약 학급 내 최소 50%의 학생이 표준 비교 집단으로 결정된 적정 수준으로 운영하지 못하면, 적당한 지시 가능성, 비효율적인 교실 운영 또는 잠재적 교육과정 변화를 생각해야 한다.

만약 최소 50%의 학생이 학년 수준 규준과 기대에 일치하는 수준으로 수행했지만 몇몇 학생은 여전히 '위험군' 범위 내에 있다면, 이 학생들은 그들의 수행 문제에서 동기가 부족한지, 기술이 부족한지, 아니면 둘 다인지 판별하기 위해 추가 평가를 받아야 한다. 만약 둘 중 하나 또는 둘 다가 원인이라고 결론을 내렸다면, 이러한 학생들은 2단계로 이동하여 의뢰된다.

행동 영역에서는 ODR 자료를 검토하고 행동 장애에 관한 체계적인 선별을 실행함으로써 선별이 이뤄진다. 행동 사건이 일어난 날의 시간대, 위치 그리고 범행의 유형 등과 같은 학교 전체 또는 대다수 학생에게 영향을 줄 수 있는 중요한 영역을 진단하기 위해 ODR 데이터를 분석한다. 만약 학생 인구의 20%가 특정 범행에 있어 '위험군'이라면, 또는 학생들의 20% 각각이 특정 환경이나 하루의 시간대에 곤란에 처한다면, 이러한 중요한 사안을 해결하기 위해 학교 단위 긍정적 행동지원 계획을 개정한다.

다음으로, 가을학기 동안 모든 학생을 대상으로 SSBD를 실시한다(이미 특수교육을 받고 있다고 확인된 학생들은 제외). 2단계 기준을 충족하는 어떤 학생이 있다면 Ⅱ단계 혹은 Ⅲ단계 진입 및/또는 평가 의뢰를 고려한다. PAM은 학교 단위, 학년 수준 또는 개별 학급이 특정한 중재 초점을 필요로 하는지 아닌지를 결정하는 2단계 평점 척도에 대한 문항 분석을 이용할 것을 권장한다.

■ 2단계: 표준 프로토콜-소집단과 목표 대상이 있는 중재

2단계는 목표 대상이 있거나 집중 중재가 더 필요할 수도 있는 소집단과 학생들을 대상으로 설계된 것이다. 일반적으로 이 단계에서 표준 코치 카드에 대한 체계적인 중재를 사용한다. 중재에는 차별화된 교수, 다양한 유형의 프로그램, 또는 체크인/체크아웃(Check-In/Check-Out: CICO)과 같은 목표 대상이 있는 행동 전략이 포함되었을 것이다. 게다가 2단계의 중재 지원으로 또래 교수, 또래 멘토링, 심리교육적 집단 및/또는 부모교육 요소를 추가할 수도 있다.

학업 중재에 있어, CBM 절차를 사용해 목표선을 세운다. 학생의 진전 수준과 비율을 계산함으로써 모든 5~7개 데이터의 점수를 매긴 후에 데이터를 매일 수집하고 검토한다. 충실히 정확한 치료와 함께 실시해 왔던 적절한 중재에 반응하는 학생들의 성공이나 실패를 토대로 결론을 내렸다. 이러한 결정은 중재를 지속하는 것, 중재 및/또는 전략을 수정하는 것, 1단계로 되돌아가거나 3단계에서 중재를 강화하는 것이 포함될 수 있다.

행동 중재도 유사한 절차를 따른다. 목표들을 설정하고, 교사 평가, 관찰, 작업 완수, 출석 및/또는 ODR 자료를 사용하여 행동을 면밀히 모니터링한다. 강조된 데이터들 또한 치료를 정확하게 실시해 왔던 적절한 중재에 반응하는 데 있어서 학생들의 성공이나 실패를 결정하기 위해 최소 5~7개 데이터 점수를 검토한다. 중재를 지속할 것인지, 중재 및/또는 전략을 변화시킬 것인지, 1단계로 돌아가거나 3단계로 학생을 이동시킬 것인지는 결정할 사항들이다.

■ 3단계: 문제해결-개별적이고 더 집중적인 서비스

개별화된 문제해결 접근은 2단계에서 더 많은 표준과 체계적인 중재로 해결되지 않은 지속적이고 예외적인 문제에 대해 일반적으로 3단계에서 사용된다. 일반적으로, 학생들에게 이러한 절차를 적용한다. 체계적인 평가와 문제에 대한 검토를 통해 3단계 중재를 설계한다. 가설 설정은 특정한 학업 및/또는 행동 기술 결핍을 목적으로 한다. 학업 중재의 대표적인 예는 저학년 학생을 지도하거나 필수적인 기술을 지도하는 것이다. 대체로 행동 문제 때문에 3단계에 배정된 학생들은 문제해결 과정을 돕기 위해 완성된 기능적 행동 평가(Functional Behavior Assessment: FBA)를 받게 된다. 완성된 FBA는 특정 행동의 발생 유무와 연관된 중요한, 학생 특정적인 사회, 정서, 인지 및/또는 환경적인 요인들을 진단하도록 돕는다. 3단계 수준에서 매일 자료를 수집하고 중재에 반응하는 데 있어 학생들의 성공이나 실패를 결정하는 5~7개의 데이터 점수를 검토한다. 결과적으로 중재를 지속할지, 중재 및/또는 전략을 변화시킬지, 혹은 드물게는 학생을 1단계나 2단계로 이동시킬지에 대해 결정할 수 있다. 이 단계에서 성공하지 못한 학생은 결국 특수교육 서비스로 의뢰되어 아동 정신건강 및/또는 다른 사회 서비스 단체와 같은 3차 자원에 관여될 수도 있다.

이미 기술한 바와 같이 PAM을 RtI-PBS에 적용하는 것은 심각한 학업 및 행동상의 어려움에 대해 적정 수준을 가진 학생들을 대상으로 한 프로그램과 서비스의 연속체로 정의할 수 있다. PAM은 NCLB와 IDEA 규제를 충족하는 데 중요한 RtI-PBS의 다단계 서비스 전달 체계이다. 실시되고 있는 보편적 교육과정과 긍정적인 행동 지원 절차에 대한 학생의 적절한 반응을 지속적으로 모니터링하는 것은 특히 현존하는 교수와 지원이 충분한지를 결정하는 수단인 PAM 접근과 관련이 있다. PAM의 대단히 중요한 목표는 다음과 같다. 첫째, 질적인 교수, 좋은 교수법 실천, 차별화된 교수, 교정 기회 그리고 증거기반, 행동 전략의 일반교육 내 가용성 및 접근성을 보장하는 것, 둘째, 일반교육 환경에서 제공될 수 있는 것보다 더 전문화된 서비스가 필요한 장애 학생들에게 특수교육을 제공하는 것이다. PAM은 통합된 관점에서 학업 및 행동 영역들을 연대적으로 해결하는 데 유망한 모델로 대두될 수 있다. 위험군 학생 집단 그리고 그들의 지속 가능성이 가져오는 결과에 대한 추수 연구는 그 효율성의 한도를 설정하는 데 도움이 될 것이다.

향후 연구, 실제 및 정책 방향

반사회적 행동 패턴의 기원은 점점 더 어린 나이에 증거로 나타나며, 이러한 행동이 더 심각하고 만성적인 문제로 악화되는 것을 예방할 수 있다는 것은 널리 알려진 사실이다(Strain & Timm, 2001). 학교 내의 학생 모집단을 대상으로 하는 효과적인 실천은 조기 발견, 학교기반의 중재, 양육 훈련과 교원 연수 그리고 사회적 행동을 증가시키고 공격적 행동 문제를 감소시키는 것으로 귀납적 방법을 통해 증명된 모든 전체 선별 절차를 포함해야 한다(Reid, 1993; Walker, Ramsey, & Gresham, 2004). 예방은 조기 발견에서 시작하고, 학교가 RtI-PBS 접근을 채택하면 반드시 표준 보편적 선별 구성 요소를 일상 절차의 지속적인 부분으로 채택해야 한다.

앞의 PAM 예시에서 설명했듯이, RtI-PBS 접근법을 사용하자는 움직임은 학업적 및 행동적 사안 모두를 다룰 수 있지만, 우선 다른 문제의 영역과 규모에 대해 잘 아는 것에서부터 시작할 필요가 있다. 교사, 행정가, 정책 입안자, 국회의원, 직원교육 전문가 그리고 연구자 모두 학업 수행과 행동 수행 사이에 존재하는 통합관계에 대해 알아야 한다. 그것들을 계속해서 독립적인 문제로 다루는 것은 많은 학생의 진전을 방해하고 교사들을 계속 좌절시킬 수 있다(Dodge, 2008). 이러한 인식이 늘어남에 따라, 영역 전체에 걸쳐 학생 성취도에 긍정적으로 영향을 미치는 발견적 RtI-PBS의 잠재력을 뒷받침하기 위해 그리고 학교기반의, 협력적 접근법을 사용하여 발전된 탄탄한 지식기반이 더 많이 필요하다(Albers, Glover, & Kratochwill, 2007; Ellio, Huai, & Roach, 2007). 이 팀에는 적어도 일반교육 교사와 특수교육 교사, 학교 상담자, 행동 전문가, 읽기 전문가와 행정 직원이 포함되어야 한다.

RtI이 행동 및 학업 영역들을 다루기 위해서는 현재 이용 가능한 기술을 더 개선하고 확대해야 한다. 구체적으로, 신속한 양질의 의사결정을 강조하고 그에 접근할 수 있도록 학업 데이터와 행동 데이터를 통합시키기 위한 체계를 개발해야 한다. 이러한 측면에서, SSBD 절차의 저자들은 현재 시행, 채점 그리고 학생 결과의 수집을 가능하게 할 웹기반의 전자 검사 도구를 개발하고 있다. 징계 추적기(Discipline Tracker)나 SWIS와 같은 소프트웨어들은 학업 데이터로 통합하기 위해 변경될 수 있을 것이다. 반복적으로 주어질 수 있고 시간이 흐르면서 읽기 수행에 대한 DIBELS 측정 도구와 유사하게 변하는 데 민감한 행동적 측정 도구를 개발하는 것 또한 중요할 것이다(Gresham 출판 중 참조). 그렇게 하려면 성별과 발달단계에 따른 등급 수준에 대한 의미 있는 행동 기준점과 표준 기준에 대한 진단이 필요할 것이다.

환경적으로 감지할 수 있도록 유발된 고통을 받으며 등교하는 학생으로 인해 양산되는 위험 요인은 여기에서 설명한 PAM 접근을 포함, 학교생활 초반부터 심각하게 위험군인 아동의 필요를 해결하는 효과적인 조기 중재의 계획된 연속체로 해결될 수 있을 것으로 보인다. Hawkins 등이 실시한 설득력 있는 종단적 연구는 1~3학년에 전달되고 학부모, 교사, 또래 그리고 대상 아동을 포함하는 광범위한 조기 중재를 보여 주고, 18세에 건강에 위험한 많은 행동에 대해 장기적인 보호를 제공한다. 이러한 위험에는 비행, 학업 실패와 중퇴, 10대 임신, 과음, 학교 행동 문제 그리고 많은 성관계를 갖는 것이 포함된다. 우리는 이에 대한 정책의 막대한 영향력과 유사한 강력한 결과들을 간과할 수 없다.

현재 RtI-PBS 체제를 사용하면서 훌륭한 통합과 함께 이러한 예방 사업을 실행하기 위한 지식과 이용 가능한 전문가들을 갖고 있다. 예를 들어, Walker, Seeley, Samll, Severson, Graham, Feil, Serna, Golly와 Forness(2009)는 최근에 SSBD 체계를 학교와 가정환경에서 2차 예방 목표를 해결하는 성공하기 위한 첫 단계(First Step to Success)라는 조기 중재 프로그램과 결합하여 4년 동안의 무선 통제 실험 연구 결과를 발표했다(Walker, Kavanagh, Stiller, Golly, Severson, & Feil, 1998). 초기 학령기에 실시한, 위험군 학생들을 대상으로 한 이러한 유형의 예방 사업은 점점 교육학적 문헌과 심리학적 문헌 내에서 명백한 증거로 드러나고 있다. 그러나 우리는 아직 보편적인 척도에 대해 이러한 예방 노력이 다뤄지기 위해 계획된다는 문제에 대한 주인의식을 갖고, 양질의 실행을 뒷받침하는 데 필요한 자원을 투자하며, 유지와 지속 가능성을 보장해 줄 장기적인 지원을 제공하려는 의지가 보이지 않았다. 앞으로 몇 년간 학교, 정신건강 체계, 사회 서비스 단체 그리고 입법 단체에서 중요한 목표들을 달성해 줄 긍정적인 변화를 이끌어 내기를 기대한다.

참고문헌

Achenbach, T. M. (1991). *The child behavior checklist: Manual for the teacher's report form*. Burlington, VT: Department of Psychiatry, University of Vermont.

Albers, C., Glover, T., & Kratochwill, T. (2007). Introduction to the special issue: How can universal screening enhance educational and mental health outcomes? *Journal of School Psychology, 45*(2), 113-116.

Algozzine, R., Ysseldyke, J., & Christenson, S. (1983). An analysis of the incidence of special class placement: The masses are burgeoning. *Journal of Special Education, 17*(2), 141-147.

Batsche, G., Elliott, J., Graden, J., Grimes, J., Kovaleski, J., & Prasse, D. (2005). *Response to intervention: Policy considerations and implementation*. Alexandria, VA: National Association of State Directors of Special Education.

Blechman, E., & Hile, M. (in press). Broadband risk assessment. In E. Blechman, C. Fishman, & D. Fishman (Eds.), *Building a prosocial community: School-based prevention of youth violence, suicide and substance abuse*. Champaign, IL: Research Press.

Burns, B., & Hoagwood, K. (2002). Community treatment for youth: Evidence-based interventions for severe emotional and behavioral disorders. New York: Oxford University Press.

Caldarella, P., Young, E., Richardson, M., Young, B., & Young, K. R. (2008). Validation of the systematic screening for behavior disorders in middle and junior high school. *Journal of Emotional and Behavioral Disorders, 16*(2), 105-117.

Diperna, J., Volpe, R., & Elliott, S. (2002). A model of academic enablers and elementary reading/language arts achievement. *School Psychology Review, 31*, 298-312.

Dodge, K. (2008). Framing public policy and prevention of chronic violence in American youths. *American Psychologist, 63*(7), 573-590.

Drummond, T. (1993). *The Student Risk Screening Scale* (SRSS). Grants Pass, OR: Josephine County Mental Health Program.

Durlak, J. (1997). *Successful prevention programs for children and adolescents*. New York: Plenum.

Eddy, J. M., Reid, J. B., & Curry, V. (2002). The etiology of youth antisocial behavior, delinquency and violence and a public health approach to prevention. In M. R. Shinn, H. M. Walker, & G. Stoner (Eds.), *Interventions for academic and behavior problems II: Preventive and remedial approaches* (pp. 27-51). Bethesda, MD: National Association for School Psychologists.

Elliott, S., Huai, N., & Roach, A. (2007). Universal and early screening for educational difficulties: Current and future approaches. *Journal of School Psychology, 45*(2), 137-162.

Embry, D. (2002). The good behavior game: A best practice candidate as a universal behavioral vaccine. *Clinical Child and Family Psychology Review, 5*, 273-297.

Fox, L., Dunlap, G., Hemmeter, M. L., Joseph, G. E., & Strain, P. S. (2003). The teaching pyramid: A model for supporting social competence and preventing challenging behavior in young children. *Young Children, 58*(4), 48-52.

Frey, A., Lingo, A., & Nelson, C. M. (in press). Implementing positive behavior support in elementary schools. In M. Shinn & H. Walker (Eds.), *Interventions for achievement and behavior problems in a three-tier model including Response to Intervention*. Bethesda, MD: National Association of School Psychologists.

Geisiner, K. F., Spies, R. A., Carlson, J. F., & Plake, B. S. (2007). *The Seventeenth Mental Measurements Yearbook*. Lincoln, NE: Buros Institute of Mental Measurements.

Glover, T., Diperna, J., & Vaughn, S. (2007). Introduction to the special series on service delivery systems for response to intervention: Considerations for research and practice. *School Psychology Review, 36*(4), 523-525.

Greenwood, C., Walker, H. M., Todd, N., & Hops, H. (1979). Selecting a cost-effective device for the assessment of social withdrawal. *Journal of Applied Behavior Analysis, 12*, 639-652.

Gresham, F. M. (2004). Current status and future directions of school-based behavioral interventions. *School Psychology Review, 33*, 326-343.

Gresham, F. M. (in press). Evidence-based social skills interventions: Empirical foundations for instructional approaches. In M. Shinn & H. Walker (Eds.), *Interventions for achievement and behavior in a three-tier model including Response to Intervention*. Bethesda, MD: National Association of School Psychologists.

Gresham, F. M. & Elliott, S. (1990). *The social skills rating system* (SSRS). Bloomington, MN: Pearson Assessments.

Gresham, F. M., MacMillan, D., & Bocian, K. (1996). "Behavioral earthquakes": Low frequency, salient behavioral events that differentiate students at-risk for behavioral disorders. *Behavioral Disorders, 21*(4), 277-292.

Hawkins, J. D., Catalano, R. F., Kosterman, R., Abbott, R., & Hill, K. G. (1999). Preventing adolescent health-riak behaviors by strengthening protection during childhood. *Archives of Pediatrics & Adolescent Medicine, 153*, 226-234.

Hunter, L., Hoagwood, K., Evans, S., Weist, M., Smith, C., Paternite, C., Horner, R., Osher, D., Jenson, P., & the School Mental Health Alliance. (2005). *Working together to promote academic performance, social and emotional learning, and mental health for all children*. New York: Center for the Advancement of Children's Mental Health at Columbia University.

Irvin, L., Tobin, T., Sprague, J., Sugai, G., & Vincent, C. (2004). Validity of office discipline referral measures as indices of school-wide behavioral status and effects of school-wide behavioral interventions. *Journal of Positive Behavior Interventions, 6*(2), 131-147.

Kauffman, J. (1999). How we prevent the prevention of emotional and behavioral disorders. *Exceptional Children, 65*(4), 448-468.

Kauffman, J. (2005). How we prevent the prevention of emotional and behavioral difficulties in education. In P. Clough, P. Garner, J. T. Pardeck, & F. K. O. Yuen (Eds.), *Handbook of emotional and behavioral difficulties in education* (pp. 429-440). London: Sage.

Kauffman, J., & Landrum, T. (2008). *Characteristics of children's behavior disorders* (8th ed.). Columbus, OH: Charles Merrill.

Kazdin, A. (1987). *Conduct disorders in childhood and adolescence.* London: Sage.

Lane, K. (2007). Identifying and supporting students at risk for emotional and behavioral disorders within multi-level models: Data-driven approaches to conducting secondary interventions with an academic emphasis. *Educational and Treatment of Children, 30*, 135-164.

Lane, K., Kalberg, J., Parks, R., & Carter, E. (2008). Student risk screening scale: Initial evidence for score reliability and validity at the high school level. *Journal of Emotional and Behavioral Disorders, 16*(3), 178-190.

Leff, S., & Lakin, R. (2005). Playground-based observation systems: A review and implications for practitioners and researchers. *School Psychology Review, 34*(4), 475-489.

Levitt, J., Saka, N., Romanelli, L., & Hoagwood, K. (2007). Early identification of mental health problems in schools: The status of instrumentation. *Journal of School Psychology, 45*(2), 163-192.

Lloyd, J. W., Kauffman, J. M., Landrum, T. J., & Roe, D. L. (1991). Why do teachers refer pupils for special education? An analysis of referral records. *Exceptionality, 2*(3), 115-126.

Loeber, R., Dishion, T. J., & Patterson, G. R. (1984). Multiple gating: A multi-stage assessment procedure for identifying youths at risk for delinquency. *Journal of Research in Crime and Delinquency, 21*(1), 7-32.

Loeber, R., & Farrington, D. P. (Eds.). (1998). *Serious and violent juvenile offenders: Risk factors and successful interventions.* Thousand Oaks, CA: Sage Publications.

Louisiana Department of Education. (2005). *State special education data profile—2005.* Baton Rouge, LA.

Louisiana Department of Education. (2008). *District composite report—Jefferson Parish.* Baton Rouge, LA.

May, S., Ard, W., Todd, A., Horner, R., Glasgow, A., & Sugai, G. (2001). *School-wide information system.* Eugene, OR: University of Oregon, Educational and Community Supports.

Merrell, K. W. (1999). *Behavioral, social, and emotional assessment of children & adolescents.* Mahwah, NJ: Lawrence Erlbaum Associates.

Merrell, K. W. (2001). Assessment of children's social skills: Recent developments, best practices, and new directions. *Exceptionality, 9*(1&2), 3-18.

NASP Position Statement on Early Childhood Care and Education. (2002). http://ww.naspoline. org/about_nasp/pospater_earlychild.aspx. Bethesda, MD: National Association of School Psychologists.

Patterson, G. R., Reid, J. B., & Dishion, T. J. (1992). *Antisocial boys*. Eugene, OR: Castalia.

Reid, J. B. (1993). Prevention of conduct disorder before and after school entry: Relating interventions to developmental findings. *Development & Psychopathology, 5*, 311-319.

Ross, A. (1980). *Psychological disorders of children: A behavioral approach to theory, research and therapy* (2nd ed.). New York: McGraw-Hill.

Severson, H., Walker, H. M., Hope-Doolittle, J., Kratochwill, T., & Gresham, F. M. (2007). Proactive, early screening to detect behaviorally at-risk students: Issues, approaches, emerging innovations, and professional practices. *Journal of School Psychology, 45*(2), 193-224.

Shinn, M. (2007). Identifying students at risk, monitoring performance, and dtermining eligibility within response to intervention: Research on educational need and benefit from academic intervention. *School Psychology Review, 36*(4), 601-617.

Sprague, J. & Walker, H. M. (in press). Building safe and healthy schools to promote school success: Critical issues, current challenges, and promising practices. In M. Shinn & H. Walker (Eds.), *Interventions for achievement and behavior problems in a three-tier model including Response to International*. Bethesda, MD: National Association of School Psychologists.

Strain, P. S., & Timm, M. A. (2001). Remediation and prevention of aggression: An evaluation of the Regional Intervention Program over a quarter century. *Behavioral Disorders, 26*(4), 297-313.

Sugai, G. & Horner, R. (2002). The evolution of discipline practices: School-wide positive behavior supports. *Child and Family Therapy, 24*(1/2), 23-50.

Sugai, G., Sprague, J., Horner, R., & Walker, H. (2000). Preventing school violence: The use of office discipline referrals to assess and monitor school-wide discipline interventions. *Journal of Emotional and Behavioral Disorders, 8*, 94-101.

Tobin, T. & Sugai, G. (1999). Using sixth-grade school records to predict violence, chronic discipline problems, and high school outcomes. *Journal of Emotional and Behavioral Disorder, 7*, 40-53.

Todis, B., Severson, H., & Walker, H. M. (1990). The critical events scale: Behavioral profiles of students with externalizing and internalizing behavior disorders. *Behavioral Disorders, 15*(2), 75-86.

Walker, B., Cheney, D., Stage, S., Blum, C., & Horner, R. (2005). School-wide screening and positive behavior supports: Identifying and supporting students at risk for school failure. *Journal of Emotional and Behavioral Disorders, 7*, 194-204.

Walker, H. M., Block-Pedego, A., Todis, B., & Severson, H. (1991). *School archival records search (SARS): User's guide and technical manual.* Longmont, CO: Sopris West.

Walker, H. M., Colvin, G., & Ramsey, E. (1995). *Antisocial behavior in schools: Strategies and best practices.* Pacific Grove, CA: Brooks/Cole.

Walker, H. M., Horner, R. H., Sugai, G., Bullis, M., Sprague, J. R., Bricker, D., & Kaufman, M. J. (1996). Integrated approaches to preventing antisocial behavior pattersn among school-age children and youth. *Journal of Emotional and Behavioral Disorders, 4,* 194-209.

Walker, H. M., Kavanagh, K., Stiller, B., Golly, A., Severson, S., & Feil, E. (1998). First step to success: An early intervention approach for preventing school antisocial behavior. *Journal of Emotional and Behavioral Disorders, 6*(2), 66-80.

Walker, H. M., Nishioka, V. M., Zeller, R., Severson, H. H., & Feil, E. G. (2000). Causal factors and potential solutions for the persistent under-identification of students having emotional or behavioral disorders in the context of schooling. *Assessment for Effective Intervention, 26*(1), 29-40.

Walker, H. M., Ramsey, E., & Gresham, F. M. (2004). *Antisocial behavior in school: Evidence-based practices* (2nd ed.). Belmont, CA: Wadsworth/Thomson Learning.

Walker, H. M., Seeley, J., Small, J., Severson, H., Graham, B., Feil, E., Serna, L., Golly, A., & Forness, S. R. (2009). A randomized controlled trial of the First Step to Success early intervention: Demonstration of program efficacy outcomes in a diverse, urban school district. *Journal of Emotional and Behavioral Disorders, 17*(4), 197-212.

Walker, H. M., & Severson, H. H. (1990). *Systematic Screening for Behavior Disorders (SSBD): User's guide and technical manual.* Longmont, CO: Sopris West.

Walker, H. M., Severson, H., Nicholson, F., Kehle, T., Jenson, W., & Clark, E. (1994). Replication of the Systematic Screening for Behavior Disorders (SSBD) procedure for the identification of at-risk children. *Journal of Emotional and Behavioral Disorders, 2*(2), 66-77.

Walker, H. M., Severson, H., & Seeley, J. (in press). Universal, school-based screening for the early detection of behavioral problems contributing to later destructive outcomes. In M. Shinn & H. Walker (Eds.), *Interventions for achievement and behavior problems in a three-tier model including Response to Intervention.* Bethesda, MD: National Association of School Psychologists.

Walker, H. M., Severson, H., Stiller, B., Williams, G., Haring, N., Shinn, M., & Todis, B. (1988). Systematic screening of pupils in the elementary age range at risk for behavior disorders: Development and trial testing of a multiple gating model. *Remedial and Special Education, 9*(3), 8-14.

Walker, H. M., Severson, H. H., Todis, B. J., Block-Pedego, A. E., Williams, G. J., Haring, N. G., & Barckley, M. (1990). Systematic screening for behavior disorders (SSBD): Further validation, replication and normative data. *Remedial and Special Education, 11*(2), 32-46.

Walker, H. M., Stieber, S., Ramsey, E., & O'Neill, R. (1993). Fifth grade school adjustment and later arrest rate: A longitudinal study of middle school antisocial boys. *Journal of Child and Family Studies, 2*(4), 295-315.

Weissberg, R. (2005, August). *Social and emotional learning for life success.* Paper presented at the annual meeting of the American Psychological Association, Washington, DC.

Ysseldyke, J,. Vanderwood, M., & Shriner, J. (1997). Changes over the past decade in special education referral to placement probability: An incredibly reliable practice. *Diagnostique, 23*(1), 193-201.

Zigler, E., Taussig, C., & Black, K. (1992). Early childhood intervention: A promising preventative for juvenile delinquency. *American Psychologist, 47*, 997-1006.

Chapter **6**

학습 조건 조성과 건강한 청소년 발달:
전략적 접근

David Osher, Kimberly Kendziora(미국연구기관)

학교는 성장, 예방과 청소년 발달에 중요한 역할을 한다. 학생들은 학교에서 발달상의 중요한 문제를 마주하며, 중요한 평가자의 평가를 받고, 친사회적 또래와 반사회적 또래와 교류하며 그들이 시련을 겪거나 성장할 수 있도록 하는 중요한 능력과 신뢰성을 획득하거나 획득하는 데 실패한다. 위험과 보호라는 측면에서 학교는 안전한 공간과 안전 의식을 형성하고, 도전과 임무감을 부여하며, 어른과 친사회적 또래와의 원만한 관계를 촉진하고, 능력과 효능감을 발달시키며, 학생들이 사회 자본, 정신건강 지원과 청소년 발달 기회에 접근할 수 있도록 하는 역할을 한다. 그러나 유색인종 학생들을 가르치는 학교들은 학생들이 보수적인 관료주의적 사회 구조와 고위험 환경에서 어른들이 주도하는 요구에 적응해야 하기 때문에 위험 요소가 되는 괴로운 공간일 수도 있다(예: Eccles & Midgely, 1989). 학교는 안전한 울타리 역할과 달리 위험한 소용돌이와 같은 곳으로, 이곳에서 학생들은 신체적 및 정서적 폭력, 지루함, 소외, 학업 포기, 어른 및 또래와의 관계 악화, 괴롭힘, 집단 괴롭힘, 무리 지어 다니기, 공개적인 모욕, 실패, 반사회적 또래들과의 분리, 가혹한 처벌 그리고 학교 공동체와 시설에서의 추방으로 내몰렸다. 이 장에서 학생 발달에서 학교의 역할을 개관하고, 성공적으로 실시된 중재와 중재의 개발을 설명하고, 예방 조치법을 가르치는 사회ㆍ정서적 학습 환경을 개선하는 것의 중요성을 강조하는 연구 결과를 포함하여 중재의 영향에 대해 논의한다.

학교의 학습 환경

학교는 "이탈된 혹은 파괴적인 결과와 관련된 궤도에서 잠재적으로 연유한 구원의 기회"일 수 있다(Cairns & Cairns, 1994, p. 6). 이러한 소임을 다하는 학교라면 학생들을 보호하고 관리해야 하며, 학생들이 학업적 · 사회적 · 정서적 능력을 발달시켜 성인으로 성장할 수 있도록 보조해야 한다. 아프리카계 미국인 아동 천 명을 대상으로 한 우드론 종단적 연구에 따르면 조기 취학과 학교(가족) 유대는 청소년 마약 흡입, 비행, 자퇴 문제와 관련이 있으며(Ensminger, Kellam, & Rubin, 1983; Ensminger & Slusarcick, 1992), 학교(가족뿐만 아니라)와의 강한 결속은 시카고 빈곤층에서 성장한 아프리카계 미국인 아동을 보호하는 역할을 했다(Ensminger & Juon, 1998).

아동을 보호하는 데 성공한 학교들은 소위 효과적인 학습 환경을 마련하고 유지한다. 이러한 환경을 구성하는 것은 양질의 교육, 전문교육을 받은 교사, 충분한 교육 자원 그리고 효과적인 지도력이다. 또한 비슷하게 중요한 것은 사회 · 정서적 학습 환경이다. 사회적 혹은 정서적 지표에 걸쳐서 학교와 '연결'되어 있다고 생각하는 학생들은 학교, 교육 그리고 교사와 더불어 높은 학업 열망, 동기, 성취감, 긍정적인 사회 태도, 가치관과 행동에 대한 태도를 개선할 가능성이 있다(Allenworth & Easton, 2007; McNeeley, Nonnemaker, & Blum, 2002; Resnick et al., 1997). 최근 연구 결과는 학습이 학생들의 사회적 · 정서적 · 물리적 요구가 성공적으로 충족된 후에 개선된다는 사실을 강조한다(CASEL, 2003; Learning First Alliance, 2001; Osher, Dwyer, & Jackson 2004).

사회 · 정서적 학습 환경에는 학생들이 학교에서 보호와 지원을 받고 있다고 확신하는 데 중요한 몇 가지 요소가 있다. 구체적으로 그중 네 가지 요소는 사회 · 정서적 학습 환경을 구성한다. 열거하면 학교의 안전성, 도전, 학생 지원 그리고 사회 · 정서적 학습이다. 연구와 실제 경험에 따르면 도전적인 교육과정과 교육 그리고 효과적인 지원책의 결과물인 높은 수준의 학교의 안전성과 학생 교육은 행정적 부담을 낮추고 교사들이 학생들의 학업 능력을 향상시키는 작업에 시간을 투자할 수 있도록 한다(Osher, Dwyer, & Jackson, 2004).

학교의 안전성은 학생들이 신체적 · 정서적으로 안전하다는 심리를 가질 수 있는 전반적인 학교 풍토를 말한다. 이러한 학교에는 폭력, 싸움, 집단 괴롭힘, 범죄, 약물 남용 혹은 패거리 조직이 거의 없다. 전반적으로 학교 구성원 간의 상호 존중과 신뢰가 정착된 풍토가 조성되어 있으며, 학생들은 개인 및 학업상의 위험으로부터 안정감을 얻는다. 학업 성취를 지원하지 못한 것은 학생들이 학업을 중단하고 위험한 행동을 하는 것과 관련이 있다(Blum, Beuhring, & Rinehard, 2000). 안전하고 지지적인 학습 환경은 학생들이 소속감, 자율권, 영향력, 개인적 역량과 신체적 보호를 갈망하는 기본적인 심리를 만족시켜 준다. 이러한 요구가 충족될 때 학생들은 점차 학교의 규범과 가치관을 준수하려 한다(Learning First Alliance, 2001).

연구 결과에서 알 수 있는 추가적인 사실은 물리적 환경이 학생들의 학습 능력을 효율적으로 향상시키는 데 지대한 영향을 미친다는 것이다(National School Boards Association, 1996). 학교 내의 화장실, 식당, 복도와 분리된 공간에 대한 분석을 통해 안전한 지대의 존재 여부를 확정할 수 있다. 이러한 정보를 토대로 학교개선팀은 부적절한 행동의 발생 가능성을 줄일 수 있도록 학습 환경을 개선할 수 있다(Osher, Dwyer, & Jimerson, 2006). 또한 교사와 학교 관계자들이 학교 안전정책(다른 학생 연결 요소들도 포함)에 대해 결정할 수 있는 기회를 부여하는 것은 학교 운영의 결속력을 높이고 순기능을 가능하게 한다(Smylie, 1994). 마지막으로, 체계적인 교과외활동에 참여하는 학생은 불참하는 학생에 비해 비행에 덜 가담하여 출석률이 올라가고, 자퇴율과 마약 흡입률이 감소하고, 높은 학업 성취도를 보이며, 의지가 충만하다(Brown & Theobald, 1998; Mahoney, 2000).

사회 · 정서적 학습 환경의 두 번째 핵심 요소는 **도전**이다. 학교는 안전하고 조직적이나, 만일 높은 학업 성취도를 목적으로 지지적이고 참여적인 학교를 조성하지 못한다면 학생들은 학업을 소홀히 하게 된다(Learning First Alliance, 2001; Lee & Smith, 1999). 교사들은 수업을 위해 노력하는 정도와 학생들에게 기대하는 학업 및 행동 수준에 맞춰 학생들에게 도전을 부여해야 한다. 이상적으로, 교사와 학교 관계자들은 학생들에게 엄격한 방식으로 학업을 지원하며, 교육과정이 학생들의 인생 목표에 적합한지를 확인하려 한다. 또한 모든 학생은 고급 수준의 필수과목과 서비스 교육, 교과외활동과 중등 교육과정을 이수한 이후의 과정을 탐색할 수 있는 인턴십을 이수해야 한다. 학생들은 교사와 어른들이 이러한 교과목을 이수할 것을 요구한다고 생각할 때 학교 수업을 열심히 듣는다는 연구 결과도 있다(Catalano, Berglund, Ryan, Lonczak, & Hawkins, 2004). 고등학생들을 대상으로 자료를 수집한 NELS: 88 조사에서 검토한 바에 따르면 고등학생은 교사가 관리하고 자퇴할 지경의 학생들과의 관계가 긴밀하다고 생각할 때 학업 수준이 높았다(Muller, 2001; Ryan & Patrick, 2001). 수업 시간에 협력적 학습 전략(예: 집단토론, 발표 수업, 프로젝트)은 학생들이 사회 교육, 집단으로서의 교실에서 대한 인식과 학업 성취도를 증진하는 데 도움이 되었다(Johnson & Johnson, 1989; Slavin, 1990). 마지막으로, 교사를 인자하고 학생들을 보호하고 격려해 주는 사람으로 생각하는 학생들의 높은 수업 참여도는 학업 성취도에 긍정적으로 작용했다(Voelkl, 1995).

도전적인 학생들 외에, 전반적인 **학생 지원** 의식은 교육에서 중요한 조건이다. 학업 성취를 강조하는 요소와 결부될 때 강력한 지원과 학교에 대한 의식은 학업을 촉진한다(Lee, Smith, Perry, & Smylie, 1999). 이러한 효과는 자퇴 위험이 있는 학생들에게 두드러지게 작용했다는 결과도 있다(Shouse, 1996). 효과적인 학생 지원 프로그램을 마련하는 것은 학생들의 기본적인 욕구가 충족되고 인생에서 중요한 어른이 함께 격려하고, 지원하고, 교육하는 것을 의미한다. 학생들은 자신과 끈끈한 관계를 맺고 있는 선생님과 함께 공부하며, 도움을 받고, 경험을 쌓으며, 교육과정에 참여하게 된다. 이를테면, 국가 자료를 검토한 바에 따르면 성공적인 학업 수행을 위한 학생의 노력에 선생님의 도움이 얼마나 작용하는가에 대한 학생들의 긍정적인 판단은 자퇴율을 절반 수준으로 낮췄다(Croninger & Lee, 2001). 6학년 학생 167명을 대상으로 진행한 연구에 따르면 학생 지원은 수업, 학교에 대한 관심 그리고 사회적 책임에 대한 학생들의 관심에 대한 그것의 효과를 통해 평균 평점이 향상된 것과 관련이 있는 것으로 나타났다(Wentzel, 1998). Goodenow(1993)는 교사가 학생의 성공 기대 가능성을 지지하며, 이를 바탕으로 학습 노력과 성적을 예측했다. 교사와 학생 간의 관계를 형성하도록 고안된 다른 중재 연구에서도 학교와 관련된 태도와 동기에 대한 교육 프로그램의 긍정적인 영향을 제시했다(Battistich, 2001; Sinclair, Christenson, & Thurlow, 2005).

마지막으로, 풍부한 학습 환경을 제공하는 학교는 학생들이 성공하는 데 필요한 **사회 · 정서적 학습**을 하고 보여 주도록 보장한다. 사회 · 정서적 학습은 감정을 인지하고 관리하는 능력과 타인을 보호하고 걱정하는 능력을 발달시키고, 책임감 있는 결정을 하고, 우호적인 관계를 형성하면서 난관을 효율적으로 타개하는 능력을 기르는 과정이다. 학교에서 배우고 연마할 수 있는 관련 기술에는 관계 형성과 분노 조절 그리고 책임이 수반되는 의사결정이 있다(CASEL, 2003; U.S. Department of Education, 2000). 강력한 사회 · 정서적 학습을 받은 학생들은 또래 및 어른들과 우호적인 대인관계를 유지할 수 있으며, 스트레스와 어려움에 대처하는 다양한 기술을 모방할 수 있다. 이러한 교육 과정의 근거를 살펴보면, 사회 · 정서적 학습은 학습을 방해하는 정서적 경험에 대처하고, 학교에서 다른 학생들과 원만하게 지내고, 학업 성취를 방해하는 장벽에 부딪힐 때 학업 목표를 향해 노력하는 능력을 길러 준다. 여러 연구 결과를 보면 이른 시기에 나타나는 친사회적 행동(예: 효과적인 문제해결, 효과적인 의사결정, 효과적인 대인관계)은 이후의 학업 성취도 향상을 예측해 볼 수 있는 근거가 된다. 한 연구에서는 유년기(8~12세)의 모범 행동은 청소년기(17~23세)의 높은 수준의 학업에 긍정적으로 작용했다고 발표했다(Masten et al., 1995). 다른 연구에서는 7학년 학생들의 높은 수준의 사회 · 정서적 학습은 10학년의 높은 학업 성취도와 밀접하게 연결되었다는 결론을 제시했다(Fleming et al., 2005). 이러한 연구 결과는 사회·정서적 학습이 학업 성취와 관련된 결과에 지속적인 영향을 준다는 사실을 입증한다.

학교는 교사와 학생 간의 정규적인 활동과 모델을 제시하면서 갈등 해결, 소통, 보호, 다양성 평가, 문제해결 그리고 공동체 정신에 높은 가치를 부여하여 사회·정서적 학습을 촉진한다. 연구 결과에 따르면 학생들의 참여와 선택의 기회를 확대하는 것이 학생들의 의사결정 능력과 자기효능감, 자기표현, 개인의 책임감을 기르는 데 중요하다(Greenberg et al., 2003; Zins, Weissberg, Wang, & Walberg, 2004). 학생들을 보호하는 학습 환경을 조성하고 학생들에게 학교 전환을 관리하는 기술과 자원을 제공하는 데 초점을 둔 학교 중재는 학생들의 출석률과 평점 그리고 자아개념의 안정성을 높이고, 자퇴와 정서 및 행동 문제를 줄이는 데 효과적인 것으로 나타났다(Felner & Adan, 1988; Reyes & Jason, 1991). 프로그램 모니터링은 사회 및 학업 능력을 향상시키는 관련 자료를 제공하는데, 연구 결과 출석률, 부모와의 관계, 학업 성취도와 또래의 정서적 지지를 향상시켰으며, 청소년기의 비행 문제를 감소시켰다(Catalano et al., 2004). 협력적 집단학습, 서비스 교육 전략과 긍정적인 행동 지원과 같은 다양한 교육 및 학급 관리 활동은 학생들의 관계, 학업 성취도, 친사회적 태도와 행동, 인지적 문제해결 능력, 공감, 사회적 책임과 사회 기여에 대한 인식에 상당한 영향을 미칠 수 있다(Billig, 2000; Elias, Zins, Graczyk, & Weissberg, 2003; Johnson, Johnson, & Maruyama, 1983). 게다가 사회·정서적 학습은 학생들이 다른 과목 문제로 통합될 때 교실에서의 학습을 상당히 향상시킬 수 있다(CASEL). 사회·정서적 학습 발달을 교육 및 강화하는 과정에 부모와 학교 관계자들이 참여하는 것은 효과적인 다양한 청소년 발달 프로그램의 초석이 될 것으로 보인다(Zins et al., 2004). 연구 결과를 구체적으로 살펴보면 부모가 사회·정서적 중재에 참여할 때 학생들이 많은 수혜를 입으며, 참여 효과가 지속적이고 전방위적이었다(Elias et al., 2003).

안전성, 도전, 학생 지원과 사회·정서적 학습과 같은 중대한 요소에 학생들과의 연계를 향상시키는 포괄적인 계획을 수립하는 데는 시간이 소요되며 학생과 교사, 행정 관계자, 학교 상담사, 심리학자, 부모 그리고 관련 학교 기관의 노력과 계획 그리고 집중이 필요하다(CASEL, 2003). 사회·정서적 학습 환경을 다루는 과정에는 자원 부족과 빈약한 사회·정서적 발달의 중요성을 증명하는 정보 그리고 이를 전달하는 방식, 더불어 위험 부담이 큰 시험에서 단기간에 성과를 내야 하는 학교 관계자, 교장, 교육감과 학교 위원회 위원들의 엄청난 압박감과 같은 장벽들이 있다. 연구자들은 '평가된 것은 평가받는다.'라는 격언을 신뢰하며, 사회·정서적 학습 조건이 평가받고 실행되지 않는다면 학교는 학생들을 위한 보호자가 될 수 없다고 본다. 이러한 요소들을 다루기 위해 온전히 기능하는 과정에는 세 가지 요소가 들어 있다. 그것은

① 효율적인 평가 과정, ② 자료를 핵심적인 학교 단위와 연결되는 실행 가능한 정보로 변환, ③ 신중한 방식으로 정보에 대응하는 도구이다.

중재: 수행 관리와 지속적 개선을 위한 사회 · 정서적 학습 환경 조사

중재의 목표는 다섯 가지이다. 학교 지역 공무원들이 학습 환경에 대해 논의하면서 지역의 변화하는 교육 논의, 전략을 갖춰 사회 · 정서적 환경을 해결하려는 학교장, 교육 관계자와 지역 공무원의 노력, 학생과 학교의 하위집단의 행동 관찰, 지속적인 개선을 위한 자료 제공, 학교와 지역 그리고 주(州)가 사회 · 정서적 학습 환경을 다루는 것의 중요성을 인식하는 환경 조성이 그것이다.

중재는 세 가지 요소로 구성되어 있다. 첫째, 학교, 지역 또는 주의 평가표에 통합될 수 있는 사회 · 정서적 학습 환경에 대한 심리측정학적으로 견고한 조사이다. 이것은 4개의 척도로 구성되며 완수하는 데 15~25분이 소요된다. 개별적 학교 평가와 관련된 그 툴킷은 학교 조사 결과를 제시하고, 학생 유대감 문제를 해결하는 데 증거기반 프로그램과 전략 데이터베이스를 보관하고, 데이터를 보고, 프로그램을 실행하고, 다음 단계를 취하는 방법에 대해 조언하고, 프로그램이나 전략 그리고 개인적 경험을 엮은 의견을 제공하여 학교가 조사 정보를 활용할 수 있도록 설계되었다. 확인된 프로그램과 전략으로는 비슷한 환경에서 비슷한 학생 집단에게 작용하는 보편적, 선택적/표적적 그리고 지시적/집중적 프로그램이 있다.

중재 개발

실험 척도의 증가는 사회 · 정서적 학습 환경을 개념화하는 토대가 된다(Osher et al., 2008). 2003년에 AIR은 학업 · 사회 · 정서적 학습(Collaborative for Academic, Social, and Emotional Learning: CASEL)과 러닝 퍼스트 얼라이언스(Learning First Alliance: LFA) 연합체와 공동으로 안전한 학교 조성을 가로막는 장애물을 극복하는 전략을 개발하는 데 참여했다. 이를 위해 2004년에 페처 연구소(Fetzer Institute)의 후원으로 초청 콘퍼런스를 개최하여 청소년 발달, 인지심리학과 교육학에서의 저명한 국내 전문가들을 초빙했다. 기본 전제는 표준 확립, 이러한 표준을 충족하는 진보 측정, 표준을 충족하는 자원을 배치하는 지속적인 개선 과정 지원과 같

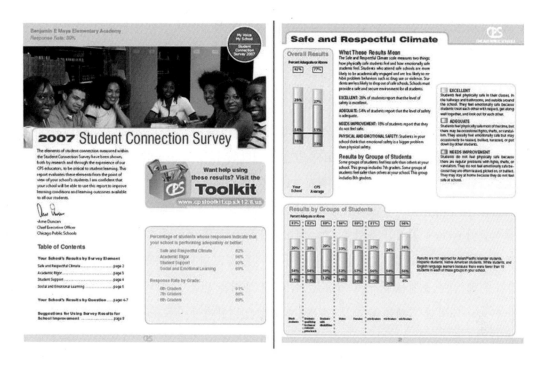

[그림 6-1] '학생 유대 조사'(aka 학습 환경 조사) 학교 성적 보고서

은 진전된 학업 성취에 대한 교육적 요소에 집중하는 것이 효과적인 표준기반 개혁 접근법은 학습의 개인, 사회 그리고 조직적 촉진 요소를 명확히 설명하기 위해 확장되어야 한다는 것이다. 그리고 그렇게 하는 것은 많은 학생에게 학업과 성공적인 삶을 지원할 수 있다.

2005년 6월에 한 계획이 잠정적으로 추진되었다. 당시 시카고 공립학교는 AIR에 학습 환경이 평가될 수 있음을 증명하는 일과 학교 환경이나 학생 참여와 같은 학교에서의 학습 환경을 반영한 시카고 공립학교가 작성한 고등학교 평가표의 서너 가지 지표를 확인할 것을 주문했다. 이 지표로는 측정하는 데 실용적인지, 과학적으로 타당한지, 다양한 청중과의 소통이 용이한지, 학교 관계자가 수행할 수 있는지가 있다. AIR은 2005년 8월에 국내 교육 전문가들과 시카고 공립학교 관계자들을 불러 콘퍼런스를 개최했다. 또다시 관점이 다양하게 나뉘었으며, 논의는 다양한 요소(사회·정서적 학습, 자퇴 예방, 참여, 교육 중재, 임상심리학, 조사 연구 및 측정)에 중점을 두었다. 콘퍼런스에서 학생의 출석, 성취도, 졸업과 중등 교육과정 이후의 성공과 실행 가능한 요소들의 지표를 향상시키기 위해 학교가 해결해야 할 가장 중요한 요소들에 대한 확고하고 분명한 합의가 이루어졌다. 가장 중요한 것으로 확인된 지표에는 학생들의 안전, 학생들의 도전, 학생들의 지원, 학생들의 사회·정서적 기술이 있다. 각 요소마다 학교의 중요성과 학생들의 학업 성취, 졸업 및 중등 교육과정 이후의 성공과의 연관성에 대한 광범위한 연구가 진행되었다. 이러한 요소들이 개념화된 사회 · 정서적 학습 환경을 구성한다(Osher et al., 2008).

AIR은 이해 관계자의 실질적 결과를 알려 주기 위해 학생, 학부모 그리고 교사진으로 구성된 22개 포커스 그룹을 실시했다. 전문가들의 합의와 이해 관계자의 투입 그리고 현재 학교 풍토 조사에 대한 검토안을 토대로 조사 방법을 개발했다. 초기 고등학교 조사는 심리측정학적으로 강한 척도를 밝혀내고자 고등학교 24곳에 다니는 고등학생 1,700명을 대상으로 파일럿 실험을 실시했다. 시카고의 고등학교 115곳에 다니는 학생들을 대상으로 조사하여 평균 일일 출석률이 84%에 근접한 응답률(77%, 74,602 유효 조사)을 얻었다. 2006~2007학년도에 시카고 공립학교는 AIR의 조사 대상에 6~8학년 학생들을 포함시키고 문항별 응답 범위를 증가시키기 위해 일부 문항을 바꾸어 학교 간 폭이 큰 변량을 얻을 것을 주문했다. AIR은 문항을 수정하여 6~12학년 학생들을 대상으로 인지 실험 인터뷰에서 새로운 척도를 검사했다. 고등학교 21곳(1,359명)과 초등학교 24곳(1,685명)에서 새로운 버전을 검사하여 강력한 조사 도구를 얻었다. 시카고 학교연구 컨소시엄(Consortium on Chicago School Research)의 조사와 같은 형식으로 결합된 2007 운영 행정은 고등학교 119곳(응답률 64%)에서 6만 802의 유효 조사와 초등학교 484곳(응답률 83%)에서 얻은 7만 6,187 유효 조사를 얻었다. 시카고 공립학교는 2008년에 자체적으로 조사를 실시했다. 조사 결과는 매년 발간되며, 학부모와 학생들이 진학할 학교를 선정하는 데 참고 자료로 사용된다. 조사 보고서는 지역 내의 논의를 변화시키고 있다. 일례로 지역 공무원이 이 보고서를 계획을 위한 참고 자료로 사용하고, 지역 교육 행사에서 학교장과의 간담회에서는 논의 주제로 보고서를 참고한다.

조사에 대한 연구

이 조사를 중재로 볼 수도 있지만 사회 · 정서적 학습 환경에 대한 이해를 돕는 자료가 된다. 스펜서 재단과 시카고 공립학교의 협조와 시카고 학교연구 컨소시엄의 협조로 AIR은 학생과 학교의 특성이 학업 성취도를 포함한 학습 환경과 연관이 있는지를 이해하기 위한 2007년 조사에 참여했던 13만 6,989명의 학생에게서 얻은 자료를 분석하여 시카고 시의 중 · 고등학교 학습 환경을 분석했다.

분석 전략

연구자들은 각기 다른 출처와 연도의 자료를 결합했다. 가령, 2007년 학생 수준 조사 자료는 인종, 성, 영어학습자(English Language Learner: ELL) 수준, 학년, 누적 평점과 성취도 점수를 근거로 지역별 자료를 통합했다. 또한 컨소시엄이 개발했고 시카고 공립학교가 적시(제때) 졸업(진학 후 1년간 학생이 최소 5개 과목 학점을 이수했고 핵심 과목에서 한 학기에 F가 없는 것을 나타내는 변수)을 예측하는 데 활용한 구조화된 '계열화' 변수를 획득했다.

학교 수준에서 다양한 출처에서 얻은 자료를 병합했다. 우선, 2007년 학생 수준 변수의 일부는 학교 전체 성취도의 배경 지표를 얻고자 성취도 평가 결과와 같은 학교 수준으로 통합했다. 두 번째로, 시카고 공립학교 웹사이트에서 고등학교 자퇴 및 졸업률, 등록 자료, 정학 및 평균 교실 크기와 같은 일부 자료를 발췌했다. 세 번째로, 학교 유형과 같은 학교의 특성을 얻고자 공동 핵심 자료(Common Core of Data)에서 발간한 2005년 자료를 참조했다. 마지막으로, 시카고 대학교의 시카고 학교연구 컨소시엄에서 근접 자료를 얻었다. 이러한 변수들에는 학생 공동구역(2005년 11월부터 2007년 10월까지의 정보 요약본)에 대한 학교의 다양한 범죄 처벌 방안과 빈곤 지표가 있다.

학습 조사 참여자의 환경적 특성

〈표 6-1〉은 조사를 마친 학생들과 비교한 시카고 공립학교 학생들의 인구학적 특성을 제시한 것이다. 전부 적격한 학생들이 참여한 것은 아니기 때문에 조사된 표본 집단이 지역 전체와 다를 수 있음을 주지해야 한다. 실험 결과는 두 집단이 일부 인구학적 특성에서 공통점을 보였다는 것이다. 두 집단은 고른 비율의 백인과 영어 숙련도가 낮은 집단으로 분류된 아시아계 및 히스페닉계 학생들 그리고 무상 혹은 감면된 가격의 급식 프로그램 혜택을 받는 학생들로 구성되었다. 그러나 조사된 표본에서 아프리카계 미국인 학생들은 전체 학생에 비해 대표성이 다소 낮게 나타났다(47%). 또한 중간 학년 학생들이 과잉 대표되고 고등학생들의 대표성이 낮은 경향성이 있다. 시카고 비율은 53% 정도이며, 조사된 표본에서는 66%로 확인되었다. 그렇지만 최소 9학년 이상의 조사된 표본이 '보다 나은' 혹은 '계열화된' 학업 성취 학생을 더 대표한다고 보아야 한다.

〈표 6-1〉 시카고 학군과 학생 인구학으로 조사된 표본에서의 학생 수와 비율

		모든 중학교, 고등학교 학생		조사된 학생	
		N	%	N	%
성별	남자	100,508	50%	63,174	48%
	여자	101,611	50%	68,558	52%
민족성	백인	17,946	9%	13,033	10%
	흑인	104,190	52%	62,007	47%
	북미 원주민	308	0.2%	210	0.2%
	아시아/태평양	7,186	4%	5,563	4%
	스페인	72,482	36%	50,919	39%
학년 수준	6학년	32,371	15%	25,088	19%
	7학년	32,424	15%	25,074	19%
	8학년	30,991	15%	22,883	17%
	9학년	38,639	18%	20,301	15%
	10학년	30,073	14%	16,074	12%
	11학년	24,166	12%	12,633	10%
	12학년	20,675	10%	9,679	7%
영어 숙련도 상태	능숙하지 못함	192,916	95%	126,514	96%
	능숙함	9,203	5%	5,218	4%
특수교육	장애 있음	166,880	83%	112,721	86%
	장애 없음	35,239	17%	19,011	14%
급식 상태	무급식	33,837	17%	20,326	15%
	급식	168,282	83%	111,406	85%
정규 졸업 과정 상태*	졸업 과정 이탈	14,223	47%	6,432	34%
	졸업 과정 유지	16,169	53%	12,238	66%
계		202,339		131,732	

* 주: 정규 졸업 과정 상태는 9학년 학생의 경우에만 해당된다.

출처: 2007 Chicago Public School 지역구 자료.

학습 환경 구인 간의 상관관계

네 가지 학습 환경 사이의 관계는 무엇인가? 〈표 6-2〉는 중간 학년 학생들의 학습 환경 간의 상관관계를 나타낸 것이다. 〈표 6-3〉은 고등학생의 결과를 나타낸 것이다.

예상대로 모든 등급은 상호 연관되어 있다. 중간 학년(중학생)의 경우 학교 안전성과 도전 그리고 학교 안전성과 학생 지원 간의 상관관계가 낮았는데, 이는 서로 분리 구축되었음을 의미한다. 학교와 사회·정서적 학습 간의 상관관계는 적정했으며, 이는 학교에서 보호받고 있다고 생각하는 학생들이 또래들의 사회·정서적 학습을 보다 높게 평가하려는 경향을 보임을 의미한다. 이는 안전성척도의 일부 문항이 학생들이 집단 괴롭힘을 당하는 범위인 '정서적 안전'을 평가하기 때문에 이해할 수 있다. 도전은 학생 지원과의 상관성이 높아서(r=0.62) 논리적 관계가 성립되는데, 그 이유는 두 척도는 학생들이 교사가 "모든 학생이 어려운 숙제를 감당할 수 있다고 생각한다."는 것과 자신들이 "사회에서 삶을 배워 가는 과정과 연결된다."는 것과 같은 교사나 학교 요소들을 평가하도록 요청하기 때문이다. 도전은 다른 학생들의 행동에 중점을 두는 사회·정서적 학습(r=0.20)과 상관관계가 낮은 것으로 확인되었다. 마지막으로, 학생

〈표 6-2〉 중간 학년: 학습 환경 구인 간의 상관관계

	중간 학년	1	2	3	4
1	학교 안전	1			
2	도전	0.17	1		
3	학생 지원	0.25	0.62	1	
4	사회·정서적 학습	0.48	0.20	0.34	1

주: 모든 상관관계는 통계적으로 유의미하다.

〈표 6-3〉 고등학교: 학습 환경 구인 간의 상관관계

	고등학교	1	2	3	4
1	학교 안전	1			
2	도전	0.25	1		
3	학생 지원	0.26	0.65	1	
4	사회·정서적 학습	0.52	0.25	0.32	1

주: 모든 상관관계는 통계적으로 유의미하다.

지원은 사회 · 정서적 학습(r=0.34)과의 상관관계가 낮았다. 평균적으로 상관관계의 척도가 다소 높았지만, 고등학생들 간에도 결과에서 비슷한 경향이 보였다.

중간 학년 대비 고등학교의 학습 환경

　중학생과 고등학생의 학습 환경 경험에서 차이가 있을까? [그림 6-2]는 학생들의 다양한 인구학적 특성으로 척도에서의 평균값을 제시한 것이다. 그림을 살펴보면서 구인 범위가 어느 정도 다르다는 점을 주지해야 한다. 따라서 같은 구인 내에서 이루어지는 비교 작업이 중요하다.

　결과에서는 중학생이 고등학생에 비해 모든 학습 환경 척도에서 높은 점수를 획득한 경향성이 확인되었다. 모든 차이는 통계적으로 중요하다. 환경에 대한 고학년 학생의 인식은 저학년 학생의 그것에 비해 비판적이었다. 반면, 실제 학습 환경에 대한 인식은 더 좋지 않았다. 시카고 고등학교의 안전성은 낮은 수준이며, 교사들은 진취적이지 않고, 학생들의 지원은 미비한 수준이며, 고등학생은 중학생에 비해 또래 간의 사회 · 정서적 숙련이 부족했다. 이러한 결과를 설명하기 위해서는 추가 자료를 확보하는 것이 필요하다. 그러나 학습 환경과 비슷한 학교 풍토와 같은 저평가된 변수는 학생들이 고학년이 될수록 학생과 교육자 모두 만족감이 점차 낮아졌다는 결과를 보여 준 연구 및 경험과 일맥상통한다(Eccles & Midgley, 1989; Spier, Cai, Kendziora, & Osher, 2007).

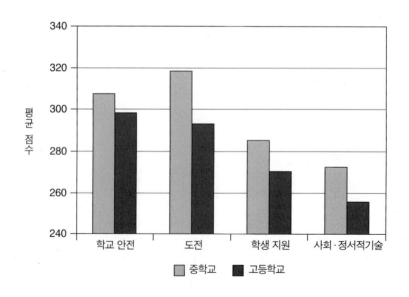

[그림 6-2] 중학교 및 고등학교 학습 환경 평균 점수

학업 성취도와 학습 환경 간의 상관관계

학습 환경과 학업 성취도 간의 관계는 무엇인가? [그림 6-3]에는 일리노이주 학업 성취도 평가(PSAE) 점수와 학습 환경 간의 상관계수가 제시되어 있다.

일리노이주 학업 성취도 평가(Prairie State Achievement Examination: PSAE)는 일리노이주의 독해, 수학 그리고 과학 학습 표준과 비교하여 11학년 학생들의 학업 성취도를 측정한다. 각 상관계수 값은 막대그래프로 나타낸다. 막대 길이는 두 변수 사이의 선형 강도를 나타내며, 수직축은 상관관계의 범위를 보여 준다. 따라서 막대가 길수록 상관관계는 커진다. 학교 안전 척도는 PSAE의 얻은 하위척도와 높은 상관관계를 보여 준다. 모든 상관관계는 통계적으로 유의미하며, 학교 안전성과 학업 성취도의 중요성을 말해 준다.

여기에 제시되지 않았지만 8, 9, 10학년 학생들이 응시한 성취도 평가 결과에서는 학교 안전성과 학업 성취도 간의 높은 상관관계를 보인 유사한 패턴이 나타났다.

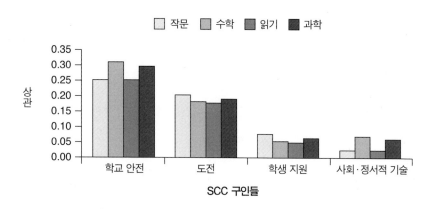

[그림 6-3] 일리노이주 학업 성취도 평가(PASE) 하위 척도와 학습 환경 척도 간의 상관관계(11학년)

평점과 학습 환경 간의 상관관계 탐색

학습 환경 조사 응답과 비교하기 위해 2007년 봄학기 누적 평점 자료를 얻었다. 성취도 평가 점수와 학습 환경 척도 사이의 상관계수와 달리, 학생들의 성적 평점은 도전 구인과 높은 상관관계를 보였다. 상관관계는 4학년의 경우 0.23 이상인 반면, 여러 학년의 학교 안전성과

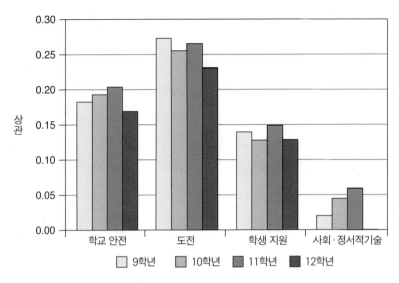

[그림 6-4] 학습 환경과 성적 평점 간의 상관관계(고등학교)

성적 평점 간의 상관관계는 약 0.18이었다.

　　그것은 아마도 성적 평점(GPA)이 성취도 평가 점수보다 도전과 더 밀접한 관계가 있었기 때문일 것이다. 그 이유는 도전이 더 높은 학업적 성공과 관련된 것으로 가정되는 교사의 행동을 자극하기 때문이다(예: "우리 선생님은 내가 공부하도록 숙제를 내주셔." 혹은 "교실에서 우리는 읽은 문제에 대한 다양한 해석을 가지고 토론해.") 점수는 성취도 평가 점수보다 교사 평가에 대한 직접적인 요소이기 때문에 성적 평점과의 높은 상관관계는 성취도 평가에서 분석된 표준과 상관없이 교사의 기대를 충족한다는 것을 의미한다.

정규 졸업 과정 상태 지표를 통해 파악한 학습 환경(9학년)

　　학습 환경과 졸업 예정인 학생들 간의 관계는 무엇인가? 시카고 정규 졸업 과정 상태 지표가 적시에 졸업하지 못할 학생들을 파악하고자 9학년 학생을 위해 전산 입력되었다. 이 지표는 시카고 학교연구 컨소시엄에서 개발한 것이며, 성취도 평가 점수나 학생 인구학적 특성보다 졸업 가능성을 더 잘 나타내는 지표가 될 것으로 생각된다. 학생들은 신입생 때 모든 과목에서 최소 5개를 이수하고, 필수과목에서 한 학기에 F를 받지 않았다면 '졸업 예정'자에 속한다.

　　[그림 6-5]는 '졸업할 수 있는' 학생들이 '졸업하지 못할' 학생들에 비해 학교 안전성, 도전 및 학생 지원 항목에서 점수가 더 높다는 사실을 알려 준다. 반면, 사회·정서적 학습 척도에

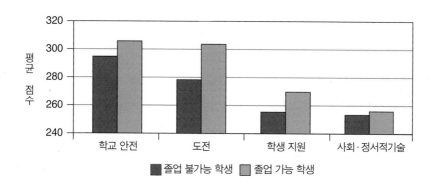

[그림 6-5] 졸업 예정 학생들의 학습 환경 평균 점수(9학년)

서는 두 집단 간에 차이가 없었다.

학습 환경과 학교 등록 인원

학교 규모가 학습 환경에 영향을 줄까? 등록 인원은 중학교의 경우 적게는 41명에서 많게는 2,005명이며, 고등학교의 경우 67명부터 4,248명까지이다. 두 수준의 등록 인원 분포는 다소 왜곡되었다. 재학 인원이 2,000명 이상인 학교는 예외적이다. 변칙 때문에 단순한 피어슨 상관계수는 의미가 없다. 등록 인원 규모와 학습 환경 조사에의 응답 간 관계를 좁히기 위해 등록 인원 분포는 사분위 범주로 나뉜다. 최하 20%, 20~40%, 40~60% 그리고 60~80% 그리고 80% 이상으로 분류된다.

고등학교의 경우 학습 환경은 등록 인원과 부적 관계에 있는 경향을 보인다. 부적 관계는 도전, 학생 지원 척도와 사회·정서적 학습 척도에서 두드러진다. 학습 환경 구인과 등록 인원 사이의 상관관계는 〈표 6-4〉에 제시되어 있다.

고등학생의 경우 많은 등록 인원은 교수들의 도움에 대한 학생들의 평가와 같은 최저의 학습 환경과 관련이 있다. 다른 도시에서 분석한 자료(Lampron, Brown, Osher, & Poirier, 2008)와 상통하는 구체적인 자료는 학생들이 일부 고등학교만이 안전하고 도전적이며 지원이 많고, 사회적·정서적으로 숙련된 또래들이 더 많다는 것을 지적한다.

〈표 6-4〉 학습 환경 구인과 등록 인원 로그 간의 학교 수준 상관관계

학습 환경 구인	중학교(등록 인원)	고등학교(등록 인원)
학교 안전	0.01	−0.21
도전	−0.07	−0.35
학생 지원	−0.15	−0.59
사회·정서적 학습	0.02	−0.37

주: 굵게 표시된 값은 통계적으로 유의미하다.

학습 환경 척도에 대한 구체적인 상관관계

학생들의 인식과 학교에서 수집된 다른 자료 간의 관계는 무엇일까? 수행 관리를 위한 학습 환경의 유용성을 검토하고자 학교장이 의사결정 시 참고하는 객관적인 자료와 관련해 학교에서의 학습 환경에 대한 학생들의 인식 범위를 조사했다. 이 질문에 대한 응답은 변수 분포(필요한 곳을 변형)와 이원상관계수를 계산하는 것이다. 각 척도에 대한 결과는 다음과 같다.

■ 학교 안전성, 학교 분열 및 이웃 범죄

학생들이 다니고 있는 학교의 안전성에 대한 인식 평가는 객관적인 학교 분열 기준과 관련이 있다. 〈표 6-5〉에 정학과 정학된 학생 수와의 상관성 결과가 제시되어 있다. 두 정학 변수는 로그로 변형되어야 했다. 고등학교 변수는 다소 왜곡되어 하단에 제시된 매우 높은 수준의 상관관계를 낮춘 것으로 확인되었다.

정학과 정학된 학생 수는 매우 강력한 상관관계를 보였다. 이 둘은 학습 환경 조사에서 측정된 학교 안전성과 밀접한 연관성을 보였다.

여기에 학교 안전성과 이웃 범죄 간의 관계를 조사하여 인근 학교에서 많이 발생한 범죄로 인해 학생들이 불안감을 느낀다는 논리를 검사했다. 학생의 거주지에서 발생한 범죄는 학교 주변 거주지에서 발생한 범죄보다 학교 안전성과 더 관련성이 높았는데('도입된 불안'), 이는 학교의 인근 특성이 학교 내 범죄에 막대한 영향을 주지 않는다는 Clark과 Lab(2000)의 연구 결과를 뒷받침한다. 그러나 Wayne, Welsh, Stokes와 Greene(2000)은 학교 주변 지역이 학생이 거주하는 동네보다 학교 내 폭력에 심각한 영향을 준다고 발표했다.

클리블랜드의 자료를 활용하여 주요 집필진이 수행한 최근 분석은 학생과 학교 환경, 학습 환경과 학업 성취도 간의 상관관계를 조명하는 데 도움이 된다.

〈표 6-5〉 학교 안전성, 정학과 정학된 학생 수 간의 상관관계

	중간 학년	1	2	3
1	학교 안전	1		
2	정학	−0.43	1	
3	정학 학생 수	−0.43	0.99	1
	고등학교	1	2	3
1	학교 안전	1		
2	정학	−0.65	1	
3	정학 학생 수	0.62	0.99	1

주: 모든 상관관계는 통계적으로 유의미하다.

연구자들은 켄트 주립대학교의 학습 및 폭력예방 연구소(Institute for the Study and Prevention of Violence)의 연구자들과 함께 학습 환경을 지역의 취약성과 학교 수행의 자료와 연결했다. 〈표 6-6〉에는 그 결과가 제시되어 있다.

〈표 6-6〉 학교 안전성과 이웃 범죄 간의 상관관계

	중간 학년	1	2	3	4
1	학교 안전	1			
2	학교 주변 거주지 내에서 발생한 범죄	−0.47			
3	학생의 거주지 내에서 발생한 범죄	−0.61	0.65	1	
4	학생의 집 근처에서 발생한 범죄 평균	−0.7	0.58	0.78	1
	고등학교	1	2	3	4
1	학교 안전	1			
2	학교 주변 거주지 내에서 발생한 범죄	−0.26	1		
3	학생의 거주지 내에서 발생한 범죄	−0.39	0.56	1	
4	학생의 집 근처에서 발생한 범죄 평균	−0.45	0.46	0.7	1

주: 모든 상관관계는 통계적으로 유의미하다.

지역의 취약성은 초등학교와 고등학교 학교수행지수(School Performance Index; PI)를 예측했으며, 학교 안전성은 지역의 취약성 결과, 즉 취약한 지역일수록 학교의 안전성이 낮으며, 학

교 수행 점수가 낮으면 변동 폭이 상당히 크다는 결과를 얻었다. 더욱이 우리가 지역의 취약성과 출석 그리고 징계를 통제할 경우 학교 안전성만에 대한 학생들의 인식이 K-8학교와 고등학교 모두의 PI 점수를 예측했다는 결론을 얻었다(Osher et al., 2008).

■ 도전과 자퇴

높은 기대에 대한 인식과 학교 변수 간 관계의 강도를 검토하고자 도전 학습 환경 점수와 시카고 자료에 등록된 자퇴 간의 상관관계를 분석했다. 자퇴에 대한 자료는 고등학생에 관한 것을 활용했다. 처음에 제시한 가설은 가장 도전적이고 참여적이라고 평가된 학교의 자퇴율이 가장 낮다는 것이었다. 이것은 우리 연구진이 밝혀낸 사실이다. 그것의 분산을 개선하고자 자퇴 변수를 로그 변형했고, 자퇴가 도전과의 상관관계가 높은 것으로 보이지만 자퇴와 다른 학습 환경 점수(학교 안전성과 사회·정서적 학습) 간의 상관관계도 중요했다는 사실을 밝혀냈다. 〈표 6-7〉에는 그 결과가 제시되어 있다.

〈표 6-7〉 도전(학습 환경 구인)과 자퇴 간의 상관관계

고등학교	자퇴율
학교 안전	−0.31
도전	−0.33
학생 지원	−0.13
사회·정서적 학습	−0.32

주: 굵게 표시한 값은 통계적으로 유의미하다.
　자퇴율 자료는 2006년에 집계된 것이다.

■ 학생 지원과 교실 크기

학교 특성에 관한 이전 절에서 학습 환경 구인과 등록 인원 간의 관계를 살펴보았다. 학생 지원은 중학교와 고등학교(중학교는 −0.15, 고등학교는 −0.59) 등록 인원을 로그 변형한 것과 상당히 관련되어 있다는 사실을 알아냈다. 이는 적은 등록 인원이 지원에 대한 학생들, 특히 고등학생들의 인식과 밀접한 관련성이 있음을 나타낸다.

학생 지원 구인은 다른 많은 교육 변수와 공변하지 않았으나, (당연하듯이) 개인화 프록시 측정과 밀접한 관련성이 있었다. 고등학교 평균 교실 크기에 대한 자료를 보유했으며, 가장 관련성이 높은 유일한 학습 환경 구인은 학생 지원이었다(〈표 6-8〉 참조).

조사에 대한 연구 **199**

〈표 6-8〉 학습 환경 구인과 고등학교 평균 교실 크기 간의 학교 수준 상관관계

학습 환경 구인	고등학교 평균 교실 크기
학교 안전	0.15
도전	0.01
학생 지원	**−0.24**
사회 · 정서적 학습	−0.13

주: 굵게 표시한 값은 통계적으로 유의미하다.

■ 또래 사회 · 정서적 학습 및 졸업

2007년 학습 환경 조사에서 학생들은 또래의 사회 · 정서적 학습 수준을 평가했다. 연구자들은 학생들의 집단적 사회 · 정서적 학습이 졸업률과 연관된 지속성의 측정과 관련이 있을 것이라고 가정했다. 고등학교의 졸업률은 21~100%였다. 〈표 6-9〉에는 상관관계 결과가 제시되어 있다.

예상한 대로 사회 · 정서적 학습과 졸업 간의 상관관계는 높았다. 그러나 학교 안전성과 졸업 간의 상관관계만큼 높지 않았다.

전체적으로 학습 환경 조사의 구인들은 타당한 증거를 제시했다. 구인들은 연관성이 있는 변수와 관련되었으며, 연관성이 없는 변수와는 연관성을 보이지 않았다.

〈표 6-9〉 졸업률과 학습 환경 구인 간의 상관관계

고등학교	졸업률
학교 안전	**0.41**
도전	**0.25**
학생 지원	−0.03
사회 · 정서적 학습	**0.36**

40%보다 높은 졸업률에서 얻은 상관관계.
주: 졸업률은 2006년에 집계된 것이다.
　굵게 표시한 값은 통계적으로 유의미하다.

연구의 함의

학교와 지역사회의 과제는 학생들의 기술 개발과 성공할 역량을 지원하는 환경을 조성하는 것이다. 이는 건강, 사회/정서/행동 그리고 인지/학업이라는 세 분야의 중재가 필요함을 의미한다(Kendziora, Osher, & Schmitt-Carey, 2007). 이 과정에서 학교는 중요한 역할을 담당한다. 예를 들어, 200개의 일반학교를 기반으로 진행된 연구의 메타분석 자료는 학생들의 사회·정서적 학습과 자신, 학교 그리고 타인에 대한 태도, 사회적 행동, 행동 문제, 정서적 고통과 학업 수행 면에서 상당한 개선이 이루어졌음을 보여 준다. 주목할 점은 SEL 프로그래밍이 학업 성취도 평가 점수가 11~17%의 평균점을 획득했다는 것이다.

학교는 학생들이 단지 생존하는 것이 아니라 성장할 수 있는 사회·정서 및 인지 능력을 발달시킬 수 있다. 이를 성공적으로 하기 위해서는 학습과 학업 수행 간의 중심적 및 분산적 연관성을 포함해야 한다. 일례로, 알래스카에서 AIR은 18개 학군에 걸쳐 청소년 발달 사업의 영향을 평가하는 조사를 실시했는데, 여기서 학생들의 학업 성취와 관련된 학교 풍토와 연결성의 여러 측면뿐만 아니라 주 단위 성취도 평가에서 학생들의 점수가 상승한 것과 관련된 긍정적인 변화를 발견했다. 확인한 결과는 학교 풍토와 연결성의 높고 낮음 혹은 성취도 평가 점수의 높고 낮음에 상관없이 개선된 변화는 학생들의 독해, 작문 그리고 수학 과목의 성취도 평가 점수의 상승과 관련이 있었다(Spier et al., 2007). 유사하게, 사우스브롱크스에 위치한 문제가 많은 학교에 대해 예전에 진행했던 비슷한 연구에서 도출된 결과는 가족의 참여와 조직적 효율성이 결합될 때 정신건강 지원은 학교의 학습 환경을 조성하는 데 효과적이었다(Kendziora et al., 2008).

시카고 연구 결과는 유일한 것이 아니다. AIR과 다른 연구 기관이 실시한 학습 환경에 대한 측정 연구는 다른 분야로 확대되었다.

- 교육 형평성으로의 진전을 모니터링하기 위해 조사와 학교 보고서는 큰 범위로 파일럿 조사될 것이다.
- 게이트 기금 지원을 받는 소규모 고등학교에 대한 모니터링을 위해 4개의 조사 척도 중 2개가 2008년과 2009년에 각각 사용될 예정이다(도전과 지원에 대한 조사 정보를 수집했다).
- 상당수의 도시가 AIR 조사의 사용을 검토하고 있다.
- 뉴욕 시는 학생들(다른 이해 관계자들 가운데)이 어떻게 학교를 경험하고 있는지를 모니터

링하기 위해 유사한 학생 조사를 사용했고, 주요 책임 과정의 일환으로 조사 결과를 활용할 예정이다.

- 학교 정신건강과 관련된 개인은 학교 정신건강을 촉진하기 위한 수단으로 보고서 카드 전략을 확인했다(Hunter et al., 2005).
- 일리노이주와 알래스카주 앵커리지에서는 사회·정서적 학습 표준을 마련했고, 뉴욕 주 사법부는 교육부와 정신건강부에 자발적으로 사회·정서적 학습 표준을 마련할 것을 요청한다.
- 미국 도시의 고등학교 및 대학교의 급속한 졸업률 증가를 연구하는 기관인 '교육에 동의하라(Say Yes to Education)'는 목표 달성 방법으로 인지 및 금융 요소와 더불어 사회·정서 및 행동 요소와 건강에 주목했다.
- 감독 및 교육과정 개발협회(Association for Supervision and Curriculum Development)는 건강, 신체적 및 정서적 안전, 성인 보호, 참여 및 도전과 전체 아동을 다루는 주요 캠페인을 진행했다.
- 42개의 교육 이해 관계자 조직을 거느린 단체인 '교육에 한목소리(United Voices)'는 학습 환경에 초점을 둔 학교 보고서 카드를 요청했다.

이러한 분야에서의 진전 사례에도 불구하고 여전히 어려움은 남아 있다. 하나는 교육 분야의 사회·정서적 요인의 중요성을 증명하는 것이다. 많은 연구 결과가 축적되고 있지만, 사회·정서적 학습 환경과 그것을 효율적으로 다루는 것의 영향을 증명하는 것은 중요할 것이다. 두 번째는 재정적인 것이다. 양질의 조사를 실시하고 응답에 대한 지원을 제공하는 것은 결코 저렴하지 않다. 역설적으로, 사회·정서적 요인이 주변화될수록 이러한 조사 출처를 생성하기가 어려워진다. 세 번째 장벽은 중재가 학급에 들어가고, 학습 과정에 영향을 주며, 개별 아동에게 도달하는 것을 확실히 하는 것이다. 이것은 교육을 포함하여 모든 시스템 변화에서 어려운 일이다. 이러한 방향으로 단계가 진행된다. 예를 들면, '교육에 동의하라'에서는 중재를 개발하여 할렘 지역 초등학교 다섯 곳에서 학생들이 과정 이탈, 과정상의 건강, 사회·정서, 인지/학습 발달 영역에서 성공하기 위해 궤도상에 있는지를 관찰하는 개별 성장 계획과 연관된 모니터링 과정을 진행하고 있다.

이러한 장벽이 있다 해도 중학교와 고등학교의 '위기' 및 혜택을 받지 못하는 학생들을 위한 교육 결과를 개선하는 지속적인 능력 부족은 다양한 도시와 주의 출석률, 학습, 수행, 졸업률과 중등 교육과정 이수 후의 결과를 상당히 개선하는 데 기여하는 중재 마련의 기회를 준다.

결론은 학생들이 긍정적으로 사회·정서적 학습, 학업을 할 수 있도록 돕는 심리적으로 안전하고 이를 지원하는 학교를 조성하는 세 가지 중요한 추천 사항이나 행동 조치가 있다. 그것은 ① 지역과 주가 사회·정서적 학습 환경을 평가하고 감독하는 능력을 개발하도록 돕고, 이해 관계자들이 사회·정서적 학습 환경의 중요성을 이해하는 것을 보장하며, 학교와 지역사회에 사회·정서적 학습 환경을 개선하는 효과적인 방법과 전략을 제공하는 것이다.

비고

이 장에서 제시된 연구는 스펜서 재단(Spencer Foundation)의 후원금으로 진행된 것이다. 학교 조사의 개발과 초기 실행은 칠드런 퍼스트 펀드의 시카고 공립학교재단(Chicago Public Schools Foundation)과 미국연구기관(American Institutes for Research)의 지원을 받아 진행되었다. 연구자들은 학업, 사회·정서적 학습 협력체와 시카고 학교연구 컨소시엄 동료들의 협조와 지원에 감사를 표한다. 많은 AIR 직원의 협조—특히 Marjorie Chinen과 Allison Gandhi—가 이 보고서에 반영되어 있다.

1. http://research.cps.k12.il.us/cps/accountweb/Reports/download.html
2. 이 보고서에서 연구자들은 '중학교' 학생 대신에 '중간 학년' 학생을 선택했다. 그 이유는 조사를 완료한 6, 7, 9학년 학생들의 약 80%가 K-8초등학교에 등록되었기 때문이다.

참고문헌

Allensworth, E. M., & Easton, J. Q. (2007). What matters for staying on-track and graduating in Chicago Public High Schools: A close look at course grades, failures, and attendance in the freshman year. Chicago, IL: University of Chicago, Consortium on Chicago School Research.

Battistich, V. (2001, April). Effects of an elementary school intervention on students' "connectedness" to school and social adjustment during middle school. In J. Brown (Chair), *Resilience education: Theoretical, interactive, and empirical applications*. Symposium conducted at the annual meeting of the American Educational Research Association, Seattle, WA.

Billig, S. (2000). The effects of service learning. *School Administrator, 57*, 14-18.

Blum, A. L., Beuhring, T., & Rinehard, P. M. (2000). *Protecting teens: Beyond race, income and family structure.* Minneapolis, MN: Center for Adolescent Health, University of Minnesota.

Brown, B. B., & Theobald, W. (1998). Learning contexts beyond the classroom: Extra curricular activities, community organizations, and peer groups. In K. Borman & B. Schneider (Eds.), *The adolescent years: Social influences and educational challenges: Ninety-seventh yearbook of the National society for the Study of Education (Part 1)* (pp. 109-141). Chicago, IL: University of Chicago PRess.

Cairns, R. B., & Cairns, B. D. (1994). *Lifelines and risks: Pathways of youth in our time.* Cambridge: Cambridge University Press.

Catalano, R. F., Berglund, M. L., Ryan, J. A. M., Lonczak, H. S., & Hawkins, J. D. (2004). Positive youth development in the United States: Research findings on evaluations of positive youth development programs. *The ANNALS of the American Academy of Political and Social Science, 591*, 98-124.

Clark, R. D., & Lab, S. P. (2000). Community characteristics and in-school criminal victimization. *Journal of Criminal Justice, 28*, 33-42.

Collaborative for Academic, Social, and Emotional Learning (CASEL). (2003). *Safe and sound: An educational leader's guide to evidence-based social and emotional learning programs.* Chicago: Author.

Croninger, R., & Lee, V. E. (2001). Social capital and dropping out of high school: Benefits to at-risk students of teacher's support and guidance. *Teachers College Record, 103*, 548-581.

Eccles, J. S., & Midgley, C. (1989). Stage/environment fit: Developmentally appropriate classrooms for early adolescents. In R. E. Ames & C. Ames (Eds.), *Research on Motivation in Education, 3*, 139-186. New York: Academic.

Elias, M. J., Zins, J. E., Graczyk, P. A., & Weissberg, R. P. (2003). Implementation, sustainability, and scaling up of social-emotional and academic innovations in public schools. *School Psychology Review, 32*, 303-319.

Ensminger, M. E., & Juon, H. S. (1998). Transition to adulthood among high risk youth. In R. Jessor (Ed.), *New perspectives on adolescent risk behavior* (pp. 365-391). New York: Cambridge University Press.

Ensminger, M. E., Kellam, S. G., & Rubin, B. R. (1983). School and family origins of delinquency: Comparisons by sex. In K. T. Van Dusen & S. A. Mednick (Eds.), *Prospective studies of crime and delinquency* (pp. 73-97). Boston: Kluwer-Nijhoff.

Ensminger, M. E., & Slusarcick, A. L. (1992). Paths to high school graduation or dropout: A longitudinal study of a first-grade cohort. *Sociology of Education, 65*, 95-113.

Felner, R. D., & Adan, A. M. (1988). The school transitional project: An ecological intervention and evaluation. In R. H. Price, E. L. Cowen, R. P. Lorion, & J. Ramos-McKay (Eds.), *14 ounces of prevention: A casebook for practitioners* (pp. 111-122). Washington, DC: American Psychological Association.

Fleming, C. B., Haggerty, K. P., Catalano, R. F., Harachi, T. W., Mazza, J. J., & Gruman, D. H. (2005). Do social and behavioral characteristics targeted by preventive interventions predict standardized test scores and grades? *Journal of School Health, 75*, 342-349.

Goodenow, C. (1993). Classroom belonging among early adolescent students: Relationships to motivation and achievement. *Journal of Early Adolescence, 13*(1), 21-43.

Greenberg, M. T., Weissberg, R. P., O'Brien, M. U., Zins, J. E., Fredericks, L., Resnik, H., & Elias, M. J. (2003). Enhancing school-based prevention and youth development through coordinated social, emotional, and academic learning. *American Psychologist, 58*, 466-474.

Hunter, L., Hoagwood, K., Evans, S., Weist, M., Smith, C., Paternite, C., Horner, R., Osher, D., Jensen, P., & the School Mental Health Alliance. (2005). *Working together to promote academic performance, social and emotional learning, and mental health for all children*. New York: Center for the Advancement of Children's Mental Health at Columbia University.

Johnson, D. W., & Johnson, R. T. (1989). *Cooperation and competition: Theory and research*. Edina, MN: Interaction Book Company.

Johnson, D. W., Johnson, R. T., & Maruyama, G. (1983). Interdependence and interpersonal attraction among heterogeneous and homogeneous individuals: A theoretical formulation and a meta-analysis of the research. *Review of Educationl Research, 53*, 5-54.

Kendziora, K., Jones, W., Brown, D., Osher, D., Rudolph, M., King, K., Trivedi, S., & Cantor, P. (2008, October). *Safe Schools, Successful Students Initiative: Final report to the United Way*. [Unpublished report]. New York: United Way of New York City.

Kendziora, K., Osher, D., & Schmitt-Carey, M. A. (2007). *Say Yes to Education Student Monitoring System: Research report*. [Unpublished document.] New York: Say Yes to Education Foundation.

Lampron, S., Brown, L., Osher, D., & Poirier, J. (2008). High School Size and High School Mean Scores on the Conditions for Learning. Unpublished Research Memorandum. Washington, DC: American Institutes for Research.

Learning First Alliance. (2001). *Every child learning: Safe and supportive schools*. Washington, DC: Association for Supervision and Curriculum Development.

Lee, V. E., & Smith, J. B. (1999). Social support and achievement for young adolescents in Chicago: The role of school academic press. *American Educational Research Journal, 36*(4): 907-945.

Lee, V. E., Smith, J. B., Perry, T. E., & Smylie, M. A. (1999). *Social support, academic press and student achievement: A view from the middle grades in Chicago*. Chicago: Chicago

Annenberg Challenge.

Mahoney, J. L. (2000). School extracurricular activity participation as a moderator in the development of antisocial patterns. *Child Development, 71*, 502-516.

Masten, A., Coatsworth, J., Neemann, J., Gest, S., Tellegen, A., & Garmezy, N. (1995). The structure and coherence of competence from childhood through adolescence. *Child Development,* 754-763.

McNeeley, C. A., Nonnemaker, J. M., & Blum, R. W. (2002). Promoting school connectedness: Evidence from the National Longitudinal Study of Adolescent Health. *Journal of School Health, 72*, 138-146.

Muller, C. (2001). The role of caring in the teach-student relationship for at-risk students. *Sociological Inquiry, 71*, 241-255.

National School Boards Association. (1996). *Learning by design: A school leader's guide to architectural services*. Alexandria, VA: National School Boards Association.

Osher, D. (2008). *Cleveland Metropolitan School District Human Ware Audit: Findings and recommendations*. Washington, DC: American Institutes for Research.

Osher, D., Dwyer, K., & Jackson, S. (2004). *Safe, supportive, and successful schools step by step*. Longmont, CO: Sopris West.

Osher, D., Dwyer, K., & Jimerson, S. (2006). Foundations of school violence and safety. In S. Jimerson and M. Furlong (Eds.), *Handbook of school violence and school safety: From research to practice* (pp. 51-71). Mahwah, NJ: Lawrence Erlbaum.

Osher, D., Sprague, J., Weissberg, R. P., Axelrod, J., Keenan, S., Kendziora, K., & Zins, J. E. (2008). A comprehensive approach to promoting social, emotional, and academic growth in contemporary schools. In A. Thomas & J. Grimes (Eds.), *Best practices in school psychology V, Vol. 4* (pp. 1263-1278). Bethesda, MD: National Association of School Psychologists.

Payton, J., Weissberg, R. P., Durlak, J. A., Dymnicki, A. B., Taylor, R. D., Schellinger, K. B., & Pachan, M. (2008, December). *The positive impact of social and emotional learning for kindergarten to eighth-grade students: Findings from three scientific reviews: Technical Report*. Chicago, IL: Collaborative for Academic, Social, and Emotional Learning.

Resnick, M. D., Bearman, P. S., Blum, R. W., Bauman, K. E., Harris, K. M., Jones, J., Tabor, J., Bruhring, T., Sieving, R. E., Shew, M., Ireland, M., Bearinger, L. H., & Udry, J. R. (1997). Protecting adolescents from harm: Findings from the National Longitudinal Study on Adolescent health. *Journal of the American Medical Association, 278*, 823-832.

Reyes, O., & Jason, L. A. (1991). An evaluation of a high school dropout prevention program. *Journal of Community Psychology, 19*, 221-230.

Ryan, A. M., & Patrick, H. (2001). The classroom social environment and changes in adolescents' motivation and engagement during middle school. *American Educational Research Journal,*

38, 437-460.

Shouse, R. C. (1996). Academic press and sense of community: Conflict, congruence, and implications for student achievement. *Social Psychology of Education, 1*, 47-68.

Sinclair, M. F., Christenson, S. L., & Thurlow, M. L. (2005). Promoting school completion of urban secondary youth with emotional or behavioral disabilities. *Exceptional Children, 71*, 465-482.

Slavin, R. E. (1990). *Cooperative learning: Theory, research, and practice*. Englewood Cliffs, NJ: Prentice-Hall.

Smylie, M. A. (1994). Redesigning teachers' work: Connections to the classroom. In L. Darling-Hammond (Ed.), *Review of research in education* (Vol. 20, pp. 129-177). Washington, DC: American Educational Research Association.

Spier, E., Cai, C., Kendziora, K., & Osher, D. (2007). *School climate, connectedness, and student achievement*. [Unpublished report.] Juneau, AK: Association of Alaska School Boards.

U.S. Department of Education. (2000). *Safeguarding our children: An action guide*. Washington, DC: U.S. Department of Education.

Voelkl, K. A. (1995). School warmth, student participation, and achievement. *Journal of Experiential Education, 63*, 127-138.

Wayne, N., Welsh, W. N., Stokes, R., & Greene, J. R. (2000). A macro-level model of school disorder. *Journal of Research in Crime and Delinquency, 37*(3), 243-283.

Wentzel, K. R. (1998). Social relationships and motivation in middle school: The role of parents, teachers, and peers. *Journal of Educational Psychology, 90*, 202-209.

Zins, J. E., Weissberg, R. P., Wang, M. C., & Walberg, H. J. (2004). *Building academic success on social and emotional learning: What does the research say?* New York: Teachers College Press.

Chapter 7

아동·청소년 회복탄력성(RSCA) 척도를 활용한 통합 선별 평가와 예방

Sandra Prince-Embury
(LLC 앨런허스트 탄력성 연구소)

도입: 정신건강 보편적 선별의 필요성

학교에서 근무하는 심리학자들은 사회·정서적 장애에 대한 전체 선별의 필요성을 확인했다(Doll & Cummings, 2008). 1980년대에 실시된 역학 연구 결과에 따르면, 청소년의 최소 20%는 정신질환 진단을 받았으며, 1/4만이 치료를 받았다(Doll, 1996; U.S. Department of Health and Human Services, 1999). 다른 연구 결과는 정신질환을 겪는 진단받지 못한 학생과 치료받지 못한 학생들의 비율이 높다는 사실을 밝혔다(Katoaka, Zhang, & Wells, 2002; Costello, Mustillo, Erkanli, Keeler, & Angold, 2003). 아동의 약 20%가 적어도 경미한 기능 손상과 함께 정신장애가 있는 것으로 추정된다. 정신건강 서비스의 필요성과 제공 가능성 간의 상당한 차이 때문에 학교는 학령기 아동과 청소년에게 정신건강 치료소로서의 역할을 해 왔다(Hoagwood & Johnson, 2003). 지난 30년간 진행된 발달 연구 결과는 정신건강을 모니터링하는 학교의 역할은 정신건강과 심리적 안녕감이 성공적인 학교생활에 부수적인 것이 아니라 필수적이라는 것에 대한 증명을 뒷받침하고 있다(Haertel, Walberg, & Weinstein, 1983; Masten et al., 2005).

Doll과 Cummings(2008)는 발병하기 전에 조기에 취약한 아동을 발견하고 아동의 필요에 맞추기 위해 계획된 서비스 개발을 안내할 학교에서의 전체 선별을 제안한다. 국가 연구팀과 정신건강 위원회 역시 정신건강 전체 선별 프로그램을 제안했다(New Freedom Commission on Mental Health, 2003). 조기에 발견되어 치료받는 아동이 정신병리 그리고 관련 장애의 발전을 조기 예방할 수 있다는 점에서 조기 발견이 바람직하다는 합의가 있다. 증상 발현 전 발견이 바람직한 이유는 심리적 증상이 발현하면 그것이 청소년의 기능뿐 아니라 심리적 불안으로 이어질 가능성이 높아지기 때문이다. 또한 조기 발견이 좋은 이유는 더 전개된 정신병리학 증상은 치료하기에 더 어렵고 비용이 더 많이 들기 때문이다.

『학교심리학 저널(Journal of School Psychology)』 특별호는 학교의 전체 선별의 필요성뿐 아니라 선별 도구의 사용과 활용법에 대해 학교 관계자에게 교육할 필요성을 강조했다(Albers, Glover, & Kratochwill, 2007a, 2007b). 그러나 Levitt, Saka, Romanelli와 Hoagwood(2007)가 지적한 바와 같이 사회 · 정서적 문제의 전체 선별을 실행하는 것은 증상이 없는 청소년을 확인하는 것과 증상 발전을 예방하는 중재안을 제시하는 것이 아직 가능하지 않다는 점에서 다른 환경에 적용되는 전체 선별과는 다르다. 이들에 따르면 현재 수준의 선별 방법은 위험군인지 확인하기 위해 일부 증상이 있거나 기능적 손상을 겪은 청소년에게만 적용된다. 이 장에서는 예방에 중점을 둔 선별 체제로서 회복탄력성과 취약성에 바탕을 둔 전체 선별 대안 모델을 제시한다. 아동 · 청소년 회복탄력성 척도(Resiliency Scales for Children and Adolescents: RSCA; Prince-Embury, 2007)는 증상이 없지만 발병 위험이 있는 청소년의 취약성과 회복탄력성을 발견하기 위한 이론 기반의 심리측정학으로 음파 도구로 제시된다. 다음 절에서는 RSCA 기저의 구인과 심리측정학적 특성, 타당도 증거와 RSCA를 활용하여 선별 및 중재 표본 집단 모델에 대해 논의한다.

회복탄력성 개념 틀

정신건강 서비스에 대한 전통적인 방식은 선별과 예방 과정을 통합하지 않았다. 이를테면 증상기반의 선별은 적절한 중재안에 대한 포괄적인 평가와 제안이 뒤따르지 않았다. 반대로 예방 프로그램은 피실험자들의 환경을 조기에 그리고 후기에 중재안을 평가하는 특정 평가 도구 없이도 선별된 위험 집단을 선정할 수 있다. 결과적으로 특정 중재안 결정으로 선별과 체계적으로 연결되며 중재의 특정 영향을 평가하는 방법을 제시하는 개념 틀이 필요하다. 회복탄력성 이론(resilience theory)은 선별, 중재와 결과 평가의 통합 모델을 제시한다. 그것은 취약성뿐만 아니라 강점도 고려한다. 강점기반의 선별은 약력과 관련이 있으면서 예방 중재를 설계하는 더 많은 정보를 제시하기 때문에 장점이 많다.

지난 50년간 발달 정신병리학자들이 난관에 직면했을 때의 회복탄력성에 대한 광범위한 연구를 진행했다. 이들 연구에서는 회복탄력성을 난관을 견디는 능력이나 부정적 경험으로부터 회귀하려는 능력으로 정의했다. 회복탄력성 연구에서는 정신장애와 심리적 증상은 아동이 다양한 방식으로 겪는 일부 개인적 회복탄력성이나 거대한 취약성에 기반을 둘 것이라고 주장한다. 더 많은 정보는 Rutter, Garmezy, Masten과 다른 연구자들의 저작을 참고하라(Garmezy, 1971, 1985, 1991; Garmezy, Masten, & Tellegren, 1984; Luthar, 1991; Luthar, Cicchetti, & Beckev, 2000; Luthar & Zieglar, 1991, 1992; Masten, 2001; Masten & Coatsworth, 1998; Masten & Curtis, 2000; Masten & Powell, 2003; Masten et al., 2005; Rutter, 1987, 1993).

학교 심리학자들은 회복탄력성이 전반적 교육 목표와 양립하고 학습 환경에 적용하기에 알맞은 개념이라고 인정했다. 전국 학교심리학자협회(NASP)는 2008년 뉴올리언스에서 열린 콘퍼런스에서 '회복탄력성: 삶의 활력' 구축이라는 주제로 이 개념을 학계에 수용했다. 이 주제는 회복탄력성 개념을 학교심리학의 실제와 학교 환경 내의 회복탄력성 구축에 통합하는 것을 목표로 하는 연간 진행되는 사업의 일부였다. 교육 환경에 회복탄력성 구인을 적용하는 것은 많은 이유로 합당하다. 그 구인들은 임상적 병리와 반대 개념인 상대적 강점 및 취약성과 관련 있다. 구인들은 학업 성취 및 긍정적인 교육 환경뿐 아니라 (정신)병리와 기능 이상의 방지와 관련된다. 그 구인은 발달적 · 정상적이고, 체계 수준의 실행을 지도하기 위해 보편적으로 적용되며, 위험군 아동과 청소년을 개별적으로 선별하는 데도 적용된다. 예를 들어, 회복탄력성 원리는 탄력적인 교실을 설명(Doll, Zucker, & Brehm, 2004)하며, 학부모 코칭(Brooks & Goldstein, 2001), 교사 코칭(Brooks & Goldstein, 2008)에 적용된다. 당장 필요한 것은 신뢰하고 이해하기 쉬운 방식으로 회복탄력성을 요약, 수량화 및 표준화하는 작업이다.

RSCA(Prince-Embury, 2006, 2007)는 발달 회복탄력성 이론의 주춧돌로 등장하는 세 가지 이론 구인인 정복 감식, 관계 의식 그리고 정서 반응성과 이러한 요소들의 상호관련성에 토대를 둔다. 이러한 구성체가 모여 잠재적 증상 발전에서 장점과 취약성 간의 균형을 이해하는 개념 틀을 만든다. 이러한 핵심 구성체는 10개의 하위척도로 집단 구성된 세 가지 척도로 표현된다.

숙달감

일반 발달 및 회복탄력성 연구에서 지속적으로 확인된 한 가지 핵심 기제는 숙달감 혹은 자기효능감의 발달이다. White(1959)는 환경에서 교류하고 인과관계를 즐길 기회를 아동과 청소년에 제공하고 그들의 숙달감/효능감 구인을 도입했다. 그에 따르면 능력, 숙달감 혹은 효능감은 본질적으로 보상이 따르며 문제해결 기술의 근원인 선천적 호기심에 의해 자극된다. Bandura(1977)는 행동과 성취도의 다양한 측면에서 아동의 자기효능감의 중요성을 연구했다. 결과적으로 능력 연구는 중재에서 특히 행동 및 정서 문제를 예방하거나 완화하는 전략으로서의 능력 향상에 초점을 맞춘 제3의 회복탄력성 연구로 통합되었다(Masten & Coatsworth, 1998; Masten, Burt, & Coatsworth, 2006). 이러한 관점과 맞게 프로젝트 능력(Project Competence) 그룹(Masten & Obravadic, 2006)은 회복탄력성 연구에서의 긍정적 적응과 특히 나이에서 두드러진 발달 과업 능력에서의 능력 기준을 관찰했다(Masten & Powell, 2003). 로체스터 아동 회복탄력성 프로젝트(Rochester Child Resilience Project)의 일부로서 시행된 몇몇 연구에서는 긍정적 효능 기대가 회복탄력성과 관련이 있다는 가설을 뒷받침하였다. 10세에서 12세 학생의 긍정적 효능 기대는 이전보다 개선된 행동 적응과 스트레스 회복탄력성을 예측했다(Cowen, Pryor-Brown, Hightower, & Lotyczewski, 1991). 미래에 대한 긍정적 기대는 불안 감소, 높은 학업 성취도와 개선된 교실 행동 통제를 예측했다(Wyman, Cowen, Work, & Kerley, 1993).

RSCA 숙달감 척도는 앞에서 언급한 이 세 가지 하위척도, 즉 최적화, 자기효능감, 적응성을 가지고 조작적으로 정의된다. 최적화 하위척도는 일반적으로 세계와 삶에 대한 긍정적인 태도와 특히 현재와 미래의 개인의 삶을 설명하는 문항을 포함한다. 자기효능감 하위척도에는 자신의 일반 및/또는 특정 능력과 통제에 대한 믿음을 설명하는 문항을 포함한다. 적응성 하위척도에는 피드백에 대한 개인의 수용력, 실수를 통한 학습과 도움을 요청하는 적극성을 설명하는 문항이 있다.

선행 연구와 이론에서는 숙달감이 결핍된 아동과 청소년은 심리적 증상에 더 취약하다고 지적한다. 이러한 주장과 맥을 같이하는 예방 중재안은 아동의 문제해결 기술과 자기효능감을 증대시켜 일반적이거나 구체적인 숙달감 증가에 목표를 둘 수 있다. 숙달감 척도와 하위척도들은 청소년의 낮은 숙달감을 검토하거나 숙달감을 증가시키기 위해 고안된 예방 중재안이 목표를 달성할 수 있을지를 측정하고자 사용될 수 있다.

관계 의식

두 번째 계류의 문헌은 청소년의 관련 경험과 능력을 역경에 대항하는 회복탄력성과 연결한다. 이런 문헌의 함의는 사회적 관계가 두 가지 방식으로 외부적 완충제 역할을 한다는 것이다. 우선 청소년들은 관계를 특정한 상황에서 특정한 지원을 제공해 주는 것으로 여길 수 있다. 두 번째로 기존의 지원에 대한 누적 경험을 반영하는 내부 기제는 청소년이 부정적인 심리적 영향을 받지 않도록 보호한다.

RSCA 관계 의식 척도는 4개의 하위척도—인식된 지원 접근, 신뢰, 타인과의 편안함 그리고 타인과의 차이에 대한 관용—에서 관계 의식을 가동한다.

발달 정신병리학자 Werner와 Smith(1982)는 연구를 통해 관계와 회복탄력성 매개체로서의 관련 능력의 중요성을 주장했다. Werner는 논문에서 아이들이 부모보다 보호하는 어른과 관계를 맺는 것의 중요성을 강조했다. Werner와 Smith는 회복탄력성이 있는 청소년이 회복탄력성이 없는 청소년에 비해 교사, 목사와 이웃 어른과 같은 부모가 아닌 성인에게서 지원을 받았다고 주장했다. 이러한 지원은 회복탄력성을 촉진하는 데 영향을 주었다. RSCA 지원 접근 하위척도가 이러한 구인을 평가하기 위해 설계되었다.

Erik Erikson(1963)은 모든 사회성 발달이 이루어지는 사회·정서적 발달의 첫 단계로서 신뢰의 중요성을 분명히 확인했다. 그는 주어진 것을 수용하는 능력을 기본적인 신뢰로 정의했다. 그는 기본적인 신뢰는 유아기 시절에 구강 기능 형태에 토대를 두며, 그런 다음에 아동의 신뢰와 불신 사이의 균형을 형성해 주는 최초의 보호자와의 누적된 경험에서 나온다고 생각했다. RSCA 신뢰 하위척도는 이러한 구인을 평가하기 위해 설계되었다.

발달 및 성격 이론가들은 생리학적 기반의 성격 기질에서의 발달 초기 차이를 자주 인용해 왔는데 그 이유는 개인이 타인과 맺는 관계에 영향을 미치고 또 결국 신뢰 능력의 발달에 영향을 주기 때문이다. '타인을 천천히 자극하는 것'(Thomas& Chess, 1977) 혹은 내면화(Eysenck, 1967)와 같은 구인은 타인과의 불편을 설명하기 위해 사용되었다. RSCA 편안함 하위척도는 사람을 만남으로써 검증되고, 친구를 쉽게 사귀고, 다른 사람이 있어서 침착한 것과 반대되는 사례를 평가하고자 설계되었다.

다른 사람의 생각과 다르다 할지라도 자기 자신의 생각을 가지고 그것을 표현하는 능력은 Bowen(1978)에 의해 '가족 체계 안에서의 차별화'를 입증하는 것으로서 개념화되어 왔다. 이러한 능력은 아동의 의존성과 자립하려는 노력 사이의 균형을 이루는 일부분일 것이고 나이가 들면서 중요성이 증가될 것이라는 가설이 세워질 수도 있다. RSCA 관용 하위척도는 이 구인을 이용하도록 설계되었다.

RSCA의 관계 의식을 도입하는 선별은 타인으로부터 고립되거나 소외되었다고 생각하는 청소년을 확인할 수 있다. 관계 의식을 증대하기 위해 고안된 중재를 실행하고, 관계 의식 점수를 전후 비교하는 것으로 이러한 중재의 효과를 평가할 수 있다.

정서 반응성

발달 정신병리학적 연구 결과에 따르면 곤경에 있을 때 아동의 병리 발달이 정서 반응성과 이러한 반응을 조절하는 능력과 일부 연관되어 있다. 강한 정서 반응성과 정서적 자기조절과 관련된 어려움은 행동적 어려움과 병리학적 취약성과 연관된 것으로 확인되었다.

반대로 정서 반응을 조절하는 능력은 회복탄력성을 촉진하는 중요한 요소이다(Cicchetti, Ganaban, & Barnett, 1991; Cichetti & Tucker, 1994). 이러한 결과와 비슷한 맥락에서 증상 전 전체 선별은 정서 반응성과 관련된 청소년의 취약성을 고려할 수 있다. 정서 반응성은 적대적 사건이나 상황 발생 이전에 존재하는 자극성이나 관용 역치로 정의될 수 있다. Rothbart와 Derryberry(1981)는 정서 반응성을 아동의 부정적인 정서 반응의 속도와 강도로 정의했다. 정서 조절은 정서 반응을 조절하는 아동의 능력으로 정의된다(Eisenberg, Champion, & Ma, 2004). 정서 조절은 정서 자극이 재조정, 제어, 조정 및 변환되어 개인이 정서적으로 도전적인 상황에서 유연하게 행동할 수 있는 내적 또는 외적 유기적 요소로 정의된다(Cichetti et al., 1991; Thompson, 1990). Siegel(1999)은 반응성의 측면으로 강도, 민감도, 특이도, 관용과 회복을 확인했다.

RSCA 정서 반응성 척도는 세 가지 하위척도로 정서 반응성을 가동한다. 첫째, 민감도 하위척도로 얼마나 쉽게 개인을 자극하는가를 다룬다. 둘째, 회복 하위척도로 개인이 자극 후에 회복하는 데 얼마나 걸리는지를 평가한다. 셋째, 손상 하위척도로 청소년의 기능이 정서 반응성으로 손상되는 정도를 다룬다. 따라서 RSCA 정서 반응성 척도를 사용한 증상 전 선별은 초민감성의 확인을 감정 유발제와 정서적으로 자극될 때의 어려움 회복 그리고 자극될 때의 중요한 작용의 손상에 통합한다. 이러한 척도에서 높은 점수의 반응에 제공할 수 있는 예방책은 민감도를 낮추기 위해 안정시키는 운동을 하거나, 속도 회복과 손상 최소화를 위해 대처 기술을 교육하는 것이다.

RSCA 설명

RSCA는 자기보고식이며 아동이 직접 보고한 경험을 설명한다. RSCA는 세 가지 포괄적 척도—숙달감, 관계 의식과 정서 반응성—로 구성된다. 이 세 척도의 T점수는 아동의 상대적 강도와 취약성을 보여 주는 회복탄력성 프로파일을 구성한다. 두 가지 구성 요소 점수와 출처 지표와 취약성 지표는 아동의 반응 강도와 취약성을 수량화하는 요약 점수이다. 이 3개의 포괄적

척도는 아동의 구체적인 강점과 취약성을 심층적으로 이해하기 위해 사용되는 10개의 하위척도로 구성된다.

숙달감 척도는 3학년 독해 수준에서 작성된 20문항의 자기보고 설문지이다. 응답 선택지는 5점 리커트 척도─0(전혀), 1(거의 없는), 2(가끔), 3(자주), 4(거의 항상)─로 배열되어 있다. 숙달감 척도는 관련 내용 영역으로 구성되어 있다. 삶과 자신의 능력에 대한 긍정, 문제해결 태도와 전략 개발과 관련된 **자기효능감**, 비난에 수용적이고 실수에서 배우는 유연성과 같은 적응력이다. 숙달감 척도의 내적 일관성은 9~11세 학생의 경우 0.85 알파이며, 12~14세 학생은 0.89, 15~18세 학생은 0.95였다. 검사-재검사 신뢰도 상관계수는 9~14세 학생은 0.79이며, 15~18세 학생은 0.86이었다(Prince-Embury, 2007).

관계 의식 척도는 3학년 독해 수준에서 작성된 24문항의 자기보고 설문지이다. 응답 선택지는 빈도수에 기반을 둔 5점 리커트 척도─0(전혀), 1(거의), 2(가끔), 3(자주), 5(거의 항상)─로 배열되어 있다. 이 척도 내에서 관계 의식은 타인과의 편의, 타인에 대한 신뢰, 필요시 타인에 대한 도움 요청과 타인과의 차이점 수용이다. 내적 일관도는 관계 의식 척도의 경우 우수했다. 검사-재검사 신뢰도 상관계수는 높은 편이었다. 9~14세 학생은 0.84, 15~18세 학생은 0.86이었다(Prince-Embury, 2008).

정서 반응성 척도는 3학년 독해 수준에서 작성된 20문항의 자기보고 설문지이다. 응답 선택지는 5점 리커트 척도─0(전혀), 1(거의), 2(가끔), 3(자주), 4(거의 항상)─로 배열되어 있다. 숙달감 척도나 관계 의식 척도와 다르게 정서 반응성 척도에서의 낮은 점수는 회복탄력성을 의미하며, 높은 점수는 취약성을 의미한다. 정서 반응성 척도는 세 가지 내용 영역으로 구성된다. 민감도 하위척도가 아동의 정서 반응과 강도의 기준을 측정하며, 회복 하위척도는 정서적 분노에서 회복하는 데 필요한 시간을 설명하며, 손상 하위척도는 흥분된 상태에서 기능이 파괴되는 정도를 설명한다. 정서 반응성 척도의 내적 일관도는 9~11세 학생의 경우 0.90이며, 12~14세 학생은 0.91, 15~18세 학생은 0.94로 높은 편이었다. 검사-재검사 신뢰도 상관계수는 9~14세 학생과 15~18세 학생의 경우 0.88이었다(Prince-Embury, 2007).

■ 요약 지수 점수

전체 선별은 점수를 더 심화된 단계의 정보로 보여 주는 잠재성과 함께 가능한 한 점수 단순화 작업이 필요하다. RSCA 요약 지수 점수는 초기 선별에 필요한 두 점수로 정보를 통합하면서 포괄적 그리고 하위척도 수준에서 자세한 정보를 제공하기 때문에 선별 목적으로 유용하다. 지수 점수는 RSCA 점수 프로파일, 요인 분석 연구과 유효성 연구의 경험적 분석을 토대로 개발되었다(Prince-Embury, 2006, 2007; Prince-Embury & Courville, 2008a; 2008b).

첫 지수 점수인 **자원 지수**는 숙달감과 관계 의식 척도의 표준화된 평균이다. 평균은 학생의 개인적 강점이나 자원의 측정으로 숙달감과 관계 의식을 균일하게 놓는다. 요인 분석 연구 결과에 따르면 RSCA가 세 가지 상이한 요소를 대표하지만, 그중 두 가지는 밀접하게 관련되어 있어 선별 목적으로 통합되어 다루어진다(Prince-Embury & Courville, 2008a). 자원 지수의 내적 일관도는 9~11세 학생은 0.93 알파이며 12~14세 학생은 0.94, 15~18세 학생은 0.97로 높은 편이었다. 검사-재검사 신뢰도 상관계수는 9~14세 학생은 0.90, 15~18세 학생은 0.77로 나타났다(Prince-Embury, 2007). 회복탄력성 이론에 따르면 풍부한 인적 자원을 가졌다고 생각하는 청소년은 인적 자원이 부족하다고 생각하는 청소년보다 탄력적이며 정신병리 발달 가능성이 낮았다. 자원 지수 점수가 평균을 밑도는 학생들에게는 개인적 능력을 신장시켜 줄 예방 중재안이 필요하다.

취약성 지수 점수는 정서 반응성 T점수와 자원 지수 점수 사이의 표준화된 차이이다. 이는 조합된 자기인식 능력(자원 지수)과 정서 반응성(정서 반응성 척도; Prince-Embury, 2007)으로 기술된 취약성 간의 상대적 차이로써 아동의 취약성을 수량화한다. 취약성 지수 점수의 내적 일관도의 알파 상관계수는 9~11세 학생은 0.93, 12~14세 학생은 0.94 그리고 15~18세 학생은 0.90으로 높았다. 검사-재검사 신뢰도 상관계수는 9~14세 학생은 0.83, 15~18세 학생은 0.90으로 나타났다. 성인 표본 집단에서 취약성 지수 분리 점수를 이용한 민감도 및 특이도와 T54 취약성 지수 분리 점수의 민감도는 81.2%며, 특이도는 75.5%이며, 전체 적중률은 78%였다(Prince-Embury, 2008). 취약성 지수 점수는 개인의 능력으로 내적 취약성이나 외적 난관이 균형을 이루지 못할 때 나타나는 취약성으로 정의되는 이론과 일맥상통한다. 개인적 취약성은 학생의 개인적 능력이 정서 반응성 수준을 상당히 밑도는 상태를 나타내는 높은 취약성 지수 점수로 설명된다.

RSCA의 심리측정학적 특성과 타당도

회복탄력성 개념 틀을 동원하는 증상 전 전체 선별의 필요성에 대한 합의가 있음에도 정신측정학적으로 견고한 선별 도구는 얼마 없다. Glover와 Albers(2007)는 전체 선별 도구의 기준을 제시하며 도구의 적절성, 사용성과 기술적으로 적절한 표준, 신뢰도와 타당도를 증명해야 한다고 주장했다. 이들은 현재 사용하는 선별 도구 중에 적절한 표준, 신뢰도 혹은 민감도와 특이도를 갖춘 것은 얼마 없다고 지적했다. 요즘 사용할 수 있는 측정 도구를 검토한 Levitt 등 (2006)은 이용 가능한 선별 도구 중에 일부만 민감도와 특이도가 높다고 제시했다.

또한 이들은 신뢰도와 타당도가 검증된 측정 도구가 필요하다고 지적했다. 추가 실험이 진행되려면 적절한 신뢰도가 매우 중요하다. 다양한 집단의 사전-사후 검사에서 변화에 민감해지기 위해서 다른 연령 집단과 다른 인구들에서 내적 일관도 및 검사-재검사 신뢰도가 충분한 측정 도구가 필요하다. 내적 일관도 부족은 측정된 특성이 선명하게 정의되지 않았으며 과도한 오차 분산을 포함한다는 것을 의미한다. 그리고 그러한 측정은 낮은 검사-재검사 신뢰도를 가질 것이다. 이것은 측정이 치료받지 않은 통제 표본 집단에서 구인을 일관적으로 측정하지 않는다면 치료 집단에서 중재 효과를 검출할 가능성이 낮기 때문에 중요하다. 집단과 개인 수준에서 변화를 측정하기에 충분히 민감한 조치는 예방적 중재안의 효과가 있는지를 결정하는 데 필요하다. 효용적이고 효과적인 선별 도구의 필요성에 대해 다음 절에서는 RSCA의 신뢰도와 타당도성의 증거를 검토한다.

신뢰도

Cicchetti(1994)는 상관계수 알파가 0.70 이상이면 충분한 수준이며, 0.80 이상은 양호하고, 0.90 이상은 훌륭한 수준이라고 규정했다. 0.90 알파는 시간에 걸쳐 개별 점수를 추적하기에 적절하다고 여겨진다. 그리고 0.80 알파 이상은 포괄적 점수를 추적하기에 적절하다고 여겨진다. 이러한 기준을 사용해 신뢰도 증거는 RSCA 지수 점수에서는 아주 높았고, 포괄적 점수에서는 양호하며, 하위척도에는 충분한 수준이었다. RSCA 지수 및 포괄적 지수 점수는 연령과 성별 집단에 걸쳐 양호하거나 훌륭한 내적 일관도를 나타내며, 예상한 대로 높은 내적 일관도는 연령 증가를 통해 뒷받침된다(Prince-Embury, 2007). 9~11세 학생의 경우 RSCA 지수 점수와 정서 반응성 척도 점수는 개인 수준 추적의 0.90 이상 알파 기준을 충족한다. 숙달감과 관계 의식 척도 점수는 집단 수준 추적의 0.80 이상 알파 기준을 충족한다. 12~14세 학생의 경우 RSCA 지수 검사와 3개의 포괄적 점수는 개인 수준 추적의 기준이 된다. 모든 점수는 집단 수준 추적의 기준을 충족한다. 따라서 RSCA는 양호한 내적 일관도를 증명하여 척도, 하위척도와 지수의 개념적 편차를 확인한다.

■ 검사-재검사 신뢰도

아동과 청소년 표본 집단에 대해 2주에 걸쳐 대부분의 RSCA는 충분한 검사-재검사 일관성을 갖는다. 검사-재검사 신뢰도는 지수 및 포괄적 척도 점수에 유용하다. 예상대로 청소년은 아동보다 시간에 따른 일관성을 더 보였다(Prince-Embury, 2007). 점수가 중재의 효과적인 사전-사후 측정으로 사용된다면 검사-재검사 신뢰도는 중요하다. 높은 검사-재검사 신뢰도는 점수상의 변화가 오차 분산이나 가능성이 아닌 상황 변화 때문이다. 낮은 검사-재검사 신뢰도는 점수의 변화가 오차 분산이나 중재 때문인지 여부를 모르기 때문에 사전-사후 검사의 측정을 사용하는 것이 어렵다. 9~14세 학생의 경우 자원 지수는 개인 종단 추적의 기준을 충족한 반면, 취약성 지수와 정서 반응성 그리고 관계 의식 척도 점수는 집단 수준 추적의 기준을 충족한다. 15~18세 학생의 경우 취약성 지수는 개인 수준 추적에 사용되는 반면, 모든 포괄적 척도와 다섯 가지 하위척도 점수는 집단 수준 추적에 사용된다. 기술된 검사-재검사 표본은 상대적으로 작으며, 따라서 검사-재검사 계수는 큰 표본 집단으로 반복해서 검증되어야 한다.

타당도 증거

단일 연구나 통계 자료로 측정 도구의 타당도 증거를 설명할 수 없으나, 그 타당도 증거는 그 도구가 측정한다고 말한 것을 측정하고 의도된 방식대로 사용될 수 있다는 것을 증명하는 결과로 구성된다. 타당도 증거의 하나는 도구의 점수와 관련된 다른 측정 도구의 점수 간의 높은 상관관계로 증명된 공인 타당도이다. 선별 도구로서 RSCA의 공인 타당도는 RSCA와 심리적 증상과 다른 장애의 다른 측정 도구 사이의 높은 상관관계로 증명된다.

예측 타당도는 사례를 관련된 기준 집단으로 정확하게 분류하는 분리 점수의 능력으로 검증된다. 민감도는 확인된 문제를 갖고 있는 개인을 정확하게 예측하는 점수의 능력으로 정의된다. 특이도는 관련 문제를 갖고 있지 않은 개인을 정확히 확인하는 능력으로 정의된다. 부정 오류자는 실종되거나 문제가 있지만 발견하지 못한 학생을 일컫는다. 긍정 오류자는 잘못 진단받고 문제가 있다고 의심받지 않은 학생을 일컫는다. '적중률'은 개인의 문제를 정확히 발견한 전체 수를 설명할 때 사용하는 용어이다.

■ 공인 타당도의 증거

Prince-Embury(2007, 2008)는 취약성 지수 점수와 정서 반응성 점수 그리고 청소년 비임상 집단의 모든 Beck 유스목록-제2판(Beck Youth Inventory-Second Edition: BYI-II; Beck, Beck, Jolly, & Steer, 2004) 부정 정서와 행동 점수 간의 정적 상관관계를 주장했다. 취약성 지수 점수는 BYI-II 부정 정서와 행동 점수—0.65(불안), 0.66(분열성 행동), 0.75(우울증), 0.77(분노)—

와 정적 상관관계를 이루었다. 유사하게, 정서 반응성 점수와 모든 BYI-II 부정 정서와 행동 점수 0.65(불안), 0.66(분열성 행동), 0.75(우울증) 그리고 0.77(분노) 사이의 높은 상관관계는 높은 정서 반응성이 부정 정서 및 행동과 관련이 있다는 가설을 뒷받침한다. 게다가 취약성 지수 점수와 정서 반응성 점수는 청소년의 정서 영역에 걸쳐 BYI-II 점수와 상관관계를 나타내지만, 어떤 정서 영역에 국한되지 않는다. 자원 지수 점수는 BYI-II 부정 정서 및 행동 점수—-0.51(분열성 행동), -0.53(불안), -0.61(우울증), -0.62(분노)—와 부적 상관관계를 나타냈다. 유사하게, 숙달감(-0.51~-0.61)과 관계 의식(-0.45~-0.57) 척도와 BYI-II 부정 정서 및 행동 점수 사이에는 높은 부적 상관관계가 발견되지 않았다.

■ 규준집단 차이의 증거

Prince-Embury(2007)는 아동과 청소년의 임상집단과 대조군 사이의 평균점수 간에 유의한 차이를 보고했다. 비임상집단은 자원지수점수, 숙달감, 관계의식척도 및 하위척도에서 더 높은 점수를 받았다. 임상샘플은 취약성지수, 정서반응성척도 및 하위척도 점수에서 더 높은 점수를 받았다. 모든 차이들에 대해 효과크기는 컸다.

■ 판별 함수 분석 및 분류

다른 지역에서 보고된 판별 함수 분석(Prince-Embury, 2008)은 BYI-II 점수로 평가된 RSCA 지수와 척도 점수, 인구학적 변수와 심리적 증상의 상대적 예측 타당도를 조사했다(Beck et al., 2004). 독립 변수로 분류된 변수에는 부모의 교육 수준, 성별, RSCA 점수(숙달감 T점수, 관계 의식 T점수 및 정서 반응성 T점수), 지수 점수(취약성과 자원) 및 걱정, 우울증, 분노 및 분열성 행동에 대한 BYI-II 점수가 있다. 0(비임상) 또는 1(임상)인 임상학적 상태에 따라 차별화된 집단이 코드화되었다.

Prince-Embury(2008)가 보고한 구조 매트릭스는 최종 판별 함수에 대한 취약성 지수와 BYI-II 불안 점수의 고율 활성 공정을 나타냈다. 표준화된 정준 계수는 취약성 지수가 BYI-II 불안 점수보다 함수의 독특한 변량에 더 기여했음을 나타냈다. 정준 함수 상관관계가 0.599라는 것은 이 함수가 임상 집단 구성원에서 변량의 36%를 차지한다는 것을 나타낸다. 초기 사례의 77%는 정확하게 분류되었다. 분류 민감도는 73%이며 특이도는 81%였다. 취약성 지수만이 편차 함수 민감도에 진입했을 때는 79%였으며, 특이도는 78%인 반면, 정확하게 분류된 초기 사례의 비율은 78.6%였다. 따라서 편차 함수에서 BYI-II를 제거하면 특이도가 감소했지만, 민감도는 6%, 임상 사례는 11개가 증가했다. 또한 취약성 지수 점수가 제거된 상태에서 실시된 회귀 분석은 증상을 예측할 때 정서 반응성 점수가 취약성 지수 변량의 대부분을 차지했다는 것을 제시했다. 자원 지수 점수는 변량의 1~3%를 차지하며, 약간의 완화 효과를 보였다. 요약하면, 타당도 증거는 다음과 같다.

① 부정 정서 및 행동(BYI-II 점수)과 회복탄력성 척도 및 지수 점수 간의 상당히 높은 상관 관계를 확인했다. 회복탄력성 취약성 지수와 정서 반응성 점수 및 BYI-II 점수 간에 가장 강력한 상관관계가 나타났다.

② 임상 대비 비임상 표본 집단의 구성원을 예측하기 위해 성, 부모의 교육 수준, 회복탄 력성 척도 및 지수 점수 및 BYI-II 부정 정서 및 행동 점수를 이용한 편차 함수 분석은 RSCA 취약성 지수가 최대 예측 요인이었으며, 그다음은 사례의 73%를 정확히 예측하는 BYI-II 불안 점수였다. 정서 반응성은 취약성 지수 점수의 예측성 변량의 상당 부분을 차 지했으며, 자원 지수 점수는 변량의 1~3%만 차지했다.

선별과 예방 중재 연결

개인 회복탄력성 프로파일

앞 절에서 학교에서 진행되는 전체 선별의 필요성과 심리 증상에만 초점을 맞추지 않는 방 식으로 학생을 선별하는 것으로 제기된 도전에 대해 논의했다. 또한 적절한 심리측정학적 특 성을 갖춘 선별 도구의 필요성과 동시에 그것을 용이하게 사용하는 법에 대해서도 논의했다. RSCA는 회복탄력성 이론을 토대로 하는 선별 도구로서의 용도와 훌륭한 심리측정학적 특성 을 지닌 용도로 제시되었다.

개인 회복탄력성 프로파일(Personal Resilience Profile)은 RSCA 포괄적 척도 점수(숙달감, 관 계 의식과 정서 반응성)에 토대를 두며, 개인적 회복탄력성의 다양한 측면을 보다 잘 이해하기 위한 시각적 도구를 제공한다. 프로파일은 함께 보았을 때 상대적 인식 자원과 아동과 청소년 의 취약성을 강조하는 동일한 T 매트릭을 이용한 표준화된 세 가지 점수를 제시한다.

[그림 7-1]은 3명의 학생인 바비, 린다, 조의 개인 회복탄력성 프로파일을 나타낸다. 조의 프로파일은 표준화 표본 집단에 비해 높은 T60과 관련된 상대적 취약성을 보여 준다. 그러나 조의 관계 의식과 숙달감은 평균 이상이다. 린다의 회복탄력성 프로파일은 조와 더불어 높은

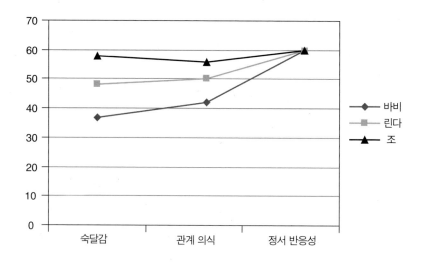

[그림 7-1] 바비, 린다, 조의 회복탄력성 프로파일

정서 반응성을 보인다(T60). 린다의 숙달감과 관계 의식 T점수는 두 점에서 T50에 가까운 평균 수준을 유지한다. 바비의 프로파일은 정서 반응성 점수가 높은 것으로 나타났다(T60). 그러나 조와 린다와 달리 바비의 숙달감과 관계 의식 T점수는 낮으며(T37) 평균 이하이다(T42). 이 세 가지 개인 회복탄력성 프로파일을 비교하면 바비는 프로파일이 높은 정서 반응성과 정서 반응성을 관리하는 평균 이하의 인식된 개인 능력을 제시한다는 점에서 고위험군에 속하는 것 같다. 정서 반응성의 동일한 수준을 나타내는 조와 린다는 반응성을 관리하는 높은 숙달감과 관계 의식을 나타낸다. 이러한 예는 위험하고 또는 예방 중재가 필요한 학생들을 확인하기 위해 개별적인 개인 회복탄력성 프로파일이 개인의 상대적 강점과 약점을 검토하는 데 사용될 것임을 보여 준다.

■ 전체 회복탄력성 프로파일

개인 프로파일을 검토하기 위해 개인 회복탄력성 프로파일을 사용하는 것 외에 전체 회복탄력성 프로파일은 한 가지 공통된 특징을 나타내는 청소년 집단의 상대적 강점과 취약성을 나타내고자 축적될 수 있다. [그림 7-2]는 비임상, 불안 증상, 우울증, 품행장애, 조울증 그리고 기존에 치료를 받은 집단의 6개 청소년 집단에 대한 전체 회복탄력성 프로파일을 나타낸다. 비임상 집단의 회복탄력성 프로파일은 T5에 가깝다. 4개 임상학 집단의 회복탄력성 프로파일은 다소 다르지만, 높은 정서 반응성, 낮은 숙달감과 낮은 관계 의식과 같은 공통된 특성을 공유한다. 이러한 공통점은 장애상의 차이에도 불구하고 임상학적 장애를 가진 청소년은 개인 회

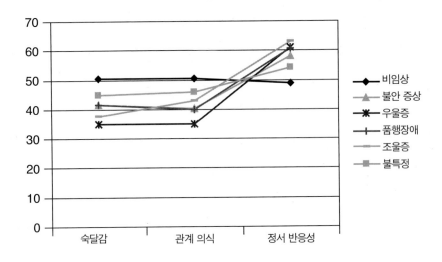

[그림 7-2] 임상 및 비임상 청소년 집단의 회복탄력성 프로파일

출처: Resiliency Scales for Children and Adolescents—A Profile of Personal Strengths. 2006 NCS Pearson, Inc. 허가하에 게재. 판권 소유.

복탄력성 프로파일이 유사하다는 것을 말해 준다.

아동 · 청소년 회복탄력성 척도 지수 점수를 활용한 다단계 전체 선별

　　앞의 프로파일에 설명된 세 가지 RSCA 포괄적 점수 간의 관계는 두 가지 지수 점수로 수량화되고 표현된다. 자원 지수는 숙달감과 관계 의식 척도 점수를 결합한다. 취약성 지수 점수는 정서 반응성 척도 점수와 자원 지수 점수 간의 차이를 수량화한다. [그림 7-2]에 제시했듯이 이러한 차이는 임상학적 집단 간에 확인된다. 타당도 증거는 취약성 지수가 임상학적 상태를 정확하게 분류하는 제1 예측자로서 사용될 것이다(Prince-Embury, 2007). 따라서 1단계 선별은 임상 증상과 다른 차이를 개발하기 위한 위험한 학생들을 확인하기 위해 취약성 지수를 우선 사용한다. 평균 이상 혹은 높은 취약성 지수 T점수를 가진 학생들은 추가 선별을 받는다. 〈표 7-1〉은 세 가지 취약성 지수 점수 범위—평균 이상, 높음 그리고 매우 높음—를 나타낸다. 선별 분리 점수는 선별망이 얼마나 넓으며 학교에 이용할 수 있는 상대적 자원이 얼마나 많은가에 좌우된다. 〈표 7-1〉은 취약성 지수 점수에 대한 T55 분리 점수가 평균 이상의 보통 표본 집단의 약 30%를 확인하는 것을 제시한다. T60 분리 점수는 높은 표본 집단의 약 16%를 확인하며 T65 분리 점수는 매우 높은 표본 집단의 약 9%를 확인한다.

〈표 7-1〉 취약성 지수 T점수 범위와 연령 집단에 따른 누적 비율

범위	T점수	9~11세	12~14세	15~18세
매우 높음	>64	91+	92+	91+
높음	60~64	84~90	83~91	87~90
평균 이상	55~59	70~83	70~82	76~86

〈표 7-2〉 RSCA 검진 모델 1: 개인 수준

1. 1단계: 취약성 점수 사용. 취약성 점수가 T55(평균 이상)이거나 그 이상이면 3~6개월 후에 다시 검사하여 모니터링한다.

2. 2단계: 취약성 점수가 T60(높음) 이상이고 정서 반응성 점수가 T60이거나 그 이상이라면 정서 반응 조절을 다루기 위한 예방 중재가 필요한 것으로 분류된다.

3. 3단계: 자원 점수가 T40 혹은 그 이하라면 예방 중재의 구체적인 분야를 결정하기 위해 숙달감과 관계 의식 점수를 측정한다. 만약 숙달감 점수가 T40 이하라면 숙달감, 자기효능감, 적응과 관련된 중재가 필요함을 의미한다. 만약 관계 의식 점수가 T40 이하라면 관계성, 사회적 기술, 의사소통 기술과 관련된 중재가 필요함을 의미한다.

사회 · 정서적 문제에 대한 개인 학생의 위험군 확인을 위한 다단계 선별 모델은 〈표 7-2〉에 제시되어 있다. 이 모델은 취약성 지수 점수로 시작하며, 이 표에 제시된 단계를 따르는 정서 반응성 척도 점수와 자원 지수 점수를 준수한다.

전체 선별에서 RSCA 지수와 척도 점수가 어떻게 사용될 수 있는가를 설명하기 위해 다음의 예를 살펴보자. RSCA가 학년 초 1,000명에게 적용되었다면 1단계는 T55 이상의 취약성 지수 점수를 사용하여 취약성에서 평균 이상이 된 학생 300명을 확인할 수 있을 것이다. 이 집단은 세 달 안에 재선별을 받게 될 것이다. 학생 300명 가운데 약 150명의 학생은 T60 이상의 취약성 지수 점수를 갖게 되며, 잠재적으로 취약성이 높고, 예방 중재를 보장받아야 하는 것으로 확인되었다. 약 150명 학생 가운데 약 135명은 T60 이상의 정서 반응성 T점수를 갖는다. 이 집단은 잠재적으로 정서 반응성이 높으며, 정서 반응성을 줄이기 위해 예방 중재가 필요하다. 게다가 학생 110명은 T40 이하의 자원 지수 점수를 갖게 되며, 이는 그들이 자원이 적고 자원을 늘리기 위해 예방 중재를 보장받아야 하는 것을 의미한다. 학생 150명 가운데 85명은 취약성 지수, T60 이상의 정서 반응성 점수뿐 아니라 T40 이하의 자원 지수 점수를 충족할 것이다. 위에 제시된 학생 1,000명의 가설 선별에 토대를 둔 예방 중재는 학생 40명에 대한 정서 반응성 관리 중재, 학생 25명에 대한 개인 능력 향상 중재 그리고 학생 85명에 대한 이 두 중재가 포함될 수 있다.

결과 평가

체계적 선별과 목표 중재안의 한 가지 장점은 예방 중재가 개인적 회복탄력성의 목표 측면에 긍정적 영향을 주었는지 여부를 결정하기 위해 결과 평가가 실행될 수 있다는 것이다.

결과 평가의 중요성은 경험적으로 증명된 예방 중재를 실행하는 것의 중요성을 정책 입안자들에게 설득하는 것이 더 쉽다는 사실에서 두드러진다. 증상 발현 이전에 예방 중재가 실행되는 범위에서 중재 동안과 그 후의 특정 시기에 발생하지 않았던 증상을 관찰하는 것에서 긍정적인 결과가 종종 추론될 필요가 있다. RSCA로 선별하는 것은 평가의 영향에 대한 다른 선택안을 제공한다. 예를 들어, 정서 반응성을 낮추는 데 도움을 주고자 마련된 중재는 RSCA 숙달감 척도에서 높은 점수를 내는 유효성에 토대를 두어 평가될 수 있다. 반면, 관계 의식을 높이는 데 맞춰진 중재는 RSCA 관계 의식 척도에서 높은 점수를 받은 유효성에 기반을 두어 평가될 수 있다.

가설적 예를 사용하면, 위 결과 평가는 다음과 같이 진행될 수 있다. 학생 300명은 전체 선별이 세 달 후 재검사를 받는 동안에 취약성 지수 점수(T55 이상)에서 평균 이상인 것으로 확인됐다. 9월 말에 첫 검사가 진행되었다면 두 번째 검사는 12월 중순에 진행될 것이다. 세 달 동안에 취약성 지수와 정서 반응성 점수가 T60 이상(높은 취약성 범위)인 것으로 확인된 150명에 대해 10월과 11월에 예방 중재가 진행될 것이다. 1월과 2월에 RSCA 첫 검사와 두 번째 검사 점수가 중재를 못 받은 집단의 학생과 중재를 받은 집단의 학생 간에 비교되었다. 예방 선별과 중재 분석은 다음 문제를 해결할 것이다.

① 취약성 지수가 평균 이상을 기록했지만, 중재에 참여하지 않았던 학생 집단에서 상당한 변화가 일어났는가? 비중재 집단의 전체 수준에서 발생한 상당한 변화는 그것이 학교 단위 사건 혹은 상황과 관련이 있는지 혹은 집단에서의 특정 개인의 변화를 반영하는지를 결정하고자 관찰될 수 있다. 취약성 지수 점수가 5T점수만큼 증가하여 높은 범위에 진입한 비중재 집단의 학생들은 학기 중 4월이나 5월에 예방 중재를 고려해야 할 것이다.

② 중재 집단의 중재 사전-사후 검사에서 상당한 변화가 나타났는가? 예를 들어, 중재 집단의 취약성 지수 평균 점수가 5T점수만큼 감소했는가? 변화가 도입된 특수한 중재와 일관되었는가? 예를 들어, 정서 반응성을 관리할 예방 중재를 받는 학생들이 정서 반응성 척도 중재 후 점수를 명백하게 낮추었는가? 취약성 지수 점수가 높은 중재 집단 학생들은 추가 중재를 받게 될 것이다.

심리측정학적으로 훌륭한 결과 평가의 중요성은 통계적으로 중요한 변화의 확고한 증거가 예방 중재의 경험적 지원을 강조한다는 사실로 두드러진다. 경험적으로 뒷받침된 중재안은 광범위한 중재 실행을 지원하는 확고한 주장을 제시한다.

교실 선별 적용

비록 적용이 예방 중재에서 혜택을 받았을 개별 학생을 파악하는 데 초점을 두고 논의되었다 해도, RSCA와 같은 도구를 사용하는 전체 선별의 잠재적 혜택이 있다. 예를 들어, Doll 등 (2004)은 교실의 회복탄력성을 향상하고자 교실과 중재를 선정할 목적으로 ClassMaps 조사에 대해 설명한다. RSCA 점수는 ClassMaps 접근법을 보강하기 위해 비슷한 방식으로 사용될 수 있다. RSCA를 적용하는 학교는 개인 점수에 중점을 두기보다는 교실 내의 RSCA 점수를 결집할 것이다. 교실이 취약성이나 정서 반응성의 높은 수준 혹은 숙달감이나 관계 의식의 낮은 수준 그리고 중재안으로 확인되기보다 다음과 같은 방식으로 제작될 수 있다.

〈표 7-3〉은 Doll, Zucker와 Brehm이 『탄력적인 교실(Resilient Classroom)』에서 제안한 총체적 교실 접근법과 함께 RSCA 사용을 제시했다.

〈표 7-3〉 총체적 교실 수준을 위한 선별 모델 II

1. T60 이상의 취약성 점수를 사용한 RSCA의 총점으로 확인된 위기 학급
2. 높은 점수가 각각의 아웃라이어 점수 때문인지를 확인하기 위해 조사된 위기 학급
3. 주의를 기울여야 할 학급 특성을 파악하기 위해 위기 학급으로 분류된 모든 ClassMaps 프로파일
4. 적합한 중재를 결정하기 위해 고위험 학급으로 평가된 RSCA 학급 회복탄력성 프로파일과 ClassMaps 프로파일
5. 중재가 성공적이라면 중재 전후를 비교

예상하지 못한 사건의 영향

학기 초와 말에 정기적으로 이루어지는 전체 선별의 다른 적용은 예상되거나 예상하지 못한 환경의 잠재적 영향을 기술하는 것이다. 예를 들어, 불행한 사건이 발생한 이후 그 사건이 아동과 청소년에게 미치는 영향을 평가하기 위해 많은 연구가 진행되었다. 재난 사건 측정이 없기 때문에 사건의 영향은 추론의 문제이다. 전체 선별 자료가 수집되었다면 학생의 사건 전후 상태를 비교해 볼 수 있다.

회복탄력성과 학업 성취도

마지막으로, 아동과 청소년의 회복탄력성은 학업 성취도, 학교 출석, 자퇴율 등을 포함하는 교육 환경에서 그들 기능의 다양한 측면과 관련되어 있다. 전체 회복탄력성 선별은 제공되는 교육에 도움이 되는 학생들의 능력에 영향을 미치는 인지 능력 외에 다른 변수들을 평가하는 것이 가능하다.

평가기반 예방 중재

예방 중재는 다양하며 중재에 대한 포괄적인 논의는 이 논문의 범위를 벗어난다. 이 절에서는 구체적인 RSCA 점수와 이러한 척도 기저의 발달 구인과 연결된 예방 중재 예를 보여 줄 것이다. RSCA 예방 전략은 아동과 개인의 회복탄력성 프로파일에 토대를 둘 것이며, 연령 집단에 걸쳐 집단 혹은 개인에 초점을 맞출 것이다. 이러한 이론적 일관성은 특정 방식으로 회복탄력성을 촉진하는 데 맞춰진 중재가 아동과 청소년에게 영향을 주는지에 대한 체계적인 평가를 가능하게 할 것이다. 이것은 중재 효능 평가를 단순히 '작동하는가 혹은 작동하지 않는가?'에서 보다 복합적 평가인 '어떻게 작동하는가?'로 옮길 것이다. 핵심 발달 구인에 기반을 두었지만 개인 회복탄력성은 특성상 매우 복잡하다. 이러한 이유로 한 가지 목적을 달성하기 위해 고안된 중재는 청소년 역할의 다른 측면에 영향을 줄 수 있다. 이러한 이유로 강력한 다중 요인 평가 도구가 필요하다.

앞에서 제시한 RSCA 개념 틀에 따르면 아동에게 집중된 예방 중재는 넓게 취약성 감소, 자원 증진 또는 이 둘의 조합으로 간주된다. 앞서 언급된 RSCA 연구(Prince-Embury, 2008)에서는 정신병리를 예방하기 위해서는 높은 정서 반응성과 연관된 심리적 취약성을 우선 해결해야 한다고 주장한다. 저자의 임상 경험에 따르면 정서 반응성이 높을 때 자원을 증진하려는 노력은 정서 반응성이 낮을 때의 경우보다 비효율적일 것이다.

개인 취약성을 낮출 중재: 정서 반응성

정서 반응성 점수가 높은(T65 이상) 청소년은 추가로 평가받아야 한다. 이러한 청소년은 BYI-II 분노, 우울증 및/또는 불안 척도 점수가 높으며, 반응성을 낮추고자 정신의약품을 복용하는 것으로 확인되었다. 이러한 학생들은 중재에 의학적 평가를 위한 의뢰뿐 아니라 정서 반응성 검사와 통제 교육이 포함된다. 약물 복용 2~3주 후에 RSCA 정서 반응성 척도의 재실시는 약물이 도움이 되는가를 알려 줄 수 있다. 정서 반응성이 평균보다 높지만 아주 높은 수준은 아닌(T55~T64) 청소년의 경우에 예방 중재에 정서 반응성의 의도적 관리에 집중할 수 있다. 예방 전략은 취약성의 잠재적 출처로서 청소년이 정서 반응성을 확인하는 데 도움을 주는 것으로 시작할 수 있다. 일부 청소년은 이를 이미 알고 있지만, 어떤 청소년은 그 연결관계를 완전히 이해하는 데 시간이 필요할 것이다. 정서 반응성을 보다 신중하고 관찰 가능한 민감도, 회복 및 손상 요소로 분해하여 보다 섬세하게 이해할 수 있다. 학생들이 자신의 경험을 바탕으로 이들 구인을 이해하면 자기 모니터링과 궁극적인 자기관리 전략이 가능해진다.

이 절에서는 아동과 청소년이 정서 반응성을 확인하고 관리할 수 있도록 하는 평가와 연결된 도구에 대해 논의한다. 이러한 도구는 개별적으로 그리고 집단적으로 사용될 수 있다. 그 기술은 정서 반응성의 촉진제를 확인하고, 청소년이 수량화하는 데 도움을 주고, 그들이 마주하는 다양한 상황에서의 어려움을 해결하는 데 중점을 둔다.

[그림 7-3]은 청소년 임상 집단이 정서 반응성 척도의 세 가지 하위척도에서 평균 이상 혹은 더 높은지를 보여 준다. 도구가 동시에 실시되지만 다음에서 기술된 중재 도구는 각 하위척

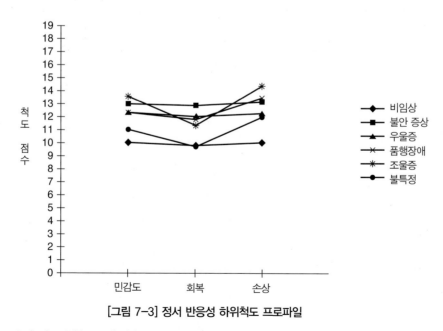

[그림 7-3] 정서 반응성 하위척도 프로파일

도로 분리되어 설명된 개인 특성을 나타낸다. 각각의 하위척도 점수의 중재 전후를 비교하는 것은 정서 반응성의 측면을 설명하는 데 사용되는 예방 전략의 구체적인 영향을 평가하는 데 도움이 될 것이다.

자원을 증진시킬 중재

자원 지수 점수가 낮을 때(T44 이하) 자원 증진에 맞춘 중재가 실행될 수 있다. 실행된 중재의 특별한 유형은 숙달감과 관련된 인적 자원과 관계 의식과 관련된 인적 자원을 구별하는 개인 회복탄력성 프로파일로 결정된다. 낮은 숙달감 척도 점수는 학생들의 숙달감을 증가시키는 데 초점을 맞춘 중재안을 낳을 것이다.

■ 숙달감에 맞춘 중재

낮은 숙달감 척도 점수(T44 이하)는 학생의 숙달감을 증가시키는 데 중점을 둔 중재안을 생성할 것이다. 아동 연구, 이론과 중재는 낙관론과 자기효능감 구인을 결합하려고 했다(예: Seligman의 *Optimistic Child*, 1995). 펜실베이니아 대학교의 회복탄력성 프로그램은 아동의 우울증을 극복하기 위한 인지행동적 기술을 사용한다(Reivich, Gilham, Chaplin, & Seligman, 2005). 인지행동치료는 우울증이 미래와 자신 그리고 세계에 대한 절망감의 삼중합에 부분적으로 토대를 둔다는 믿음을 기반으로 한다. 이러한 가정과 일관되게, 많은 치료법이 부정적인 가정에 도전하고 보다 긍정적인 믿음을 권장하는 데 중점을 둔다. 자기효능감을 증진하는 데 중점을 두는 방법은 성공 기회를 증가시켜 청소년이 자신의 경험을 성공적으로 강화하도록 한다. RSCA 숙달감 척도 점수는 청소년의 낙관성과 자기효능감을 촉진하도록 마련된 예방 중재가 실제로 작용하는지 여부를 평가할 수 있도록 한다. 숙달감 척도를 구성하는 하위척도는 낙관성, 자기효능감과 적응성으로 표현되어 숙달감의 구체적인 측면에 대한 영향을 예측할 수 있도록 한다. [그림 7-4]는 비임상과 임상 청소년 표본의 총체적 숙달감 하위척도를 보여 준다. 이러한 프로파일은 모든 하위척도가 대부분의 임상 집단, 특히 우울증 집단의 경우에 낮다고 설명한다.

RSCA 매뉴얼(Prince-Embury, 2007)에 설명된 다음의 중재는 숙달감 증가에 초점을 맞춘 예방 중재의 예이다. 이러한 중재가 숙달감의 세 가지 하위척도 모두에서 변화를 나타내지만, 자기효능감을 증진하는 데 특별히 목적이 맞춰져 있다.

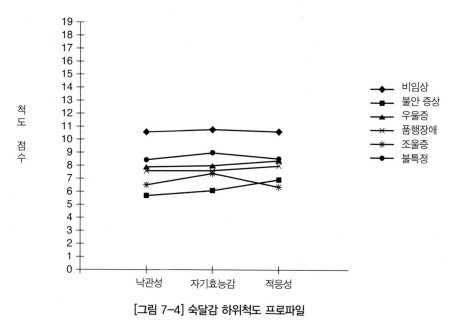

[그림 7-4] 숙달감 하위척도 프로파일

출처: Resiliency Scales for Children and Adolescents—A Profile of Personal Strengths. 2006 NCS Pearson, Inc. 허가하에 게 재. 판권 소유.

■ 강점 확인

살면서 성공보다 실패를 더 많이 경험했던 청소년은 자신의 강점을 발견할 능력을 상실했을 수 있다. 이들에게 숨겨진, 잊힌, 묻히거나 배양되지 않은 강점과 관련된 긍정적인 경험을 기억하고 찾도록 보조하는 예방 중재를 제공하는 것이 도움이 된다. Block과 Block(1980)은 최초로 '능력의 섬(islands of competence)'이라는 용어를 만들었고, Brooks와 Goldstein(2001)은 청소년의 회복탄력성을 향상하는 능력의 섬을 확인하는 수많은 임상적 예를 갖고 이 개념을 확장했다. 게다가 강점의 한 영역이 발견되면 예방 중재가 그것을 발견하고, 구체화하고, 향상시키고, 일반화한다. 이러한 중재가 그것을 성공할 수 없다고 생각하는 다른 영역의 강점을 일반화하는 데 도움을 줄 수 있다. 구조화된 예방 중재는 또한 어떻게 다른 영역에 기술을 활용할 수 있는가를 생각하고 이런 구체적인 기술을 확인하도록 도와줄 수 있다.

관계 의식에 맞춘 예방 중재

관계에 중점을 둔 예방 중재는 사회 기술 향상을 강조하며, 낮은 관계 의식이 사회성 부족과 관련이 있다고 가정한다. 타인과 관계를 맺고 그 관계에서 강점과 회복탄력성을 얻는 것은 다면적이고 복잡한 과정이다. 타인과 관계하는 것은 성인기를 준비하고 부모로부터 독립하려고 하는 청소년기에 대단히 중요하다. 청소년과 함께 일하는 사람들은 외롭고, 고립되어 있고, 인기가 없고, 인기가 있다 해도 특정한 또래 집단에서 지위를 잃거나 괴롭힘을 당할 두려움을 느낀다는 청소년의 보고를 듣는다. 이러한 관계의 어려움은 상대적으로 쉬운 용어로 보고되며, 더욱 복잡한 대인관계 과정의 결과를 반영한다. 관계 의식의 하위척도는 예방 중재를 설계할 때 결과로 밝혀지고 초점이 맞춰진 관계의 측면을 제시한다.

[그림 7-5]는 청소년 비임상 집단과 비교하여 임상 집단의 관계 의식 하위척도 점수를 나타낸 것이다. 임상 집단 가운데 두 집단은 평균 이하나 낮은 범위에서 우울증 및 행동장애 집단의 평균 하위척도 점수를 보여 준다. 관계 척도와 하위척도 점수는 하위척도에 적힌 중재 전후 점수를 비교하여 아동과 청소년의 관계 의식을 향상시키도록 고안된 중재의 영향을 추적하기 위해 사용될 수 있다. 예를 들어, 지원 접근 하위척도 점수가 낮은 청소년은 친구나 부모님과의 소통을 어려워한다. 특정 영역에 맞춘 중재는 이렇게 특정한 하위척도 점수에서의 변화를 낳을 수 있다.

■ 인식된 사회적 지원

발달 이론가들은 중재를 실행하는 데 인식된 사회적 지원의 중요성을 인정했다. 연구에서는 사회적 지원의 가용성과 접근성에 대한 개인의 인식이 사회적 지원에서 가장 중요한 차원이라고 밝히고 있다(Hogan, Linden, & Najarian, 2002). Thompson, Flood와 Goodvin(2006)은 학생들이 다른 사람들로부터 받는 것에 대한 지원이 얼마나 차이가 나며 지원의 기대치를 면밀히 살펴봄으로써 청소년의 지원에 대한 주관적 경험에 집중하는 것이 중요하고 제안했다. 또한 Thompson 등은 정서적 불안정 때문에 비행 청소년이 다른 사람을 지원해 주는 사람으로 인식하지 못할 수도 있으며, 어려움에 처한 청소년은 도움이 필요할 때 지원 네트워크를 조직할 수 없을 것이라고 주장한다. 이러한 주장은 위기 이전에 아동과 청소년이 본 지원을 사려해 볼 필요성을 강조하여, 청소년들이 지원에 대해 객관적으로 생각하고 다른 환경에서도 도움을 요청할 수 있는지에 대해 생각해 볼 수 있다.

요약: 선별과 중재 프로그램의 함의

요약하면, 이 장의 전제는 학교 선별이 적극적이고, 반응적이고, 병리적인 증상 기반의 선별

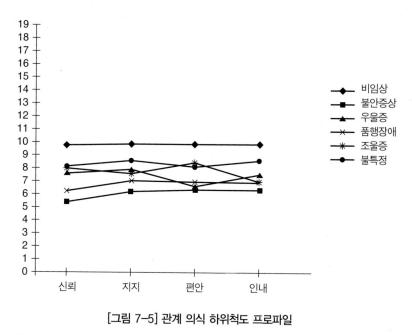

[그림 7-5] 관계 의식 하위척도 프로파일

과 달리 개인적 회복탄력성이 부족한 학생이나 개인의 취약성을 발견하는 것을 강조한다는 것이다. 이러한 적극적인 방법은 심리 증상이 발현하기 전에 아동에게 선별 및 중재의 기회를 제공한다. 교실 관리 관점에서 증상이 발현하면 증상을 겪는 청소년과 다른 환경에 있는 학생들의 학습을 방해할 가능성이 있다. 가족과 지역사회 관계 면에서 개인의 취약성에 중점을 둔 선별은 낙인을 찍지 않기에 청소년과 학부모가 유용하고 소외되지 않는 방식으로 나눌 수 있다.

더 폭넓은 아동 정신건강 관점에서 증상이 나타나도록 방치하는 것은 증상이 확고해지고 더 나아가 정상적인 발달이 위협받는 위험을 낳는다. 심리적 장애로 분할된 증상은 치료하기 어렵고 비용이 비싸다. 게다가 증상기반의 선별만으로 외재적 증상을 앓는 아동이나 다른 사람한테 보이는 증상을 앓고 있는 아동을 식별하는 데 위험이 있다. 따라서 증상기반의 선별 모델은 내재적 증상을 앓고 있는 청소년이 그 사이로 빠져나가게 될 위험을 낳을 수 있다.

만일 교육자로서 선별의 목적이 확인만이 아닌 중재라고 제안한다면 연구 목적으로 도입한 선별 도구를 사용하는 것을 검토해 봐야 한다. 개인의 취약성과 개인적 자원에 토대를 둔 선별은 증상을 넘어서며, 문제의 병인에 토대를 둔다. RSCA를 활용한 선별은 발달이론에 뿌리를 둔 개인 강점(숙달감과 관계 의식) 그리고 개인 취약성(정서 반응성) 영역의 확인에 내재되어 있다. 이러한 방식으로 잘 확립된 발달 원칙은 전체 그리고 개인 수준의 예방 중재를 안내할 것이다. 이러한 과정을 돕고자 숙달감과 관계 의식을 강화하고 정서 반응성을 최소화하는 구체적인 중재의 예를 이 장에서 언급했다.

마지막으로, 앞서 언급한 모든 원칙을 미루어 볼 때, 학교 행정가와 기금 출처의 핵심은 '작동하는가?'이다. 이러한 이유로 실시하기에 간편하고 신뢰도와 타당도의 심리측정학적 특성을 가진 선별 도구가 필요하다. 이 장은 신뢰도와 타당도가 검증된 국가적으로 표준화된 측정 도구로서의 RSCA를 제시했다. 심리측정학적 강점의 이점은 여러 가지인데, 기금 획득의 신뢰, 평가의 통합, 목표 중재의 상대적 성공을 효과적으로 평가하는 능력 등이다.

마무리하면서, 연구자들은 훌륭한 생각을 실제 적용으로 옮기는 것의 어려운 특성을 이해하고 있다. 이러한 이유로 이 장에서 RSCA를 사용한 2개의 선별 프로그램을 포함했다. 하나는 위험군 아동의 선별을 바탕으로 한 프로그램과 다른 하나는 교실 선별을 바탕으로 한 프로그램이다. 또한 예방 중재의 결과를 평가하고자 아동과 청소년의 회복탄력성 척도를 사용한 예를 넣었다. 이러한 예는 개별 학교 체계의 구체적인 필요에 맞게 변형하여 유용한 지침서로 제시되었다.

참고문헌

Albers, C. A., Glover, T. A., & Kratochwill, T. R. (2007a). Universal screening for enhanced educational and mental health outcomes. *Journal of School Psychology, 45*, 117-135.

Albers, C. A., Glover, T. A., & Kratochwill, T. R. (2007b). Where are we and where do we go now? Universal screening for enhanced educational and mental health outcomes. *Journal of School Psychology, 45*, 257-263.

Bandura, A. (1977). Self-efficacy: Toward a unifying theory of behavioral change. *Psychological Review, 84*, 191-215.

Beck, A., Beck, J., Jolly, J., & Steer, R. (2005). *Beck Youth Inventories—Second edition*. San Antonio, TX: Harcourt Assessment.

Block, J. H., & Block, J. (1980). The role of ego-control and ego-resilience in the organization of behavior. In W. A. Collins (Ed.), *Development of cognition, affect and social relations. The Minnesota symposia on child psychology* (Vol. 13, pp. 39-101). Hillsdale, NJ: Lawrence Erlbaum.

Bowen, M. (1978). *Family therapy in clinical practice*. New York: Jason Aronson.

Brooks, R., & Goldstein, S. (2001). *Raising resilient children: Fostering strength, hope and optimism in your child*. New York: Contemporary Books.

Brooks, R., & Goldstein, S. (2008). The midset of teachers capable of fostering resilience in students. *Canadian Journal of School Psychology, 23*, 114-126.

Cicchetti, D. V. (1994). Guidelines, criteria, and rules of thumb for evaluating normed and standardized assessment instruments in psychology. *Psychological Assessment, 6*, 284-290.

Cicchetti, D., Ganiban, J., & Barnett, D. (1991). Contributions from the study of high-risk populations to understanding the development of emotion regulation. In J. Garber & K. Dodge (Eds.), *The development of emotion regulation and dysregulation* (pp. 15-48). New York: Cambridge University Press.

Cicchetti, D., & Tucker, D. (1994). Development and self-regulatory structures of the mind. *Development and Psychopathology, 6*(4), 533-549.

Costello, J. E., Mustillo, S., Erkanli, A., Keeler, G., & Angold, A. (2003). Prevalence and development of psychiatric disorders in childhood and adolescence. *Archives of General Psychiatry, 60*, 837-844.

Cowen, E. L., Pryor-Brosn, L., Hightower, A. D., & Lotyczewski, B. S. (1991). Age perspectives on the stressfulness of life events for 10-12 year old children. *School Psychology Quarterly, 6*, 240-250.

Doll, B. (1996). Prevalence of psychiatric disorders in children and youth: An agenda for advocacy by school psychology. *School Psychology Quarterly, 11*, 20-46.

Doll, B., & Cummings, J. (2008). Best practices in population-based school mental health services. In G. Bear & K. Minke (Eds.), *Best practices in school psychology* (5th ed., pp. 1333-1347). Bethesda, MD: National Association of School Psychologists.

Doll, B., Zucker, S., & Brehm, K. (2004). *Resilient classroom: Creating healthier environments for learning*. New York: Guilford Press.

Eisenberg, N., Champion, C., & Ma, Y. (2004). Emotion-related regulation: An emerging construct. *Merrill-Palmer Quarterly, 50*, 236-259.

Erikson, E. H. (1963). *Childhood and society* (2nd ed.). New York: W. W. Norton & Company.

Eysenck, H. J. (1967). *The biological basis of personality*. Springfield, IL: Charles C. Thomas.

Garmezy, N.. (1971). Vulnerability research and the issue of primary prevention. *American Journal of Orthopsychiatry, 41*, 101-116.

Garmezy, N. (1985). Stress-resistant children: The search for protective factors. In J. E. Stevenson (Ed.), *Recent research in developmental psychopathology* (*Journal of Child Psychology and Psychiatry Book Suppl. 4*, 213-233). Oxford: Pergamon.

Garmezy, N. (1991). Resilience and vulnerability to adverse developmental outcomes associated with Poverty. *American Behavioral Scientist, 34*, 416-430.

Garmezy, N., Masten, A. S., & Tellegen, A. (1984). The study of stress and competence in children: A building block for developmental psychopathology. *Child Development, 55,* 97-111.

Glover, T. A., & Albers, C. A. (2007). Considerations for evaluating universal screening assessments. *Journal of School Psychology, 45,* 117-135.

Haertel, G. D., Walberg, H. J., & Weinstein, T. (1983). Psychological models of educational performance: A theoretical synthesis of constructs. *Review of Educational Research, 53,* 75-92.

Hoagwood, K., & Johnson, J. (2003). School psychology: a public health framework. I. From evidence-based practices to evidence-based policies. *Journal of School Psychology, 41,* 3-21.

Hogan, B. E., Linden, W. M., & Najarian, B. (2002). Social support interventions: Do they work? *Clinical Psychology Review, 22,* 381-440.

Katoaka, S. H., Zhang, L., & Wells, K. B. (2002). Unmet need for mental health care among U.S. children: Variation by ethnicity and insurance status. *American Journal of Psychiatry, 159,* 1548-1555.

Levitt, J. M., Saka, L. H., Romanelli, K., & Hoagwood, K. (2006). Early identification of mental health problems in schools: the status of instrumentation. *Journal of School Psychology, 45,* 63-191.

Luthar, S. S. (1991). Vulnerability and resilience: A study of high-risk adolescents. *Child Development, 62,* 600-616.

Luthar, S. S., Cicchetti, D. C., & Becker, B. (2000). The construct of resilience: A critical evaluation and guidelines for future work. *Child Development, 71,* 543-562.

Luthar, S. S., & Zigler, E. (1991). Vulnerability and competence: A review of the research on resilience in childhood. *American Journal of Orthopsychiatry, 61,* 6-22.

Luthar, S. S., & Zigler, E. (1992). Intelligence and social competence among high-risk adolescents. *Developmental and Psychopathology, 4,* 287-299.

Luthar, S. S., & Zelazo, L. B. (2003). Research on resilience: An integrative review. In S. S. Luthar (Ed.), *Resilience and vulnerability: Adaptation in the context of childhood adversities* (pp. 510-549). New York, NY: Cambridge University Press.

Masten, A. S. (2001). Ordinary magic: Resilience processes in development. *American Psychologist, 56,* 227-238.

Masten, A. S., & Coatsworth, J. D. (1998). The development of competence in favorable and unfavorable environments: Lessons from research on successful children. *American Psychologist, 53,* 205-220.

Masten, A. S., & Curtis, W. J. (2000). Integrating competence and psychopathology: Pathways toward a comprehensive science of adaptation in development [Special issue]. *Development*

&Psychopathology, 12, 529-550.

Masten, A. S., & Powell, J. L. (2003). A resilience framework for research, policy, and practice. In S. S. Luthar (Ed.), *Resilience and vulnerability: Adaptation in the context of childhood adversities* (pp. 1-25). New York, NY: Cambridge University Press.

Masten, A. S., Roisman, G. I., Long, J. D., Burt, K. B., Obradovic, J., Riley, J. R., Boelcke-Stennes, K., & Tellegen, A. (2005). Developmental cascades: Linking academic achievement and externalizing and internalizing symptoms over 20 years. *Developmental Psychology, 41,* 733-746.

National Organization of School Psychologists. (2008). Conference Proceedings: *Resiliency: Building strength for life.* Bethesda, MD: Author.

New Freedom Commission on Mental Health. (2003). *Achieving the promise: Transforming mental health care in America, Final Report* DHHS Pub. Vol. SMA-03-3832, Rockville, MD.

Prince-Embury, S. (2006). *Resiliency Scales for Children and Adolescents—A profile of personal strengths.* San Antonio, TX: Harcourt Assessments, Inc.

Prince-Embury, S. (2007). *Resiliency Scales for Children and Adolescents—A profile of personal strengths.* San Antonio, TX: Harcourt Assessments, Inc.

Prince-Embury, S. (2008). Resiliency Scales for Children and Adolescents, psychological symptoms and clinical status of adolescents. *Canadian Journal of School Psychology, 23,* 41-56.

Prince-Embury, S., & Courville, T. (2008a). Comparison of one, two and three factor models of personal resilience using the Resiliency Scales for Children and Adolescents. *Canadian Journal of School Psychology, 23,* 11-25.

Prince-Embury, S., & Courville, T. (2008b). Measurement invariance of the Resiliency Scales for Children and Adolescents with respect to sex and age cohorts. *Canadian Journal of School Psychology, 23,* 26-40.

Reivich, K., Gilham, J. E., Chaplin, T. M., & Seligman, M. E. P. (2005). From helplessness to optimism: The role of resilience in treating and preventing depression in youth. In S. Goldstein & R. B. Brooks (Eds.), *Handbook of resilience in children* (pp. 223-237). New York: Kluwer Academic/Plenum Publishers.

Rothbart, M. K., & Derryberry, D. (1981). Development of individual differences in temperament. In M. E. Lamb & A. L. Brown (Eds.), *Advances in developmental psychology* (Vol. 1, pp. 37-86). Hillsdale, NJ: Erlbaum.

Rutter, M. (1987). Psychosocial resilience and protective mechanisms. *American Journal of Orthopsychiatry, 57,* 316-331.

Rutter, M. (1993). Resilience: Some conceptual considerations. *Journal of Adolescent Health, 14,* 626-631.

Seligman, M. E. P., with Reivich, K., Jaycox, L., & Gillham, J. (1995). *The optimistic child.* New York:

Houghton Mifflin.

Siegel, D. J. (1999). *The developing mind: How relationships and the brain interact to shape who we are*. New York: Guilford Press.

Thomas, A., & Chess, S. (1977). *Temperament and development*. New York: Brunner/Mazel.

Thompson, R. A. (1990). Emotion and self-regulation. In R. Dienstbier (Series Ed.) & R. A. Thompson (Vol. Ed.), *Nebraska Symposium on Motivation: Socioemotional Development* (pp. 367-467). Lincoln: University of Nebraska Press.

Thompson, R. A., Flood, M. F., & Goodvin, R. (2006). Social support and developmental psychopathology. In D. Cicchetti & D. J. Cohen (Eds.), *Developmental psychopathology: Risk, disorder, and adaptation* (Vol. 3, 2nd ed., pp. 1-37). Hoboken, NJ: John Wiley & Sons.

U.S. Department of Health and Human Services. (1999). *Mental health: A report of the Surgeon General*. Rockville, MD: U.S. Department of Health and Human Services, Substance Abuse and Mental Health Services Administration, Center for Mental Health Services, National Institutes of Health, National Institute of Mental Health.

Werner, E. E., & Smith, R. S. (1982). *Vulnerable but invincible: A longitudinal study of resilient children and youth*. New York: McGraw-Hill.

White, R. W. (1959). Motivation reconsidered: The concept of competence. *Psychological Review, 66*, 297-333.

Wyman, P. A., Cowen, E. L., Work, W. C., & Kerley, J. H. (1993). The role of children's future expectations in self-system functioning and adjustment to life stress: A prospective study of urban at-risk children (Special issue). *Development and Psychopathology, 5*, 649-661.

Chapter **8**

사회적 지지: 어떻게 사회적 지지를
예방과 청소년 성과 연구에 포함시키고 평가할 것인가

Michelle K. Demaray, Christine K. Malecki, Lyndsay N.Jenkins,
Christy M. Cunningham(노던일리노이 대학교)

사회적 지지는 직관적으로 연구에 정통하지 못한 사람들에게조차 전 생애에 걸쳐 긍정적이고 건강한 삶을 추구하는 데 필수적인 것으로 보인다. 아동기와 청소년기를 집중적으로 보면, 사랑을 주고 돌봐 주는 부모님, 지지해 주고 정직하고 나눌 수 있는 친구, 정보 공유가 가능하고 곁에 있어 주는 교사가 있는 것이 긍정적이고 건강한 삶을 위해 어떻게 밑받침이 되는지를 아주 쉽게 볼 수 있다. 연구자들은 이에 동의하여 청소년기의 정신적 고통 및 문제 행동과 사회적 지지의 부정적인 관계를 알아보는 연구뿐만 아니라(Sheeber, Hops, Davis, & Andrews, 1997; Wills & Cleary, 1996; Windle, 1992; Zimmerman, Ramires-Valles, Zapert, & Maton, 2000) 사회적 지지와 청소년기의 긍정적인 성과의 관계를 알아보는 많은 연구를 해 왔다(Demaray & Malecke, 2002; Demarar, Malecke, Davidson, Hodgson, & Rebus, 2005; DuBois, Felner, Brand, Adan, & Evans, 1992; Jackson & Warren, 2000). 따라서 사회적 지지는 예방 노력을 개발하고 평가할 때 초점을 맞추는 예방 연구와 프로그래밍에 중요한 변수이다. 다양한 종류의 중재는, 비록 다른 용어로 사용되더라도 사회적 지지의 증가로 인식될 수 있다. 예를 들어, 학교에서 집단 괴롭힘을 당한 피해 학생에 대한 집단 중재는 피해 학생들에게 미래에 집단 괴롭힘을 당하는 것에 대처하기 위해 특정한 사회적 기술을 가르치는 것에 초점을 둘 수 있다. 그러나 이 집단의 중요한 성과는 또한 집단 구성원과 지지 네트워크 결속을 발전시키는 사이에 정서·사회적 지지를 증가시켜 줄 수 있다. 게다가, 위에서 제시된 사회적 지지의 넓은 의미의 정의에서 보면, 학교에서의 집단 괴롭힘에 대처하는 구체적인 기술과 같은 정보를 제공하는 것은 또한 유익한 사회적 지지의 한 종류이다. 사회적 지지는 많은 예방 노력으로서 존재하고 사회적 지지에 관한 학생들의 인식을 평가하는 것은 예방에 대한 특정한 기제를 이해하는 데 중요하다. 예를 들어, 앞서 묘사한 피해 집단에서 학교 내 집단 괴롭힘에 대처하기 위한 사회적 지지란 피해자에게 특정한 기술을 교육하는 것인가, 아니면 그들을 위해 긍정적인 성과와 연관될지 모르는 또래 피해자들과의 정서적 유대를 쌓게 하는 것인가?

청소년 문제를 방지하고 건강한 아동기와 청소년기를 증진시키는 예방에 초점을 맞추는 프로그램이 최근에 증가되어 왔다(Small & Memmo, 2004). 특히 2004년 「장애인교육법」의 재통과와 함께 학교의 예방 실천이 관심을 받아 왔다(Glover & DiPerna, 2007). 3단계 예방 모델에 이어서 중재 반응(RtI) 모델이 학교 환경에 활발하게 적용되고 있다. 예방에 대한 관심이 재개되었지만, 예방 노력과 3단계 예방 모델은 오랫동안 주변 학교에서 적용되어 왔고 강력한 지지를 받아 왔다(Kratochwill, Volpiansky, Clements, & Ball, 2007). 이 장에서는 이 책의 첫 장에서 자세히 제시한 예방의 정의와 모델에 대해서 깊게 다루지 않을 것이다. 그렇지만 사회적 지지의 중요성과 사회적 지지가 이 예방과 청소년 성과와 어떤 관계가 있는지가 깊게 다루어질 것이다. 뿐만 아니라 예방 연구에 사회적 지지를 포함하는 것에 대한 평가 방법이 자세히 다루어질 것이고, 사회적 지지의 구인을 포함한 현재 진행 중인 몇 가지 예방 연구가 검토될 것이다.

사회적 지지

House(1981)의 연구를 바탕으로, Tardy(1985)는 사회적 지지의 구인을 개념화하는 포괄적인 이론적 틀을 개발하였다. Tardy의 모델은 사회적 지지의 여러 가지 구인을 정의하는 데에 이론적으로 그리고 운영 면에서 관련 있는 다섯 가지 다른 이슈를 묘사하고 있다. 그 다섯 가지는 방향성, 기질, 묘사/평가, 내용 그리고 네트워크이다. Tardy는 이 다섯 가지 이슈가 전체가 아니라는 것을 인정하는 반면에, 사회적 지지의 주된 요소를 모두 아우른다는 것을 제안하였다. 그리고 사회적 지지의 개념화를 분명하게 하기 위해서 각 연구에서 이러한 이슈에 대한 공개된 토의를 제안하였다. 또한 최근 아동의 사회적 지지 방법 개발자들이 Tardy의 연구를 인용해 왔고 이 다섯 가지 주요한 관점의 유용성을 고려할 필요성을 강조하였다(Malecki & Demaray, 2002; Zimet, Dahlem, Zimet, & Farley, 1988).

Tardy의 사회적 지지 모델

■ 방향성

당신은 누군가가 주는 사회적 지지에 관심이 있는가, 아니면 누군가가 받는 사회적 지지에 관심이 있는가? 이러한 방향성(direction)에 관한 개념은 사회적 지지를 누가 주는가 그리고 누가 받는가에 초점을 맞추고 있다.

■ 기질

당신이 받을 수 있는 가능한 사회적 지지가 있는지와 당신이 그것을 실제로 이용했는지 중 무엇이 중요한가? 가능한 지지를 보여 주는 한 흔한 상황은 한 젊은 여성이 이웃집에서 보모 일을 처음 하는 경우를 들 수 있다. 그 여성의 어머니가 몇 집 건너 집에 있다면, 무슨 일이 있었을 때 어머니한테 전화를 해서 도움을 청하거나 조언을 구할 수 있다는 것을 알고 있다. 이러한 지지가 가능하다는 것을 알고 있는 것은 새롭고 익숙하지 않은 상황에서 안도감을 준다. 그것을 이용하지 않는다고 할지라도 그러한 지지가 가능하다는 것을 알고 있다는 것은 혜택일 수 있다.

이용 가능한 지지에서 한 단계 더 나아가서, 그 지지에 대한 인식을 측정하는 것도 중요하다. 그것은 실제로 이용 가능한 지지와는 다를 수도 있다. 예를 들어, 교사는 방과후에 그리고 준비 시간 동안 학생들 곁에 있을 수 있다. 그러나 어떤 학생이 이를 알고 있지 않다면, 실제로 학생들은 교사가 학생들 곁에 있어 주는 지지에 비해 그들이 지지를 덜 받고 있다고 인식할 것이다. 성인들은 아동들/학생들이 지지받고 있다고 생각할 수 있지만, 청소년들이 지지받고 있다고 인식하고 있지 않다면 그것이 사회적 지지와 관련된 성과에 영향을 끼칠 수 있을 것이다.

■ 묘사/평가

학생들은 인식하고 있는 사회적 지지를 묘사하라고 요청받을 수도 있고 그 사회적 지지를 평가하라고 질문을 받을 수도 있다. 가장 중요한 것은 무엇인가? 학생이 인식하고 있는 또는 받고 있는 지지의 양인가, 아니면 그 학생이 얼마나 만족하고 있는지인가?

■ 내용(종류)

Tardy(1985)가 선행 연구에서 묶어 놓은 네 가지 지지 유형은 사회적 지지를 정의하고 연구할 때 고려하는 것이 중요하다. 그 네 가지 지지 유형은 정서적 지지, 도구적 지지, 정보적 지지 그리고 평가적 지지이다. 정서적 지지는 사회적 지지에 관하여 질문을 받을 때 전형적으로 생각되는 것이다. 사랑받고 있다는 느낌, 보살핌을 받고 있다는 느낌 그리고 소속되어 있다는 느낌이다. 도구적 지지는 청소년을 지지하는 자원을 제공하는 것으로 구성된다. 즉, 시간과 돈과 물질적 자원을 제공하는 것이다. 그리고 청소년에게 필수적이고 중요한 정보와 지식을 제공하는 것은 정보적 지지이고, 청소년에게 그들의 수행과 기능에 대한 피드백을 제공하는 것은 평가적 지지이다.

■ 네트워크(근원)

사회적 지지를 제공하고 있거나 제공 가능한 사람들은 고려해야 할 중요한 요소이다. 예를 들어, 연구들은 아동과 청소년이 부모와 친구에게 받고 있다고 인식하는 지지나 또는 교사와 부모에게 받고 있다고 인식하는 지지에 차이가 있다는 것을 명백히 보여 주고 있다. 그다음에는 누가 학생들의 생활에서 주요 역할을 하는가? 성장 시기에 따라 아동과 청소년이 의존하는 사람들에 대한 발달단계별 변화가 있다(Cauce, Felner, Promavera, & Ginter, 1982; Furman & Burhrmester, 1985). 따라서 만약 특정 출처에서 받는 지지에 대한 연구라기보다는 글로벌한 사회적 지지가 연구된다면, 우리는 잠재적으로 중요한 정보를 놓칠지도 모른다.

사회적 지지에 대한 이론적 토대

Cohen과 Wills(1985)는 사회적 지지와 행복한 삶 사이의 긍정적 관계를 보여 주는 방대한 증거가 있다고 했으나, 특별한 영향을 미치는 다른 과정들이 있었다고 추측했다. 두 가지 주된 이론적 토대가 사회적 지지에 관한 대부분의 선행 연구를 이끌고 있다. 그것은 **스트레스 완충 이론**(stress-buffering theory)과 **주요 효과 이론**(main effect theory) 두 가지이다(Cohen, Gottlieb, & Underwood, 2000). 사회적 지지의 긍정적 효과가 스트레스나 위험한 상태에 반응할 때 스트레스 완충 이론이 특별한 영향을 미친다(Barrera, 1986; Cohen et al., 2000; Cohen & Wills, 1985). 스트레스 완충 이론은 회복탄력성을 연구할 때 이해할 수 있다. 학생들이 "탄력적"이라는 상태는 정의적으로 생각할 때, 그들이 인생의 위기 상황에 처해 있음이 틀림없다. 사회적 지지는 학생들의 회복탄력성에 기여하는 하나의 방어 요인일 수 있다. 만약 한 청소년의 사회적 지지의 기준치가 혜택을 받는 효과를 주는 데 적절하지 않다면, 아마도 그 청소년은 인생에서 추가 스트레스 요인을 가지고 있기 때문에 집단 중재(즉, 2차 예방)나 개별 중재(즉,

3차 예방)를 통한 사회적 지지를 증가시키는 데 중점을 두는 것이 아동이나 청소년을 부정적 결과로부터 완화시킬 수 있다.

대안적으로, 주요 효과 이론은 사회적 지지가 어떠한 특정 스트레스 요인이나 위험 상태와 상관없이 모든 아동과 청소년에게 긍정적인 혜택을 준다고 주장한다(Cohen et al., 2000; Cohen & Wills, 1985). 주요 효과 모델은 사회적 지지에 접근하는 것은 학생들의 포괄적인 정신건강을 향상시켜 주고 따라서 정신적 문제를 줄여 준다고 제안하고 있다(Cohen et al., 2000). 따라서 논리적으로 모든 학생에 대한 충분한 수준의 사회적 지지를 제공하는 것(즉, 1차 예방)은 학교와 예방 프로그램의 중요한 목표이다.

지지가 측정되는 방식에 따라 스트레스 완충 모델과 주요 효과 모델에 대한 증거가 모두 있다. 스트레스를 받는 시간 동안 유효한 대인관계 자원을 평가했던 사회적 지지 측정은 스트레스 완충 모델에 대한 증거를 제공했다. 그러나 그 사회적 지지 측정이 한 사람이 사회 네트워크의 한 부분이었던 정도를 측정했을 때 주요 효과 모델에 대한 증거도 있었다. 일반적으로, 두 모델 다 탄력적인 아동의 인생에서 사회적 지지의 역할을 설명하는 도구로 사용될 수 있다. 그러나 일반적으로 스트레스 완충 모델이 가장 적합할 것이다.

사회적 지지와 청소년 성과

이 절의 목표는 다양한 청소년 성과와 사회적 지지의 관계를 조사한 연구들을 살펴보는 것이다. 그중 일부 연구는 사회적 지지의 주요 효과 관계를 알아냈다. 사회적 지지는 언급한 위험성과는 관계없이 유익한 성과와 연관되어 있었다. 반면, 나머지 다른 연구는 사회적 지지가 위기 청소년에게 제공하는 스트레스 완충 역할을 조사하였다. 이 연구들은 아동과 청소년의 특정 집단의 결과에 대한 사회적 지지의 영향을 연구해 왔다. 이 특정 집단은 또래 집단 피해 청소년, HIV 감염 청소년, 미국 이민과 관련해 문화 적응 과정을 겪는 청소년 그리고 사회경제적 상태에 기초하여 위험하다고 판단된 청소년을 포함하고 있다.

사회적 지지와 주요 효과 역할

사회적 지지는 다양한 범주의 성과와 긍정적으로 연관되어 있고, 따라서 사회적 지지가 가지는 주요 효과 역할을 증명하고 있다고 알려져 왔다. Demaray 등(2005)의 연구는 82명의 중학생 집단에서 사회적 지지와 학생 적응 사이의 장기적 변화관계를 조사하였다. 학생 적응은 학생의 정서적 행복도를 광범위하게 측정하는 아동 행동평가 체계(Behavior Assessment System for Children: BASC) 성격 자기보고(Reynolds & Kamphaus, 1998)로 측정되었다. 그 결과로서 부모 지지와 임상 부적응(문제 내재화 측정)과 정서적 증상(근심, 사회 스트레스, 우울증, 부적합성, 대인관계 그리고 자부심 평가) 사이에 중요한 관계가 있음을 나타냈다. 또래 지지는 정서적 증상과 관련이 있었고, 학교 지지는 학교 부적응(학교 불만족 측정)과 관련이 있었다. 학교 지지는 4개의 다른 사회적 지지 유형(정서적, 평가적, 도구적, 정보적)뿐만 아니라 다섯 가지 다른 출처(부모, 교사, 급우, 친한 친구, 학교)로부터 사회적 지지의 빈도수를 측정하는 아동·청소년 사회적 지지 척도(Child and Adolescent Social Support Scale: CASSS; Malecki, Demaray, & Elliott, 2000)를 통해 측정하였다.

사회적 지지와 학업 만족도 사이의 관계는 대규모의 라틴계 청소년 집단에서 조사되었다(DeGarmo & Martinez, 2006). 이 연구는 사회적 지지의 스트레스 완충 역할뿐만 아니라 주요 효과를 증명하였다. 학업 만족도는 성적, 과제 완성 빈도수, 학생 자신의 학업 수행 평가 그리고 자퇴 가능성에 관한 설문의 네 가지 변인으로 평가되었다. DeGarmo와 Martinez는 구조 평등 모델(structural equation model)을 통하여, 사회적 지지는 높은 학업 만족도와 유의미하게 연관되어 있다는 것을 발견하였다. 이 주요 효과 관계는 포괄적 지지와 부모와 학교 지지에서 발견되었다. DeGarmo와 Martinez는 또한 부모의 사회적 지지가 차별과 부족한 학업 만족도 사이의 관계를 완화시켰다는 것을 발견하였다. 이 연구는 사회적 지지가 사회적 지지와 학업 만족도 사이의 관계에서 주요 효과 역할을 할 수 있고, 또한 차별과 학업 만족도 사이의 관계에서 완충 역할을 할 수 있다는 것을 증명하고 있다.

Atri, Sharma와 Cottrell(2007)은 아시아, 인도의 국제 학생들을 대상으로 문화 적응과 정신 건강 문제와 함께 사회적 지지의 주요 효과 역할을 살펴보았다. 이 연구자들은 사회적 지지가, 주로 사회적 지지의 소속감 측면이, 정신건강과 긍정적으로 관련되어 있다는 것을 발견하였다. 이들은 또래 지지로도 일컬어지는 소속 지지가 다른 나라로 이주한 개개인의 정신건강에 중요하고, 따라서 공감, 보살핌, 신뢰 그리고 안도감을 경험하는 것은 개개인에 중요하다고 결론짓고 있다. Atri 등(2007)은 대인 지지 평가 리스트(Interpersonal Support Evaluation List) 버전을 통해 사회적 지지를 평가하였다. 이것은 소속 지지, 평가 지지 그리고 도구 지지의 세 가지 유형의 사회적 지지의 인식된 유용성을 평가하는, 12문항으로 구성된 평가 도구이다. 새로운 나라로 이주한 개인의 건강에 대한 사회적 지지의 주요 효과에 더하여 스트레스 완충 역할이 들어갈 수 있는데, 이는 다음의 추가 연구에서 설명된다.

사회적 지지와 스트레스 완충 역할

David와 Demaray(2007)는 또래 피해와 학교 괴롭힘으로 인해 받는 집단 괴롭힘의 내재화 및 외재화 사이의 조절변인으로서의 사회적 지지를 연구하였다. 그들은 사회적 지지가 또래 피해와 집단 괴롭힘의 내재화 사이의 관계를 완화하지만 외재화된 집단 괴롭힘과의 관계는 완화 시키지 못한다는 것을 발견했다. 따라서 David과 Demaray는 사회적 지지는 학교 집단 괴롭힘의 피해자 개개인이 문제를 내면화하는 것에 대한 보호 기능을 수행하고 있다고 결론 내렸다. 학교 집단 괴롭힘의 피해자 아동과 청소년은 불안과 우울, 학교 부적응 그리고 사회 부적응을 포함한 많은 정신건강 문제를 자주 보고한다. 그래서 이러한 발견은 좋은 징조이다. 이 연구를 위해서 사회적 지지가 CASSS(Malecki et al., 2000)를 통해 측정되었다. 이것은 60문항을 종합적으로 측정하는 것으로 사회적 지지의 다른 여러 가지 유형(정서적, 평가적, 도구적, 정보적)뿐만 아니라 다른 여러 가지 출처(부모, 교사, 급우, 친한 친구, 학교)로부터 사회적 지지 빈도수를 측정하는 것이다.

또 다른 연구에서는 사회적 지지와 HIV 양성 청소년 및 청년의 정신건강 사이의 관계를 연구하였다. 연구는 이들 개개인이 그들의 삶의 질과 신체적 행복에 영향을 줄 수 있는 정신건강 문제의 위험성이 있다는 것을 보여 주었다(Lam, Naar-King, & Wright, 2007). 이 연구는 사회적 지지가 HIV 양성 청년에게 흔히 발생하는 불안, 우울과 같은 부정적인 정신건강 문제를 완화 시켰다는 것을 발견하였다. 연구자들은 참여자들에게 삶에서의 인간관계에 대해 묻는 12문항으로 구성된 사회 준비 척도(Social Provision Scale; Cutrona & Russell, 1987)의 단축 버전을 사용하였다.

최근의 또 다른 연구는 다른 나라로 이민을 간 청소년과 그들의 정신건강에 있어서 사회적 지지의 스트레스 완충 관계를 연구하였다. 노르웨이의 Oppedal, Roysamb과 Sam(2004)은 노르웨이로 이민 온 중학생들 사이의 문화 적응과 정신건강의 관계에서 사회적 지지의 영향을 연구하였다. 민족 역량 수준이 낮고(낮은 수준의 문화 적응) 가족과 친구에게 받는 지지가 적은 것이 정신건강에 상당히 부정적인 영향을 미쳤다는 것을 발견하였다. 게다가 개개인이 가족과 계층의 적은 지지뿐만 아니라 차별을 경험하는 것이 정신건강에 부정적 영향을 주었다고 했다. 사회적 지지, 문화 적응 상태, 차별 그리고 정신건강 사이에 복잡한 상호작용이 있었지만, 적은 사회적 지지는 정신건강 이상과 지속적으로 연결되어 있었다는 것을 발견하였다. 이 연구는 Cohe와 Wills(1985), Hesbacher, Rickels, Morris, Newman과 Rosenfield(1980), Ystgaard(1997)의 연구에서 사용된 출판 중인 사회적 지지 척도를 사용하였다. 그 척도의 네 가지 다른 출처(가족, 계층, 친구, 교사)를 사용하여 두 가지 종류의 사회적 지지(정서적, 도구적)를 측정하였다.

Malecki와 Demaray(2006)는 사회적 지지의 예방적 요인을 살펴본 또 다른 연구를 실시하였다. 비록 사회적 지지와 학업 수행 사이의 관계에 대한 불안정하고 복합된 결과를 발견하였지만, 사회적 지지가 낮은 사회경제적 지위(SES)와 학업 수행 사이의 관계를 완화시켰다는 것을 발견하였다. 따라서 빈곤 상태에 있는 학생은 낮은 수준의 사회적 지지와 빈곤 상태에 있는 학생보다 높은 수준의 사회적 지지를 받았다면 낮은 학업 성과를 거둘 가능성이 적을 것이다. 이 연구에서 사회적 지지는 다섯 가지 출처(부모, 교사, 급우, 친한 친구, 학교)로부터 네 가지 종류의 지지(정서적, 평가적, 도구적, 정보적 지지)를 평가한 CASSS(Malecki, Demaray, & Elliott, 2000)를 통해 평가하였다.

이상에서 요약한 연구는 아동과 청소년의 삶에서 사회적 지지의 역할에 초점을 맞춘 소량의 샘플 연구이다. 이 연구들은 모든 개개인에게 사회적 지지가 혜택적인 면이 있다는 것을 명확하게 보여 준다. 이것은 주요 예방 프로그램에서 사회적 지지의 역할에 관하여 생각해 볼 때 중요하다. 또한 이 연구들은 때때로 사회적 지지가 완충 역할을 하고 위기 아동과 청소년을 도와줄 수 있다는 것을 증명한다. 다시 말해, 이것은 2차와 3차 예방 프로그램에서 사회적 지지의 역할에 관하여 생각해 볼 때 중요하다. 또한 사회적 지지가 다양한 예방 차원에서 중요할 수 있다는 것을 나타내는 예를 포함하여 사회적 지지가 주요 효과 및 스트레스 완충 역할 모두에서 중요하게 작용했다는 몇몇의 예가 있었다. 비록 그 검토된 연구가 예방 프로그램에 필연적으로는 초점이 맞춰지지 않았다 할지라도, 사회적 지지와 종사자들이 예방하고자 하는 다양한 청소년 문제 사이에 존재할 수 있는 중요한 관계를 증명해 준다. 예방 프로그램과 청소년 성과에 초점을 맞춘 연구에서 학생들의 사회적 지지 개념을 평가하기 위해서, 연구자들은 그 구인을 적절하게 평가할 필요가 있다. 사회적 지지 평가의 간략한 개요가 다음에 이어진다.

사회적 지지 측정

사회적 지지는 네 가지 주요 지향점을 통해 측정할 수 있다. 연구자나 임상의는 네트워크 규모 측정, 사회적 통합 측정, 기능적 지지 측정 그리고 사회적 지위 측정을 사용할 수 있다.

네트워크 분석

네트워크 분석을 사용하여 참여자에게 사회적 지지 네트워트(즉, Tardy의 출처)에 속해 있는 사람들의 수를 제공하도록 요구한다. 게다가 몇몇 네트워크 분석은 네트워크 구성원들이 어떻게 서로를 아는지를 측정하는 것으로 네트워크의 밀도를 측정한다. 예를 들어, 한 개인을 지지하는 사람들이 5명 있고 그 5명이 서로를 알고 있다면, 그 네트워크는 서로를 알고 있지 않는 5명의 네트워크보다 더 강할 것이다. 네트워크 구성원들이 서로 간에 연결되어 있다면 지지를 제공하는 데 있어 함께 협력하며 노력할 수 있다.

네트워크 분석은 간단하게 "당신의 삶에서 당신이 필요할 때 당신을 위해 함께 있어 줄 사람의 목록을 적어 보라." 또는 "당신의 삶에서 당신을 지지해 주는 사람이 몇 명인가?"와 같은 질문을 하는 것으로 이루어진다. 네트워크 밀도는 참여자들이 그 나열한 목록에서 서로 알고 있는 사람들을 연결하는 선을 그려서 나타낼 수 있다. 종종 (밀도를 측정한다면) 네트워크 분석은 그래프로 나타낼 수 있다(Gottlieb, 2000).

사회적 통합

사회적 지지는 또한 누군가가 그들의 삶에서 갖는 다른 유형의 사회적 관계 수에 의해 측정되는 사회적 통합으로 측정할 수 있다. 예를 들어, 부모-자녀 관계, 코치-선수 관계, 형제자매 관계 그리고 멘토-멘티 관계는 네 가지 유형의 관계 역할을 구성할 것이다. 게다가 사회적 지지 측정의 한 방법으로 사회적 통합에 관심 있는 연구자들은 어떤 사람이 관계되는 사회 활동에 얼마나 자주 참여하는가를 알고 싶을 것이다(Brissette, Cohen, & Seeman, 2000). 어떤 아동이 소프트볼과 바이올린 단체에 참여한다면, 얼마나 자주 그 단체와 만나는가? 얼마나 많은 사람이 그 활동에 연관되어 있는가? 아동이 그 활동과 어떻게 연결되어 있다고 느낍니까? 그 활동의 참여가 아동에게 지지를 제공하는가?

사회적 지위

사회측정학적 분석은 네트워크와 개인의 사회적 지위를 결정하기 위한 기법과 방법을 수집하여 분석한다. 이것을 결정하는 몇 가지 방법이 있는데, 여기에는 응답자들에게 좋아하고 싫어하는 반 학생들의 이름을 쓰라고 요청하는 과정이 포함된다(Kaya, 2007). Newcomb과

Bukowski(1983)로부터 유래된 또 다른 방법은 각각의 개인을 동감과 반감으로 지명하는 것을 포함한다. 이러한 방법으로 얻은 점수마다 '인기 있음, 반감, 무시됨, 논쟁적임, 평균적임'과 같이 각 응답자를 분류한다(Maassen, Akkermans, & Van Der Linden, 1996). 이러한 지위 범주 항목들은 연구자들이 이러한 성격의 항목과 종종 일치하는 다른 성격들을 결정하게 한다. 예를 들어, Kaya(2007)는 인기 있는 것으로 확인되는 아동은 더 높은 자존감과 학업 능력과 사회 능력을 보여 주고 물질을 덜 사용할 것 같다고 했다. 반면, 무시된다고 확인된 아동은 더 공격적이고 타협적이지 않은 경향이 있다고 했다. 그래서 인기 있거나 평균적인 지위의 학생들은 무시되거나 논쟁적인 지위의 학생들보다 더 높은 수준의 지지를 인식하고 있다고 추측할 수도 있을 것이다.

이러한 사회적 지위 정보가 어떤 학생들이 더 관심이 필요할지를 결정하는 데 도움을 줄 수 있는 반면, 사회적 관계의 측정은 그것의 본질 때문에 논쟁이 많은 기법으로 여겨져 왔다. Bell-Dolan과 Wessler(1994)에 따르면, 사회적 관계 측정의 유용성에도 불구하고 많은 부모, 교사, 윤리 검토 위원회 그리고 연구자가 이 방법의 지명하는 속성에 대해 우려를 나타낸다. 그 정보를 얻는 과정에서 참여자들은 반에서 누구를 좋아하거나 싫어하는지를 서로에게 밝힐 수도 있다. 이것은 만약 서로가 서로에게 선택되지 않는다면 참여자들 사이에 갈등과 불안을 낳을 수도 있다. 사회측정학적 조사를 수행하는 동안 이해와 존중하는 마음이 항상 수반되어야 하는 반면에, 논쟁의 여지가 있는 이러한 조사에서 나온 자료는 학생들의 사회·정서적 성장에 관한 중요한 정보를 만들어 낼 수 있다. 또래 평가의 또 다른 형태는 또래 평가와 관련한 부정적인 연관성을 가능한 피할 수 있는 교사의 지명을 포함한다(Kaya, 2007).

직접 관찰

사회적 지지의 기능적인 측면을 측정하기 위해서 관찰법이 사용될 수 있다. 연구자들은 상호작용을 관찰하고 지지 빈도, 지지의 질, 지지 유형, 지지 출처 그리고 지지 수준을 코드화할 수 있을 것이다. 이것은 연구자가 학생들의 인식에 의존하지 않고 자연적인 환경에서 지지하는 행동들을 볼 수 있다는 점에서 유용하다. 그러나 이는 짧은 시간에 집약적으로 해야 하고 비용이 많이 든다는 점에서 실제로 실행 가능하지 않을 수도 있다. 게다가 여전히 지지의 '인식'을 측정하는 것이 중요할지도 모른다. 만약 다수의 지지적인 상호작용을 관찰하였지만, 받는 사람이 이러한 상호작용을 지지적인 것으로 인식하지 않는다면, 그것은 수집해야 할 중요한 정보이다.

기능적 지지 접근법

지금까지 사회적 지지 측정 방법 중 가장 흔한 것은 평정 척도를 사용하는 기능적 접근법을 사용한 것이다. 전형적으로 평정 척도는 어떤 형태에서 Tardy의 사회적 지지 모델(1985)을 고수하고 그 모델에서 몇몇 부분 또는 모든 면(즉, 출처, 유형, 방향, 평가 등)을 다 사용한다. 종종 평정 척도는 한 가지나 또는 두 가지 지지 유형의 빈도수만을 측정한다. 그러나 스트레스 완충 사회적 지지 모델의 영향을 받아서 평정 척도는 특정 스트레스원에 대응하는 지지에 대해 질문하는 문항을 가지고 있을 수 있다. 예를 들어, 만약 연구자가 사회적 지지가 학생들이 학교에서 집단 괴롭힘을 당하는 것에 대한 반응을 완화할 수 있다면, 이 집단 괴롭힘을 당하는 것에 대하여 연구자들에게 이용 가능한 특정 지지 행동에 대하여 질문하는 평정 척도를 사용할 수 있다.

어떤 측정법은 또한 부정적인 상호작용 평정을 포함하고 있다(Brissette et al., 2000). 누군가가 그 삶에서 지지적 관계를 가지고 있을 수 있다 할지라도, 그 관계에서 긍정적인 관계와 부정적인 관계의 비율을 살펴보는 것이 중요할 수 있다. 만약 누군가에게 많은 지지를 제공하는 사람이 그 사람 또한 그 삶에서 갈등이나 스트레스를 발생시키는 그 누군가라면, 그것은 고려해 봐야 할 중요한 정보이다.

흔히 사용되는 아동과 청소년의 사회적 지지 측정 도구

2000년부터 2003년까지 사회적 지지에 대한 문헌(4년간 290개)은 아동과 청소년 연구에서 가장 흔히 사용된 여섯 가지 측정 도구를 열거하였다(Malecki, Demaray, & Ruegar, 2008). 여기에 포함된 측정 도구들은 다음과 같다. 아동 · 청소년 사회적 지지 척도(Child and Adolescent Social Support Scale; Malecki, Demaray, & Elliot, 2000), 인식된 사회적 지지 다차원 척도(Multidimensional Scale of Perceived Social Support; Zimet, Dahlem, Zimet & Farley, 1988), 관계 네트워크 검사(Network of Relationships Inventory; Furman & Buhrmester, 1985), 사회적 지지 설문지(Social Support Questionnaire; Sarason, Levine, Basham, & Sarason, 1983), 인식된 사회적 지지 척도(Perceived Social Support Scale; Procidano & Heller, 1983) 그리고 아동 사회적 지지 척도(Social Support Scale for Children; Harter, 1985)이다. 〈표 8-1〉은 4년 동안 가장 빈번하게 사용된 사회적 지지 측정 도구를 요약해서 보여 주고 있다. 포함된 것들은 검증된 표본의 연령 범위나 의도된 표본의 나이, 2000~2003년 문헌에서 사용된 횟수, 측정 도구의 문항

수와 응답 형식 그리고 측정된 지지의 종류와 출처이다. 〈표 8-2〉는 각 연구의 타당도 조사에서 제공된 신뢰도와 타당도 증거를 요약하여 보여 주고 있다. 관계 네트워크 검사의 몇몇 하위 척도가 대체로 믿을 수 있다고 여겨지는 표준인 신뢰도 0.70 이하였지만, 전반적으로 모든 측정 도구는 높은 신뢰도를 보이는 증거를 제공하였다(Nunnally & Bernstein, 1994). 그 측정 도구 중에서 타당도 기준은 서로 상당히 달랐으나, 일반적으로 모든 측정 도구는 타당도를 지지하는 것을 입증하였다.

〈표 8-1〉에서 제시하고 있는 한 측정 도구는 Tardy의 모델(1985)을 사용하여 만들어졌다. 특히 현재 개발자는 부모, 교사, 급우, 친한 친구 그리고 학교 사람들에게 받는 사회적 지지를 평가하는 아동·청소년 사회적 지지 척도(CASSS)를 더 발전시켰다. 각각의 지지 출처 안에서 네 가지 유형의 지지가 평가된다. 그 네 가지는 정서적, 정보적, 평가적 그리고 도구적 지지이다. 〈표 8-1〉에 제시된 것처럼, 각 출처마다 12개 문항이 있다(3개의 문항이 각각의 지지를 측정한다). 5개 출처가 사용됐으므로 총 60개 문항이 있다. 학생들은 빈도수와 중요도에 따라 각 문항을 평정한다. 빈도수 총합과 중요도 총합이 둘 다 산정될 수 있다. 게다가 빈도수와 중요도 점수는 각 지지 출처에 대해 산정될 수 있다(예: 부모 빈도수, 부모 중요도). 따라서 총 12점이 될 수 있다. 마지막으로, 어떤 연구는 지지 유형의 점수가 각 출처 안에서 적절하게 신뢰될 수 있다는 것을 제안하면서 행해졌다(예: 부모 정서적 지지, 부모 정보적 지지 등). CASSS의 장점은 다음과 같다. ① 아동과 청소년에게 특성화하여 개발되었고(3학년부터 12학년까지 사용하기에 적절함), ② 몇 가지 출처와 지지 유형을 이용하며, ③ 지지 평가와 지지 빈도수를 이용하고, ④ 산출된 점수가 신뢰할 수 있고 타당하다는 확고한 증거가 있다. 구체적으로, CASSS의 모든 빈도수 점수는 사용되어 왔던 연구에서 상위 0.90대의 신뢰도를 보여 주었다. 게다가 요인 분석 결과는 다섯 가지 지지 출처를 나타내는 다섯 가지 명확한 요인을 일관성 있게 산출해 내었다(Rueger, Malecki, & Demaray, 2010).

CASSS는 몇 가지 제한점도 있다. 현재, 네트워크 규모 점수, 네트워크 밀도 측정, 또는 사회적 통합 측정은 산출하지 않는다. 그러나 아동과 청소년의 사회적 지지에 관한 압도적인 수의 연구가 기능적 접근법을 취하고 있고 사회적 지지 빈도 측정 도구를 사용하고 있다. 따라서 CASSS는 그 접근법을 대표하고 있다. 그러나 네트워크 밀도와 사회적 통합 측정을 선택적으로 포함시킴으로써 더 향상시킬 수 있을 것이다.

〈표 8-1〉 흔히 사용되는 여섯 가지의 청소년 사회적 지지 측정 도구

도구와 개발자	연령	문항과 응답 형식	유형에 따른 하위척도	출처에 따른 하위척도
아동·청소년 사회적 지지 척도[a] (CASSS; Malecki, Demaray, & Elliot, 2000)	3학년부터 12학년 학생을 위해 개발됨	120개 문항; 각 출처에 대한 리커트 척도 형식의 각 12가지 빈도수와 중요도	각 출처나 또는 모든 출처에 대한 정서적, 정보적, 평가적, 도구적 하위척도 평가가 가능함	부모, 교사, 급우, 친한 친구, 학교 하위척도; 전체적/통합적 지지 점수
인식된 사회적 지지 다차원 척도 (MSPSS; Zimet et al., 1988)	성인을 위해 개발됨	리커트 척도 형식의 12개 문항	유형에 기초한 하위척도는 없지만, 문항은 정서적 및 도구적인 것으로 나타남	가족, 친구, 중요한 사람 하위척도; 전체적/통합적 지지 점수
관계 네트워크 검사 (NRI; Furman & Buhrmester, 1985)	5학년과 6학년 학생들 표본으로 입증됨	리커트 척도 형식의 24개 문항; 각 8개 관계도와 9개 일반 질문에 대한 29개 문항	우정, 도구적 보조, 친밀도, 돌봄, 애정, 존경, 신뢰감 있는 공조에 대한 사회적 지지 하위척도	지지 유형: 어머니, 아버지, 형제자매, 친척, 남자/여자 친구, 동성 친구, 이성 친구, 그 밖의 사람
사회적 지지 설문지[b] (SSQ; Sarason et al., 1983)	성인을 위해 개발됨	6점의 리커트 척도에 기초한 만족도뿐 아니라 네트워크 밀도를 결정하기 위해 사용된 27개 문항	유형에 기초한 하위척도는 없지만, 문항은 정서적, 도구적, 정보적, 평가적인 것으로 나타남	전체 네트워크 수 점수; 가족 네트워크 점수, 전체 지지 만족 점수
인식된 사회적 지지 척도(PSSS; Procidano & Heller, 1983)	성인을 위해 개발됨	합의 평정(네, 아니요, 모름)을 사용한 40개 문항(가족에 대한 20개 문항, 친구에 대한 20개 문항)	유형에 기초한 하위척도는 없지만, 문항은 정서적, 정보적인 것으로 나타남	친구, 가족 하위척도
아동 사회적 지지 척도(SSSC; Harter, 1985)	3학년부터 8학년 학생들 표본으로 입증됨	두 파트 응답 전략을 사용한 36개 문항	유형에 기초한 하위척도는 없지만, 문항은 정서적, 도구적인 것으로 나타남	부모, 교사, 급우, 친구 하위척도; 전체적/통합적 지지 점수

[a] 7개 연구 중 3개 연구가 CASSS의 이전 버전을 사용하였다.
[b] 13개 연구 중 7개 연구가 6개 문항을 사용하는 SSQ의 '단축형'을 사용하였다.

〈표 8-2〉 가장 흔히 사용되는 여섯 가지의 청소년 사회적 지지 측정 도구에 대한 신뢰도와 타당도 증거

검사명	내적 일관도 범위	검사-재검사 신뢰도	수렴 타당도와 확산 타당도[a]
CASSS	빈도수 문항: 다양한 출처의 하위척도 범위=0.90~0.96; 통합 점수 범위=0.96~0.98 중요 문항: 0.88~0.96 출처 범위	통합 빈도수: 0.75~0.78 하위척도: 0.58~0.74(빈도수) 0.45~0.65(중요도) (8~10주의 간격)	SSRS: 사회적 기술(r=0.62) SSCS: 자부심 지수(r=0.49) SSSC: 자존감(r=0.56) SSAS: 사회적 지지 측정 전체 점수(r=0.55) BASC: 행동평정-부적응(-0.20~ -0.41 범위의 r값); 개인적 적응(0.36~0.43 범위의 r값)
MSPSS	다양한 출처의 하위척도와 통합 점수 범위=0.90~0.96	다양한 출처의 하위척도와 통합 점수 범위 0.72~0.85의 r값(2~3개월)	HSCL 우울증 하위척도(가족과 친구 하위척도 r=-0.24; 다른 중요한 사람 r=-0.13) HSCL 근심 하위척도(가족 r=-0.18)
NRI	2개 하위척도를 제외한 모두가 0.60 이상임	매뉴얼에 제공되지 않음	사춘기 친구관계가 적당하게 관련 있음부터 아주 많이 관련 있음(r=0.34~0.63 범위)[b]
SSQ	네트워크 점수=0.97 만족도 점수=0.94	네트워크 점수=0.90 만족도 점수=0.83 (4주 간격)	만족도 점수에 대한 MAACL(우울증) • 남성(-0.22); 여성(-0.43) EPI: 성격(여성만 유의미함) • 네트워크에 외향적(0.35); 만족도 점수에 대한 신경증(-0.37)
PSSS	친구 지원=0.88 가족 지원=0.90	전체 등급=0.83 (1개월 간격)	Langner 증상 점수: 친구(-0.27); 가족(-0.29) • 심리적 증상, 자기진술 그리고 관찰된 상호작용의 측정과도 연관됨
SSSC	하위척도 범위=0.72~0.88	매뉴얼에 제공되지 않음	SSPC: 통합적 자기가치(다양한 출처 범위 0.28~0.49)

[a] 타당도 연구와 매뉴얼에서 인용된 다음과 같은 도구들이 지원 측정법의 수렴/확산 타당도를 검증하기 위해 사용되었다. 사회적 기술 평정 체계(SSRS; Gresham & Elliott, 1990), 학생 자기개념 척도(Gresham, Elliott, & Evans-Fernandez, 1993), 아동 사회적 지지 척도(SSSC; Harter, 1985), 사회적 지지 평가 척도(SSAS; Dubow & Ullman, 1989), 아동 행동평정척도 성격 자기보고 척도(BASC; Reynolds & Kamphaus, 1998), Hopkins 증상 체크리스트(HSCL; Derogatis, Lipman, Rickels, Uhlenhuth, & Covi, 1974), 다중 정서 형용사 체크리스트(MAACL; Zuckerman & Lubin, 1965), Eysenck 성격검사(EPI; Eysenck & Eysenck, 1968), Langner 선별 도구(Langner, 1962), 아동 자기인식 프로파일(SPPC; Harter, 1985).

[b] 타당도 증거는 NRI의 채점 매뉴얼에서 인용된 Furman(1996)에서 발췌함.

사회적 지지 평가 자료는 어떻게 사용될 수 있는가

아동과 청소년 영역에서 현재 사회적 지지는 주로 연구자에게 흥미로운 구인으로 측정된다. 〈표 8-1〉에 제시된 사회적 지지는 다양한 목적을 위해 보건 분야, 개발 분야, 심리학 분야, 사회정책 분야 그리고 교육 분야의 연구자들이 사용한다. 사회적 지지는 예방 노력에 중점을 둠에 따라 학교에서 고려될 수 있다. 또는 예방 노력 성과를 평가하는 연구에 포함될 수 있다. 이 장에서는 프로그래밍이나 연구 노력에서 고려하는 사회적 지지의 중요한 영역을 명확하게 밝히고 그 구인의 신뢰도 및 타당도 있는 평가를 실행하는 방법들을 뚜렷하게 밝히고 있다.

학교 심리학자, 행정가, 사회복지사 그리고 교직원들은 대다수 학생이 그들의 삶에서 적절한 수준의 지지를 인식하고 있는지를 결정하기 위해서 간결한 사회적 지지 측정 도구를 사용할 수 있다(간결한 기능 평정 척도, 사회 네트워크 설문지 등). 이 평가 유형은 문제해결 모델이나 RtI 모델에서 1단계 평가 접근법에 딱 들어맞을 것이다. 만약 80~85%의 학생이 교사, 급우, 또는 교직원들로부터 적절한 수준의 지지를 받는다는 것을 인식하지 못한다면, 관련 있는 지지 자원을 언급하는 큰 규모의 예방/중재 프로그램이 실행될 수 있을 것이다. 학교에서 큰 규모의 교육과정 변화나 새로운 예방 프로그램 실행의 유효성을 평가하기 위해서 간결한 사회적 지지 측정 도구를 사용하는 것은 매우 유용할 것이다. 학생들은 또한 소집단 중재를 위한 학생들을 선별하기 위해서 심사될 수 있다. 아마 또래 지지가 낮다고 인식하는 같은 연령의 소집단이 그 문제의 정도와 본성을 결정하기 위해 더 평가될 수 있을 것이다. 예를 들어, 학교 심리학자는 또래 지지가 낮다고 인식하는 학생들이 사회성이 낮거나 또래에게 지지를 받는 방법을 모른다고 결정할 수 있다. 이 문제는 소집단 중재에서 언급될 수 있다. 사회적 지지를 대상으로 하는 소집단이나 개별 중재는 또한 간결하고 신뢰도 있는 지지 측정 도구로 평가될 수 있다. 물론, 조기 중재가 효과적이지 않다면, 좀 더 상세한 평가 방법이 도움이 될 것이다. 네트워크 분석, 사회적 통합 분석 그리고 직접 행동 관찰은 한 학생의 삶에서 사회적 지지의 질과 그 가용성을 결정하는 데 유용한 도구일 것이다. 이 자료는 간결한 평정 척도가 그 중재를 평가하기 위해 사용될 수 있는 동시에 중재를 안내하는 데 도움을 줄 것이다.

결론

예방에 대해 재개된 관심과 함께, 연구자와 참여자들은 부정적인 청소년 성과를 방지하고 긍정적인 성과를 촉진하는 광범위한 규모의 접근법을 만들고자 시도하고 있다. 사회적 지지는 청소년의 많은 긍정적인 성과와 관련되어 온 오랜 역사를 가지고 있기에, 예방연구나 문헌에서 무시되어서는 안 된다. 비록 고려해야 할 변인이 많지만, 청소년의 사회적 지지에 관한 인식은 또한 포괄적인 규약의 일부분으로 예방 프로그래밍의 평가에 포함되어야 할 것이다. 그리고 아동과 청소년을 위한 긍정적인 성과와 관련된 잠재적 변인으로서 포함되어야 할 것이다.

참고문헌

Atri, A,. Sharma, M., & Cottrell, R. (2007). Role of social support, hardiness, and acculturation as predictors of mental health among international students of Asian Indian origin. *International Quarterly of Community Health Education, 27*(1), 56-73.

Barrera, M. (1986). Distinctions between social support concepts, measures, and models. *American Journal of Community Psychology, 14*, 413-445.

Bell-Dolan, D., & Wessler, A. E. (1994). Ethical administration of sociometric measures: procedures in use and suggestions for improvement. *Professional Psychology: Research and Practice, 25*, 23-32.

Brissette, I., Cohen, S., & Seeman, T. E. (2000). Measuring social integration and social networks. In S. Cohen, B. H. Gottlieb, & L. G. Underwood, *Social support measurement and intervention: A guide for health and social scientists* (pp. 53-85). New York, NY: Oxford University Press.

Cauce, A., Felner, R., Primavera, J., & Ginter, M. (1982). Social support in high risk adolescents: Structural components and adaptive impact. *American Journal of Community Psychology, 10*, 417-428.

Cohen, S., Gottlieb, B. H., & Underwood, L. G. (2000). *Soical support measurement and intervention: A guide for health and social scientists.* New York, NY: Oxford University Press.

Cohen, S., & Wills, T. A. (1985). Stress, social support, and the buffering hypothesis. *Psychological Bulletin, 98*(2), 310-357.

Cutrona, C. E., & Russell, D. W. (1987). The provisions of social relationships and adaptation to stress. In Jones, W. H., & Perlman, D. (Eds.), *Advances in personal relationships.* Greenwich, CT: JAI Press.

Davidson, L. M., & Demaray, M. K. (2007). Social support as a moderator between victimization and internalizing/externalizing behaviors from bullying. *School Psychology Review,* 36, 383-405.

DeGarmo, D. S., & Martinez, C. R. (2006). A culturally informed model of academic well-being for Latino youth: The importance of discriminatory experiences and social support. *Family Relations, 55,* 267-278.

Demaray, M. K., & Malecki, C. K. (2002). The relationship between perceived social support and maladjustment for students at risk. *Psychology in the Schools, 39,* 305-316.

Demaray, M. K., Malecki, C. K., Davidson, L. M., Hodgson, K. K., & Rebus, P. J. (2005). The relationship between social support and student adjustment: A longitudinal analysis. *Psychology in the Schools, 42,* 691-706.

Derogatis, L. R., Lipman, R. S., Rickels, K., Uhlenhuth, E. H., & Covi, L. (1974). The Hopkins Symptom Checklist (HSCL): A self-report symptom inventory. *Behavioral Science, 19,* 1-15.

DuBois, D. L., Felner, R. D., Brand, S., Adan, A. M., & Evans, E. G. (1992). A prospective study of life stress, social support, and adaptation in early adolescence. *Child Development, 63,* 542-557.

Dubow, E. F., & Ullman, D. G. (1989). Assessing social support in elementary school children: The survey of children's social support. *Journal of Clinical Child Psychology, 18,* 52-64.

Eysenck, H. J., & Eysenck, S. B. (1968). *Manual for the Eysenck Personality Inventory.* San Diego, CA: Educational & Industrial Testing Service.

Furman, W. (1996). The measurement of children and adolescents' perceptions of friendships: Conceptual and methodological issues. In W. M. Bukowski, A. F. Newcomb, & W. W. Hartup (Eds.), *The company they keep: Friendships in childhood and adolescence.* Cambridge, MA: Cambridge University Press.

Furman, W., & Buhrmester, D. (1985). Children's perceptions of the personal relationships in their social networks. *Developmental Psychology, 21,* 1016-1024.

Glover, T. A., & DiPerna, J. C. (2007). Service delivery for response to intervention: Core components and directions for future research. *School Psychology Review, 36,* 526-540.

Gottlieb, B. H. (2000). Selecting and planning support interventions. In S. Cohen, B. H. Gottlieb, & L. G. Underwood, *Social support measurement and intervention: A guide for health and social scientists* (pp. 195-220). New York: Oxford University Press.

Gresham, F. M., & Elliott, S. N. (1990). *Social skills rating system.* Circle Pines, MN: American Guidance Service.

Gresham, F., Elliott, S., & Evans-Fernandez, S. (1993). *Student Self-Concept Scale.* Circle Pines, MN:

American Guidance Service.

Harter, S. (1985). *Manual for the Social Support Scale for Children*. Denver, CO: University of Denver.

Hesbacher, P. T., Rickels, K., Morris, R. J., Newman, H., & Rosenfield, H. (1980). Psychiatric illness in family practices. *Clinical Psychiatry, 41*, 6-10.

House, J. S. (1981). Work stress and social support. Reading, MA: Addison-Wesley Publishing Co.

Jackson, Y., & Warren, J. S. (2000). Appraisal, social support, and life events: Predicting outcome behavior in school-age children. *Child Development, 71*, 1441-1457.

Kaya, A. (2007). Sociometric status, depression, and locus of control among Turkish early adolescents. *Social Behavior and Personality, 35*, 1405-1414.

Kratochwill, T. R., Volpiansky, P., Clements, M., & Ball, C. (2007). Professional development in implementing and sustaining multitier prevention models: Implications for response to intervention. *School Psychology Review, 36*, 618-631.

Lam, P. K., Naar-King, S., & Wright, K. (2007). Social support and disclosure as predictors of mental health in HIV-positive youth. *AIDS Patient Care and STDs, 21*(1), 20-29.

Langner, T. S. (1962). A twenty-two item screening score of psychiatric symptoms indicating impairment. *Journal of Health and Human Behavior, 3*, 269-273.

Maassen, G. H., Akkermans, W., & Van Der Linden, J. L. (1996). Two-dimensional sociometric status determination with rating scales. *Small Group Research, 27*, 56-78.

Malecki, C. K., & Demaray, M. K. (2002). Measuring perceived social support: Development of the Child and Adolescent Social Support Scale. *Psychology in the Schools, 39*, 1-18.

Malecki, C. K., & Demaray, M. K. (2006). Social support as a buffer in the relationship between socioeconomic status and academic performance. *School Psychology Quarterly, 21*(4), 375-395.

Malecki, C. K., Demaray, M. K., & Elliott, S. N. (2000). *The Child and Adolescent Social Support Scale*. DeKalb, IL: Northern Illinois University.

Malecki, C. K., Demaray, M. K., & Rueger, S. Y. (2008). A descriptive review of the child and adolescent social support literature. Unpublished manuscript, Northern Illinois University, DeKalb, IL.

Newcomb, A. F., & Bukowski, W. M. (1983). Social impact and social preference as determinants of children's peer group status. *Developmental Psychology, 19*, 856-867.

Nunnally, J. C., & Bernstein, J. C. (1994). *Psychometric theory*. New York: McGraw Hill, Inc.

Oppedal, B., Roysamb, E., & Sam, D. L. (2004). The effect of acculturation and social support on change in mental health among young immigrants. *International Journal of Behavioral Development, 28*(6), 481-494.

Procidano, M. E., & Heller, K. (1983). Measures of perceived social support from friends and from family: Three validation studies. *American Journal of Community Psychology, 11*, 1-24.

Reynolds, C. R., & Kamphaus, R. W. (1998). *The Behavior Assessment System for Children*. Circle Pines, MN: American Guidance Service, Inc.

Rueger, S. Y., Malecki, C. K., & Demaray, M. K. (2010). Multiple sources of perceived social support and psychological and academic adjustment in early adolescence: Comparisons across gender. *Journal of Youth and Adolescence, 39*, 47-61.

Sarason, I. G., Levine, H. M., Basham, R. B., & Sarason, B. R. (1983). Assessing social support: The Social Support Questionnaire. *Journal of Personality and Social Psychology, 44*, 127-139.

Sheeber, L., Hops, H., Alpert, A., Davis, B., & Andrews, J. (1997). Family support and conflict: Prospective relations to adolescent depress. *Journal of Abnormal Child Psychology, 25*, 333-344.

Shumaker, S., & Brownell, A. (1984). Toward a theory of social support: Closing conceptual gaps. *Journal of Social Issues, 40*, 11-36.

Small, S., & Memmo, M. (2004). Contemporary models of youth development and problem prevention: Toward an integration of terms, concepts, and models. *Family Relations, 53*, 3-11.

Stewart, M. J. (1989). Social support: Diverse theoretical perspectives. *Social Science & Medicine, 28*, 1275-1282.

Tardy, C. (1985). Social support measurement. *American Journal of Community Psychology, 13*, 187-202.

Wills, T. A., & Cleary, S. D. (1996). How are social support effects mediated? A test with parental support and adolescent substance use. *Journal of Personality and Social Psychology, 71*, 937-952.

Windle, M. (1992). A longitudinal study of stress buffering for adolescent problem behaviors. *Developmental Psychology, 28*, 522-530.

Ystgaard, M. (1997). Life stress, social support, and psychological distress in late adolescence. *Social Psychiatry and Psychiatric Epidemiology, 32*, 277-283.

Zimet, G. D., Dahlem, N. W., Zimet, S. G., & Farley, G. K. (1988). The Multidimensional Scale of Perceived Social Support. *Journal of Personality Assessment, 52*, 30-41.

Zimmerman, M. A., Ramirez-Valles, J., Zapert, K. M., & Maton, K. I. (2000). A longitudinal study of stress-buffering effects for urban African-American male adolescent problem behaviors and mental health. *Journal of Community Psychology, 28*, 17-33.

Zuckerman, M., & Lubin, B. (1965). *Manual for the Multiple Affect Adjective Check List*. San Diego, CA: Educational and Industrial Testing Service.

Chapter 9

학교 안전을 증진시키고 집단 괴롭힘과 폭력을 줄이는 수단으로서의 또래 지지

Hellen Cowie(서리 대학교)
Peter K. Smith, Goldsmiths(런던 대학교)

도입

현대사회에서 고질적인 문제의 근원은 힘의 남용, 특히 힘을 남용하고 있다는 것을 인식하지 못하고 있는 사람에 의한 힘의 남용이라고 주장할 수 있을 것이다. 사회의 축소판인 학교는 아동이 힘을 경험하고 억압과 괴롭힘에 익숙하게 되는 맥락을 만든다. 억압의 피해자들은 종종 그런 특권을 가진 또래 아동을 자연스럽다고 받아들이게 되고 자기 스스로를 '부하'로 만들게 된다. 그리고 낮은 자존감과 많은 분노를 내재화한다. 지배하는 자들 또한 정서적으로 피해를 받을 수 있다. 그들은 자신의 감정이나 타인의 감정을 인식하는 위험을 감수할 수 없다. 왜냐하면 그들이 학대하는 자들의 고통에 참을 수 없이 민감해질지도 모르기 때문이다. 이 두 집단 사이에는 직접 참여하지 않더라도 그 억압을 관찰하는 방관자들이 있다.

대다수의 방관자는 보통 집단 괴롭힘을 싫어한다. 그리고 몇몇은 이타적으로 돕고 싶어 할 것이다. 그러나 대개 중재하기 위해 무엇을 해야 하는지 확신이 없고, 너무 혼란스럽고 당황해서 실제적인 지지를 제공할 수 없다(Schulman, 2002). 어떤 학생은 학교 공동체에서 발생하는 일에 대해서 표면적으로 책임을 지지 않는 '아웃사이더'가 되면서 그 문제를 무시한다. 어떤 학생은 폭력의 가해자를 돕고 다른 학생들을 소외시키는 일을 더 강화시킨다. 몇몇 다른 학생은 피해자의 옹호자가 되기도 한다. Batson, Ahmad, Lishner와 Tsang(2002)은 이러한 종류의 이타적 행동을 '어려움에 처한 사람을 향한 정서적 공감'이라고 밝힌다. 정서적 공감이 바탕이 된 사회화는 보다 만족스러운 관계를 이끌고 아웃사이더로 낙인찍힌 집단에 좀 더 관용을 베풀면서 보는 관점을 갖도록 하고 친사회적 행동을 증강시킬 수 있다고 주장한다.

　옹호자 집단은 보통 피해자의 친구들로 피해자 대신 중재하고, 피해자를 위로하고, 집단 괴롭힘에 맞서거나 어른에게 도움을 요청하며, 따라서 향후 폭력이 덜 일어나게 만드는 역할을 한다(Boulton, Truman, Chau, Whitehand, & Amatya, 1999). 그러한 보호를 늘려 주는 중요한 방법은 교우관계가 학대적·폭력적 혹은 착취적인 관계일 필요가 없다는 낙관적인 생각과 희망이 있는 환경을 만들어 주는 것이다(Seligman, Reivich, Jaycox, & Gillham, 1995). 학교는 평등의 원칙, 타인에 대한 염려와 타인의 감정에 대한 공감에 기초를 둔 도덕 공동체를 발전시킴으로써 이러한 환경을 만들 수 있다. 스페인 교육자들은 이 공동체 정신을 'convivencia(공존)'라고 부르는데, 이는 일과 생활이 함께 조화를 이룬다는 뜻이다.

　이것에 결정적인 역할을 할 수 있는 한 방법은 근본적으로 상담에 근거를 두는 접근법인 또래 지지이다. 근본적으로 학교의 또래 지지 체계는 아동과 청소년이 곤경에 처한 또래 학생에게 정서적 지지와 사회적 지지를 제공하도록 훈련받는 융통성 있는 개념 틀로 정의된다(Cowie & Jennifer, 2008). 상담이 종종 특권 있는 몇몇을 위한 중재로 여겨진다고 할지라도, 상담의 실제 중요성은 "도덕성의 새로운 이해와 다른 문화의 전령으로 시사될 수 있다"(Kitwood, 1990, p. 221). 한 사람이 다른 사람에게 제공하는 지지를 넘어서 또래 지지의 더 큰 장점은 상호 신뢰, 존중, 현재의 필요성과 바람뿐만 아니라 과거 상처를 살펴 주는 개방적인 의사소통과 의지를 바탕으로 하는 협동 공동체를 만들 수 있는 잠재력에 있다. 또래 지지는 살아 있는 한 형태의 도덕성이고 서로에게 도움을 주는 청년들의 잠재력이 적절한 훈련을 통해서 길러질 수 있는 범주의 활동과 체계를 아우르고 있다. 그 훈련은 멘토링, 적극적 경청, 갈등 해소, 친해지기 그리고 안전한 환경에서 배우고 공부하는 아동의 권리 증진과 같은 기술 훈련이다. 또래 지지 훈련과 실례는 Cowie와 Jennifer(2007), Cowie와 Jennifer(2008)를 보면 된다.

　또래 지지 방법은 1980년대 이래로 캐나다와 호주에서 꽤 널리 사용해 왔다. 최근 대중적으로 발전하여 지금은 많은 나라에서 사용되고 있다. 예를 들어, 영국에서는 약50% 정도의 초등학교와 중·고등학교에서 이러한 체계를 사용한다고 보고되고 있고(Smith & Samara, 2003), 지금은 이들 학교에서 정서적 건강과 안녕감을 증진시키기 위해 널리 사용되는 중재이다.

　다양한 또래 지지 프로그램은 아동의 권리에 관한 UN 협정(United Nations Convention on the Rights of the Child; UN, 1991)을 촉진하고, 학생 안전과 정서적 건강과 안녕감을 향상시키는 잠재력을 가지는 집단 괴롭힘 예방 중재로서 국제적으로 학교에서 더 대중적이게 되었다(Cowie et al., 2004). 이 프로그램들은 종종 학교 집단 괴롭힘, 폭력과 왕따에 대항하는 중재로서 기금을 받는다. 이 프로그램들에 대한 연구는 오스트레일리아(Ellis, Marsh, & Craven, 2005;

Peterson & Rigby, 1999; Rigby, 1996; Slee, 1997), 캐나다(Carr, 1994; Cole, 1987; Cunningham et al., 1998; Gougeon, 1989; Pepler, Craig, & Roberts, 1995; Rosenroll, 1989), 핀란드(Salmivalli, 2001), 이탈리아(Menesini, Codecasa, Benelli, & Cowie, 2003), 일본(Taki, 2005; Toda, 2005), 뉴질랜드(Sullivan, 2000), 스페인(Andrès, 2007; Fernandez, Villaoslada, & Funes, 2002) 그리고 미국(Benson & Benson, 1993; Boehm, Chessare, Valko, & Sager, 1991; Lane-Garon & Richardson, 2003; Sanders & Phye, 2004)에서 보고되어 왔다.

또래 지지 프로그램의 유형

초등학교 제도는 일반적으로 '친구나 친구가 될 사람'으로서 특정 학생들을 훈련하는 것에 참여하고 있다(DfES, 1994, 2000; Smith & Sharp, 1994). 이 학생들은 주로 운동장에서 외로워 보이는 학생들을 보살피고, 그들과 같이 놀아 주거나 도움을 준다(Cartwright, 1996). 이 학생들은 또한 성인과의 심각한 싸움과 갈등이 있으면 보고한다(Cremin, 2007). 학생들이 또래 지지를 원한다면 운동장에서 갈 수 있는 '친구 벤치'나 '우정 정류장'이 있을 수 있다(Cowie, Boardman, Dawkins, & Jennifer, 2004). 게다가 어떤 초등학교는 또래 지지자들을 위해 구조화된 게임 활동을 이끌고, 과제 동아리에서 학습을 지원하고(Demetriades, 1996), 다른 사람들과 노는 방법을 학습하는 데 지원을 필요로 했던 어린 학생들과 일대일로 만나는 것(Cowie & Wallace, 2000)과 같은 다른 활동들과 협력한다. 더 많은 예는 Cowie와 Jennifer(2008)를 참고하면 된다.

중·고등학교 또래 지지 제도는 보통 '상담 접수면접' 방에서 어려움을 가진 학생에게 지지를 제공해 줄 수 있고, 과외 그룹과 함께 그룹 작업을 하고, 오랜 기간 도움이 필요한 학생과 일대일 만남을 제공하거나 더 어린 학생들을 위한 점심식사 클럽을 운영할 수 있는 '또래 멘토'에 참여하는 것을 포함한다(Andrès, 2007; Cowie & Wallace, 2000; Smith & Watson, 2004). 또래 지지자들은 또한 대인관계 문제를 다루기 위해서 또래 아동들에 의해 선출될 수 있다(Andrès, 2007). 어떤 중·고등학생은 중립적인 제3자 역할에서 방관자가 그들의 논쟁을 해결하도록 자발적 참여자들을 보조해 주는 구조화된 과정을 통해 갈등을 해결하는 중재자로서의 역할을 한다(Fernandez, Villaoslada, & Funes, 2002).

또래 지지 제도는 시간에 따라 진화해 왔고 지역적인 요구와 이러한 유형의 중재의 유효성과 수용성에 대한 학생의 인식에 따라 변화한다(Cowie, Naylor, Talamelli, Chauhan, & Smith,

2002). 그 한 예는 학생 도움을 요청하는 데 있어서 익명성을 유지하기 위해 일본에서 개발된 '질문과 답변법(Question and Answer Handout)'이다(Toda, 2005). 기술의 발전과 함께, 또래 지지 방법은 지금 인터넷과 이메일 지지를 이용하는 원격학습 유형의 지지를 고려하고 있다 (Cartwright, 2005; Cowie & Hutson, 2005; Hutson & Cowie, 2007).

또래 지지의 훈련은 일반적으로 '적극적 경청'과 도움을 요청하는 사람들의 요구와 감정에 성실하고 진정으로 반응하는 기술을 포함한다. 그러나 또래 지지자들은 공감을 넘어서 이성적인 문제해결 상태로 갈 필요가 있다. 그래서 참여자들이 문제해결 형태나 피해 보상의 형태로 넘어갈 수 있게 될 것이다. 이것이 좋은 의사소통 기술이 필수적인 형태이다. 또래 지지자들은 그들의 언어 선택, 목소리 톤, 말투 그리고 자신감을 통해서 문제해결의 실제 가능성을 믿고 있다는 것을 보여 줘야 한다. 또한 또래 지지자가 그들이 하는 것을 진행하고 대면하게 되는 문제들을 총괄하여 언급하는 시간을 허용하기 위해 관리하고 협의하는 형태도 있어야 한다.

또래 지지 프로그램의 주요 측면과 목표

또래 지지 프로그램은 칭송받을 만한 의도를 가지고 있다. 그러나 프로그램을 어떻게 전달할 수 있는가? 그것이 얼마나 효과가 있는가? 우리는 또래 지지의 세 가지 중요 양상이 주요 목표와 가능한 성과를 구별하는 데 근본적이고, 개념적으로 유용하다고 여긴다. 우리는 다음과 같은 세 가지 주요 영역에서 또래 지지 제도의 성과를 평가할 것이다. 다양하고 세부적인 성과를 각각의 영역에서 살펴볼 수 있을 것이다.

① 선정된 또래 아동들은 **또래 지지자**가 되기 위해 훈련받는다. 여기에서 즉각적인 '목표'는 또래 지지자에게 특정한 기술을 주고, 좋은 의사소통 기술을 배우고, 정보를 공유하고, 수퍼비전 그룹에 그들의 성과를 반영하고, 보는 관점과 공감 능력을 발전시키고, 적극적이고 비폭력적인 방식으로 대인관계 갈등, 따돌림, 폭력과 집단 괴롭힘에 대처하는 기회를 포함한다.
   – 성과: 유용한 기술이 습득되고 사용되는가? 자존감을 얻고 자기인식을 높이는가? 또래 지지자들은 또래 아동 사이에서 지위를 얻는가, 아니면 가끔 놀림을 받는가? 성별이 문제가 되는가?
② 어떤 또래 아동은 또래 지지 제도의 **이용자**가 될 것이다. 표면적으로 그러한 제도의 일반

적인 즉시적 목표는 아동들이 도움을 받는 것인데, 그 방식은 또래 지지자에게서 직접 도움을 받거나 아니면 그 지지자가 다른 형태로 도움을 받을 수 있도록 마련해 주거나 권장하는 것이다.

 - 성과: 이용자들은 그 또래 지지 체계에서 도움을 받았다고 느끼는가? 다시 이 지지 체계를 이용할 것인가? 또래 지지 제도를 이용한 후에 집단 괴롭힘이나 폭력의 문제가 줄어들었는가?

③ 그러한 제도의 표면적인 장기적 목표는 또래 지지자들의 훈련을 통해서 그리고 이용자들에게 도움과 조언을 주는 것을 통하여 학교에서 학생들 사이에 해결되지 못한 갈등이나 집단 괴롭힘의 비율을 줄이는 것이다. 이런 방식으로, 학교에서 또래 지지 제도의 이용이 일반적으로 복지 기관과 도덕 기관으로서의 학교의 인지도를 높이고 **학교 풍토**나 기풍에 영향을 줄 수 있다.

 - 성과: 또래 지지 체계의 존재가 학교를 통해 알려졌는가? 학생들은 그 지지 제도를 이용하는 방법을 알고 있는가? 그 제도를 이용하고 있는가? 학생, 교사, 부모 그리고 교직원들이 그 제도를 선호적으로 바라보고 있는가? 일반적으로 학교 풍토나 좀 더 구체적으로 학교를 좋아하는 데 그 제도가 긍정적인 영향을 준다고 생각되고 학교에서 안전하다고 인식되는가? 이러한 검토를 통해서 성과에 관한 증거의 주요 출처를 살펴보고, 그러한 증거가 지금까지 우리에게 말하고 있는 것과 향후 어떤 연구가 요구되는지에 대해 그리고 학교에서 또래 지지 체계 운영의 함의와 영향에 대해 논의해 보면서 결론을 내릴 것이다.

연구 결과

또래 지지 제도에 대한 평가는 제도의 다른 유형에 따라 달라진다. 인상적인 '학교 내' 사례 연구가 많은데 보통 그 중재를 도입하고 수행했던 열정적인 실무자들에 의해 행해진 것이다. 다른 경우는 독립적인 평가를 사용해 왔는데, 지지적인 수치가 뒷받침하는 일반화된 요약부터 태도와 성과에 대한 양적 조사까지 데이터베이스의 성격에 따라 달라졌다. 그러나 이 연구들은 또래 지지에 이점이 많다는 것을 지속적으로 나타내 왔다. 또래 지지자들은 보통 도움을 주는 과정에서 혜택을 받고, 자기 자신에 대해 좀 더 자신감을 가지게 되고, 다른 사람들을 좀 더 가치 있게 여기는 것을 배운다고 말한다. 위험에 처한 학생들을 위해서 또래 지지 체계는 자신에 대해서 좀 더 긍정적으로 느끼고 피해를 입는 것과 같은 어려움에 대처하는 과정의 중요한 부분이 될 수 있다. 교사들은 또래 지지 제도의 지침을 따르면서 학교 환경이 더 안전하고 배려하게 되고 전반적으로 또래관계가 향상된다고 자주 보고한다(Cowie et al., 2002; Cowie & Sharp, 1996; Cremin, 2007; Hurst, 2001; Mental Health Foundation, 2002; Naylor & Cowie, 1999).

어떤 연구에서는 양적 연구 결과를 포함하여 독립적인 평가를 발표하였다(Cowie, 1998; Naylor & Cowie, 1999; Cowie, Naylor, Talamelli, Chauhan, & Smith, 2002; Smith & Watson, 2004; Cowie & Oztug, 2008; Cowie, Hutson, Oztug, & Myers, 2008). 또 어떤 연구는 효과를 평가하기 위해서 종단적 사전-사후 검사 설계를 사용하였다(Andrès, 2007; Cowie & Olafsson, 2001; Ellis, Marsh, & Craven, 2005; Houlston & Smith, 2008; Land-Garon & Richardson, 2003; Menesini, Codecasa, Benelli, & Cowie, 2003; Peterson & Rigby, 1999; Salmivalli, 2001). 우리는 앞서 제시한 세 가지 주요 측면을 제목으로 두고 이 연구들의 성과를 기술하고 검토할 것이다.

또래 지지 제도의 성과

또래 지지 훈련을 받은 사람

Cowie(1998)는 또래 지지 체계가 적어도 1년 동안(범위가 1년부터 4년까지 평균 2.4년) 시행되었던 영국 학교(2개의 초등학교, 7개의 중등학교)에서 또래 지지자들의 경험과 25명의 지지자 및 9명의 교사와 함께 또래 지지 서비스의 책임을 맡은 직원들의 경험을 포착하기 위해 인터뷰를 실시하였다. 전체적으로 또래 아동 조력자와 학교에 대한 어떤 또래 지지 제도의 이점이 인식되었는지에 대해서 질문했다. 또한 어떤 문제에 부딪혔는지 그리고 그 문제들을 극복할 수 있는 방법은 무엇인지에 대해서도 질문을 했다. 인터뷰에 응했던 모든 사람(교사와 청소년 둘 다)이 또래 지지자들이 그 지지 제도에 참여하는 것에서 개인적으로 혜택을 입었다고 주장한다는 것을 발견하였다. 가장 빈번하게 언급되는 혜택은 자존감과 책임감이 증가하고 자신이 학교 공동체 생활에 긍정적으로 기여하고 있다는 신뢰감이었다. 또래 지지자의 60%가 이러한 혜택은 그들이 받았던 훈련에서 직접적으로 발생하였다고 보고하였다. 동시에 또래 아동 지지자들은 '부정적인 코멘트' '모든 배려에 대한 질투심' 또는 '도움을 제공하는 서비스 능력에 대한 의심'과 같은 형태로 또래 집단 구성원에게서 비웃음과 적대감이 어느 정도 있었다고 보고하였다. 이것은 모집, 지지, 훈련 그리고 실행의 모든 단계에서 남녀 성별에 따라 차이가 크게 작용한 것이다. 남학생을 모집했을 때도 '다른 남자아이로부터의 압박감'(중등학교 교사) 또는 '학교에서의 남성 우월 가치관'(또래 지지자) 같은 명백한 이유 때문에 중퇴자 비율이 높았다.

더 큰 규모의 연구에서 Naylor와 Cowie(1999)는 또래 지지 체계가 잘 설립되어 있는 51개 학교에서 2,313명의 중등학교 학생과 234명의 교사를 대상으로 또래 지지에 대한 그들의 경험과 태도에 대해 설문 조사를 하였다. 또래 지지자, 서비스 이용자 또는 향후 이용 가능성이 있는 집단, 지지 체계를 관리하는 데 관여하는 교사와 관리하는 데 관여하지 않는 교사 중 표본으로 추출된 교사들에게 질문을 하였다. 또래 지지자의 78%가 훈련에서 적극적 경청과 같은 유용한 사회성 기술과 대인관계 기술을 얻었다고 보고하였다. 58%는 또래 지지의 실행을 통해서 도움이 필요한 또래 아동을 보살폈고, 그래서 학교에서 집단 괴롭힘을 당하는 문제에서 무언가를 하고 싶은 그들의 이타적 소망을 행동으로 옮길 수 있었음을 증명할 수 있었다고 보고하였다.

Cowie, Naylor, Talamelli, Chauhan과 Smith(2002)는 2년 뒤 51개 학교 중 35개 학교를 조사한(413명 중 204명은 그전 피해자였고 209명은 비피해자였음) 추적 연구에서 또래 지지자들이 학교 공동체에서 실제 문제를 언급할 수 있고 그 문제를 다루는 기술과 구조를 갖게 되는 기회에 감사했다는 것을 발견하였다. 또래 지지자들은 훈련 과정에서 배운 의사소통 기술, 특히 '적극적 경청'의 유용성에 대해서 긍정적으로 언급하였다. 모든 또래 지지자들은 그 지지 제도의 참여를 통해서 적극적 경청(100%)을 강조하고, 도움을 필요로 하는 사람에 대한 감정이입 능력(81%)을 개발하고, 책임감이 충족되는 것(74%)을 경험하는 것과 같은 개인적 혜택이 있었다고 보고하였다. 예를 들어, 학교를 좀 더 안전한 장소로 만드는 것을 돕고 자신의 경험을 바탕으로 지지 제도에 변화를 시도할 수 있다는 것이다. 자주 나온 코멘트는 또래 지지 제도에 참여한 경험이 복지 관련직을 직업으로 결정하도록 이끌었다고 하였다.

Cowie 등(2002)의 연구에서 또래 지지자들이 시기에 따라 변화하였다는 것을 주목하였다. 또래 지지자로서의 자신감과 자신에 대한 인식의 전환이었다. 또한 또래 지지자들이 다른 사람들에게 받은 도움의 정도와 관련된 차이가 있었다. 교사 격려의 질, 부모 인정, 보고를 듣는 집단과 훈련 집단의 정도와 적절성, 다른 학생들의 피드백 그리고 이용자인지 아니면 앞으로 이용 가능성 있는 사람인지 정도에 차이가 있었다. 몇몇 남자 또래 지지자들은 성별 인식 문제에서 어려움을 겪었다. 또 다른 지지자들은 또래 지지자의 역할과 '남자다운' 것 사이에서 조합을 찾는 것에 어려움을 겪기도 했다. 외부 훈련소(예: ChildLine, http://www.childline.org.

uk/), 국립 단체(예: 영국 천문대, www.ukobservatory.com) 그리고 고등교육(예: 대학교기반의 연구 프로젝트)과 같은 다른 체계와의 유용한 연계도 있었다. 이러한 연계는 학회에서 발표하고, 학회지에 성과를 발표하고, 다른 학교의 또래 지지자를 만나고 배우는 기회를 통하여 이루어졌다.

Cowie와 Olafsson(2000)은 주립학교에서는 보기 힘든, 빈곤한 도시 내 통학 가능 지역에 있고 남학생들만 다니는 한 런던 중등학교(420명)에서 또래 지지 제도를 연구하였다. 그 지역의 열악한 명성 때문에, 학부모들은 가능하면 다른 학교로 자녀를 보내는 경향이 있어서 그 학교는 남는 공간이 많았고, 학업에 지장을 주는 행동 때문에 다른 학교에서 정학당한 남학생들을 많이 받아 주었다. 7명의 또래 지지자를 인터뷰하였는데, 또래 지지 서비스의 도입 전과 7.5개월 후에 Olweus 집단 괴롭힘 설문지가 주어졌다. 이들이 일했던 환경이 지극히 힘든 환경이었음에도 고도의 공격성이 있었던 그 학교의 또래 지지자 7명은 훈련받은 또래 지지 원칙에 대한 믿음과 헌신을 표현하였다. 그들 모두가 집단 괴롭힘 문제에 어느 정도 책임을 지고 있다는 신임을 얻게 되는 긍정적인 영향이 있다고 보고하였고, 또래 지지 중재가 중요한 변화를 가져왔다는 강한 확신을 주었다. 동시에 그들 모두 많은 수의 또래 지지자들이 그 전체 학교에서 420명의 남학생을 대상으로 서비스하는 것이 필요할 것이라고 말하였고, 어떤 피해자들은 약자로 보이는 것에 대한 반발이나 불안을 두려워하여 도움을 요청하지 않았다는 사실을 인정하였다.

Smith와 Watson(2004)은 학교와 파트너십 ChildLine(ChildLine in Partnership: CHIPS)에 참여했던 영국의 20개 학교(10개 초등학교, 2개 중학교와 8개 고등학교)에서 데이터를 수집하였다. 교장과 CHIPS 코디네이터를 인터뷰하고, 또래 지지 훈련을 받았던 학생들과 토론 집단 미팅을 열고, 학교의 또래 지지 체계에 대한 지식과 그 효과에 대한 의견에 중점을 둔 설문을 수집하였다. 설문은 455개 초등학교와 379개 중등학교 학생들(또래 지지자로 훈련받은 178명 포함) 그리고 109명의 초등학교와 95명의 중등학교 직원을 대상으로 하였다. 일반적으로, 또래 멘토들은 그 일에 대해 굉장히 열정적이라는 것을 발견하였다. 그 일은 그들이 받은 훈련에 적절하였고 또래 멘토로서 유용한 기술을 개발했다고 생각했다. 대부분이 바쁘게 잘 활동한 반면에 어떤 사람은 거의 관련 없이 활동하기도 했다. 운동장이나 상담 접수면접 장소가 있는 곳에서는 이런 일이 발생할 가능성이 더 높았다. 또한 또래 멘토들이 더 연령이 낮은 튜터 그룹과 일한 곳에서는 또래 멘토들이 일상 과업이나 행정 과업을 하게 될 위험이 있었다.

Houlston과 Smith(2008)는 모두 여학생들로만 이루어진 중등학교에서 학교 전체 집단 괴롭힘 예방(anti-bully) 중재의 일부분으로 시행된 또래상담 제도의 효과를 평가하면서 1년간의 종단 연구를 실시하였다. 양적 연구와 질적 연구 결과 둘 다 또래 상담자들이 학교 또래 지지 프로젝트에 참여하는 것으로부터 혜택을 입었다는 것을 보여 주었다. 학생들은 대개 받은 훈련에 대해서 매우 긍정적이었고, 그것이 의사소통 기술과 대인관계 기술 습득으로 이끌어 주었다고 인식하고 있다고 밝혔다. 사전-사후 검사는 14명의 또래 지지자와 14세 연령의 통제 집단 학생을 대상으로 실시되었다. 수치심 인정과 회피 또는 사회성 기술에 있어서 통제 집단 학생들과의 차이는 없었으나, 또래 상담자들은 사회성 자존감에 있어서 상당한 차이의 증가를 보였다.

Andrès(2007)는 스페인의 중등학교 두 곳에서 종단 연구를 실시하였다. 한 곳은 'convivencia'를 증강시키기 위해서 또래 지지 체계를 개발했던 778명의 학생이 다니는 실험 학교이고, 다른 한 곳은 같은 통학 지역에 있는 통제 집단 학교(462명)이다. 이 지역은 학교와 지역사회 둘 다에서 다른 문화 가족의 유입이 많고 폭력 증가에 대한 계속되는 우려가 있는 지역이었다. 실험 학교에서는 각 학급에서 학생들이 또래 지지자 역할을 하는 급우를 선출하였고, 이 학생들은 집단 괴롭힘을 당하고 학대를 당한 경우의 중재에 대한 특정 지침서와 함께 또래 갈등을 직접적으로 해결하도록 중재하기 위한 훈련을 받았다. 이 프로그램은 또래 지지자로 참여했던 학생들의 사회성 개발에 긍정적인 영향을 미쳤다. 여학생들은 감정이입, 친사회적 행동, 자기효능감 그리고 문제해결 능력 측정에서 상당한 증가를 보였고, 남학생들은 이러한 측정에서 더 낮은 수준에서 시작했는데 여학생보다 속도가 느리지만 진전하는 양상을 보였다.

요약하면, 또래 지지의 실행이 학교 공동체에서의 집단 괴롭힘과 고의적 집단 괴롭힘 같은 불의를 다루려는 청소년들의 이타적 소망에 대한 방향을 제시하고, 훈련이 의사소통 능력과 문제해결 능력 그리고 곤경에 처한 또래 아동을 공감하는 능력을 향상시킨다는 일관성 있는 질적 증거가 있다. 지금까지 수량화된 가장 우수한 결과는 사회적 자존감, 자기효능감 그리고 대인관계 어려움을 해결하는 능력에서의 향상과 관련이 있다.

또래 지지 이용자

중등학교 학생 연구 조사에서, Naylor와 Cowie(1999)는 또래 지지 체계 이용자였던 65명의 학생 중 82%가 그것이 '유용하다' 또는 '아주 유용하다'고 보고하였음을 발견하였다. 82%는 집단 괴롭힘에 대처하는 힘을 주는 데 아주 유용하였다고 하였고, 80%는 이 지지 체계를 친구에게 추천할 것이라고 하였다. 단지 18%만이 이 체계에 대해서 부정적인 생각을 가지고 있었다. 예를 들어, '도움이 되지 않는다.' 또는 '정이 안 간다.'라고 하였다. 이용자들이 왜 또래 지지지자들이 혜택을 받았다고 인식했는지에 대해 밝힌 이유는 서비스가 적극적으로 문제를 들어 주는 사람을 제공했고, 이용자들이 그 문제를 극복하도록 도움을 줬고, 또래 지지 체계의 존재는 학교가 그들의 행복을 관리하고 있다는 것을 나타내기 때문이라는 것이었다.

2년 뒤 추적 연구에서, Cowie 등(2002)은 이러한 결과를 확인하였다. 전체적으로, 집단 괴롭힘을 당한 87%의 학생은 이 체계가 유용하거나 아주 유용하다고 하였다. 그렇게 말한 가장 큰 이유는 그것이 또래 아동과 이야기를 나눌 수 있도록 도움을 주기 때문이었다.

Cowie와 Olafsson(2001)은 한 중등학교에서 심각한 문제를 가진 또래 지지 서비스 이용자 7명을 인터뷰하였다. 이들 중 4명은 또래 지지가 도움을 주었다고 하고 다른 또래 아동에게 추천할 것이라고 하였다. 또래 아동이 그들의 문제를 들어 주는 것에 대한 가치를 높이 평가하였고, 또래 지지자의 존재라는 보호막을 가지는 것이 도움이 된다고 하였다. 그러나 3명은 학교에서 더 안전하다는 것을 느끼지 못했고, 괴롭힌 가해 학생들이 그들이 저지른 행동에 대해 처벌을 받지 않았다는 사실에 분개하였다.

Smith와 Watson(2004)은 영국의 ChildLine 또래 지지 제도의 평가에서 그 제도의 이용이 학교들 사이에서 달라졌고, 종종 또래 멘토들의 역할과 '시간'에 따라 달라졌다는 것을 발견하였다. 총 학생의 반을 조금 넘은 학생들(초등학생 53%, 중등학생 52%)이 또래 지지 제도를 이용한 사람들을 알고 있었다. 자신이 그 제도를 이용했는지를 질문했을 때, 초등학교에서 22%가 한 번 이용했고 11%는 두 번 이상 이용했다고 했다. 그리고 중등학교에서는 9%가 한 번 이용했고 8%가 두 번 이상 이용했다고 했다.

그 제도를 이용했던 학생들에게 또래 지지가 도움이 됐는지에 대해 질문을 했다. 전체적으로 44%의 초등학교 이용자는 많이 도움이 됐다고 했고, 50%는 조금 도움이 됐다고 했으며, 60%는 도움이 되지 않았다고 했다. 중등학교에서는 47%가 많이 도움이 됐고, 42%는 조금 도움이 됐으며, 11%는 도움이 되지 않았다고 했다. 초등학교에서는 성별에 따른 차이가 없었지만 중등학교에서는 남학생이 여학생보다 도움이 되지 않았다고 말한 비율이 높았다(18% 대 15%). 문제가 생겼을 때 다시 또래 지지 제도를 이용할 것인가에 대해 질문을 받았을 때, 75%의 초등학교 이용자가 이용하겠다고 했고, 22%는 확실하지 않다고 했고, 3%는 이용하지 않겠다고 했다. 중등학교에서는 67%가 하겠다고 했고, 22%는 확실하지 않다고 했고, 11%는 하지 않겠다고 했다. 초등학교와 중등학교 이용자들 사이나 남학생과 여학생들 사이에 유의미한 차이는 없었다.

Houlston과 smith(2008)는 모두 여학생만 다니는 중등학교에서 7학년 학생 30% 이상이 적어도 한 번 또래 지지 서비스를 이용했다고 했으나, 8학년에서는 단 11%만이 이용했다고 하였다(프로그램은 2년을 목표로 함). 7학년에서 33%의 학생이 이 제도가 '많이' 도움이 됐다고 하였고, 50%는 '조금' 도움이 됐다고 하였으며, 17%는 도움이 되지 않았다고 하였다. 8학년에서는 '많이' 도움이 됐다고 한 학생이 없었고, 75%는 '조금' 도움이 되었고 25%는 도움이 되지 않았다고 했다.

요약하면, 이용자 대부분은 그 지지 제도가 도움이 된다고 보고하고 있고, 성공적인 지지 제도는 대다수가 도움이 된다고 할 가능성이 있지만, 심각한 문제가 있는 학교나 지지 제도가 열악하게 실행된 학교에서는 도움이 된다고 하지 않을 수도 있다.

학교 기풍

영국 전역에 있는 학교들의 설문 조사에서 Smith와 Samara(2003)는 집단 괴롭힘 예방 중재에 얼마나 만족하는지 5점 척도(1=전혀 만족하지 않는다, 5=아주 만족한다)에서 평정해 달라고 요청하였다. 적극적 경청/상담을 바탕으로 한 접근법은 3.9점을 받았고, 친해지기는 3.6점 그리고 또래 중재는 3.5점을 받았다. 이것은 보통 만족 정도를 나타내고 많은 다른 중재에 주어진 점수 등급과 비슷하다[즉, 전체 학교정책은 3.9점, 지지집단 접근법은 3.5점, 현장 관리자 훈련은 3.5점으로 Smith와 Samara(2003)에 전체 표가 제시되어 있다].

학생들과 교사는 질적 성격에서 일반적으로 만족한다고 나타내지만 약간의 예외는 있다고 보고한다. Cowie 등(2002)은 교사들이 또래 지지 체계의 존재를 통하여 그 지역 공동체에서 한 학교의 명성이 향상된다고 보고한 것을 발견하였다. 왜냐하면 학교가 청소년의 행복을 보살핀다는 것을 나타냈기 때문이다. 정신건강재단(Mental Health Foundation, 2002)은 영국의 6개 중등학교와 대학교 한 곳에서 또래 지지 제도를 개발하고 평가하였다. 수치화된 데이터는 직원(34명)이 6개 항목에 응답한 것에 제한된 것인데, 직원 61%는 또래 지지 체계가 집단 괴롭힘과 관련한 사건을 감소시켰다고 생각하였다. Grossman과 Tierney(1998)는 미국에서 '빅 브라더, 빅 시스터' 또래 멘토 프로그램의 평가에서 비슷한 긍정적인 결과가 나왔다고 하였다.

Naylor와 Cowie(1999)는 또래 지지 체계가 집단 괴롭힘을 감소시킨 것 같지 않았다는 것을 발견하였다. 익명의 설문 조사에서 측정된 집단 괴롭힘 관련 사건 수가 그 당시에 다른 조사에서 보고된 것과 비슷했기 때문이다(예: Whitney & Smith, 1993). 그럼에도 그 설문 조사에 응한 이용자들의 응답을 기초로 하여, 또래 지지 체계의 존재가 피해자에 대한 집단 괴롭힘의 부정적인 영향을 감소시켰으며 피해자들이 집단 괴롭힘을 더 보고하도록 만들었다고 주장하였다. 특히 또래 아동이 성인보다 훨씬 더 빠른 단계에서 집단 괴롭힘을 감지할 수 있다는 것을 현재의 이용자와 향후의 이용자 둘 다 인식하게 되었다.

Lane-Garon과 Richardson(2003)은 미국의 300개 초등학교 학생 표본에서 또래 중재 제도가 학교 풍조에 미치는 영향에 대해서 연구하였다. 중재자와 비중재자 둘 다 또래 중재 제도의 도입 전년도에 보고되었던 것보다 학교 풍조가 더 안전해졌다고 인식하였다. 이것은 학교에서 안전하다고 느끼는 데 동의하거나 전적으로 동의한다고 답한 학생들이 56%에서 66%로 증가한 것을 나타낸다. '다른 학생들이 학교에서 나를 존중하며 대해 주며 학교에 소속감을 느낀다.'라는 문항에 대한 응답은 이 기간에 47%에서 58%로 증가하였다.

Smith와 Watson(2004)은 거의 모든 직원(94%)과 학생 다수(72%)가 학교 내에 또래 지지 제도를 시행하는 것이 좋은 생각이었다고 느꼈다는 것을 발견하였다. 또래 지지는 초등학교 여학생(82%)에게 가장 많았고, 초등학교 남학생에게는 가장 낮았다(59%). 전반적으로, 또래 지지 훈련을 받은 사람들(90%)에게 지지받은 경우가 더 많았고, 또래 지지 체계를 이용했던 사람들(84%)에게 지지받은 경우도 많았다. 단지 4% 학생만이 이 지지 제도에 반대하였다(중등학교 남학생이 7%로 가장 많았음). 직원 중에서는 지지 제도가 안 좋은 생각이었다고 느낀 사람이 없었다. 많은 교사가 어떻게 환경이 더 안전하게 느껴졌는지에 대해 보고하였다. 직접적이고 객관적인 증거는 부족하지만 직원들은 학생들이 평화적인 방식으로 스스로 상황을 더 해결할 수 있게 되었고 사소한 집단 괴롭힘 사건의 발생이 감소되었다고 보고하였다. 취약한 학생들 일부는 또래 학생의 인식 증가로 더 쉽게 눈에 띌 수 있었고 네트워크하에 빠르게 지지를 받을 수 있었다. 또래 지지 제도가 학교에서 집단 괴롭힘을 막는 것을 도왔는지에 대해서 질문을 했을 때 직원 52%와 학생 43%는 그렇다고 답했지만, 전체 참여자의 약 45%는 확실하지 않다고 하였고, 학생 11%(중등학교 남학생이 19%로 가장 많았음)와 직원 3%는 그렇지 않다고 답하였다.

Houlston과 Smith(2008)는 여학생만 다니는 중등학교에서 대부분의 직원(34명 응답자 중 79%)이 또래 지지 제도가 괜찮은 아이디어라고 생각한다는 것을 발견하였다. 그리고 다수(62%)는 그것이 집단 괴롭힘을 막는 것을 도왔다고 생각하였다. 학생들 절반 이상은 또래 지지 제도가 괜찮은 생각이었다고 여기지만, 유의미한 연령 차이가 있었다(7세 74%, 8세 53%, 9세 51%). 각 연령 집단에서 소수의 학생(5~8%)은 그 제도가 좋은 생각이었다고 여기지 않았다. 그 제도가 집단 괴롭힘을 막는 것을 도왔다고 생각하는지에 대해서도 유의미한 연령 차이가 있었는데, 7세에서 28%로 가장 높았다. 각 연령 집단에서 많은 학생은 확실하지 않다고 하였고(44~70%), 적지 않은 수의 학생(16~38%까지)은 집단 괴롭힘을 막지 못했다고 생각하였다.

이상은 모두 다소 주관적인 보고이다. 통제 집단과 비교가 이루어졌을 때도 결과가 지속되는가? 또래 지지 제도가 있는 중등학교 두 곳과 없는 학교 두 곳을 비교한 연구가 있다.

Cowie, Hutson, Oztug과 Myers(2008)는 중등학교 학생 총 900명을 설문 조사하였다. 또래 지지를 하지 않은 통제 집단 학교의 학생들은 실제로 화장실, 운동장, 복도 그리고 수업 시간에 또래 지지 제도가 있는 학교보다 더 안전하다고 느꼈다고 보고하였다. 그러나 또래 지지가 있는 학교 안에서 학교에 또래 지지 체계가 있다는 것을 알지 못했던 상당 소수의 학생과 그 제도가 있다는 것을 알고 있었던 학생들 사이에 안전에 대한 인식에 유의미한 차이가 있었다. 그 제도를 알고 있었던 학생들은 알지 못했던 학생들과 비교하여 수업 시간에 더 안전하다고 느꼈고, 학교를 더 친근한 장소로 인식하였고, 집단 괴롭힘을 당하는 것에 대해서 상당히 덜 걱정하였다. 또한 알고 있는 학생들이 학교에서 나쁜 일이 발생하였을 때 누군가에게 말할 가능성이 훨씬 더 높았다.

몇몇 연구가 피해 정도와 같은 결과를 평가하기 위해서 사전-사후 검사를 사용하였다. 그중 2개 연구는 또래 아동이 이끄는 중재의 일반적인 특성을 평가하였다. Peterson과 Rigby (1999)는 학생 주도 활동들과 또래 조력 제도를 포함하는 다면적 중재에 뒤이어서, 한 호주 중등학교에서 2년에 걸쳐 7세, 9세, 11세 연령에서의 피해율을 측정하였다. 피해가 전반적으로 감소되지는 않았으나 연령 집단과 유의미한 상호작용이 있었다. 사후검사에서 7세 학생들은 피해가 적었지만 9세 학생들은 피해가 더 많았다.

Salmivalli(2001)는 핀란드의 한 중등학교에서 소규모의 또래 아동이 이끄는(일주일간 8명의 또래 상담자 대상) 중재의 효과에 대해서 보고하였다. 7학년과 8학년(13~15세)을 평가하였는데, 7학년 여학생들은 긍정적인 결과가 있었지만 8학년 여학생들과 남학생들에게서는 긍정적 결과를 발견하지 못하였다. 여학생들은 집단 괴롭힘 문제에 자발적으로 영향을 주려는 의향이 증가하였으나, 남학생들은 실제로 집단 괴롭힘을 옹호하는 태도가 증가하였다. 그러나 이 중재는 아주 짧은 기간에 이루어졌고 통제 집단 비교가 이루어지지 않았다.

Cowie와 Olafsson(2000)은 폭력 수준이 높은 한 중등학교의 연구에서 또래 지지 서비스 도입 전 그리고 7.5개월 후에 Olweus 집단 괴롭힘 설문조사를 실시하였다. 그 학교에서 집단 괴롭힘 사건의 높은 발생률이 또래 지지 서비스가 운영되었을 때 그 기간에 거의 변화가 없었음을 보여 주었다. 각 학급에서 학생들이 추정한 피해자 수는 11월에 2.64명이었고 그다음 해 6월에는 2.46명이었다. 각 학급에서 추정된 집단 괴롭힘 사건의 수는 11월에 2.39건이었고 6월에는 2.46건이었다. 교사, 또래 지지자 그리고 다른 청소년들이 누군가가 집단 괴롭힘을 당할 때 막으려고 시도하였는지 물었을 때, 학생들은 전해 11월보다 6월에 덜 중재한 것으로 인식하는 경향이 있었다. 긍정적인 면으로는 집단 괴롭힘을 당하는 것에 대해 누구한테도 말하지 않았던 사람들은 11월에 39%에서 6월에 30%로 감소하였다. 교사, 또래 지지자나 집안 누군가에게 말한 피해자 수는 11월(12명)부터 6월(18명)까지 증가하였다. 저자는 소수의 또래 지지자가 그러한 힘든 상황에서 특히 그 기간에 중재를 유지하기 위한 관리, 감독 그리고 성인의 지원에 대한 증거가 거의 없을 때 집단 괴롭힘 문제를 해결할 수 있다고 기대하는 것은 현실적이지 않다고 결론 내렸다. 학교 직원들은 또래 지지자들의 활동에 뒤이어 알려진 집단 괴롭힘에 대한 제재를 적용한 것 같지 않다. 그리고 이것이 학생들에게(이용자들과 이용 가능성이 있는 사람 모두에게 비슷하게) 부정적으로 보인 것 같다.

Houlson과 Smith(2008)는 여학생만 다니는 중등학교 대상 연구에서 7학년, 8학년 그리고 9학년의 416명 학생을 대상으로 집단 괴롭힘 수준과 그에 대한 인식을 평가하는 사전-사후 검사를 실시하였다. 보고된 피해자나 집단 괴롭힘 수준에서는 유의미한 차이가 없었다. 그러나 집단 괴롭힘 수준의 인식은 감소하였고, 학교가 집단 괴롭힘에 대해 어떤 조치를 취하고 있다는 인식은 증가하였다. 이러한 향상은 7학년 학생들에게서 가장 현저하였다.

중재가 없는 통제 집단 학급을 포함하고 있는 3개의 연구가 있었다. Menesini 등(2003)은 1년 동안(10월부터 5월까지) 9개의 이탈리아 중학교의 7학년과 8학년에서 학급을 바탕으로 하는 친해지기 중재를 평가하였다. 두 학교에 걸쳐, 9개 학급이 프로그램 조건에 있었고 5개 학급은 통제 집단이었다. 실험 학급은 통제 집단과 비교하여, 특히 남학생은 집단 괴롭힘과 방관자 역할에 있어서 감소를 보였고, 강화자와 집단 괴롭힘 조력자에 있어서 증가는 덜 보였다. 전체적으로 옹호자나 피해자 역할에 있어서 유의미한 변화는 없었으나, 6학년에서만 둘 다 증가하였다. 사고방식에 대한 데이터에서는 6학년에게서만 집단 괴롭힘 예방을 지지하는 태도에 증가를 보였다.

Ellis, Marsh와 Craven(2005)은 호주의 중등학교 세 곳에서 7학년 학생을 위한 또래 지지 프로그램의 효과에 대해서 평가하였다. 프로그램을 도입한 해 학생들(실험 집단)과 도입 전해 7학년 학생들(통제 집단)을 비교하였다. 실험 집단 학생들은 통제 집단 학생들과 비교하여 자기 인식을 포함한 몇 가지 면에서 향상을 보였고, 집단 괴롭힘에 찬성하는 태도를 감소시켰고, 이러한 결과는 시간이 지나도 유지되었다. 그러나 피해자를 지지하는 태도나 전체적인 자부심에 있어서 유의미한 변화는 없었다. 이 연구는 집단 괴롭힘 수준은 평가하지 않았다.

Andrès(2007)는 스페인 학교 두 곳의 종단 연구에서 복합된 결과를 발견하였는데, 두 학교 중 한 학교만 또래 지지 체계가 잘 구축되어 있었다.

실험 학교에서 교사와 학생들은 중재 기간에 convivencia가 증가하였다고 인식하였다. 그러나 집단 괴롭힘은 실험 학교에서 감소하였다고 할지라도 공격적인 갈등 사건들이 증가함에 따라 신체적인 집단 괴롭힘 비율은 증가하였다.

요약하자면, 학교 기풍에 대한 또래 지지 제도의 결과는 복합적이다. 잘 통제된 양적 연구는 거의 없고, 일관성 있는 긍정적인 결과를 주지도 않는다. 연구된 곳에서 연령 집단에 따른 변수가 자주 보고된다. 그래서 또래 지지 제도의 효과에 대해서 많은 긍정적인 혜택이 입증되어 왔다 할지라도, 또래 지지 체계가 어떻게 작용되는지, 어떤 학생들이 혜택을 입는지 그리고 어떤 학생들이 혜택을 입지 못하고 왜 그런지에 대해서 좀 더 자세하게 연구되어야 할 필요가 있다. 또래 지지 체계가 효과적이라고 널리 생각되는 분위기에서, 많은 학교는 학교폭력과 집단 괴롭힘을 감소시키는 영향을 줄 거라는 많은 희망을 가지고 그것을 도입하고 있다. 그 제도의 존재가 학교에서 안전감을 증가시키고 집단 괴롭힘 당하는 것에 대해서 다른 사람에게 더 자발적으로 말하게끔 하는지 질문해 보는 것이 적절할 것이다.

연구 결과 논의

이 절에서는 또래 지지 체계의 세 가지 주요 성과에 관한 지금까지의 연구 결과를 살펴볼 것이며, 이런 결과가 어떻게 상호작용하고 있는지도 함께 살펴볼 것이다. 어떤 추수 연구가 필요한지 그리고 지금 현재 상태에서 주어진 체계 실행의 함의가 무엇인지에 대해서 논의해 볼 것이다.

또래 지지 훈련을 받은 사람

가장 잘 확립된 연구 결과는 또래 지지자들에 대한 또래 지지 체계의 혜택에 대한 것이다. 자존감이 향상되고, 사회성과 의사소통 기술이 증가하였으며, 감정이입이 풍부해지고, 책임감과 학교에서 가치 있는 일을 한다는 의식이 향상되었다는 증거가 있다. 이것은 문헌 개관 연구에서 거의 보편적으로 보고되었다. 이러한 혜택은 아마도 받았던 훈련이 좋았고(대부분의 연구에서 또래 지지자들은 훈련을 아주 높게 평가함), 관리가 지속되었고, 다른 또래 아동과 학교에 의해서 판단된 맥락에서 기술을 실행할 수 있었기 때문일 것이다. 이러한 데이터는 또래 지지자의 자기보고와 교사의 관찰에 기초하고 있다. 그래서 그 응답에는 사회적 적합성 요소가 존재할 수 있다. Houlston과 Smith(2008)의 연구에서는 학생들이 자기보고 자존감 설문지를 사용하였다. 이 자기보고는 아마도 다른 학생들과 교사들에게서 훈련 전과 후에 그리고 통제 아동들(향후에 훈련을 받기 위해 대기자 명단에 있는 아동들)과 비교하여, 사회 능력과 사회성과 같은 다른 측정을 보완하는 데 유용할 것이다.

또래 지지자에 대한 문제가 아주 없다고 말하는 것은 아니다. 우리는 세 가지 문제를 확인할 수 있었다. 그것은 지위, 성별 불균형 그리고 이용 부족에 대한 우려였다. 지위와 관련해서는, 많은 또래 지지자는 자신의 역할이 가치 있고 존중받는다고 느끼는 반면에, 어떤 경우에는 Cowie와 Olafsson(2000), Naylor와 Cowie(1999)가 조사한 학교에서처럼 고립된 소수자라고 느끼는 경우도 있다. 그리고 지지자 역할에 대해서 놀림을 받는 경우가 있을 수 있다. 이러한 경우는 또래 지지 체계가 학교 기풍에 깊숙이 박혀 있지 않는 학교에서 분명히 더 일어날 가능성이 있다. 그리고 또래 지지 체계에 대해서 덜 긍정적인 태도를 가진 경향이 있는 중등학교 남학생한테서 일어날 가능성이 더 높다(Smith & Watson, 2004).

두 번째 이슈인 성별 균형이 여기서 중요하다. 보통 남학생보다 여학생을 설득하기가 더 쉽다고 보고되고 있다. Naylor와 Cowie(1999)는 남학생은 다른 사람을 돌봐 주는 또래 지지자의 자질을 보여 줄 수 있는 능력이 있지만, 다른 사람을 돌봐 주는 상황이 그들의 남성성을 위협하지 않을 것이라고 인식하지 않는 한 그 능력을 사용하지 않기로 선택한다고 결론 내렸다. 부모와 또래 및 미디어에서 그려진 것과 같은 남성성과 여성성을 나타내는 것이라고 설명할 수 있다. 여기서 중요한 단계는 또래 지지자들이 선발되는 방식일 것 같다(예: 남학생과 여학생 할당 비율제를 해야 하는가?). 그리고 광고와 집회를 통해서 또래 지지 제도를 홍보하는 것을 도울 수 있는 몇몇 높은 지위의 남학생 또래 지지자를 갖는 것이다.

마지막으로, 또래 지지자들은 그들 자신이 참여하고 자신의 능력이 사용될 수 있다면 그들의 역할이 더 존중되고 가치가 있다고 느낀다. 예를 들어, 낙인찍히는 것이 두려워서 아무도 운동장의 '친구 벤치'나, 학교의 또래 지지 교실에 오지 않는 것은 위험 요소이다. 또는 또래 지지자들이 튜터 그룹에 배치될 때 더 일상적인 과업을 할당받는 것도 위험 요소이다. 이러한 잘못된 또래 지지자의 사용 예는 피할 수 있다. 또래 지지자들은 게임과 활동, 또는 점심시간 클럽 등을 준비하는 데 좀 더 적극적인 역할을 할 수 있다(Demetriades, 1996에 기술된 것처럼). 이런 것들은 용기가 없거나 집단 괴롭힘을 당한 아동이 드러나지 않는 방식으로 계속 지지를 받도록 하는 동안 많은 학생을 끌어모을 수 있다. 상담 제도는 그것을 이용하는 것에 대한 낙인이 찍히는 것의 위험을 피하기 위해서 학교 내 네트워크를 이용할 수 있고, 또는 일정 범주의 분야(대인관계뿐만 아니라 학업 분야)에서 널리 지지하는 데 적합하도록 맞추어질 수 있다(Cartwright, 2005; Cowie & Hutson, 2005; Smith & Watson, 2004).

또래 지지 이용자

대부분의 또래 지지 체계 이용자는 이 체계가 도움이 많이 되었다고 보고한다. 도움이 된 정도는 다르지만, 대다수는 다시 그 서비스를 이용할 것이고 필요한 친구에게 추천할 것이다. Smith와 Watson(2004)의 연구에서 6%, Naylor와 Cowie(1999)의 연구에서는 18%부터, Cowie와 Olafsson(2000)이 설문 조사한 학교에서는 3/7 또는 43% 정도 범위에서 소수의 이용자는 도움이 되지 못했다고 보고한다. 또래 지지 서비스 이용이 얼마나 자주 실제로 집단 괴롭힘을 당한 경험을 막았는가에 대한 세부 사항이 부족하다. 또한 왜 어떤 이용자들은 부정적인 경험을 가지게 됐는가에 대해서 좀 더 알아볼 필요가 있다. 그러나 어떤 이용자들은 적어도 또래 지지자들의 태도나 집단 괴롭힘 대처의 끝마무리가 부족함을 비판하는 정도이며, 이러한 문제는 유익한 훈련과 또래 지지자들의 관리 그리고 좀 더 광범위한 학교 기풍과 집단 괴롭힘 예방 정책 체계의 통합에 의해서 다루어질 수 있는 것들이다.

학교 기풍

자기보고를 바탕으로 한 데이터는 안면 타당도를 가지는데, 또래 지지자와 이용자들을 위한 혜택에 관한 데이터와 비교하여, 좀 더 일반적인 학교 기풍의 영향에 대한 조사 결과는 더 간접적이다. 많은 직원과 학생은 일반적인 단계에서 학교 집단 괴롭힘 또는 또래 관계에 긍정적인 영향이 있다고 생각하지만, 많은 사람이 확신하고 있지는 않다. 학생 개인이 어떻게 혜택을 받았는가에 대한 일화를 보여 주는 보고들이 있지만 좀 더 객관적인 수치를 바탕으로 한 일반적인 데이터가 부족하다. 단지 몇몇 연구만이 객관적인 수치를 바탕으로 연구가 이루어졌다.

그중에서 어떤 연구도 전체에 걸쳐 긍정적인 결과를 보여 주지 않았다. 단지 Menesini 등 (2003), Ellis, Marsh와 Craven(2005)만이 긍정적인 결과가 약간 있으며 부정적인 결과는 없는 것으로 조사했다. Menesini 등은 다소 비전형적인 학급을 바탕으로 한 프로그램을 사용하였고, Ellis, Marsh와 Craven은 집단 괴롭힘의 단계를 평가하지 않았다. Peterson과 Rigby(1999), Salmivalli(2001)의 두 연구는 또래 아동이 이끄는 중재의 일반적 성격을 평가하였다. 긍정적인 결과와 부정적인 결과가 혼합된 복합적인 결과를 보여 주는데, Andrès(2007)의 연구에서와 같이 연령 집단에 따른 상호작용이 있다고 보고한다(일반적으로, 연령이 더 낮은 집단이 더 긍정적인 변화를 보임). Cowie, Hutson, Oztug과 Myers(2008)는 학교에 또래 지지 체계가 존재한다는 것을 알고 있지 않은 학생들(NAPS)이 알고 있는 학생들(APS)보다 집단 괴롭힘을 당하는 것에 대해 상당히 더 고민을 할 가능성이 더 높았다는 것을 발견하였다. 복도, 화장실 그리고 운동장에서의 안전 인식에 대한 차이가 없었다고 할지라도, APS는 수업 시간에 더 안전하다고 느꼈고 학교가 지내기에 친화적인 장소라고 보고할 가능성이 더 높았다. APS 학생들은 나쁜 일이 자신에게 생겼을 때 누군가에게 말할 가능성이 더 있었고, 만약 자신이 다른 사람에게 나쁜 일을 했다면 보통 가족이나 친한 친구와 같은 다른 누군가에게 그 일을 털어놓을 가능성이 더 높았다. Cowie와 Olafsson(2001)의 연구에서 통제 집단 비교는 없었지만 실제로 집단 괴롭힘이 약간 증가했음을 발견하였다. 집단 괴롭힘의 비율이 비슷하게 유지되었다는 사실은 또래 지지 중재가 변화를 가져오는 데 실패했다기보다는 상황이 더 악화되는 것을 막았다는 것을 나타낼 수 있다. 마지막으로, Houlston과 Smith(2008)는 일반적 인식이 긍정적으로 변함에도 불구하고 집단 괴롭힘이나 피해자가 된 개인적 경험에서 변화가 없음을 발견하였다.

한편, 많은 학교에서 또래 지지 체계가 대부분 학생에게 알려져 있고(그것이 어떻게 기능하고 어떻게 이용하는지에 대해서), 대개 우호적인 방식으로 보인다는 것은 분명하다. 그렇지만 또한 몇몇 학교에서 적지 않은 수의 학생이 학교 또래 지지 체계에 대해 알고 있지 않은데, 이들은 학교에서 안전하지 않다고 느끼고 집단 괴롭힘을 당하는 것에 대해 걱정할 가능성이 훨씬 더 높고 나쁜 일이 발생했을 때 누군가에게 말할 가능성이 덜하다는 증거가 있다(Cowie, Hutson, Oztug, & Myers, 2008). 대부분의 학생은(중등학교의 남학생들조차도) 집단 괴롭힘을 싫어한다. 그리고 대부분의 학생은 또래 지지 체계가 좋은 아이디어라고 생각한다. 그러나 소수의 학생(아마 집단 괴롭힘을 행하는 많은 수를 포함해서)은 또래 지지 제도에 회의적이거나 저항적인 것 같다(Andrès, 2008; Smith & Watson, 2004). Roberts, Liabo, Lucas, DuBois와 Sheldon(2004)은 또래 멘토 중재가 불신하는 청소년 집단에 영향을 끼치는 데 실패할 수 있다고 반박하였다. 좀 더 심오한 단계에서, 또래 지지 체계는 학교 기풍, 학교 선호도 그리고 학교에서의 안전에 대한 인식에 미치는 영향에 대한 객관적인 증거가 부족하다. 집단 괴롭힘 단계에서처럼 일반적으로 이러한 문제에 대해 긍정적인 직원과 학생 인식이 있지만, 학교 선호도, 학교 기풍, 또는 학교 안전에 대한 좀 더 객관적인 측정을 사용한 사전-사후 자료가 부족하다.

또래 지지 제도의 성공에 영향을 미치는 문제

또래 지지 제도가 전체 학교 정책이나 기풍에 통합된 정도는 그 제도의 성공에 기여하는 요인이다. 개관된 연구에서 학생들이 집회, 소식지, 포스터 그리고 발표를 통해서 그 제도를 알게 하는 학교는 종종 그 제도가 더 인정받고 또래 멘토들이 또래 학생들로부터 존경과 신용을 얻는다는 것을 발견하였다. 그러나 전문 지식이나 경험, 좋은 실행 사례의 공유를 계획하는 것에 대해서는 학교들 사이에 어떤 상호작용을 발견하기가 드물다. 멘토들에게 다른 학교 학생들과 의견을 교환하는 기회를 제공하는 학교는 거의 없다. 더욱이 중등학교는 초등학교에서 올라오는 또래 멘토의 기술을 활용하지 못하면서 초등학교와 중등학교 부문 사이에 연속성이 거의 없다고 할 수 있다.

교장이나 고위 임원직들의 적극적인 지지도, 직접적으로나 또는 지지 제도 코디네이터에게 시간과 자료를 제공하는 것을 통해서, 성공에 결정적인 요인이 되는 것 같다. 코디네이터는 프로그램을 슈퍼비전할 수 있고, 또래 멘토들에게 지지와 꾸준한 훈련을 제공할 수 있다. 따라서 멘토들에게 부여된 스트레스와 책임을 덜어 줄 수 있다. 게다가 또래 지지자들은 학생들이 학교가 안전한 장소라는 사회적 구조를 만들 수 있도록 돕기 위해서 있다는 인식이 필요한 것 같다. Cowie, Hutson, Oztug과 Myers(2008)의 연구에서 학교의 또래 지지 체계에 대해 알고 있는 학생들에게 한 가지 중요한 성과는 그들에게 발생하거나 또는 그들이 다른 사람에게 하는 부정적인 것에 대해서 꼭 또래 지지가 아니더라도 다른 누군가에게 말할 자율권이 부여된다는 것을 느낀다고 제안하고 있다. 다시 말하면, 다른 사람과 근심과 걱정을 공유하는 것의 유익함을 관찰하는 것(어떤 경우에는 직접 경험하는 것)이 특정 학교 환경에서 문제들에 대처하는 용인된 방법이 되었다.

또래 지지자 훈련의 영향에 대한 선행 연구에서의 광범위한 증거를 볼 때, 또래 지지자들이 '적극적 경청'과 공감 훈련과 같은 비교적 전통적인 훈련 형태뿐만 아니라 집단 괴롭힘과 방관자들의 무관심에 도전하는 방법에 대한 추가 훈련을 받아야 한다고 반박하는 경우가 있다.

또한 훨씬 더 넓은 범주의 청소년에게 훈련이 실시되어야 한다는 논쟁이 있을 수 있다. 또래 중재 프로그램에 대한 연구는 단지 소수의 중재자만을 훈련하는 것은 폭력을 방지하지 못하고, 또 최적의 발달 성과에 우호적이지 않다는 것을 나타내고 있다. 훈련받은 중재자의 수가 학교 학생 수에 비례하여 커지는 것처럼, 학교 기풍에 좀 더 많은 영향을 미칠 것 같다(Lane-Garon & Richardson, 2003). 다시 말해서, 또래 지지가 실제로 이용될 수 있는 범위가 이러한 성과에 영향을 주는 것 같다.

후속 연구를 위한 제언

이제 우리는 학교 또래 지지 체계의 주요 가능성 있는 성과, 혜택 그리고 어려움에 대해 충분한 정보를 가지고 있다. 지금까지 세 가지 주요 성과 영역과 각각의 세부 영역을 제시하였다. 처음 두 영역(또래 지지자와 이용자)은 다른 한 영역(또래 관계와 집단 괴롭힘을 포함하는 학교 기풍)보다 증거가 더 강력하지만, 모든 영역에서 지금 더 중점적이고 객관적인 연구를 할 여지가 있다.

그러한 연구에 대한 노력의 한 부분으로 집단 괴롭힘 수준과 학교 기풍을 포함하는 또래 지지자의 기술과 성격, 이용자 경험, 또래관계 문제 측면을 측정하는 좀 더 양적인, 사전-사후 검사 설계의 연구가 이루어져야 할 것이다. 이런 '전통적인' 접근법은 이 영역에서 현저히 결핍되어 왔다. 물론 이러한 접근법은 어려움이 있다. 또래 지지 체계는 보통 다른 집단 괴롭힘 예방 제도와 함께 운영된다. 통제 집단(후에 훈련에 선택된 학생들이나 또래 체계 비이용자)은 완전하게 균등하지 않을지도 모른다. 그럼에도 불구하고 자기보고의 편견과 사회적 바람직성에 따른 편향에 취약할 수 있는 직접 보고에서 그러한 편견과 편향을 제거하는 관점에서 '객관적인' 그러한 측정에서 얻은 뒷받침하는 증거가 없다면, 또래 지지 체계의 혜택은 회의론자들에게 설득력 없이 남게 될지도 모른다.

우리는 이러한 양적 실험 접근법으로의 대규모 전환을 옹호하는 것이 아니다. 정확하게 지금까지의 접근법의 취약점 때문에 그런 방법은 개별 학교와 환경에서의 과정과 상호작용의 복잡성에 통찰력을 주는 질적 연구 방법과 사례 연구 접근법에 의해 보완될 필요가 있다(Smith, 2003).

또 다른 제안은 청소년을 연구자로 더 사용하는 것이다(Greene & Hogan, 2005). 과거 10년은 우리 문화에 아동이 인식되는 방식에 전환이 있었다. 이것은 영국의 「어린이법(Children Act)」(2005)과 같은 아동의 권리를 증강하는 정책을 통하여 볼 수 있는데, 이것은 아동이 사람이고 아동에게 영향을 끼치는 결정에 대해서 논의되어야 하고, 아동이 사회 세계를 만드는 데 활발한 역할을 담당한다는 것을 인정한 것이다. 결정을 내리는 데 참여할 아동의 권리의 원칙은 아동의 권리에 관한 UN 협정 12.1조항(United Nations, 1991)에 명시되어 있다. 그 조항은 "아동관은 아동의 연령과 성숙도에 부합하여 마땅히 고려되어야 한다."라고 권장하고 있다.

연구자들이 아동을 보는 방식은 아동을 연구하는 방법에 강력한 영향을 미치는데, 예를 들어 연구자들이 선택하는 방법에서 조사 중인 연구 집단과 수집한 데이터 분석에 영향을 미친다(James & Prout, 1997). 전통적으로, 아동 발달 전문가로서 성인은 아동에 대해서 '객관적으로' 증거를 수집했다. 좀 더 최근에는, 연구자들이 아동 자신이 어떻게 그들의 삶을 경험하는가에 대한 증거의 가장 중요한 출처라는 배경에서 아동 자신의 관점을 기록할 필요성을 목격했다(Jennifer & Cowie, 2009). 다시 말해서, 아동에 관한 연구라기보다는 아동들이 그 프로젝트에서 활발한 참여자가 되는 아동과 함께하는 연구에 관여하는 움직임이 있다(예: Veale, 2005). 우리 문화에서는 아동의 삶을 그들만의 언어로 이해하거나 적극적으로 들어 주는 실적을 가지고 있지 않다. 그럼에도 여기에서 보고된 대부분의 연구는 이용자와 실행자로서 또래 지지 제도에 관여된 청소년의 관점에 전적으로 의존하였다. 이 특정 분야는 좀 더 혁신인 아동중심 방법을 시험하는 이상적인 무대가 될 것 같다. 예를 들어, 또래 지지자가 자신의 경험에 대한 활발한 연구자 역할을 하는 것이다. 또래 지지자와 이용자 간 상호작용의 비밀보장은 여전히 존중하면서 이용자의 익명의 피드백을 좀 더 사용할 수 있을 것이다. 최근 또래 지지에 대한 수단으로서의 인터넷 사용 발달은 이 영역에서 유동성을 가져올 수 있을 것이다.

이것은 도입에서 제기했던 도덕적 문제로 다시 돌아가는 것이다. 또래 지지자에 의한 질적인 응답은 또래 아동에 의해 학대와 모욕을 당하는 학생들을 관찰하는 방관자에게 직면한 도덕적 딜레마에 대한 그들의 인식을 보여 주었다. 또래 지지 제도의 실행은 학교 공동체에서 집단 괴롭힘과 같은 불의를 언급하고 사회적 소외를 신중히 고려하는 청소년의 이타적인 소망에 방향을 제시해 주는 것 같다. 이것은 불의에 대항하여 침묵하는 다수와 다르게 공공연히 자신의 입장을 보여 주도록 준비된 방관자가 취한 도덕적 입장이다(Cowie & Hutson, 2005).

영국에서 최근 또래 지지 제도는 청소년이 자신의 삶에 영향을 주는 결정에 관여하는 임무를 보여 주는 정부의 전략과 계획에 공헌하였다. 예를 들어, '모든 아동은 다 중요하다(Every Child Matters)'(DfEs, 2003), '함께 일하기: 아동과 청소년에게 결정권 주기(Working Together: Giving Children and Young People a Say)'(DfES, 2004)가 있다. 또래 지지자가 되는 기회는 정책 결정에 아동과 청소년을 포함시키는 중요한 경로로 보일 수 있다. 그리고 아동학대 방지를 위한 국가 단체(ChildLine, National Society for the Prevention of Cruelty to Children: NSPCC) 및 국가 아동부(National Children's Bureau: NCB)와 같은 주요 자선 단체에 의한 제도 계획의 비전에 중심이다. 이러한 제도 계획안에 다른 나라의 제도 계획에 상응하여 연구자들이 연구에서 현재까지 이용 가능한 개념 틀을 만들 수 있는 많은 여지가 있다. 그리고 이러한 종류의 청소년 참여와 관여의 유효성에 관한 좀 더 철저한 다양한 연구를 지금 착수하고 그 실행에 대한 성공과 실패를 평가할 수 있는 여지가 많다.

참고문헌

Andrès, S. (2007). *Los sistemas de ayuda entre iguales como instrumentos de mejora de la convivencia en la escuela: evaluacion de una intervención*, unpublished PhD thesis. Universidad Autonoma, Madrid.

Batson, C. D., Ahmad, N., Lishner, D. A., & Tsang, J-A. (2002). Empathy and altruism. In C. R. Snyder & S. L. Lopez (Eds.), *Handbook of positive psychology* (pp. 485-498). Oxford: Oxford University Press.

Benson, A. J., & Benson, J. M. (1993). Peer mediation: Conflict resolution in schools. *Journal of School Psychology, 31,* 427-430.

Boehm, K., Chessare, J. B., Valko, T. R., & Sager, M. S. (1991). Teen line: A descriptive analysis of a peer telephonbe listening service. *Adolescence, 26,* 643-648.

Boulton, M. J., Trueman, M., Chau, C., Whitehand, C., & Amatya, K. (1999). Concurrent and longitudinal links between friendship and peer victimisation: Implications for befriending interventions. *Journal of Adolescence, 22,* 461-466.

Carr, R. (1994). Peer helping in Canada. *Peer Counseling Journal, 11,* 6-9.

Cartwright, N. (1996). Combatting bullying in school: The role of peer helpers. In H. Cowie & S. Sharp (Eds.), *Peer counselling in schools: A time to listen* (pp. 97-105). London: David Fulton.

Cartwright, N. (2005). Setting up and sustaining peer support systems in a range of schools over 20 years. *Pastoral Care in Education, 23,* 45-50.

ChildLine (2002). *Setting up a peer support scheme.* London: ChildLine.

Cole, T. (1987). *Kids helping kids.* University of Victoria, British Columbia.

Cowie, H. (1998). Perspective of teachers and pupils on the experience of peer support against bullying. *Educational Research and Evaluation, 4,* 108-125.

Cowie, H., Boardman, C., Dawkins, J., & Jennifer, D. (2004). *Emotional health and well-being: A practical guide for schools.* London: Sage.

Cowie, H., & Hutson, N. (2005). Peer support: A strategy to help bystanders challenge school bullying. *Pastoral Care in Education, 23,* 40-44.

Cowie, H., Hutson, N., Oztug, O., & Myers, C. (2008). The impact of peer support schemes on pupils' perceptions of bullying, aggression and safety at school. *Emotional and Behavioural Difficulties, 13,* 63-71.

Cowie, H., & Jennifer, D. (2007). *Managing school violence: A whole school approach to good practice*. London: Paul Chapman.

Cowie, H., & Jennifer, D. (2008). *New perspectives on bullying*. Maidenhead: Open University Press.

Cowie, H., Naylor, P., Talamelli, L., Chauhan, P., & Smith, P. K. (2002). Knowledge, use of and attitudes towards peer support. *Journal of Adolescence, 25,* 453-467.

Cowie, H., & Olafsson, R. (2001). The role of peer support in helping the victims of bullying in a school with high levels of aggression. *School Psychology International, 21,* 79-95.

Cowie, H., & Oztug, O. (2008). Pupils' perceptions of safety at school. *Pastoral Care in Education, 26,* 59-67.

Cowie, H., & Sharp, S. (1996). *Peer counselling in schools: A time to listen*. London: David Fulton.

Cowie, H., & Wallace, P. (2000). *Peer support in action*. London: Sage.

Cremin, H. (2007). *Peer mediation*. London: Open University Press.

Cunningham, C., Cunningham, L., Martorelli, V., Tran, A., Yong, J., & Zacharias, R. (1998). The effects of primary division, student-mediated conflict resolution programs on playground aggression. *Journal of Child Psychology and Psychiatry, 39,* 653-662.

Demetriades, A. (1996). Children of the storm: peer partnership. In H. Cowie & S. Sharp (Eds.), *Peer counselling in schools: A time to listen* (pp. 64-72). London: David Fulton.

Department for Education. (1994). *Bullying: Don't suffer in silence. An anti-bullying pack for schools*. London: HMSO.

Department for Education and Employment. (2000). *Bullying: don't suffer in silence: An anti-bullying pack for schools* (second edition). London: HMSO.

Department for Education and Skills. (2003). *Every child matters*. London: HMSO.

Department for Education and Skills. (2004). *Working together: Giving children and young people a say*. London: HMSO.

Ellis, L. A., Marsh, H. W., & Craven, R. G. (2005). Navigating the transition to adolescence and secondary school: A critical evaluation of the impact of peer support. *The New Frontiers of Self Research* (pp. 323-349). Information Age Publishing.

Fernandez, I., Villaoslada, E., & Funes, S. (2002). *Conflicto en el Centro Escolar*. Madrid: Catarata.

Gougeon, C. (1989). Guidelines for special issues training sessions in secondary school peer counselling programs. *Canadian Journal of Counselling, 23,* 120-125.

Greene, S., & Hogan, S. (Eds.). (2005). *Researching children's experience*. London: Sage.

Grossman, J. P., & Tierney, J. P. (1998). Does mentoring work? An impact study of the Big Brothers, Big Sisters program. *Evaluation Review, 22,* 403-25.

Houlston, C., & Smith, P. K. (2009). The impact of a peer counseling scheme in an all girl secondary school. *British Journal of Educational Psychology, 29,* 325-344.

Hurst, T. (2001). An evaluation of an anti-bullying peer support programme in a (British) secondary school. *Pastoral Care in Education, 19,* 10-14.

Hutson, N., & Cowie, H. (2007). Setting an e-mail peer support scheme. *Pastoral Care in Education, 25,* 12-16.

James, A., & Prout, A. (1997). *Constructing and reconstructing childhood: Contemporary issues in the sociological study of childhood.* London: Falmer Press.

Jennifer, D., & Cowie, H. (2008). Engaging children and young people actively in research. In K. Bryan (Ed.), *Communication in healthcare* (pp. 135-163). London: Peter Lang European Academic Publishers.

Kitwood, T. (1990). *Concern for others: A new psychology of conscience and morality.* London: Routledge.

Lane-Garon, P., & Richardson, T. (2003). Mediator mentors: improving school climate—nurturing student disposition. *Conflict Resolution Quarterly, 21,* 47-69.

Menesini, E., Codecasa, E., Benelli, B., & Cowie, H. (2003). Enhancing children's responsibility to take action against bullying: Evaluation of a befriending intervention in Italian middle schools. *Aggressive Behavior, 29,* 1-14.

Mental Health Foundation. (2002). *Peer support: Someone to turn to. An evaluation report of the Mental Health Foundation Peer support Programme.* London & Glasgow: Mental Health Foundation.

Naylor, P., & Cowie, H. (1999). The effectiveness of peer support systems in challenging school bullying: The perspectives and experiences of teachers and pupils. *Journal of Adolescence, 22,* 467-479.

Olweus, D. (2003). *Bullying at school.* Oxford: Blackwell Publishing.

Pepler, D. J., Craig, W., & Roberts, W. L. (1995). Social skill training and aggression in the peer group. In J. McCord (Ed.), *Coercion and punishment in long-term perspectives* (pp. 213-228). New York, NY: Cambridge University Press.

Peterson, L., & Rigby, K. (1999). Countering bullying at an Australian secondary school with students as helpers. *Journal of Adolescence, 22,* 481-492.

Rigby, K. (1996). *Bullying in Australian schools—and what to do about it.* Melbourne: ACER.

Roberts, H., Liabo, K., Lucas, P., DuBois, D., & Sheldon, A. (2004). Mentoring to reduce antisocial behaviour in childhood. *British Medical Journal, Education and Debate, 328,* 512-514.

Rosenroll, D. (1989). A practitioner's guide to peer counselling research issues and dilemmas. *Canadian Journal of Counselling, 23,* 75-92.

Salmivalli, C. (2001). Peer-led intervention campaign against school bullying: who considered it useful, who benefited? *Educational Research, 43,* 263-278.

Salmivalli, C., Lagerspetz, K., Björkqvist, K., Österman, K., & Kaukiainen, A. (1996). Bullying as a group process: Participant roles and their relations to social status within the group.

Aggressive Behavior, 22, 1-5.

Sanders, C. E., & Phye, G. D. (Eds.). (2004). *Bullying, implications for the classroom: What does the Research say?* San Diego, CA: Elsevier Academic Press.

Schulman, M. (2002). How we become moral. In C. R. Snyder & S. L. Lopez (Eds.), *Handbook of positive psychology* (pp. 499-512). Oxford: Oxford University Press.

Seligman, M. E. P., Reivich, K., Jaycox, L., & Gillham, J. (1995). *The optimistic child.* New York: Houghton Mifflin.

Slee, P. (1997). *The PEACE Pack: Reducing bullying in our schools.* School of Education, Flinders University of South Australia, Adelaide.

Smith, P. K. (2003). Violence in schools: An overview. In P. K. Smith (Ed.), *Violence in Schools: The Response in Europe* (pp. 1-14). London: Routledge.

Smith, P. K., & Samara, M. (2003). Evaluation of the DfES Anti-Bullying Pack. Research Brief No. RBX06-03. DfES, London.

Smith, P. K., & Sharp, S. (Eds.). (1994). *School bullying: Insights and perspectives.* London: Routledge.

Smith, P. K., & Watson, D. (2004). Evaluation of the CHIPS (ChildLine in Partnership with Schools) programme. Research report RR570, DfES publications, PO Box 5050, Sherwood Park, Annesley, Nottingham NG15 0DJ.

Sullivan, K. (2000). *The anti-bullying handbook.* Greenlane, Auckland: Oxford University Press.

Taki, M. (2005). Ijime/bullying: Its characteristics, process and intervention. In M. Tsuchiya, P. K. Smith, K. Soeda, & K. Oride (Eds.), *Countries' response to ijime/bullying: Response and measures to the issues on ijime/bullying in schools in Japan and the world* (pp. 33-55). Kyoto, Japan: Minerva Publishing Co, Ltd.

Toda, Y. (2005). Bullying and peer support systems in Japan: Intervention research. In D. Shwalb, J. Nakazawa, & B. Shwalb (Eds.), *Applied developmental psychology: Theory, practice, and research from Japan.* Greenwich, CT: Information Age Publishing.

United Nations. (1991). *United Nations Convention on the Rights of the Child.* Innocenti Studies, Florence: UNICEF.

Veale, A. (2005). Creative methodologies in participatory research with children. In S. Greene & D. Hogan (Eds.), *Researching children's experience* (pp. 253-272). London: Sage.

Whitney, I., & Smith, P. K. (1993). A survey of the nature and extent of bully/victim problems in junior/middle and secondary schools. *Educational Research, 35,* 3-25.

Chapter **10**

교실 안 사회적 관계의 발달적 함의와 그 향상을 위한 전략

Jan N. Hughes and Lisa K. Barrois
(텍사스 A&M 대학교)

교실은 정의를 내리자면 사회적인 맥락이다. 학교에서 학생의 사회적 관계는 그들의 학업 성취 동기와 학습뿐만 아니라 사회·정서적 적응에 영향을 끼친다(Connell & Wellborn, 1991; Hughes & Kwok, 2007; Ladd, 1990; Wentzel, 1999). 교사 및 교우와의 정서적으로 긍정적이고 협조적인 관계는 학교 소속감과 긍정적인 정체성을 촉진시키고(Furrer & Skinner, 2003; Connell & Wellborn, 1991), 교실 활동에 협동적으로 참여하고 도전에 직면하여 노력하고 지속하려는 의지를 갖게 한다(Anderman & Anderman, 1999; Birch & Ladd, 1997; Hughes, Luo, Kwok, & Loyd, 2008; Skinner & Belmont, 1993). 학교에서 긍정적인 사회적 관계의 동기적 측면에 부가하여, 친밀하고 협조적인 학교 관계는 좀 더 대응적이고 적절한 교육(Hughes, Gleason, & Zhang, 2005; Itskowitz, Navon, & Strauss, 1988; Jussim, 1986; Matsumura, Slater, & Grosson, 2008)과 학습 자원에 더 접근하는 것(Gest, Domitrovich, & Welsh, 2005; Hughes, Dyer, Luo, & Kwok, 출판 중; Plummer & Graziano, 1987)을 통하여 성과에 영향을 줄 수 있다. 교실에서 학생에게 제공된 사회적 지지의 전체 수준 또한 학생의 동기와 학습에 연관되어 있다(Battistich, Solomon, Watson, & Schaps, 1997; Hamre & Pianta, 2005).

사회적 성과와 학업 성과에 대한 교실 안 사회적 관계의 중요성을 고려하면, 교사와 학생 간에 그리고 학생들 간에 지지적인 관계를 촉진시키는 중재를 식별하는 것이 중요하다. 그러한 노력은 교실 안 사회적 관계의 범위를 잘 이해하고 학생 동기와 학습에 영향을 주는 과정에 기초하였을 때 가장 성공적일 것 같다. 따라서 이 장에서는 먼저 지지적이고 긍정적인 교실 관계를 촉진시키는 중재의 효능에 관한 연구를 비판적으로 검토하기 전에, 교실 안 사회적 관계와 학생의 학업 및 사회 능력 사이의 연계에 관한 문헌들을 통합적으로 요약해 볼 것이다. 또래 관계를 언급하기 전에 교사-학생 관계와 교실 안 사회적 관계에 대한 실증적 연구의 요약으로 시작할 것이다. 그리고 마지막으로 포괄적인 사회·정서적 풍토를 살펴볼 것이다.

교사-학생 관계와 학교 적응

광범위한 연구들이 학생과 교사의 관계의 질과 아동의 현재 그리고 미래 학업 및 사회적 성과 사이에 관계를 뒷받침한다(Hamre & Pianta, 2006; Pianta, 1999 참조). 교사와의 지지적이고 긍정적인 관계를 경험한 아동은 학교에 더 긍정적인 태도를 가지고 있고(Ryan Stiller, & Lynch, 1994), 더 학업적으로 성취를 이루고(Hughes & Kwork, 2007; Hughes et al., 2008; Skinner, Zimmer-Gembeck, & Connell, 1998), 더 높은 수준의 또래 수용을 즐기며(Hughes, Cavell, & Willson, 2001; Hughes & Kwok, 2006), 약물 남용, 조기 성관계나 다른 위험 행동들에 덜 연루될 수 있다(Resnick et al., 1997). 반면에, 교사와의 관계가 갈등으로 규정된 학생은 학교를 중퇴하고, 성적이 나쁘고, 또래의 거부를 경험하고, 외재적 행동을 많이 할 것 같다(Ladd, Birch, & Buhs, 1999; Pianta, Steinberg, & Rollins, 1995; Silver, Measelle, Armstrong, & Essex, 2005). 기억해야 할 것은 교사-학생 관계와 추후 적응 사이의 연관은 그전 적응 수준이 통계적으로 조절될 때 유지된다는 사실이다(Ladd et al., 1999; Hughes, Cavell, & Jackson, 1999; Hughes & Kwok, 2006; Hughes et al., 2008; Meehan, Hughes, & Cavell, 2003).

교사와의 지지적이고 갈등이 적은 관계의 혜택은 가장 초기 학년부터(Birch & Ladd, 1998; Howes, Hamilton, & Matheson, 1994) 청소년기를 걸쳐서까지(Resnick et al., 1997; Ryan et al., 1994; Wentzel, 1998) 중요하다. 그러나 교사-학생 관계와 그것이 적응에 미치는 기제의 규모는 발달단계에 따라서 달라질 수 있다. 저연령 아동을 연구하는 연구자들은 교사와의 친밀하고 지지적인 관계가 아동의 정서적 안정과 자신감을 촉진시킨다(Howes et al., 1994; Pianta & Steinberg, 1992)고 상정하면서 애착이론(attachment theory; Bowlby, 1980)에 근거해 왔다. 교사와의 확실한 관계는 어린 학생들이 활발하게 그들의 환경을 탐구하고 학업적 요구와 사회적 요구에 효과적으로 대처하도록 하는 자원으로 제공될 수 있다(Little & Koback, 2003).

사춘기 전과 사춘기 학생들을 연구하는 연구자들은 교사-학생 관계가 학생의 사회적 그리고 학업적 성과에 미치는 영향을 설명하는 데 사회-인지적이고 동기 유발적인 이론을 펼친다(Ryan et al., 1994; Skinner et al., 1998). 자기체계 동기이론(self system motivational theory; Connell & Wellborn, 1991)에 따르면, 교사를 그들의 능숙성, 자율성 그리고 관련성에 대한 기본 심리적 요구를 충족시켜 주는 사람으로 인식하는 학생들은 학교와 동일시하고, 학교 일에 더 많이 노력하고 성취할 가능성이 가장 높다. 이 이론의 교리를 뒷받침해 주는 종단 연구가 있다. 이 연구에서는 교사와 더 연관되고 자율성을 더 인정하는 것으로 인식한 중학교 학생들이 교실 활동에 더 노력하며 관여하고 더 성취가 높다는 것을 발견하였다(Skinner et al., 1998).

교사-학생 관계가 모든 연령에서 중요하다 할지라도, 초기 관계가 장기적 적응에 특히 더 중요하다. Hamre와 Pianta(2001)는 관련된 기준선 아동 성격을 통제한 다음, 1학년에 평가된 교사-학생 관계 갈등이 7년 뒤의 성취에 미치는 영향을 발견하였다. 장기적 영향은 관계 정도와 학생 참여와 성취 사이의 상호관계적 인과 과정 때문일 수 있다. 3년 연속 매년 1학년부터 3학년까지 교사-학생 관계 지지, 학생의 노력적인 참여 그리고 학업 성취를 평가한 한 연구에서 이런 해석을 뒷받침한다(Hughes, Loyd, & Buss, 2007). 변수와 중재 효과 사이의 상호작용적 영향에 더하여, 1학년 교사 지지는 3학년 성취도와 교사-학생 관계 지지에 직접적 영향을 미쳤다. 이 지연 효과는 1학년에서의 교사-학생 관계의 정도가 아동의 참여 패턴을 형성하는데, 이는 차례로 그다음 교사와 학생을 더 지지적 관계로 이끌고 더 높은 수준의 성취를 이끈다고 제안한다.

교사-학생 관계에 대한 대부분의 연구가 동기 유발적인 지지적 관계에 초점을 둔다고 할지라도, 그 관계의 질적인 정도는 또한 아동이 받는 교육의 질에 영향을 준다. 예를 들어, 1학년 교사가 학생들과 긍정적·지지적 관계를 가질 때, 학생들의 평가된 성취에 비교하여 학생들에게 더 높은 성취 기대를 가지고 있을 가능성이 높다(Hughes et al., 2005). 결과적으로, 교사의 기대는 학생을 교육하는 교사의 교육 질적 정도에 영향을 준다(Brophy, 1983; Jussim, 1986 참조). 예를 들어, 교사가 높은 기대를 가지고 있는 학생과 상호작용할 때, 교사는 질문에 답하는 데 좀 더 오래 기다리고, 좀 더 힘든 과제를 주며, 부족한 수행 결과는 학생의 능력보다는 노력이 부족한 것으로 귀속시키고, 좀 더 칭찬을 해 주며 같은 행동에 대해서도 조금 덜 교정한다.

몇몇 연구자는 긍정적인 교사-학생 관계는 아동에게 알려진 위험 요인의 영향을 완충시키는 보호 요인으로서 기능할 수 있다는 것을 증명해 왔다(Copeland-Mitchell, Denham, & DeMulder, 1997; Fallu & Janosz, 2001; Hughes et al., 1999; Ladd & Burgess, 2001). 특히 자기조절적 통제가 부족한 아동은 행동과 관심을 조절하는 외부 자원에 더 많이 반응하기 때문에 교사와의 따뜻한 관계에서 혜택을 받을 수 있을 것 같다고 추론하면서, Chen, Liew와 Hughes(2007)는 자기조절적 통제가 부족한 1학년 아동들이 그다음 해 그들의 1학년 교사와 따뜻한 관계를 경험하였을 때 읽기가 더 향상되었다는 것을 발견하였다. 자기조절 수준이 평균이거나 높은 아동들에게는 이러한 비슷한 혜택은 발견되지 않았다. 비슷하게, 외재적 문제를 가진 아동이 그러한 어려움이 없는 아동보다 친밀한 교사-학생 관계에서 좀 더 혜택을 받는다 (Silver, Measelle, Armstrong, & Essex, 2005).

교실 또래관계와 학교 적응

교실의 모든 아동은 다양한 또래관계 범주에서 교실 안에서 한 위치를 가지는 것으로 생각 할 수 있다. 가장 광범위하게 연구된 또래 집단의 상태 변수는 그 집단 안에서의 수용 수준 또 는 우호도 수준이다(Ladd, 1990; Parker, Rubin, Erath, Wojslawowicz, & Buskirk, 2006 참조). 낮 은 또래 수용(높은 또래 거부)과 그와 연관된 학교 소속감의 부족은 유치원부터 중간 학년까지 에 걸쳐 학교 회피와 반참여적인 양식을 예측할 수 있다(Buhs & Ladd, 2001; Furrer & Skinner, 2003; Guay, Boivin, & Hodges, 1999; Ladd et al., 1999; Wentzel, 1998). 유치원부터 5학년까지 종단 연구 표본에서, 초기 부정적인 또래 경험이 성취에 미치는 영향은 교실 참여와 학교 회피 를 감소시키는 것에 의해서 중재되었다. 또 다른 종단 연구에서는 또래 수용이 성취에 미치는 직접적인 영향은 또래 수용이 자기지각 학업 능력에 미치는 영향에 의해 중재될 수 있다는 것 을 발견하였다(Flook, Repetti, & Ullman, 2005).

교실에서의 사회적 수용 수준에 더해, 학생들은 그들의 학업 성취를 예측하는 행동, 특성 그 리고 다른 학생들과의 상호작용을 바탕으로 친구들 사이에서 평판을 만들어 낸다(Hamm & Faircloth, 2005). 초등학교 학년에서 한 학생의 학업 능력에 대한 또래 평판이 또래 수용 수준 보다 위에서 아동들의 학업 동기와 학업 성취에 변화를 예측하는 것을 발견하였다(Gest et al., 2005). 학업적으로 뛰어나다고 또래 친구들에게 인식된 아동은 그들의 학업 능력에 더 큰 자신 감을 발달시키는데, 이것이 차례로 더 많은 참여와 성취를 이끌어 낸다(Hughes et al., 출판 중). 교실은 아동의 성취에 대한 사회적 비교 단서가 학생들에게 이용 가능한 정도에 따라 다르다. 따라서 학업 능력의 개인적 차이가 현저하다(Mac Iver, 1988). 사회적 비교 단서를 좀 더 많이 제공하는 교사 실천은 좀 더 빈번하고 알려진 수행 피드백을 사용하는 것을 포함한다. 비슷한 능력의 학생들을 그룹 지어 가르치고, 다른 학생들과 비교하여 학생들을 평가하고, 낮은 능력 의 학생들보다 더 높은 능력의 학생들에게 기회를 더 제공한다(Ames, 1992; Marsh & Craven, 2002; Urdan & Midgley, 2003). 수행 능력이 더 낮은 아동은 그러한 사회적 비교 단서가 덜 가 용한 교실보다 좀 더 가용한 교실에 배치되었을 때 더 못할지도 모른다(Hughes & Zhang, 2007).

교실 정서 분위기와 학교 적응

개념적으로 교사와 맺는 학생의 관계 그리고 또래 아동과의 관계는 교실의 전형적이고 규범적인 교사와 또래 지지 수준과 구별될 수 있다. 예를 들어, 교실에서 각 아동은 교사와 고유한 관계를 가지고 있다. 그러나 교실의 모든 아동은 따뜻하고 존중하는 태도로 학생과 상호작용하는 교사의 일반적인 경향 면에서 정의되는 똑같은 교실 분위기를 경험한다. 비슷하게, 각 아동은 특정한 또래 지위를 가진다. 그러나 교실은 또한 학생에게 또래 사회적 지지의 일반적인 제공 면에서 묘사될 수 있다.

교사의 따뜻함에 관한 개인적인 수준과 규범적인 수준 사이의 구분은 규범적이거나 전형적인 교사의 따뜻함이 개인적인 교사의 따뜻함의 수준을 넘어서 학생의 또래 수용에 독립적이고 고유한 공헌을 하고 참여 수준을 유발시켰다는 것을 발견한 연구에서 뒷받침되고 있다(Hughes, Zhang, & Hill, 2006). 교사가 긍정적인 교실 분위기를 제공할 때, 아동들은 학습에 더 참여적이 되고 교실에서 시련에 더 잘 대처한다는 것을 발견한 추가 연구도 있다. 게다가 교사 감성, 아동중심 교육, 따뜻함과 재미 그리고 낮은 처벌 면에서 규정된 긍정적인 정서 분위기는 배경적 변인 때문에 학교에서 실패할 위험이 있는 아동의 학업 적응과 사회 적응에 특히 중요하다(Hamre & Pianta, 2005).

중요한 것은 긍정적인 사회·정서적 분위기는 교육의 질을 희생하면서 오지 않는다는 것이다. 미취학기와 저학년에서 관찰된 정서적 질과 교육적 질의 측정은 적절하고 유의미하게 연관되어 있다(Mashburn et al., 2008; Hamre & Pianta, 2005). Matsumura 등(2008)은 학생들을 존중하고 보살펴 주는 중학교 교사가 학생들에게 도전적인 교육과정을 제공하고 학생들이 비판적 사고를 하도록 한다는 점에서 엄격한 교육을 제공하는 경향이 있다는 것을 발견하였다. 이러한 교실에서는 학생 간 상호작용이 더 존중적이고 협조적이며 학생들은 더 참여적이다(Matsumura et al., 2008). 따라서 사회적·교육적 과정이 학생들의 사회 적응과 학업 적응을 촉진하는 학습 환경을 만듦으로써 서로 지지하는 것 같다(Urdan & Schoenfelder, 2006).

교사는 학생과 지지적이고 긍정적인 관계를 제공하는 것뿐만 아니라 학생자율을 존중해 주고 도전적이며 관련 있는 과업을 제공하는 것에 의해서 보살펴 주는 교실 공동체를 설립한다(Battistich & Horn, 1997). 교육적 보살핌의 개념(Nodding, 1992)은 교사가 학생 참여에 대한 관심, 교실 규칙 및 기대에 대한 명확성, 개인차에 따른 교수법 조정, 효율적인 피드백 제공을 통해 학생을 돌보면서 의사소통하는 것을 강조한다. 그러한 교실 환경에서 학생들은 지속적인 학습에 필수적인 내재적 동기를 발달시키고 학습이 이루어지는 데 필수적인 학업 위험 요소를 감수하는 데서 안정감을 느낀다(Urdan & Schoenfelder, 2006). 몇몇 연구에서는 보살펴 주고 지지적인 대인관계의 특징을 갖는 교실 그리고 자율과 도전에 대한 기회는 학생의 학업 성취 동기와 참여, 친사회적 행동, 높은 성취도 그리고 낮은 문제 행동 수준과 관련되어 있다는 것을 보여 주었다(Brophy, 2004; Schaps, Battistich, & Solomon, 2004 참조).

긍정적인 교실 안 사회적 관계 촉진

교사와 학생 사이에 존중적이고 지지적인 관계를 촉진하는 교사 실천과 행동을 밝히는 데 진전이 이루어져 왔다. 긍정적인 학습 환경을 촉진하기 위한 효율적인 교사 실천에 관한 연구기반의 교실평가 채점 체계(Classroom Assessment Scoring System: CLASS; Pianta, La Paro, & Hamre, 2008)와 같은 최근에 발달된 관찰 도구가 교육자와 연구자에게 이용 가능해졌다. CLASS는 학생의 학업 능력과 사회 능력을 촉진시키는 것으로 밝혀진 교실의 사회 · 정서적 및 교육적 질(예: 교사 감성, 긍정적 분위기, 아동의 책임감 권장, 긍정적 규율 실천)의 규모를 평가한다.

더 많은 학생이 이용할 수 있는 그러한 교실 환경을 만드는 다음 단계는 이런 행동에 관여하고 잘 보살펴 주는 교실 환경을 만드는 교사의 능력을 향상시키는 예방 중재를 식별하는 것이다. 이런 도전을 고려할 때, 교사-학생 상호작용이 긍정적인 교사-학생 관계와 교실 환경을 만드는 교사의 노력을 촉진하거나 방해할 수 있는 큰 체계에 내포되어 있다는 것을 인정하는 것이 중요하다. 예를 들어, 교사가 잦은 학습 변화나 대규모의 학급 때문에 학생을 개별적으로 알게 되는 시간이 제한되었을 때 또는 정서적 지지와 가이드가 없는 스트레스가 많은 조건에서 일할 때, 교사는 학생들을 위한 긍정적인 정서적 분위기를 잘 만들 수 없을 것이다(Pianta, 1999). 문제 행동을 가진 학생이 많이 있는 교실은 좋지 않은 교사-학생 관계에 특히 표면화된 행동 수준이 높은 학생들에 추가적인 위험 요인을 제기한다(Buyse, Verschueren, Doumen, Damme, & Maes, 2008).

교사는 긍정적인 사회 · 정서적 분위기를 만드는 방법에 대한 예비 훈련이나 재직 중 훈련을 거의 받지 않는다. 교사 유지에 관한 최근 연구에서는 신규 교사가 교사직을 떠나는 주된 이유 중 하나가 학생과 관계하고, 규율을 유지하고, 학생들 사이에 공동체 의식을 만들고 그리고 학생들의 동기를 유발시키는 것을 포함하는 교실의 긍정적인 사회 환경을 만드는 데에 어려움이 있는 것이라고 제안하고 있다(Kersaint, Lewis, Potter, & Meisels, 2007; Mitchell & Arnold, 2004; Murray, 2005). 전국적으로 1/3의 교사가 첫 부임 후 3년 안에 교사직을 떠난다. 그리고 거의 절반 정도가 5년 안에 교사직을 떠난다(Ingersoll, 2001). 학생과 긍정적으로 연결되는 교사의 능력을 향상시키는 중재는 학생의 학교 적응을 촉진시키는 반면에 교사의 행복을 증진시킬 것으로 기대된다.

교실의 사회 · 정서적 분위기를 향상시키는 예방 중재

미국의 다수 학교는 교실 안 관계와 사회 · 정서적 분위기를 향상시키도록 설계된 프로그램을 실행하고 있다. 그러나 단지 소수의 학교만이 효능이나 유효성의 확실한 증거가 뒷받침된 프로그램을 선택하고 있다(Greenberg, 2004). 증거기반 프로그램에 관한 접근 가능한 정보의 부족이 실증적으로 뒷받침된 예방 프로그램의 낮은 채택 비율에 기인하는 몇몇 요소 중 하나이다. 이 수요를 충족시키기 위해서, 정보 기관과 연구 단체들은 효율성 평가를 위한 지침을 만들었다. 그 예로는 학술, 사회 및 정서 학습을 위한 협력(Collaborative for Academic, Social, and Emotional Learning)의 무사 안전: 교육 지도를 위한 SEL 프로그램 가이드라인(Safe and Sound: An Educational Leader's Guide to SEL Programs), 효율적인 프로그램을 식별하는 미국 교육부의 가이드(2003) 그리고 약물중독과 정신건강 서비스부(Substance Abuse and Mental Health Services Administration: SAMSHA)의 『증거기반 프로그램 등록과 실천(Registry of Evidence-based Programs and Practices)』(2008)이 있다. 이들 지침은 효율적인 프로그램 선택에서의 다른 기준과 적용 수준을 가르치는 데에 다른 용어(예: 약속, 범례, 모델, 효과적인 것 같다, 효과적이다)를 사용하고 있기 때문에, 같은 프로그램을 평가할 때 똑같이 상응하기가 어렵다(Flay et al., 2005). 결과의 혼동을 줄이기 위해서, 예방연구협회(Society for Prevention Research)의 증거기준전담반(Task Force on Standards of Evidence)은 예방 프로그램을 위한 가장 적절한 기준과 보급을 위해 효과적 · 효율적이거나 준비되었다고 판단된 방침을 확정하였다(Flay et al., 2005). "효능은 프로그램의 혜택적인 효과나 전달에 가장 최적인 조건의 방침을 말한다."(Flay et al., 2005, p. 153). 프로그램이 '효과적이다'라고 하는 것은 또한 효율적인 프로그램을 위한 기준을 충족해야만 한다는 점에서 이러한 분류는 위계적이다. 그리고 프로그램은 광범위한 보급(규모 조정됨)을 위해서 효과적인 프로그램을 위한 모든 기준을 충족시켜야만 한다.

〈표 10-1〉 연구 특성

프로그램	연구	중재 실행 연령	평가 결과
PATHS	Domitrovich et al., 2007	유아원~유치원	사회적 기술; 친사회적 행동, 학업 참여와 수행
	Kam et al., 2004	1~3학년	사회적 기술; 문제 행동
	CPPRG, 1999	1학년	사회적 기술; 문제 행동; 학업 참여와 수행; 또래 수용; 교실 분위기
	Greenburg et al., 1995	2~3학년	사회적 기술; 문제 행동
SSDP	Hawkins et al., 2001	1~6학년	문제 행동; 학업 참여와 수행; 학교 태도와 소속감
	Hawkins et al., 1992	1~5학년	문제 행동; 학업 참여와 수행
	Abbott et al., 1998	5~6학년	학업 참여와 수행; 학교 태도와 소속감
Second step	Frey et al., 2005	2~5학년	사회적 기술; 문제 행동; 친사회적 행동
	Taub, 2001	3~6학년	사회적 기술; 문제 행동; 친사회적 행동
	Grossman et al., 1997	2~3학년	사회적 기술; 문제 행동; 친사회적 행동
CDP	Battistich et al., 2004	3~6학년	사회적 기술; 문제 행동; 학교 태도와 소속감; 학업 참여와 수행
	Battistich et al., 2000	3~6학년	문제 행동; 학교 태도와 소속감
ICPS	Shure & Spivack, 1980	유아원~유치원	사회적 기술; 문제 행동
	Shure & Spivack, 1979	유아원~유치원	사회적 기술; 문제 행동
Responsive Classroom	Rimm-Kauffman et al., 2007	2~4학년	학업 참여와 수행
T.J.	Dilworth et al., 2002	3학년	사회적 기술; 문제 행동
Open Circle	Hennessey, 2007	4학년	사회적 기술; 문제 행동

검토할 프로그램의 선택

이 검토에서는 효율성에 대한 기준을 교실에서 긍정적인 사회적 상호작용을 증가시키고 사회 · 정서적 분위기를 향상시키는 것을 주요 목표로 가진 학교기반의 보편적인 예방 프로그램에 적용하였다. 부정적 행동(공격성, 비행 등)만을 평가한 프로그램은 제외하였고 있는 그대로의 교실보다는 위험 요인에 기초하여 선발된 학생들에게만 중재를 제공한 프로그램도 제외하였다. 교사가 실행하고 비교 집단이나 통제 집단을 사용한 프로그램과 적어도 한 가지 효능 연구가 동료가 검토한 학술지에 나온 프로그램만이 고려될 것이다.

이러한 기준에 맞는 프로그램을 식별하는 데에는 다음 단계가 뒤따른다. PsycINFO와 ERIC 데이터베이스가 이용할 수 있는 프로그램을 찾는 데 사용되었다. 부가적으로, 『무사 안전: 사회 · 정서적 학습 프로그램에 대한 교육지도자 가이드(Safe and Sound: An Educational Leader's Guide to Social and Emotional Learning Programs)』(CASEL, 2003)와 같은 현존하는 검토 자료를 찾아보았다. 총 8개 프로그램이 통합적 기준을 충족하였다. 이들 프로그램 검토의 기초를 형성한 논문 그리고 각 프로그램에 대한 기술적 정보는 〈표 10-1〉에 제시되어 있다.

이들 8개 프로그램은 교사의 행동과 학생과의 상호작용에 대한 주안점에 따라서 상당히 많이 변화된다. 전형적으로 이들 프로그램은 교사-학생 관계나 교실 사회 · 정서적 맥락 자체보다는 학생의 친사회적 행동과 기술에 관한 교육과정의 영향에 주안점을 두고 있다. 따라서 프로그램 효능을 평가하는 것에 덧붙여 교실 안 사회적 관계를 촉진시키는 교사의 능력을 향상시키는 각 연구의 접근법을 기술할 것이다. 이는 교사 훈련과 지지 수준 그리고 교사가 공식 수업 밖에서 목표로 하는 기술을 가르치고 시범을 보이고 유도하고 강화하는 것을 준비하는 데 프로그램의 중점을 두는 것을 포함한다. 다시 말해서, 프로그램 실행 대 교사 직업 발달에 대한 연구의 상대적인 주안점이 언급될 것이다.

효능에 대한 기준

학교에서 프로그램의 효율적인 사용을 위한 지지를 한다는 것을 확인하기 위해서 예방연구 협회(Society for Prevention Research; Flay et al., 2005)가 만든 효능 기준을 적용하였다. 각 기준이 어떻게 통합적인 기준을 충족시킨 8개 예방 프로그램에 적용되었는지를 간략하게 묘사한 내용이 다음에 뒤따른다.

'중재 기술과 성과' 기준을 충족하기 위해서 목표로 하는 집단, 내용, 구성, 목표 그리고 지속 기간을 포함하는 중재에 대한 자세한 설명이 꼭 있어야 한다. 연구는 그 프로그램이 바꾸고자 하는 행동과 성과를 측정해야만 한다. 질적 측정 방법의 사용이 구인 타당도와 신뢰도 증거로 증명되어야 한다. 부가적으로, 잠재적 수요 특성을 피하기 위해서 적어도 한 가지 형태의 데이터는 중재 전달에 연관되지 않는 개개인에 의해 수집되어야 한다.

'원인 추론의 명확성' 기준을 충족하기 위해서는 연구 설계가 통제 조건을 포함해야만 한다. 편향된 결과의 가능성을 줄이고 결과에 대한 자신감을 갖게 하는 방식으로 통제 집단 대 중재 집단의 배치가 이루어져야만 한다. 이런 배치는 잘 설명된 집단 배치를 위한 과정과 함께 무작위로 이루어질 수 있다. 또는 집단 배치가 집단과 다른 변수 사이의 의도하지 않은 관계의 결과를 가져오지 않는다고 가정하면서, 증명된 사전 검사와 동량의 통제 설계의 사용도 인정될 수 있다.

'결과의 일반화 가능성' 기준은 저자들이 연구 표본을 명시하고 얻었다면 충족된 것이다. 우리 목적을 위해서, 연구 표본의 인종, 사회경제적 지위와 연령에 대한 설명이 제공된다면 명시되었다고 고려됐다. 학교 단위 중재를 위해서, 대부분의 학교가 성별 균형을 이루고 있기에 성별 보고는 필수적으로 고려하지 않았다.

'통계 분석' 범주에 대한 기준을 충족시키기 위해서, 관찰의 통계적 독립성 가정을 위반하는 것을 피해야 하므로 통계 분석은 의도한 모든 참여자를 포함하고 참여자들이 무작위로 추출되는 수준을 포함해야만 한다. 학교 단위 중재는 무리의 학생들을 교실 집단으로 간주하는 것이 필수적이다. 다수의 성과가 평가될 때는 결과가 우연히 기대되는 것을 능가한다는 것을 확실하게 하기 위해서 다수의 비교를 위해 통제하는 것이 필수적이다. 또한 결과가 편향될 수 있는 집단 간의 감소율의 성격이나 감소율 정도에 차이가 없다는 것을 확인하기 위해서 감소율 측정이 필수적이다.

'통계적으로 유의미한 효과' 기준을 충족시키기 위해서, 결과는 측정된 모든 결과에 대해 보고되어야만 하고 통계적으로 유의미한 긍정적 효과의 패턴이 증명되어야만 한다. 결과의 50% 이상이 통계적으로 유의미한 적어도 하나의 결과를 가지고 예상된 방향으로 나왔다면 그 패턴은 명백한 것으로 고려하였다. 비판적 연구 결과에 대한 부정적 효과는 없음에 틀림없다. 추가하여 그 프로그램이 발달 단계 궤도에 어떤 영향을 미친다는 것을 암시하면서, 적어도 하나의 결과가 통계적으로 유의미한 결과를 가진 중재가 끝난 다음 적어도 6개월 후에 평가가 이루어졌는지 주목하였다.

결과

각각의 연구는 각 저자에 의해서 각각의 기준을 가지고 독립적으로 평가되었다. 불일치할 경우 토론을 통해서 해결하였다. 순위 결과는 〈표 10-2〉에 보고되어 있다. 다음의 평가된 요약 은 각 프로그램에 관한 내용이다.

대체 사고 전략 증진하기(PATHS)

대체 사고 전략 증진하기(Promoting Alternative Thinking Strategies: PATHS) 교육과정은 자 기통제뿐만 아니라 사회적 문제해결, 사회적 기술, 정서 인식과 이해를 목표로 하는 것으로 학 생들의 사회·정서적 능력을 증진하는 것을 염원한다. PATHS 프로그램은 아동을 변화시킴으 로써 생태계와 그 상호작용에 변화가 이루어질 것이라고 가정하는 생태행동적 체계 지향에 기 초한다. 이상적으로, PATHS 프로그램은 학생이 1학년 때 시작하여 5학년까지 계속 실행된다. PATHS 교육과정은 정서적-행동적-인지적-역동적 체제를 사용하여 학생들에게 의사 표현하 기, 이해하기, 정서 조절에 대해 교육한다. 한 학년 동안 60번의 수업을 통해서 일주일에 세 번 20~30분씩 교육한다. 수업은 자기통제, 감정과 문제해결과 같은 단위로 구성된다.

교사는 교훈적 교수, 학급 토론, 모델링, 역할극, 사회적 자기강화 그리고 활동지와 같은 다양한 방법을 사용하여 수업을 제시한다. 수업을 하는 것에 덧붙여서, 교사는 전체 기간에 PATHS 개념의 사용을 일반화하도록 장려한다. 교사는 학교에서 수업을 시작하기 바로 전 이 틀 반 동안 훈련을 받고 그다음 한 학년 동안 스테프의 관찰을 통한 피드백을 포함하여 매주 상담을 받는다(Conduct Problem Prevention Group, 1999).

행동문제 예방연구 그룹(Conduct Problems Prevention Research Group, 1999)은 1년 후에 1학년 학생 집단에 미친 프로그램의 영향을 평가하였다. 사회측정학적 검사에서, 프로그램에 참여한 학생들은 통제 집단 학생들보다 과잉활동적 분열성 행동을 덜 보여 주었으며 덜 공격 적이었고, 관찰된 친사회적 행동에 통계적으로 유의미한 차이가 없음을 보여 주었다. 교사 보 고 측정에서도 차이가 없음이 증명되었다. 게다가 통제 교실보다 더 긍정적인 분위기(즉, 규칙 지키기, 적절한 감정 표현 능력, 흥미와 열정의 수준, 과제 집중력)를 가진 것으로 관찰자가 PATHS 교실을 평가하여 등급을 매겼다. Greenberg, Kusché, Cook과 Quamma(1995)는 1~2년 동 안 PATHS 프로그램에 노출된 3학년 학생들이 긍정적인 감정과 부정적인 감정을 묘사하는 데

〈표 10-2〉 연구의 평가

프로그램	연구	기술과 결과		인과적 추론	일반화 가능성	결과의 정확성		지속성
		복제 가능성	측정			통계분석	유의미한 결과	
PATHS[a]	Domitrovich et al., 2007	Y	Y	Y	Y	N	Y	N
	Kam et al., 2004	Y-	Y	Y	N	N	Y	Y
	CPPRG, 1999	Y	Y	Y	Y	Y	Y	N
	Greenburg et al., 1995	Y	Y	Y	Y	N	Y	N
SSDP	Hawkins et al., 2001	Y	Y	Y	Y	N	Y	Y
	Abbott et al., 1998	Y	Y	N	Y	N	N	N
	Hawkins et al., 1992	Y	Y	Y	Y	N	Y	N
Second step	Frey et al., 2005	Y	Y	Y	Y	Y	Y	Y
	Taub, 2001	Y	N	N	Y	N	N	N
	Grossman et al., 1997	Y	Y	Y	Y	Y	Y	Y
CDP	Battistich et al., 2004	Y-	Y	N	N	N	Y	Y
	Battistich et al., 2000	Y	N	N	N	N	N	N
ICPS	Shure & Spivack, 1980	Y	Y	N	Y	N	Y	N
	Shure & Spivack, 1979	Y	Y	N	Y	N	Y	N
Responsive Classroom	Rimm-Kauffman et al., 2007	Y	Y	N	Y	N	Y	N
T.J.	Dilworth et al., 2002	Y	Y	N	N	N	Y	N
Open Circle	Hennessey, 2007	Y	Y	N	Y	N	N	N

주: a는 긍정적인 결과가 다른 표본과 함께 복제되어 온 프로그램을 나타낸다. Y는 기준이 여지를 남기고 충족되었다는 것을 나타낸다.

에 더 많은 단어를 사용할 수 있었고, 부정적인 감정을 더 잘 묘사할 수 있었으며, 자신의 감정의 예를 제공하고 그 감정이 감춰지거나 변화될 수 있다는 것을 이해함을 발견하였다. 그러나 감정을 알아차리거나 동시에 일어나는 감정을 어떻게 이해하는지에 대한 설명에는 차이가 없음을 발견하였다. Kam, Greenberg와 Kusché(2004)는 2년 후 중재에서 특수교육 프로그램 학생들이 통제 집단 학생들과 비교하여 우울증 증상이 감소하였고, 부정적 감정을 묘사하는 단어가 증가하였다. 긍정적인 감정 단어나 사회적 문제해결 능력의 증진 비율에는 차이가 없었다. 게다가 Domitrovich, Cortes와 Greenberg(2007)는 수정된 PATHS 프로그램을 평가한 다음에 통제 집단 학생들에 비하여 중재 학생들이 사회적으로 더 뛰어나고 사회적으로 덜 위축되어 있다고 교사에 의해서 평정되었고, 감정 인식 기술을 더 잘 보인다는 것을 발견하였다.

전반적으로, PATHS 프로그램 연구는 방법론적 치밀함을 증명해 보여 준다. 프로그램 분석을 위해서 모두 그 프로그램과 목표로 하는 결과를 잘 설명하고 타당하고 신뢰할 수 있는 측정 방법을 사용하는 것으로 복제가 가능하였다. 한 개의 연구를 제외한 모든 연구가 중재 집단이나 통제 집단 상태를 무작위로 할당하였다. Kam 등(2004)은 연구 변수에 대해 사전 검사와 같은 값을 보였고, 따라서 인과적 추론이 가능하였다. 추가로, Kam 등(2004)의 연구를 제외한 모두가 일반화를 가능하게 하는 적당한 연구 표본에 대한 설명을 제공하였다. 행동문제 예방 연구 그룹(1999)은 교실 집단의 데이터 구성을 설명하는 데 다층적 분석을 사용하였고 따라서 결과의 정확성을 확실하게 하였다. 나머지 3개의 연구는 데이터 구성에 대해 설명하지 않았다. 모든 연구는 통계적으로 유의미한 긍정적인 결과 패턴을 보여 주었다.

시애틀 사회발달 프로젝트(SSDP)

시애틀 사회발달 프로젝트(Seattle Social Development Project: SSDP; Hawkins, Kosterman, Catalano, Hill, & Abbott, 2005)는 학교, 가정, 가족 사이에 유대를 강화하면서도 긍정적인 사회발달을 촉진시키는 것을 목표로 한다. 따라서 약물 남용과 청소년 비행과 같은 사춘기 행동 문제와 건강 문제를 예방한다. 사회발달이론(social development theory)에 기초하여, 중재는 보호 요인을 증가시키고 행동 문제와 건강 문제와 연관된 위험 요인을 감소시키는 것을 목표로 한다. SSDP의 실행은 교실 관리와 교육 실습 이용하기, 자기통제와 사회적 능력을 다루는 인지행동적 교육 프로그램 실행하기 그리고 부모 워크숍 제공하기의 세 가지 부분을 결합한다. 교사는 교실 관리, 직접적 교육 전략과 협동 학습을 다루는 5일간의 훈련 프로그램에 참석하였다. 게다가 교사는 또래 아동과의 갈등을 효과적으로 다루는 방법을 가르치는 대인 인지 문제해결(Interpersonal Cognitive Problem Solving) 프로그램을 실행하였다. SSDP는 문제해결에 대한 수업을 하는 것보다 하루 동안 목표로 하는 교사 업무의 적용에 더 많은 중점을 둔다. 교사는 학년 초에 교실의 일상을 계획하고, 행동에 대한 명확하고 뚜렷한 기대치를 발전시키며, 긍정적인 행동을 칭찬하고, 빈번한 학생 학습의 평가와 피드백을 제공하도록 지도받는다. 하루 동안 교사가 목표 업무를 수행하는 것이 주기적으로 관찰되고 교사에게 피드백이 뒤따른다 (Abbott et el., 1998). 따라서 SSDP는 목표로 하는 교육과정의 실행보다 교사의 자기개발에 좀 더 중점을 둔다. 6학년에, 이 프로그램은 부정적 또래 영향에 대응하는 것에 관하여 SSDP 스테프로부터 받는 4시간 훈련이 추가되었다. 마지막으로, 발달적으로 적절한 부모 훈련 프로그램이 부모에게 제공되었다.

일련의 유사실험 연구(Hawkins, Kosterman, Catalano, Hill, & Abbott, 2005)에서, 1학년부터 6학년까지 중재를 받은 학생 집단이 2학년부터 21세까지 다양한 결과에 대하여 상응하는 통제 집단 학생들과 비교되었다. 2학년 말에, 실험 집단의 남학생들이 통제 집단의 남학생들보다 덜 공격적이고 반사회적 행동을 표면화한다고 증명해 보였다. 중재 집단 여학생들은 통제 집단 여학생들보다 덜 자기파괴적이라고 보고되었다. 5학년 초에, 음주와 비행의 시작은 중재 집단 학생들보다 통제 집단 학생들이 더 높았다. 캘리포니아 성취도 검사 점수는 6학년에서는 차이가 증명되지 않았지만, 중재 집단 여학생들에 비해 통제 집단 여학생들 사이에서 더 높았다. 6학년 말에, 프로그램이 저소득층 학생에 미치는 영향에 대한 분석에서는 저소득층 남학생이 반사회적 친구가 더 적었다는 것이 밝혀졌고, 더 나은 사회 능력과 학업 능력이 있다고 증명되었으며, 더 높은 성취도 검사 점수를 얻었고, 학교에 더 참여한다고 보고되었다. 중재 집단의 저소득층 여학생은 교실 환경에 좀 더 참여하였고, 교실에서 공동학습 기회뿐만 아니라 학교에 더 애착을 가지고 참여한다고 보고되었다. 저소득층 여학생들은 담배를 피울 가능성이 덜하고 통제 집단 여학생들보다 마리화나에 노출될 가능성이 덜하였다. 중재가 끝난 지 6년 후 18세에, 프로그램 집단 학생들은 통제 집단 학생들보다 더 좋은 학교 성적과 성취도를 보였고, 학교에 더 애착을 가지고, 참여하게 되며, 학교에서 비행 행동을 덜한다고 보고됐다. 게다가 프로그램 학생들은 통제 집단 학생들보다 폭력적인 행동과 성적인 활동이 덜하고 일생 동안 다수 파트너와의 성관계에 덜 연루된다고 보고되었다. 중재 집단 학생들은 또한 과거에 심한 음주에 연루되어 있을 가능성이 더 적었다. 중재가 끝나고 9년 후인 21세에, 프로그램에 참여했던 학생들이 고등학교 졸업을 하고 대학을 마치고 고용이 되었으며 그들의 현재 직업에 더 오래 고용될 가능성이 더 높았다. 보고된 정신건강 상태는 통제 집단보다 프로그램에 참여했던 학생 사이에서 더 좋았다. 약물 사용에 대한 통계적으로 유의미한 영향은 명백하지 않았지만, 위험 행동에서의 감소가 명백하게 다른 결과에서 증명되었다. 프로그램에 참여했던 학생들은 성관계 파트너가 더 적었으며, 성관계 시 콘돔을 사용할 가능성이 높았다. 여학생들은 임신과 출산의 수가 더 적었다고 보고하였다. 게다가 프로그램에 참여했던 학생들은 법정 고소를 당하는 일이 덜하였으며, 과거에 약물을 팔거나 범죄를 저지른 횟수가 적었다고 보고하였다.

교사 행동에 대한 SSDP의 효과를 평가한 한 연구는 효과를 발견하는 데 실패하였다(Abbott et al., 1998). 통제 집단 교사와 프로그램 교사는 목표로 한 업무의 교사 수행을 관찰한 측정에서 다르지 않았다. 프로그램 이론과 일관성 있게, 이 교사들이 통제 집단에 있든 실험 집단에 있든, 이 실천에 관여된 교사들은 학교에 더 많은 애착이 있다는 것을 증명해 보였다.

전반적으로, 중재 프로그램과 성과 목표는 이들 연구에 잘 묘사되어 있다. 타당하고 신뢰도 있는 측정법이 프로그램 성과를 측정하는 데 사용되었다. 학교에 조건을 할당하는 것이 대개 무작위로 이루어졌기에 인과적 추론을 하는 능력이 적절하다. 표본에 대해서도 잘 설명되어 있다. 연구가 진행되는 해 동안, 그 연구들은 일반적으로 시간에 따라 일관성 있는 패턴의 효과가 학생들에게 나타나는 것을 증명하였다. 그러나 몇몇 연구는 결과에 대한 확신을 감소시키는 방법론적 문제를 보였다. 교실 집단의 데이터 구성을 고려한 단일 연구(예: Hawkins et al., 1992)는 통계적으로 유의미한 일관성 있는 패턴의 결과를 낳지 않았다. 게다가 몇몇 분석은 연구 변수 측정에 미치는 잠재적 영향을 언급하지 않았다(예: Abbott et al., 1998; Hawkins et al., 1992).

TJ와의 대화

TJ와의 대화(Talking with TJ) 프로그램(The Hallmark Corporate Foundation, 1994a; The Hallmark Corporate Foundation, 1994b)은 두 가지 구성 요소가 있다. 2학년과 3학년 학생을 겨냥한 '팀워크 만들기'와 4학년과 5학년 학생을 겨냥한 '갈등 해결'이 그것이다. 두 구성 요소 모두 협력적 팀플레이 분야뿐만 아니라 그룹 계획, 다양성과 포함성 분야에서 기술을 발달시키는 것에 의해 프로그램 참여자의 사회·정서적 능력을 증가시키는 것을 목표로 한다. 각 구성 요소는 45~60분 정도 지속되는 여섯 번의 수업으로 구성되어 있다. 수업은 교사 대신에 프로젝트 스테프가 진행한다. 각 수업 계획안은 성공적인 기술 사용과 비성공적인 기술 사용의 예를 제공해 주는 15분짜리 동영상과 학습된 기술의 일반화를 촉진하기 위해 동영상에 나온 기술에 대한 수업 중 토론과 안내된 실천 활동들을 포함하고 있다. 게다가 'TJ 팀워크 조언'

이 적힌 포스터가 수업 내내 게시되어 있고 부모와 공유하기 위해서 프로그램 목표를 다루는 만화책이 집으로 배달된다. 교사가 수업을 하지는 않지만, 사회 · 정서적 능력을 교육하기 위한 활동 목록이 제공되고 게임이나 문제해결 토론과 같은 팀워크 증진 활동을 학교 활동에 접목하도록 권장된다. 교사 훈련 수준은 살펴본 연구에는 설명되어 있지 않다.

공개 모임

공개 모임(Open Circle) 프로그램(Hennessey, 2007)은 유치원부터 5학년까지 학년별로 차별화된 교육과정을 가지고 사회 · 정서적 능력을 증가시키려고 노력한다. 구체적으로, 중재는 또래관계, 의사결정과 문제해결을 목표로 한다. 공개 모임 프로그램은 한 학년 내내 시행되도록 되어 있다. 35개의 필수수업과 7개의 선택수업이 있다. 한 학년 동안 교사는 2주에 한 번 15분씩 모임을 가져서 교육과정 목표를 다루고 학생들이 생각과 의견을 표현하도록 하고 공동 문제해결에 참여하게 한다.

Hennessey(2007)는 공개 모임 프로그램이 4학년 대상 학생들에게 미치는 영향을 평가하였다. 사회적 기술 평정 체계(Social Skills Rating System)가 학생의 사회적 기술과 문제 행동의 측정법으로 사용되었다. 프로그램 학생에 대한 교사의 평정은 중재에 노출되지 않은 학생들보다 더 높았다. 학생의 등급은 통계적으로 유의미한 차이를 보여 주지 않았다. 교사 훈련 수준은 이 연구에서 설명되어 있지 않다. 이 연구에서 교사는 그들의 실천을 반영하도록 권장하기 위하여 상담과 '동료 관찰'을 받았다고 말하고 있다.

수업이 잘 설명되어 있고 결과 목표가 명확하게 제시되어 있다. 결과를 평가하는 데 신뢰도와 타당도 측정이 선택되었다. 표본은 잘 정의되어 있다. 그러나 몇 가지 방법론적 어려움이 연구 결과의 확실성을 감소시킨다. 프로그램과 통제 학교가 조건에 무작위로 할당되지 않았다. 이 프로그램을 실행한 학교는 프로그램 경험을 기초로 하여 선택되었고 몇몇 학교는 중재를 10년 이상 실행한 경험을 가지고 있었다. 단지 네 학급만이 각 조건에 포함되었고 분석은 구성된 데이터의 성격(즉, 학급에 구성된 학생들)을 설명하지 못했다. 어떠한 데이터도 중재의 장기적 효과를 평가하기 위해 제공되지 못했다. 또한 모든 결과가 그 중재를 전달하는 교사의 보고에 기초하였고 요구 효과에 치우치는 경향이 있을 수 있다는 것을 주목하는 것이 중요하다.

반응적 교실 접근법

반응적 교실 접근법(Responsive Classroom Approach, Northeast Foundation for Childeren, 1996)은 학생의 학업 성취를 강화하기 위해 사회 학습과 학업 학습을 병행하려고 한다. 이 프로그램은 묶인 교육과정이 아니라 교사의 원칙과 실천을 수행하는 것에 의존한다. 학생들이 어떻게 학습하는지, 학교 안과 밖에서의 관계 그리고 다양성에 대한 민감성의 중요성에 초점을 두는 일곱 가지 원칙이 있다. 교사는 공동체를 형성하는 일일 아침 회의, 논리적 결과를 가진 교실 규칙, 결과물보다는 학생의 노력을 강조하는 것을 포함한 실천을 시행한다. 그 프로그램은 이 일곱 가지 원칙을 적용하는 것보다 특정 기술을 가르치는 것에 초점이 덜 맞추어져 있다. 이 원칙과 실천을 수행함으로써 아동들은 보살핌을 받는 환경에서 학업 성취 동기 경험을 할 수 있을 것으로 기대된다. 이러한 경험은 학생의 사회 전략과 자기조절 전략의 학습과 사용을 증가시킬 것으로 기대되며, 따라서 학업 성취를 증가시킬 것이다.

Rimm-Kaufman, Fan, Chiu와 You(2006)는 2~5학년 표본 학생에 대하여 3년에 걸쳐서 반응적 교실 접근법의 효과를 조사하였다. 2개의 지역 관리 표준 평가 점수, 읽기 시험과 CMT-수학 시험이 중재 집단과 통제 집단 학생들을 비교하기 위해서 사용되었다. 읽기 시험과 CMT-수학 시험에서, 각각 3년과 2년 동안 중재를 받은 2학년과 3학년 학생들이 통제 집단보다 더 잘하였다. 반면에, 1년 동안 중재를 받은 4학년 학생들은 통제 집단 학생들과 다르지 않았다. 게다가 5학년 프로그램 참여 학생들은 통제 집단 학생에 비해서 수학 능숙도 수준(목표, 능숙, 치료) 예상 성취 비교에서 치료 수준 이상을 성취할 것으로 암시되었다. 중요하게도, 프로그램 교사는 통제 집단 교사보다 더 자주 일곱 가지 원칙을 수행하는 것이 관찰되었다.

그 논문은 프로그램에 대한 자세한 설명을 제공하며 타당도 및 신뢰도 있는 결과 측정법을 사용한다. 또한 연구 대상이 잘 정의되어 있다. 논문은 또한 프로그램이 일관성 있고 신뢰도 있는 패턴의 효과를 낼 수 있다는 것을 증명하였다. 그러나 몇몇 방법론적 문제가 이러한 결과의 확실성을 감소시켰다. 참여한 학교는 무작위로 할당되지 않았고, 중재 집단과 통제 집단 학생 사이의 차이가 연구 변인의 사전 검사 측정에서 명백하였다. 결과는 중재 후에 바로 평가되었고, 그래서 그 효과의 지속성을 평가하는 것이 가능하지 않다. 또한 저자들은 표본의 무작위적 수준을 설명하기 위해 필수적인 다층적 분석 방법을 도입하지 않았다.

아동 발달 프로젝트(CDP)/보살핌 학교 공동체

아동 발달 프로젝트[Child Development Project: CDP; Battistich, Schaps, Watson, Solomon, & Lewis, 2000; 2007 보살핌 학교 공동체(Caring School Community)로 명칭이 바뀜]는 초등학교를 학생, 학교 그리고 부모 사이에 협력하여 보살피는 것을 특성으로 하는 '학습자 보살핌 공동체'로 만들려고 노력한다. 보살핌, 정의감, 책임감과 학습에 헌신적으로 책무를 다하고, 학생의 발달적 요구와 사회문화적 요구에 반응하며, 참여적 교육과정을 사용하고, 학생들이 학교 환경에 정신적 · 사회적으로 참여하는 기회를 가지게 한다. 교사와 학생 사이에 그리고 학생들 사이에 안정적이고 따뜻하며 지지적인 관계는 프로그램의 주요 목표이다. 학습자 보살핌 공동체는 학생의 소속감, 자율성 그리고 능력에 대한 요구를 충족시킬 뿐만 아니라 학생의 지적 발달과 사회도덕적 발달을 용이하게 할 것으로 기대되고, 따라서 학생의 학교 환경에 대한 애착을 강화할 것이다. 그 프로젝트를 시행하기 위해서 학교는 네 가지 프로그램 원칙을 따른다. 지지적이고 따뜻하며 안정적인 관계를 구축하고, 도덕적이고 배려하고 규율을 잘 따르도록 교육하고, 다른 사람의 다양함에서 학습하는 반면에 학생들이 가장 적절한 방식으로 학습하도록 함으로써 학습에 대한 구성주의 접근법을 따르고, 학생 안에서 내재적 동기를 길러 준다는 것이다. 학교는 이러한 네 가지 프로그램 원칙을 실행하기 위해서 개별적 접근법을 발달시킨다.

Battistich, Schaps, Watson, Solomon과 Lewis(2000)는 이 프로그램이 5학년과 6학년 학생들의 발달된 공동체 의식과 문제 행동에 미치는 영향을 평가하였다. 공동체 의식은 학생 보고 방식을 통해서 평가되었다. 결과는 높은 수준의 프로그램 실행을 보이는 중재 학교 학생들이 통제 집단 학생들보다 더 높은 수준의 공동체 의식을 가질 가능성이 있었다. 그러나 낮은 수준의 프로그램 실행을 보이는 중재 학교 학생들의 학교 공동체 의식은 통제 집단 학생들의 그것에 비교하여 감소하였다. 문제 행동은 학교 결석, 기물 파손이나 상해와 같은 열 가지 반사회적 행동뿐만 아니라 음주, 담배와 마리화나 사용의 학생 자기보고를 통해 평가되었다. 전체적으로 볼 때, 중재 집단과 통제 집단 학생들의 문제 행동 사이에 통계적으로 유의미한 차이는 없었다. 그러나 높은 수준의 실행을 보이는 학교 학생들이 통제 집단 학생들과 비교하여 음주와 마리화나 사용에서 차이를 보였다. Battistich, Schaps와 Wilson(2004)은 중재가 끝나고 3년 후에 프로그램 관련 결과를 보고하였다. 그 결과는 학생과 그들 또래들의 긍정적 행동과 부정적 행동뿐만 아니라 학생이 보고한 학교 관련 태도, 사회적 태도와 개인적 태도를 포함하고 있다. 교사는 적극성, 공격성, 학교 참여 그리고 타인에 대한 염려와 관련된 학생의 행동을 보고하였다. 마지막으로, 핵심 과목의 성적이 학교 기록부에서 추출되었다. 전체적으로 40개의 비교 항목 중 4개가 통제 집단 학생들보다 프로그램 학생들을 선호하였다. 통제 집단 학생들을 선호하는 비교 항목은 없었다. 구체적으로, 프로그램 학생들이 더 좋은 교사-학생 관계를 가지고 있고, 학교를 더 좋아하고, 능률감이 더 좋고, 청년 활동에 더 많이 참여한다고 보고하였다. 교사가 보고한 결과 중 통제 집단에 비해 프로그램 학생을 선호한다는 통계적으로 유의미한 결과는 없었다.

두 연구 모두 그 프로그램에 대한 많은 토론과 결과 목표에 대한 자세한 설명을 제공한다. 그러나 아동 발달 프로그램의 효과에 대하여 두 연구 다 결과에 대한 확실성을 감소시키는 인과적 추론에 대한 장애를 입증한다. Battistich 등(2000)의 연구는 목표로 한 성과 측정법이 신뢰할 수 있거나 타당하다는 어떠한 증거도 제공하지 못했다. 학교는 무작위로 할당되었다기보다는 교직원 선호도와 프로그램을 성공적으로 실행하는 능력에 기초하여 중재 집단에 할당되었다. 더욱이 사전검사 결과 측정에 관하여 중재 집단과 통제 집단의 동등성에 대한 검증이 없었다. 표본 집단의 성별과 인종 구성은 적절하게 설명되었지만, 그 표본 집단의 사회경제적 지위에 대한 설명은 없었다. 저자들은 무작위성을 설명하기 위해 다층적 분석을 사용하지 않았다. 일관성 있는 패턴의 결과가 없었고 보고된 결과는 우연히 기대되는 것보다 더 크지 않았다. 게다가 프로그램의 몇몇 부정적 영향이 명백하였다. 예를 들어, 학생이 보고한 학교 공동체 의식은 몇몇 학교에서 실제로 감소하였다. Battistich 등(2004)의 추후 조사에서는 몇몇 추가 장애가 보였다. 신뢰도 정보는 대부분의 측정법에 대해 보고되었지만, 어떠한 교사 변인이나 두 가지 학생 변인의 신뢰도 정보도 보고되지 않았다. 높은 수준의 실행을 보이는 세 군데 프로그램 학교만이 분석에 포함되었다. 저자들은 효과 감소가 중재 상태에 따라 달랐는지 여부는 보고하지 않았다. 일관성 있는 패턴의 효과는 명백하지 않았고 82개의 검증된 결과 중 4개만이 통계적으로 유의미하였다.

두 번째 단계 폭력 예방 프로그램(Second Step)

두 번째 단계 폭력 예방 프로그램(Second Step; Committee for Children, 2002)은 반사회적 행동을 감소시키는 데 큰 중점을 두지만, 사회 문제해결, 조망 수용, 충동 조절, 분노 조절 분야에서 학생의 능력을 향상시킴으로써 학생의 사회 능력을 증가시키는 것 또한 추구하기 때문에 이 장의 문헌 검토에 포함되었다. 유치원부터 8학년 학생을 위한 연령 차별화된 교육과정은 학생의 학년 수준에 따라서, 각 30분씩 지속되는 13~25회 수업을 포함한다. 이 교육과정은 교사에게 학생과 함께 사용하기 위해 앞면에 인쇄된 연령 차별화된 기술이 실린 사진 교육 카드를 제공하고 어떤 수업은 동영상도 포함한다. 카드 뒷면은 교사에게 모델링, 연습하기 그리고 새로 학습한 기술에 대한 강화와 같은 수업 일반화 활동을 위한 지시 사항을 제공한다. 교사 훈련의 수준은 연구마다 다르다. Frey 등(2005)의 연구는 학년 초에 이틀간 훈련을 제공했고 한 달에 두 번 프로그램 스태프와 교사 상담을 제공하였다. 두 번째 단계 프로그램 웹사이트(www.cfchildren.org)는 많은 교사 자원을 가지고 있다. 교사를 위해 프로그램 기술을 학업 학습의 다른 분야로 전환하는 방법에 대한 팁도 있다. 게다가 이 웹사이트는 전국적으로 몇 군데에서 개최되는 교사(1일)와 교사 훈련자(2일)를 위한 워크숍에 관한 정보도 포함하고 있다.

Grossman 등(1997), Frey, Nolen, Edstrom과 Hirschstein(2005)은 두 번째 단계 프로그램의 엄격한 평가를 시행하였다. 둘 다 무작위 할당과 다층적 모델 그리고 심리측정학상으로 건전한 측정법을 사용하였다. Grossman은 2학년과 3학년 교실의 적극적이고 친사회적인 행동에 미치는 프로그램의 긍정적인 영향을 발견하였다. 그러나 교사나 부모가 평정한 행동에는 영향이 없었다. 더욱이 이러한 영향은 치료가 끝나고 6개월 동안 지속되었다. 프로그램이 학생의 행동뿐만 아니라 사회 인지에 미치는 영향을 평가하는 좀 더 확장된 평가 프로토콜을 사용하여, Frey 등(2005)은 2년 동안 두 번째 단계 프로그램이 2~5학년 표본 학생에게 미치는 영향을 평가하였다. 교사가 학교 사회적 행동 척도(School Social Behavior Scale: SSBS)에 따라 학생의 친사회적 행동과 반사회적 행동을 평정하였다. 추가적으로, 학생의 친사회적 목표와 믿음은 그들이 또래 상호작용과 관련된 다양한 게임과 짧은 글쓰기 활동에 참여했기 때문에 학생의 설문지와 관찰을 통해 평가되었다. 학생들은 짧은 글쓰기에서 또래에 대한 적개심을 보고하였고 폭력적인 수단을 사용하여 또래의 행동에 반응하는 정도를 보고하였다. 학생들은 또한 행동 관찰과 추후 학생 설문이 이루어진 죄수 딜레마 게임에 참여하였다. 마지막으로, 학생들은 상품을 둘이 협상하여 나누도록 했고 결과에 대한 만족도를 평가하도록 했다. SSBS에서 교사 보고는 통제 집단 학생들보다 프로그램 학생들이 더 사회적으로 능숙한 행동을 보였다는 것을 나타냈다. 또한 학생들의 편견 없는 관찰에서는 프로그램 학생들이 더 친사회적 목표를 선호할 것 같았고 협동적으로 갈등을 해결할 가능성이 더 높은 것으로 나타났다. 일반적으로 중재 효과는 2년째보다 첫해에 더 강하였다. 결론적으로, 중재는 학생의 행동과 사회 인지 둘 다에 광범위하게 긍정적인 영향을 끼친다는 것을 나타냈다.

상당한 방법론적인 제한을 가진 연구에서, Taub(2001)는 한 3~5학년 학생 집단을 대상으로 한 두 번째 단계 프로그램을 평가하였다. 학생의 사회적 기술 사용을 평가하기 위해서, 교사는 각 학생에 대한 SSBS를 작성하였고 관찰자들은 네 가지 학생 행동을 관찰하였는데, 이 네 가지 행동은 어른의 지시에 반응하는 것, 또래 아동과 적절히 어울리는 것, 교실 규칙을 지키는 것 그리고 다른 학생들을 방해하는/괴롭히는/산만하게 하는 것이다. 교사는 SSBS 사회 능력과 반사회적 행동 척도에 따라 통제 학생들보다 중재 학생들을 더 높게 평정하였다. 행동 관찰에서는 중재 집단 학생들이 통제 집단 학생들보다 또래 아동과 적절하게 어울렸고, 더 자주 어른의 지시를 따르는 것으로 나타났다. 관찰된 다른 변수에 대해서는 두 집단 사이에 통계적으로 유의미한 차이가 없었다. 그러나 Taub 등의 연구의 방법론적 측면이 결과에 대한 확실성을 감소시킨다. 수집된 데이터는 요구 특성에 영향을 받을 수 있다. 그것은 모든 결과 측정법이 중재를 전달하는 프로젝트 코디네이터와 훈련받은 학부 학생 보조자뿐만 아니라 교사에 의해서 작성되었기 때문이다. 저자들은 학교가 어떻게 중재 조건이나 비교 조건에 선택되었는지를 설명하지 않았고, 이들 집단이 사전검사와 같음이 증명되지 않았다. 데이터 분석은 발생 가능성 있는 집단 효과를 조정하기 위해 다층적 기법을 사용하지 않았다. 긍정적인 효과 패턴이 증명되지 않았고 발생 가능성 있는 부정적 효과가 보고되었다. 방법론적으로 탄탄한 Frey 등의 연구와 Grossman 등의 연구에서 발견된 긍정적인 결과에 비추어, 두 번째 단계 프로그램이 효과적이라는 결론은 보장되는 것 같다.

대인관계 문제해결(ICPS)

어린이집과 유치원 학생들을 위한 대인관계 문제해결(Interpersonal Problem Solving: ICPS) 교육과정(Shure, 2000; Shure, 2001)은 학생들에게 문제해결 스타일 사고를 가르치는 것을 시도한다. ICPS 교육과정은 3개월 코스로 매일 20분간 교사가 수업한다. 교사는 학생들에게 그림과 인형극과 역할극 기법을 사용한 수업을 통해서 대안 해결책을 만들고 결과론적 사고와 인과적 사고를 개발하도록 교육하는 것으로 문제해결을 촉진한다. 게다가 교사는 학생들이 학교 환경에서 문제를 보일 때 프로그램 개념을 실행하도록 훈련받는다. 교사에게 제공된 훈련의 수준과 유형에 관한 정보는 그 효과를 알아보는 연구에 포함되지 않았다.

Shure와 Spivack(1979, 1980, 1982)는 한 미취학 아동과 유치원 학생 집단을 대상으로 한 ICPS 프로그램 효과를 보고하였다. 프로그램 학생들은 통제 집단 학생들보다 중재가 끝났을 때 대인관계 문제해결 능력이 더 좋음을 보여 주었다. 구체적으로, 프로그램 학생들은 통제 집단 학생들보다 더 많은 대안적 해결책을 만들 수 있었고 좀 더 결과론적이고 인과적인 사고를 하는 것을 보여 주었다. 행동 관찰은 프로그램 학생들이 통제 집단 학생들보다 덜 충동적이고 억제한다는 것을 나타내었다.

프로그램이 잘 설명되고 신뢰도가 있으며, 타당도 측정이 프로그램 결과를 평가하는 데 사용된다. 게다가 연구 표본이 잘 정의되어 있다. 이 연구는 또한 프로그램이 긍정적인 패턴의 영향을 주었다고 증명하였다. 그러나 방법론적 어려움이 이 연구 결과의 확실성을 감소시킨다. 어떻게 학생들이 중재 집단과 통제 집단으로 할당되었는지에 대해 설명되어 있지 않았다. 연구 분석이 다층적 기법으로 집단별 무작위 배정을 했다는 설명을 하지 못했다. 또한 관찰된 효과가 차별화된 측정 효과 감소에 의해 편향되지 않았다는 것을 확인하기 위해 어떠한 분석도 제공되지 않았다.

논의

효율성에 대한 Flay 등(2005)의 기준은 철저하고, 몇몇 효능 기준은 보편적인 학교기반의 예방 중재에 특히 까다롭다. 구체적으로, 무작위성 수준에서의 분석은 교실 또는 학교 수준에서 전달되는 중재를 위해 많은 수의 교실이나 학교를 필요로 한다. 단지 3개의 프로그램만이 적어도 한 개의 효능 연구에 대한 이 기준을 충족하였다(PATHS, Second Step, SSDP). 그다음 어려운 점은 중재가 끝나고 적어도 6개월 후 결과의 평가가 필수적이라는 것이다. 다년간 실행한 중재가 가장 많이 추천된다(Collaborative for Academic, Social, and Emotional Learning, 2003). 예를 들어, PATHS 프로그램은 5학년까지 학생들을 위해 사용하도록 되어 있다. 이 기간에 계속되는 종단적 설계는 실행에 비용이 많이 들고, 어려울 뿐만 아니라, 몇 년간에 걸쳐 선발된 대상자의 효과 감소가 있는 문제들이 결과의 내적 타당도를 위협할 수 있다. 그럼에도 PATHS, SSDP, Second Step 그리고 CDP에서는 중재가 끝난 후 적어도 6개월간 중재 효과가 지속되었다는 것을 발견하였다.

이들 프로그램에 적용된 효능에 대한 철저한 기준에도 불구하고, PATHS와 Second Step은 모든 기준을 충족하였고, 따라서 '효과적'이라고 여겨졌다. 효과적이라는 결정은 이 프로그램이 높은 실험 통제 조건하에 시행될 때 혜택과 이득을 발생시킬 수 있다는 것을 의미한다. 효능의 발견이라는 것이 효능을 시도한 조건과 상당히 다를 수 있는 학생 대상과 조건하에 프로그램을 실행할 때 주어진 학교와 같은 결과를 얻을 것이라는 것을 의미하지 않는다는 것을 기억하는 것이 중요하다. 그러나 프로그램 혜택이 발생하는 것은 그 프로그램 때문이지 중재 학교와 비교 학교 사이에 이미 존재하는 차이나 결과 측정에서의 요구 특성과 같은 다른 요인들 때문이 아니라는 발견이 효과적인 프로그램을 추구하는 데 꼭 필요한 '첫 번째 단계'이다. 다행히, PATHS와 Second Step 둘 다 학교에 수용될 수 있고 실행 가능한 중재라는 것이 증명되면서 많은 학교에서 채택되어 왔다(Frey et al., 2005; The Prevention Research Center at Penn State, http://prevention.psu.edu/projects/PATHS.html). 게다가 연구에서 프로그램 혜택에 책임 있는 중재자를 식별하였고(Second Step에 대해서는 Frey et al., 2005, PATHS에 대해서는 Riggs, Greenberg, Kusché, & Pentz, 2006 참조), 그래서 중재의 기저를 이루는 이론에 대한 확실성을 증가시켰다. 따라서 교실 분위기를 향상시키기 위해 프로그램을 고려하는 학교는 이들 프로그램을 신중하게 고려해 볼 것을 권장한다.

검토한 8개 프로그램 모두 좀 더 협력적이고 과제 참여적인 방향으로 그리고 갈등이 덜하고 덜 공격적인 방향으로 교실의 사회적 상호작용을 향상시키는 것을 목표로 하고 있다. 그러나 교실 수준의 효과를 평가한 연구는 거의 없고, 다소 개별 학생에 대한 중재의 효과를 평가하였다. PATHS, Second Step 그리고 SSDP는 예외적이다. 교실 효과를 분석한 이 세 프로그램 중에, PATHS와 Second Step은 중재 효과를 발견하였다. 두 연구 다 관찰된 교실 상호작용에 대한 중재 효과를 발견하였다. 이 두 프로그램은 효능 기준을 충족한다. 따라서 이 프로그램이 교실 안 사회적 상호작용을 향상시키는 목표를 '실행한다'고 결론지을 수 있을 것이다.

어떤 연구들은 단지 높은 수준의 교사 실행을 위한 중재 효과만을 살펴보았다. 그러한 설계는 중재 효과를 과대평가할 것 같다. 왜냐하면 효과적으로 중재를 실행하는 교사는 일반적으로 단지 더 효율적인 교사일 수 있기 때문이다. 이런 주장을 뒷받침하여, Battistich 등(2000)은 통제 학교에 비교하여 CDP가 낮은 프로그램 실행 학교 학생의 학교 소속감에 미치는 부정적인 영향을 발견하였다. 중재 조건에 할당된 모든 교사를 포함하는 설계는 프로그램을 실행했는지 실행하지 않았는지에 관계없이 '중재하려는 의도' 설계로 언급되고 주어진 학교에 가능성 있는 중재 결과에 대한 높은 외적 타당도를 제공한다.

각 프로그램은 교사가 전달하는 교육과정을 포함하고, 대부분의 프로그램은 교사의 교육과정 실행을 평가하였다. 그러나 그 프로그램들은 '묶인' 교육과정을 진달하는 것을 넘어 교사 행동을 변화시키는 데 대한 강조점에서 다르다. 만약 어떤 사람이 교실 분위기를 변화시키는 데 관심이 있다면 중재가 매일 교실에서의 교사의 상호작용에 영향을 미쳤는지 어떤지 알고 싶을 것이다. 중재 원칙을 행동으로 하는 것과 정해진 교육과정에 순응하는 것의 구분은 '실제로 행동으로 보여 주기' 대 '말을 번지르르하게 잘하기'로 언급되어 왔다(Hirschstein, Van Schoiack Edstom, Frey, Snell, & MacKenzie, 2007).

놀랍게도, 단지 한 연구(SSDP; Abbott et al., 1998)만이 중재 교사가 통제 교사보다 목표로 한 교사 행동에 더 관여되었는지 여부를 실제적으로 조사하였다. 목표로 한 교사 행동은 사전 대비적인 교실 관리와 학생의 긍정적인 행동에 대해 자주 인정하며 알아주는 것을 포함하였다. 이들 연구자가 목표로 한 교사 행동과 학생 성과(즉, 학생의 학교에 대한 애착과 참여 및 강화에 대한 인식된 기회) 사이에 중재 조건과 통제 조건을 넘나드는 예상된 관계를 발견하였다고 할지라도, 교사 행동에 미치는 중재의 영향을 발견하지 못하였다. 다시 말해서, 교사가 목표로 한 행동에 좀더 관여한 중재 교실과 통제 교실의 아동 모두 학교 애착과 사회 능력의 측정에서 더 향상되었다. 그러나 중재는 이들 교수 행동에 영향을 주지 않았고, 이론적으로 관련 있는 학생 성과에 대한 중재 영향도 없었다. 저자들은 자신의 이론(즉, 교수법 전략과 학생 성과 사이의 관계)이 맞다고 결론을 내렸으나, 그들의 중재는 목표로 한 교사 행동을 변화시키는 데 성공적이지 못했다.

결론과 향후 방향

많은 연구는 학생의 학업 능력과 사회 능력을 촉진하는 교수 행동을 밝혀냈다(Brophy, 2004 참조). 일련의 연구에서 Pianta와 동료들은 두 가지 차원의 교사-학생 상호작용의 질이 아동의 사회적 그리고 학업 학습에 미치는 영향을 발견하였다(Mashburn et al., 2008). 구체적으로, 교사-학생 상호작용이 더 민감하고, 반응적이고, 정서적으로 긍정적이고, 존중적인 교실의 학생들이 더 많은 사회 능력을 얻는다. 그리고 이 효과는 행동 또는 가족 배경 요인 때문에 학교 적응을 잘 못하는 위험 요소가 있는 아동에게 더 강한 효과가 있다.

우리가 교수 행동을 촉진시키는 방법에 대해서 아는 것보다 어떤 교사 행동이 긍정적인 교실 환경과 학생의 사회적 그리고 학업 학습을 촉진시키는가에 대해 훨씬 더 많이 알고 있다고 말하는 것이 공정하다. 교사들은 학생과 관계하는 방법, 규율을 유지하는 방법, 학생들 사이에 공동체 의식을 형성하는 방법 그리고 학생들에게 동기 유발을 하는 방법에 대해 거의 훈련받지 못한다고 보고하고 있다(Murray, 2005). 더욱이 교사는 일반적으로 현직 연수 자기개발 프로그램이 거의 가치가 없다고 보고하고 있다. 아마도 그것은 그런 연수가 비교적 짧다는 속성 때문일 것이다. 그리고 교사가 꾸준히 지지를 받는 새로운 접근법을 실천할 기회가 없기 때문일 것이고, 현직 연수 내용을 학교 실천과 통합하기 어렵기 때문일 것이다(Neff, 1990). 이 장에서 살펴본 프로그램들은 긍정적인 교실 분위기를 만드는 교사의 능력을 촉진하기 위한 효과적인 전략에 관한 통찰력을 제공한다. 교실 분위기에 영향을 미친(그리고 아마도 평가되지는 않았지만 교사 행동에 영향을 미친) PATHS 프로그램은 교사 준비 집중 과정과 교사 프로그램 첫해 동안 진행하고 있는 개인상담 지원을 포함하고 있으며, 자주 평가적 의미가 없는 피드백을 주고 있다. 상담은 교사의 교실 환경에 내포되어 있고, 개인 맞춤형이며, 상호 협력적이고 상호작용적이다.

학교 심리학자와 학교 정신건강 전문가들은 긍정적인 교실 분위기를 만들고 학생들의 동기를 유발하는 교사의 능력을 촉진하는 데 잠재적으로 중요한 역할을 가지고 있다. 컨설턴트가 도움을 필요로 하는 교사의 요구에 세심하고 존중적으로 반응하는 내담자중심 상담은 특별히 이 과업에 적합하다(Caplan, 1970; Hughes et al., 2007). 이 모델에서 컨설턴트의 역할은 교사와 평등적이고 상호작용적인 관계를 형성하는 것이다. 컨설턴트는 교실 분위기를 향상시키고 학생들을 동기화시키기 위해 새로운 교실 접근법을 실행하고자 하는 교사에게 정보와 정서적 지지를 제공한다. 내담자중심 상담의 개별화된 특징은 상담에서 나오는 전략이 과학에 기초를 둘 뿐만 아니라 교사의 믿음과 교사 철학과 일치하고 그 특정 교실 환경에 적합하다는 것을 확인하도록 도와준다. 교사의 믿음과 그 접근법을 맞추는 것의 중요성은 정서 교육에 대해서 교사에게 이미 존재하는 믿음이 그 프로그램과 일치할 때 교사가 PATHS 프로그램을 더 실행할 것 같다는 연구 결과에 의해 뒷받침된다(Buss & Hughes, 2007). 컨설턴트는 또한 관찰과 평가적이지 않은 피드백을 포함하여 데이터 수집과 분석을 통하여 새로운 접근법을 실행할 때에 교사를 보조한다. 컨설턴트와 교사는 함께 교사의 경험을 반영하고, 그렇게 함으로써 교사의 자기인식과 문제해결 능력을 증가시킨다. 긍정적인 사회 환경을 만들고 학생들 사이에 그리고 학생들과 긍정적인 관계를 형성하고 학생들이 참여적인 학습자가 되도록 동기화시키는 데 교사를 보조해 주는 그러한 개별화되고 반응적인 접근법의 개발과 평가는 후속 연구에 중요한 방향성을 보여 준다.

참고문헌

Abbott, R. D., O'Donnell, J., Hawkins, J. D., Hill, K. G., Kosterman, R., & Catalano, R. F. (1998). Changing teaching practices to promote achievement and bonding to school. *American Journal of Orthopsychiatry, 68*(4), 542-552.

Ames, C. (1992). Classrooms: Goals, structures, and student motivation. *Journal of Educational Psychology, 84,* 251-271.

Anderman, L. H., & Anderman, E. M. (1999). Social predictors of changes in students' achievement goal orientations. *Contemporary Educational Psychology, 24,* 21-37.

Battistich, V., Schaps, E., Watson, M., Solomon, D., & Lewis, C. (2000). Effects of the Child Development Project on Students' Drug Use and Other Problem Behaviors. *Journal of*

Primary Prevention, 21(1), 75-93.

Battistich, V., Schaps, E., & Wilson, N. (2004). Effects of an elementary school intervention on students' "connectedness" to school and social adjustment during middle school. *Journal of Primary Prevention, 24*(3), 243-261.

Battistich, V., & Horn, A. (1997). The relationship between students' sense of their school as a community and their involvement in problem behaviors. *American Journal of Public Health, 87,* 1997-2001.

Battistich, V., Solomon, D., Watson, M., & Schaps, E. (1997). Caring school communities. *Educational Psychologist, 32,* 137-151.

Birch, S. H., & Ladd, G. W. (1997). The teacher-child relationship and children's early school adjustment. *Journal of School Psychology, 35,* 61-80.

Birch, S. H., & Ladd, G. W. (1998). Children's interpersonal behaviors and the teacher-child relationship. *Developmental Psychology, 34,* 934-946.

Bowlby, J. (1980). *Attachment and loss: Vol. III. Loss, sadness, and depression.* New York: Basic Books.

Brophy, J. (1983). Research on the self-fulfilling prophecy and teacher expectations. *Journal of Educational Psychology, 75,* 631-661.

Brophy, J. (2004). *Motivating students to learn* (2nd ed.). Mahwah, NJ: Lawrence Erlbaum.

Buhs, E. S., & Ladd, G. W. (2001). Peer rejection as an antecedent of young children's school adjustment: An examination of mediating process. *Developmental Psychology, 37,* 550-560.

Buhs, E. S., Ladd, G. W., & Herald, S. L. (2006). Peer exclusion and victimization: Processes that mediate the relation between peer group rejection and children's classroom engagement and achievement? *Journal of Educational Psychology, 98,* 1-13.

Buss, M. T., & Hughes, J. N. (May, 2007). *Teachers' attitudes toward emotions predict implementation quality of and satisfaction with a social-emotional curriculum.* Paper presented at the Annual Meeting of the Society for Prevention Research, Washington, DC.

Buyse, E., Verschueren, K., Doumen, S., Van Damme, J., & Maes, F. (2008). Classroom problem behavior and teacher-child relationships in kindergarten: The moderating role of classroom climate. *Journal of School Psychology, 46,* 367-391.

Caplan, G. (1970). *The theory and practice of mental health consultation.* New York: Basic Books.

Chen, Q., Liew, J., & Hughes, J. (March, 2007). *Joint contribution of teachers' warmth and child effortful control on academic and social adjustment: Early elementary grades.* Paper presented at the biennial meeting of the Society for Research in Child Development, Boston, MA.

Collaborative for Academic, Social, and Emotional Learning(CASEL) (2003). Safe and sound: An educational leader's guide to evidence-based social and emotional learning programs.

Retrieved May 20, 2008 from http://www.casel.org/programs/selecting.php

Committe for Children. (2002). *Second step: A violence prevention curriculum.* Seattle, WA: Committee for Children.

Conduct Problems Prevention Research Group. (1999). Initial impact of the Fast Track Prevention Trial for Conduct Problems: II. Classroom effects. *Journal of Consulting and Clinical Psychology, 67*(5), 648-657.

Connell, J. P., & Wellborn, J. G. (1991). Competence, autonomy and relatedness: A motivational analysis of self-system processes. In M. Gunnar & L. A. Sroufe (Eds.), *Minnesota Symposia on Child Psychology: Vol. 23. Self processes and development* (pp. 43-77). Chicago: University of Chicago Press.

Copeland-Mitchell, J., Denham, S. A., & DeMulder, E. K. (1997). Q-sort assessment of child-teacher attachment relationships and social competence in the preschool. *Early Education and Development, 8*, 27-39.

Dilworth, J. E., Mokrue, K., & Elias, M. J. (2002). The efficacy of a video-based teamwork-building series with urban elementary school students a pilot investigation. *Journal of School Psychology, 40*(4), 329-346.

Domitrovich, C. E., Cortes, R. C., & Greenberg, M. T. (2007). Improving young children's social and emotional competence: A randomized trial of the preschool "PATHS" curriculum. *Journal of Primary Prevention, 28*(2), 67-91.

Fallu, J. S., & Janosz, M. (2001). *The quality of teacher-student relationships in adolescence: A protective factor of school failure.* Poster presented at the Biennial Meeting of the Society for Research in Child Development, Minneapolis, MN.

Flay, B. R., Biglan, A., Boruch, R. F., et al. (2005). Standards of evidence: Criteria for efficacy, effectiveness and dissemination. *Prevention Science, 6*, 151-175.

Flook, L., Repetti, R. L., & Ullman, J. B. (2005). Classroom social experiences as predictors of academic performance. *Developmenetal Psychology, 41*, 319-327.

Frey, K. S., Nolen, S. B., Edstrom, L. V., & Hirschstein, M. K. (2005). Effects of a school-based social-emotional competence program: Linking children's goals, attributions, and behavior. *Applied Developmental Psychology, 26*, 171-200.

Furrer, C., & Skinner, E. (2003). Sense of relatedness as a factor in children's academic engagement and performance. *Journal of Educational Psychology, 95*, 148-162.

Gest, S. D., Domitrovich, C. E., & Welsh, J. A. (2005). Peer academic reputation in elementary school: Associations with changes in self-concept and academic skills. *Journal of Educational Psychology, 97*, 337-346.

Gleason, K. A., Kwok, O., & Hughes, J. N. (2007). The short-term effect of grade retention on peer relations and academic performance of at-risk first graders. *The Elementary School Journal,*

107, 327-340.

Greenberg, M. T. (2004). Current and future challenges in school-based prevention: The researcher perspective. *Prevention Science, 5,* 5-13.

Greenberg, M. T., Kusché, C. A., Cook, E. T. & Quamma, J. P. (1995). Promoting emotional competence in school-aged children: The effects of the PATHS curriculum. *Development and Psychopathology, 7,* 117-136.

Grossman, D. C., Neckerman, H. J., Koepsell, T. D., Liu, P., Asher, K. N., Beland, K., Frey, K., & Rivara, F. P. (1997). Effectiveness of a violence prevention curriculum among children in elementary school. *Journal of the American Medical Association, 277*(20), 1605-11.

Guay, F., Boivin, M., & Hodges, E. V. E. (1999). Predicting change in academic achievement: A model of peer experiences and self-system processes. *Journal of Educational Psychology, 91,* 105-115.

Hallmark Corporate Foundation. (1994a). *Talking with TJ: Conflict resolution series: Program kit [multimedia].* Omaha, NE: Hallmark Corporate Foundation.

Hallmark Corporate Foundation. (1994b). *Talking with TJ: Teamwork series: Program kit [multimedia].* Omaha, NE: Hallmark Corporate Foundation.

Hamm, J. V., & Faircloth, B. S. (2005). Peer context of mathematics classroom belonging in early adolescence. *Journal of Early Adolescence, 25,* 345-366.

Hamre, B. K., & Pianta, R. C. (2001). Early teacher-child relationships and the trajectory of children's school outcomes through eighth grade. *Child Development, 72,* 625-638.

Hamre, B. K., & Pianta, R. C. (2005). Can instructional and emotional support in the first-grade classroom make a difference for children at risk of school failure? *Child Development, 76,* 949-967.

Hamre, B. K., & Pianta, R. C. (2006). Student-teacher relationships. In G. C. Bear & K. M. Minke (Eds.), *Children's needs III: Development, prevention, and intervention* (pp. 59-71). Washington, DC: National Association of School Psychologists.

Hawkins, J. D., Catalano, R. F., Morrison, D. M., O'Donnell, J., Abbott, R. D., & Day, L. E. (1992). *The Seattle Social Development Project: Effects of the first four years on protective factors and problem behaviors.* New York, NY, US: Guilford Press.

Hawkins, J. D., Guo, J., Hill, K. G., Battin-Pearson, S., & Abbott, R. D. (2001). Long-term effects of the Seattle social development intervention on school bonding trajectories. *Applied Developmental Science, 5*(4), 225-236.

Hawkins, J. D., Kosterman, R., Catalano, R. F., Hill, K. G., & Abbott, R. D. (2005). Promoting positive adult functioning through social development intervention in childhood: Long-term effects from the Seattle Social Development Project. *Archives of Pediatrics and Adolescent Medicine, 159,* 25-31.

Hawkins, J. D., Smith, B. H., Hill, K. G., Ksterman, R. & Catalano, R. F. (2007). Promoting social development and preventing health and behavior problems during the elementary grades: Results from the Seattle Social Development Project. *Victims and Offenders, 2,* 161-181.

Hennessey, B. A. (2007). Promoting social competence in school-aged children: The effects of the Open Circle Program. *Journal of School Psychology, 45,* 349-360.

Hill, C. R., & Hughes, J. N. (2007). Further evidence of the convergent and discriminant validity of the Strengths and Difficulties Questionnaire. *School Psychology Quarterly, 22,* 380-406.

Hirschstein, M. K., Van Eschoiack Edsstrom, L., Frey, K. S., Snell, J. L., & MacKenzie, E. P. (2007). Walking the talk in bullying prevention: Teacher implementation variables related to initial impact of the Steps to Respect Program. *School Psychology Review, 36,* 3-21.

Howes, C., Hamilton, C. E., & Matheson, C. C. (1994). Children's relationships with peers: Differential associations with aspects of the teacher-child relationship. *Child Development, 65,* 253-263.

Hughes, J. N., Cavell, T. A., & Jackson, T. (1999). Influence of teacher-student relationships on aggressive children's development: A prospective study. *Journal of Clinical Child Psychology, 28,* 173-184.

Hughes, J. N., Cavell, T. A., & Willson, V. (2001). Further evidence of the developmental significance of the teacher-student relationship. *Journal of School Psychology, 39,* 289-302.

Hughes, J. N., Dyer, N., Luo, W., & Kwok, O. (in press). Effects of peer academic reputation on achievement in academically at-risk elementary students. *Journal of Applied Developmental Psychology.*

Hughes, J. N., Gleason, K., & Zhang, D. (2005). Relationships as predictors of teachers' perceptions of academic competence in academically at-risk minority and majority first-grade students. *Journal of School Psychology, 43,* 303-320.

Hughes, J. N., & Kwok, O. (2006). Classroom engagement mediates the effect of teacher-student support on elementary students' peer acceptance: A prospective analysis. *Journal of School Psychology, 43,* 465-480.

Hughes, J. N., & Kwok, O. (2007). The influence of student-teacher and parent-teacher relationships on lower achieving readers' engagement and achievement in the primary grades. *Journal of Educational Psychology, 99,* 39-51.

Hughes, J. N., Loyd, L., & Buss, M. (2007). Empirical and theoretical support for an updated model of mental health consultation for schools. In W. P. Erchul & S. M. Sheridan (Eds.), *Handbook of research in school consultation: Empirical foundations for the field* (pp. 343-360). Mahwah, NJ: Lawrence Erlbaum Associates.

Hughes, J. N., Luo, W., Kwok, O., & Loyd, L. (2008). Teacher-student support, effortful engagement, and achievement: A three year longitudinal study. *Journal of Educational*

Psychology, 100, 1-14.

Hughes, J. N., & Zhang, D. (2007). Effects of the structure of classmates' perceptions of peers' academic abilities on children's academic self-concept, peer acceptance, and classroom engagement. *Journal of Contemporary Educational Psychology, 32,* 400-419.

Hughes, J. N., Zhang, D., & Hill, C. R. (2006). Peer assessments of normative and individual teacher-student support predict social acceptance and engagement among low-achieving children. *Journal of School Psychology, 43,* 447-463.

Ingersoll, R. M. (2001). *Teacher turnover, teacher shortages and the organization of schools.* University of Washington: Center for the Study of Teaching and Policy.

Itskowitz, R., Navon, R., & Strauss, H. (1988). Teachers' accuracy in evaluating students' self image: Effect of perceived closeness. *Journal of Educational Psychology, 80,* 337-341.

Jussim, L. (1986). Self-fulfilling prophecies: A theoretical and integrative review. *Psychological Review, 93,* 429-445.

Kam, C., Greenberg, M. T., Kusché, C. A. (2004). Sustained effects of the PATS curriculum on the social psychological adjustment of children in special education. *Journal of Emotional and Behavioral Disorders, 12,* 66-78.

Kersaint, G., Lewis, J., Potter, R., & Meisels, G. (2007). Why teachers leave: Factors that influence retention and resignation. *Teaching and Teacher Education, 23,* 775-794.

Kusché, C. A., & Greenberg, M. T. (1994). *The PATHS curriculum.* South Deerfield, MA: Channing Bete.

Ladd, G. W. (1990). Having friends, keeping friends, making friends, and being liked by peers in the classroom: Predictors of children's early school adjustment? *Child Development, 61,* 1081-1100.

Ladd, G. W., Birch, S. H., & Buhs, E. S. (1999). Children's social and scholastic lives in kindergarten: Related spheres of influence? *Child Development, 70,* 1373-1400.

Ladd, G. W., & Burgess, K. B. (2001). Do relational risks and protective factors moderate the linkages between childhood aggression and early psychological and school adjustment? *Child Development, 72,* 1579-1601.

Little, M., & Kobak, R. (2003). Emotional security with teachers and children's stress reactivity: A comparison of special-education and regular-education classrooms. *Journal of Clinical Child & Adolescent Psychology, 32,* 127-138.

Mac Iver, D. (1988). Classroom environments and the stratification of pupils' ability perceptions. *Journal of Educational Psychology, 80,* 495-505.

Marsh, H. W., & Craven, R. (2002). The pivotal role of frames of reference in academic self-concept formation: The big fish little pond effect. In F. Pajares & T. Urdan (Eds.), *Adolescence and education* (Vol. II, pp. 83-123). Greenwich, CT: Information Age.

Mashburn, A. J., Pianta, R. C., Hamre, B. K., Downer, J. T., Barbarin, O. A., Bryant, D., et al. (2008). Measures of classroom quality in pre-kindergarten and children's development of academic, language, and social skills. *Child Development, 79,* 732-749.

Matsumura, L. C., Slater, S. C., & Crosson, A. (2008). Classroom climate, rigorous instruction and curriculum, and students' interactions in urban middle schools. *The Elementary School Journal, 108,* 293-312.

Meehan, B. T., Hughes, J. N., & Cavell, T. A. (2003). Teacher-student relationships as compensatory resources for aggressive children. *Child Development, 74,* 1145-1157.

Mitchell, A., & Arnold, M. (2004). Behavior management skills as predictors of retention among South Texas special educators. *Journal of Instructional Psychology, 31,* 214-219.

Neff, R. H. (1990). Research-based findings seldom incorporated in teacher in-service education. *Journal of Instructional Psychology, 17,* 46-51.

Noddings, N. (1992). *The challenge to care in schools: An alternative approach to education.* New York: Teachers College Press.

Parker, J. G., Rubin, K. H., Erath, S. A., Wojslawowicz, J. C., & Buskirk, A. A. (2006). *Peer relationships, child development, and adjustment: A developmental psychopathology perspective.* Hoboken, NJ: John Wiley.

Pianta, R. C. (1999). *Enhancing student-teacher relationships: A developmental systems perspective.* Washington, DC: American Psychological Association.

Pianta, R. C., La Paro, K. M., & Hamre, B. K. (2008). *Classroom Assessment Scoring System™: Manual K-3.* Baltimore, MD: Paul H Brookes Publishing.

Pianta, R. C., & Steinberg, M. S. (1992). Teacher-child relationships and the process of adjusting to school. *New Directions for Child Development, 57,* 61-80.

Pianta, R. C., Steinberg, M. S., & Rollins, K. B. (1995). The first two years of school: Teacher-child relationships and deflections in children's classroom adjustment. *Development and Psychopathology, 7,* 295-312.

Plummer, D. L., & Graziano, W. G. (1987). Impact of grade retention on the social development of elementary school children. *Developmental Psychology, 23,* 267-275.

Resnick, M. D., Bearman, P. S., Blum, R. W., Bauman, K. E., Harris, K. M., Jones, J., Tabor, J., Beuhring, T., Sieving, R. E., Shew, M., Ireland, M., Bearinger, L. H., & Udry, J. R. (1997). Protecting adolescents from harm: Findings from the National Longitudinal Study on Adolescent Health. *Journal of the American Medical Association, 278,* 823-832.

Riggs, N. R., Greenberg, M. T., Kusché, C. A., & Pentz, M. A. (2006). The mediational role of neurocognition in the behavioral outcomes of a social-emotional prevention program in elementary school students: Effects of the PATHS curriculum. *Prevention Science, 7,* 91-102.

Rimm-Kaufman, S. E., Fan, X., Chiu, Y., & You, W. (2007). The contribution of the responsive classroom approach on children's academic achievement: Results from a three year longitudinal study. *Journal of School Psychology, 45*(4), 401-421.

Rimm-Kaufman, S. E., La Paro, K. M., Downer, J. T., & Pianta, R. C. (2005). The contribution of classroom setting and quality of instruction to children's behavior in kindergarten classrooms. *The Elementary School Journal, 105*, 377-394.

Ryan, R. M., Stiller, J. D., & Lynch, J. H. (1994). Representations of relationships to teachers, parents, and friends as predictors of academic motivation and self-esteem. *Journal of Early Adolescence, 14,* 226-249.

Schaps, E., Battistich, V., & Solomon, D. (2004). *Community in school as key to student growth: Findings from the Child Development Project.* New York: Teachers College Press.

Shure, M. B. (2000). *I Can Problem Solve: An interpersonal cognitive problem-solving program: Preschool.* Champaign, IL: Research Press.

Shure, M. B. (2001). *I can problem solve: An interpersonal cognitive problem-solving program: Kindergarten and primary grades.* Champaign, IL: Research Press.

Shure, M. B., & Spivack, G. (1979). Interpersonal cognitive problem solving and primary prevention: Programming for preschool and kindergarten children. *Journal of Clinical Child Psychology,* 89-94.

Shure, M. B., & Spivack, G. (1980). Interpersonal problem solving as a mediator of behavioral adjustment in preschool and kindergarten children. *Journal of Applied Developmental Psychology, 1,* 29-44.

Shure, M. B., & Spivack, G. (1982). Interpersonal problem-solving in young children: A cognitive approach to prevention. *American Journal of Community Psychology, 10,* 341-356.

Silver, R. B., Measelle, J. R., Armstrong, J. M., & Essex, M. J. (2005). Trajectories of classroom externalizing behavior: Contributions of child characteristics, family characteristics, and the teacher-child relationship during the school transition. *Journal of School Psychology, 43,* 39-60.

Skinner, E., & Belmont, M. (1993). Motivation in the classroom: Reciprocal effects of teacher behavior and student engagement across the school year. *Journal of Educational Psychology, 85,* 571-581.

Skinner, E. A., Zimmer-Gembeck, M. J., & Connell, J. P. (1998). Individual differences and the development of perceived control. *Monographs of the Society for Research in Child Development, 63*(2-3), Serial No. 254.

Substance Abuse and Mental Health Services Administration. (2008). *Registry of evidence-based programs and practices.* Retrieved July 17, 2008 from http://www.nrepp.samhsa.gov/

Taub, J. (2001). Evaluation of the Second Step Violence Prevention Program at a rural elementary school. *School Psychology Review, 31,* 186-200.

U.S. Department of Education. (2003). *Identifying and implementing educational practices supported by rigorous evidence: A user friendly guide.* Washington, DC: U.S. Department of Education.

Urdan, T., & Midgley, C. (2003). Changes in the perceived classroom goal structure and pattern of adaptive learning during early adolescence. *Contemporary Educational Psychology, 28,* 524-551.

Urdan, T., & Schoenfelder, E. (2006). Classroom effects on student motivation: Goal structures, social relationships, and competence beliefs. *Journal of School Psychology, 44,* 331-349.

Wentzel, K. (1998). Social relationships and motivation in middle school: The role of parents, teachers, and peers. *Journal of Educational Psychology, 90,* 202-209.

Wentzel, K. R. (1999). Social-motivational processes and interpersonal relationship: Implications for understanding motivation at school. *Journal of Educational Psychology, 91,* 76-97.

Chapter **11**

집단 괴롭힘 상황에서 교사 중재에 영향을 미치는 요인: 연구와 실제를 위한 함의

Jodi Burrus Newman, Karin S. Frey,
Diane Carlson Jones(워싱턴 대학교)

학교에서 학생들은 자주 집단 괴롭힘(bully)에 관여되고 피해를 당한다(Hanish & Guerra, 2003; Nishina, Juvonen, & witkow, 2005; O'Connell, Pepler, & Graig, 1999; Pepler, Jiang, Craig, & Connolly, 2008). 집단 괴롭힘은 힘이 없는 누군가를 의도적으로 그리고 반복적으로 다치게 하거나 괴롭히는 행위이다(Solberg & Olweus, 2003). 그것은 신체적일 수도 있고(차기, 때리기, 물건 뺏기), 언어적일 수도 있고(조롱하기, 모욕하기, 못되게 놀리기), 사회적/관계적일 수도 있다(외면하기, 소문 내기). 미국에서 대규모의 연구는 집단 괴롭힘이 초등학교 말기에 증가하고 중학교 때 최고조에 도달한다고 밝히고 있다(Espelage, Bosworth, & Simon, 2001; Frey, Hirschstein, Edstrom, & Snell, 2009; Nansel, Overpeck, Pillar, Ruan, Simon-Morton et al., 2001). 대략 30~40%의 정도의 학생이 학교에서 피해를 당했다고 주장한다(Davidson & Demaray, 2007; Swearer & Cary, 2003).

교사는 집단 괴롭힘을 막고 부정적인 영향을 제한시키는 노력을 하는 데 핵심적인 역할자이다(Doll, Song, & Siemers, 2004; Hirschstein, Edstrom, Frey, Snell, & MacKenzie, 2007; Kallestad & Olweus, 2003; Kochenderfer-Ladd & Pelletier, 2008; Orpinas, Horne, & Staniszewski, 2003). 사실, 교사는 교실(Atlas & Pepler, 1998)과 더 넓은 학교 맥락(Parault, Davis, & Pelligrini, 2007) 모두에서 집단 괴롭힘의 실제 사례에 대한 '첫 번째 반응자'로서 신뢰받는다. 교사 중재는 성인의 권위와 지도를 나타내는 데 결정적인 역할을 해서 괴롭히는 학생과 그 피해 학생의 힘 차이가 다루어질 수 있다. 그러나 학생 집단 괴롭힘에서 교사 중재는 가능성, 도입된 특정한 전략 그리고 효과의 정도에 따라서 광범위하게 달라진다(Bradshaw, Sawyer, & O'Brennan, 2007;

Craig, Henderson, & Murphy, 2000; Mishna, Scarcello, Pepler, & Wiener, 2005). 이 장에서는 집단 괴롭힘에 있어서 교사 중재에 관한 문헌을 비판적으로 검토하고 중재 실행과 결과에서의 차이를 설명하는 특정 요인들을 살펴볼 것이다. 그런 다음 학생, 수업 및 학교 공동체와 관련된 교사 중재를 그리는 이론적 모델을 제시할 것이다. 문헌 분석은 이러한 연계된 사회적 맥락이 중재에 영향을 미친다는 것을 밝히고 지지적 관계와 실천이 집단 괴롭힘 행동을 효과적으로 감소시킬 수 있다는 것을 밝힐 것이다.

집단 괴롭힘에 연관된 결과

집단 괴롭힘의 대상이 된 학생들은 또래 아동으로부터의 빈번한 집단 괴롭힘을 참고 집단 괴롭힘을 끝낼 적극성과 힘이 부족하다(Olweus, 1993). 그 대상이 된 부정적인 영향은 상당할 수 있다. 피해자들은 심리적 안녕감이 감소하고, 사회관계가 단절되고, 학습 기회가 위태로워지는 것을 자주 경험하게 된다. 어떤 피해자들이 경험하는 심리적인 문제는 우울증, 낮은 자존감, 사회적 불안 그리고 외로움과 같은 것을 포함한다(Hanish & Guerra, 2002; Juvonen, Nishina, & Graham, 2000; Kochenderfer & Ladd, 1996; Nishina et al., 2005). 피해 학생들은 정서적 트라우마에 대처하는 데 부적응적 방식을 발달시킬 수 있다(Hanish & Guerra, 2002; Juvonen et al., 2000). 피해가 계속되면 행동 문제가 증가하고 시간이 감에 따라 악화된다(Schwartz, McFaydem-Ketchum, Dodge, Pettit, & Bates, 1998). 만성적으로 집단 괴롭힘을 당한 학생들은 수업 참여(Buhs, Ladd, & Herald, 2006), 학교 출석(Kochenderfer & Ladd, 1996; Smith, Talamelli, Cowie, Naylor, & Chauhan, 2004) 그리고 학업 수행이 떨어진다(Nishina et al., 2005; Schwartz, Gorman, Nakamoto, & Toblin, 2005). 어떤 학생들은 학교를 그만두는 것으로 일상의 집단 괴롭힘에서 벗어나려고 시도할 수 있다(Slee, 1994).

괴롭히는 학생들은 자원을 확보하고 힘을 획득하기 위해 또래 아동에 대항하여 공격적인 전술을 사용한다(Nishina, 2004; Olweus, 1993; Pellegrini, 2002). 몇몇 집단 괴롭힘 가해자는 적대적 편견과 부족한 조망수용 능력을 포함, 사회적·인지적 능력이 부족하다(Crick & Dodge, 1994; Jolliffe & Farrington, 2006). 또 다른 집단 괴롭힘 가해자들은 그들의 행동이 사람들을 다치게 한다는 것을 이해하지만 상관하지 않는 사회적으로 능숙한 조종자인 것처럼 보인다(Gianluca, 2006; Hawley, 2003; Sutton, Smith, & Swettenham, 1999). 집단 괴롭힘 행동과 연관된 단기적 결과는 다를 수 있다. 어떤 집단 괴롭힘 가해자들은 급우들에게 거부당한다. 하지만 어떤 가해자들은 수용되고, 지지받고, 심지어 또래 아동들 사이에서 인기 있는 것으로 여겨진다(Demaray & Malecki, 2003; Rodkin, 2004). 결국 집단 괴롭힘을 행하는 학생들은 강제로 하는 것에 의존하게 될 수 있고, 다른 사람들에게 피해를 입히기 위해 공격적이 되는 것을 배우고, 긍정적인 관계 능력을 발달시키는 데 실패할 수 있다(Pepler et al., 2008). 또한 이성관계(Pepler et al., 2006), 가족(Duncan, 1999) 그리고 교사-학생 관계를 형성하는 데 실패할 수 있다(Frey & Nolen, 출판 중).

집단 괴롭힘을 목격한 학생들 또한 반대로 영향을 받을 수 있다. 다른 학생들의 성공에 대담해져서, 방관자 학생들 자신이 괴롭히는 가해자가 될 수 있다(Bradshaw et al., 2007). 학교는 학대 치료가 예상되고 용인되는 '괴롭힘 문화'(Unnever & Cornell, 2003)를 발달시킬 수 있다. 다른 방관자들은 두려움, 죄책감 그리고 도덕적 혼란으로 불안해질 수 있다(O'Connell et al., 1999; Jeffrey, Miller, & Linn, 2001). 중학교 학생들은 다른 학생들이 집단 괴롭힘 당하는 것을 목격하는 날에 학교에 대한 불안과 혐오가 증가한다(Nishina & Juvonen, 2005).

몇몇 어른이 집단 괴롭힘은 학생이 역경의 상황을 다루는 능력을 강화하기 때문에 혜택이 있다고 주장하기도 하지만(Hazler, Miller, Carney, & Green, 2001), 그렇지 않음을 강력하게 주장하는 증거가 있다. 연구를 통해 집단 괴롭힘이 피해자, 가해자 그리고 목격자의 정서·사회적 그리고 학업적 삶에 해로운 영향을 끼칠 수 있다는 것을 분명히 제시하고 있다.

중추 역할을 하는 교사

포괄적인 학교 단위 집단 괴롭힘 예방 프로그램의 맥락에서 교사 중재가 이루어질 때, 정서적 지지를 제공하고(Hunter, Boyle, & Warden, 2004), 학생의 문제해결을 용이하게 하고(Hirschstein et al., 2007), 친사회적 상호작용을 길러 주고(Frey et al., 2005), 집단 괴롭힘 행동을 감소시키는 것(Frey et al., 2005; Olweus, 1993)에 의해서 그 중재가 학생들을 효과적으로 도울 수 있다. 불행하게도, 이런 가능성은 교사가 집단 괴롭힘 행동을 인식하고, 해석하고, 그것을 제한하도록 중재하는 정도에 따라서 달라지기 때문에 종종 현실화되지 않는다(Bradshaw et al., 2007; Craig et al., 2000; Mishna et al., 2005). 많은 교사는 중재하지 않는 것을 선택하거나 또는 그들이 집단 괴롭힘에 반응하는 방법에 대해 확신하지 못한다고 표현한다(Mishna et al., 2005; Rigby & Bagshaw, 2003). 사실, 교실 관찰에서는 교사가 집단 괴롭힘 상호작용의 18%만을 막을 수 있었던 것으로 나타났다(Atlas & Pepler, 1998).

구체적인 중재 전략의 효과는 또한 다양하다. 교사가 중재하여 집단 괴롭힘을 막았다고 보고한 45%에 가까운 영국 학생은 그 중재가 어떤 것도 변화시키지 못했거나 오히려 상황을 더 악화시켰다고 느꼈다(Smith & Shu, 2000). 게다가 흔히 도입되는 '무관용 정책' 및 정학과 같은 배제 처벌은 거의 효과를 보이지 않는 것 같다. 이런 실천은 부정적인 학교 분위기, 제멋대로인 학생 행동 그리고 낮아진 성취도와 관련이 있다(Skiba, Ritter, Simmons, Peterson, & Miller, 2006). 마지막으로, 학교 단위의 예방 프로그램을 실행하도록 시도하고 있는 학교 교사들은 거의 혜택적인 결과를 볼 수 없을지도 모른다(Smith, Schneider, Smith, & Ananiadou, 2004).

어떠한 요인들이 교사의 집단 괴롭힘 중재의 가능성과 유효성의 다양성을 설명할 것인가? 우리는 사회생태학적 이론(socioecological theory; Swearer & Espelage, 2004), 동기에 관한 상대적 관점(Baumeister & Leary, 1995; Birch & Ladd, 1996; Connell & Wellborn, 1991; Pianta & Stuhlmtan, 2004) 그리고 발달의 교류 모델(transactional model of development; Sameroff & MacKenzie, 2003)에 개념적 근거를 둔 이 질문을 다루기 위해 한 모델을 제안할 것이다. 이러한 접근법은 사회적 상호작용과 관계가 맥락적으로 놓여 있고, 개인과 사회적 맥락은 서로 강력하게 영향을 미친다는 것을 강조한다.

사회생태학

사회생태학적 이론은 개인 간의 직접적 상호작용부터 집단 괴롭힘 행동과 중재 실천에 영향을 미치는 것과 밀접한 연관을 갖는 폭넓은 문화까지 다양하게 내포된 상황들의 체계화된 개념 틀을 제공한다(Bronfenbrenner, 1979; Swearer & Espelage, 2004). 이 이론은 누가 학교에서 집단 괴롭힘에 관여하는지 그리고 집단 괴롭힘 예방 노력이 행해지는 관련 상황에 대해서 우리가 이해하는 것에 대한 정보를 주었다. [그림 11-1]에 제시된 모델은 Frey와 Nolen(출판 중)의 연구에서 나왔지만, 우리는 교사를 사회생태학의 중심에 배치하였다. 교사의 역할을 언급할 때, 우리는 중복되는 세 가지 관계 맥락을 명시하였다.

첫 번째 관계 맥락은 교사와 집단 괴롭힘 피해자 사이 그리고 교사와 가해자 사이의 양자 상호작용을 수반한다. 두 번째 맥락은 또래관계를 용이하게 하거나 교실 규범을 수립할 때처럼 전체 학급과 교사의 상호작용을 포함한다. 교사-학생 그리고 학급 전체 상호작용은 세 번째 맥락 안에 놓여 있고 세 번째 맥락에 의해서 더 영향을 받는다. 세 번째 맥락은 행정가와 다른 교사와 같은 학교 공동체 구성원으로부터 집단 괴롭힘 중재를 위해 교사가 받는 지원을 포

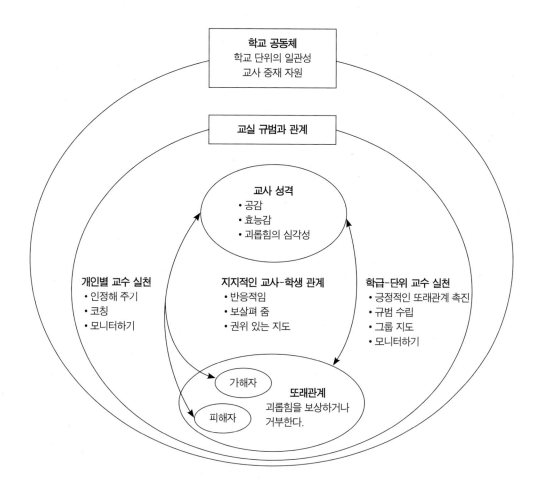

[그림 11-1] 집단 괴롭힘 상황에서 교사 중재에 영향을 주는 관계

함한다. 각각의 이 다양한 맥락에서, 우리는 집단 괴롭힘 예방을 위해 추천된 실천들에 대해 서술할 것이다. 가족이 영향을 미치고 또한 폭넓은 문화가 중재 노력에 영향을 줄 것 같지만, 우리는 우리의 분석을 학교 맥락 안에서 발생하는 상호작용으로 제한한다.

사회적으로 책임 있는 행동을 동기화시키는 교사-학생 관계

교사-학생 관계의 질은 구체적인 중재 실천과 상호작용할 수 있는 맥락적인 요인인 우리 모델의 핵심 구성 요소이다. 특히 지지적 교사-학생 관계가 미래 관계의 모델로서의 역할을 하고 친사회적 규범을 채택하도록 학생들의 동기화를 돕는다고 제안하고 있다(Birch & Ladd, 1996; Connell & Wellborn, 1991; Crosnoe, Johnson, & Elder, 2004; Doll et al., 2004; Hamre & Pianta, 2005; Hughes & Kwok, 2006; Hughes, Lou, Kwok, & Loyd, 2008; Pianta & Stulman, 2004; Wentzel, 1997).

지지적인 교사-학생 관계는 [그림 11-1]에 제시된 세 가지 주요 요소에 의해 정의된다. 그 세 가지는 반응도, 보살핌 그리고 권위 있는 지도이다. 첫 번째 요소는 학생의 요구에 민감하고 반응적인 것을 수반한다(Hamre & Pianta, 2005). 예를 들어, 학생들 사이에서 낮은 사회·정서적 능력을 정확하게 평가하는 교사는 필수 능력을 가르치는 것에 의해 반응할 수 있다(Connell & Wellborn, 1991; Frey et al., 2005). 지지는 또한 학생과의 긍정적인 정서적 분위기의 증거가 되는 학생과 보살펴 주는 관계를 가지는 것과 관련이 있다(Birch & Ladd, 1996; Hughes et al., 2008; Noddings, 2005; Wentzel, 1997). 마지막으로, 지지적 관계는 행동 지침을 제공하고 높은 사회적·학업적 기대를 정하는 권위적 의사소통이 필수적이다(Birch & Ladd, 1996; Hughes, 2002; Wentzel, 2002). 대조적으로, 비지지적인 교사-학생 관계는 불협하고 분노하는 적대적 갈등과 자주 연관된다(Birch & Ladd, 1996; Hamre, Pianta, Downer, & Mashburn, 2008; Highes et al., 2008). 교사가 그들의 학생과 지지적 관계를 가지고 적대적 갈등 수준이 낮을 때, 학생들은 또래 아동을 더 수용하고, 친사회적이고, 사회 영역과 학업 영역에서 더 능숙해진다(Birch & Ladd, 1996; Furrer & Skinner, 2003; Hamre & Pianta, 2005; Hughes et al., 2008; Hughes & Kwork, 2006; Malecki & Demaray, 2003).

[그림 11-1]에 제시된 것처럼 교사-학생 맥락에서의 지지적인 실천들은 집단 괴롭힘이 발생하였다는 것을 알아차리고, 집단 괴롭힘의 상황에 중재된 개별 학생들을 지도하고, 중재 효과를 관찰하는 것으로 구성되어 있다. 교실 맥락 안에서 지지적 실천들은 감독과 관찰을 늘리는 것뿐만 아니라(Olweus, 1993), 친사회적 또래 아동 상호작용(Fery et al., 2005; Frey & Nolen, 출판 중), 사전 대비 규범 설정, 사회·정서적 기술에 대한 집단교육을 지지하는 것과 관련이 있다. 우리는 교사와의 긍정적인 관계가 친사회적 규범의 내재화를 동기화시키도록 제안하고, 학생들이 새로운 행동을 시도하도록 권장한다는 것을 제안한다.

지지적 관계의 동기부여적 영향은 학교에서 학업 성취와 친사회적 상호작용을 촉진하는 것과 관련하여 광범위하게 연구되어 왔다(Hughes & Barrois, 이 책). 그러나 교사-학생 관계의 질은 교사 상호작용에 관한 집단 괴롭힘 연구에서 관심을 거의 받지 못했다. 동기부여의 상대적 공헌에 관한 연구는 현존하는 상관관계적 상황과 지지적 중재 실천이 집단 괴롭힘에 관련된 학생들을 위해 혜택적인 변형 결과를 양산할 수 있다고 제안하고 있다.

중재 실천의 교류 모델: 두 가지 예

교류 모델은 개인과 그들의 환경 사이의 상호작용이 어떻게 발달에 영향을 미치는가에 대한 통찰을 제공한다(Sameroff & MacKenzie, 2003). 교류 모델의 교리는 개인이 특정한 특징(예: 신념, 기술, 변화 과정 편견)을 교류의 역동성을 형성하는 상호작용에 가져온다는 것이다. 더욱이 사람들이 놓인 환경은 관련된 사람들의 믿음을 형성한다(Sameroff, 1995). 우리 모델에서 집단 괴롭힘 상황에서의 교사 중재 결과는 세 가지 관계 맥락에서 교사와 다른 사람들 사이의 쌍방적 영향의 산물이다.

네 단계의 가정적 순서에 대한 설명은 교류의 역동성이 교실의 교사에게 전개될 수 있는 방식을 실제로 보여 주는 것을 돕는다. 교사와 학생의 개인적 성격과 현재 진행 중인 그들의 관계의 질은 출발점을 나타낸다. 그다음은 교사가 학생들 사이에서 발생하는 집단 괴롭힘 상황을 인식한다. 그런 다음 교사는 어떤 방식으로 반응한다. 마지막으로, 변형의 결과가 관찰된다. 쌍방적 영향을 묘사하는 2개의 대조적인 시나리오는 교류적 역동성의 성격을 더 강조할 것이다.

첫 번째 예는 효과적인 중재가 가능하다고 믿지 않고 교실 집단 괴롭힘에 직면하여 당황함을 느끼는 교사를 묘사하고 있다(Mishna et al., 2005). 교사는 한 학생이 다른 학생들에게 반복적으로 집단 괴롭힘을 당한다는 것을 듣지만 그 상황을 심각하게 여기지 않는다. 교사는 경멸적으로 그 상황에 반응하고(Mishna et al., 2005) 피해 학생에게 '무시하라'고 말한다(Kochenderfer-Ladd & Pelletier, 2008). 변형의 결과는 울거나 때리는 것과 같은 비효율적인 전략을 사용하는 것을 포함할지도 모른다. 이것은 또래 집단으로부터 더 집단 괴롭힘을 당하게 되는 결과를 가져올 수도 있다(Wilton, Craig, & Pepler, 2000). 좋지 않은 결과는 집단 괴롭힘 중재에 관한 교사의 자기효능감을 낮출 수 있는데, 이것은 미래에 중재를 덜 하게끔 만들 수 있다(Yoon, 2004). 이러한 경우 교사와 사회 환경은 상호작용하여 피해 학생과 또래 아동 및 교사 사이의 관계가 악화된 부정적인 소용돌이를 만들게 된다.

좀 더 긍정적인 시나리오 또한 실현 가능성이 있다. 공격적인 학생들 때문에 당황하는 대신, 교사는 효율적이라고 느끼며 몇 가지 중재 전략을 가지고 반응할 수 있다(Yoon, 2004). 다음으로, 집단 괴롭힘 상황에 대해서 들을 때 교사가 조사해 보고 적극적으로 중재한다. 교사는 피해 학생에게 적극성 훈련을 제공하고(Egan & Perry, 1998), 피해 학생과 가해자를 떨어뜨려 놓고(Kochenderfer-Ladd & Pellertier, 2008), 피해 학생이 우정을 키울 수 있도록 도와주고

(Boulton, Trueman, Chau, Whitehand, & Amatya, 1999), 좀 더 친사회적인 교실 규범을 만들도록 노력할 수 있다(Roland & Galloway, 2002). 중재를 한 후에는 학생들 사이 집단 괴롭힘 상호작용이 감소할 수 있다(Kochenderfer-Ladd & Pelletier, 2008; Roland & Galloway, 2002). 게다가 피해 학생은 미래의 집단 괴롭힘 상황으로부터 그들을 완충해 주는 다른 학생들과 긍정적인 관계를 형성할 수 있다(Goldbaum, Craig, Peper, & Connolly, 2003). 마지막으로, 집단 괴롭힘 상황이 효과적으로 다루어질 것이라고 믿는 학생들은 집단 괴롭힘 사건을 보고할 가능성이 더 높을 것이다(Hunter et al., 2004).

이 두 시나리오에서 참여자의 현재 성격과 참여자 사이의 관계가 집단 괴롭힘에 대한 교사의 반응에 영향을 주었고, 중재는 광범위한 확산적 변형 결과를 이끌었다. 교사 중재에 드러난 역동성을 형성하는 요인은 무엇인가? 우리는 지금 교사의 개인적 성격이 집단 괴롭힘 상호작용에 어떻게 영향을 미칠 수 있는지를 살펴봄으로써 다른 결과에 대한 잠재성을 살펴볼 것이다. 집단 괴롭힘 예방 프로그램인 존중의 단계(the Steps to Respect; Committee for Children, 2001)의 평가에서 나온 예가 교사, 학생, 교실 그리고 학교 공동체 사이의 지지적 상호작용이 어떻게 사회적으로 책임 있는 행동을 유발시킬 수 있는지를 실증하기 위해 사용되었다.

교사의 특성

교류 모델에서는 개인적 변인이 사회적 상호작용의 역동성에 영향을 준다고 제안한다(Sameroff, 1995). 따라서 우리는 공감, 효능감 그리고 집단 괴롭힘 상황의 심각성 인식을 포함해 중재 실행에 영향을 줄 수 있는 교사의 특성을 자세히 다루는 것으로 학생 집단 괴롭힘 상황의 교사 중재에 대한 우리의 분석을 시작할 것이다.

■ 공감

집단 괴롭힘 시나리오에 대한 교사의 사전 반응 검사는 피해 학생에 대한 교사의 공감이 중재 가능성과 긍정적으로 관련이 있음을 나타내고 있다(Bauman & Del Rio, 2006; Craig et al., 2000). 이러한 결과는 중재를 실행한 교사의 인터뷰 데이터에 의해 확인된다(Mishna et al., 2005). 피해 학생에 공감하는 교사는 덜 공감하는 교사가 집단 괴롭힘을 중요하지 않은 것으로 묵살하는 것과 달리 학생의 요구에 더 반응적일 수 있고 적극성 교육을 제공할 수 있다.

■ 효능

어떤 교사는 중재하고 싶지만, 그들이 집단 괴롭힘 상황을 다룰 수 있는 자신감이 부족할 수 있다(Nicolaides, Toda, & Smith, 2002). 높은 자기효능감을 가진 교사는 조치를 더 취할 가능성이 있고(Yoon, 2004), 그들 중재의 유효성에 더 자신감을 가진다(Bradshaw et al., 2007). 학교 차원의 집단 괴롭힘 예방 프로그램의 부분으로 제공된 훈련은 효과적으로 중재할 수 있다는 교사의 인식을 북돋울 수 있다(Hirschstein & Frey, 2005; Newman-Carlson & Horne, 2004). 교사가 훈련을 받은 다음에 집단 괴롭힘에 관여된 개별 학생을 더 중재할 것 같을지라도, 그들 조치의 유효성이 또한 증가되었는지에 대해서는 증거가 분명하지 않다.

집단 괴롭힘 상황의 효과적인 조치 절차에 대한 교사의 믿음은 또한 중재 실천에 영향을 줄 것 같다. 예를 들어, 아동이 집단 괴롭힘을 피할 수 있다고 믿는 교사는 단순히 가해자를 피하는 것으로 가해자-피해자 둘을 떨어뜨리기 위해서 자리 배치를 바꾸려고 할 가능성이 높다(Kochenderfer-Ladd & Pelletier, 2008). 문제중심 전략이나 기술중심 전략(Lazarus & Moskowitz, 2000)의 다른 예는 적극성 훈련이나 피해자 학생들을 위한 또래 아동의 공감을 증가시키는 것이다. 정서중심 접근법은 정서적 공감을 제공하거나 피해자가 된 것에 대해 자책하는 감정을 줄이는 것을 포함한다. 이러한 접근법은 공격성, 피해 그리고 분열성 방관자 행동을 감소시키는 데 성공적인 것 같다(Frey et al., 2005; Frey et al., 출판 중; Hirschstein et al., 2007). 그래서 연구 결과에 익숙한 교육자들이 선호할 것 같다.

회피적 반응(즉, 문제를 무시함)과 배제적 처벌이 채택될 수 있는데, 그것은 교사가 어떤 조치가 효과적인지 모르고, 교사 중재에 대한 필요성이 없다고 믿거나 지지적 교사 중재가 비효과적이거나 역효과를 낳는다고 믿기 때문이다. 불행히도, 정학과 같은 회피적 전략과 처벌의 사용은 높은 수준의 문제적 학생 행동과 관련이 있다(Kochenderfer-Ladd & Pelletier, 2008; Skiba et al., 2006).

■ 집단 괴롭힘의 심각성

교사는 그 상황이 심각하다고 믿는다면 집단 괴롭힘 사건에 중재하는 경향이 있다(Holt & Keyes, 2004). 두 가지 요인이 교사의 심각성에 대한 정의를 알려 준다. 그것은 특정한 형태의 집단 괴롭힘과 그 사건을 개인적으로 목격하는 것이다(Bauman & Del Rio, 2006; Craig et al., 2000; Mishna et al., 2005; Yoon & Kerber, 2003).

신체적 공격과 언어적 모욕은 심각한 집단 괴롭힘이 되고 교사 중재를 타당하게 한다는 학생과 교사 사이의 일반적인 동의가 있다(Bauman & Del Rio, 2006; Hazler et al., 2001; Naylor,

Cowie, Cossin, Bettencourt, & Lemme, 2006; Newman & Murray, 2005; Yoon & Kerber, 2003). 그러나 학생과 교사는 상대적 공격과 비열한 놀림과 같은 다른 형태의 집단 괴롭힘의 심각성에는 동의하지 않는다(Mishna et al., 2005). 상대적 공격은 배척과 소문 내기와 같은 행동과 관련된다(Crick & Grotpeter, 1996). 비열한 놀림은 유머와 공격을 둘 다 포함하는 언어 공격 유형이다(Shapiro, Baumeister, & Kessler, 1991). 많은 학생은 이러한 형태의 집단 괴롭힘이 신체적 공격만큼 해롭다고 보고한다(Crick & Grotpeter, 1996; Crick et al., 2001; Newman & Murray, 2005).

많은 학생이 인식하고 있는 것과는 대조적으로 교사는 관계적 공격을 신체적 집단 괴롭힘보다 덜 심각하게 보는 경향이 있고(Bauman & Del Rio, 2006; Craig et al., 2000; Mishna et al., 2005), 심지어 놀리는 행동을 유머가 있다고 생각하기도 하고(Pexman, Glenwright, Krol, & James, 2005), 그래서 중재가 덜 이루어지는 결과를 초래한다(Bauman & Del Rio, 2006; Craig et al., 2000; Yoon & Kerber, 2003). 신체적 공격이 심각하다는 인식은 교사가 그 사건을 직접 관찰했을 가능성이 더 높은 것과 관련이 있다. 교사가 험담하거나 배척하는 것을 관찰하는 것이 더 어려울지도 모른다. 교사는 이런 종류의 사건과 그것의 영향에 대해서 알기 위해서 학생한테서 받는 보고에 의존해야만 한다. 공격성의 형태와는 상관없이, 교사는 목격한 사건을 보고된 사건보다 더 심각하다고 평가한다(Craig et al., 2000).

■ 요약

공감적이고, 효능감이 있으며, 집단 괴롭힘 사건을 목격한 교사가 중재할 가능성이 더 높을 것이라고 주장하는 증거가 있다. 그러나 교사의 성격을 집단 괴롭힘 중재 실천과 연결시킨 연구는 한계가 없는 것은 아니다. 많은 연구가 횡단적이고 자기보고 데이터를 바탕으로 하기 때문에 종단적 연구와 다중 방법 평가의 필요성이 있다. 게다가 문헌들은 교사가 중재할 것이라는 가능성을 예측하는 데 주로 초점을 맞춰 왔다. 이것이 중요한 문제라 할지라도, 교사가 중재하기로 결정하고 주어진 상황에 대해 특정한 중재 전략을 선택하는 과정에 대한 정보는 거의 없다. 마지막으로, 도입된 중재의 실제적인 유효성이 평가될 필요가 있다.

이러한 한계점에도 불구하고 데이터는 집단 괴롭힘 문제에 대한 증가된 교사 훈련 요구를 타당하게 만들고 있다. 놀림, 소문 내기 그리고 배척의 형태로 피해 학생이 받은 피해를 좀 더 이해하는 것은 집단 괴롭힘의 인식을 증가시키고, 피해 학생에 대한 공감 그리고 심각성의 인식을 증가시킬 수 있다. 더욱이 교사가 집단 괴롭힘을 효과적으로 대처하기 위해 더 잘 준비하는 것은 중재의 가능성을 증가시키고 교사가 좀 더 지지적 실천을 하도록 권장할 수 있을 것이다.

학생, 교실 및 학교 공동체와 관련된 교사

교사-학생 관계 맥락

교사와 학생 양측의 관계 맥락 안에서, 교사와 학생은 집단 괴롭힘 예방의 가능성과 효율성에 서로 간에 영향을 준다는 인식을 가질 수 있다. 구체적으로, 학생에 대한 교사의 인식은 지지적인 태도로 집단 괴롭힘 상황에 반응하는 교사 능력에 영향을 줄 수 있다(Frey, 2005; Frey & Nolen, 출판 중; Mishna et al., 2005; Nesdale & Pickering, 2006). 게다가 학생들이 교사를 지지적이라고 인식할 때 피해 학생의 정서적 고통이 감소하는 것(Davidson & Demaray, 2007; Malecki & Demaray, 2004)과 같은 긍정적인 결과가 더 발생할 것 같다.

■ 학생에 대한 교사의 인식

학생에 대한 교사의 인식은 중재 실천에 영향을 줄 수 있다(Mishna et al., 2005; Nesdale & Pickering, 2006). 가해자와 피해 학생의 개인적 성격에 관한 연구는 균일하게 각 집단을 묘사하는 한 가지 특성만 있지 않다는 것을 확인하였다. 예를 들어, 어떤 피해 학생들은 내성적이며 그런 증상을 내면화하면서 고통받는다. 분열적이고 공격적인 행동의 특성이 있는 어떤 피해 학생들은 높은 수준의 사회 · 정서적 기능장애를 보고한다(Schwartz, Proctor, & Chien, 2001). 모든 피해 학생이 온순하고 내성적이라고 예상하는 교사는 집단 괴롭힘에 연관된 학생들이 이러한 정형화된 예상과 상응하지 않을 때 집단 괴롭힘을 알아차리지 못할 수 있다.

학생 행동에 대한 교사의 판단은 또한 '좋은' 또는 '나쁜' 학생으로 학생을 평가하는 것이 내포되어 있어서(Nesdale & Pickering, 2006) 교사가 인기 있고 협동적인 학생을 가해자로 식별하는 데 더 어려움을 겪을 수도 있다(Frey & Nolen, 출판 중). 그렇다면 학생에 대해 사전에 형성된 생각은 '저 학생은 좋은 학생이고 그럴 의도가 없었다.' 또는 '그 학생들은 문제가 없다고 알고 있다.'와 같이 온화하거나 애매모호한 것으로 공격적 또는 분열적 행동을 교사가 해석하는 데 영향을 줄 수 있다(Frey & Nolen, 출판 중; Mishna et al., 2005). 만약 교사가 집단 괴롭힘에 연관된 학생에 대한 잘못된 믿음 때문에 집단 괴롭힘 행동을 알아차리지 못한다면, 중재 및 지원을 제공할 기회를 놓칠 수 있다.

■ 교사에 대한 학생의 인식

인식된 교사의 지지는 집단 괴롭힘 상황에 관련된 학생들을 도와줄 수 있는 것 같다. Malecki와 Demaray(2004)는 피해와 학업 부적응 사이의 관계는 인식된 교사 지지에 의해 완전히 중재되었다는 것을 발견하였다. 또 다른 연구는 인식된 교사 지지가 피해와 남학생들의 정서적 건강 사이의 관계를 잘 중재하였다는 것을 증명하였다. 구체적으로는 낮은 수준의 교사 지지를 경험한 빈번한 집단 괴롭힘 피해 남학생은 높은 수준의 교사 지지를 경험한 빈번한 집단 괴롭힘 피해 남학생보다 문제를 더 내면화한다고 보고하였다(Davidson & Demaray, 2007). 집단 괴롭힘 피해자들은 인식된 교사 지지로부터 혜택을 받는 유일한 학생들이 아니다. Doll 등(2004)은 학생들이 높은 수준의 교사 지지를 보고하였을 때 공격적인 행동이 감소되었다는 것을 발견하였다.

불행하게도, 집단 괴롭힘에 연관된 교사와 학생의 관계는 종종 비지지적이다(Hanish, Kochenderfer-Ladd, Fabes, Martin, & Denning, 2004). 학생들이 인식한 교사의 지지는 집단 괴롭힘을 당하는 학생들 사이에서 가장 낮게 인식된다(Demaray & Malecki, 2003). 게다가 학생들이 더 집단 괴롭힘에 연관되면 될수록 학생들이 집단 괴롭힘 사건에서 교사 중재가 도움이 된다고 볼 가능성이 덜하다(Rigby & Bagshaw, 2003; Swearer & Cary, 2003). 집단 괴롭힘에 아주 많이 연관된 학생들이 가지는 교사에 대한 부정적 인식이 미래의 교사-학생 상호작용에 해로운 영향을 미칠 수 있다(Rigby & Bagshaw, 2003). 만약 학생들이 교사 중재가 도움이 되지 않는다고 느낀다면, 집단 괴롭힘 상황에 대해 어른의 도움을 구할 가능성이 덜할 수 있다(Hunter et al., 2004).

교사 지지가 학생들의 정서적 성과를 향상시킴을 암시하는 연구와 함께(Birch & Ladd, 1996; Hamre & Pianta, 2008; Malecki & Demaray, 2004), 집단 괴롭힘 가해자와 피해자 사이의 교사 지지에 대한 인식 부족은 집단 괴롭힘에 연관된 학생의 요구에 반응하는 것의 중요성을 강조한다. 교사가 이 학생들과 친밀한 관계를 유지할 때, 그들 또한 교사의 중재 노력의 유효성을 관찰하고 미래에 집단 괴롭힘과 연관되는 상황을 막는 데 필수적으로 적응할 수 있다.

■ 집단 괴롭힘에 연관된 학생 지지 제공 단계

존중의 단계 프로그램에서 제안된 코칭 모델은 가해자와 피해 학생에게 따로 지지적 지도 방안을 제공하는 짧은 회기에 대한 지침을 교육자들에게 제공한다. 코칭 모델은 교사들이 피해 학생의 정서 반응을 강화하고, 지금까지의 문제와 현재의 안전 요구를 평가하고, 학생들이 해결책을 내게 하고, 적극적으로 반응하는 것과 같은 필수 기술을 실천하고, 계획들이 잘 이루어지고 있음을 확인하기 위해 학생들을 점검하도록 권장하고 있다(Hirschstein et al. 2007).

코칭은 개발이 필요한 기술을 평가하고, 학생들에게 이러한 기술을 가르치고, 그 능력을 성취할 수 있다고 확신하도록 학생들과 같이 작업하는 것으로 교사가 집단 괴롭힘과 연관된 학생들의 요구에 반응하는 것을 도와준다. 정서적 요구는 또한 교사가 공감적으로 잘 들어주고 학생의 정서적 반응을 강화하도록 한다는 점에서 충족될 수 있다. 중재가 잘 이루어지고 있는지 알아보기 위해 학생을 점검하는 것은 피해 학생에게 신뢰감을 줄 수 있고, 교사가 관심을 적게 가지기를 희망할지도 모르는 공격적인 학생에 대한 교사의 책임감을 증명할 수 있다. 코칭 모델은 교사가 뒤따르는 비교적 사소한 사건을 중재하게끔 하고, 이것은 구금이나 정학과 같은 처벌을 타당하게 만들 만큼 충분히 행동이 나빠질 때까지 기다린다기보다는 건설적인 문제해결 접근법을 가능하게 만든다(Frey & Newman, 2008). 적대적 갈등이 코칭 모델에는 없다. 징계나 부모 통지, 또는 심지어 반복적인 가해자의 특권 박탈과 양립하지는 않는다 할지라도, 코칭은 지지적인 교사-학생 관계의 상황에서 적극성, 사회적 문제해결 그리고 정서 조절과 같은 기술의 발달을 촉진시킨다(Committee for Childern, 2001).

코칭 모델의 효율성을 확인시켜 주는 연구가 있다. 존중의 단계 프로그램을 사용하고 일주일에 한 번보다는 더 많이 짧은 코칭 회기에 대해 보고한 교사가 그 프로그램을 사용하였으나 덜 자주 학생들을 코칭한 동료 교사들보다 피해와 공격적 반응 그리고 집단 괴롭힘을 덜 유도하였음을 보았다(Hirschstein et al., 2007). 이 연구가 코칭의 혜택에 대해서 지적한다 할지라도, 저자들은 코칭이 단지 학교 단위의 중재의 한 단면일 뿐이라고 강조한다. 교실 수준과 학교 수준에서의 중재는 존중의 단계 프로그램을 사용하는 학교에서 볼 수 있는 집단 괴롭힘의 감소에 결정적일 수 있다.

■ 요약

지지적 관계의 맥락 안에서 교사-학생 상호작용이 발생한다면, 교사-학생 상호작용은 집단 괴롭힘의 부정적인 정서적 영향을 약화시키고(Davidson & Demaray, 2007; Malecki & Demaray, 2004), 집단 괴롭힘 행동을 감소시키는 가능성을 가지고 있다(Doll et al., 2007). 교사는 집단 괴롭힘 상황을 정확하게 알고 교사 중재의 효율성에 대해 관찰함으로써 교사 지지에 대한 학생의 인식을 증가시킬 수 있다. 존중의 단계 프로그램과 함께 사용된 코칭 모델은 교육자들에게 가해자와 피해자와 함께하는 지지적인 일대일 회기에 참여하는 구체적인 지침을 제공한다. 이 접근법의 효율성은 더 많은 교사가 코칭 모델을 훈련받아야 한다는 것을 제안한다(Hirschstein et al., 2007).

개별 학생과 교사 중재에 관한 향후 연구는 필수적이다. 첫 번째, 집단 괴롭힘 상황을 중재할 때 교사가 사용하는 구체적 전략에 대한 효율성을 증명하는 연구가 거의 없었다. 반응, 보살핌 그리고 권위 있는 지도와 같은 것들이 일반적으로 학생 결과에 얼마나 영향을 미치는가를 알고 있다고 할지라도, 우리는 구체적으로 교사 중재 실행이 얼마나 집단 괴롭힘과 연관된 학생들에게 인식되는지에 대해서는 거의 알고 있지 않고 교사 지지에 대한 학생의 인식에 영향을 주는 요인에 대해서도 거의 알지 못한다. 두 번째, 코칭 모델의 효율성은 단지 교실 수업과 학교 단위의 규칙을 포함하는 집단 괴롭힘 예방 프로그램의 맥락 안에서 증명되어 왔을 뿐이다(Hirschstein et al., 2007). 프로그램 요인 분석을 가능하게 하는 평가 연구 설계는 드물지만(예외는 Webster-Stratton, Reid, & Hammond, 2004 참조), 설정된 다른 조건에서 코칭의 효율성을 세우기 위해서는 그것이 필수적이다. 이 사실이 세 번째 문제와 딱 들어맞는다. 교사-학생 양자 상호작용은 사회 · 정서적 기술을 양성하고 교사 지지의 구체적인 증거를 제공할 때조차 더 넓은 사회생태학과 관련된 요인을 다루지 않는다. 집단 괴롭힘 상황은 또래 집단 안에서 힘을 나타내고 지위와 연관이 있기 때문에(Nishina, 2004; Pellegrini, 2002), 교실은 교사 중재를 위한 중요한 장소를 제공한다.

교사-학급 관계 맥락

교사는 개별 학생과 관계를 가질 뿐만 아니라 한 집단으로서의 학생들과 관계를 가진다. 교사-학급 관계는 교사가 학생과 사이에 발생하는 규범적인 지지의 질을 보여 주는 교실 분위기의 한 요소로서 생각될 수 있다(Hughes, Zhang, & Hill, 2006). 게다가 친사회적 가치, 공감, 협동 그리고 사회적 책임감을 촉진시키는 교사 실천은 교실의 사회 · 정서적 분위기에 공헌하고 학생 사이에 긍정적 관계를 향상시키는 규범을 반영한다(Rimm-Kaufman, Fan, Chiu, & You, 2007; Solomon, Battistich, Kim, & Watson, 1997). 우리의 모델([그림 11-1] 참조)에 묘사된 교사-학급 관계 맥락의 이 두 요소는 교사의 전체로서의 학급과의 관계와 또래관계를 말한다. 보살펴 주는 교사와 또래관계, 학생의 요구에 반응하고 권위 있는 교사 지도(Hughes, 2002; Wentzel, 2002)에 의한 지지적 교실 환경은 효과적인 집단 괴롭힘 예방을 위한 중재가 이루어지는 환경을 제공할 것이라는 것이 우리의 주장이다. 뿐만 아니라 교실 단위 중재가 이런 요소를 통합하고 학교 단위 집단 괴롭힘 예방 프로그램의 맥락 안에서 시행될 때, 집단 괴롭힘의 감소는 명백하다(Frey et al., 2005).

■ 또래관계

또래 아동들은 집단 괴롭힘을 완화시키거나 악화시키는 데 활발한 역할을 한다. 수업 중 초등학생에 대한 관찰 연구는 또래 아동이 적극적이든지 소극적이든지 85%의 집단 괴롭힘 사건에 관여하고 있음을 나타내고 있다(Atlas & Pelper, 1998). 또래 아동은 집단 괴롭힘 피해 학생을 거부하거나 지지할 수 있다(Malecki & Demaray, 2004; Salmivalli, Lagerspetz, Bjorkqvist, Osterman, & Kaukialnen, 1996). 만성적 집단 괴롭힘 피해 학생들이 또래에 의해 자주 고립되고 홀로 있다고 할지라도(Boivin, Hymel, & Hodges, 2001; Salmivalli et al., 1996), 어떤 피해 학생들은 친구와 계속 함께하며 집단 괴롭힘에서 스스로 빠져나온다(Boulton et al., 1999). 뿐만 아니라 집단 괴롭힘 행동은 또래 아동에 의해 강화되거나 묵살될 수도 있다(Hanish et al., 2004; Pellegrini, 2002; Salmivalli et al., 1996). 사회적 요령이 있는 청소년은 높은 또래 지위를 획득하거나 유지하기 위해서 집단 괴롭힘에 자주 연루된다(Nishina, 2004; Pellegrini, 2002; Rodkin, 2004). 또래 집단은 자원과 힘을 축적하면서 무의식적으로든지 의식적으로든지 집단 괴롭힘을 자주 원조한다. 대조적으로, 연령이 더 어린 학생들(Hanish et al., 2004)은 특히 친사회적 규범을 세운 학급에서 공격적인 또래 아동을 고립시킨다(Henry et al., 2000).

또래 맥락에서의 학생 인식과 경험은 집단 괴롭힘과 연관된 행동적 결과에 영향을 미친다. 집단 괴롭힘 행동은 공격성이 규범으로 받아들여지는 학급에서 더 자주 발생한다. 논쟁적인 행동이 퍼지는 것은 집단 괴롭힘의 증가와 연관이 있다(Frey & Nolen, 출판 중). 친폭력적 태도에 대한 학급 단위 지지(예: "가끔 사람을 때리는 것은 괜찮다.")는 청소년과 청소년 전 아동 사이에서 높은 수준의 공격적 행동을 예측하고(Bernburg & Thorlindsson, 2005) 그 전의 행동을 설명할 때조차도 그러하다(Huesmann & Guerra, 1997). 대조적으로, 집단 괴롭힘에 반대하는 학급 단위 학생 규범은 집단 괴롭힘 행동을 막을 수 있다. 핀란드의 초등학교 고학년 학생들에 대한 시나리오 기반의 한 연구에서는 집단 괴롭힘 예방 규범에 대한 높은 지지가 피해 학생의 또래 방어를 예측하였다는 것을 발견하였다(Salmivalli & Voeten, 2004). 더욱이 학생들이 보고한 높은 수준의 또래 관여는 학급 단위의 공격성 감소율을 예측하였다(Dell et al., 2004). 마지막으로, 급우들 사이의 높은 수준의 친사회적 행동으로 특징지어지는 학급의 학생들은 사회적 능력 수준이 증가되었음을 보여 주었다(Hoglund & Leadbeater, 2004). 이러한 결과는 교실 또래 생태가 더 좋아지든지 악화되든지, 개별 학생이 서로에게 어떻게 행동하는지에 영향을 준다고 제안한다.

■ 교실 맥락에서의 교사 영향

교사는 긍정적인 또래관계를 촉진할 때 집단 괴롭힘을 막고 사회적으로 책임감 있는 행동을 촉진하고(Boulton et al., 1999; Doll et al., 2004), 모니터링과 기술 교육을 통해 학생의 요구에 반응하고(Frey et al., 2005; Olweus, 1993), 규범을 설정함으로써 권위 있는 지도를 제공하는 것 같다(Hughes, 2002; Wentzel, 2002). 긍정적인 또래관계는 피해 학생과의 우정을 가지도록 장려하기 위해 집단 파트너를 정해 주고 자리 배치를 하는 것으로 가능할 수 있다(Doll et al., 2004). 학생에 대한 교사 평가와 수업 참여 체계에 대한 교사 평가가 달라질 때, 모든 학생이 다 참여할 가능성은 높아진다(Cazden, 1993; Cohan & Lotan, 1995; Olweus, 1993). 교사는 또한 학생과 학급 단위 상호작용에서 보살핌 행동을 함으로써 긍정적인 또래관계를 촉진할 수 있다(Hughes et al., 2006).

교사는 또래 상호작용을 관찰하고 집단 괴롭힘 상황에 즉시 반응함으로써 학생의 요구에 반응적일 수 있다(Olweus, 1993). 뿐만 아니라 교사는 학급 단위 교육을 통하여 기술 부족을 다룰 수 있다. 정기적인 학급 회의는 모든 학생에게 적극성과 우정을 강화하는 것과 같은 집단 괴롭힘을 좌절시키는 데 필수적인 기술을 가르쳐 사회 능력을 키우기 위한 장을 제공해 줄 수 있다(Frey et al., 2005). 어떤 연구자는 학급 단위 교육과정의 부분으로서 사회적 요령이 있는 가해자에게 사회적 기술을 교육하는 것은 더 효율적인 가해자를 만들어 낼 수 있다고 주장해 왔다(Sutton et al., 1999). 대안적 견해는 괴롭히는 가해 학생들은 리더십을 가지고 있고 더 성숙하고 존중적인 영향을 주는 방식을 교육받을 필요가 있다는 것이다. 게다가 반응적 공격에 관여하는 피해자들(Schwartz et al., 2001)은 정서 조절에 대한 명시적 교육으로부터 혜택을 받을 수 있다(Wilton et al., 2000). 방관자와 피해자에게 적극적으로 집단 괴롭힘 상황에 대처하는 사회 · 정서적 기술을 제공하는 학급 단위 중재는 학교 단위의 집단 괴롭힘 예방 프로그램과 함께 교육할 때 집단 괴롭힘 행동을 감소시키는 데 효과적이라는 것을 보여 왔다(Frey et al., 2005; Leadbeater & Hoglund, 2006).

교사는 집단 괴롭힘에 대항하고 사회적 책임감을 위한 교실 규범을 개발하기 위해 학생들을 이끌 때 권위적인 지도를 제공한다. Henry 등(2000)은 교사와 학생 모두 친사회적 규범을 명백하게 공언하는 교실에서 공격적 행동이 아주 크게 감소하였다는 것을 발견하였다. 이러한 규범을 세우고 유지하는 데 교사의 역할은 결정적이다. 첫째, 긍정적인 학생-교사 관계는 학생과의 협력과 연관이 있다(Wentzel, 1997). 둘째, 교사는 교실 규범을 일관성 있게 모니터하고 실행해야 한다. 대부분의 상호작용이 친사회적인 학급임에도 학생들이 집단 괴롭힘의 대상이 되었을 때, 집단 괴롭힘이 규범적인 교실에서 학생이 대상이 될 때보다 부정적인 정서적 효과가 더 악화될 수 있다(Bellmore, Witkow, Graham, & Juvonen, 2004).

■ 전체 학급 지지를 제공하는 단계

존중의 단계 프로그램은 교사-학급 상호작용을 위한 교실 교육과정과 지침을 제공함으로써 교육자들에게 지지적인 교실 공동체를 양성하기 위한 지도와 도구를 제공한다. 존중의 단계 프로그램은 우정 기르기, 적극성, 정서 조절 그리고 건설적인 문제해결을 가르치는 것으로 사회·정서적 기술에 대한 학생의 요구에 반응한다. 사회적 문제가 발생하였을 때, 교사는 이전 수업에서 배운 기술에 의지하도록 하고 실제 집단 괴롭힘 상황에서 학생이 그 개념을 사용하도록 권장한다. 교실 수업, 특히 우정과 건설적인 문제해결에 관한 수업은 학생들 사이에 보살펴 주고 긍정적인 관계를 촉진하도록 설계되어 있다. 마지막으로, 친사회적 행동 규범이 명백하게 정의되고, 토론되고, 실행된다는 점에서 권위 있는 지도가 촉진된다. 존중의 단계 교육과정의 고수는 학생의 친사회성 기술에 대한 교사의 평정을 증가시켰음을 보여 주었다(Hirschstein et al., 2007).

■ 요약

학생의 요구를 지지하고 긍정적인 또래관계를 촉진하여 교실을 위계적 지위가 있는 곳이라기보다는 폭넓은 공동체를 만드는 교사가 사회·정서적 그리고 학업적 성과를 목격할 가능성이 높다(Cohan & Lotan, 1995; Demaray, Malecki, Davidson, Hodgson, & Rebus, 2005; Doll et al., 2004; Hamre & Pianta, 2005; Hughes & Barrois, 이 책; Hughes et al., 2006; Juvonen, Le, Kaganoff, Augustine, & Constant, 2004; Patrick, Ryan, & Kaplan, 2007). 뿐만 아니라 교실 단위 중재를 통하여 얻은 기술은 피해자와 방관자에게 적극적으로 집단 괴롭힘 사건을 끝내는 방법을 교육하여 집단 괴롭힘 행동을 막는 역할을 할 수 있으며(Frey et al., 2005), 그렇게 할 때 교실은 변화될 수 있다.

규범 설정과 우정 만들기와 같은 교사-학급 상호작용이 특히 중학교 학생들 사이에서 얼마나 협조적으로 집단 괴롭힘 행동에 영향을 주는가의 기저의 기제를 설명하기 위해서 추후 연구가 필요하다. 초기 사춘기 아동들은 가장 높은 수준의 집단 괴롭힘을 경험하고(Nansel et al., 2001), 또한 집단 괴롭힘 전술을 쓰는 아동에게 높은 지위를 주는 것으로 집단 괴롭힘 행동을 보상받는 것 같다(Pellegrini, 2002). 개별 교사와 학생의 성격이 교실과 학교 맥락에서 사춘기 청소년 사이에 집단 괴롭힘 행동을 강화 또는 완화하기 위해서 어떻게 상호작용하는지를 분석하기 위해서 종단적 연구가 필요하다.

각 학생과 긍정적인 관계를 유지하는 것은 집단 괴롭힘을 좌절시키기에 충분하지 않을지도 모른다. 교사는 교실 안에서 또래관계를 인식하고 효과적으로 관리할 필요가 있다. 그리고 학생이 집단 괴롭힘 행동을 능숙하게 비난하는 기술이 있는지 확인해야 한다. 지지적 교실 환경이 학업 학습에 근본이 된다는 생각으로 숙련된 교육자들은 지금까지 전력을 다하고 이를 증명해 왔으며(Paley, 1992) 연구 문헌에서 실증적 지지도 받았다 할지라도(Birch & Ladd, 1996; Juvonen et al., 2004), 어떤 교사들은 중재하는 것이 너무 많은 시간을 필요로 하고 학업 분야의 가치를 손상시킬까 우려한다(Limber, 2004). 이러한 우려는 교사에게 정확한 정보와 실행 지원을 제공하는 것으로 다뤄질 수 있다.

학교 공동체 관련 맥락

교사와 학생은 중재의 가능성과 이런 노력이 효율성을 결정하는 것을 도와주는 학교 공동체 안에서 움직인다. 학교 단위 집단 괴롭힘 예방 프로그램은 앞서 언급한 개별 기술 훈련과 친사회적 교실 규범을 설정하는 것과 같은 중재 전략을 포함할 수 있다(예: Frey et al., 2005; Olweus, 1993; Leadbeater & Hoglund, 2006). 게다가 그 프로그램은 일관성 있게 프로그램을 실행하기 위해서 교사 훈련, 학교 단위 정책 그리고 스테프들 사이의 합의를 포함하는 경향이 있다. 학교 전역에 걸쳐서 일어나는 이러한 활동들은 '학교 공동체'라고 불리는 최대의 공동체로서 우리 모델에서 대표된다([그림 11-1] 참조).

교실에서부터 운동장까지 학교생활의 모든 영역에 걸쳐 기대를 일관되게 하는 것은 학교 단위 프로그램을 더 작은 규모의 중재와 차별화하는 것이다. 강하고 차분한 목소리로 집단 괴롭힘에 반응하는 것을 배우는 아동은 학교 식당이나 버스에서 같이 있을 때 다른 학급의 대부분의 학생이 같은 규범을 지킬 것이라고 기대할 수 있다. 따라서 학생들이 다루어야 하는 많은 다양한 규범을 만드는 대신에, 전체 학교 공동체가 학생들을 지지하고 집단 괴롭힘 행동을 감소시키기 위해 함께 일하고 있다. 이러한 이유로 연구자들은 집단 괴롭힘 중재에 대한 학교 단위 접근법을 지지한다(Hirschstein et al., 2007; Greenberg et al., 2003; Olweus, 1993).

어떤 교육자들은 많은 노력으로 학교 단위의 집단 괴롭힘 예방 프로그램을 실행하고 유지하는 것을 시작할 수 있다고 지적한다(Limber, 2004). 또 다른 교육자들은 학업의 가치를 손상시키는 반복되는 혼란 때문에 학교 단위 중재가 없다면 더 많은 노력이 필요하다고 주장한다. 어떤 경우든, 교육자가 학교 단위의 집단 괴롭힘 예방 프로그램을 사용하는 동기를 유지하는 것은 어려울 수 있다. 존중의 단계 프로그램에 대한 평가는 많은 긍정적인 효과가 프로그램이 시작된 지 18개월까지는 명백하지 않았다는 것을 발견하였다(Frey et al., 출판 중). 학교 단위 집단 괴롭힘 예방 프로그램의 성공적인 실행은 학교 공동체 구성원이 중재에 장기간 전념하고 서로를 지지하는 것을 필수로 할지도 모른다.

■ 지지적 학교 단위 중재

교사는 집단 괴롭힘 예방을 우선으로 하고 시간이 지나도 우수한 양질의 실행을 유지하기 위해서 교장과 동료 교사의 지지를 필요로 한다(Kam, Greenberg, & Walls, 2003). 학교 공동체 맥락에서 지지적 상호작용은 실행 과정에서 도움을 필요로 하고, 학교 스테프 간 긍정적인 관계를 양성하고, 프로그램 목표를 향한 진전을 모니터하는 것에 대한 교사의 요구에 반응하여 충족시키는 것을 포함한다(Smith et al., 2004; Knapp, Swinnerton, Copland, & Monpas-Huber, 2006; Payne, Gottfredson, & Gottfredson, 2006).

어떤 교사는 중재를 효과적으로 수행하는 기술이 부족하다고 우려한다(Mishna et al., 2005). 이러한 우려는 중재 기술을 가르치고, 자기효능감을 높이고, 프로그램을 일상 활동으로 통합하는 방법을 보여 주는 자기개발 활동에 대한 요구를 반영한다. 교사 훈련과 학교 행정가들에게 받는 프로그램 지지 모두 예방 프로그램이 현재 일상으로 통합되는 정도에 긍정적 영향을 미친다는 것이 알려져 왔다(Payne et al., 2006). 집단 괴롭힘 중재 실천과 구체적으로 관련된 데이터는 교사 훈련이 자기효능감 증진을 도울 수 있음을 나타내고 있고(Hirschstein & Frey, 2005; Newman-Carlson & Horne, 2004), 자기효능감이 높은 교사는 집단 괴롭힘 사건에 직면하였을 때 조치를 좀 더 취할 것 같음을 보여 주고 있다(Bradshaw et al., 2007; Yoon, 2004).

교사들 사이의 긍정적인 관계는 향상된 학생 성과와 학교의 전환적 변화를 용이하게 하는 데 중요하다(Lee & Smith, 1996; Louis, Marks, & Kruse, 1996). 교사의 교수 실천과 학생의 교육적 경험을 증진시키는 데 협력적으로 일하는 교사는 학생의 성공을 만드는 데 기여하는 유형의 공동체를 만든다(Louis et al., 1996). 교사와 행정가 사이의 의사소통은 프로그램 실행을 용이하게 만들 수 있다(Payne et al., 2006). Kallestead와 Olweus(2003)는 의사소통에 대한 교사의 학교 단위 수준의 개방성은 Olweus 집단 괴롭힘 예방 프로그램의 실행을 뒷받침하였다는 것을 발견하였다. 프로그램 목표를 충족시키기 위한 학교의 진전에 관한 의사소통은 특히 결정적일 수 있다.

집단 괴롭힘 예방 프로그램 실행 연구의 검토는 결과를 모니터하는 것이 프로그램의 효율성을 크게 향상시켰다는 것을 발견하였다(Smith et al., 2004). 이러한 발견은 데이터가 알려진 학교 개혁을 위한 정책 결정에 대한 광범위한 연구의 관점에서 타당하다(Knapp et al., 2006). 개혁 노력은 연구 문화가 길러지고 교수 실천과 프로그램 향상에 관한 결정을 알려 주기 위해 데이터가 사용될 때 더 효과적이다(Copland, 2003). 집단 괴롭힘 프로그램과 관련하여 Swearer와 Espelage(2004)는 데이터가 알려진 정책 결정에 대한 10단계 기준에 대해 서술하였다. 그 과정은 집단 괴롭힘의 다각적 정보에 대한 기본 평가를 실시하고, 맥락 특정적 집단 괴롭힘 중재를 개발하기 위해 데이터를 사용하고, 부모와 스테프와 같은 주요 구성원들과 그 데이터를 공유하고, 중재 노력을 세심하게 하기 위해서 계속적으로 데이터를 수집하는 것을 포함한다.

집단 괴롭힘 중재는 가장 큰 변화가 복도와 운동장에서 사라지는 것이고 어떤 혜택은 감지하기에 1년이 넘게 걸릴 수 있기 때문에 아주 특별한 어려운 도전이다. 이것은 교육자들의 노력이 결실이 있다는 것을 확인할 필요가 있기 때문에 좌절감을 줄 수도 있다. 뿐만 아니라 가장 쉬운 모니터 방법 중 하나인 자기보고 피해 수집은 긍정적 결과를 발견할 것 같지 않다. 존중의 단계 프로그램의 평가에서 발견하기를 집단 괴롭힘과 피해의 관찰 비율은 18개월 동안 감소한 반면, 자기보고는 변화가 없었다(Frey et al., 출판 중). 따라서 교육자들은 대체 성과를 관찰하도록 권장되어야 한다(Leff, Power, & Goldstein, 2004). 예를 들어, 한 학교에서는 학생들에게 "집단 괴롭힘이 덜 발생하게 하기 위해서 어른들이 무엇을 할 수 있을까요?"라고 질문하였다. 학생들은 다음과 같이 말하였다. "만약 어떤 사람이 집단 괴롭힘을 당하고 있다고 말하면 잘 듣고 관심을 가져 주세요! 그냥 가해자에게 그만하라고 말하지만 말고, 그 가해자가 더 이상 괴롭히지 않는지 확인하고, 집단 괴롭힘을 당한 사람을 계속 점검해 주세요!" 학생들의 이런 대답으로 알 수 있는 것은 교사와 행정가가 충분히 반응하지 않았고 사건에 대한 충분한 후속 조치가 없었다는 것이다. 그래서 학교 스테프는 그들의 노력을 개선하기 위해 학생 피드백을 사용하였다(Frey & Newman, 2008). 그러한 모니터링 전략은 학교가 프로그램 실행 과정을 통하여 프로그램을 유지하는 것을 도와줄 수 있다.

전체적으로, 문헌들은 학교 프로그램과 수업 실천을 향상시키는 데 협력적인 노력을 하게 만드는 교육자들 사이의 지지적 관계가 효과적인 프로그램 결과와 연관되어 있다고 밝힌다. 뿐만 아니라 프로그램 모니터는 집단 괴롭힘 예방 프로그램의 성공에 필수적일 수 있고(Smith et al., 2004), 교육자에게 중재 실천을 개선하는 방법에 대한 아이디어를 제공해야만 한다(Frey & Newman, 2008).

■ 교육자를 지지하는 단계

'존중의 단계' 집단 괴롭힘 예방 프로그램은 실행과 유지를 염두에 두고 설계되었다. 이 프로그램은 훈련과 철저한 매뉴얼을 제공하는 것으로 교사의 필요를 충족시킨다. 뿐만 아니라

이 프로그램은 평가 도구와 효과적인 학교 단위의 절차 예들도 같이 제공한다. 지지적인 학교 리더십과 결합될 때, 이러한 자원은 교사가 프로그램을 충실하게 실행하는 것을 보조한다.

■ 요약

연구자들은 집단 괴롭힘 행동이 피해 학생과 가해자에게 해를 줄 수 있다는 것을 증명해 보인다. 그것은 또한 교육자들이 특히 학교 단위 중재를 사용하면 학생을 지지하고 집단 괴롭힘을 예방하기 위해 성공적으로 중재할 수 있다는 것도 보여 준다(Greenberg et al., 2003). 지지적 리더십과 프로그램 모니터는 우수한 질의 프로그램 실행을 보장하도록 도울 수 있다. 교사가 어떻게 학교 공동체의 지지를 더 잘 지지받을 수 있는지를 결정하기 위해 추가 연구가 필요하다.

함의와 후속 연구를 위한 제언

집단 괴롭힘은 만약 무시된다면 학생에게 해로운 결과를 초래할 수 있는 치명적인 문제이다. 교사 중재는 집단 괴롭힘을 감소시키고 부정적인 영향을 완화시키는 데 잠재력을 가지고 있다. 이 장에서는 집단 괴롭힘의 역동성과 결과에 영향을 주는 데 있어 개인적 성격과 교사의 실천이 어떻게 교사-학생, 학급 그리고 학교 공동체 관계 맥락과 상호작용하는지를 증명해 보였다. 시간이 지남에 따라, 모든 학교 공동체 구성원의 요구에 반응적이고, 보살펴 주는 관계를 양성하고, 권위 있는 지도를 제공하는 것은 중재 노력을 향상시킬 수 있다. 이 장에서 설명한 코칭, 모니터링, 기술 교육 그리고 친사회적 규범 개발과 같은 실천은 학교 단위 프로그램 맥락에서 실행될 때 지지적 관계를 촉진시키고 집단 괴롭힘을 막을 수 있다.

이 장 전체에서 우리는 후속 연구에서 고려해야 할 주제들을 강조하였다. 우리 생각에, 몇몇 분야가 가장 긴급하다. 첫째, 교실 문화가 집단 괴롭힘에 관대한 것에서 집단 괴롭힘에 저항하는 것으로 어떻게 전환하는지를 묘사하는 기제가 분명하게 필요하다. 문헌에서는 이런 전환에 영향을 주는 몇 가지 요인을 지적하지만, 그러한 연구는 아직 걸음마 단계이다. 둘째, 구체적인 교사 중재 실천의 효율성과 관련된 요인으로 우리가 아는 것은 제한되어 있다. 구체적으로, 교사 공감과 효능감에 관한 더 많은 연구가 필수적이다. 뿐만 아니라 이제는 실제 중재 실천을 향상시키는 요인을 이해하기 위해 교사 중재의 가능성을 평가하는 것 이상으로 나아갈 때이다. 마지막으로, 교사가 학생을 지원하고 학교에서 집단 괴롭힘을 감소시키려고 할 때 교사의 요구를 식별하는 것에 대한 더 많은 연구가 필요하다. 교실 맥락에서 학생과 교사 사이의 긍정적인 관계 그리고 교육자들 사이의 긍정적인 관계는 학생들의 학습과 행복을 위한 기반으로 사용되기 때문에 연구자들이 이러한 노력을 위해 계속해서 교육자들을 지지하는 것이 필수적이다.

참고문헌

Atlas, R. S., & Pepler, D. J. (1998). Observations of bullying in the classroom. *Journal of Educational Research, 92,* 86-99.

Bauman, S., & Del Rio, A. (2006). Preservice teachers' responses to bullying scenarios: Comparing physical, verbal, and relational bullying. *Journal of Educational Psychology, 98,* 219-231.

Baumeister, R. F., & Leary, M. R. (1995). The need to belong: Desire for interpersonal attachments as a fundamental human motivation. *Psychological Bulletin, 117,* 497-529.

Bellmore, A. D., Witkow, M. R., Graham, S., & Juvonen, J. (2004). Beyond the individual: The impact of ethnic context and classroom behavioral norms on victim's adjustment. *Developmental Psychology, 40,* 1159-1172.

Bernburg, J. G., & Thorlindsson, T. (2005). Violent values, conduct norms, and youth aggression: A multilevel study in Iceland. *The Sociological Quarterly, 46,* 457-478.

Birch, S. H., & Ladd, G. W. (1996). Interpersonal relationships in the school environment and children's early school adjustment: The role of teachers and peers. In J. Juvonen & K. R. Wentzel (Eds.), *Social motivation: Understanding children's school adjustment* (pp. 199-225). Cambridge: Cambridge University Press.

Boivin, M., Hymel, S., & Hodges, E. V. E. (2001). Toward a process view of peer rejection and harassment. In J. Juvonen & S. Graham (Eds.), *Peer harassment in school: The plight of the vulnerable and victimized* (pp. 25-48). New York: The Guilford Press.

Boulton, M. J., Trueman, M., Chau, C., Whitehand, C., & Amatya, K. (1999). Concurrent and longitudinal links between friendship and peer victimization: Implications for befriending interventions. *Journal of Adolescence, 22,* 461-466.

Bradshaw, C. P., Sawyer, A. L., & O'Brennen, L. M. (2007). Bullying and peer victimization at school: Perceptual differences between students and school staff. School *Psychology Review, 36,* 361-382.

Bronfenbrenner, U. (1979). *The ecology of human development: Experiments by nature and design.*

Cambridge, MA: Harvard University Press.

Buhs, E. S., Ladd, G. W., & Herald, S. L. (2006). Peer exclusion and victimization: Processes that mediate the relation between peer group rejection and children's classroom engagement and achievement? *Journal of Educational Psychology, 98,* 1-13.

Cazden, C. B. (1988). *Classroom discourse: The language of teaching and learning.* Portsmouth, NH: Heinemann.

Cohen, E. G., & Lotan, R. A. (1995). Producing equal-status interactions in the heterogeneous classroom. *American Educational Research Journal, 32,* 99-120.

Committee for Children. (2001). *Steps to respect: A bullying prevention program.* Seattle, WA: Author.

Connell, J. P., & Wellborn, J. G. (1991). Competence, autonomy, and relatedness: A motivational analysis of self-system processes. In M. R. Gunnar & L. A. Sroufe (Eds.), *The Minnesota Symposia on Child Development: Self processes and development: Vol. 23* (pp. 43-77). Hillsdale, NJ: Lawrence Erlbaum Associates.

Copland, M. A. (2003). Leadership of inquiry: Building and sustaining capacity for school improvement. *Educational Evaluation and Policy Analysis, 25,* 375-395.

Craig, W. M., Henderson, K., & Murphy, J. G. (2000). Prospective teachers' attitudes toward bullying and victimization. *School Psychology International, 21,* 5-21.

Craig, W. M., Pepler, D., & Atlas, R. (2000). Observations of bullying in the playground and in the classroom. *School Psychology International, 21,* 22-36.

Crick, N. R., & Dodge, K. A. (1994). A review and reformulation of social information-processing mechanisms in children's social adjustment. *Psychological Bulletin, 115,* 74-101.

Crick, N. R., & Grotpeter, J. K. (1996). Children's treatment by peers: Victims of relational and overt aggression. *Development and Psychopathology, 8,* 367-380.

Crick, N. R., Nelson, D. A., Morales, J. R., Cullerton-Sen, C., Casas, J. F., & Hickman, S. E. (2001). Relational victimization in childhood and adolescence: I hurt you through the grapevine. In J. Juvonen & S. Graham (Eds.), *Peer harassment in school: The plight of the vulnerable and the victimized* (pp. 196-214). New York: The Guilford Press.

Crosnoe, R., Johnson, M. K., & Elder, G. H. (2004). Intergenerational bonding in school: The behavioral and contextual correlates of student-teacher relationships. *Sociology of Education, 77,* 60-81.

Davidson, L. M., & Demaray, K. P. (2007). Social support as a moderator between victimization and internalizing-externalizing distress from bullying. *School Psychology Review, 36,* 383-405.

Demaray, M. K., & Malecki, C. K. (2003). Perceptions of the frequency and importance of social support by students classified as victims, bullies, and bully/victims in an urban middle school. *School Psychology Review, 32,* 471-489.

Demaray, M. K., Malecki, C. K., Davidson, L. M., Hodgson, K. K., & Rebus, P. J. (2005). The relationship between social support and student adjustment: A longitudinal analysis. *Psychology in the Schools, 42,* 691-706.

Doll, B., Song, S., & Siemers, E. (2004). Classroom ecologies that support or discourage bullying. In D. L. Espelage & S. M. Swearer (Eds.), *Bullying in American schools* (pp. 161-184). Mahwah, NJ: Lawrence Erlbaum Associates.

Duncan, R. D. (1999). Peer and sibling aggression: An investigation of intra- and extra-familial bullying. *Journal of Interpersonal Violence, 14,* 871-886.

Egan, S. K., & Perry, D. G. (1998). Does low self-regard invite victimization? *Developmental Psychology, 34,* 299-309.

Espelage, D. L., Bosworth, K., & Simon, T. R. (2001). Short-term stability and prospective correlates of bullying in middle-school students: An examination of potential demographic, psychosocial, and environmental influences. *Violence and Victims, 16,* 411-426.

Frey, K. S. (2005). Gathering and communicating information about school bullying: Overcoming 'Secrets and Lies.' *Health Education, 105,* 409-414.

Frey, K. S., Hirschstein, M. K., Edstrom, L. V., & Snell, J. L. (2009). Observed reductions in school bullying, nonbullying aggression, and destructive bystander behavior: A longitudinal evaluation. *Journal of Educational Psychology, 101,* 466-481.

Frey, K. S., Hirschstein, M. K., Snell, J. L., Edstrom, L. V., Mackenzie, E. P., & Broderick, C. J. (2005). Reducing playground bullying and supporting beliefs: An experimental trial of the Steps to Respect Program. *Developmental Psychology, 41,* 479-491.

Frey, K. S., & Newman, J. B. (2008). *Reductions in bullying are greatest with sustained program implementation: How can we support educators?* Paper presented at the meeting of the National Association of School Psychologists, New Orleans, Louisiana.

Frey, K. F., & Nolen, S. B. (in press). Taking "Steps" toward ecological change: A transactional model of school-wide social competence and bullying intervention. In J. Meece & J. Eccles (Eds.), *Schooling effects on children: Theory, methods, & applications.* Mahwah, NJ: Lawrence Erlbaum Associates.

Furrer, C., & Skinner, E. (2003). Sense of relatedness as a factor in children's academic engagement and performance. *Journal of Educational Psychology, 95,* 148-162.

Gianluca, G. (2006). Social cognition and moral cognition in bullying: What's wrong? *Aggressive Behavior, 32,* 528-539.

Goldbaum, S., Craig, W. M., Pepler, D., & Connolly, J. (2003). Developmental trajectories of victimization: Identifying risk and protective factors. In M. J. Elias & J. E. Zins (Eds.), *Bullying, peer harassment, and victimization in the schools: The next generation of prevention* (pp. 139-156). New York: The Haworth Press.

Greenberg, M. T,. Weissberg, R. P., O'Brian, M. U., Zins, J. E., Fredericks, L., Resnik, H., & Elisa, M. J. (2003). Enhancing school based prevention and youth development through coordinated social, emotional, and academic learning. *American Psychologist, 58,* 466-474.

Hamre, B. K., & Pianta, R. C. (2005). Can instructional and emotional support in the first grade classroom make a difference for children at risk of school failure? *Child Development, 76,* 949-967.

Hamre, B. K., Pianta, R. C., Downer, J. T., & Mashburn, A. J. (2008). Teacher's perceptions of conflict with young students: Looking beyond problem behaviors. *Social Development, 17,* 115-136.

Hanish, L. D., & Guerra, N. G. (2002). A longitudinal analysis of patterns of adjustment following peer victimization. *Development and Psychopathology, 14,* 69-89.

Hanish, L. D., Kochenderfer-Ladd, B., Fabes, R. A., Martin, C. L., & Denning, D. (2004). Bullying among young children: The influence of peers and teachers. In D. L. Espelage & S. M. Swearer (Eds.), *Bullying in American schools* (pp. 141-160). Mahwah, NJ: Lawrence Erlbaum Associates.

Hawley, P. (2003). Prosocial and coercive configurations of resource control in adolescence: A case for the well-adapted Machiavellian. *Merrill-Palmer Quarterly, 49,* 279-309.

Hazler, R., Miller, D., Carney, J., & Green, S. (2001). Adult recognition of school bullying situations. *Educational Research, 43,* 133-146.

Henry, D., Guerra, N., Huesmann, R., Tolan, P., VanAcker, R., & Eron, L. (2000). Normative influences on aggression in urban elementary school classrooms. *American Journal of Community Psychology, 28,* 59-81.

Hirschstein, H. S., Edstrom, L. S., Frey, K. S., Snell, J. L., & MacKenzie, E. P. (2007). Walking the talk in bullying prevention: Teacher implementation variables related to initial impact of the Steps to Respect program. *School Psychology Review, 36,* 3-21.

Hirschstein, M. K., & Frey, K. S. (2006). Promoting behavior and beliefs that reduce bullying: The Steps to Respect program. In S. R. Jimerson & M. J. Furlong (Eds.), *The handbook of school violence and school safety: From research to practice* (pp. 309-324). Mahwah, NJ: Erlbaum.

Hoglund, W. L. & Leadbeater, B. J. (2004). The effects of family, school, and classroom ecologies on changes in children's social competence and emotional and behavioral problems in first grade. *Developmental Psychology, 40,* 533-544.

Holt, M. K., & Keyes, M. A. (2004). Teacher's attitudes toward bullying. In D. L. Espelage & S. M. Swearer (Eds.), *Bullying in American schools* (pp. 1-12). Mahwah, NJ: Lawrence Erlbaum Associates.

Huesmann, L. R., & Guerra, N. G. (1997). Children's normative beliefs about aggression and aggressive behavior. *Journal of Personality and Social Psychology, 72,* 408-419.

Hughes, J. N. (2002). Authoritative teaching: Tipping the balance in favor of school versus peer effects. *Journal of School Psychology, 40,* 485-492.

Hughes, J. N., Dyer, N., Luo, W., & Kwok, O. (2009). Effects of peer academic reputation on achievement in academically at-risk elementary students. *Journal of Applied Developmental Psychology, 30,* 182-194.

Hughes, J. N., & Kwok, O. (2006). Classroom engagement mediates the effect of teacher-student support on elementary students' peer acceptance: A prospective analysis. *Journal of School Psychology, 43,* 465-480.

Hughes, J. N., Lou, W., Kwok, O., & Loyd, L. K. (2008). Teacher-student support, effortful engagement, and achievement: A 3-year longitudinal study. *Journal of Educational Psychology, 100,* 1-14.

Hughes, J. N., Zhang, D., & Hill, C. R. (2006). Peer assessments of normative and individual teacher-student support predict social acceptance and engagement among low-achieving children. *Journal of School Psychology, 43,* 447-463.

Hunter, S. C., Boyle, J. M. E., & Warden, D. (2004). Help seeking amongst child and adolescent victims of peer-aggression and bullying: The influence of school-stage, gender, victimization, appraisal, and emotion. *British Journal of Educational Psychology, 74,* 357-390.

Jeffrey, L. R., Miller, D., & Linn, M. (2001). Middle school and bullying as a context for the development of passive observers for the victimization of others. In R. A. Geffner, M. Loring & C. Young (Eds.), *Bullying behavior: Current issues, research, and interventions* (pp. 143-156). Binghamton, NY: The Haworth Maltreatment and Trauma Press.

Jolliffe, D., & Farrington, D. P. (2006). Examining the relationship between low empathy and bullying. *Aggressive Behavior, 32,* 540-550.

Juvonen, J., Le, V., Kaganoff, T., Augustine, C., & Constant, L. (2004). *Focus on the wonder years: Challenges facing the American middle school.* Rand Education.

Juvonen, J., Nishina, A., & Graham, S. (2000). Peer harassment, psychological adjustment, and school functioning in early adolescence. *Journal of Educational Psychology, 92,* 349-359.

kallestad, J. H., & Olweus, D. (2003). Predicting teachers' and schools' implementation of the Olweus bullying prevention program: A multi-level study. *Prevention and Treatment, 6,* Article 21.

Kam, C., Greenberg, M. C., & Walls, C. T. (2003). Examining the role of implementation quality in school based prevention using the PATHS curriculum. *Prevention Science, 4,* 55-63.

Knapp, M. S., Swinnerton, J. A., Copland, M. A., & Monpas-Huber, J. (2006). Data informed leadership in education. *Improving leadership for learning.* Seattle, WA: University of

Washington, Center for the Study of Teaching and Policy.

Kochenderfer, B. J., & Ladd, G. W. (1996). Peer victimization: Cause or consequence of school maladjustment? *Child Development, 67,* 1305-1317.

Kochenderfer-Ladd, B., & Pelletier, M. E. (2008). Teachers' views and beliefs about bullying: Influences on classroom management strategies and students' coping with peer victimization. *Journal of School Psychology, 46,* 431-453.

Lazarus, R. S., & Moskowitz, J. T. (2000). Positive affect and the other side of coping. *American Psychologist, 55,* 647-654.

Leadbeater, B., & Hoglund, W. (2006). Changing the social contexts of peer victimization. *Journal of the Canadian Academy of Child and Adolescent Psychiatry, 15,* 21-26.

Lee, V. E., & Smith, J. B. (1996). Collective responsibility for learning and its effects on gains in achievement for early secondary school students. *American Journal of Education, 104,* 103-147.

Leff, S. S., Power, T. J., & Goldstein, A. B. (2004). Outcome measures to assess the effectiveness of bullying-prevention programs in the schools. In D. L. Espelage & S. M. Swearer (Eds.), *Bullying in American schools* (pp. 269-294). Mahwah, NJ: Lawrence Erlbaum Associates.

Limber, S. P. (2004). Implementation of the Olweus bullying prevention program in American schools: Lessons learned from the field. In D. L. Espelage & S. M. Swearer (Eds.), *Bullying in American schools* (pp. 351-363). Mahwah, NJ: Lawrence Erlbaum Associates.

Louis, K. S., Marks, H. M., & Kruse, S. (1996). Teachers' professional community in restructuring schools. *American Educational Research Journal, 33,* 757-798.

Malecki, C. K., & Demaray, M. K. (2003). What type of support do they need?: Investigating student adjustment as related to emotional, informational, appraisal, and instrumental support. *School Psychology Quarterly, 18,* 231-252.

Malecki, C. K., & Demaray, M. K. (2004). The role of social support in the lives of bullies, victims, and bully-victims. In D. L. Espelage & S. M. Swearer (Eds.), *Bullying in American schools* (pp. 211-226). Mahwah, NJ: Lawrence Erlbaum Associates.

Mishna, F., Scarcello, I., Pepler, D., & Wiener, J. (2005). Teachers' understanding of bullying. *Canadian Journal of Education, 28,* 718-738.

Nansel, T. R., Overpeck, M., Pilla, R. S., Ruan, W. J., Simons-Morton, B., & Scheidt, P. (2001). Bullying behaviors among US youth: Prevalence and association with psychological adjustment. *Journal of the American Medical Association, 285,* 2094-2100.

Naylor, P., Cowie, H., Cossin, F., de Bettencourt, R., & Lemme, F. (2006). Teachers' and pupils' definitions of bullying. *British Journal of Educational Psy chology, 76,* 553-576.

Nesdale, D., & Pickering, K. (2006). Teachers' reactions to children's aggression. *Social Development, 15,* 109-126.

Newman, R. S., & Murray, B. J. (2005). How students and teachers view the seriousness of peer harassment: When is it appropriate to seek help? *Journal of Educational Psychology, 97,* 347-365.

Newman-Carlson, D., & Horne, A. M. (2004). Bully Busters: A psychoeducational intervention for reducing bullying behavior in middle school students. *Journal of Counseling and Development, 82,* 259-267.

Nicolaides, S., Toda, Y., & Smith, P. K. (2002). Knowledge and attitudes about school bullying in trainee teachers. *British Journal of Educational Psychology, 72,* 105-118.

Nishina, A. (2004). A theoretical review of bullying: Can it be eliminated? In C. E. Sanders & G. D. Phye (Eds.), *Bullying implications for the classroom* (pp. 35-62). San Diego, CA: Elsevier Academic Press.

Nishina, A., & Juvonen, J. (2005). Daily reports of witnessing and experiencing peer harassment in middle school. *Child Development, 76,* 435-450.

Nishina, A., Juvonen, J., & Witkow, M. R. (2005). Stick and stones may break my bones, but names will make me feel sick: The psychosocial, somatic, and scholastic consequences of peer harassment. *Journal of Clinical Child and Adolescent Psychology, 34,* 37-48.

Noddings, N. (2005). *The challenge to care in schools: An alternative approach to education.* New York: Teachers College Press.

O'Connell, P., Pepler, D., & Craig, W. (1999). Peer involvement in bullying: Insights and challenges for intervention. *Journal of Adolescence, 22,* 437-452.

Olweus, D. (1993). *Bullying at school: What we know and what we can do.* Cambridge: Blackwell.

Orpinas, P., Horne, A. M., & Staniszewski, D. (2003). School bullying: Changing the problem by changing the school. *School Psychology Review, 32,* 431-444.

Paley, V. (1992). *You can't say you can't play.* Cambridge, MA: Harvard University Press.

Parault, S. J., Davis, H. A., & Pelligrini, A. D. (2007). The social contexts of bullying and victimization. *Journal of Early Adolescence, 27,* 145-174.

Patrick, H., Ryan, A. M., & Kaplan, A. (2007). Early adolescents' perceptions of the classroom social environment, motivational beliefs, and engagement. *Journal of Educational Psychology, 99,* 83-98.

Payne, A. A., Gottfredson, D. C., & Gottfredson, G. D. (2006). School predictors of the intensity of implementation of school-based prevention programs: Results from a national study. *Prevention Science, 7,* 225-237.

Pellegrini, A. D. (2002). Bullying victimization, and sexual harassment during the transition to middle school. *Educational Psychologist, 37,* 151-163.

Pepler, D. J., Craig, W. M., Connolly, J. A., Yuile, A., McMaster, L., & Jiang, D. (2006). A developmental perspective on bullying. *Aggressive Behavior, 32,* 376-384.

Pepler, D., Jiang, D., Craig, W., & Connolly, J. (2008). Developmental trajectories of bullying and associated factors. *Child Development, 79*, 325-338.

Pexman, M. P., Glenwright, M., Krol, A., & James, T. (2005). An acquired taste: Children's perceptions of humor and teasing in verbal irony. *Discourse Processes, 40*, 259-288.

Pianta, R. C., & Stuhlman, M. W. (2004). Teacher-child relationships and children's success in the first years of school. *School Psychology Review, 33*, 444-458.

Rigby, K., & Bagshaw, D. (2003). Prospects of adolescent students collaborating with teachers in addressing issues of bullying and conflict in schools. *Educational Psychology, 23*, 536-546.

Rimm-Kaufman, S. E., Fan, X., Chiu, Y., & You, W. (2007). The contribution of the Responsive Classroom Approach on children's academic achievement: Results from a three year longitudinal study. *Journal of School Psychology, 45*, 401-421.

Rodkin, P. C. (2004). Peer ecologies of aggression and bullying. In D. L. Espelage & S. M. Swearer (Eds.), *Bullying in American schools* (pp. 87-106). Mahwah, NJ: Lawrence Erlbaum Associates.

Roland, E. & Galloway, D. (2002). Classroom influences on bullying. *Educational Research, 44*, 299-312.

Salmivalli, C., Lagerspetz, K., Bjorkqvist, K., Osterman, K., & Kaukialnen, A. (1996). Bullying as a group process: Participant roles and their relations to social status within the group. *Aggressive Behavior, 22*, 1-15.

Salmivalli, C., & Voeten, M. (2004). Connections between attitudes, group norms, and behaviour in bullying situations. *International Journal of Behavioral Development, 28*, 246-258.

Sameroff, A. J. (1995). General systems theories and developmental psychopathology. In D. Cicchetti & D. J. Cohen (Eds.), *Developmental psychopathology, Vol. 1: Theory and methods* (pp. 659-695). Oxford: John Wiley.

Sameroff, A. J., & MacKenzie, M. J. (2003). Research strategies for capturing transactional models of development: The limits of the possible. *Development and Psychopathology, 15*, 613-640.

Schwartz, D., Gorman, A. H., Nakamoto, J., & Toblin, R. L. (2005). Victimization in the peer group and children's academic functioning. *Journal of Educational Psychology, 97*, 425-435.

Schwartz, D., McFadyen-Ketchum, S. A., Dodge, K. A., Pettit, G. S., & Bates, J. E. (1998). Peer group victimization as a predictor of children's behavior problems at home and at school. *Development and Psychopathology, 10*, 87-99.

Schwartz, D., Proctor, L. J., & Chien, D. H. (2001). The aggressive victim of bullying: Emotional dysregulation as a pathway to victimization by peers. In J. Juvonen & S. Graham (Eds.), *Peer harassment in school: The plight of the vulnerable and victimized* (pp. 147-174). New York: The Guilford Press.

Shapiro, J. P., Baumeister, R. F., & Kessler, J. W. (1991). A three-component model of children's teasing: Aggression, humor, and ambiguity. *Journal of Social and Clinical Psychology, 10*, 459-472.

Skiba, R., Ritter, S., Simmons, A., Peterson, R., & Miller, C. (2006). The safe and responsive schools project: A school reform model for implementing best practices in violence prevention. In S. R. Jimerson & M. J. Furlong (Eds.), *Handbook of school violence and school safety: From research to practice* (pp. 631-650). Mahwah, NJ: Lawrence Erlbaum Associates.

Slee, P. T. (1994). Situational and interpersonal correlates of anxiety associated with peer victimization. *Child Psychiatry and Human Development, 25*, 97-107.

Smith, J. D., Schneider, B. H., Smith, P. K., & Ananiadou, K. (2004). The effectiveness of whole-school anti-bullying programs: A synthesis of evaluation research. *School Psychology Review, 33*, 547-560.

Smith, P. K., & Shu, S. (2000). What good schools can do about bullying: Findings from a survey in English schools after a decade of research and action. *Childhood, 7*, 193-212.

Smith, P. K., Talamelli, L., Cowie, H., Naylor, P., & Chauhan, P. (2004). Profiles of non-victims, escaped victims, continuing victims and new victims of school bullying. *British Journal of Educational Psychology, 74*, 565-581.

Solberg, M. E., & Olweus, D. (2003). Prevalence estimation of school bullying with the Olweus bully/victim questionnaire. *Aggressive Behavior, 29*, 239-268.

Solomon, D., Battistich, V., Kim, D., & Watson, M. (1997). Teacher practices associated with students' sense of the classroom as a community. *Social Psychology of Education, 1*, 235-267.

Sutton, J., Smith, P. K., & Swettenham, J. (1999). Social cognition and bullying: Social inadequacy or skilled manipulation? *British Journal of Developmental Psychology, 17*, 435-450.

Swearer, S. M., & Cary, P. T. (2003). Perceptions and attitudes toward bullying in middle school youth: A developmental examination across the bully/victim continuum. In M. J. Elias & J. E. Zins (Eds.), *Bullying, peer harassment, and victimization in the schools: The next generation of prevention* (pp. 63-79). New York: The Haworth Press.

Swearer, S. M., & Espelage, D. L. (2004). Introduction: A social-ecological framework of bullying among youth. In D. L. Espelage & S. M. Swearer (Eds.), *Bullying in American schools* (pp. 1-12). Mahwah, NJ: Lawrence Erlbaum Associates.

Unnever, J., & Cornell, D. (2003). The culture of bullying in middle schools. *Journal of School Violence, 2*, 166-172.

Webster-Stratton, C., Reid, J., & Hammond, M. (2004). Treating children with early onset cond uct problems: Intervention outcomes for parent, child and teacher training. *Journal of Clinical Child and Adolescent Psychology, 33*, 105-124.

Wentzel, K. R. (1997). Student motivation in middle school: The role of perceived pedagogical caring. *Journal of Educational Psychology, 89,* 411-419.

Wentzel, K. R. (2002). Are effective teachers like good parents? Teaching styles and student adjustment in early adolescence. *Child Development, 73,* 287-301.

Wilton, M. M. M., Craig, W. M., & Pepler, D. J. (2000). Emotion regulation and display in classroom victims of bullying: Characteristic expressions of affect, coping styles and relevant contextual factors. *Social Development, 9,* 226-245.

Yoon, J. S. (2004). Predicting teacher interventions in bullying situations. *Education and Treatment of Children, 27,* 37-45.

Yoon, J. S., & Kerber, K. (2003). Bullying: Elementary teachers attitudes and intervention strategies. *Research Education, 69,* 27-35.

Chapter **12**

전국 집단 괴롭힘 예방 프로그램 KiVa의 개발, 평가 및 확산

Christina Salmivalli, Antti Kärnä(투르쿠 대학교 심리학과)
Elisa Poskiparta(투르쿠 대학교 학습연구센터)

집단 괴롭힘은 공격적 행동의 한 가지 하위 유형으로서 일반적으로 세 가지 특징을 띤다. 해를 가하려는 의도, 지속적인 반복, 힘의 격차(피해자가 가해자로부터 자신을 방어하기 어려워지는 상황)이다. 따라서 집단 괴롭힘을 갈등, 말다툼, 싸움 등과 구별하는 주요한 특징 중 하나는 피해자와 가해자 사이의 힘의 불균형이라고 할 수 있다. 평균적으로, 학교 학생들의 11% 정도가 지속적으로 집단 괴롭힘을 당하는 한편(Craig & Harel, 2004), 집단 괴롭힘 가해자 또한 11%에 달한다. 대략 4~6% 정도의 학생은 집단 괴롭힘의 피해자인 동시에 가해자이기도 하다(Haynie et al, 2001; Nansel et al., 2001). 연구에 따르면 이런 부당한 집단 괴롭힘은 장단기적으로 여러 가지 부정적인 결과를 초래하며(예: Hawker & Boulton, 200; Issacs, Hodges, & Salmivalli, 2008; Olweus, 1994; Salmivalli & Issacs, 2005), 효과적인 예방과 중재로 다루어져야 하는 심각한 문제로 널리 인식되고 있다. 1980년대 노르웨이의 Dan Olweus가 최초로 실시한 대규모 중재 연구(Olweus, 1994) 이래 많은 나라에서 점점 더 많은 중재 프로그램을 개발·평가하고 있지만, 불행히도 많은 연구 결과는 기대에 미치지 못했다(Smith, Pepler, & Rigby, 2004; Smith, Scneider, Smith, & Ananiadou, 2004).

핀란드에서는 2006년 이래 교육부가 전국 집단 괴롭힘 예방 프로그램의 개발과 평가를 지지해 오고 있다. KiVa(Kiusaamista Vastaan, '집단 괴롭힘에 맞서는'의 약어)로 불리는 이 프로그램은 투르쿠 대학교의 심리학과와 학습연구센터가 공동으로 개발하고 초기 평가한 프로그램이다. KiVa 프로젝트는 제1저자와 제3저자가 공동 지휘했으며 프로그램 유효성에 대한 평가는 제2저자의 박사 학위 논문 주제였다. 교육부는 이 프로젝트의 지지를 연장하여 프로그램의 초기 확산을 후원했다.

이 장에서는 KiVa의 이론적 기반과 주요 내용을 설명할 것이며 KiVa의 전국적인 확산 계획과 함께, 광범위한 연구를 통해 나타난 프로그램의 효과를 제시할 것이다.

KiVa의 배경

KiVa 프로그램은 우리 연구 그룹의 오랜 연구 전통인 '집단 현상으로서의 괴롭힘'에 기반을 두고 있다. 우리는 1990년대 초반, 피해자도 가해자도 아닌 아동이 집단 괴롭힘을 목격했을 때 어떻게 행동하는가 그리고 그 아동의 행동(또는 행동의 부재)이 지속적인 집단 괴롭힘, 피해자의 감정과 적응에 어떻게 영향을 미치는가를 연구하기 시작했다. 집단 괴롭힘이 발생했을 때 아동의 참여 유형이 여섯 가지로 나타난다는 것이 초기 연구를 통해 밝혀졌다. 간단히 요약하면, 각 아동은 피해자(자발적 또는 비자발적), 가해자, 가해자의 도우미, 가해자의 강화자, 방관자, 피해자의 방어자 역할을 담당한다(Salmivalli, Largerspetz, Björkqvist, Österman, & Kaukiainen, 2006). 이후 여러 연구는 많은 아동이 피해자를 돕기보다는 집단 괴롭힘을 강화시키거나 유지시키는 방향으로 행동한다는 것을 보여 주었다(Andreou & Metallidou, 2004; Camodeca & Goossens, 2005; Goosens, Olthof, & Dekker, 2006; Menesini, Codecasa, Benelli, & Cowie, 2003; Salmivalli, Kaukiainen, Kaistaniemi, & Lagerspetz, 1999; Salmivalli, Lappalainen & Lagerspetz, 1998; Salmivalli & Voeten, 2004; Schäfer & Korn, 2004; Sutton & Smith, 1999).

여기서 방관자의 역할이 중요한데, 피해자를 보호하고 도와주려는 학우가 있는 상황이 그렇지 않은 상황보다 낫기 때문이다. 피해자가 보호를 받으면 그렇지 않은 경우에 비해 우울감과 불안감이 감소되며 높은 자존감을 갖게 되고 다른 학우들에게 거부당하는 경우도 적다(Saino, Veenstra, Huitsing, & Salmivalli, 논문 제출). 더욱이 집단 괴롭힘 가해자를 강화하는 것(실제로 많은 학생이 그러하듯이)이 규범 행동이 된 교실에서는 부당한 집단 괴롭힘이 일어날 확률이 더 높다(Kärnä, Salmivalli, & Poskiparta, 2008). 또한 Kärnä, Voeten, Poskiparta와 Salmivalli(2010)의 연구는 가해자 강화 행동이 일반적인 교실에서는 불안감과 또래 집단의 거부 등 개인 수준의 위험 요소가 부당한 집단 괴롭힘을 더욱 야기시킨 반면, 피해자 보호 행동 수준이 높은 교실에서는 그러한 개인의 위험 요소의 영향이 감소하는 것을 보여 주었다.

이러한 연구를 통해 얻을 수 있는 중요한 교훈은 부당한 집단 괴롭힘 자체를 줄여야 한다는 것이다. 그렇게 하면 피해자 자신을 변화시켜 '집단 괴롭힘 행위에 덜 취약하도록' 만들 필요가 없어지기 때문이다. 반면, 집단 괴롭힘 가해자의 공격적인 행동은 또래 집단의 맥락이 제거 된다면 직접적으로 변화시키기 어려울 수 있다. 학우의 행동에 영향을 줌으로써 집단 괴롭힘 가해자가 받는 보상을 감소시키면 결과적으로 집단 괴롭힘 행위의 동기 자체가 감소하기 때문 이다.

아동의 태도, 자기효능감, 집단 괴롭힘 피해자에 대한 공감 등 개별적인 특성에 따라 아동 의 참여자 역할의 차이를 예측할 수 있지만(Caravita, DiBlasio, & Salmivalli, 2008; Pöyhönen & Salmivalli, 2008; Salmivalli, Kaukiainen, Kaistaniemi, & Lagerspetz, 1999), 교실이라는 맥락 또 한 중요하다. 각 교실 상황은 가해자를 강화하거나 피해자를 보호하는 정도가 각각 다르기 때 문이다(Salmivalli & Voeten, 2004). 최근의 한 연구에 따르면, 가해자 강화와 피해자 보호의 교 실 수준 편차 비율(교실 내 상관관계)이 각각 .19와 .35로 높게 나타났다(Kärnä et al., 2010). 예 를 들어, 보호 행동에 있어 전체 편차의 65%가 개인차에 기인한다 하더라도 나머지 35%의 차 이는 교실 또는 학교 차이에 기인한다는 것이다. 즉, 집단 괴롭힘 상황에서 아동의 행동은 각 아동의 개별 성향 때문이기도 하지만 교실 맥락의 영향도 받는다는 것이다.

KiVa 프로그램은 피해자도 가해자도 아닌 방관자들이 가해자를 돕기보다 집단 괴롭힘 행위 에 반항하고 피해자의 편이라는 것을 보여 주도록 영향을 미치는 데 초점을 두고 있다. 이 목 적을 염두에 두고 수업, 집단 괴롭힘 예방 컴퓨터 게임 등 몇 가지 보편적 활동을 개발했지만 실제로 발생한 집단 괴롭힘 상황을 해결할 때 지시적 활동 또한 필요하다고 본다. 지시적 활동 에는 가해자와 피해자 그리고 피해자를 도울 역할을 해야 할 친사회적 학우들과의 개별 또는 소집단 면담이 포함된다. 이 면담은 학교의 KiVa 담당 팀과 담임교사가 함께 실시한다. 학교는 이 프로그램을 실행하기 전부터 실행하는 동안 줄곧 지지를 받게 된다.

KiVa의 내용: 보편적 활동

수업

KiVa 프로그램은 1~3학년, 4~6학년, 7~9학년의 각 학년 수준에 적합하게 세 가지 형태로 개발되었다. 핀란드 아동은 7세에 학교에 입학하여 1~6학년까지 초등학교, 7~9학년까지 중학 교 과정을 거친다. 초등학교 1~3학년, 4~6학년 두 프로그램 모두 연간 20시간 수업(2시간 수업 10회)을 보편적 활동으로 하게 되어 있다. 수업은 담임교사에 의해 이뤄지며 토론, 조별 활동,

집단 괴롭힘을 다룬 단편영화, 역할극이 포함되어 있다. 수업은 관계에 있어 존중의 중요성, 집단 의사소통의 중요성 및 집단 압력 등 일반적인 주제에서 시작하여 집단 괴롭힘 행위 및 기제 그리고 그 결과의 순서로 진행된다. 예를 들어, 학창 시절 집단 괴롭힘을 당했던 성인이 자신의 학창 시절과 그 경험이 몇 십 년이 지난 후까지 자신의 삶에 어떤 영향을 미쳤는지에 대해 이야기하는 단편영화를 수업 시간에 함께 보고 토론한다. 또한 여러 수업 시간을 할애하여 집단 괴롭힘 행위를 지속시키거나 끝내는 데 있어 집단의 역할에 대해 다룬다. 여러 가지 집단 훈련은 집단 괴롭힘 피해자를 돕고 보호하는 여러 가지 방법에 대해 토론하고 그 방법을 연습하는 것을 포함한다. 수업이 진행됨에 따라 수업 규칙들이 하나씩 적용되며 각 수업 규칙은 해당 수업의 주요 주제에 근거를 둔다. 학년 말, 모든 수업 규칙을 모아 KiVa 계약으로 작성하고 모든 학생이 거기에 서명을 한다.

7~9학년의 중학교 프로그램에는 네 가지 주요 주제가 있다. 프로그램 매뉴얼에 각 주제별 권장 할당 시간이 명시되어 있지만 학교마다 각 주제에 따라 어떻게 수업을 편성할지는 자율적으로 결정할 수 있다(일련의 수업 과정, 특별 주제 기간 등).

수업 및 주제의 주요 목적은 집단 괴롭힘 행위를 지속시키는 집단의 역할에 대한 경각심 높이기, 피해자에 대한 공감 능력 향상시키기, 피해자를 돕기 위한 전략을 세우고 그것을 통해 자기효능감 고취하기, 집단 괴롭힘을 당할 때의 대처 기술 향상시키기이다. 본질적으로 이 수업은 학생들이 처하는 사회적 딜레마를 해결하도록 돕는 것을 목표로 한다. 다시 말하면, 자신이 옳다고 알고 있는 것을 행동으로 실천하고 규범적인 집단 행동을 하도록 돕는 것이 목표이다.

집단 괴롭힘 예방 컴퓨터 게임

KiVa 프로그램 고유의 특징은 초등학교 프로그램에 포함된 집단 괴롭힘 예방 컴퓨터 게임이다([그림 12-1] 참조). 학생들은 앞서 언급한 수업 동안 또는 수업 사이에 이 게임을 한다. 이 게임에는 다섯 레벨이 있는데 학생들은 관련 수업이 끝난 후에 해당 레벨의 게임을 한다. 집에서 인터넷을 사용할 수 있는 학생은 집에서도 게임을 할 수 있다. 4~6학년용 KiVa 게임에는 '나는 안다(I KNOW), 나는 할 수 있다(I CAN), 나는 한다(I DO)'의 세 가지 단계가 있다.

'나는 안다' 단계에서 학생들은 집단 괴롭힘에 대해 새로운 사실을 배우고 지금까지 배워 온 지식을 검토한다. 학습한 것을 게임 형식으로 질문 및 대답하고 각각의 성격 측면에서 자신을 테스트할 수 있다(집단 압력에 얼마나 잘 저항할 수 있는지, 자신이 어떤 학우인지 등).

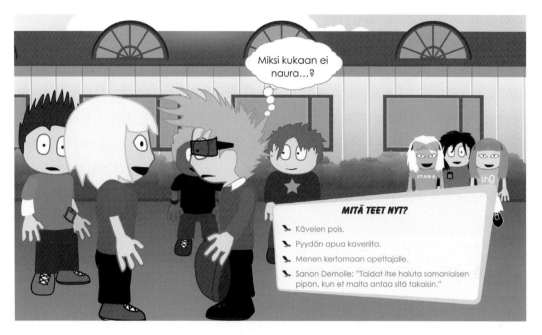

[그림 12-1] KiVa 컴퓨터 게임의 한 장면('나는 할 수 있다' 단계), 4∼6학년용 프로그램

　'나는 할 수 있다' 단계에서 학생들은 가상 학교를 돌아다니며 복도, 놀이터, 학교 식당에서 일어날 수 있는 여러 가지 어려운 상황에 처하게 된다. 학생들은 그러한 상황에 어떻게 대응해야 할지, 뭐라고 말할지, 무엇을 할지 결정을 내리고 자신의 결정에 따른 피드백을 받는다. 또한 자신이 행동을 취하기 전과 후 게임 속 다른 인물들의 감정과 생각에 대해 고찰할 수 있다.

　세 번째 단계인 '나는 한다'에서는 이제껏 학습한 지식과 기술을 실생활에서 사용해 볼 수 있는 기회를 갖는다. 게임의 각 레벨에서 학생들은 학습한 기술 중 어떤 것을 사용했는지에 대한 질문에 대답해야 한다. 예를 들어, 자신이 다른 학우들을 존중했는지, 집단 압력에 저항했는지, 집단 괴롭힘을 당하는 학생을 도와주었는지의 질문에 답하고 또한 자신의 대답에 대한 피드백을 받는다.

　중학생은 KiVa 거리(KiVa Street)라는 가상 학습 환경을 사용한다. KiVa 거리는 학생들이 로그인을 한 후 여러 장소를 방문하며 돌아다니는 인터넷 공개 토론의 장이다. 예를 들어, 도서관에 가서 집단 괴롭힘에 대한 정보를 찾거나 극장에 들어가서 관련 단편영화도 볼 수 있다. 컴퓨터 게임과 유사하게 KiVa 거리는 집단 괴롭힘 행위에 대한 자신의 행동을 변화시킬 수 있는 지식과 기술 제공 및 동기부여를 목표로 한다.

학교와 부모 모두 참여시키기

학교 운동장에서 일어나는 집단 괴롭힘 행위를 막기 위한 방편으로, 쉬는 시간을 감독하는 교사가 눈에 잘 띄는 KiVa 조끼를 입어 집단 괴롭힘 행위가 학교에서 심각하게 다루어짐을 보여 준다. 이 외에도 학생들과 학교 전 직원에게 KiVa를 알려 줄 수 있는 포스터 등의 상징물과 전 직원에게 이 프로그램을 소개할 때 사용할 수 있는 파워포인트 발표 자료를 제공한다. 학교뿐 아니라 부모들도 이 프로그램의 전반적인 부분에 참여할 수 있도록 집단 괴롭힘 행위와 그 문제를 감소 및 예방할 수 있는 방법에 대한 조언이 담긴 부모 지침서를 각 가정에 제공한다.

지시적 활동: 심각한 사례에 대처하기

집단 괴롭힘 행위가 밝혀지면 각 학교마다 3명의 교사 또는 교직원으로 이루어진 KiVa 담당팀이 담임교사와 함께 KiVa 중재 프로그램의 지시적 활동을 실시한다. 1~2명의 팀원이 집단 괴롭힘 피해자 및 가해자와 각각 개별 또는 소집단 면담을 하고 차후 체계적인 면담을 실시한다. 이와 더불어 담임교사는 2~4명의 학우 모임을 만들어 집단 괴롭힘 피해자를 돕도록 한다. 다음의 교사 지침서와 교사 연수를 통해 각 면담이 어떻게 이루어지는지에 대한 자세한 정보를 확인할 수 있다. KiVa의 지시적 활동은 전 학년별로 유사하게 시행한다.

집단 괴롭힘 행위는 종종 어른이 없을 때 일어나서 부모나 교사가 이를 알지 못하는 경우가 많기 때문에 학생들로 하여금 집단 괴롭힘 상황이 발생할 때 어른에게 알리도록 하는 것이 중요하다. 교육 초기에 KiVa 프로그램을 가르치고 수업과 컴퓨터 게임, 교내 포스터 등을 통해 한 학년 동안 계속 인식시킨다면, 어른들은 집단 괴롭힘 행위를 심각한 문제로 생각하고 학생들은 피해자가 언제나 도움을 받을 수 있다고 믿게 될 것이며, 결과적으로 집단 괴롭힘 목격자뿐 아니라 피해자도 그 상황을 알리게 될 것이다. 나아가 교직원과 학부모도 집단 괴롭힘 행위에 대한 정보 및 그것을 어떻게 감지해야 하는지에 대해 교육받는다면 집단 괴롭힘 행위에 대한 관심도를 높이고 이미 진행 중인 사건도 찾아내게 될 것이다.

〈표 12-1〉은 KiVa의 주요 요소인 보편적 활동과 지시적 활동을 설명하고 있다.

〈표 12-1〉 KiVa 집단 괴롭힘 예방 프로그램의 주요 요소인 보편적 활동과 지시적 활동

	보편적	지시적	
대상	모든 학생	집단 괴롭힘 피해자 및 가해자	선별된 학생(친사회적 학우 또는 학급 간부들)
목표	• 집단 괴롭힘 조장 행위 감소 • 피해자를 보호하는 또래 집단 조성 • 교실 내 규범 조성 • 방법: 즉각 대응할 수 있도록 의식, 공감, 자기효능감 높이기	• 이미 진행 중인 집단 괴롭힘 중지하기 • 피해자 보호하기 • 방법: 집단 괴롭힘 행위는 용인될 수 없으며 중단해야 하는 것임을 명시하기	• 피해자를 위한 또래 집단의 지지 확대 • 방법: 학급 간부들을 보호 역할 및 타 학우들을 위한 모범 역할로 활용하기
수단	• 수업 • 집단 괴롭힘 예방 컴퓨터 게임 • 부모 지침서	• 개별 및 소집단 면담 • 추후 면담	• 소집단 면담
담당자	담임교사	교내 KiVa 담당 팀원	담임교사

교육 주간과 학교 네트워크

KiVa 평가 기간에 시범 학교의 교사들과 교내 KiVa 담당팀은 여러 가지 방법으로 실행 지지를 받았다. 각 지역마다 이틀간의 면대면 교육이 있었고 세 학교의 교내 KiVa 담당팀이 하나의 네트워크를 형성했으며(즉, 9명의 교사 또는 교직원이 하나의 연계팀을 이룸) 각 네트워크는 KiVa 프로젝트 연구원 1명이 팀의 '주축'이 되어 1년 동안 3번의 모임을 가졌다. 이 모임은 KiVa 프로그램 개발자인 우리에게도 큰 도움이 되었는데 프로그램 실행 성공담과 잠재적 장애물에 대한 현장 경험을 접할 수 있었다. 이러한 교육 및 학교 네트워크를 통해 얻은 경험은 프로그램의 전국 확산을 위한 최종 자료와 교육 모델을 준비하는 데 도움이 되었다.

KiVa에 대한 평가

KiVa 프로그램에 대한 평가 연구는 집단 괴롭힘 예방 조치의 효과에 대한 참신한 정보를 제공할 것이다. 이전의 집단 괴롭힘 예방 중재 프로그램(J. D. Smith, Schneider, Smith, & Ananiadou, 2004; P. K. Smith, Pepler, & Rigby, 2004 참조)은 일종의 블랙박스 평가(Chen, 2005; Rossi, Lipsey, & Freeman, 2004)로서 근본적인 과정은 무시한 채 중재와 결과의 상관관계만을

다루었고 이후에 일어난 학생 개개인의 집단 괴롭힘 관련 행동은 주시하지 않았다. 이런 한계로 인해 집단 괴롭힘 예방 중재의 효과에 대한 여러 상반되는 결과가 나타났다. 그러나 전반적인 상황을 볼 때 "방법과 적당한 시기에 대한 자료는 부족하지만" 중재는 성공적일 수 있다고 Smith 등(2004)은 결론지었다.

KiVa 평가 연구는 가설로 세워진, 프로그램 효과의 매개변인과 조절변인을 측정하고, 시간 경과에 따른 학생 개개인의 발달을 추적함으로써 기존의 많은 한계를 극복하고 있다. 프로그램 효과의 근본이 되는 과정에 대한 이론 중심의 연구(Chen, 2005; Rossi et al., 2004)는 집단 괴롭힘 문제의 핵심 원인에 대한 중요한 지식을 제공한다. 나아가 프로그램의 효과는 각 학생 및 교실 상황에 따라 달라진다고 간주할 수 있고 이러한 학생과 교실의 변화 추이에 따른 차별적 효과는 종단적 연구를 통해 밝힐 수 있을 것이다. 이런 방법으로 세 가지 주요 질문에 대한 해답을 얻을 수 있다. 첫째, 프로그램은 대체로 효과적인가? 둘째, 어느 집단에 효과적인가? 셋째, 프로그램이 어떻게 효과를 발휘하는가? 이들 질문에 대한 답은 몇 가지 중요한 이론적 · 실질적 문제를 다루게 될 것이다.

응용 연구에는 KiVa 프로그램이 실제로 효과적이어서 폭넓은 보급을 위한 준비가 되어 있는가의 질문이 포함되어 있다(Flay et al., 2005). 중재 실행자는 프로그램의 효율성에 대한 정보 외에 최선의 결과를 위해 프로그램을 어떻게 실행할 것인가에 대한 정보가 필요한데, 논문에서는 이를 실행에서의 충실-적용 논쟁(implementation fidelity-adaptation debate)이라고 일컬었다(Dusenbury, Brannigan, Falco, & Hansen, 2003). 이 논쟁의 주요 질문은 프로그램 응용과 프로그램 효율성의 상관관계이며, 실행과 결과의 세부적인 수치를 사용하여 이 질문에 대한 KiVa 연구 입장에서의 해답을 제공하는 것이 목적이다. 이런 방식으로 교직원에게 프로그램 실행의 모범 사례에 대한 조언을 제공할 수 있으며, 나아가 KiVa 프로그램 실행 예측 요인에 대한 연구도 할 수 있다. 프로그램 예측변수에 대한 정보를 통해 어떤 교직원과 어떤 학교가 이 프로그램을 대규모로 실시할 때 혜택을 받을 것인지 예측할 수 있다(Kallestad & Olweus, 2003). 역으로, 프로그램 실행의 실패 확률이 있을 만한 학교를 찾아냄으로써 그 학교의 구체적인 요구 사항에 적합한 지지를 제공할 수 있다. 이러한 정보는 프로그램을 소개하고 프로그램 실행 지지 자료의 배포에 관한 결정을 내릴 때 활용할 수 있다.

평가와 관련한 더 이론적인 연구 질문에 있어서도 실질적인 연관성을 가지는데, 연구의 결과는 집단 괴롭힘 문제에 있어 핵심 요인을 밝히는 것과 관련 있으며 이는 이후 중재를 측정하는 데 목표대상이 된다. 중재가 성공적으로 이루어져 가설로 세워진 효과의 매개변인에 영향을 준다면 이 매개변인과 결과 사이의 상관관계를 평가할 수 있게 되며, 이로 인해 집단 괴롭힘 문제 관련이론을 실험할 수 있다. 요약하면, 개인 및 교실 수준에서의 중재 조치가 사회적 인지에 영향을 주고 이는 또한 집단 괴롭힘 가해자와 방관자에게 영향을 준다는 가정을 세울 수 있다. 이러한 긍정적인 행동 변화는 피해 상황과 부정적인 결과를 감소시킬 것으로 예상된다. 집단 괴롭힘 행위를 집단 현상으로 보는 관점과 동일하게, 교실 규범과 방관자들의 행동(피해자를 돕고 보호하는 것 등)과 같은 집단 요인에 초점이 맞춰질 것이다. 따라서 프로그램 과정을 조사함으로써 많은 흥미로운 가설을 실험할 수 있다. 이론에 근거한 평가의 또 다른 장점은 프로그램이 가정된 방법대로 시행되느냐를 검토함으로써 연구의 내적 타당도를 증가시킨다는 데 있다(Chen, 2005; Rossi et al., 2004).

표본 집단

핀란드 본토의 모든 초·중등학교가 통제 학교 또는 실험 학교로서 KiVa 프로그램의 평가에 참여하도록 요청했고 약 300개의 학교가 참여 의사를 밝혔다. 핀란드 본토의 모든 지역을 대표할 수 있도록 계층별 무작위 선발을 통해 234개 학교를 선택했고 이를 117개의 시범 학교와 117개의 통제 학교로 분류했다(〈표 12-1〉 참조). 설문지의 응답 타당도를 높이기 위해 특수교육만을 제공한 학교는 표본 집단에서 제외되었다.

1단계(2007~2008)에서는 실험 학교의 4~6학년을 대상으로 프로그램이 시행되었고, 2단계(2008~2009)에서는 1~3학년과 7~9학년을 대상으로 실시되었다. 이러한 방식으로 핀란드 종합학교 체제에 속한 모든 학년이 연구에 포함된다. 1단계 표본 집단이 78개의 참여 학교, 400개 이상의 학급, 7,000명 이상의 학생으로 구성된 것에서 볼 수 있듯이, 전체 표본 집단은 대략 교실 수 1,200개, 학생 수 2만 명 이상에 달한다. 그 외에 약 1,500명가량의 교사와 교직원이 프로그램, 당사자, 담당 학생과 소속 학교에 대한 설문 조사에 참여할 것이다.

〈표 12-2〉 2단계 프로그램 평가의 연구표본

1	2007~2008	4~6학년	39	39
2	2008~2009	1~3학년	39	39
		7~9학년	39	39
합계			117	117

설계

KiVa 프로그램의 효과를 평가하기 위해 무작위 실험 설계와 근접 집단과의 종단적 설계의 두 가지 연구 설계를 사용한다. 집단 종단적 연구는 각 학생집단의 사후검사 자료를 아직 중재 과정을 거치지 않은 동일 학교의 동일 연령 학생들에게서 수집한 기준 자료(즉, 앞서 실시한 집단의 자료)와 비교 검토한다(Olweus & Alsaker, 1991; Salmivalli, Kaukiainen, & Voeten, 2005). 이렇게 다른 연구 설계로 비교 검토를 하는 데는 두 가지 이유가 있다. 첫째, 1학년에서는 사전-사후 비교가 불가능하다는 점 그리고 3학년과 6학년에서는 집단 종단적 설계가 사용되지 않는다는 현실적인 이유 때문에 여러 다른 연구 설계가 상호 보완적일 수 있다. 둘째, 두 연구 설계의 결과의 일관성 그 자체만으로도 흥미롭다. Rossi, Lipsey와 Freeman(2004)에 따르면 유사실험 결과와 무작위 실험 결과의 비교 연구는 거의 없기 때문이다. 기존의 연구에 비춰 볼 때 유사실험이 무작위 형태의 연구에 필적하는 프로그램 효과를 낳을 것으로 예측할 수 있지만 심각한 오류를 지닌 결과를 낳을 가능성도 있다(Aiken, West, Schwalm, Carroll, & Hsiung, 1998; Fraker & Maynard, 1085; Heckman & Hotz, 1989; Heinsman & Shadish, 1996; LaLonde, 1986; Lipsey & Wilson, 1993). 집단 괴롭힘 예방 중재 평가를 위한 집단 종단적 설계의 적합성은 특히나 흥미로운 주제이다. 가장 널리 알려진 집단 괴롭힘 예방 프로그램인 Olweus 집단 괴롭힘 예방 프로그램의 효율성 증거는 대부분 집단 종단적 설계의 연구로 구성되어 있기 때문이다(Olweus & Alsaker, 1991; Olweus, 2004; Olweus, 2005).

측정

자료는 대부분 인터넷 설문을 통해 수집하며 교사 및 교직원 자신의 신념과 행동뿐 아니라 학생들의 특징과 행동에 관한 자기 보고서, 또래 보고서, 교사 보고서를 포함한다. 모든 연구 참가자는 고유의 사용자 아이디를 설문의 비밀번호로 사용하여, 연구자가 각 시점마다 참가자를 식별할 수 있지만 참가자의 익명은 보장된다. 학생들은 1년 동안 세 번 자기 보고서와 또래 보고서를 제출한다. 더불어 "누가 괴롭힘 행위를 하니?" "누가 너를 괴롭히니?"라는 질문을 통해 집단 괴롭힘 피해자와 가해자의 양자관계를 식별할 수 있고 이를 통해 중재 시기 동안 피해자와 가해자의 양자관계 및 교실의 '괴롭힘 조직'에서 발생하는 변화 추이도 관찰할 수 있다.

앞에 설명한 사후 절차는 이전의 집단 괴롭힘 예방 중재 연구에 비해 많이 발전한 것으로, 학생들의 결과 척도 표본과 함께 증거로 제시될 수 있다. 이전의 집단 괴롭힘 예방 연구는 피해자와 가해자의 확산을 결과변수로 연구했다. 하지만 이 연구 형태는 **집단 괴롭힘 행위가 감소**할 경우 그 원인이 가해자가 집단 괴롭힘 행위를 중지했기 때문인지 또는 새로운 가해자가 집단 괴롭힘 행위를 개시하지 않기 때문인지는 밝히지 못했다. 유사하게, **집단 괴롭힘 피해자가 감소**할 경우 피해자가 피해자 역할로부터 도피했기 때문인지 또는 잠재적 피해자가 있지만 피해자가 되는 상황이 발생하지 않기 때문인지 대부분 알 수 없다. 이러한 변화 추이의 차이는 특정 개인의 사전-사후 검사 측정을 추적 연구하여 알 수 있다. 이러한 대체 과정을 연구하면 집단 괴롭힘 예방 프로그램의 결과가 얼마나 효과적인지 또는 제한적인지 알 수 있을 것이다.

KiVa의 확산

확산이란 사회 체제의 구성원들이 새로운 생각이나 관행을 배우고 결정을 내리며 그에 따라 행동하는 과정을 일컫는다(Rogers, 1995). KiVa 프로그램의 전국적인 확산은 어려운 과제임에 틀림없지만 교육부와 핀란드 국립교육위원회(Finnish National Board of Education: FNBE)의 강력한 지지를 받고 있다. FNBE는 핀란드의 교육 개발 책임 기관이며 교육부의 후원 기관으로, 교육 핵심 목표, 교육 내용, 교수 지침 등 전국 핵심 교육과정을 고안하며, 교육 기관들은 이를 바탕으로 각 지역별 교육과정을 준비한다. 본 연구팀은 KiVa의 개발을 위해 FNBE와 밀접하게 협력했으며 FNBE의 대표 중 1명이 KiVa 프로젝트의 운영위원회에 소속되어 KiVa 수업의 주제가 전국 핵심 교육과정에 부합하는지 등을 검토·확인한다. 이렇게 함으로써 KiVa 프로그램이 기존 교육과정 외에 추가로 실시해야 하는 부담스러운 과제가 아니라 학교에서 이미 시행하고 있어야 할 효과적인 수단이라는 인식을 교장과 교사들에게 심어 줄 수 있다.

핀란드 교육부는 KiVa 프로그램의 대규모 확산 계획을 착수하기 위해 투르쿠 대학교에 재정 지지를 했으며(확산 과정 첫 2년 동안) 우리의 목표는 이 기간에 핀란드 전 학교에 가능한 한 널리 프로그램이 채택되도록 하는 것이다. 미래의 KiVa 프로그램 관련 연수, 학회 등을 위한 자금은 이후에 지지될 것이다.

평가 연구에서 KiVa 시범 수업은 각 실험 학교에서 모든 학년마다 시행되었고 프로그램이 더 널리 확산되면 KiVa 학교의 학생들이 기초 교육과정 동안 3번의 수업을 하게 될 것이다. 첫 수업은 1학년 때(1~3학년용 프로그램), 두 번째 수업은 4학년 때(4~6학년용 프로그램), 마지막 수업은 중등학교로의 과도기인 7학년 때(7~9학년용 프로그램) 실시될 것이다.

프로그램의 4단계 확산 과정을 따라(Rohrbach, D'Onofrio, Backer, & Montgomery, 1996), 핀란드 학교에서의 KiVa 프로그램의 보급, 채택, 시행 및 유지를 촉진시킬 전략을 설명할 것이다(〈표 12-3〉 참조).

〈표 12-3〉 KiVa의 확산: 프로그램의 보급, 채택, 시행 및 유지 촉진 전략

보급	• 기자회견 • 전국 및 지역 신문과 교사 저널에 기고 • 전 학교와 지방자치 단체에 회보 발송
채택	• 유효성의 증거 • 자료와 연수의 무상 제공 – 저가의 총비용 • 실현 가능성 있는 사용자 친화적이며 흡인력 있는 자료
실행	• 실행 전 교육 • 프로그램 매뉴얼 • 실행 매뉴얼
유지	• 가상 교육 • 인터넷기반의 토론의 장 • 자신의 발전 과정을 점검할 수 있는 도구 • 연 2회 KiVa 학회

보급: 핀란드 학교와 지방자치 단체에 경각심 일깨우기

KiVa 프로그램의 확산은 2008년 가을, 전국 정보 캠페인에서 시작되었다. 교육부 주최의 기자회견에서 프로그램 개발자들이 KiVa의 효과에 대한 첫 연구 결과를 전국 매체에 발표했다(현재 4~6학년에서의 효과에 대한 가용한 매우 유망한 연구 결과는 Kärnä, Voelen, Little, Poskiparta, Kalijonen, & Salmivalli, 출판 중 참조). 언론의 관심을 극대화하기 위해 학년 시작 직전 즈음에 이 행사가 이루어졌는데, 이 시기가 언론이 학교 내 집단 괴롭힘 관련 소식에 많은 관심을 가지는 시기이기 때문이다. 더불어 프로그램 개발자들은 교사 저널과 전국 및 지역 신문사에 KiVa 관련 짧은 글을 기고했고, 같은 해 가을에는 여러 전국 학회와 회의에서 KiVa를 발표했다.

기자회견과 전국 및 지역 홍보 후, 포괄적인 교육 내용을 담은 회보를 핀란드의 모든 학교(당시 3,226개 학교)에 발송했는데, 회보에는 KiVa 프로그램에 대한 설명, 시행 절차, 세부적인 시행 비용뿐 아니라 선별된 시범 학교에서 수집한 KiVa의 효과에 대한 증거와 사용자 경험도

실려 있다. 덧붙여 학년 말에 KiVa 학교로 등록할 기회와 이듬해 학년 초인 2009년 8월, 즉 다음 해 가을에 KiVa를 시행할 수 있는 기회에 대해서도 홍보했다.

　각 지역 거주 아동의 기초교육 편성 지역 책임자인 지방자치 단체에도 유사한 회보를 보냈는데, Rohrbach 등(1996)에 따르면 프로그램을 행정 수준에서 채택하는 것이 프로그램 실행의 필요조건일 수 있기 때문이다(충분조건은 아니더라도). 따라서 지방자치 단체에 KiVa를 홍보하여 각 학군의 학교가 KiVa 학교로 등록하도록 장려하게 하는 것이 중요했다.

채택: 학교가 서약하도록 장려하기

　우리의 목표는 2009년 가을에 600개의 새로운 KiVa 학교가 이 프로그램을 시행하고 그다음해에 추가로 600개 학교가 시행하는 것이었다. 프로그램 확산 첫 2년 동안 1,200개 학교가 KiVa 프로그램을 채택하길 바란 것이다. 그러나 그 기간에 2,300개의 학교가 KiVa의 시행을 원했고 그중 1,400개 학교가 2009년에 프로그램을 시작하게 되었다.

유효성의 증거

　핀란드 학교들이 KiVa를 채택하는데 프로그램 효과의 증거가 큰 역할을 했다고 믿는다. 「핀란드기초교육법」(Finnish Basic Education Act, 1999년 제정)은 모든 학생이 안전한 학교 환경을 누릴 권리가 있다고 명시하고 있다. 교육 기관은 학생이 학교에서 폭력이나 집단 괴롭힘을 경험하지 않도록 할 책임이 있으며 이러한 법률 제정은 모든 교육 수준에 적용된다. 2003년 개정된 이 법은 "교육 기관은 폭력과 따돌림, 집단 괴롭힘으로부터 학생을 보호할 수 있는 교육과정을 고안하여 그 계획을 실행하고 지속적으로 감독할 것" 또한 명시하고 있다. 그러나 집단 괴롭힘에 대한 효과적인 대처 수단은 부족한 형편이었고 과거의 법제 변화에도 불구하고 핀란드 내의 따돌림과 집단 괴롭힘은 줄어들지 않았다. 따라서 법률로 제정된 의무를 이행하기 위한 유용한 방편이 오랫동안 필요한 상황이었다.

자료와 연수의 무상 제공 – 저가의 총비용

　KiVa 채택을 장려하기 위해 전국 확산 초기 첫 2년 동안 KiVa 등록 학교를 대상으로 직원 연수 및 모든 자료를 무상으로 제공했다. 이 학교들은 2009년 가을 또는 2010년 가을에 KiVa를 시행하기로 했다. 직원 연수 기간에 발생하는 대체 교사나 출장 경비 등은 학교가 감당해야 하겠지만 프로그램의 총비용은 시행 첫 2년 이후에도 가능한 한 낮게 유지할 것이다.

실현 가능성 있는 사용자 친화적이며 흡인력 있는 자료

모든 자료가 사용자 친화적이며 흡인력 있고 시행자에게 편리한 구성 방식과 언어로 되어 있는지는 프로그램 채택에 있어 중요한 요소이다. 새 제도 도입에 관한 의사결정 초기에 교사와 교직원이 새로운 제도의 효용성에 대한 증거보다는 새 제도의 실용적인 특징에 더 주목한다는 사실이 밝혀졌다(Rohrbach et al., 1996). 따라서 KiVa 자료의 개발 초기부터 높은 품질뿐 아니라 긍정적이고 흡인력 있는 디자인을 갖추도록 노력했다.

실행 지지

실행 전 교육

프로그램을 채택한다고 해서 성공적인 시행이 보장되는 것은 아니지만, 시행 자체가 집단 괴롭힘중재 효과에 결정적 요인임이 많은 연구를 통해 밝혀졌다(Eslea & Smith, 1998; Olweus, 2004; Salmivalli, Kaukiainen, & Voeten, 2005). 시행 전 교육은 프로그램 실행률을 증가시키는 경향이 있다(Connel, Turner, & Mason, 1985; Flay et al., 1987). KiVa 프로그램의 충실한 시행을 위해 시행 전에 교직원들에게 2일간의 직접 교육을 실시했다. 예를 들어, 어떤 교사는 수업에 포함된 드라마와 역할극 같은 상호적인 방법에 불편함을 느낀다는 것이 KiVa 평가 기간에 밝혀졌는데, 시행 전 교육은 이런 불확실성을 감소시키고 교사가 프로그램 실행의 효능을 인정하는 확률을 높일 것이다.

등록된 학교의 위치를 중심으로 2009년 봄과 초가을에 핀란드의 여러 지역에서 교육이 실시되었다. 숙련된 KiVa 프로젝트 교육자팀과 함께 전 지역에 걸쳐 2009년 봄에 33일의 별도 교육 기간을, 가을에 추가로 33일의 교육 기간을 편성했다. 교육 내용은 평가 단계에서 시범 학교에 제공한 교육과 유사하다. 교육은 4월에 처음 실시되었고 학년 초인 8월에 두 번째로 실시되었다. 첫 번째 교육은 KiVa의 보편적 활동(수업 등)에, 두 번째 교육은 지시적 활동(집단 괴롭힘 상황이 발견될 시 대처하기)에 초점을 두었다.

프로그램 매뉴얼

KiVa는 1~3학년용, 4~6학년용, 7~9학년용 각각의 전반적·세부적 프로그램 매뉴얼이 있다. 매뉴얼은 연수를 받지 않은 교사도 충실히 수행할 수 있도록 KiVa 프로그램의 내용이 매우 상세하게 설명되어 있다. 매뉴얼 개발 당시, 구성 및 지면 배치와 관련하여 여러 교사와 상의를 거쳐 실행자에게 편리하고 사용자 친화적인 매뉴얼의 개발을 위해 노력했다.

모든 KiVa 등록 학교에 프로그램 매뉴얼 외에 KiVa의 핵심 요소를 설명하는 시행 매뉴얼을 제공하여 프로그램과 전반적인 시행 과정의 이해를 돕는 한편, 프로그램 사용 준비를 위한 지침도 전달한다.

유지: KiVa의 지속적인 사용 장려

프로그램을 채택한 학교가 이를 지속적으로 유지할 수 있는지가 관건인데, 등록된 KiVa 학교의 초기 관심 이후 시행이 점차 감소하고 각별한 노력이 뒷받침되지 않는 한 시행 충실도도 떨어질 확률이 크기 때문이다. 교육 이후 시간이 흐름에 따라 학교들이 관심을 잃을 뿐 아니라 새로 부임한 교사나 교직원이 KiVa에 대해 모를 수도 있기 때문에 이로 인해 KiVa 시행이 점차 감소될 소지가 있다.

가상교육

현재 우리는 웹사이트(www.kivakoulu.fi)에 KiVa 사용자로 등록된 학교를 위한 가상 학습 환경을 구축하고 있다. 이러한 학습 환경은 KiVa 및 그 시행에 관련된 가상교육을 제공한다. 가상교육은 이미 KiVa를 시행하고 있는 학교에 임용된 새 직원 및 새롭게 KiVa를 채택하려는 학교에서 사용할 수 있다. 교육 내용은 확산 초기 단계에 편성된 직접교육 내용과 유사하다. 가상교육 외에도 웹사이트를 통해 인터넷 설문 조사, 토론회, KiVa 컴퓨터 게임을 포함한 모든 교과 자료를 이용할 수 있다. 나아가 이 웹사이트는 KiVa 등록 학교 직원들을 위한 토론회를 제공하여 서로의 경험을 공유하고 문제가 되는 사안에 대해 토론할 수 있다.

시행과 결과를 감독할 도구

KiVa 학교의 또 다른 중요한 점은 프로그램 실행 과정과 이를 통해 얻은 결과를 감독할 능력이 있다는 것이다. 학생과 교직원을 위한 인터넷 설문 조사 등의 평가 도구가 제공되는데, 이 설문 조사는 KiVa 시범 단계에서 사용된 주요 척도를 포함하며 지금은 더 응용된 환경의 요구에 맞도록 조정되었다. 시행자들은 각 학교에서 따돌림과 집단 괴롭힘이 확산될 때 즉각적인 피드백을 받아 평가 기간에 수집된 규범 자료와 비교 검토할 수 있다. 시행 과정 자체를 그대로 따를 수도 있지만 필요시 조정도 가능하다. 새로운 KiVa 학교에서 수집된 자료는 프로그램 개발자도 이용할 수 있고, 그렇게 함으로써 전국적 자료 수집 결과와 핀란드에서의 KiVa 확산을 연구하는 것이 가능해진다.

KiVa 학회

마지막 계획은 핀란드의 각 지역마다 연 2회 KiVa 학회 기간을 조직하는 것이다. KiVa 등록 학교의 교직원이 이 모임에 참가하여 집단 괴롭힘 관련 최근 연구에 대한 정보를 얻고 경험을 공유하며 자신이 습득한 결과를 발표하고 직접교육을 받는다(시행 전 직접교육에 한 번도 참여하지 않은 KiVa 학교 교사의 경우). 제1회 KiVa 학회는 2010년 8월 투르쿠에서 열렸다.

결론 및 향후 도전

KiVa는 핀란드 교육부의 지지를 받아 투르쿠 대학교에서 개발한 전국 집단 괴롭힘 예방 프로그램이다. KiVa는 강력한 연구중심 프로그램이며 보편적 및 지시적 측정을 실시하여 진행 중인 집단 괴롭힘을 중지시키고 새로운 집단 괴롭힘 행위를 미연에 예방하며 피해자의 고통을 완화시키려 한다. 보편적 중재는 집단 괴롭힘을 목격할 당시 아동들의 반응에 영향을 주는 것(피해자인 학우를 보호하기 위한 안전한 전략을 제공하는 것 등)을 강조하는 반면, 지시적 중재는 진행 중인 집단 괴롭힘이 발견될 때 이를 중지시키는 것이 목표이다. KiVa는 일련의 수업 및 가상교육 환경, 효과적인 집단 괴롭힘 상황 대처를 위한 지침서 등 교육자를 위한 방대한 양의 실질적인 도구를 보유하고 있다.

Flay 등(2005)에 따르면, 프로그램의 폭넓은 전파를 위해서는 엄격한 유효성 기준이 충족되야 하며 관련 제공 자료 및 프로그램이 충실히 시행될 수 있다는 증거가 뒷받침되어야 한다. KiVa의 전국적 확산은 3개 학년에서 수집된 프로그램 효율성 증거만으로 시작되었다(4~6학년 증거는 Kärnä et al., 출판 중 참조). 우리의 평가 연구는 각 학년별 결과가 준비되고 성취된 변화의 기제에 대한 추론을 내릴 수 있게 될 때까지 계속될 것이다. 방대한 양의 수집 자료를 활용하는 것 외에 확산 과정 자체에 대한 연구와 KiVa 학교의 프로그램 유지는 또 다른 연구 과제가 될 것이다.

　　KiVa 프로그램의 시행 초기 단계 이후 학교들이 이를 어떻게 유지하고 있는지 그리고 프로그램의 효과가 핀란드의 따돌림 및 집단 괴롭힘 전국 발생률에 궁극적으로 영향을 미치는지는 가까운 미래에 알게 될 것이다.

참고문헌

Aiken, L. S., West, S. G., Schwalm, D. E., Carroll, J. L., & Hsiung, S. (1998). Comparison of a randomized and two quasi-experimental designs in a single outcome evaluation: Efficacy of a university-level remedial writing program. *Evaluation Review, 22*(2), 207-244.

Andreou, E., & Metallidou, P. (2004). The relationship of academic and social cognition to behaviour in bullying situations among greek primary school children. *Educational Psychology, 24,* 27-41.

Camodeca, M., & Goossens, F. A. (2005). Children's opinions on effective strategies to cope with bullying: The importance of bullying role and perspective. *Educational Research, 47,* 93-105.

Caravita, S., Di Blasio, P., & Salmivalli, C. (2008). Unique and interactive effects of empathy and social status on involvement in bullying. *Social Development, 18*(1), 140-163.

Chen, H. T. (2005). *Practical program evaluation: Assessing and improving planning, implementation, and effectiveness.* Thousand Oaks, CA: Sage.

Connell, D., Turner, R., & Mason, E. (1985). Summary of findings in the school health education evaluation: Health promotion effectiveness, implementation, and costs. *Journal of School Health, 55,* 316-321.

Craig, W., & Harel, Y. (2004). Bullying, physical fighting, and victimization. In C. Currie et al. (Eds.), *Young people's health in context: International report from the HBSC 2001/02 survey.* WHO Policy Series: Health Policy for Children and Adolescents Issue 4, WHO Regional Office for

Europe, Copenhagen.

Dusenbury, L., Branigan, R., Falco, M., & Hansen, W. B. (2003). A review of research on fidelity of implementation: Implications for drug abuse prevention in school settings. *Health Education Research, 18*(2), 237-256.

Eslea, M., & Smith, P. (1998). The long-term effectiveness of anti-bullying work in primary schools. *Educational Research, 40,* 203-218.

Flay, B. R., Biglan, A., Boruch, R. F., Castro, F. G., Gottfredson, D., Kellam, S., et al. (2005). Standards of evidence: Criteria for efficacy, effectiveness and dissemination. *Prevention Science, 6*(3), 151-175.

Flay, B., Hansen, W., Johnson, C., Collins, L., Dent, C., Dwyer, K., Grossman, L., Hockstein, G., Rauch, J., Sobol, J., Sussman, S., & Ulene, A. (1987). Implementation effectiveness trial of a social influence smoking prevention program using schools and television. *Health Education Research, 2,* 385-400.

Fraker, T., & Maynard, R. (1985). *The use of comparison group designs in evaluation of employment related programs.* Princeton, NJ: Mathematical Policy Research.

Goossens, F. A., Olthof, T., & Dekker, P. H. (2006). New Participant Role Scales: Comparison between various criteria for assigning roles and indications for their validity. *Aggressive Behavior, 32,* 343-357.

Hawker, D., & Boulton, M. (2000). Twenty years' research on peer victimization and psychosocial maladjustment: A meta-analytic review of cross-sectional studies. *Journal of Child Psychology and Psychiatry, 41,* 441-455.

Haynie, D., Nansel, T., Eitel, P., Crump, A., Saylor, K., Yu, K., & Simons-Morton, B. (2001). Bullies, victims, and bully-victims: Distinct groups of at-risk youth. *Journal of Early Adolescence, 21,* 29-49.

Heckman, J. J., & Hotz, V. J. (1989). Choosing among alternative nonexperimental methods for estimating the impact of social programs: The case of manpower training. *Journal of the American Statistical Association, 84*(408), 862-874.

Heinsman, D. T., & Sahdish, W. R. (1996). Assignment methods in experimentation: When do nonrandomized experiments approximate answers from randomized experiments? *Psychological Methods, 1*(2), 154-169.

Isaacs, J., Hodges, E., & Salmivalli, C. (2008). Long-term consequences of victimization: a follow-up from adolescence to young adulthood. *European Journal of Developmental Science.*

Kallestad, J. H., & Olweus, D. (2003). Predicting teachers' and schools' implementation of the Olweus bullying prevention program: A multilevel study. *Prevention & Treatment, 6*(1).

Kärnä, A., Salmivalli, C., & Poskiparta, E. (2008). *Do bystanders influence the frequency of bullying in classroom?* Paper presented at the XIth EARA Conference, Turin, Italy.

Kärnä, A., Voeten, M., Little, T., Poskiparta, E., Kalijonen, A., & Salmivalli, C. (in press). A large-scale evaluation of the KiVa anti-bullying program. *Child Development*.

Kärnä, A., Voeten, M., Poskiparta, E., & Salmivalli, C. (2010). Vulnerable children in varying classroom contexts: Bystanders' behaviors moderate the effects of risk factors on victimization. *Merrill-Palmer Quarterly*.

LaLonde, R. J. (1986). Evaluating the econometric evaluations of training programs with experimental data. *The American Economic Review, 76*(4), 604-620.

Lipsey, M. W., & Wilson, D. B. (1993). The efficacy of psychological, educational, and behavioral treatment: Confirmation from meta-analysis. *American Psychologist, 48*(12), 1181-1209.

Menesini, E., Codecasa, E., & Benelli, B. (2003). Enhancing children's responsibility to take action against bullying: Evaluation of a befriending intervention in Italian middle schools. *Aggressive Behavior, 29,* 10-14.

Nansel, T., Overpeck, M., Pilla, R., Ruan, W., Simon-Mortton, B., & Scheidt, P. (2001). Bullying behavior among U.S. youth: Prevalence and association with psychosocial adjustment. *Journal of the American Medical Association, 285,* 2094-2100.

Olweus, D. (1994). Bullying at school: Long-term outcomes for the victims and an effective school-based intervention program. In L. R. Huesmann (Ed.), *Aggressive behavior: Current perspectives* (pp. 97-130). New York: Plenum Press.

Olweus, D. (2004). The Olweus bullying prevention programme: Design and implementation issues and a new national initiative in norway. In P. K. Smith, D. Pepler & K. Rigby (Eds.), *Bullying in schools: How successful can interventions be?* (pp. 13-36). New York, NY: Cambridge University Press.

Olweus, D. (2005). A useful evaluation design, and effects of the Olweus bullying prevention program. *Psychology, Crime & Law, 11*(4), 389-402.

Olweus, D., & Alsaker, F. D. (1991). Assessing change in a cohort-longitudinal study with hierarchical data. In D. Magnusson, L. R. Bergman, G. Rudinger & B. Törestad (Eds.), *Problems and methods in longitudinal research: Stability and change* (pp. 107-132). New York: Cambridge University Press.

Pöyhönen, V., & Salmivalli, C. (2008). New directions in research and practice addressing bullying: Focus on defending behavior. In D. Pepler & W. Craig (Eds.), *An international perspective on understanding and addressing bullying*. PREVNet publication series, vol 1.

Rogers, E. M. (1995). *Diffusion of innovations* (4th ed.). New York: Free Press.

Rohrbach, L., Dónofrio, C., Backer, T., & Montgomery, S. (1996). Diffusion of school-based substance abuse programs. *American Behavioral Scientist, 39,* 919-934.

Rossi, P. H., Lipsey, M. W., & Freeman, H. E. (2004). *Evaluation: A systematic approach*. Thousand Oaks, CA: Sage Publications.

Sainio, M., Veenstra, R., Huitsing, G., & Salmivalli, C. (invited paper, submitted in June 2008). Victims with their bullies and defenders: The dyadic context of victimization. *Merrill-Palmer Quarterly.*

Salmivalli, C., & Isaacs, J. (2005). Prospective relations among victimization, rejection, friendlessness, and children's self- and peer-perceptions. *Child Development, 76,* 1161-1171.

Salmivalli, C., Kaukiainen, A., Kaistaniemi, L,. & Lagerspetz, K. (1999). Self-evaluated self-esteem, peer-evaluated self-esteem, and defensive egotism as predictors of adolescents' participation in bullying situations. *Personality and Social Psychology Bulletin, 25,* 1268-1278.

Salmivalli, C., Kaukiainen, A., & Voeten, M. (2005). Anti-bullying intervention: implementation and outcome. *British Journal of Educational Psychology, 75,* 465-487.

Salmivalli, C., Lagerspetz, K., Björkqvist, K., Österman, K., & Kaukiainen, A. (1996). Bullying as a group process: Participant roles and their relations to social status within the group. *Aggressive Behavior, 22,* 1-15.

Salmivalli, C., Lappalainen, M., & Lagerspetz, K. (1998). Stability and change of behavior in connection with bullying in schools: A two-year follow-up. *Aggressive Behavior, 24,* 205-218.

Salmivalli, C., & Voeten, M. (2004). Connections between attitudes, group norms, and behaviors associated with bullying in schools. *International Journal of Behavioral Development, 28,* 246-258.

Schäfer, M., & Korn, S. (2004). Zeitschrift Bullying als Gruppenphänomen: Eine Adaptation des 'Participant Role'-Ansatzes. *Entwicklungspsychologie und Pädagogische Psychologie, 36,* 19-29.

Smith, P., Pepler, D., & Rigby, K. (2004). *Bullying in schools: How successful can interventions be?* New York: Cambridge University Press.

Smith, D., Schneider, B., Smith, P,. & Ananiadou, K. (2004). The effectiveness of whole-school antibullying programs: A synthesis of evaluation research. *School Psychology Review, 33,* 547-560.

Sutton, J., & Smith, P. K. (1999). Bullying as a group process: An adaptation of the participant role approach. *Aggressive Behavior, 25,* 97-111.

Chapter 13

학교 공동체의 안녕감 증진시키기: 체계적 접근

Chryse Hatzichristou, Konstantina Lykitsakou, Aikaterini Lampropoulou,
Panayiota Dimitropoulou(그리스 아테네 대학교)

> "나는 아버지께 생명의 빚을 졌고, 스승에게는 지혜의 빚을 졌다."
>
> ─ 알렉산더 대왕, 기원 전 4세기

학교 환경이 처한 문제는 점점 증가하는 반면, 일반학교의 정신건강 서비스는 이에 적절히 대응하지 못하는 것으로 나타났다. 사회ㆍ정서적 문제를 가진 아동이 증가하고 있는 추세이지만 그런 아동을 위한 서비스가 종종 부적절하고 불충분하며 부실하게 운영되고 있다(예: 보건, 교육, 청소년 사법제도 및 아동복지 제도)는 것을 여러 나라에서 실시한 연구들이 강조하고 있다(Hatzichristou, 2000; Koyanagi, 1995; Oakland & Jimerson, 2007; Pfeiffer & Reddy, 1998; Rog, 1995). 그 결과, 학생의 발달적 요구와 학교가 제공하는 서비스 및 체계, 목표 간의 최적의 조화를 위한 심리학적 서비스를 개혁하려는 노력을 하게 되었다(Baker, Dilly, Aupperlee, & Patil, 2003).

현재의 이론적 모델과 실제는 학교라는 맥락에서 서비스를 제공하는 데 있어 체계 중재에 초점을 두고 학교 공동체의 모든 구성원의 협력을 강화하는 통합적 접근의 필요성을 강조한다. 특히 최근에는 아동의 안녕감 증진이 강조되고 있으며 다단계적 예방 프로그램의 개발과 실행이 학교 정신건강 분야의 이러한 세계적 추세를 반영한다.

학교 풍토, 회복탄력성, 사회ㆍ정서적 기술 및 학업적ㆍ심리적 역량 등 학교 안녕감을 증진시키는 환경적ㆍ개인적 특성에 중점을 둔 연구가 점점 증가하고 있다. 그러나 학교 환경 내의 이러한 변수들을 통합하는 포괄적인 모델은 부족하다(Baker et al., 2003). 이 장에서는 학교 공동체 안녕감과 관련된 학교 정신건강 분야의 현재 추세를 설명하고, 학교 안녕감 증진을 위한 효과적인 체계 중재 개발의 전제 조건인 핵심 이론적 접근법을 제시하며, 그리스와 사이프러스의 교육적·문화적 배경에서 체계 중재 방법론을 설명하고, 새롭고 방대한 학교 공동체 안녕감 접근법을 제시할 것이다.

심리학과 학교 정신건강 분야의 현재 추세

긍정심리학

긍정심리학은 가장 최근에 대두된 심리학 접근법 중 하나로, 평범한 인간의 강점과 덕성에 관한 연구로 정의할 수 있다(Sheldon & King, 2001). 여기에는 세 가지 영역이 있는데, 긍정적인 주관적 경험, 긍정적인 개인의 특질 그리고 이를 증진시키는 제도이다(Seligman & Csikszentmihalyi, 2000). 긍정심리학의 목표는 "인생의 최악을 교정하려고만 하는 편견에서 벗어나 인생의 최선의 자질을 구축하는 것으로의 변화를 촉진시키고"(Seligman, 2002, p. 3) 개인과 공동체, 사회를 풍요롭게 만드는 요인을 이해하고 육성하는 것이다(Fredrickson, 2001).

긍정심리학의 정의와 목표에서 명백히 드러나듯이, 최근까지도 심리학에 만연했던 인간 기능의 질병 모델과 임상적 관점에서 정신건강 모델로의 변화를 가져왔다는 점이 긍정심리학의 근본적인 공헌이라고 할 수 있다. 전통적인 심리학은 결함과 그 문제의 '수정'을 강조했으며 문제의 원인이 주로 개인에 기인한다고 보았다. 질병 모델에서는 문제의 부재만으로도 개인은 순조롭게 적응할 수 있다고 간주한다. 반면, 긍정심리학에서는 단순히 정신적 질병이 없다는 이유로 개인이 행복하다고 볼 수는 없다고 간주한다. 많은 긍정심리학자가 언급하듯이 "아동의 삶을 개선하려는 노력은 반드시 아동의 강점을 개발하고 역경에 대한 긍정적 대응을 용이하게 하며 아동의 삶에 중요한 제도를 강화하는 데 초점을 맞춰야 한다."(Huebner, Suldo, Smith, & McKight, 2004, p. 81). 따라서 회복탄력성, 희망, 사랑, 낙관주의, 용서 등 신체적·정신적 건강의 성취 수단을 상징하는 개념은 긍정심리학의 중요한 연구 주제이다(Snyder & Lopez, 2001).

긍정심리학에서 가장 중요한 개념 중 하나는 '주관적 안녕감'으로 사람들이 어떻게 그리고 왜 자신의 삶을 긍정적으로 경험하는지를 의미한다(Gilman & Huebner, 2003). 이 개념은 개인의 긍정적인 주관적 경험이 높은 안녕감 성취에 어느 정도 영향을 미치는지를 연구하는 이들 사이에 관심 분야로 성장하고 있다. 주관적 안녕감은 개인의 건강을 평가하는 기본 지표이며 소득 수준과 같은 객관적인 지표와는 구분된다. 주관적 안녕감은 내부적인 기제에 의해 조절되며 정신건강 증진의 기본 전제 조건으로 간주된다(Diener, Lucas, & Oishi, 2002).

주관적 안녕감의 구조와 상호 관련 요소를 이해 및 설명하고 연구하기 위해 여러 가지 모델과 이론적 접근법이 개발되었다. 가장 일반적으로 수용되는 모델은 주관적 안녕감을 '정서적' '인지적'의 두 가지 독립적인 요소의 통합으로 개념화하고 있다. 정서적 요소가 장기간에 걸친 긍정적·부정적 정서의 빈도를 포함하는 반면, 인지적 요소는 삶의 만족도를 인지적 수준에서 인지적으로 평가하는 것을 포함한다(Diener & Diener, 1998). 이 관점에 따르면 높은 수준의 주관적 안녕감을 가진 사람은 기쁨, 행복과 같은 긍정적인 정서를 주로 경험하고 자신의 삶을 긍정적이고 만족스럽게 평가한다.

이론적 관점과는 별개로, 초기의 주관적 안녕감 연구는 성인과 개인 중심 관점의 안녕감 연구에 초점을 두었으나 긍정심리학은 점차 아동과 청소년의 주관적 안녕감에 주목하게 되었고 개인뿐 아니라 사회 체계 그리고 사회 체계 내에서 발생하는 상호작용에도 초점을 두게 되었으며 이는 안녕감 분야의 지속적인 발전으로 이어졌다. 새로운 연구 노력은 개인의 측면뿐 아니라 두드러진 심리적 환경도 고려했으며 학교와 가족 및 공동체를 아동의 주관적 안녕감에 영향을 미치는 가장 중요한 환경으로 간주했다(Marjoribanks, 2004).

아동과 청소년의 주관적 안녕감에 관한 연구는 주로 아동의 건강에 직간접적으로 영향을 미치는 제도의 특성에 관한 연구였다. 그러나 최근의 연구는 가족 안녕감, 공동체 안녕감 또는 학교 안녕감과 같은 영역을 소개하거나 더 복잡한 개념적 구조를 제안함으로써 주관적 안녕감 구인을 확장하려고 노력한다(Bal, Crombez, Van Oost, & Debourdeaudhuij, 2003; Behnke & MacDermid, 2004; Konu, Lintonen, & Autio, 2002).

앞서 언급된 여러 노력에 차이는 있지만, 아동 정신건강과 안녕감 증진을 위한 효과적인 중재의 개발에 있어 생태학적 지향과 체계 집중하는 것이 특히 중요하다는 점을 공통적으로 규명했다. 이는 특히 학교에서 마찬가지로 적용되며 학교 정신건강 실제에 있어 중요한 의미를 지닌다.

체계 중재

체계 중재는 인간 조직의 운영 방식을 바꾸고 성과를 개선하거나 체계의 실행 가능성과 회복탄력성을 강화하려는 목적을 가진 변화의 노력이다(Borgelt & Conoley, 1999). 효율적인 체계 중재를 개발하려는 가능성 있는 전략들이 제안되었으나(Curtis & Stollar, 1995), 체계 중재를 열거하기는 쉬운 반면 이를 구축하기는 여러 가지 이유로 어렵다(Borgelg & Conoley, 1999). 체계 중재를 계획하려면 올바른 기능을 하는 체계를 설명하는 구조가 필요하다. 생물학적 기반의 이론, 생태학적 심리학, 가족체계이론과 조직심리학은 체계의 기능을 이해하려는 다양한 개념 틀을 제공해 왔고 체계 중재를 설계하고 평가하는 데 유용한 중요한 이론적 · 실천적 정보도 제공해 왔다. 이러한 개념적 원리들은 특히 학교 맥락에서 사용될 체계 중재의 설계에 유용한데, 학교가 아동의 발달에 중요한 역할을 하는 체계이기 때문이다(Fraser, 1995).

긍정심리학의 관점은 학교 체계와 체계 중재에 있어 학교 공동체 안녕감 증진을 주요한 임무로 삼는 접근을 제안한다. 이는 모든 교육적 · 문화적 배경에서 과거보다 더 다양하고 폭넓은 학생들의 요구에 부응해야 하는 오늘날의 학교를 고려할 때 특히 중요하다(Hatzichristou, Lampropoulou, & Lykitsakou, 2004). 학교에서 안녕감을 증진시키려는 중재가 효과적이려면 학교 구성원의 공통적 요구 및 다양한 요구를 반드시 고려해야 한다.

문화는 학교 정신건강 문헌에 명시된 다양성의 공통된 원천이다. 문화 의식과 이해가 발전하려면 자신의 문화와 타인의 문화 간의 유사점과 차이점을 인정해야 하는데, 이는 효과적인 체계 중재에 있어 매우 중요하다(Hatzichristou, Lampropoulou, & Lykitsakou, 2006; Hatzichristou, Karadimas et al., 2001). '좋은 삶'에 대한 신념과 높은 수준의 주관적 안녕감은 문화마다 다를 수 있기 때문에 이는 긍정심리학에서 더욱 중요하다(Diener, Oishi, & Lucas, 2003).

학교 정신건강 연구자와 실천가의 관심을 끈 다양성의 가장 두드러진 영역 중 하나가 문화이지만 다른 요인들도 체계 중재에 결정적인 의미를 지닌다. Hatzichristou, Lampropoulou와 Lykitsakou(2004)는 이런 다양성 요인을 종합적 접근으로 설명했다. '개인적' 수준에서 다양성은 학생과 교사의 특질과 연관되어 있다(학생의 경우 신체적, 인지적, 학업적, 성격, 학습 방식, 관심 등; 교사의 경우 성격, 나이, 교수 경력, 훈련, 교수 방식). '가족' 수준의 차이점은 사회경제적 지위, 가족 구성과 유형, 부모의 양육 방식과 양육 참여와 관련되어 있다. '학교' 관련 다양성은 학교 풍토, 의사소통, 행정 조직 그리고 공동체 특성의 차이를 포함한다. 마지막으로 '서비스 제공' 수준에서의 다양성은 보편적 또는 선택적 중재, 교직원의 현장 실무 연수 등 여러 다른 수준의 예방과 중재 프로그램의 시행을 의미한다. 다양성은 이러한 특정 관점으로 널리 이해되고 있고 학교 환경에서 체계 중재를 개발하는 데 고려되어야 할 다양한 주요 특징을 포함한다.

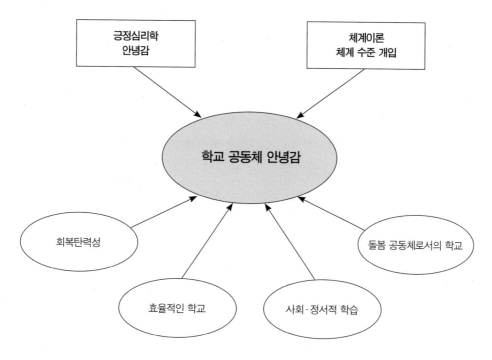

[그림 13-1] 학교 공동체 안녕감에 대한 종합적 접근

다음 절에서는 학교 공동체 안녕감에 대한 개념적 접근의 기본 이론적 구성 요소를 다룰 것이다([그림 13-1] 참조). 이 이론적 구성 요소들은 이전의 문헌에서는 종종 별개로 다뤄졌으나 공통적 또는 상호 보완적 개념과 요소를 포함하고 있다. 따라서 이 접근은 이론적 요소들을 학교 환경에서 체계 중재의 개발을 위한 일련의 지침으로 통합한다.

학교 안녕감 증진을 위한 전제 조건

회복탄력성

학교 안녕감 증진은 학교 환경을 위한 중재를 개발하기 위해 많은 중요한 특징을 고려해야 한다는 점에서 어려운 과제이다. 아동의 안녕감 증진을 위한 기본적인 전제 조건이 여러 문헌에서 밝혀졌는데 회복탄력성은 이 전제 조건 중 하나로, 역경과 다양한 상황 속에서 긍정적으로 적응해 가는 과정을 의미한다(Masten, 2001). 개인과 가족, 공동체 내에 새로운 강점을 구축하는 것은 삶에서 일어날 만일의 사태에 대비한 중요한 보호 효과를 가진다(Masten & Coatsworth, 1998). O'Dougherty, Wright와 Masten(2005)은 공동체 수준을 포함한 다양한 수준에서 아동을 위한 보호 기능을 하는 회복탄력성의 상호 관련 요소를 제시한다. 아동의 회복탄력성을 육성하는 공동체의 특징은 높은 이웃 수준, 취업 기회, 훌륭한 공중보건복지, 용이한 응급 서비스, 돌봄을 제공하는 여러 성인 멘토와 친사회적 또래의 존재를 포함한다. 위험 요소가 높은 아동을 대상으로 한 종단적 연구는 환경적 역경에 대응하는 지지 체계의 보호 기능을 입증한다(Durlak, 1997; Weissberg & Greenberg, 1998).

학교와 교실은 모든 학생을 인도하고 지지하는, 회복탄력성이 있는 공동체로 기능할 수 있다(Henderson & Milstein, 1996). Doll, Zucker와 Brehm(2004)은 회복탄력성이 있는 교실의 특징을 "학업적 효용성, 학업적 자기결정권, 행동 자기통제, 배려하고 진정성 있는 교사-학생 관계, 교실 또래와의 지속적이고 유익한 관계 그리고 가정-학교의 강한 협력"이라고 정의한다. 이들에 따르면, 교실은 하나의 체계이므로 학생과 교실이 서로를 변화시키지 않고는 변화할 수 없다고 지적하며 "교사와 학부모, 학생이 서로 돕고 상호 보완하여 만든 변화는 지속 가능하며 교실의 일상과 관행에 오래도록 영향을 미친다"(p. 4)고 주장한다.

효과적인 학교

회복탄력성에 관한 연구는 효과적인 학교가 중요한 보호 요인이며 아동의 안녕감을 증진시키는 전제 조건이라고 제안하는 등, 효과적인 학교의 특징에 관한 관심을 증대시키고 있다. 아동이 겪는 어려움에 대한 '책임'(또는 성공에 대한 공적)의 대상이 가족만이 아니라 학교에게도 있다는 것을 인정한다. 이러한 새로운 접근은 심각한 장애를 가진 아동을 포함한 모든 아동이 교육의 혜택을 받을 수 있다는 근본적인 가정에 기초한다(Bickel, 1999; Bickel & Beaujean, 2005).

실증적 연구 결과에 따르면 효과적인 학교는 다음과 같은 특징을 지닌다. 폭력이나 훈육 문제 없이 학습을 장려하는 학교 풍토, 모든 학생이 배울 수 있다는 교사의 기대, 기초 실력 훈련 강조 및 학생이 학교 공부에 시간을 더 할애하는 것, 따르기 쉽고 학생의 성과도 평가하기 쉬운 명확한 학습 목표, 목표를 제시하고 훈육을 관리하며 교실을 자주 방문하여 교실 과정을 관찰하고 학습 동기를 부여하는 통솔력을 지닌 행정가가 그것이다(Bosser, 1985). 나아가 효과적인 학교 관련 문헌은 학생 개인의 요구를 이해하고 다양성을 강점으로 보며 학습과 발달 촉진에 적합한 환경을 만들어 줄 것을 강조한다(Creemers, Scheerens, & Reynolds, 2000).

돌봄 공동체로서의 학교

주관적 안녕감에 영향을 주는 또 다른 중요한 요인은 학생과 교사가 학교를 돌봄 공동체로 인식하는 정도이다. '공동체'라는 용어는 개개인을 이어 주어 그들의 중요한 공동 목표 달성을 위해 공동 가치와 이상을 형성하도록 하는 관계의 네트워크를 의미한다(Sergiovanni, 1994). 돌봄 공동체의 구성원은 서로 돌봐 주고 격려하며 공동체 활동과 결정에 적극적으로 참여하고 이를 자신과 동일시하며 소속감을 가지고 공동 규범과 목표, 가치관을 공유한다(Goodenow, 1993a, 1993b; McMillan & Chavis, 1986; Solomon, Watson, Battistisch, Schaps, & Delucchi, 1992; Wehlage, Rutter, Smith, Lesko, & Fernandez, 1990).

'돌봄 공동체'로 간주되는 학교들은 학교 공동체 구성원들의 관계와 학교 풍토의 개선을 매우 강조하며 구체적인 교육 목표를 세우고 다양한 영역에서의 기술 개발을 강조하며 아동의 요구에 상응하는 목표를 세우고 가정-학교-공동체의 협력을 장려하며 교사의 조력 기술에 초점을 둔다. 이렇게 회복탄력성 있는 효과적인 학교의 특징이 주로 정서 및 관계와 관련된 심리학적 차원이라는 사실을 볼 때 학교의 정서적 측면의 중요성은 명백하다.

사회 · 정서적 학습

사회 · 정서적 학습은 학교 공동체의 안녕감을 위한 또 다른 근본적 전제 조건이며 아동의 긍정적 적응에 있어 중요하게 간주된다. 이는 진보적 교육 전통 및 1차 예방, 심리학 분야 내의 사교 능력 증진 관련 문헌에 그 뿌리를 두며 아동의 사회 · 정서적 안녕감을 촉진시키는 데 중점을 둔다(Kress & Elias, 2006).

정서적 학습은 아동의 안녕감에 있어 매우 중요하다. 회복탄력성이 있고 효과적이거나 돌보는 공동체인 학교를 묘사하는 특징 중 대부분은 학교 공동체 구성원들 사이의 관계 및 정서와 관련이 있다. 학교 풍토와 학교 결합관계 및 유대감에 대한 관심이 증가하고 있는 점에서도 학교교육의 정서적 측면에 대한 강조는 명백하게 나타난다. 학교기반 중재의 개발과 시행은 학교 안녕감과 사회 · 정서적 학습의 증진에 지대한 공헌을 한다. 따라서 아동의 정신건강과 안녕감을 증진시키기 위해 경험에 기반을 둔 중재를 개발하는 것이 중요하다.

최근에 대두된 탄력적이고 효과적인 학교와 사회 · 정서적 학습에 대한 강조는 학교심리학 실험과 서비스 전달의 변화에서도 나타나는데 전통적인 평가 및 분류와 상담 서비스로부터 대안적인 심리학적 서비스 제공으로 변화함을 보여 준다(Hatzichristou, 2002). 최근 떠오르는 학교 정신건강 서비스는 강점, 역경에 대한 긍정적 대응 그리고 개인 중재보다는 체계에 초점을 둘 것을 강조한다. 이는 학교 정신건강 서비스의 목적이 학교 공동체 전체의 안녕감을 강화하는 데 있다는 새로운 시각을 제시한다. 사회 · 정서적 학습을 장려하는 회복탄력성 있고 효과적인 돌봄 공동체로서의 학교는 학생의 정신건강 증진을 위해 필수적이다.

이 논문에 제시된 학교 공동체 안녕감 모델은 각 영역의 긍정적인 공헌을 강화하고 학교 공동체 안녕감의 진보적인 통합적 효과를 제공하기 위해, 앞서 언급된 개념들이 체계 수준 중재에 통합되었음을 보여 준다. 다음 절에서는 학교의 공동체 회복탄력성 구축과 강화 및 예방에 초점을 둔 체계 중재의 양식을 설명할 것이다.

그리스 교육 체계 내에서의 체계 중재 양식

학교 정신건강 서비스 제공의 대안 모델

학교 심리학자의 역할이나 훈련, 학교에서 제공하는 심리 서비스의 유형과 서비스의 활용은 나라마다 차이가 크다(Farrell, Jimerson, & Oakland, 2007; Hatzichristou, 2002; Oakland & Saigh, 1989). 특히 지난 몇 년간 그리스의 심리학 분야는 급속하게 확장되었으나 이런 발전에도 불구하고 일반 공립학교에서 제공하는 학교 심리 서비스에는 여전히 제약이 있었다(Hatzichristou, Polychroni, & Georgouleas, 2007). 이로 인해 그리스 교육 체계 내에 점점 증가하지만 충족되지 않고 있는 기타 집단의 요구에 대처할 서비스 제공의 대안 모델을 개발해야 할 과제가 생겨났다(Hatzichristou, 1998; Hatzichristou, 2004b).

Hatzichristou(1998)는 이러한 서비스 제공 대안 모델의 개발을 이끈 통합적 틀을 제안했는데, 이 모델은 학교 정신건강을 위한 과학자-실천가 모델, 평가와 중재 시행의 종합적 접근(사회적 · 문화적 · 인종적 · 국가적 · 생태적 등), 연구, 실행, 교육에 있어 학교 심리학자의 기능과 역할의 진화, 학교 심리학자의 정체성과 전문적 개발의 종합적 접근의 원리를 종합하고 확장한다. 이 통합적이고 개념적인 틀은 자료기반의 학교 정신건강 서비스 대안 모델의 개발을 이끌었는데, 이는 평가, 심리상담, 예방, 중재, 위기상담, 연구, 교육, 감독, 관리 및 지지를 포함한 일련의 서비스를 제공하기 위해 이론과 연구 및 실습을 서로 연결한다(Hatzichristou, 2004a).

대안 학교 심리 서비스의 증거기반 모델은 4단계로 개발되었다. 모델의 첫 '세' 단계는 정신건강 서비스와 담당 전문가들에 대한 그리스의 학생과 교사, 가족의 태도와 요구를 기록했다. 1단계에서는 '평범한' 그리스 학생들의 학교 적응과 성적의 개요를 설명하기 위해 실증적 자료가 구축되었다. 2단계에서는 요구가 충족되지 않은, 위기에 처한 학생들의 개요가 작성되었으며 3단계에서는 다양한 중재 프로그램이 시행되고 있는 공동체 내의 특정 학군의 구체적 요구에 대한 세 가지 개요가 개발되었다. 각 단계는 여러 해에 걸친 새로운 연구 영역과 목표가 더해져 개선되었다.

'4'단계에서는 첫 세 단계에서 얻은 실증적 자료가 하나의 포괄적인 보호-상담 접근법으로 통합되었는데, 이로 인해 아테네 대학교 심리학과에 학교심리학 연구 및 실습센터(Center for Research and Practice of School Psychology: CRPSP)가 설립되었다. 이 센터의 주요 목표는, 첫째, 대학원생, 학교 심리학자 및 교사와 학부모를 위한 교육과 사전 연수, 현장 실무 연수 장려, 둘째, 대학-학교-공동체의 서비스 파트너십과 협력 조성, 셋째, 과학적 연구 수행 및 결과 발표, 넷째, 학교 공동체에서의 다단계적 중재 개발, 시행 및 평가이다.

CRPSP의 주요 목표 중 하나는 그리스 학교에 증거 중심의 보편적·선택적 중재를 개발, 시행 및 평가하는 것이다. 이 중재에는 정신건강과 교육의 증진을 위한 프로그램(Hatzichristou, 2004c, 2004d), 이민 학생과 귀국 학생을 지지하기 위한 문화상호 프로그램(Giavrimis, Konstantinou, & Hatzichristou, 2003; Hatzichristou, Gari et al., 2001), 성교육과 건강교육을 위한 프로그램, 특수교육이 필요한 학생들을 일반학교에 포함시키기 위한 프로그램(Hatzichristou & Polychroni, 2007), 위기 중재 프로그램(Hatzichristou, 2000)이 있다. 더불어 2004년 아테네에서 열린 올림픽 경기 동안 예술과 문학 작품을 통해 올림픽 가치관과 이상에 대한 아동과 청소년의 인식을 표현하려는 목적으로 아이들의 목소리를 통한 올림픽 정신(The Olympic Spirit Through Children's Voice)이라는 비교문화 프로그램을 실시했다(Hatzichristou, 2004e). 주요 보호 프로그램 중 하나인 정신건강과 교육 증진 프로그램: 학교에서의 사회·정서적 교육(Program for the Promotion of Mental Health and Learning: Social and Emotional Learning in Schools: PPMHL)은 CRPSP의 과학자팀에 의해 개발되었고 그리스와 사이프러스의 일반 공립학교에서 여러 해 동안 시행되었다. 이 프로그램은 다음 절에서 구체적으로 설명할 것이다.

정신건강과 교육 증진 프로그램

정신건강과 교육 증진 프로그램(PPMHL)은 학교 정신건강에 있어 실증적 자료와 최근의 이론적 접근을 통합한다. 이 프로그램의 두드러진 특징은 현재의 관련 이론과 연구를 실제와 연결시키며 그리스의 문화적 · 교육적 배경에서 학생의 요구에 따라 조정하고 이례적이 아닌 '전형적'인 행동에 초점을 두며 다단계적 · 다중 방법 평가를 사용(증거기반 중재)한다는 것이다. 이 프로그램의 목적은 아동의 정신건강과 교육을 촉진하고 긍정적인 학교 풍토를 만드는 것이다(Hatzichristou, 2004b, 2004c, 2004d). 이 프로그램은 열 가지 주제별 단원, 즉 ① 의사소통기술, ② 감정 식별 · 표현 및 관리, ③ 자아개념과 자존감, ④ 대처 전략, ⑤ 갈등 해결, ⑥ 문화의 다양성, ⑦ 개인 · 가족 · 사회적 특징의 다양성, ⑧ 학습/학업 기술, ⑨ 사회성 기술, ⑩ 학교 공동체의 위기 중재를 다룬다. 각 주제별 단원의 전문화된 교육교과과정은 문헌 검토 및 프로그램 실행을 위한 실질적 안내 그리고 유아, 초등 · 중등학생을 위한 구체적인 목표와 방법을 지닌 학급 활동을 포함한다.

정신건강과 교육 증진 프로그램 개발: 중재의 단계

■ 1단계

최초의 PPMHL 시행은 학교의 재원, 학생들의 다양한 요구 및 이전에 시행된 PPMHL의 평가에서 얻은 피드백에 부합하는 여러 다른 모델의 중재를 사용했다. PPMHL은 처음에 CRPSP 과학자팀의 학교 심리학자들이 실시했고, 이후 학교심리학 전공 대학원생들과 교사들이 CRPSP 과학자팀의 감독하에 PPMHL을 시행하도록 교육받았다. 대학원생들은 초 · 중등학교 예방, 상담 모델, 학교 환경 내 아동의 정신건강 증진에 대한 수업을 수강했고 더불어 PPMHL의 교실 내 시행을 위한 특별교육을 받았으며 시행 동안에도 CRPSP 과학자팀의 정기적 감독을 받았다.

최근 그리스와 사이프러스의 초등학교에서는 CRPSP 과학자팀의 특별교육을 받은 교사들이 프로그램을 실시했고 나아가 참가 학교들의 네트워크가 개발되었다. 서로의 의견과 경험을 나누는 것을 용이하게 하고 학교 공동체의 다른 교사들에게 프로그램을 보급하기 위해 학년 말 종업식에서 부모와 학생, 교사를 대상으로 PPMHL의 활동을 설명했다(Dimitripoulou, Lykitsakou, & Hatzichristou, 2005).

■ 2단계

PPMHL 실시를 위한 최종 모델은 대학원생과 CRPSP 연구원이 시행했을 때보다 훨씬 더 큰 효과를 보였는데, 중재가 '학교 문제'가 된 것이 부분적인 이유로 보인다(Hatzichristou et al.,

2002). 이에 우리는 프로그램의 효과를 더욱 극대화할 새로운 범제도적 접근을 찾으려 노력했고, 이를 학교 공동체 안녕감 증진 프로그램(Program for the Promotion of School Community Well-being: PPSCW)이라 명명했다. PPSCW는 중재에 있어 두 가지 핵심 축—교실 내에서 교사에 의한 PPMHL 실시, 학교 공동체의 회복탄력성 증진과 보다 넓은 학교 네트워크 창조—을 갖고 있다.

체계이론의 구성 요소, 돌봄 공동체로서의 학교, 회복탄력성과 안녕감은 이 프로젝트의 이론적 배경을 제공했다. 학교의 회복탄력성을 활성화하기 위해 교사들은 문제해결 모델을 사용하도록 교육받았는데, 이 모델은 학교심리학의 미래에 관련된 초청학회에서 발표된 모델(Hatzichristou & Milstein, 1996)로, 학교의 공동체 의식 강화를 위한 활동 계획을 개발하기 위해 고안된 것이다. 각 학교의 교사들은 회복탄력성의 주요 영역을 평가했으며(Henderson & Milstein, 1996), 우선 사항과 목표를 정하고 학교의 특수한 요구에 적합한 구체적 조치를 계획했다. 각 학교의 책임자들(교육자와 행정가)은 CRPSP 과학자팀과의 정기적 회의를 통해 시행 과정에서 발생한 문제에 대한 의견을 나누고 가능한 해결책을 강구했다.

교실에서 PPHML을 실시하기 위해 제한된 수의 학교만이 프로그램에 참여하도록 선별되었고, 참여 학교의 모든 교사와 행정가가(많은 학교에서 제한된 인원이 참가하는 대신) 학교 안녕감 증진에 관한 인지도 조성을 위한 연수와 특별교육을 받았다. 그리고 교사들이 학급에서 PPMHL을 시행했고, 다른 학교의 교사와 학부모에게 PPMHL을 보급했으며, PPMHL 관련 자료를 프로그램 웹사이트에 올렸고, 종업식의 마지막 순서로 학생과 교사들이 다양한 팀 프로젝트를 발표했다.

프로그램 설계에 있어 중요한 요소는 프로그램 평가이다. 증거기반의 중재에 대한 필요가 지난 10년 간 특히 강조되어 왔다. 연구자들은 중재와 예방 프로그램의 효용성을 판단할 의미 있고 실질적인 기준인 개념, 용어, 쟁점을 정의해 왔다. CRPSP는 과정과 결과 평가를 포함한 다단계 평가 모델을 개발했는데, 여기에는 교사와 학생들의 평가(사전-사후, 시행 과정 중 평가 및 통제 집단 사용)가 포함된다. PPMHL의 감독, 활동 및 프로젝트를 실시하는 동안 여러 가지 도구와 방법(설문 조사, 일기와 일지, 교사의 개인 보고서)으로 자료를 수집하며 이 자료들은 프로그램을 개선하고 정교하게 만들기 위한 소중한 피드백이 된다.

정신건강과 교육 증진 프로그램 평가

다음 절에서는 그리스 아테네와 사이프러스 니코시아에서 실시된 두 가지 예방 프로그램의 평가 결과를 소개한다. 두 프로젝트 모두 돌봄 공동체인 학교 네트워크 내에서 아동의 사회·정서적 기술 강화를 통해 정신건강과 교육 증진을 위한 예방 프로그램을 포함했다. 목표 대상과 목표 및 중재 내용은 참가자의 구체적 요구와 프로그램의 목표에 따라 다양했다(Hatzichrsitou, Lampropoulou, & Lykitsakou, 2006 참조). 아테네 프로그램은 이주 학생과 이민 학생 비율이 높은 학교에서 시행되었고 이(異)문화 간 이해와 의사소통에 특히 초점을 두었다. 따라서 이 평가에서 분석된 가설에 따르면 각 중재 프로그램의 구체적 목표에 상응하는 영역에 있어 교사와 학생의 중요한 혜택이 사전-사후 평가 비교를 통해 밝혀진다는 것이었다. 두 프로그램의 평가 설계 또한 달랐다. 사이프러스 프로그램에서는 2년 연이어 프로그램에 참여한 학교가 있었던 반면, 아테네 프로그램에서는 학생 통제 집단만을 평가 설계에 포함시켰다. 따라서 1~2년의 중재 그리고 실험 집단과 통제 집단의 비교를 통해서도 프로그램 효용성을 검토할 수 있었다.

방법

■ 사이프러스 참여자

사이프러스 프로그램은 18개 일반 초등학교에서 66명의 교사와 706명의 4~6학년 학생에게서 일치하는 자료를 수집했다. 520명(73.6%)의 학생이 프로그램에 처음 참여했고 186명은 이전 학년부터 지속적으로 참여한 학생들이었다.

■ 아테네 참여자

아테네 프로그램에는 85명의 유치원과 초등학교 교사 그리고 유치원부터 6학년까지의 학생 1,486명이 참여했다. 참여자 수가 많았기 때문에 무작위로 선택한 학교와 학급의 4~6학년생으로 구성된 소규모의 표본 집단이 평가 과정에 포함되었다. 319명의 실험 집단 학생과 197명의 통제 집단 학생들의 자료를 짝 자료로 기록했다.

측정

■ 학생 도구

모든 학생은 중재 전과 후에 PPMHL 학생 설문 조사에 응했고 추가로 과정 평가에 관한 최종 보고서를 작성했다. PPMHL 설문지는 CRPSP팀이 고안했으며 PPHML 시행 동안 학급에서 토론한 주제에 대한 지식과 태도를 평가하는 리커트 척도 문항과 주관식 문항을 포함한다. 사이프러스와 그리스 프로젝트는 내용과 목표에 있어 다소 달랐기 때문에 각각의 주제에 맞춰 설문지의 내용 또한 달랐다. 더불어 협동, 자기통제, 주장, 공감 기술을 가늠하기 위해 사이프러스 학생들은 3~6학년용 사회성 기술 평정척도(Social Skills Rating System: SSRS; Gresham & Elliott, 1990)도 작성하게 했다. 이 중 학생 252명으로 이루어진 소규모 표본 집단은 사회성 측정 검사지를 작성했는데, 또래 수용도를 평가하기 위해 "교실에서 옆에 앉고 싶은 친구 또는 쉬는 시간에 함께 놀고 싶은 친구 3명의 이름을 적으시오."와 같은 선호도 진술이 포함된 질문을 사용했다. 또한 학생들의 질적 자료를 코드화하기 위해 내용 분석을 실시했다. 아테네 설문지는 다른 문화 집단 학생들 사이의 사회적 상호작용과 태도 변화를 평가하기 위해 질문을 더 첨가했다. 이 절에서는 선별된 질적 · 양적 프로그램 평가 결과들을 소개할 것이다.

■ 교사 도구

교사들은 교육 초반과 후반에 CRPSP 과학자팀이 고안한 PPHML 교사 설문지를 작성했는데, 여기에는 PPHML 프로그램과 시행 절차를 평가하는 다양한 질적 · 양적 항목이 포함되었다. 더불어 교사의 개인적 · 전문적 효용성, 학교 풍토에 대한 신뢰 및 교육 목표, 가치 또한 평가했다. 여기서는 학교 풍토에 대한 사이프러스 교사들의 사전-사후 평가만이 제시될 것이다. 학교 풍토를 평가하기 위해서 '돌봄 공동체로서의 학교 프로파일(School as a Caring Community Profile: SCCP-II; Lickona & Davidson, 2001)'이 사용되었다. SCCP-II는 5개의 리커트식 하위척도와 함께 학교의 공동체 의식을 평가했는데, 그 하위척도는 학생들의 교우관계와 소속감에 대한 인식, 학생들의 환경 형성에 대한 인식, 교직원을 위한 또는 교직원들의 지지와 돌봄에 대한 인식, 학부모를 위한 또는 학부모들의 지지와 돌봄에 대한 인식이었다. 나아가 교사의 효용성과 PPHML 시행 절차에 대한 교사의 인식 평가도 제시될 것이다.

실행과 평가 절차

두 프로젝트 모두 목표 설정과 참가자 선택(학교, 교사, 학생) 및 중재 내용과 스케줄을 결정함으로써 프로그램 계획을 시작했다. 그다음 단계로 교사의 인식 교육과 연수를 실시했는데, 첫 이틀은 대부분의 교사와 학교 행정가를 대상으로 인식에 관한 일반 세미나를, 다음 이틀 동안은 학교에서 프로그램을 실시할 선별된 교사 집단을 대상으로 특별 세미나를 진행했다. 이 초기교육 실시 이후 교사들은 담당 학생들을 대상으로 PPHML을 시행하기 시작했다. 중재 시행 동안 교사들을 위해 네 번의 세미나가 추가로 실시되었다(한 달에 한 번씩). 모든 교사와 학생 참가자는 CRPSP 과학자팀이 고안한 PPHML 교육 자료를 제공받아 이를 더 정교하게 만들었다(Hatzichristou et al., 2004).

사이프러스 프로그램에는 ① 의사소통 기술, ② 감정 식별, 표현 및 관리, ③ 자아개념과 자존감, ④ 대처 전략, ⑤ 갈등 해결의 다섯 가지 주제별 단원이 있다. 첫 세 단원은 다양성과 문화의 문제를 다루는 네 번째 단원과 함께 아테네 프로젝트에도 포함되어 있다. 교실 중재는 일주일에 한 번 지정된 날, 지정된 수업 시간에 실시했으며 학급 토론 및 다른 활동(소규모 활동, 개별 활동, 역할극, 게임 등)도 포함되었다. 첫 번째 수업 시간에는 학생들이 프로그램의 규칙을 토론하고 교실 '계약서'에 서명했으며 그 이후 3~4번의 수업 시간 동안 각 주제를 다루고 마지막 수업에서 프로그램을 마무리했다.

1단원의 주제는 **의사소통 기술**이었으며 의미, 구성 요소, 의사소통의 수단과 유형, 언어적 및 비언어적 의사소통, 비언어적 의미의 식별 그리고 타인의 관점 실현(공감)과 같은 토론 주제를 다루었다.

2단원의 주제는 **감정 식별, 표현 및 관리**로, 이 단원의 목표는 학생들이 풍부한 감정 표현 어휘를 배우고, 유쾌한 감정과 불쾌한 감정(좋은-나쁜, 긍정적-부정적 감정이 아닌)을 구별하며, 그런 감정을 느끼고 표현하는 것이 허용된다는 것을 배우고, 비언어적 요소를 통해 자신뿐 아니라 상대방의 감정도 파악하여 특정 상황에서 자신이나 상대방 감정의 다양성을 깨닫고 수용하도록 도와주는 것이다.

3단원의 목표는 **자아개념과 자존감**으로, 자아개념과 자존감을 강화해 학생들이 자아개념의 영역(개인적 · 사회적 · 이상적)과 자아개념에 영향을 미치는 요인을 알며, 더 중요한 내적 자질에 가치를 두고 자신의 강점과 약점을 알고 인정하며, 사람들에게 자신에 대해 이야기하고 소개할 때 더 자신감을 느끼도록 돕는 것이다.

다양성과 문화 단원의 목표는 학생들이 다양성의 여러 수준과 긍정적인 측면을 알고 고정관념의 특징과 결과를 이해하며 다른 문화에 익숙해지고 자신의 문화와 다른 문화 간의 유사점 및 차이점을 발견하며 다른 문화적 배경을 가진 학우들과 더 잘 소통할 수 있도록 돕는 것이다.

학교 프로그램을 교육하고 시행하는 것 외에 사이프러스 교사들에게는 과제—학부모에게 프로그램 소개하기, PPHML 웹사이트에 프로그램 관련 자료 올리기, 다른 참여 교사나 프로그램 관리자 및 교육 공무원과 행정가를 위해 자신의 학교에서 실시된 PPHML에 대한 짧은 멀티미디어 발표 자료 준비하기—가 추가로 할당되었다. 아테네 교사들 또한 종업식에서 멀티미디어 발표를 했다. 아테네 행사는 더 폭넓은 청중(교사, 학부모, 학생, 프로그램 관리자, 기타 교육 이해 당사자들)을 대상으로 진행되었는데, 이들은 프로그램을 통해 영감을 받은 교사와 학생의 창의적인 프로젝트(파워포인트 발표, 연극 공연, 노래, 이야기 발표, 팬터마임 등)에 참여했다.

교사들은 첫 세미나를 시작할 때에 PPHML 사전 측정 도구를 완성했으며 학생들은 교실 중재 초반에 프로그램 사전 측정 도구를 완성했다. 교육이 끝난 후 교사용 PPHML 사후 측정 도구를 수집했고 학생용 PPHML 사후 측정 도구도 학교 중재 말기에 수집되었다.

결과

■ 학생 보고

PPHML 학생 설문지의 주관식 응답 내용을 분석하여 각 문항의 답변을 제한된 수의 항목으로 정리했으며, 그다음 각 항목의 빈도수를 측정하여 응답의 사전-사후 변화를 맥네마 검정 [McNemar test, 연관된 2개의 이분변수에 적합, 카이제곱 분포(chi-square distribution)를 사용해 변화를 측정]으로 검증했다. 양적 자료로는 짝 표본 t검정을 사용한 사전-사후 평균 비교를 실시했다.

의사소통 기술 단원을 평가하기 위한 대표 문항은 '우리는 타인과 어떻게 의사소통하는가?'였다. 〈표 13-1〉에서 있듯이 학생 응답의 사전-사후 비교는 중재 목표와 일치하는 중요한 변화를 보여 주었다. 즉, 중재 이후에 응답 항목에 있어 주목할 만한 증가— '언어적'[$\chi^2(1)=4.05$, $p=.000$], '기술적 수단 사용'[$\chi^2(1)=7.89$, $p=.000$] 그리고 '비언어적'[$\chi^2(1)=17.82$, $p=.000$]— 있었다.

감정 식별, 표현 및 관리 단원의 대표 문항은 학생들이 감정과 관련하여 생각나는 모든 단어를 적도록 하는 것이었다. 응답의 두 가지 주요 항목은 유쾌한 감정과 불쾌한 감정이었고 언급된 감정의 수가 이 문항의 점수였다.

〈표 13-1〉 주제별 단원 '의사소통 기술'과 '자아개념'의 지시적 주관식 문항에 대한 학생들의 사전-사후 응답 빈도수

	'우리는 타인과 어떻게 의사소통하는가?'			
	사전	사후	x^2	
응답 항목[c]	%	%	(df=1)	p
언어적	12.3	24.2	4.05	.000
기술적 수단 사용	45.6	64.7	7.89	.000
타인과 어울리기	16.7	12.7	3.46	.229
좋은 태도, 긍정적 감정	12.7	16.7	8.28	.212
비언어적	5.6	20.2	17.82	.000
	'나는 나 자신을 표현할 때 ……라고 말한다.'			
	사전	사후	x^2	
	%	%	(df=1)	p
외양	34.5	48.8	11.04	.000
관심, 취미	7.1	11.5	0.67	.135
학업 성적	12.7	17.1	7.76	.169
자신에 대한 일반적 평가	25.8	41.7	14.23	.000
성격	46.8	73.0	17.82	.000

c=사이프러스 표본 집단

〈표 13-2〉에서 볼 수 있듯이 중재 이후 언급된 감정의 수가 눈에 띄게 증가했는데, 아테네 실험 집단에서는 유쾌한 감정[t(251) = -3.11, p = .002]과 불쾌한 감정[t(251) = -7.07, p = .000]이 증가한 반면, 아테네 통제 집단에서는 그렇지 않았다. 유사한 결과가 사이프러스 표본 집단에서도 나타났는데, 중재 이후 매우 높은 비율의 학생이 유쾌한 감정[x^2(1) = 13.86, p = .003]과 불쾌한 감정[x^2(1) = 11.36, p = .000]을 언급했다. 흥미로운 점은 낮은 또래 수용 점수를 받은 학생들(학우로부터 선호도 0~3을 받음) 중 매우 높은 비율이 중재 이후 불쾌한 감정을 언급한 반면, 유쾌한 감정에는 그런 변화가 없었다. 유사하게, 아테네 표본 집단 또한 이민 학생들이 중재 실시 이후 불쾌한 감정을 훨씬 더 많이 언급했다.

〈표 13-2〉는 또한 '나는 나 자신을 표현할 때 ……라고 말한다.'라는 자아개념과 자존감 문항의 사전-사후 비교 결과를 통해 중재 목표와 일치하는 유의미한 변화를 보여 준다. 중재 후

학생들은 외양[큰 키, 금발, 파란 눈 등, $\chi^2(1)=11.04$, p = .000], 자신의 묘사[$\chi^2(1)=14.23$, p = .000] 그리고 성격[$\chi^2(1)=17.82$, p = .000]을 훨씬 더 많이 보고했다.

사이프러스 중재 프로그램의 마지막 두 주제별 단원(대처 전략, 갈등 해결)의 분석 결과에 따르면 긍정적 변화로의 추세는 미미했다. 〈표 13-3〉에서 나타나듯이 아테네 이(異)문화 프로그램의 다양성과 문화 단원의 항목은 상당히 만족할 만한 결과를 나타냈다. 중재 이후 학생들은 외국에서 온 학우들이 집으로 초대할 경우 더 흔쾌히 받아들이고[t(306) = -2.41, p = .016], 학교 밖에서도 그 학우들과 기꺼이 어울리려고 하며[t(306) = -2.41, p = .016], 동네에서 같이 놀고[t(307) = -3.06, p = .002], 학교 과제를 서로 도우려고[t(307) = -.61, p = .000] 했다. 통제 집단에서는 주목할 만한 변화가 없었다. 이 항목들의 척도 신뢰성은 χ = .89였다.

〈표 13-2〉 '감정의 식별, 표현 및 관리' 단원의 주관식 문항에 대한 학생들의 응답 사전-사후 비교: 실험 집단 및 통제 집단, 이민 학생과 본국 학생(아테네 표본 집단), 낮은 또래 수용 점수와 높은 또래 수용 점수를 받은 학생(사이프러스 표본 집단) 대상

	'생각나는 모든 감정 관련 단어를 적으시오.'							
응답 항목	실험 집단[g]				통제 집단[g]			
	사전	사후	t	df	사전	사후	t	df
	M	M			M	M		
유쾌	2.56	3.33	-5.12***	313	2.49	2.49	0.00	173
불쾌	2.74	3.77	-5.44***	304	2.18	2.28	-0.67	169
응답 항목	이민 학생[g]				자국 학생[g]			
	사전	사후	t	df	사전	사후	t	df
	M	M			M	M		
유쾌	2.46	2.9	-1.63	77	2.59	3.47	-4.87	234
불쾌	2.69	3.35	-2.07*	73	2.76	3.90	-4.98	229
응답 항목	낮은 또래 수용 점수[c](선호도 점수 0~3)				높은 또래 수용점수[c](선호도 점수 4~7)			
	사전	사후	x^2	p	사전	사후	x^2	p
	%	%	(df=1)		%	%	(df=1)	
유쾌	39.2	49.0	1.59	0.383	34.8	47.3	12.49	.005
불쾌	25.5	51.0	2.32	0.007	21.4	47.3	8.94	.000

*p < .050, ***p < .001, c = 사이프러스 표본 집단, g = 그리스 표본 집단, a = 언급된 감정 수의 평균

〈표 13-3〉 '다양성과 문화' 단원의 항목별 사전-사후 비교

다른 나라에서 온 학우들과 나는 ……를 하고 싶다.	실험 집단[g]				통제 집단[g]			
	사전	사후	t	df	사전	사후	t	df
	%	%			%	%		
쉬는 시간에 함께 놀기	3.80	3.82	-0.37	317	3.68	3.81	-1.29	193
같은 책상에 앉기	3.25	3.38	-1.44	316	3.14	3.27	-1.18	192
내 집으로 초청하기	3.34	3.43	-1.19	316	3.23	3.34	-1.03	192
친구 집으로 초청받기	3.27	3.48	-2.55*	306	3.14	3.25	-1.10	189
학교 밖에서 같이 어울리기	3.55	3.78	-2.41*	306	3.46	3.62	-1.18	187
학교 활동 같이 하기	3.82	3.87	-0.56	305	3.74	3.79	-0.39	191
동네에서 같이 놀기	3.51	3.77	-3.06**	307	3.51	3.69	-1.49	191
학교 과제 서로 돕기	3.68	3.96	-3.61**	307	3.82	3.70	1.09	193

주: 척도 1 = 전혀 그렇지 않다 → 5 = 매우 그렇다. g = 그리스 표본 집단. *p < .05, **p < .01, ***p < .001

〈표 13-4〉 프로그램 1년 참가 학생과 2년 참가 학생의 사회성 기술 비교

SSRS 하위척도[c]	중재 1년차		중재 2년차				
	M	SD	M	SD	t	df	p
협동	1.36	0.32	2.34	0.33	-41.54	474	.000
자기통제	1.37	0.30	2.22	0.31	-29.49	474	.000
자기주장	1.50	0.32	2.28	0.37	-24.46	474	.000
공감	1.50	0.33	2.67	0.28	-39.88	474	.000

주: 척도 1 = 절대 그렇지 않다, 2 = 가끔 그렇다, 3 = 자주 그렇다. c = 사이프러스 표본 집단

각 주제별 단원의 내용과 관련된 변화를 평가한 것 외에도, 사이프러스 출신 학생들에게는 중재 말기에 SSRS를 실시했다. 〈표 13-4〉는 독립적 표본 집단 t검정의 결과를 보여 주는데, 이 검사는 PPHML 중재를 2년 동안 실시한 5학년과 6학년생을 프로그램에 처음 참여한 학생들과 비교하기 위해 사용되었다(사이프러스의 모든 4학년생은 프로그램을 처음 접했기 때문에 4학년생은 이 분석에서 제외되었다). 결과는 2년 동안 프로그램에 참여한 학생들이 SSRS의 모든 하위 척도와 함께 사회성 기술을 월등히 높게 습득했음을 명백하게 보여 주었다. 척도 신뢰도 지수 알파는 매우 만족스러웠다(α = .90).

〈표 13-5〉 공동체 의식에 대한 교사 평가의 사전-사후 비교

SSRS 하위척도c	사전 평가		사후 평가				
	M	SD	M	SD	t	df	p
학생존중	2.84	0.37	3.33	0.51	-6.84	66	.000
학생 우정과 소속감	2.82	0.55	3.37	0.57	-6.29	66	.000
학생 자신의 환경 형성	2.45	0.56	3.00	0.72	-5.67	66	.000
교직원을 위한 또는 교직원의 지지와 돌봄	3.96	0.58	4.06	0.61	-1.34	66	.185
학부모를 위한 또는 학부모의 지지와 돌봄	3.43	0.55	3.51	0.59	-1.28	66	.204

주: 척도 1 = 거의 그렇지 않다 → 5 = 거의 항상 그렇다. c = 사이프러스 표본 집단

■ 교사 보고

앞서 언급된 바와 같이 학교 공동체의 모든 구성원의 협력을 강화하여 학교에 공동체 의식과 긍정적인 풍토를 조성하기 위해 참여 교사에게 추가 업무가 할당되었다. 이 노력의 결과는 SCCP-II(전체 척도 α = .94)에 대한 사이프러스 교사 보고서의 사전-사후 비교를 통해 검증되었다. 〈표 13-5〉에서 나타나듯이 학생 특질에 대한 교사의 의식 관련 SCCP-II 차원에서 주목할 만한 증가—학생 존중[t(66) = -6.84, p = .000], 학생 우정과 소속감[t(66) = -6.29, p = .000] 그리고 학생 자신의 환경 형성[t(66) = -5.67, p = .000]—가 있었다.

교사들은 또한 의사소통 및 감정 관리와 관련하여 자신의 개인적·직업적 능숙도를 스스로 평가했다. 이 항목들의 알파 지표는 .64였다. 〈표 13-6〉에 보고된 결과에 따르면, 중재 이후 교사들은 자신의 힘든 감정에 더 능률적으로 대처했고[t(64) = -2.88, p = .005], 학생들이 개인적인 문제로 도움을 더 자주 청했다고[t(65) = -4.86, p = .000] 보고했다.

마지막으로, 프로그램 전반에 대한 평가에서 학생과 교사 자신이 받은 PPHML의 혜택을 묘사했는데, 교사들은 프로그램을 통해 학생들이 서로 의사소통과 상호작용을 더 잘하고, 협동 기술을 발전시켰으며, 타인의 관점과 요구 및 감정을 더 잘 이해하고 자신의 감정을 표현하며, 자신의 행동과 자기절제력을 개선하게 되었다고 보고했다. 교사 자신이 받은 혜택에 대해서는 개인적·직업적으로 자신이 개선되었고, 학생 및 타 교사를 더 잘 이해하고 의사소통하며 어울리게 되었으며, 자신의 개인적·직업적 정체성 측면을 되돌아보고 자각하게 되었고, 새로운 지식을 습득하고 교내의 어려운 상황에 더 능숙하게 대처하게 되었다고 보고했다.

〈표 13-6〉 능숙도에 대한 교사 평가의 사전-사후 비교

항목[c]	사전 평가		사후 평가				
	M	SD	M	SD	t	df	p
학생들이 개인문제로 도움을 구한다.	2.71	0.92	3.38	0.97	-4.86	65	.000
학생들이 자신의 감정을 이야기할 때 편하다.	4.36	0.76	4.29	0.80	0.60	65	.551
어떤 학생과는 의사소통이 어렵다.	2.50	0.95	2.30	0.91	1.50	65	.140
나는 대체로 내 감정을 타인에게 표현한다.	3.41	1.12	3.56	1.11	-1.24	63	.221
나는 대체로 어려운 감정에 잘 대처한다.	3.38	0.93	3.71	0.86	-2.88	64	.005

주: 척도 1 = 절대 그렇지 않다, 2 = 가끔 그렇다, 3 = 자주 그렇다. c = 사이프러스 표본 집단

결과에 대한 논의

지금까지 제공된 PPHML 평가 결과는 중재 프로그램이 교사와 학생 모두에게 유의미한 긍정적인 효과와 혜택을 주었다는 증거를 제공한다. 특히 대부분의 학생은 프로그램에서 혜택을 받는 것처럼 보였다(학생들은 프로그램을 통해 자신의 감정을 표현하고, 학우들과의 의사소통 및 관계를 개선하며, 자신의 강점과 약점을 수용하고, 자신의 학업 성적을 향상하는 데 도움이 되었다고 보고했다). 나아가 학생들이 선별적으로 제시된 자료에 반응하고 혜택을 받았다는 증거도 있다. 예를 들면, 인기가 많지 않은 학생(또래 수용 점수가 낮은) 또는 다른 문화 집단에서 온 학생들은 감정 영역, 특히 불쾌한 감정을 인정하고 표현하는 영역에서 현저한 혜택을 나타냈다 (Hatzichristou et al., 2004 참조).

이 결과는 또한 체계 중재가 학교 풍토와 공동체 의식에 장기간에 걸친 역동적인 효과를 낳을 잠재력이 있음을 시사한다. 이러한 결과들은 특히 제한된 기간(6~7개월)에 실시된 아테네와 사이프러스 프로그램에 근거하여 해석해 볼 때 고무적인 피드백을 제공한다. 중재 실시 1년차와 2년차의 비교 결과는 프로그램을 오랜 기간 실시할 때 눈에 띄는 변화가 있을 것임을 더 강력하고 구체적으로 암시한다(Holtzman, 1992).

나아가 평가 자료는 프로그램의 강점과 약점을 감지하고 프로그램의 효용성 극대화를 위해

필요한 조정을 위한 소중한 피드백을 제공한다. 또 다른 중요한 피드백의 원천은 그 과정에서 얻은 '살아 있는' 경험이다. 학교 방문, 학생들과의 만남, 교육을 통한 교사들과의 상호작용 그리고 연수 동안 나눈 중요한 경험은 더 정확하고 유용한 중재 효과를 색다르고 독특한 관점에서 제공할 수 있다.

학교 공동체 안녕감: 다른 교육 환경을 위한 도전

학교 정신건강의 최근 추세는 학교 환경의 긍정적인 발달과 조정에 대한 이해를 높이는 데 공헌해 왔지만 그럼에도 불구하고 학교를 중심으로 한 실행에 적용될 수 있는 지표가 되는 이론을 다루는 관련 문헌은 부족하다(Baker et al., 2003). 이 장에서는 지표가 되는 개념 모델을 제공하고, 이 모델을 그리스 교육제도에 실제로 어떻게 적용했는지 설명하며, 그 효용성의 실증적 증거를 제시하려고 노력했다.

제시된 접근법은 학교 정신건강 서비스가 결함 중심의 임상적 모델로부터 강점 중심의 정신건강 모델로 변화함을 보여 준다. 긍정심리학의 관점에서 볼 때, 정신건강 모델은 강점을 중시하고 문제해결 과정에 초점을 두며 사회·정서적 기술을 강화하고 개인 및 체계 수준에서 회복탄력성을 증진시키며 학교가 심리적으로 건강한 환경으로 기능하는 데 공헌할 맥락적 변화를 장려한다. 나아가 개인으로부터 체계 중재로의 변화는 학교 풍토, 공동체 의식, 탄력적인 교실과 체계 등의 개념을 포함한다.

새로운 모델인 학교 공동체 안녕감 모델은 안녕감 증진에 대한 폭넓은 접근과 학교 공동체 내의 안녕감 촉진을 위한 지침을 제공한다고 설명한다. 이 모델에서는 학교 공동체 전체의 안녕감이 중재 프로그램의 결과에 있어 주요 목표 대상이며 안녕감의 모든 다른 중요한 상호관계의 증진을 위한 맥락을 제공한다(예: 학생의 학업 및 심리사회적 발달과 조정 등).

이 모델과 관련된 학교 정신건강의 핵심 개념에는 회복탄력성, 효과적인 학교, 돌봄 공동체로서의 학교, 사회·정서적 학습, 증거 중심의 중재가 포함된다. 이 모든 것은 학교 안녕감 증진의 전제 조건이며 조직 관리적 통합에서 모델에 합병되어 학교 환경에서 체계 중재를 개발하고 시행하기 위한 실질적 지침을 제공한다. 이 장에 설명된 중재 프로그램은 이 모델이 어떻게 실행될 것인지에 대한 방법론을 구성한다. 더 구체적으로, PPHML은 교실에서의 사회·정서적 학습 증진 및 개인(학생, 교사)과 교실의 회복탄력성 강화를 위한 프로그램의 시행을 포함한다. 더불어 행동 계획과 체계(학교 공동체) 중재를 개발하기 위해 회복탄력성 모델(resiliency wheel)을 적용했다. 이 중재는 또한 학생, 교사, 학부모, 교직원 및 행정관의 참여를 통해 학교의 긍정적인 풍토와 공동체 의식 조성을 목표로 했다. 증거기반의 실행 원리 및 효과적인 학교 관련 문헌과 연구가 내포한 의미를 고려할 때, 이 다단계적 중재는 각 맥락의 특정 요구와 우선 사항(참여하는 학교의)에 따라 조정되었고 다양한 방법과 자료, 도구를 사용해 그 유효성을 평가했다.

덧붙여 지금까지 설명된 절차는 조정될 수 있고 다른 문화적 맥락에도 적용될 수 있다고 제안하는 바이다(Hatzochristou, Lampropoulou, & Lykitsakou, 2006).

이 이론적 접근에서 유래한 앞서 설명한 증거기반의 중재 방법론은 이론과 실제, 요구 평가, 통합과 새로운 이론적·방법론적 요소의 평가, 피드백과 경험 중심의 재조정을 연결하는 장기간에 걸친 역동적 과정의 결과이다. 이 접근법은 학교 공동체의 중요한 심리학적 차원에 광범위한 긍정적인 영향을 줄 수 있다.

개인에서 체계로 초점을 확장함에 따라 각기 다른 교육 환경에서의 긍정적인 발달과 심리학적 기능의 유사한 특성을 밝힐 수 있을 것으로 본다. 따라서 본문에서 제시한 접근법의 기본 원리와 이론적 요소들은 프로그램 개발과 설계 및 시행 시 각 맥락의 구체적인 요구와 특성을 고려하여 필요에 따라 조정한다면 다양한 맥락에 적용될 수 있다고 믿는다(예: 문화, 사회 및 교육 체계, 중재의 유형 등).

학교기반의 중재에 영향을 주는 다양성의 기본 원천이 문화라고 볼 때, 이 다양성은 우리가 고려해야 할 많은 유형의 다양성 중 하나일 뿐이다. 우리의 세부적 접근은 체계의 안녕감을 증진함으로써 개인의 안녕감도 증진시키는 수단으로서 긍정적 잠재력, 역량, 정서를 고려하는 한편, 문화와 개인의 유사점에 집중하는 '초문화적' 관점을 활용한다.

참고문헌

Baker, J., Dilly, L., Aupperlee, J., & Patil, S. (2003). The developmental context of school satisfaction: Schools as psychologically healthy environments. *School Psychology Quarterly, 18*, 206-221.

Bal, S., Crombez, G., Van Oost, P., & Debourdeaudhuij, I. (2003). The role of social support in well-being and coping with self-reported stressful envents in adolescents. *Child Abuse and Neglect, 27,* 1377-1395.

Behnke, A. O., & MacDermid, S. M. (2004). *Family well-being.* A Sloan Work and Family Encyclopedia entry. Available at htt://www.bc.edu.

Bickel, W. E. (1999). The implications of the effective schools literature for school restructuring. In C. R. Reynolds & T. B. Gutkin (Eds.), *Handbook of school psychology, 3rd edition* (pp. 959-983). New York: Wiley.

Bickel, W. E., & Beaujean, A. A. (2005). Effective schools for all: A brief history and some common findings. In C. L. Frisby & C. R. Reynolds (Eds.), *Comprehensive handbook of multicultural school psychology* (pp. 303-328). New York: Wiely.

Borgelt, C., & Conoley, J. C. (1999). Psychology in the schools: Systems intervention case examples. In C. R. Reynolds, & T. B. Gutkin (Eds.), *The handbook of school psychology, 3rd edition* (pp. 1056-1076). New York: John Wiley & Sons.

Bossert, S. T. (1985). Effective elementary schools. In R. M. J. Kyle (Ed.), *Reaching for excellence: An effective schools sourcebook.* Washington, DC: E. H. White.

Creemers, B., Scheerens, J., & Reynolds, D. (2000). Theory development in school effectiveness research. In D. Reynolds & C. Teddlie (Eds.), *The international handbook of school effectiveness research* (pp. 283-298). New York: Falmer Press.

Curtis, M. J., & Stollar, S. A. (1995). System-level consultation and organization change. In A. Thomas & J. Grimes (Eds.), *Best practices in school psychology-III* (pp. 51-58). Washington, DC: National Association of School Psychologists.

Diener, E., & Diener, M. B. (1998). Happiness: Subjective well-being. In H. S. Friedman (Ed.), *Encyclopedia of mental health* (pp. 311-334). San Diego: Academic Press.

Diener, E., Lucas, R. E., & Oishi, S. (2002). Subjective well-being: The science of happiness and life satisfaction. In C. R. Snyder & S. J. Lopez (Eds.), *The handbook of positive psychology* (pp. 63-73). New York: Oxford University Press.

Diener, E., Oishi, S., & Lucas, R. E. (2003). Personality, culture, and subjective well-being: Emotional and cognitive evaluations of life. *Annual Review of Psychology, 54,* 403-425.

Dimitropoulou, P., Lykitsakou, K., & Hatzichristou, C. (2005, July). Intervention programs: Implementation, training and effectiveness. Symposium at the *27th International School Psychology Colloquium,* July 13-17, Athens, Greece.

Doll, B., Zucker, S., & Brehm, K. (2004). *Resilient classrooms: Creating healthy environments for learning.* New York: The Guilford Press.

Durlak, J. A. (1997). *Successful prevention programs for children and adolescents.* New York: Plenum Press.

Farrell, P. T., Jimerson, S. R., & Oakland, T. D. (2007). School psychology internationally: A synthesis of findings. In S. R. Jimerson, T. D. Oakland, & P. T. Farrell (Eds.), *The handbook of international school psychology* (pp. 501-510). Thousand Oaks, CA: Sage.

Fraser, B. J. (1995). Student perceptions of classrooms, In L. W. Anderson (Ed.), *International encyclopedia of teaching and teacher education* (pp. 219-231). Oxford: Pergamon Press.

Fredrickson, B. L. (2001). The role of positive emotions in positive psychology: The broaden-and-build theory of positive emotions. *American Psychologist, 56,* 218-226.

Giavrimis, P., Konstantinou, E., & Hatzichristou, C. (2003). Dimensions of immigrant students' adaptation in the Greek schools: Self-concept and coping strategies. *International Education, 14*(4), 423-434.

Gilman, R., & Huebner, S. (2003). A review of life satisfaction research with children and adolescents. *School Psychology Quarterly, 18,* 192-205.

Goodenow, C. (1993a). Clai belonging among early adolescent students: Relationships to motivation and achievement. *Journal of Early Adolescence, 13,* 21-43.

Goodenow, C. (1993b). The psychological sense of school membership among adolescents: Scale development and educational correlates. *Psychology in the Schools, 30,* 79-90.

Gresham, F. M., & Elliott, S. N. (1990). *Social skills rating system manual.* Circle Pines: American Guidance Service.

Hatzichristou, C. (1998). Alternative school psychological services: Development of a databased model. *School Psychology Review, 27*(2), 246-259.

Hatzichristou, C. (2000). Προγράμματα ψυχοκοινωνικής στήριξης μαθητών. Η ελληνική εμπειρία [Programs of psychosocial support of students. The Greek experience]. In A. Kalantzi & E. Bezevegis (Eds.), *θέματα Ψυχικής Υγείας Παιδιών και Εψήβων* (pp. 35-56). Athens, Greece: Ελληνικά Γράμματα.

Hatzichristou, C. (2002). A conceptual framework of the evaluation of school psychology: Transnational considerations of common phases and future perspectives. *School Psychology International, 23,* 266-282.

Hatzichristou, C. (2004a). Alternative school psychological services: Development of a model linking theory, research, and service delivery. In N. M. Lambert, I. Hylander & J. Sandoval (Eds.), *Consultee-centered consultation: Improving the quality of professional services in schools and community organizations* (pp. 115-132). Mahwah, NJ: Lawrence Erlbaum.

Hatzichristou, C. (2004b). *Εισαγωγή στη σχολική ψυχολογία [Handbook of school psychology].* Athens, Greece: Ελληνικά Γράμματα.

Hatzichristou, C. (Ed.). (2004c). *Πρόγραμμα προαγωγής της ψυχικής υγείας και της μάθησης: Κοινωνική και συναισθηματική αγωγή στο σχολείο* (εκπαιδετικό υλικό για εκπαιδευτικούς και μαθητές πρωτοβάθμιας εκπαίδευσης) *[Program for the promotion of mental healthing and learning: Social and emotional learning in school* (educational material for teachers and students in primary education)]. Κέντρο Έρευνας και Εφαρμογών Σχολικής Ψυχολογίας,

University of Athens: ΤΥΠΩΘΗΤΩ.

Hatzichristou, C. (Ed.). (2004d). Πρόγραμμα προαγωγής της ψυχικής υγείας και της μάθησης: Κοινωνική και συναισθηματική αγωγή στο σχολείο (εκπαιδετικό υλικό για εκπαιδευτικούς και μαθητές δευτεροβάθμιας εκπαίδευσης) [Program for the promotion of mental healthing and learning: Social and emotional learning in school (educational material for teachers and students in secondary education)]. Κέντρο Έρευνας και Εφαρμογών Σχολικής Ψυχολογίας, University of Athens: ΤΥΠΩΘΗΤΩ.

Hatzichristou, C. (Ed.). (2004e). *The Olympic spirit through children's voice.* Athens: Κέντρο Έρευνας και Εφαρμογών Σχολικής Ψυχολογίας, University of Athens.

Hatzichristou, C., Dimitropoulou, P., Kati, A., Lampropoulou, A., Lykitsakou, K., Bakopoulou, A., & Konstantinou, E. (2002). *Το Πρόγρβμμα Κοινωνικής και Συναισθηματικής Αγωγής σε Σχολεία της Κύπρου.* [Program for Social and Emotional Learning in Schools of Cyprus]. Αθήνα: Κέντρο Έρευνας και Εφαρμογών Σχολικής Ψυχολογίας, University of Athens.

Hatzichristou, C., Gari, A., Mylonas, K., Georgouleas, G., Lykitsakou, K., Mpafiti, T., Vaitsi, A., & Bakopoulou, A. (2001). Προσαρμογή παλιννοστούντων και αλλοδαπών μαθητών: I. Σχεδιασμός και εφαρμογή ενός προγράμματος ψυχολογικής-συμβουλευτικής παρέμβασης. II. Αξιολόγηση του προγράμματος ψυχολογικής-συμβουλευτικής παρέμβασης [Immigrant and remigrant students adaptation: I. Application of an intervention program. II. Evaluation of the program]. *Νέα Παιδεία, 99,* 13-36.

Hatzichristou, C., Karadimas, E., Giavrimis, P., Dimitropoulou, P., & Vaitsi, A. (2001). Διασύνδεση αξιολόγησης και παρέμβασης σε επίπεδο συστήματος: Το παράδειγμα της συνεργασίας Πανεπιστημιακού Κέντρου Σχολικής Ψυχολογίας με Ίδρυμα της Αττικής [Linking assessment and intervention at a systemic level: The example of cooperation of the University Center of School Psychology with a children's Institution of Athens]. *Επιθεώρηση Συμβουλευτικής και Προσανατολισμού,* 58-59, 193-212.

Hatzichristou, C., & Lampropoulou, A. (2004). The future of school psychology conference: a cross-national approach to service delivery. *Journal of Educational and Psychological Consultation, 15,* 313-333.

Hatzichristou, C., Lampropoulou, A., & Lykitsakou, K. (2004). Έναδιαφορετικό σχολείο: Το σχολείο ως κοινότητα που νοιάζεται και φροντίζει [A different schoo: School as a caring community]. *Ψυχολογία, 11*(1), 1-19.

Hatzichristou, C., Lampropoulou, A., & Lykitsakou, K. (2006). Addressing cultural factors in development of system interventions. *Journal of Applied School Psychology, 22,* 103-126.

Hatzichristou, C., & Polychroni, F. (Eds.). (2007). *Ο Τρυφερούλης Μικροφτερούλης. Ένα παραμύ θι για τη διαφορετικότητα* [Tender tiny-wing: A fairy tale for diversity]. Text: Th. Karayianni. Athens: Φαντασία.

Hatzichristou, C., Polychroni, F., & Georgouleas, G. (2007). School psychology in Greece. In S. R. Jimerson, T. D. Oakland, & P. T. Farrell (Eds.), *The handbook of international school psychology* (pp. 135-146). Thousand Oaks, CA: Sage.

Henderson, N., & Milstein, M. (1996). *Resiliency in schools. Making it happen for students and educators.* Thousand Oaks, CA: Corwin Press.

Holtzman, W. (1992). *School of the future.* American Psychological Association and Hogg Foundation for Mental Health, University of Texas, Austin, Texas.

Huebner, E. S., Suldo, S. M., Smith, L. C., & Mcknight, C. G. (2004). Life satisfaction in children and youth: empirical foundations and implications for school psychologists. *Psychology in the Schools, 41,* 81-93.

Konu, A., Lintonen, T., & Autio, V. (2002). Evaluation of well-being in schools-a multilevel analysis of general subjective well-being. *School Effectiveness and School Improvement, 13,* 187-200.

Koyanagi, C. (1995). Systems change: Moving beyond reports. In L. Bickman & J. Rog (Eds.), *Children's mental health services. Research, policy, and evaluation* (pp. 42-63). Thousand Oaks, CA: Sage Publications.

Kratochwill, T. R., & Stoiber, K. C. (2002). Evidence-based interventions in school psychology: Conceptual foundations of the Procedural and Coding Manual of Division 16 and the Society for the Study of School Psychology Task Force. *School Psychology Quarterly, 17,* 341-389.

Kress, J. S., & Elias, M. J. (2006). School based social and emotional learning programs. In K. A. Renninger & I. E. Sigel (Eds.), *Handbook of child psychology: Vol. 4. Child psychology in practice-6th edition* (pp. 592-618). Hoboken, NJ: John Wiley and Sons.

Lickona, T., & Davidson, M. (2001). *School as caring community profile (SCCP-II).* Center for the 4th and 5th Rs. State University of New York at Cortland, Cortland, NY.

Marjoribanks, K. (2004). Families, schools, individual characteristics, and young adults' outcomes: social and cultural group differences. *International Journal of Educational Research, 41,* 10-23.

Masten, A. S. (2001). Ordinary magic. *American Psychologist, 56,* 227-238.

Masten, A. S., & Coatsworth, J. D. (1998). The development of competence in favorable and unfavorable environments: Lessons from research on successful children. *American Psychologist, 53,* 205-220.

McMillan, D. W., & Chavis, D. M. (1986). Sense of community: A definition and theory. *Journal of Community Psychology, 14,* 6-23.

Oakland, T. D., & Jimerson, S. R. (2007). School psychology internationally: A retrospective view and influential conditions. In S. R. Jimerson, T. D. Oakland, & P. T. Farrell (Eds.),

The handbook of international school psychology (pp. 453-462). Thousand Oaks, CA: Sage.

Oakland, T. D., & Saigh, P. A. (1989). Psychology in the schools: An introduction to international perspectives. In P. A. Saigh & T. Oakland (Eds.), *International perspectives on psychology in the schools* (pp. 1-22). Hillsdale, NJ: Lawrence Erlbaum Associates.

O'Dougherty Wright, M., & Masten, A. S. (2005). Resilience processes in development. In S. Goldstein & R. B. Brooks (Eds.), *Handbook of resilience in children* (pp. 17-37). New York: Kluwer Academic/Plenum Publishers.

Pfeiffer, S. I., & Reddy, L. A. (1998). School-based mental health programs in the United States: Present status and a blueprint for the future. *School Psychology Review, 27,* 84-96.

Rog, D. J. (1995). The status of children's mental health services: An overview. In L. Bickman, & J. Rog (Eds.), *Children's mental health services. Research, policy, and evaluation* (pp. 3-18). Thousand Oaks, CA: Sage Publications.

Seligman, M. E. P. (2002). Positive psychology, positive prevention and positive therapy. In C. R. Snyder & S. J. Lopez (Eds.), *The handbook of positive psychology* (pp. 3-9). New York: Oxford University Press.

Seligman, M. E. P., & Csikszentmihalyi, M. (2000). Posotive psychology: An introduction. *American Psychologist, 55,* 5-14.

Sergiovanni, T. J. (1994). *Building community in schools.* San Francisco: Jossey-Bass.

Sheldon, K. M., & King, L. (2001). Why positive psychology is necessary. *American Psychologist, 56,* 216-217.

Snyder, C. R., & Lopez, S. J. (Eds.). (2001). *The handbook of positive psychology.* New York: Oxford University Press.

Solomon, D., Watson, M., Battistisch, V., Schaps, E., & Delucchi, K. (1992). Creating a caring community: Educational practices that promote children's prosocial development. In F. K. Oser, A. Dick, & J. L. Patry (Eds.), *Effective and responsible teaching: The new synthesis* (pp. 383-390). San Francisco: Jossey-Bass.

Wehlage, G., Rutter, R., Smith, G., Lesko, N., & Fernandez, R. (1990). Reducing the risk: Schools as communities of support. Philadelphia: Falmer Press.

Weissberg, R. P., & Greenberg, M. T. (1998). School and community competence-enhancement and prevention programs. In W. Damon (Series Ed.), & I. E. Siegel & K. A. Renninger (Vol. Eds.), *Handbook of child psychology: Vol. 4. Child psychology in practice, 5th edition* (pp. 877-954). New York: John Wiley & Sons.

Chapter **14**

학생의 회복탄력성 증진: '강한 아동' 사회·정서적 학습 교육과정

Oanh K. Tran(이스트베이 캘리포니아 주립대학교)
Kenneth W. Merrell(오리건 대학교)

미국 공중위생국장이 아동과 청소년 정신건강 치료가 공공의 위기를 맞고 있다는 경고를 발표한 이래 청소년의 사회·정서적 문제의 중요성이 지난 몇 년간 지대한 관심을 받아 오고 있다(Sturm, Ringel, & Andreyeva, 2003; US Public Helath Service, 2002). 미국의 아동과 청소년 15~22%가 사회·정서적 문제(공격성, 불안감, 우울증, 사회적 위축 등)를 갖고 있다고 추정된다. 정확히 말하면, 750만 명의 아동 및 청소년이 한 가지 또는 그 이상의 정신질환을 겪고 있으나 그중 75~80%는 적절한 중재를 받지 못하고 있다(Greenberg, Domitrovich, & Bumbarger, 2001; Greenberg et al., 2003). 매년 대략 20%의 학령기 아동이 사회·정서적 문제를 경험한다고 추정된다(Coie, Miller-Johnson, & Bagwell, 2000).

현재의 학교기반 정신건강 중재

지금까지의 학교기반 정신건강 중재 활동은 효과가 없고 단편적이었으며 조직화되어 있지 않았기에 종종 특정 문제만을 다루어 왔다(Elias, Zins, Crazyk, & Weissberg, 2003; Greenberg et al., 2003). 포괄적인 중재가 절대적으로 부족하며 서비스를 받는 학생들의 종단 연구에도 한계가 있었다. 뿐만 아니라 학교는 종종 문제의 핵심을 다루기에 역부족인 보수적·처벌적 접근(정학 또는 퇴학 등)을 사용하여(Lewis, Sugai, & Colvin, 1998) 문제를 가정이나 사회 환경 등 다른 곳으로 단순히 이동시켜 왔다(Sprague & Horner, 2006). 보수적인 방법은 학생을 그 상황이나 학교의 맥락에서 제거하는 임시방편으로, 학생의 요구에 효과적으로 대응하지 못한다. 이런 방법은 학생에게 기대 행동을 가르치지 않고 '나쁜 행동'에 대한 처벌만 하기 때문에 학생의 사회 · 정서적 문제가 더 심각하게 그리고 더 자주 일어나게 만들 수 있다. 연구에 따르면 경미하지만 지속적인 행동 문제는 아동으로 하여금 더 심각한 반사회적 행동을 하거나 성인이 되어 다른 어려움에 처하는 위험에 빠뜨린다고 지적한다(Sprague & Horner, 2006; Walker, Colvin, & Ramsey, 1995). 적절한 사회 · 정서적 기술을 습득하지 못하면 평균보다 높은 정신질환, 투옥, 가정불화, 실업, 불완전 고용과 같은 많은 부정적 결과를 초래할 수 있다(Asher, Coie, 1990; Rudolph & Asher, 2000).

교육제도는 최근에서야 보다 나은 학생의 정신건강 요구를 위한 학교 개혁을 추진하고 있다. 학교 문제를 해결하고 학생의 사회 · 정서적 안녕감을 촉진하려는 제도적 예방과 조기 중재를 위한 노력이 이제야 많은 지지를 얻고 있다(Coie et al., 2000; Lewis et al., 1998; Sheridan & Gutkin, 2000). 학교가 사회 · 정서적 문제를 예방하고 중재하려는 노력을 하지 않는다면 학생의 전반적인 성공은 위태롭게 된다. 따라서 학교는 '모든' 학생을 위해 학생의 기능과 학업적 성공을 강화하는 한편, 사회 · 정서적 문제를 예방 및 감소시키려는 적극적 방안이 필요하다.

사회 · 정서적 학습: 학생 성공을 위한 체제

학교는 다양한 학생을 교육하는 것뿐 아니라 다양한 학생의 사회 · 정서적 문제를 효과적이고 효율적으로 해결해야 한다. 고통을 주거나 고통을 받는 학생은 효과적으로 학습에 임할 수 없고 그 문제가 학습 환경에 필요한 에너지와 집중력, 잠재력을 소모해야 할 정도로 심각해진다면 학교는 그 학생에게 관심을 가져야 한다. 뿐만 아니라, 학생-교사 상호작용, 사회적 상호작용, 교실 풍토, 또래 집단, 학교 안전 등 학습에 영향을 주는 간접적인 사회 · 정서적 요인들 또한 학교와 교실 환경 내에 존재한다(National Center for Educational Statistics, 2002; Wang, Haertel, & Walberg, 1997). 이러한 간접 요인들은 학생의 사회 · 정서적 문제와 학업적 어려움을 증가 또는 감소시킬 가능성이 있다.

사회 · 정서적 학습(Social and Emotional Learning: SEL)은 최근에 각광받는 중요한 분야로서 교육과 학생의 정신건강을 연결하고 학생 문제를 예방하며 학생의 건강한 사회 · 정서적 발달을 목표로 한다. 1994년 Fetzer 그룹은 학생이 처한 사회 · 정서적 문제와 학교의 비효율적인 대응을 해결하기 위한 체계로 '사회 · 정서적 학습(SEL)'을 개념화했다(Greenberg et al.,

2003). 감정을 식별하고 관리하며 타인의 관점을 이해하고 긍정적인 목표를 개발하며 책임감 있는 결정을 하고 대인관계 문제에 대처할 수 있는 지식과 기술을 습득한다면 학생의 사회 · 정서적 문제는 예방할 수 있다. 학업교육과 행동 관리에만 집중한다면 학생의 학업적 성취도 돕지 못하고 이상적인 학습 환경도 만들지 못할 것이다(Zins, 2001; Zins, Weissberg, Wang, & Walberg, 2004). SEL은 교육적 · 행동적 관리와 결합하여 상호 보강하고 '모든' 학생을 위한 이상적인 결과와 학업적 성공을 촉진하는 통합적이고 응집력 있는 프로그램이 되어야 한다(Zins et al., 2004).

SEL은 문제 행동 감소를 위한 적극적이고 교육적인 접근으로 학교와 인생에서의 성공을 위해 필수적인 삶의 기술과 회복탄력성을 강화시킨다. SEL은 사회 · 정서적 및 삶의 기술을 가르치고 회복탄력성을 증진시키기 위해 광범위한 도구와 체계적 기술을 사용한다. 회복탄력성은 "위험과 역경에 성공적으로 대처 · 극복하기" 또는 "심각한 스트레스와 고통 상황에서의 적응력 개발하기"로 정의되고 있다(Doll & Lyon, 1998, p. 349). 중요한 것은 SEL이 학교 프로그램에 효과적인 교육과정을 설정하고 통합함으로써 부정적인 삶의 결과를 예방하는 것을 목표로 한다는 것이다(Ragozzino, Resnik, O'Brien, & Weissberg, 2003; Zins et al., 2004). 학업적 기술과 마찬가지로 SEL 기술 또한 학생들에게 가르쳐야 하고 그 기술을 교실 내외에서 연습할 수 있는 기회를 부여해야 한다. 학업적 · 사회적 · 정서적 발달에 있어 학생들이 처한 복잡한 상황을 다루는 동시에, 활동을 통해 이런 기술을 연습하는 기회도 보강하여야 한다(Zins & Elias, 2006).

학생의 사회 · 정서적 문제의 증가와 문제 예방 및 조기 중재 활동으로서 SEL의 효과는 많은 문헌에서 나타난다(Greenberg et al., 2001; Greenberg et al., 2003; Ragozzino et al., 2003). 연구에 따르면 SEL 프로그램으로 인해 학교 출석률이 증가하고 자퇴율은 감소했으며(Ragozzino et al., 2003) 학생과 학교의 유대감은 강화되었다(Greenberg et al., 2003). 다른 연구들 또한 학생 태도와 행동, 학업 성취에 있어 SEL 프로그램의 유용성을 기록하고 있다(Greenberg et al., 2003 참조). 증거기반의 사회 · 정서적 학생 교육과정을 포함함으로써 학교와 인생에서의 성공기회를 늘리는 건강한 적응 기능력을 가르치고 강화하는 긍정적 환경이 조성된다. Sprague와 Horner(2006)는 안전하며 예상할 수 있는 긍정적인 환경은 정서적 발달과 사회적 상호작용을 육성하고 그 결과 높은 학생 참여와 행동을 이끌어 낼 것이라고 주장한다.

SEL을 통한 예방적 중재가 학교 환경에만 국한된 것은 아니지만 학교야말로 SEL을 위한 최적의 장소라고 간주할 수 있다. 학교는 거의 모든 아동과 청소년이 참여하는 우리 사회의 한 환경일 뿐 아니라 대부분의 학교가 예방적 중재를 실시하기 위해 필요한 최소한의 기초 체계 조직과 인원을 갖추고 있기 때문이다. 교사와 교직원은 다양한 학습자에게 교육을 제공할 수 있도록 구체적 훈련을 받으며 다양한 범위의 서비스—보편적 또는 학교 내의 전반적 활동에서부터 개별화된 집중적인 활동까지—를 제공하는 실제가 거의 모든 학교에서 일어나고 있다. [그림 14-1]은 학교 정신건강에 있어 예방학의 적용 가능성을 보여 준다.

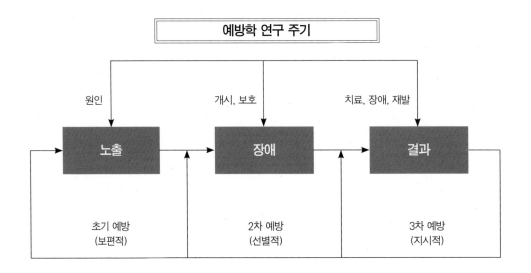

[그림 14-1] 지원의 연속체를 통한 정신질환 예방

사회 · 정서적 학습의 자국 및 전 세계적 동향

　연방정부와 주정부 기관 및 일반 대중은 오늘날 유치원부터 대학까지 모든 학교에서 일어나는 사회 · 정서적 문제의 심각성을 최근에서야 비로소 깨닫기 시작했다. SEL은 교육우선연합(Learning First Alliance), 전국청소년협력단체(National Collaboration for Youth), 전국도시연맹(Nation's League of Cities), 학업적 · 사회적 · 정서적 교육연합(Collaborative for Academic, Social, and Emotional Learning: CASEL)과 같은 국가 기관의 지지를 받고 있다. CASEL은 SEL을 통한 예방과 조기 중재 활동의 선두 기획 기관이자 지지 기관이다. CASEL(2007)의 임무는 "증거기반의 사회적 · 정서적 그리고 학업적 교육을 유치원부터 고등학교까지 교육의 필수 요소로 조성함으로써 학생이 학교와 인생에서 성공할 수 있도록 돕는 것"이다. CASEL은 아동의 정신건강 및 홍보 활동과 관련된 중요한 정보를 위해 협력하며 이를 발행하고 전파한다.

CASEL의 주요 목표는 과학과 이론을 현실 세계 환경에서 결합하여 연구와 실제 사이의 차이를 줄이는 것이다. CASEL은 SEL 프로그램 활동의 확장과 개선을 위해 필요한 지침, 도구, 정보력, 정책, 교육 및 지지를 프로그램 실행자와 학교 행정가에게 제공하기 위해 점차 노력해 왔다(http://www.casel.org/ 참조).

2004년 미 상원 의원 고든 스미스의 아들이 자살이라는 비극적 죽음을 선택한 후 미 의회는 「개럿 리 스미스 추도 법안(Garrett Lee Smith Memorial Act)」을 통과시켰다(htto://gsmith. senate.gov). 이는 미국의 각 주, 인디언 부족, 대학으로 하여금 자살 예방 및 중재 프로그램을 개발하도록 한 법으로 사회 · 정서적 문제가 성공적인 대학생활을 위한 청소년의 능력에 지대한 영향을 준다는 것을 인정하고 있다. 이 법안은 국가지지 청소년 자살예방(State-Sponsored Suicide Youth Prevention), 캠퍼스 자살예방(Campus Suicide Prevention), 자살 위험 청소년을 위한 정신건강서비스(Mental Health Services for Adolescent at Risk for Suicide)와 같은 사회 및 학교기반 활동에 프로그램 보조금을 제공한다.

주 차원에서 일리노이주가 높은 비율의 아동 및 청소년 사회 · 정서적 문제 때문에 공립학교에서의 SEL 프로그램 사용을 지시했다. 일리노이주는 10명 중 1명의 아동이 장애를 유발할 만큼 심각한 사회 · 정서적 문제로 고통받고 있다고 추정했다. 「일리노이 아동정신건강법(Illinois Children's Mental Health Act, 2003)」은 아동 및 청소년의 정신건강 위기에 대처하기 위해 선별, 평가 및 지지 서비스(Screening, Assessment, and Support Services: SAS)에 500만 달러를 할당했다. 일리노이 정신건강협회(Illinois Mental Health Partnership)가 구성되어 일리노이주의 정신건강 요구에 대처할 수 있는 포괄적이고 조직화된 활동의 윤곽을 드러낸 청사진을 개발했다. 이 정책은 사회 · 정서적 기술을 교육 및 평가하고 학습 능력에 영향을 주는 사회적, 정서적, 또는 사회 · 정서적 문제를 가진 학생들을 대응하기 위한 프로토콜의 교육 및 평가를 다루었다. 또한 '일리노이 학습표준'(Illinois Learning Standards: ILS)을 만들어 일리노이주 모든 공립학교의 모든 학생이 초 · 중등 교육과정을 통해 의무적으로 습득해야 하며 활용할 수 있어야 하는 일곱 가지 핵심 사회 · 정서적 영역을 지정했다.

더 최근인 2006년에는 뉴욕 주가 전 학군을 대상으로 한 포괄적이고 조직화된 사회 · 정서적 발달 표준을 법제화했다. 덧붙여 뉴욕 주는 2007년 교사자격증의 일부로 사회 · 정서적 발달 교육과정 이수를 필수로 하는 법을 도입했다.

SEL 운동은 전 세계적으로 확산되었다. 유럽에서는 교실 내의 SEL 영역의 교육 지지 요구가 증가함에 따라 '정서 지능을 지닌 등장인물과 사회적 상호작용을 이해하는 역할 수행 능력을 활용한 교육(Education through Characters with emotional-Intelligence and Role-playing

Capabilities that Understand Social interactions: E-CIRCUS)'을 개발했다. E-CIRCUS는 복잡한 사회적 상황을 역할극과 정서적 참여를 통해 SEL을 지지할 수 있는 개념적 모델과 혁신적인 기술을 개발하는 것을 목표로 한다. 구체적으로 말하면, 정교한 기술 체계를 통해 집단 괴롭힘 예방과 이문화 간 공감에 관한 상호작용 학습을 한다. E-CIRCUS는 또한 과학 기술을 통해 SEL의 질을 개선하고 혁신을 도모하는 것을 목표로 한다. 2001년 나이지리아의 유니세프는 협력 업체와 함께 아동 친화적 학교 환경을 만들고 영유아 보육 및 발달과 아울러 최상의 교육과정에 주안점을 두었고 성(性) 민감성에 대한 교육과정을 재검토했으며 여아 교육에 대한 국가적 인식을 일깨웠다. 싱가포르, 호주, 영국, 이스라엘 등 다른 여러 나라도 SEL 운동에 동참했다.

사회 · 정서적 기술을 가르치고 학습과 발달을 위한 긍정적인 문화를 수용함으로써 학생의 회복탄력성을 증진시키기 위해 학교와 공동체 내의 SEL 체계에 대한 인식과 지지가 확산되고 있다. 학생들의 사회 · 정서적 문제를 무시한 채 '여느 때와 다름없이 하려' 한다면 학생과 가족, 공동체 또는 사회, 어느 누구도 혜택을 받지 못할 것이다.

SEL을 통한 사회 · 정서적 회복탄력성 육성: 강한 아동 프로그램

조직적인 SEL 예방적 중재의 한 예는 강한 아동(Strong Kids) 프로그램이다. 우리가 동료들과 함께 개발한 이 프로그램은 회복탄력성은 학교에서 가르칠 수 있으며 학습될 수 있는 기술이라는 개념을 전제로 한다. 강한 아동 프로그램은 기존 지식을 활용하고 실생활 적용의 기회를 제공하는 등 효과적인 교수 설계 원리를 사용하여 Cowen(1994)이 제안한 '심리적 안녕감을 위한 다섯 가지 길'에서 정의 내린 구체적 교육과정 개념을 결합했다. 이 다섯 가지 방법은 다음과 같다.

- 초기 애착 조성하기
- 발달 과정에 적합한 기술과 함께 능숙도 쌓기
- 안녕감을 증진시키는 환경에 거주하기
- 미래에 대한 자율권 갖기
- 관련 기술을 사용하여 스트레스에 대처하기

강한 아동 프로그램은 대략의 수업 시나리오가 제공되는 SEL 교육과정으로 학생의 사회·정서적 능력을 고양하고 삶의 스트레스 요인에 대한 회복탄력성을 키우는 기술을 가르치려는 목적을 가지고 내재화 문제의 예방과 조기 중재에 집중한다. 교육과정 동안 정서교육, 인지치료 및 행동중재 접근법에 사용되는 전략과 기술이 지속적으로 통합되어 활용된다.

강한 아동 프로그램에는 다섯 가지가 있는데, 각 발달 단계당 하나의 프로그램이 있다. '강한 시작' 프로그램에는 3~5세의 학령 전 아동(Merrell, Whitcomb, & Parisi, 출판 중 참조)과 유치원부터 2학년까지의 아동(Merrell, Parisi, & Whitcomb, 2007)을 위한 별개의 교육과정이 있다. '강한 아동' 프로그램(Merrell, Carrizales, Feuerborn, Gueldner, & Tran, 2007a, 2007b)에는 3~5학년과 6~8학년생을 위한 별개의 교육과정이 있다. '강한 10대' 프로그램(Merrell, Carrizales, Feuerborn, Gueldner, & Tran, 2007c)는 9~12학년의 고등학교 수준 학생을 위해 설계되었다. 이 교육과정들은 실용적이고 활용하기 쉬우며 간단할 뿐 아니라(30~50분 수업을 10~12회 실시하며 2~3개월 후 활용할 수 있는 선택적 보충수업도 포함됨), 다양한 범위의 학생과 환경에 적용 가능하고 교육자나 지지 서비스 전문가들이 소집단 또는 전체 학급을 가르칠 수 있도록 고안되었다. 이 교육과정을 가르치기 위해서는 최소한의 훈련만이 필요하며 각 프로그램 매뉴얼은 교육과정을 능숙하게 실시할 수 있는 추천 활용법을 제공한다. 강한 아동 웹사이트(http://strongkids.uoregon.edu)에서 평가와 진도 점검 도구를 무료로 다운로드할 수 있으며 그 외 예방적 중재 프로그램에 대한 다른 많은 정보도 얻을 수 있다.

강한 시작: 어린 아동을 위한 SEL

'강한 시작' 프로그램(학령 전 그리고 유치원부터 2학년까지)은 '강한 아동' 및 '강한 10대' 교육과정과는 다른 교수 접근법을 따른다. 대부분의 어린 학생들은 감정에 대한 생각처럼 추상적인 개념을 다룰 만큼 인지적으로 성숙하지 않기 때문에 중재 시간이 짧고 활동 중심이어야 한다. 덧붙여 대부분의 학령 전 유아 및 다수의 유치원부터 2학년까지의 아동은 글을 읽을 수 없어서 강한 아동이나 강한 10대 교육과정의 일부인 연습 문제나 과제도 할 수 없다. 따라서 강한 시작 프로그램은 고학년 학생을 위한 프로그램보다 단순하며 활동 중심적이고 읽기 능력도 필요 없으며 인지 성숙도도 많이 요구하지 않는다.

강한 시작의 두 프로그램은 구성과 형식이 동일하다. 두 프로그램의 차이는 수업과 활동에 할애되는 시간, 집단 리더가 사용하는 언어, 활동의 발달 과정적 주안점과 주로 관련이 있다. 강한 시작의 10회 수업 제목과 주요 내용은 다음과 같다.

① 감정 연습 집단(강한 시작 교육과정 접하게 하기)

② 자신의 감정 이해하기 1(기본 감정과 느낌의 이름 가르치기)

③ 자신의 감정 이해하기 2(다양한 감정을 표현할 적절한 방법 익히기)

④ 화가 날 때(분노 조절 및 건강한 분노 표출 방법)

⑤ 행복할 때(행복한 감정이 어떤 것인지 그리고 발달상 적절한 긍정적 사고 전략 가르치기)

⑥ 걱정될 때(불안감, 걱정, 두려움 조절하기)

⑦ 타인의 감정 이해하기(타인이 다양한 상황에서 느끼는 감정을 이해하기 위한 기본 요소 가르치기)

⑧ 좋은 친구 되기(기본적인 의사소통과 우정 만들기 기술)

⑨ 대인 문제해결하기(다른 아동과 어울릴 때 흔히 발생하는 문제를 해결할 기본 전략)

⑩ 마무리!(강한 시작 프로그램의 주요 개념 복습: 마무리 활동)

강한 아동과 강한 10대 프로그램처럼 강한 시작 프로그램도 아동이 프로그램 참여를 통해 얻은 혜택을 유지할 수 있도록 고안된 선택적 보충수업 활동이 있다. 강한 시작이 고학년 아동과 청소년을 위한 프로그램과 다른 점은 수업에서 다루는 개념을 가르치고 강화하기 위한 방법으로 아동 도서 활용을 매우 강조한다는 데 있다. 이는 아동이 일찍이 읽기와 쓰기 연습을 할 수 있게 되는 당연한 결과로 이끈다. 예를 들어, 6회차 수업 '걱정될 때'의 추천 도서 중 하나로 Audery Penn의 『엄마의 손뽀뽀(The Kissing Hand)』가 있는데, 이 책은 아기 너구리와 엄마 너구리에 대한 이야기로서 불안감을 느낄 때 어떻게 사랑을 통해 마음의 안정을 얻는지를 보여 준다. 유사하게, 8회차 수업 '좋은 친구 되기'에서는 우정과 타인을 이해하는 주제를 다룬 고전 아동 도서인 Arnold Lobel의 『개구리와 두꺼비는 친구(Frog and Todd Are Friends)』를 추천 도서로 지정하고 있다.

강한 아동과 강한 10대: 교실에서의 SEL

고학년과 청소년을 위한 SEL 교육과정에는 3~5학년용 강한 아동과 6~8학년용 강한 아동 그리고 9~12학년용 강한 10대가 있다. 이 프로그램은 똑같은 교육과정 개념을 나이별 발달 수준에 맞게 적용한 것이다. 프로그램 모두 설계 특징이나 내용은 비슷하지만 예시나 사용언어에 차이를 두어 목표 대상 집단의 발달단계와 나이에 적절하게 구성되었다. 강한 아동과 강한 10대를 위한 12회 기초수업의 제목과 주요 내용은 다음과 같다.

① 강한 아동/강한 10대에 관하여(사전검사, 교육과정 개요, 규칙, 긴장 풀기 활동)

② 자신의 감정 이해하기 1부(감정 관련 어휘 늘리기, 감정 정의하기)

③ 자신의 감정 이해하기 2부(적절한 감정 표현)

④ 분노에 대처하기(분노 이해하기, 인지-행동적 분노조절 훈련)

⑤ 타인의 감정 이해하기(공감 훈련, 타인의 관점으로 보기)

⑥ 명료한 사고 1부(사고의 오류 및 부적응적 신념 분별하기)

⑦ 명료한 사고 2부(부적응적 신념 및 사고의 오류를 적극적으로 바꾸기)

⑧ 긍정적 사고의 힘(학습된 낙관주의 훈련)

⑨ 대인문제해결하기(대인관계 갈등해결 기술 및 연습)

⑩ 스트레스 풀기(스트레스 완화의 인지-행동적 방법 연습)

⑪ 자신의 목표 달성하기(목표 설정, 행동교육, 행동-감정 연결)

⑫ 마무리!(주요 개념 누적 복습, 미래를 위한 계획, 사후검사)

심리교육학적 교수 접근법을 활용한 강한 아동과 강한 10대 프로그램은 학생들이 건강한 사회 · 정서적 행동에 대한 지식을 쌓고 회복탄력성을 키우며 문제 대처 및 해결 기술을 강화하는 것을 돕기 위해 정서교육, 인지치료, 행동 변화 기술의 전략을 활용한다. 각 수업은 이전에 배운 개념을 복습할 기회, 새로운 기술 교육 및 연습, 수정적 피드백, 유지와 일반화 촉진을 위한 활동('전환 훈련' 정보), 학생 유인물 및 연습 문제를 포함한다. 모든 수업은 교사와 집단 리더를 위해 추천 수업 시나리오가 작성되어 있지만 특정 환경에 쉽게 응용할 수 있으며 매뉴얼 또한 특정한 사회 · 문화 · 지리적, 또는 다른 환경에 응용할 수 있도록 많은 조언이 수록되어 있다.

예를 들어, 강한 아동의 '분노에 대처하기' 수업은 분노와 감정에 관련된 용어를 정의하고 구별하는 것으로 시작된다. 학생들은 유사한 상황에서 수용될 수 있는 감정과 느낌에 대해 생각하고 자신이 분노나 공격성을 느꼈던 개인적인 경험과 상황을 나눈다. 그 후 학생들은 자신을 분노나 공격성으로 이끄는 유사한 상황에서 자신의 인지, 감정, 행동을 분별하기 위해 사용할 수 있는 전략을 배운다. 나아가 학생들은 분노를 통제하는 전략을 배우고, 부적절하고 용납될 수 없는 행동을 방지할 대안적 해결법을 사용한다. 구체적 설명을 위해 몇 가지 각본이 제시되고 분노를 조절할 친사회적 전략을 소규모 및 대규모 토론, 적용 및 실행을 통해 연습할 수 있다. 친사회적 행동과 기술을 가르치고 예시로 보여 주며 연습하기 위해 개념과 시나리오 및 기술을 담은 보조 자료, 유인물, OHP 등을 사용한다. 수업을 진행하는 동안 학생과 또래,

교사 간의 대화는 긍정적으로 장려된다. 각 수업은 쉽게 명시된 대략의 수업 시나리오를 포함하고 있어 교사나 중재자가 많은 준비 없이도 실시할 수 있다.

학교에서 사회 · 정서적 학습 실행하기: 경험을 통해 얻은 교훈

강한 아동 프로그램을 개발하고 실행하는 과정에서 얻은 경험과 더불어, 학교와 임상 환경 등 현장 실험 파트너들로부터 얻은 피드백은 최적의 성공을 위해 수업을 준비하고 진행하는 데 있어서의 미묘한 차이를 이해하는 데 도움이 되었다. 이 과정에서 얻은 교훈을 고려해 볼 때 강한 아동 프로그램(또는 유사한 SEL 프로그램) 사용자들은 최상의 결과를 위해 다음의 조언을 따를 것을 권한다.

- 각 수업을 시작하기에 앞서 학생들에게 **수업 계획서를 제공한다**(칠판, OHP, 플립 차트 등을 사용). 이렇게 시각적 참고 자료를 제공함으로써 수업의 초점을 확립한다. 이 방법은 학생들이 무엇을 배울지에 대한 이해를 도울 뿐 아니라(진정한 '선행 조직자' 방식으로) 교사가 주어진 짧은 시간 안에 다루어야 할 주요 쟁점을 고려하고 효율적으로 시간을 안배하는 데도 도움이 된다는 것을 발견했다. 우리는 수많은 교실에서 강한 아동 프로그램을 관찰해 왔다. 물론 교사의 기술 수준과 교수 방식에 따른 개인차는 분명히 존재하지만, 수업에 앞서 명료한 계획서와 시각 자료를 제시한 교사들이 각 수업의 핵심 요점을 많이 다룰 확률이 높았다. 덧붙여 학생들은 수업 활동을 미리 예상할 수 있을 때 더 능동적이고 준비된 자세로 수업에 임했다.
- 첫 수업을 시작하기 전, 학생에게 기대되는 **행동을 명시하고 수업 동안 필요할 때마다 이를 강화한다**. 몇 가지 간단하고 긍정적으로 명시된 행동 규칙은 긍정적인 SEL 수업 풍토를 조성하는 데 매우 효율적이다. 교사의 교실 관리 및 집단 관리 기술과 유효성에 따라 교실 환경마다 많은 차이(때로는 극적인 차이)가 발견되었다. 이러한 지침을 따른 교사들은 이 규칙을 실시하지 않은 교사들보다 강한 아동 프로그램 실행 동안 행동 관리 문제를 덜 겪었다. '간단하고' '긍정적으로 명시된' 규칙과 행동 기대 양식은 종종 간과되는 성공적인 교실 관리의 핵심 요소이다. 예를 들어, 교사는 다음과 같은 규칙을 명시하고 지속적으로 강화할 수 있다. 서로 존중한다, 준비된 자세로 수업에 임한다, 집단 내의 개인적 비밀은 지킨다.

- 수업과 수업 간의 전환뿐 아니라 수업을 시작할 때에도 **부드러운 전환을 계획한다.** 모든 자료를 준비 및 정리하고, 수업 시간에 사용할 도구가 잘 작동하고 있는지 확인하고 잠재적 행동 문제는 미리 교정한다. Levitt(2008)은 강한 아동 교육과정 말기에 교사를 상대로 사회적 타당도 질적 인터뷰를 실시하여 교사의 행동 효율성을 연구했는데, 인터뷰에서 같은 주제가 계속 언급된 것을 발견했다. 교사들은 잘 준비된 자료가 성공적인 수업의 중요한 요소라고 믿는다는 것이다.

- **모든 학생이 교사/집단 리더를 잘 볼 수 있도록 한다.** 소집단으로 활동할 때에는 의자나 책상을 U자 모양으로 배치하는 것이 효과적이었고 학급 전체로 활동할 때에는 모든 학생이 교사와 시각 자료가 잘 보이도록 책상을 배치하는 것이 중요했다. 대부분의 시행 연구와 상담은 교사와 이루어졌는데 교사들은 담당 학급의 모든 학생을 대상으로 한 보편적 예방 중재로 강한 아동 프로그램을 사용하고 있었다. 또 한 가지 발견한 것은 교실의 규모가 도전적 요소가 될 수 있다는 것이다. 우리가 관찰한 수업은 모두 학생 수가 40명 이상인 학급이었다. 이러한 상황이라면 학생들의 효과적인 수업 참여를 위한 책상 배치를 교사가 따로 고심해야 한다.

- 지역 상황과 요구에 최적화되고 효과적으로 응할 수 있도록 중재 매뉴얼에 제시된 **수업 시나리오와 예시를 조정한다.** 이상적으로 이러한 조정은 수업의 기본 전제를 지켜야 하지만 학생들에게 가장 적절한 언어와 예시로 수정할 수 있다. 강한 아동 프로그램의 매뉴얼 앞부분에 밝힌 바와 같이, 자세한 수업 시나리오와 추천 예시는 구어체 미국 영어로 설명되어 있고 미국의 어느 지역적·문화적 맥락에서도 이해될 수 있는 보편적인 예시를 사용했다. 이러한 각본이 필수적이고 유용하지만 모든 상황에서 최선의 선택은 아닐 수 있다. 예를 들어, 영어 방언에서의 지역적·민족적 차이 때문에 최적의 학생 참여를 유도하기 위해 교사가 교수 언어를 다소 조정해야 할 수도 있다. 사회·정서적 개념을 설명하기 위해 사용된 예시의 종류 또한 때로는 해당 집단의 특정 상황에 맞게 변형해야 할 필요가 있다는 것도 고려해야 한다. 예를 들어, 집단으로 활동할 때에는 학생들이 의견을 나누는 데 어려움이 발생하면 교사는 그 상황을 문제해결 전략을 토론하는 데 활용할 수 있다.

- 강한 아동 수업을 특정 시간 동안에만 실시하는 형식적 수업의 틀에 국한시키지 않는다. **이전에 소개된 개념을 재교육할 기회를 수업 일시와 수업 주간 동안 계속 만든다.** 시행과 상담 경험에서 얻은 모든 조언은 중요하지만 이 특정 조언은 아마도 제일 중요할 것이다. 가장 효율적인 교사(강한 아동 수업에서 가장 강한 영향력을 끼친 교사)는 교육 주간 줄곧 주요 개념을 강화하고 예시로 보여 주며 재교육하고 의견을 제시할 기회를 찾는 교사였다.

예를 들어, 어떤 교사는 교실의 눈에 잘 띄는 곳에 강한 아동의 여섯 가지 일반적 사고 오류(명료한 사고)를 붙이고 학생에게 발생하는 구체적인 사고 오류에 대해 토론했다. 학생들이 하루에도 여러 차례 독립적으로 이 개념들을 언급하는 것을 자주 관찰할 수 있었는데, 이는 정말 즐거운 경험이었다. 이러한 관찰을 통해 강한 아동 프로그램이 학생들의 일상생활에 쉽게 일반화될 수 있다는 것을 알 수 있다.

- 이전의 조언과 관련된 것으로, **전환 훈련을 위한 치밀한 계획**은 시간과 상황을 막론하고 새로운 기술의 전환을 용이하게 할 것이다. 보조 자료와 과제(교육과정 매뉴얼에 포함됨)의 활용은 이러한 점에서 큰 도움이 된다. 각 강한 아동 수업에는 학습한 기술과 지식을 유지하기 위한 것과 일반화를 돕기 위한 추천 활동 및 과제가 포함되어 있다. 관찰한 바에 따르면, SEL 수업을 소개할 때 전환 훈련 정보를 강조한 교사의 학생일수록 상황에 따라 기술을 활용하고 시간이 지나도 지식을 보유할 확률이 높았다. 이러한 결과를 확정하기 위해서 더 많은 연구가 필요하겠지만 초기 연구 결과는 희망적이다.

강한 아동 프로그램의 유효성: 연구 결과와 논점

강한 아동 프로그램의 유효성을 입증하는 여러 연구가 실시되었다(개관은 Merrell, 2010 참조). 예방적 중재를 위한 유효성과 효율성 실험을 설계하고 실시하는 데 있어 고려해야 할 중요한 쟁점 중 하나는, 중재를 통해 지향하는 목표를 성취한다는 것을 보여 주기에 어떤 결과나 증거가 적합한가이다. 이번 경우, 강한 아동 프로그램이 저비용, 저강도, 시간 제한적인 예방적 중재라는 점을 고려하여, 우리는 목표를 비교적 겸손하게 설정했다. 강한 아동처럼 간단한 SEL 프로그램이 훨씬 더 광범위한 인력과 시간, 자료 및 기타 자원의 소비가 필요한 더 집중적 중재에서나 기대할 만한 탄탄한 수확을 얻으리라고는 절대 기대하지 않았다. 반면, 비용이 높고 시간이 오래 걸리며 시행하기 어려운 중재는 끝없는 요구에 대응해야 하지만 시간이나 지지는 별로 없는 학교라는 현실에서 사용될 확률이 훨씬 낮다(Merrell & Buchanan, 2006).

의미 있는 수확을 얻기 위한 최적의 중재 강도 유형에 대한 개념은 아직도 완전히 해결되지 않은 실증적 문제이다. 중재 지지자와 중재 연구자들은 큰 수확이나 강력한 결과를 바라지만 중재 이득을 위해 필요한 시간과 자원 투자 관련 최적의 수익점은 대부분의 경우 명확하지 않다. 짐작건대, 더 집중적이고 더 광범위한 중재가 가장 큰 수확을 낳겠지만 제한된 시간과 자원의 세계(예: 학교와 교실 세계 같은)에서 '더 많이'가 항상 '최고'는 아니다.

강한 아동 프로그램이 36회 수업(1년 동안 매주 1회 수업)과 광범위한 중재 훈련 요구 및 각 수업마다 더 긴 수업 시간을 포함하도록 설계했다면 더 강력한 잠재적 수확을 얻었을지 모르지만, 이런 상황 속에서 이만큼이나마 적용될 수 있었을지 매우 의심스럽다. 우리의 가정이 옳다면, 예방 비용이 높아 적용될 가능성이 처음부터 낮은 집중 프로그램보다는 강한 아동처럼 간단하고 비용이 낮은 예방적 중재가 아동과 청소년의 삶에는 사실상 더 큰 순이익을 낳을 것이다. 우연치 않게도, 강한 아동 프로그램의 사회적 타당도와 사용자 만족도에 대한 연구는 이 프로그램의 간단하고 사용하기 쉬우며 시간 제한적인 측면이 교사와 집단 리더의 입장에서 가장 매력적인 요소 중 하나라는 것을 보여 준다(Harlacher, 2008; Isava, 2006; Levitt, 2008; Gueldner & Merrell, 2007; Tran, 2007).

많은 점에서 강한 아동 프로그램을 간단하고 기술도와 비용이 낮은 프로그램으로 설계하려는 우리의 명백한 목표는 더 집중적인 프로그램만큼의 혜택은 없더라도 사회적 타당도와 충실도가 높은 프로그램을 개발하려는 것이었다. '충분한 수확의 정도'에 대한 해답은 아직 미지수지만 가장 강력한 중재라 할지라도 실제 상황에서 활용되기에 너무 어렵고 비용이 비싸다면 아무런 수확을 낳지 못할 것이라는 우리의 입장에는 변함이 없다.

강한 아동의 첫 시행 연구(Merrell, Juseliis, Tran, & Buchanan, 2008)는 일반 및 특수 교육 환경에서의 집단 내 기본적인 사전-사후 검사 설계 중재 실험이었다. 이 연구들의 결과는 고무적이었으며 강한 아동 프로그램 참여가 회복탄력성을 강화하는 방법으로 역경에 대처하고 스트레스에 대응하는 효과적인 전략 등 건강한 사회·정서적 행동에 대한 지식 습득에 중요한 역할을 했음을 밝혔다. 이 연구들은 또한 이 프로그램에 참여한 몇몇 학생이 내재화 문제와 관련된 문제 증상이 현저히 감소했다고 입증했다. 우리가 이렇게 집단 내 연구를 실시할 때 다른 기관의 연구 협력자들(Brown, 2006; Faust & Larson, 2007)도 유사한 연구를 실시하여 유사한 결과를 보여 주었다. 즉, 학생들이 건강한 사회·정서적 행동에 대해 현저하게 지식을 습득했으며 경우에 따라 문제 증상의 내재화에 있어 현저한 감소를 보였다.

이러한 초기 집단 내 연구에 근거한 우리의 다음 연구는 집단 간 무작위 치료-통제 예방 실험이었는데, 강한 아동 프로그램 참여에 따른 수확이 단지 성숙도나 시간의 흐름 같은 다른 집단 내 요인에만 근거한 것이 아니라는 것을 확실히 하기 위해서였다. 우리는 이 연구에서도 학생과 교사 및 집단 리더의 입장에서 프로그램의 사회적 타당도를 평가하는 데 관심이 있었다. 이 연구는 거주치료 학교(Berry-Krazmien & Torres-Fernandez, 2007), 거주치료 센터(Isava, 2006) 그리고 정규 교육 환경(Gueldner & Merrell, 2007; Harlacher, 2008; Levitt, 2008; Tran, 2007)에서 실시한 연구를 포함하여, 중요한 지식 습득 면에서 초기의 실험적 연구와 유사한 결과를 보였다. 이 연구들은 각각 높은 사용자 만족도와 사회적 타당도를 보였다. 이 연구들은 치료 성실도 또는 충실도도 평가했는데 교육과정의 구성과 목표에 있어 매우 높은 교사 및 집단 리더 준수율(일반적으로 80~90% 또는 그 이상)을 보였다. 치료 충실도가 종종 성취하기 어렵다는 점에서 볼 때, 이러한 중재 요소들이 더 높은 충실도 결과를 낳았다는 것은 흥미로운 일이다. 아직 이 질문에 명백한 답을 제공할 수는 없지만, 이러한 점에서 우리는 중재 교육과정의 설계가 핵심이라고 강하게 믿는다(교사들에게서 얻은 광범위한 피드백 등 몇 가지 결과에 근거하여). 강한 아동 교육과정의 수업 시나리오가 일일이 다 명시되어 있다는 것(상세하게 기술된 단계별 수업 구성 외에도)은 치료 충실도와 중재 고수(intervention adherence)를 증진하는 데 중요한 요소이다. 덧붙여, 이 연구 중 최소 한 연구(Levitt, 2008)는 강한 아동을 실시한 교사와의 조직적 상담이 높은 수준의 충실도와 연관되어 있음을 매우 설득력 있게 보여 준다.

Tran(2007)의 연구 또한 수업 시기 및 수업 간격과 관련된 문제를 평가했는데, 비록 많은 학생과 교사가 '주 1회 수업'을 선호하긴 했지만 수업 간격이 집중적일 때(6주 동안 매주 2회 수업)나 일반적일 때(12주 동안 매주 1회 수업)나 강한 아동 프로그램은 똑같은 효과를 지닌다는 것을 보여 주었다. 덧붙여, 연구의 두 번째 파장 중 하나는 강한 10대 프로그램이 스페인어로도 성공적으로 적용 가능하고 최근 남미 이민자들에게 사용했을 때도 여전히 높은 수준의 사용자 만족도와 사회적 타당도를 유지하며 의미 있는 치료 효과를 낳았다는 것을 설득력 있게 입증했다는 것이다(Castro-Olivo, 2006).

현재 우리 연구팀은 장기간에 걸친 치료 효과 추적 연구 및 아동의 치료 효과를 측정하기 위한 정서 지식 척도 실현 가능성, 고등학교 보건 교육과정의 일환으로서 강한 10대 프로그램의 유용성, 보육 시설에서의 강한 시작 실행 가능성, 고유한 사회 · 정서적 요구를 지닌 특정 집단을 위한 프로그램 활용(예: 심한 자폐 증상을 지닌 아스퍼거장애 학생) 등을 평가하기 위한 연구를 실시하려 한다. 앞으로는 부정적 증상 감소, 실험적인 새로운 강점기반 사회 · 정서적 자기보고 평가의 타당도와 신뢰도 그리고 사회 · 정서적 자산 및 회복탄력성 척도(Social and Emotional Assets and Resilience Scales)와는 대조적으로 강한 아동 프로그램이 학생의 사회 · 정서적 자산과 회복탄력성에 미치는 영향을 추가로 연구할 계획이다. 미래의 연구 주제는 연구가 한 단계씩 나아갈 때마다 새로이 대두될 것으로 기대한다.

요약 및 결론

학생들의 많은 요구를 고려해 볼 때 오늘날 학교의 전문 인력은 어려운 부담을 안고 있다. 학교가 학생의 요구에 즉각적이고 적극적으로 미연에 대처하지 않는다면, 학교는 그러한 요구를 만족시키기 위해 지속적으로 더 많은 자원을 소비하게 될 것이고 학생들의 미래도 어두울 것이다. 부정적인 효과는 학교 상황에만 적용되는 것이 아니라 사회 전반에도 영향을 줄 수 있다. 학업과 사회 · 정서적 기능 면에서 학생의 성공이 희망적인 결과를 가져온다는 것에는 논쟁의 여지가 없다. 이 중 하나라도 없다면 학생은 학교나 인생에서 성공하지 못하고 자신의 잠재력을 충분히 발휘하지 못할 것이다. SEL은 학교에서 증가하고 있는 문제와 요구를 해결하기 위한 필수 예방 체제로서 학생의 정신건강 문제를 효과적으로 다룰 수 있는 이상적이고 전도유망한 선택이다. SEL은 학업과 인생의 성공을 위한 핵심 기술을 아우르는 긍정적인 학습 환경을 수용하는 포괄적이고 체계적인 방법을 통해 교사와 학생 모두에게 혜택을 제공한다. SEL을 교실 교육과정에 통합함으로써 학생의 학습 및 사회 · 정서적 행동을 강화할 수 있을 것이다. SEL은 교실 교육과정의 꼭 필요한 부분으로서 학업적 성공을 위한 중요성이 점점 더 인정되고 있다. SEL 체제와 유용성은 예방과 조기 중재 영역에 있어 학급 단위 그리고 학교 단위로의 접근을 위해 쉽게 적용될 수 있다. SEL은 긍정적인 학습 환경을 조성하여 모든 학생에게 혜택을 준다.

증거기반의 강한 아동 프로그램은 학교에서 아동의 정신건강 요구에 대처할 혁신적이고 사회적으로 타당하며 효과적인 SEL 프로그램이다. 이 프로그램은 불가피한 삶의 스트레스 요인에 성공적으로 대처하기 위해 사회 · 정서적 개념을 가르침으로써 학생의 건강한 발달을 돕고 촉진하기 위한 회복탄력성 기술을 증진시키는 것을 목표로 한다. 중요한 것은 강한 아동의 개념과 기술이 학생의 내재적 증상을 현저히 감소시키고 사회 · 정서적 기술 지식을 증대시키는 것이 목적이라는 점이다. 학습된 회복탄력성 기술을 측정하고 이 기술을 실생활에 적용하는 것은 예방과 중재 교육과정을 더 잘 이해하기 위해 지속적으로 노력해야 할 부분이다.

강한 아동 프로그램이 학생과 사용자 모두에게 긍정적이라는 것이 실험을 통해 증명되었으며, 프로그램이 지속적으로 긍정적인 효과를 낳을 것이라고 확신한다. 이 프로그램에서 가르치는 사회 · 정서적 개념과 회복탄력성 기술은 '모든' 학생이 필수적으로 학습해야 한다. 강한 아동은 학생이 역경에 성공적으로 적응하고 극복하는 방법에 대한 예방 교육을 통해 유연한 행동을 촉진한다. 이 프로그램의 마지막 혜택은 미래에 학생의 사회 · 정서적 문제를 다룰 때 교사, 학교 심리학자, 학교 상담사와 행정가가 할애해야 할 시간과 에너지, 자원을 감소시키는 것이다. 강한 아동 프로그램은 학생의 학습 참여를 명백히 증진시키며, 학습은 궁극적으로 교육체계와 사회의 성공이라는 결과로 이어질 것이다.

참고문헌

Asher, S. R., & Coie, J. D. (Eds.). (1990). *Peer rejection in childhood.* Cambridge, UK: Cambridge University Press.

Berry-Krazmien, C., & Torres-Fernandez, I. (2007). *Implementation of the Strong Kids curriculum in a residential facmility.* Poster presentation presented at the annual meeting of the National Association of School Psychologists, New York.

Brown, M. H. (2006). *Effects of the Strong Kids curriculum on students-at-risk for internalizing behaviors.* Unpublished master's thesis, Brigham Young University, Provo, Utah.

Castro Olivo, S. (2006). *The effects of a culturally-adapted social-emotional learning curriculum on social-emotional and academic outcomes of Latino immigrant high school students.* Unpublished doctoral dissertation, University of Oregon, Eugene.

Children's Mental Health Act. (2003). *Children's Mental Health Act of 2003.* Retrieved March 24, 2007, from http://www.isbe.net/spec-ed/pdfs/cmh_act_fact_sheet.pdf

Coie, J. D., Miller-Johnson, S., & Bagwell, C. (2000). Prevention science. In A. J. Sameroff, M. Lewis, & S. M. Miller (Eds.), *Handbook of developmental psychopathology* (2nd ed., pp. 93-112). New York: Kluwer/Plenum.

Collaborative for Academic and Social and Emotional Learning(CASEL). (2007). *CASEL'S mission and goals.* Retrieved August 12, 2007, from http://www.casel.org/

Cowen, E. L. (1994). The enhancement of psychological wellness: Challenges and opportunities. *American Journal of Community Psychology, 22,* 149-179.

Doll, B., & Lyon, M. (1998). Risk and resilience: Implications for the delivery of educational and mental health services in schools. *School Psychology Review, 27,* 348-363.

Elias, M. J., Zins, J. E., Graczyk, P. A., & Weissberg, R. P. (2003). Implementation, sustainability, and scaling up of social-emotional and academic innovations in public schools. *School Psychology Review, 32,* 303-319.

Faust, J. J., & Larson, J. (2007). *Preventing anxiety and depression: The effects of a social-emotional curriculum.* Poster presentation at the annual meeting of the National

Association of School Psychologists Conference, New York.

Garrett Lee Smith Memorial Act. (2004). *Garrett Lee Smith Memorial Act Passes House and Senate.* Retrieved April 2, 2007, from http://www.apa.org/ppo/issues/eglsupdt904.html

Greenberg, M. T., Domitrovich, C., & Bumbarger, G. (2001). The prevention of mental disorders in school-aged children: Current state of the field. *Prevention 7 Treatment, 4,* 1-63.

Greenberg, M. T., Weissberg, R. P., O'Brien, M. U., Zins, J. E., Fredericks, L., Resnick, H., et al. (2003). Enhancing school-based prevention and youth development through coordinated social, emotional, and academic learning. *American Psychologist, 58,* 466-474.

Gueldner, B. A., & Merrell, K. W. (2007). *Evaluation of a social-emotional learning intervention using performance feedback to teachers in a structural consultation model.* Manuscript submitted for publication.

Harlacher, J. E. (2008). *Social and emotional learning as a universal level of support: Evaluating the follow-up effect of Strong Kids.* Unpublished doctoral dissertation, University of Oregon, Eugene.

Isava, D. M. (2006). *An investigation of the impact of a social-emotional learning curriculum on problem symptoms and knowledge gains among adolescents in a residential treatment center.* Unpublished doctoral dissertation, University of Oregon, Eugene.

Levitt, V. H. (2008). *Promoting social-emotional competency through quality teaching practices: The impact of consultation on a multidimensional treatment integrity model of the Strong Kids program.* Unpublished doctoral dissertation, University of Oregon, Eugene.

Lewis, T. J., Sugai, G., & Colvin, G. (1998). Reducing problem behavior through a school-wide system of effective behavioral support: Investigation of a school-wide social skills training program and contextual interventions. *School Psychology Review, 27,* 446-459.

Merrell, K. W. (2010). Linking prevention science and social emotional learning: The Oregon Resiliency Project. *Psychology in the Schools, 47*(1), 55-70.

Merrell, K. W., & Buchanan, R. (2006). Intervention selection in school-based practice: Using public health models to enhance systems capacity of schools. *School Psychology Review, 35,* 167-180.

Merrell, K. W., Carrizales, D. C., Feuerborn, L., Gueldner, B. A., & Tran, O. K. (2007a). *Strong Kids—Grades 3-5: A social-emotional learning curriculum.* Baltimore: Paul H. Brookes Publishing.

Merrell, K. W., Carrizales, D. C., Feuerborn, L., Gueldner, B. A., & Tran, O. K. (2007b). *Strong Kids—Grades 6-8: A social-emotional learning curriculum.* Baltimore: Paul H. Brookes Publishing.

Merrell, K. W., Carrizales, D. C., Feuerborn, L., Gueldner, B. A., & Tran, O. K. (2007c). *Strong Teens—Grades 9-12: A social-emotional learning curriculum.* Baltimore: Paul H. Brookes

Publishing.

Merrell, K. W., Juskelis, M. P., Tran, O. K., & Buchanan, R. (2008). Social and emotional learning in the classroom: Evaluation of Strong Kids and Strong Teens on students' social-emotional knowledge and symptoms. *Journal of Applied School Psychology, 24,* 209-224.

Merrell, K. W., Parisi, D., & Whitcomb, S. A. (2007). *Strong Start—Grades K-2: A social-emotional learning curriculum.* Baltimore: Paul H. Brookes Publishing.

Merrell, K. W., Whitcomb, S. A., & Parisi, D. M. (in press). *Strong Start—Pre-K: A social-emotional learning curriculum.* Baltimore: Paul H. Brookes Publishing.

National Center for Educational Statistics. (2002). Retrieved Sept 08, 2007 from http://nces.ed.gov/surveys/els2002/

Ragozzino, K., Resnik, H., O'Brien, M. U., & Weissberg, R. (2003). Promoting academic achievement through social and emotional learning. *Educational Horizons, 81,* 169-171.

Rudolph, K. D., & Asher, S. R. (2000). Adaptation and maladaptationin the peer system. Developmental processes and outcomes. In A. J. Sameroff, M. Lewis, & S. Z. Miller (Eds.), *Handbook of developmental psychopathology* (pp. 157-175). New York: Kluwer.

Sheridan, S. M., & Gutkin, T. B. (2000). The ecology of school psychology: Examining and changing our paradigm for the 21st century. *School Psychology Reviews, 29,* 485-502.

Sprague, J. R., & Horner, R. H. (2006). School wide positive behavioral supports. In S. R. Jimerson & M. J. Furlong (Eds.), *The handbook of school violence and school safety from research to practice.* Mahwah, NJ: Lawrence Erlbaum.

Strong Kids. (2008). The official Strong Kids website http://strongkids.uoregon.edu/

Sturm, R., Ringel, J. S., & Andreyeva, T. (2003). *Geographic disparities in children's mental health care.* Retrieved Sept 21, 2007, from http://pediatrics.aappublications.org/cgi/reprint/112/4/e308

Tran, O. K. (2007). *Promoting social and emotional learning in schools: An investigation of massed versus distributed practice schedules and social validity of the Strong Kids curriculum in late elementary aged students.* Unpublised doctoral dissertation, University of Oregon, Eugene.

U.S. Public Health Service. (2002). Report of the Surgeon General's Conference on Children's Mental Health: a national action agenda. Washington, DC: Department of Health and Human Services; 2000. Retrieved March 18, 2007, from http://www.surgeongeneral.gov/topics/cmh/childreport.htm.

Walker, H. M., Colvin, G., & Ramsey, E. (1995). *Antisocial behavior in schools: Strategies and best practices.* Pacific Grove, CA: Brooks/Cole.

Wang, M. C., Haertel, G. D., & Walberg, H. J. (1997). Toward a knowledge base for school learning. *Review of Educational Research, 63,* 249-294.

Zins, J. E. (2001). Examining opportunities and challenges of school-based prevention and promotion: Social and emotional learning as an exemplar. *Journal of Primary Prevention, 21,* 441-446.

Zins, J. E., & Elias, M. E. (2006). Social and emotional learning. In G. G. Bear & K. M. Minke (Eds.), *Children's needs III* (pp. 1-13). Bethesda, MD: National Association of School Psychologists.

Zins, J., Weissberg, R., Wang, M., & Walberg, H. J. (Eds.). (2004). *Building academic success on social-emotional learning: What does the research say?* New York: Teacher's College Press.

Lilian Vliek(네덜란드 알메르 칸저교육 연구소)
Bram Orobio de Castro(네덜란드 위트레흐트 대학교)

Chapter 15

긍정적인 사회적 상호작용 장려하기: TIGER(칸저교육)에서 무엇을 배울 수 있는가

사회적 상호작용은 태어나는 순간부터 중요하다. 인간은 사회적 접촉과 지지를 갈망하는데, 이는 삶에서 가장 우선적으로 필요한 것이다. 사회적 상호작용에 어려움을 겪을 때 인간은 대략 두 가지 유형의 행동을 나타내는데 우울감, 사회적 불안감, 사회적 위축(내재화 행동) 등의 증상을 보이거나 공격적 행동, 과잉 행동 또는 충동적 행동(외재화 행동)을 보인다. 이러한 행동은 타인과의 갈등 및 낮은 사회적 수용을 초래하며 이는 결과적으로 문제 행동을 증가시킨다. 초등학교 학생 중 5~10%는 또래 사회적 수용에 어려움을 겪고 있으며 이에 따른 발달상의 문제를 갖고 있다(Boivin, 2005). 청소년기에는 10~20%로 그 수치가 훨씬 더 높게 나타난다(Scholte & Engels, 2005). 여러 연구에 따르면 어린 나이에 문제 행동을 표출한 아동은 사춘기와 청소년기에도 같은 문제를 지닐 확률이 높다(Van Lier, 2002). 따라서 어릴 때부터 스트레스받는 상황에서 사회적으로 상호작용하는 방법을 배우는 것이 중요하다. 실제로 많은 연구에서는 문제 행동이 아직 표출되지 않은 어린 나이에 예방적 중재를 실시하는 것이 발달 과정의 효과적인 돌파구가 됨을 입증하고 있다(개관은 Nation et al., 2003 참조).

네덜란드에서는 건설적인 사회적 상호작용, 안녕감, 긍정적인 교실 분위기를 장려하기 위해 정서적 안녕감과 존중 선택 교육[Training I Go for Emotional well-being and Respect: TIGER; 네덜란드에서는 칸저교육(Kanjertraining)]을 예방적 중재로 활용한다. 아동 정신건강 센터에서도 사회적 상호작용에 문제가 있거나 우울감을 겪고 있거나 지나치게 공격적인 또는 자존감이 낮은 아동을 대상으로 이 교육을 활용하고 있다. TIGER는 대부분 이론 중심에서 시작했지만 일부는 실제에 출발점을 둔다. TIGER의 창시자인 Gerard Weide는 과학적 지식뿐 아니라 초·중등학교에서의 다년간의 경험을 기반으로 이 교육을 창시했다. TIGER에서 얻은 통찰과 방법은 긍정적인 사회적 상호작용을 촉진할 효과적인 방법에 대한 미래의 연구를 위해 훌륭한 출발점이 될 것이다.

본문을 시작하기에 앞서, 사회적 행동에 영향을 주는 요인에 대한 과학적 지식을 논의할 것이다. 이는 뒤의 [글상자 15-1]에 명시된 예방적 중재의 출발점을 위한 조언에서 재구성될 것이다. 이후, TIGER에서 얻은 주요한 이론적 통찰이 논의될 것이며 TIGER의 방법에 대한 설명이 이어질 것이다. 논문 마지막에서 TIGER의 효율성에 대한 초기연구 결과를 논의할 것이며 이는 TIGER의 방법과 이론적 시각의 유익성을 보여 줄 것이다.

위험 요인과 보호 요인

아동과 환경은 서로 지속적으로 상호작용한다. 아동의 행동은 환경의 반응에 영향을 미치며 이는 결과적으로 아동의 특정 반응을 촉발시킬 수 있다. 이로 인해 아동과 환경의 긍정적 또는 부정적 행동의 악순환이 야기될 수 있다(Rutter, 2006). 따라서 아동과 환경 모두 그럴 의도는 없다 할지라도, 아동은 문제 행동을 증가시키는 환경을 만들 수 있고 환경은 더 문제가 많은 환경을 만드는 아동의 발달에 기여한다. 이렇듯 상호작용 요인이 복잡하게 얽혀 서로 기여하고 있지만 명확성을 위해 이 요인들을 개별적으로 논의할 것이다.

이 연구를 읽을 때 염두에 둘 것은 이 요인들이 반드시 인과관계에 있지는 않다는 것이다. 요인과 아동 행동 둘 다 제3요인(밝혀지지 않은)의 결과일 수 있기 때문이다. 더욱이 여기에서 다룰 각 요인은 그것 자체로는 예측 효과가 거의 없다. 이 모든 요인의 복합적 작용만이 위험을 증가시킴을 보여 준다. 사회적 상호작용의 문제는 사회적 불안감, 우울증 행동뿐 아니라 공격적 행동, 과잉 행동도 암시하므로 내재화 및 외재화 행동에 대한 연구를 병행한다. 요인 목록이 완전하지는 않지만 아동 행동의 주요 영향에 관한 개요를 제공할 것이다.

아동

지능, 성별 그리고 기질은 문제 행동 발달의 위험 요인으로 알려져 있다. 높은 지능은 문제 행동 발달의 보호 요인으로 밝혀졌다(Farrington, 1995). 성별은 문제 행동의 방향과 연관성이 있다고 알려져 있다. 남아는 더 직접적인 신체적 공격성을 표출하는 성향이 있는 반면, 여아는 관계적 공격성(험담 등)을 더 보였다. 아동기에는 남아와 여아 모두 우울증을 느낄 확률이 같은 반면, 청소년기에는 여자가 남자보다 우울증을 느낄 확률이 두 배나 높았다(Birmaher, Ryan, Williamson, Brent, & Kaufman, 1996). 기질 또한 행동 문제에 영향을 주는 것으로 밝혀졌다. 까다로운 기질은 공격성과 연관이 있는 한편, 행동 억제는 내재화 문제와 관련이 있다. 행동 억제는 생물학적으로 결정된 기질 요인으로 보며 새롭거나 익숙지 않은 사회적 · 비사회적 상황에서 수줍음, 불안감, 위축 등으로 반응하는 것이 특징이다(Muris, 2008). 덧붙여 스트레스 민감성 또한 아동이 행동 문제 발달에 취약하도록 만드는 위험 요인이다(Rutter, 2006).

환경

■ 부모

부모가 정서적 관여, 애정 및 지지를 표현할 때, 아동은 사회적 접촉에 있어 더 높은 친사회적 행동과 자존감을 보였다(Rudolph & Asher, 2000). 이는 이후의 삶에서도 관계 발달의 초석이 되기 때문에 안정적인 애착의 역할은 중요하다. 민감하고 반응적인 양육은 아동이 최적으로 기능하는 데 지대한 영향을 준다(Porppoer & Moore, 2006). 부모가 아동의 기질에 적절히 반응할수록 아동은 더 긍정적으로 정서 조절을 하게 된다.

이런 보호 요인 외에도 아동의 외현화 또는 내재화 행동과 연관이 있다고 밝혀진 위험 요인들이 있다. 심한 처벌, 일관적이지 못한 규칙 적용, 감독의 부재 등은 공격적 행동의 전조이다 (Rutter, 2006). 반응적 공격성(협박이 감지될 때 극도의 감정적 흥분을 동반한 충동적 반응)은 특히 양육 태만과 관련되어 있다. 적극적 공격성(의도와 대상이 명확히 수립된 공격적 행동)은 가족 중 공격성을 개인의 목표 성취 수단으로 사용하는 역할 모델과 연관되어 있다(Rutter, 2006). 아동의 불안 행동은 불안한 양육, 부모의 통제 및 거부와 관련되어 있다. 따라서 불안한 아동의 부모는 자녀에게 모든 잠재적 위험에 대해 경고하고 자율권을 주지 않으며 부정적인 거부 태도를 보이는 경우가 많다(Muris, Meesters, & Van Brakel, 2003).

부모와 자녀는 지속적으로 상호작용하기 때문에 자녀 양육 유형은 아동의 성격과 상호작용하여 발달하며 부모와 자녀는 이러한 행동을 무작위로 표출하지 않는다. 예를 들어, 아동이 매우 활동적이거나 많이 울면 그렇지 않은 아동의 경우보다 부모는 더 많은 에너지를 소모하게 된다. 이런 부모는 스트레스를 받고 비논리적인 반응을 할 확률이 높다. 그리고 이것이 아동의 일탈 행동을 야기할 수 있다. 이런 상황에서는 원인과 결과를 구분하기가 어렵다.

아동의 행동적 문제를 더욱 야기하는 주요한 가족적 특징은 부모의 갈등, 이혼, 낮은 소득,

낮은 교육 수준, 부모의 심리사회적 문제, 부모의 범죄, 제한된 가족 외 사회적 인간관계이다 (Rutter, 2006).

■ 친구

친구는 아동의 행동, 나아가 청소년의 행동에 막대한 영향을 준다. 많은 위험 요인을 지닌 아동에게 친구는, 공격적 행동을 표출하거나 당하는 데 있어 보호 요인이 됨이 밝혀졌다. 여기서 우정의 자질이 중요하다. 친구 사이의 사회적 상호작용에 문제가 있는(종종 발견되는 사례가 그러하듯) 친구와의 우정은 보호 요인이 되지 않는다(Hodges, Boivin, Vitaro, & Bukowski, 1999). 배려하며 따뜻하고 친밀한 친구는 많은 위험 요인이 존재하는 중에도 집단 괴롭힘에 대한 보호 요인을 형성한다(Bollmer, Milich, Harris, & Maras, 2005).

공격적 행동이 발달하는 가운데 두 가지 또래관계 과정이 동시에 나타난다. 즉, 사회성이 뛰어난 아동에 의해 배척되는 과정 그리고 유사한 문제를 가진 또래에 이끌리는 과정이다. 이로 인해 분리된 두 아동 집단이 발생한다(Rutter, 2006). 또래 집단과 집단에의 순응이 더욱 중요한 청소년기에는 '일탈 훈련'이 흔한 현상이다. 일탈 훈련은 일탈적인 규범 및 개념을 지닌 청소년 집단에서 집단 내 다른 학생들이 이 개념을 채택하고 다른 학생들이 이를 강화하여 문제 행동을 더 일으킬 것이라는 견해이다(Deater-Deakard, 2001).

■ 교사

학교에서의 공격성 위험 요인은 교실 내 사회적 풍토이다. 여기에는 집단 괴롭힘, 교사와의 부정적인 관계, 부정적인 풍토가 포함된다(Rutter, 2006). 교실 내 풍토는 주로 교사의 책임이다. 교사는 학생의 모범이 되기 때문에 긍정적 특질을 보여 주는 교사는 학생의 긍정적 행동에 도움이 된다. 자신에 대해 끊임없이 질문하고 정직하며 진솔하고 숙련된 박식한 교사는 학생이 모방할 수 있는 최고의 행동 모델이 된다(Goldstein, 1995). 교사의 기대는 아동의 성취 수준에 영향을 주는 것으로 증명되었다. 기대가 낮으면 교사의 관심과 노력 또한 저하되었고, 결과적으로 아동의 행동과 성취에 부정적 영향을 주었다(Good & Brophy, 1978). 교실 관리에 효율적인 교사는 자신이 기대하는 행동을 표현하고 명료한 규칙을 세우며 그 규칙을 체계적이고 일관성 있게 강화한다(Emmer, Evertson, & Anderson, 1980). 학생들이 긍정적으로 평가한 교사는 일반적으로 타인에 대해 더 긍정적인 관점을 지니며 덜 비판적 · 공격적인 것으로 보고되었다. 이 교사들은 또한 친절하고 도움을 주며 민주적인 방법으로 문제를 해결하는 것으로 인식되었다(Sabatino, 1983). 이러한 특징은 교사와 학생 관계를 개선시키며 아동 행동에 긍정적인 영향을 줄 것이다.

위험 요인과 행동 간 관계의 기제

어떤 기제가 아동의 행동과 환경적 요인 사이의 매개자 역할을 하는가? 이 연구에서 논의할 기제는 사회적 학습, 사회적 정보처리, 정서 조절, 자존감, 타인에 대한 존중 그리고 사회성 기술이다.

사회적 학습

사회적 학습 관점은 인간이 타인을 관찰함으로써 행동을 학습한다고 주장한다(Bandura, 1986). 예를 들어, 아동이 자라는 환경에서 많은 사람이 공격적 행동을 보인다면 아동은 그 행동을 쉽게 모방한다는 것이다. 이 현상은 모델링(modeling)이라 불린다. 모방 외에도 인간은 자신의 행동의 결과를 경험함으로써 학습한다. 일반적으로 행동에 보상이 따르면 그 행동을 반복한다. 행동에 처벌이 따르면 그 행동을 줄인다. 이것을 조작적 조건형성(operant conditioning 또는 시행착오적 학습)이라고 한다. 이러한 기제는 환경적 요인과 아동의 행동 사이의 관계를 부분적으로 설명해 준다. 아동이 처벌이나 보상에 덜 예민하다면 이 관계는 약해질 것이다.

사회적 정보처리

사회적 정보처리 이론(theories of social information processing; Crick & Dodge, 1994)에 따르면 사람들의 행동은 유사한 상황에서도 다르게 나타나는데, 이는 각 사람이 사회적 정보를 처리하는 방법이 다르기 때문이다. 사람들은 각기 다른 정보에 관심을 갖고 이 선택적 정보를 각각 다른 방법으로 해석할 수 있다. 이것이 사람마다 다른 감정과 반응이 나타나는 이유이다. Crick과 Dodge(1994)에 따르면, 사회적 정보처리에는 정보의 코드화, 정보의 해석, 정서 발달, 한 가지 또는 그 이상의 반응 생성, 가장 기대 혜택이 높은 반응 선택, 반응의 실행의 여섯 가지 단계가 있다. Dodge에 따르면, 문제 행동이 발전하면 한 가지 또는 그 이상의 단계가 비정상적으로 실행된다. 특정 유형의 사회적 정보처리가 특정 유형의 공격적 행동과 관련이 있다는 것이 많은 연구를 통해 실제로 밝혀졌다(Dodge, 2006; Orobio de Castro, Merk, Koops, Veerman, & Bosch, 2005). 공격적인 아동은 종종 정보를 위협적인 것으로 인지하며 타인의 반응을 적대적으로 해석하는 것으로 알려졌다. 나아가 이러한 아동은 공격적인 반응이 자신에게 도움이 된다고 믿는다. 수줍음을 많이 타고 우울감을 느끼는 아동 또한 타인의 반응을 적대적으로 해석하는 것으로 밝혀졌다. 그러나 이런 아동은 공격적인 반응 대신 위축 반응을 한다(Quiggle, Garber, Panak, & Dodge, 1992).

5단계(반응 평가)의 일부로 자기효능감이 중요한 역할을 한다고 여겨지는데, 자기효능감이란 행동의 실행 가능성에 대한 자신의 판단을 의미한다(Bandura, 1994). 공격적인 아동과 수줍음 많은 아동은 자신이 사회적으로 더 적절한 행동을 실행할 수 없다고 생각하는 것으로 밝혀졌다. 이 아동들은 공격성과 수줍음이 최선의 반응이 아니라는 것을 알지만 자신이 공격적이거나 수줍은 행동만을 할 수 있다고 생각한다.

악순환, 사회성 기술

일반적으로 문제 행동은 스스로 강화된다. 이것이 자신의 행동을 변화시키기가 어려운 이유이다. 예를 들어, 사회적으로 불안한 아동은 종종 사회적 상황을 피하려 하고 그 결과 사회성 기술을 학습할 기회를 갖지 못하기 때문에 더 큰 불안감을 느끼게 된다. 우울감을 느끼는 아동은 종종 분노와 시기 그리고 수줍음 행동을 표출한다. 이는 타인으로 하여금 이 아동을 거부하게 만들고 결과적으로 아동의 우울감과 대응 행동을 증가시킨다(Stark & Smith, 1995). 앞서 기술된 바와 같이, 공격성은 집단 형성과 일탈 훈련을 통해 더 강화된다. 이렇듯 문제 행동의 악순환은 종종 사회성 기술 결핍이 그 동력이 되며 사회적 문제해결 기술을 교육하고 사회성 기술이 더 뛰어난 또래와의 긍정적인 사회적 상호작용을 조성함으로써 악순환을 끊을 수 있다. 아동은 자신의 목표에 도달하기 위해 사회적으로 용인되는 다른 행동을 학습했을 때 공격적이고 반항적인 행동이 감소했다. 효과적인 대처 전략을 교육하는 것 또한 아동의 불안행동이 감소하는 데 기여했다(Kazdin, 2003).

정서 조절

정서 조절는 강한 정서 상태를 조절하고 대처하기 위한 아동의 많은 역량에 영향을 준다. 연관성 있는 역량으로, 내재화된 대처 기제(자기대화로 진정시키기, 화가 나는 상황을 재구성하는 인지 전략 등), 주의 조절(도발적 자극으로부터 주의를 옮기기 등) 그리고 도구적 행동 전략(감정을 자극하는 상황을 변화시키는 행동 등)이 있다. 정서 조절의 결핍이 반응적 공격성, 거절, 배제, 또래에 의한 집단 괴롭힘의 전조가 됨을 연구들은 일관성 있게 보여 준다(Eisenberg, Fabes, Murphy, Maszk, Smith, & Karbon, 1995; Pope & Bierman, 1999; Shields & Cicchetti, 1998).

자존감과 타인에 대한 존경

자존감과 행동의 관계는 오랫동안 불분명했다. 많은 연구자가 공격적인 사람은 낮은 자존감을 갖고 있다고 가정했지만 오랜 역사를 지닌 연구와 이론들은 이 개념을 뒷받침하지 않는다. Salmivalli(2001)는 자존감과 행동의 관계를 논하면서 '높은' 또는 '낮은' 자존감은 이 관계를 설명하기에 부족하다고 결론지었다. 대신 '자기애적' 또는 '방어적' 자기관이 문제 행동과 관련되어 있다고 밝혔다. 자기애는 자신이 타인보다 우수하다고 느끼려고 애쓰는 성격적 특질이다(이것이 성격장애를 의미하지는 않는다). 방어적 자기관은 '비판을 받아들이지 못하는 것'과 관련되어 있다. Salmivalli 등(1999)은 청소년을 세 집단으로 구분했는데 높은 자존감과 높은 자기애를 지닌 집단은 종종 집단 괴롭힘 행위를 했고, 낮은 자존감과 낮은 자기애를 지닌 집단은 종종 집단 괴롭힘을 당했으며, 높은 자존감과 낮은 자기애를 지닌 집단은 대부분 친사회적 행동을 보였다(Salmivalli, Kaukiainen, Kaistaniemi, & Lagerspetz, 1999). 10~13세 아동에게서도 유사한 결과가 나타났다. Thomaes(2007)는 수치스러운 상황에서 자기애적 아동과 비자기애적 아동의 반응을 연구했다. 결과에 따르면, 높은 자존감을 지닌 자기애적 아동이 가장 공격적인 성향을 보였고 낮은 자존감은 자기애적 아동의 공격성 발달에 보호 요인임이 입증되었다.

Kernis(2003)는 최적의 자존감에 관한 흥미로운 논문을 썼는데, 진정한 자아가 내린 결정이 최적의 자존감에 기여한다고 정의했다. 또한 "최적의 자존감은 삶의 변화에 성공적으로 대처함으로써 자연스럽게 발생하는 자긍심에 대한 우호적인 감정, 행동 선택의 입력 정보로서 자신의 핵심과 진정한 자아의 작용, 자신의 성취 업적이 아닌 자신의 존재 자체가 가치 있게 여겨지는 관계를 포함한다."(p. 13)라고 진술한다. 최근 Thomaes, Reintjes, Orobio de Castro와 Bushman(논문 심사 중)의 연구가 이 이론을 뒷받침하고 있다. 현실적인 자기관을 지닌 아동은 사회적 거부에 쉽게 상처받지 않는 반면, 지나치게 긍정적이거나 지나치게 부정적인 자기관을 지닌 아동은 사회에서 거부당했을 때 극심한 정서적 고통을 겪었다. 따라서 최적의 자존감은 자신의 강점과 약점을 알고 수용하는 것의 조합으로 보인다.

[글상자 15-1]의 상단에 긍정적인 사회적 상호작용을 위한 중재에 포함되어야 할 추천 요

인이 요약되어 있다. TIGER는 중재 시 이 요인들의 대부분을 활용할 뿐 아니라 추가적으로 행동이론가설도 갖고 있다. 따라서 TIGER를 면밀히 살펴보는 것이 유용할 것이다.

글상자 15-1 긍정적인 사회적 상호작용을 장려하기 위해 예방 중재에 포함되어야 할 추천 요인

위험 및 보호 요인에 중점

1. 부모에게 자녀와 상호작용하는 방법을 교육한다. 정서적 참여, 애정, 지지, 일관성 있는 규칙 활용을 장려하고 부모의 심한 처벌, 공격적 행동, 불안한 양육, 통제 및 거부를 막는 것이 유용하다.
2. 또래를 교육에 포함시킨다. 교실은 아동이 많은 시간을 보내는 장소인 동시에 하위 집단 형성이 용이한 장소이므로 이 교육을 실시하기 위한 훌륭한 환경이다. 이런 방법으로 사회성이 뛰어난 아동과 수줍음 많은 아동, 더 공격적인 아동 모두 집단의 행동을 개선하기 위해 도움을 줄 수 있다.
3. 부모와 교사로 하여금 좋은 예를 보여 주고(모델링) 긍정적인 행동을 칭찬하며 부정적인 행동은 무시하거나 제한하도록(조작적 조건형성 또는 시행착오적 학습) 교육한다.
4. 교사와의 긍정적인 관계, 교실의 긍정적인 풍토를 조성한다.

기제에 중점

5. 사회적 정보를 해석하도록 아동을 교육한다.
6. 사회성 기술을 연습한다.
7. 자기효능감을 강화한다.
8. 정서적 반응과 규제에 있어 아동을 교육한다.
9. 현실적인 자존감을 조성하고 타인에 대한 존중을 장려한다.

미래에 중점

10. '좋은' 사람이 되는 것이 아동의 목표임을 상기시킨다. 아동이 어떻게 행동하기를 원하는지 물어보고 이를 아동의 행동양식을 촉진하는 길잡이로 활용한다.
11. 아동이 자신의 행동에 책임지도록 하고 스스로 행동양식을 선택할 수 있음을 교육한다(발달상 적절한 수준에서).

정서적 안녕감과 존중 선택 교육(TIGER)

TIGER[네덜란드에서는 칸저교육(Kanjertraining)]는 1996년에 처음 개발된 교육 방법으로 네덜란드에서 사회·정서적 발달교육을 위해 가장 자주 활용되고 있다. 현재 TIGER는 세 가지 배경에서 활용된다. 첫째, 훈련된 교사가 초·중등학교에서 예방적 중재로 실시한다. 둘째, 높은 공격성과 불안감이 존재하는 교실에서 교사가 통제력을 상실할 때, 위기 중재로써 심리학자가 교실에서 실시한다. 셋째, 사회적 상호작용에 문제가 있거나 공격성 또는 우울 증상을 보이거나 낮은 자존감을 지닌 아동을 대상으로 아동 정신건강 센터에서 심리학자가 실시한다.

네덜란드 단어인 Kanjertraining의 칸저(Kanjer)는 영어에 해당하는 단어가 없지만 "잘했어, 너는 호랑이 같아, 너는 챔피언/영웅이야!"와 비슷한 의미이다. 사람들은 '칸저'가 되는 것을 자랑스러워한다. 교육에서 칸저는 진실하고 신뢰할 수 있으며 사회성이 뛰어나고 자기 자신과 타인을 존중하는 사람이다. 칸저는 건설적인 대응 전략을 지닌다. 평등에 입각한 예의 바른 해결책을 찾는다. 이렇게 방대한 칸저의 개념을 포괄하기 위해 이 교육을 TIGER(정서적 안녕감과 존중 선택 교육)라고 번역한다.

TIGER의 목표는 진정성 있고 존중하는 사회적 행동과 안녕감을 고취하는 것이다. 학교에서는 교실의 풍토를 개선하는 것이 추가 목표인데, 이는 교사와 학생, 학우 간의 긍정적인 관계를 의미한다. 4세부터 16세까지의 각 연령 집단에 적합한 매뉴얼도 개발되었다. 각 연령 집단은 2주에 한 번씩 1시간 30분 길이의 수업을 10회 정도 받았다. 각 수업은 대화식 독서로 시작해 역할극(네 가지 색의 모자 활용)과 사회성 기술 연습으로 이어진다. 이후 소크라테스식 문답법으로 사회적 딜레마를 토론한다. 교실 앞에 다섯 가지 원리가 담긴 포스터를 걸어 놓고 각 수업에서 이 행동 지침을 토론한다. 수업은 항상 집단의 신뢰를 높이는 신체 활동으로 마무리한다. 각 수업에서 지난 수업의 복습이 이뤄진다. 수업 주제의 예를 들자면, 자신을 표현하기, 칭찬하기, 느낌, 갈등 상황, 관심 보이기, 신뢰, 비평가, 우정, 네가 존재해도 괜찮아? 그리고 수료식이다. 이러한 원리와 모자 활용은 일상생활에서 적용하기 쉬워 일반화가 용이하다.

TIGER의 이론적 기반

TIGER는 광범위한 이론적 기반을 갖고 있는데, 이는 네덜란드의 교사와 학부모를 위한 책에 설명되어 있다(Weide & Vliek, 2007). 이 장의 목적을 위해 가장 중요하고 가장 특징적인 가정만이 논의될 것이며 이는 [글상자 15-1]의 맨 아래 부분에 요약되어 있다.

진정성: 자신의 욕구대로 살기

TIGER에서 문제 행동(내재화 및 외재화 행동)은 진정성이 결여된 행동으로 간주한다. 진정성 있는 삶이란 자신의 욕구대로 자신에게 맞는 것을 하며 사는 삶이라 정의할 수 있다. 자신을 진정성 있게 느낀다는 것은 자신의 감정, 사고, 관습, 신체 감각 및 욕구와 균형을 이루고 있다는 것이다. 예를 들어, 한 소년이 자신의 동성애 성향을 발견한다면 이는 자신의 신체 감각, 욕구, 관습(동성애자를 인정하지 않는 자신의 가족 등)과 갈등을 일으킬 수 있다. 결과적으로 이 소년은 가족과 있을 때 수줍음이나 우울감 행동을 표출할 수 있다. 진정성 있게 살기 위해 소년은 가족과의 소통을 통해 자신의 느낌, 관습 및 욕구와 균형을 이루어야 한다.

TIGER는 진정성 있는 행동이 자기발달의 핵심이며 따라서 안녕감과 자존감 발달의 핵심이라고 본다. 개인이 자신의 욕구대로 살게 된다면 개인의 목표를 이룰 수 있고 나아가 행복을 느끼게 된다. 더욱이 진정성 있는 삶을 선택함으로써 타인의 욕구와는 독립적인 고유한 존재로서의 자기관을 높일 수 있고 이는 자존감을 높인다.

TIGER에서 자신의 욕구대로 살기란 무슨 의미인가? 사람들은 큰 집, 좋은 차, 사회적 지위와 명성 등의 욕구를 가질 수 있다. 이런 욕구는 성취된다 하더라도 최적의(진정한) 자존감에 기여하지는 않을 것이다. TIGER에서 말하는 '욕구'는 더 근본적인 욕구이다. 출신, 문화, 종교, 경험을 불문하고 대부분의 사람은 좋은 부모, 좋은 학생, 좋은 친구, 좋은 자녀가 되려는 보편적 욕구를 지니며 아동 또한 이러한 욕구를 지닌다. 아동은 좋은 자녀, 좋은 친구, 좋은 학생으로 인정받기를 원한다. 아동은 자신을 봐 주고 이야기를 들어 주고 이해해 주기를 원하지만 불행히도 이런 경우는 흔하지 않다. 많은 아동은 자신이 나쁘거나 명청하거나 심술궂다고 생각한다. 이에 대해 어떤 아동은 위축, 수줍음, 불안으로 반응하고, 어떤 아동은 공격성을 표출하며, 다른 아동은 포기함으로써 무신경 또는 무관심해져서 자신과 타인을 진지하게 생각하지 않는다. 이 모든 경우에 아동은 자신의 욕구대로 살고 있지 않다. 즉, 자신이 그렇게 행동하기를 진심으로 원하지는 않는다. '좋은' 사람으로서 진정성 있게 행동하려는 욕구가 이 교육의 출발점이다.

책임감

이 교육의 또 다른 이론적 기반은 책임감을 가지는 데 있다. TIGER는 사람들이 자신의 행동에 책임을 져야 한다고 믿으며 이는 아동에게도 적용된다(발달상 적절한 수준으로). TIGER는 아동이 자신의 행동 양식을 선택할 수 있다고 가정한다. 아동은 환경의 산물이 아니며, 자신의 삶을 통제할 수 있고 자율적인 선택을 할 수 있다. 이는 실질적인 의미에서 부모가 다음과 같이 변명할 수 없다는 의미이다. "내 아이가 학교에서 말썽을 피우는 이유는 난독증이나 주의력 결핍과잉행동장애, 또는 아빠가 감옥에 있기 때문이에요." 물론 이런 요인이 아동에게 영향을 주긴 하지만 규칙을 어기는 것에 대한 변명으로 사용해서는 안 된다. 이것은 또한 아동이 얼마나 많은 문제를 갖고 있는가, 아동의 환경이 얼마나 열악한가, 스트레스를 발생시키는 어떤 일이 일어났는가는 그렇게 중요하지 않다는 뜻이다. 아동에게는 그 상황에서 어떻게 하길 원하느냐가 더 중요하다. 아동이 삶의 문제에 어떻게 대처하기를 원하는가?

이 교육은 스트레스와 문제가 삶의 일부라고 가정한다. 인생이 디즈니랜드와 같을 것이라고 기대해서는 안 된다. 사람은 삶의 도전에 대응하는 법을 배워야 하며 삶의 도전을 통해 가장 많이 배울 수 있다는 것을 알아야 한다. 이해를 돕기에 적절한 비유가 하나 있다. "좋은 날씨에 항해하면 내가 항해를 잘하는지 못하는지 알 수 없다. 오직 폭풍을 통해서만 항해를 잘 하는 법을 배울 수 있다." 이는 인생의 도전에도 똑같이 적용된다.

아동 욕구의 역할과 아동의 책임감에 대한 발달심리학 연구는 놀라울 정도로 미흡하다. 이론적으로 Piaget와 Vygotsky는 발달상에 있어 능동적이고 건설적인 아동의 역할을 이미 강조했다. 그러나 여전히 대부분의 이론적 모델은 아동이 자신의 행동에 선택권이 없거나 아동의 행동이 그 행동 양식을 결정하는 외부 요인의 총합인 것처럼 간주한다. 아동의 진정한 선호와 선택은 축소되었고, 따라서 중재에서도 이 요소들은 지엽적으로 간주되었다. 오직 최근의 두 연구만이 청소년이 자신의 개인적 가치에 중점을 둘 때의 영향을 연구했다. 첫 번째 연구는 『사이언스(Science)』에 게재되었다(Cohen, Garcia, Apfel, & Master, 2006). 7학년 미국 흑인 학생들이 자기통합—자신을 선하고 도덕적이며 효용성 있게 보는 것—을 확인하기 위해 15분 길이의 과제를 수행했다. 학생들은 자신에게 가장 중요한 두세 가지 가치를 명시했고 그것이 중요한 이유를 한 문단으로 작성했다. 자기확인이 부정적인 고정관념을 지닌 소수집단 학생들의 학업 성취를 강화하는지 연구하는 것이 이 중재의 목적이었다. 결과는 긍정적이었다. 가치에 대한 문단을 작성한 청소년이 다음 시기에 통제 집단보다 높은 성적을 받았다. '학생들이 자신의 개인적 가치에 집중한 이번 과제가 행동에도 영향을 미치는가?'라는 주요 질문이 남아 있지만 대답은 역시 긍정적으로 보인다. 최근의 공격성 연구에서도 똑같은 결과가 나왔다. 15분 길이의 과제를 수행한 자기애적 성향의 청소년은 일주일을 기준으로 공격성이 감소되었다(Thomaes, Bushman, Orobio de Castro, & Cohen, 논문 심사 중). 이 결과는 청소년이 자신의 가치(자신의 진정한 욕구)를 깨달을 때 학업 성적도 향상되고 공격성도 감소할 수 있음을 보여준다.

자존감과 타인에 대한 존중

TIGER에 따르면(Weide & Vliek, 2007) 자존감은 타인에 대한 존중과 함께 결합하여 사회적 행동 발달에 중요한 역할을 한다. 사회적 행동은 자신과 타인 사이의 상호작용에 관한 것이기 때문에 자신과 타인 모두를 존중하는 태도가 중요하다. TIGER는 낮은 자존감과 타인에 대한 높은 존중의 결합이 열등감을 가져올 수 있고 내재화 행동에 기여할 수 있다고 가정한다. 반면, 높은 자존감(또는 높은 자만심)과 타인에 대한 낮은 존중은 우월감과 권력감으로 나타나고 이는 타인('쓸모없게' 여겨지는)에 대한 공격적 행동으로 이어질 것이다. 자존감과 타인에 대한 존중이 균형을 이룬 아동은 자신과 타인 모두 그 존재 자체로 존중받는 예의 바른 사회적 행동을 보일 것이다. 이러한 가정은 자신의 존중과 타인의 존중 사이의 불균형이 많은 문제를 야기한다는 점에서 Salmivalli 등(1999)과 Thomaes(2007)의 연구와 일치한다.

부모, 학교정책 및 교사

TIGER는 부모와 교사 그리고 학교정책이 아동의 행동과 발달에 중요한 영향을 미친다는 것을 인정한다. 아동 주위의 이러한 사람들은 두 가지 방법으로 긍정적인 사회적 상호작용을 촉진할 수 있다. 하나는 역할 모델로 기능하는 것이고, 다른 하나는 피드백 주기, 권위 있게 행동하기, 제한을 설정하고 유지하기 등을 통해 아동의 적절한 사회적 행동을 지지하는 것을 통해서이다. 부모와 교사는 이 '진정한' 역할을 성취하는 방법을 배워야 한다. 학교에서는 교사와 부모가 교실에서의 아동 행동에 대해 공동 책임을 진다. 이는 아동이 말썽을 피우거나 그럴 의도를 품고 있을 때 부모가 학교를 방문하는 것을 의미한다. 학교가 교칙과 절차에 대한 정책을 명백히 하는 것이 매우 중요하다. 사실상 학교는 그 자체만의 진정한 역할, 즉 학생들이 안전한 환경에서 학습할 수 있는 정책을 만드는 역할도 완수해야 한다.

TIGER의 방법

TIGER 중재는 [글상자 15-1]에 요약된 영향의 요인과 기제(부모, 교사와 또래, 사회적 정보 해석, 사회성 기술, 정서 인식, 자존감 그리고 타인에 대한 존중)의 대부분을 염두에 둔다. 아동의 행동에 영향을 미치는 이러한 요인들 외에도 TIGER는 미래에 중점을 둔 두 가지 요소도 활용하고 있는데([글상자 15-1]의 맨 아래 부분 설명), 그 교육 전략은 다음과 같다.

진정성 있는 행동을 어떻게 장려하는가

TIGER는 사회성이 높은 진정성 있는 행동을 하기 위해 아동이 이 행동에 익숙해지고 실행할 만큼 숙련되며 이 행동을 택하는 것을 원하고(욕구) 일상생활에서 이 행동을 선택하는 것(책임감)이 중요하다고 주장한다.

기술 연습

아동이 사회성이 높은 행동을 학습하려면 이 행동에 익숙해져야 한다. 자주 야단맞는 매우 적대적인 환경에서 성장한 아동은 더 긍정적인 사회적 상호작용의 유형이 존재한다는 사실을 모르게 된다. 따라서 아동은 사회성이 높은 타인의 행동을 관찰하여 다른 유형의 대응 방법이 있다는 것을 깨달아야 한다.

이 행동을 알거나 관찰하는 것만으로는 이를 실천에 옮기기 쉽지 않다. 아동은 이러한 행동적 기술을 학습해야 한다. 교육을 통한 연습이 첫 단계이며 일상생활을 통한 연습이 두 번째 단계이다. 아동의 행동을 형성하는 데 환경은 중요한 역할을 한다. 아동이 새로운 행동을 쉽게 선택하도록 하려면 환경(부모, 또래, 교사) 또한 교육이 필요하다. 행동 기술을 학습하는 것 외에도 아동은 새로운 사고방식을 배워야 한다. 아동의 적대적인 속성은 공격성, 불안감과 상호 관련이 있기 때문에 아동이 사회적 정보를 호의적으로 보는 법을 학습하는 것이 중요하다.

아동이 사회적 행동을 이해하고 그 기술을 익히기 위해 사용되는 주요한 방법은 네 가지 유형의 행동 또는 대처 전략을 시연하는 것이다. 이 행동을 설명하기 위해 네 가지 색의 모자를 활용한다. 이 기법을 통해 아동은 네 가지 유형의 행동을 인식하고 자각하며 익히는 것을 학습한다. 검은색 모자(집단 괴롭힘대장 새)는 공격적이고 지배적인 행동을, 노란색 모자(토끼)는 수

줌음 많고 불안하며 우울한 행동을, 빨간색 모자(원숭이)는 익살스럽고 부주의하며 추종자적인 행동을, 하얀색 모자(호랑이)는 자신과 타인에 대한 존중을 가진 진정성 있는 사회적 행동을 상징한다. 마지막 모자인 호랑이 행동은 건설적이고 사회성 높은 행동, 예의 바른 방식으로 자신의 의견을 피력하려는 용기, 자신의 감정을 표현하기, 돕기 그리고 신뢰할 수 있게 되기를 포함한다. 아동은 쓰고 있는 모자대로 행동하되 자신을 모자와 동일시하지 않는 것이 중요하다. 사회성(호랑이) 기술(자신을 표현하기, 감정에 대해 말하기, 피드백 주고받기 등)은 각 수업 시간 동안 반복적으로 연습하여 자동화하도록 한다. 실제로 발생한 집단 괴롭힘 상황과 같은 어려운 상황은 역할극으로 재연한다. 이 모자는 수업 외 시간에도 활용할 수 있다. 학생, 교사, 부모는 "모슨 모자를 쓰고 있니?"라고 질문함으로써 아동이 자신의 행동을 자각하게 한다. 그 후, 아동에게 하얀색 모자를 쓰고 싶은지 물어본다. 아동은 네 유형의 행동이 종종 자신과 타인에 대한 생각과 일치한다는 것을 학습한다. 이러한 생각 및 다른 주제('우정이란 무엇인가?' '누구와 같은 집단에 속하고 싶은가?' 등)를 토론하며 아동은 사회적 정보처리 방식을 바꾼다고 간주되는, 사회적 상호작용에 대한 자신의 인식을 바꾸게 된다.

모자 외에도 다섯 가지 TIGER 원리를 교실 앞에 게시하여 행동 지침으로 활용한다. 다섯 가지 행동 지침은 '우리는 서로를 신뢰한다, 우리는 서로를 돕는다, 아무도 대장 노릇을 하지 않는다, 아무도 다른 사람을 놀리지 않는다, 아무도 피해자처럼 행동하지 않는다.'이다.

자신의 욕구대로 살기, 진정성

앞서 언급된 바와 같이 TIGER는 인간의 보편적인 욕구(나는 좋은 자녀, 아들, 학생이 되고 싶다)에 대한 관점을 교육의 출발점으로 사용한다. 대부분의 아동은 수줍거나 불안하거나 공격적으로 행동하기를 원하지 않고 진정성 있고 친사회적으로 행동하기를 원한다는 가정하에 아동의 이러한 내적 동기를 사용한다. 예를 들어, 아동이 공격적 행동을 보이면 교육자나 교사는 "저 친구를 다치게 하고 싶니?" "그럴 의도가 없다면 괜찮아. 그렇다면 이렇게 행동하지 않게 될 거야." "만약 친구를 다치게 할 의도가 있다면 지금 당장 멈춰야 해. 이건 학교에서 허용되지 않는 행동이야."와 같이 말하면서 자신의 권위를 보여 준다(하지만 반드시 아동이 자신의 결정과 행동을 자각하고 책임지게 만든 후에).

모자를 사용할 때 아동이 하얀색 모자를 선택하도록 강요하지 않는다(비유적으로 말하자면). 이 행동의 결과는 역할극으로 실시하여 호랑이 행동이 가장 유익한 행동임을 아동이 경험하도록 한다. 이 접근의 장점은 아동의 행동이 내적으로 동기화된다는 것이다. 첫 수업에서 아동은 신뢰받기 원하느냐는 질문을 받는다. 신뢰받기를 원하지 않는 것은 일탈 행동의 전조이기 때문에 이는 교육의 중요한 출발점이 된다. 아동이 신뢰받기 원하지 않는다고 대답한다면 아동의 부모는 학교를 방문해 교사 및 교장과 상담을 해야 한다.

책임감

아동은 자신이 피해자라는 느낌을 포기하는 법을 학습한다. 집단 괴롭힘을 당하거나 수줍어하고 불안해하는 많은 아동이 이런 무력감을 느낀다. 이런 아동은 '나는 영향력이 없어. 이런 일은 나한테 항상 일어나는 일이야.'라고 생각한다. 놀랍게도, 많은 공격적 성향의 아동 또한 '왜 항상 나만 혼나지? 나는 규칙의 피해자야.'와 같은 생각을 가진다. 두 집단의 아동 모두 자신의 행동에 대한 책임감을 학습해야 한다. 이 수업은 아동이 자신의 행동을 선택할 수 있다는 것을 점차적으로 학습하도록 구성되어 있다. 모자의 활용이 이를 설명해 준다. 아동은 다른 모자를 선택해 쓸 수 있다. 아동 자신은 모자가 아니며 자신이 쓴 모자처럼 행동할 뿐이다. 나아가 교육자나 교사는 아동이 이러한 상황에서 통제력을 발달시키도록 하기 위해 아동이 연습에 참여하기를 원하는지 항상 선택할 수 있도록 한다. 마지막 TIGER 원리인 '우리는 무력하지 않다.'는 나쁜 상황에도 인간은 항상 상황에 대처할 방법을 선택할 수 있다는 것을 의미한다.

어떤 아동은 아무도 자기와 놀기 원하지 않으며 자신이 피해자라고 느낀다. TIGER 워크북에서 이런 유형의 아동을 줄리안이라는 이름의 소년으로 묘사한다. 줄리안은 모든 사람이 사이좋게 지내야 한다고 믿는다. 줄리안은 같은 반의 '멋진' 학생들과 친구가 되고 싶어 한다. 하지만 이 학생들은 그를 좋아하지 않는다. 줄리안은 '멋진' 학생들이 영화를 보러 가는 같은 시간에 영화를 보러 가기로 한다. 그 학생들은 줄리안과 함께 있고 싶지 않다고 얘기하지만 줄리안은 그들 옆에 앉는다. 학생들은 화가 나서 줄리안을 때린다. 줄리안은 집에 돌아가 엄마에게 이야기하고 엄마와 줄리안 모두 줄리안이 가여운 피해자라고 생각한다. 다음 날, '멋진' 학생들은 수영을 하러 간다. 줄리안은 그들과 어울리고 싶어 같은 수영장에 가고 학생들은 줄리안에게 또 소리치며 때린다. 역사는 이렇게 반복된다. 이 이야기는 학생들에게 '멋진' 집단과는 별개로 줄리안 또한 배워야 할 점이 있다는 교훈을 가르친다. 줄리안은 모든 사람이 자신을 좋아하지는 않는다는 것 그리고 그래도 괜찮다는 것을 배워야 한다. 줄리안은 자신을 좋아하지 않는 학생을 쫓아다니지 말아야 한다. 그는 함께 어울릴 다른 친구를 찾아야 한다. 따라서 그는 자신이 처한 상황에 영향력을 갖고 있으며 피해자가 아니다.

자존감과 타인에 대한 존중

충분한 사회적 지지를 받고 자신에게 중요한 영역에서 유능함을 느낄 때 긍정적 자존감은 형성된다(Harter, 1999). TIGER에서 아동은 기술을 연습함으로써 사회적 상호작용에 능숙해지고 아동을 둘러싼 환경을 교육에 포함시켜 아동에게 사회적 지지를 더 제공하며 아동을 이해하고 관찰하고 귀 기울일 수 있는 환경을 조성한다. 여러 수업 주제 중 하나는 '네가 존재해도 괜찮아?'와 관련된 주제로, 아동은 자신이 존재해도 괜찮으며 이는 자신의 업적 때문이 아니라 자신을 사랑하는 사람들이 있기 때문이라는 것을 학습한다. 이는 Kernis(2003)의 견해와 유사하다. "최적의 자존감은 …… 자신의 성취 업적이 아닌 자신의 존재 자체가 가치 있게 여겨지는 관계를 포함한다."(p. 13) 나아가 TIGER는 아동이 자신의 욕구대로 살기 위해 진정성 있는 선택을 하도록 장려한다. 이로 인해 아동은 자신이 고유한 존재이며 타인의 욕구와는 독립적인 존재라는 느낌을 갖게 되고, 이는 자존감의 증진과 연결될 것이다. 이 또한 Kernis(2003)의 견해와 유사하다. "최적의 자존감은 …… 행동 선택의 입력 정보로서 자신의 핵심, 진정한 자아의 작용을 포함한다."(p. 13)

덧붙여 타인과 타인의 의견에 대한 존중을 장려하기 위해 학생들은 교육 동안 서로 이야기하고 의견을 나눈다. 집단 내의 신뢰를 증가시키며, 때리고 발로 차는 행위가 아닌 존중하는 방식으로 서로 접촉하기 위해 신체 활동을 실시한다.

부모, 학교정책 및 교사

TIGER는 부모와 교사가 아동의 행동과 발전에 중요한 영향을 미침을 인정한다. 교사와 부모는 TIGER를 통해 아동이 좋은 자녀, 좋은 학생, 좋은 친구가 되기 원하는 것을 기대하도록 학습한다. 아동이 항상 자신의 욕구대로 행동하는 것은 아니다. 따라서 교사와 부모는 아동이 자신의 욕구대로 살도록 돕는 방법을 배운다.

TIGER에 주어진 두 가지 모든 환경(학교와 아동 정신건강 센터)에서 부모는 교육에 적극적으로 참여한다. 아동 정신건강 센터에서 부모는 의무적으로 평행 부모 집단에서 교육을 받는다. 부모가 참여하지 않고 교육을 실시하는 것은 불가능하기 때문이다. 학교에서는 교육이 시작되기 전 학부모의 밤 행사를 연다. 문제 학급의 심리학자가 교육을 실시할 때 부모의 참여는 교육의 결정적인 요소이다. 교실에서 학생에게 실시하는 수업 외에도 학교 및 교사와 심리학자는 학교에서 허용되거나 허용되지 않는 행동에 대한 명확한 규칙을 만든다. 자녀가 나쁜 행동이나 그럴 의도를 보일 때, 부모는 학교에서 보고받게 되고 학교를 방문해야 한다. 처벌은 명확해야 한다. 학생이 학교 교칙에 따라 행동하지 않을 때 학교를 떠나야 한다. 이렇듯 명확하고 대립적인 접근은 교실 내의 학생 행동에 큰 영향을 준다. 대부분의 경우, 학생이 퇴학당할 필요는 없다. 목표는 정상적이고 긍정적인 행동을 하는 학생을 보호하고 공격적인 학생을 위해 명확한 규칙을 세우는 것이다. TIGER는 교장이 이런 명확한 방침을 만들도록 장려한다.

교실에서 교육을 시행하기 위해 교사는 3일간의 연수를 받는다. 이 연수 동안 교사는 자신의 행동에 많은 관심을 기울인다. 교사는 자기 자신의 행동과 그것이 학생에게 미치는 영향(모델링을 통한)을 자각한다. 교사는 또한 진정성 있는 교사 역할—권위자로서 대담하게 행동하기, 기대 행동을 명확하게 알리기, 명백한 규칙을 만들고 이를 지키기—을 수행해야 함을 배운다. 일반적으로 교사와 부모는 공격적이거나 과잉 행동을 하는 아동보다 긍정적으로 행동하는 아동에게 관심을 더 기울이도록 교육받는다.

TIGER의 유효성

TIGER의 유효성은 숙련된 심리학자가 문제 학급에서 교육을 실시하는 동안 조사되었다. 이 연구의 목표는 교실의 풍토가 개선되었는지, 학생들의 예의 바른 사회적 행동이 발전했는지, 우울한 사고와 공격적 행동이 감소했는지, 높은 안녕감과 자존감이 발전되었는지를 입증하는 것이었다.

방법

네덜란드의 11개 초등학교에서 11개 학급(3~6학년)이 교육을 받았다(n=237, 평균 연령 9.9세, 남학생 49%). 각 학교마다 통제 학급을 선별하여(n=254, 평균 연령 10.4세, 남학생 54%) 교육을 실시하지 않은 반면, 교육 학급과 똑같은 설문지를 동시에 작성하게 했다. 교육 집단의 인종 구성은 네덜란드인 86%, 서양 외국인 4%, 기타 외국인 10%였다. 부모 중 1명이라도 외국에서 태어난 경우, 자녀를 외국인으로 분류했다. 통제 집단의 인종 구성은 각각 86%, 4%, 8%였다. 통제 집단과 교육 집단은 나이, 성별, 인종 구성에 있어 큰 차이는 없었다. 교육 전과 후에 학생들은 학교 설문지의 일부(Smits & Vorst, 1990)와 TIGER 설문지를 작성했다. 학교 설문지의 정서적 안녕감 하위척도가 사용되었는데, 여기에는 교사와의 관계 하위척도 및 학우들이 인지한 사회적 수용도가 포함되었다. 이 하위척도들의 타당도는 이전의 연구에서 이미 입증되었고 (Smits & Vorst, 1990), 하위척도의 신뢰도는 각각 .91, .83, .90이었다(크론바흐 알파). TIGER 설문지는 이 연구를 위해 개발되었으며 자존감(알파 α=.79), 긍정적인 사회적 상호작용(α=.76), 우울한 사고(α=.81) 그리고 공격적 행동(α=.78)을 측정한다. 각 하위척도는 10개 정도의 문장으로 구성되어, 학생들이 '절대 그렇지 않다' '별로 그렇지 않다' '조금 그렇다' 또는 '매우 그렇다'를 선택하는 4점 리커트 척도를 사용했다. 자존감 척도의 타당도는 아동 자기인식 프로파일(Self Perception Profile for Children)의 국제적 자부심 하위척도와의 상관관계(r=.67)를 통해 제시되었다(Harter, 1988).

학생들은 교육 전과 후에 교실에서 설문지를 작성했다. 교육은 평균 15시간이었고 1시간 30분 수업을 2주간 10회 실시했으며, 3개월에 걸쳐 3일은 하루 전체를 교육에 할애했다.

분석

자료는 회귀분석으로 분석했고 사후검사 점수는 종속변수로 기록했다. 통제 집단과 교육 집단 간의 나이와 사후 차이를 교정하기 위해 사전검사 점수와 나이는 각 분석의 첫 단계에서 입력했다. 교육 집단과 통제 집단 간의 사후검사 점수의 차이를 조사하기 위해 통제 집단 대 교육 집단의 변수는 두 번째 단계에서 입력했다. 여기서는 이 두 번째 단계의 결과를 보고하려 한다.

중재 연구에 있어 중요한 질문은 '이 교육은 누구에게 효과적인가?'이다. TIGER와 같은 예방적 중재는 문제 행동이 있거나 없는 다양한 아동에게 제공하기 때문에 모든 아동이 같은 방식으로 혜택받지는 않는다. 사전검사에서 평균이나 그 이상의 점수를 받은 아동에게는 중재가 효과적이지만 낮은 점수를 받은 아동(교육이 가장 필요했던 집단)에게는 그렇지 않았다면 실질적인 의미에서 별로 효과적인 교육은 아니다. 가장 낮은 점수를 받은 학생이 발전을 보일 때, 교실에서의 풍토는 개선될 수 있다. 따라서 각 4분위 집단 개별적으로 효과의 정도를 측정했다(하위 25%, 상위 25%, 중간 두 집단). 교육 집단에서 최하의 사전검사 점수를 받은 아동이 가장 큰 효과 크기를 보일 것이라는 가정을 세웠다. 효과 크기는 교육 집단의 사후검사 점수 평균에서 통제 집단의 사후검사 점수 평균을 뺀 후 이것을 통합 표준편차로 나누어 계산했다. 사후검사 점수는 사전검사 차이를 위해 먼저 수정되었다. 통합 표준편차는 다음과 같이 계산했다. SD pooled=$\sqrt{[(Nt*SDt^2)+(Nc*SDc^2)/Nt+Nc-2]}$(t=교육 집단, c=통제 집단, N=실험 대상 수, SD=표준편차). Cohen(1988)은 효과 크기(d)가 .20과 .50 사이면 작고 .50과 .80 사이면 중간이며 .80보다 높으면 크다고 정의했다.

결과

〈표 15-1〉과 [그림 15-1]에서 [그림 15-7]까지는 교육 전과 후의 평균 점수를 보여 준다. 모든 점수는 표준화되었다. 사전검사 차이를 통제한 후 교육 집단과 통제 집단의 모든 차이는 p's<.01로 회귀분석에서 주목할 만했다. 모든 차이는 기대한 방향으로 나타났다. [그림 15-8]에서 [그림 15-14]까지의 그래프는 효과 크기를 보여 준다. 전체 효과 크기는 왼쪽에서 볼 수 있으며 더불어 각 4분위 집단의 효과 크기를 표시했다. 0~25 집단이 항상 교육 초기에 가장 많은 문제를 지닌 집단이다. 이 하위 점수 집단의 효과 크기가 가장 중요한데, 이 집단이 교육이 가장 필요한 집단이며 이 학생 집단이 개선되면 전체 학급의 풍토가 개선될 수 있기 때문이다. 이 집단의 효과 크기는 .33~.78까지 다양했다. 교육은 우울한 사고, 학우가 인지한 사회적

〈표 15-1〉 교육 집단과 통제 집단 결과 측정을 위한 기술 통계

척도	집단	사전			사후		차이	
		N	M	SD	M	SD	MD	Sign
긍정적인 사회적 상호작용	교육	224	-.03	1.02	.35	.96	-.38	**
	통제	253	-.01	1.03	.10	1.01	-.11	
정서적 안녕감	교육	236	-.02	.97	.18	.91	-.20	**
	통제	244	.24	.85	.08	.99	.16	
우울한 사고	교육	224	-.12	1.08	-.66	.92	.54	**
	통제	253	-.27	.97	-.43	1.05	.14	
공격적 행동	교육	223	-.08	.99	-.20	1.05	.12	*
	통제	253	-.04	.90	.01	1.05	-.05	
인지된 사회적 수용도	교육	237	-.04	.96	.17	.85	-.21	*
	통제	244	.14	.87	.12	.91	.02	
교사와의 관계	교육	238	.11	.85	.19	.93	.09	**
	통제	244	.21	.89	-.01	1.20	.22	
자존감	교육	224	-.06	1.13	.50	.89	-.56	**
	통제	253	.15	.97	.24	1.08	-.09	

주: M=평균, MD=평균차(사전-사후), N=참여자 수, SD=표준편차. Sign.=교육 효과의 중요 수준: *p<.01,**p<.001, 교육 집단이 통제 집단보다 개선됨을 암시.

수용도, 자존감과 긍정적인 사회적 상호작용에 가장 큰 영향을 주었다. 이 척도의 효과 크기는 모두 평균 효과 크기인 .5보다 높았다. 이는 이러한 결과가 이론적으로만 유의미한 것이 아니라 실제로도 중요하다는 것을 보여 준다. 최하 점수를 받은 학생들은 눈에 띄게 개선되었다. 교육은 공격적 행동, 교사와의 관계, 안녕감에 기대보다는 작지만 여전히 긍정적인 영향을 주었다. 효과 크기는 작았는데(.3~.5), 이는 교육이 가장 필요한 학생이 안녕감의 증가, 교사와의 관계 개선과 공격성 감소를 경험했다는 것을 보여 준다. 놀랍게도, 자존감과 안녕감에서 집단 평균 점수 바로 아래의 점수 집단(25~50 집단)이 더 개선되었다. 이 집단의 효과 크기는 >.8로 컸다.

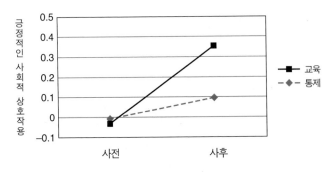

[그림 15-1] 긍정적인 사회적 상호작용

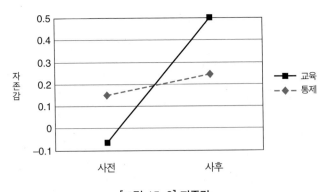

[그림 15-2] 자존감

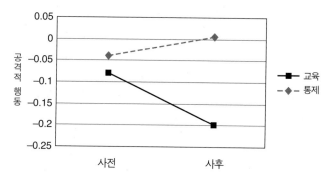

[그림 15-3] 공격적 행동

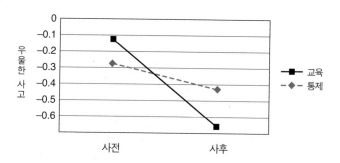

[그림 15-4] 우울한 사고

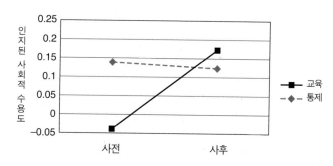

[그림 15-5] 인지된 사회적 수용도

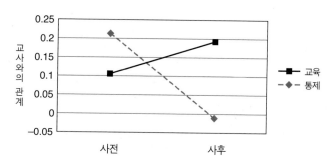

[그림 15-6] 교사와의 관계

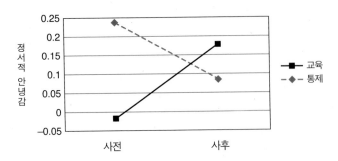

[그림 15-7] 정서적 안녕감

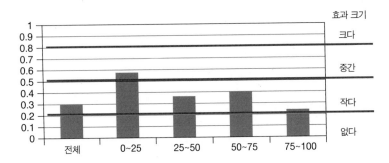

[그림 15-8] 긍정적인 사회적 상호작용

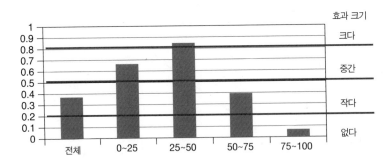

[그림 15-9] 자존감

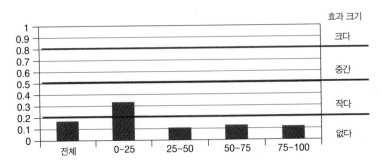

[그림 15-10] 공격적 행동

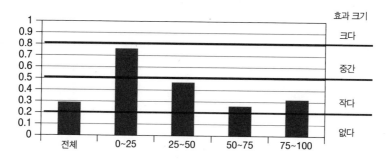

[그림 15-11] 우울한 사고

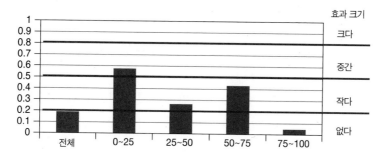

[그림 15-12] 학우에 의해 인지된 사회적 수용도

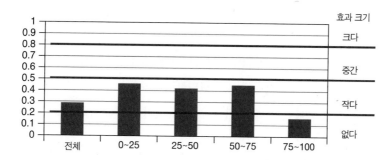

[그림 15-13] 교사와의 관계

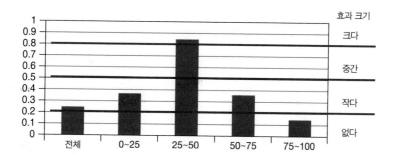

[그림 15-14] 정서적 안녕감

논의

이 장에서는 아동과 청소년의 긍정적인 사회적 상호작용을 장려하기 위한 개요와 함께 연구와 실제로부터 얻은 통찰을 제시했다. 연구를 통해 아동과 청소년의 긍정적인 사회적 상호작용 및 문제 행동과 관련된 많은 요인을 밝혔다. TIGER는 이러한 요인들 외에 중재를 위한 두 가지 효과적인 출발점으로서, 아동이 '좋은' 아이, 친구, 학생이 되고자 하는 욕구 그리고 자신의 행동에 대한 책임감을 더하고자 한다. TIGER는 이 요인들을 중재에 포함시켰다. 최근에 TIGER의 유효성이 연구되었으며 그 결과는 긍정적이었다. 연구 결과는 아동이 자신의 근본적인 욕구에 집중할 수 있도록 상기시켜 주며 자신의 행동에 책임감을 갖도록 하는 것이 긍정적인 사회적 상호작용과 자존감을 장려하고 우울 증상을 감소시키는 데 효과적임을 암시한다. 그러나 우리가 사용한 연구 설계에서 이 요인들의 독점적인 영향을 연구하기는 불가능하기 때문에 이 잠정적 결론은 검증이 더 필요하다. 연구의 효과가 부모, 교사 및 교장의 참여 등 연구에서 활용된 다른 방법에 기인할 수도 있기 때문이다. 그렇다 할지라도, 아동과 청소년이 자신의 욕구와 가치를 자각하게 하는 것이 중요하다는 증거는 두 가지 주목할 만한 연구에서 밝혀졌다(Cohen, Garcia, Apfel, & Master, 2006; Thomaes, Bushman, Orobio de Castro, & Cohen, 논문 심사 중). 두 연구 모두에서 단지 15분 길이의 과제가 청소년에게 큰 영향을 미쳤다. 학생들은 두세 가지 가장 중요한 자신의 가치를 밝히고 그에 대해 썼다. 이 과제는 학생들의 성적을 향상시켰으며(Cohen et al.) 공격성을 감소시켰다(Thomaes et al.). 이 결과는 아동과 청소년의 욕구가 자신의 행동을 형성하는 데 중요한 요인이며 따라서 긍정적인 사회적 상호작용을 장려하기 위해 중재에 포함되어야 할 것을 권고한다.

현재의 연구는 Hughes와 Barrios(이 책)가 설명한 Flay 등(2005)의 효과 증거 기준에 대부분 부합한다. 현재의 연구를 통해 중재 목표와 실험 집단에 대한 자세한 설명을 얻을 수 있다. 연구에서는 신뢰할 만한 수단으로 교육을 통해 변화시키고자 한 행동과 결과를 측정했다. 모든 측정의 타당도는 다른 측정과의 상관관계 또는 안면 타당도에 기초하여 확립되었다. 자료는 교육을 실시하지 않은 개인에 의해 수집되었다. 이 연구에서 심리학자들이 교육을 실시했고 학생들이 작성한 자료를 교사가 수집했다. 연구 표본을 설명하여 '결과의 일반화 가능성' 표준에 부합하도록 했다. 다중적 결과를 평가할 때 다중 비교를 위한 조정도 필요하다. 현 연구에서는 일곱 가지 결과를 평가했는데, 모든 결과는 $p < 0.01$로 의미 있는 수준이었고 이러한 결과들이 우연의 산물이 아님을 확증한다. 이 연구는 측정된 각 결과가 긍정적인 효과를 입

증하므로 결과가 기대 방향의 최소 50%를 훨씬 넘는 '통계적으로 유의한 효과' 표준에도 부합한다. 교육을 마치고 반년 후 실시한 추적 측정은 현재 수집 중이므로 결과는 이후에 나올 것이다.

'인과 추론의 명확성' 표준과 '통계 분석' 표준이라는 이 두 가지 기준에는 부합되지 않았다. 모든 결과는 실세계 상황에서 실시한 연구에서 얻은 것으로, 문제가 되는 점수를 받은 모든 학습에 가능한 한 신속하게 교육을 실시했기 때문에 통제 집단은 교육 집단과 수적으로 일치하지 않았다. 통제 집단의 수를 맞추기 위해 문제가 있는 학급에 교육을 실시하지 않고 기다리는 것은 도덕적으로 옳지 않기 때문이었다. 짝이 맞지 않는 집단 사용으로 인한 단점은 분석에서 사전검사 차이를 수정함으로써 최소화되었다. 덧붙여 그래프에는 수정되지 않은 평균을 사용했는데 대부분의 하위검사에서 교육 집단이 통제 집단보다 더 나쁜 상황에서 출발했지만 더 나은 결과를 보였다는 것을 증명한다(두 선이 교차함). 이는 교육을 통한 엄청난 개선이 사전검사 차이에 기인하지는 않을 것이라는 암시를 준다. 통계분석 표준에 부합하도록 다중 분석을 활용하여 학생들의 학급 집단 형성을 설명했는데 제한된 표본 크기로 인해 이 분석은 불가능했다.

Flay 등(2005)은 또한 폭넓은 확산을 위한 기준을 설명했다. TIGER의 유효성에 대한 연구가 모든 기준에 부합하지는 않았지만, 교육 자체는 폭넓은 확산을 위한 모든 추가 기준에 부합한다. 사용자 친화적인 포괄적 매뉴얼과 교재가 완성되었으며 비록 아직 증명되지는 않았지만 이는 실행 충실도를 높일 것으로 보인다. 이 프로그램은 측정이 용이하다. 사실상 네덜란드에서는 이미 이 교육이 널리 활용되고 있다. 학교 심리학자 및 조직의 네트워크가 전국에 퍼져 있어 교사를 훈련하고 정신건강 센터에서 교육을 실시한다. 비용에 대한 정보 또한 얻을 수 있다. 감독과 평가 도구 또한 교사와 학생을 위한 인터넷기반의 설문지 형식으로 널리 사용되고 있다. TIGER의 효과에 대한 증거가 모든 기준에 부합하는 연구를 통해 확대된다면 교육은 대규모로 확산될 수 있다.

우리는 이 장에서 사회적 행동에 영향을 주는 요인을 연구하는 이들에게 두 가지 추가적인 요인, 즉 아동이 친사회적으로 행동하려는 욕구와 아동의 책임감을 포함할 것을 새로이 강조하고자 한다. 중재 연구는 인과관계 검사를 위한 훌륭한 수단이기 때문에 연구자와 실천가가 서로 협력하여 이 주제에 대한 프로젝트를 실시해야 한다. TIGER의 유효성에 대한 후속 연구가 지속되어 더 많은 지식과 정보가 제공되기 바란다.

감사의 글

이 연구 프로젝트 초반에 열정적으로 지지해 준 Ewoud Roede, Lisa Jonkman, Nick Broers 와 Wouter Meijer에게 감사의 뜻을 전하는 바이다. 더불어 설문지를 작성해 준 모든 학생과 이 연구에 참여한 교사 및 학교, 교육 담당자들에게 감사를 표한다.

참고문헌

Bandura, A. (1986). *Social foundations of thought and action: A social cognitive theory.* Englewood Cliffs, NJ: Prentice-Hall.

Bandura, A. (1994). Self-efficacy. In V. S. Ramachaudran (Ed.), *Encyclopedia of human behavior* (Vol. 4, pp. 71-81). New York: Academic Press.

Birmaher, B., Ryan, N., Williamson, D., Brent, D., & Kaufman, J. (1996). Childhood and adolescent depression: A review of the past 10 years. Part II. *Journal of American Academy of Child and Adolescent Psychiatry, 35,* 1575-1583.

Boivin, M. (2005). The origin of peer relationship difficulties in early childhood and their impact on children's psychosocial adjustment and development. In R. E. Tremblay, R. G. Barr, & R. D. V. Peters (Eds.), *Encyclopedia on early childhood development* (pp. 1-7). Montreal: Center of Excellence for Early Childhood Development.

Bollmer, J. M., Milich, R., Harris, M. J., & Mara, M. A. (2005). A friend in need: The role of friendship quality as a protective factor in peer victimization and bullying. *Journal of Interpersonal Violence, 20,* 701-712.

Cohen, J. (1988). *Statistical power analysis for the behavioral sciences* (2nd ed.). Hillsdale, NJ: Lawrence Erlbaum Associates.

Cohen, G. L., Garcia, J., Apfel, N., & Master, A. (2006). Reducing the racial achievement gap: A social-psychological intervention. *Science, 313,* 1307-1310.

Crick, N. C., & Dodge, K. A. (1994). A review and reformulation of social information processing mechanisms in children's social adjustment. *Psychological Bulletin, 115,* 74-101.

Deater-Deckard, K. (2001). Annotation: recent research examining the role of peer relationships in the development of psychopathology. *Journal of Child Psychology and Psychiatry, 42,* 565-579.

Dodge, K. A. (2006). Translational science in action: Hostile attributional style and the development of aggressive behavior problems. *Development and Psychopathology, 18,* 791-814.

Eisenberg, N., Fabes, R. A., Murphy, B., Maszk, P., Smith, M., & Karbon, M. (1995). The role of emotionality and regulation in children's social functioning: A longitudinal study. *Child Development, 66,* 1360-1384.

Emmer, E. G., Evertson, C. M., & Anderson, L. M. (1980). Effective management at the beginning of the school year. *Elementary School Journal, 80,* 219-231.

Farrington, D. P. (1995). The challenge of teenage antisocial behavior. In M. Rutter (Ed.), *Psychosocial disturbances in young people: Challenges for prevention* (pp. 83-130). Cambridge: Cambridge University Press.

Flay, B., Biglan, A., Boruch, R., Castro, F., Gottfredson, D., Kellam, S., Mościcki, E., Schinke, S., Valentine, J., & Ji, P. (2005). Standards of evidence: Criteria for efficacy, effectiveness and dissemination. *Prevention Science, 6*(3), 151-175.

Goldstein, S. (1995). Effective teachers, successful students, optimal environments, and productive consultants. In S. Goldstein, *Understanding and managing children's classroom behavior.* New York: Wiley-Interscience.

Good, T., & Brophy, J. (1978). *Looking in classrooms.* New York: Harper & Row.

Harter, S. (1988). Manual for the self-perception profile for adolescents. Denver, CO: University of Denver.

Harter, S. (1999). *The construction of the self: A developmental perspective.* New York: Guilford.

Hodges, E. V. E., Boivin, M., Vitaro, F., & Bukowski, W. M. (1999). The power of friendship: Protection against an escalating cycle of peer victimization. *Developmental Psychology, 75,* 94-101.

Kazdin, A. E. (2003). Psychotherapy for children and adolescents. *Annual Review of Psychology, 54,* 253-276.

Kernis, M. H. (2003). Toward a conceptualization of optimal self-esteem. *Psychological Inquiry, 14*(1), 1-16.

Muris, P. (2008). Angst en angststoornissen. In P. Prins & C. Braet (Eds.), *Handbook Ontwikkelingspsychologie* (pp. 353-376). Bohn Stafleu van Loghum: Houten.

Muris, P., Meesters, C., & Brakel, A. van (2003). Assessment of anxious rearing behaviors with a modified version of the "Egna Minnen Beträffande Uppfostran"(EMBU) questionnaire for children. *Journal of Psychopathology and Behavioral Assessment, 25,* 229-237.

Nation, M., Crusto, C., Wandersman, A., Kumpfer, K. L., Seybolt, D., Morrissey-Kane, E., & Davino, K. (2003). What works in prevention. Principles of effective prevention programs. *American Psychologist, 58,* 449-456.

Orobio de Castro, B., Merk, W., Koops, W., Veerman, J. W., & Bosch, J. D. (2005). Emotions in social information processing and their relations with reactive and proactive aggression in referred aggressive boys. *Journal of Clinical Child and Adolescent Psychology, 34,* 105-116.

Pope, A. W., & Bierman, K. L. (1999). Predicting adolescent peer problems and anti-social activities: The relative roles of aggression and dysregulation. *Developmental Psychology, 35,* 335-346.

Propper, C., & Moore, G. A. (2006). The influence of parenting on infant emotionality: A multi-level psychobiological perspective. *Developmental Review, 26,* 427-460.

Quiggle, N. L., Garber, J., Panak, W. F., & Dodge, K. A. (1992). Social information processing in aggressive and depressed children. *Child Development, 63,* 1305-1320.

Rudolph, K. D., & Asher, S. R. (2000). Adaptation and maladaptation in the peer system. Developmental processes and outcomes. In A. J. Sameroff, M. Lewis, & S. M. Miller (Eds.), *Handbook of developmental Psychopathology* (pp. 157-175). New York: Kluwer Academic/ Plenum Publishers.

Rutter, M. (2006). Genes and behavior: Nature-nuture interplay explained. Oxford: Blackwell.

Sabatino, A. C. (1983). Prevention: Teachers' attitude and adaptive behavior-suggested techniques. In D. A. Sabatino, A. C. Sabatino, & L. Mann (Eds.), *Discipline and behavioral management.* Rockville, MD: Aspen.

Salmivalli, C. (2001). Feeling good about oneself, being bad to others? Remarks on self-esteem, hostility, and aggressive behavior. *Aggression and Violent Behavior, 6,* 375-393.

Salmivalli, C., Kaukiainen, A., Kaistaniemi, L., & Lagerspetz, K. (1999). Self-evaluated self-esteem, peer-evaluated self-esteem and defensive egotism as predictors of adolescents' participation in bullying situations. *Personality and Social Psychology Bulletin, 25,* 1268-1278.

Scholte, D., & Engels, R. (2005). Psychosociale ontwikkeling: de invloed van leeftijdsgenoten. In J. de Wit, W. Slot, & M. van Aken (Eds.), *Psychologie van de adolescentie* (pp. 94-109). Baarn: HB uitgevers.

Shields, A., & Cicchetti, D. (1998). Reactive aggression among maltreated children: The contributions of attention and emotion dysregulation. *Journal of Clinical Child Psychology, 27,* 381-395.

Smits, J. A. E., & Vorst, H. C. M. (1990). *Schoolvragenlijst (SVL).* Nijmegen/Lisse: Berhout/Swets & Zeitlinger.

Stark, K. D., & Smith, A. (1995). Cognitive and behavioral treatment of childhood depression. In H. P. J. G. van Bilsen, P. Kendall, & J. H. Slavenburg (Eds.), *Behavioral approaches for children and adolescents* (pp. 113-143). New York: Plenum Press.

Thomaes, S. (2007). Externalizing shame responses in children: The role of fragile-positive self-esteem. *British Journal of Developmental Psychology, 25*(4), 559-577.

Thomaes, S., Bushman, B., Orobio de Castro, B., & Cohen, G. (under review). Reducing narcissistic aggression by buttressing self-esteem: An experimental field study.

Van Lier, P. A. C. (2002). *Preventing disruptive behavior in early elementary school children.* Rotterdam: Optima Grafische Communicatie.

Weide, G. & Vliek, L. (2007). *Kanjerboek voor ouders en leerkrachten.* Almere: Instituut voor Kanjertrainingen.

Chapter 16

중재 개발을 위한 하이브리드 체제: 재원이 부족한 학교에서 나타나는 집단 괴롭힘 문제를 위한 사회 정의

Samuel Y. Song(시애틀 대학교)
Wakako Sogo(채플힐 노스캐롤라이나 대학교)

허리케인 카트리나 피해자가……. 까다로운 공공정책 결정, 미국의 고질적 인종 문제 및 인종적·경제적 장벽 등에 대한 새로운 논쟁을 불러일으켰습니다. …… 금요일 한 흑인 의원은 정부의 뒤늦은 대응에 분노를 표출하였습니다. 흑인 지도자 포럼, 미 전국도시동맹(National Urban League), NAACP와 더불어 국회 흑인 간부회의 회원은 새로운 콘퍼런스를 열어 허리케인 카트리나의 피해를 입은 계층의 대다수가 저소득층이었기에 대응이 느린 것이었다며 비난하였습니다. 부시 행정부에서 가장 영향력 있는 흑인으로 손꼽히는 라이스 미 국무 장관은 비난을 일축하였습니다. …… "미 흑인 공동체가 큰 피해를 입은 것은 사실입니다. 하지만 미국 국민을 위해 할 수 있는 한 최선을 다하고 있습니다. 아무도 어떠한 미국인도 더 이상 고통받기를 원하지 않습니다."

CBS 뉴스, 2005년 9월 3일

미 전역에 방영된 뉴스의 일부인 위의 인용문은 허리케인 카트리나의 비극 후에 루이지애나주의 모든 공동체에 대한 구호의 복잡하고도 현실적인 문제를 조명하고 있다. 인종, 빈민, 사회 정의에 대한 이슈는 미국 전체 내에서 매우 관심 있는 부분이며, 그 중요성은 특히 위와 같은 재해의 시기에 재원이 부족한 공동체를 복구할 때 조명되곤 한다. 또 다른 미국의 비극으로는 아동과 청소년의 정신건강 요구와 그 요구를 충족하기 위한 인적 자원이나 효율적 중재와 같은 자원 간의 불일치에서도 찾아볼 수 있다. 카트리나의 경우에서와 마찬가지로 이러한 비극은 도심이나 도심 외곽 지역 저소득 공동체에 거주하고 있는 아동에게서 특히나 두드러지게 나타난다.

정신건강에 대한 요구와 모든 아동과 청소년을 위해 사용할 수 있는 효율적 서비스 간의 장기적 불일치로 예방학자(Atkins, Gracyzk, Frazier, & Adil, 2003; Doll & Cummings, 2007; Weissberg & Greenberg, 1998; Collins, Murphy, & Bierman, 2004)와 같은 정신건강 연구자들은 증거기반 중재(Evidence-Based Interventions: EBIs)에 대해 많은 관심을 갖게 되었다. 중재 연구는 1900년대 초에 최초로 시작되었으나, EBI 운동은 중재의 효율성에 대한 엄밀한 검증 및 그 연구 결과의 효과적 실행을 강조한다(Song & Stoiber, 2008). EBI 운동은 측정 가능한 결과에 대한 중재를 목적으로 하는 사실상 거의 모든 과학적 분야에 영향을 끼쳤다.

안타깝게도, 실제 상황에서의 EBI의 유효성은 이 운동의 '아킬레스건(치명적 약점)'이라고 할 수 있다. EBI 연구에서 기인한 고품질의 중재가 반드시 실제 상황에서 효율적인 것은 아니라는 것이다. 여기에는 중재 자체와 관련된 이유가 있을 수도 있고, 중재가 실행되는 상황적인 이유가 있을 수도 있다. 효율적인 공중보건 서비스를 추구해야 하는 국가에서 제한적이고 비효율적인 서비스를 실제 상황에 맞게 적용해야 하는 딜레마 상황은 종종 의도치 않게 아동 및 청소년들을 희생양으로 만들곤 한다.

EBI를 실제 상황에 적용할 수 있는 것으로 전환하는 데 있어서의 문제는 저소득층이 몰려 있는 지역사회에서 한층 더 심각해진다. 이는 EBI 연구가 주로 도심 지역의 백인 학생(예: Frey et al., 2005)을 중심으로 시행되어 왔기 때문이다. 저소득 지역사회란 만연한 사회적 불평등과 위해 환경 요인으로 고통받고 있는 도시 및 농촌 환경을 포함한다. 이 장의 주요 관심사인 학교 환경은 저소득층 공동체의 문제를 더 폭넓게 보여 주고 있다. 예를 들어, 도시 근교에 비해 대다수의 도심 지역 학교는 빈곤한 공동체로, 교육을 위한 경제적 자원도 더 적고 지역사회 문제(예: 폭력, 마약)가 더 많은 반면 이런 문제를 해결할 자격을 갖춘 학교 전문가는 더 적은 실정이다(Atkins et al., 2003; Cappella, Frazier, Atkins, Schoenwald, & Glisson, 출판 중).

농촌 학교도 비슷하거나 더 나쁜 실정이다. 미국의 농촌 지역은 도시 지역보다 더 빈곤하다. 미국 내에서 지속적으로 가장 가난한 주는 약 83% 정도가 농촌 지역이며 이 지역의 아동 빈곤율은 35%를 넘어서기도 한다(Save the Children, 2002). 게다가 10명 중 3명의 공립학교 학생이 농촌 지역의 학교에 다니고 있으며, 미국 내 공립학교의 40% 이상이 비수도권 지역에 위치해 있다(Institute for Education Science, 2003; National Center for Education Statistics, 2000). 농촌 지역의 학교와 관련해 짚고 넘어가야 할 몇 가지 문제가 있다. 먼저, 저소득 가정의 아동 교육 문제이다. 농촌 지역은 아이들을 교육시킬 자원이 제한되어 있어 저소득 가정의 아이가 비율적으로 많은데 이들의 교육 문제가 다루어져야 한다. 예를 들어, 교구를 구입하거나, 교사의 자기계발 활동을 제공하거나, 교사를 고용하거나, 적절한 훈련과 자격증을 갖춘 교직원을 지지하기 위한 자원이 제한적이라는 것이다(National Education Association, 1998; Save the Children, 2002). 마지막으로, 농촌 지역의 학교 공동체에서 발견되는 생태학적인 요인들로 인하여 효율적인 중재 프로그램이 전무한 이 지역 학교의 청소년들의 성장이 제한된다는 것이다(Dulmus, Theriot, Sowers, & Blackburn, 2004; Duncan & Brooks-Gunn, 1997; Farrell, Valois, Meyer, & Tidwell, 2003).

요약하자면, EBI를 저소득층 공동체에 적용하는 것은 훨씬 복잡하고 어려운 작업으로, 이 역시 저소득층 공동체에서 EBI 연구를 어렵게 만들어 왔다. 그 결과, 이러한 사회복지 서비스가 가장 절실하게 필요한 저소득층 공동체의 청소년들을 어떻게 도울 수 있는지에 대해 밝혀진 바가 전무하다. 이러한 비참한 상황이 사회 정의 문제를 빚는다. 즉, 이러한 공동체가(그 공동체의 청소년들도) 체계적이며 효율적인 정신건강 복지 서비스를 받지 못하고 있다(Atkins et al., 2003; Shriberg, Bonner, Sarr, Walker, Hyland, & Chester, 2008). 이러한 통렬한 비판이 계속되는 한편, 학계에서는 다수의 EBI 선구 학자가 이를 저소득 공동체 환경에 적용하는 문제를 계속적으로 제의해 왔다(Atkins et al., 출판 중; Atkins et al., 2003; Cappella et al., 출판 중; Song & Stoiber, 2008). 저소득 지역 내 학교의 실제 환경에 효율적으로 적용할 수 있는 EBI를 어떻게 개발할 수 있을까?

이 장에서는 예방학이 학교, 특히 저소득 공동체 학교에서의 예방에 대한 혁신적 하이브리드 모델로 나아가야 함을 주장함으로써 EBI의 연구와 실제에 관한 학문적 논의에 기여하고자 한다. 첫째, 학교기반의 예방과 저소득층 공동체 상황에서의 EBI 연구와 실제의 격차를 기술한다. 둘째, 해결 방안을 제안한다. 셋째, 학교 집단 괴롭힘 문제를 실례를 들어 그 해결책을 설명한다.

문제: 효능 vs. 유효성

EBI 예방 연구에 대한 전통적인 접근은 효능(efficacy), 유효성(effectiveness), 유지 가능성(sustainability), 측정 가능성(scalability)의 순차적 단계에 따라 나타난다. 전통적 EBI 접근의 장점은 과학적이며 실용적이라는 점이다. 과학적인 견지에서 EBI 운동은 다양한 분야에 걸친 중재를 평가할 수 있는 표준을 마련하고, 정교한 연구 설계 및 분석 기술의 개발에 기여하였으며, 양질의 중재 연구에 기여하였다. 실용적인 견지에서 EBI 운동은 다양한 문제에 대하여 실생활에서 사용할 수 있는 양질의 중재를 개발하는 데 기여하였다.

그러나 이러한 연구 패러다임은 두 가지 어려움을 갖는다. ① 효과적인 중재가 실제로 널리 확산되지 못했다는 고질적인 문제점, ② 중재의 실제 효율성이 확증되기 전까지 각 연구 단계가 잠재적으로 수십 년간 지속될 수도 있어서 실제 아동을 대상으로 중재를 실행하는 것을 미루고 있다는 윤리적 딜레마가 그것이다.

연구와 실제 간의 격차와 관련된 문제도 다양하다. 전통적 연구는 효력 및 균질 표본과 고도로 훈련된 치료 전문가를 갖춘 내적 통제를 일차적으로 강조하였는데, 이는 효율적인 중재가 실제에서도 효율적인지를 보여 주지 못하고 막대한 연구 자원을 필요로 한다. 청소년을 대상으로 한 EBI가 다수 존재함에도 불구하고, 실제 환경에서는 이들이 바르게 사용되지 않거나 전혀 사용되지 않고 있다. 또한 실제 환경의 복잡성이 엄밀한 연구에서 얻은 EBI 자체의 질과 타당도를 제한하고 있다(Atkins, Frazier, & Cappella, 2006; Higa & Chorpita, 2008). 이러한 연구 분야를 EBI 확산 연구라 부르는데, 이는 EBI의 실제 채택과 사용에 대해 연구한다.

EBI의 효율적인 보급을 막는 채택의 방해 요인을 Higa와 Chorpita(2008)는 지식과 태도로 분류하였다. 지식 장벽은 EBI 인식과 EBI 사용 능력 혹은 '노하우(know-how)'로 이루어진다. 태도 장벽은 EBI와 그 사용에 대한 느낌과 부정적/긍정적 신념으로 구성된다. Higa와 Chorpita(2008)는 EBI를 사용하는 데 있어서 강력한 결정자로 작용하는 개개인이 처한 상황의 관행 혹은 상황적 특징을 밝히고 있다. EBI를 처음 사용하고 있는데 인센티브가 거의 없다거나, 새로운 중재를 배우는 데 필요한 시간과 훈련을 위한 경비와 같은 비용이 많이 드는 것이 이에 해당한다.

일단 EBI를 사용하기로 결정하면, 다음 단계는 설계한 바에 따라 EBI를 실제 환경에서 시행하는 것이다. 각 중재는 어떠한 효과라도 가져와야(혹은 실행되어야) 하기에 중재 수행의 질은 중재의 효율성과 지속 가능성에 있어서 매우 중요하다(Durlak, 1998). 따라서 다양한 분야의 중재 연구자들이 그 중요성을 강조하고 이 분야의 후속 연구를 요구해 온 것은 놀랄 만한 일도 아니다(Durlak, 1998; Graczyk, Domitrovich, & Zins, 2003). 학교에서 우수한 중재를 실행하는 것은 중재를 실행하거나 그 수혜를 받는 중재 개발자, 학교 전문가, 교직원, 공동체 구성원, 학교 청소년 간의 사회적 과정에 따라 달라질 수 있는 복잡한 과정이다. 중재 실행은 다양한 맥락적 요인의 영향을 강하게 받는다(Ozer, 2006).

EBI 보급의 문제를 다루기 위하여, 한편으로는 연구(과학, 이론, 내적 타당도, 중재 전달의 전문가 모델)를 중시하는 전통적 노선과도 다르고, 실제 실행(클리닉 서비스, 실용성, 외적 타당도, 중재 전달의 협력적 모델)을 중시하는 노선과도 다른 다양한 모델이 제안되어 왔다. 이 두 시각과 상반되는 가치, 상반되는 우선순위들 간에서 팽팽한 긴장이 있어 왔다는 점도 이해할 만하다.

보급의 문제는 연구-실제 간 논쟁의 핵심이 되곤 하는데, 특히 중재 전달이 우수하게 이루어지는지에 관한 논쟁에서 보급의 문제가 핵심이 되곤 한다. 우수한 중재 전달의 주 요인은 바로 생태학적 적합성(생태학적 타당도라고 불리기도 함)인데, 이는 중재가 지역 학교 환경(단위 학교의 독특한 강점, 요구)에 얼마나 잘 어울리는지의 정도를 의미한다. 생태학적 적합성을 달성하기 위하여, 실제 실행을 강조하는 모델 대다수는 지역사회의 학교 환경에 맞추기 위하여 중재의 일부 측면을 개조(adaptation) 및 변경(modification)해야 한다고 제안하고 있다. 흥미롭게도, 이러한 개조 과정은 학교에서 당연하게 나타나는 현상으로 점차 인식되고 있다. 예를 들어, 4년간에 걸친 293개의 지역사회 학교기반 교육 변화 프로젝트에서, 연구자들은 학교 환경에서 성공적으로 실행되기 위해서는 언제나 개별 학교의 환경에 맞춘 상호적인 개조가 수반되어야 한다고 결론짓고 있다(McLauglin, 1990). 실제로, 다수의 학교기반 중재 연구자는 중재를 처음 설계된 대로 시행하는 것은 거의 불가능하다고 주장하고 있다(예: Graczyk et al., 2003).

생태학적 적합성을 이루는 한 가지 방법은 학교 이해 관계자와 협력 및 협조하여 해당 학생, 교사, 학교, 학부모, 지역사회만의 독특한 요구에 맞추기 위하여 프로그램을 맞춤형으로 재단하는 것이다. 다양한 학자가 중재 연구의 개발, 수행, 평가의 모든 단계를 협력적으로 개발하기 위하여 지역 해당 학교와 파트너십을 구축하는 명시적 방법을 개발하였다(예: Atkins et al., 2006; Nastasi et al., 2000). 그러한 협력의 장점은 해당 학교가 속한 지역사회에서 중재를 매입(buy-in)하도록 한다는 점에 있다. 수용성(소비자가 중재 절차 및 결과물을 그들의 일상적 생활에서 받아들이는 정도)을 높이고, 실행 가능성(중재의 각 요소가 자연스러운 환경에서 실행될 수 있는 정도)을 고양하며, 유지 가능성(외부 대행자의 지지 없이 중재가 유지될 수 있는 정도)을 높인다. 예를 들어, 중재의 양질의 지속적 사용에 있어서 가장 유력한 결정자로, 중재를 지지하기 위한 현장 관리자의 존재, 교사의 수용성 및 프로그램이나 중재에 대한 교사의 참여가 있다(Gersten, Chard, & Baker, 2000). 이러한 환경 요인에 주의를 기울인 결과로 양질의 실행 가능성을 높였으며, 해당 지역사회를 위한 더욱 효율적이고 지속적인 효과가 나타났다(Nastasi et al., 2000; Soiber & Waas, 2002).

반면, 중재를 개조하기 위하여 이해 관계자와 협력하는 것에 대하여 과학적 엄밀성이 없다거나, 지침서로 연구가 아닌 지역사회의 지혜 및 의견에 지나치게 의존한다는 점에서 비난을 받아 왔다(Bierman, 2003). 예를 들어, 협력적 접근은 선험적 근거에 기반을 두지 않은 중재 구성 요소를 선택하는 것을 허용할 수도 있다거나, 중재 프로그램을 변형하는 것은 영향력을 경감시킬 수도 있다.

과학적 엄밀성과 실질적 실행 간의 갈등을 어떻게 하면 경감시킬 수 있을까? 분명, 엄밀성과 학교 환경의 적용의 두 목적, 즉 연구와 실제 간의 갈등은 존재한다. 이러한 갈등에 대하여, 학자들은 상충하는 두 입장의 목표와 각 접근법의 강점을 연결하기 위하여 하이브리드 모델을 제안하고 있다. 이는 엄밀하면서 동시에 환경에 맞는 것이며, 효과적인 것이면서 동시에 유효한 것이다(Hohmann & Shear, 2002; Weissberg & Greenberg, 1998).

하이브리드 모델 해결책

가장 보편적이고 일반적인 수준에서, 하이브리드 예방 및 중재는 실제적 실천을 강조하며 현존하는 EBI를 다양한 학교에 보급한다. 예를 들어, Mark Atkins 등의 연구는 시카고의 저소득층 도시 학교에서의 EBI 유지 가능성을 강조한다(Atkins et al., 출판 중; Atkins et al., 2003). 여러 가지 혁신적인 이론적 틀과 실천적 혁신을 사용하여, 그들의 연구는 최초로 중재 시행 프로토콜의 협력적 개조를 통하여 EBI를 효율적으로 보급하고자 하였다. 이를 통해 지지가 절실한 해당 저소득층 학교가 가능한 한 많은 도움을 받게 하였다(즉, 유지 가능성을 높임). 예를 들어, 사회적 확산이론(social diffusion theory)은 혁신적 방법이 사회 주요 인물들의 설득을 통해 사회적 관계망으로 확산된다고 상정하였다(Rogers, 1995). 학교에서 효율적이고 지속 가능한 변화를 만들어 내기 위하여, Atkins 등은 사회적 확산이론에 기반을 둔 모델을 개발하였다. 즉, 몇몇의 주요 교사를 선출하여 중재 전달자로 교육시키고, 지속 가능성을 향상하기 위해 이들에게 다른 교사를 교육하도록 맡긴 것이다(Atkins et al., 출판 중; Atkins et al., 2003). 다른 학자들은 이러한 유형의 접근법을 표준화 및 중재 충실도가 없다는 점을 들어 비판하였다(Bierman, 2003). 이들은 좀 더 연구자 중심적이며 과학적으로 연구된 '적합한 중재(adaptive interventions)'를 제안하였다(Collins et al., 2004). 적합한 중재란 미리 정해진 결정 규칙에 따라 특정 프로그램의 구성 요소를 차별화된 정도만큼 할당함으로써 다양한 개별화된 필요를 다루려는 방식으로, 이로써 과학적 반복 가능성(replicability) 및 통제를 달성하는 한편 실제 상황을 수용하는 것이다(Collins et al., 2004). 이는 임상적 신축성을 허용하여 중재를 개선하고는 있지만, 여전히 중재 개발에 관한 전통적 접근법을 띠게 된다. 즉, 실제보다는 과학을 중시하며, 결정 규칙이 광범위하게 연구되어야 한다는 점에서 다소 긴 절차를 필요로 하며, 절실한 도움이 필요한 저소득층 학교에는 다소 부적절할 수 있다는 한계가 있다(Atkins et al., 2006).

하이브리드 모델 역시 중재 개발에 적용되어 왔다. 발달중심 개발 모델(Deployment-Focused Develop Model)은 연구와 실제의 격차 및 EBI가 클리닉 서비스로 확산되는 속도가 느리다는 점 등을 해결하기 위하여 절차를 가속화한다(Weisz, 2000; Wiesz, Jensen, & McLeod, 2005). 다음의 여섯 단계를 통하여, 중재가 실시될 실제 환경을 강조하며 소수의 파일럿 효력 검정만을 통해 실제 서비스에서의 사용으로 빠르게 진행한다. 1단계의 목적은 실제 대상과 문제를 다루고 있는 임상의로부터의 제언과 이론적·선험적 연구에 기반을 둔 매뉴얼화된 처치 프로토콜을 만들기 위한 것이다. 실제에 기반을 두고 필요할 때마다 실제 예와 개념을 사용하여 중재의 구성 요소를 명료하게 설명하는 중재 매뉴얼이 목표이다. 2단계는 치료가 유효한 효과를 가져오는지를 평가하기 위하여 통제된 조건에서 실행하는 초기 효능 검증이다. 3단계는 치료 프로토콜에 지침이 되도록 변화 모델과 핵심 원리에 충실하면서도 임상 환경에 맞춘 프로토콜을 한층 더 조정하기 위하여 실제 클리닉 환경에서 실시되는 일련의 단일 사례 파일럿 검증으로 구성되어 있다. 이러한 사례 연구는 연구팀원과 경험을 갖춘 연구원의 지도하에서 프로토콜을 잘 알고 있으며 연구와 제휴하고 있는 치료 전문가가 해당 클리닉 환경에서 치료를 맡고 있는 자로서 임상의의 추천을 받은 내담자를 포함할 수 있다. 4단계에서는 일련의 후속적 집단 설계 연구로 새롭게 개조된 치료 프로토콜을 검증한다. 각 연구는 5단계의 효율성 및 보급 실행 가능성에 대한 총 검증을 위한 프로토콜을 정하는 것을 목표로 대표적 임상(예: 비연구 치료 전문가 사용)의 주 요인에 초점을 맞춘다. 이 단계는 실제 프로토콜을 일반 치료 조건에 비교하는 일련의 집단 설계 임상 실험이다. 마지막으로, 6단계에서는 치료 프로그램이 사용되는 실제 임상 환경과의 관계에서 치료 프로그램을 검증한다. 이 모델에서는 실제 임상의들 간의 협력적 입력이 있기에 치료 프로그램 효과가 여타의 중재 개발 모델에 비교하여 높다. Weersing 등은 이 모델이 치료 연구의 완전히 새로운 분야에서 최고의 아이디어는 아닐지 모르지만 치료 개선을 위해서는 좋은 프레임워크라고 시사한 바 있으며, 인지행동치료 전략을 사용하여 유년기 불안과 우울에 대한 효율적 치료 프로토콜을 개발하기 위하여 이것을 사용한 바 있다(Weersing, Gonzalez, Camp, & Lucas, 출판 중).

하이브리드 모델의 일반적 경로는 전통적 모델과 비교했을 때 중재 개발과 보급에 있어서 과학과 실제에 균형 잡힌 가치를 둔다는 데 있다. 하이브리드 모델이 적용되지 않는 영역은 중재의 대상인 문제의 개념화 영역이다. 예를 들어, 중재 충실도의 실제 이슈는 중재 평가의 단계에서 별도로 고려되는 반면, 전형적으로 문제는 개인이나 교실 단위와 같이 중재를 필요로 하는 유기체이거나 체계를 대상으로 한다. 이와는 대조적으로, 중재 충실도와 평가를 하나의 복합적 문제로 동시에 고려하는 것도 가능하다. 그렇게 하는 것이 성공적인 전개를 위한 펌프에 '마중물을 붓는(prime the pump) 작용'을 하여, Weisz 등(2005)의 발달중심 개발 모델의 1단계가 기술하고 있는 중재 개발을 촉진시킬 것이다. 전통적으로 정의된 문제를 하이브리드 프레임워크에 맞춰 고쳐 쓰게 되면 저소득 학교에서도 유지 가능한 좀 더 효율적인 중재를 촉구하게 된다. 이 장의 나머지 부분에서는 중재 개발을 위한 하이브리드 프레임워크를 논의할 것이다. 이 프레임워크에서는 문제의 개념화를 현존하는 하이브리드 모델에 통합시킨다. 하이브리드 프레임워크의 사용을 더 깊이 있게 이해하기 위하여 중재 개발을 위한 모델을 학교 내 집단 괴롭힘 문제를 예로 들어 설명하겠다.

학교 집단 괴롭힘 예방을 위한 하이브리드 체제

여기에서 제안하고 있는 하이브리드 중재 개발 모델은 개발, 개선, 파일럿 검사, 중재의 매뉴얼화의 과정 이전에 예비 절차를 추가한다(발달중심 모델의 1단계에서 차용; Weersing et al., 출판 중; Wiesz et al., 2005). [그림 16-1]에서 보여 주듯이, 중재 매뉴얼을 개발하는 과정은 별도의 네 단계로 구성되어 있다. 첫째, 전통적인 문제가 보급 문제를 포함한 하이브리드 문제로 다시 쓰여야 한다. 둘째, 문제를 하이브리드 문제로 재개념화한 것을 바탕으로 하이브리드 문제를 다룰 만한 주요 절차를 결정해야 한다. 셋째, 이러한 절차에 영향을 끼치는 선험 기반의 절차를 사용하여, 선험적으로 지지되는 중재를 발견 그리고/또는 개발한다. 넷째, 하이브리드 문제를 위한 중재를 시행해 본 적이 있는 학교 관계자로부터 피드백을 받고 이를 기반으로 중재 매뉴얼을 변경한다. 추후, 매뉴얼화된 중재의 개정판이 다음 단계에서 평가되는 것이다(발달 모델의 2단계). 마지막으로, 중재 매뉴얼이 평가되기에 앞서 특정 학교에서의 중재의 생태학적 타당도를 제고하기 위하여 정교화할 것을 권장한다.

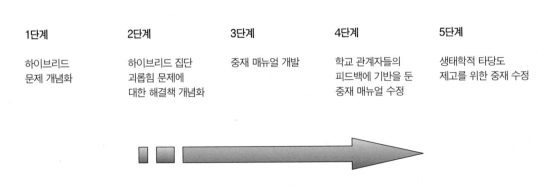

1단계	2단계	3단계	4단계	5단계
하이브리드 문제 개념화	하이브리드 집단 괴롭힘 문제에 대한 해결책 개념화	중재 매뉴얼 개발	학교 관계자들의 피드백에 기반을 둔 중재 매뉴얼 수정	생태학적 타당도 제고를 위한 중재 수정

[그림 16-1] 하이브리드 중재 매뉴얼 개발

1단계: 하이브리드 문제로서의 학교 집단 괴롭힘의 재개념화

학교 내 집단 괴롭힘이 단순히 그 부정적 결과물보다 더 폭넓은 문제라는 것은 분명하다. 실제로 학교 집단 괴롭힘은 하이브리드 문제이다. 왜냐하면 그 중재를 어렵게 하는 두 가지의 어려움에 직면하고 있기 때문이다. 그것은 집단 괴롭힘에 기여하는 다양한 생태학적 요인을 다루어야 하는 어려움과 학교에서 종합적인 집단 괴롭힘 중재 프로그램의 제한적 실행 가능성이다. Song과 Stoiber(2008)는 집단 괴롭힘과 그 중재의 복잡성과 관련된 연구를 개관하여 **실제 집단 괴롭힘 문제**라 불리는 집단 괴롭힘 문제에 대한 확장된 견해를 설득력 있게 주장하고 있다. 이 절은 그들의 주장을 설명하고 이를 하이브리드 프레임워크로 확장하고자 한다.

■ 생태학적 현상

학교 집단 괴롭힘은 가해자와 피해자 두 당사자 외에도 그 이상이 개입된다. 집단 괴롭힘은 학교 전체가 중재하는 것이며 중재된 청소년의 개인적 특징뿐만 아니라 사회적, 물리적, 기관 및 지역사회 환경에서 나타나는 생태학적인 현상으로 보는 것이 바람직하다(Swearer & Doll, 2001). 이러한 생태학적인 프레임워크에서, 개인의 성향[예: 제한적인 사회 능력, 부정적인 귀속(원망), 부족한 정서 조절 기술]이 사회적 환경(예: 또래 관계, 학급 규율, 교사 행동, 학교 문화)과 상호작용하여 집단 괴롭힘 행동을 기른 것이다(Bronfenbrenner, 1979; Pianta & Walsh, 1996). 다양한 생태학적 요인이 그 발생을 장려하거나 유지하는 식으로 학교 집단 괴롭힘에 강력한 영향을 끼칠 수 있다(Hirschsterin, Edstrom, Frey, Snell, & MacKenzie, 2007; Orpinas & Horne, 2006; Doll, Song, & Siemers, 2004). 고려해야 할 주요 생태학적 요인으로는 집단 괴롭힘을 둘러싼 교사의 행동 및 신념과 집단 괴롭힘에 대한 또래 집단과 해당 피해 학생의 대응이다.

교사는 효율적인 집단 괴롭힘 중재에 필수적이다. 하지만 여러 가지 이유로 교사가 학생들을 대신하여 효율적으로 중재하고 있지 못하는 실정이다. 첫째, 교사와 학교 관계자는 아무 조치를 취하지 않음(무작위)으로써 집단 괴롭힘에 기여하기도 한다(Boulton & Underwood, 1992; Hoover, Oliver, & Hazler, 1992; Olweus, 1991; Twenlow et al., 2001). 연구에 따르면 학교 현장의 어른들은 교사가 보고한 비율에 비하여 현저히 낮은 비율로 중재하고 있다(Craig & Pepler, 1997; Leff, Kupersmidt, Patterson, & Power, 1999). 집단 괴롭힘 사례에서 교사의 무작위는 종전의 신념이나 제한된 지식 때문이다. 90% 이상의 교사가 교실에서 집단 괴롭힘이 일어나는 것을 알고 있어도 중요하게 생각하지 않는다고 했으며, 25%는 집단 괴롭힘을 무시하는 것이 도움이 된다고 믿는 것으로 보고되었다(Stephenson & Smith, 1989). 둘째, 교사가 중재하는 경우에도 종종 효율적인 전략을 쓰지 않는다는 것이다. 예를 들어, 갈등 상황에서 설교하는 방식은 학생이 적절하게 제 주장을 세우게 하지는 못한다(Hirschstein et al., 2007). 반면, 교사가 역할극(role playing)이나 동료 코칭(peer coaching)과 같은 중재의 교수 방법을 사용하는 정도와 학생 간의 공격성 감소는 관계가 있다(Conduct Problems Prevention Research Group, 1999). 그러나 놀랍게도 집단 괴롭힘 예방 프로그램을 실행하는 교사들은 설교 방법에 비해 역할극이나 학급 회의를 현저히 낮은 비율로 사용하는 것으로 보고되고 있다(Kallestad & Olweus, 2003).

집단 괴롭힘 사례의 경우 집단 괴롭힘이 일어나는 동안 85%가 현장에 있음에도 불구하고 또래친구들 또한 중재하지 않는다(Craig & Pepler, 1997; Naylor & Cowie, 1999). 어떤 학생은 적극적으로 집단 괴롭힘에 참여하기도 하고, 다른 학생은 지켜보거나 웃거나 침묵을 지킴으로써 집단 괴롭힘을 조장하기도 한다(Craig & Pepler, 1997; Naylor & Cowie, 1999; Slmivalli, Lagerspetz, Bjorkvist, Osterman, & Kaukianen, 1996). 마지막으로, 집단 괴롭힘을 조장하는 상황에서 피해자 또한 다른 사람에게 도움을 요청하지 않는다는 점이 놀랍다. 집단 괴롭힘을 당하는 아동들이 어른이나 교사에게 어려움을 말하지 않음으로써 집단 괴롭힘을 조장하는 것이다(Pepler, Craig, Ziegler, & Charach, 1994). 이것은 가해자로부터의 보복에 대한 공포 때문일 수도 있고, 피해자들 생각에 어른들은 무능하고 신경도 안 쓰고 자신을 보호해 줄 수 없는 존재로 보이기 때문이기도 하다(Pepler et al., 1994).

■ 증거기반 중재의 부족

관할 학군의 집단 괴롭힘 방지 정책의 채택이 증가하고 집단 괴롭힘 예방 및 중재 전략의 개발이 전국적으로 증가하고 있다(Limber & Small, 2003). 일반적으로 중재 연구는 1900년대 초부터 나타나는데, 연구 결과를 효율적 교수와 중재 실행으로 전환하는 것에 대한 관심은 EBI 운동과 함께 특히 활기를 띠게 되었다(Kratochwill, 2006; Soiber & Kratochwill, 2002a, 2002b; Shavelson & Towne, 2002; Stoiber & Kratochwill, 2000). 따라서 집단 괴롭힘을 위한 EBI 개발에 대한 관심은 실제 학교 환경에 효율적으로 적용될 수 있는 중재의 개발에 목적을 두고 있다.

집단 괴롭힘의 정의 및 그 결과를 다루는 잘 정립된 기존 문헌이 있음에도 불구하고, 집단 괴롭힘 중재 프로그램의 효율성에 대한 선험적 증거는 제한적이다. 특히 이러한 프로그램에 대한 동료 개관 연구에 큰 격차가 있다. 올바르게 설계된 연구 없이 어떤 중재가 효율적이며 최선의 결과를 달성하기 위해 어떤 조건이 필요한지 등에 대해 진척을 보일 수 없을 것이다.

따라서 집단 괴롭힘 방지 중재 프로그램의 필수 차원과 요소를 조사할 양질의 중재 연구가 필요하다.

집단 괴롭힘 행동의 빈도와 정도를 교정하기 위해서 다수의 중재 방법이 개발되어 왔다. 그 목표는 학생 안정과 학업, 신체건강, 정신건강의 기능을 개선하기 위함을 목적으로 한다(Flannery et al., 2004; Hirschstein et al., 2007). 이러한 중재 방법들은 대부분 '학교 전체(whole-school)' 차원에서 폭넓은 가해 학생, 피해 학생, 방관자들의 결정과 행동을 대상으로 하기 위해 여러 구성 요소를 사용하는 종합적인 것이다. 이러한 종합적인 학교 전체 집단 괴롭힘 중재 프로그램은 종종 가장 효율적인 것으로 여겨지는데, 어떤 프로그램은 집단 괴롭힘을 50% 감소시킨 것으로 보고되었다(Olweus & Limber, 1999). 그러나 학교 전체 집단 괴롭힘 중재 연구의 최근 메타연구에 따르면 많은 반복 연구가 긍정적인 효과를 보이지 않았다고 한다. 놀랍게도, 일부는 집단 괴롭힘에 관한 부정적인 효과를 보였다고 한다(Smith et al., 2004). 이러한 상이한 결과가 나타난 원인은 바로 중재 실행의 질이 조악하기 때문이다. 실제로, 최근 교육 중재 연구에 대한 포괄적 조사에 따르면 처치가 통합되었는지를 측정하는 것이 15%에 미치지 못한다고 한다(Gresham, MacMillan, Beebe-Frankenberger, & Bocian, 2000; Snyder et al., 2002; Wolery & Garfingle, 2002). 흥미롭게도, Smith 등(2004)의 중재 충실도를 다룬 집단 괴롭힘 중재 연구에서는 학생이 보고하는 희생화가 감소한 것으로 나타났다.

중재 연구에서 중재 충실도를 다루는 것의 중요성은 간과될 수 없다. Stoiber와 Kratochwill(2002a)은 EBI를 확립하는 데 가장 큰 장애물은 바로 수용성, 실행 가능성, 유지 가능성과 상호 관련된 요인들과 관련이 있다고 결론짓고 있다. 중재가 비용 효율적이며 실행하기에 실용적이라는 것을 공고히 하기 위하여, 학교 행정가들은 전형적으로 비용과 혜택 간의 비율을 평가한다. 학교가 집단 괴롭힘 중재 프로그램을 '매입'하게 하기 위해서는 도구, 시간, 교육의 비용이 중재를 사용할 때 기대되는 이익(pay-offs)과 균형을 이루어야 한다. 교사와 교육 행정가들이 종종 집단 괴롭힘 자체를 '인지하지 못하는(miss)' 만큼, 이들이 집단 괴롭힘 문제가 종합적인 중재적 접근을 필요로 할 만큼 '중대한(big enough)' 문제로 인식하는 정도를 과소평가하고 있을 수 있다.

■ 결론

집단 괴롭힘 문제를 연구와 실제의 복합적 문제로 폭넓게 고려해 보니, 효율적 중재의 본질적 복잡성과 어려움이 여실히 드러났다. 학교 집단 괴롭힘을 위한 효율적 중재는 집단 괴롭힘을 초래한 다양한 생태학적 요인을 다루어야 함과 동시에 학교 내 종합적 집단 괴롭힘 중재 프로그램의 실제 실행 가능성을 다루어야 한다. 다음 단계는 하이브리드 문제를 가장 잘 다룰 수 있는 해결책이 무엇인지를 결정하는 단계이다.

2단계: 하이브리드 집단 괴롭힘 문제에 대한 해결 재개념화: 보호적 또래 생태

집단 괴롭힘 문제를 하이브리드 문제로 개념화하는 과정에서 하이브리드 해결을 개발함으로써 새로운 방식으로 집단 괴롭힘 중재를 개념화하게 된다. 현존 이론과 연구를 기반으로, 이 절에서는 효율적인 학교 집단 괴롭힘 예방을 위한 새로운 개념의 프레임워크에 대한 이론적 근거를 논의한다. 특히 집단 괴롭힘을 경감시키는 필수 과정인 보호적 또래 생태에 초점을 맞추고 있다. 이는 Song 등(Song, 2006; Song et al., 2005, 2009; Song & Stoiber, 2008)이 상세히 서술한 바 있다. 첫째, 또래 생태를 소개하고, 보호적 또래 생태를 그 중요성에 대한 이론적 근거와 관련하여 논의한다. 다음으로, 보호적 또래 생태의 프레임워크를 현재 학교 실제에 통합하는 것을 그 사례를 들어 제안한다.

■ 또래 생태와 효율적인 집단 괴롭힘 예방

생태학적인 프레임워크에서 또래는 미시체계(microsystem)의 일부이다. 미시체계란 행동이 전개되는 곳이며 전개되기 위한 필수 환경인 즉각적이고 근접한 환경이다. "또래 생태(peer ecology)란 아동들이 서로 상호작용하고, 영향을 끼치고, 교제하는 미시체계의 일부이다. 또래 생태에는 성인은 포함되지 않는다. 다만 성인들에게 영향을 끼치거나 성인들로부터 영향을 받을 수는 있다"(Rodkin & Hodges, 2003, p. 384).

또래 생태는 집단 괴롭힘 예방을 위해 가장 영향력 있는 맥락일 수 있으며(Song, 2006; Song et al., 2005, 2009; Song & Stoiber, 2008), 이로써 집단 괴롭힘 예방을 위한 최고의 대상이 될 수 있다. 또래는 가해자와 피해자 간의 고질적 힘의 불균형을 바로잡도록 돕고, 전(前) 집단 괴롭힘 학교 환경(예: 학교 인사의 무작위)을 효율적으로 다루는 것을 도울 수 있다. 예를 들어, 또래는 전형적으로 대다수의 집단 괴롭힘 상호작용 현장에 있고 눈에 잘 띄지 않는 집단 괴롭힘의 발생을 잘 알아차릴 수 있기 때문에 학교 관계자보다도 더 효율적으로 집단 괴롭힘으로부터 또래 친구를 보호할 수 있다(예: Craig & Pepler, 1997). 집단 괴롭힘을 당하는 학생도 학교 관계자보다는 친구들에게 도움과 지지를 요청하기 더 쉬울 수 있다.

마지막으로, 또래는 학교의 중재 실행을 상당량 줄여 줄 수 있는 자연적으로 존재하는 학교 자원이다. 이들을 통해서 효율적인 집단 괴롭힘 예방을 위한 실제적 어려움을 다루게 된다. 이

것이 또래에게 주목해야 할 가장 강력한 이유일 것이다. 실제로 EBI 전문가들은 결과를 개선할 수 있는 결정적 기제를 밝혀내는 것에 주목하는 연구가 더 많이 나와야 한다고 주장하였다(Hoagwood & Olin, 2002). 일단 밝혀지면, 합리적으로 간소화된, 하지만 강력한 결정적인 기제를 목표로 한 새로운 중재가 개발될 것이다(Kazdin, 2001; Schoenwald & Hoagwood, 2001; Weersing & Weisz, 2002; Weisz, 2000). 이렇게 간소화된 프로그램은 또래가 집단 괴롭힘 예방을 위한 결정적 기제이므로 실행하기가 더 편리하며 효율적이다. 학교 집단 괴롭힘 예방에 관한 추수 연구는 또래 생태와 집단 괴롭힘을 줄이기 위한 결정적 또래 과정을 밝혀내는 데 주목할 필요가 있다.

■ 보호적 또래 생태와 효율적 집단 괴롭힘 예방

또래 생태에서의 핵심 과정에 관한 연구 지침으로, 보호적 또래 생태의 개념이 도움이 된다(Song, 2006; Song et al., 2005, 2009). 보호적 또래 생태란 스트레스의 외재적 · 내재적 원인에 대한 보호로 작용하는 다른 아이들과의 상호작용 측면을 의미한다. Rodkin과 Hodges(2003)는 또래 생태는 아이들의 행동이 수직적 · 수평적으로 구성된 사회 구조를 포함한다고 설명하였다. 수평적 구조란 다수의 다양한 사회관계를 포함하는데, 이는 아이들이 사회적 지지를 향유할 수 있는 다양한 경로를 제공한다. 예를 들어, 두 사람 간의 우정, 또래 집단, 적대적 관계 등이 이에 해당한다. 또래 생태의 수직적 구조란 사회적 권력, 사회적 지위와 그것의 영향력 정도를 지칭한다.

보호적 또래 생태를 지지하는 선상에서, 연구에 따르면 또래 간 긍정적 우호관계(예: 친구를 갖는 것, 교우관계 수, 또래 수용)가 집단 괴롭힘을 당할 가능성을 현저히 낮추는 것을 설득적으로 보여 준다(Hodges, Malone, & Perry, 1997; Pellegrini, Bartini, & Brooks, 1999). 복잡하게 얽힌 또래 집단의 역학이 집단 괴롭힘에 대한 또래의 행동에 강력한 영향을 끼친다는 것을 보여 주었다(Cairns, Leung, Buchanan, & Cairns, 1995; Farmer, Estell, Bishop, O'Neal, & Cairns, 2003). 어떤 연구자는 강하고 적극적인 친구를 갖는 것이 그런 특질이 없는 친구를 갖는 것보다 집단 괴롭힘을 덜 당하는 데 중요한 것임을 보이기도 하였다(Hodges & Perry, 1999). 다른 연구들 또한 예방의 중요성을 직접적으로 지지하였다. 이들 연구자는 또래 예방이 1년에 걸쳐 단짝친구를 갖는 것과 집단 괴롭힘을 덜 당하는 것의 관계를 중재하는 것으로 밝혀냈다(Hodges, Boivin, Vitaro, & Bukowksi, 1999). 마지막으로, 다수의 집단 괴롭힘 예방 연구자들은 다른 사람을 보호하는 또래가 집단 괴롭힘 예방을 위해 결정적으로 중요하며, 학교는 학생들 간에 반(反)집단 괴롭힘 분위기를 양성해야 한다고 주장하였다(Frey et al., 2005; Olweus &

Limber, 1999).

　　이론적으로, 또래는 학교에서 집단 괴롭힘을 조장하고 지속시키는 복잡한 생태학적 요인을 다루기에 가장 적합할 수 있다. 실제적인 단계에서, 또래를 중재자로 동원하는 것은 학교에 시행 부담을 경감해 줄 수 있다. 즉, 또래는 이미 '현장에 있는(already there)' 존재이기 때문이다. 마지막으로, 집단 괴롭힘을 줄이는 데 또래의 중요성을 지지하는 강력한 증거가 있다. 이는 긍정적 또래관계 및 다른 학생을 집단 괴롭힘으로부터 보호하기 위한 직접적 또래 조치와 같은 일반적인 또래관계 요인을 포함하는데, 이 둘 모두 집단 괴롭힘에 대한 보호적 또래 생태를 이해하는 데 중요하다.

■ 개선된 실행 및 현재 학교 실제와의 통합

　　보호적 또래 생태 중재는 여러 구성 요소를 가진 집단 괴롭힘 프로그램에 비교해서 학교 관계자가 더 쉽게 수용할 수 있으며 즉각 실행될 수 있다(Song & Stoiber, 2008). 개선된 실행은 학교에서 장기적 중재의 유지 가능성 증가로 이어져야 한다. 이로써 높은 실행과 유지 가능성을 달성하는 것은 집단 괴롭힘에 노출된 아동에게 더 나은 결과로 이어질 것이다.

　　집단 괴롭힘 예방을 위한 보호적 또래 생태에 대해 주목하면 다른 중재 프로그램과 덜 중복될 것이다. 이로써 학교에서 실행하는 데 어려움을 초래할 가능성이 줄어든다(Song & Stoiber, 2008). 예를 들어, 아동의 사회 · 학업 발달을 지지하기 위하여 많은 학교가 학교 단위의 긍정적 행동 지지(Positive Behavior Supports: PBS; Sugai & Horner, 2006)와 같은 3단계 접근법을 따르는 예방 모델로 전환해 왔다. PBS 외에 종합 집단 괴롭힘 예방 프로그램과 같은 추가적인 학교 단위의 중재 프로그램을 시행하는 것은 현재 학교 자원과 직접적으로 상충할 수 있다. 그러나 보호적 또래 생태 프레임워크는 현존하는 학교 단위의 중재 프로그램과 중첩되지 않고 불필요한 중재 구성 요소를 추가하지 않고도 잘 융합할 수 있다. 보호적 또래 생태 프레임워크 기반의 중재는 학교 단위 중재 프로그램의 세 단계와 모두 잘 통합되는데, 이는 보호적 또래 생태 프레임워크만의 독자적인 장점이기도 하다([그림 16-2]).

3단계: 중재 매뉴얼 개발

　　지금까지 우리는 학교 집단 괴롭힘 문제를 하이브리드 프레임워크에서 개념화했다. 이로써 중재를 형성하게 되는 핵심 목표로 귀착했다. 특히 보호적 또래 생태는 학교 집단 괴롭힘을 상대로 효율적으로 싸우는 데 있어서의 가치(변화의 핵심적 기제)와 학교에서 쉽게 시행할 수 있

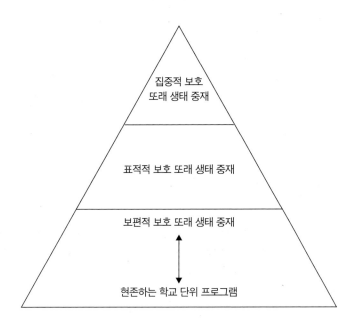

[그림 16-2] 학교에서의 보호적 또래 생태 프레임워크

고 유지될 수 있다는 가능성 때문에 인정되었다. 하이브리드 모델의 3단계는 중재 매뉴얼 자체의 초기 개발이다.

우선, 중재 구성 요소를 평가하여 초기 매뉴얼에 포함시킬 것인지를 결정할 필요가 있다. 이러한 중재 구성 요소는 두 가지 기준을 충족해야 한다. 첫째, 중재가 선험적으로 입증되어야 하며, 둘째, 중재가 이론적으로 보호적 또래 생태 프레임워크와 일치해야 한다. 이 단계는 완성해 가는 과정에 있지만, 현재까지 이 분야의 성과를 기술하도록 하겠다.

■ 기준 1: 선험적으로 입증된 집단 괴롭힘 중재

집단 괴롭힘 중재의 분야에 증거기반을 세울 필요가 있지만, 학교 집단 괴롭힘 중재 연구가 EBI의 엄밀한 과학적 기준을 충족시키기에 성숙되지는 않았다. 중재의 증거나 과학적 기반에 대한 평가는 전형적으로 중재 연구를 수행하는 데 신뢰도 및 타당도가 방법론에 적용되었는가 하는 것에 주목한다(Song & Stoiber, 2008). 다음 기준이 지시적 중재의 효율성을 판단하는 데 관련 있는 것으로 여겨진다. 실험적 혹은 유사 실험적 설계를 사용하였는가, 합리적인 기간에 이루어졌는가, 다수의 결과 특정치를 통합하고 있는가, 프로그램 실행 후 특정 시간이 지난 뒤에 후속적 중재 사후 자료가 수집되었는가, 처치 통합성(즉, 중재가 의도한 대로 시행되는 정도)을 평가하고 있는가, 적절한 통계 방법을 차용하고 있는가, 효과를 측정하기 위해 충분한 크기의 표본을 확보하였는가, 마지막으로 학교 분위기 개선 및 안전 확보와 같은 적합한 결과에 대한 유의미한 긍정적 효과를 보이는가이다(Stoiber & Waas, 2002).

최근 학교 집단 괴롭힘 중재 평가에 대한 3편의 독립적 논평에 따르면, 연구가 보편적으로 사용되고 있는 종합적 '학교 전체' 접근법과 관련하여 일관성 없는 결과를 보이며, 따라서 특정 프로그램을 '더 효율적'인 것으로 추천하지는 않는다(Baldry & Farrington, 2007; Merrell, Gueldner, Ross, & Isava, 2008; Vreeman & Carroll, 2007). 실제로, 집단 괴롭힘 중재 연구에서의 한계점을 강조하며, Song과 Stoiber는 이를 "과학의 불안한 상태(uneasy state of the science)"라고 칭했다(2008, p. 239). 결과적으로, EBI 대신 학교 현장에서 사용할 목적으로 '선험적 지지(empirial support)'를 갖춘 프로그램을 연구하였다. 연구에서 이러한 프로그램들이 학교 집단 괴롭힘에 긍정적인 결과를 가져왔다고 보여 주고 있기 때문이다.

■ 기준 2: 보호적 또래 생태와의 일관성

선험적 지지를 갖춘 집단 괴롭힘 프로그램 또한 보호적 또래 생태 프레임워크와 일관적일 필요가 있다. 이 기준을 충족하기 위해서 집단 괴롭힘 프로그램은 보호적 또래 생태 중재 목표를 명시적으로 밝혀야 하며, 이에 영향을 끼치는 중재 전략을 포함해야 한다. 사실상 모든 학교 집단 괴롭힘 프로그램은 학생들이 서로를 보호하고 지지하는 '반(反)집단 괴롭힘 문화와 풍토'를 개발하는 것이 중요하다고 제안하고 있다. 하지만 이 프로그램의 다수는 이를 중재의 목표로 명시화하지 않거나 이를 증진하기 위한 중재 전략을 제시하지 못하고 있다. 보호적 또래 생태 중재에서는 학급, 학년, 학교 내의 다음과 같은 학생 및 동료 비율 증가를 목표로 정의한다.

- 집단 괴롭힘 상호작용에 대항하거나 집단 괴롭힘 당하는 학생을 대신해 중재를 하는 학생(괴롭히는 학생에 용감히 맞서는 것 등)
- 집단 괴롭힘을 당하는 피해 학생을 지지해 주는 학생(사회·정서적 지지)

목표를 달성하기 위하여 명시적으로 겨냥한 중재 전략은 직접적일 수도 있고 간접적일 수도 있으며, 다음의 요소를 포함할 수 있다.

- 학생들에게 사회성 능력(공감이나 사교 기술 등)을 가르친다.
- 환경적 전략(교실 관리, 행동 전략, 또래 집단 전략, 협동 전략)을 실행한다.

■ 확인된 프로그램 구성 요소

위의 두 기준에 근거하여 몇 가지 가능성 있는 프로그램이 있음을 확인하였다. 이들은 다양하지만 일부 구성 요소는 개념적으로 유사하다. 따라서 우리의 중재 매뉴얼을 개발하는 데 지침이 될 구성 요소를 제시한다.

첫째, 교사가 전달하는 교육과정을 통해 모든 학생, 특히 방관자들에게 사회성 능력을 가르친다. 대부분의 중재 프로그램이 모든 학생의 사회성 능력을 기르는 것을 추구하는 바, 이러한 구성 요소가 놀라운 것은 아니다. 그러나 방관자에 특별히 주목하는 구체적 목표와 교육과정을 가진 집단 괴롭힘 프로그램은 거의 없다. 사회성 능력 교육과정에는 집단 괴롭힘에 대한 인식을 가르친다거나 집단 괴롭힘 상황에서 사용할 수 있는 기술을 가르친다. 여러 가지 프로그램 중에 존중의 단계(Steps to Respect; Committee for Children, 2001)는 모범적 프로그램이다. 이 프로그램은 집단 괴롭힘을 조장하는 또래와 방관자를 구체적인 목표로 한 사회적 능력 교육과정이다. 교사가 전달하고, 프로그램을 통해 상호작용적으로 개별 학생들을 변화시켜 집단 괴롭힘 행동에 관한 사회적 규범에 영향을 끼치도록 한다.

둘째, 보호적 또래 집단을 형성하는 것은 집단 괴롭힘 상황에서 중재하거나 학생에게 지지를 제공하기 위해 또래 집단을 의도적으로 만드는 것이다. 이 중재 요소와 관련하여 세 가지 변형이 발견된다. 첫째는 Olweus의 학교 집단 괴롭힘 프로그램이 표준적 포괄 중재 프로그램이자 다른 프로그램보다 더 효율적인 것으로 알려졌다(Baldry & Farrington, 2007; Vreenman & Carroll, 2007). 생태학적 관점에 근간을 둔 학교 전체 접근을 사용한다(학교 수준, 학급 수준, 개인 수준, 지역사회 수준 구성 요소). 이 프로그램이 보호적 또래 생태보다 훨씬 더 폭넓기는 하지만, 피해 학생에게 지지와 보호를 제공하기 위하여 교실 내 '중립적 학생(neutral students)'의 도움을 구하는 것에 특히 초점을 맞춘다. 교사는 피해 학생의 상황을 완화시키기 위하여 '중립적'이거나 잘 적응한 학생들의 도움을 모은다. 또한 집단 괴롭힘에 연루되지 않고 학급 내에서 우호적이며 역량이 풍부한 학생들과 비공식적 협력을 도모한다. 이러한 '핵심 학생(key students)'은 피해 학생을 보호하고 집단 괴롭힘을 무력화함으로써 집단 괴롭힘에 대한 적극적 비난을 표출한다(Olweus, 1993, pp. 105, 116). 둘째로, Salmivalli 등은 또래가 이끄는 중재 캠페인을 사용하였다(Salmivalli, Kärnä, & Poskiparta, 이 책; Salmivalli et al., 2005). 반(反) 집단 괴롭힘 운동을 교사가 이끄는 대신, 모범이 되는 또래들이 훈련을 받고 도움이 필요한 학생들에게 사회적 지지를 제공해 주는 한편 캠페인을 시행하는 것이다. 셋째로, Cowie 등의 또래 지지 모델은 도움이 필요한 학생에게 사회적 지지를 제공하는 데 주목한 학교 전체 중재의 일부로 사용된 바가 있다(Cowies & Smith, 이 책; Menesini, Codescasa, Belenni, & Cowie, 2003).

4단계: 학교 관계자 입력을 기반으로 한 중재 재정비

이 단계의 목적은 이전에 학교 집단 괴롭힘 프로그램을 시행하던 사람들(학교 심리학자, 학교 상담자, 학교 사회복지사, 교사, 행정가 등)로부터 피드백을 구하기 위한 것이다. 피드백은 생태적 적합성을 공고히 하기 위하여 중재를 수정하고 절차, 언어, 지지 자료를 수정하는 데 사용된다. 반복적 과정을 통해 이러한 절차를 사용하는 데서 학교 집단 괴롭힘 중재의 핵심 구성 요소를 선택하여 매뉴얼에 포함시키고 개발한다.

5단계: 생태적 적합성을 고양하기 위한 매뉴얼 수정 및 중재 평가 준비

이 장의 주요 관심사가 중재의 평가보다는 중재의 새로운 개발에 있기는 하지만, 중재 평가 단계의 첫 번째 단계를 강조할 필요가 있다. 이 단계는 지역 학교에서 중재 매뉴얼을 시행하고 평가하는 초기 예비 단계이다. 그 목적은 중재가 시행되는 해당 학교의 생태에 맞추어 매뉴얼을 한층 더 다듬어 가는 것이다. 세 가지 주요 목표를 통해 절차와 언어가 해당 학교에 유효한지를 보증하게 되며, 각 학교를 위한 자원 매핑을 수행하고, 각 학교의 주요 이해 관계자에 의해 '매입'을 보증하게 된다. 자원 매핑은 집단 괴롭힘과 직접적으로 관련된 학교 자원(예: 학교 집단 괴롭힘 정책이나 기타 폭력 중재)에 주목하는 각 학교를 위해 이루어진다. Adelmam과 Taylor(1998)에 의해 윤곽을 드러낸 절차에 따라, 자원 매핑은 새로운 중재가 이 자원들과 통합될 수 있도록 현존하는 학교 자원을 체계화한다. 학교 자원이 조직화되거나 통합되지 않는 정도는 중재 실행에 부정적으로 영향을 주는 중요한 환경적 요인이다. 유지 가능성 문제 또한 새로운 중재를 현존하는 학교 자원과 통합함으로써 다루어진다(Adelman & Taylor, 1998). 이 시점에서 중재 매뉴얼은 특정 학교를 위해 최종적으로 완성되어 언제라도 사용되고 평가될 준비를 마치게 된다.

■ 평가 준비

중재의 평가를 위한 중요한 단계는 프로그램 목적과 관련된 핵심 구인에 대한 중재의 영향을 간파할 수 있는 평가 도구가 존재하는지를 고려하는 것이다. 예를 들어, 집단 괴롭힘을 평가하는 다수의 도구가 존재하지만, 보호적 또래 생태의 핵심 요인을 평가하는 것은 드물다. 학교의 반(反) 집단 괴롭힘 분위기의 이러한 측면을 측정하지 못하는 것은 반(反) 집단 괴롭힘 교육과정의 사전 평가에 있어서 심각한 단점으로 여겨졌다. 제1저자는 보호적 또래 생태 중재 프레임워크의 평가 연구에서 사용될 수 있는 유력한 도구를 개발한 바 있다. 보호적 또래 생태 척도(Protective Peer Ecology Scale; Song, 2005)의 중학교 버전이 보호적 또래 생태의 네 가지 핵심 변인, 즉 또래 보호와 또래 보호자, 집단 괴롭힘의 또래 조장과 집단 괴롭힘의 또래 조장자를 측정하기 위하여 개발되었다. 이는 보호적 또래 생태 척도의 초기 초등학교 버전이 확장된 것으로(Song, 2004, 2006), 개발 연구의 종합적 비평, 학교 관계자와 아동들과의 초점 집단 면담, 전문가 비평 등으로부터 개발되었다. 초등학교 버전의 보호적 또래 생태 척도는 선행 연구에서 훌륭한 심리측정학적 특성을 보여 주었다(Song, 2006; Song & Siegel, 2006a, Song & Siegle, 2009; Song et al., 2009). 예를 들어, 모든 항목은 각각의 요인을 다루되 다른 것과 독립적으로 잘 조절되어 있고, 요인이 설명하는 분산의 누적 합계 50.5%를 설명하고 있으며, 알파 계수를 사용한 내적 일치도는 0.86으로 적합한 신뢰도를 보이고 있다. 또한 하위척도들이 유의미한 관계를 보였으며, 알려진 상관에 따른 기대 방향으로 상관관계를 보였다. 즉, 긍정적 관계 변인과는 정적 관계를, 집단 괴롭힘 변인과는 부적 관계를 보였다.

중학생 버전은 일련의 초점 집단 면담을 통하여 개발되었다. 인터뷰는 학교 행정가, 교사, 학교 상담자, 학교 심리 전문가와 같이 관련 학교 관계자로 구성되어 있다. 초점 집단은 척도의 초등학교 버전과 집단 괴롭힘 조장을 측정하는 몇 가지 새로 개발된 문항에 대해 비평적 의견을 제시했다. 이들은 척도와 문항 형식, 적합성, 언어와 관련하여 몇 가지 제안을 하였다. 그 결과를 기반으로, 네 가지 요인을 평가하기 위한 최종 척도에 26개 문항이 선택되었다. 또래 보호, 집단 괴롭힘의 또래 조장, 또래 보호자, 집단 괴롭힘의 또래 조장자가 그것이다.

또래 보호와 집단 괴롭힘의 또래 조장을 위한 하위척도는 집단 괴롭힘과 집단 괴롭힘의 또래 조장으로부터 학급 친구들을 보호하는 것과 관련하여 또래 상황에 대한 인식을 측정한다. 평가는 다음과 같은 제시문에 5점 척도로 학습자가 응답하는 것을 통해 이루어진다. "만약 내가 집단 괴롭힘을 당하고 있다면……" 집단 괴롭힘으로부터의 또래 보호는 8문항(예: 내 친구는 집단 괴롭힘을 막기 위해 노력할 것이다)으로 구성된 하위척도로 집단 괴롭힘을 당한다면 친구들이 중재해 줄 것이라고 인식하는 정도를 측정한다. 집단 괴롭힘의 또래 조장 하위척도는 5문항으로 이루어져 있으며, "내 친구들이 웃을 것이다."와 같은 문항을 포함한다. 세 번째 하위척도인 또래 보호자는 학생이 집단 괴롭힘으로부터 다른 사람을 보호하려는 경향을 측정하기 위하여 고안된 8문항(예: 나는 다른 친구들이 집단 괴롭힘을 그만두게 만들기 위하여 노력할 것이다)을 포함한다. 학생들은 "만약 내가 우리 학교의 누군가가 집단 괴롭힘을 당하고 있다는 것을 안다면……"이라는 제시문에 대해 5점 척도(전혀 그렇지 않다-항상 그렇다)에 응답하게 된다. 마지막으로, 집단 괴롭힘의 또래 조장자라는 하위척도는 5문항(예: 나는 웃을 것 같다)으로 또래 맥락에서 집단 괴롭힘을 조장하는 학생의 경향성을 평가한다.

보호적 또래 생태 척도(중학생 버전)의 첫 번째 초안의 네 가지 하위척도는 모두 충분한 차원과 신뢰도를 가진다. 척도의 차원에 관한 예비 분석은 주축요인추출법을 사용한 탐색적 요인 분석을 기반으로 네 가지 요인을 강력히 지지한다. 미국 내 북동부의 6~8학년 428명의 표본을 사용하여, 모든 문항은 각각의 요인을 다루되(0.50~0.90) 독립적으로 잘 조절되어 있고, 분산의 총 67.4%를 설명하고 있다. 알파 계수 값이 또래 보호(0.94), 또래 보호자(0.92), 또래 조장(0.87), 또래 조장자(0.86) 모두 적합한 신뢰도를 나타냈다. 척도의 현재 타당도를 검사하기 위하여, 이변량 상관계수가 일반적으로 받아들여지는 상관 값으로 조사되었다. 친구 사귀기(ClassMaps 조사의 또래관계 척도; Doll, Zucker, & Brehm, 2004), 사회적 지지(교실생활 측정의 또래 사회적 지지 하위척도; Johnson, Johnson, Buckman, & Richards, 1985) 그리고 집단 괴롭힘 당하는 것(일리노이 대학교 피해자 척도; Espelage & Holt, 2001)이 그에 해당한다. 분석 결과는 이론과 일치하며, 동시 분석에서도 이 척도의 타당도를 뒷받침하고 있다. 첫째, 보호적 또래 생태 척도의 요인 간 상관관계는 예측된 방향으로 나타났고 유의미하였다(p<0.01). 즉, 또래 보호는 또래 보호자와 정적 상관관계를 가지며, 또래 조장 및 또래 조장자와 부적 상관관계를 가진다. 또래 보호자는 또래 조장과 또래 조장자와 부적 상관관계를 갖고, 또래 조장과 또래 조장자는 정적 상관관계를 갖는다. 둘째, 보호적 또래 생태 척도와 기존의 상관현상 간의 상관관계 또한 예측된 방향으로 나타났고 유의미하였다(p<0.01). 또래 보호와 또래 보호자는 긍정적 또래관계 변인과 정적 관계를 나타내고 집단 괴롭힘 당하는 것과는 부적 관계로 나타났다. 또래 조장은 긍정적 또래관계 변인과 부적 관계, 집단 괴롭힘 및 집단 괴롭힘 당하는 것과는 정적 관계로 나타났다. 또래 조장자는 집단 괴롭힘과 정적 관계를 보였다.

보호적 또래의 반(反) 집단 괴롭힘 중재를 개발하기 위해 특히 중요한 요소로, 분석 결과는 또래 보호, 또래관계, 집단 괴롭힘 간의 이론적 관계와 일관적인 것으로 나타났다. 학급 친구들에게 보호를 받거나 다른 사람을 보호하는 것은 정적인 상관관계를 보였으며, 집단 괴롭힘을 조장하는 또래 맥락을 갖는 것이나 집단 괴롭힘을 조장하는 것 자체와는 부적인 상관관계를 나타냈다. 집단 괴롭힘으로부터 또래의 보호를 받는 학생들은 긍정적인 교우관계를 갖고 있었으며, 따돌리거나 집단 괴롭힘을 당하는 것도 더 적었다. 집단 괴롭힘으로부터 또래를 보호하는 학생들 역시 긍정적 교우관계를 가졌으며 집단 괴롭힘을 가하는 경우도 더 적었다. 이와는 대조적으로, 집단 괴롭힘을 조장하는 친구를 가진 학생들은 긍정적 교우관계를 덜 가졌으며 집단 괴롭힘을 가하거나 당하는 경우도 더 많았다. 마지막으로, 집단 괴롭힘을 조장하는 학생은 집단 괴롭힘을 가하는 경우가 더 많은 것으로 나타났다.

보호적 또래 생태 척도의 활용 가능성은 중재 결과 나타날지도 모르는 또래 보호에 있어서의 변화 연구를 명시적으로 가능하게 한다. 연구의 일환으로 마지막 단계는 처치의 효율성을 평가하기 위하여 통제된 조건에서 중재 매뉴얼을 평가하는 것일 것이다. 이는 이 장의 주요 관심사는 아니지만, 중재의 평가는 일련의 연구를 기반으로 중재 프로그램을 꾸준히 개선하는 단계이다(Wiesz et al., 2004; Atkin et al., 2003; Song & Stoiber, 2008).

요약

예방학은 효율적인 정신건강 중재를 위한 저소득 공동체의 긴급한 요구를 충족하기 위하여 학교에서의 중재를 새로운 하이브리드 모델로 전환해 나가야 할 필요가 있다. 중재 개발의 전통적 모델이 엄밀하였으며(지나치게 엄밀하여 실제 적용에서는 효율적이거나 효용적이지 못함), 중재를 실제 상황으로 확산하는 것이 연구자 통제 환경에서 그 효용성이 확립될 때까지 강조되지 못하였다. 중재 개발의 하이브리드 모델은 주요 예방학자들에 의해 엄밀성과 실제성 간의 균형으로 제시되어 왔다. 하이브리드 모델이 적용되지 않은 한 분야는 중재해야 할 문제의 개념화 분야이다. 이에 보급의 어려움을 처음부터 문제 정의로 통합하여 전통적인 문제를 어떻게 하이브리드 문제로 재개념화할 것인지에 대한 모델을 제안하였다. 이렇게 함으로써 원래 문제의 해결은 물론이고 보급의 문제를 다루는 해결에 주의를 집중하게 하였다.

하이브리드 프레임워크를 예를 통하여 설명하기 위하여 우리는 학교 집단 괴롭힘 문제를 논의하였다. 학교 집단 괴롭힘 문제는 이를 경험하는 아동과 학교에 유해해서 문제가 될 뿐만 아니라, 긍정적인 결과를 보여 주기 위해 학교에서 중재를 시행하는 것 또한 어렵다. 이에 학교 집단 괴롭힘 문제를 하이브리드 문제로 규명하였다. 보호적 또래 생태가 하이브리드 문제의 복합성을 다루기에 가장 좋은 해결책으로 제시되었다. 집단 괴롭힘 예방 프로그램의 전통적인 문제를 다루기 위하여, 보호적 또래 생태는 집단 괴롭힘에서 또래 집단이 핵심 기제라는 점에서 유리하다. 즉, 또래가 보다 효율적으로 중재할 수 있고, 성인들보다 집단 괴롭힘에 내밀히 관여하기 때문이다. 실행의 문제를 다루기 위하여, 보호적 또래 생태에 주목하는 것은 잘 정비된 강력한 중재로 이어질 수 있어 유리하다. 또래 중재는 현존하는 학교 차원의 중재 내에 더 쉽게 통합될 수 있으며 학교 내의 자원에 대한 경쟁을 줄일 수 있다. 또래 집단을 활용하는 것은 비용이 들지 않는 이미 존재하는 자원이기 때문에 학교 차원에서 시행 비용을 절감해 준다.

여기에 소개한 중재 개발에 대한 하이브리드 접근법은 모든 학교에 적용 가능하지만, 특히 자원이 부족한 공동체 학교에는 긴급히 필요하다 할 수 있다. 하이브리드 프레임워크는 연구자가 모든 공동체를 빠르고 신중하게 도울 수 있도록 해 주며, 따라서 허리케인 카트리나 재해 후에 그러하였듯이 어떠한 아동도 도움을 받기 위해 기다릴 필요가 없다. 사실 시간이 가장 중요하다.

참고문헌

Adelman, H., & Talor, L.(1998). Mental health in the schools: Moving forward. *School Psychology Review, 27,* 175-198.

Atkins, M., Frazier, S., & Cappella, E. (2006). Hybrid research models: Natural opportunities to examine mental health in context. *Clinical Psychology: Science and Practice, 13,* 105-108.

Atkins, M. S., Frazier, S. L., Leathers, S. J., Graczyk, P. A., Talbott, E., Jakobsons, L., Adil, J., Marinez-Lora, A., Demirtas, H., Gibbons, R. B., & Bell, C. C. (in press). Teacher key opinion leaders and mental health consultation in urban low-income schools. *Journal of Consulting and Clinical Psychology.*

Atkins, M. S., Graczyk, P., Frazier, S. L., & Adil, J. A. (2003). Toward a new model for school-based mental health: Accessible, effective, and sustainable services in urban communities. *School Psychology Review, 12,* 503-514.

Baldry, A., & Farrington, D. (2007). Effectiveness of programs to prevent school bullying. *Victims & Offenders, 2,* 183-204.

Bierman, K. (2003). Commentary: New models for school-based mental health services. *School Psychology Review, 32,* 525-529.

Boulton, M., & Underwood, K. (1992). Bully/victim problems among middle school children. *British Journal of Educational Psychology, 62,* 73-87.

Bronfenbrenner, U. (1979). *The ecology of human development: Experiments by nature and design.* Cambridge, MA: Harvard University Press.

Bullying and Evidence-Based Interventions. (2008). Special issue on children exposed to violence. *Journal of Emotional Abuse, 8,* 235-253.

Cairns, R. B., Leung, M., Buchanan, L., & Cairns, B. D. (1995). Friendships and social networks in childhood and adolescence: Fluidity, reliability, and interrelations. *Child Development, 66,* 1330-1345.

Cappella, E., Frazier, S., Atkins, M., Schoenwald, S., & Glisson, C. (in press). Enhancing schools' capacity to support children in poverty: An ecological model of school-based mental health services. *Administration and Policy in Mental Health Services and Mental Health Services Research.*

CBS News. (2005, September 3). *Race an issue in Katrina response: Lawmakers voice opinions on role of skin color in rescue efforts.* Retrieved September 1, 2008, from http://www.cbsnews.com/stories/2005/09/03/katrina/main814623.shtml

Collins, L. M., Murphy, S. A., & Bierman, K. L. (2004). A conceptual framework for adaptive preventive interventions. *Prevention Science, 5,* 185-196.

Committee for Children. (2001). *Steps to Respect: A bullying prevention program.* Seattle, WA: Author.

Conduct Problems Prevention Research Group. (1999). Initial impact of the fast track prevention trial for conduct problems: I. The high-risk sample. *Journal of Consulting and Clinical Psychology, 67,* 631-647.

Craig, W. M., & Pepler, D. J. (1997). Observations of bullying and victimization in the school yard. *Canadian Journal of School Psychology, 13,* 41-59.

Doll, B., & Cummings, J. A. (2007). *Transforming school mental health services: Population-based approaches to promoting the competency and wellness of children.* Thousand Oaks, CA: Corwin Press in collaboration with the National Association of School Psychologists.

Doll, B., Song, S. Y., & Seimers, E. (2004). Classroom ecologies that support or discourage bullying. In S. M. Swearer & D. Espeleage (Eds.), *Bullying in the schools: A social and ecological perspective on intervention and prevention.* Mahwah, NJ: Lawrence Erlbaum.

Dulmus, C. N., Theriot, M. T., Sowers, K. M., & Blackburn, J. A. (2004). Student reports of peer bullying victimization in a rural school. *Stress, Trauma, & Crisis, 7,* 1-16.

Duncan, G. J., & Brooks-Gunn, J. (Eds.). (1997). *Consequences of growing up poor.* New York: Russell Sage Foundation.

Durlak, J. A. (1998). Why program implementation is important. *Journal of Prevention and Intervention in the Community, 17,* 5-18.

Farmer, T. W., Estell, D. B., Bishop, J. L., O'Neal, K. K., & Cairns, B. D. (2003). Rejected bullies or popular leaders?: The social relations of aggressive subtypes of rural African American early adolescents. *Developmental Psychology, 39,* 992-1004.

Farrell, A. D., Valois, R. F., Meyer, A. L., & Tidwell, R. P. (2003). Impact of the RIPP violence prevention program on rural middle school students. *The Journal of Primary Prevention, 24,* 143-167.

Flannery, D. J., Wester, K. L., & Singer, M. I. (2004). Impact of exposure to violence in school on child and adolescent mental health and behavior. *Journal of Community Psychology, 32,* 559-573.

Frey, K. S., Hirschstein, M. K., Snell, J. L., Edstrom, L. V. S., MacKenzie, E. P., & Broderick, C. J. (2005). Reducing playground bullying and supporting beliefs: An experimental trial of the steps to respect program. *Developmental Psychology, 41,* 479-491.

Gersten, R., Chard, D., & Baker, S. (2000). Factors enhancing sustained use of research-based instructional practices. *Journal of Learning Disabilities, 33,* 445-457.

Graczyk, P., Domitrovich, C., & Zins, J. (2003). Facilitating the implementation of evidence-based prevention and mental health promotion efforts in schools. In Weist, Evans, & Levers (Eds.), *Handbook of school mental health.* New York: Kluwer.

Gresham, F. M., MacMillan, D. L., Beebe-Frankenberger, M. E., & Bocian, K. M. (2000). Treatment integrity in learning disabilities intervention research: Do we really know how treatments are implemented? *Learning Disabilities Research & Practice, 15,* 198-205.

Higa, C. K., & Chorpita, B. F. (2008). Evidence-based therapies: Translating research into practice. In R. G. Steele, T. D. Elkin, & M. C. Roberts (Eds.), *Handbook of evidence-based therapies for children and adolescents* (pp. 45-61). Springer.

Hirschstein, M. K., Edstrom, L. V. S., Frey, K. S., Snell, J. L., & MacKenzie, E. P. (2007). Walking the talk in bullying prevention: Teacher implementation variables related to initial impact of the Steps to Respect program. *School Psychology Review, 36,* 3-21.

Hoagwood, K., & Olin, S. (2002). The NIMH blueprint for change report: Research priorities in child and adolescent mental health. *Journal of the American Academy of Child and Adolescent Psychiatry, 41,* 760-767.

Hodges, E. V. E., & Perry, D. G. (1999). Personal and interpersonal antecedents and consequences of victimization by peers. *Journal of Personality & Social Psychology, 76,* 677-685.

Hodges, E. V. E., Boivin, M., Vitaro, F., & Bukowski, W. M. (1999). The power of friendship: Protection against an escalating cycle of peer victimization. *Developmental Psychology, 35,* 94-101.

Hodges, E. V. E., Malone, M. J., & Perry, D. G. (1997). Individual risk and social risk as interacting determinants of victimization in the peer group. *Developmental Psychology, 33,* 1032-1039.

Hohmann, A. A., & Shear, M. K. (2002). Community-based interventions research: Coping with the "noise" of real life in study design. *American Journal of Psychiatry, 159,* 201-207.

Hoover, J., Oliver, R., & Hazler, R. (1992). Bullying: Perceptions of adolescent victims in the Midwestern USA. *School Psychology International, 13*(1), 5-16.

Institute of Education Sciences. (2003). *Status of education in rural America.* http://www. ed.gov/about/offices/list/ies/index.html.

Kallestad, J., & Olweus, D. (2003). Predicting teachers' and schools' implementation of the

Olweus bullying prevention program: A multilevel study. *Prevention & Treatment, 6.*

Kazdin, A. (2001). Progression of therapy research and clinical application of treatment require better understanding of the change process. *Clinical Psychology: Science and Practice, 8,* 143-151.

Kratochwill, T. R. (2006). Evidence-based interventions and practices in school psychology: The scientific basis of the profession. In R. F. Subotnik & H. J. Walberg (Eds.), *The scientific basis of educational productivity* (pp. 229-267). Greenwich, CT: Information Age.

Leff, S. S., Kupersmidt, J. B., Patterson, C. J., & Power, T. J. (1999). Factors influencing teacher identification of peer bullies and victims. *School Psychology Review, 28,* 505-517.

McLaughlin, M. (1990). The Rand Change Agent Study revisited: Macro perspectives and micro realities. *Educational Researcher, 19,* 11-16.

Mensini, E., Codecasa, E., Benelli, B., & Cowie, H. (2003). Enhancing children's responsibility to take action against bullying: Evaluation of a befriending intervention in Italian middle schools. *Aggressive Behavior, 29,* 1-14.

Merrell, K. W., Gueldner, B. A., Ross, S. W., & Isava, D. M. (2008). How effective are school bullying intervention programs? A meta-analysis of intervention research. *School Psychology Quarterly, 23,* 26-42.

Nastasi, B., Varjas, J., Schensul, S. L., Silva, K. T., Schensul, J. J., & Ratnayake, P. (2000). The participatory intervention model: A framework for conceptualizing and promoting intervention acceptability. *School Psychology Quarterly, 15,* 207-232.

National Education Association. (1998). Status of public education in rural areas and small towns: A comparative analysis. Retrieved May 12, 2004, from http://www.nea.org/rural/companal-rural.html

Naylor, P., & Cowie, H. (1999). The effectiveness of peer support systems in challenging school bullying: The perspectives and experiences of teachers and pupils. *Journal of Adolescence, 22,* 467-479.

Olweus, D. (1991). Bully/victim problems among school children: Basic facts and effects of a school based intervention program. In K. H. Rubin & D. J. Pepler (Eds.), *The development and treatment of childhood aggression* (pp. 441-448). Hillsdale, NJ: Lawrence Erlbaum.

Olweus, D. (1993). *Bullying at school.* Cambridge, MA: Blackwell Publishers.

Olweus, D., & Limber, S. (1999). The bullying prevention program. In D. S. Elliott (Ed.), *Blueprints for violence prevention.* Boulder, CO: Regents of the University of Colorado. Retrieved from http://www.colorado.edu/cspv/index.html

Orpinas, P., & Horne, A. M. (2006). *Bullying prevention: Creating a positive school climate and developing social competence.* Washington, DC: American Psychological Association.

Ozer, E. J. (2006). Contextual effects in school-based violence prevention programs: A conceptual framework and empirical review. *The Journal of Primary Preventin, 27,* 315-340.

Pellegrini, A., Bartini, M., & Brooks, F. (1999). School bullies, victims, and aggressive victims: Factors relating to group affiliation and victimization in early adolescence. *Journal of Educational Psychology, 91,* 216-224.

Pepler, D., Craig, W., Ziegler, S., & Charach, A. (1994). An evaluation of an anti-bullying intervention in Toronto schools. *Canadian Journal of Community Mental Health, 13,* 95-110.

Pianta, R. C., & Walsh, D. J. (1996). *High-risk children in schools: Constructing sustaining relationships.* New York: Routledge.

Rodkin, P., & Hodges, E. (2003). Bullies and victims in the peer ecology: Four questions for psychologists and school professionals. *School Psychology Review, 32,* 384-400.

Rogers, E. M. (1995). *Diffusion of innovations* (4th ed.). New York: Free Press.

Salmivalli, C., Kaukianen, A., & Voeten, M. (2005). Anti-bullying intervention: Implementation and outcome. *British Journal of Educational Psychology, 75,* 465-487.

Salmivalli, C., Lagerspetz, K., Björkqvist, K., Österman, K., & Kaukianen, A. (1996). Bullying as a group process: Participant roles and their relations to social status within the group. *Aggressive Behavior, 22,* 1-15.

Save the Children. (2002). America's forgotten children: Child poverty in rural America. Retrieved May 13, 2004, from http://www.savethchildren.org/usa/report_download.asp

Schoenwald, S., & Hoagwood, K. (2001). Effectiveness, transportability, and dissemination of interventions: What matters when? *Psychiatric Services, 52,* 1190-1197.

Shavelson, R. J., & Towne, L. (2002). *Scientific research in education.* Washington, DC: National Academy Press.

Shriberg, D., Bonner, M., Sarr, B. J., Walker, A. M., Hyland, M., & Chester, C. (2008). Social justice through a School Psychology lens: Definition and applications. *School Psychology Review, 37,* 453-468.

Smith, D. J., Schneider, B. H., Smith, P., & Ananiadou, K. (2004). The effects of whole-school antibullying programs: A synthesis of evaluation research. *School Psychology Review, 33,* 547-560.

Snyder, P., Thompson, B., McLean, M. E., & Smith, B. J. (2002). Examination of quantitative methods used in early intervention research: Linkages with recommended practices. *Journal of Early International, 25,* 137-150.

Song, S. Y. (2004). *Protective Peer Ecology Scale.* Unpublished measure, University of Nebraska-Lincoln.

Song, S. Y. (2005). *Protective Peer Ecology Scale–Middle School.* Unpublished measure, Yale

Child Study Center.

Song, S. Y. (2006). The role of protective peers and positive peer relationships in school bullying: How can peers help? Doctoral dissertation, University of Nebraska-Lincoln, 2006. *Dissertation Abstracts International, 67,* 8A.

Song, S. Y., Doll, B., Swearer, S. M., & Johnsen, L. (2005, February). *Understanding the role of the peer ecology in bullying prevention.* Paper presented at the 2005 annual convention of the National Association of School Psychologists, Atlanta, GA.

Song, S. Y., Doll, B., Swearer, S. M., Johnsen, L., & Siegel, N. (2009). *How peer protection is related to school bullying: An examination of the protective peers hypothesis.* Manuscript in preparation.

Song, S. Y., & Siegel, N. (2006a). The need to consider protective peers for school bullying prevention: Psychometric properties of the Protective Peer Ecology Scale. Original research paper published in the Conference Proceedings of the Korean School Psychological Association, May, 2006, Republic of Korea.

Song, S. Y., & Siegel, N. (2006b). Middle School Bullying Prevention: Processes in the Protective Peer Ecology. Poster presented at the Annual Conference of the American Psychological Association, New Orleans, LA.

Song, S. Y., & Siegel, N. (2009). The development of the Protective Peer Ecology Against Bullying Scale: Concurrent Validity. Manuscript in preparation.

Song, S. Y., & Stoiber, K. (2008). Children exposed to violence at school: Understanding bullying and evidence-based interventions. Special issue on children exposed to violence, *Journal of Emotional Abuse, 8,* 235-253.

Stoiber, K., & Kratochwill, T. (2000). Empirically supported interventions and school psychology: Rationale and methodological issues–Part I. *School Psychology Quarterly, 15,* 75-105.

Stoiber, K. C., & Kratochwill, T. R. (2002a). Evidence-based intervention in school psychology: Conceptual foundations of the procedural and coding manual of Division 16 and the Society of the Study of School Psychology Task Force. *School Psychology Quarterly, 17,* 314-389.

Stoiber, K. C., & Kratochwill, T. R. (2002b). *Outcomes: Planning, monitoring, evaluating.* San Antonio, TX: PsychCorp.

Stoiber, K. C., & Waas, G. A. (2002). A contextual and methodological perspective on evidence-based intervention practices in school psychology in the United States. *Educational and Child Psychology, 19,* 7-21.

Sugai, G., & Horner, R. (2006). A promising approach for expanding and sustaining school-wide positive behavior support. *School Psychology Review, 35,* 245-259.

Swearer, S. M., & Doll, B. (2001). Bullying in schools: An ecological framework. *Journal of*

Emotional Abuse, 2, 95-122.

Twemlow, S. W., Fonagy, P., Sacco, F. C., Gies, M., Evans, R., & Ewbank, R. (2001). Creating a peaceful school learning environment: A controlled study of an elementary school intervention to reduce violence. *American Journal of Psychiatry, 158,* 808-810.

Vreeman, R. C., & Carroll, A. E. (2007). A systematic review of school-based interventions to prevent bullying. *Archives of Pediatric and Adolescent Medicine, 161,* 78-88.

Weersing, V. R., Gonzalez, A., Campo, J. V., & Lucas, A. N. (in press). Brief behavioral therapy for pediatric anxiety and depression: Piloting an integrated treatment approach. *Cognitive and Behavioral Practice.*

Weersing, V. R., & Weisz, J. R. (2002). Mechanisms of action in youth psychotherapy. *Journal of Child Psychology and Psychiatry, 43,* 3-29.

Weissberg, R. P., & Greenberg, M. T. (1998). School and community competence-enhancement and prevention programs. In I. E. Siegel & K. A. Renninger (Eds.), *Handbook of child psychology: Vol. 4, child psychology in practice* (5th ed., pp. 877-954). New York: Wiley.

Weisz, J. R. (2000). Agenda for child and adolescent psychotherapy research: On the need to put science into practice. *Archives of General Psychiatry, 57,* 837-838.

Weisz, J. R., Jensen, A. L., & McLeod, B. D. (2005). Development of child and adolescent psychotherapies: Milestones, methods, and a new deployment-focused model. In E. D. Hibbs & P. S. Jensen's (Eds.), *Psychosocial treatments for child and adolescent disorders: Empirically based strategies for clinical practice, 2nd Edition.* Washington DC: American Psychological Association.

Wolery, M., & Garfinkle, A. N. (2002). Measures in intervention research with young children. *Journal of Autism and Developmental Disorders, 32,* 463-478.

Chapter **17**

점검 및 연결하기: 학생 참여를 통한 학교 과정 수료의 증진

Sandra L. Christenson(미네소타 대학교)

Amy L. Reschly(조지아 대학교)

> "인간은 자료를 주입할 수 있는 기계가 아니기에 중퇴율이 천문학적으로 높다. 인간은 정보를 처리하기 위해 감정이 필요하다. 부모로부터 안정적인 양육의 혜택을 받지 못하는 아이, 사람과의 애착관계를 형성하는 방법을 배우지 못한 아이를 정보 전달을 위한 공장 같은 학교에 데려다 놓는다면 그 결과는 무시무시할 것이다."
>
> – David Brooks, 『Star Tribune』, 2006년 7월 7일

관계, 엄밀성, 관련성. 학교에서의 아동의 수행에 대한 야심차고도 현실적인 교사와 학부모의 기대―지도의 엄밀성 및 학습 동기를 북돋우는 가정으로부터의 지원으로 보이는 것(Bempechat, 1998)―는 학생의 수행에 대한 다양한 양적 지표와 관련이 있다(Brophy, 2004; Ysseldyke & Christenson, 2002). 유사하게, 고등학교 교육과정의 관련성, 직업 세계 및 중등과정 이후의 선택 간의 관계는 다수의 학생의 졸업률 및 학업적 성취에 필수적인 구성 요소이다(National Research Council and Institute of Medicine, 2004). 인간관계의 역할(Hughes & Kwok, 2006; Pianta, 1999)과 학교 내 유대감(connecetedness; Blum & Libbey, 2004)은 최근 들어서야 학교에서의 학생의 성공을 위해 중요한 것으로 강조되어 왔다. 특히 교육에서 낙오될 위기에 놓인 학생에게 더욱 그러하다. 회복탄력성 연구의 과학적 결과들은 어려움에 처한 젊은이들의 삶에 자신에게 신경을 써 주는 성인이 있다는 것이 얼마나 효과가 있는 것인지를 반복적으로 보여 주고 있다. Masten과 Coatsworth(1998)는 신경 쓰고 돌봐 주는 성인, 의미 있는 참여에 대한 기대, 기준 및 기회가 어린 시절에 '불리함을 극복(beating the odds)'하는 데

기여한다고 암시했다. 더욱이 지지적 분위기의 공동체를 형성하기 위해서는 정규 프로그램, 가족, 이웃, 교육자, 코치, 종교인, 청소년 문제 상담자와 같은 관련 성인이 제공하는 것들이 필수 재료일 수 있다. "일상의 마술(ordinary magic)"이라고 묘사된(Masten, 2001) 회복탄력성은 성인과 아동 간의 매일의 상호작용(이는 긍정적 결과물을 위해 매우 중요함)의 일상적 일관성과 계속성을 지칭한다. 관심을 갖고 돌보는 성인이 부모이건, 교사이건, 친척, 친구 혹은 이웃이건, 불행히도 모든 아동이 이런 성인과 지원적 관계를 가질 수 있는 것은 아니다. 따라서 중요한 질문은 아동이 신뢰할 만한 보살핌이 가능한 성인과의 신뢰관계 형성을 지원할 자원은 어디에 있는가 그리고 아동은 누구와 유대관계를 형성해야 하는가이다.

이 장에서는 관계에서 발생하는 학생 참여의 증거기반 모델인 점검 및 연결하기(Check & Connect)를 실행하는 절차를 기술할 것이다(www.checkandconnect.org). 점검 및 연결하기의 중요한 전제는 학교 중퇴와 같은 부정적인 결과를 예방하는 것에서, 학생 능력, 학교 성공, 학교 과정 수료와 같은 것을 향상시키는 것으로 관심을 옮기는 데 있다. 이는 교육에서 낙오될 위기에 놓인 학생의 요구를 만족시키기 위한 서비스 전달 기제이다. 따라서 이 모델에 의뢰될 문제는 다양할 수 있다(예: 출석, 읽기, 행동 문제, 정서 문제). 마지막으로, 점검 및 연결하기가 대상의 지정된 단계별로 개별화된 중재이기는 하지만, 학교의 모든 학생, 학습에 참여하는 모든 학생을 참여시키는 것이 개별화된 중재뿐 아니라 학교 단위의 보편적 중재에 대한 재고가 필요하다. 따라서 이러한 목표 중재에 대한 보편적 지원을 위한 제언을 하고자 한다.

중재의 새로운 지향

점검 및 연결하기의 바탕에 있는 철학적·이론적 지향은 교육적 위기에 대한 새로운 개념화와 학교 중퇴와 학교 교육과정 수료의 목적을 차별화한 방법으로서 참여에 초점을 맞추는 것에 있다. 첫째, 교육에서 낙오될 위기에 놓인 학생은 전형적으로 변화 가능한 변인(예: 출석, 학업 수행, 행동) 대신에, 인구학적 변인(예: 수입, 인종/문화 배경)으로 기술된다. Pianta와 Walsh(1996)는 전문가들이 위기를 특정 지표(예: 부족한 학업 능력)와 특정 조건 및 요인에서 특정 관심 결과(예: 학교 중퇴)의 달성 가능성 간의 통계적 관계로 개념화하는 것이라고 경고했다. 따라서 위기란 특정 요인과 확인 가능한 결과 간의 확률적 관계를 강조한다. 한 개인에게 위기 지위를 할당하는 것은 일반적 모집단보다는 특정 결과물을 이루게 될 확률이 더 많은 집단과 유사한 특징을 공유한다는 것을 함축한다. 따라서 그들은 위기라는 개념이 "실패의 순환에 대해서 생각해 보고 실패의 순환을 막을 수 있는 방법을 고안하는 데 유용한 구인"(p. 20)이라고 진술하였다. 하지만 "많은 연구는 주어진 환경 내에서 문제를 진술할 뿐, 다른 환경에서 어떻게 할 수 있는지에 대해서는 다루고 있지 않다."(p. 30)라고 지적한다. 더욱이 학업 실패의 위기에 놓인 학생은 주로 체계 및 학습을 위한 지원과 접점이 거의 없거나 전무한 아동이다. Pianta와 Walsh에 따르면, "학교에서의 실패는 본질적으로 의사소통할 수 없는 상태 혹은 의사소통을 꺼리는 상태, 즉 관계의 문제"이다(p. 24). 이와 유사하게, Garbarino(1982)는 지원을 정의하는 데 있어 개인(부모, 교사)이나 체계(학교, 교회, 가정)가 아동의 요구 및 발달을 중심으로 구성한 계속적인 상호관계를 가질 때 나타나는 연대(connection)를 강조하였다. 그러나 상당수 학생에게 가정과 학교의 단절이 위험 요인으로 작용하며, 특히 학습에 대한 기대와 가치 그리고 의사소통 패턴의 측면에서 더욱더 그러하다(Pianta & Walsh, 1996).

둘째, 중퇴 예방 및 학교 교육과정 수료 간의 구별은 학습을 소홀히 하는 징후를 보인다거나, 그 결과로 고등학교를 수료하지 못할 위험에 있는 학생들을 대상으로 한 중재 설계와 관련 있다는 것이 우리의 주장이다. 이러한 구별은 아동의 학교생활 초기에 시작되는 실패의 악순환을 끊는 데 중요하다(Barrington & Hendricks, 1989; Finn, 1989). 더욱이 이 두 개념의 차별화는 위기를 줄이고 예방 요인을 늘리는 것에 초점을 둔 예방학의 핵심을 잘 보여 준다. 중퇴 예방 노력, 이는 문헌에서 가장 흔하게 논의되는 것인데, 이는 위기 행동(지각 및 결석)의 발생을 예방하는 장벽을 만드는 것이 특징이다. 예를 들어, 학생의 출석률을 높이고 학생이 통학할 수 있는 교통수단을 제공하거나, 고등학교 졸업을 위한 학점을 따기 위해 대부분 D를 받은 학교 과업에 대해 지원을 제공받을 수도 있다. 하지만 이러한 전략은 학생이 진정으로 무엇인가를 배우게 하거나 성공적인 학교 경험을 갖게 보장할 수는 없다. 이러한 것들은 미래 성공을 위해 필요한 학교생활이나 평생 지속 가능한 학습에 개인적으로 투자하게 해 주는데, 특히 중등교육 이후 진학의 가능성을 열어 준다. 대조적으로 학교 과정 수료(school completion) 중재의 목표는 학생이 기초기술 능력 및 학습에 대한 개인적 투자 동기를 가지고 고등학교를 졸업하게 하는 것이다.

중재의 목적을 교육과정 수료 증진으로 전환할 때, 학생이 학업적·사회적 표준(학교 환경이 요구하는 바)을 충족하기 위한 기술을 습득할 수 있도록 원조하는 지원 전략이 사용된다. 추가적으로, 스스로 인식하는 능력과 또래 및 교사와의 관계성을 기르고 지원하는 특별한 목적을 위하여 학생과의 관계를 형성하게 된다. 학교 과정 수료를 향상하기 위하여, 구체적으로 학교가 정한 학업 및 행동 기준을 충족할 수 있도록 학생에게 지원을 제공함으로써 표준과 지원(standards and support)에 주목한다(Lee & Smith, 1999). 중재의 바람직한 목적은 학생이 학업적·사회적 역량을 가지고 졸업하게 하는 것이지(Finn & Rock, 1997), 앉아 있도록 요구한 시간을 채우는 것이 아니다. 따라서 학교 과정 수료 중재는 학생과 사회에게서 단순히 '나쁜' 결과를 예방하는 것이 아니라 '좋은' 결과를 향상하는 데 목적이 있다(Christenson, Sinclair, Lehr, & Godber, 2001).

중퇴 예방에서 학교 과정 수료 증진으로 초점을 전환하는 데 있어서 중요한 특징은 바로 아동(youth)을 기술하는 데 있다. 아동을 '위기의(at-risk)' 존재로 지칭하지 않고, 주변 환경에 의해 '위험에 처한(placed at risk)' 대상으로 지칭한다. 중퇴라는 말은 변화의 부담을 오롯이 아동에게 얹어 놓고 그 문제를 아동과 동일시하는 경향이 있다(Dorn, 1996). 이러한 관점에서는 기대는 낮아지고 중재는 아동에게 있는 '결함 고치기(fixing deficiencies)'를 위하여 개발되기 마련이다. 반면, 학교 과정 수료라는 말은 기대에 부응하기 위하여 개인과 환경의 조화의 중요성을 강조하며, 변화에 대한 책임을 학생 당사자는 물론 학교, 가정, 지역사회에 걸쳐 분배하는 것을 강조한다. 그럼으로써 필요한 지원을 제공하기 위함이다(Christenson & Anderson, 2002; Wentzel, 1998).

점검 및 연결하기란 무엇인가

점검 및 연결하기란 학교와 지역구(www.ici.edu/checkandconnect 참조)의 보편적 중재 계획을 보완하기 위하여 목표가 정해진 혹은 지정된 중재를 의미한다. 이는 아동의 학교 및 학습 참여를 향상하기 위하여 고안된 모델로, 학교 과정 수료 프로그램을 '핵심(bottom line)'으로 한다(Christenson et al., 2001; Christenson et al., 2008). 점검 및 연결하기는 학생의 관계 형성 및 학교 수행에 대한 체계적 모니터링을 통하여 학생 참여를 증진시킨다. 이는 소외받는 학생에게 지속적으로 진행된다. 점검 및 연결하기는 다음의 네 가지 구성 요소로 이루어진다. 장기간에 걸쳐(여름을 포함하여 최소 2년) 학생 및 그 가족과 함께 하는 멘토, 학생의 학교 적응, 행동, 교육적 향상에 대한 정기적 점검, 학교와의 연대 형성과 학습 및 학생의 사회적·학업적 능력 향상을 위한 건설적 학습 활동에의 참여를 재정립하고 유지하기 위한 시기적절한 중재, 가능한 경우 학생 가족과의 협력관계 형성이다. '점검(check)' 요소는 출석, 학업 수행, 행동의 세 영역에서의 학생의 학습 참여 정도를 꾸준히 평가하기 위하여 고안된 것으로 세 영역에서의 학생의 기능적 행동이 중재 지침으로 사용된다. '연결(connect)' 요소는 두 단계의 학생 중심의 중재를 포함한다. 즉, 모든 학생이 기본 중재를 받게 되며, 개별 학생에게 이탈의 지표가 나타나면 기본 중재를 보충하고 집중 중재의 전달로 이어진다. 학생의 가족과의 파트너십 형성은 이러한 중재의 핵심 요소인데, 이는 해결 지향적 가족중심 접근에 기반을 둔다(McWilliam, Tocci, & Harbin, 1998).

〈표 17-1〉에 제시된 일곱 가지 핵심 중재 요소가 멘토의 행동에 지침이 되며, 처치의 정합성을 평가하는 잣대 역할을 한다(Sinclair, Christenson, Lehr, & Anderson, 2003). 이 중에 관계 형성, 체계적 모니터링, 학생과 가족 추적의 세 가지 요소는 점검 및 연결하기의 성공에 필수적인 것으로 이론화되었다.

〈표 17-1〉 학생 참여 점검 및 연결하기 모델의 핵심 요소

요소	설명
관계 형성	상호 신뢰 및 열린 대화, 학생의 교육적 성공에 집중한 장기적 노력으로 양성
• 문제해결	• 갈등을 건설적으로 해결하고, 원망할 사람을 찾기보다 해결을 찾기를 장려하고, 생산적인 대처 기술을 길러 주는 인지-행동적 접근
• 개별화된 시기적절한 중재	• 개별 학생의 요구에 맞추고 학교 참여 정도에 기반을 둔 지원, 가정과 학교와 연합된 영향, 지역 자원의 이용
• 학교 및 학습과 친해지기	• 학교 관련 활동과 행사에 학생이 접근 가능하며 적극적으로 참여
• 지속성 외	• 학업 동기의 지속적 자원, 아동 및 가정과의 친숙성 지속, '교육은 너의 미래를 위해 중요하다.'는 메시지의 일관성
변화 가능한 지표의 일상적 모니터링	학교 관계자가 바로 구할 수 있으며 중재를 통해 변경 가능한 퇴학(출석, 학업 수행, 행동)의 경고 신호를 체계적으로 점검
학생과 가족 추적	전학을 자주 다니거나 프로그램을 옮겨 다니는 유동적 아동과 그 가족 추적

■ 관계 형성

점검 및 연결하기 모델의 주요 원리는 관계의 힘이다. 이는 실패할 위험이 높은 아동에게 관심을 갖고 돌봐 주는 성인의 존재와 학교 및 졸업 후의 긍정적 결과 간의 높은 상관관계로 지지된다(Masten & Reed, 2002). 멘토가 담당하는 학생 중 일부는 이미 학교 내 다른 성인(특수교육 사례 담당자, 선도부, 관리인, 코치 등)과 연계되어 있을 수도 있다. 멘토의 역할은 이미 형성된 관계를 대체하는 것이 아니라 학생의 학교 참여 및 학습 참여를 지원하는 과정에서 그 성인과 공조하는 것이다. 프로그램이 적어도 최소 2년간은 지속적으로 학생에게 헌신할 때 신뢰가 쌓인다.

■ 문제해결

멘토는 문제해결 접근 사용의 선례를 보이고 조언을 준다. 이는 갈등해결 기술, 생산적 대처 기술 및 성공적 학습 습관의 실천 그리고 원망의 근원을 찾기보다 해결을 찾는 능력을 향상하기 위해 필요하다. 문제해결의 목표는 학생의 능력을 함양하여, 종국에는 학생과 가족이 멘토에 의존하려는 가능성을 최소화하는 것이다. 문제해결을 위하여, 학생은 실제 혹은 가상 문제에 대해 다음과 같은 안내를 받는다. ① "멈춰서 문제에 대하여 생각하라." ② "어떤 선택지들이 있는가?" ③ "하나를 선택하라." ④ "실행하라." 그리고 ⑤ "효과가 있었는가?" 학교 환경이 요구하는 문제와 개별 학생이 겪게 되는 문제들을 다루는 데 이러한 문제해결을 반복적으로 사용하여 학생은 자신이 멘토에게 보살핌을 받고 있다는 감정을 강화한다(Anderson, Christenson, Sinclair, & Lehr, 2004).

■ 개별화된 시기적절한 중재

이 모델의 연결 요소의 전제는 바로 개별화된 접근이다. 이는 시기적절하게 제공되는 직접교수 및 학습, 안내, 지원을 포함한다. 두 단계로 제시되는 학생 중심 중재는 멘토의 한정된 자원 및 피드백의 활용을 극대화한다. 기본 중재는 모든 학생에게 동일하게 제공되는 것이고, 집중 중재는 기본 중재를 보완하고 모니터링(즉, 점검) 단계에서 나타난 학생 일탈의 구체적 지표를 다룬다. 기본 중재는 개별 학생과의 의도적 대화로, 중등학생은 적어도 한 달에 한 번, 초등학생은 적어도 일주일에 한 번 실행된다. 대화를 통해 학교 과정 수료 및 교육적 발달과 일탈의 지표 점검 간의 관계, 학교를 끝까지 다니는 것의 중요성, 갈등 상황을 해결하고 인생의 문제를 다루기 위해 사용된 문제해결 단계의 점검 등에 대한 정보를 학생과 끊임없이 주고받아 이를 제도화하게 된다. 점검 및 연결하기의 독특한 특징은 바로 중재가 멘토라는 누군가에 의해 전달된다는 것인데, 멘토는 비교적 긴 기간에 걸쳐 학생과 그 부모에게 자원을 보장한다.

■ 학교 및 학습과 친해지기(affiliation)

멘토는 학생이 학교 관련 활동과 행사(정규 시간 전, 중, 후)에 접근하고 활발하게 참여할 수 있도록 돕고, 여름방학 동안에도 건설적 학습 활동에 참여하도록 돕는다. 연구 결과에 따르면, 방과 후 활동 참여는 중퇴율 감소와 관련이 있다(Feldman & Matjasko, 2005; Gilman, Meyers, & Perez, 2004; Rumberger, 1995). 아동이 쉽게 접근할 수 있도록 학생 선택의 폭을 넓히고 이를 고지하는 것, 일정 조율을 검토하는 것, 교통편과 관련된 문제를 다루는 것, 참가비를 면제해 주고, 등록 신청서를 작성하고, 부모님의 허락을 받는 것, 첫 모임에 동반해 주는 것, 프로그램 담당자 및 학생에게서 참여한 경험에 대한 피드백을 확인하는 것 등이 멘토가 할 수 있는 부분이다.

■ 지속성 외

문제에 직면했을 때 버티기 위해서는 소외 아동과 그 가족은 아동의 학습에 대한 기대와 희망을 가질 필요가 있다(Floyd, 1997). 이를 위해 멘토는 지속성 외의 개념을 적용하는데, 지속성(persistence)은 그들의 학습 능력에 대해 포기하지 않고 학생에게 학교에서 학업적으로 향상하기 위해 배우는 것의 중요성에서 시선을 돌리게 할 누군가가 있다는 것을 의미한다. 계속성(continuity)은 학생의 교육적 역사를 알고, 학생의 가정환경을 알며, 학교 다니는 기간에 걸쳐 도움을 제공할 수 있는 누군가가 있다는 것을 의미한다. 일관성(consistency)은 멘토가 같은 메시지를 강화하는 것을 의미한다. 즉, 관심을 갖고 보살펴 주는 성인이 학교와 학습이 중요하며, 학생들이 성공할 수도 있고, 과제도 할 수 있고, 절망감을 건설적으로 표현할 수 있으며, 배울 수 있다는 것, 즉 교육이 학생의 미래를 위해 중요하다는 메시지를 강화한다. 멘토는 학생들이 자신의 생각, 감정, 행동을 변화시킬 능력을 갖고 있다고 믿는다. 학생들에게 "너는 성공할 수 있어. 제 시간에 올 수 있어. 수업에 빠지지 않고, 과제도 다 할 수 있고, 힘든 게 있으면 적극적으로 표현할 수 있고, 학교에서 잘리지 않고 계속 다닐 수 있어."라고 말한다. 가능한 한 많은 사람이 이를 반복함으로써 학생들은 자기에게 관심을 가져 주는 성인들이 하는 말이 말뿐이 아님을 배우게 된다. 지속성, 계속성 그리고 일관성은 짝지어 제공되고, 집합적으로 교육적 실패의 위기에 처한 학생을 위한 학업 동기에 지속적 자원을 보여 준다.

■ 변화 가능한 지표의 일상적 모니터링

학생 참여의 변화 가능한 지표—변화하고자 하는 부모, 교사, 학생의 힘 안에 있는 것—에 대한 모니터링은 이 모델의 점검 요소의 특징이다. 모니터링은 학습자로서 위기에 처한 학생에게 다음과 같은 두 가지 이유로 중요하다. 즉, 그것은 학생을 즉각적 중재와 연계시켜 주는 체계적이고 효율적인 방법을 제공하며 학생을 교육적 향상 및 수행으로 이어 줄 중요한 연결고리이다. 행동적 참여에 대한 변화 가능한 지표로는 지각, 결강, 결석, 정학(교외), 징계(행동 처신, 방과 후 남기, 교내 정학), 학급 참여 등이 있다. 학업적 참여의 변화 가능한 지표로는 과락, 달성한 학습 목표, 이수 학점, 과업 완수, 졸업 요구 조건 달성 상태 등이 있다. 멘토는 담당한 학생 개개인에 대해 매일 혹은 매주 참여 수준을 점검한다. 이를 통해 매일 각 수준에 대해 지속적으로 파악한다. 출결 정보 및 참여에 대한 다른 지표는 학교 성적, 출석 담당 교사, 교사, 교감 등에게서 얻는다. 학생 자신 및 학생의 가족은 물론 담당자들은 상충되는 정보가 있을 때 이를 확인해 준다. 학생의 향상 정도는 한 달 간격으로 요약하여 기록 및 검토하며, 별도의 집중 중재가 필요한지를 결정하는 데 사용된다.

■ **학생과 가족 추적**

점검 및 연결하기를 다년간에 걸쳐 다양하게 적용하는 과정에서, 멘토는 학교기반 중재에서 종국에는 멘토(결과적으로 중재)가 학생과 가족을 추적하는 중재로 전환하게 하는 의식적 결정을 하게 되었다. 이는 담당자와 담당 건수를 시·구 단위에 집중된 서비스 능력과 조정하며 추적한다(Lehr, Sinclair, & Christenson, 2004; Sinclair, Christenson, & Thurlow, 2005). 이러한 결정은 중퇴 아동 인구에 실질적 영향력을 갖기 위하여, 중퇴 인구의 학교생활 실패의 중요한 공통 변인인 유동성 문제가 다루어졌어야 한다는 믿음에 기반을 둔다(Christenson et al., 2001; Rumberger & Larson, 1998). 우리 연구 대상 학생의 1/3 정도가 1년 동안 해당 서비스 지역 내의 여러 학교로 전학을 다녔다(Sinclare et al., 2003). 안정성의 결여가 아동이 소속감 및 학교와의 연대감을 발달시킬 수 있는 가능성을 심각하게 훼손하였다고 짐작할 수 있다. 학교가 권리를 박탈당한 학생의 요구를 수용하기 위하여 일련의 서비스를 제공하고 있다 하더라도, 아동이 학교에 충분한 기간 머무르거나 참여할 만큼 충분한 신뢰를 쌓지 않는다면, 잠재적 혜택은 유명무실해질 것이다.

점검 및 연결하기의 이론적 기초

점검 및 연결하기의 핵심 요소를 기술하였지만, 이 모델의 장점을 분석하기 위해서는, 왜 이 요소들이 중요하며, 그것이 참여 모델을 위한 확고한 이론에 어느 정도 기반을 두고 있는지에 대한 설명이 필요하다. 특히 학교 중퇴 문제와 관련되었기에 더욱 그러하다. 결정적 참여 변수의 분석, 가정-학교-지역사회의 공조를 위한 체계 원리 그리고 회복탄력성, 인지-행동적 중재, 학교의 영향력을 증가시키기 위한 동기 등에 관한 문헌에서 점검 및 연결하기의 상당 부분이 특징지어졌다(Reschly & Christenson, 2006a, 2006b). Coleman(1987)이 정의한 사회 자본의 개념(즉, 아동의 학습 및 개인적 문제에 집중한 성인-아동 간의 상호작용의 양 및 가족에게 제공 가능한 지원 네트워크를 지칭)은 멘토의 역할에 중요하다. McPartland(1994)가 제시한 학교의 영향력을 증가시키기 위한 구성 요소(즉, 학교 과업에서 성공할 기회를 제공하거나, 교육이 미래의 노력과 관련성이 있다는 것을 전달하며, 관심 갖고 지원해 주는 환경을 만들고, 개인적 문제가 있는 학생을 돕는 것 등)도 마찬가지로 중요하다. 멘토는 학교와 가정의 맥락에서 학생의 교육적 향상을 지원하며, 사회 자본이 당연하게 발생하지 않는 곳에서는 현존하는 자원을 중개하여 사회 자본을 증가시킨다. 이 모델은 학생의 삶에서 위기를 줄이는 한편 예방 요인을 증가시키기 위하여 고안된다.

학생의 학교 참여는 중퇴를 줄이고 학교 과정 수료를 높이는 데 중요한 이론적 모델로 여겨진다(Christenson et al., 2008). Rumberger(1987)가 제안하였듯이, 학교 중퇴는 즉각적인 사건이 아니다. 오히려 철회와 일탈의 긴 과정에 비유되는 것이 적절하다. 이와 관련하여, Finn(1989, 1993)의 참여-동기화 모델(participation-identification model)은 학생이 일정 기간에 걸쳐 학교 활동에 참여하게 되면, 성공적인 수행 결과가 실현되고, 결과적으로 학생이 학교와 동일시하게 된다고 한다. 이러한 관점에서 학교에 소속되고 학교와 공동의 가치를 공유하고 있다고 느낄 때, 학생은 계속 참여하게 되고 학교 과정을 마칠 수 있게 된다는 것이다. 중퇴 학생의 대다수는 극단적인 소외감을 표현하는데, 이는 철회 및 실패한 학교 경험 등과 같은 몇 가지 행동 징후로 나타난다. Finn과 Rock(1997)은 참여가 학업적으로 성공한 위기의 학생과 학업적으로는 덜 성공한 학생을 구별해 준다고 하였다. 성공적으로 학업을 이수한 탄력적인 학생은 학업 수행이 떨어지거나 중퇴한 학생에 비해, 학습과 직접적이며 분명한 관련이 있는 일련의 학교 행동에 유의미하게 더 자주 참여한다. 학교 행동이란 제시간에 등교하고 수업에 참여하는 것, 수업 과제를 준비하고 참여하는 것, 수업 과제를 완수하기 위해 필요한 노력을 들이는 것 그리고 수업 시간에 방해하는 행동을 피하는 것을 포함한다. 이러한 연구 결과와 일맥상통하게, 경제적으로 혜택을 받지 못하는 흑인 미국 중등학교 학생을 대상으로 한 Floyd(1997)의 연구에서는 가정으로부터의 지원 및 교수 및 학습 환경, 인내력 형성(장애물을 만나더라도 기꺼이 열심히 노력하는 것) 및 낙천성(학업적 노력이 결실을 맺을 것이라는 신념)의 중요성을 강조한다.

1980년대 후반 학교 중퇴율 증가에 대한 국가적 우려의 일환으로, Finn(1989)은 학생이 학교를 떠나는 현상(Rosenthal, 1988 참조)과 관련하여 상당량의 다소 압도적인 변인의 목록을 정리하여 주요 두 유형으로 범주화하였다. 그것은 교육자가 바꿀 수 없는 지위 예측자 변인(예: 학생 신병 및 지역 공동체의 사회경제적 변인)과 교육자, 가족, 학생의 영향을 받기 쉬운 행동 혹은 변화 가능 예측자 변인(예: 교외정학 및 과락)이다. 지위 예측자와 변화 가능한 예측자를 구별하는 것은 교육자가 변화할 수 있는 예측자에 노력을 기울이도록 하는 조치를 제안하는 과정에서 유용하다(Christenson et al., 2001).

중퇴율에 대한 변화 가능한 예측자에서 구별해야 할 것으로 참여 수준 지표와 참여 촉진자가 있다. 참여 수준 지표는 학생이 학교 및 학습과 연계된 정도 및 수준을 의미한다(출결 패턴, 학점 취득, 문제 행동 등). 참여 촉진자는 연계의 정도에 영향을 주는 맥락적 요인을 의미한다(학교 규율, 학교 과제에 대한 부모의 감독, 학습 및 학교에 대한 동기를 부여하는 메시지, 학업 성취에 대한 동료의 태도 등). 지표는 식별 과정—철회의 최초 징후에 적합한 기관 및 전문가에게 의뢰하는 것—에 지침이 되고 개별 학생과 프로그램의 발전 과정을 모니터하는 데 지침으로 사용될 수 있으며, 참여 촉진자는 중재 실행과 정책에 영향을 끼친다(Sinclair et al., 2003).

점검 및 연결하기에서 참여는 학생 기여의 개념이 아니다. 오히려 학습을 위해 지속 가능한 지원을 제공해 주는 학교, 가정, 지역사회의 역량에 의해 결정되는 변화 가능한 상태를 의미한다. 학생 참여는 학업 환경(긍정적 성인-학생 및 또래 집단 간 관계) 내에서 심리적 유대감과 활발한 학생 행동(출석, 참여, 노력, 친사회적 행동)을 요구한다. 마지막으로 문헌에 따르면, Christenson과 Havsy(2004)는 학생 참여를 위한 환경의 역할에 대해 다음과 같은 세 가지 결론을 내리고 있다. 첫째, 추적, 구금, 정학 및 융통성 없는 규칙 구조와 같은 학교 정책 및 관행이 학교 참여에 부정적으로 영향을 끼치며, 소규모 학교, 창의성 및 학생의 선택을 위한 기회, 교육과정이 학생 개인의 인생 목적과의 연관성을 갖는 것과 같은 관행 및 정책은 참여 수준을 높인다. 헌신적인 교사진, 긍정적 교사-학생 관계, 정돈된 환경, 학업을 강조하는 학교는 결석 및 중퇴율 감소로 이어진다(Bryk & Thum, 1989).

둘째, 학생 간의 관계 및 네트워크가 소속감에 핵심 역할을 한다. 학교에 친구가 있다는 것이 학교와 관련된 활동에의 관여를 지지해 준다(Berndt & Keefe, 1995). Goodenow(1993)에 따르면 사회적으로 더 잘 어울리는 중학생이 또래 집단에게 덜 수용된 학생보다 훨씬 더 큰 소속감을 가지며, 또래 집단에서 지지를 받는 학생이 고등학교(9학년)로의 진학과 그 전환을 더 원활하게 한다(Isakson & Jarvis, 1999). 소속감에 대한 또래의 영향은 특히 청소년기에 중요하다. 또래 집단은 학생의 학교 일상 행동(숙제하는 데 쓰는 시간이나 학교의 즐거움 등)에 지대한 영향을 준다(Steinberg, Dornbusch, & Brown, 1992). 결국 학교를 그만두는 학생은 비슷한 학생과 어울린다는 증거가 있다. 이 학생들은 학교 사회의 일부로 느끼지도 않고 교육적 성공에 가치를 두지도 않는다(Goodenow & Grady, 1993; Hymel et al., 1996).

셋째, 가족의 지원과 중재가 학생의 참여에 기여한다. 학교 졸업과 통계적으로 유의미한 상관관계가 있는 가정 요소로는 교구의 유무, 높은 교육적 기대와 교육열, 부모의 감독과 참여 등이 있다(Rumberger, 1995). 중학교 진학 과정 동안이나 그 이후에도 부모의 지원을 더 많이 받은 학생은 유의미하게 더 높은 소속감을 갖는다(Isakwon & Jarvis, 1999). 참여는 학습에 동기를 부여하는 가정 지원과 정적 상관관계가 있다. 즉, 가정환경을 구조화하고 성공하려는 아동의 노력을 강조하는 가정 지원과 정적 상관관계가 있다(Bempechat, Graham, & Jimenez, 1999).

마지막으로, 점검 및 연결하기의 이론적 기초는 위기를 줄이고 예방 요인을 향상하는 것을 강조한다. 이것은 문제가 없는 상태가 완전히 준비된 상태는 아니라는 Pittman과 Irby(1996)의 주장과 일치한다. 사실, 점검 및 연결하기는 완전히 준비가 되었다는 것과 완전히 참여한다는 것은 무슨 의미인지에 대한 그들의 대답과 일치한다.

- 학업 능력이 중요하지만 충분조건은 아니다. 결과와 지표는 학업 지식을 넘어서, 인지, 사회, 신체, 행동 능력까지 포괄한다.
- 능력 자체는 중요하지만 충분조건은 아니다. 기술과 지식이 중요하며, 능력이 유일한 목적은 아니다.
- 복지 서비스란 기본적으로 그리고 그 자체로 충분조건은 아니다. 젊은이들은 기본적인 복지 서비스가 필요하다. 건강 돌봄에서 주택 및 휴양 시설까지 이에 해당한다. 한편, 지원과 기회도 필요하다.
- 프로그램은 기본적으로 그리고 그 자체로 충분조건은 아니다. 발달은 계속적인 과정이다. 프로그램이란 특정 목적을 달성하기 위하여 특정 서비스, 지원, 기회를 구조화하는 방법이다. 젊은이들이 성공으로 가는 길을 만드는 데 필요한 프로그램과 기회를 사용할 수 있고, 그에 접근할 수 있도록 성인들이 젊은이들과 함께 노력해야 한다(Pittman, Irby, Tolman, Yohalem, & Ferber, 2001, p. 8).

점검 및 연결하기의 운영

점검 및 연결하기의 핵심은 멘토이다. 일부 실행 프로젝트에서는 감독자(monitor)라고 불리기도 한다. 어떻게 불리든, 멘토는 모니터, 대변자, 서비스 코디네이터가 종합된 중간 개념(Christenson et al., 1997)으로 코디네이터, 중재자, 교사와 가족, 학생을 위한 자원의 기능을 한다. 멘토의 주요 목표는 개별 학생, 가족, 교사와 가급적 밀착하여, 학생이 학교와 계속적으로 연결되는 것을 돕고, 학생들이 틈을 타 빠져나가는 것을 막는다. 멘토는 학생과 긍정적 관계를 형성하고, 가정과 학교의 긍정적 관계를 형성하며, 학업적·사회적·정서적 학습에서의 정규 학교 참여를 향상하며, 학생, 부모, 교사에게 학교 발달을 중요한 이슈로 유지시킨다. 어떤 학생의 삶에서는 멘토야말로 교육을 중요한 것으로 유지시켜 주고, 가족을 위해서 사회적 지원을 제공하며(예: 학교 체계 및 요구를 탐색하는 것, 가정과 학교의 대화를 돕는 것 등), 학생, 가족, 교사를 위해 주요 거점으로의 기능을 하는 유일한 사람인 경우도 있다. 중요한 것은, 점검 및 연결하기는 아동이나 가족과 일하는 데 있어서 '탓하지 않기(no blame)' 접근을 사용한다. 즉, 모든 당사자가 성공을 보장하기 위하여 확대할 수 있는 강점이 있다고 본다.

학생과 멘토의 관계는 장시간에 걸쳐 형성되며, 신뢰와 친숙함을 기반으로 한다. 멘토는 학생과 규칙적이며 체계적인 공식적 연결을 형성하게 되는데, 이는 곧 점검(예: 점수 및 출석 확인)과 연결(예: 개별화된 중재 전략 개발, 학생과 가정을 위해 서비스 접근성 높이기, 초등학교 체계를 탐색해 볼 수 있도록 학생과 가족 돕기) 요소를 포함하며, 더 광범위한 학생의 삶에 대해 관심을 갖는 것과 같은 비공식적 연결도 포함한다. 더욱이 멘토는 이러한 것들을 지속적으로 하게 된다. 멘토는 앞에서 언급한 5단계의 문제해결 과정을 사용하여 학생이 새롭게 행동을 배우는 과정에서 시시비비를 가르는 사람이 아닌 지원자가 될 수 있다. 멘토는 학생의 생활환경과 상관없이 스스로의 배움과 학교 적응에 대해 개인적으로 책임질 수 있는 능력이 있다고 믿는다. 멘토는 계속적으로 5단계 문제해결 전략과 목표 설정을 사용하며 성공을 향한 작은 발전과 한 걸음의 성장을 인정해 학생들이 학교에 대한 좋은 것과 싫은 것을 다루는 자신감을 쌓게 하고 기술을 습득하도록 공조한다. 멘토는 학생이 종국에는 자발적인 학습자가 될 것이라는 기대를 명시적으로 강화한다. 과거의 노력과 불운한 일들을 간과하지는 않으면서도 학생과 그들의 가족을 탓하거나 부끄럽게 여기는 경향에서 벗어나 앞으로 나아갈 새로운 행동 계획을 만드는 방향으로 돌린다. 학생의 학습에서 인간관계가 중심이란 것은 문헌에서 분명히 드러난다. 하지만 이론과 연구를 현장에 적용하는 경우는 드물다. 점검 및 연결하기는 이러한 점에서 예외적이다.

■ 점검 요소

멘토는 학생의 참여 수준을 정기적으로 점검하여, 학생을 학교와 연결된 상태로 유지하고 그 연결을 증가시키기 위한 지침으로 사용한다. 멘토는 학생의 출석(결석, 지각, 결강), 사회적·행동적 수행(정학, 행동 의뢰, 방과 후 학교에 남기), 학업 수행(과목 점수, 이수 학점)에 대한 정기적 점검을 통해 학생의 교육적 발전에 중재의 초점을 둔다. 정기적 점검은 퇴학의 초기 경고 징후를 파악할 수 있게 돕는다. 또한 이러한 점검은 학생이 참여하는 데 필요한 지원과 기회에 초점을 맞추도록 돕는다.

■ 연결 요소

멘토는 학생의 유형과 이탈의 위험 수준에 따라 그들의 교육적 요구에 대응한다. 두 단계의 중재가 학생을 위해 보호 요인을 강화하고, 학생이 학습을 성공적으로 발달시키는 것을 돕고, 학교의 한정된 자원 사용을 최대화하도록 한다. 모든 대상 학생은 기본 중재를 받는다. 이는 학생의 수행을 단순히 모니터하는 것으로 충분하지 않기 때문이다. 기본 중재는 다음의 네 가지로 이루어진다. ① 모니터 자료 공유, ② 학교가 학생의 목표에 얼마나 부합하는지 상의, ③ 학교의 요구에 학생이 잘 적응할 수 있도록 5단계 문제해결 전략 연습, ④ 참여를 위한 기회 마련이 이에 해당한다. 심각한 문제 행동을 보이는 학생(성공적 수행을 위해 미리 정해진 기준을 만족하지 못하는 등)은 추가 개별 집중 중재를 받게 된다. 가령, 학업 지원, 대처 전략의 직접 교수 및 학습, 더 많은 목표 설정 전략의 사용 및 가족-학교의 문제해결 지원 회의 등이다. 집중 중재의 전달은 점검 자료에서 나타나는 학생의 이탈 지표에 기반을 두고, 학생과 학생의 가족이 개별적으로 요구하는 것에 따라 사용할 구체적 중재 전략을 결정한다.

요컨대, 점검 및 연결하기는 실제 자료를 기반으로 신뢰관계를 구축하기 위하여 개인적 접촉과 기회를 최대화하도록 설계된다. 신뢰와 친밀성은 학생과 그 가족에게 계속적으로 적극적인 도움의 손길을 내밀어 장기간에 걸쳐 형성된다. 이를 위해 학생의 출석과 학업 수행에 대한 정기적인 점검, 학생 발달에 대한 꾸준한 피드백 제공, 문제해결 기술 사용의 선례 제시, 좋은 소식이든 나쁜 소식이든 그들의 가족과 자주 교류하며, 학생 개인 문제에 대하여 들어줄 수 있도록 늘 열린 상태로 있는 것과 같은 노력이 필요하다. 이 모델의 점검 및 연결 요소는 멘토가 학생, 부모, 교사와 상호작용하는 데 지침이 된다.

점검 및 연결하기의 실행 절차

학생 참여 모델의 구성 요소를 아는 것만큼이나 이를 어떻게 실행할 것인지를 아는 것도 성공적 중재를 위해 중요하다. 목표 및 지정 중재를 시작하기 위한 여덟 단계는 학교 전문가에게 필요한 초기 정보를 제공해 준다. 그 단계는 ① 이탈의 지표 결정하기(정기적으로 모니터하고 점검할 것은 무엇인가), ② 서비스 대상 파악하기, ③ 멘토 정하기, ④ 기본 그리고/혹은 집중 중재가 필요한지 결정하기, ⑤ 중재를 위한 사용 가능한 자원 구성하기, ⑥ 체계적 모니터링을 시작하고 시기적절한 중재 제공하기, ⑦ 처치 합치성을 공고히 하기 위해 정기적으로 모이기,

⑧ 프로그램 효과 평가하기이다.

1단계: 이탈의 지표 결정하기

　학생이 학교 및 학습과 연계된 정도를 나타내 주는 일반적인 지표는 출석 패턴, 학점 이수 및 문제 행동이다. 이탈 위기의 지표는 정기적으로 점검하게 될 요소로 학교 관계자가 파악해야 한다. 이탈에 대한 변경 가능한 예측자는 중재자가 수정할 수 있는 것을 의미한다. 따라서 그것은 예방/중재 노력에 있어서 유용하다. 점검 및 연결하기에서 멘토는 기능적 위험 요인(이탈의 초기 징후)을 점검하지, 인구학적 위험 요인(나쁜 결과가 예측되는 지위 특징)을 점검하지는 않는다(Doll & Commings, 2008). 그러나 학생을 파악할 때, 지위 변인(예: 인종/민족, 사회경제적 지위, 장애 여부, 혹은 자퇴한 형제자매나 부모가 있는지 여부)이 학생을 자퇴 위기에 처하게 할 수도 있기 때문에 이러한 인구학적 위험 요인에도 주목할 필요가 있다(Reschly & Christenson, 2006a).

　참여 촉진자는 연결을 강화하는 데 영향을 주는 맥락 요인들이다. 지표와 촉진자는 모두 이탈이나 중퇴의 예방 요인 혹은 위험 요인에 따라 분류될 수 있다. 완전한 목록은 아니지만, 학교로부터의 이탈의 최종 형태인 자퇴와 관련된 변경 가능한 요인의 몇 가지 예가 〈표 17-2〉에 제시되어 있다.

　이 표에서 볼 수 있듯이, 학생이 학교에서 이탈하고 중퇴하는 데는 다양한 원인이 있다. 어떤 단일 원인도 유일한 예측력을 갖지는 못한다(Dynsarki & Gleason, 2002). 그러나 Hammond, Linton, Smink와 Drew(2007)는 출석, 점수, 낙제(retention) 그리고 사회경제적 지위(SES)의 네 가지 변인의 조합이 비교적 정확한 중퇴 예측자라고 결론 내렸다. 일반적으로, 학생들은 연계의 결여, 학습에 대한 개인적 지원의 결여로 이탈하게 된다. 점검 및 연결하기를 수행하기 위해서, 중재자는 다음 범주에 있는 이탈의 변경 가능한 지표를 고려하게 될 것이다. 출석/무단 결석(지각, 수업 빼먹기, 결석), 행동 문제(학생부 의뢰, 버스 사건, 부족한 사회성, 정학) 그리고 학업 수행(수업 과락/학점에서 뒤처짐, 문해 기술)의 범주이다. 이러한 지표는 정기적으로 점검되고 중재 수준과 강도를 결정하는 데 사용되기 때문에 그것을 관찰 가능한 구체적인 방식으로 정의할 필요가 있다.

〈표 17-2〉 학교 자퇴와 관련된 변경 가능한 변인

	예방	위기
학생	• 과제 완수 • 준비된 채로 학교 수업 가기 • 높은 통제 소재 • 자기 자신에 대한 긍정적 개념 • 학교과정 수료에 대한 기대	• 높은 결석률 • 행동 문제 • 낮은 학업 수행 • 낙제 • 아르바이트(working)
가족	• 학업적 지원(예: 숙제 돕기) 및 학업에 대한 동기부여(예: 높은 기대치, 학교생활에 대해 아이들과 이야기하기) • 부모 모니터링	• 낮은 교육적 기대 • 잦은 이동 • 허용적 양육 스타일 • 부족한 교육 자원
학교	• 질서정연한 학교 환경 • 헌신적이고 관심을 갖는 교사 • 공정한 징계정책	• 어른의 낮은 권위 • 큰 학교 규모 • 높은 학생 대 교사 비율(교사 1인당 학생 1,000명) • 교직원과 학생 간의 관심 관계 전무 • 조악하고 흥미를 끌지 못하는 교육과정 • 낮은 기대치 및 높은 무단 결석률

출처: Byrk & Thum (1989); Ekstrom, Goertz, Pollack, & Rock (1986); Hess & D'Amato (1996); Rumberger (1995); Wehlage & Rutter (1986). Copyright 2006. National Association of School Psychologists. Bethesda, MD.

2단계: 점검 및 연결하기 학생 파악하기

이탈의 초기 징후를 보이는 그리고/또는 참여 지표에서 학교 평균 이하인 학생들을 파악하기 위하여 모집단 기반의 선별을 사용하는 것이 적절하다. 학교 전문가는 선택한 지표에 대한 학교 평균을 결정한다. 접근 가능하고 신뢰할 수 있는 데이터(출석, 행동 의뢰, 학점 이수, GPA 등)를 사용하여 대상 모집단을 정의하는 것이 가장 효율적이다.

점검 및 연결하기는 목표 중재(2차 예방; Lehr et al., 2004) 및 지정 중재(집중 혹은 3차 예방: Sinclair et al., 2005)로 설계되었다. 모든 학생이 점검 및 연결하기 멘토가 필요한 것은 아니다. 초기 이탈 징후를 보이는 그리고/또는 위험 요인을 많이 가진 학생, 장애로 진단받거나, 무단 결석을 하는 학생에게 실행된다. 학생을 선정하기 위하여 마지막으로 고려해야 할 점은 멘토-학생의 비율이다. 전형적으로 멘토는 학생당 주 1시간 정도를 기반으로 하여 학생을 담당한다. 따라서 주당 20시간을 근무하는 멘토라면 20명의 학생을 맡게 된다. 학생이 요구하는 집중 중재가 더 적으면 최대 25명까지 맡을 수 있다.

3단계: 멘토 정하기

우리 연구의 적용에서 멘토는 대학원생이거나 지역 전문가였으며, 이들은 모두 대학 과정을 마친 사람들이었다(Christenson et al., 1997). 경험에 비추어 보면, 멘토의 자질 중 몇 가지는 매우 중요하다. 멘토로서의 중요한 특징으로는 학생의 행동이나 결정에도 불구하고 기꺼이 학생과 지속하려는 의지, 모든 학생은(특히 위험 환경에 살고 있는 경우도) 능력과 장점을 갖고 있다는 개인적 신념, 협상하고 타협하고 갈등을 직면할 수 있는 능력을 포함하여 옹호 능력, 적절한 수준의 조직력(사례 관리, 중재 결과의 문서화) 그리고 다양한 상황에서 독립적으로 일할 수 있는 능력을 갖출 필요가 있다. 멘토는 종종 아동 및 그 가족과 연락을 취하기 위해 주말, 저녁 시간, 여름방학 동안에도 지속적인 연락을 확보해야 하는데, 이를 위하여 12개월 내내 정해진 업무 시간 외에 일해야 하는 경우가 많다.

4단계: 중재 실행 수준을 결정하기 위한 '점검' 자료

멘토는 기본 중재를 진행할 것인지, 집중 중재를 진행할 것인지 결정을 내리기 위하여 '점

〈표 17-3〉 집중 중재 기준을 설정하기 위한 지침

중학생의 경우
- 결강: 1개월당 15% 이상(결강한 수업 수/등록한 수업 시수) 정당한 사유 없이 하루에 특정 수업 시간 결석
- 장기결석: 1개월 당 15% 출석 일수 이상(결석일/수업일) 정당한 사유가 있건 없건 하루 중 3/4 결석, 교외 정학 일수 포함
- 교외 정학: 정학 2일 이상, 정한 일수만큼 학생이 학교 담장 안으로 들어오지 못하도록 함
- 다른 행동 관련 사건: 1개월당 4건, 구금, 교내 정학, 학생부 전달을 포함한 부적절한 행동의 결과
- 과락: 평가 기간당 1건의 과락(F) 및 학점 미이수(NC: No Credit)
- 학점 미달: 평가 기간당 가능 학점의 80% 미만으로, 이로써 적어도 5년 이내에 졸업 이수 학점을 이수하지 못하게 되는 경우

초등학생의 경우
- 지각: 1개월당 15% 이상, 학교에 늦게 도착하는 것
- 결석: 1개월당 15% 이상, 정당한 사유가 있건 없건 하루 중 3/4 결석, 교외 정학 일수 포함
- 교외 정학: 정학 2일 이상, 부적절한 행동의 결과 정한 일수만큼 학생이 집에서 시간을 보내고, 정학 기간에 학교 담장 안으로 들어오지 못함
- 학업 곤란: 읽기와 수학에서 만족할 만한 수준 이하의 수행
- 스쿨버스 내 사건, 행동 의뢰, 구금: 1개월당 3건 이상, 교실 밖에서 교원의 주의가 요구되는 문제 행동

주: 한 달에 일정 비율의 시간이나 일정 횟수의 사건이 일어났을 경우에 위기라고 정의한다.

검' 자료를 사용한다. 멘토는 학생의 참여 수준(즉, 위험 요인)을 적어도 일주일에 한 번 모니터한다. 높은 위험 요인은 학생들에게 집중 중재 지원을 실행하여 그들을 다시 연결시키는 중재로 이끈다. 위기는 매월 각 범주(출석, 학업, 행동)의 비율 및 수에 의해 정의된다. 점검 및 연결하기의 종전 적용에서 사용된 위기의 기준은 〈표 17-3〉에서 찾아볼 수 있다(www.checkandconnect.org).

5단계: 중재를 위한 사용 가능한 자원 구성하기

학생 참여 지원을 위한 학교와 지역사회 현장의 수용력에 주목하는 것은 점검 및 연결하기에서 대상 학생을 파악하고 그 중재 수준을 정하는 것만큼이나 유효성을 위해 중요하다. 자원의 할당은 학교마다 다르다. 연결 중재는 현실적이며 실행 가능한 것이어야 한다.

중재를 위한 학교와 지역사회의 자원을 조직하기 위하여 프로그램 관리자는 자원 매핑(Adelman & Taylor, 2006)을 사용한다. 서비스의 조직에 지침이 될 만한 질문에는 다음과 같은 것이 있다. 학교에서 학생의 참여를 지원하기 위해 멘토나 학교 관계자가 사용할 수 있는 서비스/프로그램에는 어떤 것이 있나? 멘토는 서비스 코디네이터이다. 멘토는 보완적 서비스를 옹호하는 한편 '사용할 수 있는 서비스를 중재한다'. 점검 및 연결하기만의 독자적인 특징은 구체적인 중재 자체가 아니라 중재가 특정인, 멘토에 의해서 촉진된다는 것이다. 멘토는 해당 학생과 신뢰관계에 있으며 학생을 잘 아는 사람 그리고 학생의 학교 수행에 대해서 상당 기간 지속적이면서도 일관적으로 신경 쓰는 사람이다. 학교 관계자는 종종 학생의 가정생활이나 학교 수행에 대해서 멘토가 알고 있는 정보에 의존하는 경우가 있다.

6단계: 체계적 모니터링과 시기적절한 중재

모니터링 검사지는 학생의 참여 자료를 기록하고 중재를 기술하기 위하여 정기적으로 사용된다. 학생의 참여 패턴을 파악하기 위하여, 멘토는 일상의 수행을 일주일 이내로 되돌아보고, 장기간에 걸친 출석, 학업, 행동의 영역에서의 학생 참여를 요약하기 위한 월 정기 점검을 하는 것이 유리하다. 멘토는 학교/관할 지역의 학생 정보(예: 출석, 정학, 학점)에 접근할 수 있는 효율적인 체계를 구축해야 한다. 다른 학교/다른 프로그램으로 옮기려는 징후를 인지하는 것은 학생이 유연하게 전환할 수 있도록 하는 데 중요하다.

중재는 학생 연결(즉, 기본 및 집중)과 부모 연결로 분류된다. 기본 중재는 네 가지 요소, 즉

① 모니터링 체계와 멘토의 역할에 대한 일반적인 정보, ② 학교를 계속 다닐 수 있는 것의 중요성 및 학습의 중요성과 관련된 주제 중심의 문제해결(학교를 계속 다니는 것의 경제성, 도움을 구하는 방법, 어려운 상황을 다루는 방법), ③ 위기 지표에 대하여 학생과 함께하는 문제해결, ④ 꾸준한 피드백으로 구성된다. 문제해결을 위한 5단계 전략은 학생이 자신의 행동에 대한 통제권을 가지도록 돕는다. 또한 문제해결은 생산적인 대처 기술을 가르치는 데 기초가 된다. 즉, 사회적 지원을 찾고, 문제를 해결하는 데 집중하며, 소속되고 참여하기 위해 노력하고 열심히 일하는 것과 같은 생산적인 대처 기술의 기초가 된다. 멘토는 학생이 자신의 생각, 느낌, 행동을 통합하여 학교 환경이 요구하는 바에 맞추어 지낼 수 있도록 돕는다. 학교 상황이 논의되는 경우, 학교 상황은 학생의 '편을 들지는(side with)' 않는다. 그러나 특정 상황에서 학생이 느끼는 개인적인 특징, 과업의 요구, 어려움을 이해하려고 애쓰게 된다.

집중 중재는 기본 중재를 보충하는데, 일반적으로 문제해결(예: 문제해결 회기 수와 빈도 증가, 부모와의 문제해결 회의 소집, 개별화된 행동 약속 사용, 교외 정학에 대한 대안을 제시할 수 있도록 학교 행정 담당자와 상의), 학업 지지(예: 멘토나 다른 사람을 통한 개별 지도, 개별화된 학업 약속), 레크리에이션/지역사회 서비스(예: 방과 후 활동에 대한 접근성, 여름방학 동안의 고용, 서비스 학습)의 세 가지 범주이다. 집중 중재의 예가 〈표 17-4〉에 제시되어 있다. 이 중 일부는 위험군에 속한 학생에 대한 McPartland(1994)의 유형에 따라 분류되었다.

중재는 규범적인 것이 아니다. 즉, 해설서도 없고 학생 수행과 멘토가 조정한 중재 간에 일대일 대응도 없다. 오히려 중재는 해당 모델의 구성 요소와 학생을 학교와 연계시키는 것을 지원하는 데 사용 가능한 자원을 모두 고려하여, 학생의 요구와 이탈 및 위기의 지표에 따라 개별화된다. 예를 들어, 만약 수업을 빼먹는 것이 위기 증가의 주요 영역이라면, 멘토는 학생이 어떤 수업을 빼먹는지, 패턴은 없는지, 이러한 패턴이 지속되는 선행 사건은 없는지를 살펴야 한다. 이는 학생을 위한 최선의 중재와 계획을 수행하고 설계하기 위한 것이다. 대안적으로 만일 정학 패턴(교내 및 교외)이 위기 증가의 주요한 영역으로 나타난다면, 멘토는 학생에게 정학의 이유에 대해서 물을 수 있고, 다음에는 어떻게 해야 하는지에 관한 문제를 해결할 수 있다. 만일 학생이 과락을 일삼고 학점 이수에 뒤처졌다면, 멘토는 학생 가족에게 가정에서 학생의 학습을 돕기 위한 제안, 자원, 지원이 필요한지를 결정하고 필요한 경우 그것을 제공해 줄 수 있다.

가족과의 파트너십은 필수적이다. 가족중심 접근(McWilliam et al., 1998)은 부모 연결 중재에서 지침이 된다. 멘토의 역할은 학생의 학교생활 및 학습에 보호자를 관여시키고, 가족이 요청하는 다른 자원과 연결시켜 주는 것, 가족이 생각하는 장벽을 최소화시켜 주는 것을 포함한

〈표 17-4〉 학생 연결을 위한 집중 중재의 예시

학업에서 성공할 수 있는 기회 제공
- 적절한 교수 및 학습을 연결 지어 주고 학습에 대한 가정 지원을 장려하여, 과제와 과업 완수율을 늘린다.
- 학생에게 시간관리와 조직 기술(예: 과제 추적)을 가르친다.
- 책임질 의무를 중심으로 학생들과 문제를 해결한다(예: 수업에 제 시간에 출석하기).

교육이 미래 노력에 대해 갖는 관련성에 대해서 이야기하기
- 야심차면서도 현실적인 개인적 목표 세우기
- 개인적인 목표 성취를 위하여 학교 다니는 것의 중요성 설명하기
- 학교의 기능으로 임금에 대해 논의하고 이를 예산과 관련시키기

학생 역할을 강조하여 이에 관심 갖고 지원적인 분위기 형성하기
- 교실에서 행동하는 방법, 분노 조절 가르치기
- 친구 사귀는 방법/교우관계를 유지하는 방법
- 괴롭힘에 반응하는 방법, 건설적 비평 주기/받기
- 도움을 요청하는 방법
- 한계를 받아들이는 법 배우기

교사 역할을 강조함으로써 이에 관심을 갖고 지지적인 분위기 형성하기
- 토론을 통하여 긍정적 관계 및 학생 관심을 기르도록 격려하기
- 명백하고 자세한 피드백을 제시하도록 격려하기
- 학교에서 공부를 마치는 것에 대한 점검 및 연결하기의 메시지를 전달하도록 격려하기

학생의 개인적인 문제해결 돕기
- 가족 내에서의 변화 문제 대처하기(예: 이사, 이혼, 새 남자 친구)
- 약물 남용 문제를 중심으로 문제해결
- 지원을 구하기 위하여 부모와 어떻게 이야기할 것인가

다. 일반적으로 부모 연결의 핵심은 학교에 참여하기(협의회, 학교 행사, 교사와의 긍정적 관계 형성, 문제해결 전략 사용)와 가정에서 교육에 우선권 두기(학교 밖에서의 학습 시간 증가, 성공적 학습자를 증진하기 위한 정보, 목표 설정, 아동-부모 대화 증진, 학습에 동기부여하는 지원 증가, 학교 규칙 파악하기)의 두 가지로 볼 수 있다.

가족과의 파트너십은 가족-학교 연결의 중심을 학생의 교육적 수행 개선에 둠으로써 강화된다. 멘토는 학교 정책과 실제에 대한 정보를 제공하고, 긍정적인 해결지향의 문제해결 접근을 유지함으로써 가족과의 대화를 향상시켜 가정과 학교의 연락책 역할을 한다. 다양하며 개별화된 가정-학교 대화 전략이 사용된다. 즉, 문제가 있을 때만이 아니라, 정기적으로 학부모에게 전화하기, 학부모에게 학교에서 있었던 일에 대해 알림장 쓰기(가정의 제1언어로), 교육적 발달과 관련하여 적어도 1년에 한 번은 긍정적인 이유로 가정 방문하기, 정기적인 학부모-교

사 회의 참석하기, 가족이 중요하거나 흥미 있다고 생각하는 워크숍이나 부모교육 강좌 제공을 위하여 학교 관리자 및 지역사회와 공조하기 등이 이에 해당한다.

가정 방문은 학생을 학습에 참여시키기 위한 적극적 활동(outreach) 노력의 필수 요소이다. 가정 방문은 학생과 그 보호자와 소통하는 다양한 방법 중 하나이지만, 그 궁극적 목적은 전화, 이메일, 알림장, 편지 등으로는 불가능한 대화를 하기 위한 것이다. 지속적이고 정중한 대화를 가능하게 하는 것은 연락을 취할 수 있는 모든 수단을 동원하는 데 달려 있다. 이를 위해서는 종종 저녁 시간이나 주말 등과 같이 근무 외 시간에 진행되는 경우가 있다. 이러한 접근 덕분에 적극적 활동의 다수가 연락을 취하려는 시도에 그치지 않고 실제로 상호작용하고 정보를 주고받을 수 있는 기회로 전환되었다. 더욱이 실제 부모 연결 전략은 점검 및 연결하기의 여러 적용에 있어서 다양화되었다. 어떤 프로젝트에서는 교실에서 학부모들의 도움을 받기도 하고, 학부모가 부모-교사 실행 연구에서 참여자로 함께하기를 장려하기도 하였으며, 어떤 경우 학부모가 검정고시를 보도록 돕기도 하였다. 또 다른 프로젝트에서는 함께하기를 모니터링 체계에 참여시킬 수 있는 방법을 협상하기도 했다. 어떤 경우든, 멘토는 학부모의 요구에 반응하고 그들에게 참여에 대한 선택지를 제공하며, 가족의 참여를 환영하고 장려하는 교실 및 학교 차원의 정책과 실제를 강화하기 위해 애썼다. 특히 참여가 없거나 소외된 학부모를 끌어들이려 노력했다. 멘토는 협력적 가정-학교 관계를 강화하기 위해 어떤 일이 일어나야 하는지에 대해 부단히 살핀다.

단계 7: 점검 및 연결하기 팀 정기 회의

프로젝트 관리자는 매일 중재 지시를 할 책임을 갖는다. 이는 일반적으로 자격을 갖춘 전문가로 충원되며 프로젝트에서 고용하거나 해당 학군에서 고용할 수 있다. 특수교육 코디네이터나 학교 심리학자와 마찬가지이다. 관리자의 핵심 역할은 중재가 이론적 틀에 기반을 두게 하며, 학생이 학교의 요구를 충족할 수 있게 하는 학생-환경 적합성을 향상하는 데 그 노력을 모은다. 대부분 높은 이주율과 중퇴율의 복합적 요인에 대한 대응으로, 관리자 지위는 학교 차원이라기보다는 관할교육 단위 및 구 단위에 기반을 두어 왔다.

프로젝트 관리자는 학교에 중요한 연결을 제공하며, 멘토를 중요한 학교 및 지역사회 자원과 연결시켜 주고, 적합한 중재 및 절차와 관련한 중요한 전문 지식을 제공하며, 학교 교직원 사이에 프로그램에 대한 정당성을 심어 준다. 일상적인 전문 개발만큼이나 관리자가 시기적절한 전문적 원조를 제공하는 것도 중요하다. 프로그램 관리자는 매주에서 월 2회까지 담당자 회의를 원조한다. 회의는 적절한 절차와 실제가 이루어지는지 조사하고, 유용한 자원에 대한 정보를 교환하며, 특정 건에 대한 상담을 제공하고, 다른 전문가와의 관계에서의 역할을 규명하며, 다른 전문가 및 가족과의 대화를 위한 전략을 논의하고, 처치 적합성을 유지한다.

8단계: 프로그램 실행 효과 평가하기

점검 및 연결하기의 주요 특징은 중재와 프로그램을 개선하기 위해 자료를 사용하는 것이다. 모든 학교는 학생 자료를 어떤 형태로든 보관한다. 이는 학생별 읽기 평가, 지각, 출석, 정학, 학점, 과목 점수와 같은 참여에 관한 기본 지표를 의미한다. 점검 및 연결하기는 이미 존재하는 자료를 사용하도록 설계되었다. 실행 가능한 평가 체계를 구축하기 위하여, 학교 관계자는 어떤 변화 가능한 지표가 존재하는지, 어떤 의뢰 정보가 바로 이용 가능하고 합리적으로 신뢰도 있으며 정기적으로 수집하기에 가장 의미 있는지를 결정한다. 중재 충실도 역시 중요하다. 예를 들어, 프로젝트 관리자는 정기적으로 학생 발달 자료가 일관적으로 정확하게 기록되고 있는지 프로그램 직원과 점검한다. 모든 사람이 동일한 조작적 정의를 사용하여야 한다(예: 정당한 사유가 있는 결석과 정당한 사유가 없는 결석을 구별하는 것, 교내 및 교외 정학을 구별하는 것 등). 이상적으로, 임의 설계가 채택될 수 있다. 그렇지 않은 경우, 쌍을 이룬 비교 집단에 대한 자료나 학군 자료에 관련된 학교 자료에서의 변화를 보고할 수 있다. 마지막으로, 사회적 타당도 자료가 학부모와 교사에게 적절하며, 계속적인 실행에 유용하다고 밝혔다.

종합하면, 점검 및 연결하기의 장점은 지속적인 적극적 활동(persistent outreach, 일관적인 학생 중심 및 부모 중심의 장기 지원), 관계 형성(relationship-building, 학생과 가족을 학교에서 학교로 추적), 예방(prevention, 일탈 및 퇴학의 변경 가능한 지표를 모니터), 효율성(efficiency, 현존하는 자원을 사용하며 한정된 자원을 최대화하기 위하여 두 수준의 중재를 사용함), 수용력 증진(capacity-building, 기능 및 자신감 습득 향상)으로 요약할 수 있다. 또한 성공적인 실행의 측면으로 가족과의 파트너십 형성, 중재 대상 학생의 체계적 파악, 중재와 개선 지침으로 자료 사용, 학생의 학업 발달에 초점 유지, 지속적이고 장기적인 참여를 들 수 있다. 점검 및 연결하기의 많은 요소는 미 국립연구의회와 의학연구소(NRC & IM: National Research Council & Institute of Medicine, 2004)가 기술하고 있는 참여의 조건과도 일치한다. 청소년이 성인과의 지원관계를 경험하고, 소속감을 느끼고, 긍정적 사회 가치와 규범을 발달시키며, 기술을 습득하고 개인적 자기효능감을 개발하는 기회, 개별화된 교수 및 학습, 학생 기술에 대한 계속적 평가, 지원에 상응하는 높은 기대, 학생의 학교 밖에서의 문화 및 생활과의 의미 있는 연계, 지역사회의 자원과 협조 등이다. 마지막으로, 점검 및 연결하기의 견고한 이론적 기반과 실행에 대한 주의 깊은 계획에도 불구하고, 점검 및 연결하기에는 아직 극복되지 못한 어려움이 존재한다. 즉, 가정의 유동성, 소원한 학교 정책과 실제, 분열된/긴장된 가정-학교 소통, 가족과 학교의 목표 불일치 그리고 한정된 사회 자본 및 제한된 부모-교사 '연계' 등이 점검 및 연결하기의 멘토가 겪는 어려움에 해당한다.

점검 및 연결하기의 경험적 기반

점검 및 연결하기는 도시 및 도시 근교 지역사회에서, 초·중·고등학교에서 장애 아동 및 비장애 아동에게 실행되어 왔다. 프로그램 효율성 자료의 분석은 일관적으로 긍정적인 결과를 보여 주었다. 즉, 무단 결석, 지각, 정학, 과락, 중퇴율 감소와 출석률 증가를 보였다(Sinclair et al., 2003). 특히 핵심적 학생 참여 변수—참여(출석), 행동(사회성 기술 평정), 학업(학점), 최종 졸업률—에서의 처치-통제 간 차이가 중·고등학교 장애 학생에게서 나타났다(Sinclaire, Chriastenson, Hurley, & Evelo, 1998; Sinclair et al., 2005). 또한 점검 및 연결하기에 참여한 학생은 유관 교육 서비스(대안 프로그램)에도 더 쉽게 접근할 수 있었으며 개인적으로 전환 계획도 더 잘 참여하였다.

점검 및 연결하기와 관련한 두 실험 연구(Sinclar et al., 1998; Sinclair et al., 1005)가 최근 미 교육부의 학업중단예방센터(What Works Clearinghouse: WWC, 2006; www.whatworks.ed.gov)의 증거 기준을 충족하였다. 다음은 WWC가 보고한 두 연구의 증거에 대한 진술 일부이다.

- 점검 및 연결하기에 등록한 학생은 대조군 학생에 비해 이듬해 말 학교에서 중퇴할 가능성이 유의미하게 적었으며(1학년 말에 해당; 9% 대 30%) 9학년 동안 고등학교 졸업을 위해 유의하게 많은 학점을 이수하였다.
- 점검 및 연결하기 학생은 비교 집단 학생에 비해 연구 후 4년 말에 학교를 중퇴할 확률이 현저히 적었다(일반적 진학이라면 4학년에 해당; 39% 대 58%).

전반적으로, WWC는 점검 및 연결하기 학생들을 학교에서 벗어나지 않게 하는 데 긍정적 효과를 가지며, 잠재적으로 학교에서 발달에 긍정적 효과를 갖고 있다고 밝혔다.

비실험적 연구에 따르면 점검 및 연결하기가 학생과 가족이 학교 및 학생의 학습에 적극적으로 참여하게 한다. 예를 들어, 한 연구(Lehr et al., 2004)에서 교사는 점검 및 연결하기에 참여한 K-8학년 학생의 학부모 중 87%에 대해서 '아동의 교육에 더 지원적이었다.'라고 평가하였다(이는 학교와의 후속 대화 및 과제 수행에서 입증됨). 교사는 학생의 행동에 대해서도 더 긍정적으로 인식하였다. 90%가 K-8학년의 학생이 과제 완수, 학교에 관한 흥미 및 출석에서 개선을 보였다고 보고하였다. 특히 지속적인 중재(sustained intervention)를 받은 학생에 대한 교사의 평가가 고무적이다. 즉, 교사가 이들 학생이 유의미하게 훨씬 더 배우는 데 열정적이며, 규칙을 따르고, 결과에 앞서 생각하며, 다른 학생들과 잘 어울려 지내고, 다른 학생에 대해 존중을 보이며, 어려운 과업에 직면했을 때 끈질기게 포기하지 않았다고 평가하였다. 이 모든 것은 학교에서의 성공 및 학교 과정 수료에 결정적인 능력이다. 거의 2/3의 학생이 출석에서 개선을 보였으며 15%의 학생은 참여 정도가 안정적이었다. 그리고 1/3의 학생이 모든 과목에서 합격 점수를 받았다.

중재 계획을 위한 향후 노력과 적용의 적절성

이 장에서는 지난 15년에 걸쳐 설계되고 실행된 점검 및 연결하기에 대하여 설명하였다. 교육적 위기에 처한 학생을 완전히 교육으로 끌어들이고 그들의 성공적인 학교 과정 수료를 향상시키기 위하여 다음 두 분야의 향후 연구가 필요하겠다.

학생 참여 - 다차원적 구인

최근 학생의 학교 과정 수료를 향상하기 위한 효율적인 중재는 학생의 참여를 종합적으로 다루어야 한다고 가정해 왔다(Christenson et al., 출판 중). 학생이 학습에의 전념, 학업 및 사회적 능력의 인식 및 소속감에 집중함으로써 출석이나 학점 이수(지금까지 점검 및 연결하기 연구에서 주요 종속변인) 이상의 것을 설명해야 한다는 것이다. 국립연구의회와 의학연구소(2004)의 관점에서 확인되는 것은 학생을 전적으로 참여시키는 중재는 학생의 '나는 할 수 있다(I can).'(능력과 통제력에 대한 인지), '나는 하고 싶다(I want to).'(개인적 가치와 목표) 그리고 '나는 소속되어 있다(I belong).'(또래 및 교사와의 사회적 연결)라는 신념에 주목한다. 이러한 확장된 틀은 학생이 학교에 대해 느끼는 정서적·인지적 느낌에 주목하는 것이 그들의 학교 경험과 학업 결과물을 이해하는 데 중요하다고 암시하고 있다. 매우 중요하게, 점검 및 연결하기를 다른 현장에서 다양한 학생에게 적용하는 과정에서 다음의 두 요인이 두드러진다. 첫째, 교육적 실패의 고위험군 학생의 참여는 단순히 학업(과업 수행 시간) 및 행동(출석, 참석) 참여 이상이다. 중재 관련자와 학생에게서 수집한 자료에 따르면, 학생의 소속감과 학교 과업이 학생의 미래와 관련 있다는 인식은 매우 중요하다.

이러한 관찰에 대하여, Christenson(Sinclair et al., 2003에서 재인용)은 학생 참여가 4개의 하위 유형으로 구성된 다차원적인 구인이라고 이론화하였다. 즉, 학업, 행동, 인지 및 심리(지금은 정서로 불림)가 이에 해당하는데, 각 하위 유형에 대해 다양한 지표가 있다. 예를 들면, 학업 참여는 과업 수행 시간, 졸업 학점 이수, 과제 완수와 같은 지표로 구성되어 있다. 반면, 행동 참여 지표는 출석, 정학, 자발적 학급 참여 및 방과 후 활동 참여가 있다. 인지적 및 심리적 참여 지표는 관찰하기 좀 더 어렵고 내적이다. 즉, 인지적 참여에는 자기통제, 학교의 미래 노력과의 관련성 인지, 학습에 대한 가치, 개인적 목표 및 자율성이 있고, 심리적/정서적 참여에는 동일시 및 소속감, 교사 및 교우 관계가 있다. 학생의 인지적(예: 배우려는 동기), 심리적(학교와 학습과의 연결) 참여를 포착하는 데는 학생 스스로 보고하는 유형의 자료가 필수적이다. 이러한 분류에서 각 하위 유형의 기저에 깔린 지표는 중요한 상황(학교에서의 성인과의 관계, 가족구성원으로부터의 지원, 또래 집단으로부터의 지원)에서 일관적이라고 이론화되었다. 이러한 개념 틀은 학생의 심리적 요구, 즉 자율성, 관계(소속감) 그리고 능력에 기반을 둔다(Baker, 1998; Osterman, 2000).

학생의 인지적·심리적/정서적 참여에 대한 점검 및 연결하기의 영향 정도는 아직 검증되지 않았다. Appleton, Christenson, Kim과 Reschly(2006)는 학생참여도구(Student Engagement Instrument)라는 척도를 개발하였다. 이는 참여의 두 하위 요소를 계측하기 위한 것이다. 도시 지역의 9학년 학생에 대한 탐색적·확증적 요인 분석의 결과는 6요인 구조를 보였다. 이 중 세 요인은 인지적 참여에 해당하며(학업의 통제 및 관련성, 미래에 대한 열망과 목적, 외적 동기) 그리고 나머지 세 요인은 심리적/정서적 참여에 해당한다(교사-학생 관계, 학습을 위한 또래 지지, 학습을 위한 가족 지원). 요인 구조는 6~12학년 교외/농업 지역에서도 반복되었다. 점검 및 연결하기의 향후 적용은 광의의 참여 정도를 평가할 것이다. 이는 학생의 소속감과 학교 과업과의 연관성을 설명하는 것으로, Brophy(2004)는 이를 무관심한(apahetic, 학교 과업의 가치를 찾지 못하는) 그리고 낙담한(discouraged, 끈기 있게 견딜 자신감이 결여된) 학생을 위한 명시적 프로그램이라 부르는데, 이것은 높은 학교 과정 수료율을 가져온다.

점검 및 연결하기의 보편적 적용

또 다른 연구의 분야는 점검 및 연결하기의 목표 및 지정 중재에서 배운 것을 보편적 혹은 학교 단위 실행 전략을 위해 차용하는 것이다. 이러한 접근은 비용 효율적이며 학교가 모든 학생의 참여에 관심을 갖도록 돕는다. 증가하는 연구기반에 맞추어서, 우리는 참여를 촉진하기 위해서는 보편중재와 개별중재 모두 필요하다는 것을 인지하고 있다(Christenson et al., 2008; NRC & IM, 2004). 관리 체계를 기반으로 하여, 점검 및 연결하기의 학교단위 적용은 다음 사항을 포함한다.

- 출석, 학업 성취, 행동의 폭넓은 분야에서의 학생 수행에 대한 체계적 모니터링: 점검 요소에 해당한다. 학교는 참여 지표에 대한 구체적인 기준을 세운다. 이에 다음 사항을 고려할 필요가 있다.
  - 점검의 요구는 해체될 필요가 있다. 예를 들어, 담당 관리자는 주당 4~5명의 학생을 점검하여 매달 20~25명의 담당 학생을 점검할 수 있다.
  - 간단한 모니터링 기록지를 사용해서 과업을 신속히 처리할 수 있으며 학생의 수행과 학생 및 부모의 피드백과 연결할 수 있다.
  - 일부 학생(피라미드의 중앙과 꼭대기, 20%)은 좀 더 자주 점검해야 할 필요가 있을지도 모른다. 이런 경우, 점검 및 연결하기 멘토에게 의뢰할 수 있다. 모든 학생은(극단적으로 잘하고 있는 학생이라 하더라도) 점검을 받을 수 있다. 이것은 학생의 수행 수준에 대해 매우 구체적으로 피드백을 주는 방법이 된다.
  - 관리자는 졸업 달성률(Graduation Achievement Rate: GAR)을 사용할 수 있는데, 이는 학교 심리학자가 개발한 것으로 학생이 학교 과정을 끝마칠 수 있도록 학생과 가정 지원을 동기화하기 위한 것이다. GAR은 이수 가능 학점으로 이수 학점을 나누어 %로 나타낸다. 예를 들어, 한 학교에서 제때 졸업하기 위해서는 GAR이 79% 필요하다면, 학생은 84학점 중 66학점을 이수해야 한다(Hansen, Cumming, & Christenson, 2006). GAR의 장점은 교육적으로 적합하고, 쉽게 관찰 가능하며, '위기(risk)'의 정의가 분명하며, 학생과 가정을 위한 유의미한 계측이라는 점이다. 하지만 확실한 학업 능력 양성을 위해서는 과업 완료뿐 아니라 과업 정확성이 학점 이수 과정에서 모니터되어야 한다.

- 기본 중재에 대한 초점을 유지할 것: 기본 중재에서는 특히 멘토, 학생, 부모 그리고 교직원들 간의 관계가 형성된 이후에 교육을 중요한 이슈로 부각하기 위한 노력의 일환으로 최소한의 자원을 사용한다. 담당 관리자가 기본 중재를 제공할 수 있는데, 학생의 학교에서의 전반적인 발달에 대한 체계적인 피드백, 학교를 떠나지 않고 참여하는 것의 중요성, 학교와 미래 노력과의 관련성, 학습의 가치, 학교 및 학습으로부터의 이탈 위기의 지표와 관련하여 학생과 문제를 해결하는 것 그리고/또는 중재 기회에 대한 학생 지식을 정교화하는 것 등을 강조한다.
- 학부모와 지속적으로 연락할 것: 이메일이나 전화를 사용하여 의사소통 체계를 구축한다. 학부모와 정기적이고 체계적으로 연락을 취하는 것은 일반 학생들에게는 사분기당 한 번, 고위험군 학생에게는 한 달에 한 번을 의미한다(점검 및 연결하기 멘토는 교사를 대신하여 선택한 혹은 지정된 소통의 수준에서 운영).
- 학교가 왜 중요한지에 대한 학교 단위 메시지를 만드는 것에 대해 생각해 볼 것: 점검 및 연결하기에서 사용된 지속성 외(PLUS)의 메시지를 학교 상황에 맞추어 적용할 수 있다.
- 의뢰 체계 구축: 목표 및 지정 학생에 대한 상담사, 사회복지사, 학교 심리학자 및 점검 및 연결하기 멘토로 일하는 다른 사람들에게 의뢰할 수 있는 체계를 구축한다. 두 번째 단계(목표)의 학생들도 소집단 형태로 점검 및 연결하기 모니터링/멘토링을 받을 수 있다. 세 번째 단계의 학생들은 원래 점검 및 연결하기가 설계된 대로 각자의 멘토와 개별적으로 연결된다.

점검 및 연결하기 그리고 건강 증진 및 예방의 원리

점검 및 연결하기는 Nation 등(2003)이 기술하는 효과적인 예방 프로그램의 특징 및 원리와 합치된다. 학교, 가정, 학생의 요구를 다루는 한편 다양하고 개별화된 중재를 허용하는 종합적 서비스 전달 체계이다. 자원 할당을 향상시키기 위하여 지역사회 자원이 학교와 조정된다. 학생의 학업적 · 사회적 기술을 향상시키기 위하여 학생과 가족을 문제해결에 적극적으로 참여시킨다. 서비스 전달의 두 단계인 기본 중재와 집중 중재를 통해, 점검 및 연결하기는 '적정한 수준'에 집중하며 자원을 효율적으로 사용한다. 집중 중재를 더 오래 받을 필요가 있는 학생과 가족이 있을 수도 있다. 마지막으로, 점검 및 연결하기는 이론적으로 발달 회복탄력성, 인지-행동적 중재, 가정-학교 파트너십의 연구를 활용하기에 그 기본은 강력하다 할 수 있다.

앞에서 언급한 이유로 점검 및 연결하기라는 라벨은 일곱 가지 요인을 모두 갖춘 참여 모델을 실행하는 적용사례에만 사용해야 한다. 우리가 점검 및 연결하기에 대해 받는 많은 문의에서 추측건대, 이 모델의 버전을 실행하는 데 대한 사람들의 관심은 지대하다고 본다. 중재의 효율적인 적용은 구체적인 환경과 맞아야 한다. 그러나 이 모델의 일부만 차용하고자 하는 사람(예: 학생을 정기적으로 점검 및 연결하려는 학교 관계자)이 있다면, 이러한 중재를 변형할 때는 CICO(check-in, check-out 행동교육프로그램)에 위탁하기를 권장하는 바이다. 체크인과 체크아웃은 과제 체크인과 체크아웃, 참여 체크인과 체크아웃처럼 여러 가지로 반복될 수 있다. 체크인과 체크아웃에 위탁하는 것과 점검 및 연결하기 간의 차이는 학년과 맥락에 걸쳐 학업과 사회성 기준을 달성하기 위해 문제해결 기반의 강력한 인간관계에 의해서 제공되는 지속적인 지원에 있다.

마지막으로, 위기를 초기에 파악하고, 변경 가능한 참여 변인을 체계적으로 모니터링하고, 학교에서 학업 참여와 학생 능력을 향상하기 위하여, 위험 요인은 줄이고 예방 요인은 향상하는 것에 집중하는 것이 점검 및 연결하기의 이론과 실제 절차를 통해 분명히 드러난다. 멘토가 학생의 학교 이탈과 관련한 구체적 우려 사항을 다루도록 돕고, 표준을 달성하는 것에 성공하도록 준비하는 것을 돕는다. 자료에 따르면 학생들은 '곤란함에도 불구하고(despite the odds)' 성공할 수 있으며, 개인—우리의 경우 점검 및 연결하기 멘토—으로부터 지속적인 지원을 제공받는다면 불리함을 극복할 수 있다고 한다. 이 모델의 특징은 인간관계이다. Nick Coleman은 2007년 7월 6일자 『스타 트리뷴(Star Tribune)』에서 다음과 같이 진술하였다.

> 아동이 자신에게 신경 써 주는 책임감 있는 성인과 신뢰관계를 형성하도록 돕는 데 관심도, 자원도 없는 것과 같다. 아이들에 대해 걱정하는 사람들과 아이들을 연결해 주지 않는다면, 현재와 달라진 모습을 어떻게 기대할 수 있겠는가?

인간관계 없이, 아동의 능력과 학교 및 학업 참여와 능력을 향상하기 위한 예방 요인을 늘리고 위험 요인을 줄이는 것에 주의하지 않는다면 이는 불가능할지도 모르겠다.

저자 주

이 장의 저자들은 점검 및 연결하기(점검 및 연결하기)를 개발하고 실행하는 데 도움이 된 많은 분의 기여에 대해 감사를 표하고자 한다. 이는 1990년 미국 교육부의 특수교육 프로그램 부서의 지원으로 시작되었다. Mary Sinclari, Cammy Lehr, Martha Thrulow, Christine Hurley, David Evelo, Collen Kaibel을 비롯, 점검 및 연결하기 멘토로 일했던 연구 및 지역사회 프로그램(Research and Community Program) 조교들에게도 감사를 전한다.

참고문헌

Adelman, H. S., & Taylor, L. (2006). *The implementation guide to student learning supports in the classroom and schoolwide*. Thousand Oaks, CA: Corwin Press Sage Publications.

Anderson, A. R., Christenson, S. L., Sinclair, M. F., & Lehr, C. A. (2004). Check & Connect: The importance of relationships for promoting engagement with school. *Journal of School Psychology, 42,* 95-113.

Appleton, J. J., Christenson, S. L., Kim, D., & Reschly, A. L. (2006). Measuring cognitive and psychological engagement: Validation of the Student Engagement Instrument. *Journal of School Psychology, 44,* 427-445.

Baker, J. A. (1998). The social context of school satisfaction among urban, low-income, African-American students. *School Psychology Quarterly, 13,* 25-44.

Barrington, B. L., & Hendricks, B. (1989). Differentiating characteristics of high school graduates, dropouts, and non graduates. *Journal of Educational Research, 82,* 309-319.

Bempechat, J. (1998). *Against the odds: How "at-risk" children exceed expectations*. San Francisco: Jossey-Bass.

Bempechat, J., Graham, S. E., & Jimenez, N. V. (1999). The socialization of achievement in poor and minority students: A comparative study. *Journal of Cross-Cultural Psychology, 30*(2), 139-158.

Berndt, T. J., & Keefe, K. (1995). Friends' influence on adolescents' adjustment to school. *Child Development, 66,* 1312-1329.

Blum, R. W., & Libbey, H. P. (Eds.). (2004). School connectedness—strengthening health and education outcomes for teenagers [Special Issue]. *Journal of School Health, 74*(7).

Brooks, D. (2006, July 7). All you need is love—and very high levels of oxytocin. *Star Tribune*, A12.

Brophy, J. (2004). *Motivating students to learn* (2nd Edition). Mahwah, NJ: Lawrence Erlbaum Associates.

Bryk, A. S., & Thum, Y. M. (1989). The effects of high school organization on dropping out: An exploratory investigation. *American Educational Research Journal, 26*(3), 353-383.

Christenson, S. L., & Anderson, A. R. (2002). Commentary: The centrality of the learning context for students' academic enabler skills. *School Psychology Review, 31*(3), 378-393.

Christenson, S. L., & Havsy, L. H. (2004). Family-school-peer relationships: Significance for social, emotional, and academic learning. In J. E. Zins, J. E., R. P. Weissberg, M. C. Wang, & H. J. Walberg (Eds.), *Building academic success on social and emotional learning: What does the research say?* (pp. 59-75). New York: Teachers College Press.

Christenson, S. L., Hurley, C. M., Hirsch, J. A., Kau, M. Evelo, D., & Bates, W. (1997). Check and Connect: The role of monitors in supporting high-risk youth. *Reaching Today's Youth: The Community Circle of Caring Journal, 2*, 18-21.

Christenson, S. L., Reschly, A. L., Appleton, J. J., Berman, S., Spanjers, D., & Varro, P. (2008). Best practices in fostering student engagement. In A. Thomas & J. Grimes (Eds.), *Best practices in school psychology V* (pp. 1099-1120). Bethesda, MD: National Association of School Psychologists.

Christenson, S. L., Sinclair, M. F., Lehr, C. A., & Godber, Y. (2001). Promoting successful school completion: Critical conceptual and methodological guidelines. *School Psychology Quarterly, 16*(4), 468-484.

Coleman, J. (1987, August-September). Families and schools. *Educational Researcher, 32-38*.

Coleman, N. (2006, 7). An honest reaction to senseless killing? How about anger. *Star Tribune*, B1.

Doll, B., & Cummings, J. (2008). Why population-based services are essential for school mental health, and how to make them happen in your school. In B. Doll & J. Cummings (Eds.), *Transforming school mental health services: Population-based approaches to promoting the competency and wellness of children* (pp. 1-20). Thousand Oaks, CA: Corwin Press in cooperation with the National Association of School Psychologists.

Dorn, S. (1996). *Creating the dropout: An institutional and social history of school failure*. Westport, CN: Praeger.

Dynarski, M., & Gleason, P. (2002). How can we help? What we have learned from recent federal dropout prevention evaluations. *Journal of Education for Students Placed At Risk, 7*, 43-69.

Feldman, A. F., & Matjasko, J. L. (2005). The role of school-based extracurricular activities in adolescent development: A comprehensive review and future directions. *Review of Educational Research, 75*(2), 159-210.

Finn, J. D. (1989). Withdrawing from school. *Review of Educational Research, 59*(2), 117-142.

Finn, J. D. (1993). *School engagement and students at risk.* National Center for Educational Statistics, U.S. Department of Education.

Finn, J. D., & Rock, D. A. (1997). Academic success among students at-risk for school failure. *Journal of Applied Psychology, 82*(2), 221-234.

Floyd, C. (1997). Achieving despite the odds: A study of resilience among a group of African American high school seniors. *Journal of Negro Education, 65*(2), 181-189.

Garbarino, J. (1982). *Children and families in the social environment.* New York: Aldine.

Gilman, R., Meyers, J., & Perez, L. (2004). Structured extracurricular activities among adolescents: Findings and implications for school psychologists. *Psychology in the Schools, 4,* 31-41.

Goodenow, C. (1993). Classroom belonging among early adolescent students: Relationship to motivation and achievement. *Journal of Early Adolescence, 13,* 21-43.

Goodenow, C., & Grady, K. E. (1993). The relationship of school belonging and friends' values to academic motivation among urban adolescent students. *Journal of Experimental Education, 62,* 60-71.

Hammond, C., Linton, D., Smink, J., & Drew, S. (2007). *Dropout risk factors and exemplary programs.* Clemson, SC: National Dropout Prevention Center, Communities in Schools, Inc. (www.dropout-prevention.org)

Hansen, A. L., Cumming, B., & Christenson, S. L. (2006). The academic coaching team: School connection for at-risk youth. Unpublished manuscript.

Hughes, J. N., & Kwok, O. (2006). Classroom engagement mediates the effect of teacher student support on elementary students' peer acceptance: A prospective analysis. *Journal of School Psychology, 43,* 465-480.

Hymel, S., Confort, C., Schonert-Reichl, K., & McDougall, P. (1996). Academic failure and school dropout: The influence of peers. In J. Juvonen & K. R. Wentzel (Eds.), *Social motivation: Understanding children's school adjustment* (pp. 313-345). New York: Cambridge University Press.

Isakson, K., & Jarvis, P. (1999). The adjustment of adolescents during the transition into high school: A short-term longitudinal study. *Journal of Youth and Adolescence, 28,* 1-26.

Lee, V. E., & Smith, J. B. (1999). Social support and achievement for young adolescents in Chicago: The role of school academic press. *American Educational Research Journal, 36,* 907-945.

Lehr, C. A., Sinclair, M. F., & Christenson, S. L. (2004). Addressing student engagement and truancy prevention during the elementary years: A replication study of the Check & Connect model. *Journal of Education for Students Placed At-Risk, 9*(3), 279-301.

Masten, A. S. (2001, March). Ordinary magic: Resilience processes in development. *American Psychologist, 56*(3), 227-238.

Masten, A. S., & Coatsworth, J. D. (1998). The development of competence in favorable and unfavorable environments. *American Psychologist, 53*(2), 205-220.

Masten, A. S., & Reed, M. G. (2002). Resilience in development. In C. R. Snyder & S. J. Lopez (Eds.), *Handbook of positive psychology* (pp. 74-88). London: Oxford University Press.

McPartland, J. M. (1994). Dropout prevention in theory and practice. In R. Rossi (Ed.), *Schools and students at risk: Context and framework for positive change* (pp. 255-276). New York: Teachers College Press.

McWilliam, R. A., Tocci, L., & Harbin, G. L. (1998). Family-centered services: Service providers' discourse and behavior. *Topics in Early Childhood Special Education, 18,* 206-221.

National Research Council and the Institute of Medicine. (2004). *Engaging schools: Fostering high school students' motivation to learn.* Washington, DC: The National Academies Press.

Nation, M., Crusto, C., Wandersman, A., Kumpfer, K. L., Seybolt, D., Morrissey-Kane, E., & Davino, K. (2003). What works in prevention: Principles of effective programs. *American Psychologist, 58,* 449-456.

Osterman, K. F. (2000). Students' need for belonging in the school community. *Review of Educational Research, 70*(3), 323-367.

Pianta, R. C. (1999). *Enhancing relationships between children and teachers.* Washington, DC: American Psychological Association.

Pianta, R., & Walsh, D. B. (1996). *High-risk children in schools; Constructing sustaining relationships.* New York: Routledge.

Pittman, K. J., & Irby, M. (1996). *Preventing problems or promoting development.* Baltimore: IYF-US, International Youth Foundation.

Pittman, K. J., Irby, M., Tolman, J., Yohalem, N., & Ferber, T. (2001). *Preventing problems, promoting development, encouraging engagement: Competing priorities or inseparable goals?* (working draft). Baltimore: IYF-US, International Youth Foundation.

Reschly, A., & Christenson, S. L. (2006a). Promoting school completion. In G. Bear & K. Minke (Ed.), *Children's Needs III: Understanding and addressing the developmental needs of children* (pp. 103-113). Bethesda, MD: National Association of School Psychologists.

Reschly, A., & Christenson, S. L. (2006b). Prediction of dropout among students with mild disabilities: A case for the inclusion of student engagement variables. *Remedial and Special Education, 27,* 276-292.

Rosenthal, B. S. (1998). Non-school correlates of dropout: An integrative review of the literature.

Children & Youth Services Review, 20(5), 413-433.

Rumberger, R. W. (1987). High school dropouts: A review of issues and evidence. *Review of Educational Research, 57*(2), 101-121.

Rumberger, R. W. (1995). Dropping out of middle school: A multilevel analysis of students and schools. *American Educational Research Journal, 32*(3), 583-625.

Rumberger, R. W., & Larson, K. A. (1998). Student mobility and the increased risk of high school dropout. *American Journal of Education, 107,* 1-35.

Sinclair, M. F., Christenson, S. L., Hurley, C., & Evelo, D. (1998). Dropout prevention for high-risk youth with disabilities: Efficacy of a sustained school engagement procedure. *Exceptional Children, 65,* 7-21.

Sinclair, M. F., Christenson, S. L., Lehr, C. A., & Anderson, A. R. (2003). Facilitating student engagement: Lessons learned from Check & Connect Longitudinal studies. *The California School Psychologist, 8,* 29-42.

Sinclair, M. F., Christenson, S. L., & Thurlow, M. L. (2005). Promoting school completion of urban secondary youth with emotional or behavioral disabilities. *Exceptional Children, 71*(4), 465-482.

Steinberg, L., Dornbusch, S. M., & Brown, B. B. (1992). Ethnic differences in adolescent achievement: An ecological perspective. *American Psychologist, 47,* 723-729.

Wentzel, K. R. (1998). Social relationships and motivation in middle school: The role of parents, teachers, and peers. *Journal of Educational Psychology, 90*(2), 202-209.

What Works Clearinghouse. (2006). *Intervention: Check & Connect.* Washington, DC: U.S. Department of Education, Institute of Education Sciences, Author. Retrieved January 4, 2008, from http://ies.ed.gov/ncee/wwc/reports/dropout/check_conn/

Ysseldyke, J. E., & Christenson, S. L. (2002). *FAAB: Functional Assessment of Academic Behavior.* Longmont, CO: Sopris West.

Chapter **18**

학습 및 행동 문제 위험이 있는 미취학 아동을 위한 예방 및 조기 중재

Maribeth Gettinger, Carrie Ball, Laura Mulford, Alicia Hoffman
(위스콘신 매디슨 대학교)

도입

많은 미국의 어린아이들이 유치원 입학 시기에 학교에서의 성공을 위한 준비성 기술 및 행동이 결핍되어 심각한 어려움에 직면한다. 미국 내 25% 이상의 아이들, 특히 저소득층 아이들이 사회-정서, 행동, 학업 문제의 위기에 놓였다고 추정되고 있다(Chambers, Chueng, & Slavin, 2006). 불행히도, 조기 중재가 없을 경우 학교에서 처음에 잘 적응하지 못한 아이들은 이후에도 거의 따라잡지 못한다. 1학년 말 시기까지 읽기 능력이 발달하지 못한 아동은 초·중등학교 시기에 걸쳐 지속적으로 그 상태로 남아 있게 되는 경우가 많다(Torgesen, 2000). 유사하게, 미취학 시기의 문제 행동은 청소년기나 성인기 문제(disturbance)와 밀접한 관련이 있다(Campbell, 2002).

최근 학업 및 행동 문제의 위험이 높은 아동의 요구에 대한 관심이 높아졌다. 최근의 연방정부 차원에서 주도한 덕분에, 아동을 위한 예방 및 조기 중재 프로그램이 미국 전역으로 확산되고 있다. 미 정부의 'Good Start, Grow Smart'가 이에 해당하는데, 이는 아동의 사회·정서 발달 및 문해력 발달을 증진하기 위한 과학기반의 전략 사용을 촉진하는 데 목적을 두고 있는 프로그램이다. 이러한 움직임은 아동의 초기 경험이 미래의 학습과 적응에 중요하다는 것을 강조한 최근 증가 추세의 발달 연구에 기반을 두고 있다. 미취학 시기는 아이들의 삶에서의 결정적 시기를 의미한다. 이 결정적 시기 동안의 조기 중재는 장기적인 발달을 큰 폭으로 향상시킬 수 있다. 실제로 미취학 아동의 조기 중재 프로그램이 부정적 결과를 미연에 방지하는 데 효율적이라는 증거도 있다(Guralnick, 1997). 예를 들어, 미국국립연구위원회(National Research Council)에 따르면, 미취학 시기에 증거기반 발생적 문해 전략을 실행하는 것이 초등학교의 읽기 문제를 예방하고 궁극적으로 특수교육의 수요도 감소시킬 수 있다고 한다(Snow, Burns, & Griffin, 1998).

이 장에서는 조기 아동 예방 및 중재에 대한 연구에서 파생된 주요 연구 결과를 종합하고자 한다. 조기 중재라 하면 의료 중재 및 학부모 프로그램까지 다양한 유형을 포함하고 있지만, 이 장에서의 조기 중재는 미취학 및 조기 교육 환경에서의 예방 및 조기 중재로 그 범위를 제한하고자 한다. 특히 이 장에서는 2~5세 아동을 대상으로 하는, 취학 준비성을 강조한 센터기반 조기 아동 프로그램을 중점적으로 다룬다. 조기 중재에 대한 중론은 미취학 시기의 경험이 장기적 적응을 결정한다는 것, 양질의 조기 교육이 학교에서의 성공에 반영될 것이라는 것이다(Brooks-Gun, Fuligni, & Berlin, 2003). 요약하자면, 미취학 아동을 중재하는 것이 학교에서의 실패를 예방하는 주요 수단으로 여겨진다는 것이다.

미취학 아동을 위한 조기 중재 및 예방 프로그램에 대한 간략한 역사와 그 중요성에 대한 개관으로 이 장을 시작하겠다. 다음으로, 아동을 학교에서 실패로 몰고 가는 것으로 밝혀진 요인들을 기술하고, 이러한 요인을 다루기 위해 고안된 효과적 조기 중재 및 예방 프로그램의 필수 요인을 기술한다. 마지막으로, 고위험군 미취학 아동을 위한 발생적 문해 기술 발달 및 긍정적 행동 향상을 위한 최근의 두 가지 증거기반 예방 프로그램에 대해 기술한다.

조기 중재의 역사와 근거

조기 중재의 중요성 및 효과적 프로그램의 고안을 위한 논의가 지난 100여 년에 걸쳐 전문적인 문헌에 나타나고 있다. 조기 중재에 대한 연구는 실제보다 그 역사가 훨씬 짧다. 1960년대에 이르러서야 초기 아동 교육 및 중재에 지침이 되는 증거기반을 확립하는 운동이 시작되었다.

조기 중재의 역사

역사적으로 초기 아동기에 대한 연구와 개발은 1960년대에 급격히 성장하였다. 이 시기의 조기 중재에 대한 관심의 증가는 몇 가지 요인에 기인한다. 첫째, 1960년에 정신역동 및 행동

주의 접근에 대한 대안으로 인지발달이론이 다시 유행한다(Ershler, 1992). 인지발달이론은 인지 발달을 촉진하고 학교에서의 궁극적인 성공을 내다보기 위해서 아동의 미취학 시기 경험을 강조하는데, 특히 반응적인 성인-아동 상호작용 및 언어 자극 활동을 강조한다(Demetriou & Raftopoulos, 2004). 초기 아동 교육에서의 인지 발달 접근은 아동의 요구와 흥미에 따라 유동적으로 시행되는 계획된 학습 활동으로 특징지을 수 있다.

둘째, 존슨 대통령의 '빈곤과의 전쟁(War on Poverty)'을 선두로 1960년대에 경제적으로 불리한 환경의 아동의 삶을 개선하기 위한 사회적 공약이 증가하였다. 1965년에 존슨 정부의 국내 안건의 일부로 저소득층 아동과 가정에 초기 교육을 포함한 종합적 복지 서비스를 제공하기 위한 헤드스타트(Head Start)[1]가 설립되었다. 'Good Start, Grow Smart'와 같은 최근 연방정부 계획안에 따르면, 주정부는 아동의 초등학교 진학을 준비하도록 증거기반 훈련이나 연습을 제공하는 것에 대한 책임이 있다. 그 목적은 모든 아동이 필요한 행동, 기술, 능력을 가지고 유치원에 입학할 수 있게 보장하기 위함이다. 이를 통해 주요 수준을 달성하기 위한 적합한 발달 과정을 밟고 궁극적으로 학교에서의 성공을 경험하게 하고자 한다. 이러한 조기 중재 계획의 교육적 목적은 저소득층 자녀에게 최적의 학습 환경을 제공해 줌으로써 달성된다. 경제적으로 풍부한 환경의 또래 아동들이 유치원 입학 전에 이미 언어 및 인지 기능을 학습해 오게 되는데, 이러한 정부 차원의 계획을 통해 저소득층 가정의 아동 또한 언어 및 인지 기능을 학습할 수 있는 최적의 학습 환경을 제공받게 된다.

1960년대와 1970년대 동안의 조기 중재 연구의 주요 관심사는 당연히 헤드스타트 및 이와 유사한 보상적 초기 아동 프로그램의 효율성을 평가하는 데 있었다. 여러 연구에서, 취학 전 프로그램에 전혀 참여하지 않는 것과 비교하여 양질의 프로그램에 참여하는 것의 장단기적 혜택을 보여 주었다(Chambers et al., 2006 참조). 특히 다수의 연구는 (대부분) 빈곤층 아동을 대상으로 지역사회 기반 프로그램에서 진행되었는데, 조기 중재의 개선 효과를 증명하였다. 예를 들어, 1975년 종단연구협회[Consortium for Longitudinal Studies(CLS), 1983]에 속한 초기 교육 연구 집단이 10년에 걸친 종단적 장기 연구를 수행하였는데, 11개 집단이 각 프로그램의 효과에 대한 사후 검정을 합동으로 수행하였다. 그 결과 조기 중재 프로그램에 참여하지 않은 아동에 비하여 참여한 아동이 학교에서 유급하거나 특수교육을 받는 경우가 더 적었다. 게다가 참여 아동은 더 높은 성취 동기 및 학교 관련 자아존중감을 나타냈다. 그러나 초기 향상(1학

---

[1] 역자 주: 1965년 미국 연방정부에서 경제적·문화적으로 불우한 아동들을 위하여 국가적으로 중재하여 만든 유아교육 프로그램

년까지)은 보였으나, 참여 아동과 비교 아동 간의 지능 및 성취도 평가에서는 차이를 보이지 않았다. 헤드스타트에 대한 최근 평가에 따르면 언어 및 문해력 표준화 시험에서의 수행이 국가 평균에 근접하는 등 초기 향상은 보고된 바 있지만, 이 효과가 장기적으로 유지되는 경우는 드문 것으로 밝혀졌다(Ludwig & Phillips, 2007).

방법론적 한계에도 불구하고(그중에서도 특히 무작위 실험의 부재), 헤드스타트와 같은 대규모 초기 아동 프로그램에 대한 예비 평가는 초기 평가 계획의 효율성에 대한 상당한 가능성을 시사하고 있다(Ramey & Ramey, 1998). 긍정적 결과에 대한 가능성 덕분에 연구자, 현장의 전문가 및 정책 개발자들이 위기에 처한 미취학 아동들에 대한 조기 중재 및 예방 프로그램을 개발하고 평가하는 데 지속적 관심을 갖게 되었다.

미취학 아동을 위한 조기 중재와 예방의 중요성

아동 조기 중재 및 예방에 대한 기저의 이론적 근간은 미취학 시기의 중요성을 이해하는 데서부터 비롯된다. 또한 행동 및 학습 문제에 있어 고위험군 아동의 발생과 이와 관련된 장기적인 부정적 결과를 다루는 연구도 그것의 이론적 근간이 된다. 미취학 시기는 행동 및 학습 문제의 발생을 예방하는 데 결정적으로 중요하며, 학교에서의 실패에 대한 위험을 최소화하는 데에도 중요하다. 아동 발달에 대한 대부분의 이론은 초기 아동기에 나타나는 괄목할 만한 성장을 인지하고 취학 전 경험이 초·중등학교 시기에 걸친 사회, 행동, 학업 수행의 여정을 결정짓는다는 것을 인정한다. 아동의 장기적인 적응에 중요한 언어나 자기통제와 같은 기술의 대다수가 미취학 시기 동안에 발달된다. 발달주의자들은 아동기에 이러한 기술을 강화하는 것이 학습을 위한 필수적인 기반을 세워 주며 이후의 행동 능력에도 기여한다고 믿는다(Keenan, Shaw, Delliquardri, Giovannelli, & Walsh, 1999).

초기 아동기의 중요성에도 불구하고 학습 및 행동 문제의 위기에 처했을지도 모르는 아동의 수가 증가하고 있다. 아동의 학습과 발달을 방해하는 공격 성향, 반항 및 파괴성(disruptiveness)과 같은 문제 행동을 나타내는 미취학 아동은 약 25%로 추정되고 있다. 한 연구에서는 한 유치원 교사가 학생의 40%에서 공격 행동(발로 차거나 다른 아이들을 위협하는 행동)이 매일 한 번은 일어나고 있으며, 10%에서는 그런 행동이 매일 6회 이상 나타난다고 보고하고 있다(Willoughby, Kupersmidt, & Bryant, 2001).

한편, 문제 행동의 징후를 보이는 아동 중 15% 미만의 아동만이 중재를 받는다(Kauffman, 1999). 조기 중재가 없다면, 문제 행동을 보이는 아동은 계속적으로 사회·정서 및 적응에 문제를 나타낼 위험이 높다. 미취학 시기의 문제 행동(특히 파괴성 및 공격 행동)과 청소년기의 적응 문제 간의 관련성은 잘 증명된 바 있다. '다루기 어려운(hard-to-manage)' 미취학 아동의 장기 연구의 개관에서, Campbell(2002)은 취학 전 경미한 정도에서 심각한 정도까지의 '행동화(acting out)' 문제를 가진 아동들 중 50%가 중학교에서도 같은 정도의 정서장애(emotional disturbance)를 나타낸다는 것을 발견했다. 치료를 받지 않으면, 문제 행동을 가진 아동들은 삶의 다른 부분에서도 계속 문제를 겪게 될지도 모른다. 또래 집단에서 소외되거나, 바른 행동을 배울 수 있는 기회를 제한받거나, 교사로부터 긍정적인 피드백을 받는 것이 제한되거나, 특수교육이 필요한 사회 · 정서 문제 및 학습 곤란을 경험하기 쉽다. 실제로, 3학년 말 시기까지 적응 행동 패턴을 습득하지 못한 아동은 자퇴, 청소년 비행, 약물중독 등의 위험에 놓이게 된다 (Kamps & Tankersley, 1998).

행동 문제를 넘어서, 아이들은 학교생활 시작에서 필요한 초기 문해 기술을 배우지 못해 읽기와 쓰기를 배우는 데 큰 어려움에 직면하기도 한다. 초등학교까지도 학생이 글을 읽지 못하는 경우(poor readers)를 살펴보면 취학 전 및 유치원 시기 동안 초기 문해 기술을 배우지 못한 경우가 대부분이다(Torgesen, 2000). 유치원 초기에 초기 읽기 능력이 결핍된 아동은 초등학교 시기 동안에도 그대로거나 악화되는 경향이 있으며, 이는 글을 깨친 아동과 그렇지 못한 아동 간의 격차를 계속 벌어지게 한다(Scarborough, 2001; Snow et al., 1998). 불행히도, 제한된 문해력과 언어 능력을 가지고 유치원에 들어간 아동은 종국에 특수교육으로 의뢰될 위험이 높다(Whitehurst & Lonigan, 2001). 예를 들어, 글을 읽지 못한 채로 2학년을 마친 아동은 초등학교 말에 해당 학년 수준으로 글을 읽을 수 있게 될 확률이 25%에 불과하다(Snow et al., 1998). 4학년에 읽기 문제를 가진 아동의 대부분은 고등학교 말에도 동일한 읽기 문제를 가지며, 학교를 자퇴할 가능성도 현저히 높게 나타난다(Scarborough, 2001). 연구에 따르면, 저소득층 가정의 아동은 지능 및 성취도 표준 측정에서 점차 더 낮은 점수를 기록하고 있다(Whitehurst & Lonigan, 2001). 따라서 아동들이 미취학 및 유치원 시기에 중재하는 것이 장기적으로 부정적 행동 및 부정적 학습 결과를 미연에 방지하는 데 필수적이라 할 수 있다.

초기 아동 발달에서의 위험 요인과 보호 기제

효과적인 중재 프로그램은 학습 및 행동 문제에 대한 초기 대응이 아동의 학교생활을 개선할 것이라는 전제를 기본으로 한다. 위기와 보호적 기제 개념은 미취학 아동의 조기 중재를 이해하는 데 중심이 된다. 위기란 이전 단계에서 윤곽을 드러내고 있는 부정적 행동 및 인지 결과를 아동이 경험하게 될 가능성이 증가하는 것을 의미한다. Rutter(2006)에 따르면, 보호적 기제란 위기와 관련된 부정적 결과를 개선 및 최소화하기 위해 작용한다. 조기 중재 및 예방의 전반적인 목적은 성공을 촉진시킬 능력과 행동의 개발을 강화함으로써 보호 기제를 통하여 아동에 대한 위험 요인의 부정적 영향을 피하거나 최소화하는 것이다. 미취학 아동을 위한 조기 중재는 미래의 문제 발생을 예방할 뿐만 아니라 학업 및 행동 영역에서의 최선의 발달을 위해 아동에게 필수적인 조건을 강화하고 회복탄력성을 증진시켜 주는 것을 목표로 한다.

초기 문해력의 유창성 및 행동 능력을 습득하는 데 특히 어려움을 겪기 쉬운 특정 아동 집단에 대한 위험 요인을 밝힌 연구가 있다. 위기 상태는 다양한 측면을 갖고 있으며 여러 변인에 의해 결정된다(Rutter, 2006). 아동의 개인 특성, 가정환경 및 환경 변인이 모두 아동의 학습 및 행동 문제와 연관된 위기 발생의 가능성에 기여한다. 위험 요인은 본질적으로 가산적이다. 즉, 다양한 요인의 축적이 아동의 결과를 악화시킬 가능성을 높인다(Pianta & Nimetz, 1992). 학습 및 행동 문제를 가진 청소년의 대다수가 취학 전 시기에 동일한 문제를 가진 이력을 가지기도 하지만, 문제를 가진 모든 미취학 아동이 초·중등 시기에 계속적으로 문제를 경험하는 것은 아니다. 따라서 아동의 행동 및 문해 능력의 발달을 증진시켜 주는 긍정적 행동과 위험 요인 모두를 이해함으로써 효과적인 취학 전 중재 및 예방 프로그램을 개발 및 시행하는 것이 필요하다(Shonkoff & Meisels, 2000). 학교에서의 실패를 초래하는 변인에 대한 연구에서는 특히 네 가지 요인이 두드러지게 나타난다. ① 언어 발달 지연, ② 자기조절 결여, ③ 가족 구조 및 양육 실제, ④ 저소득 환경이다.

언어 발달

아동의 언어 발달 제한과 지연은 학교에서의 부정적 결과를 강하게 예측하는 요인이다. (Vernon-Feagans, Hammer, Miccio, & Manlove, 2001). 언어 발달이 지연된 미취학 아동 75%가 후속적 언어 장애 및 초등 교육과정 내의 읽기/쓰기 학습에 어려움을 겪는다(Snow et al., 1998; Vernon-Feagans et al., 2001). 특히 성인이 아동 행동에 영향을 주는 주요 방법이 주로 언어를 통해서이기 때문에 언어 지연은 사회성 발달을 지연시키기도 하며 행동 문제 및 청소년 비행과도 관련이 있다(Stattin & Klackenberg-Larsson, 1993).

아동의 언어 발달은 주로 가정환경과 사회경제적 변인의 영향을 받는다. 빈곤한 환경의 아동은 언어 지연을 겪을 위험이 훨씬 높다(Hart & Risley, 1995). 저소득층 및 이중언어 아동이 종종 학습의 어려움을 겪는데, 이는 제한된 언어 능력이 주요 요인이라고 설명할 수 있다 (Vernon-Feagans et al., 2001). 중산층 가정의 아동에 비해, 경제적으로 불리한 가정의 아동이 읽고 쓰기를 배우는 데 큰 어려움을 겪는다. 이들은 문자에 대한 지식이 적고 단어에 대한 친숙도가 낮은 채로 학교에 들어오기 때문이다. 저소득층 아동 및 영어 능숙도가 낮은 아동의 경우, 활자와 관련된 능력을 길러 주는 초기 문해 경험이 적고 교재를 충분히 제공받지 못하는 가정환경에서 양육되는 경우가 빈번하다. 저소득층 가정은 일반적으로 사회경제적으로 좀 더 나은 가정의 부모에 비해, 문해 기술 습득을 지원하지 않는다(Lonigan, Bloomfield, Anthony, Bacon, Phillips, & Samwel, 1999). 예를 들어, 중산층 가정의 아동은 6,000권가량의 책을 읽어 주는 환경을 가졌지만 저소득층 가정의 아동은 가정에서 책을 읽어 주는 경험이 전무한 상태에서 학교생활을 시작하기도 한다(Moustafa, 1997).

Hart와 Risley(1995)는 전문직 가정과 복지 혜택을 받는 가정에서의 부모-아동 간 언어적 상호작용의 질을 심도 있게 연구한 바 있다. 그 결과, 복지 혜택 가정에 비해 전문직 가정의 부모는 아동과 더 많은 시간을 대화하고 더 풍부하고 다양한 유형의 어휘를 사용하여 대화하는 것으로 밝혀졌다. 게다가 전문직 가정에 비하여 복지 혜택 가정의 아동이 언어적으로 꾸짖음을 받는 빈도가 더 높았으며, 부모에게 부정적 말을 더 많이 듣고, 어휘 노출도 더 제한적인 것으로 관찰되었다.

자기조절 행동의 결여

자기조절은 아동의 행동 능력 및 학습과 관련이 있다. 유치원 교사들에 따르면 이는 성공적 학교생활을 위해 필요한 가장 중요한 특징으로 손꼽힌다(Rimm-Kaufman, Pianta, & Cox, 2000). 자기조절이 다른 요인(나이, 배경지식이나 수 세기 및 글자 익히기와 같은 선행 학업 기술)보다 학교 준비성과 더 강력한 상관관계가 있다는 증거가 있다(Bodrova & Leong, 2006). 최근 한 연구는 미취학 아동의 자기조절과 유치원 및 1학년 이상 아동의 학교에서의 기능 간의 연관성을 밝힌 바 있다(Bronson, 2000; Raver & Knitzer, 2002; Schonkoff & Phillips, 2000). 다수의 연구에서, 미취학 아동의 자기조절은 청소년기의 인지, 사회·정서, 학업 능력과 높은 상관관계가 있음이 밝혀졌다.

미취학 아동의 사회·정서적 및 인지적 자기조절 결여는 높은 공격성, 제한된 사회화 기술, 부주의, 감정 폭발과 같은 것으로 특징지어진다. 자기조절이 결여된 어린 아동은 또래와 어울리지 못하거나 갈등을 해결하는 능력이 떨어지므로 학교 징계 문제를 겪을 위험이 높다. 더욱이 자기조절 수준이 낮은 아동은 수업 시간에 학습 활동에 참여하지 못하기도 하고, 학급의 일상적 일과 및 규율을 따르지 못하고, 다양한 사회적 관계(예: 모둠 활동)를 통해 배우는 혜택을 누리지 못하기도 한다. 연구에 따르면 자기조절의 결여는 유치원 및 1학년 단계에서 바람직한 교사-아동 관계를 형성하는 능력에도 방해가 되며, 그 결과 이후의 학년에서 학업 수행이 떨어지고 행동 문제를 나타낼 가능성이 있기도 하다(Raver & Knitzer, 2002).

이론과 실제에서 자기조절은 학교에서의 성공적 기능을 위하여 중요한 것이라고 합의하고는 있으나, 어린 아동의 자기조절 기저의 본질에 대해서는 상충되는 관점이 존재한다. 그중 한 관점은 자기조절을 개인적 특징, 즉 기질로 보는 것이다(Hart, Atkins, & Fegley, 2003). 이 관점에서 미취학 아동은 '조절되지 않은(under-regulated)' 존재, '까다로운 기질(difficult temperament)'을 타고난 존재로 묘사된다. 분노, 행동 및 감정을 조절하는 데 어려움을 겪는 등 부정적 기분의 지배로 특징지어진다. 뇌 연구 분야의 정교한 방법론의 도입으로, 최근 대안적 관점이 도래했다. 특히 자기조절은 뇌 발달의 작용이라는 것이다. 이 관점에서 미취학 아동의 낮은 자기조절 수준은 계획과 회상을 관장하고 있는 전두엽 피질에 위치한 뇌의 특정 영역이 활성화되지 않아 나타나는 것이라고 한다(Bronson, 2000). 어떤 관점을 채택하든지, 연구 결과에서는 초기 아동기의 자기조절 결여는 분노 표출, 부주의 및 감정 조절 실패 등으로 나타나는데, 이후 행동 문제 및 학업 성공의 제한 등의 위험 요인이 될 수 있다고 암시한다.

가정 내 위험 요인

연구에서 양육 방식과 훈육 실제가 아동 발달에 미치는 영향을 보고한 바 있다(Darling & Steinberg, 1993). 훈육은 아동의 학습 및 행동 문제를 예방하거나 악화시킬 수 있다. 부모-아동 상호작용의 본질은 특히 추후의 아동 행동 및 아동 발달에 직접적인 전조가 될 수 있다. 구체적으로 초기 문제 행동을 보이는 것은 무신경하거나, 일관적이지 않거나, 요구가 많은 부모-아동 상호작용에서 기인하기도 한다(Herrenkohl, Herrenkohl, Rupert, Egolf, & Lutz, 1995). 반대로, 부모-아동 상호작용이 엄하면서도 긍정적이고 지지적인 경우 아동의 행동 및 학습 능력에 긍정적으로 기여하기도 한다(Baumrind, 1971).

연구에 따르면 가족 구성원의 수와 그 구조가 미취학 아동의 가족 문제에서 기인한 위험 요인이 될 수도 있다고 밝혔다. 두 부모 가정에서 양육된 아동이 한부모 가정에서 양육된 아동보다 사회적으로나 학업적으로 더 나은 것으로 밝혀졌다(Sletzer, 2000). 한부모 가정은 종종 가계 수입이 제한적인데 이것이 아동의 부정적 결과를 초래했을 것으로 설명된다. 가족 수가 많은 경우, 이는 종종 저소득층 가정의 특징이기도 한데, 연구에서는 이것이 아동에게 열악한 발달 결과를 초래하기 쉽다고 명백히 밝히고 있다(Blake, 1989). Smeroff, Seifer, Barocas, Zax와 Greenspan(1987)은 215명의 4세 아동을 대상으로 다양한 위험 요인과 인지 간의 관계를 연구한 바 있다. 이 연구에서 조사된 위험 요인 중 4인 이상 가정의 아동이 고위험군으로 밝혀졌다. Sameroff 등은 한부모 가정과 마찬가지로, 대가족의 부정적 영향은 한정된 자원과 관련이 있다고 암시했다. 가정 내 자원(예: 시간, 돈)이 제한적일 때, 아동의 긍정적 행동 및 준비성기술 발달의 면에서 부정적인 결과가 나타난다. 스트레스 요인과 갈등을 지속적으로 직면한 가정은 그 자녀에게 문제해결 및 처리에 있어서 비생산적이고 불건전한 방법을 본보기로 보여 주기 쉽다(Amato, 2006). 종합적으로 가정 내 요인에 관한 연구는 아동 발달의 위험 요인 중 하나인 낮은 사회경제적 지위(다음에 논의될)의 영향에 대해 주목하고 있다.

빈곤

교육자들은 저소득층 아동이 입학할 때 학업적/행동적 기능면에서 불리한 입지에 있음을 인지하였다. 실제로 학교에서 결과가 나쁠 가망성이 있는 다수의 미국 아동이 빈곤한 환경에서 살고 있는 아동이었다(Hart & Risley, 1995; Vernon-Feagans et al., 2001). 저소득층 아동은 중산층 또래 아동에 비해 표준화된 성취도 평가에서 11~25%가량 낮은 결과를 보였다(Vernon-Feagans et al., 2001). 아동보호기금(Children's Defense Fund, 2007)에 따르면 2006년 당시 빈곤한 환경에서 살고 있는 아동의 수는 약 1,300만에 달하였다. 미국에서 4명 중 1명꼴로 미취학 시기(5세 이전)의 특정 시점에 빈곤한 환경에 살고 있다는 추정이 나온다. 불균형적 분포에서 큰 비중을 차지하고 있는 것은 흑인 및 히스패닉 가정 출신이다. 2004년 백인 아동이 10%인 것에 비해, 흑인 아동의 34%, 히스패닉 아동의 30%가 빈곤한 환경에서 사는 것으로 조사되었다(Ryan, Fauth, & Brooks-Gunn, 2006).

어린 아동은 특히 결핍과 빈곤의 영향을 받기 쉬우며, 그 영향이 성인기 초반에 걸쳐 지속될 수 있다. 지난 20년에 걸친 연구에서는 아동 빈곤을 2세 이후 나타나는 부정적 인지, 언어, 행동 결과와 연관지어 왔다(Ryan et al., 2006). 이러한 초기 결핍은 아동이 초등학교 입학 당시 낮은 성취도 수준으로 나타나며 그 격차는 중학교, 고등학교 동안에 지속적으로 나타나는데, 이는 특수교육, 유급, 자퇴 등에서 높은 비율로 이어진다(Duncan & Brooks-Gunn, 1997).

빈곤이 아동의 학업 발달에 끼치는 부정적 영향은 잘 입증되었으며, 이는 종종 저소득층 가정에서 인지적 자극의 결여와 제한된 언어의 노출로 설명된다(Hart & Risley, 1995; Reynolds,

Ou, & Topitzes, 2004; Vernon-Feagans et al., 2001). 특히 저소득층 가정은 중산층 가정이 자녀에게 제공해 주는, 책이나 다른 언어 및 문해 자원을 제공해 주지 못한다. 한 연구에 따르면, 중산층 가정의 90%는 적어도 한 달에 한 번 지역 도서관을 방문하는 반면 저소득층 가정은 그 비율이 40%에 불과했다(Campbell & Ramey, 1994). 빈곤과 아동의 사회·정서 개발의 관계는 많이 연구되지는 않았지만, 빈곤한 환경에서 자란 아동이 평균 이상의 환경에서 자란 아동에 비해 정서 및 행동 문제가 더 많이 발생한다는 증거가 존재한다(Duncan & Brooks-Gunn, 1997). 요컨대, 많은 연구는 인생의 초기 5년간 경험한 빈곤은 인지, 사회·정서, 행동의 영역에서의 아동의 발달을 현저하게 방해한다는 것을 보여 주고 있다.

빈곤한 가정환경에 노출되는 것 외에도, 가난한 환경에 사는 미취학 아동은 열악한 아동보호 및 열악한 초기 교육을 받기 쉽다[Frede, 1998; National Institute of Child and Human Development(NICHD), Early Child Care Research Network, 2003]. 아동 보호 및 초기 교육의 질은 아동의 전반적 기능에 직접적인 영향을 끼친다(Barnett, 1995). 예를 들어, NICHD의 초기 아동 보호에 관한 연구(Early Child Care Research Network, 2003)는 열악한 보호와 학교준비성, 표현 및 수용 언어, 사회·정의적 기능 및 행동이 관련이 있다고 밝혔다. 열악한 프로그램 서비스를 받은 아동들은 학습 지체를 보였다. 양질의 초기 아동기 프로그램에 참여한 결과로 나타나는 발달적 증진은 이후 개인적 학업 성취에 대한 강력한 예측자가 되었다(Barnett, 2001; Dickinson & Sprague, 2001).

경제적으로 불리한 아동의 취학 전 교육에 관한 문헌 연구에서, Barnett(2001)은 양질의 초기 교육 프로그램을 만드는 필수 요소로 자금 지원을 들었다. 이는 적절한 전문교육 개발을 제공하고 학급 크기와 교사-학생 비율을 낮게 유지할 수 있도록 자격을 갖춘 교사를 충분히 고용하기 위한 자금을 포함한다. 이 결과와 같은 선상에서 비용, 질, 아동 성과 연구팀(Cost, Quality, and Child Outcomes Study Team, 1995)은 4개 주 400개의 초기 아동 센터에서 제공되는 서비스의 질을 분석하였다. 초기 아동 보호의 최악의 사례는 저소득층 지역에 살고 있는 가정 및 아동을 위한 프로그램에서 압도적으로 많이 발견되었다. 중산층 지역사회의 초기 아동 프로그램에 비교하여, 저소득층 지역사회의 프로그램은 경제적 자원이 현저히 적었으며 외부 자금지원도 훨씬 적었다. Barnett(2001)에 따르면, 경제적 지원은 저소득층 아동이 학교에 더 잘 준비하도록 도울 수 있는 초기 아동 프로그램의 전반적 질을 개선하기 위해 필수적이다.

회복탄력성과 방어 행동

취학 전 프로그램의 성공의 핵심은 아동의 장기적 성공을 위해 최대의 효과를 내는 변화를 만들기 위해서 행동과 기술을 목표 대상으로 하는 것이다. 이를 '핵심변인(keystone variables)'이라 하는데, 이러한 행동은 이후 자연스러운 학습 환경으로 이어지는 적응을 위해 필수적인 대표적인 기본 기술이다(Barnett, 2002). 핵심 변인은 결정적으로 행동 변화를 유지시키고 일반화할 수 있다. 장기적인 성공을 위해서는 미취학 시기의 아동의 경험에서 다음의 두 가지 측면이 특히 강조된다. 특히 양질의 초기 교육은 ① 아동의 자기통제, 사회적 능력 및 긍정적 학습 행동, ② 초기 언어 및 문해 능력의 발달을 돕도록 고안되어야 한다(Shonkoff & Meisels, 2000). 초기 아동 발달과학 통합위원회(Committee on Integrating the Science of Early Childhood Development; Shonkoff & Phillips, 2000)는 정서 및 주의집중적 자기조절의 발달뿐만 아니라 초기 문해력, 언어, 학습 과정을 촉진하는 것이 위험군 미취학 아동을 위한 효과적인 조기 중재 및 예방에 중요한 목표로 지적되고 있다.

조기 중재 및 예방 프로그램에서는 위험군 미취학 아동들 사이에서 바람직한 결과를 향상할 수 있는 방법을 제시하고 있다. 미취학 시기 조기 중재는 초등학교 입학 전의 고위험군 아동을 대상으로 한다. 조기 중재를 지지하는 이론은 이후 성공적 생활을 위해 필수적인 핵심 능력을 학습하고 개발할 기회를 제공해 주는 것이 아동이 직면한 위험 요인을 완화시켜 준다고 설명한다. 성공적 중재 및 예방 프로그램에서 가장 중요한 요소가 무엇인지에 대한 정보는 부족하지만, 기존 연구들은 다음 절에 요약된 요소가 중요하다고 강조하고 있다.

조기 중재 및 예방 프로그램의 필수 요소

미취학 아동을 위한 예방 및 조기 중재 프로그램이 미국 전역에 확산되고 있다. 연구에 따르면 집중 치료가 요구되는 문제가 형성되기 전에 고위험군 아동에게서 회복탄력성을 찾아내어 강화시켜 주는 프로그램이 성공적이라고 설명한다. 현장에서도, 연구에서도, 아동에게서 회복탄력성의 발달을 촉진시켜 주는 예방적 접근에 점차 집중하고 있다. Reynolds(2005)는 초기 아동 발달 프로그램을 종합적으로 분석한 결과, 가장 효과적인 프로그램의 몇 가지 핵심 특징을 다음과 같이 기술하고 있다.

■ 가족 관여

Reynold(2005)의 분석에 따르면 조기 중재 프로그램의 모든 단계(평가, 계획, 실행)에서 부모와 가족이 관여하는 것이 중재 프로그램 성공의 핵심이라고 밝혔다. 조기 중재가 아동의 학습 및 사회 환경에서 최선의 발달을 이끌어 낸다는 의미에서 가족의 기여가 강조되는 것은 이해할 만하다. Frede(1998)는 조기 중재 프로그램 간의 공통점과 차이점을 조사하여 장기적인 효과가 있는 프로그램들이 일관적으로 가족 관여의 요소를 포함하고 있다는 것을 밝혀냈다. 가족 관여는 아동뿐 아니라 다른 가족 구성원에게도 긍정적인 결과를 가져오는 것으로 밝혀졌다. 아동의 경우, 가족들이 관여할 때 학교 내 성공을 이루게 될 가능성이 최대화되었다(White, Taylor, & Voss, 1992). 부모가 조기 중재에 긍정적 · 적극적으로 관여할 때 부모 자신에 대해서는 물론이고 자녀 및 초기 아동 전문가에 대해 긍정적인 태도를 갖게 되며, 삶에 대한 만족이 커지고, 자녀들과 더 원활하게 소통하게 된다(Whilte et al., 1992).

■ 기술 향상을 위한 계획 전략

미취학 아동을 위해 인지 및 행동 결과에 일관적으로 연관된 요소들 가운데 발달을 위한 계획적 양성(intentional enhancement) 요소가 있다. Pianta와 Nimetz(1992)에 따르면, 계획적 양성을 통해서 유치원(preschool)은 위험 조건과 부정적 결과 간의 관계를 경감시키는 보호 기제로 작용한다. 계획적 초기 아동 모델에서 교사는 아동 행동 기대에 대해 구조화된 프로그램을 따르며 아동에게 체계적 방식으로 대응한다. '핵심 경험(key experiences)'에 대한 교사의 지식에 근거하여 결정된 학습 활동 중 교사가 시작한 것과 아동이 선택한 것 간에 균형을 유지한다. 행동에 관한 목표를 나타내는 대신(직접교수 접근의 특징), 핵심 경험은 교사가 활동을 계획하고 아동과 상호작용의 길잡이 역할을 한다. 아이들이 교사의 지시 없이 주로 구조화되지 않은 자유로운 놀이 활동을 통해 학습한다는 성숙적 접근(maturational approaches)과 비교했을 때, 계획적 프로그램은 일반적으로 인지 및 사회 · 정서적 측면에서 더 나은 결과를 가져온다(Chambers et al., 2006).

■ 지속적인 전문성 개발과 교사 지원

효과적 조기 중재 프로그램에 기여하는 또 다른 요인은 전문성 개발의 수준 및 새로운 전략을 실행하기 위한 교사 지원이다. 놀랍게도, 조기 중재기술 및 지식 개발을 효과적으로 양성하는 교육 방법에 대한 연구는 거의 없다. 현재 연구는 성공적인 조기 중재와 관련된 전문성 개발에 관하여 다음과 같은 두 가지 중요한 결론을 제시한다(Klein & Gilkerson, 2000). 첫째, 전문성 개발은 교육자의 학습 기회와 실제 현장 경험을 조율해야 한다. 즉, 전문성 개발은 교사가 훈련 과정에서 배운 것을 자기 자신의 아동 환경에 직접 적용할 수 있는 방법을 제공해야만 한다. 둘째, 전문성 개발은 멘토링, 피드백, 실제 적용의 정교화 등의 연장선상의 기회와 함께 계속 진행되어야 한다. 연구자들에 따르면, 이러한 요소들을 통합하는 전문성 개발 경험은 조기 중재의 결과에 긍정적인 영향을 주기 쉽다(Zaslow & Martinez-Beck, 2006).

■ 다단계 중재

조기 중재에 대한 성공적 접근은 다단계 중재 위계를 통합하는 특징을 갖는다(VanDerHeyden & Snyder, 2006). 아동의 요구를 기반으로 집중 중재와 개별화된 보충 지원을 제공하는 실제는 다단계 모델의 고유한 특징이다. 조기 중재에서의 다단계 모델의 적용은 다음과 같은 가정에 기초를 두고 있다. 즉, 아동이 기대 이하로 수행하게 될 위험이 있을 때(인지적 혹은 행동적 측면에서), 교사와 전문가는 심각한 문제를 예방하고 아동의 성공을 향상하는 방식으로 대처해야 한다. 환경에 조정을 가하거나 추가 지원을 제공하는 것이 그 예에 해당한다.

다단계적 접근과 조기 중재의 목적이 합치함에도 불구하고, 초기 아동기에 대한 다단계적 중재의 체계적 실행과 평가는 한정적이다(VanDerHeyden & Snyder, 2006). 조기 중재 문헌에서는 다단계 중재 모델을 거의 다루고 있지 않다. 가령, Sandall과 Schwartz(2002)는 특별 관리가 필요한 아동을 대상으로 한 학습 모델을 개발한 바 있다. 이는 교육과정 수정, 전형적인 교실 활동의 범위에서 개별 아동만의 목표에 집중하는 것, IEP 목표 달성을 목적으로 개별 교습을 제공하는 것 등을 포함한다.

이러한 연구 결과를 집약해 보면 미취학 아동을 위한 조기 중재 및 예방 프로그램을 위한 최적의 환경의 윤곽이 드러난다. 특히 조기 중재 프로그램은 가족을 적극적으로 관여시키고 아동의 능력을 강화하고 개발하는 방향이며, 교사와 학교 관계자를 위한 전문성 개발에 대해 증거기반 접근을 포함하고 다단계적 중재 위계를 포함하고 있을 때 참여 아동에 대한 긍정적인 결과가 나타난다고 볼 수 있다. 다음 절에서는 이러한 핵심 요소를 염두에 두고 고안된 조기 중재 프로그램의 두 사례와 그 개념적 기초 및 실행에 대해 설명한다. 하나는 문해 기술에 초점을 둔 것이고, 다른 하나는 위험군 미취학 아동의 행동 능력 발달에 초점을 둔 것이다.

발생적 문해 기술 향상을 위한 예방과 조기 중재

발생적 문해 기술 발달을 증진시키는 효과적 조기 중재 프로그램을 개발하는 것은 적절한 학습 목표를 기반으로 하고 있는지가 중요하다. 지난 10여 년간, 여러 종합적인 보고에서 발생적 문해력에 관한 공통된 증거를 종합하여 글 읽기를 성공적으로 배우는 데 전조가 되는 기술들을 밝히고 있다(Snow et al., 1998; Shitehurst & Lonigan, 2001). 이러한 기술에는 음운 인식(단어 내의 작은 단위를 듣고 조작하기), 알파벳 배우기(낱글자 알고 낱글자의 이름 알기), 활자 인식(지면의 활자를 알아보고 단어 이해하기) 그리고 말글자와 단어(사건 묘사하기 및 이야기하기)를 포함한다. 이러한 기술을 이미 학습한 아동은 그렇지 못한 아동보다 정식 읽기 학습에서 더 많은 혜택을 받는다는 증거가 있다. 더군다나 읽기 능력을 위해서는 유치원 입학 전에 이에 대한 통일성 있는 계획적 학습이 필요하다. 즉, 아이들은 계속적으로 활자에 노출되고, 구어든 문어든 어른들과 자주 상호작용을 해야 하며, 이 능력을 개발하기 위한 명시적 학습을 받아야 한다. 게다가 초기 아동기의 언어 및 발생적 문해력을 발달시키는 데 환경이 중요한 역할을 한다(Dickinson & Sprague, 2001). 이러한 기술을 위한 효율적인 조기 중재는 다각적 양상을 보인다. 또한 이는 문해 환경, 독서하는 동안의 교사와의 상호작용, 낱글자와 소리의 연합에 집중할 것을 포함한다. Torgesen(2000)은 이러한 요소를 포함한 다섯 가지 예방 및 조기 중재 프로그램의 결과를 요약하였다. 이들 요소는 모두 1학년 아동에게서 나타나는 읽기 어려움을 뚜렷하게 감소시키는 것으로 나타났다.

양질의 풍부한 언어 자극 환경

학습 환경의 특징은 아동의 문해 기술과 행동에 지대한 영향을 끼친다. 문해력 발달을 돕는 미취학 환경은 다음의 두 가지 주요 기제를 통해 이루어진다. ① 활자 자극이 풍부한 환경 제공, ② 교사-아동 상호작용을 촉진하는 것이다. 활자 자극이 풍부한 환경이란 아동에게 다양한 활자와 글자 자료를 제공할 뿐만 아니라 접근 가능한 양질의 책을 풍부하게 제공하는 것을 의미한다. 중요한 것은 언어와 활자 모델(표지, 라벨, 아동 쓰기 진열)이 교실 전체에 걸쳐 아동의 시선에 맞추어 게시되어야 한다는 것이다. 게시된 활자로 인하여 아동은 문자 언어에 점차 노출되고 낱글자와 단어를 소리와 연상하게 하는 능력을 강화하게 된다. Makin(2003)에 따르면, 활자 자극이 풍부한 환경을 만드는 것에는 여러 방법이 있다. 예를 들면, 교실에 있는 사물에 라벨을 붙이거나, 학생 사물함에 사진과 함께 아이들의 이름을 붙이거나, 하루 일과를 쓰거나, 교실 규칙을 포스터로 만들어 보는 것 등이다. 교사는 가능하면 자주 일과의 일부로서 활자를 사용(하루 일과를 읽어 보는 것 등)하는 것을 시연해 보여 주어야 한다.

　활자 자극이 풍부한 환경에서 교사는 스스로 아동과의 상호작용을 통하여 언어 발달을 적극적으로 촉진해 주는 촉진자의 역할을 하게 된다. 교사-아동 상호작용은 언어 발달을 길러 주는 잠재력을 갖고 있는데, 특히 좋은 언어 모델에 노출이 적은 저소득층 가정의 아동에게 그러하다. Massey(2004)에 따르면, 미취학 아동과의 언어적 상호작용의 1/3 정도는 아동의 문해 및 언어 기술을 강화하는 데 초점을 맞추어야 한다. 교사는 아동의 언어 발달을 다양한 방식으로 촉진해 줄 수 있다. 양육관계를 형성한다거나, 아동 스스로 표현해 볼 것을 권장한다거나, 읽기 및 쓰기 행동의 좋은 본보기를 보인다거나, 교실 및 거주 환경에서의 문자에 관해 이야기한다거나, 새로운 어휘를 아동과의 대화에서 사용해 본다거나, 사회관계 및 놀이 환경에서 소리 언어 및 단어를 촉진시켜 주는 방법이 있다. 교실 환경의 이러한 두 가지 특징(활자 노출 및 교사-아동 상호작용)은 빈곤 및 다른 위험 요인으로 인해 읽기 능력을 기르기 어려운 위험군 아동에게 특히 발생적 문해력 발달을 지원해 주는 보호 기제가 된다.

공동 책읽기

　양방향의 성인-아동 공동 책읽기는 아동의 발생적 문해력 발달에 끼치는 영향의 측면에서 강력한 이론적 지지를 받고 있는 독서 접근법이다. Ezell과 Justice(2005)는 취학 전 아동이 경험하는 공동 책읽기의 양이 저학년 읽기 성취 변량의 약 10%를 책임진다고 추정했다. 공동 책읽기란 어른과 아동이 함께 책읽기에 집중하면서 역동적으로 그리고 상호작용적으로 대화를 주고받는 것이다. 잘 수행한다면, 공동 책읽기는 아동의 소리 언어, 음운 인식, 알파벳 지식 및 활자 개념을 발달시키는 데 도움이 될 수 있다(Stickland & Schickendanz, 2004). 이는 아동 각각의 문해력 발달 목표를 위한 대표적인 교실 활동이다.

　공동 책읽기의 주요 구성 요소는 언어의 사용이다. 이야기를 듣고 이야기에 대해 말해 보는 것을 통해 아동은 사건에 대해 이야기하고 '지금-여기(here and now)'를 넘어선 사고를 표현하기 위해 언어 사용 연습의 기회를 갖게 된다(Ezell & Justice, 2005). 언어 사용을 길러 주는 상호작용은 이야기 요약하기, 다시 전달하기, 다음에 일어날 일 예측하기, 이야기에서 가장 좋아하는 사건에 대해 말해 보기 등의 활동을 포함한다. 교사는 책에 나오는 단어 중 미취학 아동에게는 익숙하지 않은 것에 대해 말해 줌으로써 어휘를 늘려 줄 수도 있다(Dickinson, 2001).

공동 책읽기 활동 동안 사용할 수 있는 증거기반 활동으로 두 가지가 추천된다. 첫 번째는 대화체 읽기라고 불리는 절차이다. 열린 답을 요구하는 질문하기, 아동의 질문을 또 다른 질문으로 이어 가기, 아동들의 말을 반복하고 확장하기, 아동들이 이끄는 대로, 아동들이 흥미를 갖는 대로 따라가기 등을 포함한다(Whitehursrt, Arnold, Epstein, Angell, Smith, & Fisceht, 1999). 두 번째 전략은 활자 찾기 활동이다. 활자에 대해 이야기하기(예: "이 페이지에 A가 어디 있나요?")와 읽는 동안에 활자 가리키기가 이에 포함된다(Ezell & Justice, 2005).

알파벳 지식과 음운 인지

전문가들은 읽기 능력 발달의 중요한 예측자로서 알파벳 지식이 조기 중재 접근의 범위에서 계획적으로 발달되어야 한다고 지적하고 있다. 대부분의 다른 문해력은 의미 중심의 맥락에서 가르칠 수 있고, 따라서 고차원적이고 체계적인 학습을 요구하지 않는 경우가 많지만, 문자 지식의 향상에는 명시적 학습법이 요구된다(Connor, Morrison, & Slominski, 2006). 즉, 교사는 각 낱글자를 체계적인 방법으로 구체적 목표로 삼아 소개해야 한다. 예를 들어, 학급 전체가 '금주의 글자(letter of the week)'와 같은 활동을 하는 방법이 있다. 학습 활동으로는 대문자 및 소문자 배우기, 글자 소리 배우기, 글자로 시작하는 단어, 글자로 끝나는 단어에 대하여 얘기 나누기(해당 글자를 사용한 두운시 읽기 등), 글자 따라 쓰기 및 쓰기, 글자로 시작하는 사물 그리기 및 단어 쓰기가 있다. 연구자들이 알파벳을 소개하는 구체적인 순서를 밝혀내지는 못했지만, 아동은 주로 자기 이름의 글자를 다른 글자보다 먼저 배운다고 한다(Justice, Pence, Bowles, & Wiggins, 2006). 또한 제일 먼저 알아보고 읽는 단어가 아동 자신의 이름인 경우가 많다.

알파벳 지식 다음으로, 음운 인식을 개발시켜 줄 활동이 일상적인 문해교육에 포함되어야 한다. 보통 음운 인식을 향상시켜 주는 학습 활동의 유형으로는 아동의 음절 인식, 단어의 시작과 끝, 개별 소리들을 발달시켜 주는 활동이 있다. 알파벳 학습법과 마찬가지로, 단어 놀이 활동에 참여하도록 아동의 이름을 사용하는 것이 참여도를 높인다. 음절 인식을 위한 활동으로는 일반적으로 단어의 음절에서 박수치기, 각 단어에서 몇 번의 '박수(음절)'를 치는지 얘기해 보기 등이 있다. 단어의 시작(두운)과 끝(각운)에 주의를 기울이는 활동으로는 두운 및 각운 책 읽기, 단어들 간의 발음이 얼마나 유사한지/다른지 지적하기와 같은 것이 있다. 처음에는 아동이 단순히 교사의 단어를 따라(repeat)하며 소리를 듣는 데 그칠 수도 있다. 하지만 발음 인식이 발달하면, 아동은 종국에 단어가 특정 발음으로 시작하는/끝나는 것을 알아차릴(identify) 수 있게 된다. 또한 두 단어가 유사한 발음으로 시작되는/끝나는 것을 변별할

(discriminate)수 있게 된다. 이 단계에서 단어 놀이를 포함한 노래(silly song)를 소개할 수도 있다. 짝맞추기 게임을 위해 그림 카드를 사용하는 것도 소리 연습에 참여하도록 유도하는 좋은 방법이다. 또한 학생의 이름을 단어 게임 활동에 활용하는 아이디어도 있다(어떤 학생의 이름이 비슷한 소리로 시작되는지, 이름의 첫 소리에 따라 학생 나누기 등; Kirk & Clark, 2005). 마지막으로, 아동이 두운 및 각운을 맞춘 단어를 만들어 낼 수도 있다. 이 단계에서 아이들은 단어 및 소리에 관하여 창의적 생각을 요구하는 추측 게임(guessing games) 및 단어 놀이를 포함한 노래에 온전히 참여할 수 있게 된다.

조기 중재 프로그램의 기술: 발생적 문해력 중심

초기 읽기 신장 및 향상을 위한 모범적 모델(Exemplary Model of Early Reading Growth and Excellence: EMERGE)은 저소득층 아동이 발생적 문해 기술을 습득할 수 있도록 돕기 위해 고안된 종합적인 조기 중재 프로그램의 일례이다. 이는 학교에서의 추후 성공을 위해 아동을 돕기 위한 목적으로 고안된 것이다(Gettinger & Stoiber, 2007). EMERGE 프로그램은 문해력 발달과 관련된 연구 결과에 기반을 두며, 세 가지 상호 관련된 목표를 대상으로 한다. 구체적으로, 다단계 학습 모델(아래에서 설명)을 실행하여, EMERGE 프로그램은 다음과 같은 노력을 기울인다. ① 저소득층 가정의 아이를 위한 서비스를 제공하는 초기 아동기 프로그램(예: 헤드스타트)에서 양질의 문자 자극이 풍부한 학습 환경을 제공하고자 하고, ② 가정 및 학교에서 상호작용적인 공동 책읽기에 참여하는 시간을 증가시키고자 하며, ③ 아동의 알파벳 지식 및 음운 인식의 발달을 지원하기 위한 연구 기반의 실제 적용을 최대화하고자 한다. 다음 절에서는 EMERGE 프로그램의 핵심 구성 요소를 설명하겠다.

■ 3단계 중재 위계

EMERGE의 3단계 중재를 사용하면 모든 아동을 양질의 초기 문해 경험에 접근하도록 해 줄 수 있다. [그림 18-1]에서 볼 수 있듯이, 1단계는 활자 자극이 풍부한 환경, 공동 책읽기, 아이의 음운 인식 및 알파벳 지식을 개발하는 데 도움이 되는 활동들을 포함한다. 이 단계에서의 핵심은 환경과 교실의 질을 최적화하는 데 있으며, 이는 아이들의 초기 문해력 발달을 양성하기 위한 것이다. 2단계는 언어와 활자에의 노출을 제공하며, 문해 기술의 추가 훈련 그리고/또는 개별적 필요가 있는 3~4명의 아동 집단을 위한 활동 조정 등을 제공하는 일상적인 교사 주

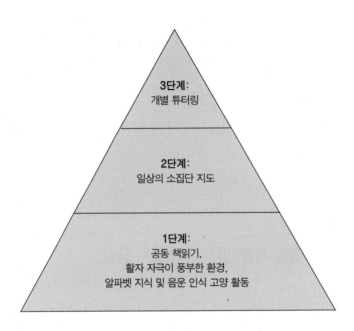

[그림 18-1] EMERGE 다단계 중재 위계

도의 소집단 활동을 포함한다. 마지막으로, 3단계는 집중적이고 개별화된 튜터링을 포함한다. 이 단계에서 아동은 초기 문해력을 위해 특화된 개별 지도교사에게 초기 문해력에 대한 명시적이며 고도로 집중된 훈련을 받는다. 3단계 교수는 글 읽기에 어려움을 겪을 위험이 있는 아동으로 판명된 아동에게 제공된다(즉, 진전 모니터링 척도에서 하위 20%가량에 해당하는 아동).

EMERGE의 세 단계는 제공되는 초기 문해 교수의 강도와 개별화 정도에 따라 구별되지만, 세 단계에 공통적으로 나타나는 특징이 있다. 구체적으로 각 단계에서 제공되는 활동과 전략이 공통적으로 핵심 문해 목표를 달성하기 위하여 고안되었고, 발생적 문해력 발달에 대한 과학 기반 실제를 포함하고 있다는 것이다. 세 단계 모두 초등학교에서 최적의 읽기 발달을 예측하는 것으로 밝혀진 기초 기능을 강화할 것을 강조하고 있다. 요컨대, EMERGE의 각 단계는 이러한 기능을 습득하는 것을 점차 강조하며 점진적으로 원조하고 있다.

EMERGE와 같이 취학 전 아동에게 다단계 접근을 적용하는 것의 중요한 특징은 엄격한 검사 기반의 결정 규칙을 따르기보다는 각 단계 간의 이동이 유동적이며 보편적 1단계 중재에 대한 아동의 반응성의 다양한 지표에 근거한다는 것이다. 따라서 2단계의 변형된 학습법이나 3단계의 개별화된 튜터링을 제공할지를 결정하는 것은 월 1회의 진전 관찰 자료뿐만 아니라 하루하루의 학습 상황에서 아동의 개선과 수행을 계속적으로 관찰함으로써 가능하다(다음 참조).

■ 진전 모니터링

최근 몇 년 동안 신속하고, 수행하기 쉬우며, 단기간에 나타나는 성장에 민감하고, 미취학 아동의 초기 문해력 및 언어 발달에 있어서의 발달을 모니터하기 유용한 측정 도구의 개발에 중요한 진전이 있었다(Missal, Reschly, Betts, McConnell, Heistad, Pickart, Sheran, & Marston, 2007). EMERGE에서, 교사 및 보조교사가 한 달 간격으로 개별 학생에게 진전 모니터링 측정을 네 차례 실시한다. 그것은 그림 이름 대기, 각운 맞추기(주어진 단어와 각운이 맞는 단어 그림 찾기), 두운 맞추기(주어진 단어와 같은 소리로 시작하는 그림 찾기) 및 알파벳 지식(낱글자 이름 대기)이다. 진전 모니터링은 학습 센터 방문이 예정된 날 실시된다. 오전 혹은 오후 시간에 대해서는 아동이 개별적으로 진전 모니터링 센터를 통해 번갈아 실시할 수 있다.

EMERGE 교사는 진전 모니터링 절차를 통해 얻은 정보를 어떻게 집행하며 사용하는지 훈련과 현장 코칭을 받는다. 모든 교사는 개별 아동들의 정보 일람을 준비한다. 추가로, 월별 진전 모니터링 자료는 학급별로 취합되고(평균), 일정 기간에 걸쳐 그래프로 나타낸다. 이런 방식으로 진전 모니터링 자료는 교사가 학급 내 어떤 아동이 평균 이상인지 이하인지, 문해 기술 학습에서 어떤 아동이 발달이 더딘지 등을 파악할 수 있다. 문해력 코치는 진전 모니터링 자료(학급별, 개인별)를 담임교사와 함께 매월 검토한다. 교사는 담당 코치와 함께 이 정보를 두 가지 방식으로 사용한다. ① 반 평균 이하의 아동을 위해서 조별 활동 동안 문해 활동 및 집단 형성을 결정하는 데 반영하는 것(2단계) 그리고/또는 ② 필요한 경우 모든 아동을 위한 1단계 문해 교수 및 교실 환경을 수정하는 것에 반영한다.

■ 전문성 개발

전문성 개발은 EMERGE 프로그램의 주요한 요소이다. 과학적 기반의 교실 실제에 대한 교사의 지식과 활용이 EMERGE 절차를 실행하는 데 중심이 된다. EMERGE의 전문성 개발 요소는 증거기반 실제의 적용뿐만 아니라 교사의 언어와 문해력에 대한 이해를 개선하기 위하여 고안되었다. 이는 다음과 같은 두 유형의 전문성 개발 활동을 통해 달성된다. 첫째, 교사는 매달 세 시간에 걸친 전문성 개발 훈련에 참여한다. 이는 교사가 ① 1단계 중재를 실행하고, ② 한 달에 한 번 진전 모니터링을 실시하며, ③ 1단계 학습을 변형하는 것 그리고/또는 특정 아동을 위해 2단계 소집단 학습을 계획하는 것에 있어 아동의 초기 문해 수행에 대한 정보를 사용하며, ④ 양질의 문해 환경을 고안하는 데 있어서 필수적인 기술과 자원을 습득하기 위한 것이다. 둘째, 초기 문해력에 대한 현장 코칭/멘토링을 받고, 주당 2시간가량 자격을 갖춘 문해 코치와 협력적으로 계획을 수립하는 것을 포함한다. 코칭의 목표는 전략을 설계하고, 교사와 아동과 일대일로 만나고, 실행 적합성을 모니터하며, 교사를 위한 도움 등 개별화된 지원을 제공하기 위함이다. 모든 교사는 교실에서 새로운 기법을 수행할 때 교사를 위한 상담, 관찰, 피드백, 지원을 제공해 주는 문해력 코치와 매주 연락을 취한다.

■ 가족 관여

EMERGE의 마지막 구성 요소는 가족 구성원의 관여이다. 이는 다양한 활동을 통해 장려된다. 첫째, 가족 문해력 센터가 각 현장에서 일주일에 한 번 열린다. 센터는 가정기반 활동에 대한 제안과 코칭을 제공하고, 상호작용적인 공동 책읽기 전략의 본보기를 제공하며, 가정에서 읽을 수 있도록 발달단계에 적합한 책을 대출해 주고, 이는 문해 전문가에 의해 운영된다. 대출 도서와 운을 맞춰 지은 아동용 동요는 교실 내에서도 아동에게 여러 번 실시되기도 하지만, 주 단위로 가정에 배포되기도 한다. 마지막으로, 각 가족은 여러 가지 제안을 제시하고, 가정에서 아동과 할 수 있는 문해 및 언어 활동을 설명해 주는 월간 뉴스레터를 받아 보게 된다.

EMERGE 예비 평가

전반적으로 EMERGE 교실에 참여하는 아동은 유치원 전 기간에 중요한 초기 문해 기술을 습득하는 데 놀랄 만한 발전을 보인다. 이러한 결론은 아동의 초기 문해력 및 언어 능력 발달을 증진하기 위한 EMERGE의 효율성에 대한 사전 평가에서 얻은 결론으로 뒷받침된다(Gettinger & Stoiber, 2007). 특히 기저의 아동 수행과 연말 진전 모니터링 측정 결과에 대한 15명의 EMERGE 참가자와 10명의 무작위 통제 학급을 비교한 결과에 따르면, 다단계적 EMERGE의 과학적 기반을 둔 교수가 발생적 문해력 발달의 다양한 지표에 걸쳐서 높은 수행 점수로 나타나는 것으로 밝혀졌다. [그림 18-2]는 EMERGE의 네 가지 단계에 대한 EMERGE 학급과 대조 학급의 9월, 5월의 수행 결과를 보여 준다. 이 그래프에 나타난 수행 결과 자료는 세 연령대에 걸쳐 취합된 것으로, 이듬해 가을에 유치원에 입학하는 5세, 유치원 입학 전 1~2년 이상 취학 전 경험이 있는 3~4세 아동을 포함한다. 3세와 4세 비율은 EMERGE 집단과 대조 집단에서 유사하였다. 그래프에서 볼 수 있듯이, 모든 연령대에 걸쳐 각 초기 문해 언어 지표에서 EMERGE 학급의 아동이 대조 학급의 아동에 비해 더 큰 향상을 보이는 것으로 나타났다.

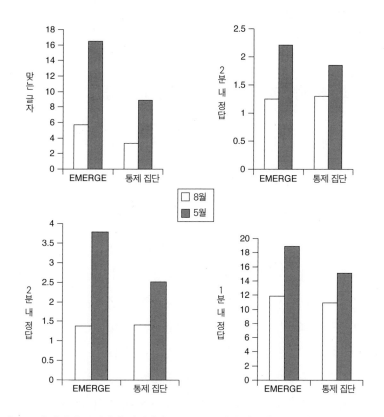

[그림 18-2] 발생적 문해력 측정에서의 EMERGE 집단 아동과 통제 집단 아동의 수행

요약

앞에서 상술한 것과 같이, 취학 전 수준의 예방적인 발생적 문해력 프로그램에 대한 적합한 목적 및 증거기반 절차에 관한 다수의 문헌이 존재한다. EMERGE는 저소득층 아동이 읽기 학습에 필요한 필수 기술을 배우고 유치원에 입학할 수 있도록 조기 중재를 제공하기 위해 고안된 프로그램의 사례로 기술되었다. 다단계적 접근에서 개념화되어, EMERGE는 매월 실시하는 진전 모니터링 데이터 및 교사의 계속적인 관찰에 근거하여, 아동의 초기 문해력 및 언어 발달을 증진하기 위하여 아동에게 전체 교수를 제공할 것인지, 소집단 지원을 제공할 것인지, 혹은 개별화된 튜터링을 제공할 것인지를 결정한다. EMERGE를 통하여 1단계 중재에 반응하지 않는 아동을 일찍이 식별하는 것은 활자 자극이 풍부한 환경을 제공하고 각 단계에 걸쳐 증거기반 교수를 제공하는 것과 결부하여, 궁극적으로 발생적 문해력의 지표에서 상당한 향상 및 비

교 집단에 비해 높은 수행 결과를 보였다.

행동 능력 발달을 증진하기 위한 예방 및 조기 중재

글을 배우면서 겪게 될 어려움을 미연에 방지하는 것처럼, 취학 전 시기는 행동장애의 형성을 예방하는 기초를 세우는 데 결정적으로 중요하다. 미취학 아동이 정신건강 서비스를 찾는 가장 흔한 문제는 문제 행동, 특히 공격 및 교우관계 문제 등이다(Keenan & Wakschlag, 2000). 청소년기 아동을 비행 위기에 처하게 하는 공격, 부주의, 부적절한 관심 끌기와 같은 행동은 2세만 되어도 눈에 띄게 나타나기도 한다(Keenan et al., 1999).

모든 아동, 특히 고위험군 아동의 사회 · 정서적 행동 능력 발달을 그저 우연에 맡길 수는 없다. 취학 전 시기에, 문제 행동을 가진 아동들은 교사에게 '가르치기 어려운' 아동으로 낙인찍혀, 다른 아동에 비해 지도 및 긍정적 피드백을 덜 받는 것이 일반적이다. 유치원 교사 및 보육교사들은 문제 행동을 다루는 것이 가장 어렵다고 말한다(Rimm-Kaufman et al., 2000). 그럼에도 많은 교사가 문제 행동을 일으키는 아동에게 필요한 것을 적절히 다룰 줄 아는 지식과 기술이 없는 실정이다(Getting, Stoiber, Goetz, & Caspe, 1999). 오히려 그들은 몇몇 아동의 파괴적 행동에 응수하는 데 대부분의 시간을 쏟는다고 한다. 더욱이 그러한 행동 문제를 최소화하기 위한 방법으로 처벌과 같은 부정적 접근을 사용하는 것으로 보고하고 있다. 그러나 반응적이고 처벌 지향적인 접근은 효과적이지도 않으며 예방적이지도 않다. 오히려 아동의 행동이 계속적으로 악화될 수도 있다(Maag, 2001). 전문가들은 긍정적 행동을 장려하고 문제 행동의 발생을 막도록 고안된 사전 예방식 중재가 가능한 한 이른 시기에 실행되어야 한다고 입을 모으고 있다(Denham & Burton, 1999). 따라서 미취학 아동의 사회 · 정서 및 행동의 필요를 목표 대상으로 하는 조기 중재 및 예방 프로그램이 절실히 요구된다.

아동의 행동 능력을 증진하기 위하여 초기 아동기 전문가가 할 수 있는 일에 대해서는 많이 다루어져 왔다. 미취학 아동의 행동 문제에 대한 조기 중재 및 예방을 위한 가장 효과적인 전략으로는 능력 향상 접근이 있다(Pianta & Nimetz, 1992). 능력 향상 전략은 아동으로 하여금 학교의 사회적 · 행동적 · 학업적 요구를 효율적으로 다룰 수 있도록 해 주는 기술과 행동을 개발하게끔 고안된 것이다. 이 중재 모델은 문제의 교정보다는 성장의 장려(능력 향상)에 주목한다. 이 전략의 목적은 긍정적 행동을 길러 줌으로써 미래의 역기능으로부터 아동을 보호하는 데 있다. 능력 향상 전략을 사용하는 조기 중재 프로그램은 어린 아동이 장기적 행동 문제의 발생을 예방하기 위하여 기술과 행동을 습득할 수 있다고 결론짓고 있다(Ryan et al., 2006).

능력 향상 접근에서 조기 중재가 목표로 하는 구체적인 행동은 아동 능력의 본질에 대한 이해와 문제 상황 적용에 따라 결정된다. 초기 아동 교사는 사회 · 정서 및 행동 능력을 보이는 미취학 아동을 다음과 같이 기술하고 있다. ① 학습 활동 동안 주의집중을 유지하고, 참여하며, 열정적이고, 호기심을 나타낸다. ② 충동을 자제하고 학급 규칙, 일상적 순서, 지시사항을 따른다. ③ 순서에 따르고 다른 아동의 감정에 반응한다(Lewti & Baker, 1995). 아동이 이러한 능력을 기르는 데 미취학 시기가 중요한 것으로 알려져 있지만, 대다수의 고위험군 아동은 입학 전에 자기조절 행동과 같은 행동 능력을 습득하지 못한다는 증거가 있다(Bronson, 2000).

전문가들은 조기 중재 및 예방 프로그램이 아동의 긍정적 특징과 행동을 계획적으로 향상시키고 강화하는 측면의 유효성에 성패가 달려 있다고 한다. 실제로 능력 향상 전략을 융합하는 조기 중재 프로그램의 잠재적 혜택은 낙관적이다(Denham & Burton, 2003). Barnett(2002)에 따르면, 유치원에서 효과적인 예방 프로그램을 보편적으로 적용하는 데에는 적어도 다음과 같은 세 가지 특징이 필요하다. ① 아동의 문제 행동을 최소화하고 능력 발달을 증진시키는 것을 목적으로 하는, 긍정적 학습 환경을 만들고 훈육적 교사-아동 관계를 형성하기 위한 행동 지원 전략, ② 문제 행동을 촉발한 기저의 원인과 환경을 밝히기 위한 기능 평가, ③ 목적을 달성하고 종합적 중재 계획을 진행하기 위해 교사와 학부모 모두 협력적으로 문제를 해결해 가는 것이다.

긍정적 행동 지원

Barnett의 추천과 일관되게, 긍정적 행동 지원과 기능 평가가 아동의 문제 행동을 예방하고 행동 능력을 증진하는 데 기여하며, 협력적 지원팀이 중재를 일관적이고 정확하게 실행할 수 있도록 돕는다는 연구 결과가 있다. 긍정적 행동 지원(Positive Behavior Support: PBS)은 대응적이라기보다는 예방적 전략으로 아동 행동의 발생에 기여하는 환경적 변인을 이해하는 데 그 근간을 두고 있다. PBS는 환경의 변화와 예방적 조절 전략을 통해 긍정적 행동을 발달시키고 문제 행동을 예방하는 데 초점을 맞춘다(Stormont, Lewis, & Beckner, 2005). 다양한 행동과 다양한 참여자에 걸쳐서 적용한 PBS에 대한 최근 메타분석에서는 그 효과 크기가 큰 것으로 밝혀졌다. 최근 몇 년간, 특히 아동을 대상으로 한 PBS의 적용에 관해 그 유효성을 입증하는 사례 연구가 증가하고 있다(예: Kamps, Ellis, Mancina, Wyble, Greene, & Harvey, 1999).

일반적으로 아동을 위한 종합적 PBS 중재는 다음과 같은 주요 요소를 포함한다. ① 긍정적 행동을 지원하기 위한 유치원 및 어린이집(데이케어) 환경의 변화를 계획한다(예: 선택의 여지를 주거나, 복잡한 공간을 정리하거나, 명백한 지시를 내리거나, 예측 가능한 스케줄과 일상을 사용하거나, 단계 전환 또는 활동 변화를 미리 알려 주거나, 규칙과 기대치에 대해 분명히 전달하는 것 등). ② 아동에게 적절한 교실 행동에 대해 긍정적으로 집중해 주거나 긍정적 행동을 할 수 있도록 지원한다(즉, 잘못한 행동에 대해서 대응적으로 주의를 기울이는 대신). ③ 필요한 경우, 긍정적 대안 행동과 활동에 참여할 수 있게 가르치거나 장려한다(예: 퍼즐 조각을 던지는 대신 책을 읽는 것 등)(Stormont et al., 2005). 예방적 학급조절의 세 가지 요소를 사용한 사례를 평가한 연구에 따르면, 이는 미취학 아동의 사회적 · 행동적 수행을 성공적으로 개선하였다(Kamps et al., 1999; Neilsen, Olive, Donovn & McEvoy, 2000). 게다가 교사가 조절 전략을 잘 실행하면 방해가 최소화되고 활동 시간 전반 동안 아동이 학습에 몰입하는 총 시간이 유의미하게 증가한 것으로 보고되었다(Pianta, LaParo, Layne, Cox, & Bradley, 2002).

기능 평가

예방 및 조기 중재 프로그램을 위한 PBS의 개발은 기능 평가를 통하여 아동의 문제 행동을 이해하는 것으로 시작된다(Crone & Horner, 2003). 기능 평가는 문제 행동을 촉발하는 주변 사건, 환경 및 상호작용을 밝혀내는 과정이다. 기능 평가를 통해서 얻은 정보는 행동 지원의 효과와 효율성을 최대화한다. 왜냐하면 아이들의 행동 기능을 직접 목표 대상으로 하는 중재를 고안할 수 있기 때문이다(Dupaul & Ervin, 1996). 기능 평가를 통한 중재는 기능적으로 대등한 사회성 기술 및 의사소통 기술로 문제 행동을 대체하여 구체적으로 예방에 초점을 맞춘다(Chandler & Dahlquist, 2002). 어린 아동을 대상으로 한 기능 평가의 사용을 평가한 연구에 따르면 뚜렷한 행동 위험을 가진 것으로 확인된 미취학 아동에게서 사회적 · 행동적 수행을 개선하는 데 성공적이었다고 한다(Kamps et al., 1999; Neilsen & McEvoy, 2004).

협력

연구에 따르면 PBS와 기능 평가의 성공은 초기 아동기 전문가 간의 협력과 팀 구성과 관련이 있다. 문제 행동을 해결하는 데 일관적이고 성공적으로 중재를 실행하기 위하여 전문가는 평가 과정 및 중재 과정 동안 팀의 구성원으로서 협력하여야 한다(Fox, Dunlap, & Cushing,

2002). 따라서 부모와 교사를 포함한 협력적 문제해결팀을 구성하는 것이 조기 중재를 위한 PBS의 핵심 구성 요소라고 보았다. 협력적 접근에서, 팀 구성원은 종합적 문제 지원 계획을 개발, 실행, 모니터하는 것에 대한 책임을 공유한다. 팀 기반의 결정을 강조하는 접근은 기능 평가를 실행하는 것이나 긍정적 행동 지원을 제공하는 데 효과적인 것으로 증명되었다(Chandler, Dahlquist, Repp, & Feltz, 1999).

조기 중재 프로그램의 기술: 행동 능력 중심

최근 기능 평가, 협력, 증거기반 실행(Functional Assessment, Collaboration, and Evidence-Based Practice: FACET)이라는 실험적 초기 아동 예방 프로그램은 효과적인 예방을 염두에 둔 개별 구성 요소와 함께 개발되었다(Gettinger & Stoiber, 2006). 구체적으로, FACET은 문제 행동을 보이는 아동의 요구를 수용하는 데 있어서 초기 아동기 교육자를 지원하기 위해 고안되었다. 프로그램은 초기 아동기 행동 문제의 예방에 관한 문헌에서 도출된 다음 네 가지 핵심 원리에 기반을 두고 개발되었다. 첫째, 어린 아동의 문제 행동은 미취학 시기 환경의 특징을 포함한 다중 요인과 관계가 있다. 따라서 효과적인 중재는 아동의 개인적 변인뿐만 아니라 환경적 변인도 다루어야 한다. 둘째, 증거기반 중재는 부적절한 행동을 처벌하기보다는 긍정적 행동을 지원하기 위한 학습 환경의 개발을 목표로 구성되어야 한다. 셋째, 협력적 팀 기반 접근은 평가와 중재 절차의 효율성을 최대화한다. 마지막으로, 중재는 조기에 적용될 때 그리고 계획된 대로 수행될 때 가장 효과적이다.

FACET 프로그램에서 기능 평가 자료는 학급 전체, 소집단, 혹은 개별 대상 아동을 담당한 교사가 사용할 수 있는 종합적 행동 지원 계획을 개발하는 데 사용된다. FACET은 다단계 예방 접근과 잘 부합되며, 다양한 중재 단계에 걸쳐 나타나는 구체적인 목적에 따라 다양한 강도로 실행될 수 있다. 학급 수준에서 보편적 예방 접근으로 실행될 때, FACET 프로그램은 다음의 두 가지 목표를 달성하는 것을 목표로 한다. 첫째, 전문성 개발, 지속적 상담 및 협력을 통하여 초기 아동기 교육자들 간의 교실 실행 및 자기효능감에 대한 신념과 능력을 개선하도록 한다. 25개의 초기 아동 학급 대상의 FACET 실행에 관한 예비 조사 결과, 교사, 학부모 및 해당 전문가로 구성된 팀이 FACET 절차를 독립적이고도 성공적으로 수행하였고, 전문 상담가의 지속적 지원이 없는 상황에서도 매우 충실하게 실행하였음을 밝히고 있다(Gettinger & Stoiber, 2006). 둘째, FACET은 종합 행동지원계획(Comprehensive Behavior Support Plan: CBSP)을 통하여 아동에게서 긍정적 행동 변화를 가져오고, 아동의 사회 · 정서 및 행동 능력 발달을 증진하기 위하여 설계된다. CBSP는 다음 세 가지 중재 구성 요소를 통합하도록 설계된다. ① 학생에게 새로운 기능이나 행동을 가르치는 전략, ② 교실 환경의 특징에 따른 변화 및 적용, ③ 적절한 행동을 지원하기 위한 긍정적 결과(positive-consequence) 전략의 세 가지이다. FACET의 예비 평가에 따르면 결과 전략뿐만 아니라 학습 전략, 환경적 전략을 통합하는 종합적 중재가 유의미하며 지속적인 결과를 보였다. 즉, 긍정적 행동은 증가하고 부정적 · 파괴적 행동의 사례는 감소하는 것이다(Gettinger & Stoiber, 2006).

　교사, 학부모 그리고 다른 초기 아동기 전문가를 포함한 팀 구성원 간의 협력을 통해 이루어지는 FACET 프로그램은 다음의 다섯 단계를 포함한다. [그림 18-3]은 FACET의 각 단계를 보여 주며, 각 단계의 목표 및 결과를 간략히 제시하고 있다. FACET 접근의 중요한 구성 요소는 초기 교육자들의 전문성 개발 및 이들에 대한 지원이다. [그림 18-3]의 각 단계가 정확하고 일관적으로 실행되는 정도를 최대화하기 위하여 전문성 개발 모델의 다양한 특징을 설계하였다. 첫째, 전문성 개발은 실천 지향적인 예방 실제와 관련된 지식 및 기술을 증가시키기 위한 교육적 훈련과 그 절차를 정확하고 지속적으로 실행하도록 하는 구성 요소를 모니터하는 것 사이의 균형에 달려 있다. 둘째, 지속적인 지원과 훈련이 4개월에 걸쳐 제공되는데, 이 시기 동안에 교사는 우선적인 관심사 혹은 대상 아동에 집중하게 된다. 전문성 개발은 본질적으로 지속적이며, 이를 통해 교사는 기술을 적용하는 것을 연습하고, 그 실행과 효율성을 평가하고, 상담자로부터 피드백과 지도를 받기에 충분한 시간을 갖게 된다. 셋째, 훈련 회기 동안 제시되는 정보는 원래의 조기 중재 환경에 주목한다. 교사에게 문제 행동을 예방하고 긍정 행동을 장려하기 위한 일반적 증거기반 전략뿐만 아니라 CBSP의 각 구성 요소를 위한 중재 전략의 명시적 사례가 제시된다. 모든 팀 구성원은 문제의 발생 원인 및 적절한 행동과 문제 행동의 역할을 밝혀내는 법을 배우며, 기능 평가 자료 기반의 중재를 적용하는 방법을 배우게 된다. 마지막으로, 전문성 개발은 문제 행동의 빈도를 줄이기 위하여 취학 전 환경에서의 단순한 변화에 주목한다. 즉, 학생에게 선택권을 주고, 조직적인 학습 센터를 만들고, 학생이 과밀하기 쉬운 공간의 학생 수를 제한하며, 학급에서 아동에게 리더십 기회나 책임감을 제공하는 것이다. 전문성 개발의 이러한 측면은 교사가 전략을 혼자 수행할 때 실행 적합성 정도를 높이는 데 기여한다([그림 18-2]의 단계에서 60% 이상).

　FACET을 평가한 연구들은 교사 행동 및 기술(관찰, 능력 평정, 자기효능감 측정), 아동 행동(관찰 및 교사나 학부모 평정), 학급 환경(관찰)과 관련된 결과물을 평가하기 위하여 다각적 수행 측정을 사용한다. 50개의 미취학 연령 아동 및 교사(처치 없는 통제 집단으로 무작위 할당)를 대상

FACET 단계	활동 및 결과
1단계: 기능 평가 수행	1. 주요 행동 문제 파악하기 2. 행동 문제 상황 기술하기 3. 행동과 관련된 상태 표시하기(느린/빠른 촉발자) 4. 행동 기능(pay-off) 파악하기 5. 이전 전략 및 효율성 기술하기 6. 학생의 장점과 학교/가족의 자원 파악하기 7. 강화시킬 긍정적 대안 행동 파악하기 8. 평가 정보를 통합한 요약문 쓰기
2단계: 목표 및 기준 설정	1. 목표 달성을 위한 일정 세우기 2. 아동에게 기대하는 것 기술하기 3. 목표 행동의 수행을 위한 상태 기술하기 4. 7점 척도로 목표 행동의 기준 정의하기 5. 목표 행동 수행의 기준과 관련한 자료 수집하기
3단계: 종합 행동지원계획 (CBSP) 개발	1. 학습환경 전략(Learning Environment Strategies) 결정하기 2. 적절한 반응 전략(Response Strategies) 결정하기 3. 적절한 학습/자기통제 전략(Teaching/Self-Control Strategies) 결정하기 4. 팀 구성원의 역할 및 책임 기술하기 5. 중재 실행 전 계획 평가하기
4단계: CBSP 실행 및 모니터 과정	1. 계획한 대로 CBSP 실행하기 2. 진전 과정을 모니터하기 위해 개산(槪算)하는 목표 달성 자료 수집하기 3. CBSP 및 진전 과정을 평가하기 위해 팀 단위로 매달 정기적으로 모이기 4. 필요한 경우 CBSP를 수정하며, 수정안 기록하기
5단계: 결과 요약 및 평가	1. 팀 단위로 진전 과정을 요약하고, 과정을 촉진하기 위한 CBSP 구성 요소는 무엇인지, 비효율적인 것은 무엇인지 결정하기 2. CBSP를 계속할 것인지 혹은 목표/기준을 수정할 것인지에 대한 합의된 결론 을 도출하며, 그 일자와 결정 사항 기록하기 3. 팀 단위로 CBSP에 가한 수정안 요약하기

[그림 18-3] FACET 단계 및 결과

으로 실험-통제 집단 설계를 사용한 결과, FACET이 효과적인 중재 접근이라는 것을 지지하는 긍정적 결과를 밝혀냈다(Gettinger & Stoiber, 2006). 결과에 따르면, 첫째, 초기 아동기 교육자들은 처치되지 않은 통제 학급의 유사한 교육자와 기준에 비교해 보았을 때 교실 실행에서 더 효과적이었으며, 기능/지식 및 자기효용성에 대한 신념 등에서 더 높은 결과를 보였다. 둘째, FACET 학급의 아동은 사전 기준에 비해 중재 사후에 유의미한 행동의 증가를 보였다. 기준에서 학년 말 사이에, 통제 학급의 아동에 비해서 긍정적 행동의 비율이 현격하게 높아지고 부정적 행동의 비율은 현격하게 줄었다는 것을 보였다. 이들은 교사와 학부모로부터도 긍정적 행동이 많아지고, 부정적 행동이 줄었다는 평가를 받았다. 마지막으로, FACET 팀 구성원은 이 접근법을 상당히 충실하게 실행하였다. 더욱이 FACET 절차가 실행되는 정도는 아동의 전반적인 향상과 유의미한 상관관계를 보였다(Gettinger & Stoiber, 2006; Stoiber, Gettinger, & Fitts, 2007). 현재까지 FACET의 장기적 혜택을 평가한 연구는 제한적이다. 하지만 초기 분석에 따르면 프로그램 실행 후 적어도 1년간은 중재 효과가 지속되는 것으로 밝혀졌다(Stoiber & Gettinger, 2007).

FACET의 평가는 도전적인 학급 행동을 보이는 아동을 대상으로 기능 평가, 협력, 증거기반 처치(긍정적 행동 지원)를 포함하는 중재 프로그램이 효과적이라는 데 동의한다. 요컨대, 문제해결, 기능 평가, PBS를 포함한 중재 설계 원리들을 지침으로 한 조기 중재 및 예방 프로그램은 성공적 결과를 보인다.

결론 및 향후 방향

몇몇 연구 결과, 학습 및 행동 문제를 가진 미취학 아동, 특히 빈곤한 환경에 사는 아동은 초등학교 기간은 물론이고 그 이후까지 지속될 가능성이 있는 적응 문제를 겪을 위험성이 있다. 따라서 미취학 아동을 위한 조기 중재 및 예방 프로그램의 필요성이 정당화된다고 할 수 있다. 발달 연구들이 계속적으로 초기 아동기는 아동의 장기적 인지 및 사회·정서 결과가 지대하게 영향을 받을 수 있는 시기라는 개념을 강화하고 있다. 미취학 아동에게 예방 및 조기 중재 서비스를 제공하는 것은 지난 10여 년간 괄목할 만한 성장을 보였다. 많은 프로그램이 아동의 삶에 영향을 끼쳤지만, 이 장은 특히 2~5세(유치원 입학 이전) 유아를 위한 아동기 프로그램, 그중 센터 기반의 프로그램을 중심으로 다루었다. 조기 중재 접근의 체계적인 실행을 통하여 고위험군 미취학 아동의 문제 행동 및 학습 문제가 예방되고 긍정적 결과가 달성되었다.

중재의 급속한 발달에도 불구하고 계속 연구할 분야가 남아 있다. 즉, 좀 더 엄밀한 프로그램 평가와 장기적인 후속 연구가 매우 중요하다고 하겠다. 연구의 관점에서 볼 때 방법론적 문제로 인해 조기 중재의 효율성에 대한 일관적인 진술을 할 수 있는 가능성이 심각한 어려움을 겪고 있다. 예를 들어, 소규모의 통제된 평가에서 조기 중재 및 예방 접근은 설계된 대로 실행되기 쉽다. 하지만 대규모 연구에서는 교육 현장에서 실제로 실행되는 것의 다양성의 폭이 매우 넓다. 따라서 연구의 범위가 소규모 통제 연구에서 실험 학급을 무작위로 정하는 통제되지 않은 실행까지 확대되어야 한다.

미취학 아동을 위한 조기 중재 평가의 본질적인 문제는 바로 프로그램의 영향이 초등학교나 중학교가 되어서야 명백해지거나, 반대로 단기적 혜택이 반드시 장기적 혜택으로 이어지지는 않을 수 있다는 점에 있다. 따라서 시카고 종단 연구(Chicago Longitudinal Study, Reynolds et al., 2004)와 같이 아동을 초등학교와 중학교까지 종단적으로 추적하는 연구가 예방 프로그램의 효율성을 평가하는 데 있어서 필수적이다.

마지막으로, 유치원 교사의 기술과 실행 그리고 그것이 아동의 변화로 이어지는 연결을 강화하기 위하여 다양한 유형의 전문성 개발의 영향에 관한 연구를 이어 가는 것도 중요하다. 현재로서는 아동의 사회 · 정서 능력과 발생적 문해력을 증진할 수 있는, 교사, 보육교사, 교실 변인의 효과에 대한 믿을 만한 연구가 없는 실정이다(Zaslow & Martinez-Beck, 2006). 전문성 개발 중재가 교사/보육 교사의 행동을 변화시키고 아동에게서 나타나는 긍정적 결과를 향상시키는 데 성공적인 정도에 대한 실험 연구가 조기 중재 프로그램의 꾸준한 개발과 실행을 위해 필수적이다. 마지막으로, 조기 중재가 장단기적으로 혜택이 있는 것은 분명하나, 헤드스타트와 같은 보충적 초기 교육 프로그램에 참여하는 데 있어 최적의 기간은 밝혀진 바 없으며, 아동을 초등학교까지 추적하는 것의 본질이나 기간에 대해서도 밝혀진 바가 없다. 이는 장기적 효과를 위해 필수적이지만, 현재까지 연구는 미흡한 편이다. 대부분의 평가 연구는 조기 중재 및 예방의 장단기적 효과가 고위험군 미취학 아동에게도 적용 가능할 것이라고 보고 있다. 그럼에도 만일 중재가 초등학교 시기까지 확대되어 보충되지 않는다면 미취학 시기의 중재가 아동의 학업 및 행동 기능에 지속적인 영향을 끼칠 것이라고 기대하는 것은 비현실적이다. 증거기반 예방 프로그램은 조기 중재 프로그램의 혜택을 최대화하기 위하여 모든 연령 단계마다 필요하다.

참고문헌

Amato, P. R. (2006). Marital discord, divorce, and children's well-being: Results from a 20-year longitudinal study. In A. Clarke-Stewart & J. Dunn (Eds.), *Families count: Effects on child and adolescent development* (pp. 179-202). New York: Cambridge University Press.

Barnett, D. W. (2002). Best practices in early intervention. In A. Thomas & J. Grimes (Eds.), *Best practices in school psychology IV* (pp. 1247-1262). Bethesda, MD: NASP Publications.

Barnett, W. S. (1995). Long-term effects of early childhood programs on cognitive and school outcomes. *The Future of Children, 5,* 25-50.

Barnett, W. S. (2001). Preschool education for economically disadvantaged children: Effects on reading achievement and related outcomes. In S. Neuman & D. K. Dickinson (Eds.), *Handbook of early literacy* (pp. 421-443). New York: Guilford Press.

Baumrind, D. (1971). Current patterns of parental authority. *Developmental Psychology, 4,* 1-93.

Blake, J. (1989). Number of siblings and educational attainment. *Science, 245,* 32-36.

Bodrova, E., & Leong, D. J. (2006). Self-regulation as a key to school readiness: How early childhood teachers can promote this critical competency. In M. Zaslow & I. Martinez-Beck (Eds.), *Critical issues in early childhood professional development* (pp. 203-224). Baltimore: Brookes.

Bronson, M. B. (2000). *Self-regulation in early childhood.* New York: Guilford.

Brooks-Gunn, J., Fuligni, A. S., & Berlin, L. J. (2003). *Early child development in the 21st century: Profiles of current research initiatives.* New York: Teachers College Press.

Campbell, F. A., & Ramey, C. T. (1994). Effects of early intervention on intellectual and academic achievement: A follow-up study of children from low-income families. *Child Development, 65,* 684-698.

Campbell, S. B. (2002). *Behavior problems in preschool children: Clinical and developmental issues* (2nd ed.). New York: Guilford.

Chambers, B., Cheung, A. C. K., & Slavin, R. E. (2006). Effective preschool programs for children at risk of school failure. In B. Spodek & O. N. Saracho (Eds.), *Handbook of research on the education of young children* (2nd ed., pp. 347-359). Mahwah, NJ: Erlbaum.

Chandler, L. K., & Dahlquist, C. M. (2002). *Functional assessment: Strategies to prevent and remediate challenging behavior in school settings.* Upper Saddle River, NJ: Pearson.

Chandler, L. K., Dahlquist, C. M., Repp, A. C., & Feltz, C. (1999). The effects of team-based functional assessment on the behavior of students in classroom settings. *Exceptional Children, 66,* 101-122.

Children's Defense Fund. (2007). *America's cradle to prison pipeline.* Washington, DC: Author.

Connor, C. M., Morrison, F. J., & Slominski, L. (2006). Preschool instruction and children's emergent literacy growth. *Journal of Educational Psychology, 98,* 665-689.

Consortium for Longitudinal Studies. (1983). *As the twig is bent: Lasting effects of preschool programs.* Hillsdale, NJ: Erlbaum.

Cost, Quality, and Child Outcomes Study Team. (1995). *Cost, quality, and child outcomes in child care centers public report.* Denver, CO: Economics Department, University of

Colorado at Denver.

Crone, D. A., & Horner, R. H. (2003). *Building positive behavior support systems in schools: Functional behavioral assessment.* New York: Guilford.

Darling, N., & Steinberg, L. (1993). Parenting style as context: An integrative model. *Psychological Bulletin, 113,* 487-496.

Demetriou, A., & Raftopoulos, A. (Eds.). (2004). *Cognitive developmental change: Theories, models, and measurement.* New York: Cambridge University Press.

Denham, S. A., & Burton, R. (2003). *Social and emotional prevention and intervention programming for preschoolers.* New York: Kluwer-Plenum.

Dickinson, D. K. (2001). Book reading in preschool classrooms: Is recommended practice common? In D. K. Dickinson & P. O. Tabors (Eds.), *Beginning literacy with language: Young children learning at home and school* (pp. 175-203). Baltimore: Brookes.

Dickinson, D. K., & Sprague, K. E. (2001). The nature and impact of early childhood care environments on the language and early literacy development of children from low-income families. In S. B. Neuman & D. K. Dickinson (Eds.), *Handbook of early literacy research* (pp. 263-280). New York: Guilford.

DuPaul, G. J., & Ervin, R. A. (1996). Functional assessment of behavior related to attention deficit/hyperactivity disorder: Linking assessment to intervention design. *Behavior Therapy, 27,* 601-622.

Duncan, G. J., & Brooks-Gunn, J. (Eds.). (1997). *Consequences of growing up poor.* New York: Russell Sage Foundation Press.

Ershler, J. L. (1992). Model programs and service delivery approaches in early childhood education. In M. Gettinger, S. N. Elliott, & T. R. Kratochwill (Eds.), *Preschool and early childhood treatment directions* (pp. 7-53). Hillsdale, NJ: Erlbaum.

Ezell, H. K., & Justice, L. M. (2005). *Shared storybook reading: Building young children's language and emergent literacy skills.* Baltimore: Brookes.

Fox, L., Dunlap, G., & Cushing, L. (2002). Early intervention, positive behavior support, and transition to school. *Journal of Emotional and Behavioral Disorders, 10*(3), 149-157.

Frede, E. C. (1998). Preschool program quality in programs for children in poverty. In W. S. Barnett & S. S. Boocock (Eds.), *Early care and education for children in poverty: Promises, programs, and long-term outcomes* (pp. 77-98). Buffalo, NY: SUNY Press.

Gettinger, M., & Stoiber, K. C. (2006). Functional assessment, collaboration, and evidence-based treatment; Analysis of a team approach for addressing challenging behaviors in young children. *Journal of School Psychology, 44,* 231-252.

Gettinger, M., & Stoiber, K. C. (2007). Applying a response-to-intervention model for early literacy development in low-income children. *Topics in Early Childhood Special*

Education, 27, 198-213.

Gettinger, M., Stoiber, K., Goetz, D., & Caspe, E. (1999). Competencies and training needs for early childhood specialists. *Teacher Education and Special Education, 22,* 41-54.

Guralnick, M. (Ed.). (1997). *The effectiveness of early intervention.* Baltimore: Brookes.

Hart, B., & Risley, T. R. (1995). *Meaningful differences in the everyday experience of young American children.* Baltimore: Brookes.

Hart, D., Atkins, R., & Fegley, S. (2003). Personality development in childhood: A person-centered approach. *Monographs of the Society for Research in Child Development, 68,* Serial No. 272, No. 1.

Herrenkohl, E. C., Herrenkohl, R. C., Rupert, L. J., Egolf, B. P., & Lutz, J. G. (1995). Risk factors for behavioral dysfunction: The relative impact of maltreatment, SES, physical health problems, cognitive ability, and quality of parent-child interactions. *Child Abuse & Neglect, 19,* 191-203.

Justice, L. M., Pence, K., Bowles, R. B., & Wiggins, A. (2006). An investigation of four hypotheses concerning the order by which 4-year-old children learn the alphabet letters. *Early Childhood Research Quarterly, 21,* 374-389.

Kamps, D. M., Ellis, C., Mancina, C., Wyble, J., Greene, L., & Harvey, D. (1999). Case studies using functional analysis for young children with behavior risks. *Education and Treatment of Children, 18,* 243-260.

Kamps, D. M., & Tankersley, M. (1998). Prevention of behavioral and conduct disorders: Trends and research issues. *Behavioral Disorders, 24,* 57-65.

Kauffman, J. M. (1999). How we prevent the prevention of emotional and behavioral disorders. *Exceptional Children, 65,* 448-468.

Keenan, K., Shaw, D., Delliquadri, E., Giovannelli, J., & Walsh, B. (1999). Evidence for the continuity of early problem behaviors: Application of a developmental model. *Journal of Abnormal Child Psychology, 26,* 441-454.

Keenan, K., & Wakschlag, L. S. (2000). More than the terrible twos: The nature and severity of behavior problems in clinic-referred preschool children. *Journal of Abnormal Child Psychology, 28,* 33-46.

Kirk, E. W., & Clark, P. (2005). Beginning with names: Using children's names to facilitate early literacy learning. *Childhood Education, 81,* 139-144.

Klein, N. K., & Gilkerson, L. (2000). Personnel preparation for early childhood intervention programs. In J. P. Shonkoff & S. J. Meisels (Eds.), *Handbook of early childhood intervention* (2nd ed., pp. 454-483). New York: Cambridge University Press.

Lewit, E., & Baker, L. S. (1995). School readiness. *The Future of Children, 5,* 128-139.

Lonigan, C. J., Bloomfield, B. G., Anthony, J. L., Bacon, K. D., Phillips, B. M., & Samwel,

C. S. (1999). Relations among emergent literacy skills, behavior problems, and social competence in preschool children from low- and middle-income backgrounds. *Topics in Early Childhood Special Education, 19,* 40-63.

Ludwig, J., & Phillips, D. (2007). The benefits and costs of Head Start. *Social Policy Report, 21*(3), 3-19.

Maag, J. W. (2001). Rewarded by punishment: Reflections on the disuse of positive reinforcement in schools. *Exceptional Children, 67,* 173-186.

Makin, L. (2003). Creating positive literacy learning environments in early childhood. In N. Hall, J. Larson, & J. Marsh (Eds.), *Handbook of early childhood literacy* (pp. 327-337). Thousand Oaks, CA: Sage.

Marquis, J. G., Horner, R. H., Carr, E. G., Turnbull, A. P., Thompson, M., Behrens, G. A., Magito-McLaughlin, D., McAtee, M. L., Smith, C. E., Ryan, K. A., & Doolah, A. (2000). A meta-analysis of positive behavior support. In R. Gersten, E. P., Schiller, & S. Vaughn (Eds.), *Contemporary special education research: Synthesis of the knowledge base on critical instruction issues* (pp. 137-178). Mahwah, NJ: Erlbaum.

Massey, S. L. (2004). Teacher-child conversation in the preschool classroom. *Early Childhood Education Journal, 31,* 227-231.

Missall, K., Reschly, A., Betts, J., McConnell, S., Heistad, D., Pickart, M., Sheran, C., & Marston, D. (2007). Examination of the predictive validity of preschool early literacy skills. *School Psychology Review, 36,* 433-452.

Moustafa, M. (1997). *Beyond traditional phonics: Research discoveries and reading instruction.* Portsmouth, NH: Heinemann.

National Institute of Child and Human Development Early Child Care Research Network. (2003). Does quality of child care affect child outcomes at age 4½? *Developmental Psychology, 39,* 451-469.

Neilsen, S. L., & McEvoy, M. (2004). Functional behavior assessment in early education settings. *Journal of Early Intervention, 26,* 115-131.

Neilsen, S. L., Olive, M. L., Donovan, A., & McEvoy, M. (2000). Challenging behaviors in your classroom? Don't react—teach instead. *Young Exceptional Children, 2*(1), 2-10.

Pianta, R. C., Laparo, K., Payne, C., Cox, M., & Bradley, R. (2002). The relation of kindergarten classroom environment to teacher, family, and school characteristics and child outcomes. *The Elementary School Journal, 102,* 225-238.

Pianta, R. C., & Nimetz, S. L. (1992). Development of young children in stressful contexts: Theory and prevention. In M. Gettinger, S. N. Elliott, & T. R. Kratochwill (Eds.), *Preschool and early childhood treatment directions* (pp. 151-185). Hillsdale, NJ: Erlbaum.

Qi, C., & Kaiser, A. P. (2003). Behavior problems of preschool children from low-income families: Review of literature. *Topics in Early Childhood Special Education, 23,* 188-216.

Ramey, C. T., & Ramey, S. L. (1998). Early intervention and early experience. *American Psychologist, 53,* 109-120.

Raver, C. C., & Knitzer, J. (2002). *Ready to enter: What research tells policymakers about strategies to promote school readiness among 3- and 4-year-old children.* New York: National Center for Children in Poverty, Columbia University.

Reynolds, A. J. (2005). Impact evaluation in the confirmatory mode: Applications to early childhood intervention. *Teachers College Record, 107,* 201-225.

Reynolds, A. J., Ou, S., & Topitzes, J. W. (2004). Path effects of early childhood intervention on educational attainment and delinquency: A confirmatory analysis of the Chicago child-parent centers. *Child Development, 75,* 1299-1328.

Rimm-Kaufman, S. E., Pianta, R. C., & Cox, M. J. (2000). Teachers' judgments of problems in the transition to kindergarten. *Early Childhood Research Quarterly, 15,* 147-166.

Rutter, M. (2006). The promotion of resilience in the face of adversity. In A. Clarke-Stewart & J. Dunn (Eds.), *Families count: Effects on child and adolescent development* (pp. 26-52). New York: Cambridge University Press.

Ryan, R. M., Fauth, R. C., & Brooks-Gunn, J. (2006). Childhood poverty: Implications for school readiness. In B. Spodak & O. N. Saracho (Eds.), *Handbook of research on the education of young children* (2nd ed., pp. 323-346). Mahwah, NJ: Erlbaum.

Sameroff, A. J., Seifer, R., Barocas, R., Zax, M., & Greenspan, S. (1987). Intelligence quotient scores of 4-year-old children: Social-environmental risk factors. *Pediatrics, 79,* 343-350.

Sandall, S., & Schwarts, I. (2002). *Building block for teaching preschoolers with special needs.* Baltimore: Brookes.

Scarborough, H. S. (2001). Connecting early language and literacy to later reading (dis)abilities: Evidence, theory, and practice. In S. N. Neuman & D. K. Dickinson (Eds.), *Handbook of early literacy research* (pp. 97-110). New York: Guilford.

Seltzer, J. A. (2000). Families formed outside of marriage. *Journal of Marriage and the Family, 62,* 1247-1268.

Shonkoff, J. P., & Meisels, S. J. (Eds.). (2000). *Handbook of early childhood intervention* (2nd ed.). New York: Cambridge University Press.

Shonkoff, J. P., & Phillips, D. (Eds.). (2000). *From neurons to neighborhoods: The science of early childhood.* Washington, DC: National Academy Press.

Snow, C. E., Burns, S., & Griffin, P. (Eds.). (1998). *Preventing reading difficulties in young children.* Washington, DC: National Academy Press.

Stattin, H., & Klackenberg-Larsson, I. (1993). Early language and intelligence and their relationship to future criminal behavior. *Journal of Abnormal Psychology, 102,* 369-378.

Stoiber, K. S., & Gettinger, M. (2007). *Functional assessment and positive behavior support as evidence-based practice for young children with challenging behaviors: Effects on teacher and student outcomes.* Unpublished manuscript, University of Wisconsin.

Stoiber, K. C., Gettinger, M., & Fitts, M. (2007). Functional assessment and positive support strategies: Case illustration of process and outcomes. *Early Childhood Services, 1,* 165-179.

Stormont, M., Lewis, T. J., & Beckner, R. (2005). Positive behavior support systems: Applying key features in preschool settings. *Teaching Exceptional Children, 37*(6), 42-29.

Strickland, D. S., & Schickedanz, J. A. (2004). *Learning about print in preschool: Working with letters, words, and beginning links with phonemic awareness.* Newark, DE: International Reading Association.

Torgesen, J. K. (2000). Individual responses in response to early interventions in reading: The lingering problem of treatment resisters. *Learning Disabilities Research and Practice, 15,* 55-64.

VanDerHeyden, A. M., & Snyder, P. (2006). Integrating frameworks from early childhood intervention and school psychology to accelerate growth for all young children. *School Psychology Review, 35,* 519-534.

Vernon-Feagans, L., Hammer, C. S., Miccio, A. W., & Manlove, E. (2001). Early literacy in low income African American and Hispanic children. In S. Neuman & D. Dickinson (Eds.), *Handbook on research in early literacy* (pp. 192-210). New York: Guilford.

White, K. R., Taylor, M. J., & Joss, V. D. (1992). Does research support claims about the benefits of involving parents in early intervention programs? *Review of Educational Research, 62,* 91-125.

Whitehurst, G. J., Arnold, D. S., Epstein, J. N., Angell, A. L., Smith, M., & Fisceht, J. E. (1999). A picture book reading intervention in day care and home for children from low-income families. *Developmental Psychology, 30,* 679-689.

Whitehurst, G. J., & Lonigan, C. J. (2001). Emergent literacy: Development from prereaders to readers. In S. B. Neuman & D. K. Dickinson (Eds.), *Handbook of early literacy research* (pp. 11-29). New York: Guilford.

Willoughby, M., Kupersmidt, J., & Bryant, D. (2001). Overt and covert dimensions of antisocial behavior in early childhood. *Journal of Abnormal Child Psychology, 29,* 177-187.

Zaslow, M., & Martinez-Beck, I. (2006). *Critical issues in early childhood professional development.* Baltimore: Brookes.

Zigler, E., & Styfoco, S. J. (Eds.). (2004). *The Head Start debates.* Baltimore: Brookes.

Chapter 19

학교 성공 달성을 위한 파트너십 형성(PASS): 도시 환경 주의력/행동 문제를 위한 협력적 조기 중재 보호 모델

Thomas J. Power, Heather Jones Lavin, Jennifer A. Mautone, Nathan J. Blum(펜실베이니아 의학대학교 필라델피아 어린이병원)

주의력/행동 문제는 상당히 빈번하다. 주의력결핍 과잉행동장애(ADHD) 발생이 5~10% 사이로 추정되는 반면[American Psychiatric Association(APA), 2000; Brown et al., 2001], 주의력/행동 문제는 훨씬 높은 30% 정도에 이른다. 이는 공중보건 차원에서도 상당히 큰 문제를 초래한다. 즉, 아동이 학업 성취 미달의 위험에 처하게 되며, 이는 곧 결석이나 중퇴는 물론 청소년기와 성인기의 심각한 신체적·정신적 건강 문제로 이어질 수 있기 때문이다(Dupaul et al., 2004, Fergusson & Horwood, 1995).

가정환경의 중요성

초등교육에서의 성공의 경험은 건전한 아동 발달을 위해 필수적이다. 발달 연구에서는 초기 학교 현장에서의 성공은 대부분 가정환경의 질에 달려 있다고 주장한다(Christenson & Sheridan, 2001; Rimm-Kaufman & Pianta, 2003). 아동과 부모(혹은 아동을 주로 돌보는 주체) 사이에 안정된 애착이 형성된 가정환경에서 자란 아동은 학교에 진학하며 만나게 되는 다른 성인이나 또래와 효율적인 관계를 맺을 수 있도록 준비되어 있다. 따라서 성공적인 교사-학생 관계가 형성되고, 이는 곧 학교에서의 학업 성취와 효율적인 교우관계로 이어진다(Pianta, 1997). 또한 아동이 자신의 행동과 감정을 조절하는 것을 효율적으로 돕는 가정환경은 학교 교육의 성공에 필수적인 동기 형성과 과업 수행을 향상시킨다.

자녀의 성공적인 학교생활에 기여하는 또 다른 방법은 가족의 관여이다. 전문가들은 자녀의 교육적 성공을 향상시킬 수 있는 두 가지 기초적인 방안을 제시하고 있다. 하나는 가정 내 관여(글 읽고 쓰기 활동을 위해 시간을 따로 정해 두거나, 숙제를 도와주거나, TV 시청 시간을 제한하는 것 등)이고, 다른 하나는 가정과 학교의 협력(학생의 교육을 저해하고 있는 문제를 해결하기 위해 교사와 상의하는 것 등)이다(Fantuzzo, Tighe, & Childs, 2000).

주의력/행동 문제를 가진 아동의 위기

ADHD를 포함한 주의력/행동 문제는 명백히 초기 학교생활에서의 실패와 관련된 부정적 결과의 위기에 처해 있다(DuPaul & Stoner, 2003). 주의력/행동 문제가 학업 기술 습득이나 학교에서 또래와의 효율적 관계 맺기에 직접적으로 어려움을 초래하는 한편, 가정환경에서의 위험 요인들은 학생들이 학교에서 자신 있게 수행할 준비 자체를 불가능하게 한다. 부모와의 상호작용이 갈등적인 경우가 많아, 이런 아동들은 부모와 안정된 애착을 유지하는 것 자체가 어렵다(Barkley, 2006). 가정 내 안정된 애착관계의 부재는 자기조절 결여, 학교 내 교우관계의 문제로 이어지며, 이는 다시 교육적·사회적 장애로 이어진다.

주의력/행동 문제를 가진 아동의 가족 또한 어려움을 겪게 된다. 부모-자녀 갈등관계나 비순응적 아동 행동으로 인해 이런 가정에서는 아동의 교육을 돕기 위한 가정환경의 구성 자체가 어려운 경우가 많다(Power, Karustis, & Habboushe, 2001). 또한 교사로부터 자신의 아이가 파괴적이라는 불평을 자주 듣게 되면서 결국은 부모-교사 관계도 왜곡되게 된다.

건강 불균형: 저소득, 도시 환경 아동의 위기

주의력/행동 문제를 가진 아동 중 특히 저소득 도시 환경에 살고 있는 아동은 추가적인 위험에 노출된다. 빈곤은 이 아동들과 그들의 가정에 상당한 위험을 준다. 증가하는 폭력과 관련된 스트레스, 부모의 정신질환, 한부모가정, 건강 문제 등이 이에 해당한다. 이러한 요인들은 가정에서 인지 자극의 감소, 부모-자녀 애착관계 단절, 엄한 훈육, 비효율적인 훈육 실행과 관련된다(McLoyd, 1998; Wahler & Duman, 1989). 또한 주의력/행동 문제를 가진 도시의 아동은 경제적으로 결핍되고 압박받는 학교에 다니는 경우가 많고, 이러한 환경에서 사회-학교 관계는 학교의 문화와 공동체의 문화 간 불일치로 긴장관계에 있을 수 있다(Christenson & Sheridan, 2001).

ADHD를 포함한 행동장애를 가진 아동의 다수가 저소득층으로 복지 서비스도 받지 못하는 경우가 많다. 특히 소수인종/소수문화에 속한 저소득층 아동은 적절한 보살핌을 받지 못할 위험이 많다(Kataoka, Zhang & Wells, 2002). 그리고 어린아이들과 여자아이들은 자신의 정신건강 요구를 표현하지 못하는 경우가 빈번하다.

복지 서비스 전달의 어려움

주의력/행동 문제를 가진 아동을 위한 복지 서비스가 전달되는 주요 현장은 대개 학교나 1차 의료 현장이다. 학교는 이러한 어려움을 가진 아동에게 서비스를 전달하는 데 많은 장점을 가지고 있다. 가령 학생의 학업·사회 기능을 개선하기 위한 중재 및 예방 프로그램을 제공하기에 자연스러운 환경이며, 아동의 발달단계에서 건강(양호 교사) 및 정신건강(학교 상담자 및 학교 심리학자) 측면을 제기할 수 있는 전문가가 상시 대기하고 있으며, 학생의 학업, 행동, 사회 문제를 해결하기 위해 상호 협력할 수 있는 팀 구성을 위한 기제가 마련되어 있다. 그러나 학교기반의 서비스 전달 모델은 큰 어려움을 지니기도 한다. 학교 전문가가 학생의 가족과 효율적으로 협력할 수 있는 능력의 다양성, 증거기반 중재의 가변적 활용, 가정환경에서의 행동 문제에 대한 처리 제한, 심각한 학습 및 행동 문제를 가진 학생의 요구를 다루기에는 부족한 자원 등이 그에 해당한다.

1차 의료 현장 또한 서비스 전달과 관련하여 많은 장점을 가지고 있다. 1차 의료제공자(Primary Care Providers: PCP)는 대개 아동과 그 가족과 장기적인 관계를 갖고 있는 경우가 많은데, 그리하여 아동의 발달단계에 맞는 유용한 시각을 제공해 주기도 하고 신뢰관계를 쌓을 기회를 제공해 주기도 한다. PCP는 주로 아픈 아동을 치료하는 데 대부분의 시간을 쏟지만, 한편으로는 위험 신호가 나타날 때 질병을 예방하고 중재를 하기엔 유리한 상황 판단이 가능하다(Brown, 2004). 그러나 PCP는 아동의 학교 수행에서의 영향력과 관련해서는 한계를 갖고 있다. 주의력/행동 문제를 가진 아동을 위해 사회심리적인 중재가 중요하다고 인지할 때조차 약물치료가 유일한 치료책이라고 믿을 수 있다. 그마저도 학교에서 피드백을 구하는 데 있어서의 어려움으로 학교 행동을 치료하기 위한 약물 사용에서 어려움에 직면하기도 한다(Power, Mautone, Manz, Frye, & Blum, 2008).

　　학교와 1차 의료 현장에 자리 잡고 있는 복지 서비스 전달 체계는 여러 이유로 상보적이라고 할 수 있다. 이 두 체계 간에 협력하는 것이 중재를 위한 최선의 접근이다. 하지만 공동 치료는 전혀 기준에 못 미치고 있다. 이 체계들은 대체로 단절되어 있고, 가정이 오히려 이들 보호 체계를 조정해야 하는 말도 안 되는 상황에 처한 실정이다(Guevara et al., 2005). 특히 도시의 저소득 가정에게는 도움이 필요한 아이들을 위한 치료 체계를 조정하는 것 자체가 사실상 불가능한 경우가 많다.

치료에 대한 다체계적 • 협력적 접근의 필요성

　　주의력/행동 문제를 가진 아동의 학교 성공을 위해서는 가정과 학교 체계에서 발달 과정에 초점을 맞추고, 1차 의료 제공자와의 긴밀한 관계를 증진하는 접근법이 요구된다. 또한 치료에 대한 효율적 접근은 생산적 협력 체계를 구축하기 위해 가정, 학교, 보건 기관이 긴밀하게 연계될 것이 요구된다. 중재와 관련된 현재의 접근법은 단일 치료 관리 체계 내에서의 변화에만 관심을 갖는다. 예를 들어, 많은 가정 중재 프로그램이 파괴적 행동 문제를 가진 아동의 요구를 위해 개발되었다(Barkley et al., 2001). 사실상 이런 프로그램은 전적으로 가정 체계의 변화에만 초점을 맞추고 있다. 즉, 가정과 학교 체계 모두에서의 변화를 강조하는 것은 전무하다. 또 다른 예로, 학교 중재 프로그램은 ADHD 아동의 교육적 기능을 개선하기 위해 개발되었다(Kern et al., 2007). 그러나 이러한 프로그램의 주요 관심사는 가정이 아닌 학교에서의 변화이다.

　　학교와 가정 체계를 아우르는 조기 중재에 대한 통합적 접근을 제시하는 모델로 공동행동상담(Conjoint Behavioral Consultation: CBC; Sheridan & Kratochwill, 2008)이 있다. 이는 기능적 행동 평가를 통해 개발된 전략을 사용하여 학교와 가정에서의 목표 행동을 다룬다. 변화를 위한 중요한 기제는 바로 부모와 교사의 문제해결을 위한 협력적 파트너십의 개발이다.

　　CBC 모델은 주의력/행동 문제를 가진 아동을 위한 가정-학교 성공(Family-School Success) 프로그램을 위한 중요한 기반을 제시해 준다. 이 프로그램은 현재 필라델피아 소아과 ADHD 센터를 통해 개발 및 평가되고 있다(Power, Soffer, Clarke, & Mautone, 2006). CBC가 주로 가정과 학교 간의 문제해결을 위해 개발되었다면, 이 모델은 가정, 학교, 주요 보건 기관을 아우르는 협력관계에 폭넓게 적용 가능하다(Power, DuPaul, Shapiro, & Kazak, 2003). [그림 19-1]은 아동의 성공적인 발달을 위한 파트너십 과정을 통해 가정, 학교, 주요 보건 기관을 연결하

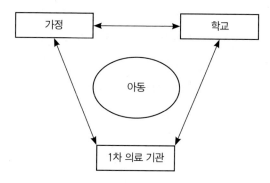

[그림 19-1] ADHD 아동을 위한 효과적 중재는 보통 가정, 학교, PCP의 협력적 관계가 필요하다

는 협력적 치료를 위한 모델을 간략하게 보여 준다. 이 모델은 주의력/행동 문제를 가진 아동을 위한 다양한 양식의 중재를 개발, 실행, 평가하기 위하여 여러 체계 간의 협력을 증진시키는 체계를 보여 준다.

변화 과정에 가정을 관여시켜야 할 필요성

치료를 위한 협력 모델도 성공적인 조기 중재 및 예방 프로그램에서 중요하기는 하지만 충분조건은 아니다. 주의력/행동 문제를 가진 아동을 둔 가정, 특히 도시 저소득층 가정은 중재에 참여하기 시작하거나 계속 참여하기 어려운 경우가 많다. 연구(Eiraldi, Mazzuca, Clarke, & Power, 2006)에 따르면 중재에 참여할 수 없는 원인으로 접근 요인(예: 보험, 재정 상태, 교통수단 가용성, 시간 조정 가능성 등)과 정신건강 상태, 치료, 서비스 제공 전문가에 대한 믿음(예: 정신건강 문제에 대한 낙인 효과, 가정을 위한 체계 접근에 성공적일 수 있다는 능력에 대한 믿음, 의료 제공자에 대한 믿음 등)을 들 수 있다.

ADHD를 포함한 행동적 건강 문제를 가진 아동을 위한 서비스 전달과 관련한 문제는 가정이 치료에 참여하는 데 있어서 준비 정도, 자발성, 가능성에 대해 설명하지 않는다는 것이다 (Dishion & Stormashak, 2007). 각 가정은 자신의 자녀에게 적절하다고 생각하는 치료에 대한 믿음과 일치하지 않거나, 중재에 대한 그들의 준비 정도를 고려하지 못한 서비스를 제공받을 수 있다. 이런 경우, 가정은 치료를 시작하지 못하거나 조기에 중단하게 될 수 있고, 이는 중재의 유효성과 변화의 지속성을 제한하게 된다.

치료에 있어서 효율적인 접근이라는 것은 치료에 관여하는 데 있어 각 가정의 준비 정도, 자발성, 가능성에 대응하는 증거기반의 중재를 제공하는 것을 뜻한다. 즉, 가정과 안정된 파트너십을 형성하고 유지하며, 가정의 가치와 우선적 가치에 잘 반응하는 방식으로 치료 계획을 세우며, 가정이 치료에 전념할 준비가 된 정도에 반응하는 절차대로 치료 계획을 실행하며, 가족과 함께 진행 과정을 검토하고 필요할 때마다 계획을 수정하는 것을 의미한다(Dishion & Stormashak, 2007).

도시 가정을 위한 협력적 치료 프로그램의 주요 구성 요소

연구 결과에 따르면 효율적인 중재는 증거기반 전략의 사용 및 진행상의 변수(예: 가정의 중재 참여, 변화에 대한 준비)에 신중하게 주의를 기울일 필요가 있다. 이어서 가정이 중재하는 교육 중재가 효율적이기 위해 중요한 증거기반 전략을 기술하고, 다음으로 저소득 도시 환경에서의 중재의 효율성을 위해 필요한 수정사항에 대해 기술한다.

증거기반 중재 전략

다음은 자녀의 교육적 성공을 높이고자 하는 가정을 돕기 위한 핵심 중재 전략 네 가지와 ADHD 및 공존질환을 가진 아동에게 유용한 추가 전략을 각각 기술하고 있다.

■ 부모-자녀 애착 강화
부모-자녀의 관계를 돈독히 만들기 위한 효율적인 전략이 개발되어 왔다. 예를 들어, 아동 게임(Child's Game; McMahon & Forehand, 2003), 아동 주도적 상호작용 훈련(Child-Directed Interaction training; Eyberg, Schuhmann, & Rey, 1998), 아동중심 놀이 전략(child-centered play strategies; Webster-Stratton & Reid, 2003) 등이 다양한 가족 행동치료 프로그램에서 사용되어 왔는데, 이들은 상당히 유용하고 효율적인 접근법이다. 즉, 이들 접근법에서는 부모에게 경청하며, 반응적이며, 비지시적인 방식으로 아동과 상호작용할 수 있는 방법을 안내해 주고 있다.

■ 아동 자기조절 기술 개선
특별히 신경을 쓰고, 수정 행동에 대해 칭찬하고, 토큰제도와 같은 정적 강화 전략을 사용하는 것과 같은 사회학습이론의 적용이 아동 행동을 조절하는 데 효과적인 것으로 알려져 왔다. 사회학습이론에 근거해서 부모 게임(Parent's Game; McMahon & Forehand, 2003), 부모 주도적 상호작용 훈련(Parent-Directed Interaction training; Eyberg et al., 1998), 부모주도 전략(Webster-Stratton & Reid, 2003) 등이 개발되어 왔다. 이러한 전략은 모두 아동이 스스로 행동과 감정을 조절하도록 돕는 데 효율적이다. 혜택이 결여된 가정의 부모를 훈련하는 것은 중요하다. 즉, 부모의 행동이 빈곤과 아동의 사회 · 정서적 기능 간의 관계에 대해 갖는 중재 효과를 보여 준 연구들에 의해 부모교육이 강조된 바 있다(McLoyd, 1998).

■ 문제해결을 위한 가정-학교 파트너십 강화

교사-학부모 관계를 강화하는 것과 요구 조사와 문제해결 전략의 사용에서 교사와 학부모에게 아동의 교육 문제를 다루도록 지도하는 것은 매우 성공적인 결과를 가져오는 효율적인 전략이다(Sheridan & Kratochwill, 2008). CBC는 교사와 학부모가 협력적으로 노력하는 구조화된 절차로, 행동상담의 네 단계인 요구 파악, 요구 분석, 계획 실행, 계획 평가를 통해 강점을 기르고 단점을 보완한다. 이 모델은 ADHD 아동을 비롯하여 폭넓은 행동 · 교육 문제를 가진 아동에게 성공적으로 적용된 바 있다(Sheridan, Eagle, Cowan, & Mickelson, 2001).

가정과 학교는 종종 문제해결 파트너십을 형성하는 데 도움이 되지 않는 적대적 관계에 놓이기도 한다. 이러한 유형의 관계는 특히 주의력/행동 문제를 가진 아동에게서 흔하게 나타난다. 이러한 상황에서 효율적이고 생산적인 파트너십을 위하여, 가정은 학교와의 협력을 위해 준비하고, 교육자는 가정과의 협력을 위해 준비하는 것이 중요하다(Power et al., 2003).

■ 가정과 PCP 간 파트너십 강화

가정과 PCP 간의 효율적 파트너십을 증진시키는 것은 특히 ADHD와 같은 건강 문제를 가진 아동을 위해 가정 및 학교에서 적합한 아동 발달을 이루는 데 중요한 전략이다. 우리 연구에서는 가정과 학교에서 일어나는 문제를 다루기 위하여 가정과 PCP 간에 문제해결 파트너십을 형성하는 것으로 CBC 모델을 수정하였다. 징후가 나타날 경우 약물 시도를 계획하고 시행하는 데 있어서도 파트너십은 중요하다. PCP와 가족의 협력 치료 회의에 학교 전문가가 참석하지 못하는 경우, 학교 상담자가 학교 전문가의 관심과 관점을 대표할 수 있도록 하는 것이 중요하다. 마찬가지로, 학교 상담자는 가정-학교 회의에서 PCP의 대표자 역할을 할 수 있다.

■ 종합치료의 추가 구성 요소

주의력/행동 문제를 가진 아동을 위해서는 몇 가지 추가 전략이 필요하다. 첫째, ADHD 아동은 종종 약물의 도움을 받을 수 있다. 임상 증상이 나타나고 가족이 이러한 치료에 대해 수용적인 경우, 약리적 중재를 제공하는 것이 중요하다. 둘째, 공존 질환에 대해 의문이 있을 때는 심층 진단 평가가 요구된다. 임상팀이 필요가 있다고 보고 가족들이 이러한 서비스에 대해 수용적인 경우 심층 진단 평가를 제공하는 것이 중요하다. 셋째, 주의력/행동 문제를 가진 아동의 다수는 가정 활동과 학교 활동을 방해하는 중대한 위기에 직면하게 된다. 이러한 기간에 위기 상황에 대한 중재 서비스를 제공하는 것이 중요하다.

도시 환경에 필요한 수정

주의력/행동 문제를 가진 아동을 위해 수많은 증거기반 중재 프로그램이 개발되었지만 대다수의 접근법이 도시 저소득층 아동을 위해 특별히 설계된 것은 아니다. 따라서 현존하는 접근법은 도시 저소득층의 특별한 요구를 반영하고 있지 못하며, 중재 노력의 효율성을 경감시킬 수 있다(Tucker & Herman, 2002).

주의력/행동 문제를 가진 도시 저소득층 아동들은 대부분 어린 시절이나 청소년 시절 동안 적절한 중재를 받지 못하였다(Kataoka et al., 2002). 이들의 가족은 종종 아동들을 위한 효율적 치료를 얻어 내기 위해 상당한 장벽을 극복해야 할 때도 있다. 연구에 따르면 저소득층 아동이 치료에 참여하는 경우엔 풍족한 환경의 또래 아동보다 중도 하차하기 쉽고(Kazdin & Wassell, 1998; McMahon, Forehand, & Griest, 1981), 그 치료 결과도 나쁘다(예: Dumas & Wahler, 1983; Handen, Janosky, McAuliff, & Breaux, 1994; Rieppi et al., 2002; Webster-Stratton, 1985; Webster-Stratton & Hammond, 1990). 따라서 연구자와 임상의 모두 이들 가정이 서비스 활용에 대한 장벽을 극복하도록 도움으로써 이러한 모순을 다루는 것이 필수적이다(Power, Eiraldi, Clarke, Mazzuca, & Krain, 2005). 이러한 목적을 위해서는 현재의 증거기반 중재에 몇 가지 수정이 필요하다.

■ 가족과의 파트너십 형성

가정이 중재에 관여하는 데 어려움을 갖는 경우가 있다. 처음부터 가정과 신뢰 있는 파트너십을 형성하는 것은 프로그램의 성공을 위해 중요하다(Cunninghan & Henggeler, 1999; Miller

& Rollnick, 2002). 임상의는 문화적·사회경제적 차이로 인하여 가족과 파트너십을 형성하는 데 불리한 입장에 처해 있다. 참여적 중재 모델(Participatory Intervention Model: PIM; Nastasi, Moore, & Varjas, 2004)을 사용하면 강력하고 신뢰 있는 관계를 형성하는 데 도움이 되며, 이는 긍정적인 결과를 가져온다. PIM은 임상의와 가족 간의 협력관계를 형성하고 유지하는 데 도움이 되는 파트너십 기반 접근이다. 이 접근은 가족과 임상의가 각각의 영역에서의 전문성을 완벽히 인정한다. 가족의 문화와 전통은 중재의 목적과 선호하는 중재 방식에 영향을 끼치며, 가족이 이 영역에서 전문가이다. 임상의는 증거기반 중재 전략과 결과를 평가하는 방식에 있어 전문가이다. 협력을 통해서 가족과 임상의는 각 가족에서 수용 가능하고 실행 가능한 치료 접근법을 설계할 기회를 갖게 되며 근본적인 변화를 만들어 낼 가능성을 갖게 된다.

■ 가족과의 파트너십 유지

초기에 임상의가 아무리 가족과의 파트너십 형성에 성공적이었다 하더라도, 긍정적인 결과를 이루기 위해 이러한 관계를 유지하는 것은 어려울 수 있다. 조직 구성원들은 가족 참여를 유지하고, 치료에 방해되는 장애물을 극복하도록 가족들을 원조하기 위해 꾸준히 이들과 접촉해야만 한다(Dishion & Stormashak, 2007). 아동이 잘 적응하는 동안은 회복을 유지하고 재발을 예방하기 위해 계속 점검해야 한다. ADHD와 같은 만성적 장애를 가진 아동들은 발달단계의 전 과정에서 악화를 경험하는 경우가 많은데, 이들에게는 특히 재발을 방지하기 위한 프로그램이 중요하다.

임상의는 규칙적인 점검 절차를 통해 가족과 연계되어 있는 것이 필수적이다. 가끔 가족이 치료를 위해 직접 방문하지 못하는 경우가 있더라도 임상의는 10분이라도 유선상으로라도 부모와 점검할 수 있다. 계속되는 문제 중 하나는 가족들이 임상의의 전화에 회신하지 않는 경우가 종종 있다는 것인데, 일반적인 절차는 임상의가 가족과 연락을 취하기 위해 두 번까지는 전화를 해 보고 회신이 없는 아동의 파일은 종료하는 것이다. 이러한 절차가 효율성을 위해 필요하기는 하지만, 다각적인 스트레스를 받고 있는 저소득층 가정에게는 이러한 절차가 적절하지 못하다. 이러한 가정은 종종 차를 잃는다거나 직업을 잃는 것과 같은 부정적인 삶의 사건을 경험하고 있는 경우가 있는데, 이러한 사건이 특정 시점에서는 아이의 행동 문제 해결보다 우선시될 수도 있다. 더욱이 일회용 휴대전화의 사용으로 어떤 가정은 전화번호가 계속 바뀌어 연락이 닿기 어려운 경우도 있다. 이에 임상의는 이러한 가정과 파트너십을 유지하려는 노력을 꾸준히 해야 한다고 주장하는 바이다.

■ 변화를 위한 준비성 고양

중재는 가족이 이를 기꺼이, 자진하여 활용할 준비가 되어 있고 활용할 능력이 될 때에만 효율적일 수 있다(Miller & Rollnick, 2002). 중재가 효율적일 수 있도록 치료에 방해되는 장애물을 해결하고 가족이 치료를 받을 준비를 하도록 보조해 주는 것이 중요하다(Power, Eiraldi, et al., 2005). 변화에 대한 가족의 준비 정도는 서비스 선택의 범위에 따라서 다양하다. 예를 들어, 어떤 가족은 가족 중재에는 준비가 되어 있는 반면, 학교와 효율적으로 공조하는 데에는 준비가 되어 있지 않을 수 있다. 반대로 어떤 가족은 학교와의 협력은 준비가 되어 있는 반면 ADHD를 위한 자극제 약물 시도에는 준비가 되어 있지 않을 수 있다. 따라서 임상의는 다양한 선택에 대한 가족의 준비 정도를 평가하고 그 가족이 수용할 준비가 된 부분만 실행해야 한다.

Dishion과 Stormshak(2007)은 변화 과정을 촉진시킬 몇 가지 전략을 요약하였다. 가족들과 공감하는 것은 신뢰관계를 형성하고 변화를 촉진하기 위해 필수적이다(Miller & Rollnick, 2002). 저소득 가족과 일할 때는 특히 그 아동과 가족에게 영향을 끼칠 수 있는 다양한 스트레스 요인을 인정하고 정서적으로 이해하는 것이 중요하다. 그 가정이 이미 도움을 구하는 단계에 성공적으로 진입했다면, 그들이 지금까지 고수하고 추종해 온 것의 문제를 강조하는 것보다는 성공적인 부분을 인정하는 것이 임상의에게 유용한 전략이라고 볼 수 있다. 더욱이 가족들과 협력하는 데 있어서 파트너십 모델(즉, 참여적 중재 모델)을 적용하는 것은 권능감(sense of empowerment)을 증진시키며 치료에 대한 더 많은 참여를 이끌 것이다.

■ 중재에서 교사 투입 증진

가정-학교 협력이 효율적이기 위해서는 부모와 교사 모두를 그 절차에 참여시키는 것이 필요하다. 해당 중재에 참여하기까지의 준비 정도가 학부모마다 다양한 것처럼, 교사 또한 학부모와 파트너십을 형성하고 상호 문제해결에 시간을 쓸 준비 정도가 상당히 다양하다(Power et al., 2009). ADHD에 대처하는 데 있어서 가족-학교 관계가 종종 어긋나게 되는 것을 보면, 임상의가 학교를 CBC에 대해 준비시킬 필요가 있다(Power et al., 2003). 여기서는 변화를 위한 가족의 준비성을 촉진시킬 때 사용된 것과 유사한 전략을 사용할 수 있는데, 아이들과 일하는 것이 얼마나 힘든 것인지에 대하여 교사의 마음을 공감해 주고, 학생의 행동을 잘 다루고 교육시키는 다양한 방식이 있다는 것을 인정해 주며, 교사와의 파트너십 과정을 통해 중재 계획을 개발하는 것과 같은 전략을 사용할 수 있다(Power, Blom-Hoffman et al., 2005).

학교 성공 프로젝트를 달성하기 위한 파트너십 형성

학교 성공 달성을 위한 파트너십 형성(Partnering to Achieve School Success: PASS)은 가족 중심 1차 의료에 기반을 둔 조기 중재 서비스로, 낙후된 도시 환경에 거주하며 주의력/행동 문제를 겪고 있는 아동과 그 가족에게 가족 중심적이고 문화적으로 효율적인 치료를 조성하기 위해 계획되었다. 이 프로그램은 명확한 징후를 보이는 아동들을 대상으로 심각한 문제가 나타나기 전에 중재하는 것을 목표로 한다는 점에서 전조 예방 프로그램으로 개념화될 수 있다 (Institute of Medicine, 1994). 이 프로그램은 학습 및 행동 장애를 예방하기 위하여 치료 체계 (즉, 가족, 학교, 1차 의료 및 지역사회 정신건강 체계; Power et al., 2003) 내의 관계 형성 및 치료 체계 간의 관계 형성, 초기 아동기 동안의 아동-부모 관계 개선에 주목한다. PASS의 중요한 목표 중 하나는 프로그램에 참여하는 모든 가족 구성원의 독립성을 증진시키고 권능감을 기르는 것 이다(Tucker & Herman, 2002). 심리 임상의(심리학자 혹은 지도감독 중의 훈련생)와 PCP는 각 가

〈표 19-1〉 PASS 요소

중재 요소	설명
참여 · 진전 모니터링	• 현재의 우려를 파악한다. • 치료에 방해되는 장벽을 상의하고 해결한다. • 변화에 대한 준비성을 고양한다.
약식 가족 중재	• 긍정적 부모-자녀 관계를 형성한다. • 정적 강화 전략, 명령하기, 전략적 처벌을 가르친다.
가족-학교 상담	• 학교에 대한 부모의 우려를 상의한다. • 학교에 대한 교사의 우려를 상의한다. • 학교에 아동 행동 관찰을 지시한다. • 우려의 공통 영역을 결정하기 위해서 가족-학교 상담을 제공하고 적절한 중재 전략을 세운다.
약물 관리	• 가족에게 ADHD를 위한 약리적 중재를 위한 경험적 지원에 대해 교육한다. • 약물 유형/용량에 따른 경과를 모니터하고 그 반응을 PCP에게 보고한다. • 약물 상담에 참여한다.
심리 평가	• 공존 질환의 가능성 여부에 대해 아동을 진단한다. • 학업 · 인지 능력 검진을 실시한다.
위기 중재	• 우려가 무엇인지 파악한다. • 문제를 처리하기 위한 즉각적 계획을 세운다. • 추가적 자원이 필요한지 결정한다.

족과 파트너십을 형성·유지하고 주요 의료 시스템을 연결하는 데 매우 중요한 역할을 한다.

PASS의 구성 요소는 증거기반 중재 전략과 앞서 설명한 도시 거주 가족을 위한 필요한 수정을 통합하기 위해 설계되었다(〈표 19-1〉 참조). PASS의 주요 구성 요소로는 ① 참여·진전 모니터링, ② 약식 가족 중재, ③ 가족-학교 상담, ④ 약물 관리, ⑤ 심리 평가, ⑥ 위기 중재가 있다. 많은 도시 가정들이 회기에 참여하는 데 어려움이 있고 조기에 하차하는 것을 고려해 볼때, 중재를 통해 참여를 조성하는 참여·진전 모니터링 요소가 특히 중요하다고 볼 수 있다.

■ 참여 · 진전 모니터링

PASS에 등록한 모든 가족은 참여·진전 모니터링(Engagement and Progress Monitoring) 서비스를 받게 된다. 이 구성 요소의 핵심은 치료에 장벽이 되는 요소를 줄이기 위해서 가족과 협력적 파트너십을 형성하는 것이다. 가족이 치료에 적극적으로 참여하게 하기 위하여 각 가족의 준비 정도, 자발성, 능력 향상을 위한 동기강화상담 전략(motivational interviewing strategy)을 사용한다(Dishion & Strormshak, 2007; Miller & Rollnick, 2002). 첫 번째 가족 회기에서, 심리 임상의는 가족과 파트너십을 형성하고, 가족의 우려를 파악하고, 가정과 학교에서 아동의 발달단계를 평가하고, 가족이 도움을 구해 온 전력을 평가하며, 협력적 치료 계획을 구상하기 시작한다. 다음 회기에서는 임상의가 PCP와 협의하여 치료 계획을 개발한다. 협력적 치료 계획에 포함되는 중재의 구성 요소는 팀의 전문가가 처치가 임상적으로 필요하고 도움이 될 것이라고 생각하는지, 가족 구성원이 치료를 받을 준비가 되어 있는지 그리고 가족의 자발성, 경제적 능력 등에 따라 결정된다. 치료 계획에 대해서는 다음에 기술되어 있다. 중재 과정의 전 단계에서 임상의는 적어도 한 달에 한 번 전화로 연락한다. 이는 가족이 치료에 계속 참여하도록 유도하기 위해서이고, 또한 목표 행동과 치료 목표 및 관련 진전을 모니터하기 위한 것이다.

■ 약식 가족 중재

약식 가족 중재(Prief Family Intervention) 모듈은 가정 행동에 대한 우려를 표한 가족을 위해 포함되는 것으로, 약식 가족 행동치료에 즉각 반응할 수 있다. 가족기반 회기는 주로 긍정적 부모-자녀 관계 형성, 정적 강화 제공, 명령하기, 효율적 처벌 등의 전략을 가르쳐 준다. 회기 수는 치료 목표를 달성하는 데 필요한 시간과 가족의 치료 중재 정도에 따라 다양하다.

■ 가족-학교 상담

학교기반 행동 및 학업에 관한 우려가 있는 경우, 가족과 학교 관계자는 가족-학교 상담(Family-School Consultation) 모듈에 참여한다. 이는 아동을 돕기 위한 협력적 가족-학교 파트너십을 위한 것으로, Sheridan과 Kratochwill(2008)이 개발한 CBC 모듈에 기반을 둔다. 임상의는 우선 가족과 교사와 개별상담을 진행하는데, 공동상담 과정을 위해 이들 각각을 준비시킨다. 가족과의 상담은 아동이 학교에서 이루길 바라는 가족의 목표, 가족이 현재 학교 교사와 담당자와 어떤 관계를 갖고 있는지, 교사와 협력관계를 만들어 내기 위한 전략은 무엇인지에 대해서 상의한다. 학교상담은 학생의 행동을 평가하기 위한 교실에서의 학생 관찰과 아동의 학교 수행 및 교사가 가족-학교 관계에 대해서 어떻게 인지하고 있는지에 대한 정보를 모으기 위해 실행하는 교사와의 회의를 포함한다. 그다음에 교사-학교 상담 회기가 진행되는데, 이는 가족-학교 관계를 형성하고, 공통의 관심사를 발견하며, 아동 중재 계획을 위한 문제해결 과정에 참여하는 것을 목표로 한다. 이 모임 후에, 임상의가 가족과 교사와 연락을 계속적으로 취하며 아동의 진전을 정기적으로 모니터한다. 필요하면 면대면 모임을 추가로 잡을 수도 있다.

■ 약물 관리

가정과 PCP가 약물 처치가 타당하고 수용 가능하다고 판단하면, PASS 치료 계획에 약물 관리(Medical Management) 모듈을 포함한다. 이는 ADHD를 위한 약물 처치와 관련된 PCP와 심리 임상의가 제공하는 가족교육을 포함한다. 또한 임상의는 처치에 대한 반응을 모니터하고 최선의 약물과 복약 일정을 찾아내기 위하여 약물 시도를 하는 동안 부모와 교사의 평가를 수집한다. 약물 처치에 대한 아동의 반응에 대한 정보는 정기적으로 PCP에게 제공된다. 이 프로그램에서는 전자 의학기록 체계를 사용하여 임상의와 PCP 간의 의사소통을 용이하게 한다. 임상의 또한 ADHD와 관련 어려움을 치료하는 것에 대하여 가정과 PCP 간의 협력적 파트너십 형성을 돕기 위하여 정기적으로 약물상담에 참석하게 된다.

■ 심리 평가

심리 평가(Psychological Evaluation)는 동반 증상에 관한 우려가 있는 경우에 제공된다. 이 경우 임상의가 체계적 진단 면담을 실시하고, 정서·행동 기능에 대한 부모와 교사의 보고에 대해 처치하고, 아동 스스로가 보고하는 불안과 우울을 치료한다. 그리고 표준화 검사를 통하여 인지·학업 기능을 검사한다. 특수교육이 필요한지를 판단하기 위한 심리교육적 평가가 요구되는 아동의 경우 일반적으로 학교에 보고하고, 이러한 의뢰에 대해서는 앞서 언급한 가정-

학교 상담 맥락에서 논의한다.

■ 위기 중재

도시 저소득층 가정은 종종 아동의 행동 문제뿐 아니라 다른 예기치 못한 가족의 문제로 고충(거주지 불명, 질병, 의료 서비스에 대한 제한적 접근, 정학 등)을 겪는 경우가 많기 때문에, 위기 중재(Crisis Intervention) 모듈이 치료 과정에서 일어날지도 모르는 위기에 대응하기 위해서 포함된다. 임상의는 우려와 위기를 일으킨 요인을 파악하고 이 문제를 다루기 위한 중재 계획 개발을 위하여 가족과 협력한다. 가족에게 이 문제를 해결하기 위하여 추가 자금이 필요하다고 판단되면, 임상의는 가족이 필요한 서비스를 받을 수 있도록 원조하기 위하여 1차 의료 기관에 소속된 사회복지사와 협의한다. 필요한 경우 임상의와 사회복지사는 후속 지원과 안내를 제공한다.

예비 결과와 사례

PASS 중재 프로그램은 현재 개발 중이다. 다음은 서비스 운용과 관련한 결과와 PASS에 참여한 첫 번째 가족 코호트의 프로그램 만족과 관련한 결과를 기술한다. 또한 PASS가 어떻게 시행되는지를 보여 주는 두 가정의 사례를 들어 설명한다.

서비스 운용과 프로그램 평가

PASS 프로그램 개발 첫해 동안, 도시 1차 의료 환경에서 근무하는 PCP로부터 26건의 의뢰가 들어왔다. 주의력/행동 문제가 있으며 적어도 두 달 이상의 중재를 받고 있는 아동으로, 유치원과 6학년 사이의 아동들(n=18)의 서비스 운용 자료에 대한 분석이 실시되었다. 10학년 아동 1명, 2개월 미만의 치료 경험 아동 2명, 경도-중증 인지장애로 추천된 아동 1명, 서비스에 관심 없다고 밝힌 두 가정의 아동, 전화 연결이 되지 않은 두 가정의 아동 등 8명의 아동은 분석에서 제외되었다. 남은 18명 아동 모두 ADHD 기준에 부합하며, 14명(78%)은 남아, 17명(94%)은 아프리카계 미국인, 12명(67%)은 공립학교 학생, 약 80%는 메디케이드를 받고 있는 것으로 조사되었다. 표본의 평균 연령은 9.6세(SD=2.3), 가족이 중재에 참여한 평균 기간은 5.2 개월(SD=2.0)이다. 〈표 19-2〉는 각 가족이 PASS 모듈을 받은 비율 및 각 모듈에 참여한 평

〈표 19-2〉 PASS 각 요소에 대한 가족 참여

중재 요소	해당 요소에 참여한 가족 비율*	가족당 면대면 회기 평균 횟수(표준편차)	가족 당 접촉 평균 횟수 (표준편차)
가정 중재	88.9	2.6(1.8)	2.9(2.0)
가정-학교	77.8	2.5(2.0)	4.3(3.0)
약물	16.7	1.7(1.2)	2.1(1.0)
위기 중재	27.8	1.0(0.0)	1.7(0.63)
평가	22.2	1.5(1.0)	3.1(2.7)
총합		5.2(4.1)	8.7(5.8)

주: * 가정 중재=약식 가족 중재, 가정-학교=가정-학교 공동행동상담, 약물=약물 관리

가족들은 하나 이상의 PASS 구성 요소를 받을 수 있다. 따라서 총 비율은 100%가 아니다.

균 시간을 보여 준다. PASS의 참여·진전 모니터링 요소는 각 모듈에 내재되어 있으므로 이에 대한 참여는 별도로 보고하지 않았다.

결과에 따르면, ADHD 및 관련 어려움을 다루는 데 있어서 심리적 중재를 받고 있는 가정이 많은 비중을 차지하는 것으로 나타났다. 일반적으로 가족들은 상당히 많은 양의 치료를 받고 있는 것으로 나타났다. 면대면 회기 횟수는 평균 5.2회, 면대면과 전화를 포함한 연락 횟수는 8.7회이다. 또한 상당 시간(약 50%)을 가정-학교 상담 활동에 쓰고 있는 것으로 나타났다. 세 가족만이 PASS의 약물 처치 모듈에 참여하고 있다. 그러나 여섯 가족이 추후에 중재 과정 중 약물 사용을 시작하였다.

PASS의 정식 약물 모니터 요소에 가족의 참여가 없었던 이유로 일부 PCP가 이 프로그램에 이런 요소가 있는지 모른다거나 일부 소아과 의사는 약물 모니터링을 위해서 자신이 익숙한 기존의 절차를 사용한 것으로 판단된다. 우리 연구팀은 열여덟 가족 중 아홉 가족과의 전화 통화를 통해 프로그램 만족도에 대한 정보를 얻을 수 있었다. 아홉 가족 중 일곱 가족(78%)이 PASS 프로그램이 자녀의 학교 문제를 다루는 데 도움이 되었다고 했다. 8명의 부모 중 6명(75%)이 PASS 프로그램이 가정의 문제를 다루는 데 도움이 된다고 하였으며, 한 부모는 원래 가정 내에 진짜 문제는 없었다고 보고하였다. 임상의와 약물 문제에 관련된 논의를 나눈 바 있는 부모는 아홉 건 중 여덟 건에 해당되며(89%), 약물 문제를 논의한 여덟 부모 중 여섯 부모는 이런 논의가 매우 유용하였다고 보고했다. 아홉 가족 중 다섯 가족은 학교와 지역사회 환경에서 아동을 위한 좀 더 효율적인 대변인이 될 수 있도록 PASS가 부모 교육에 조금 더 도움이

되었으면 좋았을 것이라고 아쉬움을 표명했다. 이러한 피드백은 PASS 프로그램을 개선하는 데 매우 유용한 것이었다.

우리 연구팀은 온라인 설문 조사를 통해서 현장에 있는 16명의 PCP 중 8명에게 피드백을 얻을 수 있었다. 8명 중 6명은 PASS가 환자에게 매우 유용한 서비스인 것으로 생각한다고 보고했으며, 나머지 2명은 중재가 유용하다고 보았다. 또한 8명 중 6명(75%)은 아동의 행동적 건강 치료 계획을 이해하는 데 PASS 임상의와의 대화가 매우 유용했다고 인식했으며, 나머지 2명도 대화가 유용하다고 보고했다. 일부 PCP는 이 프로그램이 자신의 환자 중 더 많은 사람에게 접근 가능하면 좋겠다고 밝혔다.

케빈의 사례

케빈은 11세 아프리카계 미국인으로 대도시 공립학교 지역구의 지원으로 운영되는 차터 스쿨(charter school)[1]의 6학년 학생이다. 학업에 어려움을 겪고 있으며 학교와 가정에서 문제 행동을 보여 PCP로부터 의뢰되었다. 의뢰 당시 ADHD 부주의우세형(Predominantly Inattentive Type)으로 진단받고 자극제 약물을 처방받았다. 당시 법적 보호자인 이모, 사촌동생 2명(7세, 2세), 이모의 입양 자녀 2명(12세, 2세)과 함께 살고 있었다. 케빈의 이모는 전일제 근로자이며 동시에 야간 대학교에서 초기 아동교육 전공으로 학사 과정을 밟고 있었다.

첫 회기에서 이모는 케빈이 주의가 산만하며 집중하는 데 어려움이 있고 학업 수행에 문제가 있으며 또래에게 쉽게 영향을 받는다는 점을 크게 우려하고 있었다. 따라서 초기 치료 계획에서 가정-학교 상담 요소를 사용하여 학교 수행에 초점을 맞추었다. 그러나 중재 초기 몇 달간 임상의가 계속적으로 가족과 교사를 공동상담에 준비시키려고 한 노력이 성공적이지 못하였다. 그때가 6학년을 3개월 남겨 둔 학년 말이었다. 그러는 동안 케빈은 학교 심리학자로부터 학습장애를 가진 학생으로 분류되었고, 학교에서 겪는 어려움을 특수교육과 관련 서비스를 통해서 처리하게 되었다. 학년 말에, 케빈의 이모와 학교팀은 케빈을 6학년에 유급시키기로 결정하였다. 그리고 케빈 담당 PCP는 처방한 자극제 약물에 대한 케빈의 반응을 모니터하는 것을 도와줄 것을 요청해 왔고, 이에 케빈, 이모, 교사가 약물 관리 모듈에 참여하게 되었다. 처치가 시작된 지 몇 주 후, 케빈의 이모가 가정에서도, 특히 과제를 하는 동안 케빈이 파괴적 행동을 보인다고 언급하였고, 이에 약식 가정 중재 모듈을 치료 계획에 포함시키게 되었다.

---

1) 역자 주: 공적 자금을 받아 교사·부모·지역 단체 등이 설립한 학교

약물 관리 모듈의 일부로, 교사와 보호자 행동 평정 척도를 사용하여 약물 처치에 대한 케빈의 반응을 모니터하였다. 추가로 PASS 임상의와의 면대면 회기에서 케빈은 약물 처치에 대해서 '기분이 이상하고(feel funny)' 농구하는 데 방해가 되기 때문에 그것이 싫다고 보고하였다. 케빈의 자기보고와 보호자와 교사의 평정 척도 자료는 전자건강기록 시스템을 통해서 PCP와 공유되었다. 팀의 결정에 따라 케빈의 처방을 다른 자극제 약물로 바꾸기로 결정하였다. 약물 모니터는 계속되었는데, 케빈의 이모, 케빈 자신, 교사 모두가 새로운 약물을 사용할 때 케빈의 행동 개선이 있었음을 보고하였다. 새로운 약물을 사용한 지 몇 개월 후, 케빈이 약을 지시대로 꾸준히 복용하고 있지 않다는 것이 밝혀졌고 복약 지시를 지키는 것이 처치의 목표가 되었다. PCP와 PASS 임상의 그리고 케빈의 이모가 모두 케빈이 복약 지시를 지키고 있는지 모니터할 수 있도록 계획을 세우고 이를 실행하기 위해 밀접하게 공조하였다. 케빈의 이모가 복약에 직접 참여하게 되었다(이전에는 등교 전에 케빈 혼자 약을 챙겨 먹곤 했다). 그리고 싸우지 않고 약을 날마다 챙겨 먹는 것에 대해서 케빈은 보상을 받았다.

약식 가정 중재 회기는 특히 정적 강화의 사용과 효율적인 지시하기 전략을 가르치는 데 주력하였다. 학년 말에 시작된 회기는 그 목적을 과제 완수보다는 지시 따르기, 집안 심부름 완수하기와 관련시켰다. 초기 면대면 회기에서 케빈과 이모는 지시사항을 잘 따른 것과 집안 심부름을 완수한 것에 대해서 케빈에게 점수를 주기로 하고, 나중에 점수를 게임 시간이나 힙합 수업 참여 등의 보상과 교환해 주기로 했다. 초기 면대면 가족 중재 회기 직후에 케빈의 이모가 직장과 학업의 병행으로 바빠져서 가족과의 연락은 주로 전화로 이루어졌다. 전화상담 동안 케빈과 이모는 케빈이 말도 잘 듣고, 집안 심부름도 잘하며 정기적으로 보상도 받는 등 가정 내에서 케빈의 행동이 개선되었다고 보고하였다.

이듬해 같은 학교에서 6학년을 다시 다니게 되었는데, 학년 초 PASS 임상의가 학교팀과 만나서 가족-학교 상담 모듈을 시작하였다. 임상의는 최근에 행동 기대와 그 기대치를 충족하면 상점을 받는 기회를 포함한 학교 단위 행동 계획을 실행하기 시작한 것을 알게 되었다. 또한 학생들은 특정 행동에 대해서는 벌점을 받기도 한다. 케빈은 대부분 벌점을 받고 상점을 받은 적은 거의 없었다. 가족-학교 상담 맥락에서 PASS 임상의, 케빈의 이모 그리고 케빈의 선생님들은 케빈이 정적 강화를 받을 기회를 높여 줄 수 있는, 케빈에게 특화된 행동 지원 계획을 개발했다. PASS 임상의가 계획을 시행하고 평가하기 위하여 지속적으로 가족과 학교와 공조하였다.

전반적으로 케빈과 이모는 약식 가족치료 10시간, 가족-학교 상담 5시간, 약물 관리 1시간에 참여하였다. 꾸준한 참여를 고양하고 진전을 모니터하기 위해서 중재 과정 전반에 걸쳐 임상의와 수시로 통화하였다. 처치 동안 PASS 임상의 또한 치료 목적과 진전과 관련하여 전자 건강기록 시스템의 사용을 통하여 PCP와 규칙적으로 의사소통하였다. 가족들도 계속적으로 PASS에 참여하였고, 특히 PASS에서 지역사회 기반 서비스로의 전환을 준비하는 차원에서 가족-학교 의사소통과 자기역량강화, 독립성에 점차 비중을 두었다. 치료 과정에서 케빈의 이모는 행동조절 전략 사용에서 점차 일관성을 보이기 시작하였고, 양육자-아동 관계가 개선되었다(아동 자신과 양육자인 이모의 보고). 게다가 케빈과 이모는 모두 약물 처치에 만족한다고 보고하였다.

마르퀴스의 사례

아프리카계 미국인 남학생 마르퀴스는 의뢰 당시 10세로 부모님, 남동생과 거주하고 있었다. PCP가 ADHD 부주의 우세형으로 진단하여 PASS로 의뢰한 사례이다. 부모 둘 다 마르퀴스가 다니는 공립학교에서 부주의한 행동과 관련된 우려를 표명하였다. 6세에 특수교육 서비스를 위한 평가를 받았으나 해당되지 않는 것으로 판단되었다. 첫 번째 회기에서 어머니가 주의력, 준비성, 읽기 능력과 관련한 우려를 표하였고, 시작 당시에는 또래관계에 대한 우려는 보고되지 않았다. PCP가 자극제 약물을 처방한 바 있으나, 아동의 어머니가 학습 및 행동 치료에 약물을 사용하는 것에 대한 걱정이 있어서 약을 처방받지는 않았다. 심리치료 기록은 없었다.

치료 시작 당시, 치료의 목적은 부모와 임상의가 상의를 거쳐 동의한 것으로 결정되었다. 첫째, 아동의 주의력 및 학습 문제를 잘 처리하기 위하여 학교와의 상담이 필요하다. 둘째, 아동의 읽기 능력에 교사와 부모가 모두 우려를 표한 바, 심리교육적 평가가 필요하며 포괄적 교육계획이 요구된다는 것에 합의하였다. 치료 초기, 임상의가 마르퀴스의 PCP와 전자 건강기록 시스템을 통해 연락을 취했으며 PCP에게도 치료 계획에 대하여 고지하였고 PCP도 동의하였다. 치료 기간에 임상의가 관련된 치료 회기(예: 다음에 논의될 위기와 관련) 이후에 PCP의 검토를 위해 진전 기록을 PCP에게도 전달해 주었다.

마르퀴스는 초기에 PASS의 가족-학교 상담 요소를 받았다. 학교기반 중재를 위해서, 임상의가 기능적 행동 평가를 위하여 수업 중 아동을 관찰하고, 적절한 교실 행동 목표를 수립하였다. 마르퀴스는 종종 자기 자리를 떠나 돌아다니거나 과업을 완수하는 데 어려움을 겪는 것으로 관찰되었다. 어머니는 학교 회의에 참석하지는 못하게 되어, 교사와 부모가 가정-학교 알림장을 쓰는 것에 대해 별도로 논의했다. 마르퀴스 어머니의 경우, 잘 지원해 주었고, 적절한 가정 내 보상(예: 게임 시간, TV 시청 시간 주기 등)을 주기로 결정하였다. 교사와의 논의 후 행동 목표가 결정되었는데(몇 번 알려 주면 자리에 앉아 있기 등), 그것은 가정-학교 알림장 방식으로 모니터되었다. 추가로 심리심사도 진행되었는데, 그 결과 마르퀴스의 읽기 능력이나 행동 문제를 다루기 위하여 특수교육을 제공하기로 하였다. 임상의가 학교 회의에 참석하여 개별화교육계획(IEP)을 수립하였다. 일반 학급 안팎에서 별도의 읽기 수업과 행동 지원이 필요하다는 결과가 나왔다.

중재 과정 동안 두 번의 위기가 나타났다. 이 경우 PASS의 위기 중재 요소를 적용해야 했다. PASS에 참여하기 시작할 때쯤, 마르퀴스가 화장실에서 라이터로 불똥을 만들어 보겠다고 하다가 손에 화상을 심하게 당해 치료를 위해 인근 병원 응급실로 급히 데려간 적이 있다. 사고 이후, 아동의 어머니가 아이의 안전에 대한 우려를 강하게 표명하였다. 임상의가 지루함, 아동보호에 대해 잘못 전달된 부분, 위험한 물건 소지, 행동 문제를 가진 다른 아동들로부터 받는 또래 압력과 같은 사건들이 다른 비슷한 사건으로 이어질 수 있었음에 대해 이야기했다. 임상의는 충동성이 가정과 학교에서 나타날 수 있으며, 때로는 위험한 방식으로 나타날 수도 있다는 것을 논의했다. 임상의와 마르퀴스의 엄마는 가정에서 아이를 더 잘 감시할 수 있고, 적절하게 통제된 환경에서 또래와 기회를 주거나 안전한 게임을 할 수 있게 하는 전략을 세웠다.

학교에서 어린 친구가 귀찮게 놀리자 학교에 장전되지 않은 BB총을 가지고 갔을 때 비슷한 사건이 일어났다. 불행히도, 사건의 타이밍이 나빴던 것은 그것이 전국적으로 교내 총기 사건이 헤드라인을 장식하던 시기 직후에 일어났다는 것이다. 학교 당국에서는 마르퀴스를 퇴학시키겠다는 의지를 분명히 표명하였다. 하지만 학교 관계자에게 ADHD에 대한 교육을 제공하고 가족에게 원조를 제공한 후에야, 퇴학 대신에 며칠간의 정학 처분이 내려졌다. 이러한 위기에 대한 대처로 임상의는 치료의 목표에서 벗어날 필요가 있었다.

여름방학 동안, 가족들은 자극제 약물 시도를 시작하기로 결정했다. 어머니와 PCP가 협력하여 약물 시도를 조정하였다. 마르퀴스는 4학년으로 진학하고 잘해 나갔다. 어머니는 약물 덕분에 아이가 교실에서 앉아 있고 집중할 수 있었다고 했다. 게다가 새로운 IEP 실행이 과제를 더 잘 완수할 수 있도록 도왔다고 했다. 가정 행동에서는 특별한 어려움을 나타내지는 않았다고 하였다. 이에 PASS 임상의는 약리적·심리사회적으로 통합된 치료가 가정과 학교에서의 마르퀴스의 요구에 가장 잘 맞았다고 보았다.

전반적으로, 마르퀴스와 가족들은 약식 가족치료에 2시간, 가족-학교 상담에 4시간, 위기 중재에 1시간, 심리 평가에 2시간 참여하였다. 변화 패턴을 모니터하고 참여를 독려하기 위하여 무수한 전화 통화와 더불어 이러한 서비스가 제공되었다. 마르퀴스의 치료 기간에 가족은 참여적이었으며, 대부분의 회기에 참여하였지만 참여하지 못하는 경우에는 전화 통화라도 하였다. 프로그램 기간에 그들은 중재에 대해 상당히 반응적이었다. 추가적으로 마르퀴스의 학교 전문가들 역시 임상의와 일하는 데 협조적이었다. 교사 또한 기꺼이 가정-학교 알림장을 시작하고 계속 유지하였다. 교장과 학교 상담자도 임상의의 추천을 마르퀴스를 위해 개발된 IEP에 잘 접목하였다. 전년도에 두 번의 위기가 가족을 당혹하게 하긴 했지만, 이를 통해 마르퀴스의 부모는 그의 충동성의 영향을 더 잘 이해할 수 있게 되었고, 더 집중적인 어른들의 모니터링과 감독이 중요하다는 것을 이해하게 되었다.

어려움과 제안된 해결책

PASS를 실행하는 데는 물론 수많은 어려움이 있다. 가장 중요한 문제는 가족들을 중재에 참여시키고 그 참여를 유지시키는 것이다. 많은 가족이 취소 전화도 없이 회기에 나타나지 않거나 전화에 회신하지 않는 것은 부지기수이다. PASS 임상의는 일반적으로 회기 예약 시간 전에 전화로 고지하도록 되어 있고, 가족과 연락을 취하기 위해 다양한 시간대에 반복적으로 전화를 시도한다. 가족들을 참여하도록 하는 방법으로 계속적으로 가족들과 연락을 취하는 것이 어느 정도는 유용한 것으로 알려졌다. 동기강화상담 전략(즉, 공감적 반응을 보인다거나, 따라오려고 하는 부모의 노력을 인정해 준다거나, 치료에 방해가 되는 장애물을 극복하도록 원조하는 전략 등)을 적용하는 것 또한 유용하다.

PASS의 주목할 만한 한계는 심리학자와 PCP를 포함한 임상의가 가족과의 문화적·사회경제적 차이로 인해 성공에 결정적인 파트너십을 형성하는 데 불리한 조건에 있다는 점이다. 대안으로 임상의가 공동 중재자 역할을 할 수 있으며 주변 지역사회에 거주하는 전문가나 준전문가에게 도움을 얻는 방법이 있다. 이러한 사람들을 공동체 파트너(community partner)라고 부르는데, 이들은 가족과 신뢰관계를 형성하고 서비스 제공자를 위해 문화 브로커 역할을 하는 데 결정적인 역할을 할 수 있다(Cowen et al., 1996). 임상의와 공동체 파트너 간의 파트너십은 증거기반 치료를 제공하는 훈련을 받은 서비스 제공자의 전문성과 서비스를 제공받는 가족의 문화를 이해하고 이 가족들과 효율적으로 이야기하는 방법을 아는 공동체 파트너의 전문성을 통합하는 기능을 한다(Power, Dowrick, Ginsburg-Block, & Manz, 2004). 공동체 파트너를 서비스 실행팀에 병합하는 것이 가족과의 강력한 파트너십 형성을 촉진하는 추가 전략이 될 수 있다. 이로써 가족들이 치료에 더 적극적으로 참여할 수 있게 된다.

PASS의 또 다른 어려움은 특히 가족-학교 상담과 관련되어 있는데, 교사를 중재 절차에 투입하도록 하는 것이다. 교사 투입이 어려운 것은 스트레스가 많고 재원이 부족한 학교 환경에서 일하면서 교사가 직면하게 되는 고충과 관련이 있을 수 있다. 이와 관련하여, 교사들은 주로 협조적이지 않거나 자신의 노력에 대해 비판적인 가족과 일하는 것을 달갑지 않게 생각한다. 동기강화상담 전략을 사용하는 것이 학부모에게뿐만 아니라 교사에게도 유용할 수 있다. 임상의가 교사에게 스트레스가 가득한 환경에서 가르치기 쉽지 않은 학생들과 일하면서 직면하는 어려움을 강조하고 공감해 주는 것이 중요하다. 교실에서 아동을 직접 관찰하는 데 시간을 들이고 학생들이 일으키는 문제에 대한 교사의 설명을 듣는 것은 임상의가 공감적 이해를 나누는 데 도움이 된다. 더욱이 교사들은 의심의 여지없이 아동을 교육시키고 그들의 행동을 통제하기 위해서 다양한 전략을 사용한다. 교사들의 이러한 다양한 노력을 인정하고, 효율적일 수 있는 전략을 선택적으로 강화하는 것이 유용한 접근법이다.

종종 임상의는 학부모와 일하고 중재 계획을 개발하는 데 협조하는 것을 달가워하지 않는다. 이런 경우 학교의 중요한 의견 주도자인 다른 전문가(예: 상담사, 간호사, 특수교육 교사)와 일하는 것이 도움이 된다. 그럼으로써 교사를 도와 임상의와의 상담을 그들이 더 수용하기 쉬운 방식으로 계획할 수 있다(Atkins, Graczyk, Frazier, & Abdul-Adil, 2003). 이러한 사람들을 학교 챔피언(school champion)이라고 부르는데, 특정 사례를 돕는 것뿐 아니라 앞으로 일어나게 될 다른 사례를 돕는 데도 매우 귀중하다(Blom-Hoffman, 2008). 학교 챔피언을 발굴하는 것과 그들과 지속 가능한 파트너십을 형성하는 것은 PASS 프로그램에서 중요한 토대가 된다.

PASS의 또 다른 어려움은 바로 이 프로그램의 유효성에 대한 평가이다. PASS가 가족의 선호도와 변화에 대한 준비 정도에 반응적으로 고안되었기 때문에, 중재 자체가 가족마다 다양하다. 가령, 가족마다 다른 조합으로, 다른 순서로 받을 수 있다. 또한 제공되는 각 요소의 시간도 상이하다. 중재 관련 연구는 일반적으로 사례마다 일괄 적용될 수 있는 처치를 표준화하는 매뉴얼화된 프로토콜의 시행이 필요하다. 하지만 이 프로그램에 참여하는 다양한 집단을 아우르는 PASS의 적용을 표준화하기란 매우 어렵다. 따라서 현실적인 지역사회 현장에서 PASS와 같은 프로그램의 효율성을 평가하기 위해서는 새로운 연구 설계가 필요하다 하겠다.

결론

학교에서의 성공은 아이의 발달과 건강 유지를 위하여 필수적이다. 초기 학교에서의 성공은 상당 부분 협력적 가족-학교 관계뿐만 아니라 가족의 학습 경험에의 관여를 포함하여, 가족이 교육에 얼마나 관여하는가에 달려 있다. 주의력/행동 문제를 가진 아동은 초기 학교에서의 실패 위기에 놓여 있으며 이는 곧 붕괴된 부모-자녀 관계와 분쟁적 가족-학교 관계와 관련이 있다. ADHD를 포함한 주의력/행동 문제를 겪고 있는 도시 저소득층 가정이 직면한 위험은 빈곤과 다른 곳에서 가용한 자원의 결핍으로 더욱더 현저하게 드러난다. 주의력/행동 문제를 갖고 있는 아동의 서비스 전달의 주요 장은 학교와 1차 환경이다. 비록 각 환경이 서비스 전달의 장으로서 장점을 갖고 있지만, 이러한 체계에서 공통적으로 나타나는 중재 실행의 한계가 다수 존재한다. 이들의 요구를 다루기 위해서는 가족, 학교, 1차 의료 현장을 연계하는 협력적 치료 접근이 절실히 필요하다. 공동행동상담 모델은 이러한 문제를 가진 아이들에게 효율적인 서비스를 제공하기 위한 체계를 연계하기 위해 유용한 체제라고 할 수 있다.

주의력/행동 문제를 가진 아동을 위한 협력적 치료의 핵심 요소는 바로 부모-아동 관계 강화, 아동의 자기조절 기술 개선, 문제해결을 위한 가족-학교 파트너십 형성, 가정과 PCP 간의 관계 강화를 위한 전략을 포함한다. 추가로, 스트레스가 높고 자원이 제한적인 저소득 환경의 경우, 가족을 참여시키고 중재 과정에 교사를 투입하는 것을 최대화하는 것이 반드시 필요하다.

PASS 프로그램은 위험 징후가 나타나기 시작하는 아동을 위해 심각한 결과를 미연에 방지하기 위하여 고안된 조기 중재 프로그램이다. PASS는 ADHD를 포함한 주의력/행동 문제를 가진 아동 중 도시 저소득층 가정에게 통합적이고 다단계적인 중재를 제공하기 위하여 개발되었다. PASS의 주요 요소로는 참여·진전 모니터링, 약식 가족 중재, 가족-학교 상담, 약물 관리, 심리 평가, 위기 중재가 있다. 이 장에서는 중재 프로그램에 참여한 최초의 가족 코호트에 대한 실현 가능성 및 프로그램 만족도를 다루었다. 자료에 따르면 PASS는 주의력/행동 문제를 겪고 있는 저소득층 가정에 효율적으로 적용될 수 있으며 부모와 PCP가 대체로 잘 받아들이고 있다는 것을 알 수 있다. 이 중재의 전달과 관련한 어려움은 예측한 바대로 가족의 참여를 유지시키고 교사의 투입을 높이는 데 있다. PASS 프로그램은 현재 상대적으로 프로그램 평가의 초기 단계에 있다. 대조군 설계를 사용하며, 중재 및 매개 검사를 포함한 유효성 연구가 진행 중이다.

미주

이 장은 필라델피아 아동병원 소아과를 통해 지원을 받는 학장 이니셔티브(Chair's Initiative)의 지원하에 집필되었다.

참고문헌

American Psychiatric Association. (2000). *Diagnostic and statistical manual of mental disorders* (4th ed., text revision). Washington, DC: Author.

Atkins, M. S., Graczyk, P. A., Frazier, S. L., & Abdul-Adil, J. (2003). Toward a new model for promoting urban children's mental health: Accessible, effective, and sustainable school-based mental health services. *School Psychology Review, 32,* 503-514.

Barkley, R. A. (2006). *Attention deficit hyperactivity disorder: A handbook for diagnosis and treatment* (3rd ed.). New York: Guilford Press.

Barkley, R. A., Edwards, G., Laneri, M., Fletcher, K., & Metevia, L. (2001). The efficacy of problem-solving communication training alone, behavior management training alone, and their combination for parent-adolescent conflict in teenagers with ADHD and ODD. *Journal of Consulting and Clinical Psychology, 69,* 926-941.

Blom-Hoffman, J. (2008). School-based promotion of fruit and vegetable consumption in multi-culturally diverse, urban schools. *Psychology in the Schools, 45,* 16-27.

Brown, R. T. (2004). Introduction: Changes in the provision of health care to children and adolescents. In R. T. Brown (Ed.), *Handbook of pediatric psychology in school settings.* (pp. 1-19). Mahwah, NJ: Lawrence Erlbaum Associates, Inc.

Brown, R. T., Freeman, W. S., Perrin, J. M., Stein, M. T., Amler, R. W., Feldman, H. M., et al. (2001). Prevalence and assessment of attention-deficit/hyperactivity disorder in primary care settings. *Pediatrics, 107,* 1-11.

Christenson, S. L., & Sheridan, S. M. (2001). *Schools and families: Creating essential connections for learning.* New York: Guilford Press.

Chronis, A. M., Lahey, B. B., Pelham, W. E., Jr., Williams, S. H., Baumann, B. L., Kipp, H., et al. (2007). Maternal depression and early positive parenting predict future conduct problems in young children with Attention-Deficit/Hyperactivity Disorder. *Developmental Psychology, 43,* 70-82.

Cowen, E. L., Hightower, A. D., Pedro-Carroll, J. L., Work, W. C., Wyman, P. A., & Haffey, W. G. (1996). *School-based prevention for children at risk: The primary mental health project.* Washington, DC: American Psychological Association.

Cunningham, P. B., & Henggeler, S. W. (1999). Engaging multiproblem families in treatment: Lessons learned throughout the development of multisystemic therapy. *Family Process, 38,* 265-286.

Dishion, T. J., & Stormshak, E. A. (2007). *Intervening in children's lives: An ecological, family-*

centered approach to mental health care. Washington, DC: American Psychological Association.

Dumas, J. E., & Wahler, R. G. (1983). Predictors of treatment outcome in parent training: Mother insularity and socioeconomic disadvantage. *Behavioral Assessment, 5,* 301–313.

DuPaul, G. J., & Stoner, G. (2003). *ADHD in the schools: Assessment and intervention strategies* (2nd ed.). New York, NY: Guilford Press.

DuPaul, G. J., Volpe, R. J., Jitendra, A. K., Lutz, J. G., Lorah, K. S., & Gruber, R. (2004). Elementary students with ADHD: Predictors of academic achievement. *Journal of School Psychology, 42,* 285–301.

Eiraldi, R. B., Mazzuca, L. B., Clarke, A. T., & Power, T. J. (2006). Service utilization among ethnic minority children with ADHD: A model of help-seeking behavior. *Administration and Policy in Mental Health & Mental Health Services Research, 33,* 607–622.

Eyberg, S. M., Schuhmann, E. M., & Rey, J. (1998). Child and adolescent psychotherapy research: Developmental issues. *Journal of Abnormal Child Psychology, 26,* 71–82.

Fantuzzo, J., Tighe, E., & Childs, S. (2000). Family Involvement Questionnaire: A multivariate assessment of family participation in early childhood education. *Journal of Educational Psychology, 92,* 367–376.

Fergusson, D. M., & Horwood, L. J. (1995). Early disruptive behavior, IQ, and later school achievement and delinquent behavior. *Journal of Abnormal Child Psychology, 23,* 183–199.

Guevara, J., Fuedtner, C., Romer, D. Power, T., Eiraldi, R., Nihtianova, S., et al. (2005). Fragmented care for inner-city minority children with attention-deficit/hyperactivity disorder. *Pediatrics, 116,* 512–517.

Handen, B. L., Janosky, J., McAuliffe, S., & Breaux, A. M. (1994). Prediction of response to methylphenidate among children with ADHD and mental retardation. *Journal of the American Academy of Child & Adolescent Psychiatry, 33,* 1185–1193.

Institute of Medicine. (1994). *Reducing risks for mental disorders: Frontiers for preventive intervention research.* Washington, DC: National Academy Press.

Kataoka, S. H., Zhang, L., & Wells, K. B. (2002). Unmet need for mental health care among U.S. children: Variation by ethnicity and insurance status. *American Journal of Psychiatry, 159,* 1548–1555.

Kazdin, A. E., & Wassell, G. (1998). Treatment completion and therapeutic change among children referred for outpatient therapy. *Professional Psychology: Research and Practice, 29,* 332–340.

Kern, L., DuPaul, G. J., Volpe, R. J., Sokol, N. G., Lutz, J. G., Arbolino, L. A., et al. (2007). Multisetting assessment-based intervention for young children at risk for attention deficit hyperactivity disorder: Initial effects on academic and behavioral functioning. *School Psychology Review, 36,* 237–255.

McLoyd, V. C. (1998). Socioeconomic disadvantage and child development. *American Psychologist, 53,* 185-204.

McMahon, R. J., & Forehand, R. L. (2003). *Helping the noncompliant child: Family-based treatment for oppositional behavior* (2nd ed.). New York: Guilford Press.

McMahon, R. J., Forehand, R., & Griest, D. L. (1981). Effects of knowledge of social learning principles on enhancing treatment outcome and generalization in a parent training program. *Journal of Consulting and Clinical Psychology, 49,* 526-532.

Miller, W. R., & Rollnick, S. (2002). *Motivational interviewing: Preparing people for change* (2nd ed.). New York: Guilford Press.

Nastasi, B. K., Moore, R. B., & Varjas, K. M. (2004). *School-based mental health services: Creating comprehensive and culturally specific programs.* Washington, DC, US: American Psychological Association.

Pianta, R. C. (1997). Adult-child relationship processes and early schooling. *Early Education and Development, 8,* 11-26.

Power, T. J., Blom-Hoffman, J., Clarke, A. T., Riley-Tillman, T. C., Kelleher, C., & Manz, P. H. (2005). Reconceptualizing intervention integrity: A partnership-based framework for linking research with practice. *Psychology in the Schools, 42,* 495-507.

Power, T. J., Dowrick, P. W., Ginsburg-Block, M., & Manz, P. H. (2004). Partnership-based, community-assisted early intervention for literacy: An application of the participatory intervention model. *Journal of Behavioral Education, 13,* 93-115.

Power, T. J., DuPaul, G. J., Shapiro, E. S., & Kazak, A. E. (2003). *Promoting children's health: Integrating school, family, and community.* New York: Guilford Press.

Power, T. J., Eiraldi, R. B., Clarke, A. t., Mazzuca, L., & Krain, A. (2005). Improving mental health service utilization for children and adolescents. *School Psychology Quarterly, 20,* 187-205.

Power, T. J., Karustis, J. L., & Habboushe, D. (2001). *Homework success for children with ADHD: A family-school intervention program.* New York: Guilford.

Power, T., Mautone, J., Manz, P., Frye, L., & Blum, N. (2008). Providing ADHD services in primary care: The perspective of primary care providers. *Pediatrics, 121,* e65-e72.

Power, T. J., Soffer, S. L., Clarke, A. T., & Mautone, J. A. (2006). Multisystemic intervention for children with ADHD. *Report on Emotional & Behavioral Disorders in Youth, 6*(3), 51-52, 67-69.

Power, T. J., Soffer, S. L., Mautone, J. A., Costigan, T. E., Jones, H. A., Clarke, A. T., & Marshall, S. A. (2009). An analysis of teacher investment in the context of a family-school intervention for children with ADHD. *School Mental Health, 1,* 107-117.

Rieppi, R., Greenhill, L. L., Ford, R. E., Chuang, S., Wu, M., & Davies, M., et al. (2002). Socioecnonomic status as a moderator of ADHD treatment outcomes. *Journal of the*

American Academy of Child & Adolescent Psychiatry, 41, 269-277.

Rimm-Kaufman, S., & Pianta, R. (2003). Family-school communication in preschool and kindergarten in the context of a relationship-enhancing intervention. *Early Education and Development, 16*, 287-316.

Sheridan, S. M., Eagle, J. W., Cowan, R. J., & Mickelson, W. (2001). The effects of conjoint behavioral consultation results of a 4-year investigation. *Journal of School Psychology, 39*, 361-385.

Sheridan, S. M., & Kratochwill, T. R. (2008). *Conjoint behavioral consultation: Promoting family-school connections and interventions* (2nd ed.). New York: Springer.

Tucker, C. M., & Herman, K. C. (2002). Using culturally sensitive theories and research to meet the academic needs of low-income African American children. *American Psychologist, 57*, 762-773.

Wahler, R. G., & Dumas, J. E. (1989). Attentional problems in dysfunction mother-child interactions: An interbehavior model. *American Psychologist, 105*, 116-130.

Webster-Stratton, C. (1985). Predictors of treatment outcome in parent training for conduct disordered children. *Behavior Therapy, 16*, 223-243.

Webster-Stratton, C., & Hammond, M. (1990). Predictors of treatment outcome in parent training for families with conduct problem children. *Behavior Therapy, 21*, 319-337.

Webster-Stratton, C., & Reid, J. (2003). Treating conduct problems and strengthening social and emotional competence in young children (ages 4-8 years): The Dina Dinosaur treatment program. *Journal of Emotional and Behavioral Disorders, 11*, 130-143.

Chapter **20**

학교 증거기반 프로그램 보급: 대처강화 프로그램

John E. Lochman, Nicole R. Powell, Caroline L. Boxmeyer,
and Rachel Baden(앨라배마 대학교)

학교는 아동의 사회성과 정서 발달을 촉진하고 정신건강 문제의 발생과 악화를 사전에 방지하기 위한 예방 프로그램을 제공하는 중요한 장소라는 인식이 증가하고 있다(President's New Freedom Commission on Mental Health, 2003). 학교는 많은 아동과 가족에게 프로그램을 제공할 준비가 갖추어진 독특한 환경이다. 학교는 많은 청소년에게 긍정적 기술 개발 증진 프로그램을 제공할 수 있을 뿐만 아니라 초기에 개인의 정신건강 문제의 위험 신호를 발견하고 조기에 예방적인 중재를 연결할 수 있는 중요한 위치를 점하고 있다. 많은 학교기반 교육과정이 현재 사용 가능하며, 주요한 과제는 요구되는 세부 유형과 수준을 식별하고 그에 따라 가장 효과적인 프로그램을 보급하는 것이다.

예방적 접근은 서비스 대상을 기반으로 하여 다른 수준으로 분류된다(Weisz, Sandler, Durlak, & Anton, 2005). 보편적(universal) 예방 중재는 전체 집단과 대상(예: 초등학교 3학년 전체)을 목표로 하고, 어떤 청소년이 위험이 높은지 파악하지 않고 발달적으로 나타나는 특정 위험 요인을 다루도록 설계된다. 반면, 지시적(indicated) 또는 표적적(targeted) 예방 중재는 발달 중인 정신건강 문제의 위험이 평균보다는 유의하게 높으나 진단할 수 있는 범위로는 아직 떨어지지 않는 개별 청소년(예: 학급 행동 문제 측정 점수가 위험 범위에 속하는 3학년생들)을 목표로 한다.

보편적 예방 접근과 표적 예방 접근은 각각 장점과 단점을 가진다. 보편적 프로그램들은 일반적으로 안녕감을 향상시키는 긍정적 기술 수립 전략을 포함하기 때문에 모든 수준에서 유용할 것으로 보이며 다른 수준의 중재보다 더 잘 받아들여지고 덜 낙인화될 가능성이 있다

(Greenberg, Domitrovich, & Bumbarger, 2000). 하지만 이러한 프로그램들은 이미 상당히 위험한 발달 궤도상에 있는 아동을 변화시키기에는 충분한 시간이나 강도를 제공하지 못할 것이다. 표적 예방 중재의 주요한 장점은 가장 필요로 하는 개인에게 직접적으로 향해 있다는 것, 이다(Offord, 1996). 표적 예방 중재에서는 일반적으로 위기 청소년을 식별하기 위한 선별 과정이 필요하다. 표적 예방 접근의 잠재적인 단점으로는 해당 아동이나 가족이 낙인이 찍힌다 느낄 수 있고 스스로 적극적으로 필요로 하는 것이 아니기 때문에 중재에 저항을 초래할 수도 있다. 각 유형의 대표적인 프로그램들은 아동의 사회·정서적 발달에 지속적으로 긍정적인 영향을 미치는 것으로 나타난다(예: Greenberg et al., 2000; Kutash, Duchnowski, & Lynn, 2006). 따라서 이러한 증거기반 예방 프로그램을 학교 환경에 광범위하게 보급하는 것은 우선적으로 해야 할 주요한 일일 것이다.

청소년 정신건강 문제를 위한 예방적 중재는 일반적으로 아동의 사회·정서적 기능의 생태학적 및 발달적 모델을 기반으로 한다. 발달 연구에서는 대부분의 정신건강 문제가 다양한 원인에서 초래되고 어떠한 장애가 한 가지 특정한 원인이나 위험 요인에 의해 결정되지는 않는다고 보고하고 있다. Coie 등(1993)은 아동의 정신건강 문제를 발전시키는 위험 요인들을 개인적 위험 요인(예: 생물학적 결손, 행동 및 기술적 결손, 정서적 어려움), 가정적 위험 요인(예: 낮은 사회경제적 지위, 정신건강 문제의 가족력, 폭력의 노출, 가족 갈등, 부적절한 양육 방식), 맥락적 위험 요인(예: 대인관계 문제, 학교 문제, 이웃의 폭력, 낮은 지역사회 지지)로 제시하고 있다. 이러한 위험 요인들이 내부적으로 서로 영향을 주고받으며 축적되어 가며 시간이 지남에 따라 아동이 심각한 정신건강 문제 궤도에 진입할 위기를 증가시킨다. 이후의 중재들은 여러 가지 위험 요인을 다루어야 하는데, 가능한 한 빨리 아동의 발달 궤도를 변화시킬 수 있고 위험 요인이 적체되는 것을 막을 수 있는 예방적 중재를 제공하는 것이 최선일 것이다.

또한 아동 발달에는 가족 및 학교 등 맥락적 요인들이 중심적인 역할을 하기 때문에 다양한 수준에서 중재하는 것이 중요하다. 실증 연구들의 결과에 의하면 아동의 행동 변화뿐만 아니라 가정과 학교 환경에서 긍정적인 변화를 구축하고자 하는 다중 구성 요소(multi-component) 예방 프로그램이 일반적으로 아동에게만 중재하는 프로그램보다 더 효과적인 것으로 보고된다(Greenberg et al., 2000; Kutash et al., 2006). 연구 결과에 의하면 품행 문제와 같이 특히 심각한 치료 저항 문제를 가진 아동의 중재에 있어 여러 해 동안 프로그램을 수행하는 것이 중요하다고 밝히고 있다. 이러한 다루기 힘든 문제들은 일반적으로 장기간에 걸쳐 발전하며, 개입을 확장하는 것은 궁극적으로 부정적인 결과를 줄이면서 점진적인 향상을 이끄는 방법으로 다양한 발달 시점에서 원인으로 작용하는 요소들을 목표로 다룰 수 있다[Conduct

Problems Prevention Research Group(CPPRG), 2002].

많은 보편적 및 표적 중재 예방 프로그램들이 무작위 비교 연구를 통해서 학교 환경에서 예방 효과가 있는 것으로 나타난다. 몇 개의 모범적인 프로그램을 다음에 소개하고자 한다.

■ 보편적 예방 중재의 예

대안적 사고 전략 증진(Promoting Alternative THinking Strategies: PATHS) 프로그램은 보편적 예방 중재 프로그램의 예로 초등학생들의 전반적인 사회·정서적 역량과 인지적 기술을 증진시키기 위한 것이다(Greenberg & Kusché, 2006). 이 프로그램은 보편적 중재로 계획되어 있고 학급 환경에서 교사들에 의해 전달된다. 교육과정은 세 가지 영역으로 구성되는데 자기조절과 문제 인식(Turtle Unit), 정서 및 대인 간 이해(Feeling Unit), 대인 간 인지적 문제해결을 포함한다. PATHS 교육과정은 정규 교육과정에 있는 아동뿐 아니라 특수한 도움을 필요로 하는 아동(예: 행동적으로 위기 아동, 청각장애 아동)에게도 적용된다. 일련의 무작위 비교 연구 결과에 따르면, 아동의 행동이 유효하게 향상되는 것으로 나타나며 이것은 정규 교육과정에 있는 아동과 특수한 도움을 필요로 하는 아동 모두에게서 2년 후 사후 중재까지 유지되는 것으로 나타난다(예: Greenberg, Kam, Heinrichs, & CPPRG, 2003; Kam, Greenberg, & Kusché, 2004).

생활기술 훈련(Life Skills Training) 프로그램은 청소년의 물질 남용을 예방하기 위해 계획된 전형적인 보편적 중재 프로그램이다(Botvin & Griffin, 2004). 이 프로그램은 중학생을 대상으로 개발되었는데, 중학교 1학년 동안 15회 실시되고 다음 2년 동안 추가 보충 회기를 가진다. 인지행동 기술 훈련은 학생들에게 개별적인 자기관리 기술, 사회적 기술, 약물저항 기술을 가르치는 데 사용된다. 이 프로그램은 일련의 무작위 통제 효능 실험과 2개의 유효성 연구에서 술, 담배, 마리화나, 다종의 마약 상용을 줄이는 데 아주 효과적인 것으로 나타났다(Botvin, Baker, Dusenbury, Tortu, & Botvin, 1990; Botvin, Baker, Dusenbury, Botvin, & Diaz, 1995; Botvin et al., 1992; Botvin, Griffin, Diaz, Ifill-Williams, 2001; Botvin et al., 2000; Botvin, Schinke, Epstein, Diaz, & Botvin, 1995). 연구 결과는 프로그램의 장기 유효성뿐만 아니라 다양한 지역, 사회경제적, 민족/인종 집단에게까지 일반화할 수 있음을 보여 준다.

앞서 언급한 대로, 다양한 영역의 위험 요인을 다루는 다중 구성 요소 프로그램은 일반적으로 아동만을 대상으로 하는 프로그램보다 더 효과적이다. 가족-교사 관심(Linking the Interests of Families and Teachers: LIFT) 프로그램은 품행 문제를 예방하기 위해 계획된 다중 구성 요소 및 보편적 예방 중재 프로그램의 예이다(Reid & Eddy, 2002). 이 프로그램은 위험 요인을 많이 가진 지역에 거주하는 초등학생과 그 가족을 대상으로 한다. LIFT는 10주 프로그램이며 다음의 요소를 포함한다. 첫째, 지속적인 한계 설정, 효과적인 훈육의 실제, 아동의 학교와 사회 활동의 적극적 참여를 위한 부모교육, 둘째, 아동의 사회 문제해결 기술을 향상시키고 아동이 또래 집단의 부정적 영향에 저항하기 위해 계획된 20회기의 학급기반 사회 기술 프로그램, 셋째, 좋은 행동 게임(Good Behavior Game)에 기반을 둔 운동장에서의 공격성을 줄이는 행동 프로그램(Embry & Straatemeier, 2001), 넷째, 과제 및 학급 활동과 관련한 교사와 부모 간 체계적인 의사소통이다. 671개 가족을 대상으로 한 무작위 실험에서는 운동장에서 공격성이 줄어들고 가족의 문제해결이 유의하게 향상되는 것으로 나타났다. 또한 중재 집단의 아동들은 30개월 후 추후 중재에서 유의하게 문제를 덜 일으키는 것으로 나타났다.

학생들의 긍정적 사회 기능과 학업 기능을 보편적으로 향상시키고자 하는 접근은 꽤 새롭고 빠르게 증가하고 있으며 학교에서 널리 적용되는 긍정적 행동 지원[Positive Behavior Support(PBS), 혹은 긍정적 행동 중재와 지원(Positive Behavior Interventions and Supports)으로도 알려짐; Sugai & Horner, 2002]이다. PBS 접근은 발달 및 인지적 결함을 가진 아동의 도전적인 행동을 줄여 준다고 보고된다. 또한 PBS가 학생들의 문제 행동을 감소시키고 학습을 촉구하며 전체 학교의 효과적인 예방 중재 방법임을 지지하는 연구들이 나오고 있다. 학교 단위 또는 PBS의 보편적인 적용의 예는 '교육 휴회(teaching recess)'인데, 교직원과 학생들을 포함한 학교 전체를 대상으로 워크숍이 열리며 휴회 동안 긍정적인 행동 기대의 윤곽을 그린다. 이와 같은 중재 이후에 휴회와 관련된 문제의 의뢰가 80%까지 감소되는 것으로 나타난다(Todd, Haugen, Anderson, & Spriggs, 2002). 마찬가지로, PBS를 실제에서 실행했을 때 효과적인 것으로 나타났는데, 고등학교 학생들은 교무실로 불려가는 것이 줄어들고(Bohanon et al., 2006), 초등학교 학생들은 교무실로 불려가는 것과 방과 후에 남게 되는 것이 줄어들며(George, White, & Schlaffer, 2007), 특수교육이 필요한 자폐나 정서장애 학생에게는 격리나 통제 같은 중재의 필요성이 줄어드는 것으로(George et al., 2007) 나타난다.

■ 표적 예방 중재의 예

수많은 표적 예방 중재가 좀 더 심각한 문제 행동을 보이는 위기 아동에게 활용 가능하다. 가장 강력한 실험 증거들의 지지를 받는 프로그램은 다양한 이해 관계자가 중재하고 여러 해에 걸쳐 수행되었다는 연구 결과처럼, 대다수의 증거기반 표적 중재는 다중 구성 요소를 가진 수년 동안 이루어진 프로그램들이다.

인크레더블 이어스 훈련 시리즈(The Incredible Years Training Series)는 원래 부모 훈련을 위해 개발되었으나 지금은 취학 전 아동과 초등학교 저학년 학생을 위한 표적 예방 프로그램으로 실행되고 있다. 프로그램은 교사와 아동 관련 구성 요소를 포함하고 있으며 파괴적 행동 문제 아동의 발생과 문제의 악화를 예방하고자 한다(Webster-Stratton, 2005). 치료자에 의해 촉진된 집단 활동 동안 부모들은 사회 학습, 아동 발달의 원리, 부모-아동 상호작용 연극, 칭찬, 보상 프로그램, 비폭력 훈련 기술 활용 관련 동영상을 보고 토론한다. 부모교육 프로그램의 상위 버전에서는 부모의 자기통제, 의사소통 기술, 문제해결 기술, 사회적 지지, 자기돌봄을 증진시키는 것과 관련된 동영상 내용을 포함한다. 또한 추가적인 부모 교육과정에서는 부모가 아동의 학업 성취를 촉구하는 방법을 배운다. Incredible Years 프로그램 교사용은 교사들이 효과적인 학급관리 전략, 친사회적 아동 행동의 강화, 긍정적인 학교 및 가정 의사소통을 사용하게 하는 것을 목표로 한다. Incredible Years 아동 훈련 프로그램은 아동에게 사회적 기술, 정서의 자각, 자기조절 전략, 효과적인 문제해결 기술을 기르친다. 프로그램의 다중 구성 요소 버전은 무작위 통제 실험에서 가장 강력한 효과를 내는 것으로 나타난다(Reid, Webster-Stratton, & Hammond, 2007).

대부분의 학교기반 정신건강 표적 예방 프로그램이 외현화 행동 문제의 예방을 강조하고 있는 데 반해 일부 프로그램은 내재화 문제를 예방하는 데 초점을 맞추고 있다. Queensland 불안 예방 및 조기 개입(Queensland Early Intervention and Prevention of Anxiety) 프로젝트는 불안 문제의 발생과 악화를 예방하는 학교기반 집중 중재를 연구했다(Dadds et al., 1999). 이 프로그램은 중증 또는 경증의 불안장애로 진단되는 7~14세 학생들에게 실행되었다. 일차적으로 이 프로그램은 개별 아동 회기로 구성되며 아동들은 점진적으로 불안을 불러일으키는 상황에 노출되어 인지적·행동적·생리적 대처 전략을 배운다. 추가 부모 회기도 제공되는데, 부모들에게 아동의 불안을 관리하는 전략과 아동이 배운 기술이 익숙해지게 하는 방법을 가르치고 부모들이 같은 기술을 사용해서 자신의 불안을 관리하는 것을 돕는다. 무작위 추출 통제 실험에서 중재의 효과는 6개월 후 사후 중재에서 가장 효과적인 것으로 나타났는데, 이때 위기 불안 청소년은 현저하게 내재화 문제를 덜 발달시키는 것으로 나타난다.

대처강화(Coping Power) 프로그램은 위기의 공격적인 초등학생과 중학생을 대상으로 한 다중 구성 요소 및 다년간의 표적 예방 중재 프로그램이다(Lochman, Wells, & Murray, 2007). 대처강화 프로그램은 학교 환경에서 증거기반 예방 프로그램의 개발, 실험, 보급 과정을 상세히 설명하기 위해 다음에 소개할 것이다.

대처강화 프로그램: 표적 예방 프로그램

대처강화 프로그램은 개념적으로 맥락적 사회 · 인지 모델에 근거를 두고 있다(Lochman & Wells, 2002a). 이 모델은 아동 내부의 요인들과 아동의 환경 내 요인들이 아동의 공격적인 행동의 발달과 유지에 기여한다고 가정한다. 대처강화 프로그램 목표들과 가장 관련된 맥락적 요인들은 가족, 학교, 또래 환경과 관련된 것이다. 가족 요인에서 부정적인 양육 행동은 아동에게 지속적이고 부정적인 결과를 가져올 것으로 예측되는 명확한 변수이다. 더 구체적으로, 언어적으로 또는 비언어적으로 공격적이고, 일관되지 않고, 따뜻함과 배려가 부족한 양육 방식은 아동의 행동 문제와 직접적으로 관련되는 것으로 나타난다(Stormshak, Bierman, McMahon, Lengua, & CPPRG, 2000). 주로 많은 연구들이 부정적인 아동 양육의 영향에 초점을 맞추고 있으나, 일부 연구에서는 아동과 청소년의 일탈 행동을 감소시키는 부모의 모니터링 같은 긍정적인 부모 행동의 영향을 강조한다(Pettit, Laird, Dodge, Bates, & Criss, 2001).

또한 아동의 공격성과 관련된 문제 행동들은 학교와 또래 요인에 영향을 받는다. 가령, 아주 공격적인 또래가 있는 학급에 있는 아동들은 더 높은 수준의 공격 행동을 나타내는 것으로 보고된다(Barth, Dunlap, Dane, Lochman, & Wells, 2004). 이러한 결과는 또래 집단이 아동의 행동 선택에 극단적으로 영향을 미친다는 것을 보여 준다. 또한 높은 학급 관리 수준, 가령 교사의 돌봄, 가르침, 모니터링, 중재 행동이 있을 때 아동의 집단 괴롭힘 행동이 낮아지는 것으로 나타난다(Roland & Galloway, 2002). Mayer(1995)는 추가적으로 학교 수준에서 아동의 행동 문제를 살펴보았다. 그는 모호한 학교 규칙, 정책, 추수 작업의 부족, 훈련 문제와 관련된 행정상의 지원 부족, 천편일률적인 아동 학습지도 등이 아동의 문제 행동의 원인이 된다는 것에 주목하였다(Mayer, 1995).

맥락적 사회 · 인지 모델에서는 앞서 언급한 맥락적 요인들이 아동의 행동에 직간접적인 영향을 준다는 사실을 포함하고 있다(Lochman & Wells, 2002a). 맥락적인 요인들은 정서와 사회 · 인지적 과정에 영향을 미침으로써 아동 행동에 간접적으로 영향을 준다고 여겨진다. 사실상 공격적인 아동은 이 두 가지 영역, 즉 정서와 사회 · 인지적 영역에서 많은 어려움을 보인다. 예를 들어, 높은 수준의 정서성과 낮은 수준의 조절력을 보이는 아동은 동반하는 사회적 기능, 즉 부모가 보고한 문제 행동과 교사가 보고한 학교에서의 사회 기술, 인기, 친사회적 또는 파괴적 행동으로 정의되는 기능에서 어려움을 동반하는 것으로 보고된다(Murphy, Shepard, Eisenberg, & Fabes, 2004). 더욱이 외현화된 문제 행동을 보이는 아동은 또래보다 더 높은 수준의 분노를 경험하는 것으로 나타난다(Eisenberg et al., 2001). 분명히 이러한 정서 과정은 어떻게 아동이 사회 정보를 인지적으로 처리하고 대인 간 문제를 해결하는지에 대한 중요한 함의를 가진다(Lemerise & Arsenio, 2000).

실제로 공격적인 아동은 사회 정보처리 과정에서 많은 결점과 왜곡을 보인다(Crick & Dodge, 1994). 예를 들어, 평가와 관련된 사회적 상황에서 공격적인 아동은 비교 대상이 되는 비공격적인 아동보다 사회적인 단서에 대해 선택적으로 집중하고 더 호전적으로 해석하는 경향을 보인다(Dodge, Pettit, McClaskey, & Brown, 1986). 더욱이 비공격적인 또래와 비교하여 공격적 아동(특히 더 심각하게 공격적인 아동)들은 사회적인 상황에서 관련된 단서들을 거의 떠올리지 못하며(Lochman & Dodge, 1994) 다른 사람의 행동에 대해서 추론을 하기 전에 단서를 거의 해석하지 못하는 경향이 있다(Dodge & Newman, 1981). 이와 같이 공격적인 아동들은 단서 해독의 어려움을 나타낼 뿐만 아니라 다른 사람의 행동을 호전적 의도를 가진 것으로 보기 쉽고(Dodge, Price, Bachorowski, & Newman, 1990), 다른 사람의 공격성은 더 과대하게, 자신의 공격성은 더 과소하게 여긴다(Lochman & Dodge, 1998). 사회 정보처리 과정의 평가 단계에서 이러한 왜곡은 아동의 공격적 행동을 더 활성화시키는 것으로 보인다.

또한 아동의 공격적인 행동은 사회적 문제해결에서의 결함과 관련되어 있다. 가령, 공격적인 아동은 비공격적인 아동에 비해 가설적인 갈등 시나리오에서 해결책을 덜 제시하며 합의하고 도움을 추구하는 해결 방식을 덜 제안하는 것으로 나타난다(Lochman & Dodge, 1994). 이것은 부분적으로 공격적인 해결 방식이 긍정적인 결과를 가져올 것이라는 공격적인 아동의 믿음에서 비롯될지도 모른다. 공격적 행동에 대한 이러한 긍정적 결과 기대는 비공격적인 아동보다 공격적인 아동에서 더 분명히 나타난다(Lochman & Dodge, 1994). 또한 공격적인 아동은 친사회적인 해결 방식을 성공적으로 수행하는 능력에 있어 낮은 효능감을 보이고 실제로 도발적 상황에서 효과적이고 친사회적으로 반응하는 기술이 부족한 모습을 보인다(Dodge et al., 1986).

맥락적 사회 · 인지 모델은 아동의 공격성에 기여하는 아동 수준의 맥락적 요인을 이해하고 조직하기 위한 틀을 제공한다. 또한 이 개념적 모델은 중재를 위한 잠재적 목표를 명확히 하는 데 도움을 준다. 대처강화 프로그램 중재에서는 직접적으로 아동 수준에서의 사회 · 인지와 정서 과정과 맥락적 사회 · 인지 모델에 의해 집중 조명된 맥락적 위험 요인을 목표로 한다. 구체적으로 아동 수준의 맥락적 요인에 집중함으로써, 대처강화 프로그램은 아동 공격성과 관련된 문제 행동을 억제하는 것을 목표로 한다. 대처강화 프로그램은 부모와 아동 모두를 대상으로 한다. 아동 프로그램은 34회기, 일반적으로 4~6집단으로 이루어지며 2명의 공동 리더에 의해 이끌어진다. 회기들은 학교에서 학기 중에 이루어지고 40~60분 동안 이루어진다. 대처강화 프로그램은 4~6학년 학생을 위해 계획되었으나 실제에서 경험 많은 임상가들은 다소 더 어리거나 나이가 많은 학생들을 위해 변형하고 있다. 예를 들어, 연령대가 더 높은 학생과 작업을 할때 리더들은 학생들에게 아이디어를 토론하는 시간을 더 주고 더 어린 학생들을 위해서는 발달적으로 더 적합한 활동으로 변형한다(예: 역할극을 인형극 활동으로 대체하는 것).

구체적으로 아동 회기들은 앞서 언급하였던 행동 문제를 가진 아동의 정서 및 사회·인지 과정의 어려움을 목표로 하고 있다. 각 회기는 다음과 같은 영역을 다룸으로써 학생들을 돕는데 초점을 맞추고 있다. 목표 설정, 정서의 인식과 알아차림, 분노 조절, 조직화와 학습 방법, 사회 문제해결, 조망 수용과 귀인 재훈련, 긍정적인 또래 친애욕구와 또래 압력의 저항이 그것이다. 이러한 영역에서의 교육과정은 가족, 학교, 또래 환경에서 어려움을 가진 학생들의 눈높이에 맞추어 구성되었다. 이 교육과정은 다양한 상호작용 게임, 역할극, 새로운 기술을 가르치기 위한 집단 프로젝트에 학생들이 참여하게 하는 것을 목표로 하고 있다. 이러한 기술들을 일반화하고 앞으로 나아가도록 하기 위하여 학생들은 교사에게서 주별로 행동 목표를 개발하도록 요청받고 어떻게 진전되고 있는지 교사에게 매일 피드백을 받도록 한다. 학생들의 진전에 대해서는 집단 회기에서 보상을 받는다.

대처강화 프로그램의 부모 프로그램은 아동 프로그램과 유사하게 구성된다. 부모 프로그램은 16회기로 약 10명의 부모 집단으로 이루어진다. 회기는 2명의 공동 리더가 이끌며 약 90분 동안 지속된다. 부모 프로그램 중 일부는 자녀들이 아동 프로그램에서 배운 기술들을 강화시키는 방법을 가르치는 것을 목표로 하고 있다. 부모 회기에서의 핵심 요소들은 잘 구축된 경험적 증거들을 바탕으로 한 부모훈련 프로그램에서 왔고(예: Forehand & McMahon, 1981), 다음과 같은 이슈에 중심을 둔다. ① 긍정적 또는 부정적인 아동 행동을 식별하고 긍정적 행동을 강화하는 것, ② 사소한 잘못된 행동은 무시하는 것, ③ 명확한 지침을 제공하는 것, ④ 연령에 적합한 규칙과 기대를 설정하는 것, ⑤ 잘못된 행동에 대해 합당한 결과를 제공하는 것이다. 대처강화 프로그램의 부모 회기는 긍정적인 양육 기술을 북돋는 것에 초점을 맞추고 있다. 추가적으로, 대처강화 프로그램의 부모 회기는 부모에게 자신의 스트레스와 부정적인 기분을 관리하는 것, 가족 응집력을 기르는 것(예: 가족 게임의 밤을 통하여), 가족 문제해결을 위한 모델링을 하는 것, 가족 상호작용을 증가시키는 것(예: 매주 가족 회의를 통하여)을 코치하는 것을 목표로 하고 있다. 아동 회기처럼 부모 회기에서도 높은 수준의 상호작용이 이루어지는데, 종종 역할극, 집단 토의, 과제를 포함하기도 한다.

대처강화 프로그램 중재의 효능은 몇 가지 무작위 통제 실험에서도 나타나고 있다. Lochman

과 Wells(2002a)는 대처강화 프로그램이 부모와 아동의 개입 과정에서 유의미한 변화를 이끌어 냈고 이러한 변화는 추수 중재에서 일탈 행동, 학교 비행, 물질 사용의 감소와 관련되어 있음을 발견했다. 특히 중재와 관련하여 부모의 훈육 지속성과 아동의 귀인 편향에서의 변화가 특히 아동의 비행 행동을 감소시키는 데 중요하였다. 이러한 긍정적인 결과는 1년 후 추수 조사에서도 유지되는 것으로 나타났다. 부모와 아동 프로그램 모두를 포함한 풀 버전의 대처강화 프로그램에 참석한 아동들은 통제 집단이나 아동만이 참석한 집단에 비해 아동 보고에서 은밀한 비행이 줄어들고 부모 보고에서 약물 사용이 줄어든 것으로 나타났다(Lochman & Wells, 2004). 더욱이 추수 연구에서 교사 보고에 따르면 풀 버전 또는 아동만이 참석한 집단은 통제 집단보다 학교 비행에 있어 훨씬 개선된 것으로 증명되었다. 더욱 중요한 것은 대처강화 프로그램 중재는 앞서 언급한 공격적인 소년들을 정상 범위로 옮겨 놓는 데 성공적이었다(Lochman & Wells, 2004).

다른 연구에서는 일반 학생들을 표적으로 하여 보편적 프로그램 안에 지시적 대처강화 중재를 했는데, 다양한 측면에서 두드러지는 향상을 드러내는 것으로 나타났다(Lochman & Wells, 2002b). 이 연구에서는 245명의 공격성을 나타내는 5학년과 6학년 학생들이 무작위로 네 집단 가운데 하나로 배정되었다. 그것은 ① 보편적 학급 중재와 함께 지시적 중재, ② 보편적 학급 중재만, ③ 지시적 중재만, ④ 보편적 중재도 지시적 중재도 없는 통제 집단이었다. 3개의 중재 집단은 약물 사용의 비율이 낮았고 6학년 말에 사회적 역량과 자기조절에 있어 향상된 것으로 나타났다. 더욱이 대처강화 프로그램 중재는 사후 중재에서 아동과의 상호작용에 있어 부모의 지지를 증가시키는 경향을 나타냈다(Lochman & Wells, 2002b). 지시적 대처강화는 본질적으로 긍정적인 결과를 만들어 내지만, 긍정적인 효과는 보편적 중재, 즉 학급 단위 중재와 복합적으로 전달되었을 때 더 강화되는 것으로 나타났다. 구체적으로 지시적 중재와 보편적 중재 모두를 받은 아동은 다른 세 집단의 아동과 비교해서 자신의 사회적 역량에 대한 자신의 인식, 교사가 평가한 친사회적 행동에서 두드러진 향상을 보였다(Lochman & Wells, 2002b). 통제 집단 학생들과 비교해서 대처강화 프로그램 학생들은 1년 후 추수 연구의 교사 보고에서 공격적인 행동이 눈이 띄게 향상되고 자기보고에서 비행과 물질 사용이 더 낮아진 것으로 나타났다(Lochman & Wells, 2003).

프로그램의 성공적 보급을 돕거나 방해하는 것과 관련된 이슈

중재의 효능과 유효성이 잘 구축된 이후에 중요한 다음 단계는 실제 현장에서 프로그램을 실행시키기 위한 보급의 문제이다. 치료 환경에서 증거기반 프로그램(Evidence-Based Program: EBP)의 활용이 드물기는 하지만(Addis & Krasnow, 2000; Henderson, MacKay, & Peterson-Badali, 2006), 이러한 프로그램을 실행해야 한다는 논의는 활발하며 점차 증가하고 있다(Glisson & Schoenwald, 2005). 주의 깊게 통제된 연구의 결과물인 EBP가 임상 실제로 옮겨지는 것이므로 성공적인 보급을 방해하거나 또는 증진시킬지 모르는 요인을 식별해 내는 것이 필요하다. 많은 연구에서 이 주제를 다루고 있는데, 이 장에서는 최근 연구들을 개관해 보고자 한다.

실행 통합성 대 유연성

대처강화 프로그램과 같은 EBP는 잘 통제된 조건하에서 효과적이고 효율적으로 실행된다. 예를 들어, 참여자들은 구체적인 기준에 의해 선정되고 중재는 일반적으로 집중적으로, 지속적인 훈련으로, 매뉴얼에 상세히 기입된 대로 명확하게 이루어진다. 이러한 실제는 의미 있는 프로그램 평가에 필수적인 치료의 통합성(integrity)을 지지한다.

중재 연구를 위해 개발된 매뉴얼들은 프로그램의 보급력(transportability)를 증진시키는 부가적인 이익을 가져온다. 프로그램의 내용은 이용자 친화적인 방식으로 소개되어 나중에 사용하는 임상가들이 다양한 환경에서 프로그램을 변형하여 적용하는 것을 가능하게 한다. 또한 프로그램의 핵심 특징을 구체적으로 기술함으로써 향후 이 프로그램의 복제가 이전의 중재 실행에서와 비슷한 효과를 가져올 수 있는 가능성을 높인다(Kendall & Chu, 2000). 하지만 이러한 이점에도 임상가들은 이처럼 매뉴얼화된 치료 방법을 실제 임상 작업에서 적용하는 것을 우려하고 있다(Addis, Wade, & Hatgis, 1999). 비판점은 매뉴얼이 하나의 치료적 관점으로만 제한되어 초점화되고 있다는 점, 긍정적인 참여와 치료적인 연합과 같은 평범한 요소를 재강조하였다는 점, 내담자의 구체적인 특성(공존 질환을 포함하여)에 대해 주목하지 않기 때문에 선형적이고 불변하는 프로토콜을 고수할 것을 요구하기 쉽고 치료자가 치료 회기 동안에 임상적 판단을 하는 것을 제한할 수도 있기 때문에 치료를 장기화할지도 모른다는 점이다(Kendall & Beidas, 2007).

이러한 우려는 EBP를 임상 현장에 투입하고자 하는 열정을 꺾는 것으로 나타났다. 하지만 Kendall과 Beidas(2007)의 사례에서는 다르다. 이들은 증거기반의 매뉴얼화된 치료가 '충실도 안에서의 유연성(flexibility within fidelity)'을 증진시키도록 만들고, 이는 프로그램의 핵심은 유지하면서 현장 전문가가 내담자에 따라 EBP를 개별화하여 사용하도록 하고 그들이 임상적 판단을 하는 것을 허용한다. 대처강화 프로그램의 보급 과정에서 살펴보면 임상가들은 프로그램의 내용을 사례에 따라 구체적인 필요에 맞추어 적용하는 것을 선호하는 것으로 나타난다. 예를 들어, 임상가들은 현장 상황에 따라 선호하는 활동(예: 정서 인식을 위한 구성 요소로 '감정 빙고' 게임을 추가하는 것)이나 내담자의 특징에 더 잘 맞는 활동(예: ADHD 증상을 나타내는 아동에게는 토론보다는 역할극을 하도록 하는 것)으로 적용하는 것으로 추가 회기의 내용을 구성할 수 있을 것이다. 대처강화 프로그램은 참여하는 개인 또는 집단을 완벽히 개별화하여 다루는 몇 가지 활동을 포함하는데, 문제해결 기술을 강화하기 위한 비디오 제작과 아동의 학교나 지역사회의 특정 또래 집단의 그림을 이용한 표현을 창조하도록 하는 것을 포함한다. 이러한 유연한 적용이라는 것은 내용의 누락이나 원래 프로그램에서 근본적으로 벗어나서 원래 프로그램을 고수하지 않거나 EBP의 효과성을 손상시킨다는 것을 의미하지는 않는다는 것을 잘 알아 두는 것이 중요하다. 우리는 EBP의 적절한 변형과 적용은 참여를 증진시키고 개별적 관련성을 증가시켜 효과성을 증가시키는 잠재력이 있다고 믿는다. 하지만 어떻게 다양한 유형의 변형이 결과에 영향을 미치는지 판단하기 위해서는 경험적 연구가 필요하다.

학교기반 프로그램의 부모 참여

아동 대상의 많은 EBP는 아동의 치료에 부모를 참여시키거나(Kendall, 2000) 부모의 양육 기술을 증가시키고 아동의 행동을 다루는 별도의 부모 구성 요소를 제공함으로써(예: Lochman & Wells, 2002a; Webster-Stratton, 1989) 부모에게 초점을 많이 두고 있다. 이러한 프로그램의 효과성을 증명하기 위해 수행된 연구들은 일반적인 치료 환경과 비교하여 상대적으로 이상적인 조건하에 진행되었는데, 활용할 수 있는 자원이 더 많고, 치료자는 더 작은 사례를 다루며, 부모는 참여에 더 동기화되어 있다. 대처강화 프로그램 중재 연구에서는 부모 프로그램에 참여한 아동을 돌봐 주고, 식사 및 교통비 현금 제공을 포함함으로써 촉구되었다. 안타깝게도, 부모 참여를 위해 상당한 노력이 이루어졌음에도 많은 부모는 중재 집단에 참여하지 않았으며(예: Reid, Eddy, Fetrow, & Stoolmiller, 1999), 이는 실제로 자원이 매우 부족한 중재 환경에서 프로그램 보급력(transportability)에 대해 우려케 한다.

EBP 보급과 부모 출석 및 참여를 증진시키기 위해 실질적으로 도움이 되는 것들을 제안할 필요가 있다. 장애물이 효과적으로 다루어질 수 있을 때까지 부모 참여 문제는 아동 EBP의 보급과 관련하여 상당히 도전적인 과제로 남아 있을 것이다. 우리의 보급 노력 안에서 도출한 관찰기록은 부모 모임의 출석을 독려하기 위한 몇 가지 저비용 전략을 제공한다. 이는 모임에 대해 개별적으로 알려 주고(전화나 메모 등), 모임에서 포트럭(pot-luck)[1]을 활성화하고 부모 모임 동안 학생 발표(예: 프로그램 개념을 풍자적으로 그리는 것)를 계획하는 것, 부모의 일과 가족 일정에 맞추는 유연한 일정 잡기를 포함한다. 부모 참여를 독려하기 위한 가장 효과적인 전략은 9명의 학생으로 구성된 집단에서 거의 100%의 부모 참여를 이루어 낸 초등학교 학교 가이던스 상담자 사례를 참고할 수 있다. 앞에서 제시한 전략에 추가하여 이 상담자는 전화 통화와 모임 동안에 아동의 긍정적인 특징을 강조하여(예를 들어, 부모에게 자신의 자녀에 대해 자랑해 보라고 요청하며 매 모임을 시작함으로써) 모든 학생의 부모와 긍정적인 관계를 구축하였다고 보고했다. 수용적이고 따뜻한 관심의 환경을 만들어 냄으로써 이 상담자는 거의 불가능한 부모 참여를 이루어 낸 것으로 보인다. EBP 보급을 위한 노력과 관련하여 임상가의 관계 형성 전략을 증진하는 것은 부모 참여 이슈에 대한 효율적인 방법을 제공하는 것으로 보인다.

학교 특성과 학교 요소

EBP가 학교에 보급될 때 새로운 도전이 나타난다. 학교는 조직화된 체계를 가진 장소이며 이것이 프로그램의 실행에 영향을 미칠 수 있다. 학교와 같은 환경에서 작업한다는 것은 관계 영역(참여, 또래 응집력, 교직원 지지), 개인 성장과 발달 영역(자율성, 과업 지향, 과업 압력), 체계 관리와 변화 영역(명료성, 통제, 혁신, 신체적 안락함)을 아우르는 것으로 개념화되며, 이 모든 영역은 중재 실행과 관련하여 구성원 개인의 열정에 영향을 줄 것으로 여겨진다(Moos, 2002; Vincent & Trickett, 1983). 더욱이 일부 연구에서는 조직의 분위기의 특징과(예: 낮은 갈등, 협력, 역할 명확성, 개별화) 아동의 심리사회적 성과와 관련이 있음을 보여 준다(Glisson & Hemmelgarn, 1998).

프로그램의 보급에 관한 연구에서는 EBP의 투입 결정이 위에서 아래로 관리자들에 의해서 단독으로 만들어지는 수직적인 구조 안에서 이루어질 때 새로운 프로그램은 더 빠르게 보급된다고 제안한다. 하지만 이러한 조건 아래서 만들어지는 보급 노력은 협력적인 환경 아래에서

---

1) 역자 주: 참가자 각자가 음식을 가져와 함께 하는 식사

만들어지는 경우보다 유지에 있어서 덜 성공적인 것으로 나타난다(Henggeler, Lee, & Burns, 2002). 또한 새로운 프로그램의 지속성은 임상가와 관리자가 속한 조직의 이직률에도 영향을 받는다(Schmidt & Taylor, 2002).

부정적으로 학교의 분위기를 받아들이는 개별 구성원들은 더 쉽게 소진되고, 긍정적인 학교 분위기는 새로운 프로그램을 학교에 성공적으로 실행하는 데 있어 더 관련된 것으로 나타난다(Bulach & Malone, 1994). 동료 간에 권한을 나누는 협조관계와 교장의 긍정적 리더십은 학교 내 긍정적인 변화와 개선을 촉구하는 데 관련된 요인인 것으로 나타나고, 이는 EBP를 교육과정에 추가하는 것에도 영향을 미친다(Peterson, 1997). EBP의 실행에 영향을 미칠 수 있는 다른 학교 단위 요인은 학교의 크기, 학교의 인종 구성, 학생들의 사회경제적 수준, 학생들 사이의 전체적인 공격성 수준이 포함된다(Barth, Dunlap, Dane, Lochman, & Wells, 2004; Kellam, Ling, Merisca, Brown, & Ialongo, 1998). 이러한 요인 중 특정 요인들은 쉽게 변화 가능하지 않음에도 불구하고 잘 인식하고 있어야 하는데, 이는 프로그램의 실행과 관련된 이슈들, 즉 지속적 컨설팅과 지원의 필요성 등을 이야기해 줄 수 있기 때문이다.

일부 연구자들은 EBP를 학교에 투입하는 데 있어서 실제로 고려해야 할 점을 제시하고 있다(예: Crisp, Gudmundsen, & Shirk, 2006; Mufson, Dorta, Olfson, Weissman, & Hoagwood, 2004). 도전적인 요인들로써 구성원의 제한된 시간과 가용성, 훈련과 실행 비용을 감당할 자금의 부족, 회기를 진행할 수 있는 물리적으로 제한된 공간, 학교 전반적인 행사로 인한 모임의 방해와 취소, 학생들의 결석, 퇴학, 전학으로 인한 프로그램 완료 불가 등이 있다(Crisp et al., 2006; Mufson et al., 2004). 흥미롭게도, Crisp 등(2006)은 학생들이 학교 세팅에서 서비스를 받을 때 매우 낮은 수준의 심리적인 장벽(예: 낙인화, 비밀이 새어 나감에 대한 걱정)을 나타낸다는 것을 보고했다. 대신, 학생이 보고한 장벽은 치료에 대한 생활 스트레스의 방해이다. 분명히 EBP의 학교 보급 이전에 실행과 잠재적인 문제해결을 위한 실질적인 장애물을 고려하는 것이 필요하다.

개별 구성원의 특성

프로그램의 실제 실행을 담당하는 임상가들의 태도와 행동에 따라서 프로그램의 성공은 촉진되기도 하고 방해되기도 한다. 임상가들의 실행 노력은 새로운 프로그램에 대한 그들의 인식과 관련되고(Schmidt & Taylor, 2002; Stirman, Crits-Christoph, & DeRubeis, 2004), 친화적인 태도를 강화하는 것은 효과적인 보급에 중요한 것으로 나타난다. EBP에 대한 임상가의 저항은 보급 노력에 대한 주요한 장애물이 될 수 있고 중재의 적합성 또는 유연성의 정도를 고려하는 데 기본 바탕이 될 수 있다(Stirman et al., 2004). 현장 전문가들은 새로운 EBP가 실제 현장에서 효과적으로 작동한다는 것을 확신할 수 있어야 한다(Stirman et al., 2004).

EBP를 효과적으로 실행할 수 있는 임상가의 능력과 관련된 요인은 자신감, 자기효능감, 이전 경험, 실행 장벽에 대한 인지, 중재와 이론적 모델에 대한 친숙성의 수준을 포함한다(Turner & Sanders, 2006). 조직 변화에 대한 냉소, 성공적이지 못한 변화 노력 등이 이후에 나타날 수 있는데, 이 또한 새로운 프로그램에 대한 임상가의 개방성과 새로운 프로그램을 효과적으로 실행하기 위한 능력과 의도에 영향을 끼친다(Wanous, Reichers, & Austin, 1994).

훈련의 영향

훈련 과정의 특징은 잠재적으로 프로그램의 실행에 영향을 주고, 이러한 기제를 통하여 훈련 과정은 결과에 영향을 준다(Henggeler, Melton, Brondino, Scherer, & Hanley, 1997). 많은 기관과 조직에서 구성원들에게 하루나 이틀의 워크숍을 통하여 훈련을 제공한다. 이러한 준비는 효과적이고 경제적일지 모르지만 충분히 효과적인 것으로 나타나지 않는다. 예를 들어, CBT 과정의 세 가지 다른 유형의 훈련 효과성을 살펴보는 연구에서 Sholomskas, Syracuse-Siewert와 Rounsaville(2004)은 다른 기법이나 지원이 없는 훈련 워크숍만으로는 임상가의 역량을 구축하는 데 효과적이지 못한 것을 보여 주었다. 하지만 워크숍 이후 지속적인 감독, 전문가 컨설팅, 사례 피드백과 같은 지속적인 지원이 이어지는 경우 EBP 프로토콜을 고수하고 역량을 향상시키는 것이 가능한 것으로 나타났다(예: Stirman et al., 2004). Schoenwald, Sheidow와 Letourneau(2004)는 컨설팅 관행이 치료자의 몰입과 청소년 문제 관련 성과를 가져오는 것을 촉진시키거나 손상시킬 수 있음을 보여 주고 있다. 구체적으로 치료자를 지원하는 컨설팅은 몰입과 성과를 방해할 수 있지만, 역량과 특정 전략 및 중재 원칙에 대한 초점화는 유용한 것으로 나타난다.

또한 불특정 요인에 대한 관심은 훈련 과정에서 중요한 것으로 나타난다. 예를 들어, 임상가들의 새로운 프로그램에 대한 개방성은 새로운 프로그램에 대한 내부 기관 지지자와 훈련자를 포함하는 집단의 '변화 주도자(change agents)'의 특성에 영향을 받는 것으로 나타난다(Stirman et al., 2004). 실제로 Schmidt와 Taylor(2002)는 변화 주도자의 신뢰성과 개인적인 특성이 임상가가 새로운 프로그램을 채택하는 데 있어 가장 강력한 영향의 일부라고 주장한다. 또한 전문가들은 새로운 프로그램의 초기 훈련 과정에서 나타나는 임상가의 태도는 새로운 프로그램에 대한 감정과 신뢰로, 그들의 수용성과 실행에 영향을 미칠 수 있다는 점을 권고한다 (Gotham, 2006). Aarons(2005)는 임상가의 EBP에 대한 일반적인 태도를 측정하는 데 사용할 수 있는 척도를 개발하였다. 이 정보는 훈련 과정을 안내할 수 있을 것이다. 임상가의 태도와 신뢰는 훈련 과정 전반에 걸쳐 공식적으로 잘 다루어지지 않을 수 있는데, 훈련자가 현장전문가의 우려(예: EBP는 엄격하고 비효과적이다)에 대한 토론을 유도하고 EBP의 유연성과 유용성에 대한 교육을 제공하는 데 능동적인 역할을 하는 것이 필요할 것이다.

대처강화 프로그램의 보급

다음으로 우리는 증거기반 프로그램(대처강화 프로그램)을 실행하는 데 있어 보급 이슈가 어떻게 나타나는지 사례를 통해 살펴볼 것이다. 프로그램의 실행에 영향을 줄 수 있는 요인들과 얼마나 많은 적용과 지속적인 사용이 일어나는지 탐색할 것이다.

새로운 세팅으로의 프로그램 보급

우리는 대처강화 프로그램을 다른 다양한 세팅으로 전환하기 위한 노력을 하고 있다. 두 가지 예로 어떻게 대처강화 프로그램이 임상 세팅과 특수화된 기숙 세팅에서 사용될 수 있는지 연구를 기반으로 해서 살펴볼 것이다. 서로 다른 세팅에서 프로그램을 적용하는 데 적절한 적용 범위가 분명히 필요할 것이다.

■ 공격적인 청각장애 아동을 대상으로 한 대처강화 프로그램의 유효성 연구

실행 연구에서 대처강화 프로그램은 사회·인지 중재로서 일반적인 청각 아동에게 효과를 나타내었고, 청각장애 아동을 대상으로 한 이 연구에 적용되었다(Lochman et al., 2001). 기숙학교의 청각장애 아동들은 교사가 평정한 공격적 행동에 의해 선별되었고(n=49), 대처강화 프로그램과 통제 집단에 무작위로 배치되었다. 다중 구성 요소 대처강화 프로그램의 아동들은 집단 회기에 참가하였다. 학생들은 자신의 집에서 살지 않기 때문에 부모 구성 요소는 포함되지 않았다. 하지만 학생의 교사와 기숙사 직원은 아동 주변의 맥락에 영향을 주기 때문에 훈련을 받았다. 대처강화 프로그램은 듣기가 어려운 청각장애 아동의 독특한 요구에 맞추어 적용되었고 중재는 수정된 매뉴얼을 사용하여 이루어졌다. 각 집단은 2명의 공동 리더가 이끌었는데,

둘 중 1명은 수화에 능숙했고 다른 1명은 청각장애인이었다.

대처강화 프로그램의 일부는 확장되어 청각장애 청소년의 특정 문제(예: 조망 수용, 정서 이해; Lochman et al., 2001 참조)로 나타나는 사회 · 인지 기능 영역을 다루었다. 청각장애 학생들은 정서교육, 생리적인 알아차림, 조망 수용, 분노 조절을 다루는 확장된 회기들에 참여하였다. 또한 특수한 자료가 기본적인 사회 · 인지 기술을 가르치기 위해 개발되었는데 집단 내에서뿐 아니라 학급과 기숙사 세팅에서도 사용할 수 있도록 하였고, 이를 통하여 배운 기술을 일반화하는 것을 돕고자 했다.

집단 리더들은 학생들에게 복잡한 대처 기술들을 가르치기 위해 다양한 시각 자료를 사용했다. 예를 들어, 대처강화 프로그램에서 사회적인 갈등 상황에서 분노를 다루기 위한 기술 중 하나로 '자기 대화(self-talk)'에 초점을 맞추었다. 이 기술은 학생들에게 단계적으로 전달되는데, 집단 촉진자들은 자기 대화의 내용을 소개하기 위해 진술이 글로 쓰인 말풍선 그림을 사용한다. 학생들은 특정 상황에서 해당 캐릭터가 어떻게 응답할지 말풍선 안에 넣기 위해 이미 쓰인 다양한 진술 가운데서 선택할 수 있다. 그리고 집단은 '긍정적인 생각'과 '부정적인 생각'을 구분하고 각각에서 비롯되는 결과를 식별한다. 이러한 기술들은 나중에 자기 대화를 통한 대처를 강조하기 위해 일상의 학교나 기숙사 상황 역할극에서 말풍선을 활용할 시에 지원된다. 부정적인 대처 진술과 긍정적인 대처 진술 두 가지 모두 학생들에게 제시되고 둘 다 상황이 해결되는 데 영향을 준다는 것을 보여 준다.

생리적 신호의 개념을 이해하도록 돕기 위해 집단 지도자들은 인물 그림과 행복, 슬픔, 두려움, 화남의 기본적인 감정과 관련된 서로 다른 신체 신호의 그림(예: 아이스 큐브의 사진, 찢어진 가슴 그리고 올라간 눈썹, 악다문 이)을 개발하였고, 이것을 인물 그림에서 적합한 신체 부분에 붙이게 하였다. 각 신체적 신호가 학생들의 언어 발달을 돕기 위해 소개되는 동안 단어 목록이 제공된다. 다양한 얼굴 표정(예: 주름 잡힌 이마, 입술 오므리기, 가늘게 뜬 눈, 천진난만한 표정)을 묘사하기 위해 단어를 가르치는 것은 언어 발달을 도울 뿐만 아니라 서로 다른 신호들의 자각을 강화한다.

집단 리더들은 학생들의 관점이 무엇을 의미하는지 이해하도록 돕기 위해 공간 관점의 개념을 사용하였다. 활동들은 집단 구성원들에게 시각적 · 신체적으로 다른 관점을 경험할 기회를 제공하기 위해 구체적인 도구를 사용한다. 예를 들어, 한 활동에서 서로 마주보며 앉아 있는 두 학생 앞 테이블의 중간에 박스가 놓여 있다. 박스의 각 면은 같은 숫자와 같은 유형의 형태, 하지만 색깔은 다르다. 두 학생은 각자가 보는 것이 무엇인지를 차례로 설명하고 그들이 같은 박스를 보고 있는 동안 그들의 묘사는 같지 않다는 것을 아는 것을 경험한다. 다른 활동은 다양한 물체를 테이블 위에 놓고 각 학생이 테이블에서 서로 다른 앵글 안에 위치시키는 것과 관련되어 있다. 그림은 같은 세트의 다른 관점을 강조한다. 이러한 구체적인 공간 활동은 사회적 관점 활동들이 구축됨으로써 관점의 개념을 확립하는 것을 돕는다.

이 프로그램에서 눈에 띄는 부분은 사회적 문제해결 모델인 PICC[Problem Identification(문제 확인), Choices(선택), Consequences(결과): PICC] 모델의 활용이다. 이 모델은 이전 활동들에서 가르쳤던 개념과 기술을 합쳐 놓은 것이다. 게다가 다양한 시각적인 활동이 학생들이 PICC 모델에 있는 일련의 생각과 행동을 이해하도록 돕는 데 사용된다. 'PICC Road'는 시각과 촉각을 사용한 기술을 강화함으로써 학생들이 활용하도록 만들어졌다. 학생들은 그 위를 걸을 수 있고 길을 따라가면서 문제, 선택, 결과를 조작한다. 그 길은 한 지점에서 다른 길과 결과로 이끄는 서로 다른 선택을 강조하기 위해 나뉜다. 다양한 문제와 선택, 결과들이 글로 쓰이거나 수화, 사진, 그림들을 통해서 시각적으로 제시된다.

교사 평가에 따르면 대처강화 프로그램에 참여한 아동들은 통제 집단 아동들에 비해 중재받은 해 동안 행동이 향상되는 것으로 나타난다. 또한 대처강화 프로그램에 참여한 아동들은 사회적 문제해결 기술과 대화 기술에 상당한 향상을 나타낸다. 이러한 효과성 연구의 결과는 대처강화 프로그램이 의사소통의 어려움을 가진 청각장애 아동과 같은 특수한 대상의 요구를 만족시키도록 적용될 수 있다는 점을 시사한다. 이러한 보급 프로젝트의 성공은 학교장의 탁월한 행정적 지원에 의해 활성화된다. 전반적으로 교사들은 이 프로젝트에 지지적인 것으로 나타나지만, 학급의 일정과 충돌되지 않는 집단 운영 시간을 마련하는 데 어려움이 있고, 어떤 교사들은 자신의 일상 목표 때문에 학생들의 향상 보고에 있어서 덜 신뢰할 만하다는 몇 가지 이슈가 있다. 이러한 이슈는 교수진과의 지속적인 대화를 통하여 계속 제기되었다.

■ 네덜란드의 파괴적 행동장애 아동 대상의 대처강화 프로그램 유효성 연구

Lochman 박사의 대처강화 프로그램 훈련에 이어 위트레흐트 대학교의 Walter 박사와 동료들은 대처강화 프로그램 아동과 부모 프로그램의 단축판을 개발하였다. 프로그램은 개정된 매뉴얼로 보급되었는데 프로그램의 치료 효과성은 파괴적 행동장애로 진단받은 77명을 대상으로 무작위로 대처강화 프로그램에 할당하거나 이전 상황에 배정하였다. 원래 학교 세팅에 투입하기 위해 개발된 대처강화 프로그램이 외래 환자를 대상으로 적용되었기 때문에 위트레흐트 대처강화 프로그램의 아동 회기는 아동의 짧은 집중 시간에 맞게 토론은 적게 하고 활동을 많이 포함하고 있다. 양측에 배정된 아동들 모두 치료 종결기와 6개월 추수 조사에서 파괴적 행동에 있어 두드러지는 향상이 나타났다. 하지만 대처강화 프로그램에 배정된 아동은 추

후 치료에서 외현화된 공격성의 두드러지는 감소를 나타내었다(van de Wiel et al., 2007). 이러한 대처강화 프로그램의 중재 스태프가 기존의 담당 치료자에 비해 두드러지게 임상적 경력이 짧음에도 불구하고 프로그램의 긍정적인 치료 결과가 나타났고, 이는 대처강화 프로그램 모델의 비용 대비 유효성을 나타낸다(van de Wiel, Matthys, Cohen-Kettenis, & van Engeland, 2003). 같은 집단을 대상으로 한 4년 추수 연구에서는 대처강화 프로그램 집단이 통제 집단에 비해 마리화나와 담배를 현저하게 덜 사용함으로써 예방 효과를 가지는 것으로 나타났고, 이는 물질 사용과 관련하여 오랫동안 중재 효과가 지속된다는 것을 시사한다(Zonnevylle-Bender, Matthys, van de Wiel, & Lochman, 2007).

대처강화 프로그램 현장 연구

NIDA가 지원하는 대처강화 예방 프로그램 보급 연구가 5개 학군의 57개 학교에서 실행되었다. 이 현장 실험은 대처강화 예방 프로그램을 유용하게 '측정'할 수 있는지와 터스컬루사, 앨라배마, 버밍엄과 같은 대도시 지역에서 기존 학교 구성원에 의해 효과적으로 전달될 수 있는지 살펴보고 있다. 이 현장 연구에서 기존의 학교 구성원(학교 상담사)이 중학교 전환 시기에 있는 고위험 위기 아동을 대상으로 대처강화 프로그램을 사용하도록 훈련되었다. 이 현장 연구는 선행 연구에서의 세 가지 주요한 간극(gap)을 다루기 위하여 설계되었다. 그것은 ① 이러한 유형의 예방 프로그램이 측정될 수 있는지 또한 청소년 폭력, 비행, 물질 사용의 감소, 중재 통합성 달성 및 여러 해가 지난 후의 지속적인 사용에 있어 긍정적인 성과를 가져올 수 있는지, ② 훈련의 강도 수준─대처강화 프로그램 집중 훈련(CP-IT) 대 대처강화 프로그램 기본 훈련(CP-BT)─이 중재 결과, 중재 통합성, 지속적인 중재의 활용에 영향을 주는지, ③ 학교의 조직 특성과 중재를 실행하는 학교 구성원의 특성이 중재 결과, 중재 통합성과 지속적인 중재 활용에 영향을 주는지였다. 이러한 간극을 다루기 위해서 현장 실험에서 무작위로 세 가지 조건(CP-IT, CP-BT, 통제 집단) 중 하나를 57개 초등학교에 할당하였다. 학생들의 공격적 행동에 대한 3학년 교사들의 평정을 통하여 각 학교의 10명까지 위험군 아동이 선별되었고 531명의 아동이 목표 대상이 되었다. 19개 학교가 각 조건 안에 있었는데, CP-BT에 183명, CP-IT에 168명, 통제 집단에 180명이 있었다. 대처강화 프로그램은 4학년과 5학년 동안에 실행되었다. 그리고 2년의 코호트 연구를 위해 학교와 아동이 모집되었다.

■ 학교 선정

버밍엄과 터스컬루사 지역의 다섯 학교 조직이 연구에 참여하였다. 이 학교 조직 내에 있는 학교들은 아주 빈곤하고 우범 지역에 속하며 아프리카계 미국인이 대부분인 학교에서부터 도심의 중산층으로 백인이 대부분인 학교에 이르기까지 다양하게 포함되어 있다. 관할 학교 담당자가 이 연구에 참여하기로 동의한 이후에 우리는 해당 학교의 교장과 접촉했고, 일반적으로 학교의 상담자(만일 그들의 학교가 두 종류의 중재 조건 중 하나에 무작위로 할당된다면 이 프로그램을 전달하기 위해 훈련받게 될 사람)와 교사들과 의논한 이후에 참여 여부를 결정했다. 우리는 학교의 참여를 촉진하기 위해 일련의 인센티브를 활용하였는데, 연구에 참여한 학교에 대해 연간 급료(학교 전체 활동을 하거나 지원 자금으로 활용)를 지원하거나, 매주 집단 회기와 매월 개별 연락을 포함하여 아동 대처강화 프로그램 구성 요소를 계획하고 제공하기 위해 학교의 담당자들이 투자한 시간에 대한 수당을 지원한다. 또한 학교 구성원은 저녁에 부모 집단을 이끌기 위해 추가 자금 지원을 받았다. 이 다섯 학교 조직 안에서 직접 접촉한 학교들의 80%가 참여에 동의하였다.

학교기반 폭력 예방 프로그램 연구에서 우리는 지시적 중재에 적합한 위기 청소년을 선별하기 위해서 교사 평정 접근을 사용하였다(Lochman & CPPRG, 1995; Hill, Lochman, Coie, Greenberg, & CPPRG, 2004). 비슷한 선별 체계를 활용하여 우리는 선별 점수가 시간에 걸쳐 타당하고 안정적이라는 것을 발견하였다. 1차 관문인 교사 평정으로 차후의 공격적 행동 문제가 주요하게 예측되었고, 2번째 관문인 부모 평정에서는 오직 3%의 편차만이 추가되었다(Hill et al., 2004; Lochman et al., 1995). 그래서 이 연구에서 우리는 교사 평정 선별을 사용하였다. 우리의 사전 연구에서 비슷한 방법으로 공격적인 대상을 선정하였는데, 공격성을 보이지 않은 대상에 비해 부모와 교사의 평정에서 현저하게 더 높은 공격성을 나타낸 학생들에게서 학급에서 과제와 관련 없는 행동이 더 많이 관찰되고, 공격적인 행동과 관련된 더 많은 사회·인지적 어려움 그리고 나중에 폭력, 비행, 약물 사용에 더 많은 위험성을 발견하였다(예: Lochman & Dodge, 1994).

선별을 위해서 봄에 3학년 교사들은 모든 학급의 아동이 어떻게 공격적으로 반응하고 공격적인 모습을 보이는지 6문항 척도를 사용하여 평정하도록 요청받았다. 교사들의 평정을 바탕으로 하여 우리는 모든 학교를 통틀어 30%의 가장 공격적인 아동을 결정하였다. 30%의 선정 기준은 각 학급의 30%의 가장 공격적인 아동이 아닌 전체 4학년 학급을 통틀어 교사가 평정한 가장 공격적인 아동이 된다. 따라서 공격적인 아동이 학급 전체에 고루 분포하는 것이 아니라 어떤 학급은 다른 학급보다 더 많은 퍼센티지의 목표 아동을 포함하게 된다.

2개의 코호트 집단에 3,774명의 아동이 선정되었고 거의 1,200명의 아동의 점수가 이 연구의 포함 범위에 들었다. 인터뷰 스케줄을 잡기 위한 접촉이 총 670명의 잠재적 참가자를 대상으로 이루어졌다. 이 참가자들 중 531명(79%)의 동의가 이루어지고 기초선이 평가되었다. 65%가 남성, 84%가 흑인, 14%가 백인, 2%가 기타 다른 민족/인종이었다. 두 코호트 집단 모두 Time 2까지 잔존율이 98%였다.

■ 대처강화 프로그램 집중 훈련(CP-IT)

CP-IT는 4개의 훈련으로 구성된다. 첫째, 학교 상담자들은 전체 중재 시작 전 가을에 3일간의 초기 워크숍 훈련을 받았다. 둘째, 학교 상담자들은 매달 2시간의 지속적인 훈련에 참가하였는데, 훈련자들은 앞으로의 회기에 대한 구체적인 훈련 그리고 이전 회기를 요약하고, 이 프로그램의 실행에 있어 장벽과 어려움에 대한 문제해결을 제공하였다. 셋째, 프로그램의 실행에 있어서 장벽과 어려움에 대한 개별화된 문제해결 방법으로 기술적인 도움 구성 요소가 CP-IT를 받는 학교 현장 구성원에게만 제공되었다. 이러한 구성 요소를 통해 실행 구성원이 프로그램의 실제 투입에 있어서의 고민과 문제들을 이메일로 나눌 수 있고, 훈련자들에게 답을 받을 수 있다. 또한 이와 같은 고민에 대해서 훈련자와 전화상담이 가능한 핫라인이 있다. 넷째, 훈련자들은 목표의 달성 비율을 검토하고 이메일이나 전화 접촉을 통하여 학교 상담자들이 중재 통합성을 강화할 수 있도록 개별화된 피드백을 제공한다.

■ 대처강화 프로그램 기본 훈련(CP-BT)

CP-BT는 첫 번째 CP-IT 조건에 포함된 것과 같은 2개의 훈련 구성 요소, 즉 3일간의 초기 워크숍과 매달 지속적인 훈련 회기를 가진다. 이러한 회기는 CP-BT 학교 중재 현장 구성원을 위해 따로 수행된다. 하지만 매달 지속적인 훈련은 CP-IT 조건과 같이 이루어진다.

■ 중반부 중재의 프로그램 실행과 성과와 관련한 학교와 상담자 수준의 예측변수

Lochman(2007)은 HLM 분석을 사용하여 훌륭한 실행(훈련자와 오디오테이프의 독립적인 코더에 의해 평정된 상담자 수행)과 목표 아동의 공격적 행동에 있어서의 성과(부모와 교사에 의해 평정) 사이의 예측변수를 학교, 훈련, 상담자 수준에서 조사하였다. 이 보급 연구에서 학교와 상담자의 특징은 프로그램의 실행과 중반부 중재 성과와 관련된 것으로 나타나며, 기본 훈련과 집중 훈련에서 나타나는 예측변수의 패턴이 다소 달랐다.

학교 수준 특징 면에서 학교 내 구성원들과 긍정적인 관계를 맺고 있는 상담자들(상담자와 교사의 평정으로 측정됨)은 BT 조건에서(IT 조건에서는 아님) 아동들과 함께 프로그램 사용에 더 잘 참여하는 것으로 나타난다(훈련자들에 의해 평정됨). 그리고 IT 조건에서(BT 조건에서는 아님) 중반부 중재에서 학생들의 부모가 평정한 공격적 행동에서 아주 많은 감소를 보인다. 또한 IT 조건하의 상담자가 학교로부터 업무 스트레스를 덜 받는 경우(구성원의 자율성이 더 보장, 덜 경직된 관리 통제, 더 명확한 업무 예측) 중반부 중재에서 교사가 평정한 공격적 행동 수준이 더 낮은 것으로 나타난다. 상담자의 인간적인 특성과 관련하여 프로그램의 실행의 더 많은 참여(훈련자와 독립 코더에 의해 측정됨)는 더 성실하고, 친화적이고, (BT 조건에서) 덜 냉소적이고, (IT 조건에서) 낮은 수준의 신경증을 보이는 상담자에게서 명확하게 나타난다. 이러한 결과는 학교의 조직 분위기가 상담자가 받는 집중 훈련의 수준과 관계없이 표적 예방 중재 유형의 보급과 초기 결과에 있어 중요한 영향을 미친다는 것을 나타낸다. 또한 상담자의 개인적인 특성도 중요한 역할을 하는데, 특히 BT 조건에 있는 상담자들에게는 더 중요한 것으로 나타난다. 이는 보다 집중적 형태의 훈련이 더 많은 열정과 성과로 프로그램을 실행하는 데 어려움을 겪는, 기본 훈련만을 받은 상담자를 도울 수 있음을 시사한다.

■ 중재의 지속적인 활용

우리는 첫 번째 상담자 코호트를 위한 훈련을 마친 뒤 1년 후 대처강화 프로그램의 지속적인 사용에 대한 정보를 모았다. 83%의 상담자가 최소로 대처강화 프로그램의 아동 요소 사용, 즉 목표 설정, 또래관계, 조직화와 학습 기술을 다루고, 감정 알아차림과 관리 등을 계속적으로 사용하고 있었다. 상담자들은 현장 실험 동안에 부모 회기에 부모가 참여하게 하는 것이 어렵다는 것을 인지하게 되었는데, 상담자들이 대처강화 프로그램의 부모 요소를 지속적으로 사용하는 데 낮은 비율을 나타냈고, 부모 프로그램의 일부를 사용하는 상담자는 55% 정도인 것으로 나타났다. 전반적으로 상담자들은 보통 프로그램의 아동 요소의 대부분을 약간 변형하여 사용하고 있었고, 이러한 과정에서 학교 상담자의 중요성과 활용을 위해서 정책적 수준의 지지가 필요함이 나타난다.

결론

이 장에서 경험적으로 지지되는 예방 프로그램인 대처강화 프로그램과 이 프로그램을 다양한 세팅에 보급하기 위한 우리의 노력에 대해 설명하였다. 이 프로그램은 학교 세팅과 같은 '실제 세계'에서 일하는 임상가들에게 대형 연구 프로젝트의 일부로 보급되었다. 이 프로젝트로부터의 정보는 프로그램이 잘 보급되고 실행되는지를 결정하는 학교 단위의 구성 요소(예: 학교의 분위기)와 개인 단위의 구성 요소(예: 성격이나 태도)의 역할을 자세히 설명하고 있다. 또한 대처강화 프로그램은 정규 학교 세팅 밖에서도 적용되고 있으며 기숙학교의 청각장애 학생들과 네덜란드의 파괴적 행동장애로 진단되어 외래병동 정신건강 치료를 받는 아동이나 청소년에게도 보급되고 있다. 프로그램 적용 대상의 독특한 요구에 맞추기 위해 변형이 필수적이지만, 프로그램의 핵심은 '충실도 안에서의 유연성' 개념을 표방하면서 유지되었다.

대처강화 프로그램 보급 시도는 적합한 변형이 함께 이루어졌을 때 성공할 수 있으며 프로그램이 더 다양한 대상에게 광범위하게 보급될 수 있는 가능성을 가진다. 가령, 연령대가 다른 학생들과 교육 또는 학습 문제의 특수한 요구를 가진 학생들에게 적용될 수 있다. 또한 프로그램은 학교 밖의 일련의 세팅, 즉 입원환자 병동, 일일 치료 프로그램, 지역사회 센터 등에서도 적용될 수 있다. 이렇듯 프로그램을 확장하기 위한 노력은 종종 충분한 서비스가 제공되지 않는 행동 문제를 가진 아동을 위한 수준 높고 효과적인 서비스의 필요성을 제기하는 효과를 가져올 수 있다.

학교 현장은 연구 기반의 보편적 중재와 표적 중재 프로그램 구분을 시작하는 데 있어 흥미로운 장소임에도, 우리는 성공적인 보급과 실행에 영향을 줄 수 있는 일련의 요소를 이해하는 데 있어서 초기 단계에 머물러 있다. 앞으로 보급 과정을 조사하는 연구는 프로그램의 효과성을 강화하는 적용의 유형을 살펴보고 프로그램의 효과성이 여전히 유지되면서 어디까지 변형될 수 있는지 알기 위하여 '충실도 안에서의 유연성'의 개념을 더 많이 탐색해야 할 것이다. 이러한 연구는 실제 활동하는 임상가의 고민, 즉 구조화되고 매뉴얼화된 치료가 너무 경직되어서 유용하지 않을 수 있다고 느끼는 것을 드러내도록 돕고, 궁극적으로는 증거기반 프로그램에 대한 폭넓은 수용과 실행을 이끌 것이다.

또한 우리는 경험적 프로그램의 보급과 실행에 잠재적으로 영향을 줄 수 있는 요인, 즉 조직 관련 변인, 개별 임상가의 특징, 훈련의 실제와 절차 등에 대한 추가 연구를 환영한다. 표적 대상과 관련된 요인, 즉 아동 관련 변인(예: 공존 질환 진단, 인지적 기능, 사회적 기술)과 가족 수준의 특징(예: 부모의 정신질환, 가난, 한부모가정과 다른 심리사회적 스트레스인)이 보급 노력에 대한 성공에 영향을 주며 이에 대한 더 많은 연구가 필요할 것이다.

이상적으로는 다양한 프로그램 대상의 복합 연구에서 모은 증거를 통해 보급 과정을 안내하는 구체적이고 경험에 바탕을 둔 제안사항을 도출할 수 있을 것이며, 이를 통해 문제를 가진 아동·청소년의 정신건강 요구를 효과적으로 다루는 더 광범위하고 성공적인 실행을 가져올 수 있을 것이다.

미주

이 장은 제1저자가 받은 국립약물남용연구소(National Institute for Drug Abuse)와 청소년
사법 및 비행 예방국(Office of Juvenile Justice and Delinquency Prevention)의 자금 지원
하에 집필되었다.

참고문헌

Aarons, G. A. (2005). Measuring provider attitudes toward evidence-based practice: Consideration
of organizational context and individual differences. *Child and Adolescent Psychiatric
Clinics of North America, 14*, 255-271.

Addis, M. E., & Krasnow, A. D. (2000). A national survey of practicing psychologists' attitudes
toward psychotherapy treatment manuals. *Journal of Consulting and Clinical Psychology,
68*, 331-339.

Addis, M. E., Wade, W. A., & Hatgis, C. (1999). Barriers to dissemination of evidence-based
practices: Addressing practitioners' concerns about manual-based psychotherapies. *Clinical
Psychology: Science and Practice, 6*, 430-441.

Barth, J. M., Dunlap, S. T., Dane, H., Lochman, J. E., & Wells, K. C. (2004). Classroom environment
influences on aggression, peer relations, and academic focus. *Journal of School Psychology,
42*, 115-133.

Bohanon, H., Fenning, P., Carney, K. L., Minnis-Kim, M. J., Anderson-Harriss, S., Moroz, K. B.,
Hicks, K. J., Kasper, B. B., Culos, C., Sailor, W., & Pigott, T. D. (2006). Schoolwide application
of positive behavior support in an urban high school: A case study. *Journal of Positive
Behavior Interventions, 8*, 131-145.

Botvin, G. J., Baker, E., Dusenbury, L., Botvin, E. M., & Diaz, T. (1995). Long term follow-up results
of randomized drug abuse prevention trial in a White middle-class population. *Journal of
the American Medical Association, 273*, 1106-1112.

Botvin, G. J., Baker, E., Dusenbury, L., Tortu, S., & Botvin, E. M. (1990). Preventing adolescent drug
abuse through a multimodal cognitive behavioral approach: Results of a three-year study.
Journal of Consulting and Clinical Psychology, 58, 437-446.

Botvin, G. J., Dusenbury, L., Baker, E., James-Ortiz, S., Botvin, E. M., & Kerner, J. (1992). Smoking
prevention among urban minority youth: Assessing effects on outcome and mediating

variables. *Health Psychology, 11,* 290-299.

Botvin, G. J., & Griffin, K. W. (2004). Life skills training: Empirical findings and future directions. *Journal of Primary Prevention, 25*(2), 211-232.

Botvin, G. J., Griffin, K. W., Diaz, T., & Ifill-Williams, M. (2001). Drug abuse prevention among minority adolescents: One-year follow-up of a school-based preventive intervention. *Prevention Science, 2,* 1-13.

Botvin, G. J., Griffin, K. W., Diaz, T., Scheier, L. M., Williams, C., & Epstein, J. A. (2000). Preventing illicit drug use in adolescents: Long-term follow-up data from a randomized control trial of a school population. *Addictive Behavior, 5,* 769-774.

Botvin, G. J., Schinke, S. P., Epstein, J. A., Diaz, T., & Botvin, E. M. (1995). Effectiveness of culturally focused and generic skills training approaches to alcohol and drug abuse prevention among minority adolescents: Two-year follow-up results. *Psychology of Addictive Behavior, 9,* 183-194.

Bulach, C., & Malone, B. (1994). The relationship of school climate to the implementation of school reform. *ERS Spectrum, 12,* 3-8.

Coie, J. D., Watt, N. F., West, S. G., Hawkins, J. D., Asarnow, J. R., Markman, H. J., Ramey, S. L., Shure, M. B., & Long, B. (1993). The science of prevention: A conceptual framework and some directions for a national research program. *American Psychologist, 48,* 1013-1022.

Conduct Problems Prevention Research Group. (2002). Predictor variables associated with positive fast track outcomes at the end of third grade. *Journal of Abnormal Child Psychology, 30,* 37-52.

Crick, N. R., & Dodge, K. A. (1994). A review and reformulation of social information-processing mechanisms in children's social adjustment. *Psychological Bulletin, 115,* 74-101.

Crisp, H. L., Gudmundsen, G. R., & Shirk, S. R. (2006). Transporting evidence-based therapy for adolescent depression to the school setting. *Education and Treatment of Children, 29,* 287-309.

Dadds, M. R., Holland, D. E., Laurens, K. R., Mullins, M., Barrett, P. M., & Spence, S. H. (1999). Early intervention and prevention of anxiety disorders in children: Results at a 2-year follow-up. *Journal of Consulting and Clinical Psychology, 67,* 145-150.

Dodge, K. A., & Newman, J. P. (1981). Biased decision-making processes in aggressive boys. *Journal of Abnormal Psychology, 90,* 375-379.

Dodge, K. A., Pettit, G. S., McClaskey, C. L., & Brown, M. M. (1986). Social competence in children. *Monographs of the Society for Research in Child Development, 51*(2, Serial No. 213).

Dodge, K. A., Price, J. M., Bachorowski, J., & Newman, J. P. (1990). Hostile attributional biases in severely aggressive adolescents. *Journal of Abnormal Psychology, 99,* 385-392.

Eisenberg, N., Cumberland, A., Spinrad, T. L., Fabes, R. A., Shepard, S. A., Reiser, M., et al. (2001).

The relations of regulation and emotionality to children's externalizing and internalizing problem behavior. *Child Development, 72*, 1112-1134.

Embry, D. D., & Straatemeier, G. (2001). *The PAX acts game manual: How to apply the good behavior game.* Tucson, AZ: PAXIS Institute.

Erdley, C. A., & Asher, S. R. (1996). Children's social goals and self-efficacy perceptions as influences on their responses to ambiguous provocation. *Child Development, 67*, 1329-1344.

Forehand, R. L., & McMahon, R. J. (1981). *Helping the noncompliant child.* New York: Guilford Press.

George, M. P., White, G. P., & Schlaffer, J. J. (2007). Implementing school-wide behavior change: Lessons from the field. *Psycholgy in the Schools, 44*, 41-51.

Glisson, C., & Hemmelgarn, A. (1998). The effects of organizational climate and interorganizational coordination on the quality and outcomes of children's service systems. *Child Abuse & Neglect, 22*, 401-421.

Glisson, C., & Schoenwald, S. K. (2005). The ARC organizational and community intervention strategy for implementing evidence-based children's mental health treatments. *Mental Health Services Research, 7*, 243-259.

Gotham, H. J. (2006). Advancing the implementation of evidence-based practices into clinical practice: How do we get there from here? *Professional Psychology: Research and Practice, 37*, 606-613.

Greenberg, M. T., Domitrovich, C., & Bumbarger, B. (2000). The prevention of mental disorders in school-aged children: Current state of the field. *Prevention & Treatment, 4*(1), 1-64.

Greenberg, M. T., Kam, C., Heinrichs, B., & Conduct Problems Prevention Research Group. (2003, June). The cumulative effects of the PATHS curriculum: Outcomes at grade 3. Paper presented at annual meeting of the Society for Prevention Research, Washington, DC.

Greenberg, M. T., & Kusche, C. A. (2006). Building social and emotional competence: The PATHS curriculum. In S. R. Jimerson & M. Furlong (Eds.), *Handbook of school violence and school safety: From research to practice* (pp. 395-412). Mahwah, NJ: Lawrence Erlbaum Associates.

Henderson, J. L., MacKay, S., & Peterson-Badali, M. (2006). Closing the research-practice gap: Factors affecting adoption and implementation of a children's mental health program. *Journal of Clinical Child and Adolescent Psychology, 35*, 2-12.

Henggeler, S. W., Melton, G. B., Brondino, M. J., Scherer, D. G., & Hanley, J. H. (1997). Multisystemic therapy with violent and chronic juvenile offenders and their families: The role treatment fidelity in successful dissemination. *Journal of Consulting and Clinical Psychology, 65*, 821-833.

Henggeler, S. W., Lee, T., & Burns, J. A. (2002). What happens after the innovation is identified?

Clinical Psychology: Science and Practice, 9, 191-194.

Hill, L. G., Lochman, J. E., Coie, J. D., Greenberg, M. T., & Conduct Problems Prevention Research Group. (2004). Effectiveness of early screening for externalizing problems: Issues of screening accuracy and utility. *Journal of Consulting and Clinical Psychology, 72*, 809-820.

Kam, C., Greenberg, M. T., & Kusché, C. A. (2004). Sustained effects of the PATHS curriculum on the social and psychological adjustment of children in special education. *Journal of Emotional and Behavioral Disorders, 12*, 66-78.

Kellam, S. G., Ling, X., Mersica, R., Brown, C. H., & Ialongo, N. (1998). The effect of the level of aggression in the first grade classroom on the course of malleability of aggressive behavior into middle school. *Developmental and Psychopathology, 10*, 165-185.

Kendall, P. C. (2000). *Coping cat workbook*. Ardmore, PA: Workbook Publishing.

Kendall, P. C., & Beidas, R. S. (2007). Smoothing the trail for dissemination of evidence-based practices for youth: Flexibility within fidelity. *Professional Psychology: Research and Practice, 38*, 13-20.

Kendall, P. C., & Chu, B. C. (2000). Retrospective self-reports of therapist flexibility in a manual-based treatment for youths with anxiety disorders. *Journal of Clinical Child Psychology, 29*, 209-220.

Kutash, K., Duchnowksi, A. J., & Lynn, N. (2006). *School-based mental health: An empirical guide for decision-makers*. Tampa, FL: University of South Florida, the Louis de la Parte Florida Mental Health Institute, Department of Child & Family Studies, Researchand Training Center for Children's Mental Health.

Lemerise, E. A., & Arsenio, W. F. (2000). An integrated model of emotion processes and cognition in social information processing. *Child Development, 71*, 107-118.

Lochman, J. E. (2007, July). Taking evidence-based programs to the real world: Key issues in the dissemination process. Invited Keynote Address to the Fifth Biennial Niagara Conference on Evidence-Based Treatments for Childhood and Adolescent Mental Health Problems, Niagara-on-the-Lake, Canada.

Lochman, J. E., & Conduct Problems Prevention Research Group. (1995). Screening of child behavior problems for prevention programs at school entry. *Journal of Consulting and Clinical Psychology, 63*, 549-559.

Lochman, J. E., & Dodge, K. A. (1994). Social-cognitive processes of severely violent, moderately aggressive and nonaggressive boys. *Journal of Consulting and Clinical Psychology, 62*, 366-374.

Lochman, J. E., & Dodge, K. A. (1998). Distorted perceptions in dyadic interactions of aggressive and nonaggressive boys: Effects of prior expectations, context, and boys' age. *Development and Psychopathology, 10*, 495-512.

Lochman, J. E., FitzGerald, D. P., Gage, S. M., Kannaly, M. K., Whidby, J. M., Barry, T. D., Pardini, D. A., & McElroy, H. (2001). Effects of social-cognitive intervention for aggressive deaf children: The Coping Power Program. *Journal of the American Deafness and Rehabilitation Association, 35*, 39-61.

Lochman, J. E., & Wells, K. C. (2002a). Contextual social-cognitive mediators and child outcome: A test of the theoretical model in the Coping Power Program. *Development and Psychopathology, 14*, 945-967.

Lochman, J. E., & Wells, K. C. (2002b). The Coping Power Program at the middle-school transition: Universal and indicated prevention effects. *Psychology of Addictive Behavior, 16*, S40-S54.

Lochman, J. E., & Wells, K. C. (2003). Effectiveness of the Coping Power Program and of classroom intervention with aggressive children: Outcomes at a 1-year follow-up. *Behavior Therapy, 34*, 493-515.

Lochman, J. E., & Wells, K. C. (2004). The Coping Power Program for preadolescent aggressive boys and their parents: Outcome effects at the 1-year follow-up. *Journal of Consulting and Clinical Psychology, 72*, 571-578.

Lochman, J. E., Wells, K. C., & Murray, M. (2007). The Coping Power program: Prevention intervention at the middle school transition. In P. Tolan, J. Szapocznik, & S. Sambrano (Eds.), *Preventing substance abuse: 3 to 14* (pp. 185-210). Washington, DC: American Psychological Association.

Mayer, G. R. (1995). Preventing antisocial behavior in the schools. *Journal of Applied Behavior Analysis, 28*, 467-478.

McClure, L. (1980). Community psychology concepts and research base: Promise and product. *American Psychologist, 35*, 1000-1011.

Moos, R. H. (2002). The mystery of human context and coping: An unravelng of clues. *American Journal of Community Psychology, 30*, 67-88.

Mufson, L. H., Dorta, K. P., Olfson, M., Weissman, M. M., & Hoagwood, K. (2004). Effectiveness research: Transporting interpersonal psychotherapy for depressed adolescents (IPT-A) from the lab to school-based health clinics. *Clinical Child and Family Psychology Review, 7*, 251-261.

Murphy, B. C., Shepard, S. A., Eisenberg, N., & Fabes, R. A. (2004). Concurrent and across time prediction of young adolescents' social functioning: The role of emotionality and regulation. *Social Development, 13*, 56-86.

Offord, D. (1996). The state of prevention and early intervention. In R. Peters & R. McMahon (Eds.), *Preventing childhood disorders, substance abuse, and delinquency* (pp. 329-344). Thousand Oaks, CA: Sage.

Peterson, A. M. (1997). Aspects of school climate: A review of the literature. *ERS Spectrum, 15*, 36-

42.

Pettit, G. S., Laird, R. D., Dodge, K. A., Bates, J. E., & Criss, M. M. (2001). Antecedents and behavior-problem outcomes of parental monitoring and psychological control in early adolescence. *Child Development, 72*, 583-598.

President's New Freedom Commission on Mental Health. (2003). *Achieving the promise: Transforming mental health care in America. Final report* (DHHS Publication No. SMA-03-3832). Rockville, MD: U.S. Department of Health and Human Services.

Reid, J. B., & Eddy, J. M. (2002). Prevention efforts during the elementary school years: The linking the interests of families and teachers project. In J. B. Reid, G. R. Patterson, & J. Snyder (Eds), *Antisocial behavior in children and adolescents: A developmental analysis and model for intervention* (pp. 219-233). Washington, DC: American Psychological Association.

Reid, J. B., Eddy, J. M., Fetrow, R. A., & Stoolmiller, M. (1999). Description and immediate impacts of a preventative intervention for conduct problems. *American Journal of Community Psychology, 24*, 483-517.

Reid, M. J., Webster-Stratton, C. H., & Hammond, M. (2007). Enhancing a classroom social competence and problem-solving curriculum by offering parent training to families of moderate- to high-risk elementary school children. *Journal of Clinical Child and Adolescent Psychology, 36*, 605-620.

Roland, E., & Galloway, D. (2002). Classroom influences on bullying. *Educational Research, 44*, 299-312.

Schmidt, F., & Taylor, T. K. (2002). Putting empirically supported treatments into practice: Lessons learned in a children's mental health center. *Professional Psychology: Research and Practice, 33*, 483-489.

Schoenwald, S. K., Sheidow, A. J., & Letourneau, E. J. (2004). Toward effective quality assurance in evidence-based practice: Links between expert consultation, therapist fidelity, and child outcomes. *Journal of Clinical Child and Adolescent Psychology, 33*, 94-104.

Sholomskas, D. E., Syracuse-Siewert, G., & Rounsaville, B. J. (2005). We don't train in vain: A dissemination trial of three strategies of training clinicians in cognitive-behavioral therapy. *Journal of Consulting and Clinical Psychology, 73*, 106-115.

Stirman, S. W., Crits-Christoph, P., & DeRubeis, R. J. (2004). Achieving successful dissemination of empirically supported psychotherapies: A synthesis of dissemination theory. *Clinical Psychology: Science and Practice, 11*, 343-359.

Stormshak, E. A., Bierman, K. L., McMahon, R. L., Lengua, L. J., & Conduct Problems Prevention Research Group. (2000). Parenting practices and child disruptive behavior problems in early elementary school. *Journal of Clinical Child Psychology, 29*, 17-29.

Sugai, G., & Horner, R. H. (2002). Introduction to the special series on positive behavior support in schools. *Journal of Emotional and Behavioral Disorders, 10*(1), 130-135.

Todd, A., Haugen, L., Anderson, K., & Spriggs, M. (2002). Teaching recess: Low-cost efforts producing effective results. *Journal of Positive Behavioral Interventions, 4*(1), 46-52.

Turner, K. M. T., & Sanders, M. R. (2006). Dissemination of evidence-based parenting and family support strategies: Learning from the Triple P-Positive Parenting Program system approach. *Aggression and Violent Behavior, 11,* 176-193.

van de Wiel, N. M. H., Matthys, W., Cohen-Kettenis, P. T., Massen, G. H., Lochman, J. E., & van Engeland, H. (2007). The effectiveness of an experimental treatment when compared with care as usual depends on the type of care as usual. *Behavior Modification, 31,* 298-312.

van de Wiel, N. M. H., Matthys, W., Cohen-Kettenis, P. T., & van Engeland, H. (2003). Application of the Utrecht Coping Power Program and care as usual to children with disruptive behavior disorders in outpatient clinics: A comparison study of cost and course of treatment. *Behavior Therapy, 34,* 421-436.

Vincent, T. A., & Trickett, E. J. (1983). Prevention interventions and the human context: Ecological approaches to environmental assessment and change. In R. D. Felner, L. A. Jason, J. N. Moritsugu, & S. S. Farber (Eds.), *Preventive psychology: Theory, research and practice* (pp. 67-86). New York: Pergammon.

Wanous, J. P., Reichers, A. E., & Austin, J. T. (1994). Organizational cynicism: An initial study. *Academy of Management Best Papers Proceedings,* 269-273.

Webster-Stratton, C. (1989). *Incredible Years Series Parent Program (Basic Preschool Version).* Seattle, WA: Author. Available from http://www.incredibleyears.com.

Webster-Stratton, C. (2005). The Incredible Years: A training series for the prevention and treatment of conduct problems in young children. In E. D. Hibbs & P. S. Jensen (Eds.), *Psychosocial treatments for child and adolescent disorders: Empirically based strategies for clinical practice* (2nd ed., pp. 507-555). Washington, DC: American Psychological Association.

Weisz, J. R., Sandler, I., Durlak, J., & Anton, B. (2005). Promoting and protecting youth mental health through evidence-based prevention and treatment. *American Psychologist, 60*(6), 628-648.

Zonnevylle-Bender, M. J. S., Matthys, W., van de Wiel, N. M. H., & Lochman, J. (2007). Preventive effects of treatment of DBD in middle childhood on substance and delinquent behavior. *Journal of the American Academy of Child and Adolescent Psychiatry, 46,* 33-39.

Chapter 21
예방, 초기 아동기 중재 및 실행과학

Samuel L. Odom(채플힐 노스캘리포니아 주립대학교), Marci Hanson(샌프란시스코 주립대학교),
John Liebel(메릴랜드 대학교), Karen Diamond(퍼듀 대학교), Susan Palmer(캔자스 대학교)
Gretchen Butera(인디애나 대학교), Eva Horn(캔자스 대학교)

일부 아동은 정규교육 체계에 진입하였을 때 불리한 입장에 있게 된다. 가난, 재능, 능력, 가정/지역사회 언어 및 문화적인 차이는 아동이 입학하였을 때 자주 직면하게 되는 기술과 학습 경험 사이에 불일치를 만들어 낸다. 이러한 불일치는 학령기 내내 지속되어 교육적 성취의 차이를 가져올 수도 있다. 프로그램 개발자들은 이러한 차이를 예방하고 줄일 수 있는 아동의 초기 학교 성공에 필요한 기술들을 증진시킬 수 있는 초기 아동기 교육 프로그램을 설계해 왔다. 이러한 예방 프로그램의 효과성에 대한 연구가 이루어지고 있지만 프로그램의 궁극적인 활용은 프로그램이 실제 세팅에 적용되는 방식에 좌우된다. 부상하고 있는 분야인 '실행과학(Implementation Science)'(Durlak & DuPre, 2008; Fixsen, Naoon, Blase, Friedman, & Wallace, 2005)의 연구자들은 학교의 준비 교육과정과 같은 실제 활용과 실제 수혜자들에 영향을 주는 요인을 확인하고자 한다.

이 장의 목적은 예방과 초기 아동기 중재에 대한 실행과학의 적용을 탐색하는 것이다. 우선 학교 탈락 위기에 놓여 있는 아동의 상태를 예방하고 개선하기 위한 초기 아동기 중재의 역사를 간단하게 개관할 것이다. 다음으로, 실행과 충실도의 정의를 개관하고 문헌을 통해서 정의를 제안하고, 아동 프로그램의 실행과 충실도를 평가하는 연구를 설명하고, 실행과 아동 또는 가족 성과 사이의 관련성을 나타내는 연구를 살펴볼 것이다. 이 장의 후반부에서는 실행에 영향을 주는 요소들을 설명할 것이고, 학교 준비 프로그램 실행 연구와 학교 혁신 채택의 예시를 제공할 것이다.

위기와 초기 아동기 중재: 아동에게 긍정적인 출발 제공하기

초기의 발달은 아동, 양육자 그리고 양측이 참여하는 복합적인 맥락이 복잡하게 상호작용하는 것이다(Bronfenbrenner, 1979; Sameroff & Chandler, 1975). 아동이 유치원 연령에 이르고 학령기가 시작될 때까지 많은 요소가 유치원 이후에 제공되는 학습 기회들을 활용하는 역량에 영향을 줄 것이다. 개별적이고 복합적인 요인이 아동의 발달에 영향을 주고 저조한 발달적 성취를 가져올 위험을 초래할 것이다.

빈곤

개인의 제한된 물질 자원은 가족들의 일상에 어려움을 초래하고 아동의 성장, 발달, 안전, 영양 면에서 부정적으로 영향을 미친다(Landry & Menna, 2006). 가난한 환경에 있는 일부 아동은 위험하고 건강하지 않고 적합하지 않은 영향에 노출되어 있는데, 이는 인지적 또는 사회적 발달에 부정적으로 영향을 미친다. Hart와 Risley(1995)의 아동 언어에 대한 기술 연구(descriptive study)에 따르면 모든 가난한 학생이 어려움을 겪는 것은 아니다. 하지만 학교에서 성숙하고 성공적이 되는 것은 이러한 이상적인 것과 거리가 먼 환경에서는 더 어렵다. 중요한 점은 이러한 아동기에 경험하는 가난이 만연해 있다는 것인데, 2006년 보고에 의하면 18세 이하 아동의 17.4%, 즉 미국 내 1,280만 아동이 빈곤에 처해 있는 것으로 나타난다(DeNavas-Walt, Proctor, & Smith, 2007).

영어 학습자

영어 이외에 다른 모국어를 가진 가정에서 성장하는 아동들의 인구가 미국에서 급격하게 증가하고 있다. 유치원과 학교에 들어갈 때 아동들은 집과 학교에서의 언어의 불일치를 경험하는데, 이는 발달적 위기를 초래할 수도 있다(Genesee, Paradis, & Crage, 2004). 일상 언어로 영어를 말하지 않은 가정에서 성장한 아동은 다른 아동들처럼 글을 읽고 쓰는 것을 배울 기회를 갖지 못할지 모른다(Espinosa & Burns, 2003). 이러한 아동들은 학교에서 최선의 학습 성과를 이루기 위해 더 많은 또는 다른 종류의 지원을 필요로 할 수 있다. Tabors(1997)가 주장한 대로 개별 아동들을 지원하기 위해 필요한 프로그램의 유형은 아동의 나이, 영어를 배우고자 하는 동기, 영어에 대한 노출 정도, 언어에 대한 가정에서의 지원 그리고 아동 개인의 성격 특징과 같은 다양한 요인을 바탕으로 한다. 영어를 배우는 아동을 지원하기 위하여 전문화된 훈련과 문화적으로 민감한 교육과정이 필요해진다.

장애

지적장애, 자폐스펙트럼장애, 감각장애와 같은 장애를 가진 영아와 아동은 생애 초기에 주로 식별된다(Dunst, 2007). 초기의 인지, 의사소통, 감각, 사회적 발달의 지연은 이러한 장애의 표식이며, 아동의 일상과 학교에서 학습할 수 있는 아동의 능력을 제한할지 모른다. 전통적인 공립학교들의 주요 사업들은 정규교육 세팅에서 장애 아동들(Odom, 2000)이 가능한 한 많은 참여와 성취를 이루도록 편의를 제공하는 것을 포함하고 있다. 그럼에도 아동의 장애는 앞에서 언급한 대로 종종 교육 격차를 가져온다.

위기 대상에 대한 중재

교육과 예방학에서 아동들이 이후의 삶에서 성공할 수 있도록 준비시키는 노력은 긴 역사를 가진다. 초기 아동기 중재의 역사는 1960년대 빈곤과의 전쟁과 헤드스타트 프로그램의 시작까지 거슬러 올라간다. 당시 테네시의 Susan Gray(Gray & Klaus, 1970)와 코네티컷의 Ed Zigler(Zigler & Butterfield, 1968)와 같은 연구자들이 운영한 영향력 있는 초기 교육 프로그램들은 빈곤 속에 살고 있는 아동들에게 초기 아동기 교육 경험을 제공했을 때의 훌륭한 성과를 보여 주고 있다. 연구의 프로그램은 서로 다른 이론적 배경을 바탕으로 하는 초기 아동기 교육과정의 변화를 조사하였는데, 비교 분석을 통해 서로 다른 접근에 따른 다른 결과가 나타났고, 이 초기 연구를 확장시켰다(Datta, McHale, & Mitchell, 1976; Smith, 1974). 전반적인 프로그램 평가를 통하여, Lazar와 Darlington(1982)은 11개 중재 프로젝트의 즉각적 효과와 장기적 효과를 분석하였고, 빈곤한 아동들에 대한 조기 중재의 전반적인 효과를 발견하였다.

Abecedarian 프로젝트와 Perry의 취학 전 프로젝트는 장기 효과를 보여 주는 2개의 가장 눈에 띄는 프로그램이다. Perry의 취학 전 프로젝트에서 IQ 85 이하의 흑인 학생 중재 집단과 통제 집단이 무작위로 할당되었다. 장기간의 추수 연구에서 40세가 된 학생들은 측정 결과상 치료 집단이 유리한 것으로 지속적인 차이를 나타내었다(Schweinhart, 2004). 또한

Abecedarian 프로젝트에서 아동이 중재와 통제 조건에 무작위로 할당되었다. 추수 연구에서 읽기와 수학 중재에 참여한 아동이 더 높은 점수를 나타내었고, 학령기 동안에 일정한 수준을 유지하고 특수교육을 덜 필요로 하는 경향을 보였으며, 30세에 이르러도 측정 결과에서 지속적인 차이를 나타내었다(Campell, Ramey, Pungello, Sparling, & Miller-Johnson, 2002).

현재의 헤드스타트 프로그램은 Campbell, Ramey, Weikart, Schweinhart, Zigler, Gray와 다른 이들이 초기 작업을 한 교육과정을 유지하고 있다. 헤드스타트 결과에 대한 평가는 혼재되어 있다. 하지만 최근의 통제 집단과 실행 집단의 무작위 할당 연구에서 헤드스타트 프로그램은 3세와 4세 연령을 대상으로 인지ㆍ사회적인 측면에서 약간의 도움을 주는 것으로 나타났다(Administration for Children and Families, 2005). 헤드스타트 프로그램이 진화함에 따라 아동 및 가족 서비스가 초기 헤드스타트 프로그램의 시작 연령보다 더 이른 시기로 앞당겨졌다(Kamerman & Kahn, 2004). 초기 헤드스타트 참가자들 대상의 연구에서는 서비스를 받는 아동이 인지, 언어 및 사회ㆍ정서 기능에 있어서 서비스를 받지 않는 또래에 비해 더 잘 기능하는 것으로 나타났다(Administration for Children and Families, 2006). 하지만 아주 극빈한 수준의 가정의 아동에게는 효과가 나타나지 않았다. 프로그램은 어떤 대상에게는 긍정적 결과를 가져오지만 그것이 모두에게 나타나는 보편적인 효과는 아닐지 모른다.

취학 전 최적의 교수 실제에 대한 논의를 통해 종종 영어 학습자 아동을 지원하고(Chang et al., 2007) 이 집단의 요구를 감안한 교육과정이나 학습 지침 개발의 필요성이 제안된다(California Department of Education, 2007). 하지만 이 집단의 학습자를 대상으로 한 실제 교육에 대한 연구는 거의 실행되지 않았다. 최근의 두드러진 노력으로는 학급 실제에서 교수 기술 개발을 위한 집중적인 전문성 프로그램을 활용하는 것과 어린 영어 학습자를 위해 특수 언어와 문해 전략을 사용하는 것이다(Buysse, Castro, & Peisner-Feinberg, 2008).

초기에 장애가 식별되고 확인된 장애를 가진 영아와 아동은 주정부 기관으로부터 조기 중재를 받을 것이고(Dunst, 2007), 약 3세경에 공립학교에서 운영되는 프로그램에 들어가게 될 것이다(Carta & Kong, 2007). 장애를 가진 어린 아동들은 종종 통합교육 환경에서 프로그램을 제공받는데 공립학교, 지역사회의 사립 유치원, 헤드스타트 또는 주정부의 사전 K 프로그램을 포함한다(Odom et al., 1999). 일련의 중재 접근들이 장애 아동 활용을 위해 조사되었고 다양한 효과성의 수준이 제시되었다(Odom & Wolery, 2003). 이러한 서비스와 프로그램들은 대부분의 사례에서 2차 및 3차 중재를 위한 것이고 1차 예방 또는 장애로부터의 회복은 덜 강조하고 있었다.

1차 또는 2차 예방에서는 두 가지 영역이 특히 두드러진다. 초기 예방적 노력이 효과가 있을 것 같고 도전적인 행동을 보이는 아동을 특히 주목하였다. Webster-Stratton이 개발한 Incredible Years 교육과정의 유치원 버전(Webster-Stratton, Reid, & Stoolmiller, 2008)이 헤드 스타트 프로그램 아동들의 문제 행동 발생을 막고 사회적 역량을 증진시키기 위해 학급 전반 교육과정에 적용되었다. 또한 Walker(Walker et al., 1998)가 개발한 First Step 프로그램은 부모, 지역사회, 학교 자원들이 관여하는 폭넓은 기반의 접근으로 청소년의 친사회적인 행동의 악화와 비행과 범죄 행동의 단계적 확대를 막기 위해 구성되었다. 이러한 접근 모두 무작위 연구에서 아동 참가자에게 긍정적인 효과가 있는 것으로 나타났다(Walker et al., 1998; Webster-Stratton et al., 2008). Dunlap, Fox 등(Powell, Fixsen, Dunlap, Smith, & Fox, 2007)이 정의한 긍정적 행동 지원 다단계 접근의 확대는 양질의 교육 환경과 서비스 제공을 통하여 도전적인 행동을 예방하는 데 기초가 되었다. 자폐스펙트럼장애(ASD)를 가진 아동에게 초기 식별과 중재는 아동과 가족에게 긍정적인 성과를 가져오는 데 필수적인 구성 요소이다. 수많은 포괄적 치료 모델이 개발되고 있는데, 그중 일부는 긍정적 결과를 가져오며 심지어 회복한 사례를 보고하기도 한다(Odem, Rogers, McDougle, Hume, & McGee, 2007).

초기 아동기 중재의 규모 확장

선구적인 초기 아동기 교육과 중재 프로그램의 자연적 진화는 연구자와 프로그램 개발자들에 의해 면밀히 관찰되는 모델 프로그램들(즉, 종종 효과성 연구로 정의됨)에서 연구자의 통제가 좀 느슨한 조건에서 프로그램을 폭넓게 활용하는 쪽으로(즉, 종종 유효성 연구로 정의됨) 진행되어 왔다. Rohrbach, Grana, Sussman과 Valente(2006)는 이러한 과정을 '규모 확장(scaling-up)'이라고 부른다.

프로그램이 확장됨으로써 프로그램이 더 많은 아동에게 원래 개발자 집단 밖에 있는 개인에 의해서 전달될 때, 이 확장된 프로그램 모델이 원래 프로그램의 원형에 근접한지를 어떻게 면밀히 살펴볼 것인가 하는 문제가 생겨 난다. 결과적으로 초기 아동기 연구자들과 프로그램 제공자들은 프로그램의 실행을 평가하는 데 관심을 가지게 되었다.

이러한 진화의 예로 Abecedarian 프로젝트와 이후 이 모델의 일련의 반복을 들 수 있다. 앞서 언급한 대로, Ramey와 Campbell(1984)은 1970년대에 지적장애를 예방하기 위한 접근으로서 Abecedarian 프로젝트를 시작하였다. 이 중재 모델은 명확하게 명료화된 교육과정(Learning Games by Sparling and Lewis, 1979)으로 구성되고 돌봄의 방법을 제시하고 있다. 이 프로젝트는 한 지역(즉, 노스캐롤라이나)에서 실시되었고 연구자의 면밀한 통제하에 있었다. 원래 프로그램의 적용에서는 실행의 측정 방법은 보고되지 않았다. Abecedarian 프로젝트의 핵심 구성 요소는 영아 건강과 발달 프로젝트(Infant Health and Development Project: IHDP), 즉 전국적인 저체중 영아와 가족 관련 대규모 현장 연구에서 적용되었다(Gross, Spiker, & Haynes, 1997). IHDP의 목적은 초기 발달적 중재를 통하여 조기 성숙과 저체중을 동반하는 건강과 발달적 문제를 예방하는 데 있다. Abecedarian 프로젝트에서 발견되는 유형의 주요한 효과(즉, 모든 지역을 통틀어 모든 저체중 집단의 효과)는 IHDP에서 발견되지 않았다. 하지만 IHDP에서는 실행의 측정 방법들이 수집되었고 충분한 수준의 실행이 일어난 아동에게서 지속적인 효과가 발견되었다(Hill, Brooks-Gunn, & Waldfogel, 2003).

실행과 초기 아동기 프로그램

위기 아동 대상의 초기 아동기 교육에 대한 많은 관심 속에서 과학적인 효과성을 기반으로 한 교육적 실행을 목적으로 하는 규모 확장의 이슈는 중요한 것이 되었다. 실행 연구는 초기 아동기 프로그램의 효과성과 유효성 연구의 주요 특징이 되었다. 하지만 실행을 연구하는 것은 그 과정의 정의와 개념을 받아들이는 것으로 시작해야만 한다. 이 장에서 우리는 정의를 논의하고 일관된 용어를 제안하고 과정과 결과물을 증명하기 위한 자료 수집의 방법론을 설명하고, 그 개념과 관련하여 우리가 고려해야 하는 이슈를 살펴볼 것이다.

정의와 의미

예방학과 초기 아동기 교육에서 충실도(fidelity)/실행(implementation)의 적용에 있어 직면하는 주요한 도전은 일반적인 정의에 대한 동의이다. 충실도와 실행에 대한 개념화와 설명은 다양하고 때로는 동일한 용어로 사용되고, 때로는 서로 다른 의미로 사용된다. Durlak과 DuPre(2008)는 아주 단순하게 실행을 "프로그램이 특정 환경에 전달될 때 구성되는 요소"(p. 329)로 정의하였고, Fixen 등(2005)은 "실제에 투입되기 위해 설계된 구체화된 일련의 활동들"(p. 5)이라고 덧붙였다. 이 장에서 실행은 구성요소를 조직화하는 것(organizing construct)이 될 것이다. 우리는 실행을 우리의 위기 아동과 가족의 사례에서 참여자에게 전달되고 경험되는 프로그램으로 정의할 것이다.

K-12 교육과정 중재 연구에서 실행의 충실도를 평가하는 연구들을 개관하면서 O'Donnell (2008)은 종종 정의들이 구조적 특징들(즉, 기준 번호와 일련의 절차에 대한 준수)과 과정적 특징들(즉, 참여자들이 사용하는 교육과정의 질)로 인해 다양하다고 보고한다. 최근의 연구자들은 Dane과 Schneider(1998)의 충실도를 다중구성 요소로 개념화하는데, 이는 프로그램에 대한 준수, 양(즉, 실행자가 제공하는 회기의 수와 내용의 양), 프로그램 전달의 질, 참여자 반응 또는 수용, 프로그램 차별화(즉, 잘 실행되거나 잘못 시행되고 있는 프로그램들을 구별하는 것)로 구성된다. 목록화를 위하여 Durlak과 DuPre(2008)는 통제나 비교 조건의 모니터링(즉, 치료 연구에서), 프로그램 접근(즉, 참여자의 참여와 대표성), 적용성(즉, 프로그램이 실행가나 프로그램 제공자들에 의해 전달되었을 때 만들어지는 변화)의 개념을 추가하였다.

실행의 개념 모델

이러한 실행과학자들의 작업을 바탕으로 하여, 우리는 [그림 21-1]에 제시된 실행 과정의 개념 모델을 제안한다. 초기 단계는 중재의 개발, 개발자에 의한 효과성 검증, 미래의 실행가에게 전달되는 중재 자료에 대한 준비를 포함한다. 이러한 과정에서 개발자들은 항상 어떻게 중재가 실행되어야 하는가에 대한 이상적인 원형을 가지게 된다. 중재가 사용자(예: 교사들)에게 전달되었을 때 개발자들은 납품자(즉, 중재의 선택을 변호하고 지지하는 사람)가 된다. 사용자들이 중재를 받아들일 때 개발자들은 맥락에 맞게 중재 절차들을 변형한다. 변형에 대해서는 앞으로 좀 더 논의할 것이다. 실제의 실행은 납품자나 사용자에 의해서 구조적 변인(가령, 전달되거

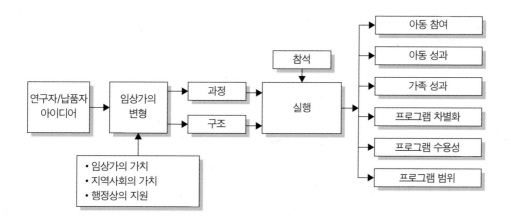

[그림 21-1] 실행 과정의 구성 요소들

나 받아들여지는 중재의 양) 그리고/또는 과정적 변인(가령, 프로그램 전달의 질)에 의해 측정된다. 또한 아동 참석은 이 지점에서 실행에 영향을 미치는 다른 변인이다. 중재의 실행은 다양한 변인, 가령 참여자의 반응(예: 교육과정 활동의 아동의 참여), 아동 성과, 가족 성과, 프로그램 차별화(예: 효과적으로 실행하는 사람과 그렇지 못한 사람을 구분하는 것), 프로그램 수용성(예: 프로그램에 대한 실행가의 태도), 프로그램 범위(예: 전체 조직/학교/지역사회와 관계된 실행가의 범위와 대표성)에 영향을 미칠 것이다.

실행을 연구하기 위한 이론적 기반

실행을 연구하는 주요한 이유는 중재와 치료가 전달될 때 무엇이 일어나는지 면밀하게 살펴보기 위한 것이다. 이러한 자료는 연구자들이 실행의 정도 또는 특징과 아동에게 나타나는 성과 사이의 관계를 살펴볼 수 있게 한다. 또 다른 가능성으로서 연구자가 실행이 적합하게 이루어졌음에도 뚜렷한 중재 효과가 없는 것에 대한 자료를 제공할 수 있다. 전자의 예는 Love 등(2005)의 연구로, 부분적으로 중요 기준 사항을 실행한 다른 프로그램과는 다르게 운영 기준을 완벽하게 실행한 초기 헤드스타트 가정-센터 기반 혼합 프로그램의 긍정적인 효과를 상세히 기록하였다. 후자의 예는 St. Pierre, Ricciuti와 Rimdzius(2005)가 보고한 것으로 Even Start 프로그램이 완벽하게 실행되었음에도 교육적으로 중요한 효과가 없음을 보여 준다.

효과성과 유효성 연구에서 실행의 평가는 통제 집단 또는 비교 집단에서도 이루어질 수 있는데, 이는 통제 집단에서 일어날 수 있는 치료의 특징을 모니터하기 위해서이다. 프로그램의 핵심 특징이 통제 학급에 실행될 때 치료의 효과가 없거나 감소되어 나타날 수 있다(Greenberg, Domitrovich, Graczk, & Zins, 2005). 취학 전 교육과정 평가연구 컨소시엄(Preschool Curriculum Evaluation Research Consortium, 2008) 연구에서 밴더빌트 지역은 Creative Curriculum과 Bright Beginnings 교육과정의 상대적인 유효성에 대한 무작위 연구를 수행하였다. 충실도의 평가에서는 무작위 할당에도 불구하고, 양쪽 조건의 교사들이 거의 동등한 수준에서 두 가지 교육과정의 핵심 구성 요소를 이행하였다. 예상한 대로 치료 집단과 통제 집단 사이에서는 어떤 종속변인에서도 차이가 없었다. 실행 평가가 없이도 우리는 아마 그 교육과정 사이에는 차이가 없다고 결론 내릴 수 있을 것이다. 사실 우리는 매우 유사한 활동들이 두 가지 조건의 학급에서 일어난 것으로 나타났기 때문에 치료 차이에 대해서 어떤 결론도 내릴 수 없다.

서비스 제공자에 의한 중재의 변형은 앞서 언급한 바와 같이 실행 연구에서 핵심적인 이슈이다(Durlak & DuPre, 2008). 이는 이어지는 절에서 더 충실하게 논의될 것이다. 변형을 평가하기 위하여 실행 측정 도구를 활용하여 명확한 비교 기준을 가져야 한다. 더 나아가서 명확하고 분명한 실행 측정 도구의 제공은 더 쉽게 중재나 치료를 반복하도록 하고 이를 모니터링하기 위한 수단을 제공하고, 납품자들이 이러한 개입 및 치료의 반복을 평가하는 도구가 된다. Fixen 등(2005)은 반복적으로 실행하고 변형하는 사람들에게 피드백을 제공하는 체계적인 과정이 높은 수준의 그리고 지속적인 실행을 보장하기 위해 중요하다고 제안하였다.

마지막으로, 중재 프로그램의 증거 기준을 마련하는 데 있어 Flay 등(2005)은 실행 정보를 문서화하고 활용하는 것이 유효성 연구의 필수적인 측면이라고 언급하였다. 실제로 다른 유형의 몇몇 중재 프로그램 메타연구(즉, 약물 예방, 공격성 감소와 집단 괴롭힘 예방)에서는 실행이 평가되지 않은 연구와 비교하여 연구자들이 실행을 모니터한 연구에서 더 큰 효과 크기를 나타낸다고 보고하고 있다(Dubois, Holloway, Valentine, & Cooper, 2002; Tobler, 1986; Wilson, Lipsey, & Derzon, 2003).

실행 연구를 위한 방법론

실행을 구성하는 요소들의 특징들이 다르기 때문에 그 특징들을 평가하는 방법들도 매우 다양하다. 최근에 Durlak과 DuPre(2008), O'Donnell(2008)은 다른 영역의 실행 연구에 대한 2개의 개관 연구를 수행했는데, 정신건강 예방 프로그램(59개 연구)과 K-12 교육과정 연구(23개 연구)를 각각 분석하였다. 연구에서는 실행을 평가하는 관찰(각각 42%, 34%가 적용됨), 자기보고(44%와 12%), 인터뷰(6%와 31%), 보관기록(6%와 15%)의 네 가지 주요한 방법을 보고하였다. 실행의 관찰 방법은 주로 프로그램의 외부 사람이 운영을 관찰하고 일어나는 프로그램의 특징을 평가하는 것으로 이루어진다. 예를 들어, 사회 · 정서적 문제를 가진 유치원 아동을 위한 학교 준비에 대한 1차 예방 프로그램 연구에서 Webster-Stratton 등(2008)은 학급에서의 교사들의 행동과 상호작용에 대한 직접적인 관찰 자료를 모았다. 학교 준비 교육과정을 잘 전달하기 위한 코칭과 웹기반 중재의 효과를 살펴보기 위하여, Pianta, Downer, Mashburn, Hamre와 Justice(2008)는 교사들의 아동과의 상호작용 비디오를 분석하였고 교사-아동 상호작용의 질을 포함하는 코칭 예방/중재 모델을 도출하였다. 이 두 가지 예에서 연구자들은 교사 행동의 질을 조사하였다. 또한 Webster-Stratton 등(2008)은 교사들이 완료한 수많은 회기, 비디오 삽화의 활용(주요 실행 구성 요소), 소집단 활동들을 문서화하였다.

또한 프로그램 참여자들도 실행에 대한 정보를 제공할 수 있다. 이는 서비스 제공자들이 중재나 교육과정에서 실행 체크리스트를 완성하게 함으로써 가능하다. 초등학교 학급의 또래 개인지도 프로그램의 학급 단위 사용을 조절하는 요소에 대한 연구에서, Greenwood, Terry, Arreaga-Mayer와 Finney(1992)는 교사들에게 무작위로 선정된 날에 실행된 중재의 특징을 보고하는 절차 체크리스트를 완성하도록 하였다. 또한 다른 연구들에서 평가자들은 중재 절차들이 실행되었는지를 판별하기 위해 프로그램 실행가들을 대상으로 인터뷰를 실시하였다. 예를 들어, Mihalic, Irwin, Fagan, Ballard와 Elliott(2004)는 폭력과 약물 예방 프로그램에서 실행의 준수와 질을 판별하기 위해 질문지와 전화 인터뷰 모두를 활용하였다. Mills와 Ragan(2000)은 교육 환경과 관련한 통합 학습 체계의 충실도를 평가하기 위해 45분간의 녹음된 인터뷰와 이를 프로그램 구성원이 코딩한 자료를 활용하였다.

연구자들은 때때로 실행의 일부 특징을 측정하기 위해 보관 기록을 활용한다. 예를 들어, 국가 프로그램 표준 준수는 일반적으로 접근할 수 있는 정보 형태인데, Love 등(2005)에 따르면 이는 초기 헤드스타트의 영향과 강하게 연관되어 있다고 보았다. Ysseldyke 등(2003)은 학교에서 수학 성취에 영향을 미치는 요소를 평가하기 위하여 각 학급에서 시도한 수학 문제의 평균 수와 달성된 목표의 수를 교육과정 중심 학습의 실행 척도로 사용했다.

앞서 설명된 개념 모델에서 언급한 대로 아동과 가족의 프로그램 출석과 참석은 실행의 측정 도구로서 활용되어 왔다(즉, 때때로 실행의 투여량으로 설명됨). IHDP 프로그램의 지속적인 효과 연구에서 Hill 등(2003)은 8세 아동의 프로그램에 참석하는 날의 수와 결과물 사이의 관련성을 발견하였다. 헤드스타트 아동들과 함께 Hubbs-Tait 등(2002)은 아동의 출석과 사회적인 역량에 대한 교사 평가 사이에 정적 상관관계가 있음을 보고하였다.

실행의 측정은 주로 현재 실행의 수준에 대한 백분율로 표시된다. 전달을 완벽하게 하기 위해 중재 계획을 완벽하게 고수하는 것은 이상적으로는 100% 실행으로 이끌어야 한다. 하지만 실제 실행에서는 이러한 이상은 실현되지 않는다. 정신건강과 교육 중재의 59개 실행 연구를 개관한 Durak과 DuPre(2008)는 연구 대부분이 60%의 실행 수준을 보이는 긍정적인 효과를 나타내고, 오직 몇몇 연구만이 80% 이상의 수준을 나타낸다고 보고한다. 지역사회에서 실행되는 학령 전 예방 프로그램에서 실행 수준은 의심할 여지없이 교사와 지역사회에 따라 다양하다. 납품자와 프로그램 실행자들이 직면하는 도전 요소는 긍정적인 효과를 거두기 위해 필요한 최소한의 실행 정도를 결정하는 것이다. 긍정적인 효과로 이끄는 예방/중재 모델의 '핵심 요소'를 찾는 것은 프로그램 제공자에게 중요한 방향성이 된다.

중재의 편차 이슈와 더불어 높은 실행 수준에 대한 요구와 변형 사이에 긴장이 인지되는데, 앞서 언급한 대로 이는 실행이 이루어질 때 일어난다(Fixen et al., 2005). 프로그램들이 지속 가능하기 위해서는 프로그램들을 반드시 맥락에 맞추는 것이 필요할 것이고, 이러한 경우 교사와 서비스 제공자들은 절차들을 변형할 것이다. 이렇게 변형하는 것은 결과적으로 낮은 실행 수준으로 측정되어 나타나는데, 하지만 현장에서는 이러한 변형이 기능적일 수 있고 아마 더 강력한 효과가 있기도 할 것이다(Durak & DuPre, 2008). 다른 방법으로 이러한 변형들은 실행가들이 프로그램에 사용하기 원하는 오직 극소수의 치료 유형만을 선택하도록 만들 수도 있다. Lynam 등(1999)은 DARE 약물 예방 프로그램의 실행 연구에서 프로그램 자체가 대중적이고 교사들이 프로그램을 폭넓게 사용했지만 오직 극소수의 치료 유형만이 학급에서 정기적으로 적용되었다고 보고했다. 또한 그들은 이 프로그램의 대중성에도 불구하고 프로그램의 효과는 미미하다고 보고하였다.

정확하고 신뢰할 만하고 타당한 측정은 아동 대상의 예방 및 중재 프로그램의 실행을 증진하기 위한 핵심 측면이다. 다양한 조직과 전문 집단은 효과성과 유효성 연구를 위하여 그들의 준거 안에 실행의 평가를 포함하고 있다(Flay et al., 2005; Mowbray, Holter, Teague, & Bybee, 2003; Odom et al., 2004; Smith et al., 2007). 하지만 Durlak과 DuPre(2008)는 "과학은 정확하게 측정할 수 없는 것을 연구할 수 없고 정의하지 않은 것을 측정할 수 없다."(p. 342)라고 언급하였다. 미래 연구의 두 가지 함의점은 다음과 같다. 첫째, 연구자와 평가자들은 실행과 관련된 구인에 대한 합의가 필요하고, 둘째, 그 구인의 측정에 대한 기준이 확립되어야 한다는 것이다.

실행과 성과의 관계

실행을 문서화하는 핵심적인 이유는 예방/중재 프로그램, 치료 또는 혁신과 우리의 사례에서는 프로그램 수혜자인 아동과 가족들의 성과 사이에 관계가 있다는 것을 밝히기 위해서이다. 이러한 관련성은 주로 무작위 실험 설계를 통한 효과성과 유효성 연구에서 제시되는데, 이 경우 실행에 대한 정보가 치료 프로그램에 있었다는 것을 입증한다. Dunst(1987)는 초기 아동기 프로그램의 치료 효과성에 대한 논문에서 실행의 측정과 결과 사이의 상관관계를 조사하고 프로그램의 효과에 대한 추론을 할 수 있다고 언급하였다. 가령, 구조방정식 모델 등을 통하여 통계적 모델의 민감도가 증가함에 따라 우리는 결과의 해석을 경감시킬 수도, 중재할 수도, 혼동되게 할 수도 있는 변인을 예상할 수 있고, 분석에서 이들을 통계적으로 설명할 수 있을 것이다. 비록 실험 설계 없이 인과관계를 추론할 수 없지만 만일 충분한 통계적인 통제가 적용 된다면 우리는 '인과관계 같은' 추론에 대한 논의는 할 수 있을 것이다(Thompson, Diamond, McWilliam, Snyder, & Snyder, 2005).

아동 및 가족 관련 문제 예방과 조기 중재 프로그램과 관련하여 연구자들은 실행의 다른 측 정 방법들로 성과 사이의 관계를 조사하여 왔다. 예를 들어, Wilson 등(2003)은 공격적 행동 을 줄이거나 예방하기 위하여 계획된 학교기반 프로그램에 대한 메타연구를 수행하였고 훌륭 하게 그리고 집중적으로 실행된 프로그램은 가장 큰 효과를 나타낸다는 것을 발견하였다. 앞 서 언급한 개별 연구들에서 아동 및 가족의 성과가 아동이 IHDP 프로그램에 참가한 날의 수 (Hill et al., 2003), 초기 헤드스타트 프로그램에서 프로그램 품질 기준의 고수(Love et al., 2003), 아동의 출석(Hubbs-Tait et al., 2002)과 관련이 있다는 것을 증거로 보여 주었다. 다양한 위험 변인을 가진 4세 아동을 위한 학령 전 준비 교육과정의 실행 특징에 대한 연구에서, Odom 등 (2008)은 실행 변인들, 가령 품질 평가, 완료된 교육과정의 양, 아동 출석과 아동의 성과가 유 의미하게 관련되어 있음을 발견하였다. 또한 실행 특징들과 아동 성과 사이의 관계를 보여 주 는 분석의 유형은 주목할 만하다. Odem 등(2008)의 연구에서 실행과 성과 변인들 사이의 지 속적이고 통계적인 관련성을 보여 주는 실행 변인들이 분석되었다. 또 다른 방법으로 일부 연 구는 '높은' 그리고 '낮은' 실행가로서 학급이나 프로그램을 특징화하였고 이 집단들 간의 차 이를 조사하였다. 예를 들어, Ysseldyke 등(2003)의 연구에서는 앞에서 주목한 대로 학급/교 사들은 높고 낮은 실행가로 분류되었고, 아동 수학 수행의 차이가 집단별로 분석되었다. 이러 한 접근이 Ysseldyke 등(2003)의 연구에서는 성공적이었지만 Durlak과 DuPre(2008)는 이러 한 집단 사이의 분석은 연속 변인으로서 실행의 분석보다 실행-성과의 연관성에 대해서 덜 민 감할지도 모른다는 점을 언급하였다.

실행에 영향을 미치고 촉진하는 요인

실행의 중요성에 대한 인식은 실행과 촉진 전략에 영향을 주는 요인에 대한 관심에 의해 고조되었다. 일부 연구자는 실행에 영향을 미치는 변인에 대한 개념 모델을 제안하고 있다. 이 모델들은 Bronfenbrenner(1979)가 제안한 인간 발달의 생태체계이론(ecological system theory)을 반영한다. 초기 아동기와 예방 관련 일차적 작업은 구체적인 중재/예방 치료, 교육과 정, 서비스 실행에 초점을 맞추고 있다. 하지만 학교 개혁과 혁신의 채택과 관련한 넓은 범위의 연구도 실행에 영향을 미치는 요인들로서 여기에서의 논의에 포함된다.

개념 모델: 실행의 배경

실행의 배경을 이해하기 위하여 Fixen 등(2005)은 조직 안에서 증거기반 중재 실제를 발전시키기 위한 틀을 구체화하였다. 이 틀의 구성 요소는 자원(source), 목적지(destination), 대화 통로(communication link), 피드백(feedback)과 영향력(influences)으로 나타난다. 자원은 핵심 중재 구성 요소 또는 '패키지' 자체이다. 목적지는 소비자(예: 학생)와 작업하는 임상가(예: 교사)를 나타낸다. 대화 통로는 실행의 핵심 구성 요소 또는 그 과정의 '운전자'인데, 이를 통해 임상가가 실행을 제공할 수 있는 지식과 자원이 있다고 확신하게 된다. 이러한 구성 요소들은 구성원의 선택, 사전 서비스와 서비스 내 훈련, 지속적인 자문과 코칭, 구성원과 프로그램 평가, 촉진적인 행정 지원과 체계 중재들을 포함한다. 피드백은 구성원, 프로그램, 충실도의 평가를 의미한다. 마지막으로 영향력은 해당 지역의 전문 인력과 사회정치적인 요인으로서 면허, 자금 지원, 구성원과 기관의 협력과 같은 실행을 결정하는 정치적 측면에 영향을 줄 수 있다. 이러한 요인은 중심에 자원이 있고 대부분 거시 수준에서 영향을 미치는 Bronfenbrenner의 체계 모델과 비슷하게 배열된다.

실행의 질과 과정에 영향을 줄 수 있는 배경 요소를 설명하기 위하여 Chen(1998)은 개념 틀을 제공하였다. 이 틀에서 실제 중재(Actual Intervention)는 중재 계획과 실행 지원으로 구성된다. 중재 계획에 영향을 미칠 수 있는 요인들은 프로그램 모델, 전달의 질, 목표 청중과 참여자의 반응이다. 실행 지원의 구성 요소는 사전 계획된 활동들, 자료의 질, 기술적인 지원 모델, 기술적인 지원의 질, 실행자의 준비도이다. 학급 요인(예: 실행자의 성격과 행동, 학급 분위기, 또래관계), 학교와 지역(예: 행정적 안정성, 리더십/지원, 학생 요구의 인지, 학교 목표, 분위기, 의사소통), 지역사회 수준(예: 학교-지역사회 관계, 학교-가족 관계, 지역사회 지지/준비도)과 같은 것들이 실행의 성공에 영향을 미친다.

더 나아가 실행의 질과 연관된 요인을 이해하기 위하여 Domitrovich 등(2008)은 다단계 개념 모델을 제안하였다. 이 모델은 학교의 예방 중재를 위한 실행의 질에 영향을 미치는 상호 보완적인 세 가지 요인으로 거시 요인, 조직 요인, 개인적 요인을 뽑았다. 거시 수준의 요인들은 가장 먼 쪽에 있는 영향력으로 연방, 주 그리고 지역사회 수준에서 정책과 실제(재정, 규제, 행정)들인데 증거기반 프로그램의 실행에 영향을 미칠 수 있다. 예시로 표준 개혁 또는 전문성 개발을 위한 자금 지원을 들 수 있다. 조직 수준의 요인들은 실행에 영향을 주는 학교 환경의 요인들을 포함하는데, 예를 들어 학교의 특징(예: 크기, 지역적 위치, 학생의 유동성), 행정적 리더십, 학교의 미션과 규정, 조직의 역량(자금, 자료, 장비, 지식과 기술) 의사결정 구조(역할과 책임), 학교 분위기와 조직의 건전성, 학교와 학생들 사이의 관계와 같은 학급 분위기, 구성원들과의 협력, 소속감, 조직 문화(규범, 신념, 구성원의 추정) 등이 있다. 개인적 수준은 이 틀의 세 번째 수준으로, 교사들의 전문적인 훈련, 교사들의 심리적인 특징(예: 소진, 실행 또는 지속하고자 하는 의지 등), 그들의 이전 프로그램 실행과 이력에 대한 구성원의 태도를 포함한다.

실행 단계와 각각의 전략

실행은 복합적인 요소에 영향을 받을 뿐 아니라 여러 단계에서 일어나는 역동적인 과정에서도 영향을 받는다. 실행을 증진시키기 위해 계획된 전략들은 과정상의 특정 국면에서 가장 적합하고 효과적일 것이다. Greenberg 등(2005)은 실행의 단계를 ① 채택 이전 단계(즉, 서비스 제공자가 실행을 준비하는 훈련 전 기간), ② 전달 단계(즉, 훈련과 기술적인 도움이 제공됨, 즉, 중재가 소개되고 초기 훈련이 교사에게 제공), ③ 전달 이후 단계(즉, 초기 훈련 이후의 기간으로 중재가 지속되거나 지속되지 않을 때)로 제시했다. 특정한 전략들이 촉진적인 것으로 발견될 때 각 단계에서 실행은 성공 가능성이 높다.

■ 초기 그리고 공동 계획
적용 이전의 단계에서 서비스 제공자는 실행을 준비하는데 이 단계에서 수립된 상세한 계획은 실행을 강화한다. 상세한 계획은 "대화, 프로젝트 관리, 더 나아가기 위해 벤치마킹을 하는 것, 피드백을 모으고 소통하는 것, 현저한 변화에 대한 의사결정을 하는 것"에 대한 과정을 묘사한다(Elias, Zins, Graczyk, & Weissberg et al., 2003, p. 312). 중재를 실행하는 교사들은 계획 이전 단계에 참여하여 그들이 중재에 들어갈 것이라는 것을 확신하는 것이 필요하다(Greenberg et al., 2005).

■ 자료의 질
초기 아동기 프로그램에 투입되는 대부분의 중재는 교사를 위한 지도자 매뉴얼이 있다. 실제로 '매뉴얼화'는 실행의 중요한 측면이다(Smith et al., 2007). 시각적으로 매력적이고, 사용자 친화적이고, 연령에 적합하고, 문화적으로 민감한 매뉴얼은 교사가 사용하기 쉽고 그래서 실행이 성공적이도록 기여한다(Greenberg et al., 2005). 이러한 교육과정 자료에 대한 접근은 중재의 전달 단계에서 실행에 긍정적으로 영향을 끼칠 것이다.

■ 기술적인 지원의 질과 유효성

기술적인 지원은 교사가 자신이 받은 훈련에 따라 중재를 잘 실행하는 것을 보장하기 위한 수단이다. 이는 적용 전 단계와 전달 단계 동안에 가장 큰 영향을 미친다. 기술적인 지원은 전문성 개발 활동으로 교사들에게 제공된다. Garet, Porter, Desimone, Birman과 Yoon(2001)은 전문성 개발을 위한 특징을 식별하고 교사가 학습하도록 이끌었다. 그 특징으로는 장기간 지속되는 활동, 중재 내용의 분명한 초점화, 내용을 학습하는 데 있어서 교사의 적극적인 참여, 학교 일상의 일부로서 지속적인 전문성의 개발이 있다. Showers와 Joyce(1996)는 성공적인 실행에 기여하는 추가 전략을 구체화하였다. 이러한 전략들은 교사가 학급에서 새로운 프로그램을 실행할 때 전문가 또는 동료로부터의 코칭과 실행의 성공에 대한 피드백을 포함한다. 실제로 Joyce와 Showers(2002)가 수행한 연구에서 시연, 연습과 피드백 훈련과 더불어 코칭을 받은 교사들의 95%가 학급에서 새로운 기술을 사용했다. 반대로 코칭 없이 훈련을 받은 소수의 교사만이 학급에서 새롭게 훈련된 기술을 사용했다.

■ 실행자의 준비성

Greenberg 등(2005)은 교사들의 중재 실행의 가능성은 일정 부분 중재를 위한 그들의 준비 정도에 달려 있다고 제안하였다. 준비성은 교사가 "프로그램에 대해 긍정적으로 느끼는 것, 공헌하는 것에 대해서 가치를 부여하는 것, 목표에 대한 적극성을 보이는 것"(p. 37)을 의미한다. Elliott(1988)는 교사들이 중재가 효과적일 것이라고 믿을지의 여부와 원하는 효과가 있을 것으로 인식하는 것 사이에는 어느 정도 강력한 관계가 있다는 것을 발견했다. 취학 전 장애 아동 통합교육을 연구한 Lieber 등(1998)은 통합 과정에 대한 교사의 믿음은 실행을 하는 그들의 능력에 강하게 영향을 미치고 장애 아동들의 학습을 지원하기 위한 전략들을 성공적으로 실행하는 데 영향을 미친다고 언급하였다. 분명히 교사의 신념과 중재 접근에 대한 태도를 평가하는 것은 중재 전달 단계의 실행과 전달 이후 단계에 영향을 미칠 것이다.

■ 맥락적 요인

Greenberg 등(2005)은 학급 단위를 넘어서 학교 맥락이 새로운 중재를 실행하기 위한 교사의 능력과 자발성에 영향을 끼친다고 보았다. 교실 그 자체 안에서 긍정적인 학급 분위기는 성공적인 실행과 관련이 있다. 이것은 교사와 아동 및 학급 안의 다른 성인과의 관계를 포함할 것이다. 긍정적인 사회적 분위기를 촉구하는 전략을 이해하고 계획하는 것은 실행의 전달 단계와 전달 이후 단계에서 실행에 영향을 미칠 것이다.

Greenberg 등(2005)처럼, Fixen 등(2005)은 실행 과정의 단계를 제안하였다. 초기의 탐색 단계 동안에 프로그램의 납품자는 지역사회의 요구를 관찰하고 프로그램을 실행할 사람들과 계약을 한다. 설치 단계는 준비 활동과 그 작업을 하는 데 필요한 합의를 포함한다. 초기 실행 단계(운영의 초기 단계)와 완전 실행 단계에서 프로그램 자체는 전체적으로 운영되고 모든 구성 요소가 전달된다. 지속 가능 단계에서는 실행 작업이 일단 이루어지고 나서 프로그램의 지속 또는 소멸을 이끄는 요인에 초점을 둔다. 마지막으로 혁신은 프로그램의 핵심 특징은 유지하면서 현장의 독특한 특성에 맞게 프로그램을 변형하는 지역에서의 적용을 의미한다.

채택과 실행과 관련된 요인

학교와 같은 현실 삶에서 예방 프로그램을 실행하는 것은 다양한 요인에 영향을 받는다. Rohrbach 등(2006)은 프로그램 실행 관련 문헌을 포괄적으로 개관하고 성공을 예측하는 주요한 요인들을 밝혀내었다. 조직적인 수준에서 주요한 요인으로는 행정 지도자의 혁신에 대한 적극성과 지원, 덜 중앙집중적인 관리와 참여적 의사결정, 열린 대화 패턴, 학교 자원의 안정성과 적합성, 비전과 목표의 공유, 변화를 기꺼이 시도하는 것, 긍정적인 학교 분위기, 문화(신뢰, 협력)가 포함된다. 제공자 수준에서 식별된 요인들은 교사 또는 제공자의 교수 기술과 자기효능감뿐만 아니라 혁신에 대한 태도, 편안함, 적극성에 있다. 혁신 수준의 요소들은 프로그램이 잘 구체화되고, 매력적으로 패키지화되고, 사용하기 쉽고, 교사/사용자가 익숙한 교수 방법을 함께 활용하는 것이다. 마지막으로 네 번째 수준인 훈련 수준 요인에서는 실행 이전과 실행 동안에 다양한 형태로 전달되는 훈련과 기술적인 지원을 포함한다.

실행에 영향을 미치는 요인에 대한 두 가지 예

초기 아동기 프로그램에서 실행은 특정한 예방 교육과정이나 치료 제공으로 여겨지거나 더 광범위하게는 학교 혁신을 채택하는 것으로 생각될 수 있다. 이 절에서는 두 가지 예가 제공되는데 무작위 효과성 연구에서 취학 전 준비 교육과정 실행의 촉진 요인과 방해 요인에 대한 예와 더 광범위하게 취학 전 통합을 채택 및 활용하는 것 그리고 지속 가능성을 설명하는 예가 제시된다.

아동의 학교 성공: 예방 교육과정의 실행

아동의 학교 성공(Children's School Success: CSS) 프로젝트는 가난, 영어 구사 능력의 한계, 장애로 인해 학교 실패의 위기에 있는 것으로 간주되는 아동을 위한 교육적 성과 향상을 목표로 하고 있다. 5년간(2003~2008)의 프로젝트는 아동 건강과 발달 국립연구소(National Institute on Child Health and Development)와 교육부(Department of Education) 및 미국 복지부(U.S. Department of Health and Human Services)의 지원을 받았다. CSS 연구자들은 학급의 4세 아동을 위한 교육과정을 개발하고 이를 미국의 5개 지역에서 실행하고 유효성을 조사하기 위해 복합 지역 실험 연구를 수행하였다. 아동의 초기 학습과 활동에 대한 연구를 바탕으로 CSS 교육과정은 초등학교 초반 성공적인 학교 적응에 필요한 아동 기술 발달을 위한 학습 내용과 사회적 역량에 초점을 맞추었다. 학습 내용은 수학(시작 숫자와 계산, 기하학과 공간 감각, 측정, 패턴/대수적 사고, 데이터 제시와 분석), 과학(측정과 매핑, 물성 평가, 색, 빛, 인근 서식지), 언어와 읽고 쓰기(언어 말하기, 음운 체계 인식, 문자 지식)의 교육과정에서 목표하고 있는 것을 포함한다. 사회-정서 교육과정 구성 요소들은 정서 언어, 공감, 관점 채택, 친구 사귀기 기술, 분노 관리, 대인관계 문제해결, 성공적인 학교 적응과 관련된 기술을 포함한다. 또한 아동의 문제 행동을 예방하고 친사회적 기술을 증진시키는 것이 강조된다. 교육과정의 내용은 개별화를 초점화하는데 교사들이 모든 학습자에게 맞출 수 있도록 한다. 2004년과 2008년 사이에 주(州) 단위의 취학 전 또는 지역사회 기반 학급의 헤드스타트 교사 48명은 CSS 실행을 위해서 3일간의 초기 전문가 교육을 제공받고, 1년 후에 교육과정의 활동을 개별화하도록 돕는 후속 교육을 받았다. CSS를 실행하는 동안 교사들은 교육과정 코치들이 적어도 매주 학급을 방문해서 수업 계획을 함께하고 다양한 활동을 모델링하고 실행에 대해서 피드백을 받는 것과 같은 도움을 제공받았다.

실행을 평가하기 위하여 CSS 구성원들은 각 학급의 7개의 치료 충실도 관찰 평정을 완료하였다. 이러한 평정은 교육과정의 과학/수학, 문해력 그리고 사회적 구성 요소의 실행의 질을 평가하였다. 또한 CSS 구성원들은 각 교사들이 교육과정을 몇 퍼센트 수행하였는지 계산하였다. 실행의 도전 및 촉진 요인을 이해하기 위하여 CSS 연구자들은 교사들의 실행의 높거나 낮은 수준과 관련된 요인들에 대하여 질적 연구를 수행하였다(Lieber et al., 출판 중). 중재가 이루어지는 해 동안 인터뷰, 가상 실제, 설문과 질문지 데이터와 함께 수집된 현장 관찰 노트로 사례 연구의 방법을 적용하였는데, 반복교차 분석을 통하여 전체 17개 주제가 나타났고 세 가지 영역으로 군집화되었다(Teacher, Curriculum and Instruction, and Beyond the Teacher). Miles 와 Huberman(1994)이 제시한 랭킹 체계를 사용하여 교사들은 높은, 중간, 낮은 실행가로 평가되었다.

특히 9개의 주제는 교사의 실행 수준을 설명하는 데 있어 기술적이고 안정적인 것으로 나타났다. 2개는 '교사'와 3개는 '교육과정과 지침', 4개는 '교사 이상의 것'과 관련 있는 것으로 구성되어 있다. '교육과정과 지침'과 '교사 이상의 것'과 관련된 주제는 CSS 실행을 촉진하거나 저해하는 데 중요한 요인으로 구분되지만, 특히 교사 특성은 전반에 걸쳐서 영향을 끼치는 것으로 나타난다. CSS의 높은 실행 수준에 있는 교사들은 교수법에 요구되는 변화와 교육과정을 일상의 수업 활동에 통합하는 혁신을 시도하는 데 동기화되어 있고 파트너로서 이 프로젝트에 참여하는 기회에 대해 감사하고 있다고 언급한다. 반대로 낮은 실행 수준에 있는 교사들은 동기가 낮고 CSS 개념을 자신의 교수법에 통합하는 데 어려움을 보인다. 이러한 연구 결과는 초기 아동기 중재를 실행하는 데 있어 실행가의 준비도의 중요성을 시사한다(Elliott, 1988; Greenberg et al., 2005; Lieber et al., 출판 중). Lieber 등(출판 중)은 교사의 인식, 즉 CSS에 참여하는 것을 선택했고 자신의 전문성과 선호도를 알고 있다는 인식은 실행 과정에서 파트너로서 자신을 인식하는 정도와 교육과정을 실행하고자 하는 동기화에 영향을 끼치는 것으로 보고하였다.

유치원 통합: 혁신의 채택과 지속 가능성에 영향을 미치는 요인

정상 발달 아동과 장애 아동의 유치원 통합은 조직적으로 복잡한 실제이다. 전통적인 공립학교들은 유치원부터 교육을 시작하지만 지역의 교육 기관들은 3세 이하의 장애 아동에게 서비스를 제공해야 하기 때문에 학교 조직의 서비스 제공자들은 학교 조직 밖이나(사립 취학 전 유치원이나 헤드스타트 프로그램) 조직 내 초기 아동기 프로그램 안에서(주 단위 유치원 이전 프로그램) 통합 여부를 결정해야 한다. 유치원 통합은 각 학교 프로그램 안에서 각기 형태가 다르지만 학교 조직에 자주 소개되는 혁신이다(즉, 만일 통합 옵션이 이전에 제공되지 않았다면). 과정과 특정 치료 실행에 영향을 미치는 많은 요인은 학교 조직의 유치원 통합과 같은 혁신을 폭넓게 선택하는 데 영향을 미친다(Fullan, 2001).

유치원 통합에 영향을 미치는 방해 요인과 촉진 요인을 살펴보기 위하여 아동기 통합 연구소(Childhood Research Institute on Inclusion: ECRII)는 전국의 16개 유치원 프로그램을 선택하여 통합 연구를 수행하였다. 이 연구는 통합에 대한 생태학적 체계 연구라고 불리는데(Odom, 2002), 5년간 유치원 통합 실행에 영향을 미치는 요인을 추적하였다. 데이터는 아동, 교사, 가족, 행정, 주/연방 정책 수준에서 수집되었다. 데이터는 사례 연구와 사례 요약으로 정리되었다. 사례 연구의 분석에서는 프로그램의 지속 가능성을 이끄는 요인뿐만 아니라 현장 프로그램들과 학교 조직이 유치원 아동을 위한 통합 프로그램을 성공적으로 시작하고 유지하는 데 영향을 미치는 공통 요인을 도출하였다.

ECRII로 시작해서 유치원 수준에서의 통합이 전국적으로 더 널리 확산되었다. 이것은 유치원 통합의 '혁신'을 촉진하는 요인을 연구자들이 식별하고 탐색하도록 하였다(Lieber et al., 2000). 동시에 이러한 요인들은 종종 그것들이 부재했을 때 통합의 방해물로 작용한다. 가장 강한 촉진물은 정책에 영향을 미치는 핵심 인물의 존재이다. 의사결정 위치에 있는 각 학교나 지역사회의 리더는 종종 조직 변화를 위한 추동력을 제공한다. 또 다른 관련 있는 영향 요인은 정규 초기 아동기 교육과 특수교육 조직 내 구성원들과 기관들 사이의 공유하는 비전(통합에 대한 철학과 정의)이다. 또한 해당 주와 연방 정책은 통합 프로그램의 창출과 실행의 추동력을 제공하는 것으로 나타난다. 유치원 통합 실천을 촉진하는 것으로 발견된 다른 요인들은 각 기관 간의 동의를 통하여 서비스가 연결되는 조직적인 구조뿐 아니라 훈련과 협력을 위한 기회, 기금 제공 같은 외부 지원, 훈련 제공을 포함한다. 마지막으로 지역사회 또한 역할을 한다. 이는 종종 통합적인 서비스의 구축을 옹호하는 부모들을 포함한다.

통합 프로그램의 생존 가능성과 지속 가능성을 살펴보기 위하여 ECRII 연구자들은 5년 기간의 종료 시점에 다시 프로그램을 방문하였다. 16개의 원래 프로그램 중 4개가 성장을 이루었고(즉, 통합 세팅에서 장애 아동 수의 증가), 6개 프로그램이 안정적이었고(즉, 통합에 대한 지속적이고 적극적인 참여), 6개 프로그램이 최소한의 변화를 나타내었고(즉, 통합에 대한 낮은 참여와 통합 세팅에서 아동의 감소), 1개 프로그램이 퇴행이라고 불리는 해체를 경험하였다(Odom, Wolery, Lieber, & Horn, 2002). [참고할 것은 전체 프로그램의 수는 17개로 나타났는데, 1개 프로그램이 두 가지 유형의 통합 프로그램으로 분리되고 우리가 연구 마지막에 그것들을 개별화하였기 때문이다.] 특별히 성장과 안정을 이룬 프로그램은 '충분한 수의(critical mass)' 개인이 통합 서비스에 참여하고 지지적인 것으로 나타난다. 그들은 조직의 여러 부분에서 지원과 압력의 균형을 맞출 수 있고 프로그램과 지역사회의 변화에 대응하여 신념과 실천을 적용할 수 있다. 그들은 통합에 대하여 넓은 범위의 주인 의식을 가지고 있다. 최소한의 변화 또는 퇴행이 있는 프로그램은 학교 조직에서부터 통합에 대한 참여 제한 그리고/또는 다양한 현지 조직에서부터 통합에 대한 제한된 압력과 지원으로 시작했다. 이러한 조직들은 훈련과 협력적인 노력을 지속하기 위한 지원을 제공하지 않았다. 예를 들어, 일부 프로그램은 유치원 Head Start와 공립학교 기관 사이의 공동의 합의를 구축하였다. 일부 사례에서의 훈련과 협력을 위한 기회와 자원 부족은 통합을 유지하는 데 심각한 방해물이 되었다. 그래서 이러한 서비스는 역동적인 사업으로서 지속적인 리더십과 그것들이 유지될 수 있고 변화하는 요구에 적응할 수 있도록 협력적인 지원이 요구된다.

사례 요약의 주제

비록 실행의 다양한 형태가 있지만(즉, 효과성 실행과 학교 개혁에서), CSS와 ECRII 연구 통합 프로그램을 살펴보면 양쪽 모두의 실행에 영향을 미치는 요인은 명확하고 실행과학에서 부상하는 몇 가지 주제로 나타난다. 비록 실행의 성공이 교사의 믿음, 동기, 실행을 위한 준비성에 의해 조절될 수 있지만 학급 내 실행이 일어나기 위하여 훈련, 전문성 개발, 지속적인 코칭 지원(CSS를 위한)은 중요하다. 의사결정 과정에서 교사의 참여는 CSS와 ECRII 모두에서 나타나는 중요한 특징이다. 양측의 연구에서 학급은 분명히 더 넓은 생태계 체계 안에 위치해 있고 학급 밖에서 작용하는 요인들(예: 지역 또는 프로그램 정책들, 주요 행정 인사로부터의 지원)은 어떤 교사가 CSS 교육과정에 또는 통합 모델에 투입될 것인지에 주요한 영향을 미친다. 이 프로젝트들은 상대적으로 단기간에 수행되었지만 몇몇 연구자(Fixsen et al., 2005; Greenberg et al., 2005)가 언급한 대로 실행의 단계는 아마도 효과를 발휘했을 것이다. 통합 모델에서 실행은 긍정적으로 그리고 부정적으로 모두 관련이 있고 그 방향성에 영향을 미치는 요인들은 논의되어 오고 있다. CSS에 있어서 실행은 1년 동안만 일어났고, CSS 연구자들은 1년 이상 교육과정을 실행할 수 있게 되는 것은 그 교육과정의 실행과 지속 가능성 모두에 영향을 미칠 것이라고 언급하였다. 그리고 이것은 다시 다수의 실행과학자에 의해서 중요한 주제로 인식되었다(Fixsen et al., 2005l Greenberg et al., 2005).

결론

학교 실패의 예방과 학교 성공의 촉진, 뒤얽히고 역으로 관계된 목표들은 국가적인 일차적 관심사이다. 학교 실패 위기에 있는 취학 전 아동을 위해 특별히 계획된 초기 아동기 교육 프로그램은 학교 실패를 예방하고 학교에서의 아동의 성공을 강화하는 방법으로 미국 대통령만큼 영향력 있는 사람들에 의해 제안되어 왔다. 여러 연구를 통해 긍정적인 성과를 가지고 오는 초기 아동기 교육과정 모델의 유형이 밝혀지기 시작하였다(예: Bierman et al., 2008). 우리 사회에 일반적으로 긍정적인 영향을 가져오는 이러한 모델의 가능성은 실행에 달려 있다. 현재 부상하고 있는 실행과학은 초기 아동기 모델의 조달자와 이러한 모델을 확장하는 데 흥미가 있는 서비스 제공자들에게 성공적인 실행과 아동의 긍정적인 성과를 촉진하는 데 필수적인 과정에 대한 정보를 제공할 것이다.

참고문헌

Administration for Children and Families. (2005). *Head Start Impact Study: First year findings.* Washington, DC: U.S. Department of Health and Human Services.

Administration for Children and Families. (2006). *Preliminary findings from the early Head Start pre-kindergarten follow up.* Washington, DC: U.S. Department of Health and Human Services.

Bierman, K. L., Domitrovitch, C. E., Nix, R. L., Gest, S. D., Welsh, J. A., Greenberg, M. T., Blair, C., Nelson, K. E., & Gill, S. (2008). Promoting academic and social-emotional school readiness: the Head Start REDI Program. *Child Development, 79,* 1802-1817.

Bronfenbrenner, U. (1979). *The ecology of human development.* Cambridge, MA: Harvard University Press.

Buysse, V., Castro, D. C., & Peisner-Feinberg, E. (2008). *Effects of a professional developmental program on classroom practices and outcomes for Latino English language learners.* Manuscript submitted for publication.

California Department of Education. (2007). *Preschool English learners: Principles and practices to promote language, literacy, and learning.* Sacramento, CA: California Department of Education.

Campbell, F. A., Ramey, C. T., Pungello, E. P., Sparling, J. J., & Miller-Johnson, S. (2002). Early childhood education: Young adult outcomes from the Abecedarian Project. *Applied Developmental Science, 6,* 42-57.

Carta, J. J., & Kong, N. Y. (2007). Trends and issues in interventions for preschoolers with developmental disabilities. In S. Odom, R. Horner, M. Snell, & J. Blacher (Eds.), *Handbook of developmental disabilities* (pp. 181-198). New York: Guilford Press.

Change, G., Crawford, G., Early, D., Bryant, D., Howes, C., Burchinal, M., Barbarin, O., Clifford, R., & Pianta, R. (2007). Spanish-speaking children's social and language development in pre-kindergarten classrooms. *Early Education and Development, 18*, 243-249.

Chen, H. (1998). Theory-driven evaluations. *Advances in Educational Productivity, 7*, 15-34.

Dane, A. V., & Schneider, B. H. (1998). Program integrity in primary and secondary prevention: Are implementation effects out of control? *Clinical Psychology Review, 18*, 23-45.

Datta, L. E., McHale, C., & Mitchell, S. (1976). *The effects of the Head Start classroom experience on some aspects of child development: A summary report of national evaluations, 1966-1969.* Washington, DC: Office of Child Development.

De Navas-Walt, C., Proctor, B. D., & Smith, J. (2007). *Income, poverty and health insurance coverage in the Untied States: 2006.* Washington, DC: Census Bureau.

Domitrovich, C. E., Bradshaw, C. P., Poduska, J. M., Hoogwood, K., Buckley, J. A,. Olin, S., Romanelli, L. H., Leaf, P. J., Greenberg, M. T., & Ialongo, N. S. (2008). Maximizing the implementation quality of evidence-based prevention interventions in schools: A conceptual framework. *Advance in School Mental Health Promotion, 1*, 6-28.

DuBois, D. L., Holloway, B. E., Valentine, J. C., & Cooper, H. (2002). Effectiveness of mentoring programs for youth: A meta-analytic review. *American Journal of Community Psychology, 30*, 157-198.

Dunst, C. J. (1987). Overview of the efficacy of early intervention programs. In D. Weatherford & L. Bickman (Eds.), *Evaluating early intervention programs for severely handicapped children and their families* (pp. 79-148). Baltimore: Paul H. Brookes.

Dunst, C. J. (2007). Early intervention for infants and toddlers with developmental disabilities. In S. Odom, R. Horner, M. Snell, & J. Blacher (Eds.), *Handbook of developmental disabilities* (pp. 161-180). New York: Guilford Press.

Durlak, J. A., & DuPre, E. P. (2008). Implementation matters: A review of research on the influence of implementation on program outcomes and the factors affecting implementation. *American Journal of Community Psychology, 41*, 327-350.

Elias, M. J., Zins, J. E., Graczyk, P. A., & Weissberg, R. P. (2003). Implementation, sustainability, and scaling up of a social-emotional and academic innovations in public schools. School Psychology Review, 32, 303-319.

Elliott, S. N. (1988). Acceptability of behavioral interventions: Review of variables that influence treatment selection. *Professional Psychology: Research and Practice, 19*, 68-80.

Espinosa, L. M., & Burns, M. S. (2003). Early literacy for young children and English-language learners. *Teaching 4- to 8-year olds: Literacy, math, multiculturalism, and classroom community* (pp. 47-69). Baltimore: Paul H. Brookes.

Flay, B. R., Biglan, A., Boruch, R. F., Castro, F. G., Gottfredson, D., Kellan, S., Moscicki, E. K., Schinke, S., Valentine, J. C., & Ji, P. (2005). Standards of evidence: Criteria for efficacy, effectiveness, and dissemination. *Prevention Science, 6,* 151-175.

Fixsen, D. L., Naoom, S. F., Blase, K. A., Friedman, R. M., & Wallace, F. (2005). *Implementation research: A synthesis of the literature.* Tampa, FL: University of South Florida, Louis de la parte Florida Mental Health Institute, The National Implementation Network (FMHI Publication #231).

Fullan, M. G. (2001). *The new meaning of educational change* (3rd ed.). New York: Teachers College Press.

Garet, M. S,. Porter, A. C., Desimone, L., Birman, B. F., & Yoon, K. S. (2001). What makes professional development effective? Results from a national sample of teachers. *American Educational Research Journal, 38,* 915-945.

Genesee, F., Paradis, J., & Crago, M. B. (2004). *Dual language development and disorders: A handbook on bilingualism and second language learning.* Baltimore: Paul H. Brookes.

Gray, S. W., & Klaus, R. A. (1970). The Early Learning Project: A seven year report. *Child Development, 41,* 909-924.

Greenberg, M. T., Domitrovich, C. E., Graczyk, P. A., & Zins, J. E. (2005). The study of implementation in school-based prevention interventions: Theory, research, and practice. *Promotion of Mental Health and Prevention of Mental and Behavior Disorders* (Vol. 3). Washington, DC: U.S. Department of Health and Human Services.

Greenwood, C. R., Terry, B., Arreaga-Mayer, C., Finney, R. (1992). The class-wide peer tutoring program: Implementation factors moderating students' achievement. *Journal of Applied Behavior Analysis, 25,* 101-116.

Gross, R. T., Spiker, D., & Haynes, C. W. (1997). *Helping low birth weight, premature babies: The Infant Health and Development Program.* Palo Alto, CA: Stanford University Press.

Hart, B., & Risley, T. R. (1995). *Meaningful differences in the everyday experience of young American children.* Baltimore: Palu H. Brookes.

Hill, J. L., Brooks-Gunn, J., & Wadlfogel, J. (2003). Sustained effects of high participation in an early intervention for low-birth-weight premature infants. *Developmental Psychology, 39,* 730-745.

Hubbs-Tait, L., Culp, A. M., Huey, E., Culp, R., Starost, H., & Hare, C. (2002). Relation of Head Start attendance to children's cognitive and social outcomes: Moderation by family risk. *Early Childhood Research Quarterly, 17,* 539-558.

Joyce, B., & Showers, B. (2002). *Student achievement through staff development* (3rd ed.). Alexandria, VA: Association for Supervision and Curriculum Development.

Kamerman, S. B., & Kahn, A. J. (2004). Early Head Start, child care, family support, and family policy. In E. Zigler & S. Styfco (Eds.), *The Head Start debates* (pp. 415–422). Baltimore: Paul H. Brookes.

Landy, S., & Menna, R. (2006). *Early intervention with multi-risk families: An integrative approach.* Baltimore: Paul H. Brookes.

Lazar, I., & Darlington, R. (1982). Lasting effects of early education: A report from the Consortium for Longitudinal Studies. *Monographs of the Society for Research in Child Development, 47*(2-3), Series No. 195.

Lieber, J., Butera, G., Hanson, M., Palmer, S., Horn, E., Czaja, C., Diamond, K., Goodman-Janse, G., Daniels, J., Gupta, S., & Odom, S. (in press). Factors that influence the implementation of a new preschool curriculum: Implications for professional development. *Early Education and Development.*

Lieber, J., Capell, K., Sandall, S. R., Wolfberg, P., Horn, E., & Beckman, P. (1998). Inclusive preschool programs: Teachers' beliefs and practices. *Early Childhood Research Quarterly, 13,* 87-105.

Lieber, J., Hanson, M. J., Beckman, P. J., Odom, S. L., Sandall, S. R., Schwartz, I. S., Horne, E., & Wolery, R. (2000). Key influences on the initiation and implementation of inclusive preschool program. *Exceptional Children, 67,* 83-98.

Love, J. M., Kisker, E. E., Ross, C., Raikes, H., Constantine, J., Boller, K., Brooks-Gunn, J., Chazan-Cohen, R., Tarullo, L. B., Brady-Smith, C., Fuligni, A. S., Schochet, P. Z., Paulsel, D., & Vogel, C. (2005). The effectiveness of Early Head Start for 3 year-old children and their parents: Lessons learned for policy and programs. *Developmental Psychology, 41,* 885-901.

Lynam, D. R., Milich, R., Zimmerman, R., Novak, S. P., Logan, T. K., & Martin, C. (1999). Project DARE: No effects at 10-year follow-up. *Journal of Counseling and Consulting Psychology, 67,* 590-593.

Mihalic, S., Irwin, K., Fagan, A., Ballard, D., & Elliott, D. (2004). Successful program implementation: Lessons from blueprints (Electronic report. U.S. Department of Justice, Office of Justice Programs). Retrieved December 23, 2008, from http://www.ncjrs.gov/pdffiles1/ojjdp/204273.pdf.

Miles, M. B., & Huberman, A. M. (1994). *Qualitative data analysis, 2nd edition.* Newbury Park, CA: Sage.

Mills, S. C., & Ragan, T. J. (2000). A tool for analyzing implementation fidelity of an integrated learning system. *Educational Technology Research and Development, 48*(4), 21-41.

Mowbray, C. T., Holter, M. C., Teague, G. B., & Bybee, D. (2003). Fidelity criteria: Developmental, measurement, and validation. *American Journal of Evaluation, 24,* 315-340.

Odom, S. L. (2000). Preschool inclusion: What we know and where we go from here. *Topics in*

Early Childhood Special Education, 20, 20-27.

Odom, S. L. (Ed.). (2002). *Widening the circle: Including children with disabilities in preschool programs* (Appendix A, pp. 173-185). New York: Teachers College Press.

Odom, S. L. (in press). The tie that binds: Early intervention, implementation, and child outcomes. *Topics in Early Childhood Special Education.*

Odom, S. L., Brantlinger, E., Gersten, R., Horner, R. D., Thompson, B., & Harris, K. (2004). *Quality indicators for research in special education and guidelines for evidence-based practices: Executive summary.* Arlington, VA: Council for Exceptional Children Division for Research.

Odom, S. L., Butera, G., Diamond, K. E., Hanson, M. J., Horn, E., Lieber, J., & Palmer, S. (2003). *Children's school success: An experimental study of an early childhood education model.* Bloomington, IN: Indiana University Press.

Odom, S. L., Fleming, K., Lieber, J., Diamond, K., Butera, G., Hanson, M., Horn, E., Palmer, S., & Marquis, J. (2008). Implementation and child outcomes in an early childhood curriculum efficacy study. Manuscript submitted for publication.

Odom, S. L., Horn, E. M., Marquart, J., Hanson, M. J., Wolfberg, P., Beckman, P. J., Lieber, J., Li, S., Schwartz, I., Janko, S., & Sandall, S. (1999). On the forms of inclusion: Organizational context and individualized service delivery models. *Journal of Early Intervention,* 22, 185-199.

Odom, S. L., Rogers, S., McDougle, C. J., Hume, K., & McGee, G. (2007). Early intervention for children with autism spectrum disorder. In S. Odom, R. Horner, M. Snell, & J. Blacher (Eds.), *Handbook of developmental disabilities* (pp. 199-223). New York: Guilford Press.

Odom, S. L., & Wolery, M. (2003). A unified theory of practice in Early Intervention/Early Childhood Special Education: Evidence-based practice. *Journal of Special Education, 37,* 164-173.

Odom, S. L., Wolery, R. A., Lieber, J., & Horn, E. (2002). Social policy and preschool inclusion. In S. Odom (Ed.), *Widening the circle: Including children with disabilities in preschool programs* (pp. 120-136). New York: Teachers College Press.

O'Donnell, C. L. (2008). Defining, conceptualizing, and measuring fidelity of implementation and its relationship to outcomes in K-12 curriculum intervention research. *Review of Educational Research, 78,* 33-84.

Pianta, R. C., Mashburn, A., Downer, J. T., Hamre, B. K., & Justice, L. (2008). Effects of web-mediated professional development resources on teacher-child interactions in pre-kindergarten classrooms. *Early Childhood Research Quarterly, 23,* 431-451.

Powell, D., Fixsen, D., Dunlap, G., Smith, B., & Fox, L. (2007). A synthesis of knowledge relevant to pathways of service delivery for young children with or at risk of challenging behavior. *Journal of Early Intervention, 29,* 81-106.

Preschool Curriculum Evaluation Research Consortium. (2008). *Effects of Preschool Curriculum Programs on School Readiness (NCER 2008-2009)*. Washington, DC: National Center for Education Research, Institute of Education Sciences, U.S. Department of Education. Washington, DC: U.S. Government Printing Office.

Ramey, C. T., & Campbell, F. A. (1984). Preventive education for high-risk children: Cognitive consequences of the Carolina Abecedarian Project. *American Journal of Mental Deficiency, 88*, 515-523.

Rohrbach, L. A., Grana, R., Sussman, S., & Valente, T. W. (2006). Type II translation: Transporting prevention interventions from research to real-world settings. *Evaluation & the Health Professions, 29*, 302-333.

Sameroff, A. J., & Chandler, M. J. (1975). Reproductive risk and the continuum of caretaking casualty. In F. Horowitz (Ed.), *Review of child development research* (187-244). Chicago: University of Chicago Press.

Schweinhart, L. J. (2004). The High/Scope Perry preschool study through age 40: Summary, conclusions, and frequently asked questions. *Monographs of the High/Scope Educational Research Foundation, 14*. Ypsilanti, MI: High/Scope Press.

Showers, B., & Joyce, B. (1996). The evolution of peer coaching. *Educational Leadership, 53*(6), 12-17.

Smith, M. S. (1974). *Findings of the second year of the Head Start planned variations study*. Paper presented at the annual meeting of the American Psychological Association, New Orleans, LA.

Smith, T., Scahill, L., Dawson, G., Guthrie, D., Lord, C., Odom, S., Rogers, S., & Wagner, A. (2007). Designing research studies on psychosocial interventions in autism. *Journal of Autism and Developmental Disorders, 37*, 354-366.

Sparling, J. J., & Lewis, I. (1979). *Learning games for the first three years: A guide to parent-child play*. New York: Walker.

St. Pierre, R. G., Ricciuti, A. E., & Rimdzius, T. A. (2005). Effects of a family literacy program on low-literate children and their parents: Findings from an evaluation of the Even Start Family Literacy Program. *Developmental Psychology, 41*, 953-970.

Tabors, P. (1997). *One child, two languages*. Baltimore: Paul H. Brookes.

Thompson, B., Diamond, K. E., McWilliam, R., Snyder, P., & Synder, S. W. (2005). Evaluating the quality of evidence from correlational research for evidence-based practice. *Exceptional Children, 71*, 181-194.

Tobler, N. S. (1986). Meta-analysis of 143 adolescent drug prevention programs: Quantitative outcome results of program participants compared to a control or comparison group. *Journal of Drug Issues, 16*, 537-567.

Walker, H. M., Kavanagh, K., Stiller, B., Golly, A., Severson, H. H., & Feil, E. G. (1998). First step to success: An early intervention approach for preventing school antisocial behavior. *Journal of Emotional and Behavioral Disorders, 6*, 66-80.

Webster-Stratton, C., Reid, M. J., & Stoolmiller, M. (2008). Preventing conduct problems and improving school readiness: evaluation of the Incredible Years Teacher and Child Training Programs in high-risk schools. *Journal of Child Psychology and Psychiatry, 49*, 471-488.

Wilson, S. J., Lipsey, M. W., & Derzon, J. H. (2003). The effects of school-based intervention programs on aggressive behavior: A meta-analysis. *Journal of Consulting and Clinical Psychology, 71*, 136-149.

Ysseldyke, J., Spicuzza, R., Kosiolek, S., Teelucksingh, E., Boys, C., & Lemkuil, A. (2003). Using a curriculum-based instructional management system to enhance math achievement in urban schools. *Journal of Education for Students Placed at Risk, 8*, 247-265.

Zigler, E., & Butterfield, E. C. (1968). Motivational aspects of changes in IQ performance of culturally deprived nursery school children. *Child Development, 39*, 1-14.

Chapter **22**

효과적인 예방의 확장

Brian K. Bumbarger, Daniel F. Perkins,
Mark T. Greenberg(펜실베이니아 주립대학교)

예방학은 비행, 공격성, 폭력, 물질 사용 및 정신건강 문제와 같은 청소년 문제 영역에서 괄목할 만한 발전을 거듭해 왔다. 많은 예방적 중재가 이러한 문제들이 어떻게 발전되는지에 대한 이해를 통하여 개발되었고 잘 설계된 연구를 통해 검증되었으며 청소년 서비스 영역에서 효과적인 중재 프로그램을 위한 여러 선택 사항을 제공하였다. 하지만 이러한 프로그램들을 확장하려고 하는 과정에서(즉, 자연적인 환경 아래서 많은 다양한 지역사회에 폭넓게 적용하기 위해서) 연구, 정책 및 실제에 있어 우리는 일련의 새로운 도전에 직면하게 된다.

예방학과 공중보건 모델

20세기에 들어 지난 30년 동안 아동과 청소년 대상 정신건강의 증진을 위한 연구와 실제에서는 놀랄 만한 발전이 있어 왔다. 청소년 문제를 예방하고 긍정적인 청소년 발달을 촉진하기 위한 과학이 부상한 것은 상당 부분 공중보건 모델 덕분이다(Coie et al., 1993; Mrazek & Haggerty, 1994). 공중보건 모델에서 기본적인 연구는 부정적인 결과와 관련하여 영향을 미치는 요인을 식별해 내고 관련된 위험 요인들의 발생을 줄임으로써 부정적인 결과의 발생을 방지하거나 줄이고자 작업한다. 이 모델은 심혈관 질환과 폐암과 같은 문제를 효과적으로 드러내는 데 활용되었고, 최근에는 청소년의 정신건강 문제, 물질 남용, 폭력 및 비행의 예방에 많이 적용되고 있다.

선행 연구들은 부적응적인 결과로 이어지는 다양한 경로와 발달 과정뿐만 아니라 청소년 문제의 위기를 증가시키는 것과 관련된 위험과 보호의 기제에 대해 이해하기 위한 정보를 제공하고 있다. 위험 요인과 보호 요인이 아동과 아동의 또래 집단에서부터 가족 환경적 요인, 더 나아가서는 지역사회 맥락과 같은 다양한 생태학적인 영역에서 밝혀지고 있다. 위험 요인과 보호 요인의 식별과 문제를 드러내는 것에서부터 원인이 되는 요인을 예방하기까지의 지속적인 초점의 변화는 현저한 패러다임의 변화를 나타내는데, 이는 위기와 행동적인 결과 사이의 관계를 설명하는 이론적인 모델을 바탕으로 예방의 실제와 중재에 대한 정보를 제공한다.

또한 통합적인 접근으로서 위기 초점 공중보건 모델은 많은 사례에서 위험 요인이 결과에 다양하게 작용한다는 점을 주목하였다. 점점 더 많은 연구에서 많은 부적응적 결과(예: 비행, 물질 사용, 정신건강 문제, 학업 실패)는 위험 요인이 주요 공존 질환과 공통되거나 함께 중첩해서 나타나는 것을 보여 준다(Greenberg, Domitrovich, & Bumbarger, 2001). 예를 들어, 가족 갈등, 학교 참여의 부족, 가난은 종단적 연구에서 청소년기의 수많은 낮은 성과와 관련이 있다. 따라서 특정한 행동 결과보다 위험 요인과 보호 요인에 초점을 맞추는 것은 잠재적으로 넓은 범위의 청소년 문제를 예방하는 데 기여할 수 있을 것이고 탄력성과 전반적인 안녕감을 증진시키는 데 도움이 될 것이다.

예방 실제에서의 긍정적인 영향에도 불구하고, 공중보건 모델에 대한 한 가지 비판은 긍정적인 안녕감보다는 위기에 대해 편향되어 있다는 점이다. 종종 논의되는 것인데, 질환이 없다는 것이 건강하다는 의미는 아니며 부적응의 부재가 반드시 긍정적인 발달의 반영은 아니다(Bumbarger & Greenberg, 2002). 분명히 예방학의 영역은 위기와는 관계없이 안녕감의 증진에 대한 초점화를 통해서 많은 것을 얻고 있다(Perkins & Caldwell, 2005).

예방학 발달의 또 다른 중요한 사건은 1994년 의학연구소(Institute of Medicine)의 중요한 보고서인데(Mrazek & Haggerty, 1994), 이 보고서는 중재 수준을 보편적(universal), 선별적(selective), 표적[targeted, 또는 지시적(indicated)] 수준으로 개념화하는 데 시초가 되었다. 이 모델은 지금은 평범한 전문 용어처럼 보이지만 대중적인 수준에서 공중보건을 촉진하는 데 필수적인 접근으로 인식되므로 예방적 접근 활용에 있어 유념해 두는 것이 필요하다. 위기 아동은 중재에 있어 다른 수준의 강도와 집중을 필요로 할 것이다. Durlak(1995)과 Offord(1996)는 중재의 보편적 모델과 표적 모델의 장단점을 상세히 비교하였다. 보편적 중재(예: 학교 교육과정)는 일반적으로 비용이 덜 들고, 참여자들을 낙인화하거나 꼬리표를 붙이지 않을 수 있고 별도의 모집을 필요로 하지 않으며(그래서 감소나 유지의 문제가 발생하지 않음), 검사의 요구와 표적 중재에서 나타나는 '부정 오류(false negatives)'와 오진에 수반하는 문제를 피할 수 있고,

거시 수준을 포함하는 생태학적인 변화를 다룰 수 있는 잠재성을 가진다. 한편, 상대적으로 낮은 부적응성의 출현율 때문에, 특히 전 청소년기 시기에 보편적 프로그램의 많은 노력이 문제 발생 가능성이 없는 아동에게 소모되는 것 같고, 그래서 표적 중재가 더 유용하게 보일 수도 있다. 덧붙여 보편적 중재는 전체 대상에게 제공되어야 하기 때문에(비록 보편적 중재의 몇몇 연구는 고위험군의 하위 집단에게 더 큰 효과가 있다고 나타나기는 하지만; Greenberg, Domitrovich, & Bumbarger, 2001) 종종 위기 아동의 발달적 경로를 조정하기 위해 필요로 하는 투여량과 기간은 부족하다. 공중보건에서 두 가지 접근 모두가 필수적이고 보편적 중재와 표적 중재를 결합하려는 포괄적인 노력이 요구된다.

효과적인 중재의 개발

위험 요인과 보호 요인의 기제에 대한 지식의 증가는 다양한 청소년 행동 문제 병인을 이해하기 위한 정보를 제공하며 수많은 예방 중재가 개발되고 검증되도록 돕고 있다. 발달적 경로에 있어 위험 요인과 보호 요인 간의 상호작용에 대한 정교한 이해는 훨씬 더 정교하고, 잠재적으로는 더 안정적인 중재의 발전을 가져왔다. 이 분야는 단순한 정보 중심의 접근과 순진한 행동주의자의 '공포 분위기 조성 전술'보다는 청소년에게 긍정적인 영향을 주는 데 필요한 지원을 증가시키거나 기술을 개발하는 것과 같은 더 총체적이고 생태학적인 관점으로 가고 있다. 최근 수십 년간 수많은 중재 프로그램이 다양한 세팅의 다양한 중재 모델을 통하여 다양한 성과에 초점을 맞추면서 개발되고 있다.

종합하면, 연구 개관과 메타분석 결과들은 이러한 중재들, 즉 보편적 중재와 표적 중재 모두 물질 사용(Blitz, Arthur, & Hawkins, 2002; Tobler et al., 2000; Gottfredson & Wilson 2003; Lochman & van den Steenhoven, 2002), 폭력과 반사회적인 행동(Wilson, Gottfredson, & Najaka, 2001; Wilson, Lipsey, & Derzon, 2003; U.S. Department of Health and Human Services, 2001), 정신건강 문제(Durlak & Wells, 1997; Greenberg et al, 2001; Hoagwood et al., 2007)를 예방하고 줄이며, 긍정적인 청소년 발달을 촉진하는 데(Catalano et al., 2002; Eccles & Gootman, 2002) 효과적일 수 있다고 결론을 내리고 있다. 이러한 프로그램 연구에서 효과 크기들이 비록 작거나 중간 정도인 것으로 나타나지만, 최근의 개관들을 메타분석한 Campbell의 연구에서는 이러한 결과들이 통계학적으로 그리고 임상적으로 모두 유효하며, 몇몇의 사례에서는 기초선에서 1/4에서 1/3까지 감소하는 것으로 나타난다.

여전히 제기되는 연구 문제

많은 중재가 잘 계획된 장기 평가 연구에서 검증되면서 효과적인 프로그램의 필수적인 구성 요소도 증가하고 있다. '작동하는' 프로그램을 식별할 수 있는 정책 입안자와 임상가의 능력은 예방 정책과 실제에서의 모습을 극적으로 바꾸어 놓으며 거대한 변화를 보여 주고 있다. 하지만 연구와 임상에서 모두 향상되고 있지만 여전히 더 많은 관심이 필요한 중요한 영역으로 남아 있다. 의학연구소의 최근 보고서에서 Greenberg(2007)는 현재 상태에서 연구 결과를 향상시킬 수 있는 중요한 제안을 다음과 같이 정리하였다.

첫째, 장기 후속 연구를 포함하여 프로그램의 효과성을 보여 주는 연구는 거의 없다. 즉각적으로 향상된 중재 효과를 보여 주는 결과뿐 아니라 이 프로그램들이 장기적으로 표적 집단의 발달 경로를 변화시킬 수 있다는 것을 증명하는 것이 중요하다.

둘째, 독립적으로 반복되어 효과성이 입증되는 연구가 거의 없다. 최초의 연구가 주로 프로그램의 개발자에 의해 수행되기 때문에 이러한 우려가 제기될 수 있는데, 특히 편견을 가지고 객관성에 대한 과학적인 동료 개관 과정의 안전성을 이해하지 못하는 정책 입안자들과 임상가들이 의문을 제기할 수 있다. 더 나아가 독립적으로 결과가 반복되는 것은 프로그램의 실행 가능성(feasibility)을 나타내는 데도 중요하다.

셋째, 특별히 학교와 지역사회 수준에서는 무작위 수준에서 효과를 분석하여 충분한 통계적인 수치로 증명된 연구가 중요하다. 이것은 중재의 초점이 전체 지역사회이거나 중재에 대한 환경적인 접근을 연구할 때 점차 어려워진다.

넷째, 우리가 이러한 프로그램들의 대규모 보급을 고려하기 때문에 문화적이고 맥락적인 일반화의 가능성을 생각하는 것이 중요하다. 이러한 일반화 가능성은 지역민에게 프로그램을 적용하는 데 필요한 것이 무엇인지, 또한 프로그램의 외양과 느낌에서의 '겉치레뿐인' 변화와 프로그램 저변에 깔려 있는 이론을 변화시키는 '구조적인' 변화를 구분하기 위해 무엇이 필요한 것인지에 대한 함의를 제공한다.

다섯째, 점점 더 많은 프로그램이 아동과 청소년 관련 성과를 향상시키는 데 효과성을 나타내고 있음에도 우리는 이러한 때론 복잡한 중재들의 '중요한 구성 요소'에 대해 모르고 있다. 중요한 구성 요소에 대한 많은 지식은 핵심 구성 요소로 잘 조율된 프로그램을 통하여 효율성을 높이고 비용의 감소에 향상을 가져올 것이다. 또한 이러한 '지방을 제거하는 것(trimming of the fat)'은 효과적인 프로그램을 까다로운 환경(예: 학교의 학급들)에 보급하는 우리의 능력을 향상시킬 것이다.

여섯째, 비슷하게 우리는 좀처럼 이러한 프로그램이 누구에게 그리고 어떤 환경하에 효과적인지에 대해서 잘 모른다. 프로그램들은 각 개인에게 같은 방식으로 영향을 주지 않기 때문에 프로그램에 영향을 주는 중재 요인에 대한 추가 연구는 프로그램에 영향을 주는 인과관계 기제에 대한 기본적인 이해를 제공할 뿐만 아니라 프로그램의 효과성과 효율성을 증가시킬 수 있다.

일곱째, 정교화된 통제 집단 설계는 ① 표적 중재 연구에서 잠재적인 위약 효과를 다룰 수 있고, ② 단일 연구 안에서 평범한 '무처치 집단'과의 비교가 아닌 2개 이상의 효과적인 중재의 상대적인 이익을 비교할 수 있다.

여덟째, 프로그램의 비용 대비 효과를 알기 위해 더 많은 연구가 필요하다. Aos 등의 중요한 저작(Aos, Mayfield, Miller, & Yen, 2006)은 효과적인 예방 프로그램의 잠재적인 비용 절감 효과를 획기적으로 보여 주었고, 공공정책상의 경제적인 분석을 활용하는 데 상당한 영향을 미치는 전조가 되었다. 예방에 있어 이러한 측면을 추가로 탐색해 보는 것이 필요하다.

아홉째, 방법론의 상당한 발전으로 예방적 중재의 효율성을 연구하는 데 새로운 기회가 생기고 있음에도 효과 크기—상대적인 영향을 측정하는 흔한 방법—가 그 자체로는 적합한 척도는 아닐 수 있으며, 특히 보편적 프로그램에서 그러하다. 예방적 중재에서 측정되는 대상의 상당 부분이 증상 없음으로 시작될 가능성이 많으므로 중요한 실제적인 측면이 모두 측정되더라도 효과 크기를 통한 프로그램의 효과는 고르게 나타나지 않을 수도 있다.

이러한 도전에도 불구하고 예방 분야는 최근의 이론, 방법론, 프로그램 설계의 발전으로 많은 혜택을 받고 있다. 경험적으로 유용한 예방 중재의 종류가 다양하게 개발되고 있고, 예방 정책과 실제는 예방학의 중요하지만 아직 해결되지 않은 질문을 지속적으로 제기함으로써 진보하고 있다.

'유형 2' 중개 연구와 확장을 위한 도전

많은 예방 프로그램의 효과성을 발달시키고 확립하는 데 있어서의 발전은 연방정부와 주정부의 중요한 정책과 법적인 변화를 지속적으로 요구해 오고 있다. 지역사회에서 요구하는 증거기반 프로그램과 전략 관련 법률, 규제, 정책의 윤곽을 잡는 것이 구체적인 언어로 쓰이고 있으며 자금 지원도 문서화된 경험적 증거를 지닌 프로그램에 제한되고 있다.

효과적인 예방 프로그램의 광범위한 사용을 촉구하는 움직임이 증가함에 따라 새로운 연구 질문들이 제기되고 있다. 기본적인 이론적 지식을 예방적 중재로 전환시키는 연구(유형 1 중개 연구)와는 대조적으로, 우리는 지금 실제 현실의 조건에서 프로그램의 채택, 실행, 유효성을 살펴보는 연구로 옮겨 가야 한다. 그러므로 '유형 2 중개 연구(translational research)'는 규모가 확장됨에 따라 경험적으로 타당화된 중재들을 채택하고 실행의 새로운 과학을 만들어 내고자 한다. 또한 프로그램 적용, 지속 가능성, 비용 대비 효과성과 같은 중요한 이슈를 포함하여 프로그램의 채택, 질, 충실도에 영향을 미치는 요인을 식별하는 데 초점을 맞추고 있다.

몇 가지 개념 모델이 이러한 종류의 질문에 대하여 이론적으로 안내하고 있다(Fixsen et al., 2005; Glasgow et al., 2004; Greenberg, Domitrovich, Graczyk, & Zins, 2006). 특히 실행 연구는 프로그램 내용이 전달되는가 아닌가의 기본적인 관점에서 나아가 중재 계획, 중재 전달, 중재 전달 맥락, 실행 지원 체계를 포괄하는 더 총체적인 관점을 가진다(Bumbarger & Perkins, 2008; Livet, Courser, & Wandersman, 2008).

비록 이러한 구인의 구체적인 평가는 소수의 효과성 연구에서만 이루어지고 있지만, 실행 연구는 증가하고 있고 '실행과학' 초기에 있다는 것은 분명하다(Dane & Schneider, 1998; Durlak, 1998; Domitrovich & Greenberg, 2000). 실행의 질에 영향을 미치는 요인에 대해 점점 더 많이 알게 되고(Dariotis, Bumbarger, Duncan, & Greenberg, 2008; Kam, Greenberg, & Walls, 2003) 실행의 질이 높을수록 예방 결과도 향상된다는 명확한 증거가 많아지고 있다(Durlak & DuPre, 2008). 최근 Durlak과 DuPre(2008)가 증거기반 프로그램을 바탕으로 한 500개 이상의 연구를 개관한 결과, 높은 질의 실행과 더 좋은 성과 사이에는 강력하고 정적인 상관관계가 있었고, 질 높은 모니터링 규약이 사용된 사례에서 결과의 효과 크기는 2~3배 더 높은 것으로 나타났다.

일부 경험적 증거와 이론에서는 프로그램 실행의 편차를 설명하는 것으로 다음과 같은 다양한 요소를 구분하고 있다. 충실도(fidelity, 프로그램이 원래 설계와 얼마나 비슷하게 일치하는가)와 함께 다음의 요소들이 포함된다. 적용성(adaptation, 프로그램이 변형되거나 조정되는지, 어떻게 얼마나 많이 변형되고 조정되는지), 양(dosage, 얼마나 많이 원래의 프로그램이 보급되었는지), 질(quality, 프로그램이 얼마나 질적으로 잘 전달되었는지), 범위(reach, 프로그램이 목표하는 대상에 도달하는 정도), 반응성(responsibility, 목표하는 청중이 프로그램을 전달하는 동안 얼마나 많이 관여하는가), 차별화(differentiation, 프로그램이 얼마나 쉽게 다른 실제들과 구분될 수 있는가)가 그러한 요소들이다. 충실도와 적용성은 종종 모순되는 것으로 보일 수 있는데(즉, 적용성은 충실도가 부족한 것), 실제로 이들은 이론적으로는 분리되고 때로는 상호 배타적인 구인이다. 가끔은 프로그램 개발자와 임상가 사이에서뿐만 아니라 예방학 안에서도 적용성이 바람직하거나 받아들일 만한가 또는 어디까지가 바람직하고 받아들일 만한가에 대해서 긴장이 존재한다. 이것은 임상가에게 최대한 긍정적인 성과를 가져올 가능성을 높이기 위해 완벽하게 충실히 실행하기를 요구하면서도 중재의 어떤 구성 요소가 효과적으로 작용하는지 정확히 모르기 때문이다. 하지만 일부 임상가와 연구자는 충실도와 적용성을 허용하는 것은 현장 실행가의 전문성을 인정하는 것이고 더 정확하게는 지역사회의 요구에 맞추어 프로그램을 재단하여 프로그램의 채택 가능성과 범위를 증가시킬 수 있다고 강조한다(Backer, 2001). 이러한 극단성은 모든 적용은(좋든 나쁘든) 같다는 것을 의미하는데, 실제로 우리가 발견하는 것은 적용에는 매우 다른 두 유형, 즉 혁신 또는 프로그램 이동이 있고, 이 두 유형은 프로그램의 효과성에서 매우 차이를 보일 수 있다.

높은 수준의 충실도는 잘 통제된 연구(예: Mihalik, Fagan, Irwin, Ballard, & Elliott, 2004)에서 성취되는데, 이러한 연구는 아무리 복잡한 중재라 할지라도 계획한 대로 실행할 수 있다는 것을 보여 준다. 하지만 자연적인 환경에서는 완벽한 충실도는 드물고 종종 실행하는 사람에 따라 편차가 심하다는 증거가 많다. 현장 적용을 제안하는 사람들이 제시하는 시나리오와는 대조적으로 연구 세팅이 아닌 곳에서 일어나는 많은 변화는 프로그램을 향상시키기 위한 의도적인 변경(혁신, innovation)이라기보다는 방해물에 대응하기 위한 조정(프로그램 이동, program drift)이다. 만일 우리가 완벽한 충실도가 자연적인 조건에서 일어나지 않는다고 생각한다면 이것에 대해 논의하는 것은 소용없다. 반대로 우리가 대부분의 적용이 혁신이 아닌 프로그램의 자연스러운 조정일 뿐이라고 생각한다면 실행가의 유연성에 대한 요구는 근거가 없다. '이것 아니면 저것(either/or)'과 같은 이분법적 질문은 쓸데없이 대립시키는 것이고 가장 좋은 사례를 촉진하는 데 있어(예: 적용성은 불가피하게 일어날 것임을 알고 실행가에게 필요한 훈련과 기술적인 지지를 제공하는 것) 충실도와 적용성을 다루는 것을 방해한다.

그러므로 예방학자들과 프로그램 개발자들은 실행가들이 실행의 장애물을 만나거나 혁신이 필요할 때 적용 관련 의사결정이 필요한 경우를 대비해야 한다. 이것은 중재를 개발하고, 검증하고, 개선하는 임상가들과 예방학자들 사이의 강한 파트너십을 요구한다. 실행가들이 증거 기반 중재의 변화 이론의 핵심 구성 요소를 프로그램에서 고수하면서, 프로그램 결과에 대한 직접적 책임을 가정하지 않고 프로그램의 전달 영역에서 유연성을 허락받을 때 더 많은 충실도가 촉진될 것이다. Greenberg 등이 그들의 실행 모델(Greenberg, Domitrovich, Graczyk, & Zins, 2005)에서 지적했던 대로, '충실도를 가진 적용성'이 될 수 있다. 앞에서 상정한 연구 의제를 강화하여 충실도를 가진 적용성을 위한 잠재성의 인식은 효과성에서 유효성 실험까지 지속적인 연구의 필요성을 증가시키고 무엇이 중재의 절대적인 핵심 구성 요소인지, 얼마나 많은 유연성이 받아들여질 수 있는지를 분명히 설명할 것이다.

예방 프로그램 보급의 새로운 패러다임

현존하는 예방 실제의 한계를 설명하기 위하여 예방학자들과 임상가들은 프로그램 보급의 현재 모델을 다시 살펴보아야 한다. 프로그램이 학교와 지역사회에서 가장 잘 적용되는 방법에 대해서 생각해 보자. 프로그램을 적용하기로 결정되면 잠재적인 프로그램 실행가들에게 간단한(하루나 이틀의) 훈련이 이루어진다. 이 훈련은 일반적으로 중재를 전달하는 '기제'에 초점을 맞추고('무엇'을 전달할지), 중재가 바탕으로 하고 있는 이론은 거의 강조하지 않는다(예: 각 회기가 '왜' 그렇게 이루어지는지에 대한 것). 프로그램 이론이 훈련의 일부일 때조차 프로그램의 새로운 실행가는 자신이 해야 할 일을 학습하는 데 더 흥미를 갖게 될 것이다. 많은 사례에서 실행가는 프로그램 개발자나 훈련자와 훈련을 통해 유일하게 접촉하게 되는데, 하루나 이틀간의 훈련이 프로그램을 효과적으로 전달하는 데 충분할 것으로 생각한다.

'훈련해서 내보내는 것'과 같은 전통적인 접근은 이론교육이 부족하고 훈련 이후 일반적으로 추수 과정이 거의 없기 때문에 질적으로 우수한 실행을 촉진하는 데 효과적이지 않다는 인식이 증가하고 있다(Fixen et al., 2005). 실행가가 프로그램을 전달할 기회를 가진 이후에 자신의 경험을 다루어 볼 수 있는 기회를 가지고 더불어 추수 상담과 기술적인 도움을 제공받아 방해물들을 탐색하는 것을 도울 수 있다. 실행 이전의 훈련은 종종 실제 프로그램의 실행 몇 달 전에 이루어지는데, 이때 습득한 지식과 기술은 실행이 일어나기 전에 사라져 버릴 수 있다. 더욱이 이러한 사전 실행 훈련의 스케줄의 한계는 일반적으로 어떤 실행가들은 훈련에 전혀 참석하지 않을 수도 있다는 것을 의미하는데, 이는 프로그램 저변에 있는 변화 이론을 완벽하게 이해하기 어렵게 하고 질 높은 실행을 위한 기회를 줄일 수 있다. 마지막으로, 흔한 수동적인 정보 제공 또는 순수하게 교훈적인 유형의 훈련은 프로그램이 완벽하게 적용되거나 우수하게 실행되기 위해서는 불충분하다. 따라서 프로그램 보급을 위한 새로운 모델이 요구된다.

효과적인 프로그램 적용과 실행을 위하여 상호 교환적이고 흥미로운, 실제적 행동 연습의 기회를 제공하는 초기 훈련이 있어야 하고 지속적인 코칭, 기술적인 도움과 지지가 뒤따라야 한다. 초기 훈련과 추수 상담에서는 실제만큼 이론에 초점을 맞추어야 하고, 무엇을 해야 하는가뿐만 아니라 왜 더 중요한지에 대해서 실행가가 더 명확하게 개념적으로 이해해야 한다. 전통적인 훈련 모델은 널리 사용되고 있고 재정립을 위한 도전을 받고 있다. 그리고 비용과 시간의 제한은 이미 프로그램 적용의 방해물이 되어 있다. 이것은 실행의 지원을 위해서 새롭고 혁신적인 저비용 및 저강도의 기제가 만들어져야 한다는 것을 의미한다. 사전 실행 훈련에 덧붙여 코칭과 기술 지원의 유효성을 발전시키고 검증하기 위한 실험 연구가 요구된다(Rohrbach, Grana, Sussman, & Valente, 2006).

현장 준비도와 프로그램 채택: 예방 전달 체계

효과적인 예방을 채택하는 데 따르는 도전은 혁신에 도움이 되는 환경 구축(Rogers, 1995) 그리고 지역사회와 기관의 준비도를 평가하고 예방을 지원하는 인프라를 개발하는 것과 관련이 있다. 프로그램의 실행 전에 프로그램 적용의 가능성, 양질의 실행, 긍정적인 성과, 지속 가능성을 증가시키기 위해서 '비옥한 토지'를 만드는 것의 필요성에 대한 인식이 증가하고 있다. 일부 체계는 지역사회의 더 많은 현장 준비도를 촉진시키기 위해 개발되어 오고 있다(Hawkins & Catalano, 1992; Wandersman et al., 2000; SAMHSA, 2007). 현장 준비는 결국 프로그램 보급의 방해물을 피하거나 드러내는 데 중요한 사전 실행 계획을 촉진하고, 지역사회가 프로그램 선택과 적용에 대해 더 효과적인 판단을 하도록 돕는다. 현장 준비는 프로그램의 보급 측면에서 종종 간과되는데, 예방 프로그램과 공중보건 성과 사이의 인과관계를 확고히 하기 때문에 그것은 매우 중요하다. 특히 큰 책무성이 있는 이 시기에 특정한 예방 중재의 선택이 양적으로 식별된 필요성과 함께 연계된다는 것은 중요하다.

위기 관련 역학 개념은 지역사회의 특정한 필요성 평가를 위해 도움이 되는 공중보건 모델의 일부이다. 위험 요인과 보호 요인에 대한 지식으로 무장하고 지역사회는 역학적으로 위험 평가를 하여(이는 점차 자금 지원자에 의해 많이 요구되고 있다) 예방 요구를 수량화하고 우선순위를 정하고 가장 적합한 예방 전략을 선택할 수 있는 정보를 주려 한다. 그러한 틀이 없는 가운데 지역사회는 종종 어떠한 예방 전략을 실행할 것인가에 대한 정보 없이 결정하게 되는데, 대중의 의견이나 공격적인 마케팅, '펫(pet)' 프로그램[1], 또는 단순히 자금 지원이 가능하다는 이유 등으로 결정하게 된다. 프로그램의 실행 결과는 지역사회가 예방하고 감소시키고자 하는 목표를 달성하지 못하는 원인과 논리적으로 관계가 있기도 하고, 없기도 하다. 이러한 무계획

[1] 역자 주: 특별히 관심이 가는 프로그램

적인 의사결정과 자원 할당이 지역사회의 서비스 제공자와 청소년 서비스 기관에 의해서 반복될 때 결과는 예상되듯이 실망스러울 것이다. 그래서 예방 전달 체계에서 어떠한 형태의 '요구 조사(needs assessment)'를 포함하는 틀은 더 사려 깊은 프로그램의 선택을 촉진하고 지역사회 접근 예방에 있어 다양한 청소년 서비스 기관 간의 시너지 효과를 창출할 것이다.

지속 가능성

초기에 증거기반 중재 프로그램에 자금이 지원되고 시작될 때, 주로 해당 지역사회가 알아서 이 중재 프로그램을 유지하리라고 추정한다(Cornerstone Consulting Group, 2002). 그래서 많은 프로그램 실행가가 초기 자금 투입 이후 중재를 유지할 전략을 찾기 위해 허둥지둥하게 된다. 이것은 지역의 임상가들에게는 벅찬 업무로 보인다. 또한 제한적인 부족한 자금을 가지고 정책 입안자와 자금 제공자들은 어떻게 이 자원들은 잘 유지될 수 있는 효과적인 프로그램에 할당할 것인지에 대해 많은 걱정을 하고 있다(Shediac-Rizkallah & Bone, 1998).

이러한 우려로 많은 역량 구축 프로그램(capacity-building program)이 지속 가능성(sustainability)을 위한 훈련과 기술 지원을 제공하기 위해 개발되고 있다(Justice Research & Advocacy, Inc., 2008; The Finance Project, 2002; Waverly Group Midwest, 2008). 하지만 우리의 지속 가능성에 대한 이해는 피상적이며 어떤 '성분' 또는 요인이 지속 가능한 프로그램을 예측할 수 있는지에 대해 결론을 이끌어 올 수 있는 경험 연구는 거의 없다.

가장 기본적인 형태로서, 지속 가능성은 지역사회의 이슈에 지속적으로 대응할 수 있는 프로그램의 역량이다(Mancini & Marek, 2004). 그러므로 지속 가능성의 핵심 요소는 보급되는 특정 활동이나 포맷과 관련 없이 지속적인 혜택을 제공하는 것에 있다(National Center for Community Education, 2002; Shediac-Rizkallah & Bone, 1998). 그럼에도 이러한 간단한 정의는 증거기반 중재의 지속 가능성을 정확하게 설명하지는 못하는데, 양질의 증거기반 중재가 높은 충실도를 기반으로 대본화된 내용과 활동을 따르고 구체적인 기준과 자세한 프로토콜을 가진다는 측면에서 그러하다. 예방학 분야 내에서 지속 가능성은 Johnson 등에 의하면 "다양한 이해 관계자에게 혜택을 주는 방향으로 지속적으로 운영되고 통합될 수 있도록 하는 적응적인 예방 체계와 지속 가능한 혁신의 과정"으로 정의된다(Johnson, Hays, Center, & Daley, 2004, p. 137). 우리의 경험상 우리는 지속 가능성이 다면적이고, 계속 진행 중이며, 사실상 순환하는 변화의 과정이라는 정의에 의견을 같이한다.

학자들은 프로그램의 지속 가능성이 중요한 이유와 프로그램이 유지되는 것의 실패가 왜 문제인지 몇 가지 이유를 제시하였다(Pluye, Potvin, & Denis, 2004; Shediac-Rizkallah & Bone, 1998). 우리가 프로그램 유지 필요에 대한 이유를 제시하기 전에 어떤 프로그램들이 만일 성과를 보이지 못하거나 더 이상 존재할 필요성이 없다고 나타난다면 지속되지 않아야 한다는 것을 아는 것도 중요하다. Altman(1995)은 프로그램이 효과적인지에 대해서 먼저 다루지 않고 프로그램의 지속 가능성을 이야기하는 것은 시기상조일 수 있다고 주장한다. 하지만 EBI가 이전 실험에서 효과성을 나타낸 이래로 강조점은 이 프로그램들이 현지에서 효과적인가 아닌가, 만일 아니라면 낮은 실행의 질과 충실도가 문제인지에 대해서로 옮겨갔다.

지속 가능성 촉진의 첫 번째 이유는 프로그램의 종료로 잠재적인 효과가 오래가지 못할 것이고, 프로그램에서 다루어진 행동이 남아 있을 때 오히려 역효과를 낳을 수 있기 때문이다(Shediac-Rizkallah & Bone, 1998). 좋지 않은 결과를 예상하여 목표 대상에게 미리 '예방 접종을 하는' 예방 중재는 거의 없다. 효과를 유지하기 위해서는 중재를 유지하는 것이 필요하다. 두 번째 이유는 프로그램의 시작 단계는 잠재 단계와 비슷하기 때문이다(Pluye et al., 2004). 이 기간에 프로그램의 예산은 프로그램 훈련과 재료비와 관계하여 큰 일회성 비용을 발생시키지만 프로그램은 긍정적 성과를 만들어 내기 위해 즉각적으로 기능하지는 못할 것이다(Pluye et al., 2004; Shediac-Rizkallah & Bone, 1998). 세 번째 이유는 효과적인 프로그램이 지속되지 않을 때 특히 아주 부족한 자원을 가진 지역사회의 경우에는 잠재적으로 미래의 다른 프로그램의 적용에 부정적인 영향을 줄 수 있기 때문이다(Ackerlund, 2000). 성공적인 프로그램들이 지속되지 않으면 지역사회의 신뢰를 약화시킬 수 있고 미래에 새로운 프로그램을 기꺼이 시도하려는 의도를 감소시킬 수 있다(Goodman & Steckler, 1989).

이론적으로 지속 가능성을 촉진하는 잠재적인 요인들이 제시되고 있으나 대부분이 평가되지 않고 있다. 그래서 우리는 다른 분야에서 제시되고 있는 잠재적인 지속가능 요인들의 예비 조사 연구 결과를 제공하고자 한다. 우선, Johnson 등(2004)은 EBI에서 나타나는 일련의 성과의 지속 가능성이 실행 조직 및 지역사회 집단의 목표나 미션과 직접적으로 연결되어 있다고 상정한다.

두 번째로, 프로그램 개발 과정에서 초기에 지속 가능성 계획을 수립하는 것은 많은 학자에 따르면 필수적인 것으로 여겨진다(Altman, 1995; Denton, Vaughn, & Fletcher, 2003; Goodman & Steckler, 1989; Johnson et al., 2004; Mancini & Marek, 2004; Pluye et al., 2004; Shediac-Rizkallah & Bone, 1998). 지속 가능성 계획은 실행 과정 초기에 이루어지고 지속 가능한 노력은 실행과 동시에 함께 일어나야 한다(Pluye et al., 2004). Manicini와 Marek(2004)에 따르면

임상가들은 지속 가능성 계획의 수립과 실행을 통하여 의도적으로 지속 가능한 노력을 하는 것이 필요하다.

지속 가능성을 위해 이론으로 제시되는 세 번째 요소는 실행 기관의 인프라 용량이다(Fixsen et al., 2005; Johnson et al., 2004; Pluye et al., 2004). 핵심 요소로서 행정적 지원, 실행을 쉽게 조성하는 조직적인 정책과 과정, 그 노력을 지원하기 위해 지정해 둔 조직적인 자원, 일상적인 조직적 운영으로 EBI의 통합을 조성하기 위한 조직 내 전문성(Fixsen et al., 2005; Johnson et al., 2004; Marek, Mancini, & Brock, 1999; Pluye et al., 2004)을 포함한다. 실행과 EBI 이론의 변화에 대해 능숙한 구성원이 있는 것 또한 프로그램의 지속 가능성을 위해 중요한 요인으로 밝혀졌다(Denton et al., 2003; Mancini & Marek, 2004). 마지막으로, 지속 가능성은 조직 내·외부에 챔피언, 즉 영향력 있고 진취적인 사람이 있는 환경에서 더 잘 이루어진다(Akerlund, 2000; Fixsen et al., 2005; Goodman 2000; Mancini & Marek, 2004; Shediac-Rizkallah & Bone, 1998).

EBI와 양질의 실행의 핵심 요소를 식별하고, 양질의 실행을 유지하기 위한 필수 요소를 더 잘 이해하기 위한 많은 연구가 필요하다. 이러한 연구는 양질의 EBI 실행을 유지할 수 있도록 임상가와 조직을 실질적으로 도울 수 있다.

결론

비행, 청소년 폭력, 청소년 약물 사용과 관련된 행동 문제의 위험과 보호의 기제를 이해하는 데 있어 상당한 발전이 있었다. 기본적인 중개 연구는 이러한 지식을 바탕으로 수많은 예방적 중재의 발전을 가져왔고, 이는 나중에 철저한 연구로 평가되었고 또 효과적인 것으로 나타났다. 그 이후의 증거기반 프로그램의 부상은 프로그램의 사용을 촉구하는 것을 목표로 하는 정책과 법안에 변화를 가지고 왔다. 전반적으로 예방 분야에 있어 획기적인 진화를 보이지만 여전히 중요한 연구와 실제의 도전이 남아 있다. 단순히 어떤 프로그램이 효과적인가 하는 것은 충분하지 않다. 광범위하게 공중보건에 영향을 미치기 위해서는 이러한 프로그램들이 특정한 필요와 맥락에 맞게 주의 깊게 선택되고 충분한 질과 충실도를 가지고 실행되며 오랜 기간 유지되어야 한다. 이렇게 하기 위해 지속적인 연구가 필요하고 효과적인 예방을 측정하는 과정을 이해하기 위한 학문과 현존하는 프로그램 보급 모델에 대해 다시 생각하는 것이 필요하다.

참고문헌

Ackerlund, K. M. (2000). Prevention program sustainability: The state's perspective. *Journal of Community Psychology, 28,* 253-262.

Altman, D. G. (1995). Sustaining interventions in community systems: On the relationship between researchers and communities. *Health Psychology, 14,* 526-536.

Aos, S., Mayfield, J., Miller, M. & Yen, Wen (2006). *Evidence-based treatment of alcohol, drug, and mental health disorders: Potential benefits, costs, and fiscal impacts for Washington State.* Olympia: Washington State Institute for Public Policy.

Backer, T. E. (2001). *Finding the balance: Program fidelity in substance abuse prevention: A state-of-the-art review.* Rockville, MD: Substance Abuse and Mental Health Services Administration, Center for Substance Abuse Prevention.

Blitz, C. C., Arthur, M. W., & Hawkins, J. D. (2002). Preventing alcohol, tobacco, and other substance abuse. In L. A. Jason & D. S. Glenwick (Eds.), *Innovative strategies for promoting health and mental health across the life span* (pp. 176-201). New York: Springer Publishing Co.

Bumbarger, B., & Greenberg, M. (2002). Next steps in advancing research on positive youth development. *Prevention and Treatment, 5*(1), Article 16.

Bumbarger, B., & Perkins, D. (2008). After randomized trials: Issues related to dissemination of evidence-based intervention. *Journal of Children's Services, 3*(2), 53-61.

Catalano, R. F., Berglund, M. L., Ryan, J. A. M., Lonczak, H. S., & Hawkins, J. D. (2002). Positive youth development in the United States: Research findings on evaluations of positive youth development programs. *Prevention & Treatment, 5,* Article 15. Retrieved August 1, 2002, from http://journals.apa.org/prevention/volume5/pre0050015a.html.

Coie, J. D., Watt, N. F., West, S. G., Hawkins, J. D., et al. (1993). The science of prevention: A conceptual framework and some directions for a national research program. *American Psychologist, 48,* 1013-1022.

Cornerstone Consulting Group. (2002). *End games: The challenge of sustainability.* Baltimore, MD: The Annie Casey Foundation.

Dane, A. V., & Schneider, B. H. (1998). Program integrity in primary and early secondary prevention: Are implementation effects out of control? *Clinical Psychology Review, 18,* 23-45.

Dariotis, J., Bumbarger, B., Duncan, L., & Greenberg, M. (2008). How do implementation efforts relate to program adherence? Examining the role of organizational, implementer, and program factors. *Journal of Community Psychology, 36*(6), 744-760.

Denton, C. A., Vaughn, S., & Fletcher, J. M. (2003). Bringing research-based practice in reading intervention to scale. *Learning Disabilities Research & Practice, 18*, 201-211.

Domitrovich, C., & Greenberg, M. T. (2000). The study of implementation: Current finding effective programs for school-age children. *Journal of Educational and Psychological Consultation, 11*, 193-221.

Durlak, J. A. (1998). Why program implementation is important. *Journal of Prevention and Intervention in the Community, 17*, 5-18.

Durlak, J. A., & DuPre, E. (1998). Implementation matters: A review of research on the influence of implementation on program outcomes and the factors affecting implementation. *American Journal of Community Psychology, 41*, 327-350.

Durlak, J. A., & Wells, A. M. (1997). Primary prevention mental health programs for children and adolescents: A meta-analytic review. *American Journal of Community Psychology, 25*, 115-152.

Eccles, J., & Gootman, J. A. (2002). *Community programs to promote youth development.* Committee on Community-Level Programs for Youth. Board on Children, Youth, and Families, Commission on Behavioral and Social Science Education, National Research Council and Institute of Medicine. Washington, DC: Sage.

Elliott, D. S. (1997). *Blueprints for violence prevention.* Boulder: University of Colorado, Institute for Behavioral Science, Center for the Study and Prevention of Violence.

Feinberg, M. E., Greenberg, M. T., Osgood, W., Sartorius, J., & Bontempo, D. (2007). Effects of the Communities That Care Model in Pennsylvania on youth risk and problem behaviors. *Prevention Science, 8*, 261-271.

Fixsen, D. L., Naoom, S. F., Blase, K. A., Friedman, R. M., & Wallace, F. (2005). *Implementation research: A synthesis of the literature.* Tampa, FL: University of South Florida, Louis de la Parte Florida Mental Health Institute, The National Implementation Research Network (FMHI Publication #231).

Glasgow, R. E., Klesges, L. M., Dzewaltowski, D. A., Bull, S. S., & Estabrooks, P. (2004). The future of health behavior change research: What is needed to improve translation of research into health promotion practice. *Annals of Behavioral Medicine, 27*(1), 3-12.

Goodman, R. M. (2000). Bridging the gap in effective program implementation: From concept to application. *Journal of Community Psychology, 28*, 309-321.

Gottfredson, D. C., & Wilson, D. B. (2003). Characteristics of effective school-based substance abuse prevention. *Prevention Science, 4*, 27-38.

Greenberg, M. T. (2007). School-based prevention: Current status and future challenges. *Working paper for IOM/NRC committee on Prevention of Mental Disorders.*

Greenberg, M. T., Domitrovich, C. E., Graczyk, P. A., & Zins, J. E. (2006). *The study of implementation in school-based prevention research: Implications for theory, research, and practice*. Rockville, MD: Center for Mental Health Services, Substance Abuse and Mental Health Services Administration.

Greenberg, M. T., Domitrovich, C., & Bumbarger, B. (2001). The prevention of mental disorders in school-aged children: Current state of the filed. *Prevention & Treatment, 4,* Article 1. Retrieved March 1, 2002 from http://journals.apa.org/prevention/volume4/pre0040001a.html.

Hawkins, J. D., Catalano, R. F., & Arthur, M. W. (2002). Promoting science-based prevention in communities. *Addictive Behaviors, 27,* 951-976.

Hawkins, J. D., & Catalano, R. F., Jr. (1992). *Communities that care: Action for drug abuse prevention*. San Francisco, CA: Jossey-Bass Inc, Publishers.

Hoagwood, K. E., Olin, S. S., Kerker, B. D., Kratochwill, T. R., Crowe, M., & Saka, N. (2007). Empirically based school interventions target at academic and mental health functioning. *Journal of Emotional and Behavioral Disorders, 15,* 66-94.

Justice Research & Advocacy, Inc. (2008). *Compliance monitoring*. Retrieved September 8, 2008, from http://jraincorporated.com/jraservices/compliancemonitoring.html

Johnson, K., Hays, C., Center, H., & Daley, C. (2004). Building capacity and sustainable prevention innovations: A sustainability planning model. *Evaluation and Program Planning, 27,* 135-149.

Kam, C. M., Greenberg, M. T., & Wells, C. (2003). Examining the role of implementation quality in school-based prevention using the PATHS Curriculum. *Prevention Science, 4,* 55-63.

Livet, M., Courser, M., & Wandersman, A. (2008). The Prevention Delivery System: Organizational context and use of comprehensive programming framework. *American Journal of Community Psychology, 41,* 361-378.

Lochman, J. E., & van-den-Steenhoven, A. (2002). Family-based approaches to substance prevention. *Journal of Primary Prevention, 23,* 49-114.

Mancini, J. A., & Marek, L. (2004). Sustaining community-based programs for families: Conceptualization and measurement. *Family Relations, 53,* 339-347.

Marek, L. I., Mancini, J. A., & Brock, D. J. (1999). Community, success, and survival of community-based projects: The national youth at risk program sustainability study. Blacksburg, VA: Virginia Cooperative Extension. Retrieved March 12, 2000, from www.cyfernet.org.

Mihalek, S., Irwin, K., Fagan, A., Ballard, D., & Elliott, D. (2004). *Successful program implementation: Lessons from Blueprints*. Washington, DC: U.S. Department of Justice, Office of Justice Programs. Retrieved from www.ojp.usdo.gov/ojjdp.

Mrazek, P. J., & Haggerty, R. J. (Eds.). (1994). *Reducing risks for mental disorders: Frontiers for preventive intervention research.* Washington, DC: National Academy Press.

National Center for Community Education. (2002). *The road to sustainability.* Fairfax, VA: Author. Retrieved on March 12, 2005, from http://www.nsba.org/site/docs/11700/11646.pdf

Offord, D. R. (1996). The state of prevention and early intervention. In R. DeV. Peters & R. J. McMahon (Eds.), *Preventing childhood disorders, substance abuse and delinquency* (pp. 329-344). Thousand Oaks, CA: Sage Publishers.

Pluye, P., Potvin, L., & Denis, J. L. (2004). Making public health programs last: conceptualizing sustainability. *Evaluation and Program Planning, 27*, 121-133.

Perkins, D. F., & Caldwell, L. (2005). Resiliency, protective processes, promotion, and community youth development. In Witt, P., & Caldwell, L. (Eds.), *Recreation and youth development* (149-167). State College, PA: Venture Publishing.

Rogers, E. M. (1995). *Diffusion of Innovations* (4th edition). New York: The Free Press.

Rohrbach, L. A. Grana, R., Sussman, S., & Valente, T. W. (2006). Type II translation: Transporting prevention interventions from research to real-world settings. *Evaluation & the Health Professions, 29*, 302-333.

Spoth, R., Guyll, M., Lillehoj, C. J., Redmond, C., & Greenberg, M. T. (2007). PROSPER study of evidence-based intervention implementation quality by community-university partnerships. *Journal of Community Psychology, 35*, 981-989.

Spoth, R., Redmond, C., Shin, C., Clair, S., Greenberg, M. T., & Feinberg, M. E. (2007). Toward public health benefits from community-university partnerships: PROSPER effectiveness results for substance use at $1\frac{1}{2}$ years past baseline. *American Journal of Preventive Medicine, 32*, 395-402.

Spoth, R., Greenberg, M., Bierman, K., & Redmond, C. (2004). PROSPER Community-university partnership model for public education systems: Capacity-building for evidence-based, competence-building prevention. *Prevention Science, 5*, 31-39.

Tobler, N. S., Roona, M. R., Ochshorn, P., Marshall, D. G., Streke, A. V., & Stackpole, K. M. (2000). School-based adolescent drug prevention programs: 1998 meta-analysis. *Journal of Primary Prevention, 20*, 275-337.

U.S. Department of Health and Human Services. *Youth violence: a report of the Surgeon General.* Washington, DC: U.S. Department of Health and Human Services, 2001.

Wandersman, A., Imm, P., Chinman, M., & Kaftarian, S. (2000). Getting to outcomes: A results-based approach to accountability. *Evaluation and Program Planning, 23,* 389-395.

Waverly Group Midwest. (2008). *Training.* Retrieved on September 8, 2008 at: http://www.waverlygroupllc.com/services.htm

Wilson, S. J., Lipsey, M. J. (2007). Effectiveness of school-based intervention programs on aggressive behavior: update of a meta-analysis. *American Journal of Preventive Medicine,*

33 (suppl 2), S130-S143.

Wilson, S., Lipsey, M. J., & Derzon, J. H. (2003). The effects of school-based intervention programs on aggressive behavior: A meta-analysis. *Journal of Consulting and Clinical Psychology, 71,* 136-49.

Wilson, D. B., Gottfredson, D. C., & Najaka, S. S. (2001). School-based prevention of problem behaviors: A meta-analysis. *Journal of Quantitative Criminology, 17,* 247-272.

Chapter **23**

미국의 청소년 정책과 정치:
예방에 대한 관심 증진을 위하여

Siobhan M. Cooney(위스콘신 메디슨 대학교)
Thomas R. Kratochwill(위스콘신 메디슨 대학교)
Stephen A. Small(위스콘신 메디슨 대학교)

도입

200년 전 Benjamin Franklin은 "1온스의 예방은 1파운드의 치료만큼 가치가 있다."라는 유명한 명언을 남겼다(Triefeldt, 2007, p. 11). 최근의 엄격한 장기간의 프로그램 평가와 비용 대비 분석이 있기 훨씬 전에 오늘날 발견한 실증적 증거 없이도 이러한 지혜의 말들이 있었다.

최근 예방의 가치를 탐색하는 데 많은 관심이 증가하고 있다. 예방학 분야에서 성장하고 있는 실증적 기반은 아동·청소년의 정신 및 행동 건강 문제들이 예방될 수 있다고 제시하고 있다(Durlak, 1997; Tolan & Dodge, 2005; Weisz, Sandler, Durlak, & Anton, 2005). 심각한 문제를 일으키지 않은 아동·청소년 대상의 예방과 조기 중재 프로그램들은 학습, 사회 및 행동 발달 영역에서 장기간 꽤 효과적인 것으로 나타난다(Biglan, Mrazek, Carnine, & Flay, 2003; Fletcher, Lyon, Fuchs, & Barnes, 2007; Greenberg, Lengua, Coie, & Pinederhughes, 1999; Nation et al., 2003; Weissberg, Kumpfer, & Seligman, 2003). 게다가 실증적 증거는 예방이 경제적으로도 이익이 될 수 있음을 제안한다. 많은 연구는 효과적인 청소년 문제 예방 프로그램의 실행이 비용 절감 효과를 가져온다는 것을 보여 주고 있다. 예를 들어, 청소년의 고등학교 중도 탈락을 예방하기 위한 교육 프로그램이 사회적 비용을 2.5배 절감하고(Levin, Belfield, Muenning, & Rouse, 2007), 효과적으로 청소년 약물 남용을 예방하는 프로그램은 예방에 소요되는 1달러당 3~102달러의 환원 가치가 있다(Aos, Lieb, Mayfield, Miller, & Pennucci, 2004).

예방의 가치를 보여 주는 실증적 증거의 축적과 함께 예방학의 분야는 증거기반 프로그램 출현(Cooney, Huser, Small, & O'Conner, 2007)과 중재반응 모델(Response to Intervention: RtI) 발의로 가속도가 붙었다. 증거기반 프로그램들은 잘 문서화되고, 이론 기반의 프로그램으로 엄격한 동료 평가를 통하여 효과성이 제시된다(Cooney et al., 2007). 20년 전에 미국심리학회에서는 아동 · 청소년 대상의 이러한 프로그램을 10개로 구분하였으나 오늘날은 몇 백 개에 이른다(Blueprints for Violent Prevention, 2008; Office of Juvenile Justice and Deliquency Prevention Model Program Guide, 2008; Substance Abuse and Mental Health Services Administration National Registry of Evidence-Based Program and Practives, 2008). 보급을 위한 요구뿐 아니라 최근 증거기반 프로그램 수의 증가는 예방 활동이 청소년에게 잠재적으로 긍정적인 영향을 끼친다는 생각을 강조한다.

유사하게, RtI는 특히 교육 분야에서 예방으로서 지지를 받고 있다. 아동의 학업과 정신건강 요구에 부응하는 RtI는 예방학의 철학을 고수하고 있다(Brown, Chidsey, & Steege, 2005; Kratochwill, Clements, & Kalymon, 2007). RtI는 학생의 학업 그리고/또는 행동 문제에 대한 학교에서의 다단계 서비스(일반적으로 보편적 서비스, 선별적 서비스, 지시적 서비스를 포함한다) 실행과 관련이 있다. 다단계 체제는 정신건강 서비스의 세 가지 수준과 관련 있는 공중보건 모델과 일직선상에 있다.

RtI 운동이 몇 가지 한계점—이것이 일차적으로 특수교육과 연관되어 있고(National Association of State Directors of Special Education, 2005), 실증적 증거가 제한되어 있으며, 일부 전문가는 RtI가 위기 예방 모델에 협소하게 초점을 맞추고 있는 것에 의문을 제기한다는 점—을 가짐에도 그것은 예방 모델과 교육 세팅에서 특정한 예방과 조기 중재 실천의 대규모 채택에 많은 함의를 가진다. RtI 운동은 원래 특수교육에서의 의미를 넘어 예방에 대한 관심을 촉발시키고 있고 많은 학교 전문가가 단 하나의 좁은 초점 또는 목표 집단(예: 학교 중도 탈락, 약물 남용 예방) 예방을 위한 집중으로부터 다단계 예방 모델로 관심을 이끌어 와서 예방의 개념을 확장시키는 것을 도왔다.

교육 및 다른 응용된 환경에서도 예방의 가치에 대한 인식이 증가함에도 불구하고 교육, 정신건강, 소년 재판의 영역 안에서 일하고 있는 우리의 경험이 통합적으로 제시하는 바에 따르면 공적 자금이 지원된 청소년 프로그램에서는 장애의 예방보다는 치료에 대해서 좀 더 우선순위를 부여하고 있다. 장애의 예방보다는 치료에 대한 집중은 우리에게 다음과 같은 질문을 하게 만들지 모른다. 만일 연구의 성과가 다양한 프로그램이 청소년의 일련의 정서적 · 행동적 · 신체적 문제 예방에 작동할 뿐 아니라 소중한 자원을 절약할 수 있음을 시사한다면 아동 · 청소년의 부정적인 결과를 예방하기 위해 왜 자금을 거의 투자하지 않는 걸까? 왜 연방, 주, 지역의 정부 기관 그리고 일부 사립 기관은 예방보다는 문제의 치료에 더 많은 관심을 계속해서 쏟는 것 일까?

이 장은 주로 예방학과 미국의 청소년 정책의 교차 지점에 관심을 가진다. 우리의 논의는 어떻게 예방학자들이 청소년 정책과 자금 지원 결정 과정에 더 잘 영향을 미칠 수 있는지에 대한 이해에 초점을 맞추고 있다. 우리는 현재 미국에서 자금이 투입되고 실행되는 정책들이 왜 관련 최신 연구 결과를 반영하지 못하는 경향이 있는지를 살펴볼 것이다. 또한 미국 청소년 대상의 정책과 자금 지원 결정이 좀 더 예방 지향적이 되지 않는 이유를 제시할 것이다. 우리의 논의는 사회과학 연구와 정책 입안 과정 사이의 관련성에 대한 문헌을 활용한다. 또한 우리는 더 많은 공공 자원을 예방적 노력에 할당하는 것에 대한 내재적인 어려움을 우리의 경험을 통해 이야기할 것이다. 마지막으로, 우리는 예방 분야의 학자들이 청소년 대상의 예방에 관심을 증가시키기 위해 활용할 수 있는 몇 가지 전략을 상세하게 기술할 것이다.

연구와 청소년 정책의 관계

미국 내에서 예방 연구와 정책 입안은 갈등관계를 경험해 왔다. 연구자들의 예방학과 프로그램 평가에 대한 관심은 이러한 작업이 '작동하는 것(Weiss, 1999)'에 부합되게 정책과 프로그램 개발, 채택 및 개정에 영향을 줄 수 있다는 기대를 하지만(Weiss, 1999), 이 분야는 연구자들이 실증적인 지식으로 될 것이라고 기대하는 것과 실제로 되는 것 사이에는 상당한 차이가 존재한다. 예방 연구자들은 사회과학의 많은 다른 부분과 연결하여 자신의 연구 결과를 적용하고 활용하는 것이 부족한 것에 대해 오래 전부터 안타까워하고 있다(예: Chelimsky, 1987; Small, 2005; Weiss, 1999).

몇 가지 밀접한 관련이 있는 이유로 예방학자, 프로그램 평가자, 경영학자가 시도한 유형과 같은 실증 연구의 결과와 청소년 정책과 발의안을 개발하고, 채택하고, 실행하고, 자금 지원을 할 것인가의 여부와 관련한 결정 사이의 관련성이 매우 미약하다는 것이다. 이러한 단절을 설명하는 한 가지 핵심 요소는 정책 입안 영역에서 연구 결과는 의사결정자들이 행동 방침을 논의하고 궁극적으로 결정할 때 활용하는 하나의 요인일 뿐이라는 점이다.

정책 입안자들은 단순히 연구자들이 제안한 추천안을 채택하거나 과거 20~30년간 예방학 분야에서 생성된 지식 체계를 고려하는 것 이상의 몇 가지 우선순위를 가진다. 다른 출처에서 오는 정보와 요인들이 의사결정 과정에 영향을 미칠 수 있고 실증적인 연구는 이러한 부분과

씨름해야 한다. 다른 무엇보다도 정책 입안자들의 정치적인 이념이 자신의 결정에 영향을 미친다. 이념은 특별히 선출 및 지명된 고위 공무원들이 취하는 행동과 관련이 있는데, 이들은 주로 자신의 가치와 신념, 그들이 제시하는 방법의 직접적인 결과를 통해 자신의 지위를 유지한다(Weiss, 1999). 정책 입안자들이 연구 결과를 해석하는 방식과 연구의 관련성을 고려할 가능성은 자신의 정치적 이념과 신념 체계의 기능에 따라 다를 것이다. 예방 연구자들은 연구 결과를 정책적 함의를 가지고 바라보겠지만, 이러한 해석과 관련 제안은 정책 입안자의 생각과 일치하지 않을 수도 있다.

유사하게, 선출 및 지명된 정책 입안자들은 유권자들과 그들을 위해서 일하는 사람들에 대한 책임이 있다(Lavis et al., 2003; Weiss, 1989). 선출된 공무원들은 투표를 하는 대중이 선호하는 결정, 또한 궁극적으로는 재선을 보장해 주는 결정을 하는 데 초점을 맞추는 경향이 있다. 이와 같이 연구 결과는 한 유권자가 제공한 입증되지 않은 증거처럼 영향력이 없을 수도 있다(Zervigon-Hakes, 1995). 입법 관련 연구에서는 유권자가 정보의 영향력 있는 출처이며, 다른 어떤 잠재적 출처, 가령 로비스트, 초당파, 대학 기반의 교육 세미나보다 더 강력한 영향력을 가진다는 점을 제시하고 있다(Bogenschneider, Olson, Linney, & Mills, 2000). 다음 선거를 바라보면서 정책 입안자들은 논란을 피하고, 호의적인 언론 보도를 만들어 내며, 몇 년 안에 눈에 띄는 성과를 나타낼 수 있는 활동을 선호하는 경향이 있다(Zervigon-Hakes, 1995). 이를 위하여 정책 입안자들은 단순히 자신이 어떠한 견해를 갖고 있다는 것(예: 범죄에 대해 엄격함)을 보여 주기 위하여 정책과 자금 지원을 결정할 수도 있다. 이것은 긍정적인 효과와 관련 있는 연구 결과가 제안하고 있는 자금 지원과 실행에 효과적인 전략과는 관련이 없다.

정책의 과정을 결정하는 다른 요인은 정책 입안자의 과거 경험, 특정 영역에서의 실제적이거나 기대되는 전문지식, 이슈 옹호자들의 의사소통 네트워크, 로비스트, 이익 집단 및 연구 조직들이다. 이러한 네트워크는 노련한 정책 입안자에게는 잘 구축되어 있다(Weiss, 1989). 정책 입안자들은 문제 옹호자와 변호사가 편견 없는 정보를 얻기에는 신뢰할 수 없는 출처로 여김에도 불구하고 논의 사항의 모든 측면을 더 잘 이해하기 위하여 연구 결과물과 상정안에서 그들의 답을 구하기도 한다.

마지막으로, 전통적으로 또는 주로 행해지는 것은 정책의 형성에 자주 기여한다. 과거 정책들은 미래의 정책들을 만들기도 하고 제한하기도 한다(Lavis et al., 2003). 새로운 정책은 아무것도 없는 것에서 생겨날 수 없고, 또 생겨나지도 않는다. 그보다는 구조, 과정, 현재 거기에 있게 되는 경로에 대해서 인식하고 있는 동안에 변화가 만들어져야만 한다(Weiss, 1999).

청소년 예방 분야에서 잘 구축된 청소년 프로그램에 꾸준한 지원을 제공하기 위해 도움이 되는 요인, 즉 프로그램의 공공성에 대한 인식과 정책 입안자 및 자금 제공자의 선호도와 같은 요인은 프로그램이 더 혁신적인 방향으로 가도록 하거나 더 효과적인 프로그램이 되도록 전체적으로 폐지되는 것을 어렵게 만들 수 있다. 예를 들어, 미국에서 학교기반 약물 사용 예방 프로그램으로 가장 자주 실행되는 프로그램 중 하나인 약물 남용 저항 교육(Drug Abuse Resistance Education: DARE) 프로그램의 역사를 생각해 보라. DARE 프로그램이 효과적이지 않다는 실증적 증거가 제시되었지만(Ennett, Tobler, Ringwalt, & Flewelling, 1994), 몇 년 후에도 미국에서의 프로그램 실행 비율은 예외적으로 높게 유지되었다. 2002년에 Hallfors와 Godette는 학교의 80%가 어떤 형태로든 DARE 프로그램을 실행했다고 예측하였다. 연구 증거와 예방 실제가 단절되는 이러한 특정 사례가 논쟁을 불러옴에 따라(Des Jarlais et al., 2006; Weiss, Murphy-Graham, & Birkeland, 2005), 일부 정책 입안자는 DARE가 단일 프로그램으로 보다는 청소년 약물 사용을 예방하기 위한 더 크고 포괄적인 노력의 일부로 실행되어야 한다고 제안하고 있다(Birkeland, Murphy-Graham, & Weiss, 2005). 이렇게 하여 현재의 상황을 유지하는 데 열중하고 있는 정책 결정자들은 DARE 프로그램이 단독으로는 사실상 청소년 약물 사용에 영향을 줄 수 없다는 것을 인지함에도 이 프로그램을 계속해서 지원하게 했다.

연구에서 나타나는 예방의 가치와 미국의 현재 청소년 정책의 초점이 다른 것의 차이는 대부분의 예방학자가 다루는 예방 연구의 내재 요인과 환경에서 비롯된다. 연구자들은 보통 몇 개의 우선순위를 가지는데, 그중 어떤 것은 정책 결정에 좀 더 영향을 미치는 요인일 수 있다. 예를 들어, 대학의 재임 관행은 정책 입안자에게 정보를 주는 것의 가치를 인정하지 않고 노력에 대해 보상하지 않으려 한다. 그래서 연구자들은 주로 정책에 대해서 청중과 논의하는 것에 대해 혜택을 거의 받지 못한다(Bogenschneider et al., 2000; Small, 2005). 또한 대학 기반의 연구자들은 학술 논문이 출판되고 더 많은 연구를 위해 지원 자금을 확보할 때 종신 재직권을 받고 자신의 분야에서 발전을 이루게 된다. 연구자들은 오직 정책에 영향을 주는 것이 자신이 속한 조직의 일차적인 목표라고 할 경우, 정책 입안자들과 그들의 이익을 위하여 효율적으로 일하는 것이 시간을 활용하는 좋은 방법이라고 받아들일 수 있다. 조직이 주로 다른 목표들에 초점을 맞출 때 이러한 정책과 관련한 의사소통과 영향은 의도적인 것이라기보다는 돌발적인 것으로 보일 것이다(Lavis et al., 2003).

아마도 연구자들은 자주 고의로 정책 입안자들과 상호작용하지 않기 때문에 대부분은 청중과 정보에 대해 의사소통하는 최선의 방법을 알지 못한다. 사회과학연구와 정책 입안자들의 관계를 지켜보는 사람들은 이 집단 사람들의 의사소통 유형 사이에 내재적인 차이가 있음을 주목하였다(예: Bazelon, 1982; Caplan, 1979; Small, 2005). 정책 입안자들은 정보를 가능한 한 정확하고 단순하고 빠르게 전달하는 것을 선호하는 반면, 연구자들은 자세하게 글로 쓰고 연구자가 아닌 사람들에게 쉽게 이해되지 않는 어려운 기술적인 용어를 사용하는 것에 익숙하다. 나아가 연구자들은 자신이 쓴 것을 가치 있게 하는 것을 훈련받고 문제의 복잡성과 어떤 정보가 여전히 더 필요한지에 초점을 맞춘다. 하지만 이러한 복잡성은 비연구자들에게는 잘 전달되지 않고(Roos & Shapiro, 1999), 정책 입안자들은 무엇이 밝혀지지 않은 것보다는 밝혀진 것을 논의하는 것에 더 관심이 있다. 또한 의사소통의 선호 방식도 이 두 집단은 다르다. 말로 하는 것에 익숙한 국회의원, 입법자, 다른 정책 입안자들은 글로 쓰이는 것보다 "구전(oral tradition)"을 따른다(Weiss, 1989, p. 414). 대조적으로, 연구자들은 자신의 연구 결과를 다른 연구자들과 의사소통하기 위해서 주로 '서전(written tradition)'을 따르는 경향이 있다. Zervigon-Hakes(1995, p. 180)가 언급한 것처럼, "정책 입안자들이 밥먹는 것처럼 일상적으로 활용하는 신문이나 TV 뉴스를 위해 글을 쓰는 연구자는 거의 드물다." 요컨대, 연구 증거들이 정책 입안자에게까지 도달하지 않고 다른 연구자들을 위한 글로 쓰였을 때 정책 청중에게는 쉽게 이해되지 않는다(Small, 2005).

예방의 다른 방해물

사회과학이 정책에 정보를 제공하는 것을 방해하는 이러한 보편적 장애 요소에 덧붙여 예방의 개념과 관련하여 더 명확하게 관련 있는 방해물이 존재한다. 가장 확연한 것은 정책 입안자와 예방학자들이 운영하는 시간표 사이의 차이이다. 정책 입안자들이 정보에 대해 요구하는 것은 주로 즉각성이다(Chelimsky, 1987). 이들은 정기적으로 감당하지 못할 정도의 정보를 받기 때문에 메시지의 시의적절함은 어떤 것이 읽히고 논의되는지를 결정하는 데 핵심 요소이다(Sorian & Baugh, 2002). 하지만 예방학의 영역에서 연구자들은 프로그램이나 정책의 효과를 더 잘 이해하기 위해서 장기간의 집중적인 연구에 착수한다. 본질적으로 예방은 즉각적으로 효과를 보이지 않는다. 아동·청소년 대상의 효과적인 예방 프로그램들은 수 년 동안 가장 큰 효과를 보이지 않을 수 있고 수십 년 동안도 그럴 수 있다. 한 예로 Abecedarian 프로젝트의 종단적 연구 결과를 살펴볼 수 있다. 이 프로젝트는 참가자들이 21세가 될 때까지 양질의 교육을 포함하는 주간 보호의 효과를 평가하였다(Campbell, Ramey, Pungello, Sparling, & Miller-Johnson, 2002). 데이터는 통제 집단의 청소년에 비해 중재 집단의 청소년이 연구가 진행되는 동안 지속적으로 더 높은 인지검사 점수와 학업 성취를 보이는 것으로 나타났다. 하지만 가장 주목할 만한 결과는 이후 이 청소년들이 성인기로 전환될 때 나타났다. 치료 집단 청소년들은 21세가 되었을 때 통제 집단 청소년들에 비해 약 2배 정도(각각 42%, 20%)가 학교에 진학한 것으로 나타났다.

우선 이 시나리오와 정책 입안자, 즉 이 정보가 아주 시기적절하게 필요한 사람의 요구와 대조해 보라. 예방 연구자들은 정보를 요구받을 때 다양한 프로그램과 정책의 효과를 비교해 볼 수 있는 충분한 시간이 충분하지 않다. 대신 그들은 이미 마음대로 이용할 정보만을 사용할 수 있고, 그래서 청소년의 기대 성과나 비용 대비 이익률에 대해 적합하게 말할 수도 있고 그렇지 못할 수도 있다.

정책 결정에 따라 재선 여부가 영향을 받는 선출직 공무원의 경우를 생각해 보자. 대부분의 정치인은 다음 선거에 집중해야 하기 때문에 잠재적인 장기간 성과에 비해서 지금 여기에서 필요한 근시안적인 정책 결정에 이끌릴 수 있다. 정책 입안자들은 자신의 노력의 결과가 다음 선거 또는 그 이후까지, 정책 입안자가 사무실을 비운 이후에도 나타나지 않을 것 같다면 예방을 위해 공공 자원을 투자하는 데 조심스러울 수밖에 없을 것이다.

예방 분야에서 직면하는 다른 장애 요소는 연방, 해당 주 그리고 지역 예산이 줄어들어 예방 발의안과 '수심이 깊은 쪽' 서비스 및 프로그램의 자금 지원, 채택, 실행이 사실상 어려워진다는 것이다. 다양한 수준의 의사결정자와 함께 일해 본 우리의 경험으로는 예방이 가치가 거의 부여되지 않고 우선 순위에 있어 가장 낮은 위치를 차지한다. 반면, 청소년의 현재 문제에 대한 중재가 더 큰 필요성과 우선순위를 가진다. 꽤 타당하게도, 아동·청소년의 현재의 사회, 정서 및 행동 문제를 다루는 것이 더 긴급하다는 것이다. 청소년이 현재 물질중독, 정신질환, 심각한 학습장애 등을 경험하고 있을 때 얻을 수 있는 눈에 띄는 성과에 비하여 예방의 성과는 지금은 영향을 받지 않는 누구인지도 모르는 추상적인 개인을 대상으로 먼 미래에 일어나는 것이다. 연구와 정책의 무대에서 이러한 미래의 추상적인 문제들은 지금-여기에서 청소년 문제와 같은 방식으로 프로그램과 정책에서의 반영을 요구하지 않는다. 아동·청소년의 문제를 예방하는 것이 장기적으로는 사회적 비용 절감을 가져올 수 있지만, 우리의 경험으로는 예산이 줄어드는 시기에 예방 발의안은 덜 긴급한 것으로 여겨져 자금 지원을 받는 것이 쉽지 않다.

마지막 범주에 속하는 청소년의 안녕감 증진을 위한 전략으로 예방을 채택하는 것의 장애 요소는 예방 연구와 실제 모두에 해당된다. 우선, 사회 및 행동 과학자들이 수년간 예방에 흥미를 보이고 있지만 이 분야는 청소년 중심의 예방 프로그램의 장기적 성과와 비용 대비 효과에 대한 정보 부족을 지속적으로 경험해 오고 있다. 증거기반 프로그램들이 도래하면서 이 분야는 비용-효과 분석이 정책과 자금 지원 결정에 영향을 미칠 수 있도록 영향력을 자본화해야 하는 독특한 위치에 있다. 안타깝게도, 비용-효과 연구는 아직 효과 평가가 체계적인 것만큼 발전하지 않았고 여전히 '효과적인' 프로그램이 '비용 대비 효과적인지', 그래서 제한된 자금을 지원할 가치가 있는지에 대한 질문을 정책 입안자에게 남겨 놓고 있다.

더욱이 최근 몇 년간 증거기반의 훌륭한 예방 프로그램들이 눈에 띄게 증가하고 있음에도 현재 미국 내 자금이 지원되고 실행되는 청소년 프로그램은 여전히 좋은 의도이지만 종종 효과적이지 않은 중재인 경향이 있다(Greenberg et al., 2003; Satcher, 2001). 많은 현장에서 개발된 청소년 프로그램들은 효과를 제시할 수 있는 증거와 프로그램 발전과 효과 평가 활동을 위해 필요한 자금 지원이 부족하다. 다행스럽게도 이러한 상황이 어느 정도는 변화하고 있는데, 이는 청소년 프로그램에서 '무엇이 작동하고 있는지'에 대해 많이 알게 되고(Small, Reynolds, O'Connor, & Cooney, 2005), 증거기반 프로그램의 가용성이 증가하고 있고, 해당 주 수준의 포괄적인 청소년 발달 모델 채택에서 기인한 것이다(예: 학교 내 사회·정서적 학습; Greenberg et al., 2003). 하지만 비슷한 학교, 가족, 지역사회는 없고, 하나의 세팅에서 발전된 예방 프로그램이 다른 세팅에서는 잘 적용되지 않을 수도 있기 때문에 예방 옹호자들은 때때로 의심의 여지가 있는 성과와 비용 절감 효과를 가지고 청소년 발의안을 위한 자원을 구해야 하는 불편한 위치에 남겨지기도 한다.

예방 초점을 청소년 정책으로 가져오기 위한 전략

만일 예방학자들이 청소년 정책에 더 많은 영향력을 원한다면 관련된 경험적 연구를 수행하고 청소년 정책의 장에서 이 지식을 가지고 의사소통하는 데 있어 좀 더 세련되고 전략적이 되어야 한다. 연구자들은 자신의 전형적인 역할, 즉 이론을 검증하고, 현상을 측정하고, 다른 연구자와 연구 결과에 대해 의사소통하는 것으로 사회 발전을 위해 충분히 기여한다고 생각할지도 모른다. 하지만 만일 의사결정자가 어떻게 예방이 기능하는지 모르고 아동·청소년, 지역사회, 사회에 잠재적으로 미치는 실질적인 영향을 모른다면 어떻게 많은 연구자의 역할이 실제로 많은 중요성을 가질 수 있겠는가? 만일 지역, 주 그리고 전국 수준에서 청소년 정책이 더 예방 중심적이 되기 위하여 예방학자들은 이 분야에서 미래 연구를 위해 더 단합된 노력을 해야 하고 정책 입안자들에게 가장 편한 방법으로뿐만 아니라 실증적인 공헌이 정책 입안자들에게 필요한 적합한 시기에 전달되도록 노력해야 한다. 단순히 연구, 평가, 비용-효과 결과를 학술적인 과학 저널에 발표하고 정책이 따라오기를 기다리는 것은 청소년 정책을 향상시키는 효과적인 방법이 아니다.

연구 문헌과 정책 입안자들과 작업해 온 우리의 경험을 통해서 청소년 문제에 치료를 제공하는 현재의 초점을 예방 쪽으로 옮겨 가기 위한 몇 가지 핵심 전략을 제안하고자 한다(〈표 23-1〉 참조). 이러한 전략은 증거기반 실제 및 프로그램 방식으로 경험적으로 증명되지는 않았다. 하지만 주로 정책의 장에서 여러 해 동안 일해 오고 사회과학 연구자들이 정책 과정에 영향을 미칠 수 있는 방법을 빈틈없이 관찰해 온 연구자들의 경험을 바탕으로 하였다. 일부는 다양한 전략의 효과성에 대한 공식적인 평가를 요구하지만(예: Lavis et al., 2003) 이 분야는 아직까지 거기에 이르진 못했고 아마도 어떤 면에서는 결코 이르지 못할 것이다. 더 체계적인 증거는 부족하지만 이러한 제안들은 현재 가용한 지식을 활용하고 예방학 연구자들이 최근 증가된 과학과 예방 초점을 청소년 정책의 장으로 가져오는 것을 도울 것이다.

〈표 23-1〉 예방 초점을 청소년 정책으로 가져오기 위한 전략

1. 어떻게 예방 연구 결과가 정책에 잘 활용될 수 있는지 조건을 파악하고 최대한 잘 활용하라.
2. 다양한 청중과 의사소통하고 메시지를 그들에 맞추어 전달하라.
3. 정책 입안자와 관련자들이 예방 연구 과정에 참여하게 하라.
4. 신뢰를 쌓고 유지하라.
5. 연구 관련 증거를 대중에게 알리는 예방 연구자에게 보상을 제공하라.
6. 미래의 예방 연구자들에게 정책 만들기와 관련 주제에 대해서 교육하라.
7. 작은 것부터 시작하라.

어떻게 예방 연구 결과가 정책에 잘 활용될 수 있는지 조건을 파악하고 활용하기

일부 예방학자는 과학적인 연구 결과가 특정 정책 논의의 결과에 직접적이고 중요하게 영향을 주기보다는 시간이 지남에 따라 정책 입안자들의 세계관과 정책에 조금씩 영향을 주게 된다고 믿는다(Lavis et al., 2003; Weiss, 1989, 1999). 그래서 정책의 장에 연구 결과를 적용하고자 할 때 어느 한순간에 일어나는 급진적인 패러다임의 전환을 기대하지는 말아야 한다. 그보다는 연구 결과가 점차 정치의 장에 스며들고 한 가지 개념, 가령 예방의 가치와 같은 것이 일반적 사고방식의 일부로 통합되게 된다. 예방학자들은 이러한 '깨우침'에 기여할 수 있고 이는 의사결정의 장에서 새로운 정보, 아이디어, 관점들의 점진적 필터링으로 작용할 것이다(Weiss, 1989, 1999). 이러한 방식으로 개념들과 아이디어는 자체로는 경험적 데이터가 아니지만 가장 많은 영향을 끼치게 된다. 예를 들어, Weiss(1999)는 평가들은 '이야기들'을 구분해 줄 수 있고 일반적인 정보를 전달해 줄 수 있어서 작지만 의미 있는 방식으로 정책 입안자들을 흔들 수 있게 된다고 보고하고 있다.

연구자들은 가끔 더 직접적으로 정책 결정에 영향을 주는 기회를 가지게 되는데, 이렇게 하기 위해서는 시기가 적절해야 한다. Chelimsky(1987)에 따르면 때로는 가장 강력한 연구 결과를 제시하는 것보다 의사결정자들이 필요로 하는 결과에 적당한 연구를 제공해 주는 것이 더 핵심적이다. 그러므로 연구자들은 입법과 선거 일정을 따라가고(Zervigon-Hakes, 1995) 스스로를 '정책 창(policy window)'이 제공하는 기회에 맞추는 것이 바람직할 수 있다(Bogenschneider et al., 2000). 정책 창들은 문제, 정책, 정치 견해가 집중될 때 열린다. 즉, 문제가 인지될 때, 적당한 정책적 해결이 가용할 때, 전략의 변화를 위해 정치적인 분위기가 무르익을 때 그렇다. 정책 창들은 공공의 의견에 변화가 있거나, 행정부에 변화가 있거나 주요한 재난 · 재해나 언론 사건이 있을 때 열릴 수도 있다. 1990년대 후반 미국에서 일어난 학교 총기 사건(Satcher, 2001) 같은 장기적으로 언론의 주목을 받는 문제 사건이나 추세는 학군, 지역사회, 해당 주 의사당의 정책 입안자들이 미래의 이러한 사건이 발생하는 것을 막기 위해 발의안을 채택하고 자금을 지원하게끔 이끌 수 있다. 유사하게, Weiss(1989)는 정책 입안자들 사이에 무엇인가를 해야 하지만 정확하게 무엇을 해야 할지 불명확하다는 인식이 있을 때 연구 결과들이 정책에 영향을 끼칠 수 있다고 보고하였다.

관련 연구에 따르면, 정책 입안자들은 자신이 정보를 즉시 필요로 할 때 "정답을 알거나 또는 정답을 어디서 찾을지 아는" 사람에게 의지하게 된다(Sorian & Baugh, 2002, p. 269). 그들은 신뢰할 수 있고 정보가 많은 전문가를 찾으려 할 것인데, 따라서 해당 주 기관, 현지 조직과 대중 단체 등의 구성원이나 신뢰할 수 있는 전문가를 찾을 것이다(Jackson-Elmoore, 2005). 연구자들과 접촉할 때 정책 입안자와 직원들은 대부분 직접적이지만 비공식적인 정보의 교환을 요구할지 모른다(Hy et al., 1995; Jackson-Elmoore, 2005). 이러한 현실을 받아들여 예방학자들은 정책 입안자들과 접촉하는 데 있어 능동적이고 다양한 방법을 찾는 것이 필요하다. 예방학자들은 정책 입안자들이 자신의 특정 전문 영역을 미리 알게 함으로써 정책에 영향을 줄 수 있는 이러한 기회를 최대한 활용할 수 있다. 요청을 받았을 때 예방 연구자들은 시의적절하고 상세하고 실제적인 정보를 전달하여 가치 있는 역할을 할 수 있다. Zervigon-Hakes(1995)는 다음과 같은 두 갈래의 접근법을 제안하였다. 첫째, 정책 입안자, 프로그램 관리자, 직원들과의 네트워크를 구축하는 것은 그들이 당신을 당신 분야의 전문가로 기억하게 할 것이다. 둘째, 빠르게 정보를 요약할 수 있도록 항상 준비하라는 것이다.

다양한 청중과 의사소통하고 메시지를 그들에 맞추어 전달하기

예방 연구자들은 연구 결과를 학문적 집단 안팎에서 다양한 청중에게 제시하는 것을 고려해야만 한다. 이러한 광범위한 보급 노력을 통해서 예방 초점화는 전체 국가적 비전의 일부가 될 것이다. 이러한 전략은 특히 청소년의 삶에 영향을 미치는 정책 입안자들이 많은 다른 역할을 하고 있다는 것을 고려했을 때 특히 더 중요하다. 다양한 국가 기관의 수준에서 존재하는 의사결정자들에게 사적 영역과 비영리 영역에서 어떤 프로그램이 개발되고, 자금이 지원되고, 실행될 것인지 결정하는 데 영향을 준다. 그래서 만일 예방학자들이 강력한 예방적 초점을 청소년 정책과 자금 지원 결정으로 이끌어 오려면 그들은 한두 개의 입법 기관이나 행정 기관에 노력을 집중하기보다는 무수한 청중과 의사소통하는 것이 필요하다. 청중은 전문 영역과 교육적인 배경, 우선순위, 선호하는 의사소통 방식에 있어 다양할 것이므로 메시지는 최대한으로 효과적일 수 있도록 맞추는 것이 필요하다. 모든 사람을 위한 하나의 보편적 메시지로는 충분하지 않을 것이다.

정보를 이해하는 의사결정자의 능력은 정보가 활용되는 데 핵심적이다(Chelimsky, 1987). 정책 입안자들은 제시 방법이 너무 길고, 자세하고, 기술적이고, 이론적인 정보는 활용하지 않을 것이다. 따라서 많은 학자는 연구자들이 전문용어에 익숙하지 않은 정책 입안자와 다른 분야 전문가와 대화할 때 연구와 평가 관련 특수용어 사용을 자제할 것을 제안하고 있다(Sorian & Baugh, 2002). 연구자들은 의사결정자들에게 가장 기본적인 수준에서 시작해서(Normandin & Bogenschneider, 2006) 핵심 사항, 짧은 문장과 이야기, 시각적 삽화 등을 사용해서 거의 설명이 필요 없도록 정보를 제시하는 것이 필요하다(Bogenschneider et al., 2000).

의사소통은 가능한 한 짧고 간단명료해야 한다. Chelimsky(1987)에 따르면 연구자들은 같은 톤의 목소리로 모든 연구 결과를 제시하여 정보를 받는 사람이 가장 핵심적인 세부 사항은 선택하도록 남겨 두도록 하면서 의사소통하는 경향이 있다. 정책을 만들기 위해 청중과 의사소통을 할 때 "모든 것을 이야기하는 것은 어떤 것도 이야기하지 않는 것과 마찬가지이다"(Chelimsky, 1987, p. 212). 발표는 간단명료했을 때 정책 입안자들에게 가장 잘 받아들여질 것이므로 연구자들은 우선순위를 정해서 가장 중요한 부분만을 제시하는 것이 필요하다(Normandin & Bogenschneider, 2006).

또한 정기적으로 정책 입안자들과 작업하는 연구자들은 연구의 세부 사항을 제시하고 결론으로 다가가는 것보다는 연구의 결론을 먼저 제시할 것을 권장한다(Bogenschneider et al., 2000). 다시 말해서, 연구자들은 우선 '우리가 발견한 것'을 먼저 이야기하고 다음으로 '어떻게 거기에 이르렀는지'를 전달하는 전략을 취해야 한다. 다른 권장 사항으로는 문제 자체보다는 해결 중심의 '실행 가능한 메시지'를 전달해야 한다. 추가적으로, 비록 예방 연구가 대규모의 양적 연구인 경향이 있지만 연구자들은 광범위한 연구 결과를 제시하기 위해서 일화나 이야기를 효과적으로 사용할 수도 있다. 이러한 일화적인 증거는 정책 입안자가 "연구 결과를 대면하게" 하고, 이러한 이야기가 전달하고자 하는 메시지에 초점을 맞추게 한다(Zervigon-Hakes, 1995, p. 189).

정책 입안자들을 위해 연구자들이 이행할 수 있는 한 가지 핵심 과업은 예방과 관련 개념을 이해하기 위한 틀을 제공하는 것이다. 정책 입안자들은 예방 발의안이 기능할 수 있다는 것뿐만 아니라 어떻게, 왜, 어떤 맥락에서 기능할 수 있는지 아는 것이 필요하다. 청소년 발달과 관련 현상에 대한 이론은 연구자들이 이러한 개념들을 명확하게 표현하고 설명하는 것을 도울 수 있다. 한 예로, 청소년의 반사회적 태도의 전 생애 발달을 '사악한 잡초(vile weed)' 삽화로 제시한 것(Patterson, Reid, & Dishion, 1992)은 정책 입안자가 이 행동의 전조 현상을 더 명확하게 이해하도록 만들 수 있다. 이 삽화에서 '잡초'는 아동의 기질, 부모의 물질 남용과 반사회적인 행동, 스트레스인들을 뿌리에 두고, 부모의 관심과 지도가 부족한 환경 맥락에서 성장하며, 비행 친구, 청소년 약물 남용과 비행을 통하여 발전한다. Bogenschneider 등(2000)은 주 입법관 중 한 명이 이러한 비유를 학습한 후 다른 입법관에게 삽화를 활용하여 문제 가정 청소년을 대상으로 하는 조기 중재의 중요성을 설명하였다고 보고하고 있다.

정책에 정보를 제공하는 데 관심이 있는 연구자들이 할 수 있는 또 다른 핵심 과업은 많은 문헌에서 연구 증거를 통합하여 관련 주제에 대해서 깊이 있으면서 일반적인 지식을 생성해 내는 것이다(Chelimsky, 1987). 이러한 특정한 주제에 대한 체계적인 개관은 수년간의 예방 연구를 바탕으로 함으로써 정책 개발에 매우 유용하다. 개별 연구자들을 혼자 힘으로 그러한 많은 지식을 생성할 수 없기 때문에 이러한 정책과 관련하여 정보를 제공하는 전략으로 정책 입안자들에게 집계된 연구 결과를 효과적으로 전달하기 위하여 문헌 개관과 메타 분석 연구 결과를 계속 제시하는 것이 중요하다.

다른 사람과 효과적으로 의사소통을 하는 데 있어 중요한 요소는 구축된 아이디어와 개념에 사람들이 흥미를 갖는 것이다(Gilliam & Bales, 2001). 연구자들은 의사결정자의 목표들을 평가하고 가능한 한 거기에 관심을 가지고 예방의 틀을 구성하는 것이 좋다. 예를 들어, 청소년 발달과 예방 관련 발의안에 투자를 받기 위해 사건을 만드는 학자들은 재정적으로 보수적인 주 입법관들과 지역 사업체의 임원들을 위해서 이 문제를 다르게 구성해야 할 것이다. 전자는 잠재적인 비용 절감을 피력하는 주장에 설득되기 쉬우나, 후자는 질 좋은 노동력에 더 많은 가치를 둘 것이다.

　예방을 통한 비용 절감은 의사결정자들에게 피력할 수 있는 분명한 장점 중 하나이다. Weiss(1999)에 따르면, 정책 입안자들이 프로그램 평가 결과에 주목하는 주요한 이유는 때때로 포함되는 비용 해택 자료 때문이다. 현대 정책의 장에서는 너무나 많은 결정이 비용 예측, 즉 하나의 프로그램을 포기하고 다른 것에 초점을 맞추면 어떠한 이익이 있고 손해가 있는지에 의해 타당화되기 때문에(Weiss, 1999), 우리는 이러한 정보가 종합되고 더 의도적으로 확장될 필요가 있다고 믿는다. 예방의 중요성에 대한 주요한 논의는 비용 대비 추정된 이익률에 기초하는 반면, 현실에서는 예방 분야는 현재 압도적인 증거를 많이 제시하지 못하고 있다. 그래서 비용-이익 연구 결과가 효과적인 청소년중심 예방 프로그램의 긍정적인 가치를 나타낸다면 연구자들은 더 자주 그리고 더 광범위하게 그 연구 결과를 전달할 필요가 있다. [Aos 등(2004)은 청소년 프로그램의 비용-이익 예측의 탁월한 출처를 제공한다.] 비용-이익 정보가 존재하지 않는다면 이 분야에서는 가능할 때마다 이를 연구하는 것이 좋을 것이다. 이러한 정보가 청소년 관련 정책 입안자에게 줄 수 있는 힘에 대해서 생각해 보면 예방 발의안의 비용 유효성을 예측하는 것은 현재 폭발적으로 증가하는 이 분야에서 더 중요하게 다루어져야 한다.

　직접적으로 정책 입안자와 의사소통하는 것을 넘어서 정책의 장에 연구를 전달하는 것과 관련된 문헌에서는 지역 주민을 목표로 삼는 것이 포괄적인 전략의 일부가 되어야 한다고 제안하고 있다. 정책 입안자들, 특히 선출된 공무원일 경우 주민들이 청소년 예방 관련 정책을 요구한다면 그것에 더 관심을 기울일 것이다. 선출된 공무원들은 만일 제안된 방법들이 과학적 증거로 뒷받침된다 해도 주민들이 공공 자원을 그곳에 투자하는 것이 유용하지 않다고 생각한다면 예방적 방법을 지지하지 않을 것이다(Bogenschneider et al., 2000).

　지역 주민들에게 다가가는 좋은 방법 중 하나는 매체를 통하는 것이다(Roos & Shapiro, 1999; Zervigon-Hakes, 1995). 만일 주민들이 매체를 통해 문제에 대한 정보를 접하고 흥미를 가진다면 정책 입안자들은 그에 반응할 수밖에 없을 것이다(Roos & Shapiro, 1999; Weiss, 1999). 그래서 매체는 정책 입안자들에게 대중과의 의사소통을 통해서 직접적 또는 간접적으로 실질적인 영향을 줄 수 있다. 예방학자들은 매체를 활용하는 데 있어 더 적극적인 역할을 하는 것을 고려해 보아야 할 것이다. 가령, 일반 대중을 교육하고, 정책 입안자에게 청소년 예방의 가치를 교육하고, 어떤 프로그램과 실제가 유효성 있는 실증적 기반을 가지는지 알리는 것을 할 수 있다.

　Teen Assessment(10대 평가) 프로젝트(Teen Assessment Project; Small, 1996)는 어떻게 매체가 정책 입안자들과 대중의 관심을 끌어올리고 교육하는 데 중요한 수단이 될 수 있는지를 보여 주는 예가 된다. 대학기반의 연구 프로젝트는 지역 청소년들의 관심사와 고민거리를 식별하고 다루기 위해 지역사회 설문 조사를 활용하였다. 이 프로젝트의 중심 활동은 설문 조사 결과를 지역 언론, 뉴스, 기자 회견, 지역사회 포럼을 통해서 정책 입안자와 대중과 공유하는 것이었다. 이 과정은 지역 청소년들이 직면한 이슈에 대한 인식을 끌어올리고 지역사회 리더들과 정책 입안자들이 이러한 이슈를 다루기 위해 행동하도록 동기화시켰다.

정책 입안자와 관련자가 예방 연구 과정에 참여하게 하기

연구자들과 정책 입안자들 사이의 상호작용은 어떤 연구는 활용되는데 다른 연구는 활용되지 않는지를 설명하는 주요한 요소로 나타난다(Lavis et al., 2003). 만일 가능하다면 정책 입안자들과 관련 직원들이 평가 연구의 과정에서 중요한 핵심 지점, 즉 연구 문제를 명료화하고 연구 결과를 개관할 때 참여할 것을 제안한다(Zervigon-Hakes, 1995). 연구자들은 이러한 상호작용을 활용하여 정책 입안자들의 추정하는 것은 무엇인지, 그들이 가지고 있는 질문이 무엇인지, 어떠한 자료가 설득력 있을 것인지, 어떻게 연구 결과를 사용할 계획인지를 알 수 있다(Chelimsky, 1987; Roos & Shapiro, 1999). 이러한 상호작용은 연구자가 정책 입안의 과정에 맞추는 것뿐만 아니라 좋은 예방 연구가 요구하는 것이 무엇인지 교육하게 하는데, 특히 양쪽에서 패러다임의 전환을 가져올 수 있게 한다(Lavis et al., 2003).

예방 연구자들은 직접적으로 정책에서 추정하는 것들을 검증함으로써 청소년 정책에 영향을 주는 과정을 시작할 수 있다(Chelimsky, 1987). 예방학자들은 아동·청소년의 보편적 문제들을 예방하는 실제적인 방법을 찾을 뿐 아니라 의사결정자들에게 절대적으로 중요한 문제들에 초점을 맞춤으로써 좀 더 정책 친화적인 연구 노력을 기울일 수 있다. Zervigon-Hakes(1995)는 프로그램 평가가 실제적인 질문을 던지는 것이 되어야 한다고 제안한다. 예를 들면, 무슨 서비스가 필요한가, 얼마나 많은 비용이 이 서비스에 필요할 것인가, 누가 가장 많이 혜택을 받을 것인가 등이다. 이처럼 프로그램 평가 문제들은 연구자의 단독 재량으로 만들어지지 않는다. 대신에 평가자는 가능한 정보들을 가져와서 아주 다양한 정책과 질문이 드러나게 하는 것을 도와야 한다.

신뢰를 쌓고 유지하기

연구와 정책 입안자 사이의 관계를 연구하는 학자들은 연구자들이 효과를 극대화하기 위하여 특정 정책을 옹호하는 것이 아니라 지식을 중개하는 것이 필요하다고 보고한다(Chelimsky, 1987; Normandin & Bogenschneider, 2006). 정보의 출처는 정책 입안자에게 매우 중요하게 여겨지는 것으로 보이는데, 이들은 다른 누구보다도 특정 개인과 기관들을 신뢰한다. 정책 입안자들은 연구에서 제시되는 편견을 잘 알아차린다. 이들은 연구 단체를 포함한 모든 사람이 의제를 가지고 '진실'이라는 것은 하나의 출처에서 나올 수 없다는 전제하에 일해 왔기 때문이다(Bazelon, 1982). 게다가 Chelimsky(1987)에 따르면 당파에 대한 평판은 지속되고 잘 잊히지 않는다. 따라서 예방학자들은 가능한 한 편견이 덜하도록 자신의 일을 수행하고 제시할 책임이 있다.

신뢰를 유지하는 큰 부분은 특히 사회과학에서 정보의 결함이 존재함을 인지하고 있는 것이다(Bazelon, 1982; Chelimsky, 1987; Lavis et al., 2003). 연구자들은 정책 입안자들이 그들의 전문성을 넘어서는 판단을 하기를 원할 때 활용할 수 있는 적합한 증거가 없다고 말하는 데 편해져야 한다(Bazelon, 1982). 또한 일부 연구는 분명하거나 신뢰할 만한 결론이 없기 때문에 집에 들고 갈 만한 가치가 없을 것이라는 점을 인지하는 것도 중요하다.

거짓 판단은 사회과학 전체에 해롭다(McCartney & Rosenthal, 2000). Bazelon(1982)은 연구자들이 너무 많은 약속을 하는 것에 대해 경고하였다. 예방 노력이 전달하는 것을 실패할 때 연구자들이 미래의 정책 결정에 영향을 미칠 가능성은 낮아진다. 특히 평가 연구에서 이상적인 조건하에서는 작동하였으나 다른 요인이 결과에 영향을 미치기 때문에 '실제 세계'에 전달되었을 때는 작동하지 않거나 효과가 덜할 수 있다는 것을 아는 것이 중요하다. 프로그램 영향 평가는 훈련되고 지도받은 구성원과 지속적이고 충분한 자금 지원이 있는 이상적인 조건에서 주로 수행된다. 대조적으로 프로그램의 유효성은 잠재적으로 덜 선호할 수 있는 "일상"의 조건에서 측정된다. 그러므로 프로그램 유효성은 종종 제시되었던 효과성에 도달하지 못하기 때문에 프로그램이 비실험적 환경에서 실행되었을 때는 효과가 덜할 수 있음을 예측해야 한다(Evidence-Base Intervention Work Group, 2005; Small, 2005).

추가적으로, 연구자들은 다양한 유형의 연구에서 제공되는 증거들 사이의 차이를 인지해야 한다. 어떤 연구 방법은 일반적으로 다른 방법보다 더 좋은 것으로 여겨진다. 하지만 각 방법은 한계점을 가지므로 연구의 결과에 대해 얼마나 확신할 수 있는지에 대해 의사소통을 하는 것이 중요하다(Normandin & Bogenschneider, 2006). 예를 들어, 메타분석은 일반적으로 2~3개의 연구 결과를 함께 고려하는 것이 선호되고, 연구 대상의 대표성 있는 표본을 가진 연구는 제한된 표본으로 수행된 연구보다 더 선호된다. 또한 예방 연구자들은 예측된 효과 크기와 임상 및 통계적인 유효성의 차이에 대한 실용적인 지식을 가지고 있어야 한다(McCartney &

Rosenthal, 2000).

정책 입안자의 신뢰를 쌓고 유지하기 위해 연구자들은 아직 반복되지 않은 새로운 정보와 장황하게 높이 평가되는 연구에서 온 정보를 구분하는 것이 필요하다. 오직 하나의 연구 결과만 제시되었을 때 연구자들은 더 많은 연구에서 나오는 결과는 아주 다를 수 있음을 분명히 해야 한다. 추가로, 증거기반 실제 움직임과 긴밀히 연결하여, 연구자들은 특정 프로그램이 효과적이지 않다는 것뿐 아니라 프로그램이 의원성 효과(iatrogenic effect)를 나타내는 것도 정확한 정보로 전달하는 것이 중요하다(Lilienfield, Lynn, & Lohr, 2003; Norcross, Koocher, & Garofalo, 2006).

연구자들은 예방이 작동한다는 것을 보여 주는 사례에서 관련 주제와 관련하여 밝혀진 바를 강조해야 한다. 물론 많은 경우 우리는 청소년 예방 발의안의 가치에 대해 불확실하다. 이 지점에서 더 많은 연구가 필요하며, 예방 연구자들은 자신이 더 많은 이야기를 할 위치에 있다는 것을 알게 될 수도 있다. 만일 정책 입안자들이 예방이 기능을 할 수 있고 비용 절감을 제공한다는 것을 이해한다면 논리적으로 어떤 프로그램이나 프로그램의 유형에 자금 지원이 이루어져야 하고 어떻게, 누구에 의해 실행되어야 할지에 대해 정확히 평가할 수 있는 예방 연구에 투자가 이루어질 것이다.

사회과학 연구에서는 연구자들이 단일 연구에서 도출한 정책을 제안해야 할지 혹은 많은 연구의 종합으로부터 도출한 정책을 제안해야 할지에 대해 지속적인 논의가 있어 왔다. Sorian과 Baugh(2002)가 주 입법관들을 대상으로 설문 조사를 했을 때 대다수(89%)의 입법관이 연구자가 제안하거나 연구의 함의로 받아들이는 것을 알고 싶어 하는 것으로 나타났다. 정치적 선택 사항을 구체화하는 경우, 연구자들이 각 선택의 결과에 대한 균형 있는 관점(Normandin & Bogenschneider, 2006)과 때론 정책대안교육(policy alternative education)이라 불리는 과정을 제공했을 때 더 효과적이다. 한 예로, 주에서 공립학교에서 가르칠 성교육 유형을 채택하는 정책을 결정할 때 예방 연구자는 포괄적인 교육, 금지교육, 콘돔 사용 지도의 세 가지 선택 사항을 배열할 수 있고, 각 선택의 결과로 어떤 증거가 있는지 보여 줄 수 있다. 이러한 식으로 실증적인 증거 이상의 추가적인 요인을 인식하는 것은 정책 입안자의 결정에 영향을 줄 것이고 연구자는 하나의 정책 선택 사항을 옹호하는 것을 포기하고 신뢰를 유지할 수 있다.

일부 학자는 특히 논쟁적인 주제일 경우 정책 제안을 만들기 전에 연구의 결과와 함의를 논의할 수 있는 학제 간 모임을 소집할 것을 제안하고 있다(Chelimsky, 1987; Zervigon-Hakes, 1995). 한두 명의 사람보다는 집단으로 시작되었을 때 제안들은 특정 사고방식에 따른 편견으로부터 영향을 덜 받을 것이다. 만일 학자들의 토론회를 소집하는 것이 가능하지 않다면 다른 선택 사항으로 해당 분야의 사람들이 제안을 검토하도록 하는 것이다. 이러한 활동은 어떠한 정치적 정당이나 특정 관점이 현재 가장 강력한가에 관계없이 연구자와 조직들이 신뢰성을 유지하면서 청소년 정책 입안에 효과적인 정보를 제공하게 할 것이다(Bogenschneider et al., 2000). RAND Corporation과 Child Trends와 같은 높은 평가를 받는 많은 기관은 예방 연구자들을 고용하고 있는데, 이러한 방법으로 정책의 장에서 영향력을 유지하고 있다.

연구 관련 증거를 대중에게 알리는 예방 연구자에게 보상 제공하기

신뢰를 쌓고 학문과 예방 연구 공동체 밖의 사람들에게 효과적으로 지식을 전달하는 것은 집중적인 시간과 노력이 필요할 수 있다. 연구자들은 자신의 연구 분야에서 점차 전문화되는 반면 정책지향 연구와 연구 결과의 보급 및 적용에 있어서는 통합과 종합이 필요하다(Bogenscheider et al., 2000). 일련의 청중에게 이야기할 수 있고 함께 일할 수 있는 능력은 예방 연구자들이 학위 과정 동안에 일반적으로 학습하지 않는 독특한 기술이다. 이러한 기술은 개발되고 향상되어야 한다. 따라서 예방 연구자들이 정책 친화적 작업을 착수하고 만일 예방으로의 전환이 청소년 정책의 장에서 진정 일어난다면 보상을 제공하는 것이 필요하다.

미래의 예방 연구자에게 정책 입안과 관련 주제에 대해서 교육하기

예방 연구자들은 미국 내 청소년 정책 입안에 영향을 주기 때문에 대학들은 이러한 과업에 대해서 학생들이 적절하게 준비할 수 있도록 할 책임이 있다. 예방학 관련 대학원 훈련으로 프로그램 평가 수행 과정, 정책 시뮬레이션, 비용-이익 분석, 정책 입안자와 함께 일하기, 정책 입안 과정 이해, 정책 설문 조사, 실증 연구 결과를 정책 관심 영역에 적용하기를 포함할 수 있다. 몇몇 대학이 이미 예방학 교육과정을 구축하고 연구를 정책에 연결하는 중요성에 주목하고 있다. 예를 들어, 위스콘신 메디슨 대학교 예방학 과정을 등록한 대학원 학생들은 지역 입법관들 대상의 '실제' 브리핑 정보를 만들고 지역 매체 구성원들과 기자 회견을 함으로써 실제적인 경험을 하고 있다.

작은 것부터 시작하기

정책의 장에서 일하는 것은 예방 분야의 가장 많은 지식을 가진 전문가들에게조차 두려운 것일 수 있다. 우리는 예방 전문가들이 이미 친숙하고 접근 가능한 개인 및 집단과 함께 일함으로써 '작은 것부터 시작'할 것을 제안한다. 오늘날 대부분의 청소년 정책은 교육 위원회, 지역 위원회, 군 위원회, 지역사회 기반의 조직들, 다른 기관들을 통해 지역 수준에서 논의되고 만들어지고 실행되고 있으며, 이들은 외부의 조력을 기꺼이 환영할 것이다. 연구자들은 이러한 공동의 경험이 특히 교육적이고 힘을 북돋는다는 것을 발견하게 될 것이다. 지역의 의사결정자들을 돕는 예방 연구자들은 가장 작은 프로젝트라 할지라도 이러한 기회를 나중에 분위기가 무르익었을 때 더 많고 강력한 청중에게 전달하기 위한 발판으로 활용해야 한다. 청소년 정책의 장에서 영향력 있는 예방 연구자들은 이러한 경로를 밟아 왔다. 한 예로, 위스콘신에서 모든 아동 대상의 반응적 교육하기(Responsive Education for All Children: REACh) 발의안을 주도해 온 대학기반 예방 연구자들은 이 작업을 주 단위의 예방 발의안으로 확장하기 전에 7개 학교에서 먼저 시작하였다.

결론

수많은 이유로 예방은 미국에서 청소년 정책과 자금 지원 결정에서 일차적인 주목 대상이 되지 못하고 있다. 이러한 방해 요인의 일부는 일반적으로 사회과학에서 발견되는 것들이 반복되어 나타나는 것이지만 예방 분야만의 요인들이 더 의도적으로 식별되고 다루어져야 한다.

정책 입안자의 사회과학 연구 활용 관련 문헌에서는 방해 요인에 대해서 이야기하는 것뿐만 아니라 그에 대응하는 전략도 제시하고 있다. 예방 연구자들이 정책 입안 청중과 일하는 데 있어 더 정교해짐으로써 예방 분야는 이러한 관계를 효과적으로 촉진하는 방법, 정책 관련 연구, 전환 과정의 지식에 대한 새로운 정보를 만들 뿐만 아니라 청소년 발달과 안녕감을 증진하는 프로그램, 기관, 정책들에 대한 영향력을 증가시킬 수 있을 것이라 희망한다.

참고문헌

Aos, S., Lieb, R., Mayfield, J., Miller, M., & Pennucci, A. (2004). *Benefits and costs of prevention and early intervention programs for youth*. Olympia, WA: Washington State Institute for Public Policy. Retrieved September 10, 2008 at http://wsipp.wa.gov/pub/asp?docid=04-07-3901

Bazelon, D. (1982). Veils, values, and social responsibility. *American Psychologist, 37*, 115-121.

Biglan, A., Mrazek, P. J., Carnine, D., & Flay, B. R. (2003). The integration of research and practice in the prevention of youth problem behaviors. *American Psychologist, 58*, 433-440.

Birkeland, S., Murphy-Graham, E., & Weiss, C. H. (2005). Good reasons for ignoring good evaluation: The case of the drug abuse resistance education (DARE) program. *Evaluation and Program Planning, 28*, 247-256.

Blueprints for Violence Prevention Model Programs. (2008). Available at http://www.colorado.edu/cspv/blueprints/index.html. Center for the Study and Prevention of Violence, University of Colorado.

Bogenschneider, K., Olson, J. R., Linney, K. D., & Mills, J. (2000). Connecting research and policymaking: Implications for theory and practice from the Family Impact Seminars. *Family Relations, 49*, 327-339.

Brown-Chidsey, R., & Steege, M. W. (2005). *Response to intervention: Principles and strategies for effective practice*. New York: Guilford Press.

Campbell, F. A., Ramey, C. T., Pungello, E., Sparling, J., & Miller-Johnson, S. (2002). Early childhood education: Young adult outcomes from the Abecedarian Project. *Applied Developmental Science, 6*, 42-57.

Caplan, N. (1979). The two-communities theory and knowledge utilization. *American Behavioral Scientist, 22*, 459-470.

Chelimsky, E. (1987). What have we learned about the politics of program evaluation? *Educational Evaluation and Policy Analysis, 9*, 199-213.

Cooney, S. M., Huser, M., Small, S. A., & O'Connor, C. (2007). Evidence-based programs: An overview. *What Works, Wisconsin, Research to Practice Series, 6*. Madison, WI: University of Wisconsin-Madison/Extension.

Des Jarlais, D. C., Sloboda, Z., Friedman, S. R., Tempalski, B., McKnight, C., & Braine, N. (2006). Diffusion of the DARE and syringe exchange programs. *American Journal of Public Health, 96*, 1354-1357.

Durlak, J. A. (1997). *Successful prevention programs for children and adolescents*. New York: Plenum.

Ennett, S. T., Tober, N. S., Ringwalt, C. L., & Flewelling, R. L. (1994). How effective is Drug Abuse Resistance Education? A meta-analysis of Project DARE outcome evaluations. *American Journal of Public Health, 84*, 1394-1401.

Evidence-Based Intervention Work Group. (2005). Theories of change and adoption of innovations: The evolving evidence-based intervention and practice movement in school psychology. *Psychology in the Schools, 42*, 475-494.

Fletcher, J. M., Lyon, G. R., Fuchs, L. S., & Barnes, M. A. (2007). *Learning disabilities: From identification to intervention*. New York: Guilford.

Gilliam, F. D., Jr., & Bales, S. N. (2001). Strategic frame analysis: Reframing America's youth. *Social Policy Report, 15*. Ann Arbor, MI: Society for Research on Child Development.

Greenberg, M. T., Lengua, L. J., Coie, J. D., & Pinderhughes, E. E. (1999). The Conduct Problems Prevention Research Group predicting developmental outcomes at school entry using a multiple-risk model: Four American communities. *Developmental Psychology, 35*, 403-417.

Greenberg, M. T., Weissberg, R. P., O'Brien, M. U., Zins, J. E., Fredericks, L., Resnik, H., & Elias, M. J. (2003). Enhancing school-based prevention and youth development through coordinated social, emotional, and academic learning. *American Psychologist, 58*, 466-474.

Hallfors, D., & Godette, D. (2002). Will the "Principles of Effectiveness" improve prevention practice? Early findings from a diffusion study. *Health Education Research, 17*, 461-470.

Hy, R. J., Venhaus, M., & Sims, R. G. (1995). Academics in service to the legislature: Legislative utilization of college and university faculty and staff. *Public Administration Review, 55*, 468-474.

Jackson-Elmoore, C. (2005). Informing state policymakers: Opportunities for social workers. *Social Work, 50*, 251-261.

Kratochwill, T. R. (2007). Preparing psychologists for evidence-based school practice: Lessons learned and challenges ahead. *American Psychologist, 62*, 826-843.

Kratochwill, T. R., Clements, M. A., & Kalymon, K. M. (2007). Response to intervention: Conceptual and methodological issues in implementation. In S. R. Jimerson, M. K. Burns, & A. M. VanDerHeyden (Eds.), *The handbook of response to intervention: The science and practice of assessment and intervention* (pp. 25-52). New York: Srpinger.

Lavis, J. N., Robertson, D., Woodside, J. M., McLeod, C. B., & Abelso, J., & the Knowledge Transfer Study Group. (2003). How can research organizations more effectively transfer research knowledge to decision makers? *The Milbank Quarterly, 81*, 221-248.

Levin, H., Belfield, C., Muenning, P., & Rouse, C. (2007). *The costs and benefits of an excellent education for all America's children*. New York: Teachers College, Columbia University.

Lilienfeld, S. O., Lynn, S. J., & Lohr, J. M. (Eds.). (2003). *Science and pseudoscience in clinical psychology*. New York: Guilford Press.

Maxwell, L. A. (2006). School shootings in policy spotlight. *Education Week, 26*, 16-17.

McCartney, K., & Rosenthal, R. (2000). Effect size, practical importance, and social policy for children. *Child Development, 71*, 173-180.

Nation, M., Crusto, C., Wandersman, A., Kumpfer, K. L., Seybolt, D., Morrissey-Kane, E., et al. (2003). What works in prevention: Principles of effective prevention programs. *American Psychologist, 58*, 449-456.

National Association of State Directors of Special Education (NASDSE). (2005). *Response to intervention: Policy considerations and implementation*. Alexandria, VA: National Association of State Directors of Special Education.

Norcross, J. C., Koocher, G. P., & Garofalo, A. (2006). Discredited psychological treatments and tests: A Delphi poll. *Professional Psychology: Research and Practice, 37*, 515-522.

Normandin, H., & Bogenschneider, K. (2006). Getting your point across to policymakers. Family Focus, May 2006. A publication of National Council on Family Relations.

Office of Juvenile Justice and Delinquency Prevention Model Program Guide. (2008). Available at http://www.dsgonline.com/mpg2.5/mpg_index.htm. Development Services Group.

Patterson, G. R., Reid, J. B., & Dishion, T. J. (1992). *A social interactional approach: Vol. 4. Antisocial boys*. Eugene, OR: Castalia.

Price, R. H., Cowen, E. L., Lorion, R. P., & Ramos-McKay, J. (Eds.). (1988). *Fourteen ounces of prevention: A casebook for practitioners*. Washington, DC: American Psychological Association.

Roos, N. P., & Shapiro, E. (1999). From research to policy: What have we learned? *Medical Care, 37*, S291-S305.

Satcher, D. (2001). *Youth violence: A report of the surgeon general*. Washington, DC: U.S. Department of Health and Human Services.

Small, S. A. (1996). University-community collaborations on behalf of youth: The role of community surveys. *Journal of Research on Adolescence, 6*, 9-22.

Small, S. A. (2005). Bridging research and practice in the family and human sciences. *Family Relations, 54*, 320-334.

Small, S. A., Reynolds, A. J., O'Connor, C., & Cooney, S. M. (2005). *What works, Wisconsin: What science tells us about cost-effective programs for juvenile delinquency prevention*. Madison, WI: University of Wisconsin-Madison/Extension.

Sorian, R., & Baugh, T. (2002). Power of information: Closing the gap between research and policy. *Health Affairs, 21*, 264-273.

Substance Abuse and Mental Health Services Administration National Registry of Evidence-Based Programs and Practices. (2008). Available at http://www.nrepp.samhsa.gov/index.html. U.S. Department of Health and Human Services.

Tolan, P. K., & Dodge, K. A. (2005). Children's mental health as a primary care and concern. *American Psychologist, 60*, 601-614.

Triefeldt, L. (2007). People and places: A special collection. Sanger, CA: Quill Driver Books.

Weiss, C. H. (1989). Congressional committees as users of analysis. *Journal of Policy Analysis and Management, 8*, 411-431.

Weiss, C. H. (1999). The interface between evaluation and public policy. *Evaluation, 5*, 468-486.

Weiss, C. H. (2005). An alternate route to policy influence: How evaluations affect DARE. *American Journal of Evaluation, 26*, 12-30.

Weissberg, R. P., Kumpfer, K. L., & Seligman, M. E. P. (2003). Prevention that works for children and youth: An introduction. *American Psychologist, 58*, 425-432.

Weisz, J. R., Sandler, I. N., Durlak, J. A., & Anton, B. S. (2005). Promoting and protecting youth mental health through evidence-based prevention and treatment. *American Psychologist, 60*, 628-648.

Zervigon-Hakes, A. M. (1995). Translating research findings into large-scale public programs and policy. *The Future of Children, 5*, 175-191.

찾아보기

편저자 소개

Beth Doll 박사는 네브래스카 대학교 링컨 캠퍼스의 학교심리 전공 주임교수이다. 그녀의 연구는 회복탄력성을 촉진하고 자연적으로 발생한 지역사회 청소년의 안녕감을 강화시키는 학교 정신건강 모델과 학교 정신건강 서비스의 영향과 책임을 보여 주는 프로그램 평가 전략들에 관심을 두고 있다. 회복탄력성, 학교 정신건강, 자기결정력, 정서장애의 확인, 학생들의 우정에 관한 출판물이 미국 내 저명한 저널에 발표되었다.

William (Bill) Pfohl 박사는 켄터키주 볼링그린시의 웨스턴켄터키 대학교 심리학과 교수이다. 그는 30년 동안 학교 심리학자로 훈련받아 왔다. 그의 전문적 관심은 학교 안전, 학교 위기 중재 그리고 학생들의 정서지능에 관한 연구들이다. 그는 전국학교심리학자협회의 협회장을 두 번 역임하였고, 현재 국제학교심리학자협회장이며, 학교 위기에 대응하는 전국학교심리학자협회의 국가응급조치팀(NEAT)에서 봉사하고 있다.

Jina Yoon 박사는 미시간주 디트로이트시의 웨인 주립대학교 학교 및 지역사회심리 전공 부교수이자 공동 디렉터이다. 그녀의 연구는 아동 및 청소년의 공격성, 괴롭힘 가해 및 피해, 행동 문제의 위험 및 예방과 공격성에 관한 학교 환경의 영향에 초점을 맞추고 있다. 그녀는 공격성, 학교 내 괴롭힘 가해 및 피해, 또래관계, 학교 환경과 교사-학생 관계에 관한 많은 논문을 발표했다.

역자 소개

최수미(Choi, Sumi)
서울대학교 교육학과 교육상담 전공 Ph.D.
전 부산대학교 아동가족학과 부교수
      한국청소년상담원 선임상담원
      건국대학교 대학교육혁신원 교육성과관리센터 및 교수학습지원센터장
현 건국대학교 교육대학원 상담학과 상담심리교육 전공 부교수
      건국대학교 학생상담센터장
      건국대학교 웰니스통합치료 연구소장
      한국상담학회 통합학술사례위원장
      한국상담학회 아동청소년상담학회 상임이사

김지영(Kim, Jiyoung)
미국 하와이 주립대학교 한국어학 전공 Ph.D.
전 미국 UC 버클리 동아시아어문화학과 한국어 전임강사
현 미국 인디애나 대학교 동아시아어문화학과 한국어 전임강사

라영안(Ra, Youngan)
미국 펜실베이니아 주립대학교 상담자교육 전공 Ph.D.
전 서울대학교 BK21플러스 미래교육디자인 연구사업단 박사후연구원
현 한동대학교 상담심리사회복지학부 상담심리 전공 조교수

신은영(Shin, Eun Young)
미국 사우스캐롤라이나 주립대학교 언어학과 언어습득 전공 Ph.D.
전   고려대학교 영어교육연구소 연구교수
        동국대학교, 서울교육대학교, 서울과학기술대학교, 경기대학교 강사
현   순천대학교 영어교육과 조교수

이윤희(Lee, Yunhee)
서울대학교 교육학과 교육상담 전공 Ph.D.
전   한국청소년상담원 근무
현   선문대학교 상담심리사회복지학과 조교수

임기원(Lim, Kiwon)
미국 텍사스 주립대학교 외국어교육 전공 석사
전   미국 사우스캐롤라이나 주립대학교 EPI 강사
        이화여자대학교 시간강사(교양영어)
        연세대학교 시간강사(교양영어)
현   국민대학교 교양대학 조교수

집필진 소개

Howard S. Adelman
Department of Psychology
University of California, Los Angeles
Los Angeles, California

Rachel Baden
Department of Psychology
The University of Alabama
Tuscaloosa, Alabama

Carrie Ball
Department of Educational Psychology
Ball State University
Muncie, Indiana

Lisa K. Barrois
Department of Educational Psychology
Texas A&M University
College Station, Texas

Nathan J. Blum
University of Pennsylvania
Children's Hospital of Pennsylvania
Philadelphia, Pennsylvania

Caroline L. Boxmeyer
Department of Psychology
The University of Alabama
Tuscaloosa, Alabama

Brian K. Bumbarger
Prevention Research Center
Penn State University
University Park, Pennsylvania

Gretchen Butera
School of Education
Indiana University
Bloomington, Indiana

Sandra L. Christenson
Department of Educational Psychology
University of Minnesota
Minneapolis, Minnesota

Siobhan M. Cooney
Department of Human Development and
    Family Studies
University of Wisconsin–Madison
Madison, Wisconsin

Helen Cowie
Health and Social Care
University of Surrey
Guildford, Surrey, UK

Christy M. Cunningham
Department of Psychology
Northern Illinois University
Dekalb, Illinois

Cynthia D'Atrio
Department of Special Education and
    Habilitative Services
University of New Orleans
New Orleans, Louisiana

Michelle K. Demaray
Department of Psychology
Northern Illinois University
Dekalb, Illinois

Karen Diamond
Department of Child and Family Studies
Purdue University
West Lafayette, Indiana

Panayiota Dimitropoulou
Department of Psychology
University of Athens
Athens, Greece

Beth Doll
Department of Educational Psychology
University of Nebraska—Lincoln
Lincoln, Nebraska

Erin Dowdy
Gervitz Graduate School of Education
Department of Counseling, Clinical, and
    School Psychology
University of California Santa Barbara
Santa Barbara, California

Kevin Dwyer
American Institutes for Research
Bethesda, Maryland

Katie Eklund
Gervitz Graduate School of Education
Department of Counseling, Clinical, and
    School Psychology
University of California Santa Barbara
Santa Barbara, California

Edward G. Feil
Oregon Research Institute
University of Oregon
Eugene, Oregon

Karin S. Frey
Department of Educational Psychology
University of Washington
Seattle, Washington

Michael Furlong
Gervitz Graduate School of Education
Department of Counseling, Clinical, and
    School Psychology
University of California Santa Barbara
Santa Barbara, California

Maribeth Gettinger
Department of Educational Psychology
University of Wisconsin–Madison
Madison, Wisconsin

Mark T. Greenberg
Prevention Research Center
Penn State University
University Park, Pennsylvania

Marci Hanson
Department of Special Education and
    Communicative Studies
San Francisco State University
San Francisco, California

Chryse Hatzichristou
Department of Psychology
University of Athens
Athens, Greece

Leanne Hawken
Department of Special Education
University of Utah
Salt Lake City, Utah

Alicia Hoffman
Department of Educational Psychology
University of Wisconsin–Madison
Madison, Wisconsin

Eva Horn
Department of Special Education
University of Kansas
Lawrence, Kansas

Jan N. Hughes
Department of Educational Psychology
Texas A&M University
College Station, Texas

Lyndsay N. Jenkins
Department of Psychology
Northern Illinois University
Dekalb, Illinois

Diane Carlson Jones
Department of Educational Psychology
University of Washington
Seattle, Washington

Antti Kärnä
Department of Psychology
University of Turku
Turku, Finland

Kimberly Kendziora
American Institutes for Research
Washington, DC

Thomas R. Kratochwill
Department of Educational Psychology
University of Wisconsin–Madison
Madison, Wisconsin

Aikaterini Lampropoulou
Department of Psychology
University of Athens
Athens, Greece

Heather Jones Lavin
University of Pennsylvania
Children's Hospital of Pennsylvania
Philadelphia, Pennsylvania

Joan Lieber
Department of Special Education
University of Maryland

College Park, Maryland

John E. Lochman
Department of Psychology
The University of Alabama
Tuscaloosa, Alabama

Konstantina Lykitsakou
Department of Psychology
University of Athens
Athens, Greece

Christine K. Malecki
Department of Psychology
Northern Illinois University
Dekalb, Illinois

Jennifer A. Mautone
Children's Hospital of Pennsylvania
Philadelphia, Pennsylvania

Kenneth W. Merrell
Department of Special Education and Clinical
    Services
University of Oregon
Eugene, Oregon

Laura Mulford
Department of Educational Psychology
University of Wisconsin–Madison
Madison, Wisconsin

Gale Naquin
Department of Special Education and
    Habilitative Services
University of New Orleans
New Orleans, Louisiana

Jodi Burrus Newman
Department of Educational Psychology
University of Washington
Seattle, Washington

Samuel L. Odom
Frank Porter Graham Child Development
   Institute
University of North Carolina
Chapel Hill, North Carolina

Bram Orobio de Castro
Utrecht University
Utrecht, The Netherlands

David Osher
American Institutes for Research
Washington, DC

Susan Palmer
Beach Center on Disability
University of Kansas
Lawrence, Kansas

Daniel F. Perkins
Family and Youth Resiliency and Policy
Penn State University
University Park, Pennsylvania

William Pfohl
Department of Psychology
Western Kentucky University
Bowling Green, Kentucky

Elisa Poskiparta
Centre for Learning Research
University of Turku
Turku, Finland

Nicole R. Powell
Department of Psychology
The University of Alabama
Tuscaloosa, Alabama

Thomas J. Power
University of Pennsylvania
Children's Hospital of Pennsylvania

Philadelphia, Pennsylvania

Sandra Prince-Embury
The Resiliency Institute of Allenhurst, LLC
West Allenhurst, New Jersey

Amy L. Reschly
Educational Psychology and Instructional
   Technology
The University of Georgia
Athens, Georgia

Kristin Ritchey
Gervitz Graduate School of Education
Department of Counseling, Clinical, and
   School Psychology
University of California Santa Barbara
Santa Barbara, California

Christian Sabey
Department of Special Education
University of Utah
Salt Lake City, Utah

Elina Saeki
Gervitz Graduate School of Education
Department of Counseling, Clinical, and
   School Psychology
University of California Santa Barbara
Santa Barbara, California

Christina Salmivalli
Department of Psychology
University of Turku
Turku, Finland

Herbert H. Severson
Oregon Research Institute and the University
   of Oregon
Eugene, Oregon

Stephen A. Small
Department of Human Development and
    Family Studies
University of Wisconsin–Madison
Madison, Wisconsin

Peter K. Smith
Goldsmiths
University of London
New Cross, London, UK

Wakako Sogo
School of Education
University of North Carolina at Chapel Hill
Chapel Hill, North Carolina

Samuel Y. Song
College of Education
Seattle University
Seattle, Washington

Linda Taylor
Department of Psychology
University of California, Los Angeles
Los Angeles, California

Oanh K. Tran
Department of Educational Psychology
California State University, East Bay
Hayward, California

Erika Van Buren
District of Columbia Department of Mental
    Health
Washington, DC

Lilian Vliek
Institute for Kanjertraining Almere, The
    Netherlands
Utrecht University, Utrecht, The Netherlands

Hill M. Walker
Oregon Research Institute and the University
    of Oregon, Eugene, Oregon

Jina Yoon
Theoretical and Behavioral Foundations
Wayne State University, Detroit, Michigan

청소년 문제 예방 및 중재 핸드북
학교폭력과 집단 괴롭힘 예방 중심
Handbook of Youth Prevention Science

2019년 3월 25일 1판 1쇄 인쇄
2019년 3월 30일 1판 1쇄 발행

엮은이 • Beth Doll · William Pfohl · Jina Yoon
옮긴이 • 최수미 · 김지영 · 라영안 · 신은영 · 이윤희 · 임기원
펴낸이 • 김진환
펴낸곳 • (주) 학지사
　　　　04031 서울특별시 마포구 양화로 15길 20 마인드월드빌딩
대표전화 • 02)330-5114　　　팩스 • 02)324-2345
등록번호 • 제313-2006-000265호

홈페이지 • http://www.hakjisa.co.kr
페이스북 • https://www.facebook.com/hakjisa

ISBN 978-89-997-1909-7 93180

정가 23,000원

역자와의 협약으로 인지는 생략합니다.
파본은 구입처에서 교환해 드립니다.

이 도서의 국립중앙도서관 출판시도서목록(CIP)은 서지정보유통지
원시스템 홈페이지(http://seoji.nl.go.kr)와 국가자료공동목록시스템
(http://www.nl.go.kr/kolisnet)에서 이용하실 수 있습니다.
(CIP 제어번호: CIP2019011181)

교육문화출판미디어그룹 학지사

심리검사연구소 **인싸이트** www.inpsyt.co.kr
원격교육연수원 **카운피아** www.counpia.com
학술논문서비스 **뉴논문** www.newnonmun.com
간호보건의학출판 **학지사메디컬** www.hakjisamd.co.kr